U0809877

福州年鉴

FUZHOU YEARBOOK 2022

（总第35卷）

《福州年鉴》编纂委员会　编

方志出版社
Publishing House of Local Records

图书在版编目（CIP）数据

福州年鉴. 2022 / 《福州年鉴》编纂委员会编. —北京：方志出版社，2022.12

ISBN 978-7-5144-5624-0

Ⅰ. ①福… Ⅱ. ①福… Ⅲ. ①福州－2022－年鉴
Ⅳ. ①Z525.71

中国版本图书馆CIP数据核字(2022)第252529号

责任编辑：刘方圆
责任校对：刘玉霞
责任印制：梅中英
出 版 者：方志出版社
地　　址：北京市朝阳区潘家园东里 9 号（国家方志馆4层）
邮　　编：100021
网　　址：http://www.zgfzcb.cn
发　　行：方志出版社图书营销中心（010-67110500）
印　　刷：福州报业鸿升印刷有限责任公司
开　　本：889毫米×1194毫米　1/16
印　　张：35
字　　数：1093千字
版　　次：2022年12月第1版
印　　次：2022年12月第1次印刷
定　　价：280.00元

· 版权所有　侵权必究 ·

（如有印装质量问题，请与我社图书营销中心联系）

《福州年鉴（2022）》编纂委员会

主　　任：林宝金　吴贤德

常务副主任：张定锋　孙晓岚

副 主 任：朱汉民　李贵勇　许剑锋　张炜鸣　李　强

委　　员：（按姓名笔画为序）

王　刚　王小亚　王小珍　王命瑞　王建生　王振松　邓　岚

邓达木　叶　勇　叶友琛　丘志强　兰　超　任义文　刘广辉

刘用全　江智文　阮文光　杜　微　李　充　李　辉　李小荣

李仲福　杨　军　杨　航　杨　辉　杨　震　杨立宏　肖敦颖

吴　亮　吴　勤　吴永忠　吴聿建　吴建青　吴晓杰　吴翔天

余深画　张仁杭　张则铭　张庆昉　张麒蛰　陈　昱　陈　航

陈　浩　陈仁德　陈志毅　陈金友　陈宗胜　陈宙泉　陈政宝

陈晓晖　陈诸凯　陈登峰　陈漠诚　陈滨峰　林　津　林　健

林从宇　林冬阳　林汉隽　林吓清　林如长　林志斌　林忠武

林香平　林高星　林家枢　林敬金　林毅敏　金晖辉　赵春荣

赵彦邦　袁永喜　翁国平　翁金榜　高双成　郭　勇　郭建国

郭家彬　唐新文　彭锦华　董敬太　程　辉　童桂荣　曾　玉

游　昕　谢　婧　楼卫东　蔡　文　廖海军　樊学双　潘　威

潘臻颖　薛　博

《福州年鉴》编纂委员会办公室

主　任：林毅敏

副主任：叶　红　宋建兴　颜学清　蔡爱丽

《福州年鉴》编辑部

主　编：林毅敏

副主编：蔡爱丽

执行副主编：黄　铭

特邀编审：阳晓儒　陈文忠

编　辑．黄　铭　苏　颖　周弭姣　姚国榕

目录翻译：郭秋延

彩页图片策划：俞　松

封面、彩页排版：吴世荣

彩页图片文字：林仙平

《福州年鉴（2022）》撰稿人名单

（按姓氏笔画为序）

丁可锋	于小湉	于永钦	万　粒	王　炜	王　勉	王　翀	王　锋	王　歆	王　翼
王山林	王庆金	王宇海	王丽元	王玲玲	王晓佳	王晓莉	王培欣	毛胤之	左榕燕
石振斌	卢书铭	卢余清	叶　巧	叶　璐	叶友锋	叶艳玲	叶晨昱	叶敏英	叶儒文
丛　森	兰静晖	邢　坤	朱凌姗	庄　凯	庄丽婷	刘　力	刘　勇	刘　葳	刘　震
刘双艺	刘君琳	刘陈馨	刘美剑	刘莉鑫	江　帆	江　莉	江允英	池家溦	许戈武
严　明	严文倩	李　勇	李　萍	李　敏	李中平	李心怡	李国琛	李荟北	李海峰
李梅婷	杨帆(生态)	杨帆(闽清)	杨　凯	杨　斌	杨兰英	杨妙萍	杨贤奔	杨鋆丰	连如冰
连蔡煜	吴　晞	吴卫航	吴宏姜	吴佳颖	吴金捷	吴晓萍	吴菊香	吴萍萍	吴梦倩
吴鼎义	吴增辉	邱　贤	何　聃	何　婧	何文花	余　芳	余永捷	余珊珊	余荣发
邹惠珍	汪海涌	张　薇	张飞勇	张先玲	张继驰	张梦澜	张敏慧	张慧娟	陈　今
陈　贞	陈　孜	陈　玢	陈　奇	陈　征	陈　怡	陈　乘	陈　铮	陈　婉	陈　辉
陈　锋	陈　暖	陈　锦	陈　颖	陈　嘉	陈　榕	陈　璐	陈　曦	陈小刚	陈云娟
陈壬癸	陈丹彤	陈文浩	陈巧芳	陈似琦	陈尾虹	陈武进	陈佳霖	陈济奋	陈艳梅
陈能旭	陈婉平	陈维桦	邵步粉	林　艺	林　平	林　东	林　旭	林　宇	林　亮
林　莹	林　捷	林　萍	林　硕	林　敏	林　琛	林　楠	林　锦	林　攀	林艺红
林仁平	林玉和	林仕峰	林伟民	林伟航	林妙花	林明明	林金庭	林诚锦	林珍彦
林城冰	林艳芳	林榕捷	林潇雨	林璐静	欧阳龙	欧孝源	卓　鹏	畅　乐	征　鹏
周金媛	周炜赟	郑　桓	郑龙腾	郑荣火	郑思吟	郑晓昆	郑凌峰	郑海云	郑彩霞
赵　龙	胡中明	胡方磊	胡巧清	柯文全	侯世欢	饶　潇	施缙衡	姜小凯	姜含林
姜聪颖	费洪阳	袁建新	夏　雪	夏利芳	徐　毅	徐立剑	翁　媛	翁夏菁	高　峻
郭　唯	郭文涛	唐思晟	唐夏芸	唐福来	黄　琦	黄　媛	黄　璟	黄玉琴	黄兰英
黄志强	黄杨见	黄金寿	黄金寿	黄姗姗	黄剑锋	黄美秀	黄晓元	黄惠玲	黄雅婷
梁鑫智	彭海桐	程道华	曾　进	曾林辉	游　强	游小倩	游兴华	谢　弢	谢　辉
赖仕贤	赖晓琴	雷良桃	雷振宇	詹璐瑶	鲍建森	蔡煜炜	潘　珍	潘　薇	潘竞波
薛宇成	戴海林	魏博文							

编 辑 说 明

一、《福州年鉴》是由中共福州市委、福州市人民政府主办，《福州年鉴》编辑部承编的地方综合年鉴。1988 年首次编纂，每年出版一卷。《福州年鉴》以马克思列宁主义、毛泽东思想、邓小平理论、“三个代表”重要思想、科学发展观、习近平新时代中国特色社会主义思想为指导，坚持辩证唯物主义和历史唯物主义的立场、观点和方法，旨在全面、系统、准确地反映福州市自然、政治、经济、文化、社会、生态等方面的基本情况，为读者了解和研究福州市提供资料查询。

二、《福州年鉴》主体内容由类目、分目、条目组成，以条目为表现内容的基本形式。全书条目标题统一用黑体加【 】表示，下一层次标题用楷体区别。

三、《福州年鉴（2022）》为总第 35 卷，主要记载 2021 年度福州市的基本情况、发展变化及年度大事要闻。记述时限为 2021 年 1 月 1 日至 12 月 31 日，部分内容、数据涉及时限外。

四、《福州年鉴（2022）》设有 45 个类目、249 个分目、1553 个条目，共 109.3 万字。

五、《福州年鉴（2022）》稿件主要由市直部门、各县（市）区、园区、驻榕部队等相关单位撰写并审核。书中涉及的主要数据由于各供稿单位资料来源、统计口径及统计时点不尽相同，可能略有差异，读者在引用相关数据时应以福州市统计局正式公布的统计数据为准。数字如果是约数，客观上会造成各分项相加不等于总项的情况。如无特殊说明，数据均不含平潭，增长速度、指数均采用“水平法”。

六、《福州年鉴（2022）》配备双重检索系统，书前刊有总目和中、英文目录，书后备有主题分析索引。

七、《福州年鉴（2022）》内容在福州史志网（http://fz.fjdsfzw.org.cn）发布。

福州市地图

审图号：闽S〔2022〕135号

福建省制图院 编制　福建省自然资源厅 监制

城市荣誉

- 『十三五』海洋经济创新发展示范城市
- 『十四五』首批国家物流枢纽建设城市
- 全国首批一刻钟便民生活圈建设试点城市
- 中国软件特色名城
- 中国领军智慧城市
- 国家骨干冷链物流基地
- 国家历史文化名城
- 全国科技进步先进城市
- 国家创新型试点城市
- 全国双拥模范城
- 全国绿化模范城市
- 国家环保模范城市
- 中国优秀旅游城市
- 全国森林旅游示范市
- 国家森林城市
- 国家园林城市
- 国家卫生城市
- 全国文明城市
- 全国黑臭水体治理示范城市
- 中国最具幸福感城市
- 中国百强城市
- 中国服务外包示范城市
- 中国最具投资潜力城市 50 强
- 世界特色魅力城市 200 强
- 畅游中国 100 城
- 中国大陆最佳商业城市
- 中国外贸百强城市
- 社会信用体系建设示范城市（区）
- 全国城市医疗联合体建设试点城市
- 综合型信息消费示范城市

党政要闻

2021 年，福州凝心聚力、真抓实干、奋进拼搏，以习近平新时代中国特色社会主义思想为指导，全面贯彻中央十九大和十九届历次全会精神，认真落实习近平总书记来闽考察重要讲话精神，统筹推进新冠肺炎疫情防控和经济社会发展，实现“十四五”良好开局。

2021 年 9 月 25 日，中国共产党福州市第十二次代表大会在海峡国际会展中心开幕，省委常委、市委书记林宝金代表十一届市委作报告 （叶义斌 摄）

2021 年 8 月 12 日，福州市十五届人大六次会议在福建会堂召开，吴贤德当选福州市人民政府市长 （叶义斌 摄）

2021 年 3 月 2 日，福州市党史学习教育动员大会召开 （张人峰 摄）

2021 年 12 月 19 日，中国共产党福州市第十二届委员会第二次全体会议举行。审议通过《中共福州市委关于深刻领会党的百年奋斗重大成就和历史经验，汇聚加快建设现代化国际城市强大精神动力的决定》 （张人峰 摄）

创新力量

2021 年，福州启动科创走廊建设，入选“科创中国”试点城市。新增国家级高新技术企业超 700 家、省级科技小巨人企业 348 家、省级以上“专精特新”企业 70 家。新增省级新型研发机构 15 家，新认定省级科技企业孵化器 3 家、众创空间 20 家，软件园入选国家级双创示范基地。5 个项目入选省级科技重大专项“揭榜挂帅”项目，3 项科技成果获国家科学技术进步奖。闽都院士村启动建设，新建院士工作站 1 个、专家工作站 24 个。举办“好年华 聚福州”等活动，引进高层次人才 2300 人、高技能人才 7000 人，“榕博汇”工作机制获评全国人才工作创新最佳案例。

2021 年 1 月 17 日，2021 数字中国创新大赛启动发布会在福州召开 （林瑞琪 摄）

2021 年 4 月 10 日，2021 数字中国创新大赛·智慧医疗赛道闽台赛区决赛在福州落幕 （冯雪珠 摄）

2021 年 5 月 20 日，2021 中国纺织创新年会·功能性新型材料国际论坛在位于长乐的福州数字中国会展中心举行 （邹家骅 摄）

2021 年 6 月 18 日，第十九届中国 · 海峡创新项目成果交易会在福州开幕。图为观众观看中国自主知识产权的核发电机组“华龙一号”模型　　（池远 摄）

2021 年 6 月 25 日，福州大学城高校毕业季嘉年华暨福州市人才政策发布会举行。图为发布会现场　　（林双伟 摄）

2021 年 8 月，福州市印发《福州市建设科创走廊工作方案》，将按照“以产兴城、以城聚产、产城融合”的总目标，建设国内一流的科技创新集聚地，实现科学城与老城区联动发展。图为福州高新区　　（陈捷阳 摄）

2021 年 10 月 19 日，福州软件园获得国家双创示范基地授牌，基地形成以软件和信息技术服务、光电芯片智造、新一代信息技术为核心、产业服务为基础的“3+1”产业格局。图为福州软件园（池远 摄）

2021 年 10 月 19 日，2021 年全国双创活动周福建省分会场暨创响中国 · 福州软件园站启动仪式举行。图为活动周期间举行的福建省创新创业生态发展论坛（池远 摄）

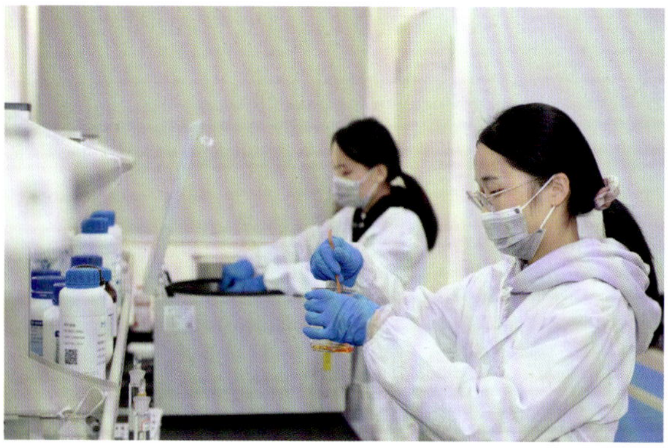

2021 年 10 月，闽都创新实验室科研团队揭榜的“大色域量子点背光显示器关键技术研发及产业化”项目获得 2021 年福建省科技重大专项“揭榜挂帅”项目计划经费。图为闽都创新实验室（石美祥 摄）

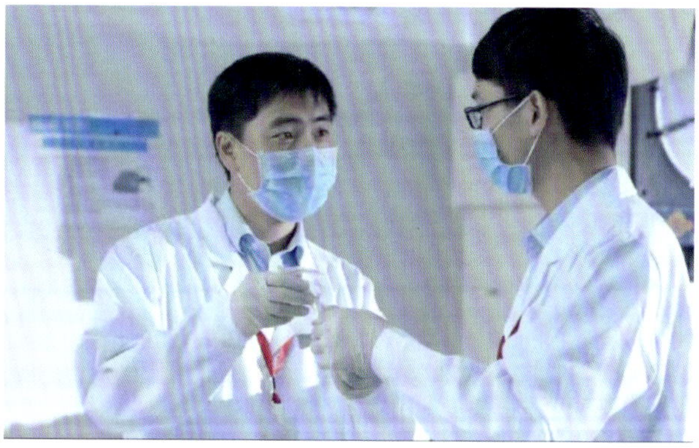

2021 年 11 月 3 日，福建阿石创新材料股份有限公司与郑州大学何季麟院士团队合作的“平板显示用高性能 ITO 靶材关键技术及工程化”项目获得 2020 年度国家技术发明奖二等奖。图为阿石创研发人员探讨产品研发（余少林 摄）

2021年10月25日，中海峡（福建）细胞生物科技有限公司院士工作站揭牌仪式暨细胞生物科技论坛在福州举行
（福州新闻图片社 供图）

2021年12月6日，第二届全国技工院校学生创业创新大赛决赛在福州开幕
（石美祥 摄）

2021年12月8日，福州市信息化学会第三届会员代表大会暨首届福州市工业互联网创新发展论坛举行
（林凯航 摄）

六城建设

2021年1月，福州出台《坚持“3820”战略工程思想精髓加快建设现代化国际城市行动纲要》，提出今后五年，坚持以习近平新时代中国特色社会主义思想为指导，紧紧围绕习近平总书记在福州工作期间擘画的蓝图，按照省委关于“在全方位推动高质量发展超越中走在前列、作出示范”的要求，要坚持系统观念，重点建设福州滨海新城、福州大学城、东南汽车城、丝路海港城（江阴港城、罗源湾港城）、福州（长乐）国际航空城、现代物流城，打响海上福州、数字福州、新型材料、海港空港、闽都文化等五大国际品牌，实施党建引领、科教兴城、龙头扶引、扩大内需、改革攻坚、区域协同、绿色发展、温暖榕城、平安福州等九大专项行动，推动现代化国际城市建设取得更大突破。

滨海新城

2021年7月5日，福州第二工人文化宫在滨海新城建成并投入使用。图为文化宫外景　（市总工会　供图）

2021年6月，滨海新城智慧城市运营管理中心项目封顶，将提供综合、智能、统一的管理决策平台。图为中心外景　（徐文宇　摄）

福州大学城

2021 年 3 月 31 日，福州大学城文化艺术中心、福州地区大学新校区管委会办公楼及大学城建设指挥部揭牌。图为福州大学城文化艺术中心外景　　（林双伟 摄）

东南汽车城

2021 年 10 月 30 日，东南汽车城行政（市民）服务中心揭牌运行。图为中心办事窗口　　（张人峰 摄）

丝路海港城

2021 年 7 月 14 日，中国—印度尼西亚“两国双园”贸易先行首批货物运抵江阴港
（福州港务集团 供图）

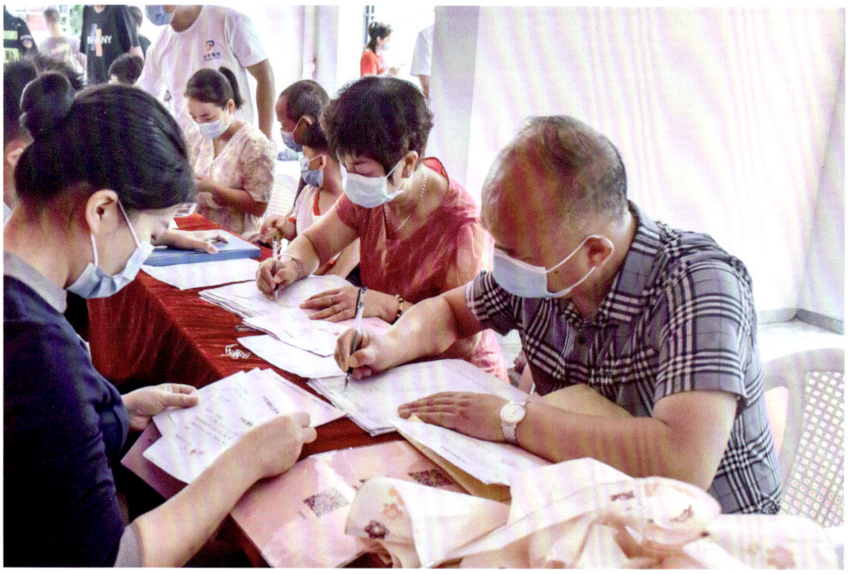

2021 年 8 月 5 日，“大干 150 天 建功丝路海港城”攻坚行动——罗源城区体量最大安置房项目岐阳片区安置房交房。图为岐阳片区安置房回迁户收房签字　（林荣亮 摄）

2021 年 9 月 9 日，中国—印度尼西亚“两国双园”建设中的福清元洪码头防疫监管工作区及查验平台通过海关验收。图为元洪国际食品展示交易中心二期项目　（林双伟 摄）

国际航空城

2021 年 2 月 25 日，福州发改委发布《福州长乐国际机场二期扩建工程机场工程飞行区工程及货站扩建工程初步设计及概算获民航华东地区管理局和福建省发改委联合批复》。图为长乐国际机场 （林双伟 摄）

现代物流城

2021 年 4 月 14 日，福州现代物流城项目招商签约仪式举行 （连江县融媒体中心 供图）

海上福州

2021 年 1 月，福州市提出打造海上福州国际品牌。以国家海洋经济发展示范区建设为抓手，推进海洋资源要素市场化配置，开展涉海金融服务模式创新。挖掘海洋资源潜力，加快发展海洋工程装备、海洋生物医药等海洋先进制造业和新兴产业，培育一批海洋经济龙头骨干企业，发展远洋渔业，推进“百台万吨”深远海养殖平台等项目建设，持续壮大临港产业。

2021 年 12 月 16 日，连江县“海上福州”建设暨 2021 年度海洋文化蓝皮书发布会举行　（郑瑞洋 摄）

2021 年 10 月 28 日，福建永福电力设计股份有限公司与荷兰 SPTOffshoreB.V. 战略合作签约仪式在福州高新区举行，双方共同签署“云签署”战略合作协议。图为永福股份在长乐外海建设的风电项目
（福州高新区 供图）

2021 年 12 月 13 日，福州港松下港区牛头湾作业区 12 号、13 号泊位完成交工验收，基本满足 15 万吨级散货船各项作业使用要求。图为松下港 12 号、13 号泊位局部
（松下码头有限公司 供图）

2021 年 10 月 31 日，连江本土企业自主研发的深远海海鱼机械化养殖平台——“定海湾 1 号”在筱埕定海启用。图为“定海湾 1 号”养殖平台
（叶义斌 摄）

2021 年 8 月 18 日，《推进新一轮“海上福州”建设实现海洋经济高质量发展三年行动方案（2021—2023 年）》发布。图为福州（连江）国家远洋渔业基地
（杨柳州 摄）

数字福州

2021年1月，福州市确立打造数字福州国际品牌。持续办好数字中国建设峰会。融入国家数字经济创新发展试验区（福建）建设，培育壮大“云大物智链”等数字产业集群。推动工业互联网创新发展，实施智能制造和“上云用数赋智”行动。发挥平台经济推动产业转型开放、资源集聚整合的作用，扶持一批“专精特新”平台企业。围绕打造“全国数字应用第一城”，推进“城市大脑”建设和可信数字身份试点、健康医疗大数据试点、新型基础设施试点等工作。

2021年3月31日，海创汇福州东湖三创中心在滨海新城中国东南大数据产业园揭牌。图为产业园全景（邹家骅 摄）

2021年4月25日，第四届数字中国建设峰会在福州举行 （叶义斌 摄）

2021 年 4 月 21 日，福建省物联网产业联盟、福建省海峡物联网应用促进中心授予马尾江滨幼儿园“福建省首家物联网应用示范幼儿园”称号。图为幼儿园内使用的机器人
（欧阳进权 摄）

2021 年 4 月 25 日，首届中国（福州）国际数字产品博览会在海峡国际会展中心开幕
（叶义斌 摄）

2021 年 4 月 24 日，第四届数字中国建设峰会重要活动之一——“有福之州 · 对话未来”之“院士峰会行”活动在三坊七巷水榭戏台举行（邹家骅 摄）

城市建设

2021 年，福州滨海新城岸段入选国家美丽海湾优秀案例。实施“两江四岸”等新一轮城市品质提升项目 921 个、“九个一批”综合提升项目 326 个，开展新一轮古厝普查登记和保护利用，城乡品质提升综合绩效位居全省第一，建成全省首个高品质饮用水水厂。新改扩建市政道路 161.2 千米，完成城区缓堵项目 35 个，实施连片旧屋区改造 54 个、481.95 万平方米，整治老旧小区 198 个。

5 月，福州都市圈成为继南京都市圈之后，国内第二个获得国家层面批复同意发展规划的都市圈。

2021 年 11 月 29 日，福州都市圈建设推进会召开，部署推进福州都市圈建设　　（叶义斌　摄）

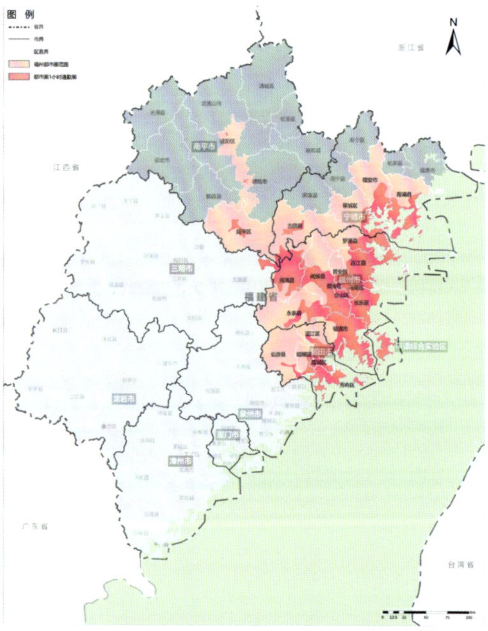

福州都市圈范围示意图（福州日报社　供图）

福州都市圈空间结构图（福州日报社　供图）

2021 年 2 月，“两江四岸”整体品质提升规划出炉，重点打造 8 处沿江精品景观带。图为提升后的闽江两岸夜景（陈暖 摄）

2021 年 10 月，福建省政府办公厅印发《关于支持福州实施强省会战略的若干意见》，支持福州加快建设现代化国际城市。图为海峡金融商务区（陈捷阳 摄）

2021年7月，福建省首个高品质饮用水试点片区核心工程和福州市首座高品质饮用水水厂——新东南区水厂完成升级，实现并网通水，日供水能力15万吨 （叶义斌 摄）

2021年，福州市新启动旧屋区改造项目60个、老旧小区整治项目82个，完成大学城、北江滨中央商务区等10个片区提升改造。图为红星排尾项目配建安置型商品房 （郑帅 摄）

2021年9月，后浦路南段道路工程（福新路—福马路）建成通车 （叶义斌 摄）

2021 年 3 月，位于福州城区的新店外环路东段主体工程全面完工。图为新店外环
（叶义斌 摄）

2021年4月29日，洪山桥至洪塘大桥拓宽改建工程举行建成通车仪式。图为洪塘大桥
（叶义斌 摄）

2021 年 6 月，福州市首座以“政府指导 + 个人出资”模式进行修缮的福州古厝钟园，启动建成以来的首次大规模修缮。图为古建修复人员在钟园屋顶作业
（林双伟 摄）

水系治理

2021年，福州联排联调中心被中组部、住建部列为“全国市长班”城市品质提升工作现场教学点。福州市水系智慧调度项目获“2021年世界智慧城市大奖（中国赛区）能源和环境大奖”。闽江干流福州段入围全国“美丽河湖”优秀候选案例。旗山湖、晋安湖建成开放。率先在全省编制《入河排放口整治技术导则》，完成整治1266个入河排污口，整治率98.5%，“查、测、溯、治、管”模式得到省生态环境厅肯定和推广。市、县、乡三级河长组织开展巡河护河11.7万次，解决河湖问题7.5万余个。全面完成207本（含388条河流）“一河一档一策”修编工作。

2021年10月28日，福建闽江水口水电站枢纽坝下水位治理与通航改善工程历时6年建设，工程一线船闸首次试通航　（池远　摄）

2021年6月23日，智能巡河机器人——河湖小卫士“晋小象”在晋安河亮相　（陈暖　摄）

2021年9月8日，福州滨海新城岸段入围全国美丽海湾案例公
图为南北澳滨海线绿色屏障　（赵马峰

1 年 10 月 14 日，在永泰县塘前乡大樟溪畔，福建省平潭及闽
冂水资源配置工程（“一闸三线”工程）中的控制性枢纽工程——
冂拦河闸启动蓄水　　　　　　　　　　　（福州水务集团 供图）

2021 年 10 月 15 日，福州水系智慧调度项目和 5G+ 智慧城市项目分获能源和环境大奖、基础设施和建筑大奖。福州成为唯一有 2 个项目获得 2021 年世界智慧城市大奖奖项的中国区城市。图为调度人员在联排联调中心进行实时监控、调度（叶义斌 摄）

活力经济

2021 年，福州市实现地区生产总值 11324.48 亿元。136 家工业龙头企业累计新增产值突破千亿元，打造千亿园区、五百亿园区各 4 个，工业（产业）园区标准化建设经验做法入选中国改革年度典型案例。实施 16 条重点产业链“链长制”，建立“1+N”工作机制，引进产业链项目 45 个。举办第四届数字中国建设峰会暨首届数博会，东南大数据产业园新入驻企业 192 家，马尾物联网产业基地新引进关联企业 156 家，新增“上云上平台”工业企业 800 家，数字经济增加值突破 5400 亿元。实施“海上福州”建设重点项目 185 个，入选“十四五”首批国家物流枢纽建设城市。

2021 年 1 月 30 日，全球第一台“华龙一号”核电机组——中核集团福建福清核电 5 号机组投入商业运行（林善传 摄）

2021 年 3 月 18 日，首届中国跨境电商交易会在福州海峡国际会展中心开幕 （叶义斌 摄）

2021 年 11 月 13 日，首届福州鱼丸文化节在连江县定海湾山海运动小镇开幕。图为现场游客排队品尝千人火锅宴 （林双伟 摄）

2021 年 11 月 23 日，《赛迪投资竞争力百强区（2021）》发布，福州市鼓楼区列第 19 位，位居全省之首。图为东街口商圈 （池远 摄）

1 2021年5月28日，福建省首个丙烷脱氢项目在江阴港城经济区中景石化科技园投产，填补省内丙烷脱氢项目的空白。图为中景石化科技园 （陈暖 摄）

2 2021年6月3日，台江区金融街商圈联盟启动仪式在富闽恒升中心举行。金融街商圈联盟首届活动以“全闽乐购，食在商圈”为主题 （叶诚 摄）

3 2021年11月8日，“全闽乐购 ‘双11’要要购——福茶网家乡好茶囤货季”直播推荐活动举行 （池远 摄）

4 2021年12月11日，第九届中国企业家发展年会在福州开幕 （邹家骅 摄）

EDAC China 2021
第九届中国企业家发展年会
在高质量发展中促进共同富裕
2021 The 9th
China
Entrepreneurs Development Annual Conference
Promote Common Prosperity in High-quality Development

乡村振兴

2021年，福州农林牧渔业总产值1122.21亿元。新建设施农业145.53公顷，生猪、蛋禽养殖规模化率超90%、位居全省第一。新增国家级农业产业强镇2个、国家级农业龙头企业2家。新增国家级最美休闲乡村1个，永泰入选全国休闲农业重点县。福州（连江）国家远洋渔业基地加快建设，下水“百台万吨”深远海智能养殖平台5套。实施福州鱼丸品牌高质量发展三年行动。实施省市乡村振兴试点项目1547个。新建农村公路232千米、农村生活污水配套管网500千米、乡镇生活污水配套管网190千米，完成裸房整治1万栋，新建“绿盈乡村”287个。

2021 年 3 月，福州市 27 个村入围全省首批高级版“绿盈乡村”。图为罗源县松山镇北山村　（游永健 摄）

2021 年 6 月 30 日，福州城投大樟溪沿岸乡村振兴示范带项目联合党支部在永泰县梧桐镇坵演村揭牌成立，成为全市首个乡村振兴联合党支部。图为“坵演村城投（永泰）好农场”党建主题稻田彩绘　（陈建国 摄）

2021 年 2 月 25 日，全国脱贫攻坚总结表彰大会在北京人民大会堂举行，永泰县扶贫开发工作领导小组办公室作为全国脱贫攻坚先进集体接受表彰。图为永泰县扶贫干部入户察看贫困户住房安全情况　　（永泰县扶贫办 供）

2021 年 2 月 25 日，全国脱贫攻坚总结表彰大会在北京人民大会堂举行，中共闽清县上莲乡委员会作为全国脱贫攻坚先进集体接受表彰。图为上莲乡扶贫干部为贫困户送去棉被（闽清县上莲乡 供）

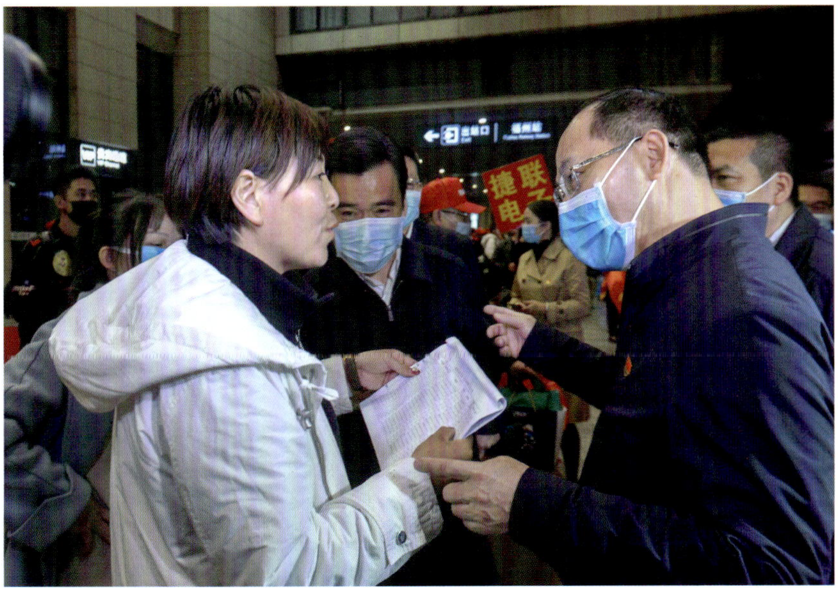

2021 年 2 月 25 日，全国脱贫攻坚总结表彰大会在北京人民大会堂举行，福州市人力资源和社会保障局党组书记、局长王命瑞获评全国脱贫攻坚先进个人。图为王命瑞（右）到福州火车站迎接返岗的定西籍务工人员　（张旭阳 摄）

2021 年 4 月 28 日，闽侯县白沙镇和福清市渔溪镇入选 2021 年全国农业产业融合发展项目创建名单。图为闽侯县白沙镇林柄村 （刘其燚 摄）

2021 年 3 月 30 日，清华大学乡村振兴工作站闽清站在闽清县梅溪镇樟洋村落成开放 （池远 摄）

2021 年12月23日，以“闽清橄榄 幸福味道”为主题的第五届中国·福州（闽清）橄榄节在闽清梅溪镇开幕 （石美祥 摄）

2021 年 3 月 20 日，中国投资协会农业和农村投资专业委员会授予琅岐红蟳公社“全国乡村振兴观摩基地”的牌子。图为琅岐红蟳公社民宿区（欧阳进权 摄）

乡村振兴

2021 年 3 月 11 日，福清市江镜镇和罗源县起步镇上榜 2020 年度福建省乡村振兴重点特色乡（镇）名单。图为台湾农技专家黄来裕在江镜镇南宵村开办果园（郑帅 摄）

2021 年 12 月 21 日，闽清县最后一批边远地区开通“通达百”系快递进村业务，全市实现快递进村全覆盖。图为村民到闽清县金沙镇上演村综合服务站取快件（黄凌 摄）

闽都文化

2021 年，福州举行海丝国际旅游节等国内外有重大影响的活动。新增 2 家国家 AAAA 级、10 家国家 AAA 级旅游景区，三坊七巷、上下杭获评第一批国家级夜间文化和旅游消费集聚区，永泰县嵩口镇获评第一批全国乡村旅游重点镇。

2021 年 1 月 1 日，福州市非遗展示馆开馆。图为馆内的非遗展演　　（池远 摄）

2021 年 1 月，新店古城遗址公园建成并对外开放　　（林双伟 摄）

2021 年 8 月，永泰嵩口镇入选第一批全国乡村旅游重点镇。图为嵩口镇全景（赖泽漳 摄）

2021 年 6 月 18 日，在第十二届海峡两岸船政文化研讨会上，船政书局揭牌（欧阳进权 摄）

2021 年 10 月 17 日，首届“沈绍安奖”国际漆艺大赛在福州颁奖。图为姜海明凭借漆画作品《繁花系列》获得金奖（叶诚 摄）

2021 年 11 月 3 日，文化和旅游部公布 2021—2023 年度“中国民间文化艺术之乡”名单，连江县凭借十番古乐入选。图为连江十番古乐演奏（何宗敏 摄）

2021 年 10 月 19 日，文化和旅游部发布《关于第一批国家级夜间文化和旅游消费集聚区名单的公示》，拟确定 120 个项目为第一批国家级夜间文化和旅游消费集聚区，福州市三坊七巷历史文化街区、上下杭历史文化街区进入公示名单

三坊七巷历史文化街区　　（陈品 摄）

上下杭历史文化街区　　（陈捷阳 摄）

2021 年 11 月 23 日，第八届“海上丝绸之路”（福州）国际旅游节启动　　（张人峰 摄）

2021 年 12 月 13 日，第八届福建艺术节在福州开幕　　（池远 摄）

世遗大会

2021年7月15日晚，1500架无人机在闽江上空上演一场高空光影秀，迎接第44届世界遗产大会。世界遗产大会是联合国教科文组织世界遗产委员会的例会，也是遗产保护领域最高规格的国际会议。7月16日，第44届世界遗产大会在国家历史文化名城福州开幕。国家主席习近平向第44届世界遗产大会致贺信。该届大会是教科文组织历史上首次以在线形式审议世界遗产议题，通过《福州宣言》。7月31日晚，大会闭幕。

2021 年 7 月 15 日，“有福之州迎世遗”主题灯光秀在闽江两岸上演。1500 架无人机组成的方阵在空中演绎中国巨龙、万里长城及福建世界遗产元素、福州代表性文化符号、第 44 届世界遗产大会会徽等（陈捷阳 摄）

2021 年 7 月 16 日，第 44 届世界遗产大会在福州开幕（陈 暖 摄）

2021年7月17日，第44届世界遗产大会“世遗林·碳中和”植树活动在梁厝特色历史文化街区举行　（陈暖　摄）

2021年7月17日，“寻梦·坊巷”沉浸式演艺活动在三坊七巷上演　（林双伟　摄）

2021年7月19日，联合国教科文组织世界遗产中心主任梅希蒂尔德·罗斯勒在“世界遗产保护管理能力建设——迈向未来的中非合作”主题边会致辞（张旭阳　摄）

2021年7月26日，世界自然遗产与自然保护地协同保护主题边会在福州召开　（叶义斌　摄）

2021年7月31日，第44届世界遗产大会在福州闭幕　（陈暖　摄）

民生福祉

2021 年，福州各级财政用于民生支出 740 亿元，占一般公共预算支出的 79.9%。完成为民办实事项目 59 件。新改扩建核酸检测基地 3 个，接种新冠疫苗 1565 万剂次，建成市重大疫情综合管理系统。市疾控中心新址等 20 个重点医疗卫生项目加快建设。新改扩建公办幼儿园 28 所、中小学 20 所，新组建教育集团 32 个。智慧健康养老服务平台投入运营，6 个社区（村）获评全国首批示范性老年友好型社区。扫黑除恶专项斗争长效机制健全完善，获评平安中国建设示范市。鼓楼获评国家智能社会治理综合实验基地。国家食品安全示范城市创建工作深入开展。

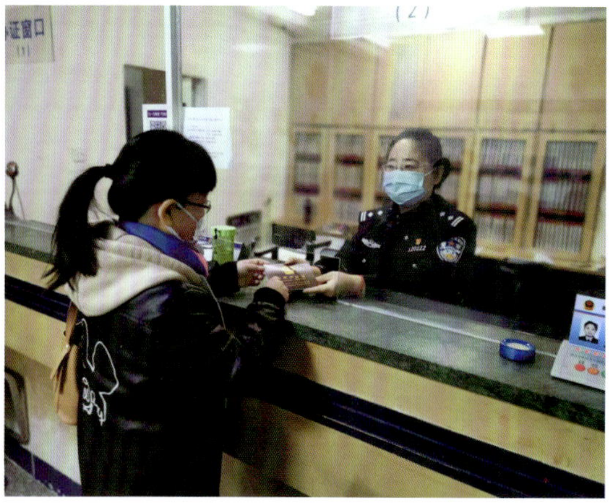

2021 年 1 月 1 日，福州全面放开落户限制。不设学历、年龄、就业创业限制，实现落户“零门槛”；全面放开亲属投靠条件，实现投靠“零门槛”。图为市民领取派出所集体户落户户口单页（市公安局 供图）

2020 年 3 月 3 日，晋安新店镇“精准助农”新时代文明实践志愿服务项目获评全国最佳志愿服务项目 （朱榕 摄）

2021 年 10 月 11 日，商务部公布全国首批 30 家一刻钟便民生活圈试点地区名单，福州市入选。图为军门社区内一刻钟便民生活圈 （叶义斌 摄）

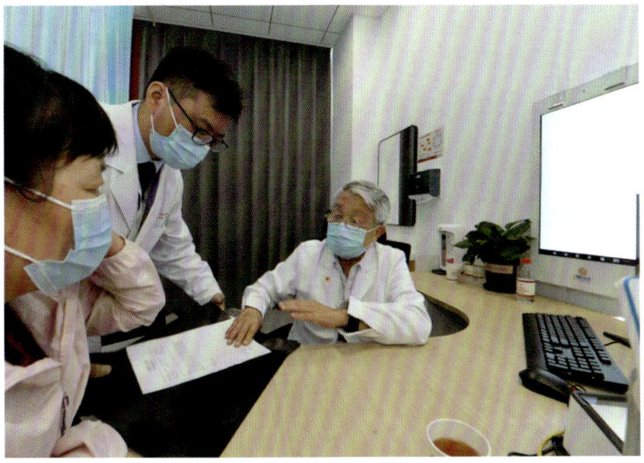

2021 年 5 月 1 日，“国家区域医疗中心、复旦大学附属华山医院福建医院、福建医科大学附属第一医院”在福州滨海新城开诊。图为周良辅（右）院士接诊患者

（池远 摄）

2021 年 11 月 19 日，福建省妇产医院开诊，与福建省妇幼保健院、上海交通大学医学院附属上海儿童医学中心（福建省儿童医院）实现三院协同、医疗资源共享

（林双伟 摄）

2021 年 12 月 28 日，福建医科大学附属第一医院奥体院区开诊 （石美祥 摄）

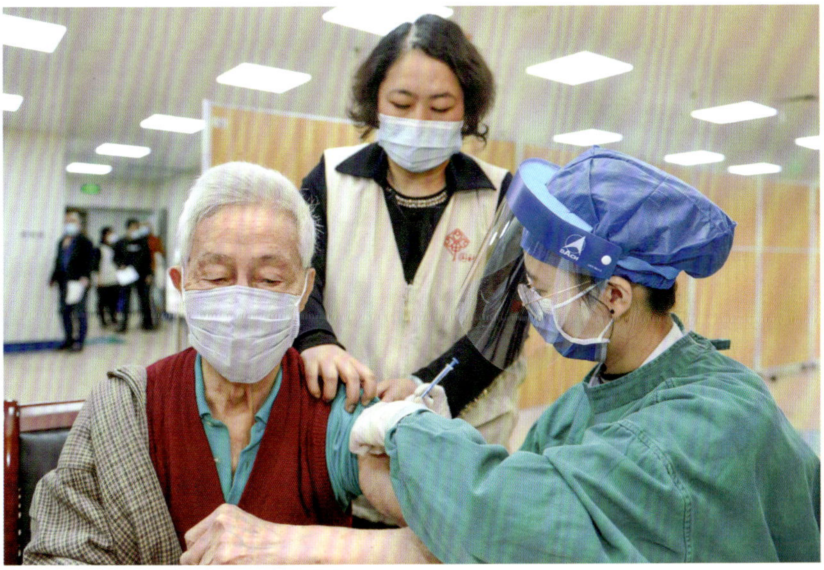

2021 年 7 月 1 日起，福建省全面启动 60 岁以上老年人新冠疫苗接种工作，并对 18—59 岁未接种人群查缺补种。图为鼓楼区华大街道老年人接种新冠疫苗

（石美祥 摄）

2021 年 3 月 30 日，福州市引进全国知名教育品牌举办的第一所公办基础教育学校——清华附中福州学校揭牌，将按照清华附中本部的管理模式和育人模式进行管理。图为清华附中福州学校学生代表演唱校歌（张人峰 摄）

2021 年 8 月 30 日，福州教育学院附属第二小学晋安校区举行揭牌仪式，晋安区迎来首所市属小学（叶诚 摄）

2021 年 11 月 30 日，福州市教育局发布《福州市教育局关于实施“六年一户学位”政策的通知》，决定在“片内生”政策的基础上，实施“六年一户学位”（一套房产六年内提供一户家庭学位）政策。图为乌山小学一年级小朋友展示入学纪念封（石美祥 摄）

2021 年 10 月 11 日，鼓楼区国家智能社会治理实验基地（综合基地）获授牌。图为鼓楼智脑指挥中心　（池远 摄）

2021 年 12 月 15 日，平安中国建设表彰大会在北京举行，福州市获评平安中国建设示范市，鼓楼区获评平安中国建设示范县，福州市委政法委获评平安中国建设先进集体。图为福州交警铁骑护航数字中国建设峰会（市委政法委 供图）

生态榕城

2021年，福州是全省唯一城区空气优良天数比例100%的城市。更新造林总面积4683.47公顷，新增1300.6公顷。建成区新增绿地面积1264.77公顷，全市新增公园绿地面积198.48公顷。实施生态文明体制改革重点任务17项，创新“无人机飞检＋大气巡查员巡察”的扬尘污染整治新模式，发出扬尘污染整改通知346份。畜禽粪污资源化利用率达96.97%，规模养殖场粪污处理设施装备配套率100%。全面完成3266家散乱污企业整治任务。建成全国首个碳中和工业园区“福建三峡海上风电国际产业园”，并入选生态环境部评选的2021年绿色低碳典型案例。三江口生态公园开园。

2021年5月28日，北京绿色交易所向福建三峡海上风电国际产业园颁发“碳中和”证书，该产业园成为全国首个实现“碳中和”的工业园区。图为福建三峡海上风电国际产业园 （林双伟 摄）

2021年7月，作为国家级生态区、全省首批全域生态旅游示范区，福山郊野公园进行智慧化升级。图为福山郊野公园 （池远 摄）

2021 年 10 月，福清瑞岩山获批为国家 AAAA 级旅游景区。图为瑞岩山风景区　　（林双伟 摄）

2021 年 6 月 16 日，晋安湖调蓄工程开闸汇水，晋安湖公园一期开园　（陈暖 摄）

2021 年 7 月 1 日，旗山湖公园节制闸下闸蓄水，主要区域对外开放　（林双伟 摄）

生态榕城

2021 年 9 月 30 日，福州三江口生态公园开园（池远 摄）

礼赞讴歌

为庆祝中国共产党百年华诞，福州市社会各界以学党史、办实事，举办音乐会、文艺晚会、书画笔会、电视宣讲等丰富多彩的方式，向伟大的中国共产党献礼。

庆祝中国共产党成立100周年
The 100th Anniversary of the Founding of The Communist Party of China

2021 年 6 月 28 日，福州市庆祝中国共产党成立 100 周年暨“两优一先”表彰大会召开　（张人峰 摄）

2021年6月5日，“百年辉煌——庆祝中国共产党成立100周年文艺晚会”在福州市工人文化宫举行　（张人峰 摄）

2021 年 4 月 7 日，党史学习教育福建省委宣讲团福州专场报告会举行（叶义斌 摄）

2021 年 6 月 29 日，福州市鼓楼区东街街道军门社区党委书记林丹获颁“七一勋章”。图为林丹参加座谈（张人峰 摄）

2021 年 5 月 20 日，“点亮红七月”主题活动在福州三坊七巷启动，现场公布福州“百家红色文化传播基地”并举行授牌仪式。图为启动仪式（叶诚 摄）

2021 年 6 月，为讴歌党的百年华诞，福州市文旅局推出 13 条“初心如磐逐梦行”红色经典旅游线路，方便市民假期出游，重走革命之路。图为“闽江游”红船（池远 摄）

2021 年 6 月 11 日，“永远跟党走——福州市庆祝中国共产党成立 100 周年音乐会”在海峡文化艺术中心举行（张人峰 摄）

数字福州
2021

年末常住总人口

842 万人

城镇化率

73%

森林覆盖率

58.41%

地区生产总值

11324.48 亿元

一般公共预算总收入

1250.26 亿元

社会消费品零售总额

4549.41 亿元

进出口总额

3321.5 亿元

城镇居民人均可支配收入

53421 元

农村居民人均可支配收入

25201 元

第一产业增加值：637.03 亿元

第二产业增加值：4289.8 亿元

第三产业增加值：6397.66 亿元

工业增加值：2758.62 亿元

三次产业比例：5.6 ： 37.9 ： 56.5

出口总额：2200.6 亿元

进口总额：1121 亿元

新批外资项目：467 个

金融机构年末存款余额（本外币）：19117.34 亿元

金融机构年末贷款余额（本外币）：21484.13 亿元

一般公共预算收入：749.85 亿元

一般公共预算支出：925.73 亿元

在岗职工年平均工资：108133 元

城镇居民人均消费支出：35664 元

农村居民人均消费支出：20911 元

高等院校数：34 所

高等院校在校学生数：428523 人

卫生机构数：4852 个

卫生机构床位数：42934 张

卫生技术人员数：70589 人

• 数据来自《福州统计年鉴—2022》

总 目

类 目	页 码
特 载	1
专 文	14
大事记	23
市情概貌	31
中国共产党福州市委员会	43
福州市人民代表大会	58
福州市人民政府	69
中国人民政治协商会议福州市委员会	83
纪检监察	88
民主党派和工商联	90
群众团体	99
法 治	110
军 事	124
应急管理	127
外事 侨务 台港澳事务	133
自然资源管理	138
生态环境保护	141
经济管理	145
市场监督管理	150
财政 税务	162
农业 农村	168
工 业	180
建筑业 房地产业	191
商贸流通与服务业	194
金融业	204
信息业	225
旅游业	231
对外及对台港澳经济贸易	237
经济协作 脱贫攻坚成果巩固	241
新区 自贸区	243
园区建设	246
城乡建设与管理	254
交通 邮政	261
口岸管理	270
科学技术	276
社会科学	293
教 育	298
文 化	315
历史文化名城	332
卫生健康	341
体 育	346
社会生活	352
县（市）区	362
人 物	390
附 录	400
索 引	442

目 录

特 载

中共福州市委关于深刻领会党的百年奋斗重大成就和历史经验，汇聚加快建设现代化国际城市强大精神动力的决定……（1）
弘扬伟大建党精神　做大做优做强省会加快建设现代化国际城市……（3）
政府工作报告……（6）

专 文

福州市深入开展党史学习教育综述……（14）
福州市深入开展“我为群众办实事”实践活动综述……（15）
加快建设现代化国际城市……（16）

大事记

1月……（23）
2月……（23）
3月……（24）
4月……（24）
5月……（25）
6月……（25）
7月……（26）
8月……（26）
9月……（26）
10月……（27）
11月……（28）
12月……（29）

市情概貌

自然资源……（31）
地理位置……（31）
地形地貌……（31）
土地资源……（31）
矿产资源……（31）
海洋资源……（31）
水资源……（31）
林业资源……（31）
气　候……（31）
概况……（31）
气温……（32）
雨量……（32）
表1 2021年福州市各县（市）区平均气温、雨量、日照评价一览表……（33）
日照时数……（33）
寒潮和强冷空气过程……（33）
强对流天气……（33）
暴雨……（34）
台风……（34）
气象干旱……（35）
高温……（35）
秋寒……（35）
行政区划　人口……（35）
行政区划……（35）
常住人口……（35）
表2 2021年福州市县（市）区行政区划一览表……（36）
户籍人口……（36）
人口自然变动……（36）
人口机械变动……（36）
民族　宗教……（36）
民族……（36）
宗教……（37）
国民经济和社会发展情况……（37）

概况 …………………………………………………………… (37)
表 3　2021 年福州市区居民消费价格比上年涨跌幅度表 …………………………………………………… (37)
农业 …………………………………………………………… (37)
表 4　2021 年福州市主要农产品产量一览表 ………… (38)
表 5　2021 年福州市规模以上工业企业主要工业产品产量一览表 …………………………………………………… (38)
工业 …………………………………………………………… (38)
建筑业 ………………………………………………………… (38)
服务业 ………………………………………………………… (39)
表 6　2021 年福州市各种运输方式完成运输量情况表 …… (39)
国内贸易 ……………………………………………………… (39)
固定资产投资 ………………………………………………… (40)
对外经济 ……………………………………………………… (40)
表 7　2021 年福州市分行业固定资产投资情况表 …… (40)
表 8　2021 年福州市房地产开发和销售主要指标及其增长情况表 …………………………………………………… (40)
财政 …………………………………………………………… (41)
金融 …………………………………………………………… (41)
居民收入消费 ………………………………………………… (41)
表 9　2021 年福州市对主要国家和地区进出口情况表 …… (41)
表 10　2021 年福州市全部金融机构本外币存贷款情况表 …………………………………………………… (41)
社会保障 ……………………………………………………… (42)
科学技术 ……………………………………………………… (42)
教育 …………………………………………………………… (42)
文化 …………………………………………………………… (42)
旅游 …………………………………………………………… (42)
卫生健康 ……………………………………………………… (42)
体育 …………………………………………………………… (42)
资源与环境 …………………………………………………… (42)
安全生产 ……………………………………………………… (42)

中国共产党福州市委员会

重要会议 …………………………………………………… (43)
概况 …………………………………………………………… (43)
市委农村工作会议 …………………………………………… (43)
市纪委十一届六次全会 ……………………………………… (43)
全市党史学习教育动员大会 ………………………………… (43)
全市领导干部大会 …………………………………………… (43)
加快建设现代化国际城市推进会暨一季度经济形势分析会 …………………………………………………… (43)
第 44 届世界遗产大会筹备工作动员部署会 ………… (43)
市委十一届十四次全会 ……………………………………… (43)
全市上半年经济形势分析会 ………………………………… (44)
全市政法队伍教育整顿总结大会 …………………………… (44)
福州市新一届县乡领导班子思想政治建设培训会暨“攻坚 120 天”专项行动动员部署会 ………………………… (44)
中国共产党福州市第十二次代表大会 ……………… (44)
全市三季度经济形势分析视频会议 ………………… (44)
福州都市圈建设推进会 ……………………………………… (44)
市委经济工作会议 …………………………………………… (44)
中共福州市委十二届二次全会 ……………………………… (44)
福州市企业家大会 …………………………………………… (44)
组织工作 …………………………………………………… (45)
概况 …………………………………………………………… (45)
一线考核干部 ………………………………………………… (45)
县乡领导班子换届 …………………………………………… (45)
干部教育培训 ………………………………………………… (45)
干部监督管理 ………………………………………………… (45)
党的建设制度改革 …………………………………………… (45)
公务员管理 …………………………………………………… (45)
人才队伍建设 ………………………………………………… (46)
基层党组织建设 ……………………………………………… (46)
党员队伍建设 ………………………………………………… (46)
宣传工作 …………………………………………………… (46)
概况 …………………………………………………………… (46)
理论工作 ……………………………………………………… (47)
新闻宣传 ……………………………………………………… (47)
党史学习教育 ………………………………………………… (47)
统一战线工作 ……………………………………………… (47)
概况 …………………………………………………………… (47)
多党合作和政治协商 ………………………………………… (47)
民族宗教工作 ………………………………………………… (47)
新的社会阶层人士和党外知识分子统战工作 ………… (47)
非公有制经济工作 …………………………………………… (47)
福州光彩事业 ………………………………………………… (48)
党外代表人士队伍建设 ……………………………………… (48)
精神文明建设 ……………………………………………… (48)
概况 …………………………………………………………… (48)
文明城市建设 ………………………………………………… (48)
公民道德教育 ………………………………………………… (48)
农村精神文明建设 …………………………………………… (48)
志愿服务 ……………………………………………………… (48)
未成年人思想道德教育 ……………………………………… (49)
机关党的工作 ……………………………………………… (49)
概况 …………………………………………………………… (49)
机关政治建设 ………………………………………………… (49)
机关思想建设 ………………………………………………… (49)
机关庆祝中国共产党成立百年活动 ………………………… (49)
机关党史学习教育 …………………………………………… (50)
机关作风建设 ………………………………………………… (50)
机关基层组织建设 …………………………………………… (50)
机关党风廉政建设 …………………………………………… (50)
机关精神文明建设 …………………………………………… (50)
机关群团工作 ………………………………………………… (50)
机构编制 …………………………………………………… (51)

概况……（51）
重点领域管理体制改革……（51）
机构编制资源配置优化……（51）
机构编制管理监督……（51）
事业单位登记管理服务……（51）
信访工作……（52）
概况……（52）
信访工作制度改革……（52）
信访查核……（52）
矛盾纠纷排查化解工作……（52）
领导接访活动……（52）
老干部工作……（52）
概况……（52）
待遇保障……（52）
老年大学建设……（52）
关心下一代工作……（52）
党校工作……（53）
概况……（53）
教学工作……（53）
科研咨政工作……（53）
政策研究……（53）
概况……（53）
重大思路谋划……（53）
文稿起草……（54）
调研成果转化……（54）
保密工作……（54）
概况……（54）
保密管理……（54）
保密宣传教育……（54）
保密监督检查……（54）
保密技术防护……（54）
党史和地方志研究……（55）
概况……（55）
党史宣传教育工作……（55）
口述史工作……（55）
志书编纂出版工作……（55）
年鉴编纂出版工作……（56）
党史方志资料馆建设……（56）
革命遗址遗迹普查工作……（56）
史志期刊出版……（56）
史志新媒体建设……（56）
档案工作……（56）
概况……（56）
档案监督管理……（56）
档案资源建设……（56）
档案服务工作……（56）
档案宣传工作……（57）
档案馆库建设……（57）

福州市人民代表大会

综　述……（58）
概况……（58）
立法工作……（58）
人事任免……（58）
表 11　2021 年福州市人大常委会、政府、监委副职以上和“两院”正职领导选举任免情况表……（58）
表 12　2021 年福州市人大常委会组成人员和办事机构、工作机构负责人选举任免情况……（59）
表 13　2021 年福州市人民政府工作部门主要负责人决定任免情况表……（59）
重要会议及决议决定……（60）
福州市第十五届人民代表大会第五次会议……（60）
福州市第十五届人民代表大会第六次会议……（61）
福州市十五届人大常委会会议……（61）
福州市人民代表大会关于动员全市人民坚持“3820”战略工程思想精髓　加快建设现代化国际城市的决议……（62）
福州市人民代表大会常务委员会关于开展评议基层单位工作的决定……（62）
福州市人民代表大会常务委员会关于同意福州市长乐区人民政府驻地迁移的决定……（63）
福州市人民代表大会常务委员会关于全面提升城乡饮用水水质、逐步推进高品质饮用水建设的决定……（63）
福州市人民代表大会常务委员会关于开展第八个五年规划法治宣传教育的决议……（63）
监督工作……（63）
工业（产业）园区标准化建设专题询问……（63）
新区新城建设专题询问审议意见研究处理情况满意度测评……（63）
《福州市城市内河管理办法》实施的审议意见研究处理情况满意度测评……（63）
法律法规实施情况检查……（63）
听取和审议“一府两院”专项工作报告……（64）
代表工作……（67）
议案办理……（67）
代表建议办理……（68）

福州市人民政府

重要会议及活动……（69）
市政府常务会议……（69）
“亿元惠榕城·舒心跨年购”活动……（74）
中国侨商联合会与福州市对接座谈会……（74）
福州·定西缔结友好城市座谈会……（74）
第四届数字中国建设峰会……（74）
第四届 21 世纪海上丝绸之路博览会暨第二十三届海峡两岸经贸交易会投资促进大会……（74）

首届“福茶行天下”大会召开……（74）
2021世界遗产青年论坛开幕……（74）
中华龙碑雕塑落成揭幕仪式……（74）
第44届世界遗产大会开幕……（74）
三江口生态公园正式开园……（74）
2021年国家网络安全宣传周福建省活动开幕……（74）
福州市与美国檀香山市在线签署建立友好城市关系协议书……（74）
第七届“海上丝绸之路”（福州）国际旅游节……（74）
第八届丝绸之路国际电影节……（74）
第十二届新福州人集体婚礼……（74）
政务督查……（75）
概况……（75）
领导批办件督查……（75）
人大代表建议督查……（75）
政协委员提案督查……（75）
机关效能建设……（75）
概况……（75）
效能督查……（75）
绩效考核……（75）
政务公开……（75）
概况……（75）
政府信息主动公开……（76）
政府信息依申请公开……（76）
政府信息公开管理……（76）
政府信息公开平台建设……（76）
政务公开监督保障……（76）
表14 2021年福州市主动公开政府信息情况表……（76）
表15 2021年福州市收到和处理政府信息公开申请情况表……（77）
表16 2021年福州市政府信息公开行政复议、行政诉讼情况表……（78）
行政（市民）服务……（78）
概况……（78）
政务服务标准化……（78）
互联网+政务服务……（78）
政务服务便利化……（78）
公共资源交易……（78）
机关事务管理……（78）
概况……（78）
公共机构节能……（79）
办公用房管理……（79）
公务车辆管理……（79）
重要会议保障……（79）
集中办公区平安建设……（79）
机关事务数字化建设……（79）
人事人才工作……（79）
概况……（79）
人才工作……（79）
事业单位人事管理……（80）
专业技术人员管理……（80）
毕业生就业管理……（80）
工资收入分配制度改革……（81）
退休干部管理服务……（81）
发展研究……（81）
概况……（81）
重点课题调研……（81）
政策咨询服务……（81）
福州市人民政府驻北京联络处……（81）
概况……（81）
招商引资……（81）
公务保障……（81）
福州市人民政府驻上海办事处……（81）
概况……（81）
招商引资……（82）
联络接待……（82）
信息调研及报送……（82）
服务在沪榕籍乡亲及企业……（82）
福州市人民政府驻深圳（广州）办事处……（82）
概况……（82）
招商引资……（82）
接待保障……（82）
商会服务……（82）
信息联络……（82）

中国人民政治协商会议福州市委员会

综　述……（83）
概况……（83）
政协委员服务管理……（83）
提案工作……（83）
重要会议……（83）
政协第十三届福州市委员会第五次会议……（83）
市政协十三届常委会会议……（83）
协商议政……（85）
全体会议协商……（85）
常委会会议协商……（85）
专题协商……（85）
对口（界别）协商……（85）
政协协商议政质量评价工作办法……（85）
政协协商与基层协商相衔接……（85）
民主监督……（86）
概况……（86）
政协监督……（86）
党派团体委员协商监督……（86）
文史资料和宣传信息……（86）

文史资料征编 …… (86)
宣传和信息编报 …… (86)
交流联谊 …… (86)
凝聚共识平台拓展 …… (86)
台港澳交流联谊 …… (87)
民族宗教委员活动 …… (87)

纪检监察

综　述 …… (88)
概况 …… (88)
市纪委十一届六次全会 …… (88)
巡察工作 …… (88)
党风廉政建设 …… (88)
概况 …… (88)
作风建设 …… (88)
民生领域执纪执法 …… (89)
反腐败斗争 …… (89)
概况 …… (89)
惩治腐败 …… (89)

民主党派和工商联

中国国民党革命委员会福州市委员会 …… (90)
概况 …… (90)
组织建设 …… (90)
思想理论建设 …… (90)
参政议政 …… (90)
社会服务 …… (90)
榕台交流服务 …… (91)
中国民主同盟福州市委员会 …… (91)
概况 …… (91)
组织建设 …… (91)
思想理论建设 …… (91)
参政议政 …… (91)
社会服务 …… (91)
中国民主建国会福州市委员会 …… (91)
概况 …… (91)
组织建设 …… (92)
思想理论建设 …… (92)
参政议政 …… (92)
社会服务 …… (92)
中国民主促进会福州市委员会 …… (92)
概况 …… (92)
组织建设 …… (93)
思想理论建设 …… (93)
参政议政 …… (93)
社会服务 …… (93)
中国农工民主党福州市委员会 …… (93)
概况 …… (93)
组织建设 …… (93)
思想理论建设 …… (93)
参政议政 …… (94)
社会服务 …… (94)
中国致公党福州市委员会 …… (94)
概况 …… (94)
思想理论建设 …… (94)
参政议政 …… (95)
社会服务 …… (95)
对外交流 …… (95)
九三学社福州市委员会 …… (95)
概况 …… (95)
组织建设 …… (95)
思想理论建设 …… (95)
参政议政 …… (96)
社会服务 …… (96)
台湾民主自治同盟福州市委员会 …… (96)
概况 …… (96)
组织建设 …… (96)
思想理论建设 …… (96)
参政议政 …… (96)
榕台交流活动 …… (97)
社会服务 …… (97)
福州市工商业联合会 …… (97)
概况 …… (97)
参政议政 …… (97)
会员服务 …… (97)
商会建设 …… (98)
社会服务 …… (98)
教育培训 …… (98)
民营企业家慰问 …… (98)
“福州市企业家之家”投入使用 …… (98)

群众团体

福州市总工会 …… (99)
概况 …… (99)
基层工会建设 …… (99)
职工劳动竞赛 …… (99)
职工创新创业创造 …… (99)
职工教育培训 …… (99)
职工帮扶服务 …… (100)
中国共产主义青年团福州市委员会 …… (100)
概况 …… (100)
团组织建设 …… (100)
“好年华，聚福州”研学活动 …… (100)
青年志愿者服务 …… (100)
两岸青年交流活动 …… (100)

中长期青年发展规划 …………………………………（101）
青少年权益维护 ……………………………………（101）
共青团基层组织改革试点……………………………（101）
福州市妇女联合会 ………………………………（101）
概况……………………………………………………（101）
创业创新巾帼行动 …………………………………（101）
巾帼脱贫攻坚行动 …………………………………（101）
巾帼志愿服务 ………………………………………（101）
家庭文明建设 ………………………………………（101）
妇女儿童合法权益维护 ……………………………（102）
特殊困境儿童关爱 …………………………………（102）
福州市科学技术协会……………………………（102）
概况……………………………………………………（102）
校地合作………………………………………………（102）
院士（专家）工作站建设……………………………（102）
“科创中国”试点城市建设…………………………（102）
全民科学素质普及 …………………………………（102）
科普基地建设 ………………………………………（102）
福州科技馆新馆建设 ………………………………（102）
科普宣传………………………………………………（102）
科普活动………………………………………………（103）
科普助力乡村振兴 …………………………………（103）
科普学术交流活动 …………………………………（103）
科技人才工作 ………………………………………（103）
福州市文学艺术界联合会………………………（103）
概况……………………………………………………（103）
文艺活动………………………………………………（103）
文艺交流………………………………………………（104）
文艺惠民………………………………………………（104）
福州市归国华侨联合会…………………………（104）
概况……………………………………………………（104）
组织建设………………………………………………（104）
参政议政………………………………………………（104）
招商引资引智 ………………………………………（104）
侨胞权益保护 ………………………………………（105）
联络联谊………………………………………………（105）
福州市台湾同胞联谊会…………………………（105）
概况……………………………………………………（105）
联谊交流………………………………………………（105）
参政议政………………………………………………（106）
台湾会馆………………………………………………（106）
福州市残疾人联合会……………………………（106）
概况……………………………………………………（106）
残疾人扶助政策 ……………………………………（106）
残疾人社会保障 ……………………………………（106）
残疾人脱贫成果 ……………………………………（107）
残疾人康复服务 ……………………………………（107）
残疾人辅具服务 ……………………………………（107）
残疾人就业创业服务 ………………………………（107）
残疾人及残疾人子女教育保障………………………（107）
残疾人权益保障 ……………………………………（107）
残疾人公共文化服务 ………………………………（108）
残疾人无障碍环境建设 ……………………………（108）
残疾人数据收集和统计 ……………………………（108）
福州市红十字会 …………………………………（108）
概况……………………………………………………（108）
应急救援………………………………………………（108）
人道救助………………………………………………（108）
生命救援工程 ………………………………………（109）
救护培训………………………………………………（109）
调研交流………………………………………………（109）
福州市慈善总会 …………………………………（109）
概况……………………………………………………（109）
福州市军人关爱基金 ………………………………（109）
慈善情暖万家慰问活动 ……………………………（109）
慈善医疗救助 ………………………………………（109）
结对帮扶………………………………………………（109）

法　治

人大立法 …………………………………………（110）
概况……………………………………………………（110）
福州市寿山石雕刻技艺保护规定……………………（110）
福州市历史文化名城保护条例………………………（110）
福州市居家养老服务条例……………………………（110）
福州市脱胎漆器技艺保护规定………………………（110）
福州市闽剧保护规定 ………………………………（110）
福州市软木画技艺保护规定…………………………（110）
福州市户外广告设置管理办法………………………（110）
福州市城市房屋产权产籍管理办法（废止） ………（110）
政法与综治 ………………………………………（110）
概况……………………………………………………（110）
经济社会发展服务保障 ……………………………（111）
社会安定稳定维护 …………………………………（111）
平安福州建设 ………………………………………（111）
政法领域改革 ………………………………………（111）
政法队伍教育整顿 …………………………………（111）
扫黑除恶专项斗争 …………………………………（111）
法治政府建设 ……………………………………（111）
概况……………………………………………………（111）
地方立法………………………………………………（111）
行政复议………………………………………………（112）
行政执法监督 ………………………………………（112）
规范性文件备案审查 ………………………………（112）
公　安………………………………………………（112）
概况……………………………………………………（112）
刑事犯罪侦查 ………………………………………（113）
经济犯罪侦查 ………………………………………（113）

禁毒工作 …… (114)
巡特警工作 …… (114)
出入境管理 …… (114)
公安法治 …… (114)
社会治安管理 …… (115)
社区警务 …… (115)
网络安全监察 …… (116)
道路交通管理 …… (116)
海上边防与打击走私 …… (117)
森林公安 …… (117)
“110”指挥中心 …… (117)
监所管理 …… (117)
公安科技信息通信建设 …… (117)
检　察 …… (118)
概况 …… (118)
刑事检察 …… (118)
司法活动监督 …… (118)
监督渠道畅通 …… (119)
法　院 …… (119)
概况 …… (119)
刑事审判 …… (119)
民商事审判 …… (119)
行政审判 …… (119)
涉外审判 …… (119)
涉台审判 …… (120)
知识产权审判 …… (120)
生态案件审判 …… (120)
司法便民措施 …… (120)
案件执行 …… (120)
司法改革 …… (120)
智慧法院建设 …… (120)
审判管理监督 …… (120)
司法公开 …… (120)
司法行政 …… (120)
概况 …… (120)
公共法律服务 …… (121)
人民调解 …… (121)
社区矫正 …… (121)
安置帮教 …… (121)
医患纠纷调解处置 …… (121)
普法工作 …… (121)
律师工作 …… (122)
公证工作 …… (122)
法律援助 …… (122)
行政审批 …… (122)
司法鉴定 …… (122)
法律职业资格考试 …… (122)
仲　裁 …… (122)
概况 …… (122)
表17 2021年福州仲裁委员会受理数量居前十位的案件类型一览表 …… (122)
表18 2021年福州仲裁委员会涉案标的排名前十位的案件类型一览表 …… (123)
仲裁、调解协调机制建设 …… (123)
仲裁、诉讼衔接机制建设 …… (123)
仲裁信息化建设 …… (123)
仲裁服务 …… (123)

军　事

征兵工作 …… (124)
概况 …… (124)
征兵宣传 …… (124)
廉洁征兵 …… (124)
民兵工作 …… (124)
概况 …… (124)
民兵政治教育 …… (124)
民兵组织整顿 …… (124)
民兵训练 …… (124)
国防动员 …… (124)
概况 …… (124)
国防教育宣传 …… (125)
后勤保障建设 …… (125)
双拥共建 …… (125)
概况 …… (125)
抢险救灾 …… (125)
文明共建 …… (125)
退役军人事务 …… (125)
概况 …… (125)
优抚褒扬 …… (125)
移交安置与就业创业 …… (125)
军休服务管理 …… (125)
人民防空 …… (126)
概况 …… (126)
指挥通信建设 …… (126)
人防工程建设 …… (126)
人防宣传教育 …… (126)

应急管理

综　述 …… (127)
概况 …… (127)
应急管理基础建设 …… (127)
应急力量统筹整合 …… (127)
安全生产监督管理 …… (127)
概况 …… (127)
道路交通安全综合整治 …… (127)
重点行业领域专项整治 …… (128)

安全生产检查……（128）
安全生产宣传教育……（128）
消防专项集中整治……（128）
“散乱污”整治攻坚战……（128）
“红橙黄蓝”安全风险分级分类管控……（128）
企业安全生产标准化提升活动……（129）
首次全市自然灾害综合风险普查……（129）
防汛抗旱……（129）
概况……（129）
防汛抗台风……（129）
抗旱……（129）
防汛预警与安全检查……（130）
防汛抢险队伍建设……（130）
防震减灾……（130）
概况……（130）
地震监测预报……（130）
地震灾害防御……（130）
综合减灾示范社区……（130）
防震减灾宣传……（130）
地震应急救援……（130）
地震应急避难场所……（130）
消防救援……（130）
概况……（130）
消防检查……（131）
基层消防防控……（131）
消防安全宣传……（131）
火灾与救援案例……（131）

外事　侨务　台港澳事务

外　事……（133）
概况……（133）
使领馆官员团组访问福州……（133）
经贸文化交流……（133）
国际友城交流……（134）
因公出国（境）管理……（135）
城市多边对外交流……（135）
福州国际友城文化节……（135）
第44届世界遗产大会召开……（136）
福州市翻译协会成立……（136）
福州市对外友协第二届理事会成立……（136）
侨　务……（136）
概况……（136）
侨务招商引资……（136）
侨界联谊……（136）
侨务活动……（136）
归侨侨眷权益维护……（136）
台湾事务……（136）
概况……（136）
榕台经贸合作……（136）
榕台文化交流……（137）
海峡青年节……（137）
台湾青年就业创业……（137）
榕台媒体交流……（137）
台胞权益保障……（137）
港澳事务……（137）
概况……（137）
榕港澳交流……（137）

自然资源管理

耕地开发保护……（138）
概况……（138）
耕地保护机制……（138）
耕地补充与改造……（138）
耕作层土壤剥离再利用……（138）
临时用地整改复垦……（138）
土地及矿产资源管理……（138）
概况……（138）
农村住宅管理……（138）
土地出让与供应……（138）
基准地价编制……（138）
批而未供和闲置土地处置……（138）
机制砂矿山采矿权出让……（138）
不动产登记……（138）
自然资源执法监察……（139）
概况……（139）
农村乱占耕地建房问题专项整治……（139）
卫片执法……（139）
土地例行督察……（139）
测绘管理……（139）
概况……（139）
数码航拍……（139）
测绘技术规程……（139）
数字县域框架建设……（139）
“多测合一”管理……（139）
国土调查监测……（139）
概况……（139）
国土调查……（139）
国土年度变更调查……（139）
地质灾害防治……（139）
概况……（139）
地质灾害防范体系……（139）
地质灾害调查与培训演练……（139）
地质灾害治理……（140）
海洋管理……（140）
概况……（140）
海洋资源……（140）

用海管理…………（140）
海洋规划…………（140）
自然资源行政管理…………（140）
概况…………（140）
自然资源行政审批…………（140）
项目用地储备库建设…………（140）
自然资源投诉信访与议案办理…………（140）

生态环境保护

综　述…………（141）
概况…………（141）
大气环境…………（141）
表 19　2021 年福州市各县（市）区环境空气指标一览表…………（142）
水环境…………（142）
海洋环境…………（142）
声学环境…………（142）
生态保护区…………（142）
环境监察整治…………（142）
概况…………（142）
大气污染整治…………（143）
污染减排…………（143）
水环境综合整治…………（143）
固体废弃物处置…………（143）
土壤污染防治…………（143）
近岸海域环境整治…………（143）
环保专项整治…………（143）
环境安全…………（143）
生态环保督察…………（144）
环境监测与科研…………（144）
概况…………（144）
环境监测…………（144）
环保信息化建设…………（144）
环保科研…………（144）
环保机制创新…………（144）
环保宣教与投诉受理…………（144）
概况…………（144）
环保宣传教育…………（144）
环保信访办理…………（144）

经济管理

宏观经济管理…………（145）
概况…………（145）
经济政策制定…………（145）
规划编制…………（145）
产业发展…………（145）
经济社会事业体制改革…………（145）
生态建设体制改革…………（145）
社会信用体系建设…………（145）
区域经济…………（146）
价格管理…………（146）
固定资产投资…………（146）
概况…………（146）
新型城镇化建设…………（146）
项目投资…………（146）
重大项目…………（146）
国有资产管理…………（146）
概况…………（146）
国企改革…………（146）
国资履职监管…………（146）
国有资本运营…………（146）
审　计…………（147）
概况…………（147）
重大政策措施落实情况跟踪审计…………（147）
财政收支审计…………（147）
公用经费审计…………（147）
固定资产投资审计…………（147）
民生资金和资源环境审计…………（147）
经济责任和自然资源资产审计…………（147）
审计信息采编…………（147）
审计信息化建设…………（148）
审计整改…………（148）
内部审计…………（148）
审计学会…………（148）
统计与调查…………（148）
概况…………（148）
人口普查公报发布…………（148）
常规调查…………（148）
专项调查…………（148）
统计机制创新…………（148）
统计改革…………（149）
统计法治建设…………（149）

市场监督管理

综　述…………（150）
概况…………（150）
个体经济…………（150）
私营经济…………（150）
内资企业…………（150）
商事制度改革…………（150）
跨区域通办合作…………（150）
营商环境优化…………（151）
自贸区创新保障…………（151）
应急管理与疫情防控…………（151）
概况…………（151）

集中监管仓建设 …………………………………（151）
常态化疫情防控 …………………………………（151）
市场监管宣传报道 ………………………………（152）
市场监管执法 ……………………………………（152）
概况…………………………………………………（152）
工业品质量监督抽查 ……………………………（152）
广告监管 ……………………………………………（152）
企业年报工作 ………………………………………（152）
网络交易监管 ………………………………………（152）
消费投诉举报受理 ………………………………（153）
反不正当竞争 ………………………………………（153）
食品药品监督管理 ………………………………（153）
概况…………………………………………………（153）
食品安全生产监管 ………………………………（153）
食品安全流通监管 ………………………………（153）
餐饮业食品安全监管 ……………………………（153）
网络餐饮监管 ………………………………………（154）
餐饮业专项检查行动 ……………………………（154）
食品药品安全检测 ………………………………（154）
药品流通监管 ………………………………………（155）
医疗器械监管 ………………………………………（155）
质量监督管理 ……………………………………（156）
概况…………………………………………………（156）
质量提升专项行动 ………………………………（156）
质量品牌发展战略 ………………………………（156）
质量强市创建 ………………………………………（156）
质量基础设施“一站式”服务 …………………（156）
标准化管理 …………………………………………（156）
计量服务 ……………………………………………（156）
计量检查 ……………………………………………（157）
计量科普活动 ………………………………………（157）
质量监督抽查 ………………………………………（157）
产品质量安全监督管理 …………………………（157）
特种设备管理 ………………………………………（157）
电梯安全保障体系 ………………………………（158）
“气瓶充装AI智管系统”升级上线……………（158）
检验检测监管 ………………………………………（158）
认证检验检测监管 ………………………………（158）
市场监督法治建设 ………………………………（158）
概况…………………………………………………（158）
市场监管普法宣传 ………………………………（158）
市场监管执法监督 ………………………………（159）
市场监管行政案件执法 …………………………（159）
价格监督管理 ………………………………………（159）
校外培训机构收费检查 …………………………（159）
粮食市场秩序专项整治 …………………………（159）
知识产权管理 ……………………………………（159）
概况…………………………………………………（159）
知识产权培育申报 ………………………………（159）
知识产权运用 ………………………………………（160）
知识产权保护 ………………………………………（160）
知识产权志愿服务 ………………………………（160）
知识产权宣传培训 ………………………………（160）
知识产权代理服务 ………………………………（160）
消费维权 …………………………………………（161）
概况…………………………………………………（161）
“3·15”国际消费者权益日活动 ………………（161）
商品质量抽检 ………………………………………（161）
消费宣传教育 ………………………………………（161）
社会消费质量检查与维权…………………………（161）

财政　税务

财　政…………………………………………………（162）
概况…………………………………………………（162）
财政保障……………………………………………（162）
经济发展投入 ………………………………………（162）
民生事业投入 ………………………………………（162）
财政预算管理 ………………………………………（162）
政府债务管理 ………………………………………（163）
表20 2021年福州市一般公共预算收支执行情况表……（163）
税　务…………………………………………………（164）
概况…………………………………………………（164）
税费征收……………………………………………（164）
税收法治建设 ………………………………………（164）
货物和劳务税管征 ………………………………（164）
出口退税管理 ………………………………………（164）
企业所得税管征 ……………………………………（164）
个人所得税管征 ……………………………………（164）
财产行为税管征 ……………………………………（164）
社保费和非税收入管理 …………………………（165）
办税缴费服务 ………………………………………（165）
征管基础建设 ………………………………………（165）
国际税收管理 ………………………………………（166）
税收经济分析 ………………………………………（166）
大企业税收管理 ……………………………………（166）
税收风险管理 ………………………………………（166）
税务稽查……………………………………………（166）
表21 2021年福州市税务系统各项税费收入完成情况表…………………………………………（167）

农业　农村

农村建设 …………………………………………（168）
概况…………………………………………………（168）
强农惠农政策 ………………………………………（168）
乡村振兴试点示范建设 …………………………（168）
农村人居环境整治 ………………………………（168）

农业农村改革创新 ……………………………（169）
乡村振兴宣传 ………………………………（169）
农业产业化 ………………………………（169）
概况 …………………………………………（169）
品牌农业 ……………………………………（169）
表22 2021年福州市知名农业品牌一览表 …………（169）
休闲农业 ……………………………………（171）
数字农业 ……………………………………（171）
农业产业化龙头企业 ………………………（171）
表23 2021年福州市国家级农业产业化龙头企业
一览表 ……………………………………（171）
表24 2021年福州市省级农业产业化龙头企业
一览表 ……………………………………（171）
农民合作社 …………………………………（173）
家庭农场 ……………………………………（173）
农产品质量安全监管 ………………………（173）
农业技术推广与服务 ……………………（173）
概况 …………………………………………（173）
农村实用人才 ………………………………（173）
农作物新品种示范推广工程 ………………（173）
农业机械化 …………………………………（173）
农业科研 ……………………………………（173）
种植业 ……………………………………（173）
概况 …………………………………………（173）
粮食生产 ……………………………………（174）
特色农作物 …………………………………（174）
绿色农业生产 ………………………………（174）
林　业 ……………………………………（174）
概况 …………………………………………（174）
林长制 ………………………………………（174）
集体林权制度改革 …………………………（174）
造林绿化 ……………………………………（174）
森林资源保护 ………………………………（174）
林业碳汇工作 ………………………………（174）
林业产业 ……………………………………（175）
林业病害普查 ………………………………（175）
国家森林城市 ………………………………（175）
林业审批服务 ………………………………（175）
畜牧业 ……………………………………（175）
概况 …………………………………………（175）
产业化经营 …………………………………（175）
动物疫病防控 ………………………………（175）
动物卫生监督 ………………………………（175）
畜禽屠宰监管 ………………………………（176）
饲料行业监管 ………………………………（176）
畜禽粪污资源化利用 ………………………（176）
海洋与渔业 ………………………………（176）
概况 …………………………………………（176）
国家海洋经济发展示范区建设 ……………（176）
海洋资源养护 ………………………………（176）
水产养殖业 …………………………………（176）
水产加工业 …………………………………（176）
远洋渔业 ……………………………………（176）
渔业品牌建设 ………………………………（176）
渔业交流合作 ………………………………（177）
渔港建设 ……………………………………（177）
渔业安全生产管理 …………………………（177）
海上疫情管控 ………………………………（177）
渔业生产应急防灾 …………………………（177）
渔业互助保险 ………………………………（177）
水产品质量安全监管 ………………………（177）
渔业综合执法 ………………………………（177）
渔业科技 ……………………………………（177）
水　利 ……………………………………（178）
概况 …………………………………………（178）
重大水利项目 ………………………………（178）
中小河流治理项目 …………………………（178）
安全生态水系项目 …………………………（178）
山洪沟治理项目 ……………………………（178）
农村饮水巩固提升工程 ……………………（178）
水土保持综合治理 …………………………（178）
库区移民 ……………………………………（178）
水利工程除险加固及养护 …………………（178）
水利工程管理 ………………………………（178）
水土保持监督执法 …………………………（179）
水资源管理 …………………………………（179）
水利规划编制 ………………………………（179）
行政审批与行政处罚 ………………………（179）

工　业

综　述 ……………………………………（180）
概况 …………………………………………（180）
表25 2021年福州市新认定工业设计中心一览表 ……（181）
表26 2021年福州市新认定省级企业技术中心
一览表 ……………………………………（181）
表27 2021年福州市新认定市级企业技术中心
一览表 ……………………………………（181）
工业重点项目 ………………………………（181）
工业龙头企业 ………………………………（181）
表28 2021年福州市工业和信息化省级龙头企业
一览表 ……………………………………（182）
中小企业服务 ………………………………（184）
园区建设 ……………………………………（185）
纺织化纤产业 ……………………………（185）
概况 …………………………………………（185）
重点项目建设 ………………………………（185）
企业技术创新 ………………………………（185）

行业技术进步 …… (186)
轻工食品产业 …… (186)
概况 …… (186)
重点项目建设 …… (186)
行业技术进步 …… (186)
机械制造产业 …… (186)
概况 …… (186)
重点项目建设 …… (186)
冶金建材产业 …… (187)
概况 …… (187)
重点项目建设 …… (187)
石油化工产业 …… (187)
概况 …… (187)
重点项目建设 …… (187)
行业技术进步 …… (187)
电力能源产业 …… (187)
概况 …… (187)
重点项目建设 …… (187)
生物医药产业 …… (187)
概况 …… (187)
重点项目建设 …… (188)
企业技术创新 …… (188)
工艺美术品行业 …… (188)
概况 …… (188)
工艺美术人才培养 …… (188)
工艺美术行业重大活动 …… (188)
工艺美术行业交流合作 …… (188)
工艺美术行业传承与保护 …… (188)
电力工业 …… (188)
概况 …… (188)
电力供应 …… (189)
电网建设 …… (189)
新农村电气化建设 …… (189)
电力技术创新 …… (189)
电力安全生产 …… (189)
表 29 2021 年福州地区用电营业户数情况表 …… (189)
表 30 2021 年福州地区全社会用电量情况表 …… (189)
客户服务 …… (190)
企业技术创新 …… (190)
供电服务 …… (190)
城镇集体工业 …… (190)
城镇集体企业改革安置 …… (190)
城镇集体企业服务 …… (190)
城镇集体工业联合社参与疫情防控 …… (190)

建筑业 房地产业

建筑业 …… (191)
概况 …… (191)
装配式建筑 …… (191)
建设工程质量安全监管 …… (191)
地铁工程质量安全监管 …… (191)
工程档案管理 …… (191)
行政许可审批 …… (191)
工程造价管理 …… (191)
房地产开发工程项目监管 …… (192)
房地产业 …… (192)
概况 …… (192)
房地产市场管理 …… (192)
保障性租赁住房 …… (192)
住房保障 …… (192)
房屋征收管理 …… (192)
物业管理 …… (192)
住房公积金管理 …… (192)
不动产交易 …… (193)
不动产登记 …… (193)
表 31 2021 年福州市区（五城区）新建商品房网签销售情况表 …… (193)

商贸流通与服务业

商贸经济 …… (194)
概况 …… (194)
“菜篮子”工程 …… (194)
零售业 …… (194)
表 32 2021 年福州市商超类连锁经营企业一览表 …… (194)
表 33 2021 年福州市特许经营企业一览表 …… (195)
表 34 2021 年福州市中华老字号企业一览表 …… (198)
表 35 2021 年福州市福建老字号企业一览表 …… (199)
表 36 2021 年福州市首批认定的“大众茶馆”试点一览表 …… (200)
物流业 …… (200)
表 37 2021 年福州市 A 级物流企业一览表 …… (200)
会展业 …… (201)
表 38 2021 年福州市举办全国性展会情况表 …… (201)
餐饮业 …… (201)
电子商务 …… (201)
家庭服务业 …… (201)
石油销售 …… (201)
粮油贸易 …… (201)
概况 …… (201)
粮食流通产业 …… (201)
粮食执法监督 …… (202)
粮食市场保供稳价 …… (202)
粮食企业改革 …… (202)
烟草专卖 …… (202)
概况 …… (202)
营销网络建设 …… (202)

专卖市场监管 …………………………………（202）
企业管理 ………………………………………（202）
供销合作 ……………………………………（203）
概况 ……………………………………………（203）
农资供应与农业服务 …………………………（203）
农民专业合作社 ………………………………（203）
流通体系建设 …………………………………（203）
再生资源回收 …………………………………（203）
烟花爆竹经营 …………………………………（203）

金融业

综　述 ……………………………………（204）
概况 ……………………………………………（204）
地方类金融 ……………………………………（204）
金融集聚和创新发展 …………………………（205）
福州市金融控股集团有限公司 ………………（205）
中国人民银行福州中心支行 ………………（206）
概况 ……………………………………………（206）
服务经济建设 …………………………………（206）
金融稳定维护 …………………………………（208）
金融服务与管理 ………………………………（208）
外汇监管服务 …………………………………（209）
银行保险业 …………………………………（209）
概况 ……………………………………………（209）
表 39　2021 年福州银行机构主要经营指标一览表 ……（210）
国家开发银行福建省分行 ……………………（211）
中国进出口银行福建省分行 …………………（211）
中国农业发展银行福建省分行营业部 ………（212）
中国工商银行福州分行 ………………………（212）
中国农业银行福州分行 ………………………（213）
中国银行福州市分行 …………………………（213）
中国建设银行福建省分行 ……………………（214）
交通银行福建省分行 …………………………（215）
中国邮政储蓄银行福州市分行 ………………（215）
兴业银行福州分行 ……………………………（216）
招商银行福州分行 ……………………………（216）
中国光大银行福州分行 ………………………（216）
中信银行福州分行 ……………………………（217）
浦发银行福州分行 ……………………………（217）
广发银行福州分行 ……………………………（217）
福建海峡银行 …………………………………（218）
厦门国际银行股份有限公司福州分行 ………（218）
集友银行有限公司福州分行 …………………（219）
福建省农村信用联合社福州办事处 …………（220）
福州农商银行 …………………………………（220）
兴银理财 ………………………………………（221）
中国人民财产保险股份有限公司福州市分公司 ……（221）
中国人寿保险股份有限公司福州分公司 ……（221）
中国太平洋人寿保险股份有限公司福州中心
支公司 …………………………………………（222）
中国太平洋财产保险股份有限公司福州中心
支公司 …………………………………………（222）
证券期货业 …………………………………（222）
概况 ……………………………………………（222）
上市公司 ………………………………………（222）
场外市场 ………………………………………（222）
证券期货 ………………………………………（222）
债券融资 ………………………………………（223）
基金业 …………………………………………（223）
兴业证券股份有限公司 ………………………（223）
华福证券有限责任公司 ………………………（224）
兴证期货有限公司 ……………………………（224）

信息业

电子信息产业 ………………………………（225）
概况 ……………………………………………（225）
新型显示产业 …………………………………（225）
光电信息产业 …………………………………（225）
软件产业 ………………………………………（225）
两化融合 ………………………………………（225）
物联网产业 ……………………………………（225）
工业互联网 ……………………………………（226）
通信业 ………………………………………（226）
中国电信福州分公司 …………………………（226）
中国移动福州分公司 …………………………（227）
中国联通福州分公司 …………………………（228）
政府信息化建设 ……………………………（229）
概况 ……………………………………………（229）
政务信息化基础设施建设 ……………………（229）
政务信息化应用 ………………………………（229）
政务信息安全 …………………………………（230）
政务信息化重大成果 …………………………（230）
第四届数字中国建设峰会 ……………………（230）

旅游业

综　述 ……………………………………（231）
概况 ……………………………………………（231）
景区建设 ………………………………………（231）
表 40　2021 年福州市 A 级旅游景区一览表 ……（231）
乡村旅游 ………………………………………（233）
旅游奖励政策 …………………………………（233）
旅游项目建设 …………………………………（233）
旅游服务 ……………………………………（233）
概况 ……………………………………………（233）
星级饭店 ………………………………………（233）

表 41　2021 年福州市五星级、四星级饭店一览表 ……（234）
旅行社 ……（234）
导游队伍 ……（234）
旅游市场推广 ……（234）
概况 ……（234）
第七届“海上丝绸之路”（福州）国际旅游节 ……（234）
文旅节庆活动宣传营销 ……（234）
旅游宣传营销 ……（235）
展会营销 ……（235）
智慧旅游服务 ……（235）
福建首个 8K 裸眼 3D 户外电视大屏开屏 ……（235）
旅游管理 ……（236）
旅游服务质量管理 ……（236）
旅游投诉处理 ……（236）
旅游法治建设 ……（236）
文旅市场疫情防控 ……（236）
旅游安全管理 ……（236）
景区和非景区景点安全管理专项整治 ……（236）

对外及对台港澳经济贸易

利用外资及台港澳资 ……（237）
概况 ……（237）
台港澳商投资项目 ……（237）
利用外资及台港资重大项目 ……（237）
招商引资活动 ……（237）
海丝博览会暨海交会 ……（237）
第二十一届中国国际投资贸易洽谈会 ……（238）
对外及对台港澳投资与劳务合作 ……（238）
概况 ……（238）
对港投资项目 ……（238）
对外及对台港澳劳务合作 ……（238）
服务贸易 ……（238）
服务外包 ……（238）
技术进出口 ……（238）
对外及对台港澳贸易 ……（238）
概况 ……（238）
对台港澳贸易 ……（238）
民营对外贸易 ……（238）
表 42　2021 年福州市出口额 1 亿美元以上商品情况表 ……（239）
表 43　2021 年福州市主要出口市场情况表 ……（239）
表 44　2021 年福州市进口额 1 亿美元以上商品情况表 ……（240）
表 45　2021 年福州市主要进口市场情况表 ……（240）

经济协作　脱贫攻坚成果巩固

经济协作 ……（241）
概况 ……（241）
对口支援 ……（241）
榕台产业对接 ……（241）
民营企业产业项目对接 ……（241）
闽宁东西部协作 ……（241）
山海协作 ……（241）
福州宁德山海协作 ……（241）
省级扶贫开发工作重点县山海协作 ……（241）
脱贫攻坚成果巩固 ……（242）
概况 ……（242）
脱贫人口保障 ……（242）
脱贫人口就业创业 ……（242）
动态检测和帮扶机制 ……（242）
脱贫地区乡村振兴 ……（242）

新区　自贸区

福州新区 ……（243）
概况 ……（243）
体制创新 ……（243）
基础设施建设 ……（243）
产业升级 ……（243）
数字经济 ……（243）
项目建设 ……（243）
园区品质提升 ……（243）
合作交流 ……（244）
表 46　2021 年福州新区改革创新成果情况表 ……（244）
中国（福建）自由贸易试验区福州片区 ……（244）
概况 ……（244）
体制创新 ……（244）
重点产业建设 ……（245）
对台交流合作 ……（245）
对外贸易往来 ……（245）
法治监管保障 ……（245）

园区建设

福州高新技术产业开发区 ……（246）
概况 ……（246）
基础设施建设 ……（246）
民生事业发展 ……（246）
招商引智 ……（246）
科创走廊建设 ……（246）
重点项目建设 ……（246）
福州软件园 ……（247）
概况 ……（247）
项目建设 ……（247）
招商引资 ……（247）
科技创新 ……（247）

福州台商投资区 ……（247）
概况……（247）
基础设施建设……（247）
招商引资……（247）
项目建设……（247）
金山工业园区……（247）
概况……（247）
招商引资……（247）
园区提升改造项目……（247）
福兴经济开发区……（248）
概况……（248）
基础设施建设……（248）
招商引资……（248）
项目建设……（248）
融侨经济技术开发区……（248）
概况……（248）
产业项目发展……（248）
产业创新……（248）
营商环境……（248）
福州新区福清功能区……（249）
概况……（249）
基础配套建设……（249）
项目建设……（249）
招商引资……（249）
产业发展……（249）
营商环境……（249）
“两国双园”项目……（249）
福州江阴港城经济区……（250）
概况……（250）
项目建设……（250）
招商引资……（250）
基础设施配套建设……（250）
自贸工作……（250）
闽台（福州）蓝色经济产业园……（250）
概况……（250）
基础设施建设……（250）
招商引资……（250）
项目建设……（251）
福州新区长乐功能区……（251）
概况……（251）
招商引资……（251）
重点项目建设……（251）
东南大数据产业园建设……（251）
基础设施建设……（251）
惠企政策……（251）
福州临空经济区……（251）
概况……（251）
重点项目建设……（252）
基础设施建设……（252）
青口投资区……（252）
概况……（252）
招商引资……（252）
科技创新……（252）
产业项目建设……（252）
基础设施建设……（252）
连江经济开发区……（253）
概况……（253）
产业项目建设……（253）
基础配套设施建设……（253）
集约用地……（253）
龙头企业培育……（253）
科技创新……（253）
罗源湾经济开发区……（253）
概况……（253）
基础设施建设……（253）
招商引资……（253）
项目建设……（253）

城乡建设与管理

城乡规划……（254）
概况……（254）
市县国土空间总体规划……（254）
村庄规划编制……（254）
历史文化名城保护规划……（254）
市政规划……（254）
建筑景观管控……（254）
建筑景观审查……（254）
闽江沿线规划管控……（254）
智慧福州建设……（254）
概况……（254）
平台建设……（255）
数字城管……（255）
“12345”政务服务便民热线……（255）
“12345”政务热线创新发展实验室……（255）
“e福州”便民服务……（255）
疫情防控信息化建设……（255）
市政建设……（255）
概况……（255）
“两江四岸”环境提升……（256）
特色历史文化街区建设……（256）
公共休闲空间配套设施建设……（256）
完整街区建设……（256）
市政路桥建设……（256）
便民停车泊位……（256）
城市品质提升……（256）
景观照明设施建设……（256）
户外广告管理……（256）

城区水系治理 …… (256)
污水处理 …… (256)
城市供水 …… (257)
城市供气 …… (257)
城区水系联排联调 …… (257)
海绵城市建设 …… (257)
城市体检 …… (257)
绿色建筑与建筑节能 …… (257)
新型城市基础设施建设试点 …… (257)
村镇建设 …… (257)
温泉资源开发利用保护 …… (257)
大熊猫保护 …… (257)
市政建设行政执法 …… (257)

城市管理与执法 …… (258)
概况 …… (258)
市政设施维护 …… (258)
市容环境综合整治 …… (258)
道路保洁管理 …… (258)
垃圾分类管理 …… (258)
垃圾无害化处理 …… (259)
疫情防控消杀 …… (259)
环卫基础设施建设和管理 …… (259)
建筑垃圾工程渣土管理 …… (259)
城市管理制度法规建设 …… (259)
城市管理行政审批 …… (259)

园林绿化 …… (260)
概况 …… (260)
城市绿化 …… (260)
公园景区建设 …… (260)
古树名木保护 …… (260)
园林管理 …… (260)
园林绿化宣传 …… (260)

交通　邮政

公路建设与养护 …… (261)
概况 …… (261)
高速公路建设 …… (261)
国省道公路建设 …… (261)
农村公路建设 …… (262)
公路交通安全检查 …… (262)
公路管理养护 …… (262)
路政管理 …… (262)

公路运输 …… (262)
概况 …… (262)
公路客运市场管理 …… (262)
公路运输保障 …… (263)
公路货运市场管理 …… (263)
巡游出租车管理 …… (263)
网约车管理 …… (263)
机动车维修管理 …… (263)
机动车驾驶员培训管理 …… (264)
公共交通 …… (264)
表 47　2021 年福州市新增公交线路一览表 …… (264)

铁　路 …… (265)
概况 …… (265)
站车疫情防控 …… (265)
福厦高铁湄洲湾跨海特大桥合龙 …… (265)
首趟闽陇两省间返闽务工专列开行 …… (266)

轨道交通 …… (266)
概况 …… (266)
地铁线路规划 …… (266)
地铁运营 …… (266)
表 48　2021 年福州市地铁线路建设一览表 …… (266)
地铁资源开发 …… (266)

水路运输 …… (266)
概况 …… (266)
水上运输 …… (266)
内河水上交通安全监督管理 …… (266)
水上运输行业管理 …… (267)

港　口 …… (267)
概况 …… (267)
港口建设 …… (267)
港口运输 …… (267)
港口安全检查 …… (267)

航空运输 …… (267)
概况 …… (267)
航空客运与货运 …… (267)
航空安全管理 …… (268)
机场服务 …… (268)
机场基础设施建设 …… (268)

邮　政 …… (268)
概况 …… (268)
县级邮政监管 …… (268)
“双 11”快递业务 …… (269)
行业基础设施建设 …… (269)
“快递 +”项目 …… (269)
邮运网建设 …… (269)
权益保障建设 …… (269)

口岸管理

综　述 …… (270)
概况 …… (270)
表 49　2021 年福州市口岸海运一览表 …… (270)
表 50　2021 年福州市空港口岸客运一览表 …… (270)
口岸航线 …… (270)
口岸开放验收 …… (270)

口岸通关……………………………………………（270）
海关监管……………………………………………（271）
概况……………………………………………（271）
榕城海关……………………………………………（271）
福州长乐机场海关……………………………………………（271）
马尾海关……………………………………………（272）
口岸疫情防控……………………………………………（273）
边防检查……………………………………………（273）
概况……………………………………………（273）
海港疫情防控……………………………………………（273）
口岸营商环境……………………………………………（273）
远洋渔企通关服务……………………………………………（274）
海防管理……………………………………………（274）
概况……………………………………………（274）
平安海域创建……………………………………………（274）
军警民联防……………………………………………（274）
打击走私……………………………………………（274）
概况……………………………………………（274）
卷烟走私联合打击专项行动……………………………………………（274）
打击走私“国门利剑2021”联合专项行动……………（275）
冻品走私打击……………………………………………（275）
打击走私宣传教育……………………………………………（275）
“4·27”特大走私活鲜案……………………………………………（275）
生产、销售伪劣产品案……………………………………………（275）
“4·9”走私制毒物品案……………………………………………（275）
“5·14”走私废物案……………………………………………（275）
职能部门打私工作……………………………………………（275）

科学技术

综　述……………………………………………（276）
概况……………………………………………（276）
科技创新专项规划……………………………………………（276）
科技创新高地建设……………………………………………（276）
科技创新主体培育……………………………………………（276）
科技创新体制机制优化……………………………………………（276）
科技创新创业……………………………………………（277）
科技创新体系建设……………………………………………（277）
科创走廊建设……………………………………………（277）
研究与试验发展经费……………………………………………（277）
表51 2021年福州市各县（市）区规模以上企业R&D经费投入一览表……………………………………………（277）
福厦泉国家自主创新示范区福州片区建设……………（278）
重点实验室建设……………………………………………（278）
表52 2021年福州市国家重点实验室一览表……………（278）
表53 2021年福州市省创新实验室一览表……………（278）
行业技术创新中心建设……………………………………………（279）
创业创新孵化载体建设……………………………………………（279）
表54 2021年福州市新增省级科技企业孵化器一览表……（279）
表55 2021年福州市新增福建省众创空间一览表……………………………………………（279）
省级新型研发机构建设……………………………………………（280）
表56 2021年福州市新增省级新型研发机构一览表……………………………………………（280）
科技人才服务与管理……………………………………………（280）
科学技术经费……………………………………………（280）
表57 2020—2021年福州市科学技术支出占市财政一般预算支出比例情况表……………………………………………（281）
表58 2021年福州市科学技术支出使用情况表……………（281）
高新技术产业……………………………………………（281）
高新技术企业……………………………………………（281）
创新资金项目立项与验收……………………………………………（281）
科技小巨人企业遴选……………………………………………（282）
创新创业大赛……………………………………………（282）
科技创新券补助……………………………………………（282）
科技型中小企业评价……………………………………………（282）
表59 2021年福州市获福建省创新资金项目立项一览表……………………………………………（282）
表60 2021年福州市获福建省创新资金创新创业大赛奖项目一览表……………………………………………（282）
表61 2021年福州市在孵科技企业创新项目一览表……（283）
表62 2021年福州市获第十届中国创新创业大赛全国赛优秀企业一览表……………………………………………（283）
表63 2021年福州市获第九届福建创新创业大赛奖一览表……………………………………………（283）
表64 2021年福州市创新创业大赛获奖一览表……（284）
表65 2021年福州各县（市）区备案科技型中小企业数量情况表……………………………………………（284）
农业科技……………………………………………（285）
科技特派员……………………………………………（285）
星火计划……………………………………………（285）
表66 2021年福州市获省级星火计划立项一览表……（285）
表67 2021年福州市农业科研（星火）计划立项一览表……………………………………………（286）
现代农业技术创新基地……………………………………………（286）
表68 2021年福州市新认定现代农业技术创新基地一览表……………………………………………（287）
星创天地……………………………………………（287）
表69 2021年福州市新增星创天地一览表……………（287）
科技奖励……………………………………………（287）
科学技术奖励……………………………………………（287）
表70 2021年度福建省科学技术奖福州市科技局推荐获奖名单一览表……………………………………………（287）
科技成果转移转化……………………………………………（288）
技术合同认定……………………………………………（288）
表71 2021年福州市技术合同交易分类一览表……（288）
科技成果转化公共服务平台App……………………………（289）
科技下乡与科普工作……………………………………………（289）

科技下乡 …………………………………………（289）
科普工作 …………………………………………（289）
疫情防控科研攻关 …………………………………（290）
气象服务 …………………………………………（290）
概况 ………………………………………………（290）
气象业务基础 ……………………………………（290）
气象防灾减灾 ……………………………………（290）
乡村振兴气象服务 ………………………………（291）
城市生态气象保障 ………………………………（291）
台风气象服务 ……………………………………（291）
公共气象服务 ……………………………………（291）
气象行政管理 ……………………………………（292）
气象法治建设 ……………………………………（292）
气象科普宣传 ……………………………………（292）
气象科技创新和人才培养…………………………（292）

社会科学

综　述……………………………………………（293）
概况 ………………………………………………（293）
社科研究 …………………………………………（293）
学会工作 …………………………………………（293）
社科宣传普及 ……………………………………（293）
表 72 2021 年福州市获国家社科基金项目立项课题一览表 ……………………………………（294）
表 73 2021 年福州市获省社科规划项目立项课题一览表 ……………………………………（294）
表 74 2021 年福州市获福建省第十四届社会科学优秀成果奖成果一览表 ………………………（295）
学术活动 …………………………………………（295）
第四届福州市社科界学术年会 …………………（295）
福州加快建设现代化国际城市论坛 ……………（295）
福州市庆祝中国共产党成立 100 周年理论研讨会 ……（296）
“厝”落有致、同心创赢——第三届中华文化与两岸文创融合发展论坛暨两岸古厝文创设计大赛 …………（296）
“纪念张元幹诞辰 930 周年”学术研讨会 …………（296）
“张睦与海上丝绸之路”研讨会暨新书首发式……（296）
第十届闽都文化论坛 ……………………………（296）
“诚信与信用建设”研讨会………………………（296）
福州市传承弘扬红色文化研讨会 ………………（296）
“古厝楹联文化”研讨会…………………………（296）
中国对外话语体系构建与对外翻译研究高端论坛 ……………………………………………（296）
孝老、尊老、爱老专题研讨会 …………………（296）
社科研究成果 ……………………………………（297）
福州市社会科学界联合会研究成果 ……………（297）
福州市社会科学院研究成果………………………（297）
中共福州市委党校研究成果………………………（297）
福州市人民政府发展研究中心研究成果 ………（297）
闽江学院社科研究成果 …………………………（297）

教　育

综　述……………………………………………（298）
概况 ………………………………………………（298）
素质教育 …………………………………………（298）
教育信息化 ………………………………………（299）
学校规划建设 ……………………………………（299）
表 75 2021 年福州市新建、改扩建公办幼儿园一览表 ……………………………………（299）
表 76 2021 年福州市新建、改扩建义务教育学校一览表 ……………………………………（300）
表 77 2021 年福州市改扩建高中一览表 …………（300）
教师队伍建设 ……………………………………（300）
集团化办学 ………………………………………（300）
“双减”工作 ……………………………………（300）
民办教育 …………………………………………（301）
教育系统新冠肺炎疫情防控体系 ………………（301）
教育交流 …………………………………………（301）
教育行政服务 ……………………………………（301）
校园安全 …………………………………………（301）
教育督导 …………………………………………（301）
学前教育 …………………………………………（301）
概况 ………………………………………………（301）
普惠性幼儿园政策补助 …………………………（301）
幼儿园招生 ………………………………………（302）
示范园建设 ………………………………………（302）
教育教学开放活动 ………………………………（302）
保教工作 …………………………………………（302）
学龄前儿童学习与发展 …………………………（302）
幼小衔接 …………………………………………（302）
初等教育 …………………………………………（302）
概况 ………………………………………………（302）
控辍保学工作 ……………………………………（302）
初等教育教学改革 ………………………………（302）
教育优质资源均衡 ………………………………（302）
城乡义务教育一体化改革…………………………（302）
小学招生 …………………………………………（302）
初中招生 …………………………………………（302）
民办义务教育学校摇号招生………………………（302）
随迁子女招生 ……………………………………（302）
初一年级均衡编班 ………………………………（302）
学籍管理 …………………………………………（303）
普通中学教育 ……………………………………（303）
概况 ………………………………………………（303）
培优工作 …………………………………………（303）
中考中招工作 ……………………………………（303）
中考中招改革 ……………………………………（303）

学科竞赛及科技实践活动 …………（303）
表 78 2021 年福州市获青少年科技创新大赛、高中学科竞赛全国三等奖、福建省一等奖以上情况表 ……（303）
特殊教育 …………（307）
概况 …………（307）
特殊教育资源 …………（307）
中等职业教育 …………（307）
概况 …………（307）
中职教育建设 …………（307）
中职学校招生 …………（307）
中职毕业生就业 …………（307）
中职教师教学大赛 …………（307）
表 79 2021 年福州市获全国职业院校技能大赛教师教学能力比赛奖项一览表 …………（307）
表 80 2021 年福州市获福建省职业院校技能大赛教师教学能力比赛奖项一览表 …………（307）
表 81 2021 年福州市获全国、福建省职业院校技能大赛中等职业学校班主任能力比赛奖项一览表 ………（308）
中职学生技能大赛 …………（309）
表 82 2021 年福州市获全国职业院校技能大赛中职组奖项选手及指导教师一览表 …………（309）
表 83 福州市获第七届福建省“互联网 +”大学生创新职教赛道创业大赛（中职创意组）金奖一览表 ……（309）
职教交流活动 …………（309）
终身教育 …………（309）
高等教育 …………（309）
概况 …………（309）
市属高校内涵发展 …………（309）
表 84 2021 年福州市普通高等教育学校一览表 ……（310）
天津大学福州国际校区建设 …………（310）
“福耀科技大学（暂名）”筹建 …………（310）
闽江学院 …………（310）
福州职业技术学院 …………（311）
闽江师范高等专科学校 …………（313）

文　化

综　述 …………（315）
概况 …………（315）
文化事业 …………（315）
文化产业 …………（315）
文化体制改革 …………（315）
文化市场监管 …………（315）
闽都文化 …………（315）
文化交流 …………（315）
专业文艺 …………（316）
概况 …………（316）
表 85 2021 年福州市专业文艺获奖情况一览表 ……（316）
艺术创作 …………（320）
艺术演出 …………（320）
全省首部戏曲保护地方法规通过施行 …………（320）
传统戏剧保护 …………（320）
重要大型文艺活动 …………（320）
“篆铭心契——辛丑新春篆刻精品展” …………（320）
福州市第 25 届戏剧会演 …………（320）
中国共产党成立 100 周年文艺活动 …………（320）
第八届福建艺术节 …………（320）
公共文化 …………（321）
概况 …………（321）
全民阅读工作 …………（321）
表 86 2021 年福州市公共图书馆业务指标一览表 ……（321）
福州市图书馆 …………（322）
福州市少儿图书馆 …………（322）
福州市群众艺术馆 …………（322）
福州画院 …………（322）
福州市美术馆 …………（323）
非物质文化遗产 …………（323）
概况 …………（323）
非遗基地建设 …………（323）
非遗宣传活动 …………（323）
非遗记录工作 …………（323）
街头艺术活动 …………（323）
文博事业 …………（323）
概况 …………（323）
表 87 2021 年福州地区博物馆、纪念馆及馆藏规模一览表 …………（324）
海上丝绸之路申遗 …………（324）
古厝普查登记和保护利用专项行动 …………（325）
文物考古工作 …………（325）
重点文物修缮工程 …………（325）
文物保护队伍建设 …………（325）
革命文物工作 …………（325）
文物安全工作 …………（325）
非国有博物馆 …………（325）
福州市博物馆 …………（325）
林则徐纪念馆 …………（326）
新闻出版 …………（326）
概况 …………（326）
出版管理 …………（326）
印刷发行管理 …………（326）
福州日报 …………（326）
新华书店 …………（327）
文化生活报 …………（327）
广播电影电视 …………（327）
概况 …………（327）
新闻宣传报道 …………（327）
广播电视频道频率 …………（327）
广电产业经营 …………（328）

新媒体传播 ……………………………………………… (328)
广电新技术应用 ………………………………………… (328)
广电交流与合作 ………………………………………… (328)
电影与动画 ……………………………………………… (328)
主流媒体看福州 ……………………………………… (329)
概况 ……………………………………………………… (329)
习近平总书记到榕考察宣传报道 ……………………… (329)
中国共产党成立100周年党史学习教育宣传报道 …… (329)
第44届世界遗产大会、历史文化名城保护宣传报道 ……………………………………………………… (329)
城市品质提升宣传报道 ………………………………… (329)
潘东升先进事迹宣传报道 ……………………………… (329)
全国“两会”宣传报道 ………………………………… (330)
第四届数字中国建设峰会宣传报道 …………………… (330)
第八届丝绸之路国际电影节宣传报道 ………………… (330)
第七届“海上丝绸之路”(福州)国际旅游节宣传报道 ……………………………………………………… (330)
第九届海峡青年节宣传报道 …………………………… (330)
第四届21世纪海上丝绸之路博览会暨第二十三届海峡两岸经贸交易会宣传报道 ……………………………… (330)
第44届世界遗产大会 ………………………………… (331)
概况 ……………………………………………………… (331)
世界遗产大会成果 ……………………………………… (331)
会议服务保障 …………………………………………… (331)
专题边会 ………………………………………………… (331)
世界遗产地管理者论坛和世界遗产青年论坛 ………… (331)
会议宣传报道 …………………………………………… (331)
主题展览工作 …………………………………………… (331)
参观考察工作 …………………………………………… (331)

历史文化名城

综　述 ……………………………………………… (332)
概况 ……………………………………………………… (332)
福州古厝保护利用 ……………………………………… (332)
历史文化街区、历史文化名镇名村传统村落保护利用 ……………………………………………………… (332)
名城保护法律规划与技术体系建设 …………………… (332)
申遗工作 ………………………………………………… (332)
文保与古厝保护专业人才建设 ………………………… (332)
历史文化街区保护修复 ……………………………… (333)
概况 ……………………………………………………… (333)
三坊七巷历史文化街区保护修复 ……………………… (333)
朱紫坊历史文化街区保护修复 ………………………… (333)
上下杭历史文化街区保护修复 ………………………… (333)
梁厝特色历史文化街区保护修复 ……………………… (333)
南公河口特色历史文化街区保护修复 ………………… (333)
古厝保护与开发利用 ………………………………… (333)
概况 ……………………………………………………… (333)
严复故居 ………………………………………………… (333)
王麒故居 ………………………………………………… (333)
董见龙先生祠 …………………………………………… (333)
张钰哲故居 ……………………………………………… (333)
罗氏绸缎庄 ……………………………………………… (334)
曾氏祠堂 ………………………………………………… (334)
福州市商务总会 ………………………………………… (334)
梁厝特色展示馆 ………………………………………… (334)
梁厝“世遗林” ………………………………………… (334)
河口印迹 ………………………………………………… (334)
历史文化街区文化宣传 ……………………………… (334)
概况 ……………………………………………………… (334)
主题文化活动 …………………………………………… (334)
表88　2021年福州市区五大历史文化街区主要文化活动一览表 ……………………………………………… (335)
媒体宣传报道 …………………………………………… (340)
民俗节庆活动 …………………………………………… (340)
历史文化街区旅游开发 ……………………………… (340)
概况 ……………………………………………………… (340)
街区旅游接待 …………………………………………… (340)
街区旅游营销 …………………………………………… (340)
景区建设 ………………………………………………… (340)

卫生健康

综　述 ……………………………………………… (341)
概况 ……………………………………………………… (341)
医药卫生集成改革 ……………………………………… (341)
基层医疗卫生 …………………………………………… (341)
基本公共卫生 …………………………………………… (342)
疾病预防与控制 ………………………………………… (342)
卫生行政审批 …………………………………………… (342)
医疗卫生保障 …………………………………………… (342)
卫生监督执法 …………………………………………… (342)
职业安全健康监管 ……………………………………… (342)
卫生应急处置 …………………………………………… (343)
妇幼健康服务 …………………………………………… (343)
卫生健康信息化 ………………………………………… (343)
卫生科技 ………………………………………………… (343)
中医药管理 ……………………………………………… (343)
医疗服务管理 …………………………………………… (344)
医疗质量管理 …………………………………………… (344)
医学鉴定 ………………………………………………… (344)
民营医疗 ………………………………………………… (344)
国家卫生城市复审 ……………………………………… (344)
病媒生物防制 …………………………………………… (344)
卫生健康宣传 …………………………………………… (344)
老龄健康 ………………………………………………… (344)
健康促进 ………………………………………………… (344)

新冠肺炎疫情防控 ……（344）
概况 ……（344）
医疗救治 ……（345）
“人物同防” ……（345）
新冠病毒疫苗接种 ……（345）
人口与计划生育 ……（345）
概况 ……（345）
计划生育家庭奖励扶助 ……（345）
母婴照护 ……（345）

体　育

群众体育 ……（346）
概况 ……（346）
全国社区足球场地建设试点城市 ……（346）
全民健身设施 ……（346）
全民健身活动 ……（346）
健身科学指导 ……（346）
体育组织建设 ……（347）
体育交流 ……（347）
竞技体育 ……（347）
概况 ……（347）
福州运动员参赛奥运会全运会 ……（347）
省运会备战参赛 ……（348）
竞技训练管理 ……（348）
后备人才基地建设 ……（348）
体育后备人才培养 ……（348）
体育产业 ……（348）
概况 ……（348）
体育产业政策 ……（348）
体育产业发展平台 ……（348）
体育消费 ……（349）
体育市场管理 ……（349）
大型体育赛事活动 ……（349）
概况 ……（349）
数字体育分论坛 ……（349）
第四届世界女子围棋赛暨2021世界人工智能围棋大赛 ……（349）
福州市传统龙舟邀请赛 ……（350）
福州市第十一届老健会 ……（350）
表89 2021年福州市运动员参加全国以上比赛成绩第一名一览表 ……（350）

社会生活

劳动就业 ……（352）
概况 ……（352）
就业创业 ……（352）
职业能力建设 ……（352）
表90 2021年福州市获评省级技能大师工作室一览表 ……（353）
表91 2021年福州市获评市级技能大师工作室一览表 ……（353）
表92 “2021年度福州市技术能手”一览表 ……（354）
劳动关系维权 ……（355）
表93 2020年度福州市劳动关系和谐乡镇（街道）一览表 ……（355）
表94 2020年度福州市劳动关系和谐企业一览表 ……（355）
居民生活 ……（356）
概况 ……（356）
城镇居民收入 ……（356）
城镇居民消费支出 ……（356）
农村居民收入 ……（357）
农村居民消费支出 ……（357）
市场物价 ……（357）
概况 ……（357）
居民消费价格 ……（357）
表95 2021年福州市区居民消费价格分类指数一览表 ……（357）
房地产价格 ……（357）
社会保障 ……（357）
概况 ……（357）
养老保险 ……（358）
医疗保险 ……（358）
“三医联动”改革 ……（358）
医疗保障监管 ……（358）
医保支持新冠肺炎疫情防控 ……（358）
失业保险 ……（358）
工伤保险 ……（359）
审批制度改革 ……（359）
审批服务便民化、标准化 ……（359）
民政工作 ……（359）
概况 ……（359）
社会救助 ……（359）
养老服务 ……（359）
儿童福利 ……（359）
福利慈善 ……（360）
基层政权建设和社区治理 ……（360）
社会组织管理 ……（360）
殡葬服务 ……（360）
婚姻登记 ……（360）
区划地名管理 ……（360）
边界管理 ……（360）
老区建设 ……（360）
民族宗教事务 ……（360）
概况 ……（360）
少数民族乡村工作 ……（361）
城市民族工作 ……（361）

宗教事务管理 …… (361)
宗教文化宣传和交流 …… (361)

县（市）区

鼓楼区 …… (362)
概况 …… (362)
经济建设 …… (362)
城区建设与管理 …… (362)
社会事业 …… (363)
第四届数字中国建设峰会暨数字鼓楼展馆 …… (363)
第四届福州市鼓楼区服务企业大会 …… (363)
福州软件园获评“国家双创示范基地” …… (363)
表 96　2021 年鼓楼区街道（乡镇）基本情况一览表 …… (363)
台江区 …… (364)
概况 …… (364)
经济建设 …… (364)
城乡建设与管理 …… (364)
社会事业 …… (364)
台江数智港揭牌 …… (365)
苍霞新城一期工程改造提升 …… (365)
表 97　2021 年台江区街道基本情况一览表 …… (366)
仓山区 …… (366)
概况 …… (366)
经济建设 …… (366)
城区（乡）建设与管理 …… (367)
社会事业 …… (367)
第十四届闽台陈靖姑民俗文化旅游节暨闽台陈靖姑文化展示馆奠基仪式 …… (368)
表 98　2021 年仓山区街道（乡镇）基本情况一览表 …… (368)
晋安区 …… (369)
概况 …… (369)
经济建设 …… (369)
城乡建设与管理 …… (369)
社会事业 …… (369)
基层建设管理 …… (370)
晋安承办第四届“创响福建”中小企业创新创业大赛 …… (370)
表 99　2021 年晋安区街道（乡镇）基本情况一览表 …… (370)
马尾区 …… (371)
概况 …… (371)
经济建设 …… (371)
城乡建设与管理 …… (371)
社会事业 …… (372)
第十二届海峡两岸船政文化研讨会在马尾举行 …… (373)
首届福建省工业互联网创新大赛在马尾举行 …… (373)
表 100　2021 年马尾区街道（乡镇）基本情况一览表 …… (373)
长乐区 …… (373)
概况 …… (373)
经济建设 …… (373)
城乡建设与管理 …… (374)
社会事业 …… (375)
滨海新城建设 …… (376)
和平街特色历史文化街区建设 …… (376)
表 101　2021 年长乐区街道（乡镇）基本情况一览表 …… (376)
福清市 …… (377)
概况 …… (377)
经济建设 …… (377)
城乡建设与管理 …… (377)
社会事业 …… (378)
福清佾舞入选第五批国家级非物质文化遗产代表性项目名录 …… (378)
表 102　2021 年福清市街道（乡镇）基本情况一览表 …… (378)
闽侯县 …… (379)
概况 …… (379)
经济建设 …… (379)
城乡建设与管理 …… (380)
社会事业 …… (380)
旗山湖公园建成开园 …… (380)
第八届丝绸之路国际电影节在闽越水镇举行 …… (380)
表 103　2021 年闽侯县街道（乡镇）基本情况一览表 …… (381)
连江县 …… (381)
概况 …… (381)
经济建设 …… (381)
城乡建设与管理 …… (381)
社会事业 …… (382)
福州首届鱼丸文化节 …… (382)
表 104　2021 年连江县街道（乡镇）基本情况一览表 …… (382)
闽清县 …… (383)
概况 …… (383)
经济建设 …… (383)
城乡建设与管理 …… (384)
社会事业 …… (384)
第五届中国·福州（闽清）橄榄节开幕 …… (385)
第十二届福州温泉国际旅游节暨闽清温泉啤酒节开幕 …… (385)
表 105　2021 年闽清县乡镇基本情况一览表 …… (385)
罗源县 …… (385)
概况 …… (385)
经济建设 …… (385)

城乡建设与管理 ……………………………………（386）
社会事业……………………………………………（386）
重点项目建设 ………………………………………（387）
罗源县“七境茶”文化节开幕 ……………………（387）
2021 年罗源菌菇文化节暨中国农民丰收节（罗源专场）开幕………………………………………………（387）
福建省第十四个民族团结进步宣传月 ……………（387）
表 106 2021 年罗源县乡镇、开发区基本情况一览表 ……………………………………………（387）
永泰县 …………………………………………………（387）
概况…………………………………………………（387）
经济建设……………………………………………（388）
城乡建设与管理 ……………………………………（388）
社会事业……………………………………………（388）
第八届中国（永泰）梅花节开幕 …………………（389）
第十二届福州国际温泉旅游节在永泰开幕 ………（389）
表 107 2021 年永泰县乡镇基本情况一览表 ………（389）

人 物

福州市院士名单 ………………………………………（390）
表 108 2021 年在福州市工作的院士名单 …………（390）
2021 年福州市先进人物与先进集体 ………………（390）
表 109 2021 年全国五一劳动奖章福州市获得者名单……（390）
表 110 2021 年福建省五一劳动奖章福州市获得者名单 ………………………………………………（391）
表 111 2021 年全国优秀共青团干部、优秀共青团员称号福州市获得者名单…………………………（392）
表 112 2021 年全国五四红旗团委、五四红旗团支部称号福州市获得集体名单…………………………（392）
表 113 2021 年全国三八红旗手称号福州市获得者名单 ………………………………………………（392）
表 114 2021 年福州市获国家级表彰先进集体一览表……（392）
表 115 2021 年福州市获部级表彰先进集体一览表 ……（392）
表 116 2021 年福州市获省级表彰先进集体一览表 ……（392）
表 117 2021 年福州市获国家级表彰先进个人一览表……（393）
表 118 2021 年福州市获部级表彰先进个人一览表 ……（393）
表 119 2021 年福州市获省级表彰先进个人一览表 ……（394）
表 120 2021 年第八届全国道德模范提名奖福州市获得者名单 ………………………………………………（396）
表 121 2021 年第七届福建省道德模范称号福州市获得者名单 ………………………………………………（396）
表 122 第七届福州市道德模范名单 …………………（396）
表 123 第七届福州市道德模范提名奖名单…………（396）
表 124 2021 年“中国好人榜”身边好人称号福州市获得者名单 …………………………………………（396）
表 125 2021 年“福建好人榜”身边好人称号福州市获得者名单 …………………………………………（397）
表 126 2021 年“福州好人榜”身边好人名单 ………（397）

附 录

地方性法规 …………………………………………（400）
福州市户外广告设置管理办法……………………（400）
福州市软木画技艺保护规定………………………（403）
福州市闽剧保护规定 ………………………………（404）
福州市脱胎漆器技艺保护规定……………………（405）
福州市居家养老服务条例…………………………（406）
福州市历史文化名城保护条例……………………（409）
福州市寿山石雕刻技艺保护规定 …………………（412）
政府令与规范性文件目录 …………………………（413）
表 127 2021 年福州市人民政府发布政府令目录 ……（413）
表 128 2021 年福州市人民政府（含市政府办公厅）规范性文件备案目录 ………………………………（414）
2021 年中共福州市委、市人民政府为民办实事项目完成情况…………………………………（417）
聚焦福州都市圈 ………………………………………（419）
机构及负责人 …………………………………………（422）
统计资料………………………………………………（433）
表 129 2021 年福州市经济社会主要指标完成情况表 ……………………………………………（433）
表 130 2021 年福建省及九个设区市主要经济指标表 ……………………………………………（437）
表 131 2021 年全国 26 个省会城市主要经济指标表 ……………………………………………（440）

索 引

………………………………………………………（442）

Contents

Features

The Decision of the Fuzhou Municipal Committee of CPC on Deeply Understanding the Major Achievements and Historical Experience of the Party's Centennial Struggle, and Gathering the Strong Spiritual Power to Accelerate the Construction of a Modern International City ············ (1)

Carry Forward the Great Founding Spirit of the Party, Promote the Expansion, Optimization, and Strength of Provincial Capital City, and Accelerate the Construction of a Modern International City ············ (3)

Government Working Report ············ (6)

Special Articles

A Summary of Deepening the Study and Education of Party History in Fuzhou City. ············ (14)

A Summary of the Practical Activity of "I Sincerely Provide Service and Warm Care for the General Public" in Fuzhou City ············ (15)

Accelerate the Construction of a Modern International City ············ (16)

Chronicle of Major Events

January ············ (23)

February ············ (23)

March ············ (24)

April ············ (24)

May ············ (25)

June ············ (25)

July ············ (26)

August ············ (26)

September ············ (26)

October ············ (27)

November ············ (28)

December ············ (29)

Fuzhou Municipal Profile

Natural Resources ············ (31)

Climate ············ (31)

Administrative Divisions and Population ············ (35)

Ethnics and Religions ············ (36)

National Economy and Social Development ············ (37)

Fuzhou Municipal Committee of the Communist Party of China

Important Meetings ············ (43)

Organizational Work ············ (45)

Propaganda Work ············ (46)

The United Front Work ············ (47)

The Construction of Spiritual Civilization ············ (48)

Party Affairs of The Directly Affiliated Organizations ······ (49)

Organization Structure ············ (51)

The Work of Complaints and Proposals ············ (52)

Veteran Cadre Work ············ (52)

The Work of Party School ············ (53)

Policy Research ······ (53)
Confidential Work ······ (54)
Party History and Local Chronicle Research ······ (55)
Archives Work ······ (56)

Fuzhou Municipal People's Congress

Summary ······ (58)
Important Meetings, Resolutions and Decisions ······ (60)
Supervision Work ······ (63)
Deputy's Work ······ (67)

Fuzhou Municipal People's Government

Important Meetings and Activities ······ (69)
Government Supervision ······ (75)
Institution Efficiency Construction ······ (75)
The Disclosure of Government Affairs ······ (75)
Administrative Service(Public Service) ······ (78)
Organization Affairs Administration ······ (78)
Personnel and Talent Work ······ (79)
Development Research ······ (81)
Fuzhou's Beijing Liaison Office ······ (81)
Fuzhou's Shanghai Office ······ (81)
Fuzhou's Shenzhen（Guangzhou）Office ······ (82)

Fuzhou Municipal Committee of the Chinese People's Political Consultative Conference

Summary ······ (83)
Important Meetings ······ (83)
Political Consultation ······ (85)
Democratic Supervision ······ (86)
Literature and Historical Datas Collection and Information Reporting ······ (86)
Communication and Fellowship ······ (86)

Discipline Inspection and Supervision

Summary ······ (88)
Construction of the Party's Working Style and a Clean and Honest Administration ······ (88)
Punishing and Preventing Corruption ······ (89)

The Democratic Parties and the Federation of Industry and Commerce

Fuzhou Committee of the Revolutionary Committee of the Chinese Kuomintang ······ (90)
Fuzhou Committee of the China Democratic League ······ (91)
Fuzhou Committee of the China National Democratic Construction Association ······ (91)
Fuzhou Committee of the China Association for Promoting Democracy ······ (92)
Fuzhou Committee of the Chinese Peasants and Workers Democratic Party ······ (93)
Fuzhou Committee of the China Zhi Gong Party ······ (94)
Fuzhou Committee of the Jiu San(sept.3rd) Society ······ (95)
Fuzhou Committee of Taiwan Democratic Self-Government League ······ (96)
Federation of Industry and Commerce of Fuzhou ······ (97)

Social Organizations

Federation of Trade Unions of Fuzhou ······ (99)
Fuzhou Committee of the Communist Youth League of China ······ (100)
Women's Federation of Fuzhou ······ (101)
Association for Science and Technology of Fuzhou ······ (102)
Federation of Literary and Art Circles of Fuzhou ······ (103)
Federation of Returned Overseas Chinese of Fuzhou ······ (104)
Federation of Taiwan Compatriots of Fuzhou ······ (105)
Federation of The Disabled of Fuzhou ······ (106)
Red Cross Society of Fuzhou ······ (108)
Charity Federation of Fuzhou ······ (109)

Rule of Law

NPC-legislation ······ (110)
Politics and Law, Comprehensive Management of Social Administration ······ (110)
The Construction of Law-based Government ······ (111)
Police ······ (112)
Prosecution ······ (118)
Court ······ (119)

Judicial Administration ······ (120)
Arbitration ······ (122)

Military

Recruitment ······ (124)
Militia ······ (124)
National Defense Mobilization ······ (124)
The Double-Support Construction ······ (125)
Veterans Affairs ······ (125)
People's Air Defense ······ (126)

Emergency Management

Summary ······ (127)
Production Safety Management ······ (127)
Flood and Drought Control ······ (129)
Earthquake Prevention and Disaster Reduction ······ (130)
Fire and Rescue ······ (130)

Foreign Affairs, Overseas Chinese Affairs, Taiwan, Hong Kong and Macao Affairs

Foreign Affairs ······ (133)
Overseas Chinese Affairs ······ (136)
Taiwan Affairs ······ (136)
Hong Kong and Macao Affairs ······ (137)

Natural Resources Management

Utilization and Protection of Cultivated Land ······ (138)
Land and Mineral Resource Management ······ (138)
Law Enforcement and Supervision of Natural Resource ······ (139)
Surveying and Mapping Management ······ (139)
Land Survey and Monitoring ······ (139)
Prevention and Control of Geological Disaster ······ (139)
Marine Management ······ (140)
Natural Resource Administrative Management ······ (140)

Ecology and Environment

Summary ······ (141)
Ecology and Environmental Supervision and Improvement ······ (142)
Ecology and Environment Monitoring and Scientific Research ······ (144)
Ecology and Environment Education and Environmental Complaints and Proposals ······ (144)

Economic Management

Macro-economic Management ······ (145)
Investment in Fixed Assets ······ (146)
The State-owned Assets Supervision and Management ······ (146)
Audit ······ (147)
Statistics and Surveys ······ (148)

Market Regulation

Summary ······ (150)
Business System Reform ······ (150)
Emergency Management and Prevention and Control of COVID-19 ······ (151)
Market Supervision and Law Enforcement ······ (152)
Food and Drug Administration ······ (153)
Quality Supervision ······ (156)
Legal Construction of Market Regulation ······ (158)
Consumer Protection ······ (159)
Intellectual Property Management ······ (161)

Finance and Taxation

Finance ······ (162)
Taxation ······ (164)

Agriculture and Rural Affairs

Rural Construction ······ (168)
Agricultural Industrialization ······ (169)
Agricultural Technology Extension and Service ······ (173)
Planting ······ (173)
Forestry ······ (174)
Animal Husbandry ······ (175)
Ocean and Fishery ······ (176)
Water Conservancy ······ (178)

Industry

Summary ······ (180)
Textile and Chemical Fiber Industry ······ (185)
Light Industry and Food Industry ······ (186)
Machinery Manufacturing Industry ······ (186)
Metallurgy and Building Materials Industry ······ (187)
Petrochemical Industry ······ (187)
Electric Energy Industry ······ (187)
Bio-pharmaceutical Industry ······ (187)
Industrial Art ······ (188)
Electric Power Industry ······ (188)
The Town Collectively Enterprises ······ (190)

Construction and Real Estate

Construction ······ (191)
Real Estate ······ (192)

Commodity Circulation and Services Industry

Business Economy ······ (194)
Grain and Oil Trade ······ (201)
Tobacco Monopoly ······ (202)
Supply and Marketing Cooperation ······ (203)

Financial Industry

Summary ······ (204)
Fuzhou Central Sub-Branch of the People's Bank of China ······ (206)
Banking and Insurance ······ (209)
Securities and Futures Industry ······ (222)

Information Industry

Electronic Information Industry ······ (225)
Telecommunications ······ (226)
The Construction of Government Information ······ (229)

Tourism

Summary ······ (231)
Tourism Service ······ (233)
Tourism Marketing ······ (234)
Tourism Management ······ (236)

Foreign, Taiwan, Hong Kong and Macao Economic Trade

Utilizing Foreign, Taiwan, Hong Kong and Macao's Capital ······ (237)
Foreign, Taiwan, Hong Kong and Macao Investment and Labor Cooperation ······ (238)
Service Trade ······ (238)
Foreign, Taiwan, Hong Kong and Macao Trade ······ (238)

Economic Cooperation and Consolidation of Achievements in Poverty Alleviation

Economic Cooperation ······ (241)
Costal Areas-Mountain Areas Cooperation ······ (241)
Consolidation of Achievements in Poverty Alleviation ······ (242)

New District and Pilot Free Trade Zone

Fuzhou New District ······ (243)
China (Fuzhou) Pilot Free Trade Zone ······ (244)

Park Construction

Fuzhou High and New Technology Industries Development Zone ······ (246)
Fuzhou Software Park ······ (247)
Fuzhou Taiwanese Investment Zone ······ (247)
Jinshan Industrial Park ······ (247)
Fuxing Economic Development Zone ······ (248)
Rongqiao Economic and Technological Development Zone ······ (248)
Fuqing Functional Area of Fuzhou New District ······ (249)
Jiangyin Port City Economic Zone ······ (250)
Blue Economic Industrial Park of Fujian and Taiwan ······ (250)
Changle Area of Fuzhou New District ······ (251)
Fuzhou Airport Economic Zone ······ (251)
Qingkou Investment Zone ······ (252)
Lianjiang Economic Development Zone ······ (253)
Luoyuanwan Economic Development Zone ······ (253)

Urban and Rural Construction and Management

Urban and Rural Planning ················ (254)
Construction of Smart Fuzhou ················ (254)
Municipal Construction ················ (255)
Urban Management and Law Enforcement ················ (258)
Landscaping ················ (260)

Transportation and Postal Services

Road Construction and Maintenance ················ (261)
Road Transportation ················ (262)
Railway ················ (265)
Metro ················ (266)
Waterway Transportation ················ (266)
Port ················ (267)
Aviation ················ (267)
Postal Service ················ (268)

Port Management

Summary ················ (270)
Fuzhou Customs ················ (271)
Frontier Inspection ················ (273)
Coast Defense Administration ················ (274)
Combat Smuggling ················ (274)

Science and Technology

Summary ················ (276)
Construction of Science and Technology Innovation System ················ (277)
High and New Technology Industry ················ (281)
Agricultural Science and Technology ················ (285)
Science and Technology Awards ················ (287)
Transfer and Transformation of Scientific and Technological Achievements ················ (288)
Spreading Knowledge in The Countryside and Popularization of Science ················ (289)
Meteorological Service ················ (290)

Social Science

Summary ················ (293)
Academic Activities ················ (295)
Research Achievement of Social Science ················ (297)

Education

Summary ················ (298)
Preschool Education ················ (301)
Elementary Education ················ (302)
General Secondary Education ················ (303)
Special Education ················ (307)
Secondary Vocation Education ················ (307)
Higher Education ················ (309)

Culture

Summary ················ (315)
Professional Literature and Art ················ (316)
Important Large-scale Cultural and Artistic Activities ················ (320)
Public Culture Activities ················ (321)
Intangible Cultural Heritage ················ (323)
Cultural Relic and Museum Career ················ (323)
Press and Publication ················ (326)
Broadcast, Movie and Television ················ (327)
Reports of Fuzhou by Major Media ················ (329)
44th Session of the World Heritage Committee ················ (331)

Historical and Cultural City

Summary ················ (332)
Protection and Restoration of Historical and Cultural Blocks ················ (333)
Protection, Development and Utilization of Ancient Houses ················ (333)
Cultural Propaganda of Historical and Cultural Blocks ················ (334)
Tourism Development of Historical and Cultural Blocks ················ (340)

Health

Summary ················ (341)
Prevention and Control of COVID-19 ················ (344)
Population and Family Planning ················ (345)

Sport

Mass Sport ………………………………………… (346)
Competitive Sport ………………………………… (347)
Sports Industry …………………………………… (348)
Major Sporting Events …………………………… (349)

Social Life

Employment ………………………………………… (352)
Residents' Life …………………………………… (356)
Commodity Price ………………………………… (357)
Social Security …………………………………… (357)
Civil Affairs ……………………………………… (359)
Ethnic and Religious Affairs …………………… (360)

Counties（City）and Districts

Gulou District …………………………………… (362)
Taijiang District ………………………………… (364)
Cangshan District ………………………………… (366)
Jin'an District …………………………………… (369)
Mawei District …………………………………… (371)
Changle District ………………………………… (373)
Fuqing City ……………………………………… (377)
Minhou County …………………………………… (379)
Lianjiang County ………………………………… (381)
Minqing County …………………………………… (383)
Luoyuan County …………………………………… (385)
Yongtai County …………………………………… (387)

Figures

The Directory of Academicians in Fuzhou ……… (390)
The Directories of Advanced Figures and Collectives in Fuzhou in 2021 ……… (390)

Appendices

Local Laws and Regulations …………………… (400)
List of Government Orders and Normative Documents ……… (413)
Focus on Fuzhou Metropolitan Area …………… (419)
Agencies and Persons in Charge ……………… (422)
Statistical Data …………………………………… (433)

Index

……………………………………………………… (442)

中共福州市委关于深刻领会党的百年奋斗重大成就和历史经验，汇聚加快建设现代化国际城市强大精神动力的决定

（2021 年 12 月 19 日中国共产党福州市第十二届委员会第二次全体会议通过）

为深入学习贯彻党的十九届六中全会精神，全面落实省第十一次党代会和省委十一届一次全会要求，汇聚福州发展的强大精神动力，为坚持“3820”战略工程思想精髓、加快建设现代化国际城市提供坚强的政治保证，作出如下决定。

一、深刻认识党的十九届六中全会的重大意义，从党的百年奋斗历程中汲取智慧力量

党的十九届六中全会，是在党成立一百周年的重要历史时刻，召开的具有里程碑意义的重要会议。全会审议通过的《中共中央关于党的百年奋斗重大成就和历史经验的决议》（以下简称《决议》），意义重大、影响深远。省委十一届一次全会审议通过《中共福建省委关于深刻领会党的百年奋斗重大成就和历史经验汇聚福建发展强大精神动力的决定》（以下简称省委《决定》），为全省贯彻落实党的十九届六中全会精神和党中央《决议》明确了方向目标。我们要全面把握党中央《决议》和省委《决定》的丰富内涵和精神实质，牢记初心使命，强化担当作为，确保党的十九届六中全会精神在榕城落地生根。

深刻领会党百年奋斗的重大成就。《决议》从新民主主义革命时期、社会主义革命和建设时期、改革开放和社会主义现代化建设新时期、中国特色社会主义新时代四个历史时期总结了我们党取得的伟大成就。全市各级党组织和党员干部要传承发扬共产党人的奋斗精神，让红色基因薪火相传，伟大革命精神血脉永续，勇于变革、永不停滞、永不僵化，始终以革命者的奋进状态和奋斗姿态走在时代发展前列。

深刻领会中国特色社会主义进入新时代的历史性成就和历史性变革。《决议》突出中国特色社会主义新时代这个重点，从十三个方面总结了这一时期的原创性思想、变革性实践、突破性进展、标志性成果，充分彰显了中国特色社会主义的强大生机活力。全市各级党组织和党员干部要深刻认识中华民族伟大复兴已进入不可逆转的历史进程，始终与党中央步调一致，凝心聚力向着第二个百年奋斗目标奋勇前进。

深刻领会党百年奋斗的历史意义。《决议》从五个方面系统总结党百年奋斗的历史意义，全面、客观、深刻地揭示了我们党对中国人民、对中华民族、对马克思主义、对人类进步事业、对马克思主义政党建设作出的历史性贡献。全市各级党组织和党员干部要坚持唯物史观和正确党史观，以高度的政治自觉和强烈的使命担当，承前启后、继往开来，把党带领人民开辟的伟大道路、创造的伟大事业不断推向前进。

深刻领会党百年奋斗的历史经验。《决议》从十个方面对党百年奋斗的历史经验进行了总结。这“十个坚持”揭示了党和人民事业不断成功的根本保证，必须倍加珍惜，毫不动摇坚持，与时俱进发展。全市各级党组织和党员干部要把这“十个坚持”，作为想问题、作决策、办事情的重要遵循，自觉运用到事业发展全过程各方面，推动省会发展在新时代新征程上行稳致远、走在前列。

深刻领会以史为鉴、开创未来的实践要求。《决议》展望我们国家和民族发展的美好前景，对我们党奋进新征程提出了总体要求，对保持党同人民群众的血肉联系、继续推进新时代党的建设新的伟大工程等重点任务作出了系统部署。全市各级党组织和党员干部要响应伟大号召，牢牢把握新时代福州发展的新任务新要求，团结奋进、拼搏创新、苦干实干，加快建设现代化国际城市，在新发展阶段新福建建设中当龙头、走前列、作示范，在全面建成社会主义现代化强国新征程上作出新的更大贡献。

二、怀着特殊感情责任，忠诚拥护“两个确立”，坚决做到“两个维护”

党的十八大以来，党确立习近平同志党中央的核心、全党的核心地位，确立习近平新时代中国特色社会主义思想的指导地位，反映了全党全军全国各族人民的共同心愿，对新时代党和国家事业发展、对推进中华民族伟大复兴历史进程具有决定性意义。要深刻理解“两个确立”的极端重要性，切实把“两个确立”转化为“两个维护”的政治自觉、思想自觉、行动自觉，更加坚定地忠诚核心、信赖核心、紧跟核心、维护核心，在习近平新时代中国特色社会主义思想的科学指引下，把福州的各项事业继续推向前进。

切实增强政治自觉。始终把党的政治建设摆在首位，坚定不移向党中央看齐，把“两个确立”作为最深刻的政治领悟、政治信念，把“两个维护”作为最坚定的政治立场、政治忠诚，不断提高政治判断力、政治领悟力、政治执行力，增强“四个意识”、坚定“四个自信”、做到“两个维护”。要把贯彻落实习近平总书记重要讲话重要指示精神和党中央决策部署作为首要政治责任，严格对标对表，抓紧抓实抓细抓落地，真正做到不打折扣、不做选择、不搞变通。

切实增强思想自觉。坚持不懈用习近平新时代中国特色社会主义思想武装头脑，坚持从思想体系上研机析理，从理论源头上加深理解，从精髓要义上深刻把握，用以武装头脑、指导实践、推动工作。坚持把学习贯彻习近平新时代中国特色社会主义思想作为终身必修课，深化落实市委学习贯彻习近平新时代中国特色社会主义思想长效机制，强化对习近平总书记在福州工作期间的重要理念和重大实践的挖掘研究，打造好习近平新时代中国特色社会主义思想学习教育实践基地，更加自觉做习近平新时代中国特色社会主义思想的坚定信仰者、忠实实践者、不懈奋斗者。

切实增强行动自觉。坚定不移贯彻落实以习近平同志为核心的党中央决策部署，做到党中央提倡的坚决响应、党中央决定的坚决执行、党中央禁止的坚决不做。严明党的政治纪律和政治规矩，加强党章党规党纪教育，推动尊法学法守法用法，引导广大党员干部始终牢记“五个必须”，杜绝“七个有之”，做政治上的明白人、老实人。严格落实重大事项请示报告制度，落实领导干部个人有关事项报告制度。严格遵守党内政治生活有关制度和组织程序，坚决服从组织决定，做到在党言党、在党忧党、在党为党。

三、肩负使命勇毅前行，努力把习近平总书记为福州擘画的宏伟蓝图变为美好现实

习近平同志曾担任福州市委书记6年，创造了许多思想财富、精神财富和实践成果，这是福州的宝贵资源、独特优势。站在新的起点上，我们要充分发挥优势，把习近平总书记重要讲话重要指示精神和党中央的决策部署，作为福州发展的总纲领总遵循，在新时代新征程上接续奋斗、砥砺奋进，以实际行动回报习近平总书记的关心厚爱。

不折不扣贯彻落实习近平总书记对福建、福州工作的重要讲话重要指示精神。党的十八大以来，习近平总书记对福建、福州工作作出一系列重要讲话重要指示，明确提出建设“机制活、产业优、百姓富、生态美”新福建、全方位推进高质量发展超越、奋力谱写全面建设社会主义现代化国家福建篇章等重要要求。今年3月，习近平总书记在福州考察时，充分肯定福州的发展思路符合方向、与时俱进，要求有福之州更好地造福于民、为国家作出更大贡献。这一系列重要指示重要要求，与习近平同志在福建、福州工作期间的战略思想是一脉相承的、战略目标是高度契合的。要持续深入学习领会，将其贯穿到福州发展的全过程、各方面，坚定不移沿着习近平总书记指引的方向前进。

准确把握“3820”战略工程思想精髓。习近平同志当年在福州工作期间，科学谋划实施了“3820”战略工程，引领福州实现超常规跨越式发展。在市第十二次党代会上，我们全面回顾了“3820”战略工程取得的辉煌成就，并深刻领悟了其所蕴含的宝贵思想精髓，即放眼世界的宏大格局、高瞻远瞩的战略思维、科学系统的发展理念、人民至上的价值追求、开拓创新的奋斗精神、敢为人先的胆识魄力、实事求是的工作方法、马上就办的优良作风、滴水穿石的干劲韧劲、从严治党的政治担当，这些在传承接续中愈发展现出历久弥新的强大生命力。我们要带着感情、带着责任，结合新的实际，不断将其发扬光大，把习近平总书记当年开创的各项事业不断推向前进。

坚定建设现代化国际城市的战略定力。加快建设现代化国际城市，是以“3820”战略工程为基础，更为长远和更高层次的目标。我们要深刻认识到，建设现代化国际城市，是习近平总书记为福州擘画的跨世纪宏伟蓝图，不是一朝一夕就能实现的，需要全市上下为之付出艰苦努力。要增强战略思维，以滨海新城、福州大学城、东南汽车城、丝路海港城、国际航空城、现代物流城等六个城为重大平台，以海上福州、数字福州、新型材料、海港空港、闽都文化等五大国际品牌为支撑，以党建引领、科教兴城、龙头扶引、扩大内需、改革攻坚、区域协同、绿色发展、温暖榕城、平安福州等九大专项行动为重要抓手，一张蓝图绘到底，一任接着一任干，努力朝着全面建成现代化国际城市的目标迈进。

筑牢守初心担使命的思想根基。以党的十九届六中全会精神为重点，深化拓展党史学习教育，引导广大党员干部自觉把思想和行动统一到全会精神上来，自觉传承弘扬党的光荣传统和优良作风，做到学史明理、学史增信、学史崇德、学史力行。用好红色资源，深入开展以伟大建党精神为源头的精神谱系主题宣传，讲好党的故事、革命的故事、福州的故事，唱响主旋律、弘扬正能量，将其转化为听党话、跟党走的坚定意志和坚强决心，更好地学党史、悟思想、办实事、开新局。

四、弘扬伟大建党精神，坚定不移推进全面从严治党

新征程上，我们要始终牢记“打铁必须自身硬”的道理，增强全面从严治党永远在路上的政治自觉，从伟大建党精神中汲取强大精神力量，扎实推进全面从严治党向纵深发展、向基层延伸。

始终把政治建设放在首位，严格落实管党治党政治责任。全面落实新形势下党内政治生活的若干准则，严格执行民主集中制，用好批评和自我批评武器，不断增强党内政治生活的政治性、时代性、原则性、战斗性。加强换届后各级领导班子思想政治建设，坚持自我革命，经常性开展政治体检，常态化开展政治性警示教育，永葆党的生机活力。强化政治监督，严肃查处违反政治纪律和政治规矩的行为。完善党委（党组）理论学习中心组等制度，严格落实意识形态工作责任制，牢牢掌握主导权和话语权。

持续夯基石强功能，不断提升党建工作水平。对照高质量发展要求，扎实推进各领域党建工作，以高质量党建引领保障高质量发展。建立健全党的建设质量管控机制、问题整改机制、责任落实机制。持续深化“红色领航工程”，充分发挥中心村党委作用，通过村党支部领办合作社等有效途径，促进乡村振兴和共同富裕。全面深化近邻党建，打造示范社区，推进城市品质提升，发挥“数字党建”平台力量，全力创建两新组织党建示范带，持续推进“两个覆盖”。聚焦“模范机关”创建，全面推进机关党的建设。

坚持正确选人用人导向，锻造高素质干部人才队伍。持续深化一线考核、赛场选马，落实高质量政绩考核，引导全市广大干部坚持正确政绩观，慎重决策、慎重用权。实施新时代干部能力提升计划、好班长好班子建设工程和优秀年轻干部“123”梯次培养计划，源源不断培养选拔德才兼备、忠诚干净担当的高素质专业化干部特别是优秀年轻干部。构建更具竞争力、吸引力的人才政策体系和服务体系，加快建设闽都院士村，持续办好“好年华·聚福州”等引才系列活动，建设人才强市。实施新时代基层干部激励计划，不断完善关心关爱、容错纠错等机制，持续为基层减负。深入开展向谷文昌、廖俊波、孙丽美、潘东升等学习活动，营造崇尚先进、见贤思齐的良好氛围。

持之以恒正风反腐，以优良党风促政风带民风。锲而不舍落实中央八项规定及其实施细则精神，靶向整治形式主义、官僚主义突出问题，驰而不息纠“四风”树新风，确保抓出成效、化风成俗。深入推进党风廉政建设和反腐败斗争，加强对“关键少数”的监督，有效发挥巡察利剑作用，用好监督执纪“四种形态”，不断提高不敢腐、不能腐、不想腐综合功效。进一步完善联合监督机制，推动“点题整治”走深走实。持续开展“转作风、强服务、办实事”专项行动，坚决整治群众身边腐败和作风问题，推动各级干部担当作为、履职尽责。

五、坚决响应伟大号召，坚定扛起担当责任、始终保持奋斗姿态

以史为鉴，开创未来，我们必须时刻牢记中国共产党是什么、要干什么这个根本问题，知责于心、担责于身、履责于行，以更加昂扬的姿态奋进新征程、建功新时代。

增强创新意识。坚持继续解放思想，大力弘扬“敢为人先、爱拼会赢”精神，敢于突破陈规陋习，勇于先行先试，善于开拓创新，争创一流业绩。坚定不移全面深化改革，主动对标国内外先进，以改革的思路，创新的举措，不断破解影响福州发展的瓶颈难题，充分释放全社会创新创业创造活力。

勇于担当作为。增强时不我待、只争朝夕的责任感和紧迫感，紧扣省第十一次党代会、市第十二次党代会确定的目标任务，拿出当龙头、走前列、作示范的斗志和魄力，结合各自领域和分管工作，带着情怀谋事、扑下身子干事、保持韧劲成事，努力干出经得起历史和人民检验的实绩。

发扬斗争精神。始终保持艰苦奋斗，不为落后找理由，只为成功想办法，坚决打破惯性思维和路径依赖，推动各项工作不断取得突破。党员干部特别是领导干部要在斗争中经风雨、见世面、壮筋骨、长才干，落实挂钩联系等机制，深入基层一线研究问题、推动工作，善于在危机中育先机、于变局中开新局。

着力真抓实干。健全权责明晰、分工明确的领导班子抓落实责任体系，推动一级抓一级、层层抓落实。持续深化典型工作法、项目工作法、一线工作法，深化“千名干部进千企”“亮晒比学”等活动，着力营造崇尚实干、奋勇争先、比学赶超的干事创业氛围。

征途漫漫，惟有奋斗。全市各级党组织和广大党员干部要更加紧密地团结在以习近平同志为核心的党中央周围，全面贯彻习近平新时代中国特色社会主义思想，大力弘扬伟大建党精神，以永不懈怠的精神状态、一往无前的奋斗姿态，坚持“3820”战略工程思想精髓，加快建设现代化国际城市，以优异成绩迎接党的二十大胜利召开！

弘扬伟大建党精神　做大做优做强省会
加快建设现代化国际城市

（2021年12月19日在市委十二届二次全会上的讲话）

福建省委常委、福州市委书记　林宝金

这次全会的主要任务是，深入学习贯彻党的十九届六中全会精神，全面贯彻落实省第十一次党代会工作部署，动员全市上下弘扬伟大建党精神，牢记嘱托、勇毅前行，做大做优做强省会，加快建设现代化国际城市，在持续建设“机制活、产业优、百姓富、生态美”的新福建、奋力谱写全面建设社会主义现代化国家福建篇章中当龙头、走前列、作示范。

下面，我代表市委常委会，讲四点意见：

一、深刻领会党的百年奋斗重大成就和历史经验，汇聚加快建设现代化国际城市的强大精神动力

前不久召开的党的十九届六中全会，全面总结党的百年奋斗重大成就和历史经验，对推动全党进一步统一思想、统一意志、统一行动，团结带领全国各族人民夺取新时代中国特色社会主义新的伟大胜利，具有重大现实意义和深远历史意义。特别是党的十八大以来，党和国家事业取得历史性成就、发生历史性变革，根本在于习近平新时代中国特色社会主义思想的科学指引，在于以习近平同志为核心的党中央的坚强领导，在于有习近平总书记作为党中央的核心、全党的核心掌舵领航。六中全会开创性提出“两个确立”，是时代呼唤、历史选择、民心所向，是党的十八大以来最重要的政治成果。

福州是习近平新时代中国特色社会主义思想的重要孕育地和先行实践地。上世纪90年代初，习近平同志以马克思主义战略家的远见卓识，科学谋划实施“3820”战略工程，亲自擘画建设现代化国际城市的宏伟蓝图，深入推进海上福州建设、文化遗产保护、西湖治理、“餐桌污染”治理、“一栋楼办公”、双拥共建等工作，大力倡导“四个万家”“马上就办、真抓实干”等优良作风，为福州留下了极为宝贵的思想财富、精神财富和实践成果。我们要把深刻领会六中全会提出的“十个明确”、13个方面重大成就、“十个坚持”历史经验，与秉承弘扬习近平总书记当年的重要理念、重大实践结合起来，一体学习领会，从中汲取不断奋进的智慧和力量。

习近平总书记对福建、福州发展始终寄予厚望。2014年来闽考察时，提出切实落实赶超战略、切实加快特色现代农业建设、切实保障和改善民生、切实把从严治党落到实处等“四个切实”的重要要求，擘画了建设“机制活、产业优、百姓富、生态美”新福建的宏伟蓝图。2019年参加十三届全国人大二次会议福建代表团审议时，对事关福建长远发展的一系列重大问题作出了深刻阐述，从营造创新创业创造良好环境、探索海峡两岸融合发展新路、老区苏区脱贫奔小康、新时代党的建设等“四个方面”提出重要要求。2020年作出重要指示，要求福建全方位推动高质量发展、实现全面超越。今年3月来闽考察，明确要求福建在加快建设现代化经济体系上取得更大进步，在服务和融入新发展格局上展现更大作为，在探索海峡两岸融合发展新路上迈出更大步伐，在创造高品质生活上实现更大突破，奋力谱写全面建设社会主义现代化国家的福建篇章，并提出坚定不移推动高质量发展、加快推进乡村振兴、着力提高人民生活品质、在党史学习教育中做到学史明理等四项重点任务。特别是习近平总书记充分肯定福州的发展思路符合方向、与时俱进，嘱托我们继续把海滨城市、山水城市建设得更加美好，更好地造福于民、为国家作出更大贡献。这些重要讲话重要指示批示精神，在理念方向上一以贯之、一脉相承，在目标要求上与时俱进、递进深化，为我们各项工作指明了前进方向、注入了强大动力。

其中，“机制活、产业优、百姓富、生态美”是习近平总书记为福建擘画的宏伟蓝图，是奋力谱写全面建设社会主义现代化国家福建篇章的根本目标；“四个更大”重要要求和四项重点任务，进一步明确了具体路径和努力方向，二者相辅相成、互为一体。这些，都是福建、福州发展的总纲领、总遵循。

——机制活，就是要用足用好改革关键一招，发挥“多区叠加”政策优势，加快完善有利于加强党的全面领导、激发创新活力、统筹城乡发展、探索海峡两岸融合发展新路等体制机制，为立足新发展阶段、贯彻新发展理念、服务和融入新发展格局，全方位推进高质量发展超越，提供体制机制保障。

——产业优，就是要坚持质量第一、效率优先，深化供给侧结构性改革，营造有利于创新创业创造的良好发展环境，提高科技创新能力，大力发展数字经济、海洋经济、绿色经济、文旅经济，形成多元发展、多点支撑的产业发展格局，在加快建设现代化经济体系上取得更大进步。

——百姓富，就是要坚持以人民为中心的发展思想，切实保障和改善民生，着力解决好群众关心的就业、教育、医疗卫生、养老、住房和城乡基础设施等问题，加快革命老区发展，提高人民生活品质，促进共同富裕，在创造高品质生活上实现更大突破。

——生态美，就是要坚持“绿水青山就是金山银山”的理念，持续深化生态文明建设，积极探索生态产品价值实现路径，大力推进碳达峰碳中和工作，进一步提升生态环境质量，把海滨城市、山水城市建设得更加美好，走出一条生态改善与经济发展双赢的高质量发展之路。

我们要带着特殊感情、特殊责任，忠诚拥护“两个确立”，坚决做到“两个维护”，紧扣“机制活、产业优、百姓富、生态美”和“四个更大”等重要要求，坚定不移沿着习近平总书记指引的方向，全面加快建设现代化国际城市。

二、深入贯彻省第十一次党代会精神，准确把握实施强省会战略的内在要求

省第十一次党代会高举习近平新时代中国特色社会主义思想伟大旗帜，深入贯彻落实习近平总书记对福建工作的重要讲话重要指示精神，就持续建设机制活、产业优、百姓富、生态美的新福建，全方位推进高质量发展超越，奋力谱写全面建设社会主义现代化国家福建篇章作出全面部署。特别是进一步明确了福州的发展定位，即“坚持‘3820’战略工程思想精髓，做大做优做强省会，加快福州新区建设，加强历史文化遗产保护，加快建设现代化国际城市”，并对福州都市圈建设、闽东北协同发展等工作提出了具体要求。尹力书记参加福州代表团审议时，对福州工作给予充分肯定；强调福州作为省会城市，地位重要、作用突出；勉励我们落实好习近平总书记对福建、福州工作的重要要求，加快建设现代化国际城市，在新发展阶段新福建建设中当龙头、走前列、作示范。我们要深刻领会这些重要要求，把做大做优做强省会作为当前和今后一个时期推动福州经济社会发展的主旋律、最强音，保持定力，只争朝夕，久久为功抓落实。具体工作中，要重点把握好四个方面：

一是要把坚持“3820”战略工程思想精髓作为重要遵循。“3820”战略工程，是习近平新时代中国特色社会主义思想在市域范围的先行探索和生动实践。在市第十二次党代会上，我们全面回顾了“3820”战略工程取得的辉煌成就，并深刻领悟了其所蕴含的宝贵思想精髓。即放眼世界的宏大格局、高瞻远瞩的战略思维、科学系统的发展理念、人民至上的价值追求、开拓创新的奋斗精神、敢为人先的胆识魄力、实事求是的工作方法、马上就办的优良作风、滴水穿石的干劲韧劲、从严治党的政治担当，在传承接续中展现出历久弥新的强大生命力，是实施强省会战略必须遵循的重要指引。

二是要把加快建设现代化国际城市作为奋斗目标。这是习近平总书记当年擘画的宏伟蓝图，是实施强省会战略的根本出发点。我们要通过做大做优做强省会，努力在率先实现现代化上取得更大突破，在全面迈向国际化上取得实质性进展，为建成现代化国际城市奠定坚实基础。

三是要把重点建设六个城、打响五大国际品牌、实施九大专项行动作为关键抓手。其中，六个城坚持产城融合发展，是强省会的重要承载；五大国际品牌涵盖主导产业、门户枢纽、城市底蕴等，是强省会的关键支撑；九大专项行动紧紧围绕统筹推进“五位一体”总体布局、协调推进“四个全面”战略布局，蕴含全方位高质量发展的大思路、大平台、大项目，是强省会的重要着力点。我们要以“钉钉子”精神抓落实，确保每年都有新进展、新突破。

四是要把让有福之州更好地造福于民作为根本目的。我们党在不同历史时期有不同奋斗目标和工作任务，总体上都是服从服务于为人民谋幸福。实施强省会战略，必须践行以人民为中心的发展思想，把增进民生福祉、促进共同富裕作为最终的落脚点，把高质量发展成果转化为人民群众看得见、摸得着的幸福生活。

三、坚持问题导向，锚定目标任务，全面实施强省会战略，奋力开创现代化国际城市建设新局面

近年来，我们认真贯彻党中央决策部署和省委工作要求，全方位推进高质量发展超越，经济总量五年连跨5个千亿元台阶，2020年突破万亿元大关。但与做大做优做强省会的要求相比，依然存在不少短板差距，主要表现在：一是城市体量不够大，地区生产总值占全省的22.8%，省会首位度在27个省会城市中排名第19位，建成区面积仅305平方公里。二是发展质量不够优，产值过百亿的制造业企业（集团）14家，规模以上工业企业2602家，高新技术企业2057家，这些与先进省会城市相比还有较大差距），本土世界500强企业仅2家，还没有世界级的产业集群；城乡基础设施建设、民生社会事业发展水平也有待进一步提升。三是带动能力不够强，海港空港、省际大通道等门户枢纽功能不够强，科技创新引领能力不足，服务和融入新发展格局的深度还不够，辐射带动区域协同发展的能力仍需增强。这些短板问题，我们要高度重视，在实施强省会战略中认真解决好。

认清短板不足的同时，我们更要看到优势和机遇。一是有习近平总书记亲自擘画的蓝图指引，这是福州的最大优势、最强底气。二是有省委省政府的大力支持和指导帮助，省里明确将“强省会”写入“十四五”规划，并出台《若干意见》给予支持，尹力书记、赵龙代省长还多次亲自指导推动，对省会发展提出具体要求。三是有历届市委市政府打下的良好基础，去年经济总量过万亿元，今年预计实现9%以上的增长；特别是今年换届后，各级干部提振精气神，形成了比学赶超的良好态势。我们一定要清醒认识肩负的责任使命，坚定信心决心，围绕“机制活、产业优、百姓富、生态美”和“四个更大”等重要要求，以更高标准、更大力度、更实举措，推动强省会战略落地见效。

一要围绕强产业，加快构建现代化经济体系，做大做强省会综合实力。产业是强省会的基石。要着力扶引大龙头、培育大集群、发展大产业，落实产业链“链长制”，聚焦16条重点产业链，全力推进高端补链、终端延链、整体强链，加快培育一批专精特新“小巨人”和“单项冠军”企业；实施产业链龙头招商行动，着力引进一批世界500强、大型央企、民企500强、行业独角兽企业。要坚持以工业（产业）园区标准化建设为抓手，完善提升基础设施和公共服务配套，引导产业有序向园区集聚，加快培育若干个世界级先进制造业集群。要大力发展数字经济、海洋经济、绿色经济、文旅经济，坚持数字产业化、产业数字化，积极融入国家数字经济创新发展试验区建设，持续办好数字峰会、数博会，吸引更多数字经济、数字应用项目落地福州，培育打造软件、光电等千亿数字产业集群，推动数字技术与各产业深度融合、在各领域广泛应用，打响数字福州国际品牌；深入实施海洋经济高质量发展三年行动，依托海洋经济创新发展示范城市建设，引导更多资源要素向海洋产业集聚，推动“百台万吨”生态养殖，培育壮大海工装备制造、海洋生物工程、海洋信息服务业等海洋战略性新兴产业集群，打响海上福州国际品牌；坚持绿色低碳循环发展，加快绿色产业示范基地建设，推动传统产业节能减碳、转型升级；坚持以文塑旅，充分挖掘三坊七巷、船政、烟台山等文化底蕴，培育温泉、古厝、福道、福州鱼丸等品牌，进一步促进文旅融合，打响闽都文化国际品牌。要以产业和消费升级为牵引，实施服务业提质工程，精心打造省会一刻钟便民生活圈、高品质商圈，培育“宅经济”、首店等多样化消费场景，促进商贸、康养、育幼等生活性服务业向精细化和高端转变。要发挥省会交通便利、市场腹地等优势，加快推动现代金融、商务会展、设计创意、跨境电商等产业发展，依托六个城规划建设若干个总部经济区或集聚区，吸引一批综合型、区域型总部落地，促进省会服务业高质量发展。

二要围绕强创新，全力建设一流大学城、科学城和科创走廊，持续激发创新创业创造活力。创新是城市的核心竞争力。我们要坚持科教兴城、人才强市，大力实施创新驱动发展战略，促进多元创新要素融合“聚变”，加快打造全省创新策源地。要以国家自主创新示范区建设为抓手，高标准建设一流大学城、中国东南（福建）科学城，加快筹建福耀科技大学，办好天津大学－新加坡国立大学福州联合学院，争取引进落地更多国家实验室、大科学装置；扎实推进科创走廊建设，促进协同创新平台共建共享，引领带动老城区转型发展，构建“两城引领、一廊串联、多点联动”的科技创新布局。要实施高新技术企业倍增计划和创新型领军企业培育工程，支持企业牵头组建创新联合体、共性技术平台，培育更多高能级创新主体，推动更多科技创新成果在福州落地转化。要以闽都院士村建设为抓手，靶向引进一批院士专家及其团队，清单式培养一批科技顶尖人才和高水平创新创业团队；支持企业与高校共建人才培养机制，积极培养高层次人才、专业技术人才和高技能实用人才；持续打响“好年华·聚福州”等引才品牌，建立一流人才服务保障体系，吸引各类人才来榕创业就业。

三要围绕强门户，统筹布局大枢纽、大通道，更好服务和融入新发展格局。构建内联外通、快速畅达的立体走廊，是增强门户功能、重塑竞争优势的重要抓手。要强化通道枢纽功能，加快长乐机场二期建设，矢志不移推进高铁进机场，做大做强海丝门户枢纽机场；完善港区集疏运体系，畅通远洋航线、贸易通道，加快建设东南沿海主枢纽港；谋划建设温福、昌福、福赣、福衢等高铁，加快福州都市圈路网和城市轨道交通建设，让更多人流、物流、资金流、信息流汇聚福州。

要大力培育枢纽经济，依托江阴港、罗源湾，加快发展临港产业、湾区经济，加快建设丝路海港城；扎实推进国家临空经济示范区建设，发展高端装备制造和航空货运、维修、服务等临空产业，积极申报建设空港综合保税区，加快建设国际航空城；扎实推进国家骨干冷链物流基地和商贸服务型国家物流枢纽建设，大力培育流通加工、商贸服务等产业，打造区域物流集散中心，加快建设现代物流城。要融入海丝核心区建设，深入实施丝路海运、数字丝路等重大工程，加快中印尼“两国双园”等建设，争取“一带一路”沿线国家在福州设立领事机构。要依托自贸试验区福州片区等平台，深化制度性开放创新，持续优化营商环境，提升贸易便利化水平。

四要围绕强承载，扎实推进福州都市圈建设，促进城乡区域协调发展。落实《福州都市圈发展规划》，坚持基础设施先行，深化产业分工协作，强化区域协同治理，积极探索海峡两岸融合发展新路，加快建设“福马共同家园”，着力打造具有重要区域影响力的现代化都市圈。要积极推进行政区划调整，持续做大城市规模。要坚持产城融合，更大力度推进福州新区、滨海新城建设，统筹推进三江口、琅岐等重点组团开发，推动更多优质资源向新区新城流动、更多高端产业向新区新城布局，吸引更多人口向新区新城聚集；以绣花功夫抓好城市更新，扎实推进居住、交通、水环境等 5 大品质提升工程，大力实施“美丽河湖”“美丽闽江”“美丽海湾”工程，努力把海滨城市、山水城市建设得更加美好。要聚焦推动巩固拓展脱贫攻坚成果同乡村振兴有效衔接，坚持农村一二三产融合发展，积极培育七大特色产业全产业链，做强现代农业和乡村文旅产业，打造一批百亿强县、十亿强镇、亿元强村；以“绿盈乡村”建设为抓手，推动生态文明与乡村振兴有机融合，保护好古村落、民族特色村寨和原生态自然环境，加快打造宜居宜业美丽乡村。

五要围绕强民生，努力创造高品质生活，不断增强人民群众获得感、幸福感、安全感。坚持以人民为中心的发展思想，积极适应群众需求变化，多途径解决人民群众各类“急难愁盼”问题，持续增进民生福祉，促进共同富裕。要深入实施就业优先战略，统筹做好高校毕业生、退役军人、农民工等重点群体就业，支持发展灵活就业，确保零就业家庭动态清零。要健全经济发展与收入增长联动机制，持续关注低收入人群、残障人士等群体基本生活，健全统筹城乡、覆盖全民、可持续的多层次社会保障体系。要不断优化公共服务供给，大力实施“优质学校、优秀校长、优秀教师”带动工程，推进集团化办学，增加优质教育资源，办好人民满意教育；加快推进医药卫生体制集成改革，扎实推进孟超肝胆医院新院等项目建设，完善疾病预防控制体系，促进优质医疗资源扩容下沉，更好满足老百姓就医需求；开展居家社区养老服务提升行动，大力推广社区长者食堂、四点钟学校等，解决好“一老一小”问题。要加强文化遗产保护和活化利用，创新实施文化惠民工程，打响“七溜八溜、不离福州”等城市品牌，让闽都文化“潮”起来、“传”开来；深化“温暖榕城”和志愿服务“五化”行动，建设好幸福家园，争创全国文明典范城市。

四、加强党的全面领导，为实施强省会战略、加快建设现代化国际城市提供坚强保证

坚持以党的政治建设为统领，大力弘扬伟大建党精神，坚定不移全面从严治党，持续提高党的建设质量和科学化水平，切实把党的政治优势、组织优势转化为发展优势。

一要持续加强政治建设。坚持把讲政治作为根本要求贯穿各项工作全过程，始终牢记“两个确立”，坚决做到“两个维护”，不断提高政治判断力、政治领悟力、政治执行力。落实全面从严治党主体责任，强化政治监督，确保党中央决策部署和省委工作要求落到实处。深化落实学习贯彻新思想长效机制，秉承弘扬习近平同志在福建、福州工作期间的重要理念、重大实践。深入学习宣传贯彻党的百年奋斗重大成就和历史经验，努力把学习成果转化为推动实施强省会战略、加快建设现代化国际城市的精神动力。

二要夯实党的基层基础。紧扣增强政治功能和组织力，全面深化“红色领航工程”，落实建强基层党组织战斗堡垒行动，加强近邻党建，创建两新组织党建示范带，常态化整顿软弱涣散党组织，推动基层党组织全面进步、全面过硬，为实施强省会战略构建上下贯通、执行有力的严密组织体系。

三要提高干部能力水平。突出实干实绩导向，公道正派选人用人，健全落实容错纠错制度，为干部担当作为撑腰鼓劲。深入实施新时代干部能力提升、基层干部激励计划，培养选拔优秀年轻干部，提高领导和推进现代化建设的政治能力、战略眼光、专业水平。

四要广泛凝聚奋进合力。坚持党总揽全局、协调各方，完善工作协同机制，全市“一盘棋”推动工作落实。人大、政协要充分发挥作用，把广大干部群众和各方面人才有效组织起来，把各民主党派、工商联、无党派人士广泛凝聚起来，不断激发人民群众的积极性、主动性、创造性。

同志们，九层之台、起于累土，征途漫漫、惟有奋斗！我们要更加紧密地团结在以习近平同志为核心的党中央周围，坚决落实省委关于“做大做优做强省会”的要求，埋头苦干，勇毅前行，坚持“3820”战略工程思想精髓，加快建设现代化国际城市，为新发展阶段新福建建设作出新的更大贡献，以优异成绩迎接党的二十大胜利召开！

政府工作报告

（2022 年 1 月 7 日在福州市第十六届人民代表大会第一次会议上）

福州市人民政府市长 吴贤德

各位代表：

现在，我代表福州市人民政府，向大会报告政府工作，请予审议，并请市政协各位委员提出意见。

一、2021 年暨市十五届政府工作回顾

2021 年是福州发展历程上极不平凡的一年。我们迎来中国共产党百年华诞，实现第一个百年奋斗目标，开启向第二个百年奋斗目标进军新征程。习近平总书记亲临福建、福州考察并发表重要讲话，为新时代福建、福州发展指明了前进方向、注入了强大动力。习近平总书记向在我市举办的第44届世界遗产大会发来贺信，给全市人民极大关怀和鼓舞。

一年来，在省委、省政府和市委的领导下，市政府以习近平新时代中国特色社会主义思想为指导，全面贯彻党的十九大和十九届历次全会精神，认真落实习近平总书记来闽考察重要讲话精神，勠力同心、真抓实干、拼搏进取，统筹推进疫情防控和经济社会发展，实现了“十四五”良好开局。我们沉着应对疫情，落实“四早”和“快、严、实、细”要求，全市未出现本土新增病例。我们扎实做好“五促一保一防一控”，积极服务和融入新发展格局，全方位推进高质量发展超越取得新的进展。我们重点建设六个城、打响五大国际品牌、实施九大专项行动，经济社会实现平稳健康发展。预计全市地区生产总值增长9%左右；一般公共预算总收入1250.26亿元，增长12.8%；地方一般公共预算收入749.85亿元，增长11%；进出口总额3258.8亿元，增长30.1%；实际利用外资80.9亿元，增长15.4%；社会消费品零售总额4600亿元，增长8%；居民人均可支配收入43715元，增长8%；固定资产投资增长8%；居民消费价格总水平上涨0.7%；城镇登记失业率3.16%。完成省下达的节能减排降碳任务。一年来的工作成效主要体现在：

（一）*产业发展提质增效*。规上工业增加值预计增长9.3%左右。坚持扶引大龙头、培育大集群、发展大产业，136家工业龙头企业累计新增产值突破千亿元，拉动全市工业增长10个百分点。开展工业（产业）园区标准化建设行动，发布园区市级地方标准2个，打造千亿园区、五百亿园区各4个，工业（产业）园区标准化建设经验做法入选中国改革年度典型案例。实施16条重点产业链“链长制”，建立“1+N”工作机制，引进产业链项目45个。推进东南汽车城建设，东南汽车完成股权重组、实现增资复产。信息技术、光电、生物医药、氢能源等4个产业集群入选省战略性新兴产业集群。成功举办第四届数字中国建设峰会暨首届数博会，东南大数据产业园新入驻企业192家，马尾物联网产业基地新引进关联企业156家，新增“上云上平台”工业企业800家，数字经济增加值预计突破5000亿元。实施“海上福州”建设重点项目185个，三峡海上风电产业园成为全国首个“碳中和”工业园区。三产增加值预计增长10%左右。提速现代物流城建设，入选“十四五”首批国家物流枢纽建设城市，举办第十三届中国物流与供应链信息化大会。推进跨境电商综合试验区建设，举办首届中国跨境电商交易会。购销供应链企业销售额突破2000亿元。深入推动政金企对接合作，落地本外币合一银行账户体系试点，新增上市企业3家。开展“惠聚榕城消费季”“有福之州·乐享国庆”等系列活动，激活消费市场。入选全国首批一刻钟便民生活圈建设试点城市。在全省率先新建大众茶馆38家。举办各类展会52场，规模超104万平方米。成功举办第八届丝路国际电影节、第七届海丝国际旅游节等活动，三坊七巷、上下杭获评首批国家级夜间文化和旅游消费集聚区，永泰嵩口镇获评首批全国乡村旅游重点镇，新增4A级旅游景区2家，全市接待游客9010万人次、增长16%。民间投资增长7%左右，11家企业入选中国民营企业500强，福耀集团、核电“华龙一号”、京东方荣获中国质量奖。

（二）*创新活力持续激发*。启动“一城四区、十片多点”科创走廊建设，金山科创街区等58个项目落地动建，中国东南（福建）科学城建设稳步推进，入选“科创中国”试点城市。新增国家级高新技术企业超700家、省级科技小巨人企业348家、省级以上“专精特新”企业70家。新增省级新型研发机构15家，新认定省级科技企业孵化器3家、众创空间20家，软件园入选国家级双创示范基地。5个项目入选省级科技重大专项“揭榜挂帅”项目，3项科技成果获国家科学技术进步奖。闽都院士村启动建设，新建院士工作站1个、专家工作站24个。举办“好年华，聚福州”等活动，引进高层次人才2300人、高技能人才7000人，“榕博汇”工作机制获评全国人才工作创新最佳案例。

（三）*项目建设全面提速*。开展“抓项目促提升”“攻坚120天”专项行动，完成交地11.4万亩，动建福融新材料产业园、万洋众创城等项目1404个，建成福建电信东南信息园、兴化湾海上风电场等项目971个，“五个一批”综合考评连续16个季度位居全省前三。开展“千名干部进千企”专项行动，协调解决企业问题2718个。实施招商效率和招商质量提升工程，引进落地福米智能制造产业园、经纬卫星运营中心等产业项目4794个、总投资1.19万亿元。开展“数字·绿色”技改行动，实施飞毛腿电池工业园、高意碳化硅等重点技改项目165个，技改投资预计增长15%。顺利推进国家新型城市基础设施建设试点，新建5G基站4192个、电动汽车充电桩1020个，建成5G高精度定位系统、人工智能公共服务平台等项目40个，水系智慧调度、5G+智慧城市等项目荣获世界智慧城市大奖。福厦客专、道庆洲大桥、城区北向第二通道等基础设施项目进展顺利，“一闸三线”闽侯、长乐、福清输水线路完成主体工程建设，水口坝下工程一线船闸试通航。

（四）*改革开放纵深推进*。设立福州新区直管区，福州新区管理体制改革基本完成。自贸试验区福州片区推出全国首创举措11项。实施生态文明体制改革重点任务17项，“林长制”“湾滩长制”和“海上环卫”机制全面推行。福州都市圈加快建设，闽东北协同发展区68个协作项目完成投资607.3亿元。开展市管国资国企改革重组，形成“龙头引领+专业标杆”发展格局。实施营商环境改革4.0版，实现开办企业时间压缩至0.5个工作日内。在全国率先开展居住权登记，连续两年被列为全国“登记财产”领域标杆城市。国际航空城建设扎实推进，机场二期扩建工程进展顺利，福州综合保税区封关运作，江阴港综合保税区在全国率先开展内外贸智能监管试点，福州港货物吞吐量保持全省首位。中印尼“两国双园”项目取得重大进展。举办2021年福州国际友城文化节，与美国檀香山市、越南下龙市建立友好城市关系。第四届海丝博览会暨第二十三届海交会、第九届海峡青年节、第十二届海峡两岸船政文化研讨会等活动成功举办。榕港澳、闽浙赣皖、泛珠三角区域协作日益密切。侨务、异地商会等工作富有成效。

（五）城市品质明显提升。滨海新城加快建设，商务印书馆分馆、第二工人文化宫建成开放，东南快速通道万新路复线段、菜鸟智能骨干网核心节点等45个项目竣工投用，滨海新城岸段入选国家美丽海湾优秀案例。三江口生态公园正式开园，南江滨东大道完成品质提升，建成梁厝南片区道路等16个项目。实施新一轮城市品质提升项目921个、“九个一批”综合提升项目326个，城乡品质提升综合绩效位居全省第一。地铁6号线长乐段、5号线荆溪厚屿至螺洲古镇段实现空载试运行。洪山桥、洪塘大桥建成通车，新改扩建市政道路161.2公里，完成城区缓堵项目35个，新增更新公交车212辆，新辟优化公交线路68条，新改建公交站台81个，新增便民停车泊位3万个。实施连片旧屋区改造54个、481.95万平方米，整治老旧小区198个、涉及群众4万户。启动住房租赁市场试点，新增保障性租赁住房2.9万套。有效落实“河长日”“河湖长制”，实施“两江四岸”提升工程，打造西河智慧体育公园等滨江精品景观带8个，旗山湖、晋安湖建成开放。开展鳌峰、海峡会展中心等片区高品质饮用水试点，建成全省首个高品质饮用水水厂。新建市政供水管网110公里、污水管网149公里、燃气管网151公里。完成城区缆化下地63.5公里。建成城市管理综合体2座，城区垃圾分类实现全覆盖。清理批而未供土地1.53万亩，处置“两违”1091万平方米。整治“散乱污”企业超4500家。全省唯一城区空气优良天数比例100%。开展新一轮古厝普查登记和保护利用，新店古城遗址公园建成开放。

（六）乡村振兴扎实开展。农林牧渔业总产值预计达1100亿元。建成高标准农田18.37万亩，完成粮食播种面积123.98万亩。新建设施农业2183亩，生猪、蛋禽养殖规模化率超90%、位居全省第一。新增国家级农业产业强镇2个、国家级农业龙头企业2家、省级农业龙头企业24家，入选中国农业企业500强7家。新增国家级最美休闲乡村1个、省级美丽休闲乡村3个、省级休闲农业示范点4个，永泰入选全国休闲农业重点县。福州（连江）国家远洋渔业基地加快建设，下水“百台万吨”深远海智能养殖平台5套。实施福州鱼丸品牌高质量发展三年行动，开设福州鱼丸品牌店30家。成功举办2021渔业周·渔博会、第二届菌博会等活动。实施省市乡村振兴试点项目1547个，新增乡村振兴中、高级版试点村72个，提升乡村振兴精品线路16条。选认省市县科技特派员1321人。新建农村公路232公里、农村生活污水配套管网500公里、乡镇生活污水配套管网190公里，完成裸房整治1万栋，新建“绿盈乡村”287个。少数民族聚居区、革命老区、海岛等地区加快发展，山海协作、对口支援、东西部协作等工作深入推进。

（七）民生福祉日益改善。各级财政用于民生支出740亿元，占一般公共预算支出的79.9%。完成为民办实事项目59件。新改扩建核酸检测基地3个，接种新冠疫苗1565万剂次，建成市重大疫情综合管理系统。市疾控中心新址等20个重点医疗卫生项目加快建设，复旦大学附属华山医院福建医院正式开诊。新改扩建公办幼儿园28所、中小学20所，清华附中福州学校全面招生，新组建教育集团32个。智慧健康养老服务平台投入运营，6个社区（村）获评全国首批示范性老年友好型社区。成立福州海峡交响乐团，群众艺术馆、少儿图书馆新馆加快建设。举办世界女子围棋赛等国际体育赛事，参加东京奥运会、陕西全运会取得历史最佳成绩。完成村（居）委会换届选举工作。扫黑除恶专项斗争长效机制健全完善，获评平安中国建设示范市。鼓楼获评国家智能社会治理综合实验基地。国家食品安全示范城市创建工作深入开展。安全生产形势保持稳定。编制、信访、仲裁、司法行政、行政复议、民族宗教、军民融合、国防动员、退役军人服务保障、民兵预备役、双拥、海防、人防、反走私等工作继续加强。广播影视、新闻出版、哲学社会科学、文学艺术、统计、科普、气象、防震、地方志、档案、老龄、青少年、妇女儿童、残疾人、慈善、红十字等各项事业健康发展。

（八）自身建设不断强化。深入开展党史学习教育，全面宣传贯彻党的十九届六中全会和习近平总书记来闽考察重要讲话精神，忠诚拥护“两个确立”，坚决做到“两个维护”。弘扬“马上就办、真抓实干”优良作风，抓好“再学习、再调研、再落实”活动，开展“转作风、强服务、办实事”专项行动，持之以恒纠治“四风”，深化移风易俗专项治理，政风社风民风持续好转。开展“亮晒比学”活动，全面提振干事创业精气神。标本兼治抓好省委巡视反馈问题整改落实。贯彻落实中央八项规定及其实施细则精神，严守廉洁制度。一线考核、容错纠错等机制不断完善，效能问责209人次。审计监督力度不断加大。认真执行市人大及其常委会决定决议，自觉接受人大法律监督、工作监督，提请市人大常委会审议地方性法规草案6件、修改政府规章1件、废止政府规章2件，办复省、市人大代表建议517件，满意率达98.45%。自觉接受政协民主监督，落实转化政协专报22件，办复省、市政协提案458件，满意率达100%。

2021年各项任务的完成，为市十五届政府的工作画上了圆满的句号。过去五年，“多区叠加”政策效应逐步显现，国家支持福州都市圈发展，省委、省政府实施强省会战略，福州城市带动力不断增强。过去五年，全市经济总量持续攀升，连续四届入选全国文明城市，实现全国双拥模范城“九连冠”，福州城市综合实力显著提升。过去五年，我们成功举办4届数字中国建设峰会、第十六届中国戏剧节、世界城市日中国主场活动等重大会议活动，福州城市影响力日益扩大。

五年来，我们聚焦“机制活”，发展活力动力持续增强。福州新区地区生产总值年均增长近9%，自贸试验区福州片区90项举措全国首创，国家自主创新示范区福州片区13项创新举措在全省复制推广，生态文明试验区24项重点改革任务全面完成。深化“放管服”改革，完成4轮简政放权，获评全国社会信用体系建设示范城市，数字政府发展指数位列全国省会城市第四。国企改革、社会治理、农业农村、财政金融、投融资及社会事业等重点领域改革全面深化。全市进出口总额累计达1.3万亿元、实际利用外资累计达400.5亿元、新设外商投资企业1906家，发起成立“21世纪海上合作委员会”。

榕台融合不断深化，新设台资企业788家。

五年来，我们聚焦“产业优”，现代产业体系加快构建。培育形成5个千亿产业集群，农林牧渔业总产值、金融业增加值均突破千亿元，规上工业总产值突破万亿元，产值超百亿工业企业（集团）达15家、占全省近三分之一。三产增加值占地区生产总值比重从50.1%提高到57%以上。全社会研究与试验发展经费投入总量连续五年全省第一。累计招引项目1.74万个、落地动建项目8751个、建成投产项目3590个，万华化学、申远聚酰胺一体化、华电新能源总部等一批投资超百亿项目落户福州。

五年来，我们聚焦“百姓富”，社会民生事业全面发展。每年财政民生支出占比保持75%以上，累计实施为民办实事项目290件。累计新增就业67.86万人，居民人均可支配收入年均增长7.8%。新增公办幼儿园学位3.3万个、义务教育学位9.35万个，每千人口医疗卫生机构床位数从4.75张提高到5.4张，养老床位总数从3.85万张提高到5.05万张。历史文化遗产保护力度持续加大，建成开放17个特色历史文化街区。成功创建国家公共文化服务体系示范区、国家文化和旅游消费试点城市。获评全国首批精准脱贫示范城市，连续四年在全国东西部扶贫协作成效考核中获得“好”的等次。群众安全感率达99%以上。

五年来，我们聚焦“生态美”，城乡环境面貌焕然一新。滨海新城建设全面铺开，长乐撤市设区顺利完成。“三纵三横”高速公路网基本形成，地铁1号线、2号线开通运营，市政路网密度从每平方公里7.29公里提高到8.38公里。城区内河基本完成治理，小流域优良水质从62.5%提高到96.3%，获评全国首批黑臭水体治理示范城市。新增绿化面积2万亩，植树造林47.2万亩，荣获国家森林城市、全国森林旅游示范市称号。空气质量保持全国省会城市前三。实施连片旧屋区改造282个、老旧小区整治740个。首创垃圾分类“三端四定”福州模式，成为全国9个垃圾分类工作免检城市之一。建设美丽乡村885个。生态环保党政目标责任制考核保持全省前两位。

各位代表，过去五年的成绩来之不易，这是以习近平同志为核心的党中央坚强领导的结果，是习近平新时代中国特色社会主义思想科学指引的结果，是在省委、省政府领导下，市委带领全市人民团结一心、艰苦奋斗的结果。在此，我代表市人民政府，向全市人民，向人大代表、政协委员、各民主党派、工商联、无党派人士、各人民团体、离退休老同志和社会各界人士，向中直、省直机关企事业单位和驻榕部队指战员、武警官兵、公安民警、消防救援队伍指战员，向关心支持福州发展的港澳台同胞、海外侨胞和国际友人，向奋战在一线的所有抗疫工作者、志愿者们，表示衷心的感谢和崇高的敬意！

在总结成绩的同时，我们也清醒地看到当前发展中还存在不少困难和问题，主要是：外部环境复杂严峻，疫情发展存在不确定性，经济增长面临较大压力；科技创新引领作用发挥不够，人才支撑不足；龙头企业、“链主”企业不多，构建现代产业体系步伐亟须加快；海港空港等门户枢纽功能不够强；城市空间布局和功能品质仍需优化，乡村振兴工作还有差距；教育、医疗、养老、托幼等领域存在短板；政府治理现代化水平不够高，干部队伍能力素质还要持续加强，等等。对此，我们将采取有效措施，认真加以解决。

二、新一届政府努力方向和2022年工作安排

各位代表，根据市第十二次党代会部署，今后五年我市经济社会发展的总体要求是：以习近平新时代中国特色社会主义思想为指导，深入学习贯彻党的十九大和十九届历次全会精神，贯彻落实习近平总书记来闽考察重要讲话精神，弘扬伟大建党精神，按照省第十一次党代会、市第十二次党代会部署要求，坚持稳中求进工作总基调，立足新发展阶段、贯彻新发展理念、服务和融入新发展格局，紧扣“四个更大”重要要求，以全方位推进高质量发展超越为主题，以全面落实强省会、福州都市圈战略为重点，坚持“3820”战略工程思想精髓，加快建设现代化国际城市，重点建设六个城、打响五大国际品牌、实施九大专项行动，统筹发展和安全，率先实现现代化取得更大突破、全面迈向国际化取得实质性进展，努力在新发展阶段新福建建设中当龙头、走前列、作示范。

今后五年，新一届政府将朝着以下目标进行不懈努力：

*奋力实现更高质量的发展。*地区生产总值增速保持7.6%左右、总量突破1.7万亿元，常住人口达1000万人左右，省会首位度达25%以上。现代产业体系核心竞争力大幅提升，全社会研究与试验发展经费投入强度接近3%，规上工业战略性新兴产业增加值占规上工业增加值比重超35%，服务业增加值占地区生产总值比重达60%，培育形成6个千亿产业集群，新增规上工业企业3000家、千亿工业企业（集团）5家、百亿工业企业（集团）30家。滨海新城、福州大学城、东南汽车城、丝路海港城、国际航空城、现代物流城实现量级跃升。争创国家中心城市、国际性综合交通枢纽城市，辐射带动福州都市圈一体化发展。

*奋力实现更有效率的发展。*重点领域和关键环节改革持续深化，营商环境评价成绩进入全国标杆城市行列，市场主体充满活力、富有效率。福州新区、自贸试验区福州片区成为对外开放合作的重要窗口，五大国际品牌影响力持续增强，力争长乐国际机场旅客吞吐量超2200万人次、福州港集装箱吞吐量突破800万标箱、实现高铁进机场。榕台融合深入拓展，打造台胞台企登陆的第一家园先行城市。

*奋力实现更加公平的发展。*着力提高人民生活品质，促进共同富裕。实现更加充分、更高质量的就业，居民人均可支配收入年均增长8%。优质均衡的公共服务体系基本形成，学前普惠学额覆盖率稳定在90%以上，每千名老年人拥有养老床位数保持在40张以上，每千人口执业（助理）医师数达3.8人，三甲医院（不含省级）达8家，医疗卫生机构床位数达5.3万张，人口平均预期寿命达80岁。

*奋力实现更可持续的发展。*城市功能品质显著提升，城乡人居环境明显改善，大气、水、土壤、海洋等环境质量保持优良，河湖水系综合治理成为全国典范，实现国家生态文明建设示范市创建目标。全市森林覆盖率力争达58.5%，空气质量稳定在全国重点城市前列，主要河流优良水质比例优于省考核要求，全面消除Ⅴ类及以下水质。碳达峰碳中和工作

迈出坚实步伐。

奋力实现更为安全的发展。社会治安防控体系更加健全，粮食安全、防汛抗旱、金融风险等应急管理和保障体系进一步完善，疫情防控成果持续巩固。城市大脑体系高效运转，现代城市的数字底座、感知体系、智能中枢基本建成，精细化管理水平和运行服务保障能力有效提升。行政执法体制改革持续深化，矛盾纠纷排查预警和多元化解机制日趋完善，文明城市建设迈向更高水平。

各位代表，省第十一次党代会作出了“高举旗帜牢记嘱托，勇担使命砥砺前行，奋力谱写全面建设社会主义现代化国家福建篇章”的战略部署，市第十二次党代会发出了“坚持‘3820’战略工程思想精髓、为加快建设现代化国际城市而努力奋斗”的号召。我们要认真学习领会，进一步解放思想、坚定信心、苦干实干，坚持项目带动，实施“项目攻坚落实年”行动，一项一项抓落实，推动新一届政府工作开好局、起好步。今年经济社会发展的主要预期目标是：地区生产总值增长8%左右，地方一般公共预算收入增长7.5%，固定资产投资增长8%，社会消费品零售总额增长9%，出口总额增长8%，实际利用外资增长3%，居民人均可支配收入增长8%，城镇登记失业率控制在3.5%以内，完成节能减排降碳任务。

为实现今年预期目标，必须严格落实“外防输入、内防反弹”，按照“四早”和“快、严、实、细”要求，强化联防联控、群防群治，实施人防技防、人物同防，科学精准做好常态化疫情防控工作。与此同时，统筹推进经济社会发展，重点抓好以下十个方面工作：

（一）强化区域协同，全面增强辐射带动能力

落实强省会战略。以六个城作为重要承载，以五大国际品牌作为关键支撑，以九大专项行动作为着力点，突出创新驱动，加快产业强市建设，提升综合承载能力，完善城市功能品质，促进社会事业发展，增强省会城市影响力、发展带动力、区域竞争力。承接省级下放的审批权限，深化行政管理体制改革。主动对接上级部门，积极争取要素保障和资源支持，推动更多项目、资金和优质资源在省会集聚。

推进都市圈建设。落实《福州都市圈发展规划》。加快修建228、316、308等国省道和城际铁路等大通道，规划实施政永高速、江涵大桥等重大项目，打造都市圈1小时通勤圈。谋划推进温福、昌福、福赣、福衢等高铁建设，强化与省外重点城市群的交通联系。推动福州都市圈与马祖打造“福马共同家园”。推进闽江黄金水道、深海养殖合作等十大区域协作项目，建立闽江上下游水环境安全预警联防联控机制，推动e福州平台应用向都市圈扩展。

（二）坚持科教兴城，持续激发创新创造活力

优化创新布局。发挥国家自主创新示范区福州片区先行优势，推动“一区二十四园”协同创新。按照“六个一流”标准加快福州大学城建设，统筹推进中国东南（福建）科学城和闽都院士村建设，新增科创走廊载体100万平方米以上。支持福耀科技大学（暂名）筹建新型应用研究型高水平大学。加快闽都创新实验室、海峡实验室等重点实验室建设，支持海西创新研究院、清华—福州数据技术研究院、福州海洋研究院等创新平台发展。

培育创新主体。实施高新技术企业倍增计划，新培育国家级高新技术企业400家、省级科技小巨人企业50家、省级以上“专精特新”企业30家。落实激励企业创新政策，引导金融机构推广“科技贷”“高新贷”等特色金融产品，力争全社会研究与试验发展经费投入总量达255亿元。搭建市科技成果转化公共服务平台，力争技术合同认定登记成交额达70亿元。

引育创新人才。实施科技人才培育计划和“福聚英才”战略计划，办好“好年华，聚福州”“榕博汇”“榕匠汇”等系列活动，推广“榕智汇”线上招聘平台，引进培养高层次人才2500人、高技能人才7600人以上，吸引应届高校毕业生来榕留榕就业6.5万人以上。建设青年友好城市，为广大青年、各类人才创造良好的发展环境。

（三）突出龙头扶引，加快构建现代产业体系

发展特色现代农业。落实粮食安全责任制，建设高标准农田4万亩，确保粮食种植面积稳定在121万亩以上。开展种业创新发展五年行动，培育种业创新领军企业2家。加快闽清茉莉花茶产业园、福州金鱼产业园、琅岐果蔬基地建设，打造一批省级现代农业智慧园，新建设施农业2000亩以上，新增“三品一标”农产品22个，培育“一村一品”专业村36个，力争七大特色产业全产业链总产值超2500亿元。发展林下经济、森林康养等产业，在市区和景区周边培育一批乡村旅游特色村，办好2022渔业周•渔博会、第三届菌博会等活动，推进农村一、二、三产业融合发展。

发展先进制造业。推进工业（产业）园区标准化建设，完善园区建设标准体系，实施补短板项目290项以上，力争全市园区规上工业总产值突破万亿元。推动重点产业链强链延链补链，加快申远二期、宝钢德盛绿色产业基地等项目建设，动建福顺微电子技改、迈新生物诊断试剂等项目。强化龙头企业挂钩服务，支持恒申控股、永荣控股、中景石化、长源纺织等企业做大做强。推动新型材料、光电、集成电路、生物医药、氢能源等产业发展壮大，力争规上工业战略性新兴产业总产值突破3500亿元。推动福耀玻璃、京东方科技等企业打造工业互联网应用标杆，新增“上云上平台”工业企业600家以上。加快东南汽车城建设，推动东南汽车引进战略投资，支持福建奔驰扩大产能。

发展现代服务业。依托六个城规划建设若干个总部经济区或集聚区，推动华为福建区域总部等项目建设。组建国有会展企业，举办各类展会规模130万平方米，打造东南会展高地。发挥产业园区、楼宇资源优势，形成一批服务业特色集聚区。推动优势产业链与供应链融合发展，打造一批供应链品牌。大力引进持牌金融机构，提升马尾基金小镇、朱紫坊基金港集聚能级。实施企业上市“榕腾计划”，力争新增上市企业5家。加快发展直播带货等新业态，推动直播电商快速发展。培育跨境电商领军企业，建成跨境电商产业园区2个以上。

（四）发挥比较优势，做大做强做优“四大经济”

壮大数字经济。积极融入国家数字经济创新发展试验区建设，力争数字经济增加值达6500亿元以上。办好第五届数

字中国建设峰会暨第二届数博会，引进数字经济项目150个以上，构建数字应用场景80项以上。实施华为人工智能孵化中心、全球数字教育装备展示平台等新基建项目，建成联通互联网科技园、百度人工智能资源平台等数字福州项目。推进国家区块链创新应用综合性试点工作，抓好鲲鹏和鸿蒙生态建设，加快构建电竞产业生态，争取数字人民币试点。完善政务数据汇聚共享机制，公共数据汇聚总量力争突破60亿条。打造大数据开发利用公共服务平台，推动建立数据资产运营体系，促进数据产品交易。

发展海洋经济。加快海洋经济发展示范区建设，开展海洋经济高质量发展三年行动，持续建设“海上福州”。实施蓝谷海工装备、长乐外海海上风电、华东船厂二期技改等重点项目150项以上，推动海洋生物医药、海洋信息服务业等海洋高新产业发展。下水“百台万吨”深远海智能养殖平台2套，加快东瀚“海洋牧场”建设。支持远洋渔获上岸，加快渔港建设。推进福州（连江）国家远洋渔业基地和国家骨干冷链物流基地建设，建成马尾深海时代产业园、连江长恒水产品精深加工基地等园区。

培育绿色经济。完善大樟溪、敖江流域生态补偿机制，出台排污权储备和出让工作实施意见，推广碳排放权、排污权等权益质押融资产品。加快林业碳汇发展，推进重点生态区位商品林赎买工作。动建国家级清洁能源制氢基地，打造一批示范性绿色园区、绿色工厂。加快发展绿色建筑，促进建筑垃圾减量化、资源化。加强危险废物管理，开展“无废城市”建设，确保污染地块安全利用率达93%、危险废物处置利用率达96%。

繁荣文旅经济。加快建设全域生态旅游市，打响“有福之州”品牌。培育邮轮旅游、会展旅游、商务旅游、康养旅游、工业旅游、研学旅游等业态，引进落地知名文旅企业、高端度假酒店、重大文旅项目。新增AAAA级旅游景区1家以上，推动鼓山风景区、船政文化景区争创AAAAA级旅游景区，推进传统老字号、非遗技艺、文艺演出进景区。创新旅游品牌营销，提炼“福”文化IP，办好海丝国际旅游节等活动。完善旅游公共服务配套，构建智慧旅游平台，提升旅游体验。发展街头文化艺术，推动音乐产业基地、音乐特色街区建设。新建提升一批温泉主题特色街区和特色小镇，建成螺洲温泉水厂。实施发展游轮、游艇、游船三年行动，建成游船码头4处，提升闽江游品质。开发流花溪等内河旅游线路9条，建成白马河等特色水街12条。

（五）畅通内外循环，积极服务和融入新发展格局

挖掘消费潜力。加快商业步行街提档升级，引进国际知名商业、酒店品牌，打造高品质商圈。引导境外高端消费回流，建设国际消费中心城市。持续开展“惠聚榕城消费季”活动，培育“宅经济”、首店等多样化消费模式，建设“智能+”消费生态体系。推进国家级夜间文化和旅游消费集聚区建设，打造一批夜间经济和美食特色街区。支持闽菜餐饮企业连锁化经营发展，启动建设中国闽菜博物馆。加快县域流通服务网络建设，激活农村消费市场。

推动有效投资。用好重点产业招商地图，加强产业链招商、基金招商，力争落地宝武碳业碳纤维、福米第三代半导体等重点产业项目50个以上。新增入库大东海高端精品钢铁等“五个一批”项目1700个、总投资8500亿元。推进正太新材二氧化钛等1600个市重点项目建设、完成投资4850亿元以上。动建福建LNG接收站、思嘉新材料等投资亿元以上的攻坚项目550个、竣工460个。实施恒美光电偏光片、祥鑫铝合金等投资亿元以上的技改项目130个。

扩大对外开放。统筹布局大枢纽、大通道，发展海铁、空铁等多式联运，打造“海丝”国际枢纽机场和枢纽港口。加快机场二期扩建工程，争取高铁进机场项目获批，推进福州长乐国际机场综合保税区申报，培育壮大临空物流、临空高端装备制造等战略性新兴产业，建设国际航空城。加快建设江阴港区6—9号泊位、罗源湾港区6—7号泊位、罗源牛坑湾围垦等项目，建设丝路海港城。加快104国道、丹江大道等15个项目建设，开工港后铁路、丹贵公路等16个项目，力争竣工福建海峡汽车及冷链物流产业园等7个项目，建设现代物流城。推动设立中印尼“两国双园”（福建·元洪）经贸创新发展示范园区。争取“一带一路”沿线国家在榕设立领事机构。争取合格境外有限合伙人制度试点，支持RCEP成员国相关机构在自贸试验区福州片区内发起设立私募股权投资基金和创业投资基金。推动在我市举办“华侨论坛”暨世界华侨华人大会。

促进榕台融合。推动福顺半导体、优你康光学等项目建设，加快福州台商投资区、台湾农民创业园等园区发展，在医疗健康、建筑规划、旅游、咨询设计等专业服务领域扩大对台开放。扎实推进“小四通”福州侧项目建设，促进福马率先融合发展。落实台胞台企同等待遇，开展台企迁入迁出“一窗通办”。办好第十届海峡青年节等活动，吸引来榕就业创业实习的台湾青年和人才500人以上。

（六）推进改革攻坚，着力塑造体制机制新优势

深化重点领域改革。自贸试验区福州片区推出首创性举措30项以上，争取形成系统集成的全国典型案例1个以上。扎实推进城乡融合发展、市域社会治理现代化等国家级改革试点，深化县域治理、医药卫生体制等集成改革。全面完成国企改革三年行动任务，市属国企主要指标实现两位数增长。全面实施市场准入负面清单制度，落实好外资企业国民待遇，充分激发民营企业、侨资企业等各类市场主体活力。深化农村集体产权制度改革，规范农村宅基地管理。

打造一流营商环境。深化“放管服”改革，实现开办企业3个工作小时内办结，力争10个以上营商环境评价指标进入全国标杆行列。改造提升市行政服务中心，推行“马上办、网上办、就近办、一次办”政务服务，建成“智慧办”支撑服务平台，打造24小时不打烊的“无人化”智能服务大厅。培育发展信用服务市场。深入实施质量强市战略，争创全国质量强市示范城市。推动福州法务区建设。

（七）提升功能品质，不断推进城乡融合发展

加快新区建设。推进立华智纺科技、恒申合纤智能化技改等项目建设，持续壮大纺织新材料产业集群。推进博思人工智能产业园、达华卫星互联网产业园等项目建设，建成贝

瑞和康数字生命产业园二期、滨海新城信息产业园一期等项目。推进滨海高速一期、滨海新城综合医院二期、福建师大附属滨海小学、沿海防护林带、水系治理等项目建设，完善新城基础配套。以会展岛、火车南站周边等重要节点为抓手，开展三江口片区城市设计，优化区域功能、项目布局、生态景观，推进国际植物园等项目建设，打造高颜值、高品质的“城市会客厅”。推动闽江口、福清湾、江阴湾等区域开发建设。

提升承载能力。实施新一轮交通缓堵工程，动建东西向快速通道、象山隧道改造等项目35个，新改扩建市政道路100公里，谋划城区“四环路”和南北向快速通道。开通地铁5号线一期、6号线，提速地铁滨海快线、4号线建设，动建地铁2号线东延线、6号线东调段。新增更新公交车200辆，新辟优化公交线路30条，建设公交综合场站3个，增设公共停车泊位4000个。建成科技治超项目46个。建设城区防洪排涝项目32个，建成“高水高排”东线、北线工程。加强城区内河常态化管理，完善水系联排联调机制。推动闽江干流防洪提升工程前期工作，建成“一闸三线”、霍口水库等重大水利工程。新改建供水管网80公里、燃气管网100公里，改造二次供水设施2万户。推进国家新型城市基础设施建设试点，初步建成智慧社区等6个应用场景、13个平台。

改善城市面貌。推进名城保护、“两江四岸”等提升工程。实施黄山、火车南站周边等6个城市更新项目，实施旧屋区改造60个，整治老旧小区200个，打造完整街区18个。提升城市门户道路9条，改造提升人行道30条，新建“港湾式”非机动车停车区40处，改造提升福道130公里。打造城市主题公园13个、精品公园3个，力争公园绿地服务半径覆盖率达95%以上。开展城市精细化、标准化、智慧化管理提升年行动，推进园林管养、市政设施养护市场化改革。巩固垃圾分类“三端四定”成效，建成城市管理综合体2个，力争分类准确率达90%以上。

推进乡村振兴。巩固拓展脱贫成果同乡村振兴有效衔接，健全防止返贫动态监测和帮扶机制。新培育省级农民合作社示范社3家、家庭农场示范场17家。实施农村人居环境整治提升五年行动，开展村庄清洁“六清一改”。加快乡村振兴项目建设，确保年度投资计划达100亿元以上。新培育乡村振兴中、高级版试点村60个以上，新打造乡村振兴精品路线10条以上，提升一批历史文化名镇名村、传统村落、少数民族古村落。开展数字乡村建设，提升乡村公共服务和乡村治理的智能化水平。建立健全科技特派员信息化服务平台，新选认省市级科技特派员500人以上。深化与宁夏固原、陕西渭南、新疆奇台、西藏八宿等东西部协作和对口支援。

（八）厚植生态底色，努力实现山清水秀城美

深化生态文明试验区建设。扎实创建国家生态文明建设示范市。研究制定碳达峰行动方案，明确碳达峰时间表、路线图。大力发展清洁能源，落实能耗双控，严格区域环境准入，落地应用“三线一单”成果。推动“绿盈乡村”提档升级，培育一批“绿盈乡镇”。加快生态云平台二期建设，提升细颗粒物与臭氧协同控制监测能力。促进生物多样性保护。强化自然资源资产审计。

打好污染防治持久战。完成重点行业挥发性有机物2.0深度治理，确保优良空气天数比例稳定在98%以上。严格落实“河长日”“河湖长制”，抓好闽江、敖江、龙江等重点流域及小流域综合治理，打击非法采砂，主要流域优良水质比例不低于94.4%，县级以上饮用水水源地水质达标率达100%。加大土壤污染防治力度，健全建设用地生命周期联动监管制度。落实“湾滩长制”，推进1115个入海排污口分类整治，常态化开展海漂垃圾治理，近岸海域水质优良率达82%以上。

推进生态保护修复。推行“林长制”，植树造林5.9万亩，改造提升低质低效林、疏林地8.37万亩，建设森林景观带0.52万亩。改造提升松林12.2万亩，突出做好松材线虫病防治。加强湿地保护修复，推动闽江河口湿地申报国际重要湿地和世界自然遗产。综合治理水土流失9万亩。做好第二轮中央生态环保督察反馈问题整改工作。

（九）实施温暖榕城行动，聚力创造高品质生活

建设教育强市。落实一般公共预算教育支出“两个只增不减”。新改扩建公办幼儿园33所、中小学17所，新增公办园学位1.2万个、义务教育学位1.8万个，幼儿园公办学额覆盖率达57%以上、普惠学额覆盖率达90%以上。新增教育集团10个以上。实施小学入学“六年一户学位”政策。夯实校外培训机构治理成效，完善课后服务体系，落实专项经费安排，促进课后服务提质扩面升级。推动全国智慧教育示范区和全国青少年校园足球改革试验区建设。推进天津大学—新加坡国立大学福州联合学院建设。支持闽江学院、福州职业技术学院、闽江师范高等专科学校等市属高校加快发展。继续实施“优秀学校、优秀校长、优秀教师”带动工程，遴选培养市骨干教师、名师等800人以上。落实《中华人民共和国家庭教育促进法》。持续抓好特殊教育、老年教育、继续教育、社区教育。

打造健康福州。推动浙大医学院附一医院与孟超肝胆医院合作共建国家区域医疗中心。动建市皮肤病院南院，基本建成孟超肝胆医院金山院区、市疾控中心新址等项目。推动中医药传承创新，力争市中医院五四北分院主体封顶。完善基层医疗卫生机构软硬件设施。依法实施全面三孩政策，力争实现普惠性托育机构县（市）区全覆盖。全市二级以上综合医院设置老年医学科达50%以上，80%以上的综合医院、基层医疗机构创建为老年友善医疗机构。新改建全民健身设施项目350个、健身路径300条、游泳池11片、智慧体育公园4个。继续办好自行车、马拉松、羽毛球、龙舟、围棋等体育赛事。全力备战第十七届省运会。

繁荣闽都文化。加快群众艺术馆、少儿图书馆、美术馆、博物馆、科技馆等新馆建设。高标准建设世遗展示馆、世遗教育平台，加快三坊七巷、福建船政等项目申遗进程。强化历史文化街区、古厝等遗产保护利用，成立三坊七巷历史研究会、福州市古厝研究会。力争完成福建协和大学历史建筑群保护修复。支持寿山石雕、脱胎漆器、软木画技艺、闽剧等非物质文化遗产传承发展。培育福州海峡交响乐团等本土一流艺术团队，营造高雅艺术氛围。加强文艺精品创作，推动哲学社会科学、新闻出版、广播影视、文学艺术等事业持

续发展。

完善社会保障。开发公益性岗位3000个以上，新开辟劳务协作基地20个以上，新增引进外来劳动力2万人以上，城镇新增就业13万人以上。提高城乡居民基础养老金最低标准，提升机关企事业单位退休人员养老金待遇水平。开展全国未成年人保护示范县（市、区）创建工作，申报国家儿童友好城市建设试点。积极应对人口老龄化，开展居家和社区基本养老服务提升行动，建设居家社区养老服务示范点15个、长者食堂70个、农村区域性养老服务中心4个，新增家庭养老床位4000张、普惠性养老床位1000张。新增各类租赁住房7万套左右，动建安置型商品房3000套。发展社会救助、慈善和残疾人事业。

（十）深化平安建设，推动治理体系和治理能力现代化

建设韧性城市。深化安全生产专项整治三年行动，加快建设安全风险分级管控和隐患排查治理体系，坚决防范和遏制重特大事故发生。完善食品药品安全、“菜篮子”、防汛抗旱等应急管理和保障体系。创建全国综合减灾示范社区，推进市应急物资仓库、滨海应急仓储基地等项目建设。

强化社会治理。加快城市大脑体系、“12345”服务平台和e福州体系建设，实现e福州便民自助终端镇街和五城区社区全覆盖。推广军门社区工作法，实施新一轮社区综合提升行动，推进38个社区精品建设。深化社会治安防控体系建设示范城市创建，常态化推进扫黑除恶专项斗争，加强反走私工作，建设更高水平的平安福州。全面启动“八五”普法。加强军民融合、国防动员、退役军人服务保障、民兵预备役和双拥、海防、人防等工作，创建新一轮省级双拥模范城。依法加强民族宗教事务管理。支持工会、共青团、妇联、科协、文联、残联、红十字会等群团组织更好发挥作用。做好统计、科普、气象、防震、信访、保密等工作。

争创文明典范。实施“有福之州·典范之城”文明城市提升行动，争创全国文明典范城市。深入开展文明村镇、文明单位、文明校园、文明家庭创建工作。加强未成年人思想道德建设。积极推进诚信建设。实施“温暖榕城—志愿服务‘五化’建设”行动，完善提升百个新时代文明实践示范阵地。

三、努力建设人民满意的服务型政府

强化政治引领。深入学习贯彻习近平新时代中国特色社会主义思想，秉承弘扬习近平同志在福建、福州工作期间的重要理念和重大实践，严格遵守政治纪律和政治规矩，忠诚拥护“两个确立”，坚决做到“两个维护”。运用好党史学习教育成果，弘扬光荣传统，赓续红色血脉。坚持把党的全面领导落实到政府工作各方面和全过程，确保党中央、国务院和省委、省政府及市委各项决策部署落实到位。

建设法治政府。全面提高行政立法工作质量和效率，严格执行重大行政决策法定程序规定，深入推行行政执法“三项制度”，持续提升行政复议与行政应诉能力，争创全国法治政府建设示范市。认真执行市人大及其常委会的决议决定，高效办理人大代表建议、政协提案，自觉接受人大法律监督、工作监督和政协民主监督，积极发展全过程人民民主。广泛听取各民主党派、工商联、无党派人士和各人民团体、社会各界人士的意见建议，主动接受舆论监督和群众监督。

提升服务效能。传承弘扬“马上就办、真抓实干”等优良作风，深入开展向谷文昌、廖俊波、潘东升等先进典型学习活动。办好73件为民办实事项目，让政府工作更有民生温度。始终把抓执行、抓落实作为政府工作的生命线，巩固和拓展机关效能建设成果，力戒形式主义、官僚主义。注重提振干部精气神，坚决防止简单化、乱作为，坚决反对不担当、不作为，营造亮晒比学、竞相发展的良好氛围。推进数字政府建设，持续整合优化政务网络及服务平台，加快国产化协同办公系统推广应用。

恪守廉洁从政。坚决落实全面从严治党主体责任和“一岗双责”，扎实推进政府系统党风廉政建设和反腐败工作，不断提高不敢腐、不能腐、不想腐综合功效。持续整治群众身边腐败和作风问题，打通全面从严治党“最后一公里”。认真落实中央八项规定及其实施细则精神，厉行勤俭节约，反对铺张浪费。严肃财经纪律，推进审计全覆盖。

各位代表，新征程任重道远，新使命催人奋进。让我们更加紧密地团结在以习近平同志为核心的党中央周围，高举习近平新时代中国特色社会主义思想伟大旗帜，在省委、省政府和市委的领导下，不忘初心、牢记使命，勇毅前行、接续奋斗，坚持“3820”战略工程思想精髓，加快建设现代化国际城市，努力在新发展阶段新福建建设中当龙头、走前列、作示范，以优异成绩迎接党的二十大胜利召开！

福州市深入开展党史学习教育综述

“回望过往的奋斗路，眺望前方的奋进路，我们必须把党的历史学习好、总结好，把党的成功经验传承好、发扬好。”

在中国共产党百年华诞、“两个一百年”奋斗目标历史交汇之际，以习近平同志为核心的党中央作出了在全党开展党史学习教育的重大战略决策。

2021年3月，习近平总书记来闽考察时指出，福建是革命老区，党史事件多、红色资源多、革命先辈多，开展党史学习教育具有独特优势。要在党史学习教育中做到学史明理，明理是增信、崇德、力行的前提。

如潮如涌、持续升温，走在前列、当好示范。党史学习教育开展以来，福州始终把党史学习教育作为一项重大政治任务，精心组织，统筹推进，持续强化理论武装、创新活动载体、践行初心使命、夯实责任担当，推动党史学习教育不断向广度拓展、向深度开掘、向深处发力，高标准高质量推动党史学习教育走深走实。

高位谋划 深学细悟

让党史学习教育“动”起来

思想力量穿越时空，真理光芒照亮前路。

作为习近平新时代中国特色社会主义思想的重要孕育地、先行实践地，福州紧扣“学史明理、学史增信、学史崇德、学史力行”的要求，把学习习近平新时代中国特色社会主义思想与学习习近平总书记来闽考察重要讲话结合起来，与学习习近平总书记在福州工作期间的重要理念和重大实践结合起来，贯穿党史学习教育全过程，引领带动全市上下高举旗帜牢记嘱托，勇担使命砥砺前行。

开展好党史学习教育，关键在领导带头。福州市委坚决扛起政治责任，迅速成立由省委常委、市委书记林宝金担任组长的市委党史学习教育领导小组，第一时间构建起市委全面统筹、各级党委（党组）全面落实、广大党员干部全面参与的工作机制，召开全市党史学习教育动员大会等，全面部署开展党史学习教育。

一级做给一级看，一级带着一级学。市委理论学习中心组率先垂范，深入学习习近平总书记关于党史和党史学习教育的重要论述重要指示；市四套班子集体赴马尾潮江楼开展现场学习；市领导带头赴基层上专题党课、作专题宣讲，市、县两级开展中心组专题学习411场；全市举办市管干部党史学习教育专题读书班、六中全会精神专题研讨班，约4.2万人参加网络专题培训班。

既有率先垂范，更有精准指导。福州坚持分层分类、协同推进，组建16个巡回指导组，涵盖机关、学校、国有企业等，赴全市各地各部门开展三轮巡回指导，指导单位250余家。

多点发力，高潮迭起。在市委的坚强领导下，全市各级党组织把党史学习教育作为砥砺初心使命的“磨刀石”、提升政治能力的“大课堂”、激发干部队伍奋斗热情的“动力源”，在全市上下形成了学党史、悟思想、办实事、开新局的热潮。

目前，中央和省级主流媒体累计刊播福州市党史学习教育相关报道1000多条，市县媒体累计刊播15600多条，充分反映了各条战线开展党史学习教育的火热场面。

创新形式 用好资源

让党史学习教育“活”起来

“潘东升用生命诠释了共产党员的初心使命和忠诚担当。”2021年，“时代楷模”潘东升的先进事迹在榕城大地引发热烈反响。全市党员干部对标看齐、精准发力，形成比学赶超的良好氛围。

坚持示范引领、活用红色资源、注入新时代精华，福州探索创新学习宣传载体，做实“规定动作”，亮化“自选动作”，以多形式助推党史学习教育下基层、入人心，实现全面覆盖、精准覆盖、有效覆盖。

特色宣讲，把党史课程“搬”到群众家门口——茶亭书场评话讲党史、畲歌唱党史……福州不仅将党史宣讲送进社区、送进渔船、送进地头，还推出“党史云课堂”“党史小广播”，发放“党史随身听”，让党史课堂依托网络走进千家万户。

少年强则国强，少年智则国智。如何把中国共产党百年宏大历史讲给青少年听？福州组建青年教师宣讲团、博士宣讲团、红领巾宣讲团，推进红色故事进校园、进课堂、进书本，打造了“红色心学堂”“青春薪课堂”“百年党史百家说”等品牌。

截至目前，千名宣讲员深入基层一线，开展党史主题宣讲 2.58 万场、受众达 301 万人次。

挖掘资源，让红色精神在新征程中成风化人——依托省委南阳旧址、福州市委旧址等红色资源和 98 个爱国主义教育基地，福州策划推出 179 个参观学习点和 96 条参观学习线路，打造党史学习教育立体的“教科书”和行走的“红色课堂”，接待干部群众约 7.37 万批次、210 万人次，全方位、立体式接受红色洗礼。

挖掘红色资源里的故事、故事里的细节、细节里的精神，福州打造出烟台山陶铸故居、福州中共地下电台旧址等精品“红色古厝”，策划推出“古厝里的红色记忆”专题陈列展等，“红色古厝”党史学习教育品牌深入人心。

策划活动，让红色之花在时代沃土中绽放——2021 年以来，《杜鹃山》等红色闽剧经典剧目展演，“永远跟党走”主题灯光秀、“唱响两江四岸”红歌快闪、红色“剧本杀”等形式多样、内容丰富的党史宣传教育，陆续在福州登场，用党史故事感染人、鼓舞人、激励人，让党员群众在广泛参与中铭记奋斗历程、担当历史使命。

干字当头　办好实事

让党史学习教育“实”起来

百年党史，就是一部为人民谋幸福的奋斗史。着力解决好基层困难事、群众烦心事，才能让党史学习教育成果更好地服务发展所需、基层所盼、民心所向。

“直接刷敬老卡就可以验证健康码，对我们老年人来说非常实用。”2021 年 12 月，福州市民卡有限公司联合福州地铁集团在全省率先于地铁推出市民卡防疫服务终端，解决了“一老一小”健康码验证不便的难题。

党史学习教育启动以来，这样的变化在榕城大地屡见不鲜。立足民生保障，紧盯市民群众在就业、教育、医疗、住房、养老等方面的“急难愁盼”问题，全市各级各部门以“转作风、强服务、办实事”专项行动为契机，把解民忧、纾民困、增福祉紧紧抓在手上。

实干为民，勇开新局。福州市还推出“千名干部进千企”专项行动，为企业排忧解难，不断优化营商环境。围绕服务中心大局，各级各部门发挥积极性、主动性、创造性，根据各自特点创新学习教育方式，形成工作合力。

过去一年，立足省会禀赋，福州市相继成功研制亚太地区最大海上风电机组、全国首艘海上风电运维母船，并建成全国首个碳中和工业园区，预计数字经济增加值突破 5000 亿元，全市地区生产总值增长约 9%，把学习教育成果转化为福州加快建设现代化国际城市的实际成效。

回望奋斗路，眺望奋进路，党史学习教育始终在路上。福州正朝着第二个百年奋斗目标前进，继续把党史学习教育的成果转化为全方位推进高质量发展超越，加快建设现代化国际城市的强大动能，以优异成绩迎接党的二十大胜利召开。

（摘自《福州日报》2022 年 1 月 11 日第 4 版，部分文字有改动，记者谢星星、林奕婷）

福州市深入开展“我为群众办实事”实践活动综述

中国共产党人的初心和使命，就是为中国人民谋幸福，为中华民族谋复兴。作为党史学习教育的重要内容，“我为群众办实事”实践活动在榕城大地如火如荼开展。深入贯彻落实党中央的决策部署和省委、市委的工作要求，福州市各级党组织和广大党员干部把学史力行作为党史学习教育的落脚点。

贯彻新发展理念、保障基本民生需求、深化政务服务改革……广大党员干部以百姓所思所盼为努力方向，用心用情用力解决基层的困难事、百姓的烦心事，以实实在在的成效让群众分享高质量发展成果、共享高品质幸福生活，用一颗颗赤诚初心点亮民心。

强部署

以上率下　用心用情解难题

办实事不是简单帮钱帮物、搞花架子。如何立足发展大局，聚焦重点任务，让为民办实事呈现新的“打开方式”？各级各部门用行动给出答案。

2021 年，福州市认真贯彻落实党中央决策部署和省委工作要求，开展“我为群众办实事”实践活动，市委主要领导多次深入村居企业与基层党员干部、群众沟通交流，听取意见建议，不断提升全市党员干部服务群众、服务发展的意识、能力和水平。

市委办公厅印发《关于开展“转作风、强服务、办实事”集中提升专项行动的通知》，为更好地开展“我为群众办实事”实践活动指明路径和方向。

在市主要领导的带动推动下，各级各部门坚持开门问策、问需于民，完善体制机制，到群众最需要的地方去解决问题，到发展最困难的地方去打开局面，以不变的初心赢得人民群众的信任，激发前行的斗志。

向先进典型看齐，坚定为民服务宗旨——“‘时代楷模’潘东升用实际行动谱写人民至上、勤政爱民的赤子情怀，用生命铸就共产党员的忠诚、干净、担当。”福州市学习宣传“七一勋章”“两优一先”“时代楷模”等典型人物先进事迹，坚定理想信念，为实现人民对美好生活的向往，奋斗者的脚步永不停歇。

向党组织借力，发挥先锋模范作用——福州市开展“党旗在一线高高飘扬”活动，建立近邻党建“双报到双融入”工作机制，努力形成“双向互动、共谋发展”城市基层党建新格局。市直机关党组织与 201 个社区党组织结对共建，11747 名机关在职党员回居住地社区报到，实现 100%“双报到”。

向人民群众俯身，利用“窗口”倾听诉求——作为了解民声的重要渠道，市“12345”便民（惠企）服务平台已接入 1200

多家联动单位，通过热线电话、网站、“e福州”App等12种渠道，24小时为市民和企业提供咨询、投诉、建议等便捷服务，平均每天有超过2000件市民诉求通过该平台汇总，由平台及时批转到相应的职能部门，搭起政府与群众间的“连心桥”。

利民之事，丝发必兴。截至目前，全市共征集实施13933个办实事项目，已完成13872个，取得阶段性成果；“12345”便民（惠企）服务平台共受理诉求890624件，办结868434件。

办实事

回应关切 提升民生幸福感

习近平总书记在党史学习教育动员大会上强调，要从最困难的群众入手、从最突出的问题抓起、从最现实的利益出发，切实解决基层的困难事、群众的烦心事。

牢记殷殷嘱托，福州用心用情用力推动“我为群众办实事”实践活动取得更扎实成效，一项项创新在榕城大地扎根生长，一件件实事办到万千百姓的心坎上。

从最困难的群众入手，切实服务暖民心——“多亏实践站志愿者上门，不然我的眼睛可能就不行了。”75岁的邵敏患有白内障，在台江区茶亭街道洋头口社区新时代文明实践站志愿者的帮助下治愈眼疾。

群众利益无小事，点滴之间见初心。鼓楼东街派出所针对老人、残疾人等特殊人群开辟绿色通道，建立“三上门”制度；罗源县设立流动商贩疏导点，确定统一的经营置物架，免费提供给低收入群体、残疾人使用；闽清县开通“学生定制公交专线”，让偏远乡村孩子上学出行更便捷……每一个人群都能享受到无差别的温暖服务。

从最突出的问题抓起，创新举措解民忧——“从提交材料到拿到资格证，不到5分钟！”在市行政服务中心，办理网约车驾驶员资格证审批事项的王小龙惊喜地说。

审批提速，得益于福州市2021年在全国首创的智能辅助审批创新应用，群众办理的高频事项通过系统辅助审批，只需一秒即可生成审查报告。

群众的焦点、问题的难点，就是改革创新的突破点。聚焦群众所盼，福州市用创新啃下“硬骨头”，多个“首个”诞生：市行政服务中心在全省率先推出企业、个人全生命周期“打包办”主题政务服务，累计精简1527份申请材料；台江区成立全省首个社区少年宫——福瑞社区青少年活动中心，以“公益+普惠”的方式，让社区居民在家门口就可享受质优价廉的青少年成长服务；长乐区成立全省首个华侨房屋保护和开发中心，在保护和开发的基础上盘活空置侨房资源，吸引更多华侨华人积极参与家乡建设……

从最现实的利益出发，长效行动惠民生——“现在出车，不再担心吃饭、上厕所时停车难的问题。”出租车司机李师傅说。市公安局推出数千个道路停车位，以治本之道缓解停车难题，群众满意率大幅提升。

2021年，福州市新改扩建公办幼儿园28所、中小学20所，清华附中福州学校全面招生；市疾控中心新址等20个重点医疗卫生项目加快建设，复旦大学附属华山医院福建医院正式开诊；智慧健康养老服务平台投入运营，6个社区（村）获评全国首批示范性老年友好型社区……群众关切的住房、医疗、上学等问题进一步得到保障。

放眼榕城，党史学习教育带来的变化和实效不断增强群众的获得感、幸福感和安全感。

开新局

擘画蓝图 奋进“十四五”新征程

“2022年春茶采购时，企业账上还有1000多万元的资金缺口，特派员主动替我们联系市不动产登记和交易中心，帮助我们办理抵押手续、获取资金，及时赶制出第一批明前春茶。”福建满堂香茶叶有限公司总经理林洧安对“金融特派员”感谢有加。

2021年，晋安区首创“金融特派员”服务机制，聘请中国银行、农业银行等银行专业人才，走进企业、楼宇、园区，摸清企业需求，为企业量身定制融资方案，激发企业活力。

聚焦群众“急难愁盼”问题，福州市广大党员干部把服务基层民生与服务发展大局相结合，把党史学习教育激发出的热情和干劲，转化为推进重大任务、办好重大活动的实际行动——加快福州都市圈建设，开展“千名干部进千企”专项行动，精心组织“再学习、再调研、再落实”活动，深入开展政法队伍教育整顿，成功举办第44届世界遗产大会、第四届数字中国建设峰会，凝聚起万众一心、团结奋进的磅礴力量。

福州市各地各部门把党史学习教育成果运用到破解经济发展难题、统筹发展中，实现更高水平的民生——坚持扶引大龙头、培育大集群、发展大产业，以产业发展、项目建设推动全市生产总值增长，实现居民人均可支配收入8%的增长；扎实开展乡村振兴、提升城市品质，建设一刻钟便民生活圈，日益改善民生福祉，保证民生支出在一般公共预算中占比为79.9%。

集中学习教育有期限，践行初心使命无穷期。福州市党员干部以越是艰险越向前的精神攻坚克难，推动福州市取得“十四五”的良好开局，还将以踌躇壮志迎接党的二十大胜利召开。

领悟“国之大者”、心系“民之所盼”。榕城大地，一场场生动的“我为群众办实事”实践活动蓬勃开展，一件件事关群众切身利益的“急难愁盼”事得到解决。新时代的福州共产党人，始终坚持把人民放在最高位置，在建设现代化国际城市的新征程上努力书写新的篇章。

（摘自《福州日报》2022年1月12日第4版，部分文字有改动，记者林瑞琪、林奕婷、严鑫）

加快建设现代化国际城市

创新驱动　产业现代

——加快建设现代化国际城市系列述评之一

产业，是兴市之本、强市之基。

打造现代产业体系，是构建现代化经济体系的关键所在，是建设现代化国际城市的应有之义。

五年来，福州市深入实施创新驱动发展战略，持续推进“三个福州”建设，加快发展数字经济、海洋经济、绿色经济等特色优势产业，着力以龙头扶引带动产业集群发展，努力打响“数字福州”“海上福州”等国际品牌。当下的福州，现代化经济体系建设加速推进，经济高质量发展成效不断显现，建设现代化国际城市的基础越来越厚实，服务和融入新发展格局的支撑越来越坚强。

龙头引领 提升产业发展能级

五年，弹指一挥间。时间坐标上镌刻的印记令人振奋：从2015年的5777亿元，到2020年的10020亿元，福州地区生产总值连跨5个千亿元台阶，不仅叩开了“万亿俱乐部”的大门，也为“十三五”规划圆满收官作了精彩注脚。

积跬步以至千里。透视万亿GDP，背后是千亿集群不断壮大，百亿企业接连涌现，产业结构持续升级优化。

看集群发展风生水起，彰显大布局——过去五年，福州工业总产值突破万亿元，培育形成纺织化纤、轻工食品、机械制造、电子信息、冶金建材5个千亿产业集群，勾勒出生机勃勃的福州“产业链全景图”。

长乐纺织产业蒸蒸日上。恒申控股集团反向收购福邦特公司晋升全球最大己内酰胺生产商、中国纺织创新年会花落长乐……经过多年发展，长乐纺织业已打通上下游各环节，形成完整产业链，产业集群日益壮大。

罗源湾钢铁产业强劲升级。宝钢德盛等百亿元技改项目加快推进，总投资354亿元的21个冶金建材和不锈钢上下游项目签约落地，千亿钢铁产业基地建设将助力丝路海港城罗源湾港区加快发展。

……

伴随着一个个产业集群的发展壮大，全市产业整体竞争力持续提升。

看龙头引领高歌猛进，激发新活力——近年来，福州培育了产值超百亿工业企业（集团）15家，占全省1/3，龙头带动作用明显增强。

汽车玻璃巨头福耀集团发展势如破竹，已在全球11个国家和地区建立现代化生产基地和商务机构，成为全球规模最大的汽车玻璃一体化解决方案供应商。

全球半导体显示产业龙头京东方落子福清，不仅填补了福州电子信息产业的短板，还带动上下游产业链企业超26家。

珠光材料全球产销量第一企业坤彩科技、亚洲最大BOPP胶粘带生产企业友谊集团、全球最大数字教育资源生产基地网龙……通过一家家龙头企业的带动，全市不断完善产业链条，加速产业集聚，提升产业链发展能级和整体竞争力。

看产业结构转型升级，蓄势新动能——过去五年，福州培育壮大战略性新兴产业，优化升级传统主导产业，现代服务业、平台经济、现代特色农业、文旅产业等发展迅速。

新兴产业不断壮大。中景石化科技园二期、万华化学、中电数字健康产业园等一批战略性新兴产业大项目好项目先后落地建设，氢能源产业、信息技术产业、光电产业、生物医药产业等被列入福建省战略性新兴产业集群。

传统产业提质升级。推进传统产业智能化、绿色化、服务化、高端化，仅2020年实施“百项千亿”技改工程，就推动友谊新材料、坤彩珠光材料、罗源闽光等重点技改项目200项以上，全市完成技改投资1000亿元。

第三产业高速发展。建设提升15个市级夜色经济体验示范街区，打造朴朴电商、皮皮虾等一批行业标杆企业。

五年来，福州规上工业战略性新兴产业增加值占规上工业增加值比重从21.8%提高到29.6%，三产增加值占GDP比重从49.1%提高到56.1%，产业结构不断优化，经济发展能级持续提升。

打响品牌 壮大特色优势产业

构建现代产业体系，福州资源优势突出，特色亮点鲜明。近年来，全市持续推进“三个福州”建设，加快发展数字经济、海洋经济、绿色经济，积极打响海上福州、数字福州、新型材料、海港空港等国际品牌，特色优势产业不断发展壮大。

海上福州，拓宽发展新空间——加快建设国家海洋经济发展示范区，着力打造丝路海港城，大力发展临港设施、现代渔业、临港工业、海洋服务业，全面推动海洋产业融合发展。2020年，全市海洋经济生产总值达2850亿元。

数字福州，培育发展新动能——借助数字中国建设峰会效应，着力打造全国数字应用第一城、数字中国建设示范城市，大力发展人工智能、大数据、物联网等产业，引进落地华为、百度、腾讯、阿里巴巴等重大项目。2020年，数字经济规模超4600亿元，占GDP比重46%。

新型材料，打造强力新引擎——大力发展先进基础材料、关键战略材料、前沿新材料领域，培育形成己内酰胺、BOPP胶带、珠光颜料、光学晶体等优势新材料产业，涌现出福耀、恒申、坤彩科技、福晶科技等一批行业龙头或单项冠军企业。

项目，是经济增长的“发动机”；园区，是产业发展的主战场。近年来，福州市深入实施项目带动战略，加快推进工业（产业）园区标准化建设，不断激发产业发展潜力、增强产业发展后劲。

项目建设增动力——持续开展“百日攻坚”“攻坚2017”“抓项目促发展”“抓项目促跨越”“抓项目促提升”等攻坚行动，5年来累计开工3000万元以上项目8600多项，带动市重点项目完成投资超2万亿元，目前福州市“五个一批”综合考评已连续15个季度位居全省前三。

园区提升挖潜力——总投资超2000亿元，推进全市重点工业（产业）园区标准化建设，提升园区产业集聚能力、创新驱动能力、综合服务能力。力争到2025年，培育形成超千亿元园区6家、超五百亿元园区5家。

面对疫情，市委、市政府坚持把招商引资作为对冲疫情影响、加快经济社会发展的硬招实招，通过“云会商”“云签约”等方式，引进大健康、人工智能、光电玻璃、高端装备制造等一大批战略性新兴产业和现代服务业项目，实现抗疫不松劲、招商不断链、发展不停步。

科技赋能 推动产城融合发展

建设科创走廊，实施R&D投入稳增和高新技术企业倍增计划，建设全国一流大学城……近年来，福州市坚定不移实施创新驱动发展战略，扎实开展科教兴城专项行动，大力推进国家自主创新示范区、国家双创示范基地建设，持续提升科技支撑能力。

近日，晋安湖“三创园”未来科技大厦开工奠基，建成后将成为福建未来无线信息技术有限公司总部基地，助力福州科创走廊晋安片区建设。福州科创走廊从顶层设计入手，按照“以产兴城、以城聚产、产城融合”的总目标，以“一城四区，十片多点”的空间格局，串联科学城与老城区。福州科创走廊将集聚各类创新要素，建成国内一流的科技创新集聚地。

企业是科技创新主体，全市落实国家、省、市创新政策，引导企业加大研发投入，加快科技自立自强步伐。2021年以来，已兑现落实企业研发费用分段补助资金4.18亿元。近日，福建博思软件股份有限公司承担的“基于深度学习及计算机视觉技术的人工智能自助服务平台”项目通过验收，获得100万元资金支持。

用于手机、笔记本电脑等3C产品的高端阳极氧化铝合金市场，曾经很长一段时间被外国厂商主导。作为铝材加工智能制造商，中铝瑞闽股份有限公司通过研发创新，攻克核心技术难题，扭转了局面，目前该公司产品占据国内高端阳极氧化铝合金市场的75%份额。近年来，福州市实施高新技术企业倍增计划，培育壮大科技型中小企业、高新技术企业、科技小巨人领军企业等创新主体。目前，全市各级高新技术企业已突破2000家，较2015年翻了两番多。

进入9月，大学城高校迎来开学季，来自五湖四海的同学们相聚这片热土，迸发青春活力。在这里，一所所高校和一个个产业集群融合发展，支撑起城市的创新发展高地……福州大学城建设项目指挥部工作人员介绍，年初以来，福州大学城实施进场征迁项目52个，动建82个项目，累计完成投资230多亿元。未来，福州市将谋划建设中国东南（福建）科学城，同时大学城将继续完善功能、提升活力，计划到2023年基本实现“六个一流”目标，跻身全国一流大学城行列。一座集宜学宜业宜居宜游于一体的福州大学城，正以全新面貌向世人呈现。

（摘自《福州日报》2021年9月24日第2版，部分文字有改动，记者章作权、林瑞琪、颜澜萍、吴晖）

向海图强　山海共融

——加快建设现代化国际城市系列述评之二

福州，派江吻海，在江和海的交融碰撞中，孕育了包容开放的城市气质。

福州，因海而兴，在建设海滨城市、发展海洋经济中，迈向更高能级的现代都市。

习近平总书记在福州工作期间，亲自谋划、亲自部署、亲自推动实施“3820”战略工程，提出建设闽江口金三角经济圈的战略举措，给我们留下宝贵的思想财富和实践成果。

向海！向海！向海！福州围绕坚持“3820”战略工程思想精髓、加快建设现代化国际城市，重点建设六个城、打响五大国际品牌、实施九大专项行动，“东进南下、沿江向海”的城市发展步伐不断加快。

如今，从闽江口望去，滨海新城加速崛起，800多平方公里的福州新区欣欣向荣，一条条大通道在闽东北四市一区之间架起山海协作桥梁，福州辐射力、影响力持续提升，奏响强省会战略最强音。

向滨江滨海城市跨越

长乐撤市设区，建成区面积从2015年的260平方公里扩大到2020年的305平方公里……作为福州新区核心区，滨海新城成为福州全方位推进高质量发展超越的重要战场。

这是一座全新之城——按照科学建城思路，滨海新城以规划为引领，构建“1+N+1”的规划体系，即1张集成统一的国土空间规划蓝图、63个各类专项规划支撑、1个信息化的规建管平台，确保各项规划有机衔接，有效维护规划刚性。一期项目已完成滨海新城城市总体规划、专项规划、城市设计、控制性详细规划等编制成果的导入，以及核心区17平方公里城市规划模型的建设与数据的导入，同步形成与实体城市“孪生”的数字城市。

这是一座活力之城——通过集中开工、强化督查协调等举措，谋划生成301个建设项目，总投资约2955亿元，累计完成投资超过2200亿元。2017—2020年，新城固定资产投资年均增幅24.3%，滨海新城已开发区域达31平方公里，其中核心区18平方公里、临空经济区13平方公里。截至目前，累计竣工项目148个，在建建筑工程约701万平方米，建设路网、水网、绿网83.9公里。

这是一座高新之城——集聚401家规上工业企业，工业年产值超2500亿元。其中，东南大数据产业园重点培育“云大物智链”新一代信息技术和精准医疗、平台经济、网络视听等现代服务业项目和产业园区项目，促进大数据融合发展。目前已入驻企业近700家，注册总资本超570亿元，已建及规划建设机架超过6.5万个，在全省占比43%以上，是全省规模最大的大数据产业集聚区之一。临空经济区获批国家级临空经济示范区，培育了网龙网络、博那德钢构等一批行业重点企业，吸引菜鸟网络、京东商城等知名企业项目落户，形成279家规上企业规模。眼下，滨海新城掀起攻坚热潮，按下发展“快进键”，力促产业提质、项目提速，助推福州从滨江城市向滨江滨海城市跨越。

绘产城融合生动图景

滨海新城千帆竞发，新区建设足音铿锵。

2015年获批后，福州新区紧紧围绕国家赋予的“三区一门户一基地”战略定位，着力推动区域开发、改革创新、产业发展、招商引资、对外开放等各项工作。2016—2020年，福州新区GDP年均增速9.5%，固定资产投资年均增速16.6%，规上工业增加值年均增速9.3%，为我市全方位推进高质量发展超越提供重要引擎。

重点区域率先突破，功能组团分别推进，城市框架不断拉升。新区范围内，滨海新城蓄势崛起，三江口开发全面铺开，闽江口组团建设有序推进，丝路海港城（江阴港城、罗源湾港城）、现代物流城加快建设。其中，滨海新城累计开发区域达31平方公里，年均拓展7.5平方公里。

厚植创新土壤，大胆试大胆闯，这里正化身改革创新的“试验田”，充足的“阳光雨露”让产业不断发展壮大。

通过新一轮企业技术改造，福州新区年均实施超 100 项重点技改项目，推动传统产业智能化、集成化、绿色化改造。东湖畔，东南大数据产业园众星熠熠，飞速抢占大数据产业高地；闽江口罗星塔下，马尾物联网产业园成立全国首个物联网产业促进中心，已集聚华为、中量航天等 200 多家物联网企业。

沃土种下梧桐树，引得凤凰舞蹁跹。不仅是滨海新城，更多知名企业将目光投向这片热土，共同参与建设新区。马尾区建成中国·福州物联网开放实验室、马尾基金小镇、网易考拉海购等一批核心项目；江阴港城落地万华化学集团福建产业园、福建三峡海上风电产业园、新福兴新能源汽车玻璃产业园、友谊新材料科技工业园等产业龙头项目；福清功能区围绕食品产业生态链开展产业链招商，入驻项目 42 个，总投资 271.05 亿元。

放眼新区，产业发展和民生配套齐头并进，长平高速、长福高速等重点路网加速内联外拓，天津大学福州国际校区、福州三中滨海校区、福州滨海实验学校、融侨赛德伯学校等优质教育资源不断落地，滨海新城综合医院正式开诊，描绘产城融合的生动图景。

福州新区坚持绿色发展，全力维护蓝绿交织、山水交融的生态本底。三江口努力打造城区最美区域。滨海新城着力创建森林城市，推动东湖湿地和沿海防护林建设，千顷碧水、千里林带、碧海银滩成为新城最动人的风景。

福州都市圈大步走来

2020 年，闽东北协同发展区 GDP 达 1.73 万亿元，较上年增长 4.97%，占全省 39.4%，较上年提高约 0.6 个百分点。其中，福州市 GDP 达 10020.02 亿元，较上年增长 6.26%，占闽东北协同发展区的 57.95%，较上年提高约 0.8 个百分点。这一串串数字，折射出闽东北协同发展区建设的突出成效。

近年来，福莆宁南岚“四市一区”深入学习贯彻习近平总书记在福州工作期间倡导的闽东北协同发展理念，在交通、产业、生态、民生上携手共进，构建大交通，合谋大集群，同走绿色路，打造幸福圈，谱写区域协调发展的新篇章。

放眼闽东北协同发展区，一条条道路不断延伸，沟通“山海”，输送发展动能——城际铁路 F1 线（福州至长乐机场）、福州长乐国际机场二期扩建工程建设加速推进，未来将与城际铁路 F2 线（莆田至长乐机场）、F3 线（宁德至长乐机场），以及机场高速、机场第二高速等两条高速公路构建起“1+3+2”立体综合交通体系，带动区域协同发展。228 国道（滨海大通道）、长平高速、福平铁路顺利通车，榕岚率先形成半小时生活圈和经济圈。

路网打通经济发展“动脉”，产业构建区域跨越式发展引擎——以数字为纽带，以福州工业互联网标识解析二级节点项目为抓手，闽东北工业互联网产业协作平台加快建设。以闽江为纽带，环三都澳、闽江口、湄洲湾三大湾区一个个千亿产业集群正在崛起。福建两翼（闽东北）发展投资基金、城市协作集团等资金平台相继成立，为优质协同项目注入资金“活水”。

在生态保护上，闽东北基本形成环湄洲湾区域大气污染联控、环罗源湾—三都澳联防联控综合管理长效机制。与此同时，地市间跨流域水污染防治协作不断深化，闽江流域山水林田湖草生态保护修复项目取得明显成效。

华山医院福建医院开诊、海丝国际旅游中心开业……在民生补短板方面，闽东北协同发展区不断加强医联体建设，提升协同发展区医疗服务水平；深入挖掘海丝文化旅游资源，展示各地非遗保护成果。

2021 年 7 月，《福州都市圈发展规划》发布，推动闽东北地区由“山海协作”迈向“同城化同家园”新阶段。福州、莆田两市全域，宁德市蕉城区、福安市、霞浦县、古田县，南平市延平区和建阳区、建瓯市部分地区，以及平潭综合实验区将携手共进，加快建设具有全国示范性、国际影响力的现代化都市圈，着力打造福建高质量发展重要增长极、两岸合作重要门户、21 世纪海上丝绸之路核心区重要支点、优质幸福生活圈。

成绩不是终点，而是新的起点。历史证明，抓住一次机遇就能领跑一个时代。面向新时代新征程，福州将坚定沿着沿江向海的发展轴，不断拓展城市空间框架，高标准建设新区新城，高水平打造海滨城市，努力把习近平总书记为福州擘画的美好蓝图变为美好现实。

（摘自《福州日报》2021 年 9 月 25 日第 2 版，部分文字有改动，记者朱榕、余少林、冯雪珠）

改革开放　勇立潮头

——加快建设现代化国际城市系列述评之三

地区生产总值从 5777 亿元到突破 1 万亿元，5 年跨越 5 个千亿台阶；自贸区福州片区推出创新举措 230 项，其中全国首创 79 项、全国复制推广 25 项；发起成立“21 世纪海上合作委员会”，荣获国际友好城市特别贡献奖……放眼福州，一个个令人称道的成就，都彰显改革开放累累硕果。

欲致其高，必丰其基。5 年来，沐浴改革开放的春风，福州以敢为人先的姿态深化改革，破解发展瓶颈，解决民生难题；用海纳百川的胸怀扩大开放，拥抱世界，融入和服务新发展格局。全市改革开放呈现大潮奔涌的壮阔景象，为全方位推进高质量发展超越提供源源不绝的新动能、新活力。

为民造福　奏响改革发展强音

20 世纪 90 年代，习近平总书记在福州工作期间就提出，要把改革与发展结合起来，从改革中寻求克服困难的途径，不断把改革推向前进。

5 年来，福州市遵循习近平总书记的重要要求，以改革的思维和创新的手段破解发展难题，不断提高改革的针对性和实效性，努力以改革“一子落”带动发展“满盘活”——从破解发展瓶颈入手，坚持“3820”战略工程思想精髓，加快建设现代化国际城市，重点建设六个城、打响五大国际品牌、实施九大专项行动；加快推进“三个福州”建设，全力打造数字应用第一城，以数字经济为代表的新经济快速壮大。

从推进高质量发展超越入手，全面实施工业（产业）园区标准化建设，着力扶引大龙头、培育大集群、发展大产业，新能源、新材料等战略性新兴产业持续做大做强，传统产业加快改造提升，具有福州特色的现代产业体系正逐步构建。

从拓展城市发展空间入手，坚持“东进南下、沿江向海”发展战略，加快滨海新城开发建设，实行大部制、企业化、扁平化运作和员额制、年薪制、聘任制管理等创新举措，努力探索没有直管区情况下高效开发建设的模式。

5年来，福州坚持把加强改革系统集成、推动改革落地见效摆在更加突出的位置，相继推出一批具有突破性的改革举措，以钉钉子的精神推动解决民生难题，不断增强群众获得感幸福感——在军门社区工作法、社会治理网格化探索实践的基础上，福州以党建引领为主线，以大数据应用为支撑，探索形成集事项收集、智能派遣、呼叫响应、处置办结、监督考核于一体的基层社会治理“一线处置”创新机制，成功入选全国首批市域社会治理现代化试点。

针对群众关切的城区易涝、水体黑臭等问题，福州在工作理念、治水路径、调水机制、治水工程、环境治理等方面大胆改革创新，探索建立了独具特色的河湖水系治理模式和长效机制，获评中国改革2020年度50典型案例。

5年来，“放管服”改革不断深化，营商环境持续改善，“马上就办、真抓实干”在福州蔚然成风，已成为展示城市形象的金名片——先后完成7轮简政放权改革，在全国率先实行行政审批全流程电子证照应用，行政审批服务事项承诺时限压缩比例全国第一。创新打造具备掌上办、自助办、同城办综合服务能力的“e福州”便民服务平台，城市营商环境排名不断提升，城市信用综合排名进入全国前三。

如今，让改革解决问题、推进发展、造福群众，已成为福州深化改革的出发点和落脚点。

丝路扬帆 绘就壮美开放画卷

以海连世界，开放赢未来。

中秋时节，福清江阴码头，一艘艘货轮接连停靠，装卸集装箱的岸桥紧张作业，一派繁忙景象。

繁忙，源于开放。“十四五”开局之年，市委、市政府出台《坚持“3820”战略工程思想精髓加快建设现代化国际城市行动纲要》，提出今后5年重点建设滨海新城、福州大学城、东南汽车城、丝路海港城、国际航空城、现代物流城等“六个城”，为福州加快全方位开放发展、深度融入“一带一路”明晰了目标路径，描绘了生动图景。

海纳百川的城市气魄，体现在项目牵引上。

在福州港，可门作业区、松下港区、牛头湾作业区等基础设施提级扩能建设如火如荼，为实现年货物吞吐量突破2.5亿吨、集装箱吞吐量突破410万标箱的近景目标扎实根基。

在福州北翼，提供产品包装设计及生产一体化服务的宏利兴快递纸业包装项目建设进度持续加快，预计达产后，产值可达2.6亿元，成为千亿现代物流城拔地而起的生动缩影……

既要“引进来”，也要“走出去”。

在积极推动与“一带一路”沿线国家的经贸合作方面，福州不断拓展与“海丝”沿线国家和地区双向投资贸易，在印尼、毛里塔尼亚等国投资兴建多个境外远洋渔业综合基地，通过福州新区的对外先行先试平台，带动福州企业项目“走出去”。

成功获批国家海洋经济发展示范区，中印尼“两国双园”列入“海丝”核心区建设重点项目……五年来，福州在探索重大合作平台建设方面硕果累累。2021年7月，中印尼“两国双园”首次面向全球招商推介，全球（印尼）海洋渔业中心、海洋牧场示范区项目等16个经贸合作项目现场签约，总签约金额达922亿元。

2021年7月，第44届世界遗产大会在福州成功举办。通过丰富多彩的特色活动，海内外嘉宾充分领略了拥有2200多年建城史的福州历史文化名城风采，盛赞福州文化遗产保护成果。海丝（福州）国际旅游节、海交会等一系列重大活动，也促进了福州与“海丝”沿线国家的交流。

“福州积极对接国家战略实施，充分发挥‘海丝’核心区区位优势，不断强化对外开放合作，着力拓展发展空间，积极融入‘一带一路’建设。”福州市相关部门负责人表示，未来，福州将在经贸合作、互联互通、人文交流等方面加大力度，更加深入地融入国家“一带一路”倡议，加快推进全方位、多层次、多领域对外开放。

同心同行 加快建设“第一家园”

“一开始来大陆是为了爱情，但决定留在福州是看中了这里的发展机遇和空间。”近日，在“创享好年华——共享创新 两岸融合”活动中，台湾青年林俞青分享了她与丈夫刘宗鑫在福州共同创业的故事。

两人大学毕业后陆续来到福州发展，刘宗鑫成为一名高尔夫老师，林俞青从事青少年钢琴培训。2020年6月，他们入驻福州“台青第一云家园”台湾青年就业创业基地，开启了“互联网+教育”的尝试。2021年开始，他们把精力转投线上教学，目前已在短视频平台积累了几万名粉丝。不少台湾朋友听到他在这里的创业故事，也打算来大陆发展。

近年来，福州充分发挥对台独特优势，积极探索两岸融合发展新路，加快建设台胞台企登陆第一家园先行城市，实施了一系列惠台利民政策措施：

加强台湾青年就业创业载体平台建设，设立市台湾青年创业服务中心，搭建“台青第一云家园”，为台湾青年来大陆就业创业提供便利；

开通医保台胞绿色通道、两岸人才交流服务绿色通道，推动符合条件台胞参与各级各类荣誉评审；

首创“台胞权益保障法官工作室”，并作为省政府第五批次可复制推广创新成果在全省复制推广；

推动扩大台湾职业技能资格直接采认范围，吸引更多台湾教师、医师、建筑师、社工等来榕工作；

截至2020年12月，来榕就业创业实习的台湾青年累计超过8000人，共培育创建台湾青年就业创业基地18家，其中国家级2家、省级4家。

受新冠肺炎疫情影响，零售商付款账期拉长，不久前，台企翁财记集团资金周转紧张。了解到这一情况，福州相关部门立即着手，采用全省首创的“公私联动协作模式”，帮助企业有效缓解资金难题。

良好的营商环境、针对性的扶持政策，让福州成为台胞台企发展的福地，落户福州的台资企业队伍日益发展壮大，在电子信息、机械装备、轻工食品等方面初步形成产业链条。以冠捷集团为龙头的显示器产业链，以东南汽车为龙头的汽车及其零部件产业链，以康师傅、统一为龙头的食品产业链等，为福州经济发展作出了重要贡献。

设施联通越来越密切，经贸合作越来越频繁，情感交流越来越融洽。福州正以敢于担当的勇气和先行先试的胆略，在探索海峡两岸融合发展新路上行稳致远。

（摘自《福州日报》2021年9月26日第3版，部分文字有改动，记者赵昕玥、钱嘉宜、张笑雪）

品质生活　幸福满满

——加快建设现代化国际城市系列述评之四

五年，生活会发生怎样的改变？上百所新改扩建校园投入使用，越来越多孩子从“有学上”到“上好学”；44条“墨汁河”去浊还清，滨河绿道和串珠公园将绿色福利送到家门口；200个贫困村彻底“摘帽”，走上致富路的村民们扬起一张张笑脸……点点滴滴变化，标示着民心所向，记录着市民的幸福指数。

近年来，市委、市政府践行以人民为中心的发展思想，把高质量发展同满足人民美好生活需要紧密结合起来，扎实开展绿色发展、温暖榕城、平安福州等专项行动，加快提升城市品质，持续增进民生福祉，不断改善生态环境，在为人民群众创造高品质生活的征途上步履坚实、硕果累累。

民生答卷 力透纸背

初心深处，就是民心。

榕城大地上，一场场“我为群众办实事”实践活动蓬勃开展，以解决群众“急难愁盼”问题的实效照亮初心、点亮民心。

上下学道路拥堵？家长不揪心了。福州市12345便民（惠企）服务平台上有市民留言称，达明小学门口的元帅路严重拥堵，给孩子们的出行带来安全隐患。市交警支队当天就针对该问题调配警力，打出临时管制、错峰出行等一套缓堵“组合拳”。

来榕求职怎么住宿？毕业生不操心了。福州市为来榕、留榕的高校毕业生提供1100个短期免费住宿床位，毕业于四川音乐学院的陈宇涵惊喜不已：“拎包就能入住，24小时都有网络和热水，真的太方便了！”

安置房办证来回跑？居民不烦心了。福州市不动产登记和交易中心创新建立“一站式”安置房办证无缝对接联动机制，将窗口前移到群众“家门口”，左手取材料，右手就办证。家住陆庄庭苑的黄泽英说：“印象中的麻烦事，不到半小时就能搞定。”

一条路、一间房、一本证，每个“小切口”都牵连着“大民生”。关乎人民群众切身利益的事情，就要一件一件抓落实、一年接着一年干。5年来，福州市每年财政民生支出占比保持75%以上，累计为民兴办实事项目96项，稳稳兜住民生底线。

这是获得感不断增强的5年。福州居民人均可支配收入年均增长8%，提高到每年40477元，低保经历4次提标后达每人每年9120元，实现城乡低保标准一体化，群众的“钱袋子”越来越鼓。

这是幸福感持续积累的5年。福州在全国首创安置型商品房建设模式，全面放开落户限制，实现户籍迁入“零门槛”，让家的归属来得更快一点。

这是安全感日益攀升的5年。福州“菜篮子”市长负责制考核连续4次居全省第一，扫黑除恶好评率连续4年居全省第一，执法工作满意率连续3年居全省第一，群众安全感率从全省第七位攀升到第二位。

时代是出卷人，我们是答卷人，人民是阅卷人。随着一项项民生承诺写进万千百姓的生活，一份份来自幸福之城的民生答卷力透纸背。

美好生活 触手可及

医疗、养老、教育，寄托着群众对美好生活的想象。通往高水平全面小康的道路上，福州的民生清单在不断拉长，各项短板在加速补齐。

医养结合，让养老服务更多样化、精准化——宽敞明亮的大厅、干净整洁的过道、适老化的设计……晋安区社会福利中心康复医院大楼里，94岁的叶学铭在护工陪同下进行常规检查。他时常感叹：“院里环境好，衣食住行都有人照料，平常取药看病也很方便，孩子们都放心我住在这里。”

除了将医院“搬进”养老院，福州各居家养老照料机构也在提升医疗服务方面不断发力，有为入住老人提供24小时出诊服务的，也有引进智能设备跟踪老人健康状况的……全市现有养老机构163家，已实现城乡社区养老服务设施全覆盖。

下沉资源，提供近在咫尺的“医”靠——“腿保住了！”8月，一名15岁的患者在错过治疗黄金期的情况下，在省儿童医院手术室进行了左腿开放性骨折手术治疗。手术的成功得益于该院与上海儿童医学中心的共建合作。

在“家门口”放心看病，是群众的热切期盼。随着优质医疗资源不断下沉，福州医疗领域喜事连连：打造国家区域医疗中心的华山医院福建医院开诊，市中医院分院、市一医院外科病房大楼等重点项目建设持续推进，全国首创“集成化医改”模式更是为福州医疗卫生领域发展增添底气。

引强培优，向现代化教育强市迈进——又是一年开学季，清华附中福州学校内书声琅琅，洋溢着青春的气息。高颜值的校园环境、优质的教学资源为这里注入活水。

教育是梦想的翅膀。福州全面推开集团化办学，深入实施优质学校、优秀校长、优秀教师带动工程，成立钱塘小学教育集团、延安中学教育集团等多个教育集团，有力推动教育事业健康发展。围绕立德树人、学有所教、学有优教，“十大工程”助推福州建设现代化教育强市。

聚焦百姓向往，增进民生福祉。福州民生在“加码”，群众幸福在“升温”，老有颐养、学有优教、病有良医的幸福生活触手可及。

山水之城 灵动宜居

七溜八溜，不离福州。在福州人眼中，这座历史悠久的城市山山水水间，皆有乡愁的牵绊和幸福的滋味。

作为国内水网密度最大的城市之一，闽江、乌龙江穿城而过的福州，曾被马可·波罗赞为“桥最多的美丽水城”。水，是福州人绕不开的幸福。

为守好这伴水而居的幸福，1000多个日夜里，河湖水系综合治理攻坚战全面展开。

干塘清淤、全面截污、生态补水……通过黑臭水体的“减法”、沿河景观及持久管护的“加法”，44条黑臭水体“摘帽”，13条断头河打通，156条内河迎来蝶变——379个串珠公园与500.8公里长的滨河绿道，让市民群众感受到水清河畅景美的生态福利。

住有所居，是百姓心中最质朴的期待。

为画好这张安居蓝图，福州持续推进3年旧改行动计划，涉及五城区106个、近2500万平方米的连片旧屋区。

红星排尾片区、洋下危房地块项目……旧屋区改造，改的不仅是外观，更是生活质量。一个个杂乱的城中村，按“三年计划、两年安排”的工作要求，实现从“蜗居”到“安居”、从“忧居”到“宜居”的蝶变。

市民对城市品质的追求，是市委、市政府不懈努力的方向。

以绿水青山为底，新一轮城市品质全面提升与“十位一体”综合提升全域铺开，让城市的“妆容”与“肤色”越发细腻、分明，获评中国十大“大美之城”。

通过“十位一体”的精雕细琢，华林路展现“八闽第一街”的高颜值街景；三坊七巷北入口的小公园、闽派特色的桂香街等，在保留烟火气的同时，于立面整治、拆墙透绿等“一针一线”中展现新貌。

“老福州”的记忆与“新福州”的魅力，在城市功能品质提升中尽显。539个城区夜景灯光提升项目、426个拆墙透绿项目、3755个精准景观整治项目、17条特色历史文化街区与261条传统老街巷……一处处细细“打磨”的亮色，已成为市民身边的“小确幸”。

乡村振兴 诗意入画

“中秋节前后，卖了50多只羊，2021年收入预计比上年翻好几番。”近日，闽侯县大湖乡大湖村村民杨珍说，没想到这么快能过上好日子，真是多亏了党的好政策。

几年前，杨珍因家人患病致贫，被纳入建档立卡贫困户。在驻村工作队帮扶下，短短两年她便成长为村里的养羊大户。不久，周边村贫困户也纷纷加入养羊队伍，养羊产业成为当地脱贫致富的特色产业。

近年来，市委、市政府始终把脱贫攻坚作为重大政治任务和第一民生工程，在全市上下共同努力下，比全国提早3年、比全省提早2年，实现现行标准下的建档立卡贫困人口全部脱贫，如期打赢脱贫攻坚战，获评全国精准脱贫示范城市。

如今，在福州山野乡间，一栋栋农家新居错落有致、一个个致富项目落地生根、一张张幸福笑脸如花绽放……我市持续巩固拓展脱贫攻坚成果同乡村振兴有效衔接，围绕产业兴旺、生态宜居、乡风文明、治理有效、生活富裕，绘就一幅现代版“富春山居图”。

耕田、播种、插秧、打谷……不久前，长乐区营前街道湖里村一场有趣的农耕文化体验活动迎来一批小游客。“村里环境变好了，许多家长和孩子来村里游玩，都夸赞村庄很美。”村民林美林难掩自豪之情。

人居环境提升，为乡村振兴铺就一条“高速路”。两年多前，湖里村还没有一条像样的硬化路，蚊虫乱飞、污水横流。随着美丽乡村建设展开，不仅道路“白改黑”，还建起设备齐全的健身公园和塑胶篮球场。

美了村庄，暖了民心。5年来，我市在基本完成农村人居环境整治3年行动目标任务的基础上，在全省率先实现美丽乡村“初级版”全覆盖，并累计打造出乡村振兴高级版试点村13个、中级版试点村128个。

农业高质高效、乡村宜居宜业、农民富裕富足，全市走出一条具有福州特色的乡村振兴之路。

（摘自《福州日报》2021年9月27日第2版，部分文字有改动，记者莫思予、叶欣童、孙漫、张笑雪）

大事记

1月

1日　福州市非物质文化遗产展示馆开馆。

1日　“新年序曲 祈福迎祥”2021年福州市迎新年广场文化活动在市工人文化宫广场开幕。

2日　纪念船政邮局成立100周年暨《中国马尾船政邮史研究》发行活动在马尾船政特色历史文化街区船政主题邮局举行。

3日　螺洲大桥提升治理工程完成并开放通行。

5日　2020年度福州市最美家庭和第十二届福州市“五好”家庭揭晓，150户受表彰，其中最美家庭100户，“五好”家庭50户。

5—8日　中国人民政治协商会议第十三届福州市委员会第五次会议举行。会议审议通过《政协福州市委员会关于凝心聚力贯彻实施〈坚持“3820”战略工程思想精髓加快建设现代化国际城市行动纲要〉的意见》《中国人民政治协商会议第十三届福州市委员会第五次会议政治决议》。

6—9日　福州市十五届人民代表大会五次会议举行。会议表决通过《关于福州市人民政府工作报告的决议》《关于福州市国民经济和社会发展第十四个五年规划和二〇三五年远景目标纲要的决议》《关于动员全市人民坚持“3820”战略工程思想精髓加快建设现代化国际城市的决议》《关于福州市2020年国民经济和社会发展计划执行情况及2021年国民经济和社会发展计划的决议》《关于福州市2020年预算执行情况及2021年预算的决议》《关于福州市人民代表大会常务委员会工作报告的决议》《关于福州市中级人民法院工作报告的决议》《关于福州市人民检察院工作报告的决议》。

6日　鼓楼区三坊七巷消防救援站入选中共中央宣传部和应急管理部联合发布的2020年“最美应急管理工作者”先进事迹。

6日　全国优秀农民工和农民工工作先进集体表彰大会在北京召开，福州市有8人获评全国优秀农民工，市人社局获评全国农民工工作先进集体。

10日　公安部在北京召开全国公安机关庆祝中国人民警察节电视电话会议，表彰一批全国公安机关立功集体和公安英模，福州车站派出所获公安部集体一等功。

13日　福州市与省国资委及省属企业座谈会举行。会上，市政府分别与省国资委、省冶金控股公司签订战略合作框架协议，相关县（市）区、市属企业与省属企业对接项目84个，总投资748.73亿元。

13日　福州市社会工作联合会成立大会暨第一届第一次会员大会举行。

18日　中共福建省委常委、福州市委书记林宝金，福州市市长尤猛军与中国工程院院士、清华大学信息科学技术学院院长戴琼海率领的清华大学专家团队座谈。

18日　福州交警在全省率先推出“12123”语音服务平台。

19日　福州市政府与清华大学附属中学合作办学签约仪式在清华大学举行。

19日　国家民委公布第八批全国民族团结进步示范区示范单位名单，罗源县获“全国民族团结进步示范区”称号。

21日　福州市人大制度理论研究会第一次会员大会召开，福州市人大制度理论研究会成立。

22日　福州市快递行业工会联合会成立暨第一届第一次会员代表大会在福州工人文化宫举行。

30日　全球第一台“华龙一号”核电机组福建福清核电5号机组投入商业运行。

2月

5日　“亿元惠榕城·舒心跨年购”活动在福州市广播电视台演播中心启动。

18日　福州市与渭南市“跨省通办”合作“云签约”活动举行，福州市行政（市民）服务中心与渭南市行政审批服务局代表两市签署“跨省通办”合作协议，标志首批155个政务服务事项在两地实现跨省异地通办。

25日　全国脱贫攻坚总结表彰大会在北京举行，福州市接受表彰的先进个人有市人力资源和社会保障局党组书记、局长王命瑞，先进集体有永泰县扶贫开发工作领导小组办公室和中共闽清县上莲乡委员会。

25日　2021年海峡两岸民俗文化节线下主会场活动在福州文庙举行。

26日　由福州市5G产业协会主办的福州市5G应用及发展座谈会举行。

3月

2日　福州市结合第一季度全省重大项目视频连线集中开工活动，组织各县（市）区、高新区集中开工重大项目100个，总投资726亿元，年计划投资219亿元。

3日　2021年福州市“3·5”学雷锋纪念日主题活动启动仪式在上下杭历史文化街区举行。

5—8日　第56届全国工艺品交易会仿真植物及配套用品展在福州海峡国际会展中心举行。

7日　福州市金鱼行业工会联合会成立大会暨第一届委员会第一次全体会议召开，为全国首家金鱼行业工会联合会。

11日　福州红庙岭垃圾焚烧协同处置项目首次投烧垃圾开始发电，项目每天可焚烧垃圾1200吨，年发电量1.91亿千瓦时。

11日　福清市江镜镇和罗源县起步镇入选2020年度福建省乡村振兴重点特色乡（镇）名单。

13—14日　由福州市园林中心、西湖公园管理处、鼓西街道党工委共同主办的第二届福州西湖花朝节举行。

14日　“中华花朝节”活动在南江滨九龙壁公园举行。

18—20日　首届中国跨境电商交易会在福州海峡国际会展中心举行，展出规模7.2万平方米，33个全球跨境电商主流平台、35个全国特色外贸产业带、超200家跨境电商服务企业、超2000家外贸供货企业、超6.2万名专业客商参展。其间，2021“丝路客商”国际合作论坛、中国跨境出口电商行业指数发布仪式暨福建跨境电商产业对接会、中国跨境电商金融资本高峰论坛举行，“全闽乐购”直播电商选品中心和福建跨境电商选品中心在福州滨海直播互联网产业基地挂牌成立。

20日　由中国投资协会农业和农村投资专业委员会、福建省乡村振兴研究会主办的“产业激活乡村——琅岐乡村振兴之路探索研讨会”在福州琅岐红蟳公社举行，琅岐红蟳公社获评中国农投委“全国乡村振兴观摩基地”。

22—25日　中共中央总书记、国家主席、中央军委主席习近平在福建考察。24—25日，习近平在福州考察调研，考察福山郊野公园、三坊七巷历史文化街区、福建福光股份有限公司、闽江学院。

25日　首届闽台青年（福州）古厝文化传承研习营活动在福州三坊七巷郎官巷举行开营仪式，20余名台港澳青年参加活动。

26日　中共福州市委组织部主办的“数字福州时代的产学研融合发展论坛”举行。新大陆、网龙、博思软件等15家计算机软件相关企业，福州大学、福建师范大学等6所高校和科研机构，市科技局、市发改委、市工信局等6个政府部门及9名“榕博汇”智库成员参加论坛。

28日　2021“中华花神”海选全国总决赛在福州举行，12名选手获得“中华花神”称号。

30日　福州市福清三峡产业园东方风电工厂发运亚洲单机容量最大的10兆瓦海上风电机组，标志福建三峡海上风电国际产业园具备海上风电大容量机组批量生产能力。

30日　清华附中福州学校揭牌，为福州市引进全国知名教育品牌举办的第一所公办基础教育学校。

30日　清华大学乡村振兴工作站闽清站在福州市闽清县梅溪镇樟洋村落成开放。

30日　福州市远洋渔业企业新造冷藏运输船“福远渔运266”在福州下水，为福州市远洋渔业企业在省内船厂建造的全省最大的远洋渔业冷藏运输船。

31日　中共中央宣传部、中央文明办发布2020年度全国学雷锋志愿服务“四个100”先进典型名单，福州市鼓楼区军门社区老医生义诊队队长吕云娥获评最美志愿者，晋安区新店镇“精准助农”新时代文明实践志愿服务项目获评最佳志愿服务项目，鼓楼区鼓东街道开元社区获评最美志愿服务社区。

31日　福州市政府与福建师范大学合作筹建海峡实验室框架协议签订仪式举行。

31日　海创汇福州东湖三创中心在滨海新城中国东南大数据产业园揭牌。

31日　福州大学城文化艺术中心、福州地区大学新校区管委会办公楼及大学城建设指挥部揭牌。

31日　两岸青年直播产业基地揭牌仪式在福州市晋安区城市佰兴智慧供应链产业园区举行。

31日　中国广播艺术团2021年“我们的中国梦——文化进万家”系列活动走进福州，在上下杭历史文化街区金银里广场举行。

4月

8日　“当好主力军·建功十四五”2021年福州市职工劳动竞赛暨滨海新城项目建设劳动竞赛在滨海新城天津大学福州校区项目工地举行。

10日　2021数字中国创新大赛智慧医疗赛道闽台赛区决赛在福州落幕。

14日　福州现代物流城8个项目集中签约，总投资186.86亿元，分别为民天国际商贸物流交易中心项目、丰树福州食品智能生产物流基地项目、中科（福州）国际智能港项目、永辉博鸿达福建冷链肉品智慧交易平台项目、雨润集团福州食品研发生产基地项目、宇培供应链福建省运营中心、复星国药智慧医药仓储物流服务平台项目、新能源光伏发电项目。

15日　福厦高铁全线最长隧道——杨梅山隧道贯通。

16日　福州市仓山区与甘肃省定西市临洮县缔结友好县区座谈会在仓山区举行，两地签订《仓山临洮缔结友好县区合作框架协议》，结为友好县区。

20日　福州市市场监管局在福州举办第五届福州市政府质量奖颁奖大会暨获奖组织（盛辉物流）经验分享会，为盛辉物流集团、省建筑设计研究院、东龙针纺、新福兴玻璃、祥龙塑胶等5家企业分别颁发奖牌和证书及100万元奖励金。

20日　福建省农业农村厅公示2020年度“最美农业专家”和“农业科

技推广示范村”名单，福州市有 9 人上榜“最美农业专家”，10 个村入选“农业科技推广示范村”。

23 日　福州在“中国美好生活城市（2020—2021）”发布盛典系列活动“发布之夜”晚会上被评为十大“大美之城”之一。

23 日　2021 年数字党建高峰论坛在福州长乐数字教育小镇举行。

23 日　第七届海峡读者节主会场开幕式暨商务印书馆福州分馆开馆仪式在滨海新城举行。

25 日　共青团中央发布《共青团中央关于表彰全国五四红旗团委（团支部）、全国优秀共青团员、全国优秀团干部的决定》，中建海峡建设发展有限公司获全国五四红旗团委称号，福州市鼓楼区南街街道杨桥河南社区团支部获全国五四红旗团支部称号，李蒙、潘黄潇获“全国优秀共青团员”称号。

25—27 日　首届中国（福州）国际数字产品博览会在福州海峡国际会展中心举行。

25—26 日　第四届数字中国建设峰会在福州市举行，其间举办开幕式、主论坛、分论坛、成果展览会、创新大赛、政策发布、项目对接签约及“有福之州·对话未来”“闽江夜话”等交流活动。福州市数字经济重大项目集中签约仪式同期举行，集中签约项目 47 个，总投资额逾 720 亿元。

28 日　2021 年“十大福州工匠”颁发奖杯、证书仪式在福州举行，10 人获评“十大福州工匠”，10 人获评“福州工匠年度人物”。

28 日　农业农村部、财政部联合公布 2021 年农业产业融合发展项目创建名单，公布 50 个国家现代农业产业园、50 个优势特色产业集群和 298 个农业产业强镇。闽侯县白沙镇和福清市渔溪镇入选。

30 日　福州古厝展示馆在镇海楼开馆。

30 日　福州入选国家禁毒委公布的首批 41 个“全国禁毒示范城市”名单。

5 月

8 日　福建省妇联发布 2021 年福建省最美家庭名单，全省 199 户家庭获评省最美家庭，其中福州 22 户家庭上榜。

13 日　闽菜糟类制作技艺非遗保护项目揭牌仪式在福州举行，非遗项目传承人谢文贵技能大师工作室同期揭牌。

14 日　福建省脱贫攻坚总结表彰大会在福州举行，大会对 428 名福建省脱贫攻坚先进个人和 202 个福建省脱贫攻坚先进集体进行表彰并颁奖，其中福州市有 31 人和 15 个集体分别获评福建省脱贫攻坚先进个人和先进集体。

17—22 日　第四届 21 世纪海上丝绸之路博览会暨第二十三届海峡两岸经贸交易会在福州海峡国际会展中心举行，来自世界各地 77 个团组的 2700 余人参会。大会举行集中签约活动，30 个代表性项目上台签约，总投资 746 亿元。福州市 42 家企业签约 42 个外资项目，利用外资 9.24 亿美元，主要来源于美国、加拿大、新加坡等国家，集中在生物医药、轻工食品、芯片制造、化工新材料等行业。2021 中国纺织创新年会·功能性新型材料国际论坛、海丝国际经贸沙龙等产业发展和经贸交流活动同期举行。

19 日　由福州市文化和旅游局主办、市群众艺术馆承办的 2021 年“中国旅游日”福建省福州市分会场活动在鼓山下院广场举行。福州市文化和旅游局、嘉兴市文化广电旅游局、桂林市文化广电和旅游局三方就加强文化旅游合作达成协议。

19—30 日　福州市第 25 届戏剧会演举行，会演汇集福清、长乐、罗源、晋安、马尾、闽清、永泰、连江 8 个县（市）区推荐申报的 11 家院团共 12 台新编剧目。

21 日　茶文化·茶产业·茶科技——首届“福茶行天下”高质量发展大会在福州海峡国际会展中心召开。会上举行“福茶网平台”合作签约、美丽中国茶乡行——“食在茶乡”福建系列活动启动、《万里茶道》拍摄开机、中国茶文化起源地探源工程启动等环节。

22 日　第四届吴清源杯世界女子围棋赛暨福建海峡银行杯 2021 世界人工智能围棋大赛新闻发布会在福州举行，福州市被中国围棋协会授予“全国围棋之乡”称号。

25 日　以“跨界融合·赋能未来”为主题的第十八届中国企业发展论坛暨首届福州城投产业联盟大会在福州开幕。院士云分享、产业发展高峰论坛、主论坛、分论坛等主题演讲等活动同期举行。签约仪式上，福州城投集团分别与同济大学、东南大学、福州大学等高校签订产学研战略合作框架协议，并设立院士工作室；与大型央企、上市企业、金融机构等签订 70 项战略合作协议，总签约额 356 亿元。

26 日　2021 中国国际大数据产业博览会在贵州开幕，福州市行政（市民）服务中心管委会凭借行政审批智能“秒批”创新应用，在数字政府论坛数字政府创新成果与优秀案例评选中获“数字政府管理创新奖”。

27 日　福州市生态环境局发布全市 2020 年生态环境质量状况，全市环境质量状况保持优良，环境空气质量在全国省会城市中排名第三、168 个重点城市中排名第八，生态环境质量位居全国前列。

27 日　福建省税务局、福州市税务局、鼓楼区税务局联合开展“税企互动　征纳同心”福建省电子税务局现场交流活动，福建省电子税务局福州应用基地授牌，与会 14 家企业代表被授予电子税务局体验师称号。

28 日　福建省首个丙烷脱氢项目在福清投产，项目总投资 35 亿元，年产 75 万吨丙烯和 5 万吨氢气，年产值 80 亿元。

29 日　全国第一届网格化模式理论与标准研讨会在福州召开。

29 日　“华电睿风”首台 6.2 兆瓦主控系统国产化风机在华电福清海坛海峡海上风电项目投入运行，为国产风电主控系统在海上风电机组的首次应用。

6 月

1 日　福州市成立全省首家未成年人综合保护中心——晋安区未成年人综合保护中心。

3—5 日　2021 海峡（福州）渔业周·中国（福州）国际渔业博览会和第二届中国食用菌产业博览会在福州海峡国际会展中心举行，展会规模 4.6 万平方米，内容覆盖整个渔业水产行业及周边产业链，50 多个行业商协会团组、1.6

万人次专业采购商到福州洽谈交易。重点项目签约仪式同期举行，签约项目15个，签约总金额242.43亿元。

8日　福州市政府与中国服务贸易协会签订战略合作协议。根据协议，双方将在共建海丝数字服务研究院、建设“中国服务”总部福州基地、深化会务会展合作等方向开展合作，推进福州市21世纪海上丝绸之路战略支点城市建设。

10日　中国共产党福州市第十一届委员会第十三次全体会议召开。会议审议通过《关于召开中国共产党福州市第十二次代表大会的决议》，决定9月召开中共福州市第十二次代表大会。

12日　2021年“文化和自然遗产日”福州非遗宣传展示系列活动在上下杭启动。活动设主会场及分会场，以“线上+线下”相结合的方式开展。主会场设在上下杭金银里，举行30多个非遗项目展示、体验，为33家福州市第六批非物质文化遗产项目传承示范基地授牌。

14日　2021年福州市传统龙舟邀请赛决赛在海峡国际会展中心浦下河段龙舟池举行，有来自鼓楼区、台江区、仓山区、晋安区、马尾区、长乐区、闽侯县、高新区的20支队伍参赛，分别参加男子传统龙舟200米、500米直道竞速。高新区建平龙舟队包揽男子传统龙舟200米直道竞速、500米直道竞速及团体总分冠军。

18日　由中共福州市委网信办和福建农林大学联合设立的“福州市网信人才培养示范基地”在福建农林大学计算机与信息学院成立并举行揭牌仪式。

18—20日　第十九届中国·海峡创新项目成果交易会在福州海峡国际会展中心举行，设置四大展馆、七大展区，总展示面积约5.5万平方米，同期举办会议对接活动50场。达成各项协议及意向签约项目540个，总签约金额2885亿元。

23日　福州市创建首批“全国禁毒示范城市”工作成绩突出单位、个人颁奖仪式暨纪念第34个国际禁毒日活动，在海峡妇女儿童活动中心举行。

23日　资本市场福建对接大会分论坛“资本市场服务高质量发展论坛”在福州举行，发布2021年度首批福建省重点上市后备企业名单，其中企业注册地在福州的有60家，入选数量排在全省第一位。

23日　国家发展改革委公布“关于同意福州都市圈发展规划的复函”，福州都市圈规划成为继南京都市圈规划后第二个获国家发展改革委复函同意的都市圈规划。

23日　由福州市公安局和福建开放大学联合成立的福州辅警学院揭牌仪式在福建开放大学智慧教室举行，为福建省首家地市级公安机关成立的辅警学院。

25日　福州大学城高校毕业季嘉年华暨福州市人才政策发布会在福州大学城文化艺术中心举行。

26日　第十三届海峡论坛·第二届海峡两岸非物质文化遗产——漆艺传承和发展论坛在福州市举行。

28日　福州市庆祝中国共产党成立100周年暨“两优一先”表彰大会在福州海峡国际会展中心举行。市委决定对全市150名优秀共产党员、150名优秀党务工作者和100个先进基层党组织予以表彰。

7月

2日　福州市市场监管局、福州市司法局召开新闻发布会，介绍近期两部门联合出台的《福州市市场监管领域首次轻微违法行为不予行政处罚事项清单适用规则》《福州市市场监管领域首次轻微违法行为不予行政处罚事项清单（第一批）》有关情况。

5日　第44届世界遗产青年论坛在福州开幕。

7日　第44届世界遗产大会遗产地管理者论坛开幕式以在线形式在福州举行。

9日　福建省政府网站发布《福州都市圈发展规划》全文。福州都市圈包括福州、莆田、平潭综合实验区全域，宁德市蕉城区、福安市、霞浦县、古田县，南平市延平区和建阳区、建瓯市部分地区。

16—31日　第44届世界遗产大会在福州举行，为联合国教科文组织首次以在线形式审议世界遗产议题，其间通过《福州宣言》。

17日　第二届中国气凝胶节暨气凝胶产业联盟健康建材绿色科技高峰论坛在福州举行。

21日　由福州市政府、中国信息通信研究院共同主办的首届5G云游戏产业博览会暨云游戏产业高峰论坛在滨海新城数字中国会展中心举行。

25日　福州选手李发彬在东京奥运会举重男子61公斤级比赛中，以抓举141公斤、挺举172公斤、总成绩313公斤的成绩获奥运金牌，并打破奥运纪录，为该届奥运会福州选手的首金和福州选手获得的首枚个人项目奥运金牌。

26日　复旦大学联合国家信息中心数字中国研究院发布的“2021中国开放数林指数——城市标杆”和《中国地方政府数据开放报告：指标体系与城市标杆》显示，福州市在全国156个标杆城市中排名第三。在地级标杆城市中，福州综合表现最优。

29日　纪念方志敏率领红十军入闽90周年暨重读《可爱的中国》《清贫》论坛在福州举行。

8月

6日　永泰县嵩口镇入选第一批全国乡村旅游重点镇。

8日　福州市首届果蔬节在马尾琅岐举行。

12日　21家单位被认定为2021年度福州市众创空间。全市拥有国家级众创空间12家（其中国家级专业化众创空间1家）、省级78家、市级110家。

12日　福州市十五届人大六次会议在福建会堂召开，会议选举吴贤德为市人民政府市长。

21日　福州首届闽越丰收节南瓜展在新店古城遗址公园开幕。

23日　福州市人社局启动使用大数据和上门服务方便退休人员年审，90岁以上老人领取养老金免刷脸认证。

9月

9日　福州高新区美术中等职业学校新校区建设完工并投入使用。

11—23日　莆田市仙游县10日暴发新一轮本土新冠肺炎疫情后，福州市启动应急预案，累计派出六批次279名医疗卫生人员支援莆田、厦门，包括医生 83 人、护士 145 人、技师 35 人、监督执法人员 16 人。

14—18 日　第九届海峡青年节在福州举行，以“合作·发展·未来”为主题，举办 4 场集中活动。

16 日　福州市大规模核酸检测应急演练在仓山区全民健身中心田径场举行。

16—17 日　2021 海峡数字体育竞技大会电子竞技全民挑战赛决赛在福州·长乐数字教育小镇会展中心举行。

17 日　“橘园洲创意园商标品牌指导站”在橘园文化创意园挂牌成立，为福州市设立的首家商标品牌指导站。

22 日　福州市市长吴贤德主持召开全市新冠肺炎疫情防控工作应急指挥部全体成员会议，贯彻落实国务院副总理孙春兰到闽调研讲话精神和省委、省政府工作部署，强化疫情防控指挥。

25—27 日　中国共产党福州市第十二次代表大会举行。大会通过《关于中共福州市第十一届委员会报告的决议》《关于中共福州市第十一届纪律检查委员会工作报告的决议》，批准林宝金代表中共福州市第十一届委员会所作的《坚持“3820”战略工程思想精髓，为加快建设现代化国际城市而努力奋斗》的报告、陈云水代表中共福州市第十一届纪律检查委员会所作的书面工作报告。

27 日　中国共产党福州市第十二届委员会第一次全体会议举行。全会选举林宝金、吴贤德、林建、陆菁、郭学斌、阮孝应、陈云水、周强国、林中麟、张定锋、叶仁佑为市委常委；选举林宝金为市委书记，吴贤德、林建为市委副书记。全会通过中共福州市第十二届纪律检查委员会第一次全体会议选举结果的报告。

27 日　由福州市人才发展集团有限公司主办的第九届海峡青年节·台湾青年人才专场线上招聘会启动，征集来自全省 150 家企事业单位的 1232 个面向台湾青年的就业岗位，涉及软件开发、游戏策划、教育、医疗、文创等众多领域。

30 日　福州三江口生态公园开园，开放魁浦大桥至三江口大桥段，长 6.25 千米，面积超 66.67 公顷；公园中段的滨河沙滩总长度近 800 米，面积近 5 万平方米，是城区面积最大的沙滩。

30 日　福州古厝集团在三坊七巷内小黄楼推出首个户外实景沉浸式“剧本杀”。首发原创剧本《黄楼遗梦》，故事取材于坊巷中的名人世家、历史故事。

10 月

4 日　由福州市疾病预防控制中心与福州市福州语歌曲协会联合发起的福州市防艾艺术团成立，福州语励志歌曲《头不疼》MV 同步首发。

8 日　福州市开展重大项目集中开工视频连线活动，集中开工重大项目 203 项，总投资 1401 亿元，年计划投资 285 亿元。

8 日　福建省首个食安主题微公园——琅岐红光湖食品安全主题微公园开园。

11 日　福建省政府办公厅出台《关于支持福州实施强省会战略的若干意见》，从创建国家中心城市、建设中国东南（福建）科学城、建设数字应用第一城、“海上福州”建设、建设产业强市、社会事业发展、体制机制创新等方面，对福州坚持“3820”战略工程思想精髓，加快建设现代化国际城市提出支持。

11 日　鼓楼区国家智能社会治理实验基地（综合基地）获授牌。国家智能社会治理实验基地建设由中央网信办等 8 个部门联合组织开展，分为综合基地和特色基地两类。鼓楼区作为全国县（区）级唯一入选的综合基地，专家评审得分位列第二。

11 日　商务部公布全国首批 30 家一刻钟便民生活圈试点地区名单，福州市入选。

13 日　以“共筑数据安全防线　助力数字强国建设”为主题的福州市数据安全治理论坛举行。

13 日　福州市和哥斯达黎加利蒙市召开主题为“共建美好城市”的视频交流会，就防洪抗涝、垃圾处理、城市建设等方面进行。

14 日　福州市林业局与福州市国资委签署“国有企业 + 国有林场”战略合作框架协议，围绕绿化苗木基地建设、森林旅游、森林康养、森林公园基础设施建设等开展合作。

14 日　“乡村振兴新洋行”——福建省“我们的节日·重阳节”主题活动在连江县丹阳镇新洋村举行。

15 日　福州市召开“万企兴万村”行动启动大会暨“乡贤助力乡村振兴”专题工作会，通报“百企帮百村”行动基本情况。

15 日　福州市网信人才培养示范基地在闽江学院揭牌成立。

15 日　2021 年世界智慧城市大奖·中国区获奖结果在上海公布，由福州市大数据委组织城区水系联排联调中心、城投集团申报的水系智慧调度项目和 5G+ 智慧城市项目分获能源和环境大奖、基础设施和建筑大奖，福州成为唯一有两个项目获得 2021 年世界智慧城市大奖奖项的中国区城市。

15 日　2021 中国—东盟博览会旅游展期间举行“2021 全国文化遗产旅游百强案例”发布仪式，三坊七巷历史文化街区入选，为全市唯一入选案例。

16 日　由福州市政协、福建师范大学、世界福州十邑同乡总会联合主办的福州与“一带一路”沿线国家历史文化交流（福州—马来西亚）国际学术研讨会举行。

16 日　2021 福州（仓山）茉莉花茶文化节在仓山区梁厝特色历史文化街区举行。

15—17 日　海峡两岸（福州）联合祭孔典礼暨闽台书院交流活动举行。16 日祭孔典礼在福州文庙举行。

17 日　首届“沈绍安奖”国际漆艺大赛颁奖典礼在福州举行，姜海明的《繁花》获金奖，姚凯的《云起时 2》、梁芳的《器兮》获银奖，徐晶的《萌象》、吴君茹的《静嗅风华》、黄鹏的《熠》获铜奖。

18 日　中国“百年百大考古发现”名单揭晓，闽侯县石山遗址成为福建省唯一入选项目。

19 日　2021 年全国双创活动周福建省分会场暨创响中国·福州软件园站启动仪式举行。启动仪式现场为福建省福州软件园、福建省泉州市晋江市、福建省东侨经济技术开发区授予“国家双创示范基地”牌匾。福建分会场活动延续至 25 日，其间举办福建省创新创业生态发展论坛、华为云赋能企业数字化转型论坛暨数字中国创新大赛•鲲鹏赛道训练营等主题活动，并在线上开启为期一周的“应用创新•共创未来”软件双创项目展示。

19日　由中共中央组织部、住房和城乡建设部主办，全国市长研修学院承办的“全国地级市主要负责同志提高领导城市工作能力专题研究班”在福州开班。

19日　福州地区大学城20年建设成果图片展在福州大学城文化艺术中心开展。

20日　加快工业（产业）园区标准化建设，推动制造业高质量发展现场会在福州滨海新城召开。

20日　“有福之州•幸福之城”福州文旅招商推介会在北京国际饭店举行，展示推介重点文旅招商项目50多个，涉及文化创意、数字内容、会议展览、文化旅游、温泉旅游、海洋旅游、生态旅游、乡村旅游、研学旅游、文旅新业态、文旅特色配套等11类文化旅游产业。

21日　住房和城乡建设部发展保障性租赁住房工作现场会在福州市召开，市长吴贤德代表福州同上海、杭州、广州、厦门市政府领导开展经验交流。

21日　福州市与美国檀香山市在线签署建立友好城市关系协议书。

21日　中国工业互联网安全大赛（福建省选拔赛）暨首届福建省工业互联网创新大赛在福州市举行。

22日　以“闽都文化与现代化国际城市建设”为主题的第十届闽都文化论坛在榕举行。

22日　第九届海峡青年节•第四届“海青杯”两岸线上全垒打挑战赛举行，榕台两地分别在福州海峡奥林匹克体育中心、台湾环球科技大学棒球场设赛场连线，福建师范大学棒球队、环球科技大学棒球队参与线上挑战。

23日　第九届海峡青年节•两岸青年永泰乡村振兴行座谈会以线上云会议形式举行，福州市永泰县设立主会场，厦门市思明区和台湾南投县设立分会场，三地以连线方式进行座谈。

23日　福州市欧美同学会（福州市留学人员联谊会）召开第三次会员代表大会暨成立大会。福州市欧美同学会（福州市留学人员联谊会）前身为“福州市留学生同学会”。

23日　2021年“中国农民丰收节”福州（福清）主会场活动在福清市江镜镇南宵村农业创业园开幕。

24日　福州首批无障碍公交车辆投入运营。

27日　福建首家隐形眼镜生产企业——福建优你康光学有限公司首批2条生产线在福州投产。

27日　严复逝世100周年纪念大会在仓山阳岐严复纪念馆举行。严复公园同日揭牌并对外开放。

28日　第九届海峡青年节配套活动“两岸媒体福州行”活动启动。

28日　闽江水口坝下枢纽工程船闸试通航，标志闽江水口段航道全线贯通。福建闽江水口水电站枢纽坝下水位治理与通航改善工程投资27.18亿元，位于水口水电站下游9.2千米处，于2015年8月动建，是国家“十二五”高等级航道规划重点建设项目和国内首个特大型水电站坝下水位治理与通航改善工程。

28日　福建永福电力设计股份有限公司与荷兰SPT Offshore B.V.战略合作签约仪式在福州高新区举行，双方线上签署战略合作协议。

28日　第五届海峡两岸书院论坛在福州正谊书院举行。

28日　海峡两岸区块链创新应用交流会暨两岸大湾区区块链应用研究所揭牌仪式在福州举行，为大陆首个横跨海峡两岸的区块链研究所。

29日　第九届海峡青年节•海峡青年峰会在福州海峡国际会展中心主会场开幕，采用线上与线下相结合方式，在上海、台北、广州等7个城市设分会场。峰会期间举办黄巷•两岸青年文化交流周、两岸设计下乡•助力地方创生研讨会、两岸学子第三届科举（朱子）文化云体验营等活动。

29日　福州市工会第十六次代表大会在福州工人文化宫举行。

29日　福州市妇联在鼓楼区军门社区举行福州市各界妇女岗位建功座谈会暨首批“三八红旗手工作室”授牌仪式，为首批32个“三八红旗手工作室”授牌。

31日　滨海新城举行2021年第三批重大项目集中开工仪式，10个项目涉及产业、社会事业、基础配套等领域，总投资78.01亿元。

11月

3日　国家科学技术奖励大会在北京举行，位于长乐的福建阿石创新材料股份有限公司与郑州大学何季麟院士团队合作的“平板显示用高性能ITO靶材关键技术及工程化”项目获得2020年度国家技术发明奖二等奖。

3日　文化和旅游部公布2021—2023年度“中国民间文化艺术之乡”名单，连江县凭借十番古乐入选。

4日　福建省首次发布“福建省乡村振兴热度指数”，指数从“宣传度、参与度、反响度、获得感”4个维度对全省78个涉农县（市、区）乡村振兴工作进行评价。在2021年指数评价结果中，连江县入选综合排名前十的县（市、区），永泰县入选“宣传度”排名前十的县（市、区），罗源县入选“反响度”排名前十的县（市、区）。

5日　文化和旅游部公布第一批国家级夜间文化和旅游消费集聚区名单，福州市三坊七巷历史文化街区、上下杭历史文化街区入选。

8日　由省商务厅筹划开展的“全闽乐购•‘双十一’要要购”促消费活动在福州东百中心启动。

9日　由中国职工发展基金会、中国职工技术协会和福州市总工会共同发起设立“中国职工发展基金会职工创新创业专项基金”签约仪式暨基金管委会第一次工作会议在北京举行，该基金是中国职工发展基金会设立的第七个专项基金。

10日　2021年福州市创新创业大赛总决赛举行，决出成长企业组、初创企业组一、二、三等奖，以及最受欢迎的创新企业奖、最具投资价值企业奖等奖项。

12日　中共福州市委、福州市政府在闽都院士村淮安基地召开闽都院士咨政座谈会，围绕坚持“3820”战略工程思想精髓、加快建设现代化国际城市等，听取院士专家意见建议。

12日　第21届福建省科协年会专项活动——气象•生态•旅游论坛暨科普联合行动在泉州举办，会上发布首批

"清新福建·气候福地"气候康养福地名单，福州闽清七叠温泉、福清市南岭镇大山村获认证。

13日　福州市翻译协会成立大会暨第一届第一次会员代表大会举行，选举产生第一届监事会监事、理事会理事和理事会领导班子。

13日　2021年首届福州鱼丸文化节在连江县定海湾山海运动小镇举行。

13日　由福州市文化和旅游局、晋安区政府主办的"闽都码上行·好礼宜家领"福州文旅产业首次全要素线上大联销活动启动。

14日　福州市职工"求学圆梦"学历提升行动首个教学实训基地授牌仪式在朱紫坊漆艺众创空间举行。

15日　福州市公布第五批市级非物质文化遗产代表性项目代表性传承人名录，61人上榜。

18日　福州海峡交响乐团在于山九日台音乐厅挂牌成立，并举办主题为"不忘初心"的首场音乐会。

19日　中共中央宣传部追授潘东升"时代楷模"称号。9月30日，福州市委追授潘东升"全市优秀共产党员"称号，并开展向潘东升学习活动。10月14日，福建省委追授潘东升"全省优秀共产党员"称号；23日，由省委组织部、宣传部、政法委主办的"八闽楷模"潘东升发布仪式在福州举行。

19日　"福州市企业家之家"在台江区上杭路100号福州商务总会旧址落成揭幕。

20日　福州市政府与河仁慈善基金会签订福耀科技大学（暂名）建设战略合作框架协议。

20日　福州市在东二环泰禾广场举办一刻钟便民生活圈进百个社区启动仪式暨第三届商博会全闽乐购"万福·跨年购"宣传活动。

23日　第七届"海上丝绸之路"（福州）国际旅游节启动仪式在福州海峡国际会展中心举行，启动仪式上举行《七溜八溜不离福州》福州文旅推介、发布《海上丝绸之路文旅产业大数据报告》。同日，"海上丝绸之路"（福州）文旅合作高峰论坛等配套活动举行，发布《2021海丝（福州）宣言》；2021福建旅游交易会在福州海峡国际会展中心开幕；沉浸式演出《海丝奇妙夜》在上下杭历史文化街区举行。

24日　第12届福州国际温泉旅游节在永泰主会场开幕，鼓楼、闽清、闽侯、连江等县区20个温泉景区联动开展分会场活动。

25日　国家发展改革委印发《关于做好"十四五"首批国家物流枢纽建设工作的通知》，福州商贸服务型国家物流枢纽入选首批25个枢纽。

29日　福州都市圈建设推进会在福州召开，对《福州都市圈发展规划》进行政策解读，审议《关于成立福州都市圈高质量发展领导小组的通知》《福州都市圈（闽东北）共建共治共享行动纲要》《福州都市圈（闽东北）重大基础设施互联互通建设工作方案》3份文件，签署《同城化同家园——共建福州都市圈合作备忘录》《共建福州都市圈物流产业协同发展框架协议》《福州都市圈政务合作协议》《福州都市圈数字化协同发展合作协议》4份框架协议。

29日　第一批国家级文明旅游示范单位名单公布，47家单位入选，三坊七巷景区成为全市唯一入选单位。

30日　福州市教育局发布《福州市教育局关于实施"六年一户学位"政策的通知》，决定在"片内生"政策的基础上，实施"六年一户学位"（一套房产六年内提供一户家庭学位）政策。

12月

1日　《福州市闽菜保护与发展三年行动计划》出台，明确闽菜保护与发展的五大重要任务和18项具体措施。

2—4日　2021中国预制菜产业大会暨展会在福州海峡国际会展中心举行，为全国首个以"预制菜"为主题的专业展会。

2日　福州市第十个"全国交通安全日"大型群众性主题活动在台江区举行。"福州城市大脑·智慧停车系统"启用，系统接入城区56家公共停车场、1.6万个道路停车泊位，通过"e福州"App可查看剩余车位数，并实现导航。

2日　福州市新时代文明实践诚信文化传习基地在位于马尾区的福建朝日环保科技开发有限公司（福建诚信文化研究院）揭牌，为全省首个新时代文明实践诚信文化传习基地。

3—4日　第二届"中国城市治理创新优秀案例奖"选拔颁奖大会举行，福州市鼓楼区申报的"基层社会治理'一线处置'创新机制"获得优胜奖。

4日　福建省"师带徒"台湾人才项目资本对接会暨台湾高层次人才认定政策解读活动，在晋安区两岸社区交流中心举行。

6日　省委书记、福建省习近平新时代中国特色社会主义思想研究中心主任尹力，带领十一届省委常委班子成员开展第一次集体活动，调研台江区苍霞新城和福州软件园，并出席福建省习近平新时代中国特色社会主义思想研究中心揭牌仪式和座谈会。

6日　第二届全国技工院校学生创业创新大赛决赛在福州开幕。

6日　第二届海丝国际茶文化论坛在福州开幕。论坛采取"福建福州（主会场）+日本东京（分会场）+同步直播"方式，线上线下同步举行，发布《中国茶产业蓝皮书》，举行海丝茶文化海外宣传员聘请仪式。

6—9日　第二届全国技工院校学生创业创新大赛决赛在福州举行，福州第一技师学院的"首创螺旋顶出式可拆卸机床莫氏锥套"和"新型智能厨余垃圾处理机"两个项目分获一、二等奖。

8—12日　第八届丝绸之路国际电影节在福州举行。8日在闽越水镇举行开幕晚会，现场设置丝路国际电影节展映影片推介、福建电影推介、入围影片发布、"一带一路"青年电影盛典颁奖仪式、"金丝路奖"奖杯发布等主题环节；主论坛"新时代、新篇章——开启中外电影合作新征程"同日举行。该届电影节首次设立"金丝路奖"主竞赛单元评奖活动，12日闭幕式上，为获得"金丝路奖"最佳影片、最佳导演、最佳新锐导演、最佳女演员、最佳男演员等十大奖项的影片、演员进行颁奖。

8日　第三届海峡两岸工商合作论坛在福州举行。

8日　首届福州市工业互联网创新发展论坛举行。

9—12日　第三届商博会暨全闽乐购"万福·跨年购"促消费活动在福州

海峡国际会展中心举行。9日启动仪式发布2021年“全闽乐购”系列工作成效，上线万福商城小程序，开展“万福”商旅伴手礼展示秀，颁发“万福·文创奖”“万福·品牌创建奖”“最美快递小哥”“明星家政员”“餐饮烹饪行业职业技能竞赛金奖”“最美商务人”“保供工作突出贡献奖”等奖项，为第二批福建省商务特色镇、首批福建省特色步行街授牌。活动期间举行展销活动，以及中国（福州）茶生活博览会暨“福茶杯”福建省（百姓茶、放心茶）茶叶大赛、2021中国（福州）宠物水族产业博览会等活动。

10日　第二届福州市“最美退役军人”发布会举行，10人获“最美退役军人”奖，10人获提名奖。

11日　福州市公布首批91家老年友善医疗机构名单。

11—12日　第九届中国企业家发展年会在福州举行，并配套开展“中外企业福建行”活动。11日开幕式、分论坛等活动在福州海峡国际会展中心举行；12日闭幕式设置专家主题演讲环节，举行中企会企业家俱乐部《企业可持续发展培训计划》项目路演，中企会海口科创园揭牌仪式，2021最具成长性创新企业和2021最具社会责任企业家颁奖仪式。

12日　福州市委务虚会议暨全市重点项目建设“亮晒比学”活动总结会召开，盘点总结“亮晒比学”活动成果。

13日　福州首台超超临界百万千瓦火电机组——国能（连江）港电有限公司1号机组投产发电。

13日　榕商与福州文化影响力研讨会暨福州文化产业协会筹备会召开。

13日　国家知识产权局公布第一批地理标志运用促进重点联系指导名录，福州茉莉花茶入选。

14日　中国（福建）自贸区福州片区移民（华人华侨）事务服务中心在中国（福建）自贸区福州片区综合服务大厅启用。

15日　平安中国建设表彰大会在北京举行，授牌命名2017—2020年度平安中国建设示范市、县，表彰平安中国建设先进集体和先进个人。福州市获评平安中国建设示范市，鼓楼区获评平安中国建设示范县，福州市委政法委获评平安中国建设先进集体。

15日　福建“福”文化创意设计大赛在福山郊野公园启动，现场发布100个碑刻（碑帖）上的“福”字作品集。大赛征集作品分为福潮·装饰类福礼、福艺·工艺类福礼、福景·景观美学设计三大类。

16日　2021年中国金鸡百花电影节八闽电影巡展启动仪式在主宾城市福州举行。巡展在全省9个设区市和平潭综合实验区的20家影城，同步开启18部影片的200场展映活动。

16日　兴业银行福州分行与福州市金控集团签署战略合作框架协议，共同成立福州市科创走廊金融支持基金，基金规模15亿元，期限10年。

17日　福州市召开第28次见义勇为表彰大会，表彰13名见义勇为先进个人。

17日　福州市创建新一届省级双拥模范城（县）系列活动启动，2021年度福州市军人关爱基金发放仪式同日举行。

19日　中共福州市委十二届二次全会召开，审议通过《中共福州市委关于深刻领会党的百年奋斗重大成就和历史经验，汇聚加快建设现代化国际城市强大精神动力的决定》。

20日　2021年中国数学奥林匹克竞赛（决赛）暨第37届全国中学生数学冬令营开幕式在福建师大附中举行，为全国数奥（CMO）时隔15年再次在福州举行。

23日　中共福建省委、福建省政府举行第四季度重大项目视频连线集中开工活动。福州市集中开工重大项目160个，总投资1123亿元，年计划投资175亿元，其中参加第四季度全省重大项目视频连线集中开工活动的有31个重大项目，总投资319亿元，年计划投资43亿元。

25日　福州加快建设现代化国际城市论坛举行。

28日　2021年第二届海峡两岸（福州）职工创新创业创造大赛主题日活动在福州工人文化宫举行。

28日　腾讯云启产业基地（福州）开园仪式在福州高新区举行。

28日　中国改革2021年度地方全面深化改革典型案例名单公布，《福州市“四突出”实施工业（产业）园区标准化建设，推动制造业高质量发展》改革案例入选。

29日　福州市企业家大会召开，大会在海峡国际会展中心设立主会场，以移动云视讯方式在各县（市）区、高新区设分会场。

30日　新时代军工文化教育示范基地揭牌仪式在中国船政文化博物馆举行。

30日　福建省深海养殖装备租赁试点首台套——“闽投1号”在连江琯头镇粗芦岛马尾造船股份有限公司开工建造。

30日　张元幹930周年诞辰纪念大会在永泰举行。张元幹出生于永泰县嵩口镇月洲村，是宋代著名爱国词人，与张孝祥并称南宋初期“词坛双璧”。

30日　2021福州市第一届“榕匠杯”中式烹调师职业技能竞赛暨第三届闽菜职业技能竞赛在福州旅游职业中专学校落幕。

31日　福州·宁德山海协作工作座谈会在宁德召开。

（编辑　黄　铭　苏　颖　周弭姣　姚国榕）

市情概貌

自然资源

【地理位置】　福州市是福建省省会，位于福建省中部东端，介于北纬25°15′—26°39′、东经118°08′—120°31′。东临台湾海峡，西靠三明市、南平市，南邻莆田市，北接宁德市。

【地形地貌】　地貌属典型的河口盆地，东有鼓山，西有旗山，南有五虎山，北有莲花峰，其海拔多在600—1000米。南部为盆地的大部分；北部为山地，从西南向东倾斜；西部为中低山地；东部丘陵平原相间。山地、丘陵占全区土地总面积的72.68%，其中山地占32.41%、丘陵占40.27%。鹫峰、戴云两山脉斜切南北，闽江横贯市区东流入海。

【土地资源】　福州市土地总面积118.61万公顷（不含平潭）。2021年，福州市耕地面积9.88万公顷，种植园用地6.79万公顷，林地73.15万公顷，草地0.87万公顷，湿地5.65万公顷，城镇村及工矿用地11.38万公顷，交通运输用地1.96万公顷，水域及水利设施用地6.47万公顷。

【矿产资源】　2021年，福州市境内发现各类矿产56种（包括亚矿种）。优势矿产以砂、石、土、地热为主，金属矿产矿种少、储量小，高品位矿少。开发利用的矿产有11个矿种，主要矿种为建筑用花岗岩和建筑用凝灰岩、叶蜡石、地热、矿泉水、陶瓷土。地热资源丰富且有特色，地热田（点）主要分布于市区和永泰、闽侯、闽清、连江、福清等县（市）。境内地热资源埋藏浅、水温高、水质好，自古有“闽中温泉甲天下”之美誉，2010年12月福州市获“中国温泉之都”称号，永泰县、连江县及闽清县先后获“中国温泉之乡”称号。

【海洋资源】　2021年，福州市管辖海域总面积82万公顷，占全省海域面积37640平方千米的21.8%；全市岛礁485个，占全省海岛2214个的21.9%；全市大陆海岸线长920千米，占全省大陆海岸线长3752千米的24.5%。

【水资源】　2020年，福州市平均降水量1230.2毫米，折合水量145.04亿立方米，比上年偏少12.3%，比多年平均偏少19.8%，属偏枯水年。最大点降水量为闽清县后佳1706.5毫米，最小点降水量为福清市高山761.0毫米。地表水资源量57.07亿立方米，地下水资源量21.87亿立方米，地下水与地表水不重复计算量0.31亿立方米，水资源总量57.38亿立方米，人均水资源拥有量726立方米，外市入境水量351.71亿立方米，全市入海水量为53.66亿立方米（不含过境水量）。全市年供水总量为34.36亿立方米，年用水总量34.36亿立方米。其中，工业用水量14.35亿立方米，占总用水量的41.8%；农业用水量11.00亿立方米，占总用水量的32%；城镇公共用水量2.88亿立方米，占总用水量的8.4%；居民生活用水量4.64亿立方米，占总用水量的13.5%；河道外生态环境用水量1.49亿立方米，占总用水量的4.3%。

【林业资源】　2021年，福州市林业用地面积75.01万公顷，其中生态公益林31.35万公顷、商品林43.66万公顷，有林地面积65.81万公顷。全市森林覆盖率58.41%，林木总蓄积量5317万立方米，森林蓄积量5100万立方米。

（林诚锦　陈　嘉　张敏慧）

气　候

【概况】　2021年，福州市气象灾害较轻，总体气候属较好年景。年平均气温异常偏高，年雨量正常，年日照时数异常偏多。影响全市的灾害性天气主要有寒潮、强冷空气、强对流天气、暴雨、台风、高温、干旱等；影响较重的灾害性天气过程有8月4—7日的第9号台风“卢碧”、8月16—19日的持续性暴雨、6月和7月的高温过程、1月1日至2月9日的干旱和1月上旬的寒潮；气象灾害总体较轻。

【气温】　2021年，福州市年平均气温21.2℃，比常年平均气温高0.9℃，属异常偏高，是有气象记录以来气温最高的年份（原记录为2020年21.1℃），福州市区、闽侯、罗源、长乐和永泰均突破历史纪录。从各月平均气温看，2—3月和9月异常偏高，5月显著偏高，7月偏高，其余月份正常。

各县（市）区年平均气温20.4℃—21.8℃，距平0.4℃—1.3℃，其中闽清偏高，罗源和福清正常，连江显著偏高，其余县（市）区属异常偏高。各县（市）区年最低气温-2.6℃（永泰）—2.2℃（福清）；罗源出现在1月10日，闽侯出现在1月1日，长乐和福清出现在1月9日，其余县（市）区出现在1月13日。各县(市)区年最高气温37.6℃(福清)—40.5℃（福州市区）；连江和罗源出现在6月18日，福清出现在7月25日，其余县（市）区出现在7月27日。7月24—25日福清连续2天打破当地7月历史最高气温纪录（36.6℃，1980年7月23日）。

【雨量】　2021年，福州市平均年雨量1495.8毫米，比常年平均少2.1%，属正常。各月雨量分布不均，1月异常偏少，4月和7月显著偏少，2月和11月正常，8月异常偏多，5月和10月显著偏多，其余月份偏少。

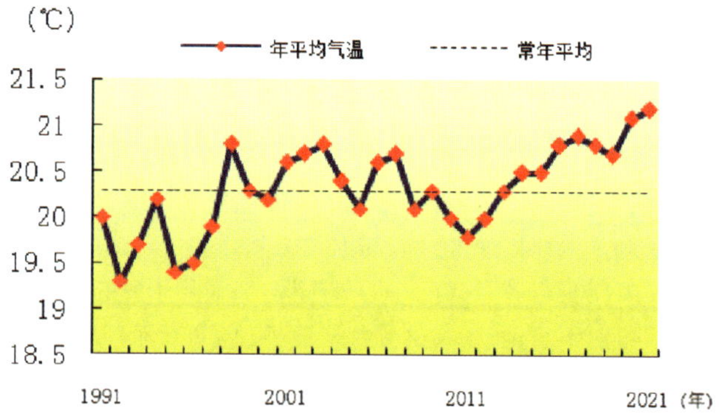

图1　1991—2021年福州市逐年平均气温图

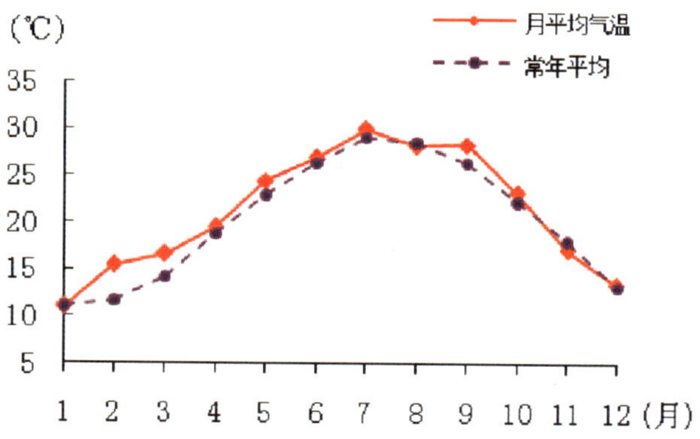

图2　2021年福州市逐月平均气温图

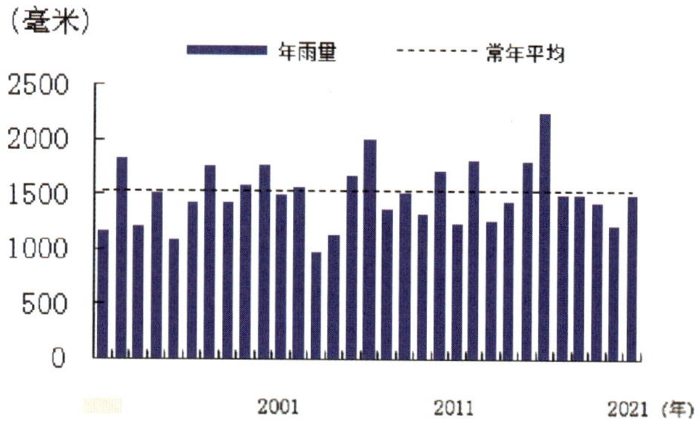

图3　1991—2021年福州市逐年雨量图

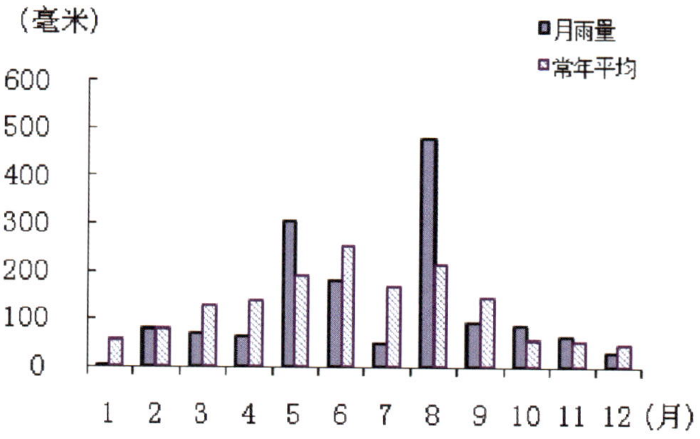

图4　2021年福州市逐月雨量图

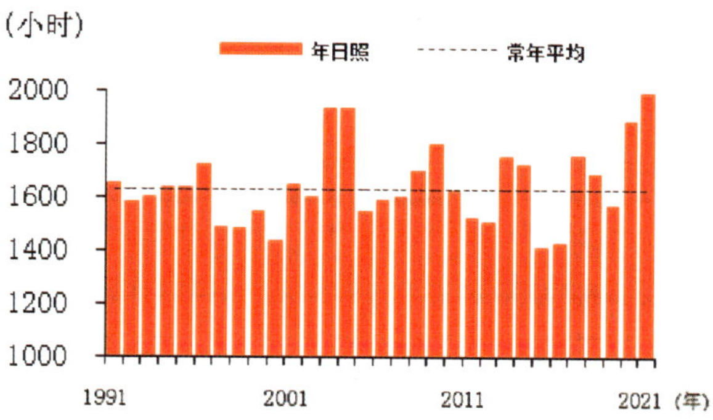

图5　1991—2021年福州市逐年日照时数图

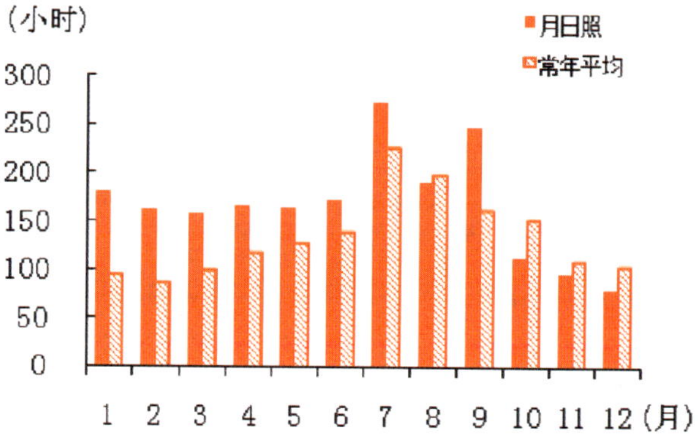

图6　2021年福州市逐月日照时数图

表 1　**2021 年福州市各县（市）区平均气温、雨量、日照评价一览表**

	福州市区	闽清	闽侯	永泰	罗源	连江	长乐	福清	全市平均
平均气温（℃）	21.8	21.1	21.4	21.5	20.4	20.9	21.5	21.0	21.2
距平（℃）	1.3	0.5	1.0	1.2	0.7	1.1	1.2	0.4	0.9
评价	异常偏高	偏高	异常偏高	异常偏高	正常	显著偏高	异常偏高	正常	异常偏高
雨量（毫米）	1419.7	1396.5	1534.2	1342.6	1716.4	1700.7	1510.0	1346.4	1495.8
距平百分率（%）	−1.5	−4.8	6.0	−12.0	−0.2	8.5	0.5	−13.1	−2.1
评价	正常	正常	正常	偏少	正常	正常	正常	偏少	正常
日照时数（小时）	1611.0	2396.6	2566.5	1732.1	1462.7	2266.7	1694.8	2183.7	1989.3
异常度	0.5	3.7	5.6	0.4	−0.9	3.8	0.4	3.1	2.6
评价	正常	异常偏多	异常偏多	正常	正常	异常偏多	正常	异常偏多	异常偏多
最大日雨量（毫米）	134.1	59.5	100	104.5	108.2	212.3	261.9	249.3	—
年最低气温（℃）	1.4	−2	−0.3	−2.6	−2.2	−0.2	1.4	2.2	—
年最高气温（℃）	40.5	38.4	39.4	40.1	38.1	38.8	39.2	37.6	—

各县（市）区年雨量1342.6—1716.4毫米，其中福清和永泰偏少，其余县（市）区正常。各县（市）区最大日雨量59.5—261.9毫米。

【日照时数】　2021年，福州市平均年日照时数1989.3小时，异常度为2.6，属异常偏多，是1971年以来次多年份（仅比1971年少）。从各月日照时数看，1—3月和9月异常偏多，4月显著偏多，5—7月偏多，10月偏少，其余月份正常。

各县（市）区年日照时数1462.7小时（罗源）—2566.5小时（闽侯），异常度为-0.9—5.6；各县（市）区差异大，其中闽清、闽侯、连江和福清异常偏多，其余县（市）区均属正常。

【寒潮和强冷空气过程】　2021年，福州市经历7次强冷空气过程，分别出现在1月5—10日、1月12—13日、1月28—29日、2月17—19日、11月6—11日、11月29日至12月3日和12月16—19日。其中，1月5—10日、11月29日至12月3日、12月16—19日3次过程部分县（市）区达寒潮标准。

1月5—10日，各县（市）区城区过程最低气温-2.2℃（罗源）—2.2℃（福清）；过程最低气温罗源出现在10日，其余县（市）区均出现在9日；各县（市）区城区最低气温降幅9.2℃（福清）—13.7℃（永泰），其中永泰、闽侯、罗源、闽清达寒潮标准，连江、长乐、福州市区达强冷空气标准。全市有83个乡镇（街道）的过程最低气温低于0℃，以罗源西兰乡-8.3℃（10日6—7时）最低。1月10日夜间晋安区鼓岭和11日上午闽侯县雪峰茶场出现小雪或雨夹雪。

11月29日至12月3日，各县（市）区城区过程最低气温3.6℃（永泰）—8.9℃（福清），均出现在12月3日；各县（市）区城区最低气温降幅8.2℃（福清）—12.5℃（罗源），其中闽清、罗源和永泰达寒潮标准，连江、福州市区、闽侯达强冷空气标准。全市有11个乡镇（街道）过程最低气温低于0℃，以罗源西兰乡-2.7℃（3日6—7时）为最低。

12月16—19日，各县（市）区城区过程最低气温3.4℃（罗源）—7.6℃（福清），均出现在19日；各县（市）区城区最低气温降幅9.7℃（福清）—11.8℃（罗源、永泰），其中罗源达寒潮标准，连江、闽侯、永泰、长乐、闽清达强冷空气标准。全市有6个乡镇（街道）过程最低气温低于0℃，以罗源西兰乡-2.1℃（19日6—7时）为最低。

【强对流天气】　2021年，福州市出现4次强对流天气过程，分别出现在3月6日、3月30日、5月12日和9月22日。

受低层切变影响，3月6日全市出现小到中雨，局部伴有7—9级雷雨大风和冰雹等强对流天气。全市有9个县（市）区28个乡镇（街道）出现7级以上大风，最大为闽侯洋里乡21.1米/秒（9级）；9—11时，闽清后佳乡、上莲乡和塔庄镇先后出现直径3—10毫米的小冰雹，闽侯荆溪镇、上街镇和鼓楼区、台江区出现小冰雹。

受低层切变影响，3月30日午后起全市出现小到中雨，部分县（市）区大雨，局部暴雨，伴有7—9级雷雨大风和冰雹等强对流天气。统计30日15时至31日8时累计雨量，全市有6个县（市）区36个乡镇（街道）超过25毫米，其中2个县3个乡镇（街道）超过50毫米，以永泰红星乡73.1毫米为最大；最大小时雨强为40.7毫米，出现在闽清雄江镇（18—19时）。全市有9个县（市）区25个乡镇（街道）出现7级以上大风，最大为闽清梅城镇21.0米/秒（9级）；19—21时，闽清梅溪镇、闽侯白沙镇、闽侯小箬乡、晋安寿山乡和永泰红星乡等地先后出现小冰雹。

受低层切变影响，5月12日部分县（市）区出现中到大雨，局部暴雨，伴有6—8级雷雨大风和冰雹等强对流天气。统计12日12—22时累计雨量，全市有3个县（市）区8个乡镇（街道）超50毫米，以永泰盖洋乡87.8毫米为最大；最大小时雨强为46.2毫米，出现在永泰盖洋乡（15—16时）；全市有8个县（市）区21个乡镇（街道）出现6级以上大风，最大为闽侯荆溪镇20.3米/秒（8级）；14—15时，永泰县富泉乡、梧桐镇和赤锡乡等地先后出现小冰雹。

受西南气流和冷空气的共同影响，9月22日午后至夜里，部分县（市）区出现中到大雨，局部暴雨，伴有7—9级雷雨大风和小冰雹等强对流天气。统计22日11时至23日1时累计雨量，全市有5个县（市）区9个乡镇（街道）降雨量超50毫米，最大为高新区南屿镇95.1毫米；最大小时雨强为60.6毫米（高新区南屿镇，16—17时）；全市有5个县（市）区12个乡镇（街道）出现7级以上大风，最大阵风23.2米/秒（晋安区宦溪镇，9级）。

【暴雨】 2021年，福州市出现14次连续性暴雨（5月7—9日、5月12—13日、5月27—29日、6月8—9日、6月11—12日、6月19—23日、7月28日至8月1日、8月16—19日、9月2—3日、9月6—7日、9月14—17日、9月20—23日、10月7—8日、10月12—14日）、6次大范围暴雨（2月10日、5月18日、5月24日、6月29日、9月30日、12月21日）和5次局部暴雨（5月21日、6月4日、8月11日、8月14日、10月16日）。

受南支槽和低空偏东急流影响，2月10日全市出现大雨到暴雨，长乐、连江和罗源局部乡镇（街道）大暴雨。统计10日8时至11日8时日雨量，全市有11个县（市）区94个乡镇（街道）超50毫米，其中3个县（市）区10个乡镇（街道）超100毫米，以长乐江田镇131.5毫米为最大。

受高空槽和低层切变影响，6月19—23日全市出现持续性暴雨；其中20日全市出现中到大雨，部分乡镇（街道）出现暴雨，晋安和连江局部出现大暴雨。统计20日8时至21日8时日雨量，全市有6个县（市）区16个乡镇（街道）超50毫米，其中晋安区日溪乡（110.6毫米）和连江小沧乡（101.4毫米） 超100毫米。统计19日8时至24日8时过程雨量，全市有10个县（市）区20个乡镇（街道）超100毫米，以福清音西街道165.1毫米为最大。最大小时雨强为97.6毫米，出现在晋安区日溪乡（20日16—17时）。

受高空槽和低层切变影响，6月29日午后至傍晚全市出现大雨到暴雨，晋安区局部大暴雨。统计29日12—20时累计雨量，全市有10个县（市）区42个乡镇（街道）超50毫米，以晋安区茶园街道106.2毫米为最大；最大小时雨强70.5毫米，出现在罗源西兰乡（16—17时）。

受高空槽和低层切变影响，8月16—19日全市出现持续性暴雨；其中18日全市中到大雨，部分乡镇（街道）出现暴雨，马尾、长乐、闽侯和福清部分乡镇（街道）大暴雨。统计18日8时至19日8时日雨量，全市有9个县（市）区39个乡镇（街道）超50毫米，其中4个县（市）区15个乡镇（街道）超100毫米，以长乐罗联乡222.2毫米为最大。统计16日8时至20日8时过程雨量，全市有8个县（市）区38个乡镇（街道）超100毫米，以长乐罗联乡261.3毫米为最大；最大小时雨强97.6毫米，出现在长乐罗联乡（18日17—18时）。

受低空风速辐合影响，9月14—17日全市出现持续性暴雨；其中15日部分县（市）区出现大雨到暴雨，局部大暴雨。统计15日8时至16日8时日雨量，全市有9个县（市）区27个乡镇（街道）超50毫米，其中3个县（市）区4个乡镇（街道）超100毫米，以福清渔溪镇160.2毫米为最大。统计14日8时至18日8时过程雨量，全市有6个县（市）区10个乡镇（街道）超100毫米，以福清渔溪镇160.2毫米为最大。最大小时雨强为101.8毫米，出现在福清渔溪镇（15日21—22时）。

受南海低压外围偏东气流影响，10月7—8日全市出现持续性暴雨；其中7日全市小到中雨，连江和罗源的部分乡（镇）出现暴雨到大暴雨。统计7日8时至8日8时日雨量，连江和罗源16个乡（镇）超50毫米，其中7个乡（镇）超100毫米，以连江马鼻镇167.9毫米为最大。统计7日8时至9日8时过程雨量，全市有4个县（市）区22个乡镇（街道）超50毫米，其中连江和罗源12个乡（镇）超100毫米，以连江马鼻镇220.7毫米为最大。最大小时雨强为56.3毫米，出现在罗源松山镇（7日13—14时）。

【台风】 2021年，福州市受到5个台风影响，分别为第6号台风"烟花"（影响时间7月23—24日）、第9号台风"卢碧"（影响时间8月4—7日）、第14号台风"灿都"（影响时间9月11—12日）、第18号台风"圆规"（影响时间10月11—13日）和第22号台风"雷伊"（影响时间12月20—21日），其中第9号台风"卢碧"带来强降雨。

8月4日8时南海北部的热带低压加强为第9号台风"卢碧"（热带风暴级）；5日11时20分在广东省汕头市南澳县沿海登陆，登陆时中心附近最大风力9级（热带风暴级，23米/秒），5日16时50分在福建省漳州市东山县再次登陆（热带风暴级，18米/秒）；6日20时到达莆田秀屿区南部近海，而后东折穿过台湾海峡到达台湾岛西北部转东北方向移动，逐渐远离中国大陆。"卢碧"台风具有近海生成、近岸加强、影响时间长、雨量大等特点。受其影响，5—6日全市部分县（市）区和沿海出现8—11级大风。最大的为晋安区宦溪镇32.1米/秒（11级，6日），其次为福清三山镇25.1米/秒（10级，6日）。4—7日全市均出现暴雨到大暴雨及以上降水，其中5—6日大部分乡镇（街道）出现大暴雨到特大暴雨；最强时段集中在6日，长乐、福清、马尾区的部分乡镇（街道）及晋安、连江和闽侯的局部乡镇（街道）出现特大暴雨；最大日雨量为长乐江田镇417.4毫米（6日8时至7日8时）。统计 8月4日8时至7日20时累计雨量，全市绝大多数乡镇（街道）大于100毫米，其中全市99个乡镇（街道）超250毫米，6个县（市）区12个乡镇（街道）超500毫米，以长乐江田镇672.1毫米为最大。5日20时至6日20时，连江日雨量212.4毫米，突破当地日雨量历史纪录（1973年9月10日212毫米）。受台风“卢碧”影响，全市受灾人数2486人，紧急避险或紧急转移24782人，无人员伤亡或失踪。农作物受灾面积7920.69公顷，道路损毁190处，城市内涝172处，房屋倒塌47间，房屋损坏175间，直接经济损失预估12685.9万元。

第18号台风“圆规”于10月8日17时在菲律宾以东洋面上生成。受台风外围和冷空气共同影响，11—12日全市沿海和局部高海拔山区出现8—12级大风；统计11日8时至13日8时最大阵风，全市除闽清外，其余各县（市）区62个乡镇（街道）超8级，最大为晋安区宦溪镇35.2米／秒（12级）。12日部分乡镇（街道）出现暴雨；13日部分乡镇（街道）出现大雨到暴雨，局部大暴雨。最大日雨量出现在罗源中房镇193.3毫米（13日8时至14日8时），最大小时雨强为27.6毫米（永泰洑口乡，13日15—16时）。

第22号台风“雷伊”于12月13日14时在菲律宾以东洋面上生成。受台风外围和冷空气共同影响，17—18日沿海出现8—9级东北大风。统计17日8时至19日8时，全市有5个县（市）区12个乡镇（街道）风力超8级，其中福清三山镇和长乐松下镇出现9级阵风（平均风速22.0米／秒）。受“雷伊”及其减弱后的低压倒槽影响，20日夜里至21日傍晚，全市出现较明显降雨，部分县（市）区出现暴雨，主要强降雨时段在21日白天。统计20日20时至21日20时累计雨量，全市115个乡镇（街道）降雨量超50毫米，最大为永泰洑口乡74.7毫米；最大小时雨强为21.2毫米（福清东张镇，21日12—13时）。

【气象干旱】 2021年，福州市出现多次气象干旱，较重的有3次。

1月1日至2月9日全市降水偏少，统计期间各县（市）区累计雨量为0.5毫米（福州市区）—6.9毫米（连江），比常年同期平均少91.4%—99.3%。至2月9日，福州市区、闽侯、永泰达气象特旱等级，其余县（市）区重旱。2月10—11日全市出现大雨到暴雨，沿海局部乡镇（街道）大暴雨，旱情解除。

3月中旬起全市降水偏少，统计3月11—29日各县（市）区累计雨量14.7毫米（闽清）—24.6毫米（长乐），比常年平均少68.2%—83.7%；至3月30日，福州市区、闽清、永泰、罗源、长乐达气象中旱等级，其余县（市）区轻旱。3月30—31日全市出现小到中雨，局部大雨到暴雨，旱情有所缓解。4月1—12日降雨稀少，旱情再度发展，统计4月1—12日各县（市）区累计雨量为0.5毫米（福州市区）—6.7毫米（永泰），比常年平均少88.4%—99.2%；至4月13日，福州市区、长乐、罗源达气象特旱等级，闽清、永泰、闽侯、连江重旱，福清中旱。4月13—15日，全市出现中到大雨，局部暴雨；闽侯旱情解除，其余县（市）区旱情有所缓解。4月16—27日降雨稀少，旱情再度发展，统计4月16—27日各县（市）区累计雨量2.4毫米（长乐）—19.9毫米（永泰），比常年平均少70.2%—95.7%；至4月27日，福州市区、长乐达气象特旱等级，罗源、连江、福清重旱，永泰、闽清、闽侯中旱。4月28—29日，全市出现中到大雨，局部暴雨；永泰旱情解除，其余县（市）区旱情有所缓解。5月4—5日、7—9日、12—13日、17—19日和21—31日多场降雨过程使得旱情解除。

7月3—27日全市降水偏少，统计期间各县（市）区累计雨量7.0毫米（福州市区）—34.3毫米（连江），比常年同期平均少66.9%—93.1%。至7月27日，永泰、福清达气象重旱等级，闽清、长乐、连江达气象中旱等级，其余县（市）区轻旱。7月28日至8月7日连续性暴雨使得旱情解除。

【高温】 2021年，福州市各县（市）区均出现日最高气温≥35℃的高温天气，其中福州市区、闽清、闽侯、永泰气温≥35℃的高温日数达51—69天；各县（市）区均出现日最高气温≥37℃的高温天气，其中福州市区、闽清、闽侯、永泰气温≥37℃的高温日数达11—24天，其余县（市）区出现1—7天气温≥37℃的高温天气。持续时间较长、强度较强的高温过程主要有3次，分别出现在6月15—20日、7月8—14日、7月24—30日。6月15—20日，全市出现持续性高温天气；18日连江最高气温38.8℃，突破该站历史同期最高气温纪录。7月8—14日，全市出现持续性高温天气；其中8日全市有3个县（市）区最高气温超38℃，以永泰38.6℃为最高。7月24—30日，全市出现持续性高温天气，以27日福州的40.5℃为最高；24日、25日福清分别出现36.8℃、37.6℃的高温，连续2天突破该站历史同期最高气温纪录（2013年7月30日，36.7℃）。

【秋寒】 2021年10月17日起，福州市各县（市）区日平均气温持续低于23℃，出现“23型”寒露风天气，均属偏迟；10月20日起各县（市）区日平均气温持续低于20℃，出现“20型”寒露风天气，其中福州市区、长乐、福清比常年平均早5—9天，其余属正常。

（邵步粉）

行政区划 人口

【行政区划】 福州市简称榕，辖鼓楼、台江、仓山、晋安、马尾、长乐6个区，闽侯、连江、罗源、闽清、永泰、平潭6个县及福清1个县级市。市人民政府驻鼓楼区乌山路96号。2021年，全市（含平潭县）辖45个街道、97个镇、39个乡（含连江县马祖乡、2个民族乡）；540个社区、2196个村。

【常住人口】 2021年末，福州市常住人口842万人，比上年末增加10万人。其中，城镇常住人口614.66万人，占总人口比重（常住人口城镇化率）73%，比上年末提高0.5个百分点。

表2　**2021年福州市县(市)区行政区划一览表**

县(市)区名称	面积(平方千米)	街道、乡(镇)名称	社区居委会(个)	村委会(个)
鼓楼区	35.7	东街、南街、安泰、水部、温泉、鼓东、鼓西、华大、五凤街道，洪山镇	69	0
台江区	18	茶亭、洋中、后洲、新港、瀛洲、苍霞、义洲、上海、宁化、鳌峰街道	52	0
仓山区	142	仓前、下渡、临江、三叉街、对湖、上渡、金山、东升街道，建新、盖山、仓山、城门、螺洲镇	99	102
晋安区	567	茶园、王庄、象园街道，新店、岳峰、鼓山、宦溪镇，寿山、日溪乡	80	114
马尾区	281	罗星街道，马尾、亭江、琅岐镇	17	62
长乐区	717.5	吴航、航城、营前、漳港、文武砂街道，梅花、金峰、潭头、玉田、江田、古槐、鹤上、首占、湖南、文岭、松下镇，罗联、猴屿乡	35	225
福清市	1518.24	玉屏、龙山、龙江、音西、宏路、石竹、阳下街道，东张、海口、龙田、高山、渔溪、城头、江镜、三山、江阴、港头、沙埔、东瀚、上迳、新厝、镜洋、一都、南岭镇	65	438
闽侯县	2136.33	甘蔗街道，白沙、尚干、祥谦、青口、南通、南屿、上街、荆溪镇，竹岐、洋里、鸿尾、大湖、小箬、廷坪乡	32	297
连江县	1228	凤城、晓澳、浦口、琯头、敖江、东岱、东湖、丹阳、马鼻、透堡、官坂、黄岐、筱埕、苔菉、长龙、坑园、潘渡、下宫、江南镇，蓼沿、安凯、马祖乡，小沧畲族乡	40	243
罗源县	1187	凤山、鉴江、松山、起步、中房、飞竹镇，白塔、西兰、洪洋、碧里乡，霍口畲族乡	13	189
闽清县	1503.83	梅城、坂东、池园、梅溪、白樟、白中、塔庄、东桥、雄江、金沙、省璜镇，云龙、上莲、三溪、下祝、桔林乡	21	271
永泰县	2241	樟城、嵩口、梧桐、葛岭、城峰、清凉、长庆、同安、大洋镇，塘前、富泉、岭路、赤锡、洑口、盖洋、东洋、霞拔、盘谷、红星、白云、丹云乡	17	255
平潭县	392.93	海坛街道，金井、君山、苏澳镇，南海、屿头、东庠乡	27	192

【户籍人口】　2021年，福州市(含平潭)总户数227.47万户，总人口数723.36万人，比上年增加7.95万人，平均每户3.18人。

福州市(不含平潭，下同)总户数214.34万户，总人口数678.07万人，比上年增加7.91万人，平均每户3.16人。其中，市区(鼓楼、台江、仓山、晋安、马尾、长乐六区，下同)总户数97.74万户，总人口数300.94万人，比上年增加7.38万人；六县(市)(福清市、闽侯、连江、闽清、罗源、永泰县，下同)总户数116.60万户，总人口数377.13万人，比上年增加5335人。男女比例：男性344.52万人，占50.81%；女性333.55万人，占49.19%，男比女多10.97万人。市区男性149.47万人，女性151.47万人，女比男多2万人；六县(市)男性195.05万人，女性182.08万人，男比女多12.97万人。

【人口自然变动】　2021年，福州市出生申报户口人数5.91万人，比上年少1.26万人；人口出生率8.76‰，比上年降低1.98‰。死亡注销户口人数3.41万人，比上年少6528人；人口死亡率5.05‰，比上年降低1.03‰；人口自然增长2.50万人，人口自然增长率3.71‰。市区人口出生2.70万人，人口出生率9.09‰；死亡人数1.38万人，死亡率4.65‰；人口自然增长1.32万人，人口自然增长率4.45‰。六县(市)人口出生3.20万人，人口出生率8.50‰；死亡人数2.03万人，死亡率5.38‰；人口自然增长1.17万人，人口自然增长率3.13‰。市区人口自然增长率比六县(市)高1.32‰。

【人口机械变动】　2021年，福州市迁入人口19.99万人，迁出人口14.52万人，人口机械增长率8.12‰，比上年提高4.87‰。市区迁入人口14.30万人，迁出人口8.23万人，人口机械增长率20.44‰，比上年提高11.66‰。六县(市)迁入人口5.69万人，迁出6.29万人，人口机械增长率-1.59‰，比上年低0.55‰。

(黄剑锋　陈　孜　林　攀)

民族　宗教

【民族】　2021年，福州市有54个民族成分，全市少数民族人口161287人，约占全市总人口的1.95%，其中畲族人口51570人，约占全市少数民族总人口的31.97%。万人以上少数民族有畲族、回族、苗族、土家族、彝族等。

全市有连江县小沧畲族乡和罗源县霍口畲族乡2个少数民族乡，有82个少数民族行政村，其中，畲族村80个、回族村1个、满族村1个，主要分布在罗源、连江、永泰、晋安、福清、长乐等6个县（市）区。福州市少数民族属散杂居型，呈大分散、小聚居状态。

【宗教】　福州市是全国、全省宗教工作的重点地区，有佛教、道教、伊斯兰教、天主教、基督教五大宗教。2021年，全市依法登记福州市佛教协会、福州市道教协会、福州市基督教三自爱国会、福州市基督教协会、福州市天主教爱国会5个市级宗教团体，依法登记的宗教活动场所1285处。全市民间信仰活动场所遍布城镇乡村，10平方米以上有人管理的民间信仰场所4562个，其中列入省级民间信仰活动场所联系点38个，市级民间信仰活动场所联系点36个。

（黄惠玲）

国民经济和社会发展情况

表3　**2021年福州市区居民消费价格比上年涨跌幅度表**

指　标	比上年涨跌幅度（%）
市区居民消费价格总水平	0.6
食品烟酒	-1.2
衣着	0.3
居住	1.1
生活用品及服务	0.3
交通和通信	4.0
教育文化和娱乐	1.6
医疗保健	0.4
其他用品和服务	-3.5

【概况】　2021年，福州市实现地区生产总值11324.48亿元，比上年增长8.4%。其中，第一产业增加值637.03亿元，比上年增长6.0%；第二产业增加值4289.80亿元，增长7.3%；第三产业增加值6397.66亿元，增长9.3%。第一产业增加值占地区生产总值的比重5.6%，第二产业增加值比重37.9%，第三产业增加值比重56.5%。全年人均地区生产总值135298元，比上年增长7.2%。

全年城镇新增就业14.77万人。就业困难人员实现再就业5075人，失业人员再就业40485人，年末城镇登记失业率3.16%，比上年末提高0.16个百分点。全年居民消费价格比上年上涨0.6%。

【农业】　2021年，福州市农林牧渔业总产值1122.21亿元，比上年增长5.6%。粮食种植面积8.63万公顷，比上年增加0.007万公顷。粮食产量48.98万吨，比上年增加0.44万吨，增长0.9%；其中稻谷产量23.99万吨，增加0.17万吨，增长0.7%。

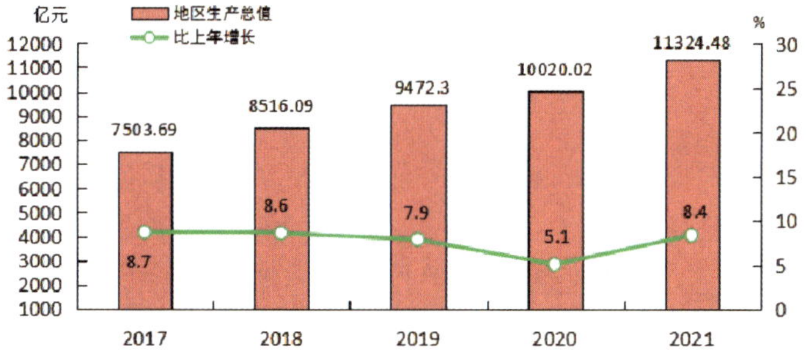

图7　2017—2021年福州市地区生产总值（GDP）及其增长速度

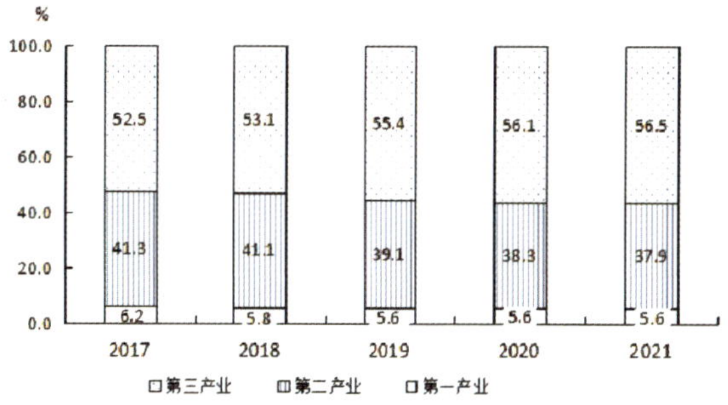

图8　2017—2021年福州市三次产业增加值占地区生产总值比重

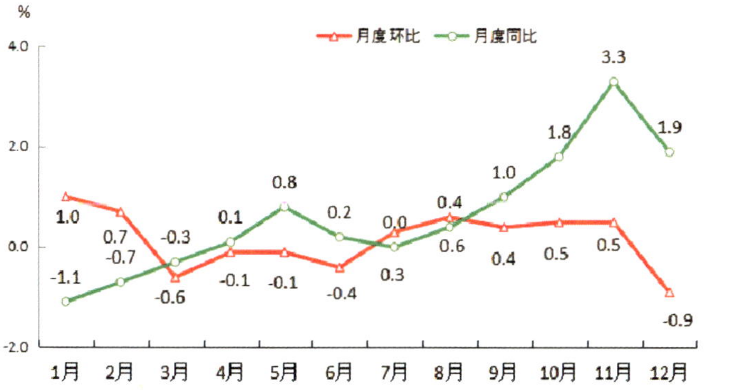

图9　2021年福州市区居民消费价格月度涨跌幅度

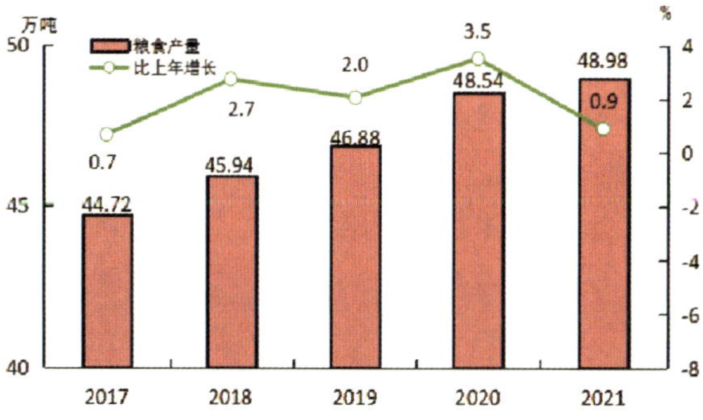

图10　2017—2021年福州市粮食产量及其增长速度

表 4　2021 年福州市主要农产品产量一览表

产品名称	产量(万吨)	比上年增长(%)
粮食	48.98	0.9
春收	5.67	-0.1
夏收	6.04	0.6
秋收	37.27	1.1
油料	5.61	4.0
花生	5.31	3.4
油菜籽	0.30	17.1
甘蔗	3.97	6.3
茶叶	4.67	4.4
水果	93.60	4.1
蔬菜	447.70	4.4
食用菌	26.76	4.0

表 5　2021 年福州市规模以上工业企业主要工业产品产量一览表

产品名称	单位	产量	比上年增长(%)
纱	万吨	381.46	-2.5
布	亿米	4.24	2.0
化学纤维	万吨	658.11	13.4
彩色电视机	万台	0.91	-61.6
其中：液晶电视机	万台	0.91	-61.6
发电量	亿千瓦时	956.61	18.4
火电	亿千瓦时	441.08	12.3
水电	亿千瓦时	50.44	-11.5
核电	亿千瓦时	424.25	30.6
风电	亿千瓦时	40.84	22.6
粗 钢	万吨	1166.36	2.1
钢 材	万吨	1451.10	1.2
水 泥	万吨	639.57	2.6
纯 碱(碳酸钠)	万吨	24.10	-5.5
烧 碱(折 100%)	万吨	12.86	27.5
农用氮、磷、钾化学肥料(折纯)	万吨	46.13	-15.3
发电机组(发电设备)	万千瓦	16.17	-40.0
汽 车	万辆	5.45	17.0
其中：基本型乘用车(轿车)	万辆	0.15	5.3
运动型多用途乘用车(SUV)	万辆	0.58	-29.6
新能源汽车	万辆	0.00	-97.2
集成电路	亿块	0.69	-0.4
移动通信手持机(手机)	万台	0.46	-34.0

全年肉蛋奶总产量 34.12 万吨，比上年增长 15.8%。肉类总产量 21.01 万吨，比上年增长 23.7%，其中猪肉产量 16.35 万吨，增长 33.2%。禽蛋产量 12.34 万吨，比上年增长 4.0%。牛奶产量 0.74 万吨，比上年增长 21.9%。年末生猪存栏 119.96 万头，比上年末增长 11.4%；全年生猪出栏 209.64 万头，增长 36.4%。

全年水产品总产量 297.18 万吨，比上年增长 4.5%。其中，淡水产品产量 27.16 万吨，比上年增长 3.3%；近海捕捞 39.92 万吨，与上年同期持平；远洋捕捞 46.92 万吨，增长 14.8%；海水养殖 183.18 万吨，增长 3.3%。

【工业】　2021 年，福州市全部工业增加值 2758.62 亿元，比上年增长 9.2%。规模以上工业增加值比上年增长 9.5%。其中，轻工业比上年增长 3.4%，重工业增长 15.8%；采矿业增长 0.3%，制造业增长 8.8%，电力、热力、燃气及水生产和供应业增长 16.6%。工业产品销售率 96.3%。

全年规模以上工业的 35 个行业大类中有 27 个增加值实现正增长。其中，汽车制造业比上年增长 23.1%，电气机械和器材制造业增长 1.1%，计算机、通信和其他电子设备制造业增长 28.4%，电力、热力生产和供应业增长 16.9%。工业战略性新兴产业增加值比上年增长 15.4%，占规模以上工业增加值的比重 27.9%；高技术制造业增加值增长 20.4%，占规模以上工业增加值的比重 12.4%；装备制造业增加值增长 13.6%，占规模以上工业增加值比重的 22.4%。

全年规模以上工业企业实现利润 653.49 亿元，比上年增长 35.6%。全年规模以上工业企业每百元营业收入中的成本 87.5 元，比上年减少 0.7 元；营业收入利润率 5.69%，提高 0.85 个百分点。年末规模以上工业企业资产负债率 53.3%，比上年末下降 0.2 个百分点。

【建筑业】　2021 年，福州市全社会建筑业实现增加值 1548.49 亿元，比上年增长 4.1%。具有资质等级的总承包和专业承包建筑业企业完成建筑业总产值 5840 亿元，比上年增长 12.9%。

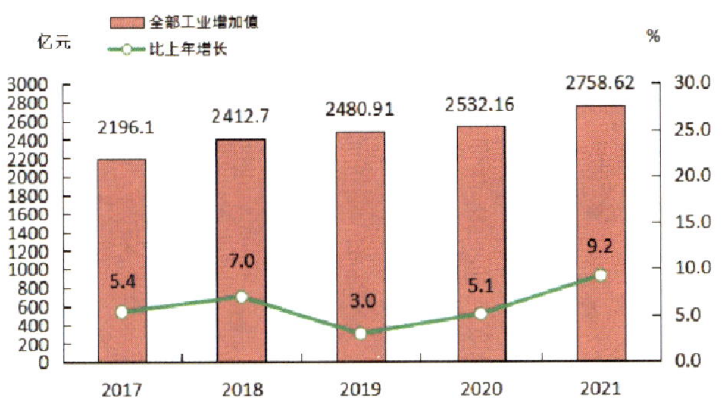

图 11　2017—2021 年福州市全部工业增加值及其增长速度图

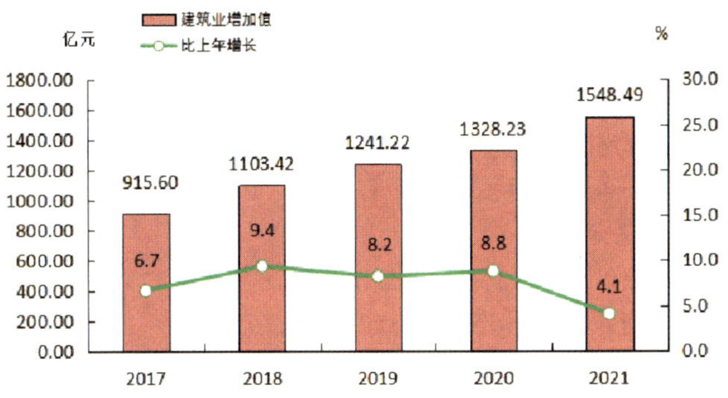

图 12　2017—2021 年福州市建筑业增加值及其增长速度图

【服务业】　2021 年，福州市批发和零售业增加值 1312.25 亿元，比上年增长 13.1%；交通运输、仓储和邮政业增加值 433.21 亿元，增长 16.0%；住宿和餐饮业增加值 153.97 亿元，增长 12.2%；金融业增加值 1189.90 亿元，增长 4.2%；房地产业增加值 755.54 亿元，增长 9.6%。规模以上服务业企业营业收入比上年增长 28.9%。

年末公路里程（不含平潭）11570 千米，比上年下降 0.4%，其中高速公路总里程 764 千米，增长 1.1%。年末铁路总里程 542.33 千米（干线 476.24 千米、支线 66.09 千米），其中高速铁路总里程 409.64 千米。

全年沿海港口完成货物吞吐量 21066.35 万吨，比上年增长 5.6%；其中外贸货物吞吐量 5748.11 万吨，增长 5.0%。集装箱吞吐量 329.23 万标箱，比上年下降 2.6%。

全年完成邮政业务总量（按 2020 年不变单价测算）78.22 亿元，比上年增长 26.4%；电信业务总量（按 2020 年不变单价测算）125.1 亿元，增长 20.5%。邮政业务收入 84.91 亿元，比上年增长 25.5%；电信业务收入 120.38 亿元，增长 5.7%。邮政业全年完成邮政函件业务 1012.99 万件，快递业务量 5.44 亿件。年末全市电话用户总数 1142.66 万户，其中，固定电话用户 154.2 万户；移动电话用户 988.46 万户（5G 电话用户 206.57 万户）。全市年末互联网宽带接入用户（不含手机上网用户）401.62 万户，比上年增加 30.13 万户。

表 6　2021 年福州市各种运输方式完成运输量情况表

指　标	单位	绝对数	比上年增长（%）
公路			
货物发送量	万吨	20693.9	25.9
旅客发送量	万人次	3633	−29.5
水路			
货物发送量	万吨	11149.85	4.7
旅客发送量	万人次	37.47	−39.0
铁路			
货物发送量	万吨	755	12.0
旅客发送量	万人次	1955.51	12.3
民航			
货邮吞吐量	万吨	15.27	27.3
旅客吞吐量	万人次	903.72	2.0

【国内贸易】　2021 年，福州市社会消费品零售总额 4549.41 亿元，比上年增长 7.7%。在限额以上零售额中，按

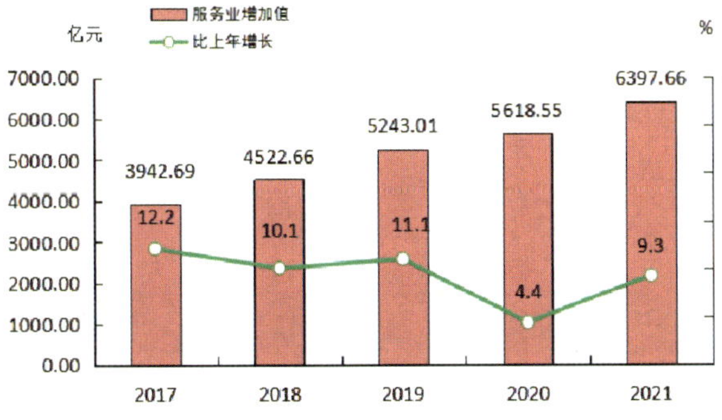

图 13　2017—2021 年福州市服务业增加值及其增长速度图

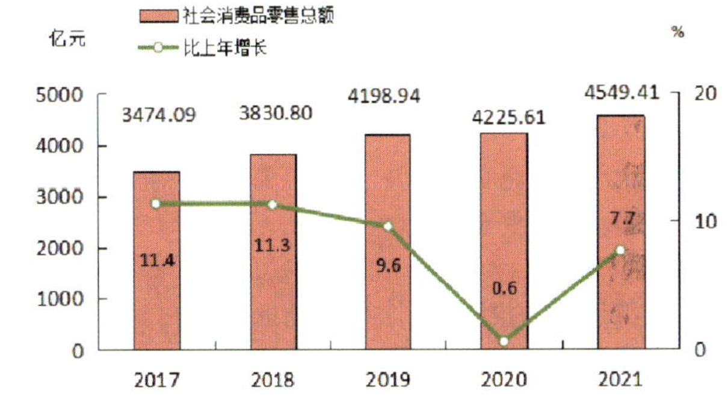

图 14　2017—2021 年福州市社会消费品零售总额及其增长速度图

销售单位所在地统计，城镇消费品零售额2975.05亿元，比上年增长9.2%；乡村消费品零售额222.97亿元，增长1.4%；按消费形态统计，商品零售额2966.55亿元，增长7.5%；餐饮收入231.47亿元，增长24.8%。

限额以上单位商品零售额中，服装鞋帽针纺织品类比上年增长20.6%，石油及制品类增长35.9%，中西药品类增长14.3%，化妆品类增长8.4%，粮油食品类增长19.2%，文化办公用品类增长29.7%，日用品类增长13.4%，家用电器和音像器材类增长7.8%，家具类增长17.3%，金银珠宝类增长1.9%，汽车类下降2.9%。

全年限额以上通过公共网络实现的商品零售额391.23亿元，比上年增长52%。

【固定资产投资】　2021年，福州市固定资产投资5330.27亿元，比上年增长5.9%。第一产业投资65.78亿元，比上年增长20.6%；第二产业投资1476.94亿元，增长12.9%，其中，工业投资1470.35亿元，增长12.4%；第三产业投资3787.55亿元，增长3.2%。基础设施投资1348.96亿元，比上年增长3.8%。民间投资3340.89亿元，比上年增长6.5%。高技术产业投资296.83亿元，比上年增长20.5%。全年到位资金4855.23亿元，比上年增长3.6%。

全年房地产开发企业投资2248.81亿元，比上年增长8.6%，其中住宅投资1637.84亿元，增长9.6%。全年新开工建设保障性安居工程住房7598套(户)。

【对外经济】　2021年，福州市进出口总额3321.5亿元，比上年增长32.6%。其中，出口额2200.6亿元，比上年增长23.2%；进口额1121亿元，增长55.9%。进出口顺差1079.6亿元。

实际利用外商直接投资12.3亿美元，新批合同外资金额60.6亿美元。新批合同外资项目467个，比上年增加170个。新批境外投资项目36个，新批境外协议投资总额5.2亿美元，其中，中方协议投资额4.7亿美元。

全年对外承包工程完成营业额

表7　2021年福州市分行业固定资产投资情况表

行　　业	绝对数(亿元)	比上年增长(%)
农、林、牧、渔业	68.18	18.6
采矿业	9.90	167.4
制造业	1162.34	14.3
电力、热力、燃气及水生产和供应业	298.11	4.0
建筑业	7.4	86.5
批发和零售业	31.48	−15.4
交通运输、仓储和邮政业	384.76	21.2
住宿和餐饮业	33.66	−22.0
信息传输、软件和信息技术服务业	61.85	−21.3
金融业	10.01	12.8
房地产业	2309.93	6.4
租赁和商务服务业	18.35	19.2
科学研究和技术服务业	17.83	124.7
水利、环境和公共设施管理业	656.01	−1.0
居民服务、修理和其他服务业	3.07	−20.3
教育	78.51	−36.0
卫生和社会工作	77.56	−14.8
文化、体育和娱乐业	75.24	−8.4
公共管理、社会保障和社会组织	26.06	12.2

表8　2021年福州市房地产开发和销售主要指标及其增长情况表

指　标	单位	绝对数	比上年增长(%)
投资完成额	亿元	2248.81	8.6
其中：住宅	亿元	1637.84	9.6
其中：90平方米及以下	亿元	649.12	−2.5
房屋施工面积	万平方米	8427.23	−2.7
其中：住宅	万平方米	5329.72	−2.1
房屋新开工面积	万平方米	1512.73	−22.1
其中：住宅	万平方米	1037.46	−15.5
房屋竣工面积	万平方米	899.62	−17.6
其中：住宅	万平方米	557.08	−15.4
商品房销售面积	万平方米	2138.49	13.3
其中：住宅	万平方米	1686.26	11.0
本年实际到位资金	亿元	2584.04	5.4
其中：国内贷款	亿元	456.12	36.1
个人按揭贷款	亿元	265.12	4.4
本年土地购置面积	万平方米	32.56	−61.2
土地购置费	亿元	935.36	−5.8

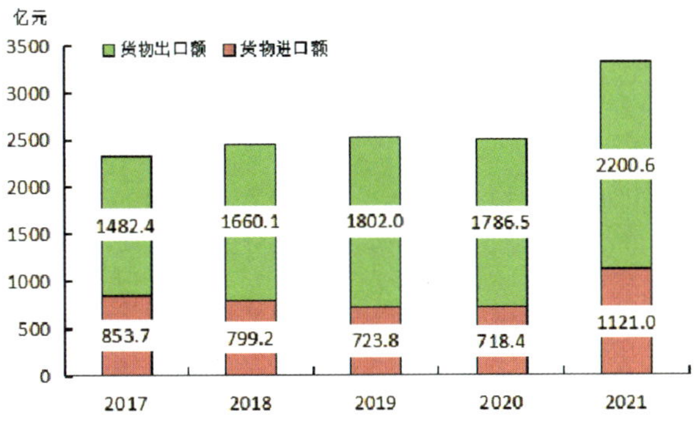

图 15　2017—2021 年福州市货物进出口总额图

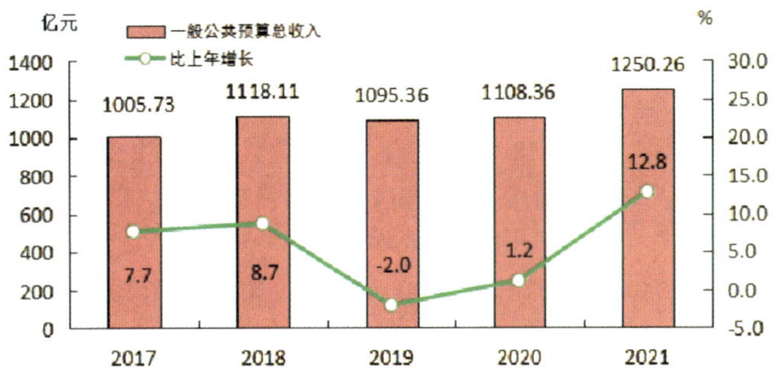

图 16　2017—2021 年福州市一般公共预算总收入及其增长速度图

14.64 亿美元，比上年增长 25.4%。对外承包工程期末在外人员 1359 人，比上年下降 5.9%。对外劳务合作完成营业额 4.11 亿美元，比上年增长 4.1%；对外劳务合作期末在外人员 28442 人，增长 1.3%。

【财政】　2021 年，福州市一般公共预算总收入 1250.26 亿元，比上年增长 12.8%，其中地方一般公共预算收入 749.85 亿元，增长 11.0%。一般公共预算支出 925.73 亿元，比上年增长 2.7%。税收收入 563.77 亿元，比上年增长 16.1%。

【金融】　2021 年末，福州市金融机构本外币各项存款余额 19117.34 亿元，比上年末增长 7.8%；金融机构本外币各项贷款余额 21484.13 亿元，增长 9.3%。

年末境内上市公司 49 家，比上年增加 2 家，总市值 9661.41 亿元，下降 0.2%。全市股票、基金交易额 116856.6 亿元，全年期货交易额 52720.23 亿元。年末股民资金开户数 500.11 万户，新增 39.01 万户；年末期货公司 3 家，期货营业部 32 个；证券公司 2 家，营业部 138 个；外资金融机构（不包含保险和证券机构）在福州设立的分行 10 个。

全年保险公司保费收入 379.89 亿元，比上年增长 3.4%。其中，财产险保费收入 96.44 亿元，人身险保费收入 283.45 亿元。全年赔付支出 139.74 亿元，比上年增长 24.1%。其中，财产险 65.73 亿元，人身险 74.01 亿元。

【居民收入消费】　2021 年，福州市居民人均可支配收入 44249 元，比上年

表 9　2021 年福州市对主要国家和地区进出口情况表

国家和地区	出口额（亿元）	比上年增长 (%)	进口额（亿元）	比上年增长 (%)
美国	359.8	4.7	51.5	79.8
欧盟	265	0.2	73.7	15.1
东盟	504	38.7	242.4	49.2
日本	121	33.1	50.5	16.8
韩国	64.2	63.2	35.6	−10.3
俄罗斯联邦	15.6	8.8	7.2	9.7

表 10　2021 年福州市全部金融机构本外币存贷款情况表

指　标	年末数（万元）	比上年末增长 (%)
各项存款	191173435	7.8
其中：住户存款	76128120	7.6
非金融企业存款	59399265	5.1
其中：人民币存款	187452094	7.8
各项贷款	214841341	9.3
其中：短期贷款	48270035	7.9
中长期贷款	158556444	9.3
其中：人民币贷款	211856950	9.7

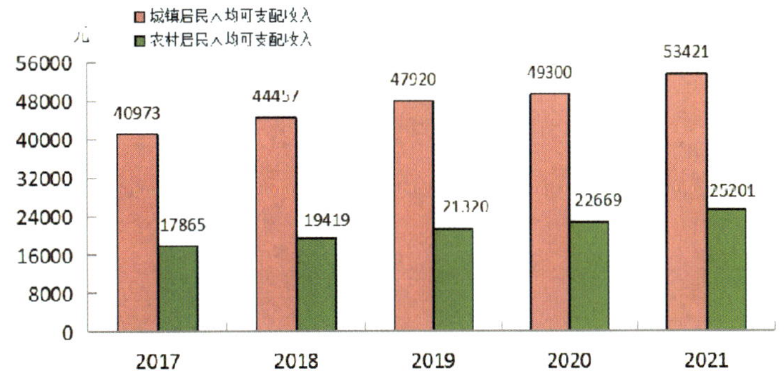

图 17　2017—2021 年福州市居民人均可支配收入图

增长9.3%。按常住地分，农村居民人均可支配收25201元，比上年增长11.2%；城镇居民人均可支配收入53421元，增长8.4%。全年居民人均生活消费支出30869元,比上年增长13.2%。按常住地分，农村居民人均生活消费支出20911元，比上年增长18.1%；城镇居民人均生活消费支出35664元，增长11.4%。

【社会保障】 2021年末，福州市社会基本养老保险参保人数472.64万人，比上年增加29.21万人。参保城镇企业职工219.72万人，城乡居民养老保险人员232.22万人，被征地农民养老保障人员55.28万人，机关事业单位养老保险人员20.7万人。

年末基本医疗保险参保人数687.45万人，其中，职工基本医疗保险参保人数214.18万人，城乡居民基本医疗保险参保人数473.27万人。年末生育保险参保人数156.17万人，比上年末增加3.96万人。全市失业保险参保人数150.8万人，比上年增加9.77万人。年末工伤保险参保人数189.46万人，比上年末增加8.06万人。

年末领取失业保险金人数37859人，比上年末增加2006人；纳入城市最低生活保障的居民8402人，增加781人；纳入农村最低生活保障的居民54888人，增加5416人。全年保障特困人员供养对象6592人。

年末全市建立社区卫生服务中心(站)189个。各类养老床位数50490张，每千名老人拥有养老床位38.4张。

【科学技术】 2021年，福州市有国家重点实验室3个、省创新实验室1个、省级重点实验室115个、国家级工程技术研究中心4个、省级工程技术研究中心152个、省级新型研发机构73家。新认定省级企业技术中心10家、市级企业技术中心24家。专利授权29994件，其中发明专利授权4168件。年末全市有效发明专利20571件，比上年末增长19.9%，每万人口发明专利拥有量24.81件。

【教育】 2021年，福州市研究生教育招生14730人，在校研究生40962人。普通高等教育招生117040人，在校生428523人。中等职业教育招生35394人，在校生99989人。全市普通高中招生41186人，在校生117303人。初中招生92931人，在校生269035人。普通小学招生106975人，在校生610362人。特殊教育在校生1945人。学前教育在园幼儿281609人。市级示范园92所，省级达标中学74所。初中毕业升学率98.5%。

【文化】 2021年，福州市文化系统有艺术表演团体9个，公共图书馆14个，文化馆12个，群艺馆1个，剧场、剧院1个，市属博物馆、纪念馆26个。各类艺术表演团体演出1168场，公共图书馆藏书量1307.81万册，市属博物馆、纪念馆收藏文物2.49万件，图书流动点1054个，乡镇综合文化站130个，农家书屋2165个。

全市有影院71个，年内新增5个。广播电台8座，广播节目11套，电视节目11套。年末有线电视用户144.42万户，入户率49.4%。行政村有线电视联网率92.3%，广播综合人口覆盖率、电视综合人口覆盖率均为100%。

【旅游】 2021年，福州市接待境内外游客（含一日游）8958.87万人次，比上年增长15.3%。其中，接待境外游客8.83万人次，比上年下降84.2%；国内游客8950.03万人次，增长16.1%。旅游总收入719.48亿元，比上年增长0.6%，旅游外汇收入0.92亿美元，下降84.7%。全市有星级酒店36家，星级酒店客房7923间，A级景区61个。

【卫生健康】 2021年，福州市有各级各类医疗卫生机构4852个，其中医院144个，乡镇卫生院124个，村卫生室2112个。卫生机构床位42934张。卫生技术人员70589人；其中，执业医生、执业（助理）医师26882人，注册护士31261人，乡镇卫生院卫技人员5880人，村卫生室卫技人员882人。每千人拥有卫生机构床位5.35张，每千人拥有医院床位4.55张，每千人拥有卫生技术人员8.79人，每千人拥有医生3.35人。

【体育】 2021年，福州市运动员在国家级及以上级别各类比赛中获得金牌41枚、银牌24枚、铜牌19枚，其中在东京奥运会获得金牌2枚、银牌1枚，在全运会获得金牌9枚、银牌4枚、铜牌5枚。全市有体育场馆数25198个，总面积1868.28万平方米，全民健身路径6805条。

【资源与环境】 2021年，福州市人工更新造林总面积4683.47公顷，新增1300.6公顷。全市森林覆盖率58.41%。商品材产量37.55万立方米，比上年增长27.8%。年末公园数116座，公园绿地面积5471.7公顷。建成区新增绿地面积1264.77公顷，建成区绿地率40%。全市新增公园绿地面积198.48公顷，人均公园绿地面积14.03平方米。

全市主要河流整体水质为优。闽江（福州段）干流水质功能区达标率、敖江（福州段）干流水质功能区达标率、龙江流域水质功能区达标率、5个市级饮用水水源地水质达标率、县（市）级以上饮用水水源地水质达标率均为100%。

区域环境噪声56.7分贝，区域交通噪声67.1分贝，城区环境空气达标天数365天，城区环境空气达标率100%，空气质量综合指数2.59。年末省级以上自然保护区4个，其中国家级自然保护区2个。

全市污水处理率97%，城镇、农村生活垃圾无害化处理率均为100%。

【安全生产】 2021年，福州市发生各类生产安全事故127起，死亡73人，按可比口径，比上年分别下降3.8%、5.2%。

（陈 孜）

（编辑 黄 铭）

中国共产党福州市委员会

重要会议

【概况】　2021年，中共福州市委召开中国共产党福州市第十二次代表大会以及6次全会、54次常委会会议、32次市委学习贯彻新思想工作小组会议，审议通过《中共福州市委关于深入学习贯彻习近平总书记来闽考察重要讲话精神　加快建设现代化国际城市的决定》《中共福州市委关于深刻领会党的百年奋斗重大成就和历史经验　汇聚加快建设现代化国际城市强大精神动力的决定》等文件。

【市委农村工作会议】　2021年1月14日召开。省委常委、市委书记林宝金出席会议并讲话，强调要深入学习贯彻习近平总书记关于“三农”工作的重要论述，增强做好“三农”工作的责任感、使命感、紧迫感；要充分肯定“三农”工作取得的成绩，准确把握新发展阶段全市“三农”工作形势；要抓好全年“三农”重点工作，确保“十四五”规划开好局起好步；要加强党对“三农”工作的全面领导，确保各项工作落到实处。市委副书记、市长尤猛军主持会议。

【市纪委十一届六次全会】　2021年2月5日召开。会议审议通过市纪委常委会工作报告和市纪委十一届六次全会决议。省委常委、市委书记林宝金出席会议并讲话，强调要深入学习领会习近平总书记重要讲话精神，增强全面从严治党的政治自觉、思想自觉、行动自觉；要准确把握全市党风廉政建设和反腐败斗争形势，增强全面从严治党的责任感、紧迫感；要坚定不移推进党风廉政建设和反腐败斗争，充分发挥全面从严治党引领保障作用。

【全市党史学习教育动员大会】　2021年3月2日召开。省委常委、市委书记林宝金出席会议并讲话，强调要深入学习贯彻习近平总书记重要讲话精神，切实增强开展好党史学习教育的政治自觉、思想自觉、行动自觉；要突出重点，把牢方向，高标准高质量开展党史学习教育；要精心组织、周密安排，确保党史学习教育取得实实在在的成效。市委副书记、市长尤猛军主持会议。

【全市领导干部大会】　2021年3月27日召开。省委常委、市委书记林宝金主持会议并讲话，强调要深刻认识习近平总书记来闽考察重要讲话的重大意义，增强学习宣传贯彻的政治自觉、思想自觉和行动自觉；要带着感情、带着责任，推动习近平总书记来闽考察重要讲话精神落到实处、取得实效；要加强领导、精心组织，迅速掀起学习宣传贯彻热潮。

【加快建设现代化国际城市推进会暨一季度经济形势分析会】　2021年4月19日召开。会议深入学习贯彻习近平总书记来闽考察重要讲话精神，分析形势、研究举措，推进现代化国际城市建设和经济“双过半”工作。省委常委、市委书记林宝金主持会议并讲话，强调要主动对标对表，认真贯彻落实习近平总书记来闽考察重要讲话精神；要坚持正确导向，高标准高效率推动落实；要强化项目抓手，推动任务项目化、项目清单化、清单具体化；要注重典型示范，坚持一月一现场推进；要严格督查考评，发挥好指挥棒作用。市委副书记、市长尤猛军对推进现代化国际城市建设、一季度全市经济运行情况进行点评并作具体部署。

【第44届世界遗产大会筹备工作动员部署会】　2021年5月16日召开。省委常委、市委书记林宝金主持并讲话，强调要提高政治站位，全力办好这次盛会；要坚持一流标准，高效推进筹备工作；要用心用情服务，充分彰显主场形象；要筑牢安全底线，确保大会万无一失；要聚力攻坚突破，提升城市颜值品位；要强化责任落实，凝聚强大工作合力。市委副书记、市长尤猛军作具体部署。

【市委十一届十四次全会】　2021年6月21日召开。全会听取和讨论林宝金受市委常委会委托作的工作报告，审议通过《中共福州市委关于深入学习贯彻习近平总书记来闽考察重要讲话精神加快建设现代化国际城市的决定》。省委常委、市委书记林宝金就《决定（讨论稿）》向全会作说明，并强调要学深悟透习近平总书记来闽考察重要讲话精神，以牢记嘱托、感恩奋进的行动增强“四个意识”、坚定“四个自信”、做到“两个维护”；要全面贯彻习近平总书记来闽考察重要讲话精神，加快建设现代化国际城市，在谱写全面建设社会主义现代化国家福建篇章中走在前列、作出示范；要扎实开展党史学习教育，纵深推进全面从严治党，为加快建设现代化国际城市提供坚强政治保证。

【全市上半年经济形势分析会】 2021年7月23日召开。省委常委、市委书记林宝金出席会议并讲话，强调要正视问题，坚定信心，确保完成全年目标任务；要抓实项目，夯实支撑，推动经济高质量发展；要扶引龙头，培强产业，做大做强实体经济；要强化服务，用心帮扶，持续优化营商环境；要压实责任，防范风险，维护社会安定稳定；要以会代训，加强练兵，提升抓经济工作的能力本领；要转变作风，鼓足干劲，持续提振干事创业精气神。市委副书记、市长尤猛军主持会议并作具体部署。

【全市政法队伍教育整顿总结大会】 2021年8月11日召开。省委常委、市委书记、市政法队伍教育整顿领导小组组长林宝金主持会议并讲话，强调要提高政治站位，持续巩固拓展教育整顿成果；要强化责任担当，推动政法工作高质量发展；要加强队伍建设，锻造全面过硬的政法铁军。

【福州市新一届县乡领导班子思想政治建设培训会暨“攻坚120天”专项行动动员部署会】 2021年8月31日召开。省委常委、市委书记林宝金出席会议并讲话，强调要讲政治铸忠诚，切实扛起肩负的责任使命；要讲学习强本领，提高履职担当的素质能力；要讲担当勇作为，全力推动本地区高质量发展；要讲作风重实干，持续提振干事创业精气神；要讲廉洁守纪律，树立党员干部的良好形象。市委副书记、市长吴贤德主持会议并作具体部署。

【中国共产党福州市第十二次代表大会】 2021年9月25—27日召开。大会一致通过《关于中共福州市第十一届委员会报告的决议》《关于中共福州市第十一届纪律检查委员会工作报告的决议》，批准林宝金代表中共福州市第十一届委员会所作的《坚持“3820”战略工程思想精髓 为加快建设现代化国际城市而努力奋斗》的报告、陈云水代表中共福州市第十一届纪律检查委员会所作的书面工作报告。省委常委、市委书记林宝金在报告中回顾过去五年各项工作取得的新成就，指出建设现代化国际城市是习近平总书记为福州擘画的跨世纪宏伟蓝图，全市上下必须坚持一张蓝图绘到底、一任接着一任干，坚持“3820”战略工程思想精髓不动摇，矢志不移地朝着建设现代化国际城市目标奋勇前进；强调要对标对表抓落实、抢抓机遇抓落实、聚焦重点抓落实、勇于担当抓落实、凝心聚力抓落实，确保现代化国际城市建设不断取得新成效，把习近平总书记为福州擘画的宏伟蓝图变为美好现实。

【全市三季度经济形势分析视频会议】 2021年10月26日召开。省委常委、市委书记林宝金出席会议并讲话，强调越是关键时刻，越要坚定信心，要加强监测研判，强化运行调度；要做足产业链文章，赋能高质量发展；要强力攻坚推进，抓项目促投资；要全力搞活消费，扩内需促外贸；要强化创新驱动，激活力增动力；要加强统筹谋划，聚合力抓落实。市委副书记、市长吴贤德主持会议并作具体部署。

【福州都市圈建设推进会】 2021年11月29日召开。省委常委、市委书记林宝金主持会议并讲话，强调要着力提高政治站位，增强推进都市圈建设的责任感、使命感；要坚持基础设施先行，打造互联互通的都市圈；要深化产业分工协作，打造优势互补的都市圈；要建设两岸共同家园，打造开放包容的都市圈；要强化区域协同治理，打造共建共享的都市圈；要推进生态环境保护，打造绿色美丽的都市圈；要完善工作体制机制，形成共同推进都市圈建设的强大合力。会议审议《关于成立福州都市圈高质量发展领导小组的通知》等3份文件，签署“同城化同家园——共建福州都市圈合作备忘录”等4份框架协议。

【市委经济工作会议】 2021年12月18日召开。省委常委、市委书记林宝金主持会议并讲话，强调要认真学习领会，切实把思想和行动统一到中央和省委的决策部署上来；要准确把握形势，科学确定明年经济工作总体要求和目标任务；要聚焦工作重点，全力攻坚推动明年各项发展任务；要加强党对经济工作的领导，确保明年经济社会发展各项工作落到实处。市委副书记、市长吴贤德对2022年经济工作作具体部署。

【中共福州市委十二届二次全会】 2021年12月19日召开。全会听取和讨论林宝金受市委常委会委托作的工作报告，审议通过《中共福州市委关于深刻领会党的百年奋斗重大成就和历史经验汇聚加快建设现代化国际城市强大精神动力的决定》。省委常委、市委书记林宝金就《决定（讨论稿）》向全会作说明，并强调要深刻领会党的百年奋斗重大成就和历史经验，汇聚加快建设现代化国际城市的强大精神动力；要深入贯彻省第十一次党代会精神，准确把握实施强省会战略的内在要求；要坚持问题导向，锚定目标任务，全面实施强省会战略，奋力开创现代化国际城市建设新局面；要加强党的全面领导，为实施强省会战略、加快建设现代化国际城市提供坚强保证。

【福州市企业家大会】 2021年12月29日召开。会议深入学习贯彻中共十九届六中全会精神，贯彻落实习近平总书记在企业家座谈会上和来闽考察重要讲话精神，按照中央、省委经济工作会议和省、市党代会部署要求，动员广大企业家鼓足干劲再出发，昂首奋进新征程，为做大做优做强省会、加快建设现代化国际城市贡献力量。省委常委、市委书记林宝金出席会议并讲话，市长吴贤德通报福州市经济社会发展情况，约1400名驻榕央企、省属国企以及来自各行各业的龙头企业、成长性企业、专精特新“小巨人”企业代表参加会议。

（唐思晟）

组织工作

【概况】 2021年，福州市开展“再学习、再调研、再落实”活动，实施“习近平新时代中国特色社会主义思想教育培训工程”。组织庆祝中国共产党成立百年系列活动，开展全市“两优一先”评选表彰，为2.6万名老党员颁发“光荣在党50年”纪念章。服务保障市党代会、市“两会”召开，完成市县乡村换届任务，各项指标均达到上级要求。建立中心工作服务专员机制，探索实施国企顾问制，优化干部选拔任用机制。推广村党组织领办合作社，全市经营性收入超50万元的村达29.4%。开展社区党建观摩拉练，连续4年举办“数字党建”高峰论坛，两新党建示范带建设获评全国“2021年度百个两新党建优秀案例”。启动闽都院士村、科创走廊建设，开展“闽都英才”遴选。在全国率先出台打造最优“营智环境”文件，引进培育国家级人才、省产业领军团队数量全省第一，“榕博汇”案例获全国人才工作最佳案例奖，入选2021年度中国“最佳引才城市”，“人才发展指数”连续6年居全省首位。

【一线考核干部】 2021年，福州市印发《关于健全一线考核常态长效机制的意见》，从组织领导、立项分解、协同跟进、日常融入、印证求真、结果运用、评估反馈方面提出“七项机制”。出台《在加快建设现代化国际城市中发现、培养、选拔优秀干部的若干措施》，制定《在九大专项行动中开展比学赶超争一流专项考核行动方案》。召开九大专项行动现场推进会暨比学赶超争一流专项考核部署会。抽调62名干部组建10个专项考核组，深入九大专项行动、世界遗产大会、数字峰会等中心工作一线开展专项考核202次，形成多份考核专报，全年有405名市管干部优先提任职务或晋升职级。

【县乡领导班子换届】 2021年，福州市开展县级党代会和“两会”各项组织工作，完成人选批复等人事安排有关任务，12个县（市）区分别于7月、12月前完成党委和人大、政府、政协领导班子换届选举工作。选拔优秀年轻干部，新一届县（市）区党政班子40岁左右干部达43名。选拔专业型干部，集中选配130名熟悉党务、经济、“三农”工作的干部新进县级党政班子，占班子成员总数的62.2%。在县级党政班子中，有镇（街）主官经历的干部达96人，占46.2%。制定《关于严肃换届纪律加强换届风气监督的通知》《关于营造风清气正换届环境专项行动方案》，开展营造风清气正换届环境专项行动。

【干部教育培训】 2021年，福州市实施“习近平新时代中国特色社会主义思想教育培训工程”，开展全市市管干部学习贯彻中共十九届六中全会精神轮训。举办“左海大讲堂”“市直机关干部夜校”等论坛15期，线下培训机关干部2200余人次。全年举办各类脱产培训67期，培训5500余人次，网络专题14期，线上培训13.25万人次；选送参加中央部委和省直机关培训班47期1500余人次；指导推动各县（市）区、市直各单位举办各类培训2357场次，培训20.37万人次。组织市县乡村四级参与疫情处置的干部和专技人员1.2万人次参加相关培训。加强党性教育品牌创建工作，按照“四个一批”精品培育工程部署要求，打造19条党性教育现场教学市级示范路线（点）。网络培训工作得到中组部干教局和省组领导的肯定，干部专业化培训、党性（党史）教育培训工作得到市委主要领导的批示肯定。

【干部监督管理】 2021年，福州市发放换届纪律宣传的笔记本和书签3500余套、提醒信（卡）近4.4万份、发送提醒短信15万余条，编制印发《换届选举会风会纪工作手册》2.5万余份，签订承诺书3.7万余份，并组织全市各级领导干部和换届相关人员观看严肃换届纪律教育警示片《警钟长鸣》。组建3个换届风气巡回督查组，先后4轮对各县（市）区换届风气开展督查，并选聘42名换届风气监督联络员。贯彻落实《中共中央关于加强对“一把手”和领导班子监督的意见》，运用巡察、个人事项查核、经济责任审计、信访举报等监督成果，开展谈话提醒88人次，函询30人次，诫勉28人次。

【党的建设制度改革】 2021年，福州市新思想学习教育实践基地形成19条党性教育现场教学路线（点）。探索实施中心工作服务专员、国企顾问等制度，选派88名中心工作服务专员、乡村振兴指导员。开展干部健康管理试点，承办中组部公务员培训专题班。完善新型农业经营主体与农民利益联结机制，推广村党组织领办合作社，设立97个“中心村党委”，全市经营性收入超50万元的村达29.4%。开展社区党建观摩拉练，成立小区党支部2453个，实现党的组织和工作在小区全覆盖，有关做法在全省推进会上进行交流。推进人才体制机制改革，落实习近平总书记“抓创新不问‘出身’”要求，创新“五荐一推”遴选“闽都英才”。推出市对县、园区的人才工作目标责任制考核体系，组织人才工作“一县一品”亮晒比学评审活动。

【公务员管理】 考录遴选 2021年，福州市公务员（参公人员）招录计划数454个，报名人数41588人。福州考区参加笔试人数56205人，参加面试人数1363人，录用公务员（参公人员）523人（含公安院校生及定向生）。年内全市优秀村（社区）主干招考公务员招录计划数28个（其中村主干20个，社区主干8个），248人报名，196人参加笔试，75人参加面试。

职位管理 实行公务员分类管理，指导市县两级法院、检察院完成综合管理类公务员和员额法官检察官、法官检察官助理、书记员、司法警察等全类别职级职数重新设置。推进参照管理重新认定工作，配合市委编办推进行政执法队伍改革试点。全市72个市直单位和12个县（市）区、福州高新区开展非市管干部职级晋升，其中晋升三级调研员53人次，四级调研员246人次，一级主任科员473人次，二级主任科员274人次，三级主任科员417人次，四级主任科员318人次。开展公务员登记审批工作，办理公务员、参公人员登记审批手续699人（公务员637人、参公人员62人），其中新考录公务员363人、新考录参公人员3人、军转安置人员94人、交流调配239人（含聘任3人）。开展全市“全国公务员管理信息系统”维护管理工作，更新采集全市公务员（含参公人员）信息32319人，其中行政27039人，参公群团784人，参公事业4496人。

考核培训　对上一年度绩效管理考评结果优秀且在各分组前30%的单位以及在九大专项行动等市委、市政府中心工作中做出贡献突出的单位，适当提高年度考核优秀等次比例；对上一年度绩效管理考评结果在各分组后三位的单位以及工作人员受党内严重警告或行政记大过及其以上处分，或被采取强制措施、受到刑事处罚的单位，降低年度考核优秀等次比例。2021年度市直机关参加考核12089人，其中优秀等次2585人，称职9143人，基本称职3人，不定等次358人（其中试用期285人、立案审查期间14人、受处分影响27人、病假32人）。

奖励监督　给予在急难险重、日常一线工作中表现突出的人员奖励。其中2020年“抓项目促跨越”专项行动给予4人记二等功，24人记三等功，55人嘉奖；2020年“抓项目促跨越”专项行动招商工作给予3人记二等功，21人记三等功，57人嘉奖；福州古厝保护利用工作给予9人记三等功，22人嘉奖；2020年度福州市“双百双千”增产增效行动给予5人记二等功，16人记三等功，43人嘉奖；福州市扫黑除恶专项斗争工作给予37人记三等功，75人嘉奖；第44届世界遗产大会筹备工作给予22人记三等功，46人嘉奖；给予301名2018—2020年连续3年在考核中获优秀等次的市直机关公务员（含参公人员）记三等功。

【人才队伍建设】　2021年，福州市实施新时代人才强市战略，举办“好年华　聚福州”高校学子游学活动，获中央电视台《新闻联播》等媒体报道。在新华社客户端开设福州市人才工作政策推广页，“榕博汇”案例获评全国人才工作最佳案例奖，入选2021年度中国“最佳引才城市”，“人才发展指数”连续6年居全省首位。召开闽都院士咨政座谈会，启动闽都院士村、科创走廊等高能级人才载体建设，打造数字经济、新能源等“闽都人才论谈”产业人才对话平台，推进闽都创新实验室、海峡实验室等平台建设。引进国家级人才、省产业领军团队等项目入选人数全省第一；新增省高层次ABC类人才239人，工科类青年专业人才1361人，数量位居全省前列。完善榕博幼儿园、小学、中学的人才教育服务链，统筹安排360名高层次人才子女就读省市示范校。开展“人才福州月”，同步举办145场人才主题活动。推出人才七折限价房和酒店式人才公寓。召开市高层次人才新春慰问座谈会，组织专家人才代表赴武夷山开展学习考察休假活动。在自贸片区设立外籍人才签证专窗和外籍人员聘雇单位“白名单”；为外籍人才免费接种疫苗。

【基层党组织建设】　2021年，福州市推动党建工作与中心工作相结合，开展党建引领专项行动，推行“项目指挥部+临时党支部”服务保障模式，在九大行动37个项目指挥部全部建立党组织。完成村（社区）“两委”集中换届工作，新一届村、社区主干全面实现“一肩挑”，其中，村、社区党组织书记平均年龄分别比上届下降3岁和4岁，大专（含）以上学历分别比上届提升16.5%和6.1%，实现年龄学历“一降一升”。选派市、县两级驻村第一书记452人，乡村振兴指导员26人，增强乡村产业聚合力。开展近邻党建工作，建立小区党组织2453个，组建区域性党建联盟216个，推选499名在职党员、612名离退休党员担任（兼任）小区党支部书记（第一书记）。出台《社区工作者管理办法（试行）》，提高社区工作者报酬待遇，健全社区工作者职业体系。“两新”党建示范带建设获评全国“2021年度百个两新党建优秀案例”，非公企业和社会组织党组织覆盖率分别达89.9%、86.6%，位居全省前列。

【党员队伍建设】　2021年，福州市组织征订《习近平在福建》25.3万套、《中国共产党组织建设一百年》2.2万册，开展各类学习研讨等5354场、现场教育活动3650场。印发《关于进一步严格党的组织生活的通知》。开展“七一勋章”提名和全国、全省“两优一先”推荐工作，其中林丹获“七一勋章”，潘东升被中宣部追授“时代楷模”称号，郑贞良获“全国优秀共产党员”称号、张定锋获“全国优秀县委书记”称号、杨晓获“全国优秀党务工作者”称号、福州市行政服务中心机关党委获“全国先进基层党组织”称号，28名党员获“全省优秀共产党员”称号、30名党员获“全省优秀党务工作者”称号、59个党组织获“全省先进基层党组织”称号。举行庆祝中国共产党成立100周年暨“两优一先”表彰大会，表彰全市优秀共产党员150人、全市优秀党务工作者150人、全市先进基层党组织100个。为2.6万余名老党员颁发“光荣在党50年”纪念章。印发《关于在巩固新冠肺炎疫情防控成果中进一步发挥党组织和党员作用的通知》等，从市管党费中安排专项资金310万元支持基层党组织开展疫情防控工作，划拨专项资金861万元用于开展慰问活动。申报发放省级关心关爱专项资金44.06万元，市级关心关爱专项资金15万元。

（陈丛和）

宣传工作

【概况】　2021年，福州市把学习习近平新时代中国特色社会主义思想作为首要政治任务，把习近平总书记来闽考察重要讲话精神、“七一”重要讲话精神纳入党史学习教育、纳入各级理论学习中心组学习、纳入党员干部教育培训。开展庆祝中国共产党成立百年宣传教育，在市属媒体、县级融媒体中心推出《奋斗百年路　启航新征程》等系列特刊、专版专题报道，宣传报道习近平总书记“七一”重要讲话精神及“两优一先”表彰、“七一勋章”颁授仪式等重要活动。组织市属媒体开辟《认真学习贯彻十九届五中全会精神》《认真学习贯彻市第十二次党代会精神》《攻坚120天在行动》等专栏专题，刊播中共十九届五中全会、十九届六中全会和省、市党代会精神等宣传报道5300余篇（条）。

【理论工作】 2021年，福州市委理论学习中心组全年开展集中学习34场，市县两级党委中心组学习482场。市领导带头到党校、村（社区）、企业、高校和项目一线开展宣讲，依托“千军万马”讲师队伍，到基层开展新思想和福建省第十一次党代会、福州市第十二次党代会精神等主题宣讲3.28万余场、受众461万人次。上线“学习强国”福州学习平台，刊发稿件3700多篇（条）。制作《有理姚说》系列网络理论宣传节目，推出82期《福州红色记忆》等主题微视频。

【新闻宣传】 2021年，福州市组织《福州，听我说》“庆百年华诞 绘发展蓝图”主题电视宣讲大赛、“永远跟党走”主题音乐会、“点亮红七月”等活动，开展“喜悦豪情表不尽，赞歌献给共产党”快闪、“网络中国节”、“庆祝中国共产党成立100周年”优秀活动案例和融媒体作品征集等网络宣传。组织习近平总书记到闽考察宣传报道，开设专栏专题，刊发评论文章、回访报道、反响报道4000余篇(条)。挖掘报道“七一勋章”“两优一先”福州获奖者的典型事迹。年内，中央、省属新闻媒体对福州市正面报道1万多篇(条)，其中《人民日报》刊登81篇（头版11条）、新华社播发647篇（条）、中央电视台各频道播出386条（新闻联播35条）。推动市属媒体内部融合，初步实现市县媒体融合发展、常态联动。全市有1件作品获评中国新闻奖三等奖、34件作品获评福建新闻奖（一等奖8件），新媒体用户数突破3156万人次，新媒体端全年阅读量超十万人次作品902件、超百万人次作品207件、超千万人次作品15件。

【党史学习教育】 2021年，福州市制定党史学习教育实施方案、“我为群众办实事”实践活动实施方案及配套工作清单、工作规则。组织16个巡回指导组，到全市各地各部门开展巡回指导。举办专题读书班、专题研讨班、县乡领导班子思想建设培训班等，组织全市4.2万党员干部参训。市、县两级分别组建党史学习教育宣讲团，组织千名业余宣讲员，开展宣讲2.58万场、受众301万人次。打造“红色古厝”党史学习教育品牌，利用省委南阳旧址、福州市委旧址、马尾潮江楼等红色资源和爱国主义教育基地开展现场教学，策划推出179个参观学习点和96条参观学习线路，接待干部群众210万人次。开展“我为群众办实事”实践活动，完成两批为民办实事项目14101个，其中“一件事打包办”政务服务、“五事工作法”“爱心茶摊”入选全省办实事实践活动选编案例。召开福州市庆祝中国共产党成立100周年理论研讨会，征集理论文章141篇。组建青年教师宣讲团、博士宣讲团、红领巾宣讲团等，面向青少年群体开展宣讲，相关工作被中央、省级主流媒体刊播30多次（中央电视台2次、《人民日报》1次、新华社3次）。举办“重温百年党史牢记初心使命”福州市党史知识竞赛，近60万人次参与在线答题。形成市级简报42期，典型做法被中央简报刊登3篇（条）、省级刊登70篇（条）。

（张飞勇）

统一战线工作

【概况】 2021年，福州市各民主党派开展市委重点课题调研15项，在市“两会”上提出议案、提案133件，被列为重点提案、议案7件。指导开展民族团结进步宣传月各类活动418场，发放宣传资料以及标语广告9万多条。共建各级各类实践创新基地59个，规范化建设21个“同心驿站”。年内全市统战系统推动67个总投资85.38亿元的招商项目落地。

【多党合作和政治协商】 2021年，福州市各民主党派开展市委重点课题调研15项，在市“两会”上提出议案、提案133件，被列为重点提案、议案7件。实行市各民主党派直接向中共福州市委提出意见建议“每月直报”制度，报送直报12件，8件获市委领导批示。印发全市各民主党派“党（盟、会、社）员之家”“一党派一品牌一基地”“我为群众办实事”成果汇编。开展党史培训、主题征文、书画摄影、读书分享、云上宣讲、微视频征集等专题活动60多场次。开展市级组织换届工作，加强民主党派基层组织建设，完成29个民主党派县（市）区组织换届和人事调整工作。

【民族宗教工作】 2021年，福州市指导开展民族团结进步宣传月各类活动418场，发放宣传资料以及标语广告9万多条。开展落实宗教工作主体责任考核等系列专项督查检查，以确保宗教工作四个“纳入”、三个专项治理成果巩固到位。举办主教就职一周年活动及主教住所开府仪式，加强教区自身制度建设。

【新的社会阶层人士和党外知识分子统战工作】 2021年，福州市实践创新基地共建各级各类实践创新基地59个，规范化建设21个“同心驿站”。探索全域式新阶层统战工作模式，鼓楼区、台江区以在各自街道、园区通过设立分会或工作站的形式，实现区域内新阶联谊组织全覆盖。年内建立网络人士数据库。

【非公有制经济工作】 2021年，福州市开展民营经济代表人士理想信念教育系列培训活动，召开全市统战工作会议，组织民营经济代表人士集中学习习近平新时代中国特色社会主义思想。开展民营经济代表人士理想信念教育实践活动，在102家在榕所属商（协）会中全面建立统战工作联络员队伍。累计走访民营企业、行业商（协）会、异地商会300余次，宣传党委政府有关优惠政策，了解企业生产经营状况，帮助协调解决问题。组织推荐11家民营企业入选“2021年全国民营企业500强”，34家民营企业入选“2021年福建省民营企业100强”，入选“两强”的企业数量均居全省前列；24家（名）民营企业（民营企业家）入选2021年省委省政府表彰的50名优秀民营企业家、50家优秀民营企业、50个党建工作先进单位，总数位居全省前列；组织召开福州市异地商会企业家新春座谈会和异地商会工作交流会，会议通过推介福州招商政策，年内全市统战系统推动67个总投资85.38亿元的招商项目落地。

【福州光彩事业】 2021年，福州市光彩事业促进会参与“扶贫帮困助学”“榕商助推乡村振兴战略行动”“万企兴万村”等社会公益事业，组织召开“万企兴万村”行动启动大会和福州市光彩事业促进会二届四次理事会。引导24家企业、商会组织在乡村发展牲畜养殖、水产品加工、农业观光以及茉莉花、茶叶、中药材种植等项目投资4.3亿元，为项目周边乡村提供近千个就业岗位；引导78家企业、商会组织在结对村、老区苏区村以及企业家家乡捐建道路、文化馆、传统文化公益学堂等基础设施，开展助困慰问、助学助教活动，帮扶金额1608.83万元；引导26家企业、商会组织助力东西部协作，在宁夏落地2个项目，投资额10.1亿元，公益捐赠178.71万元，提供405个就业岗位。开展“榕商助推乡村振兴战略行动”，投入320万元帮扶永泰、闽清、马尾等12个村开展基础设施以及产业项目建设。开展2021年“光彩助学”行动，筹资65万元帮扶130名困难大学生。年内福州市光彩事业促进会被确认为AAAA级社会组织，被省委统战部等5个部门授予“福建省‘千企帮千村’精准扶贫行动先进集体”称号。

【党外代表人士队伍建设】 2021年，福州市制定市社会主义学院党外代表人士年度培训计划，完成十四届市政协换届委员安排有关工作，提名党外政协委员建议人选301人、党外政协常委建议人选63人。选调42名党外干部参与福州市第14期党外干部培训班、2名党外干部参加省社会主义学院培训班。推进搭建党外干部之家，完善全市科级以上党外干部信息数据库。

（杨　凯）

精神文明建设

【概况】 2021年，福州市将深化精神文明建设纳入《福州市国民经济和社会发展第十四个五年规划和二〇三五年远景目标纲要》，培育和践行社会主义核心价值观，深化群众性精神文明创建，实施公民思想道德建设工程。成立文明城市建设项目指挥部，制定实施《温暖榕城——福州市文明城市提升方案》。年内，福州市通过2021年全国文明城市年度测评，闽侯县、永泰县入选全国文明城市提名城市，鼓楼区获评首批省级文明示范区。全市2人获评第八届全国道德模范提名奖、7人入选“中国好人榜”、3个志愿服务项目入选全国学雷锋志愿服务“四个100”先进典型。

【文明城市建设】 2021年，福州市召开全市精神文明建设工作部署推进视频会、全国文明城市创建动员部署会。制定实施《温暖榕城——福州市文明城市提升方案》，成立文明城市建设项目指挥部。加强模拟测评和问题排查，不定期开展文明城市创建模拟测评3次和入户问卷调查1次，系统化、标准化检验各城区日常创建成效，针对重点问题组织督查工作。围绕景区窗口文明服务、交通秩序、农贸市场、背街小巷、商超百货、建筑工地围挡等领域开展专项暗访督查。开展8批次专项暗访督查，下发整改告知单109份，对165家单位实施挂红黄牌惩戒。针对快递外卖骑手闯红灯、老旧小区环境差、背街小巷市容不佳等文明城市热点问题开展专项整治。

【公民道德教育】 2021年，福州市开展“我推荐、我评议身边好人”等先进典型选树活动。全市2人获第八届全国道德模范提名奖，2人获评第七届福建省道德模范，17人获评第七届福州市道德模范及提名奖；7人入选“中国好人榜”，16人入选“福建好人榜”，60人、2个团体入选“福州好人榜”身边好人。深化文明单位创建，强化动态管理，引导文明单位履行社会责任。打造家风家训宣传教育阵地，3户家庭入选全国最美家庭，22户家庭入选全省最美家庭。打造文明创建品牌，开展“我们的节日”“福州读书月”“高考直通车”“1106福州市全民光盘节暨文明餐桌践行周”等特色活动，组织“致敬高温下的你”“垃圾分类全民PK赛”等网络活动。“爱心茶摊送清凉”活动入选《全省“我为群众办实事”实践活动案例选编》。举办福州市第五届公益广告大赛，福州市获2021年全国公益广告大赛文明城市推荐奖。构建以“福州微文明”微信公众号为主阵地，涵盖文明网站、微博、抖音、各级文明系统、各文明创建主体宣传平台的网络文明宣传矩阵。“福州微文明”微信公众号订阅数突破120万人次，综合影响力在福建省政务微信公众号位居前三。“福州微文明”微信公众号获评“全国走好网上群众路线百个成绩突出账号”，受到中央网信办通报表扬。

【农村精神文明建设】 2021年，福州市召开全市文明乡风专题现场会，开展“美丽乡村文明建设示范村”建设，培育示范村11个。推进文明村镇创建，全市有全国文明村镇25个、省级文明村镇89个、市级文明村镇495个。推进移风易俗“五进”宣传活动，开展殡葬改革移风易俗宣传月活动，探索推广积分制、道德评议会等做法，开展移风易俗活动。开展全市文化科技卫生“三下乡”、“我们的节日”、志愿服务等活动。

【志愿服务】 2021年，福州市印发《温暖榕城——福州市志愿服务“五化”建设行动方案》。创新设计“志愿福州”PC端和手机端网络平台应用程序。举办第二届福州市志愿服务创新项目大赛，吸引222个志愿服务组织报名，遴选51个优秀志愿服务项目，立项扶持24个创新项目。打造“文化志愿者”“文明交通劝导”“老党员文化讲解”“红领巾服务”等“一单位一品牌”特色项目。推进新时代文明实践中心建设，全

2021年7月12日，中共福州市委文明办举办“服务世遗大会 传承闽都文化”——“7·12”闽都文化讲解志愿者出征仪式　　（市委文明办 供图）

市建成县（市）区文明实践中心12个，乡镇（街道）文明实践所173个，村（社区）文明实践站2588个。打造64个新时代文明实践特色项目，设立红庙岭循环经济生态产业园环保宣教基地等8个特色实践基地和18个福州市新时代文明实践讲习基地，开展文明实践活动5万场次，惠及群众500万人次。全市实名注册志愿者约129万人，注册志愿团体2.6万个，发布志愿项目约25万个，登记志愿服务时长约5600万个小时。1人获评全国最美志愿者、1个项目获评全国最佳志愿服务项目、1个社区获评全国最美志愿服务社区。推选527个优秀暖心志愿骨干、暖心志愿者、暖心志愿服务队、暖心志愿服务项目、暖心志愿服务站点。

【未成年人思想道德教育】 2021年，福州市推进“扣好人生第一粒扣子”主题教育实践和“童心向党”教育实践活动。开展2021年“新时代好少年”推选和学习宣传活动，3人入选2021年福建省新时代好少年，推选出2021年“福州市新时代好少年”10人、提名奖6人。开展“童心向党”之“我向党旗敬个礼”“唱支红歌给党听”“党的光辉照我心”“党的故事我来讲”等系列活动。组织全市各级各类学校参与“听党话，跟党走”第二届“美育云端课堂”以及“向国旗敬礼”活动，全市1600多所中小学学生约160万人次参与。开展各级文明校园与乡村学校少年宫结对共建活动，建立健全常态合作机制，提升全市149个乡村学校少年宫建设水平。推进乡村“复兴少年宫”建设，福清被纳入全国试点，其他各有关县（市）区全面铺开选点建设、活动开展等工作。印发《福州市学校心理健康教育行动计划》，加强13个市、县（市）区校外未成年人心理健康辅导站点建设，举办福州市各级未成年人心理健康辅导站辅导人员线上培训。

（林艺红）

机关党的工作

【概况】 2021年，福州市直机关党建工作以庆祝中国共产党成立100周年和开展党史学习教育为重点，组织理论学习、专题讲座、辅导报告和业务培训，实施模范机关创建“五大行动”，开展党建引领专项行动和问题督查检查工作，推进机关党建各项工作落实。年内市委市直机关工委获全国“无偿献血促进奖单位奖”、全国“节约型机关”称号、“福建省五一劳动奖状”及“福州市双拥工作先进集体”称号。在全省机关党建重点课题评选中，福州市获一等奖2篇、二等奖2篇、三等奖3篇。在第四届全省机关体制机制创新优秀案例评选工作中，福州市获一等奖2个、二等奖4个、三等奖5个。

【机关政治建设】 2021年，福州市实施模范机关创建“五大行动”，召开市直单位创建模范机关交流会议，总结宣传30家单位典型经验。牵头开展《习近平总书记在福州工作期间关于机关党建重要论述及其时代价值》课题研究，获全国机关党建课题研究成果一等奖。召开学习贯彻习近平总书记在福建考察重要讲话精神暨习近平总书记关于机关党的建设重要论述座谈会。召开市直机关党代表会议，推选市党代会代表133人。发挥市直机关党员政治生活馆及21个分馆示范作用，全年接待2374批次53357人次。培育第四批市直机关党员干部教育基地8个。

【机关思想建设】 2021年，福州市落实党组（党委）理论学习中心组学习巡听旁听工作制度，市直各单位组织理论学习中心组学习970场次。依托市直机关干部夜校，举办25场专题讲座、辅导报告和业务培训，组织机关党员干部学习中共十九届六中全会、习近平总书记在庆祝中国共产党成立100周年大会上的重要讲话精神及习近平总书记来闽考察重要讲话和省、市党代会精神，参加党员干部16387人次。发挥市直机关“新思想大宣讲”百个直属分团、千名宣讲骨干作用，开展经常性理论宣讲活动3952场，受众160.9万人次。编印福州机关党员《学习文选》12期19.2万册。

【机关庆祝中国共产党成立百年活动】 2021年，中共福州市委市直机关工作委员会开展“永远跟党走”群众性主题宣传教育活动，举办“初心筑梦 礼赞百年”献礼中国共产党成立100周年专场音乐会、“闪亮的名字”访谈会、《我是共产党员》系列短视频、“我讲党课”竞赛、“奋斗两个一百年”文艺作品征集展播活动和“红心向党 真情为民”文艺汇演等15项庆祝中国共产党成立百年系列活动。组织市直各单位通过举行纪念章颁发仪式、上门走访慰问等方式，为2577名老党员颁发“光荣在党50年”

2021年7月8日，在福州广播电视台举行市直机关“我讲党课”总决赛

（市委市直机关工委 供图）

纪念章。总结汇编《春华秋实 三十而立》《铸魂立心 笃行致远——福州市直机关“新思想大宣讲”活动优秀讲稿汇编》《微课堂 大精彩——福州市直机关“我讲党课”活动精品课件汇编》等7本庆祝中国共产党成立100周年系列丛书。

【机关党史学习教育】 2021年，福州市举办市直机关党史学习教育宣讲工作推进会，为16家宣讲小分队授旗。举办福州市“重温百年党史 牢记初心使命”党史知识竞赛，吸引100多个组织团体58万多人次参与答题。组织市直机关200支队伍参加百年党史铸辉煌——全媒体党史知识竞赛。举办“永远跟党走”福州红色地标打卡活动，吸引机关干部、市民群众等1.3万多人次实地打卡21个红色地标。

【机关作风建设】 2021年，福州市开展党建引领专项行动，建立市直机关近邻党建“双报到双融入”工作机制，推动机关党组织到201个社区报到、11747名机关在职党员回居住地社区报到、309名机关在职党员回居住地小区兼任党支部书记、219名机关党务干部任结对共建社区党组织党建工作指导员，送服务到社区2.3万多人次，为结对社区提供各类资金支持21万多元，解决问题496个。发动机关基层党组织和党员干部赴共建社区、结对村开展疫情防控志愿服务活动，向17个基层党组织下拨50万元专项经费用于开展疫情防控工作。市直机关党代表工作室开展慰问18场次161人次，组织接待党员群众、专题调研等29场次，接待党员群众57人次，收集意见建议61条。开展“两优一先”推荐评选工作，评选市直机关“优秀共产党员”100人、“优秀党务工作者”100人、“先进基层党组织”100个，并召开市直机关“两优一先”表彰大会。举办“百年奋进时代先锋，生态新城常来长乐”大型主题党日活动暨第二届滨海新城趣味定向越野赛，组织省、市、县三级机关230支队伍近700名机关干部参加。

【机关基层组织建设】 2021年，福州市拓展市直机关党员政治生活馆18项服务功能，新建“党内政治生活数字厅”。建成市直机关党建智慧管理服务平台，将“三会一课”、组织生活会等党内制度量化管理。开展“三级书记”[市直单位党组（党委）书记、机关党组织书记、党支部书记]联述联评，整理106家市直单位党建问题398条，督促整改落实。约谈提醒基层党组织负责人和党务干部36人（次）。评选新一批市直机关“优秀党建品牌”33个、“优秀党员活动场所”14个、“党员政治生活分馆”6个、“党建文化示范长廊”18个。开展“我讲党课”竞赛活动，建立“微党课”资源库，拍摄党员电教片《誓言的回声》获全省一等奖。全年考察审批专职副书记11人，新发展党员580人，举办发展对象培训班2期，培训599人。

【机关党风廉政建设】 2021年，中共福州市委市直机关工作委员会牵头对34家市直部门开展2021年市直部门党组（党委）全面从严治党主体责任落实情况检查，形成问题清单11个方面138条反馈落实。组织抽查市直单位开展“收心归位、尽心履职”工作作风专项督导。针对教育、医疗、生态环保等19项群众身边腐败和不正之风突出问题，督促指导15家牵头单位的机关纪委开展专项整治工作。部署市直机关纪检组织开展“四风”问题监督检查工作。打造廉政文化阵地，评出市直机关廉政文化示范点5个、廉政文化长廊10个、勤政廉政典型10个。举办纪检干部业务培训班，组织5批次140多名市直机关纪检干部到党性教育基地、廉政文化示范点开展革命传统和廉政教育。修订完善《市直机关纪委若干工作制度》，健全完善谈话提醒、廉政防控、案件备案、案件回访等10项工作制度。

【机关精神文明建设】 2021年，福州市启动市直机关第十一届（2021—2023年度）文明单位创建活动。开展“助力新福州、建功新时代”系列党员志愿服务行动，全年组织动员市直、区直机关党员志愿者55088人次到18个城区重点路口常态化开展文明交通劝导志愿服务活动，建立文明交通劝导志愿服务联动机制，推出交警与机关党员志愿者“扫码双向评价”。组织开展“我为党旗添光彩”无偿献血活动，1241人次机关干部参加，累计献血39.7万多毫升。组建市直机关无偿献血志愿服务队69支，1000多名机关干部报名参加。开展暖心志愿服务先进典型推选，推荐各类先进典型19个。落实党内关怀机制，慰问老党员、困难党员等366人，发放慰问金42.32万元。开展市直机关在职干部职工温暖工程活动，全年发放医疗补助金510.03万元、帮扶救助898人（次）。开展机关干部职工心理健康志愿服务，全年承接个案21个，开展心理讲座及团体训练11场次487人次、公益直播节目1期点击量10万多人次，项目获“福州市暖心志愿服务项目”称号和全省机关体制机制创新优秀案例一等奖。

【机关群团工作】 2021年，中共福

州市委市直机关工作委员会推进市直机关工青妇组织换届工作，更新完善团建、劳模和困难职工数据库。开展“五一先锋岗”“巾帼文明岗”“青年文明号”“模范职工之家”“最美家庭”等创建活动，培育群团先进典型73个。举办职工劳动技能竞赛、一线干部职工疗休养活动4场次1240人次参加。组织市直机关工青妇干部代表、一线党员代表等200多人参加“学党史，我为群众办实事”活动。市直机关“母亲健康1+1”公益募捐活动累计捐款20.99万元。举办“春之韵”花艺、“少年儿童心向党 红色文化代代传”暑期亲子、第14届未婚青年交友、第12届省市直机关篮球邀请赛等活动，近千名机关干部参加。

（林 萍）

机构编制

【概况】 2021年，福州市在中央编办举办的第34次全国大城市机构编制工作研讨会上作典型经验交流。深化乡镇（街道）机构改革，经验做法在全国性刊物《中国机构改革与管理》上刊登；推进党史学习教育经验做法在中国机构编制网登载；开展网上核编相关经验做法在福建省机构编制网登载；推动编制资源下沉相关经验做法在《福州日报》刊登。被中央部委授予“节约型机关”称号，被市委、市政府授予福州市“双拥工作先进集体”“农业农村工作先进集体”称号，被市直机关工委授予“市直机关先进基层党组织”称号。连续七届获评“福建省文明单位”。

【重点领域管理体制改革】 2021年，福州市委编办以“宽职责、少机构、扁平化”为原则，清理全市27个开发区管理机构，整合设置为福州新区、青口汽车工业园区、福兴投资区、金山工业园区等18个开发区管理机构。会同市委政法委、市发改委、市财政局等15家市直部门及相关县（市）区，制定长乐区金峰镇、福清市龙田镇、闽侯县青口镇和荆溪镇行政管理体制改革工作方案，从机构设置、职能转变、人员编制、审批服务等方面优化经济发达镇行政管理体制。开展行政执法队伍人员编制管理试点工作，明确行政执法队伍范围，重新核实和摸清行政执法队伍机构设置情况和人员编制底数，并结合市本级实际，研究提出初步试点方案，探索制定行政执法队伍编制跨部门跨领域动态调整机制，推进执法部门“局队合一”、推动执法力量下沉。指导、督促各县（市）区和市级相关主管部门做好生产经营类事业单位机构注销、编制核销等改革后续工作。配合推进培训疗养机构改革、“县管校聘”管理体制改革、林长制改革、涉改参公事业单位认定等工作。

【机构编制资源配置优化】 2021年，福州市组建市文物局、福建船政文化管理委员会，构建文物保护体制；组建台江区金融和科技局，健全第三产业运行调控机制。推进疾控工作机构建设，部署疫情防控力量；调整扶贫工作机构设置，统筹实施乡村振兴战略；开展行政复议体制改革，推进法治政府建设；规范森林公安及海防基层派出所管理体制；清理规范市级议事协调机构和临时机构；指导福州高新区12家区直部门完成权责清单编制工作，梳理公布全区2850项权责事项；明晰老龄、权责清单、同城快送行业监管等涉及民政、卫健、市场等11家部门职责关系。创新设立天津大学福州国际研究院、闽都创新实验室等机构，推动校地合作研发、科技成果转化及人才培养合作。调整优化闽江学院等市属3所高校内设机构。围绕招商服务、城区水系、文物保护、医疗保障、精神文明、生态环境、网络安全、园林绿化、烈士纪念设施保护等重点工作，调整优化人员编制。推动编制资源向教育、医疗等民生领域倾斜。结合全市基础教育集团化办学，全市各级统筹存量编制6223名，依标足额核定全市公办中小学教职工编制。统筹调剂512名编制，优先解决新办学校、扩容扩班学校的编制需求；配合出台市属公办中小学、幼儿园参照聘用制人员管理办法。为市第一医院、传染病医院、儿童医院等调增编制控制数232名。

【机构编制管理监督】 2021年，福州市将《中国共产党机构编制工作条例》及配套法规制度纳入市县两级党委理论学习中心组学习内容及全市编办系统干部培训计划。编印《市委编办制度规范》《深化党和国家机构改革重要论述汇编》《机构编制工作法规制度选编》等书籍并分发至县（市）区，开展市县两级机构编制法规制度落实情况专项督查。编印条例及法规制度宣传材料，开展“法律六进”“谁执法谁普法”活动，在微信群、互联网公开发布条例。开展全市机构编制核查工作，督促各单位梳理机构、人员、编制、领导职数等实名制数据，并实时比对干部配备、预算信息、参保信息，强化群众监督、数据比对、实地核实和数据更新等工作，构建核查、年度统计、重要事项报告、核编证年检一体化核查机制。探索实施机构编制执行情况评估，对全市2019年以来涉及机构编制事项调整的机关事业单位履职尽责情况、“三定”规定及其他机构编制调整事项落实情况、日常管理情况进行全面评估。对评估发现的调整事项未执行到位、条条干预、控编减编等问题，实行台账管理，督促被评估部门整改。制定《福州市机构编制监督检查工作通报实施方案》《关于开展机构编制“条条干预”行为整治工作的通知》，加强机构编制部门与纪检监察、组织、人社等部门的协作配合，督促各县（市）区全面排查各类条条干预问题，对发现的违规行为，限期责令整改，健全机构编制违规违纪行为督查机制，严肃机构编制纪律。全年发现并纠正条条干预行为3例。

【事业单位登记管理服务】 2021年，福州市委编办完善《福州市事业单位登记管理局关于进一步优化登记窗口服务的若干措施》，提高事业单位登记网上受理的准确度，逐步将事业单位法人登记网上申请受理办结时限由原来的5个工作日缩短至3个工作日。优化事业单位法人公示信息抽查办法，加大教育、医疗等民生重点领域的核查比率。探索其他组织利用国有资产举办事业单位登记管理工作，健全完善“容缺受理”和“容缺办理”，加强登记管理服务标准化、规范化、法治化建设。

（李中平）

信访工作

【概况】 2021年，福州市受理来访来信来邮反映各类诉求70448件，比上年增长8.9%，信访机构及时受理率100%，按期答复率99.8%，群众对信访机构评价满意率93.4%。

【信访工作制度改革】 2021年，福州市实行“四门四访”机制，各级各部门开门接访、进门约访、登门走访、上门回访，改“群众上访”为“干部下访”。推广“最多投一次”阳光信访机制建设，实行“当日受理、5日转交、15日办结”的办理程序。年内全市重复信访占比为50.1%，比上年下降8.7%；纳入“最多投一次”办理24896件，一次性办结率94.6%，初信初访平均办理时间5.8天。

【信访查核】 2021年，福州市信访局收到群众信访复查复核申请49件，受理23件，作出信访复查意见17件，不予受理26件，纠错交办15件。

【矛盾纠纷排查化解工作】 2021年，福州市信访局开展“治重化积”专项工作，按照“属地管理、分级负责”和“谁主管、谁负责”的原则，通过定期通报、提醒督办、视频调度、电话抽查、约谈会商、实地指导、回访群众等方式，督促指导各地各部门相关工作。全年上报化解中央信访联席办第一批交办的重复信访件2434件，上报化解率93.6%。

【领导接访活动】 2021年，福州市实行市委、市政府主要领导每月15日和市党政领导干部每周一接访制度；重点时期，市、县、乡三级每天安排一名领导接待到访群众。全年市领导接待群众52批70人，各县（市）区、乡镇领导接待群众2930批次4605人次，办结化解信访事项1335批。

（徐立剑）

老干部工作

【概况】 2021年，福州市县（区）两级老干部局服务管理老干部1166人，其中离休干部660人（抗日战争时期参加革命工作的86人，解放战争时期参加革命工作的574人），厅级退休干部108人，“5·12”退休干部（1949年10月1日至1950年5月12日参加工作，享受供给制待遇的退休干部）398人。

【待遇保障】 政治待遇　2021年，福州市委老干部局依托市委老干部党校、红色大讲坛、老党员之家、离退休党员干部党建工作室等载体，学习贯彻中共十九大和十九届历次全会精神、习近平总书记“七一”重要讲话精神和来闽考察重要讲话精神。开展专题辅导讲座6次，现场教学8次，线上线下推出“红色大讲坛”11期和“我看建党百年新成就”主题宣讲视频，邀请专家学者为全市离退休干部宣讲党史。

生活待遇　发放特困离休干部和离休干部无工作遗偶补助金12.7万元，离休干部无工作遗偶医疗补助19.89万元。走访慰问易地安置离休干部和离休干部遗偶25人，发放慰问金7.5万元。年内，推进为离休干部提供政府购买服务工作，实施政府购买服务离休干部联席会议制度和满意度测评两项服务制度，协调解决服务问题12个，增加短期托养等服务项目，离休干部对购买服务平均满意率99%。

离退休干部党建　组织全市社区离退休党员干部党建工作室开展近邻党建工作。发出“红色领航，银发助邻”的倡议书，指导建成118个党建工作室，覆盖全市20%以上社区，辐射带动近5000名离退休党员干部参与近邻党建工作，挖掘“银发助邻人才”1200余人，助力社区解决邻里矛盾纠纷、小区绿化改造、车辆停放等问题600多个。开展以“永远跟党走”为主题的“1136”红七月等庆祝中国共产党成立100周年系列活动。市委离退休干部工委向全市1万余名老党员赠送政治生日贺卡。编排1台舞台剧《近邻党建夕阳红》，开展3轮展演，分别为“百年辉煌颂党恩”文艺汇演、“红色领航·初心永恒”书画摄影展、离退休党员干部自编自拍的红色视频展播。举办红色研学、百场红色宣讲、系列红色访谈、红色主题培训、银发助邻、党史知识竞答等活动。

【老年大学建设】 2021年，福州市老年大学实现100%线上报名招生，通过《闽都金秋》电视栏目及“网上老年大学”“空中课堂”“福州老年学堂”等学习平台，开展线上线下相结合的“送教下基层”活动，逾45万人次老年人共享教学资源。

【关心下一代工作】 2021年，福州市关心下一代工作委员会有关工委组织3587个、成员2.43万人，其中“五老”（老干部、老教师、老专家、老劳模、老战士）人员2.28万人。全市有173个乡镇（街道）、2560个行政村（社区）、636所学校、120个机关事业单位及96家企业组建关工委组织。全市各级关工委有报告团257个，“五老”报告员1448人。全年福州市网络家长学校总开课数54场，参加听课家长189万多人次。全市各级关工委开展“学党史”“福州故事百讲”巡回演讲、文艺演出等各类主题教育活动1730场，参与102万多人次。

青少年思想道德教育　年内，市关工委联合市委宣传部、文明办、老干部局、教育局开展“四史三爱”教育、“五红”（读红色书籍、讲红色故事、唱红色歌曲、写红色论文、体验红色活动）等主题教育活动，组织开展征文、演讲及优质课程制作比赛等活动；参与“新时代好少年”评选及学习宣传活动；联合有关单位开展“五红”主题教育实践活动、关爱进城务工人员子女“三进”活动。

网络家长学校建设　年内，市关工委每周举办网络公益讲座，结合新生入学讲授幼儿入园、幼升小、小升初、初升高等4个学段的“衔接”工作，月听课4万多人次；中高考期间，开设6节中高考考生心理调适课程，听课家长5万多人次；开设新冠肺炎疫情防控专题讲座。全年在仓山网校咨询中心面询

461人次，预约热线电话咨询3325人次，网络咨询（QQ与微信）44人，开展社区矫正对象心理测试679份，举办团体辅导和讲座54场，参加3345人次。

青少年普法教育　年内，市关工委开展“中华魂”读书、“关爱明天，普法先行”和未成年人保护法、预防未成年人犯罪法宣传教育活动；开展未成年人“零犯罪学校、村（社区）”“四零社区”创建活动；全年举办普法教育活动1225场次，受教育16万人次，“五老”受聘担任法治副校长140人。

“五失”青少年关爱行动　年内，市关工委联合市委文明办、老干部局、司法局、团委、妇联在全市开展为期3年的“五失”青少年及农村留守儿童、城市农民工子女关爱行动。对辖区青少年进行全面摸底调查，建立青少年数据库。

青少年科技教育服务　年内，市关工委召开全市青少年科技教育服务现场会，与市科协及其他社会机构联办全市青少年科技创新大赛、“世界机器人大赛AI探索（福建）挑战赛”、全省“AI科创专项夏令营活动”等活动。全市有青少年科技服务团132个、“五老”科教员718人，全年举办科技培训84期，4633名城乡青少年参加。

（李　敏　陈　今）

党校工作

【概况】　2021年，中共福州市委党校举办计划内班次41期，培训学员4388人次。举办对外合作培训班次16期，培训学员1781人次。福州市干部在线学习完成率99.998%，全省年度排名第一。牵头组织市新思想学习研究小组工作，整理出35.5万字的初步成果，新挖掘18件生动事例。完成各级各类课题结项28项，新立项20项。举办全市党校系统师资培训班、市情论坛、博士论坛。

2021年，中共福州市委党校引进2名博士，招聘2名事业人员，选派1名处级干部担任市委市政府中心工作服务专员。选拔任用9名科级干部、晋升6名干部职级。对12名行政干部实行轮岗。组织教职工参加各级各类培训275人次，选派3名干部到外单位实践锻炼。梳理6个教研部和教务处、科研处、智库工作处教研人员的学科研究方向，重点打造马克思主义理论学科和党史党建学科。修订完善《各处室（部）工作职责》《教研部主任岗位职责》《教师岗位职责》《教职工考勤管理办法》。

【教学工作】　2021年，中共福州市委党校举办计划内班次41期，培训学员4388人次，其中主体班19期，培训学员847人次，专题班7期，培训学员2402人次，其他班次14期，培训学员1139人次。举办对外合作培训班次16期，培训学员1781人次。《习近平在福州工作期间的理念创新和实践探索》被省委组织部、省委党校选送申报中组部好课程。报送省委党校的5个现场教学视频均被评为精品视频，并选送申报全国基层干部培训优秀网络课程。新拍摄2个现场教学视频报送省委党校。2个教学案例被省委组织部、市委组织部推荐参加全国组工干部教育培训优秀教学案例交流评审推介。编印《获全省校院系统精品课奖和入选校院精品课库教案选编》《习近平新时代中国特色社会主义思想重要孕育地和先行实践地现场教学提纲》。新修订《教学质量评估办法》《主体班教学计划制定及教学专题调整更新实施办法》《兼职教师选聘管理办法（试行）》等。在讲授式教学基础上，运用案例式、研讨式、情景模拟式等教学方式。举办“市管干部学习党的十九届五中全会精神专题班线上培训班”等网络专题培训班6期，培训学员90019人次。福州市干部在线学习完成率99.998%，全省年度排名第一。承办由中共中央组织部、外交部、国家发改委、商务部主办的推进“一带一路”建设专题公务员对口培训班。举办福州市组工干部专业能力素质提升示范班、福州市第一届村（社区）党组织书记培训班、乡镇（街道）党（工）委书记示范班、县（市）区直属部门主要负责人示范班等。

【科研咨政工作】　2021年，中共福州市委党校牵头组织市新思想学习研究小组工作，梳理整理35.5万字的初步成果，新挖掘18件生动事例。组织开展新思想研究课题，结项16项，新立项26项。举办福州市“习近平新时代中国特色社会主义思想的孕育与实践传承”理论研讨会。完成各级各类课题结项28项，新立项20项。教研人员在各级刊物发表论文42篇。编印《党的十八大以来省级以上课题研究成果汇编》。依托市域社会治理教学研究中心，完成相关课题9项，形成决策咨询参考3篇，发表相关理论文章14篇，形成《市域社会治理现代化教学科研咨政工作成果汇编》。《福州党校学报》开设“中国共产党百年历程研究”等栏目，编辑出版6期，刊发文章90余篇。编印《决策咨询参考》12期和《2021年决策咨询成果汇编》。第50期县处级干部进修班课题小组参加“走进福州政协”活动成果转化的社情民意信息得到市政府领导的肯定性批示，转交市农业农村局吸收采纳。

（黄　璟）

政策研究

【概况】　2021年，中共福州市委政策研究室撰写各类专报20余篇，起草各类文稿60余篇，获得省、市领导批示20件（次），2篇（次）课题成果在中央、省属刊物（媒体）刊载；编发《福州调研》《决策信息参考》等60余期，编印《闽都通讯》《福州城市科学》等16期，蝉联全省重点课题优秀调研成果组织奖。

【重大思路谋划】　2021年，中共福州市委政策研究室围绕学习贯彻习近平总书记来闽考察重要讲话精神，牵头制定《中共福州市委关于深入学习贯彻习近平总书记来闽考察重要讲话精神加快建设现代化国际城市的决定》。围绕今后五年全市战略定位、目标任务和工作思路，牵头起草中国共产党福州市第十二次代表大会报告《坚持“3820”战略工程思想精髓，为加快建设现代化国际城市而努力奋斗》。牵头研究制定市委市政府《坚持“3820”战略工程思想精髓加快建设现代化国际城市行动纲要》，谋划重点建设六个城、打响五大国际品牌、实施九大专项行动。牵头起草2021年市委常委会工作要点。

【文稿起草】 2021年，中共福州市委政策研究室牵头研究制定全市“再学习、再调研、再落实”活动实施方案，起草《关于开展“转作风、强服务、办实事”集中提升专项行动的通知》《加快建设全国一流大学城的调研报告》《关于加快推动综合实验区与福州同城化发展的调研报告》等文稿。起草市委主要领导在推动海洋经济高质量发展专题会、党代会报告征求意见会等讲话稿60余篇。

【调研成果转化】 2021年，中共福州市委政策研究室形成《加快实施强省会战略的若干思考》《对标合肥加快福州发展的对策建议》《在全国找坐标加快提升福州省会位次的思路建议》《推进福州申遗工作的思考与建议》《选准配强国际元素打造具有国际范的城市》《船政内涵及保护利用的建议》等调研文章，相关建议获市委主要领导批示推动。针对企业上市、国际航空城建设、提升城市承载能力等工作开展短平快调研，相关研究成果转化为市政府的具体举措和项目。围绕“再学习、再调研、再落实”活动，策划市领导集中开展调研，推动形成调研成果40余篇。

（何 珊）

保密工作

【概况】 2021年，福州市国家保密局以“保密工作规范管理年”建设为主线，依托干部考核、绩效考评、市委巡察和综治考评。到13个县（市）区31家机关、单位开展保密自查自评督查和绩效考评联合检查，发现存在21个主要问题，召开保密工作推进会予以通报。开展保密信息通联工作，获评2021年度全国宣传通联工作先进单位。

2021年4月15—16日，福州市国家保密局联合密码管理局在福州市委大院开展中国共产党成立100周年保密知识竞赛及普法宣传活动 （市保密局 供图）

【保密管理】 2021年，福州市国家保密局推进“保密工作规范管理年”建设，通过“请上来培训、走下去调研、一对一辅导”等多种形式，培树先进典型单位。编印2本保密实务手册等，指导全市机关、单位完善保密工作制度机制。组织开展年度保密管理工作情况统计工作，推动落实机关、内设机构、个人3个层次保密自查自评等工作。服务全市重大会议活动，完成第四届数字中国建设峰会、世遗大会、党代会等重大会议活动保密服务保障。

【保密宣传教育】 2021年，福州市国家保密局以庆祝中国共产党成立100周年为契机，创新开展“红心向党 保密先行”保密普法直播、保密知识竞赛、红色保密书画作品展、红色保密故事专栏等系列活动。其中，参选庆祝中国共产党成立100周年保密宣传教育作品征集，有5篇作品分获一、二、三等奖及优秀奖，获奖数量位列全省第一。依托“福建干部网络学院”开展网络保密教育。组织开展特定人员保密培训、专兼职保密干部业务培训等各类保密培训31场次，参训2560余人次。编印《保密部门规范管理实用手册》《机关、单位保密规范管理实务指南》等保密业务书籍。向《保密工作》杂志投稿27篇，刊登6篇，采用率居全省设区市首位。年内全市征订《保密工作》杂志2023份。

【保密监督检查】 2021年，福州市国家保密局组织开展办公场所环境安全、综合办公系统保密管理、互联网保密管理等专项检查。辅导全市各级各单位开展保密自查自评，并对19家市直单位开展自查自评工作情况进行全面督查。加强对高考、研究生考试、职业医师考试等国家统一考试的指导和检查工作，年内检查14个试卷保密室16次。承接省国家保密局保密资质审查事权下放，辅导企事业单位25家，书面审查14家，现场审查19家。依法开展泄密案件调查工作。

【保密技术防护】 2021年，福州市国家保密局对市直单位互联网计算机处理、传输信息情况进行常态化监管，印发“风险提醒函”“整改通知书”“检查通知书”。组织全市机关、单位销毁纸质载体2548袋，共计85吨。

（陈云娟）

党史和地方志研究

【概况】 2021年，中共福州市委党史和地方志研究室选取28家与福州重大党史事件、重要党史人物相关的革命遗址遗迹，被列入福州市党史学习教育参观学习点与推荐线路。开展“口述——福州改革开放”和“口述——福州脱贫攻坚”等口述历史采编工作。编纂福州红色故事教育读本，收录福州重要党史人物、重大革命事件、重要革命遗址遗迹等内容41篇。完成《福州革命老区精神的历史根基及其在加快建设现代化国际城市中的传承弘扬》《保护开发市委旧址 筑牢红色文化阵地》等课题研究。开展资料征集汇编、编辑校对工作，形成《解放战争时期福州地下革命斗争资料集》。年内获福建省人力资源和社会保障厅、中共福建省委党史和地方志编纂办公室授予的“全省党史系统先进集体”称号。党史基本著作《中国共产党福建省福州市历史第二卷（1949—1978）》获福建省社科优秀成果一等奖。《福州年鉴》连续三年在福建省年鉴编纂质量评选中获特等奖。

【党史宣传教育工作】 2021年，中共福州市委党史和地方志研究室制作完成《方尔灏》《血战降虎》《王助烈士》《透堡暴动》等福州党史系列专题片，在省市电视台及各大网络平台上线播出。在《福州日报》开设“追寻·印记”宣传专栏，先后刊登30期福州红色故事。在市委市直机关工委《学习文选》上开设“党史之窗”栏目，全年刊登10期。与市委宣传部联合制作《百年风华 红色印记——讲述福州党史故事》短视频30集，在福州电视台播出。与市委组织部联合制作福州党史纪录片《誓言的回声》，与《福州晚报》联合制作中国共产党成立100周年特别报道之党史专版。协助福州电视台《有理姚说》制作“福州红色记忆”节目，全年播出38期。4月，参加“福州，听我说”电视节目，宣讲主题《抢救历史“活资料”，传承百年红色记忆》获“红色百年”组第一名，中共福州市委党史和地方志研究室获全市“优秀组织奖”。年内组建党史宣讲队伍到机关、社区等地宣讲23场，听讲人数8000余人。5月，与市委宣传部联合开展庆祝中国共产党成立100周年网络知识竞赛活动，近60万人次参与。与市委宣传部、市社科联联合开展庆祝中国共产党成立100周年理论研讨论文征集活动。收集整理福州党史知识题目，向“学习强国”题库供稿。6月29日，在东部办公区举办迎七一“永远跟党走” 群众性党史知识竞答活动，市直机关干部职工500多人次参加竞答。对中共福州市委旧址陈列进行改造、提升，联合福州古厝集团在三坊七巷中共福州市委旧址推出“古巷春晓·风展红旗——党史学习教育精品课程”。累计开设课程22期，30余家机关企事业单位接受现场教学培训。公开出版《吴石遗墨》，全书71万字，按遗作集萃、悼忆粹篇和附录三部分编排，收录吴石烈士专著、译著11部，诗文300多篇，回忆文章5篇。在三坊七巷中共福州市委旧址开展现场教学与参观讲解，由党史专家团队及红色宣讲员等带领学员通过“四个一”环节开展现场党史学习教育，全年接待23079人次，团队参观685批次。完成中共福州中心市委旧址（陶铸旧居）展陈策划、设计、专家论证、二次装修、史料征集、布展施工和物业服务管理等工作，于11月完成第一期建设。

【口述史工作】 2021年，中共福州市委党史和地方志研究室开展2项口述历史采编工作，其中“口述——福州改革开放”专题为中央党史和文献研究宣传专项引导资金项目，采访31人次，形成采访稿件25万字；“口述——福州脱贫攻坚”专题摸底300多名采访对象，整理62篇采访稿，约30万字。

【志书编纂出版工作】 2021年，中共福州市委党史和地方志研究室启动《三坊七巷志（重修）》工作，由市委、市政府主要领导担任编委会主任，中共福州市委党史和地方志研究室负责具体项目组织实施。市委先后召开7次专题会研究志书框架、参编单位、经费等内容，8月市委常委会原则审议通过大纲，年内中共福州市委党史和地方志研究室先后落实团队组建、大纲拟定、大纲评审、审稿流程制定、统筹协调等各项工作，召开专题会、推进会、会商会等10余次。12月完成初稿，在旧志基础上进行勘误、补充和提升。将《梅花镇志》《八井村志》纳入福州市村镇志精品文化工程，12月底由中州古籍出版社出版。5月，《福州茶志》由福建科学技术出版社出版印刷。全书74.8万字，设茶叶种植，茶叶加工与茶类，茉莉花茶，茶叶包装、品鉴与名茶，茶叶流通，茶文化，科技与教育，管理与交流，茶企与茶人等九章。

2021年8月26日，中共福州市委党史和地方志研究室召开编纂《三坊七巷志（重修）》工作推进会 （市委党史和地方志研究室 供图）

【年鉴编纂出版工作】 2021年，《福州年鉴（2021）》制定篇目框架、编写规范。组织完成2020年大事记编纂，收集新冠肺炎疫情防控、福州市“十三五”经济社会发展成就等专题材料。加强“生态环境保护”“区域协作 扶贫开发”“新区 自贸区”“园区建设”“历史文化名城”等特色栏目的资料征集。12月，《福州年鉴（2021）》由海峡文艺出版社出版。

【党史方志资料馆建设】 2021年，中共福州市委党史和地方志研究室建成面积120平方米以上、藏书量1万册以上的党史方志资料馆，并对馆藏的12460余册图书进行分类、编目、贴磁、上架，形成文献资料的电子化目录，配备图书管理软件系统、电子扫描设备等。

【革命遗址遗迹普查工作】 2021年，中共福州市委党史和地方志研究室开展新增革命遗址普查工作，通过对相关材料的归整梳理，筛除重复项目的不同名称，整理革命遗址338处，比上年增加47处。

【史志期刊出版】 2021年，中共福州市委党史和地方志研究室编发内部季刊《福州史志》，设置“史实纵横”“口述回忆”“文化讲坛”“理论园地”“人物春秋”“榕城随笔”等栏目，根据中国共产党成立100周年重大活动，制作专刊，汇编福州重要党史人物、红色资源等。每期刊登党史、方志、地情等各类文章约20篇、7万字。

【史志新媒体建设】 2021年，中共福州市委党史和地方志研究室开展“福州史志”微博、微信和网站日常维护与内容更新，开设“榕城影音”“党史学习专栏”等栏目。福州史志网全年更新信息5580篇，新增地情书11部，史志数据库上线电子书181部，“福州史志”微信公众号和新浪微博推送文章429篇。7月，福州党史方志网站手机版上线运行。

（陈 曦）

档案工作

【概况】 2021年，福州市各级各类档案馆馆藏纸质档案总量8531814卷、8902914件，底图79960张；电子档案14061.38GB，实物档案3534件。年内市档案局获评《中国档案》宣传工作先进单位，获省级文明单位、市级机关单位绩效考评优秀等次、市综治考评第一档次、市直机关先进基层党组织称号等。

【档案监督管理】 2021年，福州市档案局建立完善市县两级党委办、档案局和档案馆“办局一体、局馆联动”模式。联合市发改委制定印发《福州市“十四五”档案事业发展规划》。结合全市保密工作绩效考评开展档案工作综合检查。推进“互联网+政务服务”，实现市档案局7个办理事项全流程网办、一趟不用跑，办理时限压缩比、政府材料免提交事项占比等6项考核指标均居全省档案系统第一。全面完成42家涉改市直单位和5家新组建市属企业的文书档案保管期限表审批工作。制定《重点建设项目档案验收相关资料汇编》，参与闽清县葫芦门水库工程等7项省、市级重点工程项目档案验收工作。指导福州市第二次全国地名普查档案工作，对福清、连江、罗源等县（市）区地名普查档案工作进行核验、验收。编制《企业档案工作指导手册》，开展企业档案专题培训。推动档案安全工作纳入福州市平安建设（综治工作）考核评价内容、档案局列入市消防安全委员会成员单位、档案馆列入属地消防安全重点单位。开展汛期防水、秋冬防火等重要节点档案安全工作。加强对档案服务机构备案管理，强化档案数字化外包全过程的安全管理。印发《关于进一步加强档案信息安全工作的通知》，召开全市档案网络安全专题培训会议。市档案馆将档案数据备份至福建省档案馆，与合肥、廊坊市档案馆开展档案数据异地备份。

【档案资源建设】 2021年，福州市各级各类档案馆接收纸质档案93712卷、601465件，接收电子档案2055.94GB，其中数码照片39.17GB，数字录音、数字录像719.77GB。接收照片档案1753张，实物档案18件。全年抢救档案612卷件。推进立档单位纸质档案和档案数字化副本“双套制”接收。修订《福州市档案馆档案接收质量验收暂行办法》，组织开展档案进馆前质量验收工作，督促通过验收单位按规定及时移交档案。组织开展庆祝中国共产党成立100周年、疫情防控等一系列档案资料征集活动。福清市档案馆征集到《福清市革命老区发展史》《玉融文库系列丛书》等资料，连江县档案馆接收县政协、宣传部、融媒体中心等部门珍贵照片档案2800多张。推进“存量档案数字化、增量档案电子化”工作，年内全市各级档案馆完成纸质档案数字化96685卷、859598件，其中市档案馆完成馆藏纸质档案数字化20.86万页，著录目录8.84万条，累计完成馆藏纸质档案数字化2511.6万页，数字化总量位居全省设区市第一，数字化率99.5%。在全省率先启动建设市、县（区）一体化的福州市电子档案管理中心项目，完成数字档案馆（室）等部分应用系统、应用支撑的部署及档案数字备份中心的建设。与市政务服务管理平台、工程建设项目审批管理系统、福州市政府综合办公系统、e福州等系统对接，开展政务服务电子文件在线归档试点工作，推进档案数字资源的有效整合和跨层级、跨部门的共享利用。

【档案服务工作】 2021年，福州市各级各类档案馆接待查询利用者227310人次，提供利用档案94390卷（件）次、政府公开信息141件次、资料534册次。优化“同城跨馆”民生档案数据共享机制，累计整合共享全市民生档案数据目录344.17万条、数字化原文1342.4万页。牵头与全省各设区市档案馆、平潭综合实验区档案馆及广州、沈阳、昆明等省外24家档案馆合作开展跨馆利用服务工作，构建“省外协作查阅、省内跨馆服务、市内全城通办”的档案利用新格局，实现异地查档“立等可取、一次办结”。驻市民服务中心窗口继续推行“窗口无否决权”、周末无休式办公等，提供即时查档服务。全面完成42家涉改市直单位和5家新组建市属企业的文书档案保管期限表审批工作。服务第44届世界遗产大会、第四届数字中国建设峰会等重大活动，采取派员全程进驻筹备办、出台档案管理规定、建立档案工作机制、开展业务培训等多项举措，督促开展相关档案收集、整理及移交进馆工作。服务脱贫攻坚、疫情防控“两个专项”行动，印发《关于做好脱贫攻坚档案移交接收工作的通知》《福州市档案局关于做好我市应对新型冠状病毒感染肺炎疫情工作文件材料收集归档的通知》，开展业务培训和督促检查，定期通报进展情况。全市接收脱贫攻坚档案10.5万件、电子目录数据15.7万条，疫情防控档案3.52万件、电子目录数据4.85万条。

2021年，福州市档案局联合省档案馆推出直播节目《档案里的红色记忆》。图为《档案里的红色记忆》拍摄现场

（市档案局 供图）

【档案宣传工作】 2021年，福州市档案部门结合庆祝中国共产党成立100周年，组织开展系列宣传活动。市档案馆拍摄制作的《传承·传递》微视频入选全国档案系统100部优秀展播作品，联合省档案馆在福建电视台公共频道、福建海博TV、直播福建等平台推出的直播节目《档案里的红色记忆》观看量353万人次。市档案馆先后在福州广播电台“党风政风热线”、先锋944福州新闻广播“我执法·我普法”直播间宣传介绍档案工作开展情况、档案执法检查过程并解答民生档案热点问题，在罗源县档案馆现场直播教科书式档案执法检查全过程。联合福建省档案局、福建师范大学、闽江学院、福州市社科联、晋安区档案局等单位，开展档案普法进社区、档案工匠进校园等宣传活动。鼓楼区档案馆与区党史和地方志研究室联合举办“翰墨传家风，共筑家国梦”——2021年迎国庆书法展；台江区档案馆对台江党史图片展厅进行改造升级；晋安区档案馆举办“以史为鉴见证晋安”的党史主题展，陈列展品189件；马尾区档案馆编研档案资料《唤醒沧桑》《走进马尾——红色记忆》邮册和《琅岐——红色记忆》，举办“马尾的事——福州开发区建设成就展”；连江县档案馆拍摄制作《追寻先烈矢志不渝，不忘初心守护传承》专题纪录片，在县内媒体进行展播；闽清县档案馆举办“闽清县档案馆馆藏老照片展”；永泰县档案馆开设“永泰档案”微信公众号，设立红色人物、红色故事、红色旧址等专栏，全年编发文稿34篇，总浏览量约25000人次，比上年增长100%。

【档案馆库建设】 2021年，福州市晋安区档案馆新馆项目重新选址于鹤林新区九期旧改地块，规划建设用地约5800平方米。市规划设计院完成区档案新馆地块控规指标调整方案编制工作并上报福州市自然资源和规划局。长乐区“三馆三中心”选址位于营前街道和谐路东侧、洞江北侧，长乐区档案馆新馆占地面积2845.84平方米，建筑面积16655.76平方米，完成地上4层建设。连江县档案新馆完成主体结构建设以及外部装修，进入室外景观建设阶段。

（吴 欣）

（编辑 姚国榕）

福州市人民代表大会

综　述

【概况】　2021年，福州市人民代表大会及其常务委员会召开代表大会2次，常委会会议9次，审议法规草案9项，通过8项；备案审查规章和规范性文件69件；开展执法检查6项、专题询问1项、满意度测评2项，听取审议“一府两院”专项工作报告26项；作出决定决议17项；任免国家机关工作人员119人次，组织办理代表议案11件、建议549件（含闭会期间）。

【立法工作】　2021年，福州市人大常委会颁布《福州市寿山石雕刻技艺保护规定》于2022年3月1日起施行；颁布《福州市居家养老服务条例》于2022年1月1日起施行；颁布《福州市闽剧保护规定》于2021年11月1日起施行；颁布《福州市软木画技艺保护规定》于2021年11月1日起施行；颁布《福州市户外广告设置管理办法》于2021年9月1日起施行。5月27日，福建省十三届人大常委会第二十七次会议批准《福州市城市房屋产权产籍管理办法（废止）》。12月15日，省十三届人大常委会第三十次会议批准《福州市历史文化名城保护条例》。

【人事任免】　2021年，福州市人民代表大会及其常务委员会依法选举任免国家工作人员119人次，其中选举国家工作人员5人次，办理市人大常委会组成人员和市人大常委会办事机构、工作机构负责人任职、辞职4人次，任免政府组成人员14人次、审判人员46人次、检察人员23人次。

表11　　2021年福州市人大常委会、政府、监委副职以上和“两院”正职领导选举任免情况表

时间	被任免人员	通过任免会议	任免职务
1月9日	陈曾勇	市十五届人民代表大会第五次会议	选举为福州市第十五届人民代表大会常务委员会副主任
1月9日	陈云水	市十五届人民代表大会第五次会议	选举为福州市监察委员会主任
1月9日	丁仰豪	市十五届人民代表大会第五次会议	选举为福州市中级人民法院院长
2月26日	严可仕	市十五届人大常委会第三十四次会议	免去福州市人民政府副市长职务
5月14日	林治良	市十五届人大常委会第三十六次会议	任命为福州市人民政府副市长
8月9日	吴贤德	市十五届人大常委会第三十八次会议	任命为福州市人民政府副市长
8月9日	林长远	市十五届人大常委会第三十八次会议	任命为福州市人民政府副市长
8月9日	蔡战胜	市十五届人大常委会第三十八次会议	免去福州市人民政府副市长职务
8月9日	李　春	市十五届人大常委会第三十八次会议	免去福州市人民政府副市长职务
8月9日	尤猛军	市十五届人大常委会第三十八次会议	接受辞去福州市人民政府市长职务的请求，报福州市人民代表大会会议备案
8月9日	吴贤德	市十五届人大常委会第三十八次会议	决定代理福州市人民政府市长职务
8月9日	傅建飞	市十五届人大常委会第三十八次会议	任命为福州市人民检察院检察员、检察委员会委员、副检察长

续表 11

时 间	被任免人员	通过任免会议	任免职务
8月9日	张时贵	市十五届人大常委会第三十八次会议	接受辞去福州市人民检察院检察长职务的请求，由福州市人民检察院报经福建省人民检察院检察长提请福建省人民代表大会常务委员会批准
8月9日	傅建飞	市十五届人大常委会第三十八次会议	决定代理福州市人民检察院检察长职务，报福建省人民检察院和福建省人民代表大会常务委员会备案
8月12日	吴贤德	市十五届人民代表大会第六次会议	补选为福州市人民政府市长
8月12日	傅建飞	市十五届人民代表大会第六次会议	补选为福州市人民检察院检察长
8月27日	张永森	市十五届人大常委会第三十九次会议	免去福州市监察委员会副主任职务
8月27日	张时贵	市十五届人大常委会第三十九次会议	免去福州市人民检察院检察委员会委员、检察员职务
8月27日	兰 文	市十五届人大常委会第三十九次会议	任命为福州市人民政府副市长
8月27日	孙晓岚	市十五届人大常委会第三十九次会议	任命为福州市人民政府副市长
8月27日	杨新坚	市十五届人大常委会第三十九次会议	免去福州市人民政府副市长职务
8月27日	杭 东	市十五届人大常委会第三十九次会议	免去福州市人民政府副市长职务
10月28日	李永祥	市十五届人大常委会第四十次会议	接受李永祥辞去福州市第十五届人民代表大会常务委员会副主任职务的请求，报福州市人民代表大会会议备案
10月28日	王锡章	市十五届人大常委会第四十次会议	任命为福州市人民政府副市长、福州市公安局局长
10月28日	朱训志	市十五届人大常委会第四十次会议	任命为福州市人民政府副市长

表 12　　2021 年福州市人大常委会组成人员和办事机构、工作机构负责人选举任免情况表

时 间	被任免人员	通过任免会议	任免职务
2月26日	郭春曦	市十五届人大常委会第三十四次会议	任命为福州市人大常委会教科文卫工作委员会主任
8月27日	李 锋	市十五届人大常委会第三十九次会议	接受辞去福州市第十五届人民代表大会监察和司法委员会主任委员职务的请求，报福州市第十五届人民代表大会会议备案
12月30日	张文胜	市十五届人大常委会第四十一次会议	任命为福州市人大常委会人事代表工作室主任
12月30日	蓝 锋	市十五届人大常委会第四十一次会议	免去福州市人大常委会人事代表工作室主任职务

表 13　　2021 年福州市人民政府工作部门主要负责人决定任免情况表

时 间	被任免人员	通过任免会议	决定任免职务
2月26日	薛 博	市十五届人大常委会第三十四次会议	任命为福州市大数据发展管理委员会主任
2月26日	蔡 文	市十五届人大常委会第三十四次会议	任命为福州市交通运输局局长
2月26日	陈劲松	市十五届人大常委会第三十四次会议	任命为福州市卫生健康委员会主任
2月26日	张青雅	市十五届人大常委会第三十四次会议	免去福州市大数据发展管理委员会主任职务
2月26日	陈希治	市十五届人大常委会第三十四次会议	免去福州市交通运输局局长职务
2月26日	郭春曦	市十五届人大常委会第三十四次会议	免去福州市卫生健康委员会主任职务
2月26日	卢 林	市十五届人大常委会第三十四次会议	免去福州市粮食和物资储备局局长职务
2月26日	陈金友	市十五届人大常委会第三十四次会议	免去福州市人民政府信访局局长职务

续表 13

时 间	被任免人员	通过任免会议	决定任免职务
5月14日	陈济斌	市十五届人大常委会第三十六次会议	免去福州市水利局局长职务
8月27日	谢 婧	市十五届人大常委会第三十六次会议	任命为福州市民族与宗教事务局局长
8月27日	陈登峰	市十五届人大常委会第三十六次会议	任命为福州市城市管理委员会主任
8月27日	张麒蛰	市十五届人大常委会第三十六次会议	任命为福州市水利局局长
8月27日	吴聿建	市十五届人大常委会第三十六次会议	任命为福州市文物局局长
8月27日	郭 勇	市十五届人大常委会第三十六次会议	任命为福州市卫生健康委员会主任
8月27日	陈诸凯	市十五届人大常委会第三十六次会议	任命为福州市体育局局长
8月27日	吴 勤	市十五届人大常委会第三十六次会议	任命为福州市人民政府信访局局长
8月27日	王寿钦	市十五届人大常委会第三十六次会议	免去福州市民族与宗教事务局局长职务
8月27日	林 坦	市十五届人大常委会第三十六次会议	免去福州市城市管理委员会主任职务
8月27日	陈劲松	市十五届人大常委会第三十六次会议	免去福州市卫生健康委员会主任职务
8月27日	张 涵	市十五届人大常委会第三十六次会议	免去福州市体育局局长职务
10月28日	陈志毅	市十五届人大常委会第四十次会议	任命为福州市工业和信息化局局长
10月28日	李小荣	市十五届人大常委会第四十次会议	任命为福州市财政局局长，免去其福州市审计局局长职务
10月28日	吴翔天	市十五届人大常委会第四十次会议	任命为福州市粮食和物资储备局局长
10月28日	林冬阳	市十五届人大常委会第四十次会议	任命为福州市审计局局长
10月28日	王国晓	市十五届人大常委会第四十次会议	免去福州市工业和信息化局局长职务
10月28日	林中麟	市十五届人大常委会第四十次会议	免去福州市财政局局长职务
12月30日	兰 超	市十五届人大常委会第四十一次会议	任命为福州市林业局局长
12月30日	童桂荣	市十五届人大常委会第四十一次会议	任命为福州市海洋与渔业局局长，免去其福州市林业局局长职务
12月30日	叶 玲	市十五届人大常委会第四十一次会议	任命为福州市医疗保障局局长
12月30日	张炜鸣	市十五届人大常委会第四十一次会议	任命为福州市机关事务管理局局长
12月30日	林海华	市十五届人大常委会第四十一次会议	免去福州市海洋与渔业局局长职务
12月30日	郑道新	市十五届人大常委会第四十一次会议	免去福州市医疗保障局局长职务
12月30日	高明保	市十五届人大常委会第四十一次会议	免去福州市机关事务管理局局长职务

（连蔡煜 林潇雨）

重要会议及决议决定

【福州市第十五届人民代表大会第五次会议】 2021年1月6—9日在福建会堂举行，出席会议的有市第十五届人民代表大会代表，部分省人大代表，市级老领导，市政协委员，部分中央、省属驻榕单位、驻榕部队负责人，市政府工作部门和市直机关、企事业单位、群团组织负责人列席会议。

会议听取市人民政府市长尤猛军作《福州市人民政府工作报告》、市发展和改革委员会代表市人民政府作《关于福州市2020年国民经济和社会发展计划执行情况及2021年国民经济和社会发展计划草案的报告》（书面）、市财政局代表市人民政府作《关于福州市2020年预算执行情况及2021年预算草案的报告》（书面）、市人大常委会主任陈为民作《福州市人大常委会工作报告》、市人大常委会副主任肖华作《福州市人民代表大会关于动员全市人民坚持“3820”战略工程思想精髓加快建设现代化国际城市的决议（草案）》的说明、市中级人民法院代院长丁仰豪作《福州市中级人民法院工作报告》、市人民检察院检察长张时贵作《福州市人民检察院工作报告》，会议审查《福州市国民经济和社会发展第十四个五年规划和二〇三五年远景目标纲要（草案）》。经过审议，会议决定批准上述6项工作报告，表决通过《福州市人民代表大会关于福州市国民经济和社会发展第十四个五年规划和二〇三五年远景目标纲要的决议》和《福州市人民代表大会关于动员全市人民坚持“3820”战略工程思想精髓 加快建设现代化国际城市的决议》。

会议选举陈曾勇为福州市第十五届人民代表大会常务委员会副主任，陈云水为福州市监察委员会主任，丁仰豪为福州市中级人民法院院长。新当选的福州市第十五届人民代表大会常务委员会副主任、福州市监察委员会主任、福州市中级人民法院院长参加宪法宣誓。

【福州市第十五届人民代表大会第六次会议】 2021年8月12日在福建会堂举行，出席会议的有市第十五届人民代表大会代表。会议补选吴贤德为市人民政府市长，补选傅建飞为市人民检察院检察长（须报经省人民检察院批准）。

【福州市十五届人大常委会会议】 2021年，福州市十五届人大常委会共召开常委会会议9次，分别是：

第三十三次会议 1月4日召开。会议审议福州市第十五届人民代表大会第五次会议日程（草案）调整有关事宜、市人大常委会主任会议关于提请审议《福州市人民代表大会关于动员全市人民坚持“3820”战略工程思想精髓 加快建设现代化国际城市的决议（草案）》的议案。

第三十四次会议 2月26日召开。会议听取市人民政府关于工业（产业）园区标准化建设情况的报告、关于2020年法治政府建设情况的报告；听取和审议市人大常委会执法检查组关于检查《福州市烟花爆竹销售和燃放管理办法》实施情况的报告；审议市人大常务委员会主任会议关于提请审议《福州市人民代表大会常务委员会关于开展评议基层单位工作的决定（草案）》的议案和《福州市户外广告设置管理办法（草案修改三稿）》；书面听取市人民政府关于《福州市湿地保护管理办法》实施情况的报告、市人大常委会法工委关于2020年规章和规范性文件备案审查工作情况的报告、市人大常委会办公厅关于市人大常委会会议审议意见研究处理情况报告的审核意见的综合报告；审议并表决通过关于办理市十五届人大第五次会议主席团交付审议的代表议案的决定、市十五届人民代表大会常务委员会代表资格审查委员会关于个别代表的代表资格的报告。会议还进行人事任免。

第三十五次会议 4月28—29日召开。会议传达贯彻习近平总书记来闽考察重要讲话精神和省委、市委相关会议精神，十三届全国人大四次会议精神和省委、市委相关会议精神；会议听取和审议市人民政府关于新区新城建设专题询问审议意见研究处理情况的报告，并开展满意度测评；听取市人民政府、市中级人民法院、市人民检察院关于开展扫黑除恶专项斗争工作情况的报告；听取市人民政府关于拓展“海丝”沿线交流合作工作情况的报告；听取和审议市人民政府关于公安机关开展创建“枫桥式公安派出所”工作情况的报告、关于2020年环境状况和环境保护目标完成情况的报告、关于渔业产业发展情况的报告、关于福州市推进志愿服务工作情况的报告；听取和审议市人大常委会执法检查组关于检查《福州市轨道交通条例》实施情况的报告；审议市人民政府关于提请审议《福州市软木画技艺保护规定（草案）》的议案、提请审议《福州市闽剧保护传承规定（草案）》的议案、提请废止《福州市城市房屋产权产籍管理办法》的议案；书面听取市人大常委会办公厅关于市人大常委会会议审议意见研究处理情况报告的审核意见的综合报告；表决通过《福州市人大常委会关于废止〈福州市城市房屋产权产籍管理办法〉的决定》。会议还进行人事任免。

第三十六次会议 5月14日召开。会议审议市人民政府关于提请审议福州市长乐区政府驻地迁移行政区划调整的议案，并表决通过市人大常委会关于同意福州市长乐区人民政府驻地迁移的决定。会议还进行人事任免。

第三十七次会议 6月22—24日召开。会议传达学习贯彻省委十届十二次全会、市委十一届十四次全会精神；会议听取和审议市人民政府关于进一步加强《福州市城市内河管理办法》实施的审议意见研究处理情况的报告，并开展满意度测评；听取和审议市人民政府关于社会救助工作情况的报告、关于2020年市本级决算（草案）的报告、关于2020年度市本级预算执行和其他财政收支情况的审计工作报告、关于推动榕台深度融合发展工作情况的报告；听取和审议市中级人民法院关于立案工作情况的报告、市人大常委会执法检查组关于检查《福州市茉莉花茶保护规定》实施情况的报告、市人大常委会执法检查组关于检查《福州市海上丝绸之路史迹保护条例》实施情况的报告；审议市人民政府关于提请审议《福州市脱胎漆器技艺保护办法（草案）》的议案、《福州市居家养老服务条例（草案修改稿）》；书面听取市人大常委会监察司法工委关于福州市基层人民法庭建设情况的调研报告、市中级人民法院任职人员履职情况的报告；审议并表决通过《福州市人大常委会关于批准2020年市本级决算的决议》《福州市软木画技艺保护规定》《福州市闽剧保护规定》，会议还开展工业（产业）园区标准化建设情况专题询问。

第三十八次会议 8月9日召开。审议和表决福州市第十五届人民代表大会常务委员会代表资格审查委员会关于个别代表的代表资格的报告。会议听取福州市第十五届人民代表大会第六次会议筹备工作情况和会议安排意见的报告；审议、表决通过《福州市人民代表大会常务委员会关于召开福州市第十五届人民代表大会第六次会议的决定》《福州市第十五届人民代表大会第六次会议日程（草案）》《福州市第十五届人民代表大会第六次会议主席团及有关人员名单（草案）》《福州市第十五届人民代表大会第六次会议选举办法（草案）》。会议还进行人事任免。

第三十九次会议 8月25—27日召开。会议听取和审议市人民政府关于社区治理工作情况的报告、关于乡村产业振兴工作情况的报告、关于推进教育强市建设工作情况的报告、关于2021年1—7月国民经济和社会发展计划执行情况的报告、关于2021年1—7月市本级预算执行情况的报告；听取和审议市人民检察院关于加强检察建议工作情况的报告、市人大常委会执法检查组关于检查《福州市生活垃圾分类管理条例》《福州市建筑垃圾管理规定》实施情况的报告；审议市人民政府关于提请审议《福州市历史文化名城保护条例修正案（草案）》的议案、《福州市寿山石雕刻技艺保护规定（草案）》的议案；审议并表决通过市人大常委会代表资格审查委员会关于个别代表的代表资格的报告、市人大常委会关于接受个别省十三届人大代表辞去代表职务的请求的决议、《福州市居家养老服务条例》《福州市脱胎漆器技艺保护规定》；书面听取市人大社会委关于《福州市人民政府关于〈福州市烟花爆竹销售和燃放管理办法〉实施情况审议意见办理落实情况的报告》的审核意见、市人大常委会监察司法工委关于探索开展法官和检察官履职评议监督工作的调研报告、市人民检察院任职人员履职情况报告。会议还进行人事任免。

第四十次会议　10月26—28日召开。会议学习贯彻中央人大工作会议精神、市第十二次党代会精神；开展工业（产业）园区标准化建设情况专题询问；听取和审议市人民政府关于"七五"普法决议执行情况的报告、关于2020年度国有资产管理情况的综合报告、关于全面推行河湖长制工作情况的报告；听取和审议市人民政府、市中级人民法院、市人民检察院市十五届人大五次会议代表建议、批评和意见办理情况的报告；听取和审议市人大常委会关于市十五届人大五次会议代表议案办理情况的报告、市人大常委会执法检查组关于检查《福建省旅游条例》实施情况的报告；审议并表决通过《福州市人民代表大会常务委员会关于召开福州市第十六届人民代表大会第一次会议的决定》《福州市人民代表大会常务委员会关于福州市第十六届人民代表大会代表选举问题的决定》《福州市人民代表大会常务委员会关于修改〈福州市历史文化名城保护条例〉的决定》《福州市寿山石雕刻技艺保护规定》《福州市人民代表大会常务委员会关于全面提升城乡饮用水水质、逐步推进高品质饮用水建设的决定》《福州市人大常委会关于批准2021年市本级预算调整方案的决议》。书面听取关于市人大常委会会议审议意见研究处理情况报告的审核意见的综合报告、关于福州市社会工作服务情况的调研报告、福州市人民政府工作部门任职人员履职情况的报告。会议还进行人事任免。

第四十一次会议　12月30日召开。会议学习贯彻党的十九届六中全会精神和省第十一次党代会、省委人大工作会议、市委十二届二次全会精神；会议听取和审议市人民政府关于2020年度市本级预算执行和其他财政收支审计查出问题整改情况的报告、《福州市古厝保护规定（草案）》《福州市社会信用条例（草案修改二稿）》；审议并表决通过福州市2022年为民办实事项目、《福州市人民代表大会常务委员会关于开展第八个五年法治宣传教育的决议》、福州市第十五届人民代表大会常务委员会代表资格审查委员会关于福州市第十六届人民代表大会代表资格审查的报告；听取福州市第十六届人民代表大会第一次会议安排意见的报告，表决通过福州市第十六届人民代表大会第一次会议日程草案，主席团及有关人员名单草案，福州市第十六届人民代表大会第一次会议表决议案办法草案，福州市第十六届人民代表大会第一次会议选举办法草案，福州市第十六届人民代表大会第一次会议关于福州市第十六届人民代表大会专门委员会的设立及其主任委员、副主任委员、委员人选的表决办法草案；原则通过福州市人民代表大会常务委员会工作报告（稿）；表决通过福州市第十五届人民代表大会第五次会议主席团交付市人大常委会审议的代表提出的11件议案办理情况的综合报告、福州市第十五届人民代表大会第五次会议代表建议批评和意见办理情况的综合报告；书面听取市人民政府关于《福州市大气污染防治办法》实施情况的报告、市人大常委会办公厅关于市人大常委会会议审议意见研究处理情况报告的审核意见的综合报告和市政府有关部门关于全市公安派出所、交警大队、城管中队、交通运输执法大队、市场监管所、乡镇（街道）便民服务中心创建"人民满意基层单位"工作情况的报告。会议还补选省十三届人大代表，进行人事任免。

2021年10月27日，福州市十五届人大常委会第四十次会议开展工业（产业）园区标准化建设情况第二次专题询问　（市人大常委会 供图）

【福州市人民代表大会关于动员全市人民坚持"3820"战略工程思想精髓　加快建设现代化国际城市的决议】
2021年1月9日，福州市第十五届人民代表大会第五次会议第四次全体会议通过。"决议"从统一思想、提高认识；马上就办、真抓实干；围绕中心、服务大局；履职尽责、担当作为；团结一心、众志成城等5个方面，就动员全市人民牢记嘱托、凝心聚力、开拓进取，全面实施《坚持"3820"战略工程思想精髓加快建设现代化国际城市行动纲要》，全方位推动高质量发展超越，加快建设现代化国际城市，努力实现"十四五"规划和二〇三五年远景目标提出要求。

【福州市人民代表大会常务委员会关于开展评议基层单位工作的决定】
2021年2月26日，福州市第十五届人大常委会第三十四次会议通过。"决定"

对评议基层单位工作的指导思想、评议对象、评议原则、评议内容、评议组织、评议方法、表彰形式等作出规定。

【福州市人民代表大会常务委员会关于同意福州市长乐区人民政府驻地迁移的决定】 2021年5月14日，福州市第十五届人大常委会第三十六次会议通过。“决定”同意长乐区人民政府驻地由长乐区吴航街道迁移至文武砂街道，请市人民政府按有关程序报批。

【福州市人民代表大会常务委员会关于全面提升城乡饮用水水质、逐步推进高品质饮用水建设的决定】 2021年10月28日，福州市第十五届人民代表大会常务委员会第四十次会议通过。“决定”分7条，从全面提升城乡饮用水水质、逐步推进高品质饮用水建设的管理体制和治理模式、机构设置和职责分工、项目建设的目标、范围、路径和时限、管理保障机制、宣传路径以及饮用水水源地保护的规划引领和经费保障制度等方面提出要求。

【福州市人民代表大会常务委员会关于开展第八个五年规划法治宣传教育的决议】 2021年12月30日，福州市第十五届人民代表大会常务委员会第四十一次会议通过。“决议”从6个方面，围绕坚持政治引领，以习近平法治思想指导法治宣传教育工作；突出普法重点，大力弘扬社会主义法治精神；聚焦重点对象，不断提升全社会法治素养；推动守正创新，切实增强法治宣传教育质效；深化普治融合，提高社会治理法治化水平；健全工作机制，确保普法责任得到有效落实等内容，对全市各级各部门和全市公民开展第八个五年规划法治宣传教育提出具体要求。

（连蔡煜　林潇雨）

监督工作

【工业（产业）园区标准化建设专题询问】 2021年2月26日，福州市十五届人大常委会第三十四次会议听取市人民政府关于工业（产业）园区标准化建设情况的报告；6月23日，市十五届人大常委会第三十七次会议围绕基础设施和生产生活配套建设、要素保障、强化龙头扶引、优化营商环境等方面工作进行专题询问；10月27日，市十五届人大常委会第四十次会议再次就该项工作情况开展专题询问，了解上半年专题询问相关事项落实及完成情况，要求市人民政府和有关部门、县(市)区政府、园区管委会要持续完善基础设施配套，提高园区承载力；要强龙头铸链条建集群，加快引进一批投资规模大、产业链条长的重大产业项目，落细落实“千名干部进千企”“扶持龙头壮大产业”等专项行动，完善“一企一议”等工作机制，着力协调解决企业遇到的问题。聚焦16条重点产业链，大力推动以园聚链、以链集群；要强化要素保障，加大用地供给，盘活存量土地，开展项目投资、税收评价，严格落实项目准入、退出机制，提高土地集约利用水平。加大财政资金支持，强化“政银园”要素融合，多渠道筹集建设资金。促进产业和人才精准对接，推动普通劳动者职业技能培训提升，优化电力、能耗等指标和沙土等资源调度；要创新园区发展体制机制，强化顶层设计，优化产业布局，理顺园区管理体制机制，推广“一园多区”等模式，积极构建具有福州特色的园区标准体系；制定扶持政策，深入推进“政务服务进园区”，着力提升公共服务水平，提高园区管理服务精细化水平。

【新区新城建设专题询问审议意见研究处理情况满意度测评】 2021年4月29日，福州市十五届人大常委会第三十五次会议联组会议听取和审议市人民政府关于新区新城建设专题询问审议意见研究处理情况的报告；4月29日下午，市十五届人大常委会第三十五次会议第二次全体会议对市人民政府关于新区新城建设专题询问审议意见研究处理情况进行满意度测评。经表决，对部门落实优惠政策、跟踪推动重大事项报批情况测评结果为“满意”；对部门加强要素保障、助力新区产业发展情况测评结果为“满意”；对促进新城聚产业、聚人气情况测评结果为“基本满意”。

【《福州市城市内河管理办法》实施的审议意见研究处理情况满意度测评】 2021年6月24日，福州市十五届人大常委会第三十七次会议联组会议听取和审议市人民政府关于进一步加强《福州市城市内河管理办法》实施的审议意见研究处理情况的报告；6月24日下午，市十五届人大常委会第三十七次会议第二次全体会议对市人民政府关于进一步加强《福州市城市内河管理办法》实施的审议意见研究处理情况开展满意度测评。经表决，测评结果为“满意”。

【法律法规实施情况检查】 《福州市烟花爆竹销售和燃放管理办法》实施情况检查　2021年2月7—8日，福州市人大常委会对《福州市烟花爆竹销售和燃放管理办法》实施情况进行检查。要求市政府及有关部门要进一步完善管理机制，开展市、县两级配套政策评估和修订，完善联席联系会议制度，经常性开展联合执法，进一步发挥各类基层组织协同作用；要进一步规范销售行为，建立全市“一盘棋”的联动监管工作机制，加强价格管控，梳理和优化五城区烟花爆竹零售点布局，平抑城区烟花爆竹零售价与周边地区的差距，完善烟花爆竹标识，便于消费者遵纪守法的自我约束和对经营者的监督；要进一步加大违法燃放行为执法力度，配齐执法力量，提升执法信息化水平，通过开展以案释法、曝光违法人员、落实有奖举报制度等措施，切实查处违法燃放行为；要进一步加强宣传教育，建立常态化宣传机制，逐一排查禁止燃放区域的禁燃标志设置情况，全面落实“办法”有关设置要求，强化学校教育。

《福州市轨道交通条例》实施情况检查　3月9日，市人大常委会对《福州市轨道交通条例》实施情况进行检查。要求市人民政府和有关部门要做好政策修订完善工作，提高效率和可操作性。对法规实施情况进行“回头看”，确保法规有效实施；要不断优化线网规划，防止其他建设对地铁建设走廊的侵占。强化沿线县（市）区政府的主体责任，规范征地拆迁工作，保障地铁建设快速推进；要拓宽资金渠道，保障地铁建设、运营。建立健全中长期建设资金保障、运营亏损补贴等机制，借鉴外地经验，创新投融资模式，支持地铁集团“以市场换资源”，提升企业造血能力和运营水平；要加快综合开发，促进“站、产、城”融合发展，通过发展地铁经济，反哺轨道交通建设、运营，推动可持续发展；要强化部门监管责任，完善应急处置机制，加强执法力量，增强执法刚性，强化部门间的协同联动，提升监管水平；要完善配套交通网络体系，不断拓宽“福州地铁服务生态圈体系。

《福州市茉莉花茶保护规定》实施情况检查 5月下旬，市人大常委会对《福州市茉莉花茶保护规定》实施情况进行检查。要求市政府及有关部门要科学规划，尽快编制出台《福州茉莉花与茶文化系统保护与发展专项规划》。将茉莉花种植纳入“两江四岸”景观提升工程，加大对龙头企业的扶持力度，不断扩大茉莉花种植面积；要加大投入，完善扶持政策措施。对认定的茉莉花种植保护基地予以专项补助，将茉莉花种植纳入农业自然灾害保险，设定最低保护收购价，及时兑现新植茉莉花基地补助资金。加强技术指导，优化生产方式，提高茉莉花产量和品质；要强化保障，打造产业服务平台。要推动构建茉莉花茶现代产业体系，支持茉莉花标准化种植示范园建设，实现管理设施智能化控制，解决制约产业发展的瓶颈问题；要融合发展，加快产业链拓展升级。发展茉莉花茶产品精深加工，研发茉莉花系列衍生产品。加快实施“全球茉莉花种质资源保护与创新基地”项目，开发茉莉花茶文旅基地，推动产业集聚发展；要加大宣传，提升品牌影响力。深入挖掘福州茉莉花茶文化底蕴，全力打造福州市茉莉花茶公共品牌形象，在城市规划建设中更多体现市花—茉莉花元素。

《福州市海上丝绸之路史迹保护条例》实施情况检查 6月中旬，市人大常委会对《福州市海上丝绸之路史迹保护条例》实施情况进行检查。要求市人民政府及有关部门要构建事权相宜的工作机制。建立海丝史迹保护传承体系，健全市、县两级海丝史迹保护联席会议制度，逐步形成机构、队伍、经费与海丝史迹保护事权相适应的工作机制；要打造多元多维的史迹品牌。借鉴先进城市的实践经验，打造既有美誉度又有知名度的福州海丝史迹品牌；要提供坚实有力的学术支撑。持续推进海上丝绸之路福州史迹承载的历史信息、艺术和科学价值的挖掘、宣传，加强对福州海丝史迹的全面研究，形成具有较高学术价值的海丝文化研究成果；要营造共建共享的保护环境。各级政府及有关部门要依法严格落实海丝史迹保护主体责任，推动海丝史迹更好融入现代社会、体现当代价值。

《福州市生活垃圾分类管理条例》和《福州市建筑垃圾管理规定》实施情况检查 8月中旬，市人大常委会对《福州市生活垃圾分类管理条例》和《福州市建筑垃圾管理规定》实施情况进行检查。要求市人民政府和有关部门要提高政治站位，统筹谋划垃圾污染防治工作；要加强宣传力度，形成全社会齐抓共管的氛围；要健全体制机制，鼓励和支持社会力量参与垃圾分类与资源化利用工作，提高建筑垃圾资源利用化水平；要落实主体责任，进一步明确生活垃圾和建筑垃圾属地政府、部门、社区、物业、企业、居民各方职责，提高污染防治实效；要提高执法水平，加大违法行为的查处力度，推进智慧监管建设，提升管理精细化、科学化水平。

《福建省旅游条例》实施情况检查 10月中旬，市人大常委会对《福建省旅游条例》实施情况进行检查。要求市人民政府及有关部门要深化文旅融合，打响闽都文化和国家历史文化名城品牌，提升城市旅游吸附效应；要加强旅游营销宣传，充分运用主流媒体平台和各类旅游推介活动，进一步提高福州旅游知名度；要落实扶持政策。旅游项目建设、旅游企业运营、旅游者消费促进等政策扶持务必到位；要进一步放大世遗效应，推动旅游企业、产品、市场全方位对接，推动区域旅游协同发展；要提升旅游竞争力，强化人才要素保障能力；要深化旅游产业融合，以“旅游+”“+旅游”等多元融合催生旅游业态蓬勃发展；要进一步优化旅游发展空间布局，助力全域旅游提质增效。

【听取和审议“一府两院”专项工作报告】 2021年4月28—29日，福州市第十五届人大常委会第三十五次会议听取和审议市人民政府关于福州市推进志愿服务工作情况报告。要求市人民政府和有关部门要强化志愿服务规范化管理，强化对志愿服务的总体规划、统筹协调、督促检查等工作，引导各类志愿服务组织强化能力、细化管理、优化服务；要促进志愿服务规模化发展。纵深推进党支部、文明单位与社区（村）结对共建工作，加快推进新时代文明实践中心建设，广泛设立志愿服务站点，持续拓展志愿服务领域；要提升志愿服务专业化水平。加快建立志愿服务信息对接平台，建立志愿服务“专家库”“人才库”，构建院校、机构、基地等多层次培训体系，不断提高志愿者能力素质；要加强志愿服务制度化支撑。完善志愿服务资金保障机制，健全志愿服务组织孵化机制，创新志愿服务激励回馈机制，为志愿服务增添活力动力；要加快志愿服务品牌化建设。及时总结经验，注重复制推广，积极营造当志愿者光荣、人人争当志愿者的浓厚社会氛围。

4月28—29日，福州市第十五届人大常委会第三十五次会议听取和审议市人民政府关于渔业产业发展情况报告。要求市人民政府要针对渔业产业发展的新形势新要求，及时出台引导作用强、扶持力度大、含金量高的产业政策，加大对渔业产业发展的资金支持力度；要尽快出台新一轮远洋渔业扶持措施，提升远洋渔业整体质量效益，做大做强福州市远洋渔业产业，加快推进福州（连江）国家远洋渔业基地建设；要强化对渔业产业用海的指导与管控，实施海上养殖方式转型升级行动，大力推广无公害养殖技术，加强渔业水域的生态环境治理，加强海洋渔业资源保护，促进渔业可持续发展；要加快形成结构优化、产品优质、布局合理、特色鲜明、优势突出的现代产业体系，加强“福渔”品牌建设，促进福州金鱼做精做强，做好“渔旅结合”文章，打造渔业休闲旅游集中区。

4月28—29日，福州市第十五届人大常委会第三十五次会议听取和审议市人民政府关于2020年全市环境状况和环境保护目标完成情况的报告。要求市人民政府牢固树立生态优先、绿色发展理念，绝不能以牺牲环境为代价发展经济；要坚持问题导向，着力解决损害群众健康的突出环境问题；要坚持“山水林田湖草是生命共同体”的整体系统观，保持自然生态系统的原真性和完整性；要深入打好污染防治攻坚战，积极构建现代环境治理体系，为加快建设现代化国际都市、新时代有福之州、幸福之城作出新的更大的贡献。

4月28—29日，福州市第十五届人大常委会第三十五次会议听取和审议市人民政府关于公安机关开展创建“枫桥式公安派出所”工作情况的报告。要求市人民政府及各级公安机关要加强民警的政治教育、忠诚教育、形势教育，推行党员社区民警兼任社区（村）党支部副书记等经验做法，充分发挥公安派出所在基层平安建设工作中的作用；要尽快制定市级“枫桥式公安派出所”创建评估细则，健全创建平台和载体，全面开展“枫桥式公安派出所”创建工作；要紧密结合“人民满意基层单位”评议活动，做精做强福州品牌，不断扩大创建实效，推动全市派出所服务水平整体提升；要创新矛盾纠纷化解机制，坚持源头治理，切实做到“矛盾不上交、平安不出事、服务不缺位”；要加大表彰宣传力度，营造浓厚的社会氛围，不断夯实公安工作的群众根基。

6月22—24日，福州市第十五届人大常委会第三十七次会议听取和审议市人民政府关于2020年度市本级预算执行和其他财政收支的审计工作报告。要求市人民政府及审计等部门要强化审计问题的整改和落实，坚持解决问题与完善制度、促进改革一体推进，对重点领域突出问题，要紧盯不放，适时开展跟踪审计；要加强审计成果的转化和运用，从源头上加强管理，严肃财经纪律，加大审计公开力度，完善制度、规范预算管理；要持续拓展审计监督广度和深度，强化重大政策落实情况审计、债务审计、国有资产审计，助推重大决策部署落地见效。要把揭示风险隐患摆在更加突出的位置，密切关注政府债务、基层财政运行等情况，助力防范财政风险、兜牢“三保”底线；充分发挥“经济卫士”作用，及时揭示改革发展中的新情况、新问题，从体制机制层面查找原因、提出对策，不断提高审计服务高质量发展的能力和水平。

6月22—24日，福州市第十五届人大常委会第三十七次会议听取和审议市中级人民法院关于立案工作情况的报告。要求审判机关要改进立案服务工作，提升诉讼服务能力水平，切实发挥审判职能作用；要提高思想认识，不断化解基层法院“立案难”问题；要建立诉讼材料公示清单制度，避免立案干扰，做到案件“当场立、自主立、网上立、就近立”；要完善便民立案服务。全面实行律师“一码通”服务，为行动不便的特殊群体开通绿色通道，提供无障碍通道等便民服务设施，推进“上门立案”模式；要加强诉调衔接，充分尊重当事人的选择权，优化程序和环节；要健全督促及问责工作机制，提高立案工作质效；要探索推进市域内跨域立案全覆盖，实现就近能立、多点可立、少跑快立；要加强队伍建设，健全专业的立案人员队伍，提高立案人员业务能力和素质；要加大经验宣传、推广力度，“让网络数据多跑路，人民群众少跑腿”，进一步提升立案效率，更好地便民利民。

6月22—24日，福州市第十五届人大常委会第三十七次会议听取和审议市人民政府关于社会救助工作情况的报告。要求市人民政府和有关部门要转变社会救助工作思路与观念，加强基层社会救助经办能力建设，加强社会救助管理部门间的信息共享，提高社会救助整体效能；要鼓励单位和个人通过捐赠、设立帮扶项目等方式参与社会救助。逐步加大政府购买力度，为社会救助对象提供专业服务。构建社会力量参与社会救助的平台和渠道，为社会力量参与社会救助创造条件、提供便利；要强化基层队伍建设。进一步加强社会救助工作力量，加强教育培训，不断提升社会救助工作人员的政治待遇、经济待遇、生活待遇，充分调动社会救助工作人员的工作积极性和参与主动性；要利用城乡社区公共服务信息平台、公示栏、现场解答等途径和形式，不断加大社会救助政策宣传普及力度。强化正面舆论引导，充分调动社会力量参与社会救助的积极性，增强社会各界的认同与支持。

8月25—27日，福州市第十五届人大常委会第三十九次会议听取和审议市人民政府关于推动榕台深度融合发展工作情况的报告。要求市政府及市直有关部门要营造良好融合环境，构建更加有效的合作交流平台和交流互动机制，加强涉台司法服务，营造更好的法治环境，持续畅通交流合作绿色通道；要落实落细各项优惠政策措施，打通惠台利民政策落实的“最后一公里”，努力在“引进来并留住人”上下功夫，广泛吸纳台湾各领域人才特别是高尖端人才来榕创业就业置业；要持续推动榕台经贸文化社会等各领域交流合作，突出以情促融增进祖地情感文化认同，构筑台胞在榕精神家园，全力推进建设台胞台企登陆第一家园先行城市。

8月25—27日，福州市第十五届人大常委会第三十九次会议听取和审议市人民政府关于社区治理工作情况的报告。要求市人民政府和有关部门要健全完善社区治理领导体制，持续完善社区治理党建平台，进一步汇聚驻区单位党组织的合力，全面落实在职党员到社区报到服务；要进一步总结推广军门社区治理模式，打造一批经验模式可复制的精品社区，促进社区减负增效；要积极探索以购买服务为手段、项目化运作为方法的社区社会组织培育发展路径，加大财政支持社会组织参与社会服务项目的力度，制定社会组织承接政府购买服务资质目录，建立以居民需求为导向的政府购买服务项目机制；要规范物业企业和业委会建设。按照相关规定加强街道物业管理办公室和社区居委会环境物业管理委员会建设，落实人、财、物等配套措施，加强对物业服务企业管理；要提升社区治理信息化服务水平，减轻社区管理人员工作负担，提高人民群众生活便捷性。

8月25—27日，福州市第十五届人大常委会第三十九次会议听取和审议市人民政府关于福州市2021年1—7月国民经济和社会发展计划执行情况的报告。要求市人民政府及有关部门要强化龙头扶引，做大做强“链主”企业，提升产业链水平；要抓招商促投资，增强经济发展后劲；要强服务优环境。深化

“放管服”改革，提高政务服务效能，完善信用体系建设，落实“一企一议”等协调机制，加大对减停产、负增长企业的帮扶力度，提振企业发展信心；要补短板利民生。提高社会公共服务水平，推动文旅深度融合，深入实施乡村振兴战略，推动福州都市圈一体化建设，提高社会治理水平。

8月25—27日，福州市第十五届人大常委会第三十九次会议听取和审议市人民政府关于2021年1—7月市本级预算执行情况的报告。市人民政府及财税等部门要聚焦扶引龙头、培强产业，加大政策宣导和兑现力度，充分发挥财政资金的引导、杠杆作用，吸引和扩大社会投资，推动经济高质量发展；要强化预算执行监管，加强重点领域预算绩效管理，切实提升财政支出效能；要做好财政收入形势预测，深化“零基预算”管理，持续压减一般性支出，完善重大政策和项目事前绩效评估机制，加快推进预算支出分类改革和支出标准体系建设，做实项目库，加强年度预算、中期财政规划与“十四五”规划实施的衔接，提高预算编制的科学性；要严格政府债务管理，积极防范财政风险，确保各级财政平稳运行。

8月25—27日，福州市第十五届人大常委会第三十九次会议听取和审议市人民政府关于推进教育强市建设工作情况的报告。市人民政府要全面落实立德树人根本任务，努力培养德智体美劳全面发展的社会主义建设者和接班人。要充分发挥规划引领作用，力争学前教育更加公益普惠发展，县域义务教育基本实现优质均衡发展，普通高中实现优质特色发展，高校和职业院校创新创业活力充分释放。要持续保障教育事业经费投入，加快推动教育优质均衡发展。要深入贯彻“双减”工作要求，着力加强教师队伍建设，依法依规保障教师权益待遇；要积极建设一流大学城，推动高等教育内涵式高质量发展打造宜学宜业宜居宜游的一流大学城；要大力推进职业教育提质培优，健全中职、高职、应用型本科或职教本科一体贯通的人才培养体系。

10月26—28日，福州市第十五届人大常委会第四十次会议听取和审议市人民政府关于乡村产业振兴工作情况的报告。要求市人民政府要推动乡村产业高质量发展。完善农业生产标准体系，深入开展“三品一标”基地认定和产品认证，推进农业清洁生产，强化农业科技创新支撑，提升标准化、品牌化、绿色化、科技化水平；要推动乡村产业融合发展。一是延长产业链，形成“农业+”多业态发展态势，集中打造一批乡村产业振兴样板区。二是提升价值链，构建高效畅通的现代农产品产销体系。三是完善利益链。推动发展多种形式的股份合作，推广多种利益联结方式，让农户分享加工、销售等环节收益；要推动乡村产业可持续发展。一是统筹资金使用。继续加大财政资金投入，增强农村金融支持力度，引导社会力量参与乡村发展。二是强化用地保障，开展土地综合整治，引导农户通过土地经营权的流转，形成规模化、集约化生产经营格局。三是促进农村创新创业。提高农业的组织化程度，统筹用好各类培训资源，建立吸引人才、留住人才的有效机制，强化乡村产业振兴人才支撑。

10月26—28日，福州市第十五届人大常委会第四十次会议听取和审议市人民政府关于2020年度国有资产管理情况的综合报告。要求市人民政府及国有资产管理部门要扎实推进国企改革三年行动落地见效，深化国企市场化改革，优化国有经济布局结构，完善差异化考核和薪酬激励约束机制，有效调动干事创业的积极性；要完善国有金融资本管理，落实国有金融资本出资人职责，健全服务实体经济相关考核体系，大力发展普惠性金融，提升政府投资基金使用效能；要夯实行政事业性国有资产管理基础，健全相关配套制度，抓好资产登记管理、定期盘点和月报工作，积极推进资产管理与预算管理、绩效考评相衔接，强化监督和约束；要强化自然资源资产统筹管理，健全自然资源资产核算评价制度，深化自然资源资产有偿使用和生态保护补偿制度改革，持续做好自然资源环境状况监测；要健全国有资产报告机制，加强清产核资工作，细化充实报告内容，加大对国有资产的审计力度。

10月26—28日，福州市第十五届人大常委会第四十次会议听取和审议市人民政府关于全面推行河湖长制工作情况的报告。要求市人民政府和有关部门要加大宣传教育力度，加强各地落实河湖长制经验交流；要创新发展河湖长制。选聘民间河湖长，建立健全跨行政区域河海兼顾、上下联动、协同共治的联动巡河制度；要突出重点区域重点问题的解决，对仍然存在问题的地方，要进行挂牌督办；要增强科学技术运用。充分运用卫星遥感、大数据分析等技术实施动态监测，设立区域河湖物业化运营中心，扎实推进河湖保护管理工作；要强化督查考评工作。一方面要落实好重点检查年度目标任务、治理项目推进、河湖日常管护等工作，对发现问题予以通报曝光，对工作落实不力的予以问责。另一方面要建立奖励制度。对治理成效显著的地方给予适当奖励，对主动参与河湖治理的居民予以奖励或表彰，确保河湖治理工作良性持续开展。

10月26—28日，福州市第十五届人大常委会第四十次会议听取和审议市人民政府关于“七五”普法决议执行情况的报告。要求全市各级各部门要构建大普法工作格局。健全法治宣传教育体制和工作机制，全面落实国家机关“谁执法谁普法”工作责任制，压紧各级各部门守法普法主体责任；要推进全民普法和精准普法紧密融合，提高普法工作的针对性实效性；要创新社会主义法治文化宣传途径，培育法制宣传“网红”品牌，鼓励公众创作个性化普法产品，培育一批体现福州地域特点的法治文化阵地，积极探索智慧普法福州模式；要夯实普法队伍基础。加强基层普法队伍建设，加大经费保障投入，配齐配强普法干部，加强基层普法骨干业务培训，加强对社会力量普法活动的管理服务、组织引导和政策、资金、项目扶持。

12月30日，福州市第十五届人大常委会第四十一次会议听取和审议市人民政府关于2020年度市本级预算执行和其他财政收支审计发现问题整改情况的报告。要求市人民政府及审计等相关部门要持续推动问题整改落实。市人民政府要加强对审计整改工作的组织领导和统筹协调。审计部门要强化审计整改跟踪检查。被审计单位要切实落实审计整改主体责任，确保真改实改；要进一步完善审计整改工作机制。要按照立行立改、分阶段整改、持续整改等不同整改要求实行分类管理，不断完善问题清单、整改清单制度；要围绕市委中心工作，服务经济发展大局，强化政策落实跟踪审计、绩效审计，助推市委各项决策部署落实到位。加大对各类风险隐患的揭示力度，深化国有资源资产审计，着力提高审计站位，强化审计成果提炼。

（连蔡煜 林潇雨）

代表工作

【议案办理】 关于制定《福州市人民代表大会常务委员会关于全面提升城乡饮用水水质、逐步推进直饮水建设的决定》的议案 2021年，福州市人大常委会成立直饮水工作调研小组，多次赴外地开展调研，召开征求意见座谈会10余场，深入了解人民群众对水质提升工作的期望和需求。4月，市人大常委会形成调研报告送市委、市政府主要领导。7月2日，市政府常务会议研究福州市高品质饮用水工作实施方案。10月，市政府多次召开专题会议并实地调研推进高品质饮用水工作。在此基础上，市人大常委会城环工委牵头起草《福州市人民代表大会常务委员会关于全面提升城乡饮用水水质、逐步推进直饮水建设的决定（草案）》，经市委常委会会议原则同意，市十五届人大常委会第四十次会议表决通过。

关于制定《福州市寿山石雕刻技艺传承保护办法》的议案 2021年，福州市人大财经委会同立法专班深入企业、大师工作室、职业院校等开展调研，了解寿山石雕行业在生产经营、市场拓展、技艺传承等方面的基本情况和存在的主要问题，征求市有关部门以及人大代表、从艺人员、专家学者等的意见建议，会同市工信局起草《福州市寿山石雕刻技艺保护规定（草案）》。市十五届人大常委会第三十九次会议对《福州市寿山石雕刻技艺保护规定（草案）》进行一审，会后，经再论证形成《福州市寿山石雕刻技艺保护规定（草案修改稿）》，提交市人大常委会会议二审。10月28日，《福州市寿山石雕刻技艺保护规定》经市十五届人大常委会第四十次会议审议表决通过，报省十三届人大常委会第三十次会议批准，法规于2022年3月1日起施行。

关于制定《福州市脱胎漆器工艺保护办法》的议案 2021年，福州市人大财经委会同立法专班深入相关部门开展调研，了解脱胎漆器行业在生产经营、市场拓展、技艺传承等方面的基本情况和存在的主要问题，征求市有关部门以及人大代表、从艺人员、专家学者等的意见建议，会同市工信局起草《福州市脱胎漆器技艺保护办法（草案）》。市十五届人大常委会第三十八次会议对《福州市脱胎漆器技艺保护办法（草案）》进行一审，会后，对法规草案进行再论证，形成《福州市脱胎漆器技艺保护规定（草案修改稿）》，提交市人大常委会会议二审。8月27日，《福州市脱胎漆器技艺保护规定》经市十五届人大常委会第三十九次会议审议表决通过，报省十三届人大常委会第二十九次会议批准，法规于2022年1月1日起施行。

关于制定《福州市闽剧保护传承条例》的议案 2021年，福州市人大常委会教科文卫工委会同立法专班先后赴相关单位调研，为立法做好充分准备。4月，市十五届人大常委会第三十五次会议对《福州市闽剧保护传承规定（草案）》进行一审。会后，市人大常委会教科文卫工委和立法专班通过举行立法论证会、调研座谈会以及书面征求意见等形式，征求各方意见，并形成法规草案修改稿提请市人大常委会会议二审。6月24日，《福州市闽剧保护规定》经市十五届人大常委会第三十七次会议审议表决通过，于7月29日经福建省第十三届人大常委会第二十八次会议批准，法规于11月1日起施行。

关于修订《福州市物业管理若干规定》的议案 2021年，福州市人大法制委会同市人大常委会法工委、城环工委，多次与议案领衔代表沟通联系，汇总整理相关法律法规，并向市房管局了解福州市物业管理工作情况。自《中华人民共和国民法典》颁布实施后，国务院《物业管理条例》、《福建省物业管理条例》和《福州市物业管理若干规定》的有关规定与《中华人民共和国民法典》存在不一致的情况，主要包括业主共同决定事项范围及程序、解除物业服务合同程序要求等重要方面。因此，建议将修订《福州市物业管理若干规定》列入2022年立法计划，待国务院《物业管理条例》《福建省物业管理条例》修订后，及时修订福州市地方性法规。

关于修订《福州市大气污染防治办法》的议案 2021年，福州市人大常委会城环工委会同市生态环境局开展实地调研，召开多场座谈会，围绕福州市大气环境质量及管理概况、法规修订的必要性、先进城市的立法经验等方面进行论证。调研认为，《福州市大气污染防治办法》颁布施行以来，对福州市大气污染防治工作规范化、法治化发挥重要作用。但随着城市化进程加快和经济社会发展，该办法已难以适应新形势下大气污染防治工作的需要，近年来实际工作中形成的经验做法亟须以地方性法规形式固化。因此，建议将该立法项目列入市人大常委会2022年立法计划，适时启动法规修订工作。

关于修订《福州市公共场所控制吸烟条例》的议案 2021年，福州市人大常委会教科文卫工委组织部分市人大常委会委员、市人大代表、教科文卫工委委员等先后赴市博物馆、医院、学校等实地调研，召集市直有关部门座谈，深入基层检查法规实施情况。调研认为，自条例颁布以来，市相关部门依法开展控烟工作，推进法规较好落实。但在法规实施过程中，也存在一些困难和问题，主要包括执法联动机制尚不健全、违法行为取证困难、部分公众控烟意识淡薄等。面对当前党政机关全面建设无烟机关的新要求和福州加快建设现代化国际城市的新形势，为破解存在的问题，需要对现行法规的部分条款予以修订。因此，建议将该立法项目列入市人大常委会2022年立法工作计划，并适时启动法规修订工作。

关于制定《福州方言（福州话）保护传承条例》的议案 2021年，福州市人大常委会教科文卫工委会同市文旅局等部门开展调研，征求各方面意见建议，并与专业机构和专家进行座谈交流。调研认为，福州市于2008年将福州方言列入第一批市级非物质文化遗产保护名录，先后制定《关于进一步扶持福州地方传统艺术事业发展的若干意见》等文件，出版《福州方言词典》等专著，对福州方言进行系统梳理；在福州电视台、广播电台开设方言类节目，在公交、地铁使用方言报站，确定32所中小学校为福州方言传承学校。同时，市人大常委会新出台的《福州市非物质文化遗产保护规定》《福州市闽剧保护规定》等地方性法规中也对包含福州方言及以其为载体的口头文学在内的地方性传统文化保护作出规定。鉴于福州方言保护传承已有相关地方性法规与政府规范性文件为依据，建议继续跟踪现行法规和规范性文件贯彻实施情况，适时启动法规立法论证工作。

关于制定《福州市闽江（乌龙江）福州段洲岛保护管理条例》的议案　2021年，福州市人大常委会农经工委围绕福州市闽江（乌龙江）福州段洲岛保护管理立法的必要性、可行性开展专题调研，组织部分市人大常委会委员赴闽侯县实地察看洲岛保护情况，并就立法相关事项与市直有关部门进行专题研究。调研认为，市政府先后制定《福州市河道“无人岛”综合整治实施方案》《关于进一步完善福州市“两江四岸”规划管控措施的意见》等政策文件，建立河道洲岛保护长效管理机制，并取得较好成效。省人大常委会已将《福建省闽江九龙江保护管理条例》列入立法计划，该条例初稿继续论证中。建议及时跟踪《福建省闽江九龙江保护管理条例》立法进程，待法规颁布实施后，根据福州市实际情况适时启动立法工作。

关于制定《福州市智慧城市建设促进条例》的议案　2021年，福州市人大财经委通过召开立法论证会、部门座谈会等方式，组织开展多方调研论证。调研认为，市政府出台针对智慧城市建设细分领域的规划、方案和行动计划，加快推进新一代信息通信技术与城市战略、规划、建设、运行和服务全面深度融合，全面推进福州城市数字化转型，打造“e福州”、数字城管、水系联排联调等智慧城市应用。鉴于智慧城市建设覆盖政务服务、社会治理、生产生活等方面，综合立法难度较大。福建省人大常委会继续开展《福建省大数据发展促进条例》立法工作，该条例将针对智慧城市建设运行涉及的核心要素进行制度设计，建议待省条例出台并颁布实施一段时间后，结合福州市实际适时启动立法工作。

关于制定《福州市房屋租赁管理规定》的议案　2021年，福州市人大常委会城环工委会同市房管局组织部分市人大常委会委员、提出议案的市人大代表开展调研，深入了解当前福州市房屋租赁市场的现状和存在问题，听取各方对开展房屋租赁地方性立法的意见建议。调研认为，随着社会的飞速发展，房屋租赁市场不断发生变化，当前房屋租赁立法主要存在群租房的认定标准欠缺、多部门联合管理体制机制不完善、住房租赁企业经营行为不规范等问题。同时，住建部正在开展住房租赁条例制定工作，福建省政府已着手制定《福建省住房租赁管理办法》。为与上位法保持一致，建议待国家、省相关法律法规出台后，结合福州市实际进行调研论证，待条件成熟时再适时启动立法程序。

【代表建议办理】　2021年，福州市十五届人大五次会议期间及闭会以来，市人大代表聚焦福州改革发展稳定大局，关注社会民生热点难点问题，提出建议549件（大会建议531件，闭会建议18件）。根据代表建议内容和各承办单位职能，这些建议分别交由市人大常委会有关机构、政府系统、市法院、市检察院和有关党群组织研究办理。10月26日，市第十五届人大常委会第四十次会议听取市人民政府、市中级人民法院、市人民检察院关于市十五届人大五次会议代表建议、批评和意见办理情况的报告。市人大代表在市十五届人大五次会议期间及闭会期间提出的建议全部办复，其中代表对建议办理情况表示满意或基本满意的542件，占总件数的98.7%。

（连蔡煜　林潇雨）

（编辑　苏　颖）

福州市人民政府

重要会议及活动

【市政府常务会议】 2021年，福州市人民政府召开37次常务会议，其中第1—18次由市长尤猛军主持，第19—37次由市长吴贤德主持。

第一次常务会议 1月11日召开。会议研究近期拟出让经营性用地出让方案、福州市第三批历史建筑名单、福州市活禽定点屠宰管理实施方案、做好2021年春节期间稳生产稳用工、委托农村村民住宅建设农用地转用审批权、福州市农村建房工作、地铁1号线融资租赁（售后回租）项目和选聘直接融资主承销商项目招标方案等问题；审议《关于全面推进乡村振兴加快农业农村现代化实施意见（送审稿）》《福州市城市节水专项规划(2021—2035)(送审稿)》《关于深化户籍制度改革促进基本公共服务均等化的若干措施（送审稿）》《福州市人民政府 中国华能集团有限公司战略合作协议（送审稿）》《福建省福州市地方标准管理办法（试行）（送审稿）》。

第二次常务会议 1月19日召开。会议研究福州滨海新城2020年第24次地块出让方案、中凯汽车公司出让地项目规划指标调整、福州市新型城市基础设施建设试点工作方案、福州市乡村公共医疗卫生服务设施规划建设工作方案、烟台山历史风貌区整体提升、义序工程渣土资源化项目建设、益凤发展备用冷冻厂地块协议出让价格、地铁2号线竹岐停车场及苏洋站片区防洪排涝工程、连江县蓼沿乡和安凯乡撤乡设镇、福州市市域社会治理现代化综合指挥平台建设、保障“两节”期间工业生产稳定运行、推荐评选全国纺织行业先进集体和先进个人。

第三次常务会议 1月28日召开。会议传达学习省“两会”精神和2021年省政府第一次全体会议精神，研究2021年春节期间烟花爆竹管控、第五届福州市政府质量奖获奖企业名单、给予中国跨境电商交易会“一事一议”支持政策、海联金汇项目落地、开展福州市乡镇公益性公墓示范点创建活动、2019年高质量增长政策兑现实施细则、做好人民群众就地过年服务保障工作等问题，审议《福州市人民政府 福清市人民政府 中国华电集团有限公司福建分公司 中国电力科学研究院有限公司海上风电检测基地项目合作框架协议（送审稿）》《福州市人民政府 福建省汽车工业集团有限公司 东南（福建）汽车工业有限公司 北京长城华冠汽车科技股份有限公司 前途汽车（苏州）有限公司关于新能源电动汽车项目之合作框架协议（送审稿）》。

第四次常务会议 2月7日召开。会议研究福清龙田经济开发区和闽台（福州）蓝色经济产业园整合、推荐申报国家级“民主法治示范村（社区）”、东部3号地二期安置型商品房项目补缴土地出让价款、返还融汇公司桂湖温泉城项目土地一级开发剩余本金、推荐评选2016—2019年度全省卫生健康系统先进集体和先进工作者、化工路（化工路含连江路交叉口）道路改造工程第2标段工程变更、“两江四岸”整体品质提升规划和规划管控措施、2021年数字·绿色双技改专项行动方案、2021年招商效率和招商质量提升工程工作方案、2020年度福州市“双百双千”增产增效行动奖励工作方案和福州市“扶持龙头壮大产业”专项行动方案、2020年度“抓项目促跨越”专项行动考评工作方案、仓山会展中心片区水系综合治理PPP项目工程逾期处置等问题，审议《福州市福兴经济开发区城市设计及控制性详细规划（送审稿）》《福州市进一步规范在国有保护建筑设立民办展示馆管理办法（试行）（送审稿）》《华中师范大学 福州市人民政府全面合作战略框架协议（送审稿）》《华中师范大学 福州市人民政府合作办学框架协议书（送审稿）》《关于进一步促进科技成果转移转化的补充措施（送审稿）》。

第五次常务会议 2月26日召开。会议研究落实历史文化名城名镇名村传统村落和文物建筑历史建筑传统风貌建筑保护利用九条措施、构建现代环境治理体系的工作方案、2021年福州海洋研究院科研院运行专项经费、东南汽车股权收购、省气象局金山原省气象学校地块收购、开展在榕过年人员“住有补贴”、推荐评选福建省民族团结进步模范集体和模范个人等问题，审议福州市社区工作者管理办法（试行）（送审稿）》《社会工作者薪酬标准及实施办法（试行）（送审稿）》《福州市街道（乡镇）事业单位公开招聘优秀社区工作者暂行办法（送审稿）》《关于促进劳动力和人才社会性流动体制机制改革的若干措施（送审稿）》。

第六次常务会议　3月2日召开。会议部署政府近期有关重点工作，研究2021年市重点项目计划安排、福州森林消防大队纳入福州市消防救援队伍职业保障机制、市委党校扩建、福州市农村集体“三资”网上公开实施方案、解决民营企业无产权房屋征收补偿遗留等问题，审议《福州市应急救援队伍建设管理办法（试行）（送审稿）》。

第七次常务会议　3月15日召开。会议传达学习全国“两会”精神以及省委常委会（扩大）会议精神，部署政府近期重点工作；研究2021年福州市城市和农村建设更新品质提升实施方案，福州中心城区居家社区养老服务照料中心建设提升行动方案和福州市乡村养老服务设施建设提升行动方案，2020年“抓项目促跨越”专项行动招商工作奖励方案，2024年世界城市论坛的申办，推荐评选全国文化和旅游系统先进集体、先进工作者和劳动模范等问题；审议《关于加强城区道路勘探监管工作的实施意见（送审稿）》《福州市城市节约用水管理办法（送审稿）》《福州市非常规水资源开发利用规定（送审稿）》《福州市人民政府　福建师范大学　黄维院士合作筹建海峡实验室三方框架协议书（送审稿）》。

第八次常务会议　3月26日召开。会议研究2020年土地例行督察情况、“两江四岸”环境提升、骏耀商业广场项目A地块增加地下商业建筑面积补缴地价款、地铁4号线洪塘站至金牛山站区间过江段施工预注浆加固及应急储备、2022—2024年市区三角梅日常养护、福州机场高速公路封闭段日常养护、福州滨海新城2020年第19号地块拟拍卖出让、推荐评选全国农村留守儿童关爱保护和困境儿童保障工作先进个人等问题；审议《福州市深化医药卫生体制集成改革实施意见（送审稿）》《2021年福州市生活垃圾分类提升工作方案（送审稿）》《福州市房屋结构安全网格化管理工作导则（送审稿）》《福州市国企改革三年行动实施方案（2020—2022年）（送审稿）》《关于进一步强化河湖长制履职尽责的意见（送审稿）》《福州市人民政府2021年度规章制定工作计划（送审稿）》。

第九次常务会议　4月8日召开。会议研究推进闽江流域福州段生态环境综合治理工作方案、福州市全面推行林长制实施方案、农村饮用水水源地生态环境整治工作方案、福州市湾（滩）长制工作方案、福州机场第二高速公路筹融资及招投标方案、福州市第一批闽菜保护名录、废止《福州市城市房屋产权产籍管理办法》、福州滨海新城2020年第17号地块拟拍卖出让方案、2021年度福州市四城区国有建设用地供应计划及住房用地供应计划、征收地块内涉及部分企事业单位原权证注销、兆丰华福州兽药GMP车间扩建项目、调整中心城区市政道路建设机制、近期拟出让地块出让方案等问题，审议《2021年促进外贸回稳向好的若干措施（送审稿）》《福州市公共场所外语标识管理规定（送审稿）》《福州市公共场所外语标识规范化工作联席会议制度（送审稿）》《关于促进全市批发业稳定发展的若干措施（送审稿）》。

第十次常务会议　4月21日召开。会议研究进一步优化调整城区道路载货汽车通行规定、福州市全方位推动住房城乡建设高质量发展超越行动实施方案、福州市建设行业预防和整治强揽工程强迫交易行为工作方案、滨海新城东湖公园（二期）设计方案、推荐全国维护妇女儿童权益先进集体、福州市与美国火奴鲁鲁市缔结友好城市关系等问题，审议《古厝分类认定标准及普查登记技术规程（试行）（送审稿）》《关于进一步完善保留建筑征收保护利用的意见（送审稿）》福州市人民政府　北京京东世纪贸易有限公司战略合作协议（送审稿）》《福州市人民政府　国网福建省电力有限公司区域总部及产业园意向投资协议（送审稿）》《福州市人民政府　交通运输部东海航海保障中心海事航保大数据战略合作协议（送审稿）》《福州市人民政府　中国信息通信研究院项目合作协议（送审稿）》《福州市人民政府　中国电信股份有限公司福建分公司共同推动数字中国（福建）创新产业园建设合作协议（送审稿）》《福州市人民政府　中国电信股份有限公司福建分公司共同推动福州物联网产业发展战略合作协议（送审稿）》《福州市人民政府　福建博思软件股份有限共同推进数字乡村建设战略合作框架协议（送审稿）》《福州市人民政府　中国长江三峡集团有限公司战略合作框架协议（送审稿）》《福州市软木画技艺保护规定（送审稿）》《福州市闽剧保护传承规定（送审稿）》。

第十一次常务会议　4月30日召开。会议传达贯彻全省季度经济会议精神，部署当前重点工作；研究福州市改革完善社会救助制度实施方案、福州市2020年度绩效考评结果和绩效奖励安排、2021年公共休闲空间配套设施建设实施方案、落实“两违”综合治理工作的实施方案、项目征收扫尾和用地报批、福州瓜果城房地产开发有限公司等5家企业利用自有工业用地建设社会租赁住房、晋安区350111-FX-E管理单元05等地块控规优化方案、福建神学院新校区配套工程用地协议出让价格、帝封江出让地块一土地出让合同履行、“惠聚榕城消费季”活动实施方案等问题，审议《关于新时代加快完善社会主义市场经济体制的实施措施（送审稿）》《关于构建更加完善的要素市场化配置体制机制的实施措施（送审稿）》《关于深化新时代教育督导体制机制改革的实施意见（送审稿）》《福州市人民政府　华为技术有限公司打造榕城智能体共建数字福州深化战略合作协议（送审稿）》。

第十二次常务会议　5月12日召开。会议研究吸引全日制大中专院校学生暑期来（在）榕旅游观光、社会实践——“好年华，聚福州”游学活动总体方案，“福州地铁建设加快速度　加大力度　创新模式”实施方案，2021年福州市“绿进万家、绿满榕城”工作方案，福州市海上养殖转型升级行动方案，安平佳园等13个安置房项目配套用房改商业用房补缴地价款，融信洋中城、青年城项目开竣工，福州市五城区数字城管信息采集服务外包项目第四轮招标建设方案，长乐区政府驻地迁移行政区划调整。建设福州市博物馆、美术馆新馆，华为福建区域总部项目地块，水向东医院安置建设缴交地价款，开展涉及行政处罚内容的地方性法规、规章和规范性文件清理工作；审议《关于进一步规范公开出让项目净地验收工作机制（试行）（送审稿）》《城市管理综合体项目建设管理工作指导意见（送审稿）》《关于进一步完善福州市房屋建筑和市政基础设施工程抢险救灾等应急性工程项目招标工作的实施意见（送审稿）》《福州——定西缔结友好城市合作框架协议（送审稿）》。

第十三次常务会议　5月21日召开。会议宣布市政府领导工作分工调整事宜，部署近期福州市疫情防控有关工作，研究福州市区域综合城建设实施方案、福州市老旧小区改造实施方案（2021—2025年）、2021年旧屋区改造计划、福州市加强围填海管控打击非法用海专项整治工作方案、2021海峡（福州）渔业周总体方案和第二届中国食用菌产业博览会总体方案、2020年度“抓项目　促跨越”专项行动奖励、华大村下后营旧改项目回购面积调整涉及补缴价款、福州市知识产权法庭选址、福州市市级夜色经济体验示范区考评情况、修订远洋渔业扶持政策等问题；审议《福州市人民政府与中国服务贸易协会战略合作协议（送审稿）》《关于改革完善体制机制加强粮食储备安全管理的若干措施（送审稿）》。

第十四次常务会议　6月7日召开。会议研究进一步健全内河河长制强化城区水系管理维护工作方案和进一步健全考核机制提升城区内河水质实施方案，春晖大楼用地出让，福州港务集团2020年度补贴资金和制订《福州市港口生产发展扶持政策（2021—2022年）（送审稿）》，闽江世纪城项目地块开竣工时点核定，富民花园1号楼办理不动产登记，左海公园威尼斯水城建筑创办“闽都文化”展示馆公开招募方案，组建福州地铁维保公司、规范征收城市基础设施配套费、东升小区三组团（东藤苑10号、11号、12号、13号楼）用地性质变更补缴地价款，安乐巷旧改项目供地及规划方案，福州市四城区集体建设用地基准地价编制成果，推荐评选福建省优秀民营企业家、优秀民营企业和民营企业党建工作先进单位，调整2022年福州市月最低工资标准及非全日制用工小时最低工资标准，推荐评选全国残疾工作先进个人，开展精品示范社区创建活动，民政服务机构发展等问题。审议《福州市文化产业“十四五”发展专项规划（2021—2025年）（送审稿）》《关于培育养老服务示范企业　全面提升专业化水平的若干政策（试行）（送审稿）》《福州市人民政府　同济大学推进职业教育高质量发展合作框架协议（送审稿）》《福州职业技术学院与同济大学合作项目建设方案（送审稿）》《福州市属公办中小学、幼儿园参照事业单位聘用制人员管理办法（送审稿）》。

第十五次常务会议　6月18日召开。会议研究2021年度第二批经营性用地出让方案、滨海新城医院打造国家区域医疗中心样板工作方案、《福州滨海新城人才住房实施细则（试行）》补充意见、推荐评选全省财政系统先进集体和先进工作者等问题，审议《福州市支持企业上市“榕腾计划”实施意见（送审稿）》《福州市脱胎漆器技艺保护办法（送审稿）》。

第十六次常务会议　6月24日召开。会议研究在榕就业创业台胞住房保障工作实施方案、2021年人才住房保障具体实施方案、城区人才租赁房运营服务、发放2021年首批春节期间稳就业失业保险稳岗返还、推荐评选福建省第六届杰出人民教师候选人。审议《福州市新一轮古厝普查登记和保护利用专项行动市级修缮资金奖补办法（送审稿）》《关于鼓励高校毕业生来榕留榕就业创业七条措施（送审稿）》。

第十七次常务会议　7月2日召开。会议研究福州市高品质饮用水工作实施方案，福州城区城市品质提升及人居环境改善工作任务清单，象峰新苑8套拆迁安置房转为限价商品房补缴地价款，软件园D区软件信息产业基地项目，福铁大厦项目补缴增容地价款，北江滨中央商务区B2、B3地块开发，福州市建立完善老年健康服务体系实施方案，福州市促进中医药传承创新发展实施方案，推荐评选全省工信系统先进集体和先进工作者等问题。审议《关于进一步规范福州古厝消防安全管理的意见（试行）（送审稿）》《福州市古厝活化利用消防审查工作导则（试行）（送审稿）》《关于进一步规范完善租赁住房项目规划设计工作导则（送审稿）》《福建省数字产业发展基金意向合作框架协议（送审稿）》。

第十八次常务会议　7月20日召开。会议部署全市安全生产有关工作，研究2021年土地利用计划配置规则、推行惠民“福粥”工程实施方案、福州市第四批历史建筑建议名单、第八届丝绸之路国际电影节总体方案、加入广东省燃料电池汽车示范群、东南汽车股权重组项目工作进展情况、福州滨海新城近期三宗经营性用地出让、璟云公馆项目限价商品住房销售、金山大厦改造提升、马尾区参照县级管理体制下放权限、五四北限价商品房住房项目土地出让金结算、评选表彰福州城区水系综合治理工作先进集体和先进个人、润华山庄项目开发建设、表彰第五批省派福州驻村工作队和驻村干部等问题；审议《推进新一轮“海上福州”建设实现海洋经济高质量发展三年行动方案（2021—2023年）（送审稿）》《推进新一轮“海上福州”建设实现海洋经济高质量发展政策汇编》《福州市国土空间规划管理技术规定（送审稿）》《遏制新增违法占用耕地全流程监管工作机制（送审稿）》《福州市停车场建设和管理办法（送审稿）》《关于自闭症（孤独症）儿童康复帮扶若干措施（试行）（送审稿）》。

第十九次常务会议　8月11日召开。会议学习《习近平在福建》《习近平在福州》系列采访实录和省委、省政府、市委有关工作要求。研究全市安全生产，福州市强化知识产权保护实施方案，租赁住房试点工作总体进展和工作安排、工业（产业）园区租赁住房（员工宿舍）配套建设，市区部分道路名称命（更）名方案，调整第二批集中出让公告和调整福州滨海新城2021年第7号地块出让公告，江滨大道省直机关住房项目供地，推荐评选全国体育系统先进集体和先进工作者等问题；审议《福

州市人民政府 世茂集团控股有限公司战略合作框架协议（送审稿）》《福建省知识产权局 福州市人民政府 福州高新区管委会共建中国（福建）知识产权保护中心协议书（送审稿）》。

第二十次常务会议 8月18日召开。会议部署福州市新冠肺炎疫苗接种工作，研究西岭互通铜盘路接线工程部分工程变更、省电力管培中心新址项目建设、乌山历史风貌区二期保护修复项目扩征、推荐评选全民科学素质工作先进集体、推荐评选2017—2021年度全国群众体育先进单位和先进个人等问题。审议《福州市企业内设加油站（点）监督管理办法（试行）（送审稿）》《福州市交通领域市级与县级财政事权和支出责任划分改革方案》《福州市建设科创走廊工作方案（送审稿）》《福州市房屋征收补偿实施细则（2021年版）（送审稿）》《福州市建设项目用地开竣工管理办法（试行）（送审稿）》《福州市人民政府关于进一步加强城区建筑工地夜间施工审批监管工作的意见（送审稿）》《福州人民政府 国家海洋环境监测中心战略合作框架协议（送审稿）》《福州市历史文化名城保护条例(修订)（送审稿）》《福州市寿山石雕刻技艺保护规定（送审稿）》。

第二十一次常务会议 8月26日召开。会议学习全省下半年工作推进会会议精神和市委常委会会议精神以及全省打造数字化营商环境，培育和激发市场主体活力工作会议精神。研究2022年度城乡居民基本医疗保险筹资标准、组建福建海峡冶金供应链股份有限公司、2020年度“抓项目促跨越”专项行动招商工作、福建福腾房地产开发有限公司要求返还7000万元监管资金、三坊七巷文华酒店项目开工等问题。审议《福州市“攻坚120天”专项行动方案（送审稿）》《2021年度福州市实施乡村振兴战略实绩考核工作方案（送审稿）》《关于建立福州市民兵应急力量与地方应急力量统筹建设运用机制的意见（送审稿）》《关于深化新一代信息技术与制造业融合发展实施方案》《福州市推进解决城区停车难问题实施方案（送审稿）》。

第二十二次常务会议 9月1日召开。会议传达学习省政府城建、交通、自然资源和农口领域专题会议精神，研究推荐评选全省信访系统先进集体和先进工作者、市医患纠纷调解处置中心拟调整办公场所、增加200名交通勤务辅警编制等问题，审议《福州新区“十四五”发展专项规划（送审稿）》《福州市2021年度绩效管理工作实施方案（送审稿）》《福州市生态领域市与县财政事权和支出责任划分改革实施方案（送审稿）》《福州市市级零基预算改革实施方案（送审稿）》。

第二十三次常务会议 9月10日召开。会议研究2021年市级重点项目前期工作经费安排、春伦集团利用自有工业用地提升改造、给予黄起等142名福州古厝保护利用工作先进个人奖励或通报表扬、推荐评选全国应急管理系统先进集体和先进工作者、福州市支援定西工作队奖励、推荐评选全省民族与宗教系统先进集体和先进工作者、推荐评选全国知识产权系统先进集体和先进个人、推荐评选全国实施妇女儿童发展纲要先进集体等问题，审议《福州市“十四五”水资源开发利用与保护专项规划（送审稿）》《福州市中心城区殡葬设施布点专项规划（2020—2035）（送审稿）》《福州市海上环卫工作实施方案（送审稿）》《福州市优化营商环境行动方案（送审稿）》。

第二十四次常务会议 9月15日召开。会议通报漳州市相关县2020年统计违法案件。研究建设福州市博物馆、美术馆新馆，晋安区天择变压器厂地块出让，发放2021年第二批春节期间连续生产企业稳就业失业保险稳岗返还，推荐评选全省人社系统先进集体和先进工作者，推荐评选全国根治拖欠农民工工资工作先进集体和先进个人，推荐评选全国绿化先进集体劳动模范和先进工作者等问题。审议《关于进一步明确市级各类安置房源对接使用的实施意见（送审稿）》。

第二十五次常务会议 9月22日召开。会议研究湾边大桥、湾边互通、橘园洲大桥和旧乌龙江大桥病害处治方案，推荐评选表彰省级见义勇为人员等问题。审议《福州市“十四五”特色现代农业发展专项规划（2021—2025年）（送审稿）》《福州口岸营商环境评价体系（海关）工作方案（送审稿）》《福州市促进现代物流业加快发展八条措施（送审稿）》《关于统筹推进福州现代物流城建设实施方案（送审稿）》《关于扶持住宿、餐饮行业应对疫情加快发展的若干措施（送审稿）》。

第二十六次常务会议 9月29日召开。会议研究福州市林浦水闸泵站工程险情评估及抢险救灾初设报告、推荐评选全国机关事务工作先进集体和先进个人、福州市双拥工作先进集体和先进个人表彰等问题。审议《深化散乱污企业（场所）整治 开展2021年“斩乱去污”攻坚行动方案（送审稿）》《福州市农村生活污水提升治理五年行动计划（2021—2025年）（送审稿）》《福州市推广养殖海权改革工作实施方案（送审稿）》《闽江干流防洪提升工程前期工作方案（送审稿）》《关于加快推进全市中小学课后服务扩面提质工作的实施意见（送审稿）》。

第二十七次常务会议 10月11日召开。会议传达学习习近平总书记关于国家粮食安全重要论述精神，研究福州市粮食工作情况，当前全市安全生产，2020年度“双百双千”增产增效行动奖励，推荐评选2016—2020年全国、全省普法工作先进工作单位、先进个人和依法治理创建活动先进单位等问题。审议《福州市涉粮工作情况报告(送审稿)》《关于进一步做好既有住宅增设电梯工作的若干意见（送审稿）》《关于开展既有住宅增设电梯设备集中带量采购工作的指导意见（送审稿）》《关于加快福州鱼丸产业发展六条措施（送审稿）》《福州鱼丸品牌高质量发展三年行动方案（送审稿）》。

第二十八次常务会议 10月20日召开。会议研究2021年1—9月份经济运行情况、福州市都市圈发展规划实施动员会暨福州都市圈（闽东北）重大基础设施互联互通建设工作推进会相关文件、福州市实施“六年一户学位”政策、福州机场第二高速公路项目建设等问题。审议《福州市“十四五”重点产业招商地图（送审稿）》《福州市与八宿县巩固脱贫攻坚成果及促进乡村振兴结对帮扶框架协议书（送审稿）》《福州市公路科技治超项目建设实施方案（送审稿）》《福州市人民政府 福建省港口集团有限责任公司推动丝路海港城建设发展合作框架协议（送审稿）》《福州市推进福州都市圈高质量发展实施方案（送审稿）》《2021年市本级预算调整方案（草案）》《福州市“两江四岸”码头专项规划（送审稿）》《关于支持福州机场实施冲千万百日行动方案（送审稿）》。

第二十九次常务会议 10月27日召开。会议传达习近平总书记在中共中央政治局第三十四次集体学习时的重要讲话精神和市委常委会会议精神，2021年省政府第二次全体会议精神，全省九市一区政府主要负责同志座谈会精神，《福建省人民政府办公厅关于支持福州实施强省会战略的若干意见》和市委常委会会议精神，研究福州数字经济发展情况、福州市实施行政复议体制改革工作等问题。审议《国家数字经济创新发展试验区（福州）工作方案（送审稿）》《福州市居家和社区基本养老服务提升行动总体方案（送审稿）》《福州市家庭养老床位和服务实施办法（送审稿）》《福州市政府购买居家养老上门服务实施办法》《福州市加快建设国家城乡融合发展试验区福建福州东部片区行动计划（2022—2025）（送审稿）》《福州市加快建设国家城乡融合发展试验区福建福州东部片区2021—2022年实施方案（送审稿）》《福州市“十四五”科技创新专项规划（送审稿）》《福州市“十四五”人力资源和社会保障事业发展专项规划（送审稿）》《关于统筹推进福州现代物流城建设实施方案（送审稿）》《福州市人民政府 中国华电集团有限公司福建分公司战略合作框架协议（送审稿）》。

第三十次常务会议 11月4日召开。会议研究福州市文旅经济发展情况、福州市用地报批工作方案、第七届“海上丝绸之路”（福州）国际旅游节方案、近期拟出让经营性用地出让方案、调整安商房地块土地款缴款方式和回购付款节点、福建海源华创新材料制品有限公司提升改造项目、福州市第五批市级非物质文化遗产代表性项目代表性传承人等问题。审议《福州市关于促进旅游业高质量发展的实施意见（送审稿）》《福州市自然资源卫片执法预警约谈暂行办法（送审稿）》《福州市中心城区养老设施布局专项规划（2020—2035）（送审稿）》《关于进一步完善商品房价格备案工作意见（送审稿）》《福耀科技大学建设战略合作框架协议书（送审稿）》。

第三十一次常务会议 11月17日召开。会议传达贯彻省政府主要领导来榕调研主要精神、严格耕地用途管制视频会议精神，研究扫黑除恶专项斗争奖励工作，推荐全省公安系统优秀单位、优秀人民警察候选对象等问题。审议《关于促进跨境电商高质量发展若干措施（送审稿）》《福州市政府投资信息化项目管理办法（送审稿）》《福州市建设高标准市场体系实施方案（送审稿）》《福州市“十四五”消防救援事业发展专项规划（送审稿）》《福州市“十四五”体育发展规划（送审稿）》《福州市人民政府 天津大学 福建省教育厅关于在福州合作办学协议的补充协议（送审稿）》《关于深化城市网格化服务管理工作的意见（送审稿）》《福州市城市网格员管理办法（试行）（送审稿）》。

第三十二次常务会议 11月24日召开。会议研究世茂108大厦项目开发建设、2021年度福州市营职及以下（含技术职务）军转干部安置计划方案、福州滨海新城高速公路一期工程建设模式、第十七届中国会展经济国际合作论坛相关筹备工作、孟超肝胆医院与浙江大学医学院附属第一医院合作创建国家区域医疗中心等问题。审议《福州市闽菜保护与发展三年行动计划（送审稿）》《关于促进平台经济发展的若干措施（送审稿）》。

第三十三次常务会议 12月1日召开。会议学习政府采购招标投标法律法规知识、申报2022年省重点项目备选名单、优化福州地铁机制、地铁4号线一期工程弱电系统集成供货及服务项目招标方案、福泉高速公路连线拓宽改造工程（A2标段）设计方案调整及地质勘察情况变化引起工程变更、推荐评选福州市农业农村工作先进集体和先进个人等问题。审议《中共福州市委 福州市人民政府关于实现巩固拓展脱贫攻坚成果同乡村振兴有效衔接的实施意见（送审稿）》。

第三十四次常务会议 12月9日召开。会议研究2020年公交成本规制补贴、第一批福州市海上丝绸之路史迹保护名录、推荐评选全省文化和旅游系统先进集体和先进工作者、第五届福州青年科技获奖评选工作等问题。审议《福州市重要民生商品保供稳价工作方案（送审稿）》。

第三十五次常务会议 12月14日召开。会议研究优化调整福州市人才限价商品房政策，推荐评选全国公安系统优秀单位、优秀人民警察，疫情防控等问题。审议《福州市“十四五”文化和旅游发展专项规划（送审稿）》《福州市县级人民政府履行教育职责督导评估实施意见（送审稿）》《福州市县（市、区）党政主要领导干部抓教育工作督导考核实施意见（送审稿）》《福州市“十四五”工业和信息化产业发展专项规划（送审稿）》《福州市古厝保护条例（送审稿）》《福州市软木画、脱胎漆器、寿山石雕刻技艺保护和产业发展五年行动计划（送审稿）》。

第三十六次常务会议 12月23日召开。会议研究开展2022年福州市为民办实事项目、五四北商品住房项目竣工期限认定、长乐机场综合交通枢纽配套工程施工招标、福建省平潭及闽江口水资源配置工程（简称“一闸三线”工程）东张水库——平潭苍霞段输水线路调整等问题。审议《福州市市直有关部门生态环境保护责任清单（送审稿）》《关于进一步推进气象事业高质量发展的实施意见（送审稿）》《福州市人民政府 国家开发银行福建省分行共同推动福州高质量发展超越开发性金融合作备忘录（送审稿）》。

第三十七次常务会议 12月28日召开。会议研究光明港片区2个安置房项目配套用房改商业用房补缴地价款，福建磨珠明股份有限公司提升改造项目，提高市属高校绩效总量等问题。审议福州市十六届人大一次会议《政府工作报告（送审稿）》《福州市2021国民经济和社会发展计划执行情况及2022年国民经济和社会发展计划草案的报告（送审稿）》《福州市2021年预算执行情况和2022年预算草案的报告（送审稿）》《关于加快发展保障性租赁住房的实施意见（送审稿）》《福州市城乡供水一体化建设行动方案（送审稿）》《福州市“十四五”综合交通运输发展专项规划（送审稿）》《福州市“十四五”生态环境保护规划（送审稿）》《福州关于支持举办会展活动的若干措施（送审稿）》《福州市人民政府 福建省农村信用社联合社金融服务乡村振兴战略合作框架协议（送审稿）》《闽江学院“十四五”规划和2035年远景目标纲要（送审稿）》《中共福州市委 福州市人民政府关于进一步加快闽江学院改革与发展的若干意见（送审稿）》《市管国资国企改革重组方案（送审稿）》。

【“亿元惠榕城·舒心跨年购”活动】 2021年2月5日晚，“亿元惠榕城·舒心跨年购”活动在福州市广播电视台演播中心启动。福建省副省长郭宁宁，福州市市长尤猛军，市政协主席何静彦，省商务厅厅长吴南翔、副厅长陈安生，福州市副市长杭东、李春等领导出席活动。

【中国侨商联合会与福州市对接座谈会】 2021年4月8日召开。福建省委常委、福州市委书记林宝金、市长尤猛军与全国政协常委、中国侨商联合会会长许荣茂带领的中国侨商联合会考察团一行，共话合作与发展。省侨联主席陈式海作发言，市长尤猛军作福州投资环境推介。

【福州·定西缔结友好城市座谈会】 2021年4月15日召开。甘肃省委副书记孙伟，福建省委常委、福州市委书记林宝金，福建省副省长郑建闽，定西市委书记唐晓明出席。福州市市长尤猛军、定西市市长戴超共同签订“福州定西缔结友好城市合作框架协议”。

【第四届数字中国建设峰会】 2021年4月25日开幕。中共中央政治局委员、中央书记处书记、中宣部部长黄坤明出席峰会开幕式并发表主旨讲话。峰会主要议程有开幕式、主论坛、分论坛、成果展、创新大赛、政策发布、项目对接签约等部分，以及“有福之州·对话未来”“闽江夜话”等交流活动。

【第四届21世纪海上丝绸之路博览会暨第二十三届海峡两岸经贸交易会投资促进大会】 2021年5月17日在海峡国际会展中心举行。中国国际贸易促进委员会副会长柯良栋，福建省委常委、福州市委书记林宝金，副省长郭宁宁，福州市市长尤猛军等出席活动。

【首届“福茶行天下”大会召开】 2021年5月21日召开，茶文化·茶产业·茶科技——首届“福茶行天下”高质量发展大会在福州海峡国际会展中心召开。中华全国供销合作总社党组成员、理事会副主任王伟，福建省副省长崔永辉，福州市委副书记、市长尤猛军等领导出席大会。

【2021世界遗产青年论坛开幕】 2021年7月5日，第44届世界遗产大会重要组成部分——2021世界遗产青年论坛在海峡国际会展中心开幕。教育部副部长、中国联合国教科文组织全国委员会主任、第44届世界遗产大会主席田学军，联合国教科文组织世界遗产中心主任梅希蒂尔德·罗斯勒通过视频方式为论坛开幕致辞，市长尤猛军致欢迎辞。

【中华龙碑雕塑落成揭幕仪式】 2021年7月11日，在晋安区新店古城遗址公园举行。福建省副省长郑建闽，福州市市长尤猛军，省直有关部门领导石建平、洪平、李文哲，北京龙源传统文化交流促进中心理事长贾正，市领导陈晔、杨新坚、李春等共同为中华龙碑揭幕。

【第44届世界遗产大会开幕】 2021年7月16日开幕，国家主席习近平向大会致贺信。这是中国在文化和自然遗产保护领域承办的最高规格的国际会议。联合国教科文组织首次以在线形式审议世界遗产议题，大会新增34个世界遗产，3个入选项目实现重大拓展。

【三江口生态公园正式开园】 2021年9月30日开园。公园位于闽江至南江滨东大道之间，北起魁浦大桥，南至清凉山，全长约12千米，总绿地面积126.2公顷。作为“两江四岸”整体品质提升工程的重要组成部分，三江口生态公园以“福文化”为特色，严格按照保生态、通廊道、显文化、聚活力、创意境、塑网红的理念，打造出海峡文化艺术中心、船厂旧址、滨河沙滩、福娃天地、阳光草场等十大打卡景点。

【2021年国家网络安全宣传周福建省活动开幕】 2021年10月11日在福州举行。福建省委书记尹力对宣传周活动作出批示，省委常委、宣传部部长邢善萍出席开幕式并讲话，副省长郭宁宁为入选“国家智能社会治理实验基地”“福建省网络安全产业示范园”的单位授牌，福州市市长吴贤德致辞，市委常委、宣传部部长、统战部部长陆菁参加活动。

【福州市与美国檀香山市在线签署建立友好城市关系协议书】 2021年10月21日，福州市与美国檀香山市在线签署建立友好城市关系协议书。中国驻美国大使秦刚发来贺信，中国驻洛杉矶总领事张平、福州市市长吴贤德、檀香山市市长里克·布拉吉亚迪出席线上签约并分别致辞。

【第七届“海上丝绸之路”（福州）国际旅游节】 2021年11月23日在福州启动。文化和旅游部副部长张旭发表视频致辞，福建省委常委、福州市委书记林宝金，省委常委、副省长郭宁宁，市领导吴贤德等出席启动仪式。

【第八届丝绸之路国际电影节】 2021年12月8日开幕。福建省委常委、宣传部部长张彦出席并宣布电影节开幕，省委常委、福州市委书记林宝金，副省长郑建闽出席，市长吴贤德致辞。

【第十二届新福州人集体婚礼】 2021年12月19日在江心公园举行。百对新人身着传统婚服，携手走进婚姻殿堂，他们以集体婚礼的方式倡导文明新风。福建省委常委、福州市委书记林宝金，市长吴贤德，省总工会党组书记、副主席祝荣亮，市四套班子领导陈为民、何静彦、林建、张忠、刘卓群、郭学斌、张定锋、陈曾勇、黄建雄、王绍知出席集体婚礼仪式，并送上祝福。

（吴晓萍）

政务督查

【概况】 2021年，福州市人民政府共编发各类督查通报39期，完成《市政府工作报告》及省、市为民办实事项目、市政府常务会议和市长专题会议议定事项等市政府重点工作的督办落实。重点开展或参与强省会战略主要任务、“九大专项”行动、“转作风、强服务、办实事”专项提升行动、安全生产工作、水源保护区调整、国有房产审计问题整改、河湖水系综合治理、已出让土地征迁扫尾、房地产领域信访突出问题等近30多项任务的督查督办。

【领导批办件督查】 2021年，福州市人民政府根据《市委市政府主要领导签批交办事项督办反馈工作制度》，规范市主要领导批示（办）件的登记、交办、督办、反馈、归档等环节，细化各项工作流程，提升办理质量及效率。全年办理市政府主要领导批示件5272件，直转件3843件，批办件352件。

【人大代表建议督查】 2021年，福州市人民政府承办代表建议496件，其中人大会议期间收到代表建议478件，均已办复。所提问题已解决或基本解决的有230件（A类），占总件数48.12%；所提问题正在解决或列入计划逐步解决的有198件（B类），占总件数41.42%；所提问题因政策、财力或客观条件限制暂时无法解决的有35件（C类），占总件数7.32%；所提建议有关部门留作参考的有15件（D类），占总件数3.14%。代表对办理情况的满意率98.95%。

【政协委员提案督查】 2021年，福州市人民政府承办市政协委员提案458件，均已办复，其中提案所提建议已采纳、问题已解决或基本解决的（A类）294件，占总件数的64.19%；所提建议拟采纳、问题正在解决或列入规划逐步解决的（B类）159件，占总件数的34.72%；所提建议因条件限制或其他原因暂时无法解决的（C类）3件，占总件数的0.66%；所提建议留作参考的（D类）2件，占总件数的0.44%。政协委员对提案办理结果的满意率100%。

（吴宏姜　黄杨见　袁建新　杨兰英　林珍彦　刘　震）

机关效能建设

【概况】 2021年，福州市机关单位工作人员被效能问责179人次（含处级干部1人，科级干部44人，科级以下干部134人），其中被效能告诫23人，被效能通报批评处理43人，被诫勉教育处理113人；被效能通报批评单位30家。获市委、市政府主要领导肯定性批示21次，获第四届“推进机制活、建设新福建”全省机关体制机制创新优秀案例征集评选活动优秀组织奖。年内，在《福州日报·效能之窗》专栏宣传福州市践行“马上就办、真抓实干”、优化营商环境、提升“12345”便民服务等方面的机关效能建设成果。在《福州日报》、“学习强国”等媒体上刊登宣传报道25篇。

【效能督查】 2021年，福州市效能办建立工作台账，指定专人负责，形成工作清单，并落实每月定期报告进展情况制度。按照分区划片、定岗定责的模式，变“单一型”督查为“联合型”督查，变“零星碎片”督查为“集中连片”督查，避免重复督查，减轻基层负担。针对一些行业、领域、部门存在的服务意识不强、工作标准不高、工作作风不实、责任落实不严等问题，加大明察暗访力度。针对工作作风、行政审批、窗口服务等情况开展体验式督查。利用数字化、可视化技术，通过远程视频监督系统对各级行政服务中心、分中心便民服务窗口开展远程电子监察，全面整治服务意识弱、服务效率低、服务态度差、服务形象不佳等问题。年内，对全市各级各部门开展机关作风暗访督查390余次，出动人员1120多人次，督查单位1230余家。针对市民反复投诉、群众“急难愁盼”问题，建立常态化督办核查机制。聚焦社会舆论和群众关注的重点、难点、热点，建立每周联席会议、每周抽查督办、每月集中报告、每月进行通报、组织追责问责、开展“回头看”等6项督查机制。全年受理各类诉求215件，办结率100%，其中实地核查督办12345诉求件72件，办结率100%。制定《效能督查员参与督查工分制办法》，根据督查工作性质，按照行程、时间、次数等进行分级分档计算工作量，并计分排名、张榜公布，共参加各类督查活动76场次100多人次。

【绩效考核】 2021年，福州市效能办将市无线电管理局、福州海事局等中央、省垂管单位列入绩效考核考评。对县（市）区设置绩效指标66个，总数比上年减少3个，将对县（市）区、高新区考评中经济指标权重占比提高至52%。首次将市直各部门对接落实强省会战略工作情况纳入各县（市）区、市直相关单位年度绩效管理内容，并制定下发《福州市实施强省会战略工作考评办法》。首次开展对县（市）区网络评议中期评议工作，将满意度较低的指标问题反馈至相关责任单位，要求其回访解释。建立每月典型问题定期移送制度，由20家市直单位将发现的典型问题定期抄送市效能办，并作为2021年度绩效考评察访核验的扣分依据。首次增设“专项工作”考评模块。对16个市级重点工业园区首次增设察访核验评分方式。年内，在福建省对市绩效考评中，福州市绩效考评总分90.17分，位列全省第二名，获“优秀”等次。

（林榕捷）

政务公开

【概况】 2021年，福州市各级各部门主动公开各类文件14927件。新制发规范性文件499件、废止332件。办理政府信息公开申请2496件，答复办结政府信息公开申请2519件。开展政务新媒体的清理整合，运维保障等工作，政务新媒体新增备案68个、清理注销38个，共434个。下发《2021年全市政务公开工作要点的通知》，将政务公开工作纳入绩效考核体系。年内，“@福州发布”连续9个季度位居福建十大党政新闻发布微博第一名；数据公开福州市在全国156个标杆城市中排名第三，在地级标杆城市中排名第一。

【政府信息主动公开】 2021年，福州市各级各部门主动公开各类文件14927件。设立“十四五”规划专栏，集中发布“十四五”规划纲要及专项规划，归集整理并主动公开历史规划（计划）。落实市本级政府预决算、部门预决算公开工作，深化地方政府债务信息公开，推进专项资金管理及每月预算执行情况公开，公开各类财政信息165篇。推进市场规则标准和监管执法信息公开。按照“权责法定、规范有序、便民高效、公开透明、全程可溯”的原则，依托福州市政务清单管理系统，开展权责清单事项动态管理工作。开展常态化疫情防控信息公开。通过疫情专栏及时准确、公开发布疫情公告、防控政策、疫苗接种等信息。加强重大政策解读，创新解读形式，实现政策性文件“应解读尽解读”。全年市政府门户网站共发布政策解读资料270篇，其中文字解读204篇、图片解读64幅、视频解读2篇。

【政府信息依申请公开】 2021年，福州市印发《福州市人民政府办公厅关于进一步规范政府信息公开申请工作的通知》，优化完善政府信息公开申请登记、审核、办理、归档制度，规范答复文书格式，增强答复针对性。全年办理政府信息公开申请2496件，答复办结政府信息公开申请2519件（含上年度结转申请54件，另有31件申请按照规定顺延到下年度答复），均在法定期限内予以答复，答复及时率100%。

【政府信息公开管理】 2021年，福州市根据《国务院办公厅政府信息与政务公开办公室关于做好规章集中公开并动态更新工作的通知》，在福州市政府网站建成规章库，系统梳理市政府规章、规范性文件等重点政务信息。新制定公开政府规章1件、废止2件，新制定规范性文件499件、废止332件。推动基层政务公开标准化规范化向乡镇（街道）、村（居）延伸。加强信息档案移交管理，每月定期将主动公开的政府信息送交市档案馆和市图书馆，做到纸质文本、电子文本送交数量一致，全年共报文件14931件。

【政府信息公开平台建设】 2021年，福州市建成全市纵向到底、横向到边的统一政府网站集约化门户，全市55家市直单位网站和12个县（市）区政府网站均依托市政府网站建设子网站，并全部支持IPV6访问。全年福州市政务新媒体有434个，其中新增备案68个、清理注销38个。

【政务公开监督保障】 2021年，福州市印发《2021年全市政务公开工作要点的通知》《2021年度政务公开绩效指标考核评估办法的通知》，将政务公开工作纳入绩效考核体系，并提高分值权重至1%。按季度对全市各级各部门政务公开工作开展情况进行监测、检查，及时通报存在问题和整改不及时、不到位的单位。依托省、市两级政务公开电子监察平台，实现对12个县（市）区、58个市直部门和174个乡镇监察全覆盖，实时监测全市政府信息公开情况，监察结果作为绩效考核重要依据。通过政府门户网站，收集市民、网友对公开工作的意见建议，不定期开展社会评议，增进政府与公众的互动交流。

表14　　**2021年福州市主动公开政府信息情况表**

第二十条第（一）项			
信息内容	制发件数（件）	废止件数（件）	有效件数（件）
规章	1	2	61
行政规范性文件	499	332	2422
第二十条第（五）项			
信息内容	处理决定数量（件）		
行政许可	2557565		
第二十条第（六）项			
信息内容	处理决定数量（件）		
行政处罚	604697		
行政强制	27158		
第二十条第（八）项			
信息内容	收费金额（万元）		
行政事业性收费	90019.04		

表 15　　2021 年福州市收到和处理政府信息公开申请情况表

（本列数据的勾稽关系为：第一项加第二项之和，等于第三项加第四项之和）			申请人情况						
			自然人	法人或其他组织				其他	总计
				商业企业	科研机构	社会公益组织	法律服务机构		
一、本年新收政府信息公开申请数量			2330	116	0	10	7	33	2496
二、上年结转政府信息公开申请数量			54	0	0	0	0	0	54
三、本年度办理结果	（一）予以公开		956	19	0	5	6	8	994
	（二）部分公开（区分处理的，只计这一情形，不计其他情形）		149	1	0	1	1	2	154
	（三）不予公开	1. 属于国家秘密	1	0	0	0	0	0	1
		2. 其他法律行政法规禁止公开	31	4	0	0	0	0	35
		3. 危及“三安全一稳定”	0	0	0	0	0	0	0
		4. 保护第三方合法权益	47	0	0	1	0	0	48
		5. 属于三类内部事务信息	23	0	0	0	0	0	23
		6. 属于四类过程性信息	54	3	0	0	0	0	57
		7. 属于行政执法案卷	17	1	0	0	0	0	18
		8. 属于行政查询事项	19	2	0	1	0	0	22
	（四）无法提供	1. 本机关不掌握相关政府信息	818	67	0	2	0	21	908
		2. 没有现成信息需要另行制作	40	4	0	0	0	0	44
		3. 补正后申请内容仍不明确	2	1	0	0	0	0	3
	（五）不予处理	1. 信访举报投诉类申请	10	0	0	0	0	0	10
		2. 重复申请	25	0	0	0	0	0	25
		3. 要求提供公开出版物	0	0	0	0	0	0	0
		4. 无正当理由大量反复申请	2	0	0	0	0	0	2
		5. 要求行政机关确认或重新出具已获取信息	8	1	0	0	0	0	9
	（六）其他处理	1. 申请人无正当理由逾期不补正、行政机关不再处理其政府信息公开申请	41	5	0	0	0	1	47
		2. 申请人逾期未按收费通知要求缴纳费用、行政机关不再处理其政府信息公开申请	1	0	0	0	0	0	1
		3. 其他	111	6	0	0	0	1	118
	（七）总计		2355	114	0	10	7	33	2519
四、结转下年度继续办理			29	2	0	0	0	0	31

表 16　　2021 年福州市政府信息公开行政复议、行政诉讼情况表

行政复议					行政诉讼									
					未经复议直接起诉					复议后起诉				
结果维持	结果纠正	其他结果	尚未审结	总计	结果维持	结果纠正	其他结果	尚未审结	总计	结果维持	结果纠正	其他结果	尚未审结	总计
25	24	4	4	57	21	1	0	0	22	26	0	0	0	26

（林金庭　林　旭）

行政（市民）服务

【概况】　2021 年，福州市行政服务中心入驻单位 45 个，受理 1827 项行政审批服务事项，受理各类申请 31.17 万件，当场办结各类申请 16.57 万件，当场办结率 65%。福州市市民服务中心入驻单位 37 家，提供 406 项行政审批和公共服务事项，受理各类申请 152.52 万件，当场办结 136.25 万件，当场办结率 91.35%。福州市公共资源交易服务中心全年累计交易项目 21389 个，交易总额 666.46 亿元，其中政府采购交易项目 746 个，交易额 24.33 亿元；网上超市交易项目 20143 个，交易额 4.15 亿元；工程建设项目招标投标交易项目 386 个，交易额 210.99 亿元；土地使用权出让交易数 73 个，交易额 419.18 亿元；矿业权出让交易项目 1 个，交易额 0.01 亿元；国有产权交易项目 40 个，交易额 7.8 亿元。年内，福州市网上政务服务能力位列全国 32 个重点城市第八位，福州市行政服务中心机关党委获“全国先进基层党组织”称号。

【政务服务标准化】　2021 年，福州市推进市、县、乡三级政务服务事项标准化，在省内率先建立政务服务事项通用目录编制和动态更新机制，编制近 200 个要素的办事指南，实现全市无差别受理，同标准审批。全市完成省级标准化事项绑定对标工作，市本级对标省级标准化目录事项 2595 项，绑定率 100%。

【互联网＋政务服务】　2021 年，福州市推进政务数据共享，促进办事少跑腿、网上办，全市 99.02% 事项达到三星级及以上标准。年内，“最多跑一趟”事项提升至 98.44%，“一趟不用跑”事项提升至 84.31%，行政许可事项即办率 70.26%。

【政务服务便利化】　2021 年，福州市围绕企业和个人“全生命周期”各阶段需办理的事项，推出 118 组“打包办”事项，其中新设企业、投资置业等企业服务事项 104 组，新生儿出生、就业、结婚等个人服务事项 14 组。设立企业登记、“五险一金”登记、发票申领窗口“一条龙”办理，提供企业开户、注销及变更等 9 项套餐服务及“零延时、零费用”刻章服务。实现福州市“全城通办”事项 80 个。联合渭南市政务服务中心，实现医社保、不动产等“跨省通办”高频事项 155 个。与新疆准东开发区实现电子社保卡申领、排污许可等 11 个事项通办，与新疆奇台县实现“跨省通办”事项 64 个。建立 21 个园区代办点，8 个行政服务分中心。布设“e 福州”自助机，打造园区“一窗办、自助办、帮代办、网上办、上门办”等服务模式。建立“市行政服务中心——县（市）区行政服务中心——园区”三级代办服务制度，为企业提供帮办、代办服务。年内，在全市各级政务服务大厅开设“办不成事”受理服务专窗，建立问题协调解决机制，帮助企业群众化解办事难题。

【公共资源交易】　2021 年，福州市以信用考核替代供应商入驻政府采购网上超市，对违反网上超市管理规定的入驻供应商进行相应的信用扣分，扣分超限额则暂停其供应商资格，全年减免供应商入驻政府采购网上超市保证金约 291 万元。扩大建设工程电子保函应用，年内应用电子保函的投标企业 16.2 万家次，释放保证金 556.99 亿元。全年开展远程异地评标项目 78 个。

（吴梦倩）

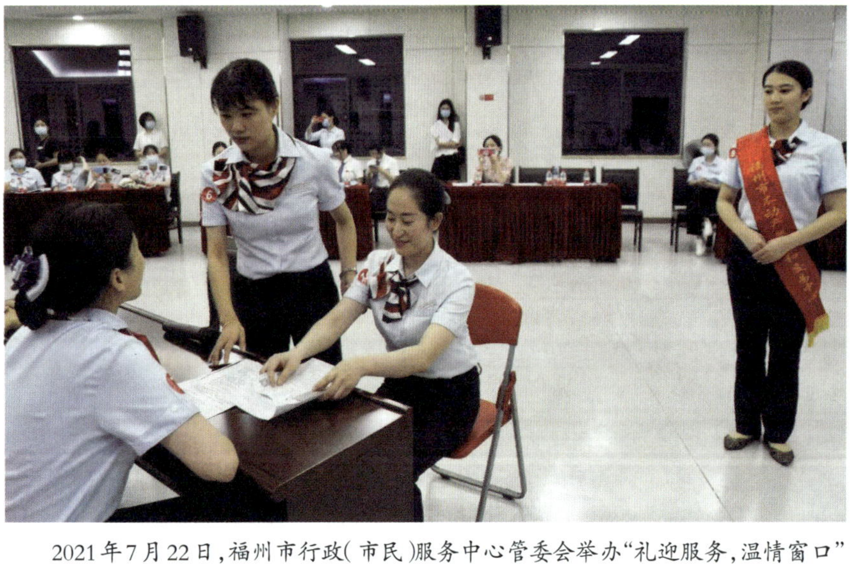

2021 年 7 月 22 日，福州市行政（市民）服务中心管委会举办“礼迎服务，温情窗口”窗口技能竞赛　　（郑帅　摄）

机关事务管理

【概况】　2021 年，福州市机关事务

管理局（简称福州市机关局）根据2021年度财政决算及2022年度预算，加强各项行政经费的审核监管，压缩一般性和“三公”经费支出，完成市委办、市政府办等21家单位的工资、公积金、医保支出等项目经费保障。推动市（县）两级建成256家节约型机关。年内，获评国家级“节约型机关”“公共机构水效领跑者”，公共机构节能工作获省级表彰和市政府通报表扬，数字化建设工作获市政府通报表扬，蝉联省级文明单位、市级绩效管理优秀单位。

【公共机构节能】 2021年，福州市机关局开展东部办公区数字化节能管理试点，通过智能化设备改造和数字管理平台搭建，实现数据实时采集、用能达峰预警、能耗定额分析、远程集成控制等模块化管理。推进既有建筑节能改造，完成东部办公区LED照明灯具替换，地下车库加装智能感应照明灯具。在东部办公区原有计量系统基础上进行改造，将分区计量细化延伸至各楼栋、各楼层和各单位，促进各单位按需用能、主动节能。以节能宣传周活动为载体，制作公共机构节能宣传视频。开展能耗定额管理，指导市直单位、县（市）区完成能耗定额指标计算，组织能耗定额标准解读培训、节约型机关创建培训，推动市（县）两级建成256家节约型机关。

【办公用房管理】 2021年，福州市机关局结合“1+X”专项督查，指导监督市直单位、县（市）区自查整改，确保全市各单位办公用房按标准执行。实地走访调研涉及机构改革调整单位的办公用房需求情况，开展办公用房面积核定、存量梳理、调配保障等工作，解决19家单位办公用房调配。完成6家单位房产核销、12家单位修缮核准。统筹调配解决疫情防控专班、应急指挥中心等办公用房需要。

【公务车辆管理】 2021年，福州市机关局将市直党政机关参公事业单位保留的164辆机要通信、应急保障和行政综合执法车辆产权予以归拢，统一纳入规范管理。完善业务办理流程，完成73辆公车审批更新、405辆公车号牌管理、141辆公车报废审批、167辆公车调拨审批和348辆公车平台信息更新工作。开展市直党政机关事业单位公务车辆定点维修、保养及定点保险招标工作。对27家市直单位和10个县（市）区公车管理制度建立和落实“定点维修、统一保险、定点停放、一车一油卡、统一派车、经费公示”等情况进行专项检查。节假日期间，运用公务用车信息综合管理系统，抽查10家单位公车行驶轨迹，规范公车使用管理。

【重要会议保障】 2021年，福州市机关局完成第四届数字中国建设峰会、第44届世界遗产大会等重大会议活动的接待保障和后勤保障任务及春节团拜会、市委全委会、市第十二次党代会等310余场次市级会议服务保障任务。在第四届数字中国建设峰会期间，为百余名重要嘉宾提供“一对一”个性化接待服务，保障省、市领导的会见、餐叙、签约活动，为千余名嘉宾、记者、观众及志愿者提供优质的食、宿、行保障。在第44届世界遗产大会期间，为参会的外国驻华使节代表和嘉宾提供优质的服务。中国联合国教科文组织全国委员会秘书处致感谢信，对嘉宾住宿、餐饮、交通等后勤保障工作给予肯定。

【集中办公区平安建设】 2021年，福州市机关局开展“安全隐患大排查大整治攻坚月”行动，对集中办公区消防设施、感知设备、电梯及供气、供电、供水管线等开展全面彻底检查，邀请专技人员开展专业排查。在乌山机关大院东西两侧设置快递柜，杜绝危险品进入办公区。加强乌山机关大院防空洞出入口和3号门管控，安装人脸识别系统。联合辖区安泰派出所、乌山社区、中国移动在乌山机关大院开展以“反诈骗”为主题的平安宣传活动，推广“反诈骗”电话拦截App。定期开展消防演练、防恐防暴演练，加强与属地公安等部门联动，开展集中办公区治安维稳和群访疏解工作。

【机关事务数字化建设】 2021年，福州市机关局加强“数字乌山”一期项目建设成果应用，推进二期项目建设。在全省率先开发党政机关办公用房数字化管理平台，建设公车智能调度补充系统，实现机关事务传统保障方式转型升级。发挥“数字乌山”可复制特性，对芳沁园办公区安防体系进行优化提升，完成人车自动识别系统和周界安防报警系统建设。

（翁夏菁）

人事人才工作

【概况】 2021年，福州市新增百千万人才工程省级人选1人，省“雏鹰计划”青年拔尖人才2人，省级引进高层次ABC类人才239人，省级工科类青年人才1361人，市级“双一流”高校毕业生2837人。累计认定市级及以上人才1.56万人。

【人才工作】 2021年，福州市人社局采取措施，推进闽都人才高地建设。

引才政策　市人社局牵头出台《福州市引进优秀博士配套服务及补助资金发放实施细则补充通知》《关于进一步做好福州市“双一流”高校毕业生落地奖励申报审核有关事项的通知》《关于进一步做好我市人才项目申报审核工作的通知》3个《福州市高层次人才七条支持措施》的配套实施细则。出台《福州市促进劳动力和人才社会性流动体制机制改革的工作要点》。发布《首届“榕城杯”福州留学人员创业大赛公告》，以“福纳英才·留聚榕城”为主题，采取网络申报、“线上+线下”决赛的方式，举办首届“榕城杯”福州留学人员创业大赛，吸引留学人员和高层次创业人才、团队和项目落地福州。

人才服务　推进“万人计划”人才住房保障工作，放宽人才公共租赁住房、人才限价商品住房政策限制，配租配售“万人计划”人才保障房约2000套。出台《中国福州留学人员创业园管理办法》《福州市人才驿站管理办法（试行）》，线上、线下开展人才活动60余场，服务人才近2000人。召开福州市乡村人才振兴专题现场会，总结介绍乡村人才振兴典型经验做法并进行推广。省级高层次ABC类人才、市级“双一流”高校毕业生落地奖励申报及人才公租房、人才限价房等人才住房申报资格审核等均实现网上办理。

【事业单位人事管理】 事业单位公开招聘 2021年，福州市开展事业单位公开招聘。批复中、小学教师专项招聘计划1554人，卫健系统招聘计划1411人，高校自主招聘计划293人，其他市属单位自主招聘27人以及县（区）自主招聘计划150人，征集全市事业单位统一招聘考试岗位742个，事业单位援藏就业岗位10个，累计招聘4187人。

事业单位人事制度改革 开展县以下事业单位管理岗位职员等级晋升制度推行前期准备工作。配合市卫健委出台《福州市深化医药卫生体制集成改革实施意见》，以提高医疗卫生系统事业单位中高级岗位比例，117家卫生系统事业单位已调整到位。使用“福建省机关事业单位人事管理平台”办理人员聘任备案1549批次，线下批复549家县（市）区属事业单位、133家市属事业单位调整、变更岗位，调动核岗161批次，审核干部保健待遇34人。为缓解编外合同教师流动性大以及待遇偏低等问题，配合市教育局出台《福州市属公办中小学、幼儿园参照事业单位聘用制人员管理办法》。试行中小学、幼儿园参聘人员管理模式，在限额内招聘参照编内教职工管理的教师及非教师岗位人员，实行与在编教职工同等待遇、同等管理，破解教师队伍长期缺编问题。

事业单位专岗招聘优秀社区工作者 会同市委组织部、市民政局出台《社区工作者管理办法（试行）》《社区工作者薪酬标准实施办法（试行）》《街道（乡镇）事业单位公开招聘优秀社区工作者暂行办法》，指导县（市）区拿出事业单位专岗面向优秀社区工作者，批复台江、仓山区街道事业单位公开招聘优秀社区工作者计划7人。

人事考试和职业（执业）资格考试 完成福州考区人事考试4场笔试，2场面试考务工作。审核福州考区14类职业（执业）资格考试报名。完成2021年度5项职业（执业）考试考务工作。发放各类资格考试合格证书19402本，其中证书邮寄17353本，现场发放2049本。

表彰奖惩 全市有2家先进集体和1名先进个人获国家级表彰，7家先进集体和10名先进个人获中央和国家机关表彰，34家先进集体和63名先进个人获省级党委和政府表彰，72家先进集体和145名先进个人获省级工作部门表彰，140家先进集体和300名先进个人获市级党委和政府表彰，297家先进集体和689名先进个人获县级党委和政府表彰。对在2020年“抓项目 促跨越”专项行动及招商工作、福州古厝保护利用工作、2020年度福州市“双百双千”增产增效行动等重大专项工作中作出显著成绩和贡献的78名事业单位工作人员予以及时奖励，其中记功20人、嘉奖58人。2021年度事业单位工作人员受处分55人次，其中警告24人次、记过8人次、降低岗位等级4人次、撤职11人次、开除8人次。

【专业技术人员管理】 职称制度改革 2021年，福州市人社局、市教育局联合出台《福州市基础教育集团教师职称试点改革实施方案（试行）》，将中、小学教师职称中、初级评审权限逐步下放至条件成熟的单一法人教育集团及混合型教育集团中的同一法人学校，由学校开展自主评聘工作，推进基础教育集团教师队伍建设。落实《福建省职称评审管理暂行办法》，规范福州市职称评审流程。福州市委托省级评审431人，其中正高247人，副高135人，中级42人，初级7人；举办中高级评审会38场，有4445人参加评审，其中副高1548人，中级2517人，初级380人；组织评审通过3778人，其中副高1351人，中级2126人，初级311人。开展专业技术职业资格考试审核8279人，其中监理工程师681人，二级建造师6710人，一级建造师471人，一级造价工程师417人。推进职称评审信息化建设，完成福州市2010年以来的职称证书数据收集工作并上报省人社厅。

专业技术人员培训 市人社局会同市农业农村局先后与国家菌草工程技术研究中心联合举办福州市菌草技术助力乡村振兴专题研修班，与浙江大学联合举办福州市实施乡村振兴战略专题研修班，会同市民政局举办福州市建设“韧性社区”专题研修班。以上3期专业技术人员高研班，参训人数132人。

【毕业生就业管理】 2021年，福州市人社局征集发布高校毕业生就业岗

2021年7月20日，福州市人社局所属的福州第二技术学院选手获全国职业院校技能大赛中职组“电气安装与维修”项目二等奖 （市人社局 供图）

位11.5万个。为1069名高校毕业生提供短期免费住宿，发放“万元生活补贴”6587万元，配租、配售人才保障房2000多套，吸引3094名高校学生来榕参加暑期社会实践，其中领取“好年华聚福州”暑期社会实践补贴大学生975人。实名登记2021届离校未就业高校毕业生9296人，就业率99.54%。招募151名高校毕业生到基层服务，其中选调生50人、“三支一扶”计划86人、服务社区计划15人。发放2021届毕业生求职创业补贴1.5万人3067.6万元。开展福州市青年见习计划，到岗见习786人，被见习单位留用501人，累计发放见习补贴852.48万元。开展“植根榕城”优秀创业项目评审工作，评选出优秀创业项目100个，资助金额500万元，其中高校毕业生创业项目86个，资助金额432万元。

【工资收入分配制度改革】 企业工资收入分配 2021年，福州市月最低工资标准调整为1960元/月，非全日制用工小时最低工资标准调整为20.5元/小时，从2022年4月1日起执行。对全市1806家样本企业、58家养老服务业企业开展薪酬调查，发布2021年福州市企业工资增长指导线基准线为7.5%，发布2021年劳动力市场工资指导价位，其中涉及17个行业、17个经济类型、238个职业、150个技能等级、14个岗位等级、5种学历、4个企业规模、10个养老机构职位及2020年度企业人工成本信息。推进国有企业负责人薪酬制度改革，开展国有企业在岗职工平均工资委托审计调查和工资水平发布工作。审核国有企业负责人年度薪酬水平方案，完成24家市管企业2019年度负责人薪酬水平审核。推进国企工资决定机制改革工作，审核批复12个市直主管部门所属企业工资决定机制实施办法。开展2020年度国有企业工资收入监督检查，规范国有企业工资分配秩序。

事业单位工资管理 全年为事业单位年度考核合格以上的工作人员晋升1级薪级工资，调整人数2.1万人。结合各单位的岗位调整、人员变动、业务收入等因素核定287家市属事业单位年度绩效工资总量。根据《福州市企业化管理事业单位工资总额暂行办法》，核定福州市6家企业化事业单位工资总额。根据《福州市属公立医院工资总额管理暂行办法》，联合市卫健委、财政局共同核定13家市属公立医院工资总额。核定13家公立医院院长年薪。

【退休干部管理服务】 2021年，福州市人社局市退管中心在传统节日开展写春联、煮拗九粥、包粽子、登山等活动；举办庆祝中国共产党成立100周年文艺展演、主题书画作品展；重阳节期间开展节日慰问、重阳登山、眼科义诊、手工艺术品制作、健康讲座暨义诊、插花艺术、红色经典影片巡展等七大项活动，累计受众400多人次。市老年大学五一中路分校加强学校硬件设施建设，新增古筝、钢琴教室，配备古筝31架、电钢琴34架。全年开设9个系24个课程51个班级，招生1284人次，在退管中心活动的老年人日流量300多人次。

（市人社局）

发展研究

【概况】 2021年，福州市人民政府发展研究中心完成各类调研成果164多项，编发《研究报告》202期，编辑出版《福州发展》杂志6期，编印《2021年福州发展研究报告》文集。

【重点课题调研】 2021年，福州市人民政府发展研究中心与福建省人民政府发展研究中心合作完成《关于我省建设全球海洋中心城市的思路与对策》调研课题，参与完成《福州市综合立体交通发展战略规划（2021—2035）》《福州市国土空间总体规划（2021—2035年）》《精准强化国际元素加快建设国际城市》《关于加快福州临空经济发展的建议》《关于申请在我省举办RCEP领导人或高级别会议的建议》等专题研究，独立完成市政府交办《匹配千万人口的医疗教育发展意见建议》调研任务。

【政策咨询服务】 2021年，福州市人民政府发展研究中心建立市域社会治理现代化研究中心。组织全市政府系统开展重点课题调研工作，年内指导和协调各县（市）区、市直部门完成市政府下达的调研任务158项。

（游兴华）

福州市人民政府驻北京联络处

【概况】 2021年，福州市政府驻北京联络处（简称福州市政府驻京联络处）完成招商项目20个，引资总额61.93亿元。加强对工作人员疫情防控专业知识普及和技能培训，组织疫苗接种，实现应接尽接，规范口罩等医疗废弃物收集和处置，定期检查防疫物资储备情况。

【招商引资】 2021年，福州市政府驻京联络处开展院士和招商大使春节慰问活动，拜会走访榕籍院士22人、非榕籍院士13人、招商大使2人。举办“院士专家走进福州”系列活动，架设院士等北京智力资源和福州企业沟通平台。加入全国各省、市、区驻京办事处信息协会，加强对接市政府办信息处和市委政研室，并按要求进行专题调研和报送信息。全年报送《京榕快讯》30期，其中关于闽都院士村建设等信息获市委、市政府领导肯定。

【公务保障】 2021年，福州市政府驻京联络处对巡察发现的公务加油和公车ETC费用等问题进行严格整改，从源头上堵住漏洞。年内，制定《福州市人民政府驻北京联络处公务车辆和车队管理规定》等规章制度。

（李国琛）

福州市人民政府驻上海办事处

【概况】 2021年，福州市人民政府驻上海办事处（简称福州市政府驻沪办）接待40多批次福州市赴沪考察团，多次承担市主要领导在沪重要商务活动以及福州重大活动参会嘉宾的接待任务。促成落地项目17个。11月，为福州市交易分团参加第四届“进博会”提供保障服务。年内，被上海市合作交流办评为2019—2020年度驻沪办事机构“双服务”示范单位。6月，与上海市长宁区仙霞新村街道仙二居委会联合开展宣传新冠肺炎疫苗全民接种活动。

【招商引资】 2021年，福州市政府驻沪办安排福州市领导会见、走访在沪重要客商，推动在谈招商项目，推进招商工作。在第四届进博会期间，加大对智能制造和电子信息等产业的对接力度，促使展商变成投资商。配合福州市各县（区）开展招商引资工作，县（市、区）两级联动招商，促成上海均和集团供应链管理有限公司、上海厦航物联网科技股份有限公司、神州数码（中国）有限公司、上海中柯信息科技集团有限公司、兰普电器股份有限公司、泽华供应链（上海）有限公司等相继注册或落户福州相关县（区）。落地招商引资资金20.82亿元。

【联络接待】 2021年，福州市政府驻沪办参与第四届数字中国建设峰会组委会在上海举办的招商路演活动，邀请50多家在上海的相关企业参加数字建设峰会招商路演活动，并做好市领导在上海期间的住宿、交通等保障工作。在第44届世界遗产大会召开前夕，先后邀请上海市防疫、边检、海关、浦东机场、航空公司、电信、隔离酒店等相关部门召开4次协调会，沟通研究联合国教科文组织世界遗产中心主任罗斯勒一行在上海入境和隔离期间的接待保障工作。对接入境核酸检测快速通道、协调入住外交官专用隔离酒店、远程协助设备安装调试，保障世遗中心团队人员在隔离期间能顺利进行远程办公。在第四届国际进博会期间，福州市领导应邀参加虹桥国际经济论坛以及参观巡馆、福建新一轮开放政策解读和项目对接会、福建省医疗器械及医药保健采购对接会等活动，协助福州市交易分团完成第四届“进博会”的各项任务。

【信息调研及报送】 2021年，福州市政府驻沪办围绕上海及长三角地区的社会治理、大学城建设、创新驱动战略、新兴产业发展策略、智能制造政策等重点方面，组织人员多渠道搜集、整理江、浙、沪等兄弟省市的重大政策举措和先进经验，开展调查研究，准确报送相关信息给福州市委、市政府。

【服务在沪榕籍乡亲及企业】 2021年，福州市政府驻沪办通过上海市福州商会平台，宣传上海的发展规划、产业导向，联络推进榕籍乡亲在沪就业创业，主动与企业进行互动沟通，帮助乡亲企业解决疫情防控期间复工、复产过程中遇到的实际困难。在服务乡亲的同时，落实上海市政府、福建省驻沪办和福州市政府的部署要求，配合开展榕籍入境人员在沪隔离及转送等相关工作。

（吴金捷）

福州市人民政府驻深圳（广州）办事处

【概况】 2021年，福州市人民政府驻深圳（广州）办事处（简称福州市政府驻广深办）保障福州市领导和县（市）区在广东省公务活动考察团33批，205人次。全年招商落地项目13个，投资总额32.11亿元。

【招商引资】 2021年，福州市政府驻广深办联合福州市直部门及各区县走访深圳投控集团、怡亚通供应链、坎德拉科技、广东永道集团、深圳洲明科技等40余家企业。组织深圳龙游云技术、瑞吉联通信、深圳博时基金、深圳金融商会等8批次企业、商协会赴福州考察。

【接待保障】 2021年，福州市政府驻广深办保障市委统战部赴深圳参加会议、市领导赴深圳开展第四届数字峰会招商路演等重点接待工作33批次、205人次。协助市委统战部完成在深圳公务活动的接待保障及在港乡亲的联络。

【商会服务】 2021年，福州市政府驻广深办多次赴榕籍商会、榕籍企业、引入福州的落地企业了解会员及企业的发展动态。听取商会意见，指导商会党建，构建亲清新型政商关系，帮助企业协调生产经营遇到的实际困难和问题，推动企业复工复产。对接商会企业参与公益事业，引导深圳福州商会、广州福州商会参与抗击疫情。

【信息联络】 2021年，福州市政府驻广深办与广州、深圳政府部门、各省市政府驻广东办事处、广东的在榕乡亲建立联络机制，交流探讨办事处工作及招商引资经验。搜集广东地区在政策创新方面的好做法、好经验，为福州市领导及有关部门报送信息。完成《关于深圳与广州大学城、科学城科教创新及产城融合情况的调研报告》《广东“粤菜师傅”工程实施方案》《深圳建筑玻璃幕墙概述》等专报信息。

（朱凌姗）

（编辑 苏 颖）

中国人民政治协商会议福州市委员会

综　述

【概况】　2021年，中国人民政治协商会议福州市委员会（简称福州市政协）召开全体委员会会议1次，常务委员会会议5次。组织开展专题议政性常委会会议2场、专题协商会7场、对口（界别）协商会7场、重点提案及其他立案提案办理协商10场。全年审查立案提案458件，均已办复。加强“走进福州政协”、委员讲堂、书香政协、委员联系点等平台建设。配合第44届世界遗产大会在榕召开，举办“林徽因——福州古厝走出的文化遗产守护者”“福州古厝图片、文史资料”等展览。完成《叙事——福州中医药文化保护传承的集体记忆》《我所亲历的新时代福州政协故事》《福州政协提案故事（2017—2021）》等5种7册文史资料书籍征编。开展明朝迁居琉球“闽人三十六姓”家谱及中琉关系相关文献的史料征集。

【政协委员服务管理】　2021年，福州市政协制定《关于强化政协委员责任担当的意见》，优化完善《福州市政协委员履职考核量化计分标准》。以委员联系点、乡镇（街道）联络组平台载体等为依托，推动习近平新时代中国特色社会主义思想、习近平总书记关于加强和改进人民政协工作的重要思想进农村、进社区。组织200多名委员赴西南政法大学、武汉大学开展异地培训。立足换届年特点，加强委员履职服务与管理，开展换届纪律教育，对委员进行全面考核。

【提案工作】　2021年，福州市政协开展“领导批示提案专题协商”“重点提案督办协商”“承办大户上门协商”“提案者点题协商”等提案办理协商活动。开展政协提案“百案精办强实效”活动，推进提案所提意见建议办理落实。全年收到提案649件，经审查，立案458件，立案率70.57%，立案提出建议1696条，全部协商办理。

（庄丽婷　陈小刚）

重要会议

【政协第十三届福州市委员会第五次会议】　2021年1月5—8日在福州举行。省委常委、市委书记林宝金等市领导出席会议，听取委员意见建议，与委员共商坚持“3820”战略工程思想精髓、全方位推动高质量发展超越、加快建设社会主义现代化国际城市大计。委员们听取并协商讨论市长尤猛军所作的市政府工作报告，听取并协商讨论市中级人民法院工作报告、市人民检察院工作报告及其他报告。会议审议批准市政协主席何静彦代表政协第十三届福州市委员会常务委员会所作的工作报告，审议批准市政协副主席雷成财代表政协第十三届福州市委员会常务委员会所作的提案工作情况的报告，审议通过《政协福州市委员会关于凝心聚力贯彻实施〈坚持“3820”战略工程思想精髓　加快建设现代化国际城市行动纲要〉的意见》。

【市政协十三届常委会会议】　2021年，福州市政协十三届常委会召开常委会会议5次。分别是：

第二十五次会议　1月7日召开。会议听取市政协秘书长张大斌关于各组讨论政府工作报告和审议市政协常委会工作报告、提案工作情况的报告、《政协福州市委员会关于凝心聚力贯彻实施〈坚持“3820”战略工程思想精髓加快建设现代化国际城市行动纲要〉的意见（草案）》《中国人民政治协商会议第十三届福州市委员会第五次会议政治决议（草案）》，开展界别（联组）协商会议或特色活动、界别工作座谈会等情况汇报。会议同意《政协福州市委员会关于凝心聚力贯彻实施〈坚持“3820”战略工程思想精髓加快建设现代化国际城市行动纲要〉的意见（草案）》，提交市政协十三届五次会议第三次大会（闭幕会）审议。会议原则同意《中国人民政治协商会议第十三届福州市委员会第五次会议政治决议（草案）》，提交市政协十三届五次会议第三次大会（闭幕会）审议。

第二十六次会议　3月26日召开。会议传达学习习近平总书记在全国“两会”上的重要讲话精神，全国两会精神和全国政协十三届常委会第十五次会议精神，省委常委会（扩大）会议、十二届省政协常委会第二十次会议、市委常委会会议精神。会议审议并通过《中国人民政治协商会议第十三届福州市委员会部分专门委员会副主任任职名单》。会议审议并通过《中国人民政治协商会议第十三届福州市委员会不再担任常务委员名单》《政协福州市委员会关于强化政协委员责任担当的实施意见》《政协福州市委员会常务委员会2021年工作要点》。

第二十七次会议　7月8日上午、7月21日上午召开，会期1天。7月8日上午，会议围绕“统筹推进福州现代物流城建设”主题，组织市政协常委实地视察福州现代物流城项目（康怡智能仓储物流标准库项目、福州现代物流城项目指挥部）。传达学习习近平总书记在庆祝中国共产党成立100周年大会上的重要讲话精神和省委常委会（扩大）会议暨省委理论学习中心组专题学习会、市委常委会（扩大）会议暨市委学习贯彻习近平新时代中国特色社会主义思想工作小组第四十四次会议精神，习近平总书记来闽考察重要讲话精神，全国政协宣传思想工作座谈会精神，省委十届十二次全会、十二届省政协常委会第二十一次会议精神，市委十一届十三次、十四次全会精神。会议审议并通过《政协第十三届福州市委员会常务委员会关于统筹推进福州现代物流城建设的建议案》，同意提交专题协商。7月21日上午，会议审议并通过《关于同意林治良辞去中国人民政治协商会议第十三届福州市委员会副主席职务的决定》《中国人民政治协商会议第十三届福州市委员会委员增补名单》，同意增补刘丹、周应忠、练怡3人为中国人民政治协商会议第十三届福州市委员会委员。会议追认《关于撤销吕斌中国人民政治协商会议第十三届福州市委员会委员资格的决定》。会议审议并通过《中国人民政治协商会议第十三届福州市委员会部分专门委员会主任、副主任任免名单》。会议围绕“统筹推进福州现代物流城建设”议题开展专题协商，省委常委、市委书记林宝金出席会议并讲话。会上，建设现代物流城项目指挥部书面通报福州现代物流城建设有关规划和进展情况。市政协副主席林恒增代表市政协常委会提出《政协第十三届福州市委员会常务委员会关于统筹推进福州现代物流城建设的建议案》。5名政协委员和1名应用型智库专家分别发言，分别从不同角度围绕“统筹推进福州现代物流城建设”建言献策。市发改委、市商务局、市交通局、连江县政府作回应发言。

第二十八次会议　10月28日上午、11月18日下午召开，会期1天。10月28日上午，会议围绕“推动新一代信息技术与制造业深度融合”主题，组织市政协常委实地视察长乐区纺织工业互联网平台、景丰科技智能化工厂、恒申化纤有限公司数字化示范车间。会议传达学习习近平总书记在纪念辛亥革命110周年大会上的重要讲话精神、在中央人大工作会议上的重要讲话精神，全国政协系统党的建设工作经验交流会和全省市（县）政协主席工作座谈会主要精神、市第十二次党代会和市委十二届一次全会精神。会议审议并通过《政协第十三届福州市委员会常务委员会关于推动新一代信息技术与制造业深度融合的建议案》，同意提交专题协商。11月18日下午，会议围绕“推动新一代信息技术与制造业深度融合”议题开展专题协商。省委常委、市委书记林宝金，市委副书记、市长吴贤德出席会议并讲话。市工信局书面通报福州新一代信息技术与制造业深度融合有关规划和进展情况。市政协副主席林澄代表市政协常委会提出《政协第十三届福州市委员会常务委员会关于推动新一代信息技术与制造业深度融合的建议案》。2名政协委员和1名应用型智库专家发言，分别从不同角度围绕“推动新一代信息技术与制造业深度融合”建言献策。市工信局、市大数据委、市科技局、长乐区政府分别作回应发言。

第二十九次会议　12月28日上午召开。会议书面传达中共十九届六中全会、中央经济工作会议和省第十一次党代会、省委十一届一次全会、省委经济工作会议精神。会议听取市政协党组副书记、副主席林恒增传达学习市委十二届二次全会、市委经济工作会议精神。会议听取关于《政府工作报告（征求意见稿）》起草情况的说明。会议听取市法院副院长赵彦邦，市检察院党组副书记、副检察长余深画分别作法院、检察院工作报告（征求意见稿）起草情况的说明及2021年办理委员提案、建议等工作情况的通报。会议听取市政府副秘书长翁华锋通报市政府办公厅关于市政协常委会会议建议案、专题协商成果和委员提案的办理落实情况。会议审议并通过《中国人民政治协商会议第十三届福州市委员会部分专门委员会主任任免名单》《中国人民政治协商会议第十三届福州市委员会常务委员、委员变更名单》《福州市政协主席会议关于2021年工作情况的报告》《中国人民政治协商会议第十四届福州市委员会参加单位、委员名额和人选、界别设置》《关于召开中国人民政治协商会议第十四届福州市委员会第一次会议的决定》《中国人民政治协商会议第十四届福州市委员会第一次会议政协委员分组原则》《中国人民政治协商会议第十四届福州市委员会第一次会议各组召集人名单》《中国人民政治协商会议第十四届福州市委员会第一次会议议程》《中国人民政治协商会议第十四届福州市委员会第一次会议日程》《中国人民政治协商会议第十四届福州市委员会第一次会议主席团、主席团会议主持人、秘书长名单》等文件草案，提交市政协十四届一次会议预备会议审议。会议审议并通过《中国人民政治协商会议第十四届福州市委员会第一次会议主席团常务主席名单》《中国人民政治协商会议第十四届福州市委员会第一次会议执行主席日程安排》等文件草案，提交市政协十四届一次会议主席团第一次会议审议。会议审议并通过《中国人民政治协商会议第十四届福州市委员会第一次会议副秘书长名单（草案）》，提交市政协十四届一次会议主席团第一次会议审议。会议审议并通过《中国人民政治协商会议第十四届福州市委员会第一次会议提案审查委员会主任、副主任和委员名单（草案）》，提交市政协十四届一次会议预备会议审议。会议审议并通过《中国人民政治协商会议第十三届福州市委员会常务委员会工作报告（草案）》，提交市政协十四届一次会议审议，并请市政协主席何静彦在开幕会上作报告。会议审议并通过《中国人民政治协商会议第十三届福州市委员会常务委员会关于提案工作情况的报告（草案）》，提交市政协十四届一次会议审议，副主席雷成财在开幕会上作报告。会议审议并通过《中国人民政治协商会议第十三届福州市委员会专门委员会工作报告（草案）》，提交市政协十四届一次会议审议。会议审议并通过《关于授权主席会议审议福州市政协十三届二十九次常委会会议未尽事宜的决定》。

（庄丽婷　陈小刚）

协商议政

【全体会议协商】　2021年，在福州市政协十三届五次会议期间，全体委员及列席人员围绕市委中心任务和市政府工作报告展开讨论，市委、市政府领导到会听取意见，并与委员互动交流。大家围绕经济和产业高质量发展、“三个福州”建设、科技创新、城市建设管理、乡村振兴、生态文明建设、宣传文化旅游、教育强市、健康福州、人才队伍建设、民族宗教、港澳台、侨务政府自身建设等13个方面工作提出394条意见建议。

【常委会会议协商】　2021年，福州市政协开展2场常委会会议协商：1. 由市政协主席何静彦，副主席林恒增、林澄负责，市政协调研室、市经建委、市农工党等承办。与市政府及市发改委、市商务局、市交通局、市工信局、市自然资源和规划局、市大数据委、榕城海关、有关县（市）区政府等，围绕“统筹推进福州现代物流城建设”议题开展常委会会议协商。2. 由市政协主席何静彦、副主席林恒增、林澄负责，市政协调研室、市政协经建委、市致公党等承办，与市政府及福州新区管委会规划发展局、市工信局、市商务局、市科技局、市大数据委、市“智慧福州”管理服务中心、各县（市）区政府、高新区管委会等，围绕“推动新一代信息技术与制造业深度融合”议题开展常委会会议协商。

【专题协商】　2021年，福州市政协开展7场专题协商。由市政协副主席郑章干负责，市政协农业和农村委、市台盟承办，与市政府及市政协分管领导，市财政局、市金融监管局、市农业农村局、市文旅局、市海渔局、市自然资源和规划局、市城乡建设局、市商务局等，开展“盘活资源资产，打造乡村特色现代产业示范带”专题协商；由市政协副主席林治良、郑章干负责，市政协教科卫体委等承办，与市政府及市科技局、市工信局、市人社局、市人才集团，开展“加强创新链和产业链对接、助力建设创新型省会城市”专题协商；由市政协副主席郑云春、罗蜀榕负责，市政协港澳台侨和外事委等承办，与市政府及市外事办、市侨办、市人社局、市人才发展集团，开展“发挥侨资侨智侨力作用助推现代化国际城市建设”专题协商；由市政协副主席王绍知、林锋负责，市政协社法委等承办，与市政府及市委政法委、市公安局、市检察院、市法院、市司法局、市财政局、市信访局、市民政局、市人社局等，开展“强化矛盾纠纷化解　助力平安福州建设”专题协商；由市政协副主席郑云春、罗蜀榕负责，市政协民宗委承办，与市政府及市民宗局、市文旅局、市台港澳办、台江区政府、闽清县政府、永泰县政府，开展“进一步发挥民间信俗文化在榕台交流交往中的积极作用”专题协商；由市政协副主席王绍知、林锋负责，市政协人资环委等承办，与市政府及市生态环境局、市海渔局、市农业农村局、市城乡建设局、市水利局，开展“治理与保护并举提升水环境质量”专题协商；由市政协副主席林恒增、林澄负责，市政协文化文史和学习委等承办，与市政府及市文旅局、市自然资源和规划局等，开展“规范和创新公共文化场馆建设”专题协商。

【对口（界别）协商】　2021年，福州市政协各专门委员会开展7场对口（界别）协商。由市政协副主席林恒增、林澄负责，市政协经建委等承办，与市行政（市民）服务中心管委会、市发改委、市营商办、市市场监管局等，开展“补齐营商环境短板助力提升营商服务质量”对口协商；由市政协副主席林治良负责，市政协农业和农村委等承办，与市农业农村局、市文旅局、市工信局、市供销社等，开展“做强福州茉莉花茶产业助力乡村产业振兴”对口协商；由市政协副主席林治良、郑章干负责，市政协教科卫体委等承办，与市委编办、市教育局、市财政局、市人社局等，开展“创新体制机制提升基础教育教学质量”对口（界别）协商；由市政协副主席王绍知、林锋负责，市政协社法委、团市委联合承办，与市民政局、市卫健委、市人才办、市教育局、市委文明办、市委网信办、市总工会、市妇联等，开展“加强青年婚恋引导服务”对口（界别）协商；由市政协副主席王绍知、林锋负责，市政协社法委、市妇联联合承办，与市委宣传部、市委文明办、市民政局、市教育局等，开展“发挥家庭家教家风在基层治理中的作用”对口（界别）协商；由市政协副主席郑云春、罗蜀榕负责，市政协民宗委、市民建、罗源县政协联合承办，与市大数据委、市商务局、市文旅局、市民宗局，连江县政府、罗源县政府等，开展“运用‘民族＋互联网’推进民族乡村产业发展”对口协商；由市政协副主席王绍知、林锋负责，市政协人资环委、市民进、长乐区政协联合承办，与市委组织部、市人社局、市公安局、市教育局、市卫健委、市行政（市民）服务中心管委会等，开展“提升人口集聚效应助力人才强市建设”对口（界别）协商。

【政协协商议政质量评价工作办法】　2021年，福州市政协出台《福州市政协协商议政质量评价工作办法（试行）》，自2021年起试点开展协商议政质量评价工作，对专题协商会、专题调研、提案、社情民意信息4项工作进行量化评价，推动政协履职从偏重数量和形式向注重质量和效果转变。

【政协协商与基层协商相衔接】　2021年，福州市政协将福州市政协委员全部编入县（市）区委员小组。出台《关于建立委员联系点，推动政协协商同基层协商有效衔接的工作方案》《关于委员联系服务界别群众实施办法（试行）》。在福州市区 11 个社区和市工商联、市总工会、三坊七巷等部分界别活动点先行建立一批“政协委员联系点”，引导政协委员深入基层一线开展政策宣讲、调研协商、收集社情民意信息，并予以量化考核。

（庄丽婷　陈小刚）

民主监督

【概况】　2021 年，福州市政协聚焦市委、市政府重大决策部署，重点针对“十四五”规划实施，统筹安排年度民主监督工作。在年度协商议题、重点提案、大会发言等方面安排一定比例监督性议题，开展“面对面”协商式监督。完成加强公共卫生服务体系建设、创新社区治理机制、持续做大做强马尾基金小镇、推动基金更好服务实体经济、推进福州市汽车先进制造业与现代服务业深度融合、加快自然资源资产负债表编制及运用、福建协和大学历史建筑群保护和利用 6 项专项民主监督。围绕治理与保护并举提升水环境质量等 3 个议题开展监督性协商。

【政协监督】　2021 年，福州市政协就办好第 44 届世界遗产大会、第四届数字中国建设峰会、构建现代物流体系、纺织产业数字赋能等组织专题视察考察。围绕市委、市政府主要领导批示的《关于开通福州律师线上查询公民户籍信息功能的建议》等社情民意信息开展协商监督座谈会。全会期间开展的 7 个界别联组协商，形成协商专报后均获得市领导批示，其中“促进和保护福州老字号发展”协商建议得到市商务局较好转化落实。

【党派团体委员协商监督】　2021 年，福州市政协在年度协商、监督、大会发言等计划安排中，对市各民主党派以该党派名义发表意见作出机制性安排，支持市各民主党派和无党派人士在专题协商、提案督办、反映社情民意信息等履职活动中优先发言。发挥“走进福州政协”平台在凝聚海内外乡亲共识中的作用，港澳台侨外事委与市台港澳办、市台盟联合举办“党派青年说·走进福州政协”活动，与致公党福州市委会联合举办“风雨同舟·多党合作——走进福州政协”主题分享会活动。

（庄丽婷　陈小刚）

文史资料和宣传信息

【文史资料征编】　2021 年，福州市政协配合第 44 届世界遗产大会在榕召开，举办“林徽因——福州古厝走出的文化遗产守护者”“福州古厝图片、文史资料”等展览。征编完成《叙事——福州中医药文化保护传承的集体记忆》《我所亲历的新时代福州政协故事》《福州政协提案故事（2017—2021）》《福州市政协志（1995—2021）》等 5 种 7 册文史资料书籍。开展明朝迁居琉球“闽人三十六姓”家谱及中琉关系相关文献史料征集，举办福州与“一带一路”沿线国家历史文化交流（福州—马来西亚）国际学术研讨会。

【宣传和信息编报】　2021 年，福州市政协各级新闻媒体日常共刊发市政协相关新闻报道 541 篇，利用市政协门户网站、微信公众号等阵地开展政协宣传工作。在人民政协网发布的《全国地方政协网络新媒体影响力报告（2020）》中，福州市政协名列“副省级、地市级政协网络新媒体影响力排行”第 16 位。全年收集政协委员报送的各类专报信息 2000 余条，获全国政协采用 96 条、省政协采用 403 条，省领导批示 8 件次；向市委、市政府报送 105 条，获市领导批示 31 件次。

（庄丽婷　陈小刚）

交流联谊

【凝聚共识平台拓展】　2021 年，福州市政协开展“走进福州政协”系列活动，以“党派青年说”、在榕两岸婚姻家庭参观“第八届榕台中小学生书画交流展”等多种方式，组织各界人士体验协商民主文化，入选福州市全面深化改革优秀案例。以“教科咨一体化”现场教学，与市委党校联合打造“中共福州市委党校教学实践基地”成为全国首创。“人民政协协商民主的福州实践”数字展厅被列入市直机关党员政治生活馆分馆。组织市（县）政协委员参加全国政协、

2021 年 10 月 16 日，由福州市政协、福建师范大学、世界福州十邑同乡总会联合主办的福州与“一带一路”沿线国家历史文化交流（福州—马来西亚）国际学术研讨会召开

（市政协办公厅　供图）

省政协“感悟思想之源 感怀为民初心”读书活动。举办“书香政协·党史读书分享会”，围绕做强茉莉花茶产业、家庭医生签约服务等协商议题开展专题读书活动。

【台港澳交流联谊】 2021年，福州市政协与福州市政府、台盟福建省委、省文史研究馆联合举办海峡论坛·第十二届海峡两岸船政文化研讨会。6月18日，由台盟中央指导，福州市政府、台盟福建省委、福州市政协、福建省文史研究馆等联合主办的第十二届海峡两岸船政文化研讨会在马尾船政文化城举行。研讨会以“保护船政遗产 传承历史根脉”为主题，海峡两岸15所高校的学者，以及船政和近代海军后裔参加活动。研讨会还以船政文化为媒，举行船政博物馆圆桌会议、船政研学、船政书籍赠送、《陈绍宽图传》新书介绍以及专家进高校讲座等活动。

举办海青节·第八届榕台中小学生书画交流展 8月11日，福州市政协港澳台侨和外事委、台盟福州市委、市教育局、团市委联合在福州举办“亲情海峡·彩虹书画”第八届榕台中小学生书画交流展。交流展征集书画作品1万多件，经专家评审，评选出获奖作品369件。

召开2021年市政协港澳委员和市海联会常务理事座谈会 11月12日，采取“线上+线下”相结合方式召开，市政协主席何静彦出席会议并讲话，市政协党组书记刘卓群，市委常委、宣传部部长、统战部部长、市政协党组副书记陆菁，市政协副主席郑云春出席会议。会上，陆菁通报福州市2021年以来经济社会发展情况。会议书面通报市政协和市海联会工作情况。会上，港澳委员和榕籍乡亲围绕疫情防控、项目建设、招商引资、青少年工作等建言献策。

2021年8月26日，福州市政协主席何静彦（右二）赴温泉街道汤边社区开展“我为群众办实事”实践活动，并为“政协委员联系点”揭牌 （市政协办公厅 供图）

【民族宗教委员活动】 2021年，福州市政协通过界别座谈、走访慰问等方式，加强同少数民族、宗教界代表人士的联系。围绕少数民族界和宗教界委员重点关切的实际问题，选择“进一步发挥民间信俗文化在榕台交流交往中的积极作用”“运用‘民族+互联网’、推进民族乡村产业发展”议题开展专题调研、专题协商。组织少数民族界别委员在界别联系点——福州三坊七巷畲族馆开展学习中央民族工作会议精神座谈会暨少数民族界别活动。参观福州三坊七巷畲族馆，学习习近平总书记在中央民族工作会议上的重要讲话精神，并结合工作实际围绕民族工作开展交流研讨。

（庄丽婷 陈小刚）

（编辑 苏 颖）

纪检监察

综 述

【概况】　2021年，福州市纪委监委建立委领导挂钩、一季度一主题等监督机制，聚焦常态化疫情防控、优化营商环境、文化遗产保护、“重中之重”项目等重点任务，强化监督检查，确保政令畅通。完善水系治理联席会议机制，加强换届风气监督，严把党风廉政意见回复关。全市纪检监察机关共立案审查违反政治纪律案件14件，处分16人。年内，获评第六届全国文明单位、全国扫黑除恶专项斗争先进集体。

【市纪委十一届六次全会】　2021年2月5日，中共福州市纪委十一届六次全会召开，会议贯彻习近平新时代中国特色社会主义思想和党的十九届五中全会精神，贯彻落实十九届中央纪委五次全会和省纪委十届六次全会部署，研究福州市全面从严治党工作。省委常委、市委书记林宝金出席会议并讲话。市长尤猛军、市人大常委会主任陈为民、市政协主席何静彦出席。市委常委、市纪委书记、市监委主任陈云水作工作报告。

【巡察工作】　2021年，福州市纪委监委持续开展政治巡察，市县两级党委实现任期内巡察全覆盖。制定十二届市委巡察工作规划，启动首轮常规巡察，协助市委抓好省委常规巡视和涉粮问题专项巡视整改。运用“提级＋交叉”方式，对市粮储局、12个县（市）区开展涉粮问题专项巡察，发现问题155个。开展碧水保卫战、旧城改造作风问题专项巡察，对4家单位开展巡察“回头看”。

（丛　森）

2021年8月9日，驻市商务局纪检监察组会同市商务局有关处（室）赴罗源县六意超市开展疫情防控监督检查

（市纪委监委　供图）

党风廉政建设

【概况】　2021年，福州市纪检监察机关严格落实中央八项规定及其实施细则精神，关注“四风”苗头性、倾向性、隐蔽性问题，纠“四风”树新风。全市查处形式主义、官僚主义问题103起，查处享乐主义、奢靡之风问题85起。

【作风建设】　2021年，福州市纪委监委开展分地域分领域分层级纠“四风”树新风专项工作，协助市委开展干部工作作风突出问题专项整治和“转作风、强服务、办实事”专项行动。全市查处形式主义、官僚主义相关问题103起，批评教育帮助和处理164人，其中给予党纪政务处分115人。集中整治“天价茶”、炒作片仔癀等背后“四风”和腐败问题，全市查处享乐主义、奢靡之风问题85起，批评教育帮助和处理115人，其中给予党纪政务处分94人。

【民生领域执纪执法】 2021年，福州市纪委监委选取教育、医疗、生态环保等领域19项突出问题开展“点题整治”，推动解决群众“急难愁盼”问题。全市查处群众身边腐败和作风问题191起，批评教育帮助和处理293人，其中给予党纪政务处分188人。推动村（社区）集体“三资”网上公开，累计公开2251个村（社区）集体资金502.1亿元、集体资产10.85万项、集体资源1.6万宗。常态化推进惩腐“打伞”，维护群众切身利益。开展信访举报突出问题专项治理，全市纪检监察机关化解“多年、多层、多头”信访积案235件。

（丛　森）

2021年8月10日，罗源县纪检监察干部在碧里乡牛澳村海上渔排走访群众

（林京怡　摄）

反腐败斗争

【概况】 2021年，福州市纪检监察机关一体推进不敢腐、不能腐、不想腐，惩治震慑、制度约束、提高觉悟一体发力，全市新立案件1208件，运用“四种形态”批评教育帮助和处理7803人次。

【惩治腐败】 2021年，福州市纪委监委新立案件1208件，其中县处级22件、乡科级141件，处分1271人，移送检察机关41人，全市213人向纪检监察机关主动投案。全市运用“四种形态”批评教育帮助和处理7803人次，其中一、二种形态占94.2%。对7469件反映党员干部涉嫌违纪违法问题线索予以了结。规范开展问责工作，对1个党组织和166名党员领导干部、监察对象实施问责。开展粮食购销领域腐败问题专项整治，立案并留置9人。配合开展政法队伍教育整顿工作，严肃查处政法系统干部664人。开展追逃追赃“清理存量”专项攻坚行动，追回外逃党员和国家工作人员2人，追回赃款206.5万元，其中劝返1名外逃15年的“红通人员”回国投案。

（丛　森）

（编辑　苏　颖）

民主党派和工商联

中国国民党革命委员会福州市委员会

【概况】 2021年，中国国民党革命委员会福州市委员会（简称民革福州市委会）下辖5个工委，4个总支，50个支部，党员1050人，其中本科以上586人，占55.80%；中级职称以上685人，占65.24%。担任市级以上人大代表、政协委员16人次。全年提交提案、建议42件，被民革中央授予“助力脱贫攻坚先进集体”“民革全国机关工作先进集体”。获评福建省五一劳动奖章1人，获评民革中央助力脱贫攻坚先进个人1人。

【组织建设】 2021年，民革福州市委会新发展党员14人，其中拥有博士学位3人，闽江学者1人。组织新党员、入党积极分子开展主题教育活动。选送7名干部参加各级党校、社会主义学院培训，派出1名机关干部赴闽侯县荆溪镇挂职。建立民革福州市委会监督委员会，开展党员之家、示范支部创建工作。民革福州市社会法律第二支部、民革福州市委会社会服务第一支部党员之家获评民革中央第二批优秀示范支部、优秀民革党员之家。12月23日，民革福州市第十二次代表大会在福州召开，审议通过民革福州市第十三届委员会工作报告，选举产生由31名委员组成的民革福州市第十四届委员会，林锋当选为主任委员。

【思想理论建设】 2021年，民革福州市委会赴古田举办中共党史教育培训班，制作民革福州市委学习贯彻新思想专题片。组织参加福州市统一战线“永远跟党走”庆祝中国共产党成立100周年党史知识竞赛活动并获三等奖。《推动惠台政策措施精准落地》等13篇报道被《团结报》、团结网刊载，5篇次宣传理论文章被民革福建省委会、市政协等部门采用。

【参政议政】 2021年，民革福州市委会在省、市两级“两会”上提交省人大个人建议6件，省政协委员个人提案1件，市政协集体提案14件，个人提案18件，其中《借助新技术进一步推进我市非物质文化遗产传承和利用》被选为市政协大会发言，得到市委、市政府主要领导批示，《关于进一步释放我市工业园区活力的几点建议》被市政协评为重点提案，1篇调研文章获得市优秀调研成果三等奖。开展农村河湖水系综合治理、茶文化传承发展、推动民营科技企业创新发展、促进榕台优惠政策落地、高水平建设平安福州等6项重点课题调研，其中在《福州调研》上刊登2篇。《建立健全民主党派学习贯彻习近平新时代中国特色社会主义思想长效机制的思考与研究》获2020年度全省党建重点调研课题一等奖。《以建设现代化国际城市为指引 构建有助于双循环相互促进的中央法务区》等建议得到市政府领导批示。围绕中国共产党成立100周年、疫苗接种、外商法实施、纺织业订单回流等主题收集社情民意信息252条，整理、报送175条，其中《警惕“死藤水”等新型毒品的入侵》《推广疫苗接种既要有“力度”更要注意“温度”》等5条信息被全国政协采用，被各级部门采用63条次。

【社会服务】 2021年，民革福州市委会联合福州市政协人资环委赴结对共建的湖前社区开展“庆七一·颂党恩”综治文明共建暨民革界别活动，向低收入家庭送上慰问金，向群众发放《中华人民共和国宪法》《中华人民共和国民法典》普及读本，开展垃圾分类、移风易俗、扫黑除恶、反邪教宣传。参加由苍霞街道举办的拗九节和重阳节活动，上门慰问社区行动不便的老人，通过赠送拗九粥、义诊、手指操教学、垃圾分类互动游戏和网络安全宣传教育等弘扬中华民族“孝老敬老”的传统美德，提升社区居民的法律意识。鼓励党员参与援疆支教，赴新疆、贵州和省内贫困地区送教送培和医疗扶贫，参与各级精准扶贫公益捐赠和消费帮扶。消费帮扶购买甘肃定西农特产品1.63万元。发动民革经济界人士和涉农、社法界别专业人才，开展垃圾分类、扫黑除恶、普法宣传等志愿服务活动，参与五凤街道湖前社区为期1个月的“家在鼓楼，靓丽过年”爱国卫生文明志愿服务活动。走访慰问抗战老兵和原国民党起义人士遗孀，送上慰问金和新春祝福，参与民革中央庆祝中国共产党成立100周年暨第二届“风雨同舟”民革全国书画作品展，报送作品17件，进入复选3件，入选参展1件。

【榕台交流服务】 2021年，民革福州市委会开展《关于推动惠台政策措施精准落地的建议》调研。与市台港澳办、闽江学院相关院系教授座谈，走访“祖统”委员和相关企业，完成《推动马祖小三通贸易通关便利化建设两岸融合第一家园》等多篇涉台社情民意信息，其中《台胞因疫情两年没回台或被“除籍”亟待关注》被省政协采用。承办第九届海峡青年节·第十七届榕台青年夏令营，与永泰县人民政府联合承办2021年“同心杯”两岸青年乡村振兴研修营暨两岸李果花生文化节活动。组织党员参加市政协“党派青年说·走进福州政协”榕台青年交流分享座谈会。参加“纪念开闽三王入闽1136年暨辛丑年闽台连线共祭开闽三王大典”。春节期间，慰问台青台企，帮助台胞解决困难，及时收集台情动态。

（王晓莉）

中国民主同盟福州市委员会

【概况】 2021年，中国民主同盟福州市委员会（简称民盟福州市委会）下辖福清、长乐2个县（区）级委员会，5个区工委，1个总支，77个基层支部。有盟员2042人，其中重点领域占比63.8%，中高级职称占比71.4%。年内，民盟福州市委会获评民盟中央“民盟脱贫攻坚先进集体”，被中共福州市委、政协福州市委员会评为福州市政协工作先进集体，1名盟员获评“纪念中国民主同盟成立80周年优秀盟员”，1名盟员获评民盟中央组织发展工作先进个人，1名盟员获评福州市政协信息工作先进个人。

【组织建设】 2021年，民盟福州市委会新发展盟员30人。民盟长乐区委会召开第五次盟员大会，65个支部完成换届工作。对2017—2021年在组织建设和盟务工作中取得突出成绩的各基层组织和个人进行表彰，授予18个民盟基层组织“先进盟支部”称号，118名盟员获“优秀盟员”称号，8名盟员获“优秀盟务工作者”称号。

12月26日，中国民主同盟福州市第十五次代表大会召开，出席会议119人。会议通过民盟福州市第十四届委员会工作报告和《民盟福州市第十五次代表大会决议》，选举产生民盟福州市第十五届委员会委员37人，林群慧当选为民盟福州市第十五届委员会主任委员。

【思想理论建设】 2021年，民盟福州市委会召开15场（次）中心组理论学习。组织盟员赴重庆特园、福清城头镇湖美村红色教育基地参观学习。推荐优秀盟员和盟务专职干部参加民盟福建省委会和中共福州市委统战部举办的各类培训班11人次。参加福州市统一战线“永远跟党走”庆祝中国共产党成立100周年党史知识竞赛活动，获三等奖。

【参政议政】 2021年，民盟福州市委会在“两会”期间，提交集体提案12件，其中大会发言《强化要素保障 激发我市创新创业创造活力》获中共福建省委常委、福州市委书记林宝金等主要领导批示，被列为2021年福州市政协10件重点提案之首，纳入福州市政协2021年度协商计划，由市长尤猛军、市政协主席何静彦共同督办。集体提案《关于我市县（市）区恢复设置科技管理部门的建议》被中共福建省委常委、福州市委书记林宝金批示。年内，民盟人大代表、政协委员提出个人建议案2件、提案13件，其中《关于“完善家庭医生工作机制 提高老年人健康水平”的建议》被评为市政协重点提案；完成课题调研报告36篇，其中民盟福建省委调研课题1篇，中共福州市委重点课题2篇。《关于提升我市海洋文化软实力，培育科技创新新动能，助力“海上福州”建设的建议》被中共福建省委常委、福州市委书记林宝金批示，《建设中国东南（福建）科学城的几点建议》被市长尤猛军批示；向民盟福建省委、福州市政协、中共福州市委统战部报送信息331条，被各渠道采用和批示61条，其中被全国政协采用1条，省委统战部采用3条，省政协采用37条，市委统战部采用8条，市政协采用12条。《关于恢复蓝姓畲族传统姓氏的建议》等3条获市政府主要领导批示。

【社会服务】 2021年，民盟福州市委会在潘厝社区开展“迎新春慰问助贫”“浓浓拗九节 深深感恩情”“爱护口腔 健康生活”义诊等活动3场，并向潘厝社区捐赠价值1万余元的图书。在晋安区岭头小学开展“献礼百年与爱同行 助学圆梦欢庆六一”同心助学活动，捐赠价值6000元的运动器材。依托民盟法援中心在福州市朝阳小学开展“法律护航成长”主题法治宣传活动，在仓山区下渡街道开展“我为群众办实事 普法零距离”法治宣传活动，在仓山区东升奋斗广场开展《中华人民共和国法律援助法》集中宣传活动，向仓山区退役军人法律援助工作站派驻律师，提供公共法律服务。在仓山区社区矫正中心挂牌成立福州民盟黄丝带帮教基地，由盟内骨干盟员定期开展法律、国学、礼仪等讲座。

（王 翀）

中国民主建国会福州市委员会

【概况】 2021年，中国民主建国会福州市委员会（简称民建福州市委会）下辖1个县级市委会，5个区工委，1个企业家委员会，30个支部，10个专委会，1个调研室，1个研究院，会员1249人，平均年龄51.6岁，其中经济界别人士占比83.9%。会员担任各级人大代表19人，各级政协委员87人。年内，民建福州市委获评民建中央参与脱贫攻坚先进集体、2020年度福州市政协系统信息工作先进单位，1名会员获评民建中央参与脱贫攻坚先进个人，1名机关干部获评2020年度福州市政协系统信息工作先进个人，4名会员获评2020年度福州市政协系统优秀特约信息员。

【组织建设】　2021年，民建福州市委会新发展会员42人，其中大专及以上学历100%，硕士研究生以上学历7人，具有中高级技术职称15人，经济界人士37人。完成鼓楼区工委、调研室和法律、大数据研究9个专委会调整工作。完善民建中央组织管理系统和市委统战部后备人才库，对会员信息进行动态管理。组织会员企业家参加民建专场招商座谈会（联合晋安区政府）、调研室和专委会主任履职座谈会、财政金融等各专委会会议、党史教育主题观影活动及座谈会、信息直报件推进成果转化座谈会、吸引台青到闽就业创业等课题调研交流座谈会、信息工作推进会等系列活动42次。组织10余名会员企业家参加广西统战部到榕举办的“投资广西　共享发展”民营企业投资推介会。推荐会内青年企业家参加第二期民建中央新生代企业家民建优良传统传承培训班、第八期民建中央企业家培训班。走访会员企业85次，开展节日慰问老会员、困难会员活动，帮助协调解决融资、银企对接、政策解读、资源对接、项目对接、法律咨询、跟政府相关职能部门对接、初创企业辅导帮扶等会员企业困难问题47件。12月23日，召开民建福州市第十三次代表大会，选举产生民建福州市第十三届委员会和出席民建福建省第十次代表大会代表，罗蜀榕当选为主任委员。

【思想理论建设】　2021年，民建福州市委会召开庆祝民建福州地方组织成立70周年大会。举办庆祝中国共产党成立百年书画摄影作品展，展出相关作品30余幅。开展庆祝中国共产党成立100周年和“我和民建共成长”主题征文活动，报送《红色家风见初心》《青年中国说》等征文23篇。组织会员观看红色教育片《悬崖之上》《1921》，参观福清斗垣革命烈士纪念室、罗源人民游击队磜石驻地、连江革命烈士陵园等红色教育基地。参加民建省委“百年初心，风华正茂”名家朗诵会、福州市统一战线“永远跟党走”庆祝中国共产党成立100周年党史知识竞赛、“走进福州政协——风雨同舟、多党合作”主题分享会等活动。

【参政议政】　2021年，民建福州市委会与市政协民宗委到罗源等地开展调研，形成《运用民族+互联网，推动民族乡村产业发展》调研报告，相关的调研活动、网络远程协商会连续2次获《人民政协报》跟踪报道。围绕民建福建省委会2021年重点课题，走访调研市台协、市台办、市台盟、省台盟，并赴厦门考察，形成《吸引台青来闽就业创业》调研报告。上报《打造韧性城市提升省会城市抗风险能力》等重点课题。《利用区块链技术推进非遗保护、传承及数字化的建议》《打造资本强市　推动经济提质增效》获市委主要领导批示。全年向市政协提交12篇集体提案。其中大会发言《关于打造韧性城市　提升我市抗风险能力的建议》评为重点提案，被《福州日报》专版刊登，并获市委、市政府主要领导批示，该提案在2021年的深化调研、督办落实过程中，获《人民政协报》关注。全年报送信息546条，其中省委办采用3条，市委办采用13条，全国政协采用5条，省政协采用62条，市政协采用16条，省领导批示2条，市领导批示1条。

【社会服务】　2021年，民建福州市委会前往政和县卫健局举行医疗设备捐赠仪式，会员企业为政和县卫健局、县总医院赠送价值10万元的捐赠物资；为政和县洋屯村捐赠价值3万元的儿童游乐设施1套。赴新港街道、茶园街道、开元社区、湖前社区、新港社区开展春节、中秋节慰问活动，慰问困难群众25人，送上价值8000多元慰问品。参与各类社会公益及消费帮扶专项活动。参与“99公益”民建福建省委会和思源•闽善公益基金的“爱心书包•扶志益智”项目，有87名会员参与捐赠，筹得善款1.5万余元。7月，会员及会员企业向河南因特大洪涝灾害捐款捐物1.25亿余元，向莆田市仙游县新冠肺炎疫情最严重的郊尾镇、东湖村和奋战在抗疫一线的莆田铁路派出所民警等捐款捐物81.2万元。

（林　宇）

2021年6月4日，庆祝民建福州地方组织成立70周年大会召开

（民建福州市委会　供图）

中国民主促进会福州市委员会

【概况】　2021年，中国民主促进会福州市委员会（简称民进福州市委会）下辖5个工委（鼓楼、台江、仓山、晋安、马尾），4个总支（闽江学院、长乐、连江、福清），39个支部。会员938人（在职642人，离退休296人），平均年龄56.8岁，其中教育、文化、传媒界别689人，占73%；经济、科技、医卫、法律、行政等界别249人，占27%，具有大学学历及以上620人（研究生学历64人），占66%；科级及以上干部42人；中高级职称732人，占78%。年内，民进福州市

委会获评民进全国社会服务暨脱贫攻坚工作先进集体、民进全国反映社情民意信息工作先进集体、民进全省履职能力建设暨参政议政工作先进单位、全市政协系统信息工作先进单位，2个基层组织获评“民进全省抗击新冠肺炎疫情先进集体”，39名会员获民进中央等各级各类表彰。

【组织建设】 2021年，民进福州市委会新发展会员38人，平均年龄38.7岁。其中教育文化界23人，经济、法律、环保、政府机关等人士15人。完成4个工委的领导班子调整以及十五中支部、长乐教育支部等9个支部的换届工作。将仓山中专、仓山中学、仓山小教支部进行整合，成立仓山教育支部。举办2021年骨干会员培训班、新会员培训班，召开参政议政培训会和基层组织工作会议，选送骨干会员参加学习班、进修班，全年参训会员150多人次。在会员企业福建容益菌业科技研发有限公司挂牌成立“福州民进会员之家”。12月25日，召开民进福州市第八次代表大会，选举产生民进福州市第八届委员会，委员22人，顾颀当选主任委员。

【思想理论建设】 2021年，民进福州市委会开展“坚定信念跟党走”主题教育宣讲活动。举办“多党合作·民进记忆”书画摄影作品展，参与主题征文活动，参加福州市统一战线“永远跟党走”庆祝中国共产党成立100周年党史知识竞赛，参观红色教育基地等活动。全年编发《福州民进》4期，推送公众号信息150余条。在媒体、网站发稿200多篇（条），其中100多篇（次）刊载在中国网、团结报（网）、民进中央网站、《福州日报》、《福州晚报》等。向福州市政协报送1篇理论文稿、8篇提案故事、2篇委员履职故事；向中共福州市委统战部报送1篇理论文稿，向民进福建省委会报送1篇理论文稿及5篇庆祝中国共产党成立100周年主题征文。

【参政议政】 2021年，民进福州市委会在市“两会”上提出建议、提案、发言34件。大会发言《加强国际化人才引育，提升福州城市竞争力》得到市主要领导批示，并列为市政协重点提案。围绕滨海新城建设和数字化治理，向中共福州市委报送《把滨海新城建设成为产教融合高地的路径建议》《关于建立我市高效数字化治理体系的研究》2篇调研文章，其中《关于建立我市高效数字化治理体系的研究》刊登于《福州调研》。全年完成12项民进福建省委会重点调研课题，信息直报件《关于加强我市蔬菜种质资源保护和利用的建议》，得到福州市领导批示。全年报送社情民意信息164条，其中得到省、市领导批示3条，全国政协、中央统战部、民进中央采用51条，福建省政协、中共福建省委办公厅采用71条，福州市政协、中共福州市委办公厅采用7条。《打造120急救智能化信息系统的建议》等9条信息获民进中央2021年度优秀参政议政成果二、三等奖。《创新国际认证合作模式，确保我国制造业外贸稳定发展》等14条社情民意信息获评“2020年度福州市政协优秀社情民意信息”。

【社会服务】 2021年，民进福州市委会与有关机构合作举办“赢中考”系列讲座，免费提供升学指导。以春节、拗九节、端午节、儿童节、重阳节等节日为契机，在光明社区“民进公益服务站”、湖前、茶会等社区，开展“温暖在榕城”新春慰问、“春联进万家”、“近邻合力，情暖拗九，爱在光明”、“我爱我的党，我爱我的国”绘本捐赠暨共读志愿活动。在福州第二十中学开展捐资助学活动，向家庭困难学生捐赠助学款5000元。

（刘君琳）

中国农工民主党福州市委员会

【概况】 2021年，中国农工民主党福州市委员会（简称农工党福州市委会）下辖1个地方组织（福清市委会），5个区工委会，71个基层组织，其中总支7个，市直属支部或支部委员会18个。党员1853人，本科以上学历1212人，占65.4%；中高级职称1455人，占78.5%；副科级以上干部82人，担任副处级职务以上干部11人，被聘为市级及市级以上特约人员16人，担任各级人大代表、政协委员115人。获评2021年度“农工党脱贫攻坚民主监督先进集体”“脱贫攻坚先进集体”“农工党全省社会宣传工作标兵单位”。获市级以上荣誉称号50人次，获农工党福建省信息工作先进个人称号10人，获农工党脱贫攻坚先进个人称号9人，获全省社会宣传工作先进个人称号6人，1人获国家卫健委、红十字总会全国无偿献血奉献金奖，获福建省“三八”红旗手称号1人，获福建省优秀护理工作者称号1人，获福建省女企业家疫情防控贡献奖2人。市中医院总支党员知名老中医肖绍韦的中医成就在《福州晚报》刊出；市疾控中心支部党员贾海梅作为福州市新冠肺炎疫情防控主力队员参加泉州市、内蒙古地区疫情防控工作，先进事迹被学习强国福州平台报道。

【组织建设】 2021年，农工党福州市委会新发展党员63人，平均年龄38岁，其中主界别43人，占比68.3%；本科以上学历占比90.5%。年内，农工党员提任县区政府副区长、人大常委会副主任、政协副主席3人，提任处级干部1人，提任正科级干部3人。全年选派10人次参加中央社会主义学院、省社会主义学院和市委党校举办的各类培训班。制订《星级支部创建方案》，2020年度星级支部获评五星级支部9个，四星级支部14个，三星级支部10个。打造“参政·议政”“健康·医疗”“生态·环保”“科技·创新”“民营·经济”等10个特色“党员之家”。开展理论学习、党史教育、书画展、课题研讨、信息培训等活动50余场。东南眼科医院支部“党员之家”获全国政协副主席、农工党中央常务副主席何维的肯定，经验成果在《市各民主党派工作成果精选汇编》画册上刊登。完成市一医院总支、农工党福州市委会机关支部的换届工作，完成市中医院总支、仓山医务支部的换届工作。推荐农工党党员吴刘驰入选福州欧美同学会副会长，推荐6名农工党党员入选农工党福建省委会专委会委员。

【思想理论建设】 2021年，农工党福州市委开展“不忘合作初心、继续携手前进”主题教育活动。开展“学中共党史、讲农工党史”活动。在微信公众号上分10期连载“中国共产党与福建事变”，发动全市党员参加市统战系统网上学党史知识问答活动，组织3名青年党员参加全市统战系统学党史知识竞赛，获组织奖。开展中共党史专题学习，参加省委会中共党史专题讲座和全市统战系统中共党史专题讲座。结合机关例会开展宣讲中共党史故事及4场大型实地参观走访活动。围绕中国共产党成立100周年主题，向农工党省委会上报17幅画作，24张摄影作品。围绕抗击疫情、参政议政、脱贫攻坚等重点工作进行宣传报道，其中中央、省、市级媒体采用213篇。年内，获农工党2020—2021年全国优秀论文二等奖1篇，三等奖3篇；获农工党2020—2021年全省优秀论文一等奖1篇，二等奖1篇，三等奖4篇；入选《市政协第十三届理论研究成果汇编》2篇。

【参政议政】 2021年，农工党福州市委会向市政协四次全会报送2篇大会发言和10条集体提案。《关于推动数字福州高质量发展的若干建议》被市政协列为2021年重点提案。大会发言《千尺深蓝舟为马 万顷碧波海作田——创新引领我市海洋牧场高质量发展》获福建省委常委、福州市委书记林宝金，市长吴贤德，副市长林治良，副市长林长远批示。书面发言《加快推进我市海上风电产业发展，打造东南沿海风能产业之都》获市长吴贤德批示。每月直报《推广大众茶馆，弘扬福茶文化》获市领导批示。完成中共福州市委重点课题2项，农工党福建省委会重点课题6项。向农工党中央人口战略研讨会报送2篇论文入选大会优秀论文汇编，获农工党全省2021年度优秀调研论文二等奖2篇，三等奖3篇。报送的市委重点调研课题《关于推进我市会展产业又好又快发展的建议》获福州市优秀调研课题三等奖。全年编报《福州农工信息》200期，其中40条信息获中共中央办公厅、全国政协、中央统战部、农工党中央等中央一级部门采用，其中1条信息得到中央政治局常委、国务院副总理韩正批示。86条信息获中共福建省委办公厅、福建省政协办公厅采用，获省、市主要领导批示3条次，获市委办、市政协采用22条次。

【社会服务】 2021年，农工党福州市委会发动党员到贵州大方县开展定点扶贫和云南脱贫攻坚民主监督工作。连续3年定点帮扶罗源霍口乡中心小学，资助贫困学生5000元。与湖岭社区、新店社区慰问困难群众、党员400多人，发放慰问金2万多元。依托东南眼科医院，开展79场眼健康服务，服务623人次，筛查出白内障、胬肉等眼病患者260人，为130名困难患者提供公益救治。开展同心法律行活动，邀请律师到福清市妇幼保健院为100多名福清市医疗系统的医护人员作普法讲座。各基层组织进校园、社区、养老院开展9场宣传、义诊活动，发放宣传材料1500多份，为1200多名居民提供健康、环保知识咨询。

（侯世欢）

2021年10月14日，农工党福州市委会专职副主委潘俏黎在重阳节带领机关干部走访慰问湖岭社区困难老人 （农工党福州市委会 供图）

中国致公党福州市委员会

【概况】 2021年，中国致公党福州市委员会（简称致公党福州市委会）有县（市）委会1个，工委会5个，总支部2个，支部35个，党员933人，其中女党员420人；党员平均年龄57.3岁，中高级以上职称占66.4%。在政府机关和司法部门担任副科级以上职务46人。担任各级人大代表15人次，各级政协委员85人次。年内，被评为致公党中央“脱贫攻坚先进集体”，致公党福建省委会“中共党史学习教育先进集体”“调研和提案工作先进集体”“反映社情民意信息工作先进集体”，市委统战部“全市统战宣传信息工作先进单位”。全市致公党员获市级以上单位表彰31人次。

【思想理论建设】 2021年，致公党福州市委会在全市基层组织和党员中开展中共党史学习教育，举办中共党史学习教育座谈会，“学党史·凝共识·跟党走”书画摄影采风、调研，革命旧址现场体验式教学，“少年儿童同心向党”百年党史知识展览等特色活动30多场次。编印《福州致公》5期、推送微信公众号文章31篇，其中各类通讯报道被致公党中央、省委统战部、致公党福建省委会、市政协、市委统战部微信公众号刊登、转载20多篇次。围绕庆祝中国共产党成立100周年，开展书画摄影精品展、主题征文、云宣讲、诗歌朗诵分享会、“风雨同舟·多党合作”主题分享会等系列活动。征集征文、学习心得文章20

多篇，其中3篇分别获评致公党福建省委会“同心共庆百年华诞，砥砺前行再铸辉煌”主题征文一、三等奖和优秀奖。征集书画摄影作品30幅，其中10幅作品入选致公党福建省委会主题书画展。参加省委会“党在我心中·共筑中国梦”庆祝中国共产党成立100周年知识竞赛、福州市统一战线庆祝中国共产党成立100周年党史知识竞赛，获竞赛活动组织奖2个。选派10名骨干党员、机关干部参加中央社院、致公党福建省委会、市委党校、市委统战部等举办的各类培训。开展“支部小课堂”活动，邀请致公智库专家、骨干党员等先进支部开课50多场次。

【参政议政】 2021年，致公党福州市委会在省、市“两会”期间共提交大会发言、提案、议案和建议21件次，其中在市政协十三届五次会议上提交集体提案11件，内容涉及“三个福州”（“数字福州”“海上福州”“平台福州”）建设、工业（产业）园区标准化建设、科技成果转化、非物质文化遗产保护和利用等。大会发言《建设便捷高效的供应链体系，助力构建“双循环”新发展格局》获市领导4件次批示。《创新海外乡亲联络服务机制，助推新时代福州高质量发展超越》被市政协大会界别（联组）协商专报件采用，获市领导批示。参政议政成果4件被采用为省十三届人大四次会议议案、建议，2件被采用为省政协十二届四次会议集体提案。全年报送各类调研报告和理论研究文章30多篇次，其中《闽都非遗文化传承创新的福州实践及思考》《推动数字消费创新发展　提升福州大数据应用能力》被《海峡通讯》《政协天地》《福州调研》刊用5篇次。《RCEP时代福建民营企业面临的机遇、挑战与对策》作为省政协专题议政性常委会书面发言稿。

编辑上报社情民意信息156条，其中《关于乡村建设过程中乡村特色风貌保护的几点问题及建议》等10条被全国政协采用，《建议尽快统一规范冠状病毒核酸报告单》等17条被致公党中央采用，《建议出台知识产权案件适用惩罚性指导意见》等33条被中共福建省委办、福建省政协专报件采用，《全国一流大学城建设亟待精准提升就业“软实力”》等14条被中共市委办、市政协专报采用，1条获省领导批示，4条获市领导批示。4条信息获评致公党中央“参政议政优秀成果”，3条信息获评致公党省委会“年度好信息”。参与各类协商调研活动20多场次，组织课题组成员赴闽侯、福清、长乐、永泰等地调研80多人次。针对“推动新一代信息技术与制造业深度融合”“谋划福州全球海洋中心城市建设”“推进高颜值山水城市建设”“推进闽侯青口铝基新材料产业发展”等内容提出意见建议，每月直报件《高标准建设省会万亿级环城科创走廊》获市领导批示。

【社会服务】 2021年，致公党福州市委会开展“致公·护航梦想”助学活动，邀请市教育研究院优秀教师、律师为师生讲授精品示范课、未成年人保护法等课程。向34名品学兼优的学生赠送价值近万元的学习用品。举办“少年儿童心向党”百年党史知识展。依托鼓楼区天泉社区、福清金墩社区致公学校平台，开展文明倡议、平安宣传、移风易俗等各类公益服务项目；结合传统节日，组织青年志愿者赴鼓楼区湖前社区开展“浓浓拗九粥，深深敬老情”志愿服务活动。

【对外交流】 2021年，致公党福州市委会承办“侨心向党·福来福往——海外赤子百‘福’献礼世遗大会”中国福字展暨书法笔会活动，邀请44个国家的侨胞艺术家创作300多幅“福”字作品，通过“线上+线下”的方式向世界阐释推介中国优秀传统文化。致公党福清市委会开展旅阿根廷侨胞新春走访慰问活动，鼓励侨胞在家乡捐资助学。致公党晋安区工委组织侨界人士开展“同心忆党史·红舫寄侨情”主题活动。

（陈　锋）

九三学社福州市委员会

【概况】 2021年，九三学社福州市委员会（简称九三学社福州市委会）下辖1个县级市委，1个区委，5个工委，1个基层委员会，43个支社，社员818人，其中中高级职称占85%。年内，九三学社福州市委员会被中共中央统战部评为“全国各民主党派、工商联、无党派人士为全面建成小康社会工作贡献先进集体”，获评九三学社中央“全国机关建设先进集体”“2018—2020年参政议政先进集体”“组织信息系统数据维护工作先进集体”，获九三学社福建省委会“参政议政工作先进集体二等奖”“信息工作先进集体二等奖”“宣传思想工作先进单位”及“社务工作量化考评优秀单位”称号。

【组织建设】 2021年，九三学社福州市委会新发展社员25人。完成所辖1个县级市委、3个区工委、1个基层委员会和26个支社的换届工作。举办骨干社员读书班、新社员及青年骨干社员培训班，推荐报送11名社员参加福建省社会主义学院第40期民主党派、无党派人士培训班，九三学社青海、福建、海南、新疆四省省委代表人士及骨干社员培训班，中共福州市委统战部2021年民主党派骨干培训班。在闽侯县、台江区分别挂牌成立“社员之家”。12月26日，召开九三学社福州市第八次代表大会，会议选举产生由17名委员组成的九三学社福州市第八届委员会，叶玲当选为主任委员。

【思想理论建设】 2021年，九三学社福州市委会通过主委会、常委会、理论学习中心组学习会、专题学习报告会、读书班等形式，组织学习中共十九届六中全会精神、习近平总书记“七一”重要讲话精神以及《中国共产党统一战线工作条例》，组织社员开展庆祝中国共产党成立100周年暨中共党史学习教育系列活动。举办书画摄影作品展、文艺汇演、征文、理论研讨、“文脉承大道，薪火传精神”专题学习实践、“不忘合作初心，坚定信念跟党走”红色教育等活动。参与九三学社中央党史、社史线上知识竞赛，选派社员参加福州市统一战线党史知识竞赛。通过“福州九三”网站、期刊和微信公众号讲好多党合作故事，讲好九三学社故事，全年发稿100多篇，出版刊物4期。

【参政议政】 2021年，九三学社福州市委会开展各类调研20多场次，完成调研课题11项，其中《加快建设“智慧海洋”，推动“海上福州”高质量发展》《关于加快推进深远海养殖示范区建设的建议》被列为中共福州市委重点课题，并在《福州调研》上刊登；《加快构建政府公共数据服务体系》等5项课题被九三学社福建省委会立项；《加快建设“智慧海洋”，推进“海上福建”高质量发展》《加快推进深远海养殖平台建设，服务我省海洋经济高质量发展》3项课题报告被选为九三学社福建省委会在省政协“做大做强福建海洋经济”专题协商会上的发言；《关于推进我省专利与标准融合的建议》获福建省统战系统第十七届建言献策论坛优秀论文三等奖；《关于加快我市5G产业发展的建议》被《闽都通讯》采用。与市政协文化文史和学习委合作开展“规范和创新福州市公共文化场馆建设”协商课题系列调研和网络议政远程协商会，《关于加强我市渔港建设与管理，推动海洋经济高质量发展的建议》获中共福州市委主要领导批示。全年提交提案、议案153件，其中全国政协委员提案16件，省政协党派提案3件，省人大议案2件，市政协大会发言1件，党派提案12件，委员提案18件，市人大议案3件，人大代表建议30件。《关于加快北斗卫星应用产业发展的建议》《关于加快我省工业互联网发展的建议》均被列为省政协重要提案摘报，并获省领导批示。《关于进一步推进我市物联网产业发展的建议》《关于讲好“闽菜”故事做大“闽菜”市场的建议》2件被列为市政协重点提案；《关于进一步壮大我市数字经济的建议》被列为市政协重要提案摘报；《关于加快提升我市国际空运物流竞争力的建议》被列为市人大重点督办件。全年报送信息103条，其中全国政协采用3条，社中央采用5条，省政协采用10条，省委办采用2条，市政协采用3条，市委办采用4条。

【社会服务】 2021年，九三学社福州市委会助推“九永合作”（九三学社与永泰县），与九三学社省委合作开展名师送教活动，组织10名福州时代中学多学科优秀教师与永泰县对应学科教师开设同堂异构课程，进行教学业务交流。与社省委联合赴永泰县开展实地调研，促成“帮助开展李梅等农产品新品种种植示范”项目落地，选定永泰县嵩口镇三峰村等4个村作为新品种种植推广示范点。开展科技下乡活动，组织农业专家社员赴马尾区琅岐镇开展蔬菜栽培技术培训，推广科学种植技术。开展“爱眼护眼科普行”系列活动，在闽侯县甘蔗中心小学组织举办科普讲座、知识问答、眼健康互动体验，并捐赠价值1万元的科普教具和科普图书。走访福州市消防和地震安全体验中心，推进“九三学社福州市委科普教育”基地建设。落实“九三同心帮扶计划”，捐建南平市政和县东平中学同心科普阅览室。开展彩虹公益帮扶活动，参加“非遗创享幸福城，铭记党恩助孤残”主题活动，向福州市第二福利院捐赠价值6000元的感统设施。在鼓楼湖前社区、台江区滨江社区开展“温暖在榕城”系列志愿服务关爱行动，并结合传统节日开展特色志愿服务活动，慰问帮扶困难家庭。

（王　翼）

台湾民主自治同盟福州市委员会

【概况】 2021年，台湾民主自治同盟福州市委员会（简称台盟福州市委会）下辖鼓楼、台江、仓山、晋安4个基层组织，下设参政议政、青年工作、妇女工作、老年工作4个专委会。有盟员125人，盟员平均年龄48.3岁，其中具有中高级职称40人。担任各级人大代表2人，政协委员22人。全年提交议案建议50件，捐助公益事业近2万元。年内，台盟仓山区工委获台盟中央脱贫攻坚、社会服务工作先进集体称号，4名盟员获台盟中央脱贫攻坚先进个人称号，1名盟员获台盟中央社会服务先进个人称号，1名入盟积极分子获台盟中央第十次协商议政论坛一等奖，1名机关干部获台盟中央2021年参政议政先进个人进步奖。

【组织建设】 2021年，台盟福州市委会新发展盟员3人，平均年龄29岁，其中本科以上学历占比67%。12月25日，召开台湾民主自治同盟福州市第九次盟员大会，会议审议通过《台盟福州市第九次盟员大会决议》，选举产生第九届委员会，甘海疆当选为主任委员。

【思想理论建设】 2021年，台盟福州市委会以主委会、全委会、机关例会、中心组学习、培训交流座谈会等形式，组织各区工委、全体机关干部学习贯彻习近平总书记来闽考察及庆祝中国共产党成立100周年等系列重要讲话精神、中共十九届五中和六中全会精神及省、市党代会精神等，组织盟员、机关干部参与台盟中央、台盟福建省委、中共福州市委统战部等部门开展的各类学习及培训活动。开展“庆七一•薪火相传”——庆祝中国共产党成立100周年系列主题活动。与共建社区邀请中共福州市委党校行政管理教研部主任、副教授王卉作以“奋斗百年路，启航新征程”为主题的党史学习教育专题讲座。组织盟员、机关干部参观南后街宗陶斋的“爱国故事陶瓷艺术展”、观看爱国影片《革命者》。参加台盟中央“共画‘同心圆’——奋进在多党合作的大道上”征文及书画作品征集活动，其中1篇征文获三等奖。组织盟员参加福州市统战系统“永远跟党走”——庆祝中国共产党成立100周年党史知识竞赛活动，获三等奖。

【参政议政】 2021年，台盟福州市委会在全国以及省、市“两会”期间提交提案、建议50件。在福州市政协十三届五次会议上提交大会发言《多措并举大力推进福州市养老服务高质量发展》获3名市领导批示。完成10篇调研报告，其中《关于加快涉台园区转型升级促进台胞台企第一家园建设的建议》获福建省第十六届建言献策论坛优秀论文评审一等奖，并以该篇调研报告为基础，转换提交的福建省政协大会发言获福建省委常委、副省长郭宁宁批示。上报的43条社情民意信息中，被中央、省、市各级部门采用12条次。在中共福州市委与各民主党派、工商联第2—4季度座谈会上，台盟福州市委会就推进高质量

2021年6月21日，台盟福州市委会“盟员之家”揭牌仪式在福州台湾会馆举行

（台盟福州市委会 供图）

发展、探索两岸融合发展新路、榕台乡建乡创、福州内河治理等方面提出意见建议。

【榕台交流活动】 2021年，台盟福州市委会联合台盟福建省委会举办“2021年在榕台商、台胞新春座谈会”。邀请台盟福建省委会、中共福州市委统战部、市台港澳办、市政协侨台委、市台协会等多家单位共同为“榕台青年林”石碑揭碑。福州台湾会馆举行“盟员之家”揭牌仪式。第九届海峡青年系列活动之第八届榕台中小学生书画交流展正式启动，征集到书画作品1万多幅，经专家评选出获奖作品369幅，其中台湾获奖作品130幅。由福州市台港澳办、福州市政协港澳台侨和外事委、台盟福州市委会主办，各党派福州市委会联合参与的“党派青年说·走进福州政协”主题分享座谈活动在福州市政协协商议政厅举行。在榕台商、台籍教师、省“五四青年奖章”台籍青年获得者以及在福州工作、生活、求学的台港澳青年70余人参加，获人民网、中国新闻网、新浪网、东南网、福州新闻网、《福州日报》、福州新闻综合频道等多家主流媒体的关注报道。

【社会服务】 2021年，台盟福州市委会开展“温暖在榕城”、核酸检测预登记志愿服务、移风易俗宣传、垃圾分类宣传、普法宣传、文明交通劝导、志愿服务“十个一”行动等10余场志愿活动。结合“我们的节日”，在春节、拗九节、端午节、中秋节期间，赴共建社区慰问困难群众，并送慰问金、慰问品。国际助残日期间走访慰问共建单位——福州市第二福利院，捐赠价值约4000元的爱心物资。台盟仓山区工委连续15年参与“闽台同心关爱女童”捐资助学活动，为仓山区20名困难女童捐赠助学金，以及书包、文具等助学用品。

（周金媛）

福州市工商业联合会

【概况】 2021年，福州市工商业联合会（简称福州市工商联）有会员58539个（不含在外异地商会），比上年增长20.7%；所属商会514家，比上年增长12%，其中行业商会103家，在榕异地商会96家，在外异地商会127家，综合类商会16家，镇街商会171家，园区商会1家。民营经济实现增加值7437.85亿元，比上年增长9.7%，占GDP（地区生产总值）总量的65.7%，对全市经济增长贡献率75.3%，拉动地区生产总值增加6.3个百分点。全年新增私营企业66531家，比上年增长38.15%；新增个体工商户113030户，增长0.91%。截至2021年12月底，全市实有私营企业327646家，比上年增长10.99%；实有个体工商户573804户，增长15.04%。11家民企入选“2021中国民营企业500强”，34家民企入选“2020年福建省民营企业100强”，入选“两强”的企业数量均居全省前列。

【参政议政】 2021年，福州市工商联有3篇调研成果转化为季谈会发言，14件工商联集体提案均获立案。汇总市、县两级工商联会员企业家提交的人大代表建议、政协委员提案等164件建言献策成果，编印《福州民营经济发展报告（2020）》《参政议政文集》。组织各商（协）会企业参与调研，形成调研报告《扶引龙头 壮大产业 促进民营经济高质量发展》，并转化为市政协十四届一次大会发言，得到市委主要领导的批示。组织市（县）两级民营企业调查点填报，完成民营经济运行状况调查、万企评营商环境等调研任务。全年调查点工作完成数居全省第一，获评“全国工商联2021年调查点工作先进基层单位”。

【会员服务】 2021年，福州市工商联组织7个本地、异地商会团组111名企业家参加“5·18”海交会等经贸交流活动。帮助211人通过中、初级职称评审。选送11名会员企业高管参加由省工商联举办的民营企业高管人员教育培训。组织3个商会、协会参加省市场监督管理局举办的企业标准“领跑者”制度和实施情况介绍培训。组织会员企业参加线上由全国工商联法律部以网络直播举办的“劳动法进民企暨企业规范化用工‘云’课堂活动”。与金融机构合作，帮助企业用好金融服务产品，拓宽投融资渠道，增强企业风险意识，防范化解金融风险。联合人社部门开展民营企业招聘周活动，组织383家企业提供9678个岗位，其中达成就业意向585人。促进产、学、研、用合作和科企项目对接，指导13家会员企业通过院士（专家）工作站评审认定。推动7个招商项目落地，总投资48.06亿元。

【商会建设】 2021年，福州市工商联有58家商会设有党组织，已建商会党组织占全部商会的98.4%，党建工作覆盖率100%。所属商会130家已有102家配备统战工作联络员。组织3期在榕异地商会会长（秘书长）沙龙活动，通过线上、线下相结合方式举办异地商会工作交流会。

【社会服务】 2021年，福州市工商联实施“万企兴万村”行动，引导24家企业、商会组织在牲畜养殖、水产品加工、农业观光、地产开发以及茉莉花、茶叶、中药材种植等项目总投资4.3亿元，为项目周边乡村提供近千个就业岗位。引导78家企业、商会组织在“百企帮百村”结对村、老区苏区村以及企业家家乡捐建道路、文化馆、传统文化公益学堂等基础设施，开展助困慰问、助学助教活动，帮扶金额1608万元。引导26家企业、商会组织助力东西部协作，在宁夏落地2个项目，投资额10.1亿元，公益捐赠178.71万元，并提供405个就业岗位。引导广大榕商累计捐款捐物折合人民币617.26万元助力莆田、泉州新冠肺炎疫情防控。组织52家民营企业、商（协）会走访慰问“五老”人员217人，每人1000元慰问金，合计21.7万元。

【教育培训】 2021年，福州市工商联引导民营经济人士学习习近平总书记“七一”重要讲话和来闽考察重要讲话精神、十九届六中全会和省、市党代会精神。组织109人次民营企业家代表、商会党组织负责人在各类新闻媒体谈体会、话感言。在北大、市委党校举办理想信念教育班，累计培训160人次。指导所属39家商会及其党组织举办43场“庆百年感党恩”系列活动。组织所属50家商会及其商会党支部学习习近平总书记“七一”重要讲话。命名设立市级理想信念教育基地13个。

2021年11月19日，“福州市企业家之家”完成装修布展并投入使用

（市工商联 供图）

【民营企业家慰问】 2021年，福州市工商联首次将民营企业家作为市委、市政府慰问对象，纳入春节慰问总体方案，由市委统战部和工商联推荐12名民营企业家，作为民营企业家代表列入春节慰问名单。春节前，由市委统战部领导及市工商联班子成员组成5个小组，代表市委、市政府分别慰问刘用辉、林国镜、郑宝佑、陈建龙、韩孝煌等12名贡献突出的民营企业家。

【“福州市企业家之家”投入使用】 2021年11月19日，位于上杭路100号、占地面积约3200平方米、建筑面积约2200平方米的“福州市企业家之家”完成装修布展并投入使用。2009年，整体建筑被列为省级文物保护单位。该场所保留明清以来福州民居的制式，并兼具沿海石厝窗格、闽南砖雕、瓷片装饰及民国时期的彩玻饰片、花园楼阁等建筑特色。建成后的福州市企业家之家有景陶堂、会商阁、安商楼、亲商苑、魁星楼、端木轩、旺商楼等13处场所，可容纳140人开展交流活动，可作为“民营企业家活动基地”“福州商会历史展示馆”“明清古民居建筑展示馆”。

（余　芳）

（编辑　苏　颖）

群众团体

福州市总工会

【概况】 2021年，福州市总工会新增建会单位2805家，新发展会员3.9万人。有基层工会1.36万个，涵盖单位4.9万家，工会会员约140万人（不含工会组织关系隶属省直机关工会及省总直属会员）。年内，评选出全国五一劳动奖状1人、全国五一劳动奖章4人，省五一劳动奖状11人、省五一劳动奖章38人，福州工匠10人、福州工匠年度人物10人。命名省级工人先锋号30个、市级工人先锋号661个，市级示范性劳模工作室20个、市级劳模工作室29个。年内，获评“全国城市困难职工解困脱困工作中作出重要贡献集体”。

【基层工会建设】 2021年，福州市总工会推广“指尖入会”，近万名新就业形态劳动者通过手机“扫码”加入工会组织。加大扶持基层力度，累计返还小微企业工会经费5600万元，下拨450万元专项资金加强职工之家建设，650万元专项资金扶持镇街（园区）工会开展达标创优活动。建立“福州市工会智慧组建服务系统”，“福州工人E家亲”职工服务平台活跃用户超10万人，上线46项“数字工会”全链条智慧服务。开展“进千企、促规范、优服务、助发展”活动，选派1名干部到罗源县西兰乡碑石村任第一书记，首批8名市总工会机关干部到基层单位开展为期半年的蹲点服务。

【职工劳动竞赛】 2021年，福州市总工会在“一闸三线”工程建设、滨海新城建设、福州地铁建设等重大项目、重点工程中开展“当好主力军·建功十四五”示范性职工劳动竞赛107场，有30多万名职工参与。承办第七届全国职工技能竞赛福建省焊工、钳工选拔赛。

【职工创新创业创造】 2021年，福州市总工会与福建省院士专家交流协会共建“福州院士之家”，联合中国职工发展基金会、中国职工技术协会共同发起成立首支全国性职工创新创业专项基金。452支团队报名参加第二届海峡两岸（福州）职工创新创业创造大赛，309项职工创新成果在全省百万职工“五小”创新大赛中获奖，参赛数和获奖数均位列全省第一。服务职工“三创”经验入选2021年福州市深化改革创新优秀案例，“数字工会·职工三创”建设成果亮相2021年第四届数字中国建设成果展览会，参观10万人次。

【职工教育培训】 2021年，福州市总工会建成1000平方米“我们走在大路上”主题职工政治生活馆，开展党史学习教育200余场，参加职工10万余人。开展“榕城百万职工大学习活动”，覆盖职工200多万人次。在86家企业建

2021年6月16日，由福州市总工会主办的“当好主力军 建功十四五”2021年福州市职工示范性劳动竞赛花卉行业技能专场在福州环保职业中专学校举行，52家花企的149名职工参赛 （市总工会 供图）

立技能实训基地，第二工人文化宫30%面积（约2万平方米）用于开展产业工人技能实训，“工匠学院”“求学圆梦行动”帮助2000余名职工提升学历，《工人日报》头版头条点赞福州工会“亲近工人”职业教育。

【职工帮扶服务】 2021年，福州市总工会健全市、县、基层三级工会联动帮扶机制，有11098家基层工会开展温暖工程，累计筹集资金1.27亿元，帮扶职工124万人，使用资金8768万元，惠及职工52.48万人。围绕“攻坚120天”等专项行动，开展“致敬劳动者”“走基层送温暖”等慰问活动，走访慰问不停工、不停产项目职工超10万人。“关爱职工·夏送清凉”活动筹集慰问资金及实物1664.63万元，慰问企业和项目工地1737家，惠及职工27.6万人次。在重点企业设立47个劳动关系监测点，组建各级工会劳动法律监督委员会11951个，相关经验在《工人日报》《光明日报》上推介。

（连如冰）

中国共产主义青年团福州市委员会

【概况】 2021年，福州市有青年190.68万人（14—28周岁青年114.38万人），其中团籍在福州市智慧团建系统上的有21.8万人，团员青年比例19.01%。全市建有各级团组织15193个，团干部1.27万人，其中专职团干部71人，乡镇街道团委书记183人、村（社区）团支书2530人。全市有16个团属青少年事务社工机构，有130名专职和420名兼职青少年事务社工。全年各界团员青年参与“青年大学习”网上主题团课190万人次。开展“青村年华”青年志愿服务专项行动、“攻坚120天‘双争’青春建功”行动、首届最美福州青年和最美青年志愿服务先进典型选树活动，得到团中央和省、市各级领导批示肯定19次。邀请“三农”问题专家温铁军等5名专家学者开展“青e学”线上直播活动，吸引观看超2600余万人次，制作推送网络文化作品3489篇，阅读量12758万人次，获《人民日报》、新华社、中央电视台等各级媒体宣传报道896次。

2021年，中国共产主义青年团福州市委员会（简称共青团福州市委）打造“一馆、两线、十二片区”的青少年思政教育阵地，建成全省首家“党团队”一体化青少年展示馆，获评福州市直机关第三批“党员政治生活馆分馆”。设计“青年爱研习”“闽都红”两条青少年研学路线，成立首批15家市级青少年思政教育基地，组织青少年2.1万多人次前往参观学习。培育红领巾文化宣传志愿者1000多人。开展青年领读活动、话剧表演、知识竞赛、征文活动等500余场。创新青少年党史学习教育情况得到中央、省、市党史学习教育巡回指导组肯定。

【团组织建设】 2021年，福州市新发展团员18673人，电子团籍录入率100%。毕业班团员34563人，组织关系转接成功率100%，创建达标以上团支部6792个，三星级以上团支部6141个，星级团员14.33万人。开展非公经济组织和社会组织团建攻坚行动，推动全市新建非公企业团组织2304个。

【“好年华，聚福州”研学活动】 2021年，共青团福州市委牵头组织开展“好年华，聚福州”研学活动，将研学活动和“福榕500”、大学生实习“扬帆计划”融合，建立青年人才数据库。吸引全国70多个重点城市、1239所院校的8615名学生报名参与社会实践，实际择优录用4213人。吸引7385人次报名预约旅游观光，景区实际接待超2000人次。入选团中央暑期“三下乡”社会实践专项，获评2021年大中专学生志愿者暑期“三下乡”社会实践活动全国优秀单位。

【青年志愿者服务】 2021年，共青团福州市委推动全市12个县（市）区全部成立青年志愿者协会，在“志愿汇”平台新增各类队伍2034支，新增志愿者20.45万人，注册青年志愿者总数81.18万人，服务时长1109万小时，青年志愿者注册人数和活跃度居全省首位。组织658名志愿者为第四届数字中国建设峰会和第44届世界遗产大会提供志愿服务3.64万小时。

【两岸青年交流活动】 2021年，第九届海峡青年峰会以“和衷共济·青年力量”为主题，采用“一节多点、多地联动”的形式，除在福州设立主会场外，还在大陆台青聚集地及中国台湾设置7个分会场，约850人参加主会场、分会场活动，吸引10万余名青年线上参与，网络直播点击量超4200万次，活动时长48小时，全网传播量超1.3亿次，活动关注度和讨论度创历史新高，得到团中央书记处第一书记贺军科，省委副

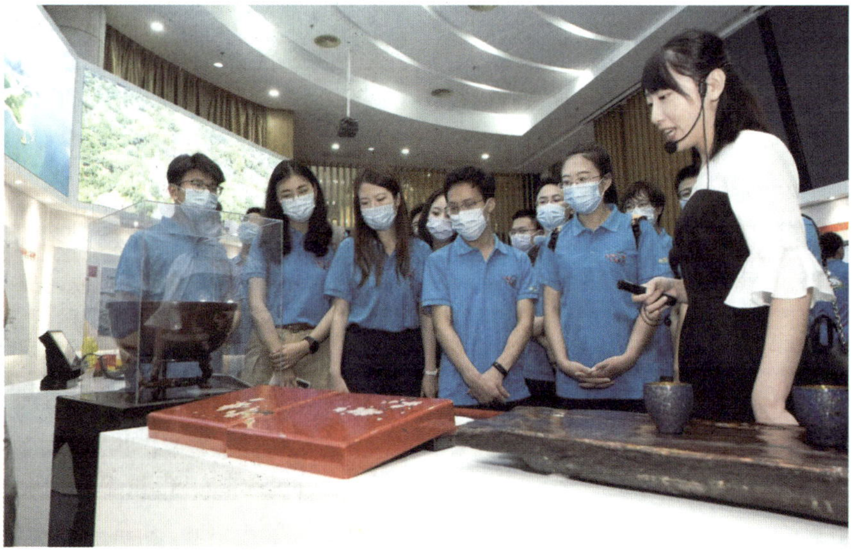

2021年8月4日，福州团市委组织“好年华 聚福州”到榕研学学子参观闽江学院

（王聿 摄）

书记、省长赵龙，省委常委、市委书记林宝金等领导的批示肯定。年内，开展品牌服务54场次，为台湾青年来榕发展提供“一站式”综合服务，服务两岸创业青年1100余人次。

【中长期青年发展规划】 2021年，共青团福州市委召开福州市青年工作联席会议第二次全体会议，推动长乐区落实《中长期发展规划》试点举措。线上打造“闽都青友荟”交友平台，吸引202家单位4051名青年注册。开展“青春有约”公益交友品牌活动，累计服务3000多名单身青年，并入围团中央服务青年婚恋优秀工作案例。全市建立29个“青春家园”站点，开展1530余场社会治理活动，服务近10万人次。

【青少年权益维护】 2021年，共青团福州市委开展青少年毒品预防教育、“中高考减压”活动、防治艾滋病宣传教育活动、反校园欺凌和青少年自护教育等活动145场，累计服务青少年及家长5万多人次。开展“晨曦关爱行动”福州市服刑人员子女关爱保护服务项目，覆盖建档立卡的服刑人员未成年子女152人，捐赠物品及爱心物资价值4万余元。开展“福州爱”服务特殊青少年自强成长计划，建立135名试点档案，为47名特殊青少年提供特长培养、职业规划，帮助特殊青少年义卖作品价值30余万元。募集社会专项服务资金23万元。开展留守（困境）儿童关爱帮扶服务，开展活动61场，覆盖困境儿童1175人次，重点人员走访7783人次，筹集帮扶资金24余万元。构建线上线下青少年维权阵地，开展个案辅导等活动96场，活动覆盖6602人次。年内，团属福州市小桔灯社会工作服务中心获民政部授予的“全国农村留守儿童关爱保护和困境儿童保障工作先进集体”称号。

【共青团基层组织改革试点】 2021年，福州市鼓楼、台江、仓山、晋安、长乐、闽侯被纳入全国第二批县域共青团基层组织改革试点。发布福州市少先队卡通形象“福福”“州州”，探索社会化工作机制。开展红领巾小提案征集评选活动，评选出福州市“十佳红领巾小提案”。开展少先队“百年·百课”优质队课观摩研讨活动，征集优秀案例313篇。推进青联改革，启动“新兴青年·筑梦榕城”计划，授牌成立30家新兴青年“青春筑梦社团”。筹集“铸魂筑梦”款项80万元，常态化开展“红色筑梦之旅”等主题活动100多场。年内，共青团福州市委获2021年福建省少先队“先锋队课”、第四届“小小朗读者大赛”等活动优秀组织奖。

（潘竞波）

福州市妇女联合会

【概况】 2021年，福州市妇女联合会（简称福州市妇联）有基层妇组织2995个，新拓展“妇女之家”49个，创建“妇女微家”73个。年内，获全国实施妇女儿童发展纲要先进集体、全国“七五”普法先进单位、2018—2020年度省级文明单位、福州市双拥工作先进集体、福州市先进基层党组织等荣誉称号。

【创业创新巾帼行动】 2021年，福州市妇联举办线上、线下专场招聘活动，提供女性就业岗位3.5万个。发放“巧妇贷”“巾帼战疫贷”4.71亿元，3828名妇女受益。打造“海峡姐妹集市”品牌，在连江等县（市）区举办11场线上线下展示展销和现场直播带货活动，帮助农村妇女销售总价值396.03万元的农产品。成立“碳汇·女科特技派员联盟”，组建10支巾帼科技助农小分队，吸纳队员130多人。建设14个微农经济服务站，为3218名女农民提供实用技术培训。

【巾帼脱贫攻坚行动】 2021年，福州市妇联募集“两癌”贫困母亲救助金313.19万元，救助贫困“两癌”妇女528人，善款募集和救助人数连续8年居全省首位。为7531名农村低保妇女、计生特殊困难家庭母亲赠送总保额为9.56亿元的女性安康险。拓展“姐妹乡伴”公益服务，开展“美丽庭院”创建工作，评出“美丽庭院”6600户。

【巾帼志愿服务】 2021年，福州市妇联实施巾帼志愿团队“五化”建设，成立巾帼志愿服务队2835支，登记注册巾帼志愿者65.9万余人，组织巾帼志愿者参与疫情防控、移风易俗、爱河护河、困难帮扶等。

【家庭文明建设】 2021年，福州市妇联实施“家家幸福安康工程”，创办福州市早期教育指导服务中心，探索0—3岁婴幼儿家庭早期教育指导服务新模式。首创“入户早教指导师”，开展入户早教指导师职业培训和面向家庭的指导服务，直接服务婴幼儿和家长近1.5

2021年10月25日，福州市妇联为脱贫妇女和农村低保妇女赠送“女性安康险”签约仪式举行

（市妇联 供图）

万人。开展百场家风家教公益大讲堂、“颂百年风华·传红色基因”家庭亲子阅读活动。推出网络家长学校每周微课堂，开展线上线下家庭教育宣传活动285场次，累计服务家长180万人次。“福州市家庭教育公益大讲堂”项目被中宣部评为2021年全国文化科技卫生“三下乡”活动示范项目。

【妇女儿童合法权益维护】 2021年，福州市妇联开展“我为妇女群众办实事”实践活动，围绕乡村振兴、市域治理、维权关爱、家庭服务等，推出特色服务项目90项。推动将妇女儿童发展和家庭建设重点目标任务纳入福州市“十四五”规划。年内，通过省级妇女儿童发展纲要终期评估验收。启动《福州市妇女儿童发展纲要（2021—2030）》编制工作。实施“茉莉姐姐”家事辅导调解和心理建设项目，开展婚姻家庭矛盾纠纷隐患的排查化解，排查化解隐患纠纷906个，提供法律、心理咨询服务3445人次。为妇女儿童提供法律咨询、心理疏导、人民调解等服务，接待化解信访件1182件（次）。开展《民法典》、反性侵、反家暴、禁毒等相关普法宣传活动1300余场次，培训“法律明白人”2585人。

【特殊困境儿童关爱】 2021年，福州市妇联发起“小桔灯”关爱儿童大联盟行动，与各级妇联组织共同开展儿童帮扶、教育、发展、维权，发展涵盖儿童事业的党政机关、企事业单位、社会团体、民间组织等成员单位146家。寒暑假期间，组织联盟成员单位依托村（居）儿童之家、家庭教育创新实践基地、妇女儿童活动中心等，开展党史学习教育、安全宣传教育、纾困解难活动等主题关爱活动677场次，直接受益儿童和家长23349人，其中结对帮扶留守困境儿童8126人。

（江 莉）

福州市科学技术协会

【概况】 2021年，福州市科学技术协会（简称福州市科协）有市级学会61个，企业科协399个（其中新成立21个），高校科协6个。年内，市本级预算内科普经费4681.04万元，县（市）区科普经费1694.08万元。

【校地合作】 2021年，福州市科协落实市政府与福州大学新一轮战略合作协议。福州大学与福建医科大学孟超肝胆医院共建的孟超医学与交叉科学中心大楼投入使用，共建校企联合研发平台5个。与企业联合承担重大科技项目45项，共建“闽侨智库福州大学研究中心”，引进具有博士学位以上的高层次人才79人，新增省级以上人才27人次，与福州市合作举办10期高级培训班，培训1000多人。推进与闽江学院共建。牵头跟踪推进市政府与签约高校的战略合作。促成高校院所项目对接206项，开展“科技人员服务企业行动”，组织132名专家服务福州市153家企业。

【院士(专家)工作站建设】 2021年，福州市政府认定1个院士工作站、24个专家工作站。引进1名院士、25名领衔专家带领的131名研发团队与设站企业合作开展43个项目的研发攻关，项目总投资1.89亿元。推进院士项目签约工作，组织6名院士走访调研46家企业，推进7个院士项目的合作签约。促成星网锐捷通讯公司等21家龙头骨干企业与中国工程院福建研究院签订院企战略合作协议。截至年底，全市有通过市政府认定的院士（专家）工作站295个，其中院士工作站58个，专家工作站233个，海外专家工作站4个。

【“科创中国”试点城市建设】 2021年，福州市入选中国科协“科创中国”第二批试点城市。市科协联合福州高新区管委会，以高新区重点产业集群为切入点，打造“科创中国”试点城市示范点。申报第二批“科创中国”科技服务团示范项目，中国软件行业协会等7家国家级科技服务团为全市提供服务。组织县（市）区科协推进国家级、省级学会服务站建设，推荐21家参与省科协评审，其中国家级3家、省级18家。年内，完成福州沐灿建筑有限公司等3个招商项目，总投资6.4亿元。

【全民科学素质普及】 2021年，福州市科协组织各县（市）区参与省“全民科学素质网络竞赛”，答题人数8万人，答题次数近250万次，位居福建省各设区市参赛人数第一。市科协报送的《福州市科学技术协会关于“十三五”末我市具备科学素质公民比例情况的报告》获市长尤猛军批示。福州市科协获中国科协“十三五”全民科学素质工作先进集体称号。

【科普基地建设】 2021年，福州市科协在福州市科协网站、“福州科普”微信公众号及市、县各种媒体开展科普宣传。命名15个社区为科普标准化社区，全市有科普标准化社区95个，社区科普标准化建设工作入选福州市全面深化改革优秀案例前100名。组织17个福州科技馆分馆开展“科普一日游”活动。下拨基层科普设施建设补助经费近140万元，争取省级项目资金195万元。新认定7个市级科普教育基地，2个市级科普教育基地获“2021—2025全国科普教育基地”称号。推荐5个科普教育基地获评“福建省优秀科普教育基地”建设项目，获省级专项资金补助200万元。鼓楼区被命名为2021—2025年度第一批全国科普示范县（市、区），台江、晋安、福清、连江成功申报2021—2025年度第二批全国科普示范县（市、区）创建单位。

【福州科技馆新馆建设】 2021年，福州科技馆新馆项目完成地下室边坡支护、支护桩、工程桩施工，地下室土方开挖外运完毕，地下室承台砌筑与垫层、地下室底板、底板防水、负一层板、地下室结构全部完成。福州科技馆新馆项目地处牛岗山公园，项目总建筑面积40242平方米，规划用地面积18177平方米，建筑物高度24米，地下2层、地上5层，总投资7.67亿元。

【科普宣传】 2021年，福州市科协成立应急科普专家委员会，通过官网、科普显示屏、科普e站、微信公众号推送关于防灾减灾科学知识、食品安全科学知识、文明建设、科普志愿服务、新冠肺炎疫情防控等科普知识文章、信息近 500 条。年内，组织医学类学会科技工作者投身莆田、泉州等地抗疫一线。

【科普活动】 2021 年，福州市科协举办福州市暨马尾区全国科普日主场活动，以线上、线下形式，开展科普日系列活动 150 余场。福州市科协被中国科协办公厅评为“2021 年全国科普日活动优秀组织单位”，福州科技馆“2021 年全国科普日活动——科普场馆 1+N 志愿服务行动”被评为“2021 年全国科普日优秀活动”。开展“全国科技周”“防震减灾日”“食品安全周”等主题科普活动，参与总人数近百万人。福州科技馆举办气象主题、病毒展主题等活动 29 场次，开展科普车三下乡——进校园、进乡村、进社区等科普活动 30 场次，受益 3.8 万人次。开展反邪教进社区、农村、校园等宣传教育活动 30 场次，受益学生万余名。组织福州市第 37 届青少年科技创新大赛，组织福州市代表队参加省第 36 届青少年科技创新大赛。协办 2021 数字中国创新大赛青少年 AI 机器人赛道，组织开展第十六届福州市青少年机器人竞赛、第二届福州市青少年创意编程与智能设计比赛、科普实验赛、第七届“互联网 +”大学生创新创业大赛萌芽赛道、青少年科学影像节等。组织中学生参加线上高校科学营、青少年科学调查体验等活动。

【科普助力乡村振兴】 2021 年，福州市科协实施 18 项学会联村送科技活动，建设农村学会服务站，派遣 6 名省级科技特派员。省科协首批深化改革试点项目——省、市学会乡村振兴科技帮扶团组织 8 期活动，省、市级 20 家学会、80 多名专家到闽清县和罗源县开展帮扶，蜜蜂养殖、温泉开发等多个项目取得进展。申报中国农村专业技术协会福建罗源食用菌（秀珍菇）科技小院。邀请福建农林大学、省农科院、市农科所、市菜科所专家到 5 个县（市）区 11 个村举办大白菜、海参、海胆、柑橘、柚子、西红柿等栽培技术培训班 13 班次，培训约 1000 人次。围绕各村主导产业发展，在产前、产中、产后组织科技人员到田间地头开展现场培训技术指导 6 场。举办“2021 年福州市农村专业技术及管理人员（乡村振兴主题）高级研修班”3 期，培训省级乡村振兴试点村村主干 145 人。给予涉农县（市）区科协 63 个农村实用技术培训项目，13 个培训基地进行资金补助。全年各涉农县（市）区开展农村实用技术培训 166 期，约 1 万人次。至年底，福州市科协共命名科普助力乡村振兴试点村 100 个。

【科普学术交流活动】 2021 年，福州市科协举办第 19 届福州市科协年会，以“创新引领、自立自强——迈出科创中国新步伐”为主题，设 1 个主会场和 22 个分会场，15.5 万人次参加线上及线下主会场活动。各学会开展各类学术交流活动 200 多场次，参会人员 1 万多人。开展各类科普活动近 100 场，参与人员近 1000 人次。创新开展“一会一品”项目建设，打造科技社团特色服务品牌。资助一批优秀学会、高校科协开展“一会一品”项目建设。打造福州市心理咨询师协会的福州市社区心理健康服务站、福州市数学学会的福州市青少年数学学科能力提升工程、福州市医学会的“健康福州、共筑未来”、福州市中医药学会的中医药文化进校园等品牌项目。开展 20 项重点课题调研，编印 25 期《专家建言》，其中 1 篇得到省委常委、市委书记林宝金批示肯定，8 篇被《福州调研》《政研专报》等刊物转载。调研报告《发挥科协职能作用 柔性引进高端智力服务福州建设福建科学城的思考》被《福州调研》转载，并被省委办、省政协采用。

【科技人才工作】 2021 年，福州市开展 2021 年“全国科技工作者日”系列活动。开展第五届福州青年科技奖评选工作，市政府授予 20 名优秀科技工作者第五届“福州青年科技奖”称号。推荐 2 名科技专家作为福建省第二届特级后备人才福州市推荐人选。推荐 4 名科技专家申报第十六届福建青年科技奖，其中福建帝视信息科技有限公司 1 名高级工程师入选，入选人数居九地市前列。推荐 20 名科技专家参评第七届福建省优秀科技工作者、第 27 届运盛青年科技奖。联合市委宣传部、市科技局评选出 10 名 2021 年福州市“最美科技工作者”，其中福光股份有限公司何文波、长乐恒申合纤科技有限公司陈立军获评 2021 年福建省“最美科技工作者”，典型事迹刊登在《福州晚报》、“福州科普”微信公众号。为 28 名非公企业工程技术人员评定初、中级专业技术职称。春节期间，组织慰问院士、专家、老科技工作者、困难群众 50 人次。

（陈　贞）

福州市文学艺术界联合会

【概况】 2021 年，福州市文学艺术界联合会（简称福州市文联）有各级文艺家协会会员 7353 人，其中国家级会员 533 人，省级会员 2455 人。年内，获评为省级精神文明单位。

2021 年，福州市文联召开党史学习教育动员会，制定实施方案，成立党史学习教育工作领导小组，组织学习 15 次，专题研讨 2 次，领导干部上党课 4 次，学习观看《榜样 5》《绝密使命》等党史教材，指导党员录制“我讲党课”微视频。举办为期 3 天的读书班，通过领导干部讲党课、专题辅导讲座、研讨交流等多种形式开展学习。

【文艺活动】 2021 年，福州市文联围绕庆祝中国共产党成立 100 周年主题，开展征文活动并结集出版优秀作品选。举办福州市美术作品展、福州市首届书法篆刻作品展、福州市水彩画艺术展、福州市青年艺术作品展、书画摄影作品展，编辑出版《庆祝中国共产党成立 100 周年文学作品专集》。围绕第 44 届世界遗产大会主题，开展征文活动并结集出版优秀作品选，举办福州古厝“上下杭”摄影图片展、“闽都风情”福州曲艺雅集活动、“古厝传家训·家和万事兴”福州名人家风家训书画作品展。与银川市文联联合举办电视剧《山海情》线上研讨会活动。完成省委宣传部主办的时代（八闽）楷模孙丽美、潘东升、三坊七巷消防救援站发布仪式总撰稿任务。开展 2021 年“新锐推优计划”文学创作活动。与福州市委政法委、福州市法学会联合举办“共建共治新福州

2021 年 9 月 3 日，福州市文联召开文艺工作者职业道德和行风建设工作会议

（市文联 供图）

共享平安幸福城”书法摄影会员作品展。根据市委《三坊七巷志（重修）》工作专题会议精神，组织专家编撰《三坊七巷志（重修）》第七章。组织各文艺家协会参评省广播电视艺术奖、八闽丹青奖、福建省曲艺丹桂奖等各类文艺评选赛事活动。配合有关部门完成福州市全面建成小康社会主题文艺作品推荐工作，并进行数据库资料收集及上传数据等工作。

【文艺交流】 2021 年，福州市文联对接陕西省文联、福建省文联联合主办的“美美与共·丝路同行——福建陕西传统民间工艺交流展（福州站）暨民间工艺调研采风”活动。

【文艺惠民】 2021 年，福州市文联开展《2021 年福州市文艺志愿者服务团下基层服务活动》，形成 44 名讲师的文艺志愿者服务团讲师精品课程库。制定《福州市文艺志愿服务团下基层服务计划安排表（2021）》，开展活动 18 场次。

（郑龙腾）

福州市归国华侨联合会

【概况】 2021 年，福州市有归侨侨眷约 200 万人，海外乡亲 430 多万人，主要华侨华人社团 260 多个，分布在 170 个国家和地区。有基层侨联组织 945 个。福州市归国华侨联合会（简称福州市侨联）有华侨历史学会、侨商会等团体会员。福州市侨联第十二届委员会有委员 175 人，主席 1 人，副主席（含兼职）16 人，常委 59 人。聘任海外 60 多个国家和地区有影响的侨团领袖 187 人担任荣誉职务。年内，福州市侨联被中国侨联评为“全国侨联系统抗击新冠肺炎疫情先进集体”。

【组织建设】 2021 年，福州市新成立基层侨联组织 7 个。创建省、市级“侨胞之家”及其示范点，指导基层组织开展规范化建设。年内，3 个基层侨联获评全国侨联系统优秀“侨胞之家”。9 月 3 日，中国侨联主席万立骏，省委常委、省委统战部部长庄稼汉专程赴福清市宏路街道调研。开展基层组织统一社会信用代码赋码工作，新赋码 6 家，截至年底，全市有 57 家基层组织取得赋码。组织党员赴闽侯县“二七”烈士林祥谦陵园，联合市华侨历史学会党支部赴马尾区魁岐革命纪念馆及马尾区亭江镇白眉村侨批展示馆，开展“学党史、忆侨史”主题党日活动。联合福清市侨联机关支部到中共福州市委旧址、新四军驻福州办事处旧址参观，开展主题党日活动。组织在榕侨领收看庆祝中国共产党成立 100 周年大会。

【参政议政】 2021 年，福州市侨联在“两会”期间，与市政协、致公党福州市委会等联合开展“创新海外乡亲联络服务机制”主题界别协商，形成关于加强海外联谊工作的 4 个方面 11 条建议。提出《贯彻落实“大侨务观”，发挥侨资企业优势参与“一带一路”沿线国家建设》的大会发言。组织侨界政协委员活动日，赴连江县丹阳镇考察福州现代物流城项目。召开“发挥侨资侨智侨力作用，助推现代化国际城市建设”座谈会。推荐新一届政协侨联界别委员 11 人。进行以“设立福州华侨华人经济文化交流中心”“建设新侨创新创业园”“关爱在榕长期生活的外籍福州裔青少年”“保护华侨美食文化”为主题的调研，并起草“两会”相关提案、议案。运行“地方侨联＋高校侨联＋智库”模式，全年承接、编发侨情专报 150 余篇次，其中 3 篇被中办、6 篇被中国侨联、2 篇被省政府、7 篇被省委办、51 篇被省侨联、6 篇被市委办采用。完成年度调研课题《对海外“华二代”对住在国政治影响力的分析与思考》。打造“百年风华 赤子侨心”系列专题，收集整理百年党史里的福州侨故事 31 篇，其中 9 篇被收入省侨联《赤子侨心》。

【招商引资引智】 2021 年，福州市侨联牵线完成 6 个项目，注册备案资金 3.5 亿元。4 月、6 月 2 次接待中国侨商会 130 余名侨商、侨领到榕考察，举行与福州市对接座谈会、福州市人才政策推介会，安排赴滨海新城、福清蓝园、元洪食品工业园、连江现代物流城、高新区等地考察、路演、对接。9 月，中国侨商投资（福建）大会在福州举行，促成 41 个侨资项目签约，计划投资额 586 亿元，位居全省第一。组织 3 个新侨侨商团组参加“9·8”厦门投洽会，成功签约市侨联与罗源县共同推进的牛澳海上牧场旅游综合开发项目。走访永荣控股集团、福州新北生化工业有限公司等新侨企业，开展首批“新侨创新创业示范点”评选工作，从 29 家企业中遴选 10 家企业授予首批“新侨创新创业示范点”称号。

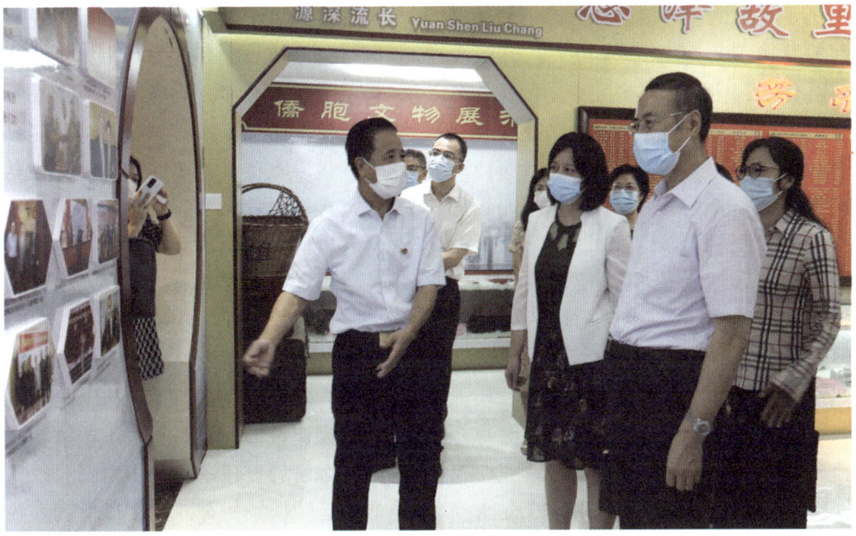

2021年9月3日，中国侨联党组书记、主席万立骏（前右一）到福州市调研基层侨联组织建设情况

（市侨联 供图）

宁夏固原市开展对口帮扶，市侨商会向固原市捐赠10万元，福建永荣公益基金会向宁夏西吉县捐赠奖学金、助学金10万元，福清籍莱索托侨领陈克辉、福清市宏路街道侨联分别向固原市侨联捐赠5万元、3万元，为固原市捐款28万元。

（黄姗姗）

【侨胞权益保护】 2021年，福州市侨联与市法院、司法局、仲裁委、公证处等共建合作，打造多项维权机制。与市法院、福州仲裁委召开联席会议，完善涉侨纠纷多元调解机制。与福州市公安局筹建侨警常态化联系联络工作机制。联络闽江公证处推出“互联网+公证”全新服务模式。每周二开展为侨法律服务接待日，全年累计服务40天（次）。开展《中华人民共和国民法典》宣传等普法专题讲座2场，开展送法下乡、侨法宣传活动3场。开展“光彩助学”等助学帮扶活动，帮扶贫困学生39人次。开展中国侨联“侨爱心·光明行”公益项目福州站工作，为全市部分困难归侨侨眷和低收入白内障患者355人实施免费复明手术。发出《关于积极配合做好新冠病毒疫苗接种工作的通知》《“就地过年 共抗疫情”倡议书》，为海内外侨胞开展线上健康咨询和人文关怀。多次深入基层和侨企，了解疫情对归侨侨眷、侨企侨商生产生活产生的影响，引导其实现转型升级。

【联络联谊】 2021年，福州市侨联承办“亲情中华·为你讲故事”网上夏令营活动5期12个营，262名海外华裔青少年参与。组织3861名海内外学生参加第二十二届世界华人学生作文大比赛征稿活动，征集参赛稿件182篇。与闽江师专共同举办2期海外华文师资培训班（中、高级），有105名学员参加。举办“侨心向党”学党史、颂党恩、跟党走——庆祝中国共产党成立100周年座谈会，10多个国家20余名新侨赴晋安区降虎村学党史、祭英烈、谈体会。举办“以史为鉴、开创未来”——学习党的十九届六中全会精神座谈会，16个国家和地区的在榕海外侨领参加。联合市工信局、市脱胎漆器行业协会举办“做强闽都文化 讲好中国故事——扩大福州工艺美术海内外影响力”座谈会，邀请在榕闽籍华侨华人、归侨侨眷代表等参观福州市第26届工艺美术“如意杯”大奖赛作品展。组织侨商会、侨企、侨领赴

福州市台湾同胞联谊会

【概况】 2021年，福州市登记定居台胞2035人。全市台胞有市人大代表1人，县（市）区人大代表1人，市政协委员9人，县（区）政协委员21人。福州市台湾同胞联谊会（简称福州市台联）全年组织台胞联谊活动19场次，两岸台胞850余人次参加活动。举办庆祝中国共产党成立100周年暨纪念建会40周年座谈会及图片展。走访慰问定居困难台胞、80岁及以上老龄台胞、台籍老领导、常住台商、台籍教师、两岸交流有贡献代表共90人。发放“两补”专项资金105.84万元，助学金6000元。接待及处理台胞来信来访9件。

【联谊交流】 2021年，福州市台联组织台胞参与在榕台湾教师、医师等参与“和谐一家亲·扎根幸福城”榕台文

2021年10月30日，由中华全国台湾同胞联谊会指导，福建省台联、北京市台联和福州市台联联合主办的第三届台湾学子科举（朱子）文化云体验营开营仪式在福州台湾会馆举行

（市台联 供图）

化渊源探寻、“一家亲·迎新春”——在榕高校台湾学生新春联谊活动、“浓情元宵节·和谐一家亲”2021元宵节台胞联谊活动、“两岸一家·‘童’心筑梦”在榕台胞家庭共庆六一儿童节等活动。主办第九届海峡青年节·第三届台湾学子科举（朱子）文化云体验营等活动。

【参政议政】 2021年，福州市台联围绕“深化闽台乡建乡创融合发展调查研究”“关于提升在榕台胞子女中小学融入感的建议”等方面开展调研。走访台商、台籍教师，了解工作生活情况，听取意见建议，并形成相关调研报告。

【台湾会馆】 2021年，福州台湾会馆揭牌以来，福州市台联与相关涉台部门及有关单位、社团联合在会馆内开展联谊交流、政策宣讲、专题讲座等活动76场，到馆参观超过8万人次，其中单位、团体222批次3525人次，服务接待台商台青3000多人次。设立“闽江学院实践教学基地”，挂牌“台湾教师医师之家”，先后被市直机关工委、省政协授予“福州市直机关党员干部教育基地”“福建省政协港澳台侨交流基地”称号。全国人大、全国政协、中央统战部、国台办、台盟中央、全国台联等参访团到会馆参观考察，并多次承办省市相关涉台工作会议。

（陈　乘）

福州市残疾人联合会

【概况】 2021年，福州市有持中华人民共和国残疾人证残疾人9.52万人。其中视力残疾1.02万人，听力残疾1.10万人，言语残疾1200人，肢体残疾3.97万人，智力残疾1.54万人，精神残疾1.19万人，多重残疾5600人。设有福州市肢体残疾人协会、福州市盲人协会、福州市聋人协会、福州市精神残疾人及亲友协会、福州市智力残疾人及亲友协会5个残疾人专门协会。福州市残疾人联合会（简称福州市残联）下属福州市残疾人就业服务指导中心、福州市残疾人辅助器具服务中心2个事业单位。全市175个乡镇（街道）均成立残联，并配备专职残疾人联络员150人，2719个村（社区）均成立残协并选聘残疾人联络员。全市建有残疾人综合服务设施11家，备案残疾儿童康复机构55家，残疾人就业服务机构13家，残疾人日间照料托养服务机构14家（新建5家），残疾人辅助性就业机构12家，残疾人社区康复站44家，市级残疾人辅具展示厅和县（市）区辅具适配站11家，定点假肢矫形器服务机构6个，残疾人法律援助站14个，残疾人体育健身示范点24个，盲人按摩机构100家。市残疾人就业服务指导中心1名工作人员获东京残奥会男子乒乓球TT6-TT7级团体冠军。在全国第十一届残运会暨第八届特奥会上，福州市参赛运动员共获19金9银13铜，其中残运项目7金3银7铜，特奥项目12金6银6铜，游泳项目破全国纪录2项。获第十一届全省残疾人艺术汇演优秀组织奖1个、一等奖3个、二等奖4个、三等奖6个、优秀奖4个。“福州残联”微信公众号关注数居全省首位。市辅具中心获福建省“三八红旗集体”称号和第八届海峡杯设计大赛居住空间设计奖。市盲协每周半天入户助盲志愿服务项目获评中共福州市委文明办“暖心志愿服务项目”。

【残疾人扶助政策】 2021年，福州市残联联合市人社、市民政等部门出台《福州市自闭症儿童康复帮扶措施（试行）》《关于进一步推进福州市残疾人辅助器具评估服务工作的通知》《关于加强残疾人职业技能提升推行残疾人终身职业技能培训制度的实施办法》《关于推进盲人按摩场所规范化建设的实施方案》等多项助残政策。协助市政府办公厅印发《福州市自闭症儿童康复帮扶若干措施（试行）》，加大对自闭症家庭的帮扶力度，提高康复补助标准，将自闭症儿童康复服务补助标准从每年不超过2万元提高到2.5万元，每月不超过2500元；贫困自闭症儿童康复服务补助标准从每年不超过2.3万元提高到2.8万元，每月不超过2800元。将家庭人均月收入低于当地低保标准3倍（含）且人均金融资产不超过当地年低保标准8倍的家庭自闭症儿童，参照单人户纳入低保，予以全额救助。在核算家庭收入时，免除核算1名有劳动能力的家庭成员就业收入，加大对自闭症康复服务机构的扶持力度，实行租金补贴，落实水电费优惠支持，以及加大自闭症康复服务机构的学位供给，增设公办自闭症儿童学校，实行机构服务量化补助等措施。根据《关于推进福州市盲人按摩场所规范化建设工作的实施方案》，按照“五个统一”标准为每家盲人按摩场所由残联提供不超过2万元的补助经费进行规范化建设或改造，同时每年按面积对验收合格的盲按场所给予相应的规范化建设运营扶持资金。制作反映盲人按摩师的公益宣传片《自己的演奏家》，于12月3日（国际残疾人日）在福州广播电台、福州电视台各频道播放，并利用相关手机端平台推送。《关于加强残疾人职业技能提升 推行残疾人终身职业技能培训制度的实施办法》规定，将残疾人职业技能培训工作纳入本地公共就业服务工作规划，明确劳动年龄段内的残疾人在参加残联部门组织的集中培训（含自办、联办、委托办、招投标、政府购买服务等）期间按每人每天最高不超过100元的标准给予生活费（含交通费）补贴，生活费补贴每人每年最多享受2次且每次最高不超过500元。残疾人技能选手获国家级、省级、市级的残疾人职业技能竞赛项目名次的，均给予相应的奖励。

【残疾人社会保障】 2021年，福州市将重度残疾人全部纳入医疗救助对象，29项残疾人医疗康复项目纳入基本医保支付范围。农村贫困残疾人脱贫率100%，全市发放残疾人困难残疾人生活补贴和重度残疾人护理补贴近9万人次，覆盖率99%，残疾人城乡居民基本养老保险参保率98%，残疾人城乡居民基本医疗保险参保率100%，办理就业各年龄段残疾人意外伤害保险8.4万多人。农村低保户、五保户残疾人家庭实现危房改造全覆盖。应届高校残疾人毕业生就业率100%。发放“一户多残”困难残疾人家庭补贴2446户（每户每月300元，补助资金800多万元），智力、精神和重度肢体残疾人居家托养服务补助1729人（每人2000元），慰问困难残疾人

6000 人（每户不低于 500 元）。残疾人可免费乘坐市内公交和地铁。

【残疾人脱贫成果】 2021 年，福州市残联建档立卡农村困难残疾人 1552 名全部脱贫。巩固残疾人脱贫攻坚成果与乡村振兴相衔接，扶持 364 名农村困难残疾人就业创业，每人 5000 元。

【残疾人康复服务】 2021 年，福州市残联加强残疾预防，实施精准康复服务行动，实现残疾儿童康复训练救助、贫困精神病患者服药救助和住院救助、听力障碍儿童装配电子耳蜗及康复训练救助等全覆盖。全市残疾人康复服务 30646 人，残疾人精准康复服务率 99.9%。残疾儿童康复救助年龄由 0—14 岁调整为 0—17 岁，补助标准由每人每年不超过 1.8 万元提高到不超过 2 万元，自闭症儿童补助标准从 2022 年起全年不超过 2.5 万元。开展 7—17 岁残疾儿童康复救助事中、事后监督。全年康复救助 0—17 岁残疾儿童 2700 多人 3600 多万元。提供贫困精神病患者服药救助和住院救助 202.49 万元。实施精神障碍患者康复救助补助，鼓励有条件的专业医疗机构设立精神障碍患者康复中心，全市有定点机构 3 家，接受康复服务精神障碍患者 408 人。筛查上报听障儿童装配电子耳蜗对象 18 人。开展康复专业人员培训，举办市残疾人精准康复业务及心理健康知识培训班。

【残疾人辅具服务】 2021 年，福州市残联创立市级“志愿助残”辅具评估团队，固定每月 15 日邀请专业医生在辅具大厅开展集中适配、评估和体验等便民服务活动。开展“办实事、献爱心、送温暖”为主题的精准康复辅具流动服务车百乡行活动，为残疾人提供“零距离无障碍”辅具服务，全年服务乡镇 146 个，服务 1110 人次，行程 1924.5 千米，现场配发辅具 603 件。组织省内外专业评估人员对辅具评估量表进行修订，重新制定《福州市残疾人基本型辅助器具评估量表》。市残联联合市财政、市卫建委确定全市 26 家评估服务机构。推广辅具补贴制度实施、重点项目回访和需求调查，提供各类辅具服务超 1 万人次，残疾人基本

2021 年 7 月，福州市残疾人辅助器具服务中心、市肢残人协会、洪山镇大凰山社区党委联合开展社区疫苗接种助残活动 （市残联 供图）

辅助器具适配率 100%，辅具补贴 3674 人次 599.92 万元。发放残疾人机动轮椅车交通补贴 114 人和残疾人代步车主投保 326 人共 15.05 万元。发放残疾人机动轮椅车燃油补贴 1400 多人。

【残疾人就业创业服务】 2021 年，福州市残联多渠道扶持残疾人自主创业和灵活就业，落实残疾人就业创业“1+7”政策，累计发放农村困难残疾人就业创业、超比例安排残疾人就业奖励金、集中安置残疾人就业补贴、残疾人自主就业创业以及灵活就业社会保险补贴、高校残疾人毕业生就业补贴、大学生等残疾人就业创业资金 830 万元。开展残疾人就业援助月活动，组织主题为“春风送真情·就业暖民心”的就业招聘活动，走访登记失业残疾人家庭 318 户，帮助失业登记残疾人实现就业 21 人，帮助 18 名残疾人享受扶持政策。举办市本级常态化残疾人就业招聘会 18 场，推荐 135 名残疾人就业。举办市本级脱胎漆艺、电子商务等残疾人职业技能培训班 2 期，培训残疾人 40 人。扶持市盲人保健按摩机构，促进盲人就业，开展全市盲人医疗人员执业备案摸底调查。全市建成残疾人辅助性就业机构 12 家，安置残疾人 168 人（包括大龄自闭症患者在内的智力、精神残疾人）就业。建成残疾人托养机构 5 家，惠及 300 多名智力、精神和重度肢体残疾人，其中鼓楼区建成民办残疾人日间照料托养服务机构 2 所，为 40 多名大龄自闭症患者提供日间照料工作；福清市建成精神残疾人托养机构 2 所及日间照料机构 1 所，为 300 多名精神残疾人提供托养服务；鼓楼区、晋安区、仓山区开展残疾人居家托养政府购买服务，服务对象 600 余人。督导县（市）区加强残疾人实名制系统和残疾人就业创业服务平台建设，全年新增城镇残疾人就业 1658 人，新增农村残疾人就业 1813 人，城乡残疾人培训 2302 人。全市 52 名应届高校残疾人毕业生调查录入率 100%、就业率 100%。

【残疾人及残疾人子女教育保障】 2021 年，福州市残联为 2000 多名考入高中和中专、大专、本科、硕士、博士的残疾人及残疾人子女发放扶残助学金 800 多万元。配合教育部门做好适龄残疾儿童少年入学工作和失学残疾儿童少年的劝返复学工作，全市核查 1405 名残疾儿童，安置入学 816 人，义务教育安置率 99.86%。为参加中考、高考的残疾学生核准提供便利。

【残疾人权益保障】 2021 年，福州市残联建成残疾人法律救助工作站 14 个，实现县级残联全覆盖。开展信访接待、人民网网民留言、中国残疾人联合会信访系统、省信访信息系统、“12385”残疾人热线、“12345”政府公共服务系统等答复工作，市本级共受理来信 32

件和“12345”便民（惠企）服务平台各类诉求88件。接待来访、来电（包括“12385”残疾人热线）约640人次，信访办理及时率100%。完成3件人大建议的答复工作，答复满意率100%。

【残疾人公共文化服务】 2021年，福州市残联有残疾人体育健身示范点24个。在省、市残联微信公众号、报刊、电视台、网络等新闻媒体报道助残政策、残疾人自强奋进故事和残疾人事业发展情况，讲好残疾人故事，讲好福州故事。在福州广播电视台新闻周末频道《整点播报》栏目开播手语新闻。在公园、旅游景点和公共文化体育设施对残疾人实行免费或优惠开放。

【残疾人无障碍环境建设】 2021年，福州市残联推进无障碍环境建设督导。配合市建设局等部门开展无障碍环境督导检查工作，完成337户残疾人家庭无障碍改造。推进信息交流无障碍，扩大智能产品供给，推广便利普惠的电信服务。

【残疾人数据收集和统计】 2021年，福州市残联实现残疾人基本服务状况和需求信息数据动态的更新，全年调查残疾人99280人，入户率96.28%，App采集率96.56%。与市卫健委联合下发残疾评定定点医院和医师名单，举办2期残疾评定医师培训班，培训医师85人。开展第三代（智能化）残疾人证换发和应用推广，换发三代证94934张。各县（市）区已进入优化窗口办证服务常态化管理和第三代残疾人证智能应用推广阶段。针对城乡基层部分行动不便的重度残疾人反映急切的残疾评定服务需求，协同市卫健部门及定点医疗机构为390名行动不便的重度残疾人开展残疾评定上门服务。开通全国残疾人“跨省通办”，办结113件。

（郑海云）

福州市红十字会

【概况】 2021年，福州市红十字系统筹募款物价值2560多万元，救助弱势群体6700多人次。《2021中国红十字会应急救援综合演练在福州举办》《省市红十字会举行悼念活动，致敬遗体器官捐献者——小诺恩妈妈：“宝贝，妈妈来看你了！”》《纪念第74个世界红十字日主题公益活动举办》《市红十字会组织力量驰援河南》《“洪水不退，我们不退！”——福州红十字曙光救援总队赴河南抢险救援二三事》《福州一批爱心物资运抵莆田和厦门》《市红十字会为市民送上“急救锦囊”——世界急救日 这些急救方法要牢记》《市红十字会开展大学生应急救护培训》《“你是天使，来过人间”——福州6岁女童不幸患病去世，捐出一肝两肾两角膜，瘤体用作医学科研》《离去，仍为生命接力——福州九旬老人周与桑捐献遗体用于医学研究》《伍丽琴：卷袖献热血 传递正能量——她是我市首位女性非亲缘关系造血干细胞捐献者》《“可以挽救一条生命，晕血又算什么”——女子在福州完成造血干细胞捐献》《大学生“七一”捐造血干细胞——他是预备党员，庆幸在特殊时刻为生命续航》《“能配型成功就是缘分，必须上！”——福州两小伙不约而同捐献造血干细胞》《25岁小伙捐献造血干细胞——成为我市第84例造干捐献者》《四星级志愿者郑荣平守初心暖人心——退休8年，服务时间超2000小时》等红十字相关专题文章获中央、省、市媒体刊出或转载报道。年内，市红十字会被评为“节约型机关”，应急救护体验馆被评为“福州市暖心志愿服务站”，获福建省第六届红十字应急救护大赛团体二等奖，鼓楼区鼓东街道开元社区获评全国红十字模范单位，2名红十字会会员获评“中国红十字会会员之星”，1名红十字志愿者获评“全国红十字志愿服务先进典型”。

【应急救援】 2021年，福州市红十字会常备救灾资金300万元，备灾救灾仓库储备救灾物资价值超过100万元。1月31日，福州红十字曙光应急救援总队赴晋安河搜救溺水人员；5月10日，在闽侯县侯官村闽江水域协办“同心协力——2021”中国红十字会应急救援综合演练；5月29日，福州红十字曙光应急救援总队赴长乐区大东湖搜救失踪人员；7月，组织以福州红十字曙光应急救援总队为主力的63名队员，赴河南水灾一线参与抢险救灾，成功转运被困群众4000多人次，并为灾区筹募110.68万元善款及价值20.28万元的药品；7月5日，福州红十字曙光应急救援总队赴乌龙江搜救溺水男孩；8月6日，福州红十字曙光应急救援总队和闽侯红十字（方舟）志愿服务队赴受第9号台风“卢碧”影响的闽侯县南屿镇参与抢险救灾，转移受灾群众150多人次；10月1—5日，分别赴莆田和厦门，向两地的红十字会捐赠价值1033万元的抗疫慰问物资。“5·8”世界红十字日和“5·12”全国防灾减灾日期间，组织各红十字应急救援队参加台江区防汛演练水上救援活动、市教育系统2021年全国“5·12”防灾减灾活动、“温暖榕城——服务地铁”安全日活动、福清市武装部防汛应急集训活动和华侨中学消防逃生安全演练活动。组织红十字志愿者参与常态化新冠肺炎疫情防控工作，坚守福州火车站600多天，协助开展疫情防控排查，进行返乡人员的登记、测量体温并为旅客提供健康码查询等服务，走进全市各个疫苗接种点开展志愿服务活动。首个以“社会力量智慧应急指挥调度系统”为主要功能的“大数据智慧管理平台”在第四届数字中国建设成果展览会上展出。

【人道救助】 2021年，福州市红十字会开展“博爱送万家·温暖榕城”慰问活动，发放慰问金116万多元、物资价值22万多元，惠及1739户5827名困难群众。开展“救治一个患者·解放一个家庭——少儿重特大疾病医疗人道救助行动”，全年救助43人次、124万多元。开展“救助人体器官捐献困难家庭——永生天使行动”，全年救助62人次、435万多元。开展“弘扬正能量——关怀见义勇为、道德模范人道行动”，为福州市见义勇为基金会捐款2万元。开展“博爱情·学子梦——人道助学行动”，全年资助14人次、10万多元。开展困难群体的日常救助工作，全年救助160多人次、20万多元。与市委宣传部联合开展2021年福州市文化、科技、卫生“三下乡”集中服务活动。“9·9”

公益日期间，组织全市红十字系统、学校及各机关事业单位6万多人次，筹款177万多元。

【生命救援工程】 2021年，福州市遗体器官捐献报名登记7627人，实现遗体捐献37人、器官（含组织）捐献66人。4月2日，在三山陵园人生广场举行主题为“生命的乐章·云上缅怀”福州市遗体与器官捐献者追思悼念活动。开展“热血一夏·爱满十城”无偿献血公益行活动，联合市委文明办、市卫健委、省血液中心在各区级机关及直属单位开展无偿献血活动，举办活动11场次，来自各级机关的1382人次献血超过49.6万毫升。全年造血干细胞捐献再动员302人次，采集47人份高分辨血样，体检26人，成功捐献16人。建成长乐区吴航街道洋锦社区博爱家园示范点。

【救护培训】 2021年，福州市红十字会推动红十字应急救护培训“七进”工作，为外资和台资企业、电力、学校、机关事业单位、社区（街道）开展自救互救知识和技能培训。全年举办应急救护培训班233期，救护员培训发证3957人、CPR+AED培训发证9510人，举办应急救护知识讲座511期，受众7万多人次。5月12日，福州市民安红十字应急救护培训中心成立。7月29日，在福建榕能电业集团公司举办“初心向党‘救’在榕电”电力急救劳动竞赛暨福州市第六届红十字应急救护选拔赛。8月29日至9月3日，福州市红十字会在永泰举办1期应急救护师资培训班，为42名来自各县（市）区“红十字博爱驿站”管理员及红十字志愿者开展培训。

【调研交流】 2021年2月22—25日，福建省红十字会党组成员、专职副会长林先鑫一行4人到福州开展红十字工作调研。3月12日，福州市人大常委会副主任、一级巡视员鄢萍一行16人赴福州红十字志愿服务组织联合会和福州红十字曙光应急救援总队基地调研福州市红十字志愿服务工作。5月9—13日，中国红十字会党组书记、常务副会长梁惠玲一行7人到福州出席“同心协力——2021”中国红十字会应急救援综合演练并开展调研活动。8月11日，福建省红十字会党组成员、专职副会长徐祥一行4人到福州开展应急救护培训工作调研。8月18日，福建省红十字会秘书长兼事业发展部部长吴联妙一行2人赴长乐区调研指导“博爱家园”工作。10月9日，福州市人大常委会副主任、一级巡视员鄢萍一行10人赴红十字会机关开展调研。11月11日，福建省红十字会分管日常工作的副会长黄玲一行4人到福州开展调研。

（林 楠）

福州市慈善总会

【概况】 2021年，福州市慈善总会接受社会捐赠款物5174.23万元，支出救助款物5138.49万元，受助群众7600多人次。年内，福州市慈善总会荣获双拥工作先进集体称号。

【福州市军人关爱基金】 2021年，福州市慈善总会与市退役军人事务局、市双拥办、福州警备区联合开展“关爱军人困难家庭救助活动”，救助困难军人家庭，发放救助金125.61万元。

【慈善情暖万家慰问活动】 2021年，福州市慈善总会在元旦、春节期间开展“慈善情暖万家”慰问活动，募集款物折合42.45万元。到鼓楼、晋安、长乐、罗源、永泰等地慰问困难户430户。举办第五届“慈善爱心年夜饭”，慰问困难户240户。

【慈善医疗救助】 2021年，福州市慈善总会与中华慈善总会合作开展免费赠药活动——“特罗凯”慈善赠药项目，救助肺癌患者341人次，发放药物337盒，价值661.2万元；“安维汀”慈善赠药项目，救助直肠癌患者154人次，发放药物697盒，价值369.2万元；“多泽润”慈善赠药项目，救助肺癌患者928人次，发放药物2097盒，价值1186.9万元。与福清亮睛眼科医院、福州亮睛眼科医院、长乐眼视光医院、福州国德医院合作发放医疗救助金1318.6万元。

【结对帮扶】 2021年，福州市慈善总会到罗源县中房镇下湖村开展对口帮扶，支出善款6万元；为永泰县雁门老区村发展生产，提供配套茶油基地设施建设帮扶资金10万元；在永泰县丹云乡开展生产生活救助活动，支出善款7.5万元帮扶贫困户。

（翁 媛）

2021年1月26日，福州市慈善总会工作人员一行到罗源县中房镇下湖村慰问贫困户

（市慈善总会 供图）

（编辑 苏 颖）

人大立法

【概况】 2021年，福州市人大常委会审议地方性法规9件，通过8件。开展停车场管理、物业管理、房屋租赁、蔬菜基地保护、闽江（乌龙江）福州段洲岛保护管理等立法项目调研，组织议案的领衔代表会同市直有关部门，对立法的必要性、可行性进行研究论证。

【福州市寿山石雕刻技艺保护规定】 2021年10月28日，福州市十五届人大常委会第四十次会议表决通过；12月15日，省十三届人大常委会第三十次会议批准，于2022年3月1日起施行。规定共27条，从管理体制、保护措施、人才培养、产业扶持等方面规范和推动寿山石雕刻技艺的保护和发展。

【福州市历史文化名城保护条例】 2021年10月28日，福州市十五届人大常委会第四十次会议表决通过《福州市人民代表大会常务委员会关于修改〈福州市历史文化名城保护条例〉的决定》；12月15日，省十三届人大常委会第三十次会议批准。原条例于2013年6月28日福州市第十四届人民代表大会常务委员会第十一次会议通过，2013年7月25日福建省第十二届人民代表大会常务委员会第四次会议批准。修改后的条例从45条增至6章47条，其中保留9条、优化调整29条、新增9条、删除7条，修改主要内容包括厘清部门管理职责，设立专家咨询委员会，加强闽都文化、涉台、涉侨、革命文物保护，拓展名城保护内容，先予保护措施，档案数字化管理，鼓励社会力量参与保护，确立保护优先理念，调整法律责任等。

【福州市居家养老服务条例】 2021年8月27日，福州市十五届人大常委会第三十九次会议表决通过；10月22日，省十三届人大常委会第二十九次会议批准，于2022年1月1日起施行。条例共6章45条，为福州市首部居家养老服务法规，内容涉及居家养老服务的设施规划与建设、服务供给与保障、监督管理等方面，并明确相应法律责任。

【福州市脱胎漆器技艺保护规定】 2021年8月27日，福州市十五届人大常委会第三十九次会议表决通过；10月22日，省十三届人大常委会第二十九次会议批准，于2022年1月1日起施行。规定共25条，从管理体制、保护措施、人才培养、产业扶持、展示推广、创新发展6个方面保护脱胎漆器技艺发展。

【福州市闽剧保护规定】 2021年6月24日，福州市十五届人大常委会第三十七次会议表决通过；7月29日，省十三届人大常委会第二十八次会议通过，于2021年11月1日起施行。规定共23条，内容涉及闽剧的保护传承内容、保护措施、传承传播等方面，填补福建省戏曲保护地方立法的空白。

【福州市软木画技艺保护规定】 2021年6月24日，福州市十五届人大常委会第三十七次会议表决通过；7月29日，省十三届人大常委会第二十八次会议批准，于2021年11月1日起施行。规定共25条，内容涉及软木画技艺保护的管理体制、保护措施、人才培养、展示推广、创新发展等方面。

【福州市户外广告设置管理办法】 2021年2月26日，福州市十五届人大常委会第三十四次会议表决通过；5月27日，省十三届人大常委会第二十七次会议批准，于2021年9月1日起施行。办法共6章45条，内容涉及户外广告设置的规划与技术规范、许可与设置要求、维护与监督管理、法律责任等方面。

【福州市城市房屋产权产籍管理办法（废止）】 2021年4月29日，福州市十五届人大常委会第三十五次会议表决通过；5月27日，省十三届人大常委会第二十七次会议批准。

（连蔡煜）

政法与综治

【概况】 2021年，福州市平安建设

综合绩效连续11年位居全省优秀行列，群众安全感率持续保持在99%高位。福州市、鼓楼区分别获评“2017—2020平安中国建设示范市、示范县”，全市政法系统获得省级以上集体荣誉210项、个人荣誉245项。

【经济社会发展服务保障】　2021年，福州市公安机关创新成立“e体+”资金侦查中心，受理各类经济犯罪案件1816件，立案1718件，犯罪嫌疑人抓获数比上年增长30.33%，涉金融领域集群战役发起数居全省第一；与市场监管、食药监、海警等部门实现情报互通和打击协作，侦破“食药环权森”案件935件，查处各类走私案件756件、案值近23亿元。法院系统受理案件20万余件，审执结18.9万余件。检察院系统批捕犯罪嫌疑人7425人、提起公诉1.3万余人，多件案件获评全国检察优秀案件和精品案件。司法行政部门处理行政复议案件1073件，承办行政诉讼一审案件2218件，探索打造全省首个社区矫正机构“沉浸式”VR（虚拟现实）应用系统。民政部门推进民生兜底保障工作，发放低保金、特困供养金5.03亿元，惠及6.4万余人。

【社会安定稳定维护】　2021年，福州市创新推动矛盾纠纷一站式、多元化解决，推行“特邀调解+司法确认”模式，设立全国首个常驻于金融纠纷调解组织的巡回法庭，全市各级调解组织调解案件2.8万余件，调解成功率99.9%。创新推出“e体+”数字侦查工作机制，全市命案和“两抢”案件持续保持全破，八类暴力犯罪案件破案率98.4%，涉黑涉恶逃犯提前“清零”。搭建智慧公安检查站、智慧街面巡防、智慧内保等九大信息模块，实现全市重点医院、地铁公交、校园周边等安防设施全覆盖，巩固提升“三横四纵五维”融合式智慧安保模式。年内，福州市获评首批“全国禁毒示范城市”。

【平安福州建设】　2021年，福州市开展新一轮平安创建活动，市委政法委发动政法机关和基层群防群治力量开展新冠肺炎疫情防控和平安建设工作，全市平安建设综合考评成绩位列全省第二。推进市域社会治理现代化试点工作，探索建设市域社会治理现代化综合指挥平台，推动出台网格员管理办法等制度性文件。加强县（市）、镇（街）、村（居）联动协作，发挥公安干警、网格员、志愿者和社区工作者队伍作用，建立平战结合机制，实施清单化排查管控，以精细化网格防疫保障应急任务落实落细。年内，全国公共安全视频监控建设联网应用重点支持城市项目通过国家有关部委验收，城乡社区治理三年行动收官，鼓楼区“一线处置”机制获评“中国城市治理创新优秀案例”。重点攻坚“民转刑”案件、道路交通安全等人民群众反映强烈的7个方面突出问题年度各项任务均提前超额完成。

【政法领域改革】　2021年，福州市研究制订法治福州、法治政府和法治社会建设3项规划，推动建设福州法务区，福州市获评首批“全省法治政府建设示范市”。出台民事诉讼程序繁简分流改革试点实施细则，完善买卖合同案件协同工作机制，办理全省首例律师互联网阅卷，在全省率先建立“司法+民政+社会组织”三位一体的“涉讼困境未成年人”救助机制，在全国首创“督促监护令”工作机制，得到最高检肯定推广。完善“八五”普法规划编制，探索精准投放的大数据智慧普法新模式，以及“执破直通”“预重整”“重整式破产清算”等机制，一批房地产项目完成清算重整。设立全省首个交警24T自助服务中心，全天候办理驾驶人自助体检等交管业务28项。

【政法队伍教育整顿】　2021年，福州市政法系统结合党史学习教育，学习中共十九大和十九届六中全会精神、习近平总书记“七一”重要讲话和来闽考察重要讲话精神，学习宣传“时代楷模”潘东升等先进典型，开展各类学习活动4300余场。聚焦群众反映强烈、制约执法司法公信力的“六大顽瘴痼疾”（违反防止干预司法“三个规定”；违规经商办企业和配偶、子女及其配偶违规从事经营活动；违规参股借贷；违规违法减刑、假释、暂予监外执行；有案不立、压案不查、有罪不究；法官检察官离任后违规从事律师职业、充当司法掮客），开展“我为群众办实事”实践活动，实施便民、惠民、亲民、安民“四大工程”，全年推出便民利民措施886项，为群众解决实际困难1.9万余件，教育整顿成效好评率99.04%。

【扫黑除恶专项斗争】　2021年，福州市落实涉黑涉恶线索分级分色管理和处置“全闭环”工作制度，定期开展线索抽查、倒查、提级办理。制定常态化推进涉黑案件腐败和“保护伞”问题查办工作机制，完善常态工作细则6项、工作措施20条，对新收网的涉黑案件和提级办理案件同步介入。推进四大行业领域整治，打击电信网络诈骗、非法采砂等突出违法犯罪，全年破获涉黑组织1个、涉恶集团（团伙）42个，查封、扣押、冻结涉案资产估值2.92亿元；立案审查调查涉黑涉恶腐败和“保护伞”等问题线索24件24人。

（陈　璐）

法治政府建设

【概况】　2021年，福州市召开市委全面依法治市工作会议、法治政府建设示范创建活动推进会和全市法治乡村建设现场推进会，借鉴鼓楼区获评第一批“全国法治政府建设示范区”的工作经验，推动各县（市）区全面开展法治政府建设示范创建，福州市获全省第一批“法治政府建设示范市”称号。启动法治福州、法治社会和法治政府建设3项规划及《关于为全方位推动高质量发展超越提供有力法治保障实施方案》制订，出台《法治福州建设规划（2021—2025年）》。

【地方立法】　2021年，福州市结合第44届世界遗产大会的召开，重点开展《福州市脱胎漆器技艺保护规定》《福州市软木画技艺保护规定》《福州市闽剧保护规定》等6部非物质文化遗产保护相关法规的立法工作。围绕民生关注热点，开展《福州市停车场管理办法（修改）》等规章的立法工作。

【行政复议】　2021年，福州市办理行政复议案件1073件，行政诉讼案件(一审）2218件，其中市本级154件，行政诉讼60件（一审）。推动行政复议体制改革，推进全国行政复议工作新平台试点工作，实现行政复议案件在线办理全覆盖。探索建立“一站式”多元解纷机制，推进诉源治理，通过诉调对接平台司法调解和行政调解相互配合，推动行政争议多元化解。

【行政执法监督】　2021年，福州市推进行政执法平台项目建设，出台《福州市全面推行证明事项告知承诺制实施方案》。市司法局牵头制定相关配套文件，完成审核各市直部门报送的拟实行告知承诺制的政务服务事项101项和证明事项122项，全市各部门办理实行证明事项告知承诺制的政务服务事项10.1万多件。组织完成2021年度福州市行政执法资格综合法律知识考试，全市各级执法部门2300多名工作人员参加考试。探索行政处罚工作创新，与市市场监督管理局联合，将涉及注册登记、广告等12个类别28项初次轻微违法行为列入不予行政处罚事项清单。推动深化执法监管机制建设，“市场监管”指标在全国营商环境评价中成为全国标杆。

【规范性文件备案审查】　2021年，福州市司法局报备72件市政府及市政府办公厅制定发布的规范性文件；审查249件县（市）区政府和市直部门报备的规范性文件，其中对28件文件提出修改建议，制发纠错意见书和审查建议函11份；办理1件公民提出的规范性文件审查申请；组织开展3次规范性文件专项清理，梳理文件669件。年内，对福州市法律顾问智库名单进行动态调整。

（陈　玢）

公　安

【概况】　2021年，福州市公安局开展清查整治攻坚2021、打击整治枪爆违法犯罪等专项行动，建立“e体+”数字侦查工作机制，刑事案件破案率56.7%，比上年提升8.1个百分点，命案和“两抢”案件持续保持全破，八类暴力犯罪案件破案率98.4%，电信诈骗、侵财案件破案数分别增长92.4%、24.6%，涉黑涉恶逃犯提前“清零”，福州市公安局获评全国扫黑除恶先进集体。福州市被国家机制办确定为涉赌空壳公司及对公账户治理试点城市。开展“飓风肃毒”暨“净边”会战行动，全市禁毒工作呈现“三降三升”态势，福州获评首批全国禁毒示范城市。推动将治安防控体系建设纳入全市平安建设和市域社会治理现代化试点工作，搭建智慧公安检查站、智慧街面巡防、智慧内保等九大信息模块，完成习近平总书记到福州考察等警卫保卫勤务和第44届世界遗产大会等大型活动安保任务。

组建全市疫情海上防控突击队，开展防范打击非法出入境活动专项行动，开展“三非”外国人（未经合法手续而在中国非法就业、非法入境和非法居留的外国人）专项治理。在中国（福建）自贸区福州片区综合服务大厅成立“中国（福建）自贸区福州片区移民（华人华侨）事务服务中心”，首创将移民事务和侨务服务相结合，功能涵盖“永居服务”“领保联络”“在榕旅居”“一事一码”“就业一窗联办”“榕警在线”“公证联办”7类10项。推进“猎狐”“歼击”“昆仑”“国门利剑”等专项行动，涉金融领域集群战役发起数全省第一。推进840个缓堵软硬件项目建设，完成48处为民办实事项目隐患路段整治，查处交通违法行为506万件，居全省首位，全市道路交通事故四项指数全面下降，城区高峰通行效率比上年提高6.7%。在全国率先成立移民（华人华侨）事务服务中心和海外“110”报警服务台，推出全省首家交警24T自助服务中心、道路交通违法教育免罚、派出所“老年人优先窗口”、出入境行政许可事项“一事一码”等一系列便民利企服务举措。149项市级政务服务中“一趟不用跑”事项占比80.54%，比上年增长49.89%。福州市通过全国公共安全视频监控建设联网应用重点支持城市国家级验收，DNA实验室获评“全国公安机关重点实验室”，全市接处警满意率98.07%，居全省第二。

推动教育整顿全警参与，开展全警政治轮训、习近平法治思想专题讲座和“三学三谈”（学原著、学思想、学理论，谈心得、谈体会、谈建议）等系列活动，召开全局性警示教育大会4次，组织“三个规定”“万长”大宣讲，开展各类学习教育活动120余场次，推动各级公安机关召开警示教育大会200余场次。建立线索受理登记、研判甄别、核查处置、移交督办等工作机制，线索

2021年12月14日，中国（福建）自贸区福州片区移民（华人华侨）事务服务中心在马尾区行政(市民)服务中心揭牌
（市公安局 供图）

跟踪督办和台账清零制度，对重点案件（线索）实行交叉办理、异地管辖、提级管辖，梳理下发未结刑事案件、未结行政案件、涉及接处警受立案问题等各类案件18万余件。市公安局开展“6+2”（六大顽瘴痼疾与涉案财物管理不规范问题、接处警不规范问题专项整治2项“自选动作”）顽瘴痼疾专项整治，摸排线索11082件，线索办结率99.9%；各地公安机关和局直单位提出地域性、部门警种性“自选动作”24项（其中各地公安机关10项、局直单位14项），构建“6+2+24”的规模整治体系。健全从严管党治警长效机制、执法司法监督机制、民警素质能力提升机制、警选拔交流机制。开展“我为群众办实事”实践活动，推动民警“五进”1.8万余家次，为群众办实事1100余件，排查化解矛盾纠纷9000余起。

年内，举办首届“中国人民警察节”，推出“有效工作星”评选机制，开展“福州警星”选树活动，建立全市公安民警英烈定向基金补充长效机制。推树“时代楷模”、全国公安系统一级英雄模范、“公安楷模”、“福建省优秀共产党员”潘东升，全国公安系统二级英雄模范刘炜、王丽朝、徐志慧，全国公安机关优秀女民警林闽芳等先进典型。全年有1个集体获评全省优秀公安局、19个集体获评全省优秀公安基层单位、1名个人获评全省优秀公安局局长（政委）、40名个人获评全省优秀人民警察；全市公安机关记集体一等功1个、集体二等功17个、集体三等功23个、集体嘉奖40个，记个人一等功4人、二等功39人、三等功403人、嘉奖1231人，福州市公安局优秀科所队25个，福州市公安局优秀人民警察120人。

【刑事犯罪侦查】　2021年，福州市立案各类刑事案件40019件，比上年增长1.3%；破现案22685件，增长18%；破案率56.7%，提升8.1个百分点。抓获刑事犯罪嫌疑人30839人、批准逮捕6991人、提起公诉12935人，分别比上年增长35.8%、52.3%和40.7%。八类暴力案件立案765件、破案753件，破案率98.4%；“两抢”案件立案43件，连续2年保持全破；现行命案发案38件，破案38件，连续5年保持全破；侦破年前命案积案4件。破获各类侵财案件13775件，比上年增长24.6%，现案破案率48.1%，提升9.9个百分点；破盗窃案件8477件，增长17.7%，现案破案率65%，提升12.9个百分点，抓获各类网上在逃人员5347人，其中历年逃犯145人，总量居全省第二，8—10月组织开展降库存专项行动，压降库存逃犯372人。

扫黑除恶专项斗争　全年新侦办涉黑案件1件、涉恶集团50个、涉恶团伙3个，刑拘九类涉恶人员1804人，破获九类案件1556件，查封、扣押、冻结涉案资产估值2.95亿元。破获套路贷团伙12个，抓获犯罪嫌疑人46人，破案54件。17名公安部、6名省公安厅目标逃犯全部到案，实现涉黑涉恶逃犯“清零”。

“云剑—2021”专项行动　全年破获电信网络诈骗案件3966件，抓获犯罪嫌疑人9116人，分别比上年增长92.4%、132.3%。全市接报刑事电诈警情13497件，刑事立案6383件，分别比上年下降23.6%、5.9%；研判涉案金额10万元以上案件873件，其中公安部挂牌案件3件、省公安厅挂牌案件29件，保持全破。推进“断卡”行动，打击涉“两卡”人员2538人次，抓获卡贩、洗钱人员1129人，打击团伙130个。筛查下发可疑涉诈银行卡2946张，核查人员1717人。开展“团圆”行动，找回本地失踪被拐儿童64人，侦破拐卖儿童积案10件，打击处理涉拐犯罪嫌疑人50人，组织认亲活动49场，为101个家庭实现团圆梦，总体战果居全省第二。

智慧侦查建设　投入1500多万元新建反诈中心，与合成侦查中心合署办公，下设五大功能组，7家银行和三大运营商26人入驻办公，与25家银行建立对接查询止付冻结渠道，通过线上对接55家第三方支付机构、51家网络科技公司，并在银联福建分公司实行24小时值班备勤制度，开通10条“96110”反诈热线，引进智能语音机器人30路，日均处置警情80余件、查询账户近100个、预警信息4000多条，止付银行账户35235个，冻结涉案资金10095.8万元。推动视频图侦软硬件建设和专业队伍管理，发现线索17252条，追踪作案轨迹线路8358条，依托视频线索直接或并串破案5214件，抓获犯罪嫌疑人3797人。推进刑事技术专业化、信息化、正规化建设，全市刑事技术指纹、DNA、人像、声纹会战战果居全省前列；无差错出具鉴定书和检验报告近9000份，检验总量居全省第一；出动警犬安检现场160余次。福州市公安局刑科所DNA实验室获评“全国公安机关重点实验室”。

【经济犯罪侦查】　2021年，福州市受理各类经济犯罪案件1816件，比上年下降2.2%；立案1718件，下降2.83%；破案1329件，下降7.06%；抓获犯罪嫌疑人1173人，增长30.33%；破获3件公安部督办案件，13件省公安厅督办案件等大案要案。全年涉众型非法集资案件立案139件，破案108件，抓获嫌疑人224人，移送起诉189人，涉案金额8.29亿元，挽回经济损失1.63亿元。破获地下钱庄及关联的大要案件36件，洗钱案件16件。发起跨省域非法集资领域犯罪及涉银行卡、涉保险和非法套现等金融领域云端线索26件（银行卡18件，保险4件，非法集资4件），其中发起成功14件，涉金融领域集群战役发起数全省第一。破获涉税案件40件，其中省公安厅督办案件3件，公安部督办案件2件；抓获犯罪嫌疑人63人，移送起诉51人，打击虚开骗税专项行动绩效居全省前列。追回“猎狐”在逃人员20人，其中公安部局认定战果16人，省公安厅认定18人，均为在册境外逃犯。开展“云端2021”专项行动，全年上报线索112条，采用数全省第一。开展打击侵权假冒犯罪工作，全市知识产权领域案件立案105件，破案97件，抓获犯罪嫌疑人121人，侦破跨国境或跨地区（涉及3个以上省份）侵犯知识产权类案件7件。

开展“违规插手、干预经济纠纷问题”专项整治工作，排查信访举报件236件、行政案件5117件、刑事案件7159件，核实排除15条投诉举报可能存在插手、干预经济纠纷线索，开展信访突出问题攻坚化解工作，全年处理各类信访件224件，推进公安部、省公安厅交办的重点信访件化解。在全市开展集资诈骗、民间借贷、非法经营、传销、P2P网贷平台协查等涉众型案件及外省非法集资案协查件梳理工作，并参与福晟、世茂、泰禾、华辰、中庚、中防万宝城等涉房地产案事件的处置工作。

【禁毒工作】 2021年，福州市破获毒品刑事案件178件，其中公安部目标案件7件，省公安厅目标案件8件；抓获毒品犯罪嫌疑人344人，移送起诉毒品犯罪嫌疑人680人，破获涉毒团伙36个，查获吸毒人员601人次，缴获各类毒品407千克。实现“三降三升”工作目标（涉毒违法犯罪、现有吸毒人数、毒品危害下降，戒断康复率、打击效能率、群众满意率上升），福州市获评首批全国禁毒示范城市。

创新“物流寄递行业涉毒管控模式”，形成“禁毒—邮管”联席制度、突出宣传、强化培训、建立企业试点等立体防控新模式。推进福清、长乐等重点县（市）区加强涉麻易制毒物品走私问题专项治理。推进网络涉毒问题专项整治，梳理涉毒邮包1100余单，涉及全国22个省（市）自治区，掌握团伙核心成员20余人，全国各地结合线索查获涉毒人员38人。开展“寄递渠道禁毒百日攻坚”专项行动，破获寄递渠道涉毒案件31件，抓获犯罪嫌疑人55人，缴获各类毒品852.4克。

推广毛发检测技术应用，在全市范围内开展社会面及社戒社康人员毛发检测抽查，全年检测1762人次，检测呈阳性3人次。加强重要节点人员管控，核查吸毒人员2901人次、重点吸毒人员1469人次，全年未发生吸毒人员肇事肇祸案（事）件。完善戒毒康复人员责令执行程序，全市社区戒毒执行巩固率87.3%、社区康复执行率95.9%。建立健全网格化服务管理信息平台，全市有网格5331个，从事禁毒工作网格员5608人，并建设自愿戒毒医疗机构3家、美沙酮药物维持治疗门诊（延伸服药点）10处、社区戒毒（康复）工作站127个。组织全市禁毒社工和社戒社康人员开展国家禁毒办互联网教育宁夏中心的注册和定期学习工作，注册社工326人，注册社戒社康人员2376人，考核积分均为优秀。

推进陆海双边智慧查缉体系建设，完善海上毒品查缉站科技应用和保障投入，协调省公安厅禁毒总队在福建省禁毒情报研判系统（DIAS）中创建数据管理窗口，并将相关权限下放海上毒品查缉站。协调全市禁毒合成系统建设，拓宽情报数据来源，投入155万元在云平台项目中增加禁毒合成作战模块。借助污水监测、群众满意度等第三方数据，评估各地毒情现状和治理成效，全年对全市22个城市污水厂进行信息采集。

加强全国易制毒化学品管理信息系统应用，实现闭环式信息化管理，全市审批通过投入使用的易制毒化学品企业1060家，审批购买许可（备案）6645件、运输许可（备案）2016件。开展核磁共振波谱仪管控专项工作，全市有核磁共振波谱仪11台，均落实“一机一警”责任制，年内全市核磁共振波谱仪均无对外服务数据。

【巡特警工作】 2021年，福州市公安局围绕反恐处突“1分钟、3分钟、5分钟”反应目标，启动加密武装联勤126天，出动执勤特警、武警33406人次。完成省市两会、第四届数字中国建设峰会、全省脱贫攻坚总结表彰大会、21世纪海上丝绸之路博览会、全省庆祝中国共产党成立100周年系列活动、第44届世界遗产大会及各类武装押解、搜爆安检、扫黑除恶抓捕等任务77场次，出动警力6108人次。挂牌成立福州市公安局巡特警支队津门中队，提高中心城区应急反应能力。

出台《2021年度福州公安巡特警实战大练兵工作方案》，举办全市巡特警指挥员培训班、全市巡特警警务实战教官培训班等各类培训24期721人次；组织市县两级训练考核29场次4428人次；申报精品讲座1个、微课程2个、技战法2个；完成省市两级巡特警接处警技能比武工作，获得全省射击团体第一名，总分第三名。

【出入境管理】 2021年，福州市开展防范打击非法出入境专项行动，加强非法出入境人员在疫情隔离期满后接回或劝返工作。开展整治“三非”外国人行动，配合国家移民管理局总指挥部抓获在榕涉案人员并移交广东警方，清查涉案用工企业3家。配合广西边检总站两起局督专案侦办工作，清查福州非法用工企业9家。完成47批次外国人遣送出境任务，驱逐出境8批次外国人。

开展打击妨害国（边）境管理犯罪行动，侦办妨害国（边）境管理案件16件，破案10件，刑拘7人，批捕3人，取保候审10人。全年参与协助省外警方办案11件。9月29日，公安部发布A级通缉令，部署全国集中追捕5名妨害国（边）境管理犯罪在逃重要犯罪嫌疑人专项工作，福州市公安局抓获组织他人偷越国境案组织者连江籍犯罪嫌疑人郑某平。

会同自贸区人力资源部门，联合开设“外国人就业居留事务专窗”，实现两部门一窗受理。以专窗受理、方言服务、专人指导、全程帮扶等措施，并优化自助机受理界面，提升敬老办证服务水平。在全市推出境外人员办理出入境行政许可事项“一事一码”举措，打造集成版中英双语办事“攻略”。开设专窗，优化中国“绿卡”受理流程，方便外籍学生取得在华永久居留权并参加高考。

【公安法治】 2021年，福州市公安局开展“有案不立、压案不查、有罪不究”顽瘴痼疾专项整治，排查出未流转案件违法犯罪警情35982条，未结刑事案件27222件，未结行政案件26196件，已受理刑事案件但未进入立案程序的案件386件，并下发至各单位进行排查。全市排查警情41494件，排查案件98337件（刑事案件57370件，行政案件40967件），发现执法问题1187个，整改问题645个，无法整改问题47个，正在整改问题495个，问责219人。

开展涉案财物不规范问题专项整治，下发2020年以来市县两级公安机关录入的涉案财物信息38012条、手机采集记录45334条，整改问题2781件。开展违规违法减刑、假释、暂予监外执行问题摸排工作，全市摸排留所服刑罪犯档案53812份，提请减刑案件1145件、假释案件7件、办理暂予监外执行案件

51件，审查程序性问题案件3件。开展重点案件交叉评查工作，并下发各办案部门对照方案开展核查。

开展各类执法专项考评173次，考评案件15122件，发现并纠正执法问题53259个。福清市公安局“5+N”执法办案管理中心揭牌运行。组织“四个一律”巡查53次，发现并纠正问题860个。开展涉企中介服务收费自查，涉及收费事项13类75项；推动证明事项告知承诺制全面实施，编制第一批6项拟实行告知承诺制的政务服务事项报送市司法局审核。开展“双随机一公开”监管工作，全市公安机关检查企业509家，发现问题40个并全部整改到位；梳理公布2021年市公安局权责清单1439项。推动工作调动户口迁移、大中专院校录取学生户口迁移、大中专学生毕业户口迁移、夫妻投靠户口迁移、父母投靠子女户口迁移5项政务服务事项，开展“闽粤桂琼”户口迁移跨省通办试点，并在省网上办事大厅办事指南完成相关要素配置。对接公安部、省公安厅，推动开具无犯罪记录证明、开具户籍类证明、新生儿入户、首次申领居民身份证（监护人代办的除外）4项政务服务事项跨省通办；推动政务服务能力建设，市级149项政务服务事项中，“一趟不用跑”事项120项，占比80.54%，比上年增长49.89%。法定总时限2717日，承诺总时限534日，平均缩短时限比例80.35%，比上年增长5.74%。组织执法培训115场，参训人员2800余人，派教员授课120余次，组织旁听庭审38次，参加人数250人。

【社会治安管理】　2021年，福州市公安局开展“智慧街面巡防”建设，规划布建苏万宝、东泰禾等29个街面警务站，打造林春兰等以社区民警姓名命名的警务室19个，建成智慧小区2525个，提升“示范型”智慧小区26个。推进“智慧内保”建设，推动3173家治安保卫重点单位信息数据“全采集”，全市校园安防实现“5个100%”，65家二级以上医疗机构实现重点区域视频监控、一键式紧急报警装置全覆盖。“地铁公交智慧防控”实现地铁运行态势可视化、实时布控、预警感知、无线调度等智慧防控功能；接入福州公交行业大数据中心及公交行业监管平台，全市4524辆公交车全部安装安全防护隔离设施、视频监控和一键报警装置。升级改造13座环榕检查站、11个交警执法站，78条入榕通道车辆卡口设施“全覆盖”，健全三级“关城门”应急堵截机制。打造“7+1”城市立体防控圈，以省委省政府、苏万宝商圈、东泰禾商圈等7个重点区域，地铁1号线及2号线、长乐国际机场、福清核电站及沿海码头、港口等东部沿海一线为重点，提升重点区域社会治安联防联控能力。打造“智慧安保”项目，建立“三横四纵五维”融合式智慧安保模式。

2021年6月23日，福州市公安局与福建开放大学联合举办福州辅警学院揭牌仪式
（市公安局　供图）

全市破获跨境赌博案件221件，摧毁涉赌地下钱庄及资金支付渠道33个，查处提供网络服务及技术推广的服务商14个，破获网络赌博平台19个，查明涉案总资金逾29亿元。其中，破获公安部督办案件2件，公安部贺电案件1件，省公安厅督办案件18件。妨害国（边）境案件立案95件，抓获组织、运送他人偷越国（边）境犯罪A级通缉犯1人。排查对公账户，对可疑账户采取风险管控措施。开展网络生态治理，清理网络涉赌信息6000余条，上报封堵涉赌网站886家。建立专项经费保障机制，推动市财政局在部门预算中新增安排打击跨境赌博专项经费每年500万元。建立科技服务加持机制，与美亚柏科等9家科技服务公司建立合作关系，在案件侦办过程中提供技术渗透、数字取证、资金分析等服务。建立涉赌大数据预警机制，抓取涉赌网站及跑分平台信息，智能预警涉赌相关线索。建立涉赌空壳公司及账户整治机制，牵头会同人民银行、市场监管、税务、人社、通管等部门研究出台《涉赌空壳公司及对公账户整治方案》，福州市被国家机制办确定为涉赌空壳公司及对公账户治理试点城市。

开展景区和非景区景点安全管理，排查景区和非景区景点807处，摸排管控安全风险190处，排查安全隐患525处，整改隐患520处，新设置警示栏、牌915个。结合“平安家园·智能天网”建设，整合接入视频监控2536路、新建接入356路。设立景区及非景区景点警务室50个，设执勤点45个，建立巡防队伍245支，在重点区域开展驻点巡逻。加强常态化新冠肺炎疫情防控，开展流调溯源、数据核查、重点管控、应急处置等工作，实现全年疫情“零输入”。在五级巡逻体系基本构架建设完成基础上，将巡防勤务与治安防控重点相结合，制定《联防联控联动方案》。

【社区警务】　2021年，福州市公安局会同司法部门强化矛盾纠纷排查化解防范“民转刑”专项活动，调处化解矛盾纠纷2.9万件。深化城区“一区一警两辅”、农村“一村一警务助理”工作机制，建立以社区民警为主的社区警务与网格化服务管理联动机制，推动警务网格与社区网格“同格”运作、民警与网格员联勤联动。

开展流动人口服务管理专项行动，加强流动人口及重点关注人群信息采集和治安隐患排查，强化漏登人员信息录入，提升全市流动人口大数据比对率。加强流动人口信息采集，推动出租屋房东、用工企业通过微信申报更新租住人员信息和用工人员变动情况。拓展互联网自助办理居住登记和居住证等相关业务渠道。优化居住证业务办理，将缴纳社保、就业登记、劳动合同、市场主体营业执照登记时间纳入居住证登记时间认定范围。全年发放居住证14.1万张，到期签注31.7万人，其中通过“扩面提质”办理居住证2266张。年内，全市有流动人口310万人。

实施落户福州“零门槛”政策，制定并公布“零门槛”落户实施细则及政策解读、办事指南。全市有户籍人口678万人。“零门槛”政策实施后，迁入9.01万人，其中落户五城区7.33万人，比上年日均落户人数增长69.81%（五城区增长97.97%）。推进县（市）区级历史户籍档案数字化建设，马尾、上街完成建设任务。探索研究律师线上查询户籍信息平台建设，会同司法、大数据委等部门，开展功能研发，打通数据接口。出台《福州市公安局切实加强和改进老年人公安服务管理工作方案》，全市派出所设立“办不成事”和“老年人优先”专窗。开展无户口人员专项摸排清理工作，解决长期无户口人口落户310人。推行因疫情无法回国人员委托国内近亲属代为办理居民身份证换领手续便民措施，办理2690人。

【网络安全监察】 2021年，福州市公安局开展“净网2021”专项行动，强化对网络黑灰产业链打击整治，发现上报涉网犯罪线索83条，破获网安管辖12类案件794件，比上年增长193%；抓获犯罪嫌疑人1026人，增长124%，网安主侦、配侦刑事案件数、输出情报线索居全省前列。以网安数据资源支撑打击电信网络诈骗等专项工作，协助研判破获刑事案件1726件，抓获犯罪嫌疑人2905人。

开展“护网2021”专项行动，强化网络安全秩序整治。全年新建网安警务室4家，新建数全省第一。开展互联网企业安全执法检查、App违法违规收集公民个人信息专项整治，关闭违法网站63个、违法账号群组621个，下架违规App应用55款、督促整改132款，封停违规直播账号566个、直播间1683个，清理违法违规短视频946个，对涉嫌违法违规企业、个人行政处罚57家次，限期整改192家。互联网企业行政执法检查数全省第二，App处置数全省第一。实地检查网吧8926家次，在线巡查网吧6100余家次，处罚违规网吧22家次（含未实名网吧17家）。

强化网上涉稳风险排查。发现、清理网上各类违法有害信息17.5万条；警示网民2400人次，其中网络“大V”390人；回应网民咨询求助1800人次；发布宣传文章7802篇。“福州网警巡查执法”账号获评“2020年度微博辟谣先锋”“福建十大公安系统微博”。

【道路交通管理】 2021年，福州市发生道路交通事故1939件，道路交通事故四项指数分别比上年下降5.51%、1.08%、39.79%、34.60%。开展重点隐患车辆清零“百日行动”，建设研发福州市重点运输企业管理平台，消除九类重点隐患车辆25542辆，检验率提升5.68%，报废率提升8.95%，其中大型公路客运、旅游客运、校车、营转非大客车四类重点车辆检验率、报废率均达100%。推动隐患路段排查整治，完成48处为民办实事项目隐患路段整治、61处农村地区临水隐患路段整治工作。突出酒驾醉驾、货车超载超限、“三超一疲劳”等重点违法查处，查处各类交通违法行为506万件，查处总量全省首位。开展涉酒行业领域源头管理，接手群众举报酒驾行为17件，涉酒亡人交通事故比上年下降28%。治理交通领域违法犯罪，发现涉嫌使用虚报材料骗取登记嫌疑车辆36辆，查扣“大吨小标”车辆285辆并全部处置。

推进城区交通治堵工作，组织开展3批次840个缓堵软硬件建设项目，完成472个硬件项目（完成投资987亿元）、363个软件项目（237个项目建立长效管理机制）。城区平均车速比上年提高5%，高峰通行效率提高6.7%。建立“1中心+N平台”的交管“e体+”智慧赋能体系，打造“福州交警大数据可视化融合指挥调度平台”，自主研发“基于多源大数据融合的拥堵画像短频预警模型”，开发“道路交通气象服务系统”。建立舆情、预警、处置、宣传一体化开展的“4+N”融合指挥调度机制，全年排堵1.7万件，城区快速排堵保畅效率比上年提升30%，接处警平均时间缩减15%，路口通行效率提升25%、违法率下降17%。在二环路沿线推行“1、3、5”分钟快速响应机制，按照“1分钟骑警到达，3分钟处置完毕，5分钟恢复交通”目标，十大堵点排堵效率提升30%，二环路高峰行车时速由20千米提升至25千米。在城区50个文明城市必检路口设置交警标准示范岗，实施“一路口一方案”；启动福州公安交警百人铁骑勤务，围绕“两环三射”“五纵七横”等交通主动脉，不间断巡线排堵、查处违法。

推出4批次41项“我为群众办实事”举措。在城区443条路段增设道路停车泊位9985个；在沿街公厕周边增设115个限时长10分钟停车泊位；延长1057个夜间道路停车泊位时间；填补老旧小区停车缺口1204个，缺口解决率72.5%。在全省率先推行教育免罚，自5月政策推出后，免罚18万件。建成“福州城市大脑·智慧停车系统”，接入城区74家公共停车场，1.6万个道路停车泊位。设置全省首家交警24T自助服务中心，自助办理28项车驾管业务，受理3.37万件。在全省率先推出“12123”语音平台服务，群众拨打“12123”服务热线即可办理19项车驾管业务，月均接听话务约1.6万件，受理业务约2000笔。推出线上“归零窗口”，8月15日上线以来，接到诉求申请26件，办结率100%，满意率100%。针对十大易堵点位，一点一策提出排堵方案，将实时监控视频共享给市民通过手机查看。向社会公布24小时救助电话，为市民紧急就医、应急抢险等开通“绿色通道”72人次。

在全省率先实现由交警直接办理与道路交通管理相关的刑事、行政案件，3月15日至年底，办理刑事案件1222件、行政案件496件。推动构建办案区、醉酒处置区、案件管理区、涉案财物管理区、速裁法庭区、服务保障区"六区一体"的全流程全闭环执法办案中心，办案全流程各环节应用 e 体化智慧赋能手段。组织对近 5 年福州市酒后驾驶和交通肇事类违法案件办理情况进行全面梳理排查，排查各类案件数据 34592 个，排查出办案不规范案件 45 件，均逐一整改。

【海上边防与打击走私】 2021 年，福州市公安局与各涉海职能部门共同组建全市疫情海上防控突击队，开展常态化联合执法、联合巡防、督导检查、风险测试及应急演练等专项工作。加强沿海港岙口、码头、岸线巡查防控，开展船管员和岸线巡逻队伍组建，加强出海船舶和人员信息集中采集核查工作。

开展打击整治"偷私渡""打击海砂""非标油"等专项行动，指导破获偷越国（边）境案 23 件，抓获偷渡组织者 34 人，偷渡人员 50 人；查处涉海砂场所 5 处，查处涉海砂船舶 3 艘，破获刑事案件 15 件（抓获犯罪嫌疑人 100 人），查处行政案件 15 件（处罚 15 人），扣押涉案船舶 15 艘，车辆 15 部，涉案海砂 7.6 万吨；查处涉油案件 116 件（其中无合法齐全手续成品油案 52 件，非法运输、存储、买卖危险物质案 39 件，生产销售伪劣产品案 25 件），查获成品油 1159.84 吨，抓获犯罪嫌疑人 246 人，查扣涉案车辆 79 辆、非法油罐 20 个；查处船舶行政案件 56 件，处罚 56 人。

【森林公安】 2021 年，福州市公安局开展严打涉森林火灾和野生动物资源犯罪"绿盾行动"、打击野生动物非法贸易"清风行动"、"昆仑 2021"、野外火源治理和查处违规用火行为等专项行动。全年涉森林刑事案件立案 93 件，破案 92 件（含往年积案）、移送起诉 71 件 92 人（含往年积案）。加强重点案件督导侦办工作，侦破公安部挂牌督办"11·3"危害珍贵濒危野生动物案，涉案野生动物近 400 只，涉案经济价值 1 亿多元，并连带破获一起伪造变造买卖国家公文案。破获省公安厅挂牌督办重点案件 10 件。完成省部级案件线索核查任务 87 条，核查率 100%。全市 99 件涉林案件线索办结 90 件，办结率 91%。

【"110"指挥中心】 2021 年，福州市"110"报警服务平台接报警电话 259.1 万个，比上年增长 2.7%，其中有效警情 128.9 万件，增长 7.8%。倒查核实有效警情 128.8 万件，发现并通知整改不合格警情 18218 件，警情质量合格率 98.59%。全市接处警满意率 98.07%，比上年的 96.96% 上升 1.11 个百分点，在全省排名由上年的第七名升至第二名。

制定《全市公安机关"e 体 +"智慧赋能数字指挥工作方案（试行）》，成立福州市公安局"e 体 +"智慧赋能数字指挥工作领导小组，搭建市局"e 体 +"智慧赋能联合作战指挥部，构筑"市—区（县）—所（队）"纵深三级指挥链，建设"7+1+N"重点部位应急"e 体 +"智慧赋能指挥网。全年启动合成作战机制处置重大警情 376 件，省内协作警情 19 件、省外协作警情 18 件，控制涉案人员 315 人、救助人员 245 人。

构建巡防车载一体化平台，通过购买服务实现"一体化巡逻车 + 无人机 +5G 执法仪 +AR 眼镜 +N"执法勤务新模式，研发勤务管理、实战管理、集成化智能警灯、小型化车载停机坪、AR 智能眼镜应用等功能。推进信息化建设，建设"110"接处警系统大集中模式升级改造、社会治安防控体系（智慧巡防系统）、巡逻车一体化实战平台项目（三期）、实战指挥平台等，推动人像、车牌、体征、地形等要素开展技术研判应用到日常接处警中，完善 AR 智能穿戴设备的警务应用系统功能。

【监所管理】 2021 年，福州市常态化开展视频巡查监督检查，下发网上视频巡查通报 21 期，巡查监所 23050 所次，通报表扬单位 206 个，发现问题 442 个。成立"违规违法办理减刑、假释、暂予监外执行案件"专项排查整治工作领导小组和工作专班，对 1990 年以来公安机关提请办理的减刑、假释、暂予监外执行案件进行阅卷，未发现违规违法办理"减假暂"案件。协调在省地质医院设立临时看护病区 3 个月，先后收治 15 名患重病罪犯。开展未收押收监集中清理专项活动。配合法院开展视频系统等相关设施设备建设并配合开展远程庭审工作。

【公安科技信息通信建设】 2021 年，福州市公安局"e 体 +"智慧赋能体系完成市级公安大数据中心、新一代警综和移动警务平台、新一代公安信息网等建设任务，完成公安科技信息化项目 43 个，开展论证、验收等 96 场，"福州公共安全云平台（公安部分）""福州市高清视频监控系统"等重点项目竣工验收，构建形成"一中心一平台，多系统多模型，泛感知泛应用"的公安大数

2021 年 1 月 10 日，福州市公安局在五一广场举办首个"中国人民警察节"暨全国第 35 个"110 宣传日"活动（市公安局 供图）

据智能化发展布局，市公安局在全省公安机关基层应用创新暨大数据建模大赛决赛中，获二等奖1个、三等奖3个和大赛优秀组织奖。深化"雪亮工程"和"平安家园·智能天网"建设，优化视频图像应用"双网四平台一中心"，福州市通过全国公共安全视频监控建设联网应用重点支持城市验收。

（林 攀）

检 察

【概况】 2021年，福州市检察机关受理提请逮捕各类犯罪嫌疑人9164人、受理移送审查起诉14715人，经审查决定批准逮捕7067人、提起公诉13171人；办理刑事检察监督734件、民事检察监督499件、行政检察监督191件、公益诉讼711件。市检察院在全国首创的"督促监护令"工作机制在全国检察机关推广，闽侯县检察院研发的智能接访系统得到省委政法委和省检察院主要领导批示肯定，以上两项工作做法均获评福州市全面深化改革优秀案例。市检察院获全国检察机关扫黑除恶专项斗争优秀集体、全国打击危险废物环境违法犯罪行为活动表现突出集体、全国检察机关"文明接待室"称号，市检察院和全市12个基层检察院获评全国检察宣传先进单位，闽侯县检察院获评"全国巾帼文明岗"，福清市检察院获评"全国青少年维权岗"；市检察院办理的张某某走私普通货物案、鼓楼区检察院督促整治电动车充电安全隐患公益诉讼案等11个案例入选全国检察机关指导性（典型）案例。

开展队伍教育整顿，组织专题讲座、征文演讲比赛、微党课评选、青年干警读书会等活动，组织开展"大学习大讨论"活动。整治群众反映强烈、影响司法公正的"顽瘴痼疾"353项。落实中央督导组"回头看"督导意见，整改"醉驾"不诉问题，问责检察人员20人。组织"十佳检察干警"评选，开展"跟班先进找差距"活动。建立或修订规章制度28项。制定培养选拔优秀年轻干部的工作意见和建设专业化办案团队的指导意见，结合全市检察机关"一部门一特色、一院一亮点"创建活动，加强年轻干部和领军型检察业务人才培养，全市检察机关9个集体和6名个人获评全省检察机关优秀办案团队和优秀办案检察官。

【刑事检察】 2021年，福州市检察院制定服务保障加快建设现代化国际城市的实施方案，提出20项具体服务举措，细化146项清单任务，获省委政法委、省检察院和市委主要领导批示肯定。对符合条件的涉企人员依法不批捕22人、不起诉22人，推动优化涉企社矫人员外出审批程序。开展涉民营企业刑事诉讼"挂案"专项清理，排查清理"挂案"17件；落实班子成员挂钩联系企业制度，深入福建华威集团、"两国双园"经济产业中心等企业、园区，了解企业司法需求，开展法治进企业活动。办理侵犯知识产权类刑事案件51件126人；依托全省首家知识产权检察办公室，落实知识产权综合性司法保护，在全省率先起诉两件知识产权刑附民公益诉讼案件。推动扫黑除恶专项斗争常态化制度化，起诉涉黑涉恶案件19件114人，起诉黑恶势力"保护伞"8人。开展"六建"行动、"四大"行业领域治理等重点工作，推进专项整治。总结三年扫黑除恶专项斗争经验成果，向市人大常委会专项报告扫黑除恶专项斗争工作。

参与"断卡""净网"等专项行动，起诉涉"两卡"犯罪1912人。开展户外广告牌违规搭设、公共场所电梯质检、道路减速带破损等公益诉讼专项监督活动。向市人大常委会专项报告检察建议工作，商请市委政法委将检察建议工作纳入市直单位平安综治考评范畴。

完善"12309"检察服务中心工作机制，构建"听证+和解+救助""听证+救助+监督"等多元矛盾化解、社会治理体系，开展公开听证331场次。落实院领导接访约访下访要求，两级院领导包案办理信访积案201件。部署开展司法救助助推乡村振兴专项行动，发放救助金245万元。

加强未成年人综合司法保护，联合市教育局、市场监管局等部门开展涉毒电子烟侵害未成年人问题专项整治，推动建立健全侵害未成年人案件强制报告和教职员工准入查询性侵违法犯罪信息制度。优化"督促监护令"机制，结合司法实践修订完善相关配套制度，发出"督促监护令"179份，经帮教166人重新入学或就业。

【司法活动监督】 刑事检察监督 2021年，福州市检察院督促公安机关立案175件、撤案193件，决定追捕243人、追诉228人，提出纠正侦查、审判程序违法意见335件次。对有类案指导意义

2021年5月14日，中国刑事诉讼法学研究会少年司法专业委员会研究基地揭牌仪式举行

（市检察院 供图）

的案件提出提请抗诉4件。办结“减假暂”监督案件4753件，鼓山地区检察院“减假暂”专项监督工作经验在全国交流。

民事检察监督　受理民事申诉案件499件，提出抗诉和再审检察建议29件。跟进落实最高检“五号检察建议”，对虚假诉讼案件发出检察建议16件，采纳率81.3%。移送拒不执行判决、裁定案件线索10条。组建民法典宣讲团，开展宣讲活动39场次。

行政检察监督　常态化开展行政争议实质性化解工作，推动行政争议实质性化解89件。探索开展行政处罚不当监督试点，办理行政不当履职监督190件，发出促进依法行政检察建议147件。闽侯县检察院办理的姚某某申请撤销婚姻登记行政争议监督案件，获评2020年度全国十大行政检察典型案例，入选最高检指导性案例。

公益诉讼检察　开展“公益诉讼守护美好生活”专项监督活动，立案办理公益诉讼案件711件。围绕食品安全、安全生产等群众关切问题，部署推广落实“限塑令”、生活垃圾处置、无障碍环境建设等行政监管缺失公益诉讼小专项，促成行政机关开展专项整治。部署开展“两江四岸”饮用水水源地环境保护，联合南平、三明等地检察机关建立闽江流域公益诉讼和生态检察跨区域协作机制，设立驻闽江河口湿地国家级自然保护区检察联络室等公益诉讼新阵地。部署开展“福州古厝”暨不可移动文物保护等专项行动，筹建“福州古厝”检察保护展示平台，挂牌设立古厝文物保护联络室、展示点7个。

【监督渠道畅通】　2021年，福州市检察院办结人民代表书面建议13件，逐项梳理并落实代表意见181条。向市人大常委会专项报告开展扫黑除恶专项斗争和加强检察建议工作情况。邀请市人大常委会领导、部分市人大代表21人次，专项视察知识产权司法保护工作和加强检察建议工作。向市政协常委会通报工作，组织办理政协提案，听取委员建议。邀请市人大代表、政协委员97人次，参加队伍教育整顿征求意见座谈会、“检察开放日”、不起诉案件公开听证活动等19场次。

举办检察开放日和新闻通报会等活动，推荐检务公开，定期发布办案业务数据，依托“12309”中国检察网，公开案件程序性信息、重要案件信息及终结性法律文书件8683份。接待律师阅卷申请等11021人次，接受人民监督员监督，组织人民监督员参加个案办理监督、案件质量评查等245人次。

（黄兰英）

法　院

【概况】　2021年，福州市两级法院受理案件195917件，审执结162084件，其中市法院受理27732件，办结22450件。实施基层组织力提升工程，创新党建引领审判暨文明“332”评选机制。开展司法素能提升行动，分级分类组织培训1471人次，7名法官获评福建省审判业务专家，获评人数居全省首位；学术论文获省级以上奖项21篇，市法院连续18年获全省法院学术讨论会“组织工作先进奖”。全市法院有“全国法院审判监督工作先进集体”“全国法院先进个人”“全国法院办案标兵”等33个集体、77名个人受到省级以上表彰。

推进政法队伍教育整顿，开展谈心谈话3357人次，组织填报《自查事项报告表》3839人次。全市法院受理问题线索417条，办结417条，其中查实348条、查否69条，办结率100%。聚焦“6+N”顽瘴痼疾整治，推进“减假暂”排查整治，纠正率100%；集中开展执行工作“六项清理”专项行动，发放执行案款95.66亿元，发现并整改各类问题764个。全市法院结合在教育整顿中发现的问题，建立健全各项制度机制281项，出台《关于加强对法院工作人员“八小时以外”监督管理的实施方案》《关于执行领域监督制约机制的实施意见》等制度。

【刑事审判】　2021年，福州市两级法院审结刑事案件16105件。市法院设立全国地方法院首个军事法理研究中心，加强反分裂、反“台独”军事法理斗争研究。惩处危害国家安全、危害公共安全犯罪，惩治故意杀人、故意伤害等严重刑事犯罪，审结北大学生吴谢宇弑母案。市法院在全省首创涉诉困境未成年人救助机制，少年法庭实现全市全覆盖。全年完成17万件减刑、假释、暂予监外执行案件评查任务。

【民商事审判】　2021年，福州市两级法院审结民事案件98640件。深化家事审判改革，完善家事调解、家事调查、心理辅导等制度，市法院创建“茉莉姐姐”家事辅导调解品牌。设立“医患纠纷诉调工作室”。处理因疫情引发的合同纠纷、劳动争议等案件，与人社、工会等部门建立劳动争议调裁审联动机制。市法院设立全国首个在军事法院司法辖区内的地方涉军维权巡回法庭。完善多元化纠纷解决机制，搭建专业化类型化调解平台45个。

实施优化营商环境攻坚行动，市法院牵头的“保护中小投资者”，参与的“知识产权创造、保护和运用”，成为全国标杆，得到国家发改委推广。推进破产制度实施，审结破产、清算等案件146件，比上年增长186.27%。建立破产重整企业识别机制，健全常态化的“破产处置府院统一协调机制”，上线福州地区破产审判智能辅助系统，推动建立破产费用保障制度，创新完善“执破直通”“预重整”“重整式破产清算”等机制，推动停摆7年、总标的30亿元的“中国贵谷”项目破产重整案件转入重整计划执行阶段，审理全市规模最大、历时最久、信访人数最多的“顺华”房地产清算破产案件。

【行政审判】　2021年，福州市两级法院审结各类行政案件4093件。市法院探索建立行政应诉联络工作机制，召开府院联席会议23场次。开展“五位一体、以庭带训”，以典型行政案件庭审指导行政机关工作人员提升法治意识，组织各类研讨会、协调会、工作推进会、法律实务培训22场，培训人员1800人次，发出司法建议15件。

【涉外审判】　2021年，福州市加强自贸区司法创新，探索推出涉自贸区民商事纠纷诉调仲执一体化机制。年内，

2021年6月29日，福州市中级人民法院召开庆祝中国共产党成立100周年暨“两优一先”表彰大会

（市法院 供图）

市法院获评“全国法院涉外商事海事审判工作先进集体”。

【涉台审判】 2021年福州市推进涉台司法交流研究福州分中心建设，30名台胞台青、高校学者担任特邀咨询员、研究员。化解历时20年的台胞台企诉某高尔夫经营公司服务合同纠纷系列案。

【知识产权审判】 2021年，福州市法院研究出台《关于对技术密集型行业重点企业知识产权司法保护的实施意见》，明确诉前行为保全、调查令、惩罚性赔偿等前沿保护规则。推行“特邀调解+司法确认”多元化解模式，“福州知产在线”入驻“知创中国”线上平台，“知产调诉一体化云平台”在第四届数字中国峰会展示，福州知识产权法庭南平巡回审判点揭牌成立。

【生态案件审判】 2021年，福州市法院与检察、公安、环保等部门共建生态联动保护体系，推行古树名木司法保护“四立”机制，推动山林复植复绿。启动“海丝蓝屏”行动，闽江、敖江等重点流域司法综合治理取得实效。推进全省首家“古厝与文化遗产保护巡回法庭”建设，培育“审判引领+文化保护+自然保护”3.0版。

【司法便民措施】 2021年，福州市两级法院加强一站式多元解纷和诉讼服务体系建设，推行“一窗收件、一站服务、一趟就好”的“三一”立案工作机制后，全市法院平均每日立案756件，基本实现15分钟收件、24小时内立案，立案时间同比减少3.05天。该机制被作为福建省第一批政法队伍教育整顿工作阶段成效予以推介。开展“我为群众办实事”实践活动，推出166项“切口小、举措实、成效好”的民生司法产品，为民办实事663件。推出“基层法院+”“中心法庭+”“巡回审判+”3种范式，便捷办理各类诉讼事项8000余件次，全市法院76.5%的人员充实配置基层，86.7%的案件在基层服判息诉。

【案件执行】 2021年，福州市两级法院执结案件64941件。优化执行查控机制，搭建不动产登记信息平台专线直连系统，设置未结旧案轮回查询程序，确保线上查控“零延迟”。完善分段集约执行模式，搭建不动产登记信息平台专线直连系统，与税务部门建立房产定向询价协作机制。公布失信被执行人名单3957人次，对29996名被执行人限制高消费。与市公安、检察院建立打击拒执定期联络会商机制，移送涉嫌拒执案件79件93人，判处32件36人。组织开展执行工作“六项清理”专项行动，对有发展前景的民营企业，采取“放水养鱼”“活封活扣”模式，最大限度减少对企业生产经营的负面影响。

【司法改革】 2021年，福州市两级法院开展法官员额遴选、法官等级晋升，建立法官递补机制。推进诉讼制度和审判机制改革，出台民事诉讼程序繁简分流改革试点实施细则，提升司法确认、小额诉讼、简易程序、一二审独任制和电子程序适用率等指标。创新推进民商事管辖权异议案件提速增效，被省法院、市营商办列为典型经验。探索建立“人工识别+智能化辅助”繁简识别机制，相关经验入选最高人民法院改革中期报告。加强认罪认罚从宽制度改革试点成果运用，推进人身损害赔偿标准城乡统一试点，人身损害赔偿纠纷城镇居民和农村居民采用相同赔偿标准。

【智慧法院建设】 2021年，福州市两级法院97.29%的新收案卷实现同步生成电子卷宗。推进庭审语音识别、“法信”智能推送平台等运用，上线破产审判智能辅助系统，建成覆盖全市的集约送达服务中心。

【审判管理监督】 2021年，福州市两级法院制定完善审判团队、法官考评办法，落实主审法官、法官助理、书记员权责清单，推动审判团队规范实质运行。出台加强院、庭长办案指导意见，完善“四类案件”监管细则。完善类案检索机制，规范审委会和专业法官会议。全年生效案件当事人服判息诉率97.38%。

【司法公开】 2021年，福州市法院办理人大代表建议37件，就扫黑除恶、立案工作等向市人大常委会作专项报告，按照审议意见落实整改；办理政协委员提案及来信5件。完善审判流程、庭审活动、裁判文书、执行信息公开，直播庭审15651场，上网文书69665篇。

（黄美秀）

司法行政

【概况】 2021年，福州市有司法所173个，司法助理员390人；公证处16家，执业公证员100人，公证员助理115人；律师事务所345家，执业律师5552人；法律援助中心13家，法律援助工作人员73人；司法鉴定机构42家，司法鉴定人450人；基层法律服务所15家，基层法律服务工作者67人。全市司法行政系统10个集体、6名个人获得省部级表彰，13个集体、4名个人获得厅局级表彰。市司法局牵头开展法治政府建设示范创建活动，福州市获评第一批“全省法治政府建设示范市”，市司法局获评“2016—2020年全国普法工作先进单位”，市法援中心被司法部通报表彰为“法援惠民生 扶贫奔小康”品牌活动表现突出单位。

市司法局对照政法队伍教育整顿“三个环节”“四项任务”，组织自查自纠，开展顽瘴痼疾整治及社区矫正、律师、公证和司法鉴定行业突出问题专项治理，开展打击整治“司法黄牛”顽瘴痼疾工作，律师行业专项治理工作经验在全省司法行政队伍教育整顿工作推进会上作典型发言。年内推出“我为群众办实事”10项重点便民利民举措。

【公共法律服务】 2021年，福州市“12348”热线平台接听群众来电咨询56637人次，录入工单45905条，日均接线200余人次，群众满意率99.2%；网络平台解答实时在线咨询8890条，处理留言314条。办理“12345”平台诉求件986件。全市公共法律服务中心接待群众18952人次，解答法律咨询22991件，公共法律服务工作站接待群众24682人次，解答法律咨询21203件。在福州法网开辟“校园公共法律服务专区”。推进网络、热线、实体“三大平台”融合发展，实现“三大平台”数据互联共享，深化与“e福州”App、“12345”便民（惠企）服务平台等政务平台的对接融合。市司法局联合市直相关部门共同组建福州市首批商务楼宇公共法律服务站，为楼宇内企业和员工提供“一站式”法律服务。

【人民调解】 2021年，福州市司法局推进线上线下一体化调解，开展防范“民转刑”专项活动，推动矛盾纠纷源头化解。全市有各类人民调解组织2933个，实现129个乡镇（街道）、2545个村（居）全覆盖；有调解员8536人。全年各级调解组织排查矛盾纠纷25958次，预防纠纷17935件，调解案件28155件，调解成功28143件，调解成功率99.99%。探索开展村（居）调委会与社区警务室联动处置纠纷工作。全市建立“两代表一委员”调解工作室78个、个人调解室111个、省级金牌调解工作室2个、市级金牌调解工作室12个和县级金牌调解工作室37个，其中省级金牌调解工作室数量居全省首位。全市进驻派出所（边防所）调解室168个，设立在法院调解室37个，检察院调解室9个，信访局调解室16个。深化完善经济开发区、流动人口聚居区、工业园区等区域人民调解组织建设工作，全市成立11个工业园区调解组织。加强公安“110”报警服务平台与“12348”法律服务平台联动处置纠纷的线下对接工作，市“12348”语音平台与“110”指挥中心平台采用三方通话、电话告知形式解决处理非警务类纠纷3763件。

2021年5月11日，福州市首批“商务楼宇公共法律服务站”授牌仪式举行

（市司法局 供图）

【社区矫正】 2021年，福州市接收社区服刑人员4454人，解矫3579人，在册4748人。开展重大节假日和重点时期社区矫正安全稳定工作，开展安全隐患排查，关注社区矫正舆情动态。印发《福州市检察院 福州市司法局 福州市卫生健康委员会关于建立福州市暂予监外执行社区矫正对象病情复查审查工作专家库并运行的通知》，开展暂予监外执行罪犯病情复查审查，该项工作得到省社矫局认可，在全省推广。

【安置帮教】 2021年，福州市司法局开展全市在册刑满释放人员集中排查，全市司法所完成与辖区派出所对接，与公安机关联合走访刑满释放人员3809人次。全市新增刑满释放人员5475人，其中解除社区矫正2452人，监所释放3023人，无缝衔接2932人，衔接率96.98%。开展生活困难刑满释放人员救助帮扶工作，落实临时性救济17人、协助落实最低生活保障3人，促进就业54人。市司法局、妇联创新通过政府购买社会服务方式，引入第三方专业机构为晋安区、马尾区、长乐区、闽清县、永泰县两类特殊人员开展心理健康服务，开展心理健康筛查1968人，针对性心理健康教育170人，个案辅导40人。

【医患纠纷调解处置】 2021年，福州市司法局接访医患纠纷投诉228件（涉及患者死亡的重大医患纠纷99件），立案196件，结案154件，结案率79%，赴现场应急处置重大医患纠纷42件（85场次），经司法确认82件。年内，推动化解医患纠纷“154福州模式”创新探索。

【普法工作】 2021年，福州市司法局组织开展全国全省“七五”普法先进单位、个人推荐表彰，配合市人大开展“七五”普法决议调研，制定“八五”普法规划，创新策划宪法宣传周线上线下活动和民法典主题宣传月活动，推出“云上说民法典”直播讲座4期。制作广播直播互动访谈栏目《我执法我普法》41期，总体观看超700万人次。编印《闽都法治文化溯探》，组织第二届公益法治广告大赛并举办书画展。推动建设闽侯县石村法治公园等普法依法治理示范点30余个，全市开展法治宣传700多场次，发放宣传材料5万余份，“法治福州”微信号总阅读量超80万余次。

【律师工作】　2021年，福州市有律师事务所345家，执业律师5552人，为851家党政机关、5049家企事业单位提供法律顾问服务，代理案件9.2万件，收费19.29亿元。建立律师办理黑恶势力犯罪案件辩护代理备案前置审查制度，备案77件。开展律师助力脱贫攻坚专项行动，推动民营企业“法治体检”常态化。推动村（社区）法律顾问示范点建设，村（社区）法律顾问服务实现从有形覆盖到有效覆盖的转变。推动律师调解试点工作，组织律师对接省市法院开展涉诉信访值班工作；推动《关于开展律师调解试点工作的具体实施意见》落实，全市建成律师调解工作室21家。

【公证工作】　2021年，福州市公证机构办理各类公证事项130489件。优化公证办证流程，全部公证事项办证时限均由15个工作日压缩至4个工作日以内；曾用名、国籍等5类公证事项承诺为即件办。探索实行公证证明材料告知承诺，推出公证“一趟不用跑”24小时线上服务，借助智能化手段，将学历、毕业证书、学位证书等31类公证事项承诺为“一趟不用跑”，实行全流程在线办理。年内，召开福州市公证协会第五次会员大会，选举产生由23名公证员组成的第五届理事会、11名公证员组成的第五届常务理事会、3名公证员组成的第二届监事会。

【法律援助】　2021年，福州市法律援助机构受理法律援助案件17320件（群体性案件37件、447人次），为受援群众挽回经济损失7300余万元。深化“法援惠民生”品牌活动，扩大法律援助事项范围，建立法律援助申请全域通办和异地协作工作机制，相关做法获得司法部通报表彰。市司法局、退役军人事务局联合成立“福州市退役军人法律援助站”，加强退役军人法律服务保障体系建设。创新“法律援助＋劳动仲裁调裁一站式”维权新模式，并入围福建省首届“十大法治事件”。深化刑事案件律师辩护全覆盖试点工作，全市办理刑事法律援助案件13258件，其中刑事案件律师辩护全覆盖试点案件2704件、认罪认罚从宽案件8610件。建立“以系统预约为主，绿色通道为辅”的法援案件会见机制，在全市看守所设立办理法律援助案件的律师会见绿色通道，每周六上午，市直属看守所会见室专供办理法援案件的社会律师使用。

【行政审批】　2021年，福州市司法局办理行政审批3934件，行政许可事项“一趟不用跑”事项占比100%，90.1%的事项支持全程网办，将涉及16个行政审批服务事项的9种证明事项列为告知承诺事项，市司法局24项行政审批服务事项实现全城通办。

【司法鉴定】　2021年，福州市42家司法鉴定机构办理司法鉴定业务36559件，司法鉴定业务收入5830万元。年内，福州市司法鉴定协会第三次会员代表大会召开，选举产生由41名司法鉴定人组成的第三届理事会、18名司法鉴定人组成的第三届常务理事会、3名司法鉴定人和鉴定机构负责人组成的第二届监事会。

【法律职业资格考试】　2021年，福州市司法局完成2021年国家统一法律职业资格考试福州考区考务工作，福州考区7278人参考，成绩合格1241人。

（陈　玢）

仲　裁

【概况】　2021年，福州仲裁委员会受理仲裁案件1687件，比上年增长53.5%；受案总标的额93.4亿元，增长52.2%；审结案件1619件，增长37.2%。福州仲裁委员会有仲裁员520人，全年329名仲裁员参与案件审理，参审率63%。年内，福州仲裁委员会组织制作仲裁宣传片；委托福建师范大学开展福州仲裁案例选编（第二辑）及2020年十大经典仲裁案例横向课题研究；遴选福州仲裁委2020年度审结的33个案例，开展以案释法。

表17　**2021年福州仲裁委员会受理数量居前十位的案件类型一览表**

序号	案件类型	数量（件）	占比（%）
1	借款合同纠纷	228	13.52
2	买卖合同纠纷	204	12.09
3	银行卡纠纷	141	8.35
4	追偿权纠纷	139	8.24
5	财产保险合同纠纷	98	5.8
6	租赁合同纠纷	92	5.45
7	服务合同纠纷	86	5.09
8	建设工程合同纠纷	76	4.51

续表 17

序号	案件类型	数量（件）	占比（%）
9	房屋买卖合同权纠纷	74	4.39
10	物业服务合同纠纷	60	3.56

表 18 2021 年福州仲裁委员会涉案标的排名前十位的案件类型一览表

序号	案件类型	标的额（万元）	占比（%）
1	建设用地使用权合同纠纷	463860.81	49.66
2	借款合同纠纷	141038.88	15.1
3	建设工程合同纠纷	48066.11	5.15
4	买卖合同纠纷	38465.34	4.12
5	租赁合同纠纷	32023.06	3.43
6	追偿权纠纷	25521.25	2.73
7	股份转让纠纷	21815.42	2.34
8	融资租赁合同纠纷	13101.1	1.4
9	委托合同纠纷	7606.19	0.81
10	房屋买卖合同纠纷	7586.2	0.81

【仲裁、调解协调机制建设】 2021 年，福州仲裁委员会加强仲裁受理前调解，对物业服务合同纠纷及标的额在 5 万元以下的案件，组织双方进行受理前调解工作，调解成功的不收取费用。对庭前、庭审中、庭后的调解工作作出明确指引，促成当事人双方达成调解。在审结的 1619 件案件中，裁决结案 963 件，调解结案 154 件，撤回结案 270 件，诉调结案（含自动履行）212 件，受理前调解 20 件，调解、撤回率合计 40.5%。

【仲裁、诉讼衔接机制建设】 2021 年，福州仲裁委员会与晋安区法院共同制定《共建诉调对接多元纠纷解决机制的实施意见》，依托仲裁调解中心平台，定期接收基层法院委托调解案件，分流基层法院办案压力，并与鼓楼、仓山、台江、晋安四城区法院建立工作衔接机制。全年接收诉调案件 1511 件，调解成功 212 件。8 月，与福州自贸区管委会、福州市中院共同建立涉自贸区民商事纠纷诉调仲执一体化机制，调解一起民间借贷纠纷，作为经典案例在福州广播电视台《新闻 110》栏目播出。

【仲裁信息化建设】 2021 年，福州仲裁委员会官方网站开通网络受理功能，申请人可通过福州仲裁委员会“在线立案系统”提交仲裁立案申请，全年通过网络受理案件 17 件。启用仲裁员移动应用系统，仲裁员通过移动终端可实现对承办案件的管理，并可进行在线拟稿审稿操作。组织专家对信息化升级改造建设项目进行竣工验收，年内项目进入三期开发阶段。

【仲裁服务】 2021 年，福州仲裁委员会到省国资委、福州市水务集团有限公司、福州市律师协会等 145 家省市直部门、企业、行业协会、律师事务所走访调研，宣传仲裁法律知识，提供仲裁咨询服务。向福州城市建设投资集团有限公司提出加强国有房产租赁合同管理的建议。与市知识产权局共同举办“知识产权纠纷解决新路径”企业知识产权维权援助专题培训班，在全省海峡银行、建设银行系统开展“金融借款合同纠纷案件仲裁法律实务问题分析”专题讲座。与福建省青年闽商联合会、宁德市青年宁商联合会主办以“了解仲裁，走进福仲”为题的专题讲座。参与第四届中国国际进出口博览会“创新企业金融与争端解决”福建分论坛活动。在 2020 年度中国营商环境“知识产权创造、保护和运用”指标评价中表现突出，相关经验获得国家发改委肯定并推广，7 月福州市政府下文通报表扬。12 月，入驻福州法务区仲裁服务窗口。

（王宇海）

（编辑 黄 铭）

军事

征兵工作

【概况】 2021年是“一年两征”政策落地实施之年，福州市根据全年两次征兵工作特点，全面开展宣传和廉洁征兵工作，把控兵员质量，围绕“十不准”要求，统筹完成征兵任务。

【征兵宣传】 2021年，福州市根据一年两次征兵实际，调整征兵宣传策略，征兵宣传由传统集中式宣传转变为春秋两季针对性宣传，上半年以大专毕业生和往届大学毕业生为主要宣传对象，下半年以应届毕业生为主要宣传对象；针对疫情常态化情况，采取“线下”“线上”相结合方式，依托网络、电视、微信、抖音等媒体，开展“非接触式”宣传发动。

【廉洁征兵】 2021年，福州警备区落实军委国防动员部“十不准”要求，建立廉洁征兵“零报告”制度和廉洁征兵监督员制度，组织全体征兵工作人员开展廉洁征兵专题教育，签订廉洁征兵责任书，对关键节点等实行全程监督，确保全市征兵工作“零违纪”。

（吴菊香）

民兵工作

【概况】 2021年，福州市制订民兵组织整顿年度工作计划，开展专题学习教育实践活动，创新民兵训练模式，坚持实战牵引、创新驱动，突出体系建设、集约高效，优化结构布局，推进民兵建设转型。

【民兵政治教育】 2021年，福州警备区统筹两项主题教育和党史学习教育，开展“三强化三提升”专题教育实践活动，组织宣传学习贯彻习近平总书记“七一”重要讲话、中共十九届六中全会精神。深化政治整训和军地协作机制，加强隐蔽斗争和“四反”工作。

【民兵组织整顿】 2021年，福州警备区根据党中央、国务院关于民兵调整改革的指示精神和福建省军区总体安排，4月军地联合召开民兵组织整顿工作任务部署会暨业务培训会；联合地方政府下发《福州市2021年度民兵组织整顿工作计划》，调整民兵调整改革领导小组成员，明确责任分工。通过召开民兵整组潜力会审、民兵组织实力会审等时机，研究对接编兵比重、细化明确专业种类，采取市建营、县建连、乡镇建排三级全覆盖的模式编建。会同市委组织部、市财政局，联合对全市12个县（市、区）深化民兵调整改革落实情况进行检查考评。6月，全省民兵整组检查考评福州市综合成绩位居全省第一名，长乐区、仓山区分别位居县级单位第一名、第三名。

【民兵训练】 2021年，福州警备区组织开展群众性练兵，加大专业骨干培养力度，培养新装备操作骨干和组训能手；强化民兵分队能力训练，采取集中轮训、岗位自训、挂钩联训、以勤代训等方式，分级分批开展民兵应急、专业和特殊分队集训，突出应急应战任务行动训练。

（吴菊香）

国防动员

【概况】 2021年，福州警备区联动推进形成联合国防动员能力，制定出台《福州警备区国防动员工作督导方案》，开展重大理论和国防动员援战重难点问题攻关研究。修订国防动员方案，组织国防动员演练，完成支前保障任务。完善多个区域综合保障中心开设预案，确保各类作战数据和战场资料配套齐全。

【国防教育宣传】　2021年，福州警备区发挥课堂主阵地作用，按照“用好‘主课堂’、走进‘红色课堂’、挖掘‘活课堂’、打造‘微课堂’、办好‘小课堂’、融入‘实课堂’”方式，开展“七个一”活动（观看一次红色影片和文艺演出、参观一个教育场所、开展一次歌咏比赛、组织一次体会交流、重温一次入党誓词、邀请一次专题授课、过好一次组织生活）。组织开展祭扫烈士陵园、“我心向党”主题歌咏比赛、“老干部口述历史”和参观福州市规划馆等群众性配套活动，集中组织收看庆祝中国共产党成立100周年大会实况直播，邀请“七一勋章”获得者林丹进行授课辅导。采取检查方案计划、查阅学习书籍、观摩心得体会、党史知识测试等方式，加强检查督查。发挥市党管武装工作展览馆教育平台作用，组织军地各级领导参观学习。

【后勤保障建设】　2021年，福州警备区采用油料社会化保障模式，组织营院环境整治。组织医护人员岗位大练兵活动，开展“正风气、严纪律、强责任”作风纪律教育整顿，指导干休所开展内部网络电视、多点保障和日间照料中心建设试点，推广四类人员购买服务模式。举办“光荣在党50年”纪念章颁发仪式。

（吴菊香）

双拥共建

【概况】　2021年，福州市召开全市双拥工作会议、军政座谈会、军地协调会，落实完善“双清单”制度，协调解决营区水电设施改造、输油管线改造等问题；保障地铁4号线、地铁6号线、海上风电、福厦客专、闽运龙运南站迁建等重点项目建设。开展福州市双拥工作先进集体和先进个人评选表彰，表彰福州市双拥工作先进集体50个、福州市双拥工作先进个人100人。春节、“八一”等节日，走访慰问驻榕部队领导机关及基层连队，发放慰问品。通过“军人关爱基金”为困难军人家庭提供救助。福州市各级单位与驻榕各部队结对共建，开展共建活动1000多场次。

年内，福州警备区配合市双拥办和国教办成员单位开展相关活动，完成159名困难军人关爱基金发放，组织开展“爱我国防”大学生演讲比赛；配合市双拥办召开全市双拥表彰大会，参与第二届全市“最美退役军人”评选活动。开展国防教育进校园、进社区、进单位活动，结合第21个全民国防教育日，开展军人地位权益保障法宣传等军地联合活动，参与世界遗产大会相关保障工作。开展年度帮扶工作，发放贫困大学生助学金6万元，开展闽清汶洋村新农村建设帮扶活动，组织帮扶义诊两次，投入经费10万元用于村容村貌整治和危房拆除，帮助销售农产品4万余元。

【抢险救灾】　2021年，福州警备区组织民兵13批816人次，支援扑灭森林火灾及参加地方政府组织的防汛、灭火、人防等联合演练等活动。8月，全市组织民兵9批473人次，参与第9号强台风“卢碧”的防抗和救灾备勤工作，转移群众307人。

【文明共建】　2021年，福州警备区组织官兵、民兵和预备役人员2000多人次支援地方政府疫情防控工作。与地方教育、人社等部门军地协作完成全军统一招考文职人员考场承考任务；完成军官调整和退役、文职人员调整和招聘入职工作；完成退役干部安置移交和转业报到，完成秋冬季士官补选退和协调驻地军人子女入学等事宜。

（吴菊香　陈维桦）

退役军人事务

【概况】　2021年，福州市开展烈士纪念设施整改提升专项行动，组织开展“清明祭英烈”、“9·30”公祭等褒扬纪念活动。市退役军人事务局与市邮政公司合作，构建“邮政+军人”服务网络；举办福州市第三届退役军人创业创新大赛、第二届全市“最美退役军人”评选宣传等活动。福州市“双拥+退役军人”工作法入选全国退役军人十大工作法，市退役军人事务局获评全国“军休工作先进单位”。截至年底，全市（含平潭）有市级退役军人服务中心1个、县级退役军人服务中心13个、乡镇（街道）退役军人服务站175个、村（社区）退役军人服务站2722个。

【优抚褒扬】　2021年，福州市完成优抚对象抚恤和定期生活补助发放，加强全市享受抚恤和定期生活补助优抚对象临时价格补贴工作，完成企业军转干部生活困难补贴工作。为全市残疾退役军人办理“残疾军人证”换证。通过“军人关爱基金”为困难退役军人家庭提供救助，发放救助金45.11万元。组织开展“9·30”烈士公祭日、“守护·2021清明祭英烈”大型纪念活动，依托烈士纪念设施开展党史学习教育1605场次。全市组织开展欢迎新兵入伍和迎接退役军人回乡相关仪式704场次，为立功受奖军人家庭送喜报124次。开展第二届福州市“最美退役军人”评选宣传活动，选出“最美退役军人”和“最美退役军人”提名奖各10人。开展“法律政策落实年”活动，全市建立退役军人法律援助站17家，开展退役军人保障法学习宣传活动161场。开展烈士纪念设施整改提升专项行动，采集校核全市1011处烈士纪念设施基本情况，通过建立台账、分类管理，完成整改提升233处。

【移交安置与就业创业】　2021年，福州市完成年度军转干部接收安置、符合政府安排工作退役士兵安置任务，核发退役士兵自主就业地方经济补助金、自谋职业一次性补助金、待安置期间生活补助费。组织开展军转干部岗前培训、第四批军转干部进高校培训工作。组织开展退役士兵全员适应性培训、免费技能培训。开展部分退役士兵社保接续工作，完成量居全省首位。建立退役军人就业创业实名台账。全市召开33场线上、线下退役军人专场招聘会，参与单位1456家、提供岗位41140个。举办福州市第二届创业创新大赛，选送企业获得全省退役军人创业创新大赛一等奖。

【军休服务管理】　2021年，福州市

完成年度军休干部接收安置任务；开展军休老旧小区改造，购置建设市华林军休所、象山军休所老干部活动中心、附属服务用房。市老年大学军休分校挂牌成立。完成军休干部档案电子化升级工作，推广普及网络“军休所”App。春节、“八一”期间，开展军休干部走访慰问活动。为党龄50年以上军休干部发放“光荣在党50年”纪念章，编辑出版《光荣在党50年·老兵风采录》。组织军休干部进社区、机关、事业单位讲党课、党史，举办庆祝中国共产党成立100周年军休干部书画展。

（陈维桦）

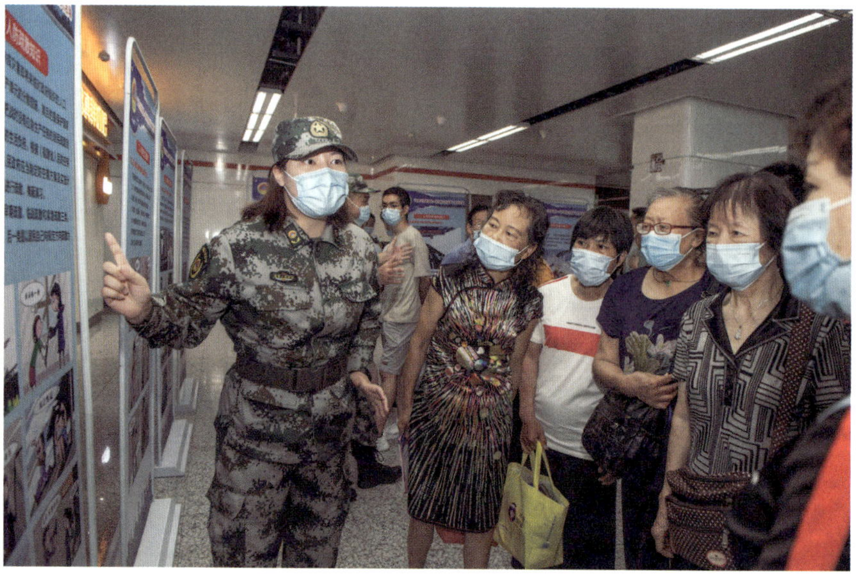

2021年，福州市人防办组织人防疏散宣教进地铁活动。图为工作人员在地铁站内开展人防知识宣传

（市人防办 供图）

人民防空

【概况】 2021年，福州市加强人防指挥场所和信息系统的建设管理，组织开展人防机动指挥平台训练、演练，开展《福州市人民防空建设专项规划（2021—2035）》编制前期准备工作。年内首次组织人防疏散宣教进地铁活动。

【指挥通信建设】 2021年，福州市常态化开展人防基本指挥所、地面指挥所、机动指挥平台信息联调联训，加强防空警报设备的安装和日常维护管理，对四城区所有警报设施和网络设备进行维护检查、登记造册，建立维护管理信息档案。4月21日，全市组织开展试鸣防空警报，市、县两级开展人防指挥演练。年内，各县（市）区选定疏散试点，开展城市人口紧急疏散演练，完成人口紧急疏散方案调整；市人防办组织开展市级人防机动指挥平台支援保障训练，联合莆田市人防办开展人防机动指挥平台跨区支援演练，开展市级带长乐区人防基本指挥所工勤系统战时转进训练。

【人防工程建设】 2021年，福州市人防办调整人防工程审批程序，删减行政审批事项，落实“多测合一”。将行政许可审批服务事项全部调整为全流程网办，将行政许可审批服务事项除存在特殊环节事项外全部调整为即办件，全流程网办率100%，即办率85.7%，减时限93.6%。对行政审批、质量监督实行3个提前告知。对人防工程开工报监项目实施质量监督，监督率100%。推进福州地铁各线及滨海快线兼前期服务、审批、质监。组织召开全市人防系统结建审批和质量监督业务培训交流会。加强人防平战结合工程开发利用项目的维护管理和招租，与福建人才教育科技发展有限公司签订战略合作框架协议，挖掘人防平战结合项目潜力。开展全市早期人防工程全面普查工作。

【人防宣传教育】 2021年，福州市人防办在人防网站发布工作动态233则、在各大媒体发布长篇文章59篇；组织开展“百姓心中的福州人防情况”问卷调查；编印《防空与防灾——中小学读本》4.4万本，免费向全市相关初级中学发放；组织人员参加“我执法我普法”全媒体普法节目。结合“4·21”防空警报试鸣活动，在16个中心城区商场的户外LED大屏滚动播放人防宣传电子海报，在全市3700余辆公交车和2100辆的士LED屏滚动投放字幕，在公交移动频道、地铁车厢视频等播放《防空与防灾》动画宣传片，向全市发送300万条应急避险知识宣传短信。7月，组织开展全市首次人防疏散宣教进地铁活动；11月，开展人防疏散宣教进地铁暨社区人防骨干培训活动。

（王 锋）

（编辑 黄 铭）

应急管理

综　述

【概况】　2021年，福州市出现14次连续性暴雨、6次大范围暴雨和5次局地暴雨，受到5个台风影响；全市发生生产安全事故127起；落实宏观异常2次。市应急管理局推动完善应急管理指挥、隐患排查和安全预防控制、自然灾害防治能力、应急救援力量、应急物资保障“五大体系”，推进应急指挥体系建设、应急能力提升、应急科技信息汇总、自然灾害综合风险普查、重大安全风险和重点隐患排查、应急物资保障“六项工程”。

【应急管理基础建设】　2021年，福州市应急管理局完成5000平方米市应急指挥中心场地建设，研发全市应急综合指挥软件平台，汇聚公安、气象、水利、交通、建设、海渔等部门信息平台数据。推进5000平方米的全市安全生产教育培训考核基地建设。投入200万元开发全市应急短信靶向发布系统，通过整合防灾减灾、气象服务、电信通信及大数据技术，能在自然灾害或生产安全事故极端条件下，第一时间向受灾区域内的社会大众发送预警信息短信，以加强紧急情况下精准快速预警预报。

2021年6月16日，福建省2021年安全宣传咨询日活动启动仪式在福州市举行

（市应急管理局 供图）

【应急力量统筹整合】　2021年，福州市出台《福州市应急救援队伍建设管理办法》；市应急管理局与东海救助局等建立战略合作，加强授牌的13支社会应急救援队伍建设，在省内率先将社会应急力量纳入政府统一管理范畴。构建以综合性消防队伍为主力，驻地部队为后援，专家智库为支撑，社会应急力量为补充的“大应急”力量体系。

（左榕燕）

安全生产监督管理

【概况】　2021年，福州市推进安全生产专项整治三年行动、安全监管基础建设、道路交通安全综合整治、重点行业领域专项整治、保护生命重点工程建设、安全宣传教育等工作，编印年度《领导干部安全生产工作手册》。年内，全市发生生产安全事故127起（其中2起较大事故），比上年减少5起，下降3.8%；死亡73人，减少4人，下降5.2%；受伤126人，减少8人，下降6%。

【道路交通安全综合整治】　2021年，福州市滚动开展道路交通安全综合整治，完成省、市为民办实事项目隐患路段整治48处，农村地区“五有工程”建设项目24处，农村临近池塘水渠道路隐患整治61处。新改建农村公路232千米，改造普通公路危桥23座，实施公路生命安全防护工程21.2千米，整改桥涵隧道62座。

【重点行业领域专项整治】 2021年，福州市开展非煤矿山、危险化学品、道路交通、消防安全、学校安全、建筑施工、自建民房、城镇燃气、渔业船舶、交通运输、民爆物品、特种设备12个重点行业领域安全专项整治。

危险化学品专项整治 完成1560家危化品和烟花爆竹企业安全风险分级评估。选取2家企业试点开展危险化学品双重预防机制建设，全市26家危险化学品重大危险源企业建立安全风险隐患管控与隐患排查治理体系，取得阶段性成效。

交通运输专项整治 加强危化品运输企业安全监管，督促企业落实安全生产主体责任，加强危险货物运输全链条管理，全覆盖核查全市87家有车企业的经营许可证、从业人员的从业资格证和车辆营运证，所有运营车辆安装运行动态监控终端设备。全年立案查处危险货物道路运输违法违章行为88起，处罚17.5万元。

工业企业专项整治 重点突出钢铁、铝加工（深井铸造）、粉尘涉爆、有限空间25项执法内容，依托专业技术服务力量，开展安全专项整治三年行动，对钢铁企业等五类重点事项进行“回头看”，排查企业385家，整治安全隐患2666处。对全市粉尘涉爆、涉氨制冷等领域630名从业人员开展安全技能再培训再考核。

消防安全专项整治 推进消防安全专项整治“三年行动”，应急、工信、消防部门联合对26家危化品重大危险源开展专项检查，约谈198人次，修订化工企业“一厂一策”90份。开展打通“生命通道”专项治理，结合五城区群租房排查整治百日攻坚，推动群租房消防隐患整治，开展规范消防行政许可和处罚行为优化消防执法营商环境专项行动。年内，全市消防部门检查单位2.83万家，督改火灾隐患0.81万处，处罚849起，查封137处，“三停”53家，督改重大火灾隐患单位6家。

建筑施工安全专项整治 开展危险性较大分部分项工程专项治理，重点检查起重机械、模板工程、外脚手架、基坑支护等危大工程安全管理。全年开展检查856次，检查危大工程1587个，发现安全管控体系问题372个，现场安全隐患1074处，全部完成整改。

2021年6月23日，福州市2021年危险化学品泄漏事故综合应急演练在连江申远码头举行（市应急管理局 供图）

城镇燃气安全专项整治 针对燃气管道安全隐患点和瓶装液化气开展安全专项整治，全年查处违法违规经营、充装、运输、储存瓶装液化气行为74起，暂扣钢瓶2095只，治安拘留11人，责令14家企业供应站停产整改。

【安全生产检查】 2021年，福州市应急管理局建立“三项清单”机制，制定40个行业领域安全检查清单，结集成册，以清单化实现隐患闭环整治和动态更新管控，确保安全生产专项整治三年行动走深走实。聚焦消防安全、水上交通、渔业船舶、道路交通、特种设备安全、景区非景区景点等事故多发领域，联合省安办指导服务组，赴罗源、长乐、马尾、福清、仓山、台江等县（市）区指导推动。排查整改隐患116952处，责令停产整顿355家，暂扣吊销证照55家，关闭取缔216家，罚款8097.254万元，移送司法机关236人，约谈警示2671人，联合惩戒29家。

【安全生产宣传教育】 2021年，福州市应急管理局组织“全国防灾减灾日”宣传周、安全生产月、庆祝中国共产党成立100周年（书法笔会、文艺演出）等系列宣传活动，拍摄应急管理宣传片《守护》，自主创作的微信作品《诚信小福话安全》和微电影《护木成林》均获全国应急普法作品二等奖。

【消防专项集中整治】 2021年，福州市应急管理局和市消防救援支队组织服务专班和80余名专家入驻长乐区，根据不同行业类别特点和企业安全风险现状，通过“三个清单”“四色分级监管”“5S标准化管理”（5S：整理、整顿、清扫、清洁、素养），扭转长乐区事故多发的局面，召开现场会，总结推广经验做法。

【“散乱污”整治攻坚战】 2021年，福州市应急管理局制定“散乱污”整治工作方案，摸清底数，逐一登记建档、分类指导、专人跟进，通过升级提升一批、整合搬迁一批、关停取缔一批，全市4673家环保和安全不达标企业全部按时完成整治。

【“红橙黄蓝”安全风险分级分类管控】 2021年，福州市应急管理局开发福州市安全风险管控信息平台，在冶金、有色、机械、轻工、建材、纺织等六大领域，组织指导企业开展全要素风险识别。5021家企业完成风险识别，形成企业安全风险分级分类监管清单，并实施差异化管控。

【企业安全生产标准化提升活动】 2021年，福州市应急管理局在43个行业领域培育标杆示范企业320家，其中市级44家，县级276家。编制《福州市安全生产标准化运行质量提升指南》，以提高企业安全生产标准化运行水平。

【首次全市自然灾害综合风险普查】 2021年，福州市应急管理局试点并推广福清龙田经验做法，编制《福州市自然灾害风险普查技术工作指南》，研发全市自然灾害综合风险普查管理系统和信息采集App，投入普查资金16673.53万元，采用"五级"（资料收集、对象清查、实地核验、数据建库、成果分析）工作法，完成26009个对象调查。

（左榕燕）

防汛抗旱

【概况】 2021年，福州市平均年降雨量1495.8毫米，比常年平均少2.1%，总体正常。各月雨量分布不均，其中1月、3—4月、6—7月、9月和12月偏少—异常偏少，5月、8月和10月偏多—显著偏多。全市出现14次连续性暴雨、6次大范围暴雨和5次局地暴雨。影响全市台风有5个，分别为第6号台风"烟花"（影响时间7月23—24日）、第9号台风"卢碧"（影响时间8月4—7日）、第14号台风"灿都"（影响时间9月11—12日）、第18号台风"圆规"（影响时间10月11—13日）和第22号台风"雷伊"（影响时间12月20—21日）。全市有9条河流发生超警戒以上洪水24站次，其中闽江支流大樟溪和梅溪出现两年一遇大洪水。各主要江河来水总量399.62亿立方米，较常年同期偏少33%，较上年同期偏少5%，其中，闽江偏少三成，大樟溪偏少五成。

【防汛抗台风】 2021年，影响福州市的台风共5个，其中第9号台风"卢碧"给福州市带来明显的风雨影响。全年启动Ⅲ级、Ⅳ级防暴雨防台风应急响应10次，召开防暴雨防台风会商会24场。

第9号台风"卢碧"于8月4日8时在南海北部的热带低压加强为第9号台风"卢碧"（热带风暴级），5日11时20分在广东省汕头市南澳县沿海登陆，登陆时中心附近最大风力9级（热带风暴级，23米/秒）；5日16时50分在福建省漳州市东山县再次登陆（热带风暴级，18米/秒），6日20时到达莆田秀屿区南部近海，而后东折穿过台湾海峡到达台湾岛西北部转为东北行。受"卢碧"台风影响，5—6日全市部分县（市、区）和沿海出现8—11级大风。最大的为晋安区宦溪镇32.1米/秒（11级，6日），其次为福清三山镇25.1米/秒（10级，6日）。4—7日全市均出现暴雨到大暴雨及以上降水，强降水主要出现在5—6日，最强时段集中出现在6日，其中长乐、福清、马尾区的部分乡（镇、街）及晋安、连江和闽侯的局部乡（镇、街）出现特大暴雨。最大日雨量为长乐江田镇417.4毫米（6日8时—7日8时）。统计8月3日08时—7日20时累计雨量，全市151个乡（镇、街）大于100毫米，其中121个乡（镇、街）大于250毫米，26个乡（镇、街）大于500毫米，以长乐江田镇692.1毫米为最大。5日20时至6日20时，连江的日雨量212.4毫米，破历史同期纪录（1992年8月31日190.2毫米），也突破日雨量历史纪录（1973年9月10日212.0毫米）。

防抗台风"卢碧"期间，全市发布暴雨红色预警信号3次、山洪灾害预警风险报告9期、山洪灾害预警风险信息9期、地质灾害气象预警信息6期，台风和暴雨预警信号266次、发送预警短信达10.3万人次。调度203座水库，拦蓄洪水2700多万立方米，小（1）型以上水库增蓄2.776亿立方米；暂停工地1118个，安全疏散工地现场人员48506人，停工施工塔吊2049台、升降机2349台。

【抗旱】 2020年10月1日至2021年2月9日，福州市降水偏少，全市平均累计降雨量为40.4毫米，较常年平均累计降雨量（210.0毫米）偏少80.8%，针对2020年底至2021年初全市因旱影响人口数量14.5万余人、4万余人饮水困难的严重旱情，市防汛抗旱指挥部启动全市旱情旬报制度，城乡供水情况"零报告"制度，加强旱情监测，强化会商研判，针对性采取各类抗旱措施，并赴长乐、马尾、福清、罗源、连江等重点县（市）区开展抗旱工作专项督导检查。截至2021年2月底，全市因旱出现人饮困难人数降至零。

2021年8月，受第9号台风"卢碧"影响，福州市出现暴雨降水。图为永泰县应急救援队转移葛岭镇敬老院老人

（葛岭镇政府 供图）

【防汛预警与安全检查】 2021年，福州市制定《2021年福州市防汛抗旱指挥部工作规则（试行）》《福州市2021年防汛抗旱工作要点》，印发《2021年福州市城区防内涝工作责任清单》。完成全市14座中型水库、106座小（1）型水库和310座小（2）型水库汛期防洪调度运用计划审查审批。明确水库防汛“三个责任人”（行政、技术、巡查责任人）和“三个重点环节”（配备水雨情测报设施、调度运用方案、防汛应急预案）。

年内，全市开展防汛防台风安全大检查，重点针对水库、堤防、水闸等防洪设施开展安全隐患大排查，排查隐患428处，逐一登记造册备案，建立问题清单、责任清单、销号清单，并限期整治到位，确保安全度汛。

【防汛抢险队伍建设】 2021年，福州市推动建立以消防救援力量、27支市直行业专业救援队伍为主力，13支社会应急救援力量为补充，福州警备区等驻地部队为后援的应急救援体系。各县（市）区成立群专结合抢险队伍，并依托社会力量建立灾后恢复重建技术队伍552支、施工队伍479支。全市防汛部门储备龙吸水设备25部，总移动排水能力达7.2万立方米/小时，橡皮舟49艘、抢险冲锋舟20艘、救生衣1万件、麻袋、编织袋70万条等防汛物资。7月30日，福建省防汛抗旱指挥部举办2021年防汛防台风综合演练，福州市防汛抗旱指挥部承办，演练场景有红星排涝站开闸放水，网上舆情管控处置，市气象局断网抢修，闽清县山体滑坡，湖东路下穿通道应急抢险等，参与人数1200多人。年内，全市组织防汛防台风演练263场次，9254人次参加；组织防汛干部培训168场，9489人次参加。

（左榕燕）

防震减灾

【概况】 2021年，福州市6个县（市）和长乐区均设防震减灾中心，5个城区和福州高新区防震减灾工作由各区应急管理局管理。全市有地下流体观测井9口、宏观观测点9个。年内，市防震减灾中心在全国、全省地震监测预报质量评比中获得全国第二名1项、全国第三名2项、全省第一名1项、全省第二名1项、全省第三名4项。

【地震监测预报】 2021年，福州市防震减灾中心向福建省地震局报送周会商52期、月会商12期，向福州市委、市政府发送震情速报短信、传真67份，报送震情简报33期。加强重要时段震情值班部署和检查工作。更新防震减灾“助理员”名单，全市防震减灾助理员176人。落实宏观异常2次，3月18日、4月8日，台网中心与省地震局预报中心共同开展长乐营前井水温、平潭北雾里井水位异常核实工作，排除地震前兆异常。开展监测台站维护管理工作48次，将观测环境检查结果反馈至各台站业主单位，督促落实整改。

【地震灾害防御】 2021年，福州市防震减灾中心在福州网站专栏公示行政执法事项清单和执法流程图。组织“我执法我普法”执法直播活动，向市民宣传“身边的地震应急避难场所”。对监测台站监测设施、观测环境、新建地震应急避难场所开展巡检和监督检查，整改存在问题。指导高新区、永泰智慧产业园等地推进区域性地震安全性评价工作，协助省地震局通过“互联网+监管”平台加强抗震设防事中事后监管，与市应急管理局联合制订实施《福州市易受地震破坏房屋设施加固工程实施方案》，配合开展全国自然灾害风险普查工作和国家综合示范社区复核工作。

【综合减灾示范社区】 2021年，福州市应急管理局、市气象局、市防震减灾中心联合开展全国综合减灾示范社区创建工作，鼓楼区温泉街道河东社区、长乐区吴航街道景美社区、福清市龙江街道天宝社区、罗源县起步镇潮格村、永泰县嵩口镇溪湖村被评为全国综合减灾示范社区。

【防震减灾宣传】 2021年，福州市防震减灾中心举办首届防灾减灾科普讲解大赛；编排主题情景剧4部，分为普通话和福州方言两个版本，在福州广播电视台各平台广播频率及微信、抖音等新媒体播出展示。利用“5·12”防灾减灾日和“7·28”唐山地震纪念日防震减灾重要宣教时段，在广播、电视、报纸、网络等媒体开展一系列各具特色的线上和线下科普宣传活动。在福州广播电视台新闻综合、影视频道、生活频道、公交移动频道、福州地铁1号线及2号线滚动播出防震减灾宣传动漫片，播出448次。在福州地铁东街口、火车站、南门兜等地LCD和LED屏滚动展示全国防灾减灾日主题和开展第一次全国自然灾害综合风险普查宣传内容。联合社会救援力量开展45场“平安福州·防震减灾”进社区、进学校、进机关、进企业活动。

【地震应急救援】 2021年，福州市防震减灾中心在完成“十三五”期间福州市地震预警信息专用接收终端建设任务基础上，继续推进地震预警信息专用接收终端建设，全年安装地震预警信息专用接收终端3027套。制订《2021年春节、全国“两会”及国庆等重要时段福州市震情保障工作方案》，组织开展应急桌面推演，讨论修改应急流程、应急手册。

【地震应急避难场所】 2021年，福州市新建成地震应急避难场所9处，其中马尾3处、闽侯4处、连江2处；全市各类地震应急避难场所共188处。市防震减灾中心联合12个县（市）区应急部门、防震减灾部门对地震应急避难场所进行巡检，针对场所的功能设施、应急标识设立等情况进行检查，并将检查中发现的问题及时整改反馈。

（左榕燕）

消防救援

【概况】 2021年，福州市政府向12个县（市）区政府、高新区管委会和34个市直部门下达年度消防工作重点目标任务，将消防工作纳入平安建设（综治）考评和安全生产考核、乡村振兴等工作重点内容。福州市在全省率先成立并实体化运行市级消防安全委员会，相关工作经验在全省推广。市政府常务会专题审议通过《福州市“十四五”消防救援事业发展专项规划》。市领导定期召开专题会议研究部署解决火灾防控和消防救援站等公共消防设施建设等难题，带队开展调研检查。市安委办部署全市电动自行车消防安全综合治理，对各地消防工作和区域性、突出消防安全风险整治推进情况开展督导检查，督改问题200个（次）。

年内，市消防救援队伍接警出动11841起，出动消防人员94681人次，抢救被困人员432人，疏散人员1039人，抢救财产价值1.6亿余元；处置长乐“2·25”华阳染整有限公司火灾、闽侯“5·9”大进能源有限公司液化气爆炸等各类灾害事故。

【消防检查】 2021年，福州市各级消防部门清查商业综合体43家，督改隐患问题4764个。应急、消防部门在长乐区开展安全生产工作帮扶，协调消防安全专家排查各类企业848家，督办隐患9912处。房管部门牵头开展住宅小区物业联合检查，结合198处老旧小区改造工程开展消防设施提升。建设部门部署开展所属建设工地消防检查，落实信用记分，与工程招投标相挂钩。消防、建设部门联合开展消防技术服务机构专项检查。建设、规划、城管委共整治彩钢板房违法建设320宗，拆除违建面积2399平方米。文旅部门开展文旅企业消防安全检查。卫健部门检查医疗卫生机构841家次、集中医学观察点480家次，排查治理安全隐患461处。城市管理部门办理占用消防通道违法建设50宗，拆除违规建设2399平方米。市场监管部门依法办理伪劣电气产品案件67件。电力公司加强“表后”管理和入户检查，排查电气隐患1189处。

加强重点领域排查整治，深化消防安全专项整治三年行动，部署开展“除隐患保平安、迎建党百年”集中攻坚整治和“严执法、强攻坚、促提升”消防安全专项整治行动。全市消防部门检查单位2.43万家，督改消防安全隐患7397处，临时查封125家，“三停”49家，罚款806万元，摸排督办重大火灾隐患6家。突出重点行业领域治理，市政府对长乐区纺织印染行业区域性消防安全问题进行挂牌督办，推动解决突出问题。各地消安委办组织对公众聚集场所、塑胶企业、物流仓储企业等重点行业开展约谈警示、集中治理。加强电动自行车安全治理，针对辖区内电动自行车销售、维修点，建立底数台账，整治违规住人、与其他部位防火分隔不到位等隐患问题，落实电动自行车集中管理措施。全市督促1428个小区建设电动自行车集中停放充电设施。晋安区以王庄街道世欧王庄四区为试点，推动安装电动车数字化智能监控系统29个。组织开展消防车通道划线管理工作“回头看”，联合房管局开展物业企业专项检查，引导物业规范消防车通道管理，全市2257处住宅小区、28处新建小区、1068处公共建筑按照标准落实消防车通道标线标志施画工作。

【基层消防防控】 2021年，福州市推动168个乡镇街道建立消防工作站，89个乡镇街道开展委托消防执法工作，162个乡镇建立老旧场所火灾风险差异化防控措施。建立全市消防安全专家库和专家管理办法，各地落实“专家制”检查机制，聘请行业专家开展各领域消防安全隐患清查，建立清单及时跟踪督改。各地公安派出所检查单位1.7万家，督改隐患2万余处。市地铁集团公司联合消防支队完成30座地铁站的安全疏散条件评估和综合演练测试。

【消防安全宣传】 2021年，福州市举办基层领导干部消防知识大讲堂，对3942个社区（村）两委负责人进行消防培训；开展“一警六员”消防培训，培训人员5.4万余人。开展电动自行车火灾防范警示宣传，通过微信群发送警示提示，发放消防安全手册等形式。完成百面公交站牌、千辆的士、万名消防宣传志愿者公益消防宣传载体的协调、招募。开展消防宣传“五进”工作，举办“119消防宣传月”、公益骑行宣讲队、“开学消防第一课”、“夜色经济有消防”等56场系列大型消防宣传活动。

【火灾与救援案例】 2021年2月5日10时54分，福州市消防救援支队指挥中心接到报警称：闽侯县荆溪镇关西村福州新博森能源有限公司发生火灾。支队指挥中心调派闽侯甘蔗站、上街站、晋安新店站及战勤保障处10辆消防车、68名指战员赶赴现场处置。12时10分，现场火势得到控制；22时15分，现场明火被完全扑灭；22时55分现场清理完毕。火灾过火面积约400平方米，火

2021年3月29日，第26个全国中小学生安全教育日暨第14个福建省学校安全教育周在福州教育学院二附小启动。图为消防人员向小学生展示消防设备

（池远 摄）

2021年6月28日，福州市消防救援支队在南平建阳参加抗洪抢险救援

（市消防救援支队 供图）

灾造成2人受伤，1人死亡。

2月25日10时16分，市消防救援支队指挥中心接到报警称：长乐区金峰镇华阳村双朱下179号华阳染整厂发生火灾。支队指挥中心调派长乐航城站、吴航站、滨海站、马尾罗星站、快安站、亭江站、琅岐站、特勤三站、特勤一站、特勤四站、鼓楼三坊七巷站、晋安鼓山站、福清江阴站、音西站、战勤保障处15个单位、47辆消防车、230余名指战员及金峰义务消防队2辆车10名队员赶赴现场进行处置。11时50分，火势得到控制；12时35分，明火被基本扑灭；26日0时8分，现场清理完毕。火灾过火面积约800平方米；疏散营救被困人员60余人，其中6人死亡、7人受伤。

3月1日0时56分，市消防救援支队指挥中心接到报警称：长乐区文武砂镇艾维尔实业有限公司车间发生火灾。支队指挥中心调派长乐滨海站、航城站、吴航站、马尾罗星站、快安站、特勤三站、青口站、福清江阴站、战勤保障处9个单位、28辆消防车、150名指战员赶赴现场处置。2时52分，火势得到控制；4时42分，明火被基本扑灭；20时38分，现场清理完毕。火灾过火面积约15560平方米，未造成人员伤亡。

6月26日9时19分，市消防救援支队指挥中心接到报警称：鼓楼区东门村委会公交车站旁一店铺发生瓶装液化石油气罐泄漏，支队指挥中心调派鼓楼鼓东站、三坊七巷站、水部站7辆消防车、35名消防救援人员赶赴现场处置。经过一个多小时处置，消防救援人员搜救出1名被困人员，移交给现场医护人员，抬出2瓶液化石油气罐。10时30分，现场处置完毕。事故造成1人中毒身亡。

6月28日16时11分，市消防救援支队接到总队增援指令，调集抗洪抢险跨区域增援力量编队前往南平建阳前置点参与当地抗洪救灾工作。支队调集省级抗洪抢险救援分队、水域救援教练员及战保、通信、政工、宣传等功能组，派出抗洪抢险编队，携带9艘橡皮艇及抗洪抢险救援装备前往增援。其间，前置点参与排涝抢险救援1起，助民解困任务4起，出动指战员174人次，车辆27辆次，疏散群众2人，清理道路1300余米，清洗村民住宅54户，装运沙袋1000余个，填筑护堤20余米。

8月5日5时49分，市消防救援支队指挥中心接到报警称：闽侯县甘蔗街道美和天著对面雅熙工艺品有限公司发生火灾。支队指挥中心调集闽侯甘蔗站、上街站、特勤二站、特勤四站（中途返回）、战勤保障处5个单位、15辆消防车、80余名指战员赶赴现场进行处置。7时26分，现场火势得到控制；10时23分，明火被基本扑灭；12时4分，现场清理完毕。火灾过火面积1000余平方米，未造成人员伤亡。

9月29日7时41分，市消防救援支队指挥中心接到报警称：长乐区金峰镇凤洋村华良染整有限公司仓库发生火灾，支队指挥中心调派长乐航城站、滨海站、吴航站、特勤三站、马尾快安站、晋安鼓山站及战勤保障处7个单位、19辆消防战斗车、110余名指战员前往现场处置。10时50分，现场火势得到控制；12时30分，明火基本扑灭；16时25分，现场清理完毕；长乐大队安排2辆消防战斗车在现场留守监护；19时35分，确定无复燃危险后，监护力量完成现场移交。火灾过火面积约1800平方米，未造成人员伤亡。

（薛宇成）

（编辑 黄 铭）

外事 侨务 台港澳事务

外　事

【概况】　2021年，福州市人民政府外事办公室接待外宾27批330人，其中友城团组1批2人、外国驻华使领馆团组21批212人。审核审批因公出国及APEC商务旅行卡120批190人次，其中国家工作人员因公出国3批5人次，非公企业办理APEC商务旅行卡117批185人次。办理外国人来华邀请函171份418人次。

【使领馆官员团组访问福州】　2021年1月9日，新加坡驻华大使吕德耀一行8人访问福州，拜会市委主要领导，参观三坊七巷、上下杭历史文化街区。

3月7—9日，印度尼西亚驻华大使周浩黎一行7人访问福州，拜会福清市领导，参观元洪投资区、京东方公司、金纶高纤公司、雪人股份公司。

3月17日，以萨摩亚驻华大使塔普萨拉伊·托欧玛塔为团长的部分国家驻华使节代表团一行19人访问福州，参加跨境电商大会相关活动。

3月17日，哥伦比亚驻华大使蒙萨尔韦一行2人访问福州，拜会市商务局和市外办。

3月17日，卢旺达驻华使馆一等秘书布雷格亚访问福州，参观市市民服务中心。

3月18日，加拿大驻广州总领事馆副领事夏韵程一行2人访问福州，参观天盟数码、龙腾简合网络技术公司。

4月8日，西班牙驻华大使德斯卡亚一行2人访问福州，参观美领馆旧址、闽海关官邸。

4月19—20日，新加坡驻厦门总领事吴俊明一行3人访问福州，拜会市领导并参观福道。

4月25日，以格鲁吉亚驻华大使阿尔赤·卡岚第亚为团长的部分国家驻华使节代表团一行9人访问福州，参加第四届数字中国建设峰会相关活动。

4月27日，哈萨克斯坦驻上海总领事拉合穆江一行3人访问福州，参观元洪投资区食品园区、京东方公司。

4月28日，蒙古国驻上海总领事尼玛扎布一行3人访问福州，参观三坊七巷历史文化街区和高新区企业。

5月8—9日，古巴驻上海总领事奥利维拉一行2人访问福州，参观福州天虹舞蹈鞋业公司。

5月12—13日，新加坡驻厦门总领事吴俊明一行22人访问福州，拜会市领导，参观滨海新城，出席福州市“十四五”规划及重点项目推介会。

5月17—18日，以巴基斯坦驻华公使法入克·艾赫迈德为团长的部分国家驻华使节代表团一行9人到福州，出席第四届21世纪海上丝绸之路博览会相关活动。

7月9日，科特迪瓦驻华大使多索·阿达马一行3人访问福州，出席科特迪瓦招商推介会。

7月15—18日，以巴林驻华大使安瓦尔·艾勒阿卜杜拉为团长的外国驻华使节一行74人访问福州，出席第44届世界遗产大会，会见省、市领导，参加大会开幕式、“世遗林•碳中和”植树、《寻梦坊巷》沉浸式演出和参观考察等活动。

10月30日，荷兰驻广州总领事毕肯思一行4人访问福州，出席企业合作签约仪式。

11月1—4日，日本驻华大使垂秀夫一行17人访问福州，拜会市委、市政府主要领导，参观三坊七巷历史文化街区、开元寺、福清万福寺、福耀集团，拜祭琉球人墓园。

11月22—24日，以贝宁驻华大使阿多韦兰德为团长的部分国家驻华使节一行7人访问福州，参加海丝国际旅游节相关活动。

11月23日，菲律宾驻厦门总领事欧莉娜一行4人访问福州，参观镇海楼。

12月5—6日，以波兰驻上海总领事切谢尔楚克为团长的部分国家驻华使领馆团组一行11人访问福州，参加第二届海丝国际茶文化论坛相关活动。

【经贸文化交流】　2021年11月23日，亚美尼亚中国合作关系发展中心代表姆希塔良•达维特一行2人访问福州。

3月11—12日，日本贸易振兴机构广州代表处所长清水顕司一行2人访问福州，拜会市政府办公厅领导，考察福州高新区，参观福州市仙芝楼健康科技有限公司、福建浩达智能科技股份有限公司、福建中海创控股有限责任公司等科创型企业。

3月25日，福州职业技术学院、福州建筑职专、福州旅游职专、福州文教职专、长乐职专等5家职业院校与美国塔科马贝茨技术学院开展线上交流，就合作办学和开展多种形式交流达成初步意向。

4月24日，福州教育学院附属中学校长翁举闻及美国塔科马市林肯中学校长欧文·帕特里克应邀参加由中国人民对外友好协会和国家体育总局联合主办的中美“乒乓外交”50周年纪念活动，共同回顾两校友好历史，展望未来交流合作前景。

4月29日，福州市政府副市长杭东参加由中国经济联络中心、福建省外办、福州市外办、南非非国大进步企业论坛和南非夸纳省政府共同主办的“政党交流与务实合作”中南（非）工商界视频对话会并作总结发言，福州市3家企业参会并作企业推介。

5月6—7日，应中国人民对外友好协会邀请，由亚非、拉美等发展中国家驻华使节，国内人权专家及中外知名媒体组成的代表团一行60人（含陪同），在全国对外友协会长林松添陪同下访问福州市，参观三坊七巷历史文化街区。

5月13日，新加坡经贸访问团22人访问福州，参加福州市“十四五”规划及重点招商项目推介会。会上，市政府副市长杭东和新加坡驻厦门总领事吴俊明致辞，福州新区管委会、市发改委、市商务局详细解读福州市“十四五”规划，推介福州市重点招商项目及滨海新城重点招商项目。

6月7—8日，应省外办邀请，经省内高校推荐，来自菲律宾、印度尼西亚、马来西亚等东盟国家在闽留学生组成的“东盟留学生八闽行”代表团一行26人访问福州，参观三坊七巷历史文化街区。

7月26—27日，华南美国商会福建服务中心揭牌和启动仪式在福州高新区举行。该中心旨在通过建立长期战略合作关系，深化高新区对外经贸合作，助力福州高新区高质量发展。

8月31日，榕檀（福建）国际贸易公司暨夏威夷福建总商会驻福建办事处落户福州。公司注册资金1000万元（合资），办公面积约600平方米，主营两地特色物产贸易，对促进福州与夏威夷的经贸往来将起到积极作用。

8月，福州市选送的花卉作品“科技之帆”在2021年俄罗斯鄂木斯克花博会上展出。

9月6日，福建自贸区福州片区管委会与美国塔科马世贸中心签署《关于经贸对接会的谅解备忘录》。11月16，双方根据备忘录约定召开线上经贸对接会，推动两地企业建立联系，开展互利合作，开拓两市经贸交流新渠道。

10月16—20日，美国友好人士、北京市鼎石学校教师艾瑞克·约翰斯顿访问福州，参加福建省外办与省广播影视集团联合主办的“我的福建故事”主题活动录制，并重游鼓岭外国友人故居。

11月23日，美国夏威夷州旅游观光局首席品牌官卡拉尼·卡阿纳应邀线上参加第七届海丝国际旅游节，并通过录制视频的方式在启动仪式上致辞。

12月15日，福建省与澳大利亚塔斯马尼亚州结好40周年庆祝活动采取线上线下结合的方式举行。福州市政府市长吴贤德，闽江学院院长王宗华，市外办主任，福州八中、十八中校长及福州八中“中澳班”负责人等出席在福州举行的相关活动。

12月17日，福州市政府市长吴贤德、党组成员黄建雄会见德国西门子交通大中华区总裁于尔根·莫德一行6人，洽谈福州地铁与西门子在轨道交通数字化、无人驾驶技术及基础设施研发创新领域开展合作事宜。

12月，由澳大利亚塔斯马尼亚州华人社团联合理事会、澳大利亚福建乡情联谊会塔州分会联合举办“闽塔姐妹省州四十周年文化艺术展”，福州市选送百余件福州传统油纸伞、灯笼、福州风光明信片等手工艺品及福州八中、福州十八中学生创作的40幅画作参加。福州驻墨尔本总领事龙舟出席艺术展开幕式。

【国际友城交流】 2021年1月6日，福州第十九中学和日本长崎市立三重中学举行首次视频交流会。

1月19日，福州外国语学校和日本长崎商业高等学校举行首次视频交流会。

3月19日，中国福州市与美国檀香山市友好交流视频会召开，两市外事、经贸、文旅等部门代表参会。双方围绕两市正式结好和开展经贸、文化、旅游等交流合作交换意见，就两市建立友好城市关系协议书文本内容达成一致。

5月18日，福州市与圭亚那乔治敦市结好15周年纪念视频会召开。乔治敦市市长乌巴吉·纳瑞、中国驻圭亚那大使馆临时代办陈锡来、福州市外办主任吴晓杰等出席。福州金山中学、乔治

2021年6月9日，2021年福州国际友城文化节“城市文化与城市国际化”对话会在线上举行

（市外办 供图）

敦玛利亚学校、福州宏东渔业有限公司、圭亚那福建同乡会等教育、企业、侨界代表应邀参会。

5月20日，福州市政府市长尤猛军和日本那霸市市长城间干子出席纪念两市结好40周年视频活动并互致贺词，市政府副市长杭东主持会议。会上，福州市仓山小学与日本那霸市立天妃小学建立友好学校关系。

7月18日，福州市与越南下龙市签署建立友好城市关系协议书。

8月23日，福州第十九中学和日本长崎市立三重中学举行第二次视频交流会。

8月25—27日，柬埔寨暹粒市派员参加21世纪海上合作委员会举办的"海漂垃圾治理"线上专题研讨活动。

9月8日，柬埔寨暹粒市副市长利姆•法利卡参加21世纪海上合作委员会第7次专业会议，介绍暹粒市防疫工作情况和经济恢复措施。

10月13日，福州与哥斯达黎加利蒙市召开主题为"共建美好城市"的视频交流会。福州市政府党组成员朱训志、利蒙市市长内斯特•马蒂斯•威廉姆斯及两市相关部门负责人参会。中国驻哥斯达黎加大使馆公使衔参赞、首席馆员孙怡作为特邀嘉宾参会并作总结发言。双方在会上分享了防洪抗涝、垃圾处理、城市建设等方面的工作经验。

10月21日，福州市与美国檀香山市建立友好城市关系协议书签字仪式通过线上方式举行。中国驻洛杉矶总领事张平应邀出席视频会并宣读中国驻美国大使秦刚的贺信。市政府市长吴贤德、党组成员黄建雄、秘书长朱汉民，檀香山市市长里克•布拉吉亚迪、夏威夷州议员肖恩•昆兰、檀香山市议员安德莉亚•图波拉，两市外事、文化艺术、教育部门及夏威夷福建总商会相关代表参会。会上，两市市长共同签署建立友好城市关系协议书，福州市文旅局与檀香山市文化和艺术局、福州三中与伊奥拉尼学校分别签署友好合作谅解备忘录。

11月4—5日，第22届中日韩友好城市交流大会采取线上方式举行。福州市外办牵头组织福州第十一中学与韩国光阳中学利用大会城市交流广场平台开展国际交流项目研讨，分享教学经验。

11月8日，中国福州市与巴西坎皮纳斯市结好25周年纪念视频会召开。坎皮纳斯市经济发展秘书处秘书长、商会主席阿德里亚娜•弗洛西，两市外事、科技、经贸、教育等相关部门代表参会。双方高度评价1996年以来两市在教育、经贸、抗疫等领域合作成果。

12月15日，福州市仓山小学与日本那霸市立天妃小学师生开展第二次视频交流活动。

12月15日，福州市与哥斯达黎加利蒙市建立友好城市关系意向书签字仪式以线上方式举行。利蒙市市长内斯特•马蒂斯•威廉姆斯、两市外事、生态环境、城市工程等相关部门代表出席。

【因公出国（境）管理】 2021年，福州市外办审核和审批因公出国及APEC商务旅行卡120批190人次，其中国家工作人员因公出国3批5人次；非公企业办理APEC商务旅行卡117批185人次；颁发新版因公电子护照4本，护照收缴率100%。

【城市多边对外交流】 2021年1月27日，福州市参加世界城市和地方政府联合组织亚太区《2020—2025年战略计划宣言》发展委员会第三次会议，福州市提出的加强海上合作相关内容获完整采纳。

2月25日，福州市参加城地组织亚太区执行局和理事会会议，促成福州市再次当选亚太区理事会和执行局成员。

5月20日，福州市参加城地组织2021年世界执行局视频会议，介绍福州在抗击新冠肺炎疫情和增进人民福祉方面的工作成果和委员会2020年活动情况。城地组织官方推特账号实时发布该发言信息。

8月25—27日，21世纪海上合作委员与世界大都市协会通过Zoom平台联合举办"海漂垃圾治理"专题研讨活动。来自印度尼西亚、韩国、尼泊尔、肯尼亚、斯里兰卡等国的委员会会员以及世界大都市协会、世界城市和地方政府联合组织亚太区、友好城市代表及海洋领域专家学者60余人参会。城地组织亚太区主席、尼泊尔图利凯尔市市长阿沙克•库马尔•拜安居•什雷斯塔等出席并致辞。会议围绕"海漂垃圾污染及治理，打造蓝色洁净海洋"召开6场讲座及1场总结研讨。

8月，21世纪海上合作委员会代表和福州市政府向尼泊尔图利凯尔市和柯提普市紧急援助一批抗疫医疗物资，两市政府向福州市和21世纪海上合作委员会致信感谢，并在市政府门户网站和社交媒体上报道有关情况，柯提普市回赠刻有"中尼友谊 世代流长"的纪念牌。

9月7—9日，21世纪海上合作委员会代表福州市参加城地组织亚太区第八届全体大会、亚太区执行局及理事会会议并发言。大会期间，21世纪海上合作委员会召开主题为"数字化助力城市复苏繁荣"的第七次专业会议，宣介福州市"数字福州"建设经验、信息化防控举措和数字技术在资源规划管理中的应用，吸引来自印度尼西亚、新西兰、波兰、缅甸等10多个国家的30多个城市和组织60余人连线参加。

10月20日，福州市作为初始会员，参加中国人民对外友好协会、城地组织和西安市共同举办的城地组织亚太区旅游委员会成立大会。

11月8—13日，福州市参加世界大都市协会第十三届世界大会和世界大都市协会董事年会，以及全球市长论坛全体大会、第五届广州国际城市创新奖颁奖典礼暨世界大都市协会第十三届世界大会闭幕式等活动。

11月16—17日，21世纪海上合作委员会参加城地组织执行局和理事会会议，代表福州市与其他执行局和理事会成员审议城地组织各项工作事务。

【福州国际友城文化节】 2021年6月8—9日，"2021年福州国际友城文化节"以全球多点连线方式举行。日本长崎市、美国塔科马市、美国檀香山市、巴西坎皮纳斯市、俄罗斯鄂木斯克市、印度尼西亚三宝垄市、澳大利亚霍巴特市、比利时列日市、马来西亚诗巫市、中国福州市等9个国家10个城市参加。活动设开幕式、"城市文化与城市国际化"对话会和友城文化节目视频推送等3个环节，其中开幕式和对话会全球同步线上直播，累计观看量407.31万人次。中新社、新华网、人民网、《光明日报》、《福建日报》、《福州日报》等多家境内主流媒体，东南网境外各频道和海外媒体等累计发表活动原创稿件50余篇并获100多次直接转载，各友城通过政府官网、当地媒体以及社交平台报道。参会友城选送的文化视频以中、央、法、俄、葡等5种语言版本在央视频、百度、今日头条、抖音、快手、新浪微博、微信视频号、推特、YouTube等国内外主流社交媒体上陆续发布，福州电视台分时段播出上述视频。

【第44届世界遗产大会召开】 2021年7月16—31日，第44届世界遗产大会在福州市举行，由57个国家外交官组成的驻华使节代表团及3个国际组织代表共74名外宾（含20名驻华大使、7名临时代办）到福州参观考察。参加省市领导会见、大会开幕式、“世遗林•碳中和”植树、《寻梦坊巷》沉浸式演出等9场重要活动。大会筹备期间，福州市外办牵头完成大会材料笔译131.55万字、审校75.75万字。

【福州市翻译协会成立】 2021年11月13日，福州市翻译协会成立大会暨第一次会员代表大会召开，会议选举产生福州市翻译协会第一届监事会监事、理事会理事、理事会领导班子。市政府党组成员黄建雄，闽江学院校长王宗华，福建省译协、福州市外办、闽江学院外国语学院、市社科联负责人和市民政局代表及52名会员代表参会，省内部分高校外语学院领导应邀出席。中国对外话语体系构建与对外翻译研究高端论坛同日举行。

【福州市对外友协第二届理事会成立】 2021年12月24日，福州市人民对外友好协会第二届理事会成立大会举行。中国人民对外友好协会会长林松添通过视频表示祝贺，福建省委常委、福州市委书记林宝金发来贺信。福建省外办主任、福建省人民对外友好协会会长陈出新，福州市委副书记林建出席会议并致辞。福州市人大常委会副主任肖华、福州市政府党组成员黄建雄、福州市政协副主席林锋到会祝贺。来自福州党政机关、群团组织、市内高校、智库、媒体、企业、民间组织、协会和文艺界代表，海外侨界、海外友好人士代表等约100人出席。大会推选福州市委副书记林建为福州市对外友协会长，通过专职副会长和秘书长人选，审议并表决通过《福州市人民对外友好协会章程（修订稿）》。

（施缙衡）

侨务

【概况】 2021年，福州市侨务工作坚持以侨为“桥”、为侨服务，着力凝聚侨心、汇集侨智、发挥侨力、维护侨益，建立健全涉侨工作机制，着力开创“大统战”格局下的“大侨务”工作局面。11月，福州市制订《关于发挥侨资源优势助力建设现代化国际城市的工作方案》。做好外防输入和驰援海外侨胞工作。在华人头条上开设《全球抗疫》栏目，开设海外疫情防控热线，为海外乡亲纾难解困。通过8个国家8家榕籍侨团向海外福州乡亲赠发1.02万盒连花清瘟胶囊和5.01万包清肺排毒颗粒。

【侨务招商引资】 2021年，福州市推动6个投资项目落地福州，拟投资总额4.72亿元。10月28日至11月3日，承办2021年海外闽籍华商“一带一路”研修班，邀请28个国家和地区40名海外闽籍华商参加研修班。7月19—21日，举办福州市首届海外招商专员素养提升活动，组建招商引智队伍，聘请五大洲20多个国家46名华商为首批福州市海外招商专员。12月15日，举办“海外文化和经济促进中心”授牌仪式，在五大洲海外侨团设立“海外文化和经济促进中心”。

【侨界联谊】 2021年，福州市接待或联谊五大洲54个国家和地区32个团组450人次。5月18—21日，承办省委统战部第三期闽侨青年精英海丝情活动，邀请五大洲39个国家逾百名海外青年侨胞代表参加。6月17日，开展“全球百家海外华文媒体学习领会习近平总书记重要讲话精神”活动。

【侨务活动】 2021年，福州市在华人头条开设为侨服务专题窗口，利用华人头条分布70多个国家140多个站点的平台优势，发布中文稿件1000多条，总点击量6979余万次。举办第四届海外华裔中小学生“印象•福州”大赛，打造“留根工程”，收到五大洲40个国家及地区的参赛作品2287件。10月中旬至12月，举办线上海外华文师资研修班，采取“云直播”方式对外开展海外华文教师培训。春节前，向五大洲52个国家和地区的222名海外侨胞代表人士寄送新春祝福包。

【归侨侨眷权益维护】 2021年，福州市接待侨务方面来信来访近百件次，接听解答来电2600多个，办理回复“12345”诉求23件。办理高考“三侨生”升学照顾身份证明400份，指导县（市）区办理中考“三侨生”身份证明418份。首次开展侨政业务档案数字化，推动数字为侨服务。向市财政申请下达破产、困难企业归侨离退休职工生活补贴8.82万元。

（印贤 杨凯）

台湾事务

【概况】 2021年，福州市出台《福州市关于在探索海峡两岸融合发展新路上迈出更大步伐的若干措施》（共19条）。举办115项榕台特色文化交流活动，其中海峡青年节被国台办点赞为两岸青年交流“金字招牌”。海峡建筑师家园获批省级台湾青年就业创业基地，福州安德旺等3家基地获批市级台湾青年就业创业基地。福州海峡奥林匹克体育中心获批省级对台交流基地。

【榕台经贸合作】 2021年，福州市新批台资项目222个（含第三地转投资），合同台资6.68亿美元，分别比上年增长65.7%，35.8%。在“5•18”投资促进大会上，福顺半导体产业园等3个台资项目集中签约，总投资 10.74 亿元；在厦门“9·8”投洽会期间，福州福享汽车零部件生产项目等 4 个台资项目集中签约，总投资 12.1 亿元。福州市台协会与台湾工商建研会签订合作备忘录。全年对台跨境电商进出口交易额超 30 亿元。

【榕台文化交流】 2021 年，福州市通过“线上 + 线下”举办海峡青年节、海峡两岸民俗文化节等 115 项榕台交流活动，涵盖青年、人才、民俗、文化、体育、农业、基层等各领域，线下参与台胞逾千人次，线上覆盖台胞超50万人，其中 5 项活动被列为国台办重点交流项目。引导在榕台胞感受闽台同根同源文化，增进台胞对大陆、福州发展状况的了解及对祖国大陆的认同感，举办的交流活动数量全省第一。

【海峡青年节】 2021 年，福州市第九届海峡青年节以“合作·发展·未来”为主题，通过线上线下相结合、多地多点联动方式，在福州、上海、台北、台中等两岸 20 多个城市举办海峡青年峰会等 24 项活动，2000 多名台湾青年参与线下活动。33 家台湾青年社团和民间团体、53 所台湾高校参与相关交流活动，成为 2021 年两岸规模最大、领域最广、参与台湾青年最多的两岸青年交流活动。国台办副主任龙明彪，全国青联主席汪鸿雁以视频方式参会并致辞，福建省代省长赵龙、福州市委书记林宝金等领导对海峡青年节的成功举办作出专门批示。

【台湾青年就业创业】 2021 年，福州市“第九届海峡青年节·台湾青年人才线上专场招聘会”发布全省 1232 个平均年薪 15 万元的优质就业岗位。22 个台湾建筑师团队参与福州市 60 个乡建乡创项目。兑现台湾青年创业场所租金和首次装修补贴、疫情防控期间返榕就业创业补助等 350.7 万元。全年新增实习就业创业台湾青年 503 人。

【榕台媒体交流】 2021 年，福州市邀请台湾资深媒体人士到榕拍摄系列短视频宣传福州。引导媒体采访报道福州市涉台活动 130 场（人次），组织两岸媒体联合采访 80 多次，两岸媒体原创报道 4800 多条（篇），转发转载 3 万多条（篇），其中中央媒体报道约 700 条（篇），台湾媒体报道 1000 多条（篇）。中央广播电视总台首次以直播方式报道第九届海青节活动盛况。第九届海峡青年节被评为闽台交流十大新闻之一。

【台胞权益保障】 2021 年，福州市印发《关于在榕就业创业台胞住房保障工作实施方案（试行）》及实施细则，面向台胞提供公共租赁房 550 套，首批 72 名台胞春节前选到心仪公租房。推荐 99 名台胞参评并获“省五一劳动奖章”等省级以上荣誉。推动“台陆通”App 平台开通在榕台胞疫苗接种预约通道，全市累计接种 3446 名台胞 5732 剂次。设立“台胞医保服务窗口”，为台胞提供健保核销线上线下“一站式”免费代办服务。福州市台胞权益保障中心全年受理台胞投诉求助信访案件 58 件，办结 53 件，办结率 91.3%。市行政（市民）服务中心台胞（台企）服务专窗为涉台考生办理咨询、身份认定 577 件。

（林 锦）

港澳事务

【概况】 2021 年，福州市审批因公赴港澳 66 人次，新办理港澳通行证 72 本，办理香港签注 47 人次、澳门签注 17 人次、常驻工作签注 4 人次。引进港资企业项目 161 个，合同港资 299.39 亿元，实际利用港资 63.99 亿元；澳资项目 14 个，合同澳资 3.49 亿元。投资香港地区的项目 16 个，总投资 1.35 亿美元。

【榕港澳交流】 2021 年 2 月 26 日至 3 月 1 日，福州市举办“寻根闽都，同心笃行”港澳青少年网上冬令营活动，让港澳年轻一代更好地知国情、爱祖国。

3 月 24—27 日，举办古厝文化传承研习营活动，以“古厝文化传承”为主线，全方位多角度展示中华传统建筑文化，感受古厝文化的魅力，增强港澳青年对传统文化的认识。

4 月，福州华侨中学与香港天水围岛中学师生同上“国家安全，有你有我”线上主题班会课。

5 月，福州教育学院附属第一小学与香港圣公会油塘基显小学开展数学线上教研专场活动。

6 月，福州二中与香港福建中学通过邮件形式分享课本剧开展情况；福州格致中学鼓山校区与澳门东南学校在全面禁毒月以“林则徐”为交流主题开启线上云交流。

7 月，福州外国语学校与澳门东南学校开展学生间结对子邮件交流活动，并接待 25 名澳门东南学校骨干教师来访；在香港、澳门同时举办“‘奋斗百年路’中国百年历史图片展”，引导港澳榕籍乡亲了解中国近百年历史光荣奋斗路；面向全国（含港澳地区）全日制高校毕业生开展“好年华，聚福州”社会实践，香港青年到榕参加驻点式社会实践。

8 月，应澳门贸易投资促进局邀请，组织福州企业参加《把握澳门，把握葡语国家机遇》投资推介会。

11 月 27—28 日，举办福建高校香港学生闽都文化研习交流活动，通过文化交流、城市参观等活动，增强港澳青年对中华文化、闽都文化的认同感。

12 月 12 日，以第八届丝绸之路国际电影节为契机，邀请任达华、容祖儿等多名香港电影人到榕参加闭幕式等活动，促进榕港影视文化交流。

（黄 媛）

（编辑 苏 颖）

自然资源管理

耕地开发保护

【概况】　2021年，福州市出台耕地保护文件，完善耕地保护机制，超额完成耕地补充、改造及耕作层土壤剥离再利用任务。推进临时用地整改复垦，长乐区、高新区、罗源县、永泰县全面完成年度复垦任务。

【耕地保护机制】　2021年，福州市印发《福州市遏制新增违法占用耕地全流程监管工作机制》《福州市耕地保护共同责任制》等保护耕地相关文件，建立“党委领导、政府负责、部门协同、公众参与、上下联动”的共同责任机制，将耕地保护工作纳入各级政府目标责任、党政领导生态环境保护目标责任、粮食安全省长责任制进行考核。

【耕地补充与改造】　2021年，福建省政府下达福州市补充耕地任务220公顷、补充水田任务113.33公顷、旱改水提质改造任务53.33公顷。全年完成补充耕地任务400.19公顷，补充水田及旱改水任务169.9公顷，均超额完成年度任务。

【耕作层土壤剥离再利用】　2021年，福建省政府下达福州市耕作层土壤剥离再利用任务80公顷。福州市各县（市）区推广耕作层土壤剥离再利用工作，实行总量考核，全年实施耕作层土壤剥离86.53公顷，重新用于新增耕地、临时用地复垦、违法占用耕地复耕等地块土壤改良，提升新复垦耕地质量，超额完成省政府下达任务。

【临时用地整改复垦】　2021年，福州市历史遗留临时用地整改任务58宗，面积123.87公顷。各县（市）区通过复垦、报批、延期等方式完成整改54宗，整改面积119.88公顷，整改完成率96%，在全省排名靠前。其中，长乐区、高新区、罗源县、永泰县全面完成年度复垦任务。

（林诚锦）

土地及矿产资源管理

【概况】　2021年，福州市公开出让经营性用地965.13公顷，完成机制砂矿山采矿权出让2宗，颁发不动产权证书（证明）121.01万本。出台农村住宅管理相关文件，开展基准地价编制。

【农村住宅管理】　2021年6月11日，福州市出台《福州市规范农村宅基地和建房管理的实施意见（试行）》《福州市规范农村宅基地和建房管理实施细则（试行）》，健全宅基地和农房建设审批管理机制，提升农房建设安全质量。

【土地出让与供应】　2021年，福州市公开出让经营性用地965.13公顷，成交价款729亿元，其中四城区出让经营性用地71宗190.13公顷，成交价款411亿元。通过竞配建或直接配建方式，建设租赁住房15万平方米；出让安置型商品房用地56.52公顷，可建设安置型商品房74.1万平方米。

【基准地价编制】　2021年，福州市自然资源和规划局组织开展福州市四城区标定地价、农用地基准地价编制工作，继续推进四城区基准地价编制，上述地价编制成果均通过省自然资源厅验收。

【批而未供和闲置土地处置】　2021年，福州市自然资源和规划局组织编制《四城区批而未供土地处置专项规划》，逐宗制定处置方案，定期召开推进会，推动清理处置到位。全市清理考核期内（2009—2018年）批而未供土地1039.13公顷，处置闲置土地275.27公顷，全面完成年度处置任务。

【机制砂矿山采矿权出让】　2021年，福州市完成机制砂矿山采矿权出让2宗，成交出让收益1.702亿元；完成建设项目多余砂石有偿处置9宗。新增机制砂产能1146万立方米/年。

【不动产登记】　2021年，福州市颁发不动产权证书（证明）121.01万本，其中证书60.08万本，证明60.93万本；不动产登记网上申请89.08万件。福州市“不动产抵押注销登记智能化辅助审核”入选福建自贸试验区第18批创新举措，其中“智能审核比对，全流程无人工干预”系全国首创；营商环境登记财产指标优异，连续两年被列为全国“登记财产”领域标杆城市；“创新不动产登记工作模式”连续4年被自然资源部总结推广。

（林诚锦）

自然资源执法监察

【概况】　2021年，福州市针对自然资源部季度卫片执法和国家土地例行督察中发现的问题，推进问题整改。开展农村乱占耕地建房问题专项整治，相关经验在全国、全省自然资源系统推介。

【农村乱占耕地建房问题专项整治】　2021年，福州市整治新增乱占耕地建房问题24个，占地面积3.25公顷；完成自然资源部、福建省162939宗图斑的摸排任务，并汇交至自然资源部平台，《中国自然资源报》《海峡资源报》报道福州市全链条推进农村乱占耕地建房问题摸排工作，向全国、全省自然资源系统推介福州经验。

【卫片执法】　2021年，自然资源部季度卫片执法发现福州市涉及违法用地2472宗，查处到位2217宗，面积767.2公顷（占用耕地297.7公顷）；消除违法状态1919宗，面积571.8公顷（占用耕地234.2公顷）。11月，市自然资源和规划局印发《福州市自然资源卫片执法预警约谈暂行办法》，定期通报自然资源违法违规情况，对存在违法违规等问题较为严重的县（市）区政府开展预警或约谈。

【土地例行督察】　2021年，2020年国家土地例行督察反馈福州市20个方面208个问题，福州市通过分类处置、“一宗一方案”等措施，完成200个问题整改。

（林诚锦）

测绘管理

【概况】　2021年，福州市完善测绘技术规程，推进市、县两级数字空间框架建设。启用“多测合一”综合管理信息系统，提供全流程在线管理服务。

【数码航拍】　2021年，数码航拍及影像数据处理项目更新生产福州市六区及闽侯县重点建设区域2094平方千米正射影像图（DOM），更新福州市五区范围内1∶2000数字线划图（DLG），项目于9月底通过竣工验收。

【测绘技术规程】　2021年2月1日，《福州市房产与规划建筑面积测算技术规程（暂行）》颁发实施，在省内率先衔接统一规划计容面积和房产产权面积测算标准。规程共9章33节，主要内容包括房屋面积测算的数据采集，房屋建筑面积计算的规定，成套房屋的分摊规则，特殊建筑物、附属建筑物的计容面积测算规定等。

【数字县域框架建设】　2021年，福州市自然资源和规划局推进市、县两级数字空间框架建设，聚集政务类空间专题数据400余个图层、公众服务专题空间数据70余类，对接资源规划、生态环保、应急救灾、城乡建设、城管、税务、联排联调等25家单位47个应用系统。

【“多测合一”管理】　2021年6月，福州市“多测合一”综合管理信息系统启用，系统平台从“多测合一”项目管理、测绘成果汇交、质量监督和测绘机构信用管理等方面，为建设项目业主、测绘机构、审批部门和行业管理部门提供“多测合一”全流程在线管理服务。

（林诚锦）

国土调查监测

【概况】　2021年，福州市推进第三次全国国土调查相关工作，完成主要数据发布，编制“三调”分析报告和总结材料。完成2020年度国土变更调查5.5万个地类图斑的更新工作。

【国土调查】　2021年，福州市第三次全国国土调查（简称“三调”）主要数据完成发布，进度位列全省第一。市自然资源和规划局组织开展“三调”成果安全保密排查工作，整理编制“三调”分析报告和总结材料等，完成福州市“三调”数据管理和共享平台的上线布设和全市“三调”永久基本农田落图工作。

【国土年度变更调查】　2021年，福州市自然资源和规划局组织完成2020年度国土变更调查5.5万个地类图斑的更新工作，调查成果高质量通过国家、省级核查，保持“三调”成果现势性。

（林诚锦）

地质灾害防治

【概况】　2021年，福州市完善地质灾害防范体系建设，实现市、县、乡、村四级网络群测群防体系全覆盖并实施动态管理。开展地质灾害风险调查评价，举办地质灾害培训。开展地质灾害治理，推进地质灾害搬迁和地质灾害点综合治理。

【地质灾害防范体系】　2021年，福州市查明地质灾害（隐患）点1039处（市级重要灾害点33处），发放防灾明白卡5029张，避险明白卡11272张，补充更新警示标识牌68个，实现市、县、乡、村四级网络群测群防体系全覆盖并实施动态管理。全市投入2037万元，在254处地质灾害监测点安装1585套普适性监测预警设备，实现实时数据研判，即时发出警示信息。

【地质灾害调查与培训演练】　2021年，福州市组织开展1∶5万、1∶10万地质灾害风险调查评价工作，投入调查资金1143万元，通过风险调查，掌握全市地质灾害隐患风险底数。举办各类地质灾害培训51场次，参加培训人数 3097 人；开展地质灾害应急演练 11 场次，参演人数 1395 人。

【地质灾害治理】 2021 年，福州市各级财政投入综合治理资金 3472 万元，专项用于工程治理、排危除险和地质灾害搬迁等工作，全年完成地质灾害搬迁 104 户 409 人。综合治理 68 处地质灾害点，惠及 458 户 2571 人。

（林诚锦）

海洋管理

【概况】 2021 年，福州市管辖海域总面积 82 万公顷，大陆海岸线长 920 千米，有岛礁 485 个。年内，全市完成 5 个项目用海审查和 7 个项目用海预审。组织开展《福州市海洋、海岛与岸线资源保护利用专题研究》并形成初步成果。

【海洋资源】 2020 年，福州市管辖海域总面积 82 万公顷，占全省海域面积 37640 平方千米的 21.8%；全市岛礁 485 个，占全省海岛 2214 个的 21.9%；全市大陆海岸线长 920 千米，占全省大陆海岸线长 3752 千米的 24.5%。

【用海管理】 2021 年，福州市完成粗芦岛北侧海堤加固工程、连江县道澳海堤加固工程等 5 个项目用海审查，经省自然资源厅批复同意项目用海；完成长乐外海海上风电场 C 区项目、连江县苔菉后湾三级渔港等 7 个项目用海预审。

【海洋规划】 2021 年，福州市自然资源和规划局组织开展《福州市海洋、海岛与岸线资源保护利用专题研究》，分析福州市海洋自然条件、资源和生态环境概况，在海洋功能区划、海岸保护规划基础上，进行海域、海岛和海岸线功能分区和功能定位，形成初步成果，初步确定全市海域“两空间一红线”，纳入国土空间规划专篇。

（林诚锦）

自然资源行政管理

【概况】 2021 年，福州市加快项目用地储备库建设，形成年度项目清单，保障产业和社会事业用地供给。市自然资源和规划局推进自然资源行政审批流程优化，实现高频办理事项办理时限缩减。

【自然资源行政审批】 2021 年，福州市自然资源和规划局实现 27 项行政许可事项总承诺时限由 192 天缩减至 64 天，工程建设项目审批时限再提速 36%，“用地预审与选址意见书核发”“用地规划许可证核发”“建设工程规划许可证核发”等高频事项办理时限均由 8 个工作日压缩至 4 个工作日，“建设项目规划条件核实与土地核验”由 8 个工作日压缩至 7 个工作日。

【项目用地储备库建设】 2021 年，福州市自然资源和规划局依托“十四五”用地空间布局规划和年度项目生成策划，建立用地储备库，形成年度项目清单，根据市委、市政府确定的重点片区、重大项目，统筹产业、民生事业和经营性用地布局，结合招商情况，开展地块选址论证工作，重点保障产业和社会事业用地供给。年内，四城区策划生成项目 450 个，用地面积 1053.33 公顷被纳入用地储备库，并根据用地储备，对接省美术馆、晋安区医院、晋安区法院、福州眼科医院等项目落地。

【自然资源投诉信访与议案办理】 2021 年，福州市自然资源和规划局参加行政诉讼应诉 95 宗，其中一审 42 宗，二审或再审 53 宗，局负责人出庭应诉 21 次；审理行政复议案件 20 件，对县（市）区自然资源和规划部门行政行为纠错 5 件。受理来信来邮来访案件 1494 件；接待群众来访 518 批次 1378 人次；受理福州市“12345”便民呼叫中心诉求件 5732 件，所有诉求件均在时限内答复完毕，回复率 100%。办理市人大代表建议 55 件，市政协委员提案 44 件（重点提案 2 件），所有代表建议、委员提案全部答复，按时办结率 100%。

（林诚锦）

（编辑 黄 铭）

生态环境保护

综　述

【概况】 2021年，福州市环境质量状况保持优良，空气质量综合指数2.59，6项污染物指标达到国家二级标准，在全国168个重点城市中排名第五位。全年空气质量优良率100%，比上年提高0.5个百分点，为全省唯一未出现超标天气的地级市。全市主要流域国考断面Ⅰ—Ⅲ类水质比例88.9%，省考断面Ⅰ—Ⅲ类水质比例94.4%，小流域断面Ⅰ—Ⅲ类水质比例94.4%，全市主要流域、小流域基本消除Ⅴ类及以下水质。近岸海域优良水质面积比例85.3%。年内，全市完成降碳减排和污染防治攻坚战阶段性目标任务，2021年度党政领导生态环境保护目标责任书考核为优秀，排名全省前两位。

【大气环境】 2021年，福州市空气质量优良率100%，比上年提高0.5个百分点，其中一级（优）242天，二级（良）123天。环境空气质量综合指数2.59，比上年下降6.2%。

城区空气中二氧化硫（SO_2）、二氧化氮（NO_2）、可吸入颗粒物（PM10）和细颗粒物（PM2.5）年均值分别为4微克/立方米、18微克/立方米、39微克/立方米和21微克/立方米，一氧化碳（CO）和臭氧（O_3）的百分位数浓度分别为0.8毫克/立方米和113微

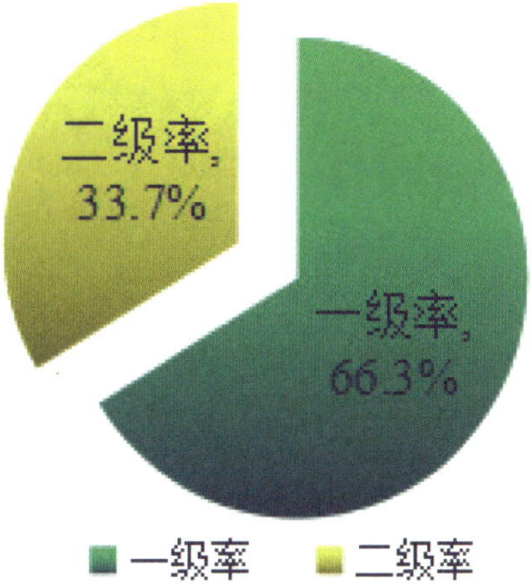

图18　2021年福州市空气质量天数比例图

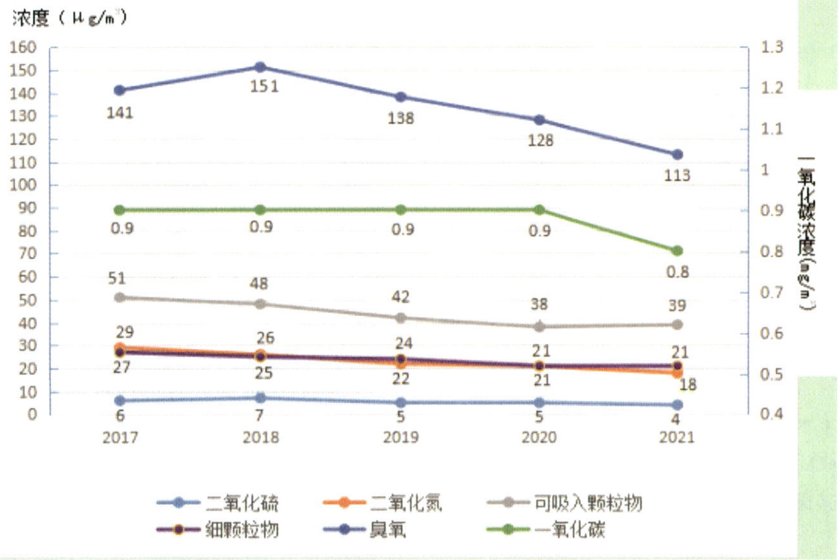

图19　2021年福州市主要环境空气指标变化趋势图

表 19　　2021 年福州市各县（市）区环境空气指标一览表

县（市）区	鼓楼区	台江区	晋安区	仓山区	马尾区	高新区	长乐区	福清市	闽侯县	连江县	罗源县	闽清县	永泰县
综合指数	2.69	2.63	2.53	2.69	2.49	2.67	2.48	2.42	2.47	2.26	2.43	2.33	2.23
达标天数比例（%）	100	100	99.4	100	99.7	99.4	99.7	99.2	100	99.4	99.7	100	99.7

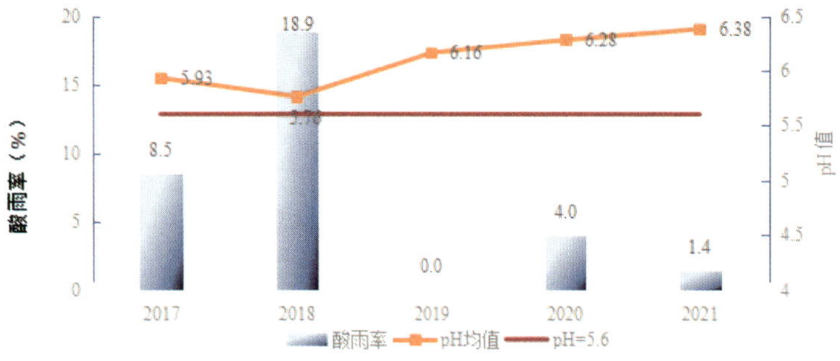

图 20　2021 年福州市城区降水 pH 年均值及酸雨率变化趋势图

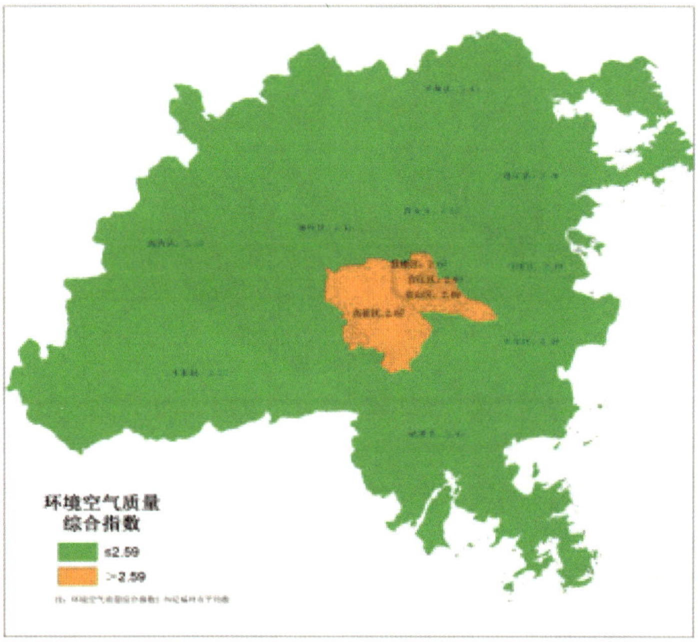

图 21　2021 年福州市各县（市）区环境空气质量综合指数示意图

克／立方米。城区降水 pH 均值 6.38，酸雨率 1.4%。

按照环境空气质量综合指数评价，县（市）区环境空气质量最好的是永泰县。

【水环境】　2021 年，福州市闽江、敖江、龙江 3 条主要流域水质总体保持优良水平；Ⅰ—Ⅲ类水质比例 94.4%；Ⅰ—Ⅱ类水质比例 30.6%；无劣Ⅴ类水质断面。全市饮用水水源地水质达标率 100%。

闽江水质　闽江流域福州段总体水质保持优的水平，Ⅰ—Ⅲ类水质比例 100%，Ⅰ—Ⅱ类水质比例 50%。

敖江水质　敖江流域福州段总体水质保持优的水平，Ⅰ—Ⅲ类水质比例 92.9%，Ⅰ—Ⅱ类水质比例 14.3%。

龙江水质　龙江流域总体水质为良好的水平，Ⅰ—Ⅲ类水质比例 83.3%，Ⅰ—Ⅱ类水质比例 16.7%。大斜龙江桥断面为Ⅱ类水质；倪浦桥、前洋桥断面为Ⅲ类水质；海口桥达Ⅳ类水质。

小流域水质　全市 54 个省控小流域监测点位，Ⅰ—Ⅲ类水质比例 94.4%。

湖库水质　山仔水库、东张水库、西湖水质类别分别为Ⅲ类、Ⅲ类、Ⅴ类，均与上年相同。按照综合营养状态指数计，山仔水库、东张水库水质处于中营养化水平，西湖水质处于轻度富营养化水平。

饮用水水源地水质　全市 5 个市级集中式饮用水水源地及各县级集中式饮用水水源地水质达标率均为 100%。

【海洋环境】　2021 年，福州市 41 个近岸海域国省控监测点位，按面积法评价，近岸海域优良水质（Ⅰ、Ⅱ类）面积比例 81.4%；按点位法评价，近岸海域优良水质（Ⅰ、Ⅱ类）比例 82.9%。

【声学环境】　2021 年，福州市建成区昼间区域声环境质量平均值 56.7 分贝，处于三级水平（55.1—60.0 分贝）。建成区昼间道路交通噪声平均值 68.1 分贝，处于二级水平（68.1—70.0 分贝）。

【生态保护区】　2021 年，福州市有国家级和省级自然保护区 4 个，总面积 36686 公顷；国家级湿地公园 1 个，面积 280 公顷。森林覆盖率 58.41%。陆域生态红线占全市陆域总面积的 21.52%，海洋生态红线面积占全市海域总面积的 33.04%。

（杨　帆）

环境监察整治

【概况】　2021 年，福州市推进大气污染整治，实施提升空气质量行动计划，加强空气质量预警预报与区域联防联控。开展水质提升工作，编制相关技术导则、地方标准和工作方案，推进水环境综合整治。建立“海上环卫”机制，成立海上环卫队伍，推动近岸海域环境整治。加强环保专项整治，推动两轮中央生态环境保护督察反馈问题整改，市生态环境局全年立案处罚环境违法行为367起。

【大气污染整治】 2021年，福州市实施提升空气质量行动计划，开展挥发性有机物（VOCs）2.0治理，完成25项企业VOCs精准减排项目和114家汽修单位油性漆改水性漆治理，扩大加油站油气回收在线监控范围，新增完成36家加油站油气回收在线监控安装。开展锅炉炉窑综合整治，淘汰改燃85台燃煤燃生物质燃油小锅炉，试点开展玻璃行业炉窑烟气提标改造。完成9家钢铁和1家焦化企业超低排放改造年度任务。加强机动车尾气路检与停放地检测，抽查机动车1500余辆，查处超标机动车170余辆。优化机动车结构，淘汰老旧柴油货车904辆，推广24468辆新能源标准车。开展扬尘管控，建立“无人机飞检+巡查员巡查”的扬尘污染整治新模式，发出扬尘污染整改通知通报443份。加强空气质量预警预报与区域联防联控，全年启动轻度污染天气和臭氧污染天气应急响应5次，响应天数11天，全年未出现污染天气。

【污染减排】 2021年，福州市污染物减排指标为化学需氧量、氨氮、氮氧化物、挥发性有机物4项，主要污染物实际减排量比上年分别完成1900吨、90吨、460吨、400吨，经核定，4项指标均完成年度目标任务。

【水环境综合整治】 2021年，福州市开展大江大河、城区内河、小流域、饮用水源地水质提升工作，重点推动打造美丽闽江、推动龙江流域水系综合治理，强化大樟溪水质提升，开展敖江水源保护示范区建设等工作。推动闽侯县井下溪、罗源县起步溪、高新区溪源溪等22条小流域综合整治，流域水质总体稳中有升。编制《福州市入河排放口整治技术导则（试行）》，按照“查、测、溯、治、管”的整治技术要求，分门别类开展入河排污口整治工作。开展闽江流域（福州段）排放口整治试点，排查出的430个闽江排放口基本完成整治。申报发布福州市地方标准《入河（湖、库）排放口分类与管理导则》。推进水源保护区规范化建设，完成全市乡镇级以上和千吨万人农村饮用水水源地勘界立标，明确保护区矢量边界。印发实施《深化农村饮用水水源地生态环境整治工作方案》，完成191个千人以上农村集中式饮用水水源保护区或保护范围划定、标识标牌设立、隔离设施建设和应急预案编制，清理整治48个环境问题。

【固体废弃物处置】 2021年，福州市开展危险废物规范化环境管理评估工作，动态更新危废环境重点监管单位清单，对56家危险废物产废单位进行评估，评估合格率100%。持续开展危险废物专项整治三年行动，对煤焦油、铝灰渣、废弃危化品等行业开展专项整治，全年检查危险废物企业近800家次。经核定，年内全市工业固体废物产生总量896.27万吨，工业固体废物处置利用率99.34%。全市工业危险废物产生总量23.87万吨，工业危险废物全部依法安全处置。全年医疗废物产生量1.14万吨，医疗废物全部集中收集后焚烧处置，涉疫废物日产日清，无害化处理率100%。

【土壤污染防治】 2021年，福州市筛选公布97家市级土壤污染重点监管单位。加强建设用地准入管理，建立土壤污染状况先行调查制度，全年完成150余个地块土壤调查，督促落实5个超标地块管控措施，全市污染地块安全利用率100%。开展25家省级重点企业周边土壤环境监测，完成重点行业企业用地土壤污染状况调查行政验收工作。加强新、扩、改建涉重项目环境准入，落实新增重点重金属污染物排放“减量置换”或“等量替换”要求，全市重金属排放量比2013年削减43.6%，未新增涉重企业。

【近岸海域环境整治】 2021年，福州市印发实施《进一步加强海漂垃圾综合治理行动方案》《海上环卫工作实施方案》，建立“海上环卫”机制，沿海5个县（市）区均成立海上环卫队伍，配备人员400余人、各类船只30余艘、无人机6台，开展海漂垃圾常态化、专业化治理。全年清理海漂垃圾2.7万吨，重点问题岸段海漂垃圾分布密度比上年下降25%。全市摸排1115个入海排口，按照“依法取缔一批、清理合并一批、规范整治一批”要求，一口一策推进整治工作。经整治，2021年全市入海排口水质达标率比上年提升11.3%，基本消除排口黑臭现象。取缔非法入海排污口5个，10家规模水产养殖企业尾水实现百分百达标排放。

【环保专项整治】 2021年，福州市生态环境局立案处罚环境违法行为367起，处罚金额2845.20万元，其中“四个配套”措施总案件数57件（查封扣押32件、行政拘留18件、司法移送7件）。开展“散乱污”企业（场所）整治专项行动，通过关停取缔、整合搬迁、升级改造等措施，完成4673家散乱污企业整治任务。开展“静夜守护”夜间噪声整治行动，重点整治城区范围内的建筑施工、社会生活、交通运输、工业生产4个领域夜间噪声扰民问题，建立城区建筑工地噪声污染治理长效监管机制，查处噪声违法行为1141起，处罚金额237.7万元。开展全市生态环境执法队伍“夯基固本优化提升”活动，进行案件交叉检查，举办执法技能竞赛和培训，提高执法队伍能力素质。完善监督执法正面清单制度，发布两批次共107家正面清单企业名单，探索开展非现场检查执法。

【环境安全】 2021年，福州市开展生态环境安全隐患排查行动，出动执法人员1860人次，主要检查石油化工、危险废物生产经营企业1080家，督促整改隐患问题105个。推进环境风险评估，完成对全市75家重大以上环境风险等级企业风险源信息申报核实工作。处置闽江福州段油污污染事件和宁德古田县企业废焦油泄漏流入敖江事件。全市未发生较大以上突发环境事件。

年内，市生态环境局发放80本辐射安全许可证（其中新发55本），对全市32家使用放射源单位410枚Ⅳ、

V类放射源开展检查，对全市72家820枚放射源单位（含省部级管理单位）进行抽查。在福清举行辐射事故应急演习，受到省生态环境厅表扬。

【生态环保督察】 2021年，福州市推动两轮中央生态环境保护督察反馈问题整改。建立中央生态环境保护督察反馈问题整改“六个一”专家挂点服务机制，开展专家挂点服务活动，提出帮扶措施90余条，推动解决问题23个。组织市直部门深入各县（市）区开展督察整改“回头看”工作，对60多个具体点位开展现场检查督导，督促整治长乐泰铭、连江定海湾等群众反映强烈的突出生态环境问题。年内，第一轮中央生态环境保护督察27项任务全面完成，第二轮17项任务完成7项，其余均按序时推进。两轮中央生态环境保护督察交办的2544件信访件全部办结销号。

（杨 帆）

环境监测与科研

【概况】 2021年，福州市深化环境监测改革，调整优化环境监测点位，建设特色环境监测站。推进环境保护信息化建设，加强政务数据汇聚共享开放。建立闽东北协同发展区重点流域上下游水质监测预警协调机制，解决跨区域流域水污染问题。

【环境监测】 2021年，福州市调整优化国控和省控环境监测点位54个，增加或调整监测任务24项。制订《福州市深化环境监测改革提高环境监测数据质量工作方案》，从优化监测网络布局、严格规范排污单位监测行为、构建防范不当干预长效机制、严厉惩处数据弄虚作假行为为4个方面提出具体要求，保障监测数据质量。推进全市特色环境监测站建设，投资2000万元采购新设备，实际新增72项特色环境监测能力。10月，举办福州市第一届“榕匠杯”环境监测员职业技能竞赛，福建省福州环境监测中心站和福州市各县（市）区环境监测站等15支代表队60名选手参加。

【环保信息化建设】 2021年，福州市生态环境局完成第四届数字中国建设峰会数字生态分论坛、数字生态成果展、数字生态子论坛及全国生态环境信息化工作座谈会的组织筹备和会务保障工作。福州市环境网格化监管平台及生态环境资源中心（一期）项目通过验收。市生态环境局构建散乱污整治专题和龙江整治专题一张图，配套建设相应的数据采集管理工作台。加强政务数据汇聚共享开放，采集整合环保系统内外的各类业务系统专题数据6亿多条。开展全市生态系统网络安全自查、网络攻防演练及对各县（市）区局的网络安全大检查。

【环保科研】 2021年，福州市开展臭氧污染观测研究、重点流域污染溯源及重点湖库富营养化观测相关研究等重点科研项目。《闽江口无机氮污染溯源与对策研究》《闽江口大气臭氧及其前体物来源与传输影响》两个课题通过市科技局验收。加强环境科研能力建设，推进福州市区域光化学污染溯源模拟分析能力建设、山仔水库水生态安全预警系统建设。年内，具备多参数监测能力的光化学移动监测平台投入运行。

【环保机制创新】 2021年，福州市建立闽东北协同发展区重点流域上下游水质监测预警协调机制，多次会商宁德市、莆田市共同解决跨区域流域水污染问题。制定出台《福州市市直有关部门生态环境保护责任清单》，明确60个市直单位及中央、省驻榕单位的244项责任事项。总结形成《做好治水“大文章”建设美好山水城市——福建福州创新完善水生态环境治理新机制》构建现代环境治理体系改革经验，分别在《中国环境报》《福建改革情况》上刊载。完善生态系统价值核算试点成果，福州市生态系统价值核算系统平台与市政务大数据平台完成对接。

（杨 帆）

环保宣教与投诉受理

【概况】 2021年，福州市生态环境局加强生态环境保护宣传教育，开展各类主题实践活动，在各级各类媒体投放宣传报道。全年受理各级环境信访件184件、“12369”平台投诉件1443件，均按时办结。

【环保宣传教育】 2021年，福州市生态环境局在各级媒体刊发（刊播）生态环境保护相关新闻报道222篇（条）。“福州生态环境”两微政务新媒体策划推出29个专题专栏、17个宣传话题，发布信息6359条，总阅读量超4600万次。利用“6·5”世界环境日等环保主题日，开展主题实践活动13场，线下参加约1300人次。制作生态环境保护、绿色生活创建公益广告片及标语宣传，并通过公交车、地铁、户外LED电子屏、广播电台等播放23660次。“6·5”世界环境日志愿服务项目获评2021年福州市暖心志愿服务项目。市环境宣教中心组织的“‘我为福州喝彩’大V体验行线上公众开放活动”获评全省环保设施向公众开放优秀组织案例。

【环保信访办理】 2021年，福州市生态环境局受理各级环境信访件184件、“12369”平台投诉件1443件。所有信访件均按信访程序要求及时办理，未出现群体上访事件。

（杨 帆）

（编辑 黄 铭）

经济管理

宏观经济管理

【概况】 2021年，福州市落实强省会战略，重点建设六个城、打响五大品牌、实施九大专项行动。开展“扶持龙头壮大产业”“抓项目促提升”“攻坚120天”等专项行动，经济社会实现平稳健康发展。全年地区生产总值完成11324.5亿元（含平潭），总量居全省第一；比上年增长8.4%，增速居全省第二。推进产业结构升级，三次产业结构比5.6∶37.9∶56.5，第二产业比重降低0.4个百分点，第三产业比重提高0.4个百分点。

【经济政策制定】 2021年，福州市落实《关于支持福州实施强省会战略的若干意见》，制定任务分解表和考评办法。制定印发《新时代加快完善社会主义市场经济体制的实施措施》《关于构建更加完善的要素市场化配置体制机制的实施措施》等文件。

【规划编制】 2021年，福州市印发实施《福州市国民经济和社会发展第十四个五年规划和二〇三五年远景目标纲要》《福州市“十四五”科技发展专项规划》《福州市“十四五”特色现代农业发展专项规划》《福州市“十四五”文化和旅游发展专项规划》《福州市“十四五”军民融合发展规划》《闽江流域（福州段）产业布局规划（2021—2025年）》等规划。编制福州市“十四五”生态文明建设专项规划。

【产业发展】 农业生产　2021年，福州市农业保持平稳发展，第一产业增加值比上年增长6%（含平潭）。建成高标准农田0.83万公顷，完成粮食播种面积8.27万公顷。生猪、蛋鸡养殖规模化率超90%，居全省第一。举办2021渔业周·渔博会、第二届菌博会等特色活动。新增国家级农业产业强镇2个、国家级农业龙头企业2家、省级农业龙头企业24家。永泰县入选全国休闲农业重点县。下水“百台万吨”深海智能养殖平台5套。

工业经济　规模以上工业增加值比上年增长9.5%（含平潭）。136家工业龙头企业工业增加值比上年增长14.3%，拉动全市规模以上工业增加值增长6.9个百分点。实施“数字·绿色”技改行动，推动165个亿元以上重点技改项目，技改投资比上年增长10.2%。信息技术、光电、生物医药、氢能源4个产业集群入选福建省战略性新兴产业集群。开展工业（产业）园区标准化建设行动，打造千亿园区、五百亿园区各4个，工业（产业）园区标准化建设经验入选中国改革年度典型案例。“海上福州”建设重点项目185个，三峡海上风电产业园成为全国首个“碳中和”工业园区。

服务业　第三产业增加值比上年增长9.3%（含平潭）。现代物流城提速建设，入选“十四五”首批国家物流枢纽建设城市。推进跨境电商综合试验区建设，举办首届中国跨境电商交易会。新增上市企业3家。新引进29个平台项目，平台项目数增至319个。购销供应链企业销售额突破2000亿元。入选全国首批一刻钟便民生活圈建设试点城市，三坊七巷、上下杭获评首批国家级夜间文化和旅游消费集聚区。

【经济社会事业体制改革】 2021年，福州市完成经济社会事业体制改革举措89项。设立福州新区直管区，基本完成新区管理体制改革。深化“放管服”改革，落实营商环境4.0版，开办企业审批时间压缩至0.5个工作日内。自贸试验区福州片区推出全国首创举措11项。率先探索“集成化医改”模式，在全国推广经验。

【生态建设体制改革】 2021年，福州市优化国土空间用途管控制度、构建现代生态环境治理体系、健全绿色低碳循环的生态经济发展机制等3个方面17项生态文明体制改革任务完成。鼓楼区获评全国第五批国家生态文明建设示范区。开展绿色生活创建行动，严把项目准入、持续化解过剩产能等方面的目标制定、情况跟踪和考核。启动《福州市碳达峰路径研究及行动方案》课题编制，提出时间表、路线图。

【社会信用体系建设】 2021年，

福州市推进社会信用体系建设示范区复评验收工作。开展失信专项排查治理，375家企业退出严重违法失信行为企业台账，退出率100%；排查1091家信用服务机构，完成率100%。推进公共信用信息平台共建共享，梳理信用目录11.17万项，归集信用信息数据30.01亿条。12月，福州市在全国36个省会及副省级以上城市综合信用指数排名中位列第11。

【区域经济】 2021年，福州市推动闽东北区域协作包含基础设施、产业协作、公共服务共享、生态环境共保等领域的68个协同项目，总投资3720.34亿元，年度计划投资557.81亿元，完成投资657.99亿元，占年度计划117.96%。年内，《福州都市圈发展规划》获国家发改委批复，成为第二个国家层面批复同意的都市圈发展规划。

【价格管理】 2021年，福州市居民消费价格指数比上年上涨0.6%。发放价格临时补贴和节日价格临时补贴3700.98万元，惠及19.9万人次。落实行政事业性收费事中事后监管，落实鲜活农产品运输“绿色通道”政策，降低企业物流成本5.39亿元。市本级完成成本监审（调查）任务23件，核减企事业单位上报不合理成本费用9340.7万元。

（于永钦）

固定资产投资

【概况】 2021年，福州市固定资产投资实现平稳增长，全市投资增速7.1%，分别比全国、东部地区、全省平均水平高2.2个、0.7个、1.1个百分点。两年平均增长9.0%，其中第一产业投资增长25.0%，第二产业投资增长13.7%，第三产业（含房地产开发）投资增长4.4%。投资呈现良好发展态势。工业投资结构优化，比上年增长13.2%，两年平均增长11.1%，拉动全市投资增长3.5个百分点，其中制造业和先进制造业投资分别占工业投资比重80.6%和48.0%。基础设施投资支撑显著，比上年增长14.2%，两年平均增长10.2%，拉动投资增长1.6个百分点。民间投资活力激发，比上年增长6.3%，两年平均增长12.7%，其中科学研究和技术服务业，交通运输、仓储和邮政业等行业民间投资分别增长108%、55.1%。

【新型城镇化建设】 2021年，福州市重点推进福清市国家新型城镇化综合试点工作。福清市在2021年度全国综合实力百强县市榜单中排名第17位，在全国新型城镇化质量百强县市中排名第25位。长乐东湖数字特色小镇、长乐数字教育特色小镇、鼓楼金牛“互联网+”特色小镇、永泰嵩口休闲旅游特色小镇被列入福建省特色小镇清单。

【项目投资】 2021年，福州市项目投资比上年增长5.4%，其中，239个市管省重点项目、1477个市重点项目分别完成投资1134.5亿元、4651.7亿元，分别占年计划的120.4%、103.3%。

【重大项目】 2021年，福州市新增入库亿元以上“五个一批”项目1823个，总投资9039亿元，2020—2021年，福州市连续8个季度在全省正向激励综合考评中位列各设区市第一。

（于永钦）

国有资产管理

【概况】 2021年，福州市国资委推进国企改革三年行动，开展市管国资国企改革重组，完善监管体系，优化布局结构，推动所出资企业参与重点项目建设，推进招商引资，助力乡村振兴。年内，市国资委获评全省普法工作先进单位、全市农业农村工作先进集体。年末，市国资委所出资企业资产总额4476.79亿元，比上年增长15.29%，居全省设区市国资系统第二位；营业收入增长39.41%；利润总额增长26.44%；上缴税费增长17%。

【国企改革】 2021年，福州市国资委推进国企改革三年行动，开展新一轮市管国资国企改革重组，推进国有企业战略性重组和专业化整合，推动国有资本向重要行业和关键领域集中，突出企业主责主业，形成“龙头引领+专业标杆”的“9+4”企业发展新格局。

开展专项改革，推动6家一级企业开展“对标行业一流企业管理提升行动”；推进国企数字化转型，与市大数据委联合印发《加快推进福州市国资委所出资企业数字化转型工作方案（2021—2023）》；实施“国有重点企业上市培育计划”，5家子企业纳入国资委上市重点培育企业；实施“国有高新技术企业倍增计划”，在7家高新技术企业基础上，确定14家企业作为重点扶持对象。

【国资履职监管】 2021年，福州市国资委完善监管制度，制定《所属企业投资新设子公司工作指引》《所出资企业合规管理指引（试行）》等监管文件，健全所出资企业每月经济运行情况动态分析机制，完善违规经营投资责任追究工作体系；开展企业合规管理试点，所出资企业总法律顾问配备率100%。年内，召开县（市）区国资监管机构负责人座谈会；国资系统信用数据归集累计11.8亿条；福州海峡纵横电子竞价平台累计成交102.33亿元，溢价金额14.24亿元，总溢价率16.16%。

年内，开展党史学习教育和“再学习、再调研、再落实”活动，建立党史学习教育市国资系统“626”工作机制（6张清单、2份报表、6项结合），打造“5个课堂”（理论、视听、体验、宣讲、实践课堂）；开展“我为群众办实事”实践活动和“党旗在基层一线高高飘扬”活动，落实重点民生项目155项和惠民利民项目410件（次）。实施“红色领航”工程，设立临时党支部（党小组）100余个；开展党支部“达标创星”活动，创建“近邻有温度、长者享幸福”“共建凝聚力、服务零距离”等企业党建品牌。建立“点、片、线”相结合的国资近邻党建工作体系，开展服务民生和加强基层治理工作项目30余个。

【国有资本运营】 2021年，福州市

国资国企服务全市中心工作，融入九大专项行动，市属企业参与新区新城、水系治理、旧城改造、高速公路、地铁及市政基础设施等重点项目建设，承担或参与“九大专项行动”建设项目105个，总投资3250亿元。

助力乡村振兴，实施乡村振兴项目14个，完成投资36.11亿元。年内，与市林业局签署“国有企业+国有林场”合作协议，与永泰县政府签署乡村振兴战略合作框架协议，与闽清县政府召开乡村振兴工作座谈会。

加大招商引资力度，印发《福州市国资系统招商提升工作指引》，出台招商加减分激励机制，成立招商小分队46支，配合筹备召开“福州市与省国资委及省属企业座谈会”和央企座谈会，引进招商项目153个，总投资477.26亿元。

年内，城投集团居全国城投企业第18位、全省百强企业第37位；水务公司综合实力居全国行业第14位；文投集团入选“福建省文化企业十强”。3家企业入选年度省数字经济领域“瞪羚”创新企业名单，3家企业入选年度省科技小巨人企业名单，2家企业入选年度市建筑业龙头企业，省二建公司获建筑施工总承包“特级”资质和“鲁班奖”。

（王培欣）

审计

【概况】 2021年，福州市市县两级审计委员会召开会议31次，制定出台关于加强县级党委审计委员会及其办公室工作若干具体措施等规章制度13项，中共福州市委审计委员会办公室、福州市审计局联合印发《福州市“十四五”审计工作发展规划》。全市审计机关完成审计和审计调查项目266个，超年初计划3.5%。审计查出应上缴财政、归还原渠道资金、调账处理等审计处理处罚金额38.31亿元，移送纪检监察机关等部门查处事项16件，涉及金额1.02亿元，促进增收节支和挽回经济损失29.36亿元，推动建立健全规章制度和整改措施144项。全市审计系统实现市级以上文明单位全覆盖，市审计局蝉联四届“全国文明单位”。

【重大政策措施落实情况跟踪审计】 2021年，福州市审计机关对经济创新发展、工业企业技术改造、工业（产业）园区标准化建设、城市文化品位提升等政策落实及资金使用绩效审计，抽查99家部门（单位）8家园区5328家企业169个项目，涉及资金150.41亿元。

【财政收支审计】 2021年，福州市审计机关实行“横向到边、纵向到底”大数据一体化审计全覆盖方式，对137个部门（单位）进行预算执行与决算进行审计，其中市级部门预算执行审计20个，县级部门80个，地方政府财政决算审计37个，查出预算编报不真实不完整、未按规定征收缴纳收入、资金滞留闲置、资金不到位不落实、违规采购等主要问题金额59.96亿元，审计处理金额29.16亿元，促进增收节支21.19亿元。

【公用经费审计】 2021年，福州市结合各类审计项目对市直12个部门及其所属25个单位和县（市）区109个单位2020年度公务支出和公款消费情况进行专项审计检查，146个部门（单位）公务接待费、公务出国（境）费用、公车运行维护费、会议培训费分别比上年下降32.36%、99.56%、11.30%、51.77%。对审计发现的接待费超预算、未经批准对外出借车辆、长期封存车辆未及时予以处置、超标准报销差旅费、未按规定使用公务卡结算等问题进行处理和纠正，移送各级纪委监委问题线索2条，清退各类违规发放的补贴及报销的费用0.33万元。提出进一步贯彻落实中央八项规定精神、贯彻落实中央关于精打细算过紧日子的有关通知精神、控制公务用车购置和运行费3条审计建议。

【固定资产投资审计】 2021年，福州市对第44届世界遗产大会、“抓项目促提升”、第四届数字中国建设峰会、第九届海青节等368个重点建设项目及大型活动提供审计监督跟踪服务，涉及计划总投资882.74亿元。完成11个公共投资项目审计，审计查出个别建设单位未及时支付工程进度款、部分项目征迁进度滞后等问题。

【民生资金和资源环境审计】 2021年，福州市对推进乡村全面振兴、保障基本民生需求、加强生态环境建设等14个重点办实事项目进行审计。其中，开展养老、医疗保险基金使用管理和政策执行情况审计，涉及市县两级29家单位12家企业财政资金116.14亿元，发现未按规定参保、违规享受保险待遇等问题，促进追回多付保险待遇402.38万元；开展乡村振兴相关政策资金审计，重点抽查5个县区资金11.65亿元，涉及78家单位425个镇村631个项目，查出资金结存县区未发挥效益、项目管理不规范、工作落实不到位等问题。

【经济责任和自然资源资产审计】 2021年，中共福州市委审计委员会办公室、福州市经济责任审计工作联席会议办公室修订印发经济责任审计工作联席会议议事规则、办公室工作规则，明确各成员单位的职责、任务。市审计局修订完善领导干部自然资源资产离任审计评价定量和定性指标43项。全年对81个单位的104名党政领导干部及国有企业领导人员进行任期经济责任审计，并对其中28名领导干部开展自然资源资产离任（任中）审计；离任审计54人，占51.92%，任中审计50人，占48.08%；查出应负领导责任问题金额29.31亿元。

【审计信息采编】 2021年，福州市审计局采集、编报《福州审计简报》《福州审计简报特刊》《审计要情专报》36期166篇，被市级以上党政部门和新闻媒体采用95篇，其中《福建福州：审计为民 纾困解忧》《深化审计“两统筹”服务经济社会发展》《福州审计与边疆紧密相连，财政资金运用到哪里，审计就跟进到哪里》《福州审计机关在党史学习教育中创新建立“一张表格、三个融入”工作机制》等被审计署官网、今日头条、《福建审计》、《福州日报》等媒体报刊刊登报道。推送“福州审计”微信公众号48期186篇，门户网站发布信息294条。

【审计信息化建设】 2021年，福州市构建大数据审计体系，探索“数据归集—集中分析—现场核查—固化模型”大数据审计新模式；实现数据归集常态化，全市归集财政数据、一级预算单位财务数据、社医保数据、政府采购数据和行政办事服务数据等各行业数据约600GB。完善大数据联网审计平台模型，新增政府采购、预算执行等审计分析模型30个；完成福州市国产化电脑替换工作；自主开发“信创网页导航页面V1.0”。年内，审计数据智能百度、大数据智能转换和分析3个智能应用系统等为主要内容的“金审工程福州三期”项目可行性研究报告通过福州市大数据管理委员会验收。

【审计整改】 2021年，中共福州市委审计委员会印发《关于贯彻落实建立健全审计查出问题整改长效机制意见的若干措施》，健全完善审计整改管理、整改责任链条、整改工作运行、整改结果运用等机制，审计结果及整改情况纳入全面从严治党主体责任落实检查、党风廉政建设责任制考核及政府绩效管理考核，作为领导班子成员述责述廉、年度考核、任职考核的重要参考。创新建立“1+2+N”审计整改长效工作机制，以“两台账三清单”（细化“审计查出问题”和“整改落实结果”两个动态化管理台账以及审计问题清单、整改目标清单、整改情况清单）和“回头看”两项制度为抓手，建立与纪检监察、组织人事、效能督查等多部门整改联合督查机制，督促审计查出问题整改落实。2020年度中央预算执行和其他财政收支审计涉及福州市的24个问题全部整改到位，市本级审计发现问题整改率连续多年达90%。

【内部审计】 2021年，福州市有内部审计机构245个，其中独立机构71个；内审人员982人，其中专职人员211人。完成审计项目（单位）874个，审计发现问题3366个，涉及问题金额28.38亿元。福州市审计局开展内审工作情况调查，收集全市3620个单位统计数据，完成58个行政事业单位、7个园区管委会及43家市属国企内审资料备案工作。参加全国内部审计协会“内部审计为本组织统筹发展和安全发挥增值作用专题研讨”活动，福州市获省级一等奖2篇、二等奖和三等奖各1篇、优秀奖2篇；参加全国内部审计协会“内部审计促进组织贯彻落实党和国家重大政策措施典型经验展示活动”，福州市2篇典型经验被评为省级典型经验。

【审计学会】 2021年，福州市审计学会《深化审计“两统筹”服务保障疫情防控和经济社会发展研究》入选中国审计学会专题论文集并参加全国成果汇报交流暨专题研讨会；《浅谈政府与社会资本合作项目成本审计的几点思考》《探索构建领导干部自然资源资产离任审计评价指标体系》《推进我市工业园区标准化建设工作的研究》被市发展研究中心列入2021年度全市政府系统重点调研课题，其中《推进我市工业园区标准化建设工作的研究》获2021年市政府系统课题优秀调研成果三等奖；《新时代深化预算执行审计的若干思考》被省审计厅列为全省重点审计研究立项课题。

（林城冰）

统计与调查

【概况】 2021年，福州市统计局开展2020年度县（市）区政府绩效管理有关指标数据的科学采集和考核评分工作，参与改进2021年度县（市）区绩效评估指标体系、评估方法、计算方案；撰写调研报告11篇、呈阅件37篇、统计分析110篇，获市领导批示7篇，2篇文章分获全省优秀统计分析报告一等奖、三等奖；组织编印《统计公报》《统计月报》《福州统计年鉴》和《数说“十三五”》等统计产品；“福州统计”微信公众号粉丝数3346人，推送图文1004条，图文阅读数249305次。国家统计局福州调查队推进无人机遥感在涉农调查的扩面应用，开展电子台账试点、电子扫描采价试点探索。年内，长乐区纳入福州房地产价格统计范围。

【人口普查公报发布】 2021年，福州市统计局在政府官网、统计微信公众号、《福州日报》、《福州晚报》等载体发布第七次全国人口普查公报，编印《福州市第七次全国人口普查简明资料》。开展百岁老人回访调研，了解全市百岁老人身心健康、经济来源、日常生活、医疗保障等基本情况，研究探讨老年人养老保险、卫生保健、赡养等问题，为政府制定相关政策提供统计信息支持。

【常规调查】 2021年，国家统计局福州调查队落实居民收支新样本、CPI、PPI和房地产价格调查新旧基期价格指数的基本衔接，开展农产品生产者价格和主要农产品中间消耗调查样本轮换工作。推进国际比较项目（ICP）调查工作，推进粮食播种面积调查、畜牧业统计调查、价格调查、农民工监测调查、网购用户专项调查等工作。

【专项调查】 2021年，福州市统计局组织实施农业、工业、建筑业、批发零售住宿餐饮业、房地产开发经营业、服务业等行业，能源、投资、人口、劳动、社会、科技、环境等领域各项常规统计调查和城市年报。开展人口变动抽样调查工作、企业社会责任履行情况调查、部分行业事业单位统计调查、规模以下服务业企业抽样调查、小微工业企业经营情况、劳动工资统计年报工作、研发年报工作、企业信息化年报工作、创新年报工作等。

【统计机制创新】 2021年，福州市统计局建立重点企业跟踪监测机制，结合“转作风、优服务、转质效”等专项行动，梳理“规下转规上”“限下转限上”企业培育名单，了解企业生产经营情况及企业在升规入统工作中遇到的问题，指导企业准备升规材料，提高企业升规入统成功率。加强对在库企业走访，了解企业经营情况，现场解答统计工作难题，宣传各项惠企政策。

年内，市统计局建立三类“新手”统计培训机制。加强对系统内新调整人员培训，组织开展“四上”企业（规模以上工业企业、有资质的建筑业企业、限额以上批零住餐企业、规模以上服务业企业）统计培训，培训企业、基层统计人员1.4万人次；举办全市建筑业、贸易统计业务培训班，全市重点建筑企业统计人员、建筑业重点县（市）区专业统计人员、市县两级商务局和招商办主要负责人150余人参加。加强对换届后新到任干部培训，举办全市统计知识培训班，全市各县（市）区及各乡镇（街道）经济建设领域干部300人参加；组织统计业务骨干赴福清、永泰、仓山等地，为县区经济职能部门及乡镇（街道）、园区统计人员开展统计业务培训，确保换届前后统计业务培训全覆盖。加强对新入库企业培训，组织拍摄培训视频并上传至网站，推动大培训形成长效机制；丰富培训模式，在线上线下培训结合的基础上，市直部门、县（市）区两级联动，组织专人到企业进行面对面指导。

推进基层统计标准化建设，市统计局指导仓山区制订基层统计标准化方案，提出“人均服务企业数”概念，为基层配备统计人员提供量化标准；在园区、商圈设立“一站式”服务窗口。细化基层统计组织架构和分工，下设专业科室为企业提供定制式服务，引导企业差异化发展。

【统计改革】 2021年，福州市统计局建立新区经济发展指标工作联席会（例会）制度，协助福州新区管委会研究形成高质量发展指标绩效考核体系；新增企业研究开发费用、高技术工业增加值增速、规模以上工业企业实现利润总额等反映福州新区经济新动能的指标，加强对福州新区新经济、发展新动能的监测与探索。探索测算数字经济核心产业增加值，市统计局连续两年承办福建省数字经济统计研讨活动，邀请国内数字经济统计领域专家学者及国家统计局、兄弟省市统计局，探讨数字经济统计监测方法。开展知识产权投资试点统计，厘清知识产权作为投资项目的指标定义和范围，为全国推广应用知识产权投资提供福州方案。

国家统计局福州调查队推进无人机遥感在涉农调查的扩面应用，组织3轮无人机联合飞行训练，对41个粮食面积调查村的120个样方进行无人机遥感测量，开展生猪养殖数据遥感核查试点、农田环境监测站运行等工作。建立价格调查电子台账，对180家工价企业开展电子台账试点。开展电子扫描采价试点探索，提高源头数据质量和采价工作效率。年内，长乐区被纳入福州房地产价格统计范围。

【统计法治建设】 2021年，福州市统计局制定出台《关于统计机构负责人和统计人员防范和惩治统计造假弄虚作假责任制实施办法（试行）》，建立健全防惩责任体系。创新宣传载体提升普法实效，市统计局以普法讲法、统计开放日、民法典知识问答竞赛等形式，开展统计法宣传活动，配合国家统计局拍摄第二届“中国统计开放日”宣传片《小小账本 丈量民生》；将统计普法融入执法办案全过程，向企业负责人和统计从业人员开展实时普法、精准普法，以统计违法违纪案例为反面教材开展警示教育；组织编印普法宣传手册，将宪法、民法典、统计法三者结合，采用重点法条释义和案例分析相结合的方式解析法律，通过各类志愿活动、业务培训和统计法治宣传活动发放400余册。国家统计局福州调查队参与全媒体普法栏目《我执法我普法》，通过网络直播展示统计执法检查。

年内，市统计局联合省统计局对75家企业开展“双随机”抽查，全年立案查处违法案件58件，罚款89.8万元。国家统计局福州调查队组织开展2次统计执法“双随机”抽查，对63家样本企业开展执法检查，对13家企业发出责令改正通知书，对2家企业立案查处。

（陈　孜　詹璐瑶）

（编辑　黄　铭）

市场监督管理

综　述

【概况】 2021年，福州市新增内资（非私营）企业1248家，注册资本468.02亿元；新增私营企业66531家，注册资本7535.46亿元；新增外商投资企业567家，注册资本（金）88.54亿美元。至年底，全市实有各类市场主体总数突破90万家，其中实有内资（非私营）企业11974家，注册资本4784.46亿元；实有私营企业327646家，注册资本40787.7亿元；实有外商投资企业5649家，注册资本580.3亿美元；实有个体工商户573804户，资金总额494.86亿元；实有农民专业合作社3111家，出资总额180.16亿元。

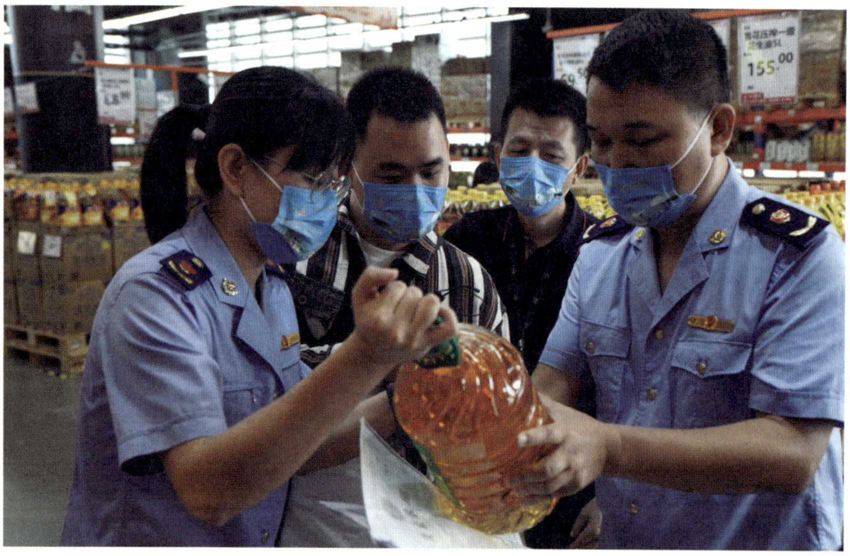

2021年，福州市市场监督管理局联合媒体创新“执法点检”新模式，开展“你点我检”检查活动。图为工作人员在超市开展检查　（市市场监督管理局 供图）

【个体经济】 2021年，福州市实有个体工商户573804户，比上年增长15.04%；资金数额494.86亿元，增长21.08%。新开业个体工商户113030户，比上年增长1.06%；资金总额119.21亿元，增长9.08%。注销、吊销个体工商户38161户。在个体工商户总数中排名前五位的是批发和零售业，住宿和餐饮业，居民服务、修理和其他服务业，制造业，租赁和商务服务业，分别有383138户、86789户、62465户、11508户和9319户，分别占个体工商户总数的66.77%、15.13%、10.89%、2.01%和1.62%。从事第一、二、三产业的个体户分别为6304户、11829户和555671户，分别占个体工商户总数的1.1%、2.06%和96.84%。

【私营经济】 2021年，福州市实有私营企业327646家，比上年增长10.99%；注册资金40787.7亿元，增长11.75%；从事第一、二、三产业的家数分别为8223家、46449家和272974家，分别占私营企业总数的2.51%、14.18%和83.31%。

【内资企业】 2021年，福州市新增内资（非私营）企业1248家，实有内资（非私营）企业11974家，其中国有企业693家、集体企业2399家、公司制企业8614家、其他企业268家。在总数中排列前五位的是批发和零售业、金融业、租赁和商务服务业、制造业、建筑业，分别有2713家、1792家、1602家、1050家和804家，分别占总数的22.66%、14.97%、13.38%、8.77%和6.71%。全市内资（非私营）企业注册资本4784.46亿元，比上年增长20.69%。

（邹惠珍）

商事制度改革

【跨区域通办合作】 2021年，福州市在全国率先与浙江杭州、江苏南京、山东日照等城市，对47个重点领域行政审批项目开展政务服务“跨省通办”合作；根据《福州都市圈发展规划》，牵头与莆田、南平、宁德和平潭共同签署“福州都市圈政务合作协议”，对企业设立登记等71个政务服务项目实行“跨市通办”；在闽清、罗源、永泰等地对118个市场监管行政审批事项试点实施“跨县通办”。至年底，全市市场监管部门完成跨省、跨县的异地办件量超300件。

【营商环境优化】　2021年，福州市推出全国领先的特种设备作业人员“二维码”证书、医疗器械网络销售信息备案全流程网办、企业开办和企业注销等51项审批事项同时纳入“一件事打包办”等创新举措，企业开办时间缩短至4个工作小时。全年新增企业6.83万家，增量居全省第二，比上年增长38.24%，增长率居全省第三。通过“现场办”“加急办”“简易办”和多渠道“网上办”和“银行办”（延伸拓展至239个合作银行的网点可办），简化材料、优化流程。市市场监督管理局窗口获第20届“全国青年文明号”及全市攻坚120天“双争”青春建功行动先进集体等称号。在2020年全国营商环境考评中，市市场监督管理局牵头的企业开办“耗时”指标取得满分，成为全国最佳表现。福州创业环境客观评价得分（主要反映开办企业方面）在2021年福建省促进中小企业发展工作领导小组办公室组织的全省中小企业发展环境评估位居第一。

【自贸区创新保障】　2021年，福州市市场监督管理局自贸办在福建自贸区福州片区率先实行商事登记确认制，支持自贸区管委会建设自贸区数据预警平台，多项创新改革在自贸区试点，指导报送福建自贸区第18、19批创新举措24项，超额完成自贸区改革创新试验任务5项。

（邹惠珍）

应急管理与疫情防控

【概况】　2021年，福州市市场监督管理局调整应急指挥部组成，下设11个工作组，就新冠肺炎疫情防控关键环节开展联防联控，统筹部署防控工作，并对县（市）区市场监管部门疫情应对工作进行相应业务指导。完善应急预案，全年召开疫情防控相关会议近30次，出台《应对新型冠状病毒感染肺炎疫情应急预案》《食品生产经营环节应对新冠肺炎疫情应急预案》《舆情监测和应对处置管理暂行办法》等文件。市市场监管监测服务中心借助自主开发的市场监管预警平台，在疫情防控期间针对冷链食品等内容，预设模型，重点监测，提前谋划应对措施。9月10日，莆田新冠肺炎疫情发生后，市市场监督管理局在市应急指挥部及属地指挥部的统一领导下，激活本系统疫情防控应急处置工作机制，全市系统转换至临战状态。9月13日，副省长郭宁宁带领省政府办公厅、省商务厅（口岸办）等相关部门工作人员赴福州市集中监管仓开展暗访检查，肯定相关工作经验做法并要求在全省推广。10月14日，科技部副部长张雨东一行赴集中监管仓专题调研深紫外光电子新冠病毒瞬灭技术及应用。

【集中监管仓建设】　2021年，福州市市场监督管理局加强集中监管仓作业人员排查和风险管控，执行一线作业人员封闭式集中管理，对专班、安保等管理人员限制离榕，并加强人员核酸检测工作，规范外地进仓货柜流程。将集中仓管理系统与福建省“一品一码”系统进行数据对接和回流，实现包含外地入榕在内的所有进口冷链食品全追溯管理，确保可追查和流向监控。配合全省科研攻关消杀技术的创新工作，对消杀技术和管理系统进行升级，率先在集中仓搭建光催化紫外线消杀作业线，配合福大、厦大科研团队开展臭氧和LED便携紫外设备的消杀实验。10月1日起，将所有从福州口岸入榕的过洋性远洋捕捞进口货柜纳入集中仓监管，对阳性货柜检出率高的达喀尔港口进口的远洋捕捞货柜实行熔断2周的措施。

年内，市市场监督管理局从硬件新建改建、流程规范、管理系统数据对接、人员防控、作业培训、管理制度建设等方面，指导福清市市场监管局、福清丰大冷库新建集中监管仓，提高全市进口冷链食品的核酸检测和消杀作业量。全年完成5174个货柜（约13.57万吨、995.73万件）的核酸检测和消毒工作，采集完成食品样本13.85万份（8980批次），作业、办公人员样本1.3万份的核酸检测，外环境预防性样本4.40万份，拦截阳性货柜64个。

【常态化疫情防控】　2021年，福州市市场监督管理局加强与集中监管仓的信息互通，指导各县（市）区局建立相应工作机制，跟踪福州口岸入境进口冷链食品超5000个货柜流向，货柜未进福州集中监管仓的，相关流向情况通报省、兄弟地市冷链食品专班及本市各辖区局，移送公安查处2起“应进不进”“应检不检”“应消毒不消毒”违法违规行为。督促相关生产经营者执行索证索票、进货查验、过程管理义务，落实进口冷链食品“三全四证”“入榕通行码”管理要求，落实“一品一码”全链条追溯管理制度，落实食品安全及疫情防控主体责任。全年全市市场监管系统检查各类进口冷链食品销售主体1275家次，立案查处38件。市市场监督管理局与卫健、商务等部门配合，突出“一线两重点”，督促冷链食品生产经营企业落实疫情防控主体责任，配合行业主管部门督促商场、超市、农贸市场、集市、外卖平台、餐饮企业、非星级酒店等重点单位落实防控措施，加强对从业人员的健康管理，落实重点人群“应检尽检”。根据涉疫食品核酸检测CT值、消杀、报关、检验检疫“四证”情况，判定风险等级，实施分级分类处置。全年处理进口冷链食品涉疫线索21条。

加强新冠病毒疫苗质量监管，对全市14家新冠病毒疫苗配送机构和261家接种单位开展全覆盖监管，检查352家次，未发现与质量相关的新冠病毒疫苗违法违规线索。督促药品零售企业落实购药人员佩戴口罩、扫码、测温、查看健康码等措施，以及从业人员健康管理和营业场所消杀工作，督导零售企业按照要求对购买“四类药品”（退烧、止咳、抗病毒、抗生素类药品）的顾客开展购药信息登记，录入相关信息140多万条。出台“四类药品”销售管理措施，市应急指挥部出台《关于细化落实“四类药品”销售管理措施的通知》，要求药店对有发烧、咳嗽的疑似症状的顾客不得销售“四类药品”，劝导其到就近医疗机构就诊，并将相关信息及时报告属地指挥部。年内，全市行政约谈药店84家、关停药店60家，药店在顾客进店核验健康码和测量体温时发现107例异常情况后停止销售退烧药，并报送当地指挥部。加强对医用防护服、医用口罩、新冠病毒检测试剂等疫情防控医疗器械检查力度，完成对38家新冠病毒检测医疗机构和16家配送企业的检查，清查冷链产品运输和储存质量管理。

【市场监管宣传报道】 2021年，福州市市场监督管理局在新华社、福建新闻联播、《福建日报》等15家主流媒体刊发报道368篇；政务网站、“福州市场监管”微信公众号和微博推送发布各类文章1689篇；“福州市场监管”官方抖音号发布短视频233条，粉丝超过30万人，点击量超1.8亿次，联合媒体创新“执法点检”新模式，创建话题“福州市监整治网红外卖”“不打招呼马上查”播放量1.5亿次。针对媒体曝光“曼琳粥铺”“回收药品”“染色黄瓜鱼”等问题，第一时间介入查处，开展追踪报道，化解舆情负面影响。

（邹惠珍）

市场监管执法

【概况】 2021年，福州市市场监督管理局在全省率先出台《福州市市场监管局关于常态化开展黑恶违法犯罪线索排查、推进“三书一函”运用的意见》，得到市扫黑办和省市场监督管理局扫黑办肯定，分别向市直各部门和十地市市场监管局转发推广；全年向市公安局扫黑办移送涉黑涉恶线索5条。“停车场违法经营举报平台”收到实名举报328件、匿名举报113件，49个停车场完成未明码标价、明码标价不规范、收费不规范等问题整改，对11个违法停车场予以查处。市市场监管局被评为全国市场监管系统扫黑除恶专项斗争工作成绩突出集体。

年内，全市市场监管系统以民生领域案件查办“铁拳”行动、守护药品安全“双剑”行动和点题整治为抓手，加强对各类市场监管违法违规行为查处。全市系统办结案件5436件（其中罚没款30万元以上案件12件），罚没入库3605.38万元，移送公安机关51件。1个案例入选市场监督管理总局典型案例，4个案例入选省市场监督管理局典型案例。开展打击市场销售长江流域非法捕捞渔获物专项行动，市局支队查处福建宏鼎网络科技股份有限公司（网络平台）为违法销售长江鱼提供交易服务案，罚款1.6万元。开展农村假冒伪劣食品专项执法行动，全市系统查处农村假冒伪劣食品案件1108件，罚没款1727.76万元，查扣违法食品7.08吨。开展联合打击野生动物违规交易、联合打击非法制售口罩等防护产品两个专项执法行动，查处野生动物（中国鲎）违规交易1件、口罩案7件。开展打击侵权假冒工作，办结“双打”案件1415件，罚没款1120.42万元。继2020年首次公布年度打击侵权假冒十大典型案例，2021年“4·26”世界知识产权日活动期间，再次组织推荐、评选“2020年度福州市打击侵权假冒十大典型案例”。开展侵权假冒商品销毁活动，销毁各类侵权假冒商品48606件，货值金额1183万元。查处军服案件7件，罚没款12.1万元，查处违法销售卫星电视接收设施案件3件。

【工业品质量监督抽查】 2021年，福州市有工业产品生产许可证获证企业221家228本证书，全部建档。市市场监督管理局对获证企业开展全覆盖重点监管，并按不低于10%比例开展“双随机”综合检查。工业产品质量省级监督抽查合格率98.01%，全市工业产品质量安全形势稳中向好，未发生系统性、区域性、行业性产品质量安全事件。

年内，市市场监督管理局邀请专家与监管人员在企业召开帮扶座谈会，结合不合格检验报告整改、食安创城、工许获证企业交叉检查等日常监管模式，对全市近百家企业进行生产标准、原材料进货及贮存、工艺流程、送检等环节质量帮扶。开展市级监督抽查，对儿童学生用品和食品接触用塑料制品产品进行监督抽查58批次，作为市场监督管理总局和省市场监督管理局监督抽查的补充。全年开展塑料污染治理、海上养殖设施产品、儿童学生用品、钢筋、水泥、农资、电线电缆、电器消防产品、车载卫星导航、无人机等20多个专项整治工作。

【广告监管】 2021年，福州市市场监督管理局组织部署广告清理整治，开展商业营销活动及仿纪念币（钞）类物品治理工作，规范清理借庆祝中国共产党成立100周年等名义从事商业炒作、仿纪念币（钞）类物品等市场乱象。聚焦医疗、药品、保健食品、金融、直播等重点行业，部署“双减”、护苗助老、医疗美容、房地产等领域广告专项治理，以线上微信公众号、移动客户端等媒体为重点，开展广告监测排查，发现违法广告线索及时流转处置，集中查处一批事关人民群众身体健康、生命安全的违法广告。以整治虚假违法广告联席会议制度为平台，完善信息共享、联合通报、执法联动等工作机制。全年立案查处违法广告310件，罚没款429万元，其中2件案件被市场监督管理总局通报为全国典型案例，7件被省市场监督管理局通报为全省典型案例。年内，出台《福建海西国家广告产业园区（福州园）建设运营配套实施意见》，明确广告产业园区的建设运营标准、2021—2023年主要经济指标、建设运营机制和奖惩等具体内容。1—11月规模以上广告企业营业收入比上年增长72.3%。

【企业年报工作】 2021年，福州市企业年报率91.05%。市市场监督管理局建立“上半年抓年报、下半年抓清吊”常态化年报工作机制，全市完成内外资企业“清吊”1.03万家。采取短信催报、邮寄信函、通知总部企业、微信朋友圈广告、短视频等方式开展催报服务，向全市市场主体发送短信11.5万条，邮寄信函2.26万件，微信朋友圈曝光52.6万人次。委托移动、联通、电信三大运营商以全市应年报企业法人身份证为索引，匹配校验筛选法人联系电话，推送年报提醒信息。

【网络交易监管】 2021年，福州市市场监督管理局部署开展网络市场监管专项行动（网剑行动）、网络餐饮服务食品安全专项整治行动、清理整治网络违法销售纪念章工作、药品网络销售违法违规行为专项整治工作等行动。以社会关注、消费者投诉的热点行业门类为监测方向，开展“6·18”、中秋国庆两节、“双十一”期间商品和服务信息定向监测行动，下发监测任务210个次（其中省市场监督管理局30个次），发现违法违规问题30个次，责令整改13个次，将企业列入经营异常名录11个次，立案2件，罚金4.44万元。配合开展清风行动，打击野生动植物违法交易行为，查处野生动物相关违法行为1件，罚没175.4元。牵头开展同城快送行业监管工作，联合市公安局、邮政管理局、交通运输局、商务局印发《福州市同城快送安全管理工作实施方案》，并开展联合检查1次。部署开展集中整治校外培训机构利用不公平格式条款侵害消费者权益违法行为行动，配合开展物业服务企业侵占住宅小区业主公共收益专项整治工作，全年查处合同案件95件，罚没357.47万元。

运用“网络餐饮e治理”平台，对网络餐饮市场主体进行“线上线下一体化”巡查、反馈、处置和跟踪，年内实现“e治理”平台对接“e福州”市民综合服务平台，开放社会共治有奖举报入口，“e福州”市民用户可发起有奖举报，线索核实情况挂钩市民“茉莉”信用分。全年通过“e治理”系统通报并制止网络餐饮违法违规行为3060个次，锁定违规“黑名单”网店1879家，收到行业内部举报奖励线索453条，核实发放奖励168件，兑现发放举报奖励金5.44万元；收到随手拍公众举报线索296条，兑现茉莉信用分奖励65件。

【消费投诉举报受理】 2021年，福州市市场监督管理局消费者投诉举报指挥中心依托“12315”市场监管热线及全国“12315”平台接到消费者诉求285908件，其中咨询190838件、投诉67662件、举报27408件，为消费者挽回经济损失5071.85万元；承接受理、分办福州市“12345”便民服务平台诉求件2247件。

【反不正当竞争】 2021年，福州市市场监督管理局组织开展重点领域反不正当竞争执法专项行动，整治医药购销领域和医疗服务不正之风、冒牌知名医院、校外培训机构、岩茶市场、疫情防控物资市场、网络直播行业、网络市场等涉及民生领域的违法行为，全市立案查处不正当竞争案件25件，结案24件，罚没255.64万元。配合反垄断执法机构查处美团、远大医药等4件垄断案件。

推进商业秘密保护，星云电子、榕基软件、申远新材料等10家企业被评选为“2021年度福州市商业秘密保护十佳示范企业”。推进公平竞争审查，清理妨碍统一市场和公平竞争的政策措施和规范性文件，废止规范性文件22件、修改3件。加大打击传销力度，全市市场监管系统排查涉传线索17条，立案查处传销案件2件，结案1件，移送公安部门1件。市市场监督管理局选送的《幻劫》打击传销宣传视频，获全国“第二届禁止传销公益短视频”优秀作品第一名；制作的《阴影》打击传销宣传短视频作为全国市场监管系统优秀作品，参加2021年平安中国“三微”优秀作品大赛评选。

（邹惠珍）

食品药品监督管理

【概况】 2021年，福州市连续21年将治理“餐桌污染”、建设“食品放心工程”纳入为民办实事项目，全市治理“餐桌污染”和“五类产品”（畜禽产品、水产品、果蔬、加工食品、饮用水）主要项目抽检合格率全面高于治理指标要求，食品安全满意率指标采集连续4年排名全省第一，食品安全总体形势稳中向好。医疗器械经营使用环节质量安全总体平稳，未发生医疗器械质量安全事故。市市场监督管理局牵头会同相关部门开展食安创城工作，并通过省级评审，完成国家对福州市的所有项目验收工作。年内，市场监管系统首场全国性食品安全工作会议在福州召开。

【食品安全生产监管】 2021年，福州市市场监督管理局督促检查进口冷链食品生产企业新冠肺炎疫情防控主体责任落实情况。开展生产环节食品安全风险排查、食品生产环节“两超一非”问题整治、食用植物油生产专项整治、让人民群众吃上“放心芝麻油”“酿造酱油”“酿造食醋”专项行动、肉制品生产质量安全三年提升行动、乳制品质量安全三年提升行动，实施福州市食品加工小作坊规范提升三年行动计划，全市出动执法人员5023人次，检查食品生产企业及小作坊2478家次，覆盖全部在产食品生产企业和小作坊。全市在产的食品生产企业全部提交食品安全自查报告，在产食品生产企业1236名食品安全管理人员食品安全抽考全部合格，覆盖率、合格率均为100%，小作坊建档率100%。

【食品安全流通监管】 2021年，福州市加强食品销售环节风险排查整治，继续开展放心食品超市自我承诺活动，全市40家超市参与承诺活动，签署放心食品超市自我承诺书，并在经营场所张贴承诺内容。继续开展食品安全一品一码全过程追溯体系建设，全市1291家食品批发、批零经营者在省级追溯平台上注册，上传加工食品追溯信息7600万余条；4000余家重点食用农产品经营主体，在市级追溯平台注册采集农产品进货配送记录及检验记录5600万余条，全市完成食品销售主体风险评级评定47422家。

【餐饮业食品安全监管】 2021年，福州市在已建成75家省级“明厨亮灶”示范单位基础上，以“互联网+”智慧监管为突破口，再创30家“互联网+”省级明厨亮灶示范单位，重点开展集体用餐配送单位、校园餐饮、闽菜餐饮单位“互联网+明厨亮灶”建设，年内完成初评验收工作。全市餐饮服务单位“互联网+明厨亮灶”建成数占总数的59.7%，校园“互联网+明厨亮灶”覆盖率82.4%。全市新增食品安全放心餐厅40家、食品安全放心食堂20家，依托福建省正餐行业协会、福州市烹饪行业协会开展宣传动员、申报及初评工作，引导闽菜企业参与建设食品安全放心餐

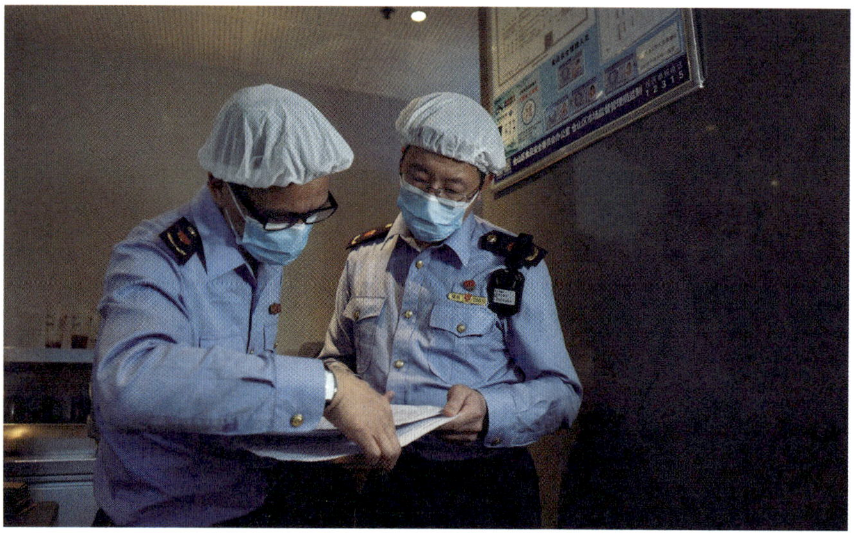

2021年，福州市市场监督管理局开展网红餐饮店专项执法检查。图为工作人员对某网红奶茶店的食品原材料的索证索票情况开展核查（市市场监督管理局 供图）

厅。推进省级“食品安全示范街”建设，以上下杭历史文化街区为创建点，创建2021年省级“食品安全示范街”。全市完成风险隐患排查任务5281批次，检出阳性13批次，阳性品种及项目为蔬菜中的菊酯类农残，贝类中的氯霉素、呋喃代谢物等。市市场监督管理局本级安排专项监督抽检任务7个，抽检品种涉及粮食加工品、食用油、调味品、蔬菜、水产品、畜禽肉、鲜蛋、豆制品、餐饮食品等九大类2510批次，抽检不合格产品均开展核查处置。规范“双随机、一公开”抽查，对于福州市从事网络外卖的餐饮单位，按照平台订单量排名前1万、1万—2万、2万以下将网络餐饮店分为3个档次，由市市场监督管理局按照3%、2%、1%的比例抽取并制成检查清单下发，由各县（市）区市场监管局开展“双随机、一公开”抽查。常态化开展风险等级评定，全市完成餐饮环节风险等级评定53172家，其中A级52703家，B级435家。

年内，开展《中华人民共和国反食品浪费法》宣传培训25期，宣传培训人次3877人次，发放宣传材料25529份。落实《福建省餐饮服务从业人员佩戴口罩的规定》，该规定为全国首个对餐饮服务从业人员佩戴口罩的专项立法，市市场监督管理局印制2万份宣传画在全市餐馆和食堂粘贴公示。在规定实施第二天，台江区查处全市首例案件，当场处罚个体户50元。全市针对从业人员佩戴不规范行为处罚595次，罚款55200元。

【网络餐饮监管】 2021年，福州市市场监督管理局针对网络餐饮“脏乱差”有所抬头、负面舆情高发等问题，结合“点题整治”启动网络餐饮百日专项整治行动。现场从平台订单量排名前20名的网红餐饮店随机抽取检查对象，由媒体跟拍、市民参与，通过抖音等新媒体，开展网络餐饮现场式直播执法检查，在抖音平台发布“福州市监整治网红外卖”“不打招呼马上查”等系列短视频，总播放量13667.8万次、获赞132.7万个。针对订餐平台资质审查不到位、制止违规行为不及时等履责问题开展取证固证，依据相关法律法规对平台立案调查；通过“e治理”平台对线下餐饮后厨卫生问题开展违法行为通报，实行线上线下执法一体化，通报制止餐饮网店违法违规行为718个次，纳入黑名单网店453家。专项行动以来，全市检查餐饮服务单位11320家次，抽检食品564件，责任改正610家次，查处案件655件（其中一般程序135件，简易程序520件），罚没金额132.63万元。

年内，全市市场监督管理系统联合省市电视台开展“餐饮安全你我同查”活动，并通过抖音、帮帮V直播、帮帮下午查等平台开展执法现场直播，开展“餐饮安全你我同查”活动75期，检查网红餐饮552家，媒体宣传报道51次。

【餐饮业专项检查行动】 2021年，福州市市场监督管理局开展餐饮环节食品安全专项检查行动，对全市中央厨房、集体用餐配送单位、连锁餐饮企业、农村集体聚餐、主要商业街、交通枢纽等地餐饮服务单位开展为期7个月的专项检查。专项行动期间，全市出动31808人次，对33757家餐饮单位开展专项检查，立案查处205家，处罚金额87.72万元，快检各类食材8833批次，实验室抽检1134批次。

深化校园三年守护行动，开展春季、秋季学校食堂及校园周边餐饮服务食品安全监督检查，联合市教育局分6个工作组对全市13个县（市）区学校、幼儿园食堂及校园周边开展3轮督查，全年出动执法人次1170人次，检查学校食堂3704家次、供校集体用餐配送企业72家次、校园周边食品经营单位7629家次，下发监督意见书219份，立案查处18家。

【食品药品安全检测】 2021年，福州市市场监督管理局下达市本级食品安全监督抽检任务5250批次，完成食品监督抽检5347批次，不合格60批次，不合格率1.12%，其中食用农产品2285批次，不合格32批次，不合格率1.4%。市市场监督管理局网站公开市本级监督抽检信息46期，公开监督抽检数据9426批次，其中不合格食品97批次，不合格率1.03%，并对不合格项目相关知识进行解读。通过组织承检机构抽样人员业务考试、召开承检机构监督抽检质量分析会、承检机构抽检质量飞行检查等举措，提升食品监督抽检质量。

推进食品安全风险隐患排查，针对食用农产品、散装食品、餐饮食品、现场制售食品、预包装食品等项目开展食品安全快速检测18087批次，检验出阳性样品68批次，涉及茄果类蔬菜、食用菌类蔬菜、浆果类水果、贝类水产品、甲壳类水产品、淡水鱼类水产品、豆制品、淀粉制品、畜禽肉及其制品，样品合格率99.62%。

在2018年各县（市）区食品药品

2021年，福州市市场监督管理局开展特殊食品规范标识标注专项整治工作。图为工作人员检查在售商品标识规范情况　　（市市场监督管理局 供图）

网格化监管均进入福州市级网格化服务平台运行的基础上，推进食品药品网格化监管，全市网格员采集上报17000件，立案16415件，核查结案15131件。其中，食品事件采集上报15961件，立案15408件，核查结案13725件；药品（含医疗器械）事件采集上报1039件，立案958件，核查结案857件。

【药品流通监管】　2021年，福州市市场监督管理局检查药品经营企业1654家次、药品使用单位1859家次，立案241件，结案187件，罚没款125万元；检查化妆品经营使用单位1363家次，立案65件，结案61件，罚没款64.65万元。办理药品经营许可审批业务963件，化妆品备案业务2005件。出台《关于印发药品零售连锁企业门店经营许可延续换证“先证后审”的实施意见》，为29家药品零售企业提供“先证后审”审批服务。针对民营医疗机构、城乡接合部和农村医疗机构等重点单位，以及购进渠道、储存条件、经营销售等重点环节，开展药品流通领域、集采药品、含兴奋剂药品、中药饮片、片仔癀、药品网络销售违法违规行为等专项整治。开展儿童化妆品“点题整治”，组织儿童化妆品非法添加专项抽检70批次，其中不合格1批次；立案30件，结案30件，罚没款34.05万元，整治工作在全省儿童化妆品专项整治行动工作推进视频会上作经验交流。加强抽检监测，全市抽样药品1051批次，专项开展制剂监督抽验，对22种市级医疗机构在产制剂进行全品种抽验；抽样化妆品361批次。制定出台《福州市疫苗安全事件应急预案（试行）》《疫苗监管工作联席会议制度》《福州市市场监督管理局化妆品安全突发事件应急预案》。

年内，市市场监督管理局与市卫健委、医保局联合出台《关于加强处方药销售使用管理的实施意见》，从规范零售环节处方药销售管理、推进慢性病长期处方管理、拓展“互联网+”医疗服务范围、引导“互联网+”药品流通规范发展等4个方面明确处方药销售规定。全年查办未凭处方销售处方药案件49件，上报1名“挂证”执业药师。探索执业药师远程辅助审方，在仓山区试点开展第三方平台执业药师远程辅助审方，扩宽注册执业药师审方空间，搭建线下药师审方和提供药学咨询服务为主，线上互联网第三方为辅的全营业时段处方药规范销售与药学服务管理新模式，为规范零售行业处方药销售行为探索新机制。出台“规范药房”建设标准，联合市卫健委制定出台《福州市基层医疗机构“规范药房（库）”建设标准（试行）》，探索推进医疗机构药品监管规范化建设机制。

【医疗器械监管】　2021年3月，《福州市市场监管局关于支持和鼓励医疗器械经营企业创新发展的意见》印发实施，全市兼并整合医疗器械经营企业134家，减免许可现场审查验收57家，医疗器械经营企业比上年增加1826家。修订《福州市药械经营许可检查员管理办法》，在全市遴选353名医疗器械经营许可检查员并建立检查员库，对全市医疗器械经营企业开展全项目检查471家次。开展医疗器械质量安全风险隐患排查治理、医疗美容药械专项检查等专项整治工作，全市市场监督管理系统出动检查人员7956人次，检查医疗器械相关企业3978家，其中纯一类生产企业22家，经营企业2523家，使用单位1433家，立案查处各类医疗器械案件70件，罚没款52.46万元。全市54家企业申请注销“医疗器械经营许可证”，165家企业申请取消“二类经营备案凭证”。开展医疗器械国家级监督抽验和省级监督抽验工作，加强重点品种靶向抽检，按流程完成5批次国抽、56批次省抽的产品抽样、寄样和信息录入等各项工作。根据省药监局百家示范点创建方案要求，制定下发示范点检查方案，按照创建检查方案对示范点进行帮扶提升，建立市级医疗器械质量管理经营使用单位示范点27家、省级医疗器械质量管理经营使用单位示范点14家。组织推进医疗器械唯一标识系统建设，督促指导42家医用耗材集中带量采购的医疗器械配送企业、8家代贮代送经营企业升级质量管理系统，实现对所有已赋码的产品进行UDI扫码出入库。指导1家UDI试点示范医疗机构及4家三级综合型医院实现UDI码“一码联通，组织5家医疗器械经营使用单位申报国家UDI示范单位。

年内，通过现场与网络视频远程会议相结合的培训方式，进行医疗器械政策法规宣传、专项检查工作部署、在线网络业务交流解答，全年组织各类业务培训7次，培训监管人员735人次、企业人员2219人次。组织全市监管人员180人、监管相对人7764人参加省药监局《医疗器械监督管理条例》线上测试，参与人数和合格率均排名全省第一。在2021年“全国医疗器械安全宣传周”活动中，全市出动市场监管人员355余人次，发动617家企事业单位参与活动，现场义诊、解答群众咨询1352人次，发放宣传手册3961本，宣传品1372件，联合省药品审评与检测评价中心、省食品药品质量检验研究院，在福州市鼓楼区灵响社区开展“安全用械 创新发展 安全用械进社区”活动。

（邹惠珍）

质量监督管理

【概况】 2021年，福州市开展质量提升专项行动，部署质量强市创建工作，全省首家“闽质通”质量基础设施一站式公共技术服务平台线下工作站落户福州。全市2家企业分获中国质量奖和提名奖，实现福州市获中国质量奖零的突破。开展第五届福州市政府质量奖评选活动。年内，连江县丹阳镇国家新型城镇化标准化试点项目高分通过验收。加强县级法定计量技术机构建设，全年新申请建标3项。建立社会公用计量标准136项，可开展计量检定165项，检测项目19个，校准6项，授权16家企业内部强检21项。开展计量检定岗位大练兵活动，组织开展县级法定计量技术机构检定人员技能比武竞赛，7家机构22人在省计量院参加数字指示秤和压力表检定竞赛。

【质量提升专项行动】 2021年，福州市市场监督管理局开展卓越绩效管理公益巡诊活动，对全市6家重点培育企业，开展质量专家进企业公益巡诊服务，引导企业导入实施卓越绩效管理模式，争创各级政府质量奖。组织全市205家企业280人分3期参加2021年度企业首席质量官培训，推动企业建立首席质量官制度；组织70家企业88人报名参加省市场监管局组织的先进质量管理方法公益培训。质量月期间，面向小微企业举办质量管理知识公益培训班，全市各行业小微企业代表等100余人参加培训。推进养老服务领域质量提升，牵头办理养老服务相关工作，牵头完成市人大代表关于规范养老服务产业的建议答复。

【质量品牌发展战略】 2021年，福州市市场监督管理局组织动员全市7家组织和3名个人申报参评第四届中国质量奖，福耀玻璃工业集团股份有限公司以“四品一体双驱动”质量管理模式获第四届中国质量奖（全国共10项，含个人），福建福光股份有限公司以“两用技术”质量管理模式获提名奖（全国共90项，含个人），实现福州市获中国质量奖零的突破，福州市获奖组织数居全省首位。跟踪指导盛辉物流等5家企业争创第七届福建省政府质量奖，盛辉物流、省建筑设计院分别入围第七届福建省政府质量奖、提名奖拟奖励企业公示名单。

2021年，完成第五届福州市政府质量奖评审相关工作，盛辉物流集团有限公司、福建省建筑设计研究院有限公司、福建东龙针纺有限公司、新福兴玻璃工业集团有限公司、福建祥龙塑胶有限公司5家企业获奖，涵盖制造业、服务业领域。4月，举办第五届福州市政府质量奖颁奖大会暨获奖组织（盛辉物流）经验分享会，兑现相关奖励政策，每家获奖企业奖励100万元。9月，结合质量月活动安排，其他4家获奖企业通过线上、线下等方式，分别开展经验分享活动。至年底，全市有中国质量奖获奖组织1家、中国质量奖提名奖获奖组织2家（4次获奖）、福建省政府质量奖获奖组织4家、福建省政府质量奖提名奖获奖组织2家，获奖组织总数均居全省首位；福州市政府质量奖评选5届，共24家企业获奖。

【质量强市创建】 2021年，福州市开展质量满意度测评等工作，组织开展市民质量满意度、服务业顾客满意度测评，委托第三方机构编制2021年度城市质量发展状况分析报告。推进质量文化建设，市质量强市办组织编印新一版《福州市小学生质量安全知识读本》10万册，9月“质量月”期间联合市教育局共同发放至全市各小学。组织开展“质量月”系列活动，市市场监督管理局牵头举办“质量月”启动仪式，9月8—9日在五一广场悬挂大型“质量月”主题横幅标语“深入实施质量提升行动 大力推进质量强国建设”，市文旅局、建设局等部门开展质量月系列活动。

【质量基础设施“一站式”服务】 2021年，福州市市场监督管理局制定福州市质量基础设施“一站式”服务工作方案，经省市场监督管理局批准纳入全省试点。制定印发《福州市市场监督管理局质量基础设施“一站式”服务工作细化实施方案》，借助省会城市质量技术资源优势，引导下属技术机构及社会相关机构入驻省市场监督管理局开发的“闽质通”公共技术服务平台，依托平台推广设立线下质量基础设施“一站式”服务窗口（工作站），推进开展线上线下相结合的“一站式”服务工作。全省首家“闽质通”质量基础设施一站式公共技术服务平台线下工作站在福州市金山工业园区挂牌运行。联合市行政服务中心管委会印发《福州市质量基础设施服务进园区工作实施方案》，推动质量基础设施服务以“政务+技术”模式进园区，为园区企业提供全生命周期的质量基础设施综合服务。年内，全市设立线下的质量基础设施“一站式”服务窗口（工作站）13个，入驻“闽质通”平台企业208家。

【标准化管理】 2021年，福州市企（事）业单位主导或参与制定国家标准45项、行业标准13项、地方标准12项、团体标准7项，全市在建国家级高新技术产业标准化试点项目1个、国家级农村综合改革标准化试点项目1个、国家级农业标准化试点项目1个、国家级服务业标准化试点项目3个、省级农业标准化示范区4个。连江县丹阳镇国家新型城镇化标准化试点项目高分通过验收。

【计量服务】 2021年，福州市市场监督管理局结合新冠肺炎疫情防控工作，会同省计量院和相关县（市）区市场监督管理局对机场、火车站、汽车站、医院、学校、大型城市综合体等公共场所的测体温类仪器开展免费检定（校准），免费检定（校准）测体温类计量器具9675台（支）件，其中红外筛检仪88台，红外额温计1720台，红外耳温计17台，玻璃体温计7839支，电子体温计11支。开展计量服务实体经济活动，各县（市）区市场监督管理局各组建一支计量服务队，共计帮扶企业117家、座谈和培训企业110家，发放计量服务资料940份，解决企业技术难题40个，其中借助省计量院为鼓楼区、马尾区、仓山区、高新区10家企业提供计量服务，并形成2个典型案例。

【计量检查】 2021年，福州市计量立案查处202件，罚没款20.73万元。市市场监督管理局根据省市场监督管理局部署，用3年时间对全市105家重点用能单位开展能源计量审查，年内完成41家，其中年综合能源消费量10万吨标煤及以上重点用能单位7家。协助市工信局推进重点用能单位能耗在线监测端系统建设，配合市建设局开展节水器具市场专项检查，检查23个建材市场商户127家，检查能效水效商场商户69家次。开展民生计量检查，抽查部分集贸市场、超市、酒楼、加油站，并通过电视台等进行监督报道。组织开展定量包装商品净含量计量监督随机抽查，选取茶叶、小食品、保健食品、食用油、大米、饮料、面粉、茶叶、食品用洗涤剂、电线电缆等9种商品，随机抽取43家企业30批次产品，对定量包装商品净含量的标注和定量包装商品净含量的检验两个指标进行检验，其中3批次不合格，督促不合格产品生产企业进行整改。过度包装商品抽检2批次，均合格。完成加油（气）机、电子计价秤、标准物质、能效水效标识等监督检查。在全市系统开展为期3个月的眼镜制配行业专项治理整顿活动。针对重点领域组织开展强制检定计量器具监督检查，出动执法人员508人次，检查企业821家，抽查检查计量器具11150台件，其中检查发现5家使用单位存在未经检定、超过检定周期计量器具的问题，分别予以立案查处1件、简易程序处罚4件，共计罚款0.19万元；对检查中发现的问题均责令限期整改，并继续跟踪落实整改情况。

【计量科普活动】 2021年，福州市市场监督管理局联合省市场监督管理局、省计量院在鼓楼区屏东社区举办世界计量日宣传活动，9月开学季联合福建电视台“第一帮帮团”通过网络视频直播福州大学城校园周边眼镜店联合检查行动，12月在福州少儿频道播出“测量守护健康，眼镜验配知多少”计量科普宣传短片。举办基层计量监管人员和企业专项业务培训。全市组织大型宣传活动14场，发放宣传海报、计量知识宣传材料13600余份，受理咨询服务1000余人次，为辖区247家商户开展普法宣传。

【质量监督抽查】 2021年，福州市市场监督管理局制定流通领域商品质量抽查检验工作方案及计划，向社会公开抽检细则并向省市场监督管理局报备。开展成品油质量抽检，对全市加油站销售的成品油进行抽检，对在营加油站国六标准成品油质量抽检总量350个批次，分3轮完成抽样，包括车用汽油、车用柴油各175批次，涵盖全市55%在营加油站，抽检发现不合格成品油4批次（均为0号车用柴油），由相关属地市场监督管理局进行溯源与处罚、整改。开展工业产品质量抽检，针对福州市在流通领域质量投诉举报热点，结合校园周边、儿童玩具专项整治等要求，对全市生产和流通领域的学生用具文具、儿童玩具、童车、服装鞋子、非医用口罩、消防产品、电器产品、洗涤日用品、眼镜产品、陶瓷砖、家用燃气设备、食品接触用品、天然气等商品实施监督抽查1415批次，对不合格商品生产经营者进行信息公示并要求整改。

【产品质量安全监督管理】 2021年，福州市工业产品合格率98.01%，工业产品质量安全形势稳中向好，未发生系统性、区域性、行业性产品质量安全事件。全市有工许获证生产企业221家228本证书，全部建档。市市场监督管理局组织县区局对获证企业开展全覆盖重点监管，邀请省工许审查中心专家组成联合检查组，按不低于10%的比例开展“双随机”综合检查。采取邀请专家与监管人员深入企业现场和召开帮扶座谈会形式，结合不合格检验报告整改、食安创城、工许获证企业交叉检查等日常监管模式，对全市近百家企业进行生产标准、原材料进货及贮存、工艺流程、送检等环节的帮扶。组织开展安全检查，对全市危险化学品及其包装物、容器生产许可获证企业11家进行专项检查，梳理产品质量安全隐患，指导整改。开展市级监督抽查，对儿童学生用品和食品接触用塑料制品产品进行监督抽查58批次，其中儿童和学生用品抽查18批次，2批次不合格；食品接触用塑料制品产品40批次，未发现不合格。针对各类监督抽查发现的问题、上级布置的专项任务及有关质量舆情，在全市阶段性、针对性地开展日常防护口罩、危化品、塑料污染治理、海上养殖设施产品、儿童学生用品、钢筋、水泥、农资、电线电缆、电器消防产品、车载卫星导航、无人机等工业产品专项整治行动20多个。

【特种设备管理】 2021年，福州市在册特种设备118571台（套），比上年增加14892台（套），增长14.36%，设备总量与增量均位列全省第二。其中，锅炉2921台，压力容器19982台，电梯73570台，起重机械15517台，场（厂）内专用机动车辆6432辆，大型游乐设施146台，客运索道3条。全市特种设备使用登记率99.88%，定检率99.79%，处理重要事项2006件，涉及特种设备5850台（套），重要事项闭环率96.74%。市市场监督管理局对全市2.6万多家特种设备生产使用单位进行全面分类整理，梳理年度日常监督检查计划1997家，下发2021年日常监督检查计划实施方案，年内全部完成。制订《福州市特种设备安全专项整治三年行动方案》，以危化品相关移动式压力容器、气瓶、大型游乐设施和客运索道、压力管道、起重机械和既有住宅加装电梯为重点，推进特种设备安全隐患大排查大整治。全市出动执法人员4024人次，现场检查特种设备生产使用单位1997家，发出监察指令书502份，查办特种设备案件128件，罚没款422.18万元。筛选20家特种设备数量较多、风险等级较高的大型化工企业、火力发电企业、冶金企业等特种设备生产使用单位，通过政府购买服务方式，从高校、企业、检验机构等渠道聘请专业人员，对重点企业进行专项检查、专家会诊。全年组织特种设备安全专家及监察人员183人次，完成20家单位专家会诊。

【电梯安全保障体系】 2021年，福州市市场监督管理局推动电梯“96196”应急救援平台与电梯微信公众监督平台融合应用，指导县区局对“96196”救援信息、微信不满意评价信息、维保记录信息等进行综合分析，对救援不及时、未及时上传维保记录和未及时回复评价的维保单位进行约谈、处理。福州“96196”救援指挥平台全年接听热线电话14277通，其中困人故障电话3370通，解救被困乘客5919人次，应急救援抵达现场平均时间15.5分钟。福州市电梯物联网平台整合福州市电梯微信公众监督平台、“96196”电梯应急救援处置平台，探索维保、检测行为匹配度识别功能，并创新一键直联呼叫救援、自动生成运行质量指数等功能。全年电梯物联网对接83家电梯厂家平台、10家第三方物联网平台，接入7128台电梯物联网信息，并根据物联网在线状态，对按需维保电梯进行动态管理，866台电梯加入按需维保改革试点。

【“气瓶充装AI智管系统”升级上线】 2021年6月，福州市在气瓶安全追溯管理系统基础上，升级上线基于AI识别的“气瓶充装智管系统”，在全国率先实现气瓶充装环节智慧监管。全市通过AI智管系统抓拍固证并立案查处违规充装行为15起，吊销充装许可证1家。至年底，存在可疑违规充装行为的企业数量有效减少、可疑推送数量锐减98%以上，其中绝大部分为非故意遮挡，与试运行期间全市充装站可疑充装日均500次、年均18万次的状态形成巨大反差。

【检验检测监管】 2021年，福州市有获证检验检测机构347家，其中事业单位检测机构62家，占比18%；民营检测机构285家，占比82%。市市场监督管理局加大对生态环境监测、机动车检验、食品检验、罐体检验等社会关注度高、风险问题集中领域的抽查比例，将未如期按要求上报2020年度报告、检验检测服务业统计的检测机构，以及被实名投诉和2020年经过现场监督检查被行政处罚的检验检测机构，列为“双随机、一公开”重点监督检查对象。其中，环境监测机构重点抽查承担污染物排放第三方监测机构，抽查比例不低于30%；机动车检验检测机构抽查比例不低于50%；罐体检验检测机构抽查比例100%，食品检验检测机构抽查比例不低于30%，其他检验检测机构抽查比例不低于20%。组织开展打击网售假冒检验检测报告违法行为专项整治行动，对全市29家检验检测相关的网络交易经营主体及网站开展排查和检查，督促网络交易平台严格落实平台内经营者主体资质资格审核和信息公示义务，针对“不送样检测”“检验检测包过”“一天出报告”等涉嫌出具假冒检验检测报告违法行为，立案查处违法案件1件，被市场监管总局公布为全国严打网售假冒检验检测报告违法行为典型案例（全国7例）。全年检查检验检测机构98家，责令整改22家，移送违法线索11条，立案4件，结案1件，罚没款3万元。

【认证检验检测监管】 2021年，福州市市场监督管理局开展小微企业质量管理体系认证提升行动，利用官网、微信公众号、微博等自媒体，结合“世界认可日”“质量月”“服务认证体验周”等主题宣传教育活动，宣传ISO 9001质量管理体系认证等国际公认质量管理优良方法。通过“小微企业质量管理体系认证提升行动服务平台”和“百万企业全面质量管理培训平台”，为176家企业提供免费网络培训。总结推广前期试点经验成果，结合福州经济产业特点和发展需要，筛选23家具有地域特色的小微企业进行重点扶持，形成以食品相关产业、农业、软件和信息技术服务业、餐饮业等产业集群效应。

加强认证活动监管，按照不低于15%的比例对强制性产品、管理体系、有机产品的认证活动开展监督抽查，对消防产品强制性认证活动进行全覆盖检查。全年检查认证活动2011件，检查企业911家，涉及认证机构130个。其中，检查自愿性认证活动1958件，检查企业868家，涉及认证机构123个；检查强制性产品认证活动53件，检查企业43家，涉及认证机构7个。依托风险等级和信用等级设定检查比例，对获证企业实施差异化监管，增强监管工作靶向性。全年检查强制性产品获证企业50家，其中消防产品获证企业4家，电动自行车获证企业1家。检查中暂未发现认证违规行为。加强“3C免办”证后监管，全年受理企业申请123家，核发“3C免办证明”123张，涉及产品22.83万件；检查相关企业49家次，涉及“3C免办证明”480张、产品254.37万件。年内，福清市成为全国首个能够直接办理“3C免办证明”县区。

（邹惠珍）

市场监督法治建设

【概况】 2021年，福州市市场监督管理局开展行政处罚法涉及地方性法规、规章和规范性文件专项清理，废止《福州市市场监督管理机关行政处罚听证规则》，提请市政府废止《福州市市场监督管理机关行政处罚程序暂行规定》，组织开展涉及计划生育内容专项清理等规范性文件专项清理工作；与市司法局联合印发《福州市市场监管领域首次轻微违法行为不予行政处罚事项清单适用规则》及第一批事项清单，在全省率先联合推出轻微免罚清单，事项涉及28项市场监管领域违法违规行为，包括注册登记、广告、计量、价格、商标、电子商务、生产许可、传销、认证、商品条码、药品经营、食品标签等12个类别。

【市场监管普法宣传】 2021年，福州市市场监督管理局组织开展行政处罚法宣传系列活动，举办行政处罚法专题视频讲座；与市委依法治市办、市司法局、“先锋944”福州新闻广播联合主办全媒体普法栏目，参加《我执法·我普法》第2季第17期节目直播，主题为“护航学生季　保障学生文具用品安全”；向《福州日报》《福州晚报》普法专栏供稿8篇；编印《扶持企业政策文件汇编》，印制3500册，用于普法宣传。组织全市市场监管系统人员参加全国市场监管第二届法律知识竞赛，全市系统1712人参与

2021年，福州市市场监督管理局开展校外培训机构检查工作。图为工作人员在培训机构检查信息公开情况　　（市市场监督管理局 供图）

在线答题，参赛率100%，优秀率（90分以上人员）96.43%。年内，市市场监督管理局被中宣部、司法部、全国普法办授予“2016—2020年全国依法治理创建活动先进单位”。

【市场监管执法监督】 2021年，福州市市场监督管理局组织案件听证1场；审理复议案件40件，其中撤销被申请人具体行政行为3件，调解1件，维持5件，驳回复议申请12件，申请人撤回复议申请19件。行政应诉案件32件，审结20件，其中撤诉6件，驳回9件，中止2件，指令再审2件，维持1件。机关负责人出庭应诉率100%。

【市场监管行政案件执法】 2021年，福州市市场监督管理领域立案3204件，结案3038件，罚没11509.81万元。其中，食药类案件立案1593件，结案1538件，罚没9001.74万元；工商类案件立案1081件，结案1003件，罚没1515.75万元；质监类案件立案321件，结案293件，罚没541.22万元；价格类案件立案191件，结案190件，罚没440.97万元。加强对县（市）区市场监管局执法办案检查督查，重点督查督办件、转办件、协查件办理情况。全年转办案件线索329件、“12345”协查件49件；全市系统移送公安案件34件。运用数字执法设备支持完成多项专项行动，固定网络证据456件、视频100分钟。深化网络交易监管平台运用，新采集、比对、更新网站、网店信息71400个。分析整理舆情信息237874条，形成舆情汇总材料120份。完成电子数据取证技术普及和涉网知识产权执法培训工作，指导调试新开设的上百个客户端并更新测试手机端取证软件和操作手册。

【价格监督管理】 2021年，福州市市场监督管理局推进防疫物资产品质量和市场秩序专项治理，召集市发改委、公安局等8家单位召开防疫物资产品质量和市场秩序专项治理行动部署会议，组织查处口罩、消毒液等重点领域制售假冒伪劣商品违法行为。全市查处生产销售不合格口罩、销售侵权口罩等类型案件6件，罚没金额1.57万元。加强节日市场、重要时间节点价格巡查，发放提醒告诫函1018份。检查全市住宿、餐饮、购物、交通，停车、景点、代办业务等节假日消费相关市场经营者652家，整改规范明码标价不规范经营者19家。

【校外培训机构收费检查】 2021年，福州市市场监督管理局重点查处校外培训机构不执行政府指导价和不按规定明码标价等价格违法行为，检查相关主体508家，查处校外培训机构价格类违法案件14件，罚没金额11.90万元。

【粮食市场秩序专项整治】 2021年，福州市市场监督管理局出台强化粮食安全监管若干措施，成立粮食市场秩序专项整治领导专班，出动执法人员744人次，检查国有粮食企业66家次、基层粮库39家次、粮食收购点13个次，检查经委托执行政策性粮食收储业务的民营库点、粮食经销商、贸易商26家次；检查贸易结算强检计量器具18台（件），立案1件。

（邹惠珍）

知识产权管理

【概况】 2021年，福州市有效发明专利拥有量20571件，连续11年位居全省第一；全市有各级知识产权试点、示范、优势企业652家，248家企业通过知识产权贯标认证，136家企业开展专利导航。全市市场监管系统查处知识产权案件3409件，办案总量位列全省第一，知识产权行政保护绩效工作获国家知识产权局通报表扬，位列全省第一；全国首创知识产权志愿服务挂点模式和“窗口融通”营业执照与商标注册证同步变更便利机制；开展知识产权“蓝天”专项整治行动，立案查处全国首例“清澈的爱”恶意商标注册申请案；福州市“知识产权创造、保护和运用”指标在2020年度全国营商环境评价中入选全国标杆并位居全省九地市营商环境评估第一，其中“知识产权公共服务”“知识产权全面保护”分别被列为全国区域最优和东部区域最优表现；市知识产权发展保护中心入选全国知识产权系统先进集体，受到人力资源和社会保障部、国家知识产权局表彰。

年内，全市有知识产权专员816人，“知创福建”知识产权公共服务平台收录专家903人。福建工程学院、江夏学院等高校开设知识产权专业，培养知识产权本科毕业生近250人。福建省知识产权局和福建工程学院成立福建省知识产权研究院和福建省知识产权培训中心。全市有百千万知识产权人才2人、全国专利信息领军人才2人、全国专利信息师资人才3人，全国专利信息实务人才10人，企业专利分析人才746人。

【知识产权培育申报】 2021年，福州市推行企业“知识产权贯标+专利导航”

双培育模式，新增知识产权培育单位52家，其中企业49家、专利代理机构3家。全市累计有248家企业通过知识产权贯标认证，136家企业开展专利导航。

全年专利授权量29994件，其中发明专利授权量4168件。全市有效发明专利拥有量20571件，连续11年位居全省第一；每万人口发明专利拥有量24.814件，位居全省第二。2020年“知识产权发展保护指数”绩效考核位列全省第二。年内，福州市获评中国专利奖5项、省专利奖11项，评选市专利奖29项。全市累计316项专利获得各级专利奖，其中中国专利奖43项、福建省专利奖86项、福州市专利奖187项。

新增有效注册商标6.18万件；新增地理标志证明商标2件：闽清青白瓷（21类）、闽清陶瓷（21类）。累计有效注册商标30.24万件，驰名商标55件、地理标志保护产品11件、地理标志商标31件。国家知识产权局商标业务福州受理窗口受理商标注册申请5152件，代发商标注册证2900件，接受商标业务咨询4240件。9月17日，全市首家商标品牌指导站“橘园洲创意园商标品牌指导站”在仓山区成立。年内全市设立商标品牌指导站9个。

【知识产权运用】 2021年，福州市新增32家福州市知识产权示范企业、13家福建省知识产权优势企业，15家企业通过福建省优势企业复核；全市有各级知识产权试点、示范、优势企业652家，其中国家级78家、省级215家、市级359家，在入选国家级、省级知识产权示范、优势企业中，福州企业数量居于全省前列。

市市场监督管理局制定知识产权质押融资入园惠企2021—2023年行动方案，提升知识产权质押融资政策可及性和服务便利度；与交通银行福建省分行等6家银行签订战略合作协议，推动企业专利权质押贷款，解决企业融资难问题。全年41家企业获得专利权质押贷款额度14.12亿元，4家企业获得商标权质押贷款额度0.53亿元，全市累计264家企业获专利权质押贷款额度71.06亿元。

作为全省唯一国家专利保险试点城市，福州市推出执行保险、被侵权损失保障保险等多种专利保险险种，全市50家企业为495件专利投保专利保险，保险保障金额355.5万元。至年底，全市累计480家企业为4259件专利投保，保险保障金额5902.9万元，投保企业数、投保专利数及保险保障金额均居全省首位、全国前列；省市两级财政累计为372家次企业下达保费补贴150余万元。

推进专利标准融合发展，推动福州经济技术开发区管理委员会、中国（福建）自由贸易试验区福州片区马尾区块开展全省唯一“福建省专利与标准融合机制创新试点”工作。将参编国际标准或主导制（修）订国家、行业、地方标准纳入知识产权贯标企事业单位培育申报条件之一，推动专利与标准融合机制创新试点企业培育工作。首批8家单位开展试点，47家企业参与制修订标准209项，13件专利融入7项标准，6项标准获福建省标准贡献奖。

推进地理标志运用，“福州茉莉花茶”于3月被列入《中欧地理标志协定》第一批中国清单产品，于12月被列入国家知识产权局第一批地理标志运用促进重点联系指导名录，全省仅5项地理标志入选。

【知识产权保护】 2021年，《福州市强化知识产权保护实施方案》出台，为全省首个由市委办公厅、市政府办公厅出台的知识产权保护方案，明确各部门、各层级分工任务，构建政府主导、各有关部门参与的行政执法、司法保护、仲裁调解、行业自律、社会共治的知识产权“大保护”工作格局。市政府办公厅发布《福州市知识产权工作联席会议制度》，建立市政府分管领导担任召集人，44个单位担任成员的联席会议制度。

年内，中国（福建）知识产权保护中心落地福州高新区并设立福州分中心，省、市、区三方签订协议开展共建，推动机械装备和电子信息产业知识产权快速审查、快速确权和快速维权。探索知识产权领域信用分级分类监管工作机制，11月福州市获批知识产权领域信用分级分类监管全国试点城市（全国12个试点城市），12月制定出台《福州市知识产权领域信用分级分类监管试点推进工作方案》，将重点建设知识产权领域信用信息采集和评价系统，实施知识产权领域信用分级分类监管工作，探索推动联席会议成员依法依规开展失信惩戒。

部署开展铁拳、蓝天、中华人民共和国成立70周年活动标识侵权违法打击查处、恶意商标抢注及2021年北京冬奥会和冬残奥会奥林匹克标志知识产权保护等专项行动，全市市场监管系统立案商标侵权案件241件，罚没金额179.49万元，移送公安机关5件，查处假冒专利案件3062件，专利纠纷案件115件，共计3418件。立案查处全国首例“清澈的爱”恶意商标注册申请案。

【知识产权志愿服务】 2021年“4·26”知识产权宣传周期间，福州市成立首支知识产权志愿服务导航队——福建工程学院知识产权志愿服务导航队，由福建工程学院8名教师领队和55名学生导航员组成，挂点服务13个基层市场监管部门，开展知识产权创造、保护、运用全链条服务，服务园区企业50多家次。11月，在仓山区互联网小镇建立全市首个知识产权志愿服务实践基地。

【知识产权宣传培训】 2021年，福州市举办知识产权基础远程教育等知识产权线上培训，参训人员7500多人次。在知识产权宣传周等大型宣传活动期间，通过进社区、赴企业、入学校，利用户外阅报栏LED滚动屏、政府官方网站、微信公众号、抖音、移动短信、地铁智慧屏等媒体宣传普及商标、专利、地理标志等知识产权保护基础知识和法规文件。全年被今日头条、新华网等主流媒体及《福州信息》等宣传报道约50篇次。年内，《2020年福州市知识产权发展报告》和《2020年福州市专利统计分析报告》发布。

【知识产权代理服务】 2021年，福州市有专利中介服务机构19家、分支机构13家，其中2家被列入全国知识产权服务品牌机构培育单位，1家作为全省唯一连续2年入选全国专利代理机构发明授权专利代理量前100强。专利中介服务从业人员350人，其中具有专利代理资格证人员127人。商标代理机构514家，其中2021年代理量1000件以上的有14家。省市区三级共建的“知创中国”和“知创福建”知识产权一体化公共服务平台运营累计成立8个分平台、36个工作站，建立900余名知识产权专家的智库；“知创福建”平台引进中规（北京）认证有限公司、北京航天情报与信息研究所等49家服务机构入驻，并对接74家福建省依法设立的专利代理机构，将4000多名省内知识产权专员纳入福建省线上知识产权线上专员库；平台全年开展战略工作坊49期，培训3300多人次。国家知识产权局、省、市三级共建专利审查协作北京中心福建分中心有专利审查员逾800人，覆盖机械、医药、化学、材料、电学、通信、光电等专业技术领域，全年审查发明专利申请5万余件。国家专利技术（福建）展示交易中心举办网上专利成果推介会2场，通过平台发布专利信息成果300多件；通过国有交易公示平台公示专利转让许可项目18项，金额200多万元；通过福州技术市场有限公司技术合同认定登记点登记专利权所属区域为福州市的专利权转让24项，金额1328.57万元；专利申请权转让2项，金额60万元；专利实施许可转让18个，金额346.5万元；12月在福州市科技成果转化公共服务平台上开辟成果专利（技术）竞价服务平台，征集和筛选福建省农科院优秀专利成果项目91个在平台竞价拍卖。年内，开展国家海外知识产权纠纷应对指导中心地方分中心申报工作，完成建设方案拟制。

（邹惠珍）

消费维权

【概况】 2021年，福州市消费者权益保护委员会受理消费者投诉2255件，解决结案2255件，结案率100%；为消费者挽回经济损失205.73万元，其中欺诈行为得到加倍赔（补）偿45件，赔（补）偿金额1.9万元。生活社会服务类、食品类、服装鞋帽类位居投诉类别前三位，分别占投诉总量的17.69%、16.94%、8.43%；质量问题、售后服务、合同纠纷位居投诉性质前三位，分别占投诉总量的31.40%、17.16%、14.86%。

【“3·15”国际消费者权益日活动】 2021年，福州市消委会围绕“守护安全，畅通消费”年主题，与省市场监管局、省银保监局、省消委会等单位在台江上下杭历史文化街区举办纪念“3·15”国际消费者权益日宣传活动，在市政府召开的2021年“3·15”国际消费者权益日新闻发布会上发布2020年消费投诉典型案例，联合“先锋944”福州新闻广播、福州市律师协会制作“3·15”国际消费者权益日特别节目《消费安心，法制护航》，受邀参加“守护安全，畅通消费”党风政风热线“3·15”特别节目和《海峡都市报》“3·15”吐槽大会线上直播活动，并利用报纸、电视、车载LED屏等传统载体及微信、抖音等新兴媒体开展“3·15”消费维权宣传活动。

【商品质量抽检】 2021年，福州市消委会对城区消费者使用频率较高的4家网约车平台服务质量进行比较评测，涉及接单等待时间、上车等待时间、结算价格、车辆状况、乘客安全设施等项目，并召开网约车消费评测结果通报暨座谈会，督促相关企业对发现的安全设施缺失、乘用舒适度差、未告知消费者额外收费信息等问题进行核实整改。联合省消委会开展手机充电器比较试验，抽查19家实体店及电商平台旗舰店销售的20款样品，并委托福建省产品质量检验研究院对标记和说明、电气绝缘、爬电距离、电气间隙、直插式设备、耐异常热、抗电强度、电源端子骚扰电压7个项目进行检测，其中1款样品的电气绝缘、爬电距离与电气间隙、耐异常热、抗电强度4个项目不符合标准要求，市消委会发布手机充电器比较试验结果及消费提示。

【消费宣传教育】 2021年，福州市消委会联合市律师协会线上发布“2020年消费投诉十大典型案例”，通过微信公众号、今日头条号等渠道发布警示提示、消费常识、投诉案例、维权动态167篇。制定《消费教育示范基地认定管理办法（试行）》，指导贝壳找房、中国移动东街营业厅、晋安供电营业厅等创建消费教育示范基地。推进线下无理由退货承诺工作开展，组织对承诺示范单位进行检查回访，指导福建东百红星商业广场有限公司、福州宜家家居有限公司等24家企业和商家提出申请、作出承诺。联合省市场监管局、省消委会等单位举办“安全消费·快乐成长”——“六一”儿童节主题宣传活动，通过动画视频演示、有奖知识竞答、情景剧表演等互动形式，宣传普及食品安全、网络购物等消费知识。

【社会消费质量检查与维权】 2021年，福州市消委会联合省消委会开展“儿童消费安全教育宣传暨校园周边消费调查活动”“城市老年消费状况问卷调查”2场活动，收集了解校园周边消费质量、养老消费现状需求等情况，并将调查中发现的问题及意见建议向相关部门进行反馈。联合省消委会等单位开展生鲜电商及大型商超、“食物银行”2场消费体察活动，组织消费者实地参观生产经营企业，现场体验食品快检及溯源信息查询、“食品银行”运作过程等环节。关注消费舆情，对家电寄修服务收费、外卖平台食品安全、网购假冒燃气灶具、山寨网站设局坑人等热点主动发声，约谈房产中介、汽车销售企业、建材家装企业等12家，并向部分未能配合调解或经约谈仍拒不作出整改的5家企业发出建议劝谕。根据3名消费者的诉讼申请，启动“快速支持起诉”机制，支持消费者提起全省首例合同格式条款支持起诉案件及韦纳教育拒不履行退款义务支持起诉案件。协助省消委会就“北京京东叁佰陆拾度电子商务有限公司以划线价的格式条款侵害众多消费者合法权益的行为”向福州市法院提起福建省首例消费民事公益诉讼，为全国消协系统针对电商平台的首起消费民事公益诉讼。经调解，京东删除诉请确认无效的划线价格式条款，承诺对“划线价”进行整改。

（邹惠珍）

（编辑 黄 铭）

财政 税务

财 政

【概况】 2021年，福州市（含平潭，下同）一般公共预算总收入1250.26亿元，比上年增长12.8%，其中，地方一般公共预算收入749.85亿元，比上年增长11.0%。支出925.73亿元（含上级补助、上年结转和债券等安排的支出，下同），同口径比上年增长2.7%。政府性基金收入959.51亿元，比上年下降26.9%；政府性基金支出1162.89亿元，同口径下降20.4%。社会保险基金收入230.09亿元，比上年增长7.4%；社会保险基金支出221.47亿元，下降4.4%。

【财政保障】 2021年，福州市实施积极财政政策，继续落实减税降费各项政策措施，对符合增值税留抵退税条件的企业应退尽退，加大对小微企业税收优惠力度，扶持市场主体发展。推进新冠肺炎疫情防控工作，统筹医保基金和财政预算资金10.7亿元，支持新冠疫苗全民免费接种，加强应急物资购置和储备。优化涉农项目资金统筹，确保涉农资金投入只增不减，支持培育壮大七大特色产业全产业链发展，推进乡村振兴试点示范建设，补齐农村基础设施和服务短板。加强扶贫资金动态监控，落实财政直达资金常态化管理，将24项转移支付资金纳入直达资金范围，促进各项惠企利民政策加快落实。支持改善人居环境，支持实施蓝天、碧水、净土、碧海保卫战，推动重点生态环保修复。推进连片旧屋区改造，支持老旧住宅小区整治。支持地铁4号线、5号线、6号线及城际铁路F1线建设，完善城市路桥布局。实施“两江四岸”环境升级，推进重要线路、片区、门户绿化景观提升，拓展群众公共休闲空间。推进机场扩建工程、天津大学福州国际校区、滨海新城综合医院（二期）、市疾控中心等项目建设，完善新区市政配套设施，推进下沙海滩修复与养护。

【经济发展投入】 2021年，福州市落实企业研发经费投入分段补助、技改专项补助、科技成果转移化奖励等惠企政策。实施人才强市战略，落实人才引进生活补助和住房保障等各项优惠政策，鼓励高校毕业生来榕留榕就业创业。整合各类产业扶持资金，落实产业链“链长制”，落实工业互联网平台、“两化”融合项目、数字化示范工程等奖补政策。支持培育平台经济、直播经济等新型业态，促进服务业转型升级。扩大债券投资效应，全市新增专项债券273.9亿元，比上年增加50.7亿元，推进轨道交通、产业园区基础设施、住房保障等省、市重点领域项目建设。年内福州入选“科创中国”试点城市，举办第四届数字中国建设峰会暨首届数博会。

【民生事业投入】 2021年，福州市推进教育强市建设，新改扩建中小学20所、幼儿园28所，出台市属公办小学、幼儿园参照事业单位聘用制人员管理办法，解决学校编制紧缺问题。提高教师生活补贴，完善课后服务体系。提高困难群众兜底保障水平，城乡低保标准从每人每月700元提高至760元，困难残疾人生活补贴标准由每人每月200元提高至230元，城乡医疗救助财政补助标准从400元提高至600元。发放稳就业奖励补助7.73亿元，惠及15.6万人。推进住房租赁市场发展试点城市建设，构建多主体供给、多渠道保障的住房制度。推动文体事业发展，围绕中国共产党成立100周年主题举办系列文艺活动，举办第44届世界遗产大会，打造更多福州古厝精品案例，打响闽都文化国际品牌。开展全民健身运动，推动竞技体育发展。2021年全市民生相关支出740.01亿元，占一般公共预算支出的比重79.9%。市政环卫实现精细化管养，加快垃圾处理生态园区建设。完善社会治安防控体系建设，提升“e福州”“12345”等便民惠企服务平台。

【财政预算管理】 2021年，福州市财政局实施零基预算管理，加快财政预算管理一体化系统建设，初步实现“项目库、预算编制、预算执行”等模块上线运行。出台交通运输、生态环境等分领域市与县区事权和支出责任划分改革方案。加强财政收入规范管理，规范工资津补贴发放。接受人大、审计以及上级财政部门等监督检查，落实审计整改

意见，承办省、市人大代表建议68件、政协提案33件，全部按时办理完毕。完成会计信息质量检查、预决算公开检查、“1+X+Y”专项检查等各项监督检查。

提高预算管理绩效，完善“1+5+N”预算绩效管理制度，出台绩效评价佐证材料指引，基本建成“全方位、全过程、全覆盖”预算绩效管理体系。推动重大项目事前绩效评估，将绩效管理整体嵌入预算管理流程，实现预算管理和绩效管理一体化推进。

【政府债务管理】 2021年，福州市财政局防范化解债务风险，落实福州市隐性债务化解方案，化解存量债务。加强全口径债务动态监测和分析研判，严禁违法违规举债融资行为，落实人大对政府债务管理的审查监督。遏制新增隐性债务，督促各县（市）区逐步降低债务风险水平。

表20　**2021年福州市一般公共预算收支执行情况表**

预算科目	2020年决算数（万元）	2021年决算数（万元）	增长率（%）	预算科目	2020年决算数（万元）	2021年决算数（万元）	增长率（%）
一般公共预算收入合计	6756083	7498470	11.0	一般公共预算支出合计	9514035	9252559	−2.7
一、税收收入	4855551	5637746	16.1	一、一般公共服务支出	841006	784609	−6.7
增值税	1873846	2172190	15.9	二、外交支出	—	—	—
营业税	—	—	—	三、国防支出	11663	11602	−0.5
企业所得税	801768	1014886	26.6	四、公共安全支出	504380	444990	−11.8
个人所得税	566043	588614	4.0	五、教育支出	1851895	1901386	2.7
资源税	2372	2298	−3.1	六、科学技术支出	432935	394536	−8.9
城市维护建设税	297448	358191	20.4	七、文化旅游体育与传媒支出	213570	160637	−24.8
房产税	184943	270470	46.2	八、社会保障和就业支出	1192794	1181502	−0.9
印花税	124326	161553	29.9	九、卫生健康支出	940707	907120	−3.6
城镇土地使用税	49697	73161	47.2	十、节能环保支出	286670	201541	−29.7
土地增值税	536444	518478	−3.3	十一、城乡社区支出	1026582	1058060	3.1
车船税	63328	65980	4.2	十二、农林水支出	618302	608915	−1.5
耕地占用税	31181	18930	−39.3	十三、交通运输支出	332292	362161	9.0
契税	320130	389028	21.5	十四、资源勘探信息等支出	270481	184713	−31.7
烟叶税	—	—	—	十五、商业服务业等支出	190412	261476	37.3
环境保护税	3353	2838	−15.4	十六、金融支出	17718	12307	−30.5
其他税收收入	672	1129	68.0	十七、援助其他地区支出	15109	9871	−34.7
二、非税收入	1900532	1860724	−2.1	十八、自然资源海洋气象等支出	87925	61655	−29.9
专项收入	786551	700264	−11.0	十九、住房保障支出	214820	274852	27.9
行政事业性收费收入	114953	122041	6.2	二十、粮油物资储备支出	30390	28186	−7.3
罚没收入	225563	191902	−14.9	二十一、灾害防治及应急管理支出	56297	49818	−11.5
国有资本经营预算收入	73095	69206	−5.3	二十二、其他支出	193654	164330	−15.1
国有资源（资产）有偿使用收入	558426	627750	12.4	二十三、债务付息支出	183346	186977	2.0
其他收入	141944	149561	5.4	二十四、债务发行费用支出	1087	1315	21.0

说明：1.2020年度福州市一般公共预算收支数据包含平潭综合实验区收支数据；2.其他收入包括捐赠收入及政府住房基金收入

（郑思吟）

税　务

【概况】　2021年，福州市组织税费收入1614.37亿元，其中税收收入1174.03亿元，社保费和非税收入440.34亿元。办理出口退（免）税173.54亿元。年末全市税务系统正常管理纳税人37.67万户，个人所得税扣缴申报自然人399万人次，医疗保险和社会保险参保470万人。在国家发展和改革委员会组织开展的2020年全国营商环境评价中，福州市纳税指标排名第14位，被评为全国标杆；在国家税务总局组织开展的2021年全国纳税人满意度调查中，福州市在全国省会城市中排名第八位；在国家税务总局福建省税务局2020年度组织绩效考评中，福州市税务局总分排名第一位。

【税费征收】　2021年，福州市组织税费收入1614.37亿元，比上年增加245.97亿元，增长17.98%。其中，税收收入1174.03亿元，比上年增加127.92亿元，增长12.23%；社保费和非税收入440.34亿元，增加118.05亿元，增长36.63%。全市办理出口退（免）税173.54亿元，比上年增加15.97亿元，增长10.14%。海关代征98.38亿元，比上年增加20.47亿元，增长26.27%。落实新增减税降费63.49亿元。市税务部门完成财政总收入1115.89亿元，比上年增加152.37亿元，增长15.81%；完成市本级收入182.75亿元，增加16.86亿元，增长10.16%。

【税收法治建设】　2021年，福州市税务局审理重大税务案件80件次，审理行政复议申请10件；新增一审行政应诉8件，结转往年一审未完结案件3件。利用行政执法信息公示平台和执法音像记录系统，开展税收执法全过程留痕和可回溯管理，落实重大执法决定法制审核制度；落实税务总局“首违不罚”事项清单；与市中院、市房管局等多部门合作，通过府院联动机制，办结全省第一起“重整式破产清算”模式实践案例。

【货物和劳务税管征】　2021年，福州市税务局组织入库增值税481.85亿元，比上年增加62.98亿元，增长15.04%；入库消费税19.22亿元，增加1.39亿元，增长7.80%；入库车辆购置税22.76亿元，增加1.43亿元，增长6.7%。推进增值税专用发票电子化试点，实现对首次开具或接受电子专票的纳税人网格化服务全部到位，全年有940户纳税人首次开具电子专票，4864户纳税人首次接收销方开具的电子专票。完成税务总局和福建省税务局增值税快速反应任务及增值税发票风险全链条快速反应任务共45批次144户。邀请27家网络货运平台企业举办政策培训暨座谈会。简化车辆购置税报送资料及减免税流程，推行车管所验车、实时网络申报完税、完成报牌手续“一站式”服务，全市车辆购置税申报15.27万辆，比上年增长14.62%。

【出口退税管理】　2021年，福州市税务局办理出口退（免）税173.53亿元，比上年增加15.96亿元，增长10.13%，其中办理直接退税149.87亿元、免抵调库23.66亿元。落实《国家税务总局关于优化整合出口退税信息系统　更好服务纳税人有关事项的公告》，取消部分申报事项、简化报送资料、优化办税程序、简化证明开具、增加便捷服务。实现出口退税管理新系统在福州上线。压缩出口退税平均办理时限至6个工作日内，对信用级别高的出口企业压缩至4个工作日内。开展出口企业分类管理评定工作，根据不同等级采取区别税收管理措施，引导出口企业守法经营。开展跨境电商贸易等新经济业态的服务与调研工作。

【企业所得税管征】　2021年，福州市税务局组织入库企业所得税333.07亿元，比上年增加53.86亿元，增长19.29%。2020年度全市参加汇算企业21.3万家，比上年增加1.8万家。针对全市专精特新、“小巨人”企业开通税费服务直通车，实行“一户一档”个性化服务，2020年度全市有2360家企业享受研发费用加计扣除92.9亿元，256家企业享受高新技术所得税优惠减免7.28亿元。开展企业所得税税前扣除风险任务事项应对。对交通运输服务、人力资源（劳务派遣）服务、废旧物资回收利用3个行业开展集中调研。对490家企业开展研发费加计扣除事后核查工作，969项研发项目提请科技部门进行异议事项鉴定，调增应纳税所得额5298.5万元。

【个人所得税管征】　2021年，福州市税务局组织入库个人所得税111.18亿元，比上年减少6.22亿元，下降5.3%，其中一次性税源限售股转让所得减少12亿元。全市133万人完成2020年度个人所得税汇算，涉及61729家扣缴单位。应用福州税务服务平台开展年度汇算引导，加强网格化责任落实，引导纳税人错峰申报，全市个人所得税申报率97.39%。分阶段递进式开展高收入人员申报辅导，对283名相关人员进行年度汇算申报辅导，申报补税2377.14万元。辅导49家个人独资、合伙企业征收方式从核定征收调整为查账征收。推进文娱领域税收综合治理工作，补缴入库个人所得税576.6万元。

【财产行为税管征】　2021年，福州市税务局组织入库财产行为税“十税”（契税、土地增值税、城市维护建设税、房产税、城镇土地使用税、印花税、车船税、耕地占用税、资源税、环境保护税）合计205.64亿元，比上年增加14.57亿元，增长7.63%，其中土地增值税50.11亿元、契税64.54亿元、城市维护建设税33.51亿元、房产税26.67亿元。关注住宅用地“两集中”供地新政以及“零门槛”落户新政对契税带来的影响，开展存量房评估价格动态维护和更新，优化“先税后证”源头控管模式。利用工程造价计税成本标准，加强对土地增值税开发成本的审核，推进土地增值税清算申报审核。加强环境保护税、资源税、耕地占用税等绿色税种管征。年内，福州市税务局在全省首推不动产交易申报缴税“掌上办”。6月1日起实行财行“十税”并表申报，8月1日起实行城建税和主税申报表整合申报，9月1日起契税法、城市维护建设税法在福州落地施行。落实《全国税务机关不动产登记税费一窗办理业务指引》，加强不动产登记税费一窗办理风险防控。

【社保费和非税收入管理】 2021年，福州市税务局组织入库各项社会保险费345.22亿元。其中，企业职工基本养老保险153.67亿元，失业保险6.62亿元，工伤保险3.20亿元，机关事业单位基本养老保险44.39亿元，职业年金22.07亿元，城乡居民养老保险3.23亿元，企业职工基本医疗保险92.86亿元，生育保险5.52亿元，城乡居民医疗保险13.66亿元。制定《社会保险费投诉处理指导意见》，维护参保人缴费权益；引导缴费人通过闽税通、微信公众号、云闪付、“e福州”、协理员汇总申报等多样化非现金渠道缴费。

年内，市税务局组织入库各项非税收入95.11亿元，其中包括教育费附加16.80亿元，地方教育费附加11.20亿元，文化事业建设费-212.54万元（免征退库），残疾人就业保障金5.84亿元，废弃电器电子产品处理基金0.32亿元，大中型水库移民后期扶持基金13.55亿元，国家重大水利工程建设基金4.37亿元，核电站乏燃料处理处置基金2.55亿元，可再生能源发展基金31.67亿元，场外核应急准备收入188.85万元，油价调控风险准备金收入1.75万元，地方水利建设基金3.80亿元，工会经费2.49亿元，水土保持补偿费0.38亿元，防空地下室易地建设费0.60亿元，大中型水库库区基金0.34亿元，地方水库移民扶助基金0.63亿元，排污权出让收入0.11亿元，土地闲置费0.32亿元。市税务局会同财政、水利、人防和自然资源规划等部门，推动办事缴费“一门、一站、一次”办理，1月1日起水土保持补偿费、地方水库移民扶持基金、排污权出让收入、防空地下室易地建设费划转至税务部门征收，7月1日起土地闲置费和城市绿化赔偿收入划转税务部门征收。

【办税缴费服务】 2021年，福州市税务局开展“我为纳税人缴费人办实事暨便民办税春风行动”，明确10个大类135条措施。发布首份《福州税收营商环境白皮书》。市、县两级选聘税收营商环境特约监督员228人。集成推出“榕易办”税费服务体系，在第四届数字中国建设峰会数字政府展区集中展示，该项目在全市绩效管理改革创新项目评审中位列市直监管和服务类部门第四名。联合福州市工商业联合会推进助力小微企业发展“春雨润苗”专项行动。“非接触式”办税缴费事项由195项增至226项，实现90%以上主要办税事项网上办、自助办。市税务局纳税人满意度在国家税务总局组织开展的调查中，排名全国省会城市第八位。福州市优化营商环境“纳税”评价指标，在国家发改委组织开展的2020年全国营商环境评价（80个城市和18个国家级新区参评）中排名第14位，被评为全国标杆。在福建省发改委组织开展的调查中，福州市税务局2020年纳税便利度列全省九市一区第二位。自6月1日起，在全市范围内推行税务Ukey邮寄申领业务。在鼓楼区朱紫坊、福建自由贸易试验区福州片区等地建设“智慧税务办税云厅”。以鼓楼区为试点承接开发“八闽办税码”，被福建省发改委列入学习推广的优化营商环境工作典型经验做法。落实“好差评”制度，收到纳税人评价超661.66万次，“非常满意”率99.93%。完成2020年度信用评价户数266401户，其中A级23785户占比8.93%、B级91648户、M级106185户、C级3580户、D级41203户。推广应用“福建省税务局银税互动平台”，17家银行接入该平台，合作金融机构为中小微企业发放“银税互动”信用贷款超150亿元。落实守信激励和失信惩戒措施，推送守信红名单23785户、失信黑名单363户。落实涉税专业服务监管工作，审核通过涉税专业服务机构761家，从事涉税专业服务人员2661人。

2021年4月1日，国家税务总局福州市税务局举办福州市第30个全国税收宣传月暨“榕易办”税收服务体系宣传活动启动仪式 （市税务局 供图）

全年“12366”纳税服务热线话务咨询总量58.15万个，人工接听量27.60万个，人工接通率98.97%。举办26场税收云直播，纳税人学堂访问6万人次，印发各类宣传册近30万份。推广“线上申请、后台审核、快递送达”的020领票模式，10.2万户纳税人通过020网上申领发票7175.70万份，比上年增长59.52%。处理“12345”便民（惠企）服务平台上涉税诉求工单1326件，“及时查阅率”“即时办结率”等指标均达100%，“群众满意率”指标99%。12月3日，福州市“12345”政务服务便民热线分中心在市税务局挂牌成立。

【征管基础建设】 2021年，福州市税务局加强福州税务服务平台建设，新增积分中心功能，升级税企交流群为服务群，平台平均日活跃数11万户，推送定向消息2563条、公告134条、通知纳税人624.5万户次。落实市场主体退出便利化措施，启用“注销逾期监控短信提醒”功能，确保注销业务限时办结，全市注销纳税人30722户，其中即办注销29149户、一般注销1527户、容缺承诺注销46户。退（抵）税无纸

2021年12月3日，国家税务总局福州经济技术开发区税务局宣传志愿者到马尾步行街，向市民宣传宪法知识，普及税收政策 （市税务局 供图）

化审批受理时长压缩至平均6天。“新办企业套餐”审核时间压缩至平均7分钟内。“税小蜜”智能客服在电子税务局、微信、支付宝、钉钉、税企交流群、App等6个渠道上线，年对话量25.3万人次。受理核准延期缴纳税款159户次（困难缓缴），缓缴税款6.91亿元。加强个体工商户定期定额管理。测试验证5C监控评价指标模型体系的指标口径、数据质量、业务差异等，并提出完善意见和建议。依托运维分析监控决策机制，运维处理总量1.89万条，保障“金税三期系统”和电子税务局运行。加强普通发票印制审批，合计印制新版机动车发票19.6万份；审批印制普通发票9种，合计印制12697万份。

【国际税收管理】 2021年，福州市税务局入库非居民企业税收收入8.45亿元。推动反避税工作向服务转型，2家企业分别续签和新申请双边预约定价安排。对12家企业开展特别纳税调整风险分析和提醒，加快6个在查反避税案件调查进度。辅导纳税人精准享受税收协定待遇，271户次非居民企业享受税收协定待遇，减免企业所得税1.14亿元；开具33份中国居民身份证明，帮助享受协定待遇金额7.34亿元，在境外减免税款2645.8万元。引导非居民企业以未分配利润进行直接投资，辅导享受递延纳税政策，5家企业进行递延纳税备案，享受递延税收优惠5560.49万元。通过国际税收管理平台向二十国集团中的11个国家发送自动情报信息479条，利用韩国自发情报提供线索对1名个人境外股权转让开展调查，追补个人所得税2003.4万元。

【税收经济分析】 2021年，福州市税务局围绕“一区二十四园”、总部经济、新区建设、乡村振兴等重点课题，开展税收经济分析工作，推进税务总局首批大企业“天气预报式”经济分析试点工作，全年向地方报送税收分析报告22篇，获省、市党政领导批示7篇次，被市政府发展研究中心评为课题调研优秀组织单位。各类信息被国务院办公厅信息刊物采用5篇、省委省政府办公厅信息刊物采用82篇、政务信息工作在市政府排名第一。

【大企业税收管理】 2021年，福州市税务局完成税务总局推送千户集团风险分析任务109户，预估税款2.68亿元；完成风险应对任务132户，入库税款2.29亿元。开展重点企业财务报表规范报送和数据采集工作。推出“一企一策”帮扶企业，对36家千户集团总部企业开展问需走访，收集梳理企业反映问题56个。启动重点税源企业重大涉税事项协调机制和涉税事项快速响应机制，帮助大企业解决重组改制中的涉税难题。

【税收风险管理】 2021年，福州市税务局推送风险应对任务177批次，入库税款2.01亿元。协调福州市大数据发展管理委员会、省税务局大数据和风险管理局，促成福建省税务局大数据平台与福州市政务数据汇聚共享平台互联互通，实现涉税数据自动传输。建设智税风险体检平台，在6个试点单位开展试运行。在省税务局税收分析系统上部署应用福州专题，把制造业、批发零售业的发票开具情况设置为定期查询指标，便于相关部门定期查询统计数据。加强一户式2.0、自然人电子税务局、税务总局云平台等相关系统的运营工作。

【税务稽查】 2021年，福州市税务局稽查立案检查户数1729户，审结1421户，结案1354户，查补税费总额8.01亿元，入库税费总额4.15亿元。推进稽查积案清理工作，提前完成税务总局、省税务局全年积案清理率目标，清理率位居全省第一。与市公安经侦部门共同查处“10·24”特大虚开增值税发票案，获中央电视台《新闻联播》关注报道，共同查处“7·15”出口骗税案等涉税大案要案。加强“双随机”监管，省级重点稽查对象随机抽查工作涉及全市17家企业，企业自查入库税款3630.91万元；市级重点税源企业随机抽查18家，企业自查入库税款103.47万元。开展营利性教育机构税收专项规范工作，企业在自查阶段入库税款735万元。开展食品加工和酒类经销行业税收专项规范工作，企业自查阶段入库税款808.52万元。将涉税犯罪案件录入“两法平台”，向市公安局经侦部门移送虚开增值税发票及偷税案件25件。配合省市相关部门常态化开展扫黑除恶专项斗争、打击非法社团组织、打击治理电信网络诈骗犯罪、打击走私违法犯罪活动等工作。年内，市税务局被税务总局、公安部、海关总署、人民银行评为打击虚开骗税两年专项行动成绩突出集体。

表 21　　2021 年福州市税务系统各项税费收入完成情况表

项目	入库金额（万元）	比上年同期增加绝对额（万元）	比上年同期增长（%）
一、税费合计	16143660	2459688	17.97
（一）税收	11740285	1279185	12.23
中央级	5676932	643350	12.78
地方级	6063353	635835	11.72
省级	731004	−74285	−9.22
地（市）级	1723243	177074	11.45
县（区）级	3609106	533046	17.33
1. 增值税	4818499	629829	15.04
其中：直接收入	4581899	755929	19.76
免抵调	236600	−126100	−34.77
2. 消费税	192165	13897	7.80
3. 企业所得税	3330684	538603	19.29
4. 个人所得税	1111765	−62177	−5.30
5. 土地增值税	501089	−10234	−2.00
6. 其他税收	1786083	169267	10.47
（二）费金	4403375	1180503	36.63
二、出口退（免）税	−1735349	−159649	10.13
三、海关代征	983763	204637	26.26
四、财政总收入	11158989	1523775	15.81
五、地方财政预算收入	6033965	821458	15.76
六、市本级一般预算总收入	3407739	349791	11.44
七、市本级一般预算收入	1827555	168597	10.16

（林明明）

（编辑　黄　铭）

农业 农村

农村建设

【概况】 2021年，福州市第一产业增加值637.03亿元，比上年增长6%，总量及增速均居全省第一；农林牧渔业总产值1122.21亿元，继续稳居全省首位，增长5.6%，增幅居全省第二。全市农村居民人均可支配收入25201元，居全省第三，比上年增长11.2%，增幅居全省第五。

【强农惠农政策】 2021年，福州市编制《福州市“十四五”特色现代农业发展专项规划》《福州市乡村产业发展专项规划（2021—2025）》《福州市畜牧业“十四五”发展规划》《福州茉莉花与茶文化系统保护与发展专项规划（2021—2025）》等一系列规划，从各个层面明确5年内全市乡村产业振兴的目标和方向，以推进各项强农惠农政策落实。出台《福州市“扶持龙头壮大产业”专项行动方案》《关于加快远洋渔业高质量发展的十条措施》等政策措施。落实《关于加快特色现代农业发展十条措施》《关于调动农民种粮积极性 促进粮食生产八条措施》《关于支持福州茉莉花茶产业发展九条措施》等，提高农民种粮积极性，以促进特色产业持续向好发展。

【乡村振兴试点示范建设】 2021年，福州市有6个省级重点县、15个省级特色乡镇和145个省级试点村，其中永泰县嵩口镇（2019）、福清市江镜镇（2020）、罗源县起步镇（2020）、长乐区猴屿乡（2021）、连江县黄岐镇（2021）被评为省级乡村振兴重点特色乡镇，福清市梧岗村等45个村入选福建省乡村振兴实绩突出村，全市有乡村振兴高级版试点村13个、中级版128个。年内成立乡村振兴战略实施项目指挥部，乡村振兴市级重点项目完成年度投资108.67亿元，完成率113.72%；实施省市乡村振兴试点示范项目1547个，年度投资完成率100.1%。

【农村人居环境整治】 2021年，福州市委、市政府抓住农村人居环境整治工作重点，召开农村污水治理、农村建设品质提升等不同专题的现场推进会，强化经验总结，推广各地典型做法。年内，完成农村建设品质提升六大类19项任务建设，摸排各级财政支持改造的农村户用厕所17万余户，除部分偏远地区外，全市旱厕基本拆除。新建乡镇生活污水配套管网190千米，完成5个县（市）区的乡镇生活污水处理市场化运营管理和145个村庄农村生活污水提升治理，新增高新区以县域为单位实行农村生活垃圾市场化运营管理。完成村

2021年10月23日，由福州市政府和福建省农业农村厅主办的2021年“中国农民丰收节”福州（福清）主会场活动在南宵村开幕 （市农业农村局 供图）

庄规划编制565个行政村，整治既有裸房10516栋，各县（市）区政府审查发布县域内农房建筑立面图集，实现新建农房“带图审批”，闽清县“崇尚集约建房”试点和罗源县起步镇集镇环境整治样板项目在省级考评中均排名全省第一。实施“村植千树”行动600个行政村，种植各类树种60万余株；累计创建“美丽庭院”省级示范户770户，评选市级美丽庭院6600户，实现全市省级乡村振兴试点村、实绩突出村创建工作开展全覆盖；新建“绿盈乡村”287个，超额完成年度任务。永泰县成为全省唯一的全国美丽乡村重点县试点，福清市被评为全国村庄清洁行动先进县。

【农业农村改革创新】 2021年，福州市累计确认家庭承包耕地面积9.6万公顷，颁发新版农村土地承包经营权证63.4万本，占比99.19%。

【乡村振兴宣传】 2021年，福州市利用福州新闻网、福州乡村振兴频道等平台，展现福州乡村振兴新成效。持续加大“福州乡村振兴”微信公众号建设力度，关注人数增至近10万人，数量居全市官方公众号前列。结合中国共产党成立100周年主题，举办“我为家乡代言”“媒体看福州乡村”等活动，邀请全国“三农”专家温铁军教授等为福州乡村振兴代言，并通过40余位媒体记者的独特视野，展示福州乡村新面貌、新气象、新风尚。拍摄福州市乡村振兴专题汇报片、形象宣传片等，其中形象宣传片在地铁、公交、电视等平台滚动播出，受众在百万人次以上；福州乡村振兴掠影——《有福之州 魅力乡村》被新华社视频号选中进行专题推广，阅读量超百万人次。

（辛少彬）

农业产业化

【概况】 2021年，福州市累计评选认定福州市知名农业品牌52个，累计有各类休闲农业经营主体450家，有市级以上农业产业化重点龙头企业327家，农民专业合作社2863家，有注册登记家庭农场2140个。福州市数字农业农村平台一期项目正式启用。年内在入选的闽清县梅溪镇、罗源县起步镇、福清市一都镇、永泰县嵩口镇的基础上，新入选福清市渔溪镇、闽侯县白沙镇全国农业产业强镇示范建设名单。累计完成95个省级优质农产品标准化示范基地创建。

【品牌农业】 2021年，福州市累计评选认定福州市知名农业品牌52个；农业系统入选福建省著名农业品牌15个；福州市“三品一标”（绿色食品、无公害农产品、有机农产品和农产品地理标志）有效产品认证登记总数473个，其中无公害产品认定有效总数204个，绿色食品标志有效使用权产品总数213个，有机食品认证有效总数42个（初级品和加工品），农产品地理标志登记保护累计产品总数14个。年内，闽清粉干、定海湾丁香鱼、福清白对虾被评选认定为福州市知名农产品区域公用品牌；梅溪牌闽清粉干、雪峰牌高山茶、罗中福牌秀珍菇、雪米牌西兰花、三华牌番石榴、优野牌甜玉米、江船长牌海鲜佛跳墙、珍享牌鱼丸、闽春园牌金鱼、华鸿牌竹制家居用品被评选认定为福州市知名农产品品牌；一都枇杷被列入全国第三批实施农产品地理标志登记保护工程项目。

表22 2021年福州市知名农业品牌一览表

序号	企业	品牌名称	获奖种类	年度
1	福州市园艺学会	福州茉莉花茶	农产品区域公用品牌	2018
2	福州市橄榄行业协会	福州橄榄	农产品区域公用品牌	2018
3	罗源县食用菌行业协会	罗源秀珍菇	农产品区域公用品牌	2018
4	福清市贝类养殖协会	福清花蛤	农产品区域公用品牌	2018
5	福清市一都镇农业服务中心	一都枇杷	农产品区域公用品牌	2019
6	福州市长乐区农业科学技术推广中心	青山龙眼	农产品区域公用品牌	2019
7	连江县鲍鱼行业协会	连江鲍鱼	农产品区域公用品牌	2019
8	罗源县茶叶协会	七境茶	农产品区域公用品牌	2020
9	闽侯县橄榄行业协会	闽侯橄榄	农产品区域公用品牌	2020
10	福州市金鱼行业协会	福州金鱼	农产品区域公用品牌	2020
11	闽清县粉干协会	闽清粉干	农产品区域公用品牌	2021
12	连江县丁香鱼行业协会	定海湾丁香鱼	农产品区域公用品牌	2021
13	福清市水产加工与流通协会	福清白对虾	农产品区域公用品牌	2021
14	福建春伦集团有限公司	春伦牌茉莉花茶	知名农产品	2018

续表22

序号	企业	品牌名称	获奖种类	年度
15	福建仙芝楼生物科技有限公司	仙芝楼牌有机灵芝	知名农产品	2018
16	闽榕茶业有限公司	鲞露牌茉莉花茶	知名农产品	2018
17	福建省星源农牧科技股份有限公司	鑫星源牌猪肉	知名农产品	2018
18	福清市绿丰农业开发有限公司	融绿牌尖椒	知名农产品	2018
19	福建超大现代农业集团有限公司	超大牌西兰花	知名农产品	2018
20	福建省连江天源水产有限公司	浪涛牌干海带	知名农产品	2018
21	福州日兴水产食品有限公司	江船长冷冻鲍鱼	知名农产品	2018
22	福建胜华农业科技发展有限公司	三状元牌山茶油	知名农产品	2018
23	福建光阳蛋业股份有限公司	光阳牌鲜鸡蛋	知名农产品	2019
24	福建七境茶业有限公司	罗川七境牌绿茶	知名农产品	2019
25	福建省南湖山茶业有限公司	岚湖山牌石竹白眉	知名农产品	2019
26	福建容益菌业科技研发有限公司	容益牌绣球菌	知名农产品	2019
27	福建省神蜂科技开发有限公司	神蜂科技牌蜂蜜	知名农产品	2019
28	福建省永泰县顺达食品有限公司	李都牌永泰李干	知名农产品	2019
29	福建同一农牧有限公司	杉村牌鲜鸡蛋	知名农产品	2019
30	福建永杰鱼天下生态农业有限公司	永杰鱼天下牌金鱼	知名农产品	2019
31	连江信洋水产有限公司	SY牌干虾皮	知名农产品	2019
32	福州吉晟竹业有限公司	典艺牌竹制品	知名农产品	2019
33	福清市绿叶农业发展有限公司	绿叶美之源牌尖椒	知名农产品	2020
34	福清市惠煌农业开发有限公司	惠煌牌蜜柚	知名农产品	2020
35	福州大世界橄榄有限公司	大世界牌橄榄新型蜜饯	知名农产品	2020
36	福建益升食品有限公司	菇品世家牌香菇	知名农产品	2020
37	福州鼎寿茶业有限公司	鼎寿牌茉莉花茶	知名农产品	2020
38	福建省麒麟山茶业发展有限公司	麒麟山牌茶叶	知名农产品	2020
39	连江信洋水产有限公司	SY牌丁香鱼	知名农产品	2020
40	闽侯县观园里渔业发展有限公司	潘墩牌金鱼	知名农产品	2020
41	福清市新大泽螺旋藻有限公司	新大泽牌螺旋藻	知名农产品	2020
42	福州市凯达生态农业有限公司	凯达图形牌甜橙	知名农产品	2020
43	福建省茶粉粉干有限公司	梅溪牌闽清粉干	知名农产品	2021
44	福州文武雪峰农场有限公司	雪峰牌高山茶	知名农产品	2021
45	罗源县祥业食用菌专业合作社	罗中福牌秀珍菇	知名农产品	2021
46	福州市长乐区雪美农业开发有限公司	雪米牌西兰花	知名农产品	2021
47	福建三华农业有限公司	三华牌番石榴	知名农产品	2021
48	福州优野生态农业有限公司	优野牌甜玉米	知名农产品	2021
49	福州日兴水产食品有限公司	江船长牌海鲜佛跳墙	知名农产品	2021
50	福建御冠食品有限公司	珍享牌鱼丸	知名农产品	2021
51	福州春园鲤水族有限公司	闽春园牌金鱼	知名农产品	2021
52	福建华鸿竹木业有限公司	华鸿牌竹制家居用品	知名农产品	2021

【休闲农业】 2021年，福州市各类休闲农业经营主体累计450家。市级以上(含市级)休闲农业示范点累计107个，其中全国休闲农业示范点5个、省级休闲农业示范点31个，数量居全省前列。全市累计创建3个全国休闲农业示范县、5个全国最美休闲乡村、1个全国休闲农业重点县、6个全省休闲农业示范乡镇、14个省级最美休闲乡村。年接待游客388.7万人次，年营业收入5.02亿元。依托农村自然生态、田园景观、民俗文化和特色农业等优势，以“绿色、休闲、互动、体验”为主题，发展功能多样、类型多元的休闲观光农业，逐步形成具有福州特色的休闲农业产业。

【数字农业】 2021年，福州市有全国数字农业建设试点项目2个、省级现代农业智慧园12个、省级农业物联网应用基地27个、市级数字农业示范基地9个、市级农业物联网应用示范点79个。福州市数字农业农村平台一期项目完成建设工作，主要包括五部分内容，分别是数字农业农村标准规范编制、农业农村数据库建设、数字农业农村平台建设、软硬件支撑系统、密码技术应用。

【农业产业化龙头企业】 2021年，福州市有市级以上农业产业化重点龙头企业327家，其中国家级14家、省级127家，实现销售收入（含交易额）1038亿元，比上年增长13.3%，带动农户87万户。全市市级以上农业产业化重点龙头企业有院士（专家）工作站104个。

表23 **2021年福州市国家级农业产业化龙头企业一览表**

序号	龙头企业名称	序号	龙头企业名称
1	福建超大现代农业集团有限公司	8	福州百洋海味食品有限公司
2	永辉超市股份有限公司	9	福建天马科技集团股份有限公司
3	福建光阳蛋业股份有限公司	10	宏东渔业股份有限公司
4	长乐聚泉食品有限公司	11	海欣食品股份有限公司
5	福建三华股份有限公司	12	闽榕茶业有限公司
6	福建容益菌业科技研发有限公司	13	福建春伦集团有限公司
7	福建御冠食品有限公司	14	福建满堂香茶业股份有限公司

表24 **2021年福州市省级农业产业化龙头企业一览表**

序号	龙头企业名称	序号	龙头企业名称
1	福建省华龙集团饲料有限公司	19	福州博鸿达食品有限公司
2	福建省辉业食品集团有限公司	20	福州亿达食品有限公司
3	利农农业技术（福建）有限公司	21	福建东威食品有限公司
4	福建省福州外贸食品冷冻厂有限公司	22	福建省远嘉海洋科技有限公司
5	福建花巷营养科技股份有限公司	23	福清龙威水产食品有限公司
6	福建兴顺饲料有限公司	24	福建格林生物科技有限公司
7	福人集团有限责任公司	25	福建省星源农牧科技股份有限公司
8	福建有伦生态农业发展有限公司	26	福州海天蓝水产有限公司
9	福建中正药业集团有限公司	27	福清市绿叶农业发展有限公司
10	连江旭隆食品有限公司	28	连江县顺达水产冷冻有限公司
11	福建宏达盛农业发展有限公司	29	福清朝辉水产食品有限公司
12	福建省连江天源水产有限公司	30	福建省连江县宏裕水产有限公司
13	春申股份有限公司	31	福建福铭食品有限公司
14	福州日兴水产食品有限公司	32	福州新兴家居用品有限公司
15	熹茗集团有限公司	33	福建康宏股份有限公司
16	福建龙和食品实业有限公司	34	福建中新永丰实业有限公司
17	福建丰盛农林科技集团有限公司	35	福建省圣禾现代农业有限公司
18	福州昌育农业开发有限公司	36	福州奇新食品有限公司

续表 24

序号	龙头企业名称	序号	龙头企业名称
37	福建省融盛农业综合开发有限公司	77	福州市滨海园林绿化有限公司
38	福建亿达食品有限公司	78	福州梅林农牧有限公司
39	福清市绿丰农业开发有限公司	79	福清市文华实业有限公司
40	福州海汇生物科技实业有限公司	80	闽清县凤源生态农业有限公司
41	福建御味香冷冻食品有限公司	81	福建省南湖山茶业有限公司
42	福建正冠渔业开发有限公司	82	福建胜华农业科技发展有限公司
43	福清市贸旺水产发展有限公司	83	福清市华旺农业综合开发有限公司
44	福州龙福食品有限公司	84	福建省永泰县顺达食品有限公司
45	福清市谊华水产食品有限公司	85	福清市惠煌农业开发有限公司
46	福建瑞云食品有限公司	86	福建省永泰县三丰农产品精制厂
47	福清市火麒麟食用菌技术开发有限公司	87	福建省波蓝食品有限责任公司
48	庄臣酿酒（福建）有限公司	88	福建省卢峰茶业有限公司
49	福建省天海东方食品集团有限公司	89	福清市龙田东华冷冻有限公司
50	福建省连江县长龙花茶总厂	90	福州素天下食品有限公司
51	胜田（福清）食品有限公司	91	福清市福旺畜牧科技有限公司
52	福建华鸿竹木业有限公司	92	福州鼎寿茶业有限公司
53	福建龙翔水产食品有限公司	93	福建省吉福粮油食品有限公司
54	罗源生春源茶业有限责任公司	94	福建省神蜂科技开发有限公司
55	福清海峰食品有限公司	95	福建汇融农业开发有限公司
56	中绿农（福州）茶业有限公司	96	福州福民茶叶有限公司
57	福建京海水产开发有限公司	97	福建省罗汉农业科技开发有限公司
58	闽清金水湾生态农业有限公司	98	福建省蓝湖食品有限公司
59	福清市新大泽螺旋藻有限公司	99	福建省浩清水产养殖有限公司
60	福建省麒麟山茶业发展有限公司	100	福州市帮利茶业有限责任公司
61	福建省悦盛农牧有限公司	101	福建东水食品股份有限公司
62	福州西城食品有限公司	102	久泰现代农业有限公司
63	福清市兆华水产食品有限公司	103	福州市长乐区闽发食品水产有限公司
64	福建省闽清双棱竹业有限公司	104	福州巨业食品有限公司
65	福清市恒泰水产食品有限公司	105	福建元成豆业有限公司
66	福建同一农牧有限公司	106	福州东升茶厂
67	福建永诚农牧科技集团有限公司	107	明一国际营养品集团有限公司
68	福州市凯达生态农业有限公司	108	兆丰华生物科技（福州）有限公司
69	福清华信食品有限公司	109	长乐太平洋食品有限公司
70	闽清金德福食品有限公司	110	福建茶叶进出口有限责任公司
71	福建省宝成水产养殖有限公司	111	福州市长乐区雪美农业开发有限公司
72	闽清航华木业有限公司	112	福建富庚农业发展有限公司
73	福建鸭嫂食品有限公司	113	福建旺龙顺粮油食品有限公司
74	福建省茶粉粉干有限公司	114	福建亚丰种业有限公司
75	福建天彬农业发展有限公司	115	福建望盛实业有限公司
76	闽清县金沙大龙湾生态养殖场有限公司	116	福建仁锋种猪有限公司

续表 24

序号	龙头企业名称	序号	龙头企业名称
117	福州惠源食品有限公司	123	贝奇（福建）食品有限公司
118	福建坤兴海洋股份有限公司	124	福州宏龙海洋水产有限公司
119	福州恒丰米业有限公司	125	福建省聚元食品股份有限公司
120	福建佳客来食品股份有限公司	126	福建仙芝楼生物科技有限公司
121	福建榕诚食品有限公司	127	福州大世界橄榄有限公司
122	名成集团有限公司	—	—

【农民合作社】 2021 年，福州市有农民专业合作社 2863 家，其中农民专业合作社联合社 42 家。通过实施农民合作社质量提升行动，开展示范社创建和监测，年内保有市级以上农民专业合作示范社 130 家（含国家级示范社 2 家、省级 38 家）。获评省级农民专业合作社示范社 3 个、市级农民专业合作社示范社 42 个。

【家庭农场】 2021 年，福州市有市场监管部门注册登记的家庭农场 2140 家，通过实施家庭农场示范场创建行动，分级开展家庭农场示范场评定，培育一批规模适度、生产集约、管理先进、效益明显的家庭农场。年内保有市级以上家庭农场示范场 144 家（含省级示范场 116 家）。获评省级家庭农场示范场 23 家、市级家庭农场示范场 40 家。

【农产品质量安全监管】 2021 年，农业农村部对福州市主要农产品风险监测抽样合格率 99.6%（远超合格率 98% 的年度目标任务），比 2015 年高 3.9 个百分点。食用农产品承诺达标合格证制度与一品一码追溯制度并行，全市完成 1766 家生产主体在福建省农产品质量安全追溯监管平台的注册工作，生产主体档案信息上传比例 100%，追溯赋码主体数 1563 家，占比 88.51%。全市开展“治违禁 控药残 促提升”三年行动，以打击违法违规行为。全年出动执法人员 16137 人次，检查生产经营企业 5059 家次，查办农业行政违法案件 205 件，罚没金额 161.51 万元，含移送司法机关案件 10 件，捣毁生猪屠宰窝点 7 个。全市创建国家级农产品质量安全县 1 个（福清市），省级农产品质量安全县 5 个（福清市、长乐区、闽侯县、连江县、罗源县），罗源县参与第三批国家级农产品质量安全县创建，闽清、永泰参与省级农产品质量安全县创建。

（辛少彬）

农业技术推广与服务

【概况】 2021 年，福州市组织培训农民 20976 人次，引种展示示范各类农作物新品种 591 个次，主要农作物耕种收综合机械化率 72.9%。7 个主要农业县（市）区持续推进基层农技推广体系改革与建设工作，农业主推技术到位率 95% 以上。

【农村实用人才】 2021 年，福州市组织培训农民 20976 人次。组织推荐 7 名具有专科学历的县（市）区基层农技人员参加专升本学历教育报名，6 名被福建农林大学函授专升本学历教育录取。福清、永泰、罗源、连江 4 个县市实施特聘农技员计划，特聘农技员 10 名。

【农作物新品种示范推广工程】 2021 年，福州市开展农作物优质、绿色新品种引种展示与示范推广，引种展示示范各类农作物新品种 591 个次；建立各类优质、专用、高效重点农作物新品种展示示范项目 52 个，面积 398.8 公顷；优质稻新品种核心展示示范片点 27 个，面积 229.5 公顷。优质稻推广面积 3.4 万公顷，其中高档优质稻推广率 48.2%。全市农作物良种覆盖率 98.7%，农作物专用优质率 87.5%。

【农业机械化】 2021 年，福州市主要农作物耕种收综合机械化率 72%，水稻耕种收综合机械化率 81.3%，作业服务面积 3.14 万公顷。全市新建 7 个水稻生产全程机械化试点和 7 个特色农业产业全程机械化试点，新建福清蔬菜、长乐蔬菜、连江水稻等 3 个新机具示范推广基地，新增 10 家有规模、全程机械化服务的“五有”农机合作社，全年未发生农机安全事故。

【农业科研】 2021 年，福州市农业科学研究所和市蔬菜科学研究所引进柑橘、橄榄、百香果、葡萄、食用菌、茉莉花、铁皮石斛、多肉等种质资源 500 多份，获得果树、甘薯、铁皮石斛等杂种后代 600 多份；引进绿叶菜、瓜类和茄果类种质资源 1000 多份，配制杂交组合 300 多个，推广优良瓜类茄果类新品种种苗 15 万多株；自主选育的“榕薯 109”和“榕薯 910”分别参加全国农技中心甘薯登记品种展示评价和福建省甘薯登记品种示范；研发“瓠瓜抗病毒病种质室内鉴定技术”“番茄砧木聚合抗 TY、根腐、青枯基因检测技术”“苦瓜枝条离体快速繁殖方法”新技术 3 项；“一种十字花科蔬菜种子的包衣剂及其制备方法与使用方法”获发明专利，“一种菠菜授粉隔离装置”“葫芦科作物授粉工具包”获实用新型专利；新申请“福秀 1 号”“榕早 13 号”2 项品种权保护登记以及“绿壳蛋鸡杂交育种方法”等各类专利 6 项。年内市蔬菜科学研究所被省农业农村厅确定为“福建省叶类菜蔬菜种质资源库（圃）”保护单位。

（辛少彬）

种植业

【概况】 2021 年，福州市（含平

2021年10月21日，省委常委、市委书记林宝金（右）在永泰县富泉乡协星村向农民了解特色农业种植情况　（市农业农村局 供图）

潭）主要农产品产量631.29万吨，其中粮食48.98万吨，油料5.61万吨，甘蔗3.97万吨，水果93.6万吨，蔬菜447.70万吨，茶叶4.67万吨，食用菌26.76万吨。

【粮食生产】 2021年，福州市（含平潭）粮食种植面积8.63万公顷，粮食产量48.98万吨，均超额完成省下达的年度任务。

【特色农作物】 2021年，福州市（含平潭）水果产量93.6万吨，比上年增长4.1%；蔬菜总产量447.7万吨，增长4.4%。食用菌产业持续转型升级，全年产量（干鲜混合）26.76万吨，比上年增长4%。全市新增果蔬菌各类设施农业建设143.53公顷，设施农业规模居全省前列。

【绿色农业生产】 2021年，福州市农用化肥施用量（折纯）71575吨，比上年下降4.41%，全市因地制宜推广种植紫云英、豆类、花生、油菜等绿肥3万公顷；结合畜禽粪污资源化利用项目，推进有机肥资源化利用，有机肥推广13.3万公顷（次）；指导农户采取粉碎、堆沤、覆盖等形式，实施稻田秸秆还田2万公顷；测土配方施肥技术推广26.47万公顷（次）。

（辛少彬）

林　业

【概况】 2021年，福州市林业用地面积75.01万公顷，其中生态公益林31.35万公顷，商品林43.66万公顷；有林地面积65.81万公顷。全市森林覆盖率58.41%，林木总蓄积5317万立方米，森林蓄积量5100万立方米。

【林长制】 2021年，福州市印发实施《福州市全面推进林长制实施方案》，全面建立《福州市林长制市级会议制度》等6项配套制度，创新出台《福州市林长巡山工作制度》和“一林一长一警一员”森林资源源头管控架构。完成市、县、乡、村4级林长设置，并明确各级林长责任区域。制定林长制考核细则，在全省各设区市首创对市级相关协作单位的林长制工作进行考核。实行森林资源网格化管理，每个网格均配备护林员巡山护林。率先全面实行护林员森林巡护App使用工作，实现森林资源有效管护。

【集体林权制度改革】 2021年，福州市完成重点生态区位商品林赎买668.8公顷。新增新型林业经营主体52家，其中林业专业合作社22家、家庭林场22家、林业经营企业8家。持续推进普惠制林业金融，全市新增“邮林贷”1.78亿元，服务林农809户；开展闽清县林业金融一站式服务改革试点。开展现代国有林场建设试点，制订《闽侯白沙现代国有林场建设试点方案》，13个试点项目有序推进。

【造林绿化】 2021年，福州市完成植树造林5773.3公顷，占任务120.76%。完成森林抚育1.34万公顷、封山育林6229.7公顷。完成“三沿一环”森林景观带建设588.1公顷。完成“村植千树”绿化行动1800个行政村村庄绿化任务，种植各类果树和乡土树种192万余株。开展松林改造提升、低质低效林及疏林地改造提升，以优化树种结构，完成松林改造提升面积4713.3公顷，低质低效林和疏林地改造面积392.7公顷。完成新育各类苗木560万株，可提供苗木1057万株。全民参加义务植树尽责率91.08%，完成义务植树（含折算）1531.4万株。新建1个省级“互联网+义务植树”基地，即福山郊野公园——互联网+全民义务植树基地。

【森林资源保护】 2021年，福州市在全国首创设置流动森林“防火码”并获国家林草局推广应用，全年无重特大森林火灾和人员伤亡。推进闽江河口湿地保护与修复工程建设，启动闽江河口湿地申遗前期工作。强化古树名木保护管理，建设20个古树微公园。推进林木种质资源普查工作，完成样线调查1394条，样线长度1660千米。开展打击毁林专项行动，排查和核查图斑数8150个，外业调查进度100%。全市依法查处林业行政案件431件。

【林业碳汇工作】 2021年，福州市开展林业碳汇探索实践，取得突破性进展。启动百万亩森林质量精准提升工程，持续提升林业碳汇总量。市林业部门与中国建设银行福州杨桥支行签订战略合作协议，联合推出全国首例个人林业碳汇抵押贷款试点项目。罗源—长龙—陀市国有林场森林经营碳汇项目第一监测期减排量7.27万吨，在福建海峡股权交易中心开户、挂网、交易。年内永泰大湖国有林场面积

2021 年，福州市强化古树名木保护管理，建设 20 个古树微公园。图为位于永泰县梧桐镇坵演村的古树微公园（市林业局 供图）

12.8 公顷造林，被列为第四届数字中国建设峰会碳中和林项目。持续推进滨海新城造林碳汇项目建设。谋划建设林业碳汇自然教育博物馆。

【林业产业】 2021 年，福州市推进林业产业转型增效，发展森林康养产业，推进 12 个国家森林康养基地试点建设，新建续建森林步道 49 千米。推进花卉苗木产业发展，争取省级财政资金 302 万元，扶持智能温室等项目建设。推进林下经济发展，争取省级财政林下经济专项资金 320 万元，新增林下经济基地面积 1333.3 公顷；市级财政安排林下经济专项资金 200 万元，扶持林下种植（养殖）项目 14 个，累计完成林下种植中草药项目 66.67 公顷。

【林业病害普查】 2021 年，福州市林业有害生物灾害主要是松材线虫病及其传播媒介昆虫松墨天牛。据秋季普查统计，全市总计发生松材线虫病面积 2.01 万公顷，比上年下降 6.28%。全年清理松材线虫病受害致死（濒死）松树 15 万余株，完成松墨天牛诱捕器挂设 10860 套；完成以菌治虫面积 1000 公顷，药物治虫面积 114.1 公顷；在鼓岭、鼓山风景区和闽清县等地完成古松树微创注射松材线虫病新型保护剂保护重要松树 5000 余株。

【国家森林城市】 2021 年，福州市在完成国家森林城市近中期规划任务基础上，推动组织实施国家森林城市建设长期规划（2021—2025）。启动国家森林县城创建工作，闽侯县、永泰县《国家森林城市建设总体规划》通过评审。新增 2 个“福建省森林城镇”、40 个“福建省森林村庄”。滨海新城沿海防护林二期基本完成，三期有序推进。东湖湿地公园等项目启动。

【林业审批服务】 2021 年，福州市成立林业重点项目工作专班，建立局和县（市）区政府联合会议专项协调机制，以保障建设项目使用林地定额。全力服务“六个城”（滨海新城、福州大学城、东南汽车城、丝路海港城、国际航空城、现代物流城）建设，完成连江现代物流城面积 328 公顷生态公益林的区位调整工作，机场二期占用沿海基干林带面积 83.67 公顷通过国家林草局审批。全市审批办结各类项目用林 276 宗，使用林地定额 754.52 公顷，助推 276 个项目加快落地。

（张敏慧）

畜牧业

【概况】 2021 年，福州市（不含平潭）肉蛋奶产量 32.99 万吨，比上年增长 16.1%。全市生猪存栏 110.54 万头，比上年增长 11.3%。全市牛、家禽存栏分别达到 3.99 万头、1217.95 万羽，分别比上年增长 0.9%、1.5%；羊、兔存栏分别达到 25.66 万头、70.72 万头，分别比上年下降 2.6%、12%。

【产业化经营】 2021 年，福州市有国家级畜禽养殖标准示范场 4 家，省级优质农产品示范基地及畜禽养殖标准化示范场 50 家，1 家企业被评为省级生猪屠宰标准化示范企业。推进生猪规模生产产能提升，全市生猪养殖保留场 163 个，生猪改造提升及新建产能项目 28 个，年末全市生猪存栏 110.54 万头，新增存栏 11.2 万头。推动永泰县金蛋工程、福清市万方农牧和文华实业总投资 6600 万元的蛋禽产业集群项目建设，扩大闽清梅林蛋鸡产业园等规模蛋禽生产规模，新增 50 万羽蛋禽产能。

【动物疫病防控】 2021 年，按照国家动物疫病强制免疫计划，落实集中强制免疫与月补免相结合，组织开展畜禽强制免疫工作，全面完成春、秋两季重大动物疫病集中强制免疫工作任务。全年免疫高致病性禽流感 2487.65 万羽次、口蹄疫 399.4 万头次、小反刍兽疫 17.87 万头次，实现“应免尽免 不留空档”，筑牢免疫屏障。完成 11 个种畜场维持净化，10 个种猪场维持猪伪狂犬病的免疫净化场，1 个种羊场维持布病的免疫净化场。建成 1 个非洲猪瘟无疫小区和 2 个国家级动物疫病净化场。围绕“人、车、猪、肉、料”五大环节开展非洲猪瘟防控工作，对生猪养殖场、生猪屠宰场、车辆洗消中心以及生猪运输车辆等采样检测非洲猪瘟样品 22995 份次，结果全部阴性。全市建成 14 个大型生猪运输车辆洗消中心，7 个县级兽医 PCR 实验室，11 个屠宰场非洲猪瘟自检实验室。完成市本级以及 7 个县级兽医实验室考核复评审。完善应急机制，建立健全联防联控机制，以保障养殖业生产安全和肉品供给。

【动物卫生监督】 2021 年，福州市全面实施动物检疫电子出证，使用新的电子出证系统出具动物及动物产品检疫合格证明822.3万张。对调入福州市的生猪及生猪产品实施准调管理。执行生猪“点对点”调运要求并使用备案车辆调运生猪，未在“点对点”调运名单内的养殖企业，严禁其生猪调入、调出。指导各调运企业和个人调运动物及动物产品时由入闽指定通道进入福州市。

【畜禽屠宰监管】 2021年，福州市以私屠滥宰、买卖及伪造动物检疫合格证明等违法违规行为为重点，聚焦“瘦肉精”等违禁药物，组织开展全市打击牲畜屠宰违法行为专项行动，出动执法人员370人次，联合相关部门开展执法行动9次，捣毁私宰窝点7个。推动出台《福州市活禽定点屠宰管理实施方案》，推行活禽“定点屠宰、集中检疫、杀白上市”制度，力争在2022年底前完成5家活禽定点屠宰厂建设并投产运营；2025年底前全市活禽规模化集中屠宰加工比例达到85%以上。

【饲料行业监管】 2021年，福州市饲料生产企业总产量344.05万吨，总产值180.33亿元，其中，猪料产量69.73万吨，比上年增长136.4%；蛋禽料产量11.98万吨，增长6%；水产料产量64.56万吨，增长35.6%。制定《福州市饲料生产企业安全风险分级管控和隐患排查治理等级评定工作方案》，对全市84家饲料生产企业开展安全风险分级管控等级评定工作。全市饲料生产企业按要求完成中国饲料工业统计信息系统月报和年报统计上报工作。

【畜禽粪污资源化利用】 2021年，福州市新增有机肥厂3家，堆肥生产有机肥17.6万吨，发酵罐生产商品有机肥7.7万吨；在用沼气工程118个，容积32.9万立方米，利用沼气用于生活用气149.8万立方米，沼气发电设备4台，利用沼气发电自用317.6万千瓦时；新铺设管道159.8千米；新增储液池9个，容积为8500立方米；施用沼液及肥水面积4.2万公顷；异位发酵床4个，异位发酵面积6764平方米；专用粪污运输车10辆。全市（含平潭）规模养殖场畜禽粪污综合利用率97.27%，粪污处理设施装备配套率100%。市级财政下达500万元专项资金，在罗源、闽清、永泰和马尾等县（区）建设资源化利用示范项目5个。组织实施福清、闽侯、连江、闽清和永泰等县畜禽粪污资源化利用整县推进项目建设。福清市国家级整县推进项目采用PPP模式，项目总投资1.46亿元，年内竣工；闽侯县国家级整县推进项目总投资3571万元，连江县省级整县推进项目总投资2500万元，组织项目实施中；闽清县省级整县推进项目总投资1089万元，年内完成竣工验收；永泰县省级畜禽粪污资源化利用提升工程项目总投资1476万元，组织项目实施中。

（辛少彬）

海洋与渔业

【概况】 2021年，福州市水产品产量297.18万吨，比上年增长4.5%；渔业产值631.87亿元，增长4.4%；渔业经济总产值1444亿元，增长9.93%。年内编制《福州市“十四五”海洋经济发展专项规划》，经市政府专题会议研究同意，待市政府常务会议审定。《福州市“十四五”渔业发展专项规划》正与上级规划衔接，修改完善。全年新增“全城通办”事项6个、“五星”级事项40个、“即办”事项23个，市本级行政审批事项均实现“一趟不用跑”。全年办理行政审批事项1003件，群众满意率100%。

【国家海洋经济发展示范区建设】 2021年，福州市围绕“推进海洋资源要素市场配置、开展涉海金融服务模式创新”两项主要示范任务，完成海洋经济发展示范区自评估工作，迎接国家终期评估；完成市、县两级自然资源负债表编制工作，全面摸清全市海洋资源“家底”；养殖海权改革试点经验初见成效，进行全市推广；深化与福建海峡银行等在榕银行战略合作，加大海洋产业融资对接力度；构建并推动2021示范区建设重点项目库，101个项目总投资1845亿元，年度完成投资421亿元。

【海洋资源养护】 2021年，福州市开展水生生物增殖放流活动20场，放流各类海淡水苗种13.2亿尾（粒）。福清东瀚海洋牧场投放人工鱼礁2.7万空方；连江黄岐半岛人工鱼礁项目继续开展施工招投标。

【水产养殖业】 2021年，福州市启动海上养殖转型升级三年行动，投入财政资金12亿元全面完成海上养殖转型升级工作。全年下水5台（套）深海装备养殖平台，全市累计落地8台（套）。开展种业工程建设，2家企业获评省级水产良种场，6家企业获评市级水产良种场，启动福州市水产种质资源普查工作。开展全市规模以上水产养殖尾水治理。全面落实养殖水域滩涂规划，全市实现水产养殖证应发尽发。

【水产加工业】 2021年，福州市水产品加工业新增投资近1亿元。鲍鱼、海带、鱼糜制品、烤鳗的加工规模持续扩大，鱼糜制品产量产值位居全国首位，烤鳗产量居世界首位。水产品加工向精深方向迈进，深海鱼松、鲍鱼肽制品、鲨鱼硫酸软骨素制品等系列产品陆续上市，其中鲨鱼硫酸软骨素加工为全省首家。

【远洋渔业】 2021年，福州市重新修订“进一步加快发展远洋渔业十条措施”，以进一步支持远洋渔业高质量发展。协调推进远洋渔获装卸难问题，推动出台《福州市支持远洋渔获上岸行动方案》。开展远洋渔船安全监控及服务管理平台一期建设工作，推进远洋渔业信息化管理。继续推进福州（连江）国家远洋渔业基地建设，母港一期3—6号泊位开工建设，核心区疏港路软基处理工程在建。

【渔业品牌建设】 2021年，福州市成立鱼丸协会，出台《关于加快福州鱼丸产业发展六条措施》，完成多家福州鱼丸品牌门店挂牌工作，举办中国（福州）鱼丸节、首届福州鱼丸文化节等系列节庆活动。福州鱼丸团体标准和地理标志商标转移工作有序推进。成立福州金鱼行业工会，举办第四届中国（福州）世界金鱼大赛等活动，福州金鱼单尾售

2021 年 8 月 5 日，福州市鱼丸协会成立大会在闽江世纪金源会展大饭店举行（市海洋与渔业局 供图）

价比上年同期再翻番。

【渔业交流合作】 2021 年 6 月 3—5 日，2021 海峡（福州）渔业周·中国（福州）渔业博览会在福州海峡国际会展中心举行。渔业周·渔博会重点签约项目 15 个，签约总金额 242.43 亿元。博览会采用“线上推介、线下品评”相结合的模式，着力拓展福州渔业企业营销渠道，规模达 4.6 万平方米，现场设置展位 1750 个，展品覆盖整个渔业水产行业及周边产业链。

【渔港建设】 2021 年，福州市实施渔港三年行动计划，全市建成并投入使用渔港 43 个；年内完成 14 个渔港开工建设。实施“福州市智慧渔港新基建试点项目”建设，完成项目可研方案编制工作。

【渔业安全生产管理】 2021 年，福州市整改渔业一般安全隐患 173 个，拆解涉渔“三无”（无船名、无船籍港、无渔业船舶证书）船舶 34 艘，全年未发生较大及以上渔业安全事故。与福州海事局签署“海上安全与救助合作备忘录”，开展联合执法 8 次。

【海上疫情管控】 2021 年，福州市组建海上疫情防控工作专班渔业突击分队，成立督导检查组、驻港服务指导组，深入开展境外疫情海上输入防控工作。

【渔业生产应急防灾】 2021 年，福州市持续开展海洋观测预报及赤潮灾害预警报工作。全年完成 7 次防御台风工作，应对赤潮突发事件 2 起，没有人员伤亡和直接经济损失。协助营救船舶 14 艘，遇险人员 53 人。

【渔业互助保险】 2021 年，福州市政策性渔业互助保险签单保费 13463.04 万元，首次突破亿元大关，比上年增长 96.6%，提供渔业风险保障金 290.88 亿元。

【水产品质量安全监管】 2021 年，福州市推进追溯体系建设，全市纳入“一品一码”全程追溯系统监管的水产品生产主体 612 家，赋码企业占比 100%；完成各级水产品抽检 3463 批次，合格率 100%。

【渔业综合执法】 2021 年，福州市在全省率先组建“海鹰”无人机执法专班；推进“两江四岸”人船动态智能监控管理系统平台建设；在国内率先开发渔船检验网上申报系统。全年查处渔业案件 238 件，执法支队查处海洋案件 29 件。

【渔业科技】 2021 年，福州市开展水产养殖种质资源普查，全市有水产养殖生产单位 6453 个，养殖品种 106 种。合作培育鲍杂交良种绿盘鲍苗 100 万粒。举办助理船副和海洋渔业普通船员培训班 9 期，培训 464 人。开展赤潮监测 42 个航次，应急跟踪监测 2 起，采集样品 640 份；开展环境监测 83 个航次，采集样品 838 份；完成 13 家养殖场养殖尾水监测 38 场次，采集样品 88 份。全年未发现因水环境质量、赤潮引发的大面积渔业与水环境灾害事件。

（林 莹）

2021 年 10 月，福州市海洋与渔业技术中心实验室技术人员在国庆假期开展赤潮监测预警工作（市海洋与渔业局 供图）

水 利

【概况】 2021年，福州市（不含平潭综合实验区，下同）完成水利投资58.41亿元，占年度任务58.29亿元的100.21%。其中，重大水利项目完成投资52.21亿元，占计划52.09亿元的100.23%，面上项目完成投资6.20亿元，占计划6.20亿元的100.00%。各统计单位完成投资：马尾区1.16亿元、晋安区0.10亿元、仓山区0.08亿元、高新区0.32亿元、闽侯县6.32亿元、长乐区6.55亿元、福清市8.98亿元、连江县7.00亿元、罗源县3.98亿元、永泰县1.13亿元、闽清县7.15亿元、福州水务平潭引水开发有限公司10.05亿元、福州市闽江下游防洪工程建设公司4.61亿元、福州市闽江下游河道管护中心0.52亿元。

【重大水利项目】 2021年，福州市开展防洪防潮工程、蓄水工程、引调水工程、流域综合整治工程、城区内涝防治工程、城乡供水一体化、安全生态水系等7类重大水利项目72个，以及工程维护养护、除险加固、山洪灾害防治等16类面上项目。平潭及闽江口水资源配置工程（福州段）累计完成投资49.57亿元，占总投资54.6亿元的90.8%，其中年度计划投资10亿元，完成投资10.05亿元。霍口水库工程累计完成22.61亿元，占总投资20.52的110.19%，其中年内完成投资1.90亿元，占年度计划100%。主体工程基本建设完成。

【中小河流治理项目】 2021年，福州市实施中小河流治理项目13个，其中6个续建，7个新增。年内完成5个，在建8个，完成投资2.1786亿元，占年度计划投资100%。

【安全生态水系项目】 2021年，福州市实施9个安全生态水系项目建设，涉及连江县、闽侯县、闽清县、永泰县和福清市，完成投资4463.93万元，占年度计划3063万元的145.74%。综合治理河长27.13千米，占年度计划24千米的113.04%。其中福清市虎溪、闽侯县洋里乡二期、闽清县省璜镇梅溪3个安全生态水系项目完成投资1763.93万元，占年度计划1200万元的146.99%，综合治理河长16.46千米，占年度计划12千米的137.17%。

【山洪沟治理项目】 2021年，福州市建设罗源县小获溪山洪沟治理项目，完成投资880万元，占年度投资计划600万元的146.67%。

【农村饮水巩固提升工程】 2021年，福州市农村饮水巩固提升工程建设完成投资4.16亿元，占年度投资计划103.88%；实现受益农村人口25万人，占年度计划100%，其中福建省委省政府为民办实事项目完成投资9500万元，占年度投资计划105.6%；实现受益人口7万人，占年度计划100%。实施福清市、连江县、闽清县城乡供水一体化建设。完成农村饮水集中式供水工程水源名录排查，全市供水千吨万人以上水源36处、供水千人以上水源155处，供水千人以下20人以上农村饮用水水源地214处。开展农业水价综合改革，完成改革面积10980公顷，占年度计划10466.67公顷的104.90%。

【水土保持综合治理】 2021年，福州市实施闽清县水土保持工程建设以奖代补试点县、闽清县省级水土流失攻坚治理县、长乐区和连江县省级生态清洁小流域治理工程建设等省级资金水土流失重点治理项目，完成投资13473.97万元，完成水土流失综合治理面积8386.67公顷，占福建省下达任务6400公顷的131.04%，其中水利部门完成投资3029.08万元，完成水土流失综合治理面积3966.67公顷。

【库区移民】 2021年，福州市有省级下达后扶资金9813.92万元：直补金2061.3万元，收益移民34355人；项目资金7752.62万元，核准后扶项目62个。开展福州市后期扶持项目省级示范区建设，其中，完成永泰县省级示范区建设工作，投入移民资金3933万元；完成闽清县省级示范区项目申报工作，获批移民资金2000万元。推进4座在建大中型水利水电工程建设征地补偿和移民安置工作，完成移民搬迁安置284户，完成732户移民安置房建设。开展罗源昌西水库导截流阶段、平潭引调水“一闸三线”工程下闸蓄水阶段和永泰抽水蓄能电站下水库下闸蓄水阶段移民安置验收，开展罗源霍口水库和永泰抽水蓄能电站移民安置规划调整工作。

【水利工程除险加固及养护】 2021年，福州市完成13座水库除险加固任务，完成投资3177.51万元，占年度投资计划100%。小型水库除险加固遗留问题，年度任务34座全部完成。推进325座公益性小型水库维修养护物业化管理工作。下达小型水利工程维修养护财政补助资金1976万元，其中中央财政补助项目1134万元、省级财政补助项目542万元、市级财政补助项目300万元；完成投资1976万元，占年度计划100%。

【水利工程管理】 2021年，福州市456座农村小水电站的放水设施、在线监控装置安装和连接环保监控平台整改全部完成。开展水电站清理整治综合评估前期工作。8座二级小水电站、2座三级小水电站完成农村水电站安全生产标准化评审。完成连江县才溪、闽清县安仁溪、许村一级3座水电站的绿色水电站创建申报。完成433座水库（不含水口水库）与299座水闸注册登记。完成48座中型水闸和53座水库安全鉴定。水库雨水情测报与安全监测设施年度建设任务55座，其中完成建设38座（马尾区6座、晋安区1座、连江县31座），开工建设17座（永泰县）。完成国有水利工程管理范围和保护范围实施方案审查审批，开展界桩埋设工作。完成病险水闸工程技术管理实施细则、水闸工程控制运用计划、水闸应急预案编制审批。完成7个涉堤工程涉水影响评价，包括地铁2号线、6号线洪涝水位分析评价、两江四岸涉及闽江防洪堤洪水影响评价、罗源县闽光二桥改造工程对白水围垦海堤洪水影响评价、闽江二桥北岸防洪堤护岸内侧地铁钻探涉水影响评

2021 年 10 月 14 日，平潭及闽江口水资源配置工程中的控制性枢纽工程——莒口拦河闸正式启动蓄水（福州水务平潭引水开发有限公司 供图）

价、闽江两岸公共空间新西河跨河人行景观桥洪水影响评价、地铁施工度汛方案有关工作、福州市下洋路延伸段道路工程涉及水利工程影响评价。

【水土保持监督执法】 2021 年，福州市对 314 个在建生产建设项目开展水土保持监督检查，完成 2020 年水利部“天地一体化”监管中发现的疑似违法违规图斑现场复核、认定和查处，查处 289 个违法违规项目。完成 2021 年水利部“天地一体化”监管中发现的 596 个疑似违法违规图斑现场复核和认定工作。

【水资源管理】 2021 年，福州市举办纪念第二十九届“世界水日”、第三十四届“中国水周”宣传活动。办理福州市自来水公司飞凤山水厂、马尾区白眉水库取水许可和福州海王福药有限公司取水工程、永泰界竹口水库取水许可延续工作。完成福州市存量取水许可电子证照换发工作。推动取水口排查工作，核查登记 1066 个取水设施（工程），开展取水口提升整治工作。53 个重点监控用水户在线计量接入水资源管理系统；建立用水统计调查名录 199 个，在线注册率 100%。福清市、连江县县域节水型达标建设工作通过水利部复核，开展 3 个水利行业事业单位节水建设，完成福建中医药大学等 6 家节水型高校建设。

【水利规划编制】 2021 年，福州市开展福州市级及福清市、长乐区、闽侯县、闽清县、永泰县、连江县、罗源县 7 个县（市）区水资源配置规划编制工作。完成《福州市“十四五”水资源开发利用与保护专项规划》和《闽江流域（福州市域）、大樟溪流域（福州市域）水量分配方案》编制。委托长江水利委员会长江科学院开展福州市“十四五”水土保持专项规划编制。市级负责编制 14 条流域面积 200—500 平方千米及跨县区河流流域综合规划，其中 9 条获福州市人民政府批复（连江县牛溪，罗源县斌溪、起步溪，永泰县富泉溪、长庆溪、下际溪，闽清县安仁溪、芝溪、金沙溪），另有 5 条流域综合规划开展询价工作。县区负责编制 47 条流域面积 50—200 平方千米河流流域综合规划，其中完成编制 16 条，开展编制 3 条。完成境内 3 条流域面积 1000 平方千米以上河道岸线功能区规划编制。

【行政审批与行政处罚】 2021 年，福州市受理办结审批服务事项 142 项，市级依法征收水资源费 1973.24 万元。完成水利工程建设项目审批系统建网工作。打击河道违法采砂行动，市县出动人员 36516 人次（含安保人员），取缔非法采砂点 11 处、非法堆砂场 9 处，没收非法采、运砂船舶 6 艘，拆解非法采砂船只（设备）14 艘（套），罚没款 142.7 万元，行政处罚 21 件。

（陈　嘉）

（编辑 周弭婋）

工　业

综　述

【概况】　2021年，福州市工业运行呈现稳中加固、稳中向好态势，规模以上工业总产值超1.2万亿元，全年月均产值保持在1000亿元以上，工业规模总量迈上新台阶。全市规模以上工业增加值比上年增长9.5%，创2016年以来历史新高。全市工业固定资产投资比上年增长13.2%，高于全省平均水平1.6个百分点。

实施“扶持龙头壮大产业”专项行动，全市136家“扶持龙头壮大产业”工业企业规模以上工业增加值比上年增长14.3%，高于全市平均水平4.8个百分点；对工业增长贡献率达72.5%，拉动全市规模以上工业增加值增长6.9个百分点，形成恒申控股、冠捷电子、金纶高纤、永荣控股等16家百亿企业（集团）。

优化工业投资结构，深化“抓项目促提升”“招商效率和招商质量提升工程”等专项行动，实施市级重点工业项目318个，全年新开工62个，投产或部分投产120个；招商落地项目49个，总投资646.71亿元。出台《2021年实施“数字·绿色”技术改造专项行动方案》，实施亿元以上重点技改项目165个，总投资1694亿元。全年技改投资额比上年增长10.2%，高技术制造业投资额增长37.5%，先进制造业投资额增长26.5%。

推进产业集群建设，实施产业链链长制，梳理产业链一张图谱、N张清单，培育形成纺织功能性新材料、绿色食品、绿色冶金新材料等3条千亿级制造业产业链。建设东南汽车城，东南汽车完成股权重组、实现增资复产，福州市被列入首批燃料电池汽车示范应用城市。打造“海上福州”国际品牌，实施重点项目185个，完成投资554.7亿元，推动临港设施、现代渔业、临港工业、海洋服务业“四位一体”发展。打造新型材料国际品牌，招商落地项目超250个，万华化学、大东海冷轧等项目加快建设。

全市战略性产业增加值比上年增长15.4%。信息技术、生物医药、光电、氢能源4个产业集群入选福建省战略性新兴产业集群，数量居全省第一；长源纺织被认定为国家技术创新示范企业，新大陆支付被认定为国家级工业设计中心。新增国家级专精特新“小巨人”企业25家、重点“小巨人”企业9家，省级“专精特新”企业45家；国家级单项冠军企业1家，省级单项冠军企业11家；省级企业技术中心10家，省级质量标杆3家；省级产业领军团队8个；市级企业技术中心24家、工业设计中心3家。新培育国家新一代信息技术与制造业融合发展试点示范企业4家、省级试点示范项目（案例）29个，省级融合发展新模式新业态标杆企业10家；“上云上平台”工业企业突破2800家。

2021年6月22日，福建省民营企业发展大会在福州市举办。图为产业项目签约仪式
（市工信局 供图）

深化工业绿色发展，开展重点用能单位能耗双控考核和85家（次）重点用能企业节能监察。遏制“两高”项目盲目发展，鼓励钢铁、化工等行业开展能效对标达标活动。跟踪节能循环经济项目31个，年节约3万吨标准煤。完善绿色制造体系，新增国家级绿色工厂5家、绿色设计产品10款、绿色供应链企业4家，省级绿色工厂12家、绿色设计产品13款、绿色供应链企业2家。

提升园区标准建设，提速总投资2427.7亿元、年度计划投资442.6亿元的276个项目建设，在全省率先发布2项园区地方标准，新增2家省级化工园区、1家省级新型工业化产业示范基地，形成千亿园区、五百亿园区各4家。工业（产业）园区标准化建设经验做法入选“中国改革2021年度案例”。

表25　**2021年福州市新认定工业设计中心一览表**

序号	企业名称	序号	企业名称
国家级工业设计中心		市级工业设计中心	
1	福建新大陆支付技术有限公司	1	福建顺邦防护科技有限公司
省级工业设计中心		2	福建亚通新材料科技股份有限公司
1	福州联泓交通器材有限公司	3	福建中科芯源光电科技有限公司

表26　**2021年福州市新认定省级企业技术中心一览表**

序号	企业名称	序号	企业名称
1	腾景科技股份有限公司	6	协展（福建）机械工业有限公司
2	福州京东方光电科技有限公司	7	福建麦特新铝业科技有限公司
3	福建飞毛腿动力科技有限公司	8	福州金锻工业有限公司
4	福建中信网安信息科技有限公司	9	福州福耀模具科技有限公司
5	福建华威钜全精工科技有限公司	10	福建兆元光电有限公司

表27　**2021年福州市新认定市级企业技术中心一览表**

序号	企业名称	序号	企业名称
1	福建汇川物联网技术科技股份有限公司	13	福建省福清友发实业有限公司
2	福信富通科技股份有限公司	14	福建钰融科技有限公司
3	福建闽高电力股份有限公司	15	福建中能电气有限公司
4	锐捷网络股份有限公司	16	福建福清核电有限公司
5	福建升腾资讯有限公司	17	福州新福兴浮法玻璃有限公司
6	福建凯米网络科技有限公司	18	福州长庚医疗器械有限公司
7	福建欧中电子有限公司	19	福建恒捷实业有限公司
8	福建国光新业科技有限公司	20	福州德塔电源技术有限公司
9	四创科技有限公司	21	福建中网电气有限公司
10	福建福光天瞳光学有限公司	22	福建久策气体股份有限公司
11	福清市永裕来齿轮有限公司	23	福建榕基软件工程有限公司
12	福清市迪川包装有限公司	24	福建晟哲自动化科技有限公司

【工业重点项目】　2021年，福州市工信系统开展“抓项目促提升”行动，以项目为抓手，推动投资增长，实施滚动管理，组织实施318个市级工业重点项目，总投资2538亿元。天马科技生物饲料、爱德克斯汽车电动制动器、大东海高端精品钢铁等62个项目开工建设；高意碳化硅基片、友谊新材料三期、正太新材二氧化钛等120个项目投产或部分投产。

【工业龙头企业】　2021年，福州市列入省级工业龙头企业187家，居全省首位，其中有龙头企业44家、培育龙头企业143家。全市有市级工业龙头企业126家，其中永荣控股、冠捷电子、恒申控股、金纶高纤等11家为大型工业龙头企业。全市年产值超百亿企业（集团）16家，恒申控股集团、大东海集团、永荣控股集团等3家企业入围2021年中国企业500强；金纶高纤、福耀玻璃、祥兴箱包、长源纺织等7家企业入围2021年制造业民营企业500强，占全省入围企业数的43.8%，居全省第一。

表28　　2021年福州市工业和信息化省级龙头企业一览表

序号	企业名称	序号	企业名称
1	瑞芯微电子股份有限公司	25	福州海汇生物科技实业有限公司
2	冠捷集团［含福建捷联电子有限公司、冠捷显示科技（厦门）有限公司、捷星显示科技（福建）有限公司］	26	明一国际营养品集团有限公司
3	福州京东方光电科技有限公司	27	福建亢成豆业有限公司
4	福州旭福光电科技有限公司	28	福建天马科技集团股份有限公司
5	华映科技（集团）股份有限公司（含福建华佳彩有限公司）	29	福建思嘉环保材料科技有限公司
6	福建星网锐捷通讯股份有限公司（含锐捷网络股份有限公司、福建升腾资讯有限公司）	30	福建友谊胶粘带集团有限公司
7	新大陆科技集团有限公司（含新大陆数字技术股份有限公司、福建新大陆支付技术有限公司）	31	福建罗源闽光钢铁有限责任公司
8	飞毛腿（福建）电子有限公司	32	福建大东海实业集团有限公司
9	大通（福建）新材料股份有限公司	33	福建亿鑫钢铁有限公司
10	福清市永裕来齿轮有限公司	34	宝钢德盛不锈钢有限公司
11	福建雪人股份有限公司	35	福建吴航不锈钢制品有限公司
12	福州六和机械有限公司	36	中铝瑞闽股份有限公司
13	福建上润精密仪器有限公司	37	福耀玻璃工业集团股份有限公司
14	福建省马尾造船股份有限公司	38	金强（福建）建材科技股份有限公司
15	福建奔驰汽车有限公司	39	福州达华智能科技股份有限公司
16	福建天辰耀隆新材料有限公司	40	中海创科技（福建）集团有限公司
17	万华化学（福建）有限公司	41	网龙网络控股有限公司（含福建网龙计算机网络信息技术有限公司）
18	中国软包装集团（含福建省中江石化有限公司、福建中景石化有限公司）	42	慧翰微电子股份有限公司
19	金纶高纤集团（含福建省金纶高纤股份有限公司、福建金源纺织有限公司、福建长源纺织有限公司、福州市长乐锦源纺织有限公司）	43	福建福顺半导体制造有限公司
20	福建省长乐市山力化纤有限公司	44	福建海峡星云信息科技有限公司
21	恒申集团（含长乐恒申合纤科技有限公司、长乐力恒锦纶科技有限公司、福建申远新材料有限公司、长乐力源锦纶实业有限公司）	45	福建福日电子股份有限公司
22	永荣控股集团（含福建永荣科技有限公司、福建锦江科技有限公司、福建新创锦纶实业有限公司、福建景丰科技有限公司）	46	福建联迪商用设备有限公司
23	福建省长乐市第二棉纺织厂	47	福州高意通讯有限公司
24	福建源盛纺织服装城有限公司	48	福建实达电脑设备有限公司

续表28

序号	企业名称	序号	企业名称
49	麦克赛尔数字映像（中国）有限公司	87	福建光阳蛋业股份有限公司
50	易佰特（福建）电子有限公司	88	福建长德蛋白科技有限公司
51	福建福晶科技股份有限公司	89	福建康宏股份有限公司
52	福州通尔达电线电缆有限公司	90	福州大福有限公司
53	中能电气股份有限公司	91	长乐聚泉食品有限公司
54	福州天宇电气股份有限公司	92	福州名成食品工业有限公司
55	利莱森玛电机科技（福州）有限公司	93	福建东水食品股份有限公司
56	福州金飞鱼柴油机有限公司	94	福州旭煌食品有限公司
57	福建永强力加动力设备有限公司	95	福建明旺食品有限公司
58	福建海源复合材料科技股份有限公司	96	海欣食品股份有限公司
59	福建福光光电科技有限公司	97	福建省天海东方食品集团有限公司
60	福建东南造船有限公司	98	福州统一企业有限公司
61	福建金风科技有限公司	99	闽榕茶业有限公司
62	东南（福建）汽车工业有限公司	100	福建春伦集团有限公司
63	福建骏鹏智能制造有限公司	101	福建时代包装材料有限公司
64	福州耀隆化工集团公司	102	福建恒杰塑业新材料有限公司
65	福建省东南电化股份有限公司	103	昇兴集团股份有限公司
66	福建合盛气体有限公司	104	骏洋（福建）旅游用品有限公司
67	福建申马新材料有限公司	105	祥兴（福建）箱包集团有限公司
68	福建坤彩材料科技股份有限公司	106	福州新兴家居用品有限公司
69	福建锦程高科实业有限公司	107	闽侯闽兴编织品有限公司
70	福建凯邦锦纶科技有限公司	108	福建汇益家居用品有限公司
71	福建唐源合纤科技有限公司	109	福州美涓家居制造有限公司
72	福建万鸿纺织有限公司	110	闽侯县倍特家居有限公司
73	福建省长乐市泰源纺织实业有限公司	111	福州常春腾家居制造有限公司
74	福建经纬集团有限公司（含福建经纬新纤科技实业有限公司）	112	福州闽泉工艺品有限公司
75	福建新华源纺织集团有限公司	113	福州云飞家居有限公司
76	福州翔隆纺织有限公司	114	丽珠集团福州福兴医药有限公司
77	福建省长乐市正隆纺织有限公司	115	福建省福抗药业股份有限公司
78	福建华源纺织有限公司	116	福州海王福药制药有限公司
79	福建省长乐市欣美针纺有限公司	117	北京同仁堂健康药业（福州）有限公司
80	福建省福州市鹰鸿针织有限公司	118	福州迈新生物技术开发有限公司
81	长乐力盛纺织有限公司	119	福建梅生医疗科技股份有限公司
82	福建省长乐市星辉针织有限公司	120	福州吴航钢铁制品有限公司
83	福建祥锦实业有限公司	121	福建祥鑫股份有限公司
84	福建省宏港纺织科技有限公司	122	福建奋安铝业有限公司
85	福建顺邦防护科技有限公司	123	福建水泥股份有限公司
86	福州和盛食品有限公司	124	福建建华建材有限公司

续表 28

序号	企业名称	序号	企业名称
125	福建国通星驿网络科技有限公司	157	福建省城投科技有限公司
126	福建博思软件股份有限公司	158	中建科技（福州）有限公司
127	中电福富信息科技有限公司	159	新福兴玻璃工业集团有限公司
128	福州天盟数码有限公司	160	福建榕基软件股份有限公司
129	福建天晴数码有限公司	161	中邮科通信技术股份有限公司
130	福建经纬新纤科技实业有限公司	162	中富通集团股份有限公司
131	福建福清核电有限公司	163	国脉科技股份有限公司
132	福建好运联联信息科技有限公司	164	福建睿能科技股份有限公司
133	福建兆元光电有限公司	165	福建汇川物联网技术科技股份有限公司
134	飞毛腿电池有限公司	166	智恒科技股份有限公司
135	福建飞毛腿动力科技有限公司	167	福州掌中云科技有限公司
136	福建礼恩科技有限公司	168	长威信息科技发展股份有限公司
137	福建辉阳电缆科技有限公司	169	福建省星云大数据应用服务有限公司
138	福州德塔电源技术有限公司	170	福建省数字福建云计算运营有限公司
139	福建星云电子股份有限公司	171	福建华电可门发电有限公司
140	福建福光股份有限公司	172	华能（福建）能源开发有限公司福州分公司
141	福建华东船厂有限公司	173	福建阿石创新材料股份有限公司
142	福建朝日环保科技开发有限公司	174	福建福特科光电股份有限公司
143	福州泰全工业有限公司	175	爱德克斯（福州）汽车零部件有限公司
144	福建省永泰县金泰纺织有限公司	176	福建省福州市立峰纺织有限公司
145	福建恒捷实业有限公司	177	福建海富特生物科技股份有限公司
146	福州格利沃防护用品有限公司	178	福州奇新食品有限公司
147	福建御冠食品有限公司	179	福建顶津食品有限公司
148	福建省盐业集团有限责任公司	180	福人木业（福州）有限公司
149	福州海马饲料有限公司	181	福建凯航再生资源有限责任公司
150	百鲜食品（福建）有限公司	182	福建麦特新铝业科技有限公司
151	福建福融新材料有限公司	183	福建鸿生材料科技股份有限公司
152	福建亚通新材料科技股份有限公司	184	福建瑞玻玻璃有限公司
153	福建省闽清双棱竹业有限公司	185	四创科技有限公司
154	福建施可瑞医疗科技股份有限公司	186	福建航天信息科技有限公司
155	福建源博建材有限公司	187	福建省邮电规划设计院有限公司
156	福建博那德科技园开发有限公司	—	—

【中小企业服务】 2021年，福州市印发《福州市促进中小企业发展工作领导小组办公室工作制度》和《建立健全市促进中小企业发展工作领导小组工作制度》，通过市促进中小企业发展工作领导小组办公室协调解决政企直通车诉求件办理、政策云配、中小企业营商环境评估等事宜，推进相关部门相互配合、协同共享、加强督导，促进中小企业发展，保障福州市企业生产稳定运行。指导推动福清市、闽侯县组建中小企业服务中心，构建市县两级中小企业服务体系。

加大惠企政策宣传贯彻力度，“政企直通车”平台累计推送惠企政策信息近400条，为300余家规模以上工业企业“点对点”推送惠企政策；印制发放3000余本《惠企政策摘编》，结合中小企业服务月活动进行政策宣讲，组织各县区工信部门开展政策服务活动300余次，服务企业千余家。年内出台培育龙头、技改、研发等政策措施，累计兑现奖补资金6.9亿元，惠及企业超1700家次。发布4批《福州市名优产品目录》，123家企业的498个产品入围。

加大中小企业培养力度，印发《福州市中小企业梯度培养正向奖励实施方案》，推动“个转企”“小升规”“规改股”“股上市”，构建市场主体梯次发展链条。培育“专精特新”企业，全市培育入库企业2015家，累计获评省级“专精特新”中小企业173家、工信部专精特新“小巨人”企业40家、中央财政支持的重点“小巨人”企业9家，除厦门单列外总数位居全省第一。组织企业参加“双创”大赛，报名参加“创响福建”中小企业创新创业大赛的福州企业和创客539家，80个项目入围市级决赛，数量均位居全省第一。

开展第二批福建省产业领军团队遴选推荐工作，8家企业入选全省第二批产业领军团队，入选数量居全省第一。开设高级经营管理人才培训班。年内分2批次选送100家“专精特新”培育库企业的高管人员赴新加坡国立大学苏州研究院、上海交通大学（因疫情延期至2022年）深造，接受更高层次的培训。

开展2021年应收账款试点奖励申报，10家核心企业帮助84家中小微企业实现融资10.1亿元，兑现2020年第二批应收账款试点奖励。推动纾困贷款，335家工信企业获得纾困贷款融资金额15.83亿元。“专精特新”中小企业政银企对接会签约项目23个、签约金额39.64亿元，市工信局指导县区工信局开展3场以上产融对接活动。落实清欠工作，反馈国务院“互联网+督查”1件、省清欠办转办3件，累计偿还无分歧欠款46.4万元，清偿率100%。推动省、市技改融资贴息贷款，省技改基金投放全市12家企业、批复金额14.87亿元，市技改基金投放全市5家企业、批复金额3.94亿元。

健全公共服务体系，打造“互联网+精准服务+协同创新”的中小企业公共服务平台网络，全市有国家级小微企业创业创新示范基地2个、省级3个，国家级中小企业公共服务示范平台2个、省级16个。建立完善中小企业生产经营运行监测体系，纳入运行监测中小企业500多家，纳入运行监测中小企业数量创历史新高，居全省前列。

加大精准服务力度，依托“政企直通车”平台进行企业需求收集、办理，收到企业诉求149件，回复率100%，企业满意率100%。配合省平台，开展面对面协调会5次，科杰申请解决土地历史遗留问题、宸展光电要求协调产品配额、光辉新型材料关于福州三建拖欠账款等困难问题，均已解决或取得较大进展。

【园区建设】　2021年，福州市有重点工业园区21家，其中国家级6家、省级9家、其他6家。福州高新区、融侨经济开发区在2020年度福建省试点园区标准化建设评价中综合排名第三、第四，福州经济技术开发区、融侨经济开发区、福州软件园、福州高新区综合发展水平进入2020年福建省开发区综合发展水平考核评价前20名。

全面实施工业（产业）园区标准化建设，推进制造业高质量发展。健全工作机制，出台《工业（产业）园区标准化建设项目工作方案》《福州市2021年度市级重点工业园区绩效管理工作实施方案》等文件，将17个重点工业园区分为创新类、标准类、基础类三类推进。坚持下沉一线，累计召开园区现场会3次、深入园区50余次，协调用地、融资、招商等方面困难问题80余个。研制园区标准，在全省率先发布首批两项工业（产业）园区福州市地方标准。推进项目攻坚，实施园区标准化建设攻坚提速项目276个项目，开工81个、竣工90个；招商引进项目超500个、总投资超2500亿元。拓展发展空间，处置批而未供土地、闲置土地超0.13万公顷（2万亩），盘活低效用地67宗368.33公顷（5525亩）。加强融资支持，18个园区项目获39.93亿元专项债额度支持，4家园区获933万元贴息补助，117个园区项目获中央财政支持住房租赁市场发展补助近8亿元。推动产业集聚，福州金山工业园区获评省级新型工业化产业示范基地，福州江阴港城经济区、福州市可门港经济区化工新材料产业园入选首批化工园区（化工集中区）。福州高新区光电集群入选国家创新型产业集群试点。福州软件园、融侨经济开发区、金山工业园区被列入省级示范数字经济园区。福州经济技术开发区、福州高新区入选全国先进制造业百强园区。实现政务服务园区全覆盖，“福州市打造办事不出园区的政府服务体系”入选全省深化“放管服”改革典型经验做法。

（林　捷　郑凌峰　刘　葳　石振斌　林　艺　林　平　林艳芳）

纺织化纤产业

【概况】　2021年，福州市纺织化纤产业规模以上企业569家，完成规模以上工业总产值3302亿元，比上年增长10.8%。化纤产量580.38万吨，纱线产量391.24万吨，布产量4.16亿米。短纤、长丝、混纺纱年产能近330万吨，纺纱年产能达800—850万锭，锦纶民用丝年产能达150万吨以上，是全国最大的化纤混纺纱生产基地和锦纶民用丝生产基地，经编产品约占全国市场份额的六成，在国内己内酰胺、民用锦纶丝、经编花边等细分市场占据定价优势。恒申控股、永荣控股上榜2021中国企业500强，恒申控股、永荣控股、金纶高纤上榜2021中国民营企业500强，恒申控股、永荣控股、金纶高纤、长源纺织上榜2021中国制造业民营企业500强。

【重点项目建设】　2021年，福州市推进纺织化纤产业重点项目建设，包括福建景丰科技有限公司年产5万吨智能化、超细DPF锦纶加弹项目，福建长源纺织有限公司功能性新材料智能制造示范工厂项目，福建省鑫泉合纤科技有限公司年产2万吨ES复合纤维项目，福建省立华智纺科技有限公司年产8万吨高档智能化、差别化系列纺纱产品项目。

【企业技术创新】　2021年，福州市纺织化纤产业龙头企业专注功能性、生物基、循环再利用等高性能方向创新及集成延伸开发与应用，在纤维改性、废料利用、复合功能等开发应用领域居国内先进地位。其中，立恒锦纶参与研发的“高品质有色原位聚合聚酰胺6切片和纤维产业化关键技术及成套设备”获中纺联科技进步奖一等奖；新华源纺织研发的“细旦再生纤维素纤维超高支纱加工关键技术及产业化”获中纺联技术进步奖二等奖。长源纺织获工信部“2021年国家技术创新示范企业”称号。

【行业技术进步】 2021年，福州市恒申合纤科技有限公司“基于WMS系统下的智能化物流仓储信息管理项目”获纺织行业信息化成果奖（创新应用奖）二等奖，公司获中纺联产品开发贡献奖；永荣锦江股份有限公司“功能性原液着色锦纶6纤维的开发及产业化”项目获“中国十大纺织科技”绿色先锋奖；福建长源纺织有限公司“全气候热湿舒适纱线设计与制造关键技术”获“中国十大纺织科技”产业推动奖和福建省科技进步奖三等奖；福建经纬新纤科技实业有限公司被列入工信部2021年度绿色制造名单绿色供应链管理企业；福建宇邦纺织科技有限公司被列入工信部2021年度绿色制造名单绿色工厂。

（郑　桓）

轻工食品产业

【概况】 2021年，福州市轻工食品产业规模以上企业867家，完成规模以上工业总产值2366亿元，比上年增长6.7%。主要涵盖食品加工制造、塑胶箱包制品、文化教育体育用品制造、工艺美术产品等四大类。其中水产品加工产值居全省第一，重点发展水产品精深加工和出口加工业，形成连江海产品加工、长乐、福清鳗鱼对虾、仓山、连江鱼糜制品等具有区域优势、产业效益高的水产品特色产业。塑胶箱包制造业形成以祥兴箱包为代表的箱包制造产业，以恒杰塑业、晟扬管道、祥龙塑胶等为代表的塑料型材产业，以思嘉环保、福融辉实业、悦得软包装等为代表的塑料薄膜制造产业，以金涛塑胶、茶花家居等为代表的日用塑料制品产业。

【重点项目建设】 2021年，福州市推进轻工食品产业重点项目建设，包括福建友谊胶粘带集团有限公司友谊新材料科技工业园（三期美纹纸胶粘带及布基胶粘带）项目，福清市新大泽螺旋藻有限公司海洋微藻高值化产品开发及产业链建设项目，福建淼天汇食品有限公司水产品加工项目，福建兰天包装材料有限公司新型多层高阻隔、多功能塑料软包装材料年新增15万吨扩建项目，福州伟华食品有限公司年产9万吨调味品项目，福州宏海食品有限公司连江宏海食品加工项目，连江聚力实业有限公司水产品加工项目等。

【行业技术进步】 2021年，福建晟扬管道科技有限公司获评国家绿色工厂；福人木业（福州）有限公司、福建天马科技集团股份有限公司2家企业获评省级绿色工厂；福州海汇生物科技实业有限公司、福州日兴水产食品有限公司、福建佳客来食品股份有限公司、福建绿植源生化科技有限公司、福建省闽清双棱纸业有限公司、福州绿帆包装材料有限公司、福州闽泉工艺品有限公司、福建永德吉灯业股份有限公司、福建晟扬管道科技有限公司9家企业入选省“专精特新”中小企业名单。

（柯文全）

机械制造产业

【概况】 2021年，福州市机械装备制造产业规模以上企业651家，完成规模以上工业总产值1927亿元，比上年增长9.5%。形成以福建奔驰为龙头的汽车制造业，以马尾造船厂为龙头的船舶制造业，以金风科技为龙头的海上风电装备制造业，以及以明辉机电、中能电气为龙头的电机电气等机械装备制造业体系，是全市第三大支柱产业。年内福州市被列入首批燃料电池汽车示范应用城市。11个产品获首台（套）重大技术装备（含智能制造装备）认定。

全市机械制造产业有8个子行业，分别为汽车制造业、船舶及海工装备修造业、电气机械及器材制造业、通用设备制造业、专用设备制造业、金属制品业、仪器仪表制造业和金属制品、机械和设备修理业。其中，福建省鑫港纺织机械有限公司多梳栉经编机占有率国内领先；福建雪人股份有限公司螺杆压缩机、制冰机占有率国内领先；新大陆环保的紫外C消毒系列产品、臭氧发生器产品，泰明（福建）电力的大中型柴油发电机组，大通机电的特种漆包线，福光股份的军用特种光学镜头、民用光学镜头，天宇电气的电力变压器、开关柜等产品在国内市场都占有一席之地。

【重点项目建设】 新能源汽车、智能网联汽车产业　2021年，福州市依托青口投资区，以福建奔驰、东南汽车为龙头，鼓励开发引进新车型，发展智能网联汽车、新能源汽车。利用雪人公司氢燃料电池技术，发展氢燃料电池关键零部件产业。利用已有汽车产能，加快智能化升级。围绕整车生产，加快零部件企业配套布局，支持星云电子、慧翰微电子等新能源、智能网联配套企业发展，重点引进汽车电子、燃料电池发动机等新能源汽车配件项目，推进冠城瑞闽新能源汽车动力电池、富得巴电机、万润电控等新能源汽车三电产品项目，重点推进泰全工业、三盛实业、福享汽车、祥鑫军民融合合金铝等39个、总投资68.94亿元技改项目。

能源装备产业　以风电成套机组设计和组装为核心，带动风电关键零部件发展，开展核能、潮汐能、生物质能、地热能设备以及核心配套零部件的研究和制造，建设海西核能工程技术中心。推进三峡海上风电产业园、三峡福建长乐外海百万千瓦海上风电场先行工程等风电装备项目建设，支持企业拓展市场，鼓励福州市域内海上风电开发企业优先采购福州海上风电装备产业园内企业生产的产品，优先购买其提供的运维、检测、认证、培训等服务。

智能装备产业　以提升智能装备关键零部件配套水平为重点，突破新型传感器、智能测量仪表、工业控制系统、伺服电机及驱动器等智能核心零部件。统筹布局和引进发展智能网联汽车、智能工程机械、智能生产线的整机生产企业，推进工程化和产业化。组织研发具有深度感知、智慧决策、自动执行功能的高档数控机床、工业机器人、增材制造装备等智能制造装备。发展具有自主知识产权的智能安防、智慧医疗、可穿戴智能产品、感知交互式影音设备等智能终端产品。

船舶修造产业　依托连江粗芦岛、

蓝色（闽台）产业园，以马尾造船厂、东南造船厂等企业为龙头，重点发展多用途海洋工程船、电推海工船、游艇等船舶制造产业。加快海洋工程装备领域龙头企业招引，完善产业链配套，转型发展海洋工程装备。依托福州海港优势和船舶制造历史积淀，发展船舶维修业，培育专业养护人员、团队及企业。

纺织机械产业　以鑫港纺机为龙头，开展经编机械等高端针织机械研发生产，提升产品竞争力。结合长乐化纤纺织产业需求，鼓励和引导纺织化纤龙头企业通过收购兼并、强强合作等方式，策划对接国际、国内先进纺织机械项目，发展高端纺纱机械、印染机械、非织造机械、化纤机械设备等高速度、高效率、低能耗、成套性纺织机械，拓展品种类型，逐步对进口机械形成替代，打造本土纺织机械生产基地。

（胡中明）

冶金建材产业

【概况】　2021 年，福州市冶金建材产业规模以上企业 269 家，完成规模以上工业总产值 1915 亿元，比上年增长 23.2%。全市形成从高炉炼铁到主要生产各类建筑用的棒材（螺纹钢）、线材、角钢、槽钢、彩涂板及不锈钢板带等产品的产业链；初步培育形成以宝钢德盛、吴航不锈钢为龙头的不锈钢产业，以闽光钢铁、亿鑫钢铁、吴航钢铁为龙头的普钢产业，以中铝瑞闽、祥鑫、奋安、麦特新为龙头的铝基材产业，以福耀集团、万达汽车玻璃、新福兴玻璃、瑞玻玻璃为龙头的玻璃产业，以闽清陶瓷企业为龙头的陶瓷产业等。

【重点项目建设】　2021 年，福州市依托大东海精品钢铁项目的汽车板、家电板、装备制造业用钢板等中高附加值品种，为汽车、机械、能源、集装箱等下游行业提供优质板材，支撑下游用钢产业发展，提升市场竞争力与品牌效应。以宝钢德盛精品不锈钢绿色产业基地为依托，延伸不锈钢加工及应用产业链，加强罗源不锈钢生产基地建设，拓展不锈钢精深加工产业链，开发高档冷轧不锈钢产品。依托罗源闽光 H 型钢项目，提高产品附加值。支持宝太不锈钢项目落地建设，延伸和完善黑色金属下游产业链。推动高强度耐腐蚀铝合金材料及其成型生产线扩建、祥鑫军民融合特种铝合金材料汽车轻量化产业园等项目建设。发展用于电子电器、动力电池、建筑用材、车身轻量化等产品与特种铝合金，吸引和带动铝精深加工上下游企业形成铝加工产业集群。

（于小湉）

石油化工产业

【概况】　2021 年，福州市石油化工产业有规模以上企业 90 家，完成规模以上工业总产值 641.23 亿元，比上年增长 39.4%。全市石油化工产业主要分布在江阴港城经济区和可门港经济开发区。培育万华化学、中景石化、申远新材料、天辰耀隆等龙头企业，己内酰胺产能规模国内最大，TDI/MDI 生产技术达到国际先进水平，实现丙烯全产业链的贯通。全市有珠光颜料市场占有率全球第一的坤彩科技、粘胶带市场占有率全球第一的友谊集团等一批冠军企业。

【重点项目建设】　2021 年，福州市江阴港城经济区推进万华化学集团福建产业园、中景石化科技园、天辰耀隆 40 万吨己内酰胺项目、坤彩科技江阴产业园、友谊新材料科技工业园等一批重点项目建设，以发展己内酰胺、聚丙烯、异氰酸酯、二氯氧钛等化工原料和新材料为主，以非炼化一体化的化工产业为特色，带动下游塑料、化纤等相关工业的发展，形成烯烃原料多元化、新型煤气化、丙烯、苯和高端树脂、涂料、合纤原料等新材料相结合的新型一体化产业链，可门港经济开发区加快推动申远新材料聚酰胺和己内酰胺一体化项目、申马新材料环己酮项目等项目建设，以聚酰胺产业为切入点，以申远新材料公司己内酰胺为核心，以高性能新型纤维和异丁烯基材料等为辅的多元化新材料生产基地。

【行业技术进步】　2021 年，福建钰融科技有限公司入选国家专精特新“小巨人”企业和福建省科技小巨人企业，福建天辰耀隆新材料有限公司入选福建省单项制造冠军企业。福建钰融科技有限公司再生剥离液 3 万千克被列入 2021 年福建省重点新产品推广目录。

（林　东）

电力能源产业

【概况】　2021 年，福州市电力能源产业规模以上企业 88 家，完成规模以上工业总产值 904.5 亿元，比上年增长 23.1%。主要包括以福清核电为代表的核电产业，以水口电站为代表的水电产业，以华能长乐、华电可门、国电江阴、华能罗源、国能连江等企业为代表的火电企业，以三峡、华电、大唐等企业为代表的风电产业，以红庙岭生活垃圾企业为代表的垃圾焚烧发电产业。

【重点项目建设】　2021 年，福州市推动重大能源项目建设，其中核电方面，福清核电 5 号机组投入商业运行，6 号机组满足并网条件；火电方面，国能连江 1 号机组（1 台 1000 兆瓦超超临界机组）通过 168 小时满负荷试运，投入商业运行；风电方面，长乐外海海上风电场 A、C 区项目并网运行；水电方面，水口电站完成 6 号机组增容改造工程。

（刘　葳）

生物医药产业

【概况】　2021 年，福州市生物医药产业完成规模以上工业总产值 111.7 亿元，比上年增长 12.7%。生物医药产业作为福州市重点培育壮大战略性新兴产业之一，初步形成生物制药、基因工程药物与基因诊断试剂、化学原料药、现代中药、医疗器械与生物医学分析仪器等医药产业门类。福抗、丽珠福兴、迈新生物、海王福药、南少林等一批企业成长为福州生物医药产业的中坚力量。

年内福州迈新生物技术开发有限公司入选工信部2021年第三批专精特新“小巨人”企业；丽珠集团福州福兴医药有限公司获评省级绿色工厂。

【重点项目建设】 2021年，福州市推进生物医药产业重点项目建设，包括丽珠福兴二阶段高端抗生素建设项目、新大泽海洋微藻高值化产品开发及产业链建设项目、福抗药业抗病毒原料药及医药中间体升级改造项目、优你康隐形眼镜生产项目、迈新生物诊断试剂生产基地等。

【企业技术创新】 2021年，福抗药业头孢美唑钠原料药获韩国注册证书；海西新药盐酸西那卡塞片获国家药品监督管理局颁发的“药品注册证书”，高血压药项目和慢性丙型肝炎药项目获得临床申请批文；迈新生物与普瑞基准达成战略合作，在基因检测、免疫组化等技术与应用层面开展全面深度合作，共建分子诊断中心实验室，以期缩短肿瘤药物研发周期，提高研发成功率；佰孟医学公司自主开发高精度“磁珠法”及通用型“全自动核酸提取工作站”“多重荧光定量PCR快速诊断”等一系列核心技术。

（李　萍）

2021年，福州市组织行业从艺者参加第11届福建省工艺美术精品“争艳杯”大奖赛。图为金奖作品——王则伟“轻舞飞扬”（漆画）（市工信局 供图）

工艺美术品行业

【概况】 2021年，福州市工业美术品行业完成产值206.8亿元，出口额50亿元。全市工艺美术品大体分为两大类，一是传统手工艺品，主要有脱胎漆器、寿山石雕、软木画、木雕、根雕等20多个品种；二是日用工艺品，主要有金银首饰、铁艺、木制品、帆布画、工艺钟、漆艺、皮革制品、园艺制品等家居装饰品和日用工艺品。年内进一步加大对传统工艺美术的抢救保护和振兴发展工作力度，推进行业技术进步、技术创新和产品的市场拓展，促进行业优化升级提升竞争力。

【工艺美术人才培养】 2021年，福州市开展工艺美术系列人员职称评审工作，牵头各县区、各工艺行业协会组织申报工艺美术职称，3人获正高级工艺美术师任职资格、16人获高级工艺美术师任职资格、40人获工艺美术师任职资格。开展首届软木画学徒补贴工作，4名从事软木画生产创作的年轻学徒申报生活补贴。传统工艺美术10人被认定为福州市非物质文化遗产传承人。

【工艺美术行业重大活动】 2021年12月，福州市第26届工艺美术创新设计“如意杯”大奖赛举办。大奖赛创新比赛形式，通过两个阶段（现场操作+展示展览）三个部分（评委评分+现场投票分+微信投票分）综合评出金银铜等奖项，204名从艺者报名，71名选手获奖。福州寿山石行业协会、福州脱胎漆艺协会、福州木雕行业协会等组织行业从艺者参加第11届福建省工艺美术精品“争艳杯”大奖赛，17件（套）作品获得金奖。

【工艺美术行业交流合作】 2021年，福州寿山石行业协会、福州脱胎漆艺协会、福州木雕行业协会等牵头组织行业重点企业和协会会员，参加第56届全国工艺品交易会、厦门国际佛事用品（春季）展览会、2021年第十五届中国（莆田）海峡工艺品博览会等展会。

【工艺美术行业传承与保护】 2021年，福州市编制印发《福州软木画、脱胎漆器、寿山石雕技艺保护和产业发展五年行动计划（2021—2025年）》。颁布施行《福州市软木画技艺保护规定》《福州市脱胎漆器技艺保护规定》《福州市寿山石雕刻技艺保护规定》，加强传统工艺美术传承保护，促进闽都文化国际品牌建设，推动福州市软木画、脱胎漆器、寿山石雕技艺保护和创新发展。

（黄志强　吴鼎义　林璐静）

电力工业

【概况】 2021年，福州地区全社会用电量540.7亿千瓦时，居全省第二；比上年增长12.9%，增速居全省第五。第一、二、三产业和居民生活用电量分别为5.5亿千瓦时、306.2亿千瓦时、120.3亿千瓦时、108.8亿千瓦时，分别比上年下降2.9%和增长14.4%、18.8%、4.2%。长乐、福清、闽侯地区增幅居前，分别为19.2%、17.4%和10.5%。年内福

2021 年 4 月，国网福建省电力有限公司福州供电公司完成第四届数字中国建设峰会供电保障任务。图为 4 月 12 日举行的保电誓师大会现场

（国网福建省电力有限公司福州供电公司　供图）

州供电公司获国网公司“先进集体”“管理提升标杆企业”称号，公司党委获评国网公司“红旗党委”。

【电力供应】　2021 年，福州地区（含平潭）供电户 399.58 万户。地区电网拥有 220 千伏变电站 42 座，变电容量 1662 万千伏安，220 千伏输电线路 2558.78 千米。110 千伏变电站 159 座，变电容量 1509.2 万千伏安，110 千伏输电线路 3112.30 千米。35 千伏变电站 38 座，变电容量 57.9 万千伏安，35 千伏输电线路 809.01 千米。10 千伏线路长度 2.5 万千米。

【电网建设】　2021 年，福州市滚动修编“十四五”电网发展规划。开工 110 千伏妙峰输变电等 27 项工程，投产 220 千伏阜山变等 55 项工程。新增接入风光装机 153 万千瓦，比上年增长 99.7%。清洁能源继续保持 100% 消纳。新建改造 10 千伏线路 1546 千米、供电台区 818 个。完成 119 个老旧小区供电设施改造。74.5 平方千米城区实现“零计划停电”，惠及 58 万个客户。全地区户均年停电时间降至 1.52 小时，供电可靠率居全国省会城市第四名。

【新农村电气化建设】　2021 年，福州市完成农网投资 7 亿元，新建改造 10 千伏配变 709 台、线路 1185 千米。累计接入光伏扶贫项目 135 户（其中国家级扶贫项目 28 户），总容量 8278.88 千瓦。完成乡村电气化项目 28 个。年末实现农网户均容量 3.49 千伏安，供电可靠率 99.979%、电压合格率 99.981%。

【电力技术创新】　2021 年，福州市启动滨海新城“数字闽电”综合示范区建设，完成 5 个配电站房数字孪生体建模，取得授权发明专利 13 项，建成输电智能运检中心，新增 23 座“一键顺控”变电站、6 条智慧输电线路，新建 7858 个台区融合终端，推广流程机器人 19 个。全市累计完成替代电量 24.8 亿千瓦时，减排二氧化碳 178 万吨。

【电力安全生产】　2021 年，福州市高质量完成安全生产专项整治三年行动“二下二上”，统筹推进“五查五严”风险隐患排查治理、生产办公场所消防、电化学储能电站、高危及重要客户供用电等专项隐患排查治理，排查整治各类隐患 139 处。落实风险隐患双重预控，防控六级及以上电网运行风险 472 项。输电线路外破数比上年下降 54.3%。拦截网络攻击 155 次。完成世界遗产大会、第四届数字中国建设峰会等重要供电保障任务。累计实现连续电力安全生产 5296 天。

表 29　　2021 年福州地区用电营业户数情况表

单位	营业数（户）
合计	3995829
1. 福州供电公司	1941560
（1）福州电业局局本部	1647368
（2）闽侯供电公司	294192
2. 国网永泰县供电公司	172173
3. 国网闽清县供电公司	144190
4. 国网平潭供电公司	196252
5. 国网连江县供电公司	354825
6. 国网罗源县供电公司	156200
7. 国网福清市供电公司	626885
8. 国网长乐区供电公司	403744

表 30　　2021 年福州地区全社会用电量情况表

分区用电	全社会用电量（亿千瓦时）	增长率（%）	工业用电量（亿千瓦时）	增长率（%）
市区（不含长乐区）	174.71	10.02	32.68	5.00
长乐	131.87	19.15	109.84	21.04

续表 30

分区用电	全社会用电量（亿千瓦时）	增长率（%）	工业用电量（亿千瓦时）	增长率（%）
福清	99.36	17.40	67.85	22.39
罗源	43.14	6.94	37.22	7.00
闽侯	32.44	10.49	16.20	10.53
连江	33.72	6.68	18.93	4.94
闽清	15.49	8.25	10.38	9.79
永泰	9.95	7.63	4.34	7.78
全市	540.67	12.88	297.44	15.17

【客户服务】 2021年，福州市出台优化电力营商环境“深化创新年”21项提升举措。全省首家构建并启动电力需求侧响应机制，稳妥实施六批次有序用电。深化“阳光业扩”，省内首家落地“房产联动过户”等4项功能。“三省”“三零”服务市县全覆盖，为企业节省投资1.9亿元。开展“百千万”大走访，解决客户诉求1079项。开展城市经济运行情况等5类电力大数据产品研发，辅助政府精准调度经济运行。完成“代理购电”高低压客户全量告知。“获得电力”福州指标排名并列全省第一，福州新区入选全国标杆。

【企业技术创新】 2021年，福州供电公司“架空输电线路防风带电加固关键技术及应用”获国家电网公司科技进步二等奖，“高压超高速开关关键技术及装备”“面向客户侧能源互联网的用能信息智能感知关键技术及应用”2个项目分别获国家电网公司科技进步二等奖、三等奖。

【供电服务】 2021年，福州市推行“互联网+”办电服务，线上办电率99.95%。“双长融合”网格服务覆盖2268个社区，占比78%。营业窗口入驻36个便民中心，供电服务嵌入230个政务终端。针对省级及以上工业园区新增客户，将投资界面延伸至客户红线，630千伏安及以下企业外线建设实现“零投资”。实行市政重点项目竣工检验、带电作业计划“随报随排”措施，完成791项重点接电工作，其中693个项目实现提前送电。

（王山林 何文花）

城镇集体工业

【城镇集体企业改革安置】 2021年，福州市城镇集体工业联合社完成《福州市城镇集体工业联合社进一步深化城镇集体企业改革指导意见》修订。配合征迁部门，引导企业及时交地，指导企业依法依规开展征迁安置等工作，完成轻纺机械厂、电机厂两家企业拆迁安置工作，安置在职职工和退休人员488人。持续推进市第二汽车运输公司等企业拆迁安置工作。完成福州市锅炉安装修理厂、福州市电机厂、福州市运动鞋总厂等60户公房产权或使用权放弃及收回工作。

【城镇集体企业服务】 2021年“两节”期间，福州市城镇集体工业联合社为下属11家困难企业职工105人争取困难职工节日慰问金8.4万元；为37名归侨退休职工申请归侨补助金4.11万元。开展矛盾排查工作，全年接待企业职工来询来访1000余人次，回复信访局转来信访件18份，“12345”平台诉求件230件，查阅率、办结率和满意率均保持100%。开展节前廉政谈话165人次，履职谈话2人次。完成5家改制和未改制企业第三方审计和延伸审计工作。

【城镇集体工业联合社参与疫情防控】 2021年，福州市城镇集体工业联合社组织党员志愿服务队，定期参与和支持社区新冠肺炎疫情防控工作。社综合工作组结合直属单位落实2021年度全面从严治党主体责任情况考核工作，深入36家直属单位检查指导企业疫情防控工作。

（兰静晖）

（编辑 周弭姣）

建筑业 房地产业

建筑业

【概况】 2021年，福州市完成建筑业总产值5840亿元，比上年增长12.9%，全市建筑业产值总量占全省1/3以上，实现建筑业增加值1548亿元，增长4.1%，占全市生产总值的13.7%，建筑业产值、增加值总量均居全省第一。年内开展建筑业“扶持龙头壮大产业”专项行动，68家建筑业“扶持龙头壮大产业”企业中，67家实现产值正增长，正增长率达98.5%，完成总产值2833.8亿元，超额完成年初既定任务（2750亿元），占全市建筑业总产值的近50%。

【装配式建筑】 2021年，福州市装配式建筑开工面积394万平方米，位居全省第一。推动装配式建筑产业基地落地，全市有国家示范企业（含基地）7家，位居全省第一。

【建设工程质量安全监管】 2021年，福州市创新监管模式，日常“双随机”检查和专项整治相结合，实现受监项目全覆盖监管，市管工程质量安全总体处于受控状态。推行样板引路制度，规定申报创建省、市优质工程、市建筑施工安全生产标准化优良项目和施工合同价1亿元及以上的工程项目必须推行样板引路标准化施工。建立“远程视频监控平台”“福州市扬尘监测系统”，通过信息技术强化对施工现场的监督。规范全市预拌混凝土原材料质量管理，强化对地基基础和主体结构工程质量的监管。“海峡文化艺术中心”“兴业银行大厦”“福州三中滨海校区”3个项目获2020—2021年度鲁班奖。

【地铁工程质量安全监管】 2021年，福州市城乡建设局围绕市政府攻坚任务，靠前服务，成立地铁建设体系化监管服务领导小组，开展地铁项目监督管理“一站式”服务；定期召开地铁质量安全分析会，强化建设单位首要责任考核，督促建设单位落实首要责任；监督4号线、5号线、6号线、滨海快线等4条地铁线路，年度监督抽查、抽测目标任务完成率100%；针对4号线冷冻暗挖下既有1号线穿城门站、洪塘站至金牛山站过江区间等两个重大风险源成立工作专班，每周开展巡查。

【工程档案管理】 2021年，福州市开展工程档案靠前指导服务372项，核发“福州市建设项目档案审查意见书”163项，出具“轨道交通工程档案移交清单”42项。整理入库纸质档案4578盒，对接收的档案进行著录共计6098卷。接待查档1650人次，调阅档案3733盒，为1191家单位和个人出具档案原件证明17749份。年内完成馆藏档案数字化加工项目799个，8895卷，250万页。持续推进竣工图电子化归档试点工作，对奥体颐养中心、融信青年城部分地块、轨道交通6号线（长乐段）3标1工区等项目推行竣工图电子化试点工作。对县（市）区城建档案工作进行摸底调查。

【行政许可审批】 2021年，福州市城乡建设局96项行政许可事项实现全流程网上在线办理，跑趟占比和全流程网办占比均为100%，“最多跑一趟”和“一趟不用跑”指标居全省第一。通过优化流程，压缩时限，即办件事项61项，即办占比指标为63.54%，居全省第一。

【工程造价管理】 2021年，福州市编制《福建省房屋建筑加固工程清单》《房屋建筑与装饰工程总承包模拟清单》，发布《检查井井壁灰浆喷涂法修复》《干布式无机整体磨石面层》及附着式电动整体提升架的补充定额39项，编制发布《2021年福州市建设工程材料价格》年刊和《福州建设工程造价管理信息》月刊，刊登材料价格信息约12万条；调整建设工程综合人工费指数2次，出台《建筑材料价格波动风险预警及风险管控指导意见》；编制出版《福州市典型建设工程技术经济指标（2020年）》，收集典型建设项目工程造价实例260例，刊登建筑、安装、市政和园林等专业概算经济指标37项、预算经济指标223项。开展施工企业合同履约评价行为1000余次，工程定额解释、工程造价争议、结算纠纷等协调及业务咨询服务600余次。

【房地产开发工程项目监管】 2021年，福州市城乡建设局处理省市信访接访工作80余件，其中涉及福晟项目延期交房、蓝光项目违约、恒大项目工程建设纠纷等，均在职能范围内予以妥善解决。将预售资金监管作为常态化监管工作，以明确预售资金监管额度为切入点，严控资金拨付节点及比例；以实施差别化监管为发力点，加强监管力度，对于信用不良或存在违规行为的房地产企业进行重点监管或全额监管。配合市房管局推动全市风险项目复工复产，重点协调解决房地产风险企业在项目建设过程中存在的施工质量、安全及工程款项拨付相关问题，针对风险项目特点，建立“一项目一政策”制度，量身定制服务推进方案。每周不定期到项目施工现场进行跟踪、监督、协调，对照施工进度横道图核实工程进度，了解工程项目进展情况，推进项目竣工交付使用。

（黄金寿）

房地产业

【概况】 2021年，福州市房地产市场四项核心调控指标运行合理区间，增幅均控制在5%以内。全市商品房销售面积2138万平方米，比上年增长13.3%。二手房成交574万平方米，比上年下降9.7%。全市商品住宅库存总量1264万平方米，去化周期19个月。全市房地产投资2248亿元，比上年增长8.6%。

【房地产市场管理】 2021年，福州市房地产专项整治建立联合执法、明察暗访、举报受理、会商认定、问题线索移送等5项工作机制，重点整治房地产企业在商品房备案价格之外加价销售商品房或违规收取其他费用、超出政府规定的装修标准超额收取装修费用、强行搭配车位销售及超过备案价格销售车位等违法违规行为。全年检查房地产中介机构103家，发出整改通知15份，均完成整改。

【保障性租赁住房】 2021年，福州市出台《福州市人民政府办公厅关于加快发展保障性租赁住房的实施意见》。全年新增保障性租赁住房1.16万套。10月21—22日，住房和城乡建设部发展保障性租赁住房工作现场会在福州召开，副部长倪虹出席会议。

【住房保障】 2021年，福州市出台《福州市人民政府办公厅印发关于在榕就业创业台胞住房保障实施方案（试行）的通知》，对在榕就业创业的无房台胞实行单列保障。全年保障性安居工程棚户区改造目标任务7532套，开工7598套，占目标任务100.8%，超额完成年度目标任务。市本级公租房累计新增登记保障资格2993户，新增配租2460套，发放租赁补贴1077户。

【房屋征收管理】 2021年，福州市对房屋征收政策进行整合，出台《福州市房屋征收实施细则（2021年修订版）》。五城区启动实施连片旧屋区改造项目16个，涉及旧房面积121.3万平方米、3231户。城区启动实施零星地块精准改造项目44个，涉及旧房约7.68万平方米、915户。全年完成23个安置型商品房项目出让，启动建设安置型商品房住宅1.17万套，面积89.19万平方米。

【物业管理】 2021年，福州市实施老旧小区改造198个。筹划建设住宅小区和楼宇物业企业星级评价系统和业主大会电子投票系统，年内住宅小区和楼宇物业企业星级评价系统上线运行。组织开展物业小区垃圾分类检查，试点开展“垃圾误时付费投放”工作。结合全国文明城市创建，开展电动车停放及充电安全、架空层杂物堆放等集中整治活动，累计出动检查人员2579人次，检查物业服务项目1520个，发放整改通知书398份，约谈物业服务企业60家，挂牌警告16家。年内五城区新归集住宅专项维修资金9.76亿元，累计余额97.78亿元，覆盖物业区域1378个，向开发商追缴145万元，申请使用2881.20万元。

【住房公积金管理】 2021年，福州市归集住房公积金124.36亿元，比上年增长11.61%；新增缴存职工14.19万人。1995—2021年，累计归集住房公积金900.95亿元。全年提取住房公积金86.42亿元，比上年增长12.81%。其中，购买、建造、翻建、大修自住住房提取21.25亿元；用于偿还购房贷款本息提取41.59亿元；离休、退休提取7.75亿元；与单位终止劳动关系未再就业和职工部分或全部丧失劳动能力造成家庭生活严重困难提取7.5亿元；职工租房提取2.77亿元。1996—2021年，累计提取住房公积金570.89亿元。

全年发放个人住房贷款52.74亿元，比上年下降0.34%，涉及9806户家庭。回收公积金贷款24.73亿元，比上年增长10.01%。年末住房公积金贷款逾期率0.152‰，公积金贷款风险控制良好。1996—2021年，累计发放贷款124975户、498.65亿元，其中累计发放个人住房公积金贷款118524户、470.41亿元，累计发放公转商贴息贷款6451户、28.24亿元。贷款余额304.48亿元，其中个人住房公积金贷款余额302.04亿元，公转商贴息贷款余额2.44亿元；个人住房贷款使用率（不含贴息贷款）91.51%，含贴息贷款个人住房贷款使用率92.25%。

全年实现增值收益4.88亿元，提取公共租赁住房建设补充资金3.75亿元。1996—2021年，实现增值收益36.52亿元，累计提取公共租赁住房建设补充资金22.98亿元，上缴公共租赁住房建设补充资金19.23亿元。

推进惠民举措，通过公积金服务“网上办、快递办、自助办、掌上办、智慧办”等方式，新增15个“一趟不用跑”事项，提前实现100%服务事项“一趟不用跑”，高于全省、全市全类型事项平均水平。77%的服务事项实现全流程网办，其中“智能秒批”事项占50%。网上受理时长由原来的2个工作日办结缩短为“秒批秒办”。拓展互联网+公积金“高效办”，成立网批中心，实行网上业务集中办理，线上办理公积金业务占比从2020年的74%提升到80%，线上服务可通过网上办事大厅、“e福州”、闽政通、微信公众号、自助终端等多个渠道办理。推动跨区域服务“异地办”，8项公积金事项“跨省通办”，8项证明打印业务实现省内异地缴存职工跨中心办理，以解决群众异地办事“多地跑”难题。推进线下服务“就近办”，主动融入并服务建设“六个城”，全省首创将公积金提取业务下沉到承办银行网点办理，新增滨海新城、东南汽车城等公积金业务受理银行网点，全市实体网点增至37个。

【不动产交易】 2021年，福州市商品房预售批准新增供给面积1465.97万平方米，其中住宅1028.57万平方米，分别比上年下降14.23%、17.66%。新建商品房销售（合同网签口径，下同）15.50万套（非住宅为间/个，下同）、面积1204.7万平方米、金额1983.28亿元，分别比上年增长32.3%、31.2%、37.11%，其中住宅9.54万套、面积951.75万平方米、金额1725.31亿元，分别增长37.44%、34.78%、41.16%。二手房交易6.37万套、面积573.55万平方米，分别比上年增长18.51%、9.69%，其中住宅48420套、面积499.96万平方米，分别增长17.96%、15.39%。

市本级（五城区、不含长乐区）商品房预售批准新增供给面积669.1万平方米，其中住宅（含安置型商品房）412.81万平方米，分别比上年下降18.6%、29.6%。新建商品房销售8.38万套、面积634.78万平方米、金额1348.59亿元，分别比上年增长59.03%、57.57%、55.45%，其中住宅（含安置型商品房）5.46万套、面积518万平方米、金额1190.14亿元，分别增长74.31%、70.48%、61.89%。二手房交易3.94万套、面积300.99万平方米，分别比上年增长23.04%、22.56%，其中住宅3.03万套、面积280.11万平方米，分别增长26.47%、24.18%。

【不动产登记】 2021年，福州市不动产登记和交易中心办理业务43.4万件，比上年增长14.8%；发放不动产权属证书（证明）37.59万本（份），增长41.85%；提供不动产登记信息和资料查询服务263万次，其中线上查询量占总查询量81.10%；网上办事申请量20.98万件，占业务总量56.49%，占同类业务48.05%，其中通过“不见面全程网办”模式受理抵押业务13.84万件，占抵押业务总量77.02%，比上年增长4.6个百分点；攻坚推进安置房办证，办理安置房个人产权证4.6万套，是上年的2.9倍。

根据国家发展和改革委员会发布的《中国营商环境报告2021》，福州市列入营商环境“登记财产”指标标杆城市。“不动产抵押注销登记智能化辅助审核”模式经福建省自贸办委托第三方机构评估确定为全国首创，被列入福建自贸试验区第18批创新举措；先行先试开展居住权登记，被自然资源部选取为全国15个工作联系点之一；出台《福州市房产与规划建筑面积测算技术规程（暂行）》，率先全省从源头上理顺规划许可报批面积与预售许可申报面积、产权首次登记面积的关系，福建省自然资源厅向全省推广实施。

提速办理时限，累计4项业务“秒批秒办”，涉企不动产登记业务专窗受理60分钟办结，48项业务24小时内办结，其余一般不动产登记3个工作日内办结。优化办事流程，不动产转移登记与水、电、气、广电网络过户由“一站办理”升级为“一窗联办”；在原有不动产登记信息线上查的基础上，新增不动产登记档案资料线上查询渠道；抵押登记“不见面全程网办”服务点累计延伸至32家金融机构的营业网点，并率先在全省实现不动产抵押登记系统与公积金业务系统直连，提高市民贷款审批效率；常态化开展“交地即发证”办法，通过该模式服务110宗地。精简收件材料，在非公证继承等12项业务情形中推行告知承诺制。全年市不动产登记档案馆接收档案25.53万件，馆藏总量582.67万件。

表31 **2021年福州市区（五城区）新建商品房网签销售情况表**

月份	面积（万平方米）	金额（亿元）
1月	31.59	72.375
2月	32.41	75.634
3月	62.47	147.973
4月	60.87	132.443
5月	72.47	157.708
6月	68.75	145.656
7月	55.24	125.455
8月	62.63	130.451
9月	40.20	79.475
10月	45.35	83.360
11月	45.63	82.131
12月	57.18	115.930

说明：上述统计数据为福州市区（五城区）新建商品房网签销售量统计数据，包括住宅、商业、办公、车位等所有类别新建商品房

（刘 力 余珊珊 游小倩 吴 晞）

（编辑 周弭姣）

商贸流通与服务业

商贸经济

【概况】 2021年，福州市推进《福州市城市商业网点规划（2021—2035年）》编制工作，落实福州建设国家中心城市、现代化国际城市、“有福之州、幸福之城”的目标，立足国内消费市场，辐射海峡两岸，逐渐扩大东南沿海影响力，努力将福州打造成时尚、便捷的区域性国际消费中心，开放、包容、具有闽都品牌特色的国际商业创新中心，高效、集约的现代化国际商贸物流集散中心。宣传各项惠企政策措施，鼓励商圈龙头企业做大做强，引导商圈引进国内外品牌，以提升城市商圈建设水平；鼓励商业综合体开展基础设施项目升级、数字化升级，推动周边路网等基础设施一体化建设；继续推进夜色经济发展，实现错位发展、优势互补。年内全市实现第三产业增加值6397.66亿元，比上年增长9.3%，增速居全省第二；实现社会消费品零售总额4549.4亿元，增长7.7%，增速居全省第七。全市有经批准续存拍卖企业87家。

【“菜篮子”工程】 2021年，福州市有市级直控城市蔬菜基地面积1.07万公顷，全市蔬菜基地年产蔬菜75万吨以上；市级直控副食品基地36家，其中生猪基地18家、蛋禽基地15家、肉禽基地1家、羊基地1家、特色品种基地1家，均通过无公害产地认证或无公害产品认证，年储备60千克以上活体生猪10.8万头，年可出栏蛋2000万千克、肉禽30万羽、羊1500只以上，全面完成2021年为民办实事项目。4家副食品基地被列为省级重点调控基地。

【零售业】 2021年，福州市有商超类连锁经营企业33家、连锁网点2182个；商业特许经营企业120家，主要集中在餐饮、零售、居民服务等行业；全市有中华老字号10个，福建老字号34个，主要涉及百货、餐饮、服务、医药、工艺等行业，除苏苏酱鸭店暂停营业外，其他均正常运行；全市新认定首批“大众茶馆”试点项目14个。六意、万嘉等新零售企业持续扩张。以东街口百货为代表的传统百货从纯百货业态向集购物、娱乐、休闲、餐饮于一体的综合业态转型。

表32　　**2021年福州市商超类连锁经营企业一览表**

序号	企业名称	在福州市连锁门店数（家）
1	永辉超市股份有限公司	52
2	永辉云创科技有限公司超级物种	4
3	永辉云创科技有限公司（永辉生活）	22
4	沃尔玛（福建）商业零售有限公司	12
5	福建新华都综合百货有限公司（超市类）	7
6	福州家乐福商业有限公司	2
7	福州兴福兴超市有限公司	10
8	福州国美电器有限公司	36
9	福建苏宁易购商贸有限公司（苏宁易购）	18
10	福建心蓝天超市管理有限公司	8

续表 32

序号	企业名称	在福州市连锁门店数（家）
11	大润发超市	3
12	福州屈臣氏个人用品商店有限公司	45
13	福州六意企业管理有限公司	238
14	福州百年万嘉超市有限公司	1039
15	天猫小店	85
16	福建星普电器有限公司（五星电器）	1
17	福州市禾盛粮油食品连锁有限公司	21
18	福州民天实业有限公司（民天超市）	1
19	福建省百汇万宁超市有限公司	320
20	福建世纪佳源超市有限公司	9
21	爱家电器	3
22	福百家超市	18
23	福建新华都综合百货有限公司（百货类）	2
24	福建东百集团有限公司	5
25	大洋百货	2
26	福州苏宁易购广场有限公司	2
27	福州市天虹百货有限公司	2
28	福建冠业投资发展限公司（冠超市）	3
29	锦江麦德龙现购自运有限公司福州仓山商场	1
30	福州世纪联华商业有限公司	1
31	7-Eleven（榕宁）	27
32	福州谊品弘闽科技有限公司	28
33	福建剑福便利店连锁管理有限公司	155
合 计		2182

表 33

2021 年福州市特许经营企业一览表

序号	企业名称	备案时间
1	福建家体系企业发展集团有限公司	2021 年 12 月 8 日
2	中叙堂（福州）茶叶有限公司	2021 年 11 月 11 日
3	福州刘福记餐饮管理有限公司	2021 年 11 月 3 日
4	福建孝文家茶业有限公司	2021 年 10 月 13 日
5	福州东南眼镜有限公司	2021 年 10 月 12 日
6	福州贝健餐饮管理有限公司	2021 年 8 月 30 日
/	福建榕宁便利店管理有限公司	2021 年 8 月 13 日
8	福州陈在龙餐饮管理有限公司	2021 年 7 月 14 日
9	福州市速乐餐饮管理有限公司	2021 年 5 月 26 日
10	福建哈哈碳都餐饮有限公司	2021 年 4 月 30 日
11	福州水缘餐饮管理有限公司	2021 年 3 月 8 日
12	福建天兴教育超市有限公司	2021 年 3 月 1 日

续表 33

序号	企业名称	备案时间
13	福州方极餐饮管理有限公司	2021 年 2 月 4 日
14	福建乐多滋餐饮管理有限公司	2021 年 1 月 19 日
15	福建虾点餐饮管理有限公司	2020 年 11 月 30 日
16	福州第城投资管理有限公司	2020 年 11 月 23 日
17	福州市凡点服饰有限公司	2020 年 11 月 17 日
18	福州市仓山区乐乐柠檬餐饮管理有限公司	2020 年 11 月 13 日
19	福建五七餐饮管理有限公司	2020 年 11 月 13 日
20	福建省醉得意餐饮管理有限公司	2020 年 11 月 12 日
21	福建智会算财税咨询有限公司	2020 年 10 月 21 日
22	福州千钟粟餐饮管理有限公司	2020 年 9 月 27 日
23	福州牛大壮餐饮管理有限公司	2020 年 9 月 17 日
24	福建紫色花语服饰有限公司	2020 年 9 月 4 日
25	福州微光餐饮管理有限公司	2020 年 8 月 26 日
26	福建盛世经典餐饮管理有限公司	2020 年 8 月 25 日
27	福州胡顺恒兴餐饮管理有限公司	2020 年 8 月 18 日
28	福建百年万嘉超市管理有限公司	2020 年 8 月 18 日
29	福建红全周餐饮管理有限公司	2020 年 8 月 13 日
30	福建省清口清餐饮管理有限公司	2020 年 8 月 10 日
31	福建毛三旺餐饮管理有限公司	2020 年 7 月 31 日
32	福建靠谱水果有限公司	2020 年 7 月 31 日
33	福州聚星餐饮服务有限公司	2020 年 7 月 31 日
34	福建树人教育科技股份有限公司	2020 年 7 月 23 日
35	福州亿香基餐饮管理有限公司	2020 年 7 月 13 日
36	福建可观珠宝股份有限公司	2020 年 5 月 12 日
37	福建嘉杰酒店投资有限公司	2020 年 5 月 11 日
38	福州马鸣餐饮管理有限公司	2020 年 4 月 29 日
39	福州林某人餐饮管理有限公司	2020 年 4 月 24 日
40	福建三叔粥铺餐饮管理有限公司	2020 年 4 月 23 日
41	福州舞爪食品有限公司	2020 年 4 月 21 日
42	芋时代（福建）餐饮管理有限公司	2020 年 4 月 1 日
43	福建花界酒店管理有限公司	2020 年 3 月 23 日
44	福建省鸡蛋餐饮管理有限公司	2020 年 3 月 23 日
45	福州汕之膳餐饮管理有限公司	2020 年 1 月 23 日
46	福州唐稻餐饮管理有限公司	2020 年 1 月 16 日
47	福州黄同茄餐饮管理有限公司	2019 年 12 月 30 日
48	福州烤度餐饮管理有限公司	2019 年 12 月 17 日
49	中建协筑（福建）供应链有限公司	2019 年 12 月 20 日
50	福州芋家人餐饮管理有限公司	2019 年 12 月 5 日
51	福建梦世飞餐饮管理有限公司	2019 年 11 月 29 日
52	福州探饮餐饮管理有限公司	2019 年 11 月 8 日

续表 33

序号	企业名称	备案时间
53	福建天涯健康管理有限公司	2019 年 11 月 4 日
54	福州市可奇餐饮管理有限公司	2019 年 10 月 18 日
55	碧爱尚（福建）生物医药集团有限公司	2019 年 9 月 27 日
56	福州客源餐饮管理有限公司	2019 年 9 月 27 日
57	福州觉世双椒餐饮管理有限公司	2019 年 9 月 24 日
58	福州流川风餐饮管理有限公司	2019 年 9 月 12 日
59	福州酷行餐饮管理有限公司	2019 年 8 月 30 日
60	福州富有恒餐饮合伙企业（有限合伙）	2019 年 8 月 26 日
61	福州敢秀餐饮管理有限公司	2019 年 7 月 19 日
62	衣时代网（福建）服饰有限公司	2019 年 7 月 8 日
63	福建淳百味餐饮发展有限公司	2019 年 6 月 4 日
64	福州市秘觉网络技术有限公司	2019 年 5 月 5 日
65	福建蜀都丰餐饮管理有限公司	2019 年 4 月 11 日
66	福州董菲菲餐饮管理有限公司	2019 年 3 月 11 日
67	福州手心的你餐饮管理有限公司	2019 年 3 月 7 日
68	福州森竺新型环保材料有限公司	2018 年 10 月 8 日
69	福建熹茗茶业有限公司	2018 年 9 月 14 日
70	福州这里有餐饮管理有限公司	2018 年 4 月 23 日
71	福州状元澜餐饮管理有限公司	2017 年 11 月 7 日
72	福建省桥亭餐饮管理有限公司	2017 年 10 月 11 日
73	福建涂奈克环保科技股份有限公司	2017 年 9 月 20 日
74	福州市马尾区坛兄弟餐饮管理有限公司	2017 年 8 月 25 日
75	美亚百岁康健康产业集团有限公司	2017 年 7 月 5 日
76	福建伍车贸易有限公司	2017 年 6 月 20 日
77	福建相逢客投资有限公司	2017 年 6 月 13 日
78	福州祥广记餐饮管理有限公司	2017 年 5 月 4 日
79	福州雪品保洁服务有限公司	2017 年 4 月 14 日
80	福州巧云餐饮管理有限责任公司	2016 年 12 月 30 日
81	福州豆府花城餐饮管理有限公司	2016 年 9 月 26 日
82	福州市品果源餐饮管理有限公司	2016 年 9 月 1 日
83	福建省周麻婆餐饮管理有限公司	2016 年 7 月 7 日
84	福州市早晨餐饮管理有限公司	2016 年 6 月 15 日
85	福建令狐冲餐饮管理有限公司	2016 年 6 月 21 日
86	福州尼奥餐饮管理有限公司	2016 年 4 月 20 日
87	福州小叫天餐饮管理有限公司	2016 年 4 月 20 日
88	福州国荣餐饮管理有限公司	2016 年 3 月 25 日
89	福州六意企业管理有限公司	2015 年 12 月 28 日
90	福州尚干餐饮管理有限公司	2015 年 12 月 22 日
91	福州麦多万嘉超市有限公司	2015 年 12 月 22 日
92	福建省华莱士食品股份有限公司	2015 年 11 月 12 日

续表 33

序号	企业名称	备案时间
93	福州玛格利塔餐饮管理有限公司	2015年7月30日
94	福建八方云集餐饮管理有限公司	2015年7月30日
95	福建佳客来食品股份有限公司	2015年7月21日
96	福建盛世经典餐饮管理有限公司	2015年5月6日
97	福州明视眼镜有限公司	2015年3月12日
98	福建仙芝楼生物科技有限公司	2014年10月11日
99	福州金拱门食品有限公司	2014年5月14日
100	福州市淳百味餐饮管理有限公司	2014年4月15日
101	福州树人家政服务有限公司	2013年10月29日
102	福州市生生润家政服务有限公司	2013年10月15日
103	福建省尧山铁观音茶业股份有限公司	2013年7月5日
104	福州四季如春旅馆有限公司	2012年9月25日
105	福州杰士餐饮管理有限公司	2012年6月15日
106	福州王氏贸易有限公司	2012年4月9日
107	福建宝岛眼镜（连锁）有限公司	2012年1月11日
108	优蒂（福州）餐饮管理有限公司	2011年9月9日
109	苏门至品燕窝（福州）有限公司	2011年5月16日
110	福州市二七三汽车经纪有限公司	2009年9月14日
111	福州豪亨世家餐饮管理有限公司	2009年7月14日
112	福州宝岛眼镜有限公司	2009年7月14日
113	福州文武雪峰农场有限公司	2009年4月22日
114	福州仁量生物制品有限公司	2009年3月19日
115	福州石山水餐饮娱乐有限公司	2008年12月9日
116	福建骊特房地产综合服务有限公司	2008年10月22日
117	福建惠好医药连锁有限公司	2008年8月11日
118	福建九峰农业发展有限公司	2008年6月25日
119	福州欢乐之家房产代理有限公司	2008年5月26日
120	洵帝（中国）服饰有限公司	2007年11月19日

表 34 2021年福州市中华老字号企业一览表

序号	单位名称	认定时间	字号名称
1	福州民天集团有限公司	2006年11月	民天
2	福州回春医药连锁有限公司	2006年11月	回春
3	福建老酒酒业有限公司	2010年7月	鼓山牌
4	福建省宏盛闽侯酒业有限公司	2010年7月	青红
5	福州聚春园集团有限公司	2010年7月	聚春园
6	福州鼓楼区同利肉燕老铺	2010年7月	同利
7	福州市鼓楼区老卤酱鸭店	2010年7月	老卤
8	福州市鼓楼区永和鱼丸店	2010年7月	永和

续表 34

序号	单位名称	认定时间	字号名称
9	福州依海肉燕老铺	2010 年 7 月	依海
10	福州台江老天华乐器行	2010 年 7 月	老天华

表 35 2021 年福州市福建老字号企业一览表

序号	单位名称	认定时间	字号名称
1	福州民天集团有限公司	2007 年 3 月	民天
2	福州回春医药连锁有限公司	2007 年 3 月	回春
3	福建老酒酒业有限公司	2007 年 3 月	鼓山牌
4	福建省宏盛闽侯酒业有限公司	2007 年 3 月	青红
5	福州聚春园集团有限公司	2007 年 3 月	聚春园
6	福州鼓楼区同利肉燕老铺	2007 年 3 月	同利
7	福州市鼓楼区老卤酱鸭店	2007 年 3 月	老卤
8	福州市鼓楼区永和鱼丸店	2007 年 3 月	永和
9	福州台江老天华乐器行	2007 年 3 月	老天华
10	福州豪峰食品有限公司	2007 年 3 月	赛园
11	福州青芝田（正记）寿山石雕精品行	2007 年 3 月	青芝田（正记）
12	福州安泰楼酒家	2007 年 3 月	安泰楼
13	福州市台江区土伯捞化店	2007 年 3 月	土伯
14	福州亨得利钟表眼镜有限公司	2007 年 3 月	福州亨得利
15	福州市鼓楼区苏苏酱鸭店（暂停营业）	2009 年 2 月	苏苏
16	福州市台江区兴利剪刀店	2009 年 2 月	郑兴利
17	福州市鼓楼区老伊海拌粉干店	2009 年 2 月	老伊海
18	福建东百集团股份有限公司	2009 年 2 月	东百
19	福州市鼓楼区老还童眼镜店	2009 年 2 月	老还童
20	福州桐口白鹤粉干有限公司	2010 年 6 月	桐口
21	福州生顺茶业有限公司	2014 年 6 月	生顺
22	福州台江区没牙伯花生汤店	2014 年 6 月	没牙伯
23	福州市鼓楼区姜世琛艺术品店	2014 年 6 月	姜世琛
24	福州福民茶叶有限公司	2014 年 6 月	福民王
25	福州尚干餐饮管理有限公司	2014 年 6 月	尚干
26	鼎鼎（福州）食品有限公司	2014 年 6 月	鼎鼎
27	福建沈绍安脱胎漆器有限公司	2014 年 6 月	沈绍安
28	福州福胜春茶业有限公司	2016 年 11 月	福胜春
29	福州市木全食品有限公司	2016 年 11 月	木全
30	福州市台江区耳聋伯元宵店	2016 年 11 月	耳聋伯
31	永泰县嵩口清华饼屋瑞丰分店	2016 年 11 月	新泰成
32	福建瑞回春生物科技发展有限公司	2016 年 11 月	瑞回春
33	台江区彬德桥小吃店	2016 年 11 月	彬德桥
34	闽清闽茶粉干有限公司	2016 年 11 月	林大漠

表 36　　2021 年福州市首批认定的“大众茶馆”试点一览表

序号	试点单位	大众茶馆名称
1	鼓楼区	悠茶小驿(黎明湖店)
2	鼓楼区	石榕大众茶馆
3	鼓楼区	茉莉山房大众茶馆
4	台江区	茉莉花美学馆大众茶馆
5	台江区	南公园大众茶馆
6	台江区	闽剧大观园大众茶馆
7	仓山区	榕城大众茶馆
8	仓山区	飞凤山大众茶馆(岚湖茶社)
9	晋安区	梅园大众茶馆
10	晋安区	金鸡山公园大众茶馆
11	晋安区	牛岗山大众茶馆
12	晋安区	鼓岭嘉湖大众茶馆
13	市园林中心	左海大众茶馆
14	市古厝集团	梁厝古厝春伦大众茶馆

【物流业】　2021 年，福州市物流业实现增加值 646.77 亿元，按可比价格计算，比上年增长 15.8%。福州机场累计完成货邮吞吐量 152742.7 吨，比上年增长 27.32%。其中，国内累计货邮吞吐量 85911.2 吨，比上年下降 3.5%；境外累计货邮吞吐量 66831.5 吨，增长 141.61%。全年对台直航集装箱吞吐量 33.70 万标箱。福州港完成货物吞吐量 27352.42 万吨，其中外贸货物吞吐量 7246.28 万吨；集装箱吞吐量 344.55 万标箱。全市有 A 级物流企业 68 家，其中 AAAAA 级物流企业 6 家，AAAA 级物流企业 18 家，AAA 级物流企业 35 家，AA 级物流企业 8 家，A 级物流企业 1 家。有 AAAAA 级网络货运企业 1 家，为福建好运联联信息科技有限公司。有星级冷链物流企业 2 家，分别为福建浩嘉冷链物流股份有限公司、福州易鲜冷链物流有限公司。

表 37　　2021 年福州市 A 级物流企业一览表

级别	企业名录
AAAAA 级(6 家)	福建省交通运输集团有限责任公司、盛辉物流集团有限公司、盛丰物流集团有限公司、福建汇丰物流有限公司、福州港务集团有限公司、福州顺丰速运有限公司
AAAA 级(18 家)	福建八方物流股份有限公司、福建省宏捷物流有限公司、中国邮政速递物流股份有限公司福建省分公司、福州万全物流有限公司、福建万集物流有限公司、福建省交通建设投资有限公司、福建运杰物流有限公司、中国福州外轮代理有限公司、福建九州通医药有限公司、福州青州集装箱码头有限公司、福清盛辉物流有限公司、福建蓝海物流有限公司、福建青顺物流有限公司、福州京邦达供应链科技有限公司、福州新港国际集装箱码头有限公司、福建翔福物流股份有限公司、福建省中通通信物流有限公司、福清盛丰物流有限公司
AAA 级(35 家)	福建八方迅通物流有限公司、福州商业储运公司、福州大榕树物流有限公司、福建华威商贸物流有限公司 、福建省福州市烟草物流有限公司、福州外代储运有限公司、万全仓储(福州)有限公司、福建星胜丰物流有限公司、福建万达物流有限公司、福州胜狮货柜有限公司、福建星泰安物流有限公司、福州星光德邦物流有限公司、福建金运国际物流有限公司、福州中外运大裕保税仓储有限公司、福建兴顺物流有限公司、福建江阴国际集装箱码头有限公司、福建东迅储运有限公司、福州世海国际物流有限公司、福建合利物流有限公司、福建泰航国际物流有限公司、福建川捷物流服务有限公司、福州博通太平物流有限公司、中邮恒泰药业有限公司、福州盛辉物流有限公司、福建庆丰物流有限公司、福建可门港物流有限责任公司、福建友昌物流有限公司、福州苏宁物流有限公司、福建新景程物流有限公司 、福建丰利物流有限公司、福州万全货运有限公司、福州海盈港务有限公司、福建省祥通运输有限公司 、福建省八方展成物流有限公司、福建省实华石油运输有限公司
AA 级(8 家)	福建吉源物流有限公司、福州开发区马尾沥青有限公司、福建保达物流有限公司、福建浩嘉冷链物流股份有限公司、福州易鲜冷链物流有限公司、顺恒(福建)冷链物流有限公司、福州畅翔运输有限公司、福州汇林物流有限公司
A 级(1 家)	福建达三江物流有限公司

【会展业】 2021年，福州市举办展会活动52场，其中展览活动33场，会议19场，展出面积104万平方米，比上年增长67%，规模以上（展出面积3万平方米以上）的展览8场（全国工艺品交易会、跨交会、数字峰会、“五一”车展、“5·18”海交会、“6·18”项目成果交易会、渔博会、“十一”车展），举办第44届世界遗产大会、2021国际龙奖IDA年会等国际性会议。在中国会展经济研究会出台的全国会展城市竞争力指数中，福州市位列第20名。

表38 2021年福州市举办全国性展会情况表

序号	展会名称	举办时间	承办单位	展会规模 展览面积（平方米）
1	第56届中国工艺品交易会暨仿真植物及配套用品展	3月5—8日	中国工艺美术协会	79000
2	首届中国跨境电商交易会	3月18—20日	商务部贸发局、福建省进出口商会、福建荟源国际展览有限公司	56262
3	第四届21世纪海上丝绸之路博览会暨第二十三届海峡两岸经贸交易会	5月18—22日	福州市人民政府	100000
4	第四届数字中国建设峰会	4月25—29日	福州市文投会议展览服务有限公司	56262
5	第二届中国食用菌产业博览会	6月3—5日	中国食用菌协会、福建荟源国际展览有限公司	16262
6	第十九届中国·海峡创新项目成果交易会	6月18—20日	福建省招标采购集团有限公司	54000
7	第44届世界遗产大会	7月5日—8月1日	联合国教科文组织	30600
8	2021国际龙奖IDA年会	10月22—25日	广州创瀚会展服务有限公司	55200
9	第九届中国企业家发展年会	12月11—12日	中国中企华北有限公司	6600
10	第十二届中国妇幼健康发展大会暨国际妇幼健康产业博览会	12月23—24日	重庆沐晨文化传播有限责任公司	29000

【餐饮业】 2021年，福州市餐饮销售额428.7亿元，占全年社会消费品零售总额的9.4%，经营主体4万多家，其中限额以上餐饮企业463家。餐饮企业应对疫情影响，推进定点配送和网络订餐等无接触消费模式，与外卖平台、生鲜电商等企业合作。线上点餐，线下配送的消费模式备受消费者青睐。

【电子商务】 2021年，福州市电子商务继续保持强劲发展态势。网络零售额1019.7亿元，比上年增长29.6%；全市限额以上批发和零售单位通过公共网络实现商品零售额391.23亿元，增长52%。

【家庭服务业】 2021年，福州市在工商登记注册经营范围含家政服务的经营单位12081家，其中企业8924家、个体工商户3157户。年内市商务局举办40期家政服务业诚信建设专项培训班，40家企业2279名家政从业人员参加培训，为5145名家政员免费办理居家上门服务证。

【石油销售】 2021年，福州市成品油零售经营企业418家，其中加油站352家，加油点7个，加油船59艘。按所有制情况，全市有中石油、中石化等国有企业加油站166家，外资企业加油站56家，民营企业加油站196家。按分布情况，全市有高速公路加油站36家，国省道加油站117家，县乡道加油站79家，城区加油站77家，农村加油站50家。全年汽油零售量91.62万吨，柴油零售量32.11万吨。

（陈 婉）

粮油贸易

【概况】 2021年，福州市粮储系统围绕粮食和物资储备安全核心职能，保障全市粮食和物资储备安全。全市地方储备粮规模57.75万吨，为历史新高。全年市本级储备粮轮换7.9万吨，均通过粮食批发市场公开竞价交易。年内，洪山粮库迁建至闽侯县荆溪镇永丰村项目开展立项等前期工作；市军粮综合应急保障服务中心项目完成业务楼封顶和两座仓库一层施工。编写完成《福州市粮食系统粮库信息化建设方案》，促进全市粮库尽早实现与省级平台互联互通。

【粮食流通产业】 2021年，福州市制定《进一步加强引粮入榕完善粮食产销协作的实施意见》《关于落实“引粮入榕”的若干措施》，细化9条措施。举办“佳木斯好粮油进福州”等活动，鼓励粮食企业“走出去，引进来”，参加第十七届福建粮洽会等产销平台，签订粮食购销协议117.7万吨。加强省外基地企业管理，出台《福州市省外粮食生产基地管理细则》，建立年度核验制度，及时掌握企业种植、运输等情况。年内“引粮入闽”、“引粮入榕”、省外基地粮食调返等奖励审核数量26.8

2021年11月，福州市粮食和物资储备局在长乐区福建元成豆业公司开展应急成品油检查
（市粮食和物资储备局 供图）

万吨，比上年增长30%，其中7家省外基地企业通过审核的粮食调返量2.1万吨。1月，经国家粮储局授牌，福州市粮食批发交易市场成立“国家粮食福建交易中心”，承担区域性粮食宏观调控任务，全年交易总量221万吨，交易额64亿元，成为全市粮食宏观调控的重要平台和粮食市场供应的“稳压器”。

【粮食执法监督】 2021年，福州市粮储系统开展“亮剑2021”、地市交叉检查、粮食安全专项检查发现问题整改“回头看”等专项执法行动，修订《福州市超标粮食收购处置管理办法》，加强对收购环节、储存环节、销售出库环节、运输环节、政策性粮食经营方面和统计制度执行情况监督检查，以确保全市储备粮数量真实、质量良好。开展粮食执法全媒体直播，展示储备粮库存执法检查全过程，倡导全社会共同参与“节粮减损”行动。年内开展治理“餐桌污染”等涉粮食品安全专项整治5次，开展创建国家食品安全示范城市迎检工作，省级初评100%得分。督促全市43家粮食企业及时、准确将原粮质量安全记录上传至“福建省原粮追溯体系”平台，开展“一品一码”追溯体系建设情况专项督查2次，实现原粮源头可溯、去向可查。

【粮食市场保供稳价】 2021年，福州市修订《福州市粮食应急预案》，对涉及的部门、职能进行相应调整，增强应急协作保障能力。制定《福州市粮食应急供应网点管理细则》，调整应急供应网点布局，明确职责，强化年审制度，全市应急供应网点263家，比上年增加17家。11月，市粮储局启动市场粮情日监测制度，做到一日一报，全面了解市场粮食销售、库存、价格情况，重点关注粮食批发市场、大型商超、骨干粮食加工企业和骨干粮店情况，并走访调研粮食企业，多渠道掌握市场粮情信息，未雨绸缪，提前应对，确保全市粮油市场供应充足、价格稳定。

【粮食企业改革】 2021年，福州市粮储系统按照《福州市国企改革三年行动实施方案（2020—2022）》，完成市米业公司、市面粉公司等6家国有粮食企业完成公司制改革，建立产权明晰、权责明确、制度完整、管理科学的现代企业制度。

（黄晓元）

烟草专卖

【概况】 2021年，福州市烟草系统制定出台贯彻落实高质量新发展思路和“1234”工作思路实施意见，编制完成“十四五”规划，将“数字榕烟”建设提升到企业战略高度。全年累计实现税利29.38亿元，查处涉烟违法案件2515件，其中5万元以上大要案188件，查获违法卷烟1.22万件。

【营销网络建设】 2021年，福州市烟草系统卷烟网建打造“海丝新晟”核心终端22户，新零售客户覆盖面达到10%，消灭“空白村”14个，建设惠农兴农特色终端、主题营销特色终端、智慧农村特色终端、非烟经营特色终端、诚信经营特色终端等农网特色示范终端107户。衔接物流产能与营销策略优化匹配，打赢元春卷烟配送高峰攻坚战。完成次日送货、电子小票交接作业模式改革，推动闽清站点“撤点改直送”。全年单箱物流费用增幅全省最低，单箱配送费用、物流费用率增幅均为全省第二低，剔除人工和折旧后的单箱可控费用比上年下降15%，排名全省第一，人均配送效率比上年增长3.55%。年内，持续推进福莆宁区域物流项目建设，完成土地交付、全咨招标、初步方案设计、工艺方案设计、制度编制，办结用地规划许可证和工程规划许可证。

【专卖市场监管】 2021年，福州市烟草系统完善政府主导，政法委、打私办牵头组织，公安、海关等8个部门协作的“128”大联合防控监管格局；市局建设情报指挥调度中心、市级公安烟草联勤工作站，着力构建数据支撑、情报导侦的打假打私新机制，重大案件侦办取得突破，查处机械制假案件4件，海运案件16件，国标网络案件18件；破获部督案件2件，省督案件15件，刑拘、逮捕223人，判刑60人。在全省范围内试点建立新型信用监管体系，率先牵头构建五部门联合联动的电子烟监管模式，查处3类7起涉及电子烟违法违规案件。开展“集结号”等整规专项行动5次，市场净化率保持在95%以上。查获省外流入真烟4.58万条；查处“黑名单”违法违规大户201户次，立案235件，取缔71户。科学调优零售点合理布局，全区持证率3.98‰。平均办证时长压缩至3.3个工作日，网上申办率94.1%。

【企业管理】 2021年，福州市烟草

系统编制完成“十四五”规划，系统谋划中长期企业发展愿景路径。实施“143”工作法和“五要”工作要求，在福清召开全市系统落实高质量新发展思路暨“1234”工作思路现场会。“数字榕烟”建设上升为企业战略高度，初步建成数字化应用新生态，组建数字化转型专业骨干队伍，有 15 人通过阿里 L2 中台认证，打造市县所（部）三级可视化数据分析决策大屏，开发建设综合管理平台，配置移动化办公流程 26 个，移动应用活跃度增加 3 倍以上。年内，在省局通报的 14 项对标指标中，13 项指标优于全省平均值，4 项指标全省排名前三。出台《创新活动管理及奖励办法》，对 2021 年度 5 个科技项目进行立项。启动新一轮文明创建工作，出台《福州市烟草专卖局关于印发精神文明创建规划（2021—2023 年度）》。结合庆祝中国共产党成立 100 周年，开展党史学习教育，推进“金叶映党旗，岗位当先锋”党建品牌创建，开展为基层减负主题调研，解决基层问题 60 余个，落实为群众办实事 1017 项。

（林伟民）

供销合作

【概况】 2021 年，福州市供销社系统实现商品销售总额 955.77 亿元，比上年增长 37.01%。其中，消费品零售额 341.75 亿元，售给农民农业生产资料 9.37 亿元，电商销售额 110.82 亿元。农产品购进额 483.52 亿元，再生资源购进额 38.61 亿元；冷链物流营业额 3.41 亿元，县及县以下快递、配送营业额 2698 万元。全年累计清理历史债务 6475 万元，福清市供销社被列为全省生产、供销、信用“三位一体”试点单位，罗源县供销社服务砂糖橘产业发展项目入选《全国供销合作社土地托管工作指南》汇编，系全省唯 入选案例。市供销社整合重组城区 12 家直属基层社，成立榕供城南、榕供城北 2 家有限公司。年内，再次获全省设区市供销社综合业绩考核一等奖。

【农资供应与农业服务】 2021 年，福州市供销社冬储化肥 42532 吨，完成计划总额的 101.27%。全系统新建惠农综合服务中心 13 家，新建或改造庄稼医院 13 家，其中 2 家获评省级示范庄稼医院。全年土地流转面积 0.45 万公顷，土地托管面积 0.63 万公顷，配方施肥服务面积 0.51 万公顷，统防统治面积 0.51 万公顷，农机作业面积 0.56 万公顷。会同农信社等金融机构为各类农业生产主体提供信贷资金 6100 万元。累计配售化肥 27 万吨、有机肥 4.3 万吨，农药 0.39 万吨。开展科技下乡 15 场次，组织庄稼医生下乡巡诊 310 人次，开展职业农民培训 14 场。

2021 年 6 月 11 日，“一县一周”（连江、长乐）农产品福州专场展示展销会举行

（市供销社 供图）

【农民专业合作社】 2021 年，福州市供销社系统发展农民专业合作社 76 个（其中农民专业合作社联合社 9 个），发展行业协会 2 个，发展农村综合服务社 81 个，改造提升薄弱基层社 14 个，新吸收农民社员 10303 人。系统所属 15 家农民专业合作社获评总社级、省市级和市社级示范社称号，其中总社级 3 家，省级 3 家，省社级 1 家，市级 4 家，市社级 4 家。年内全市供销社系统评定五星级农村综合服务社 12 家，四星级农村综合服务社 24 家，三星级农村综合服务社 40 家。

【流通体系建设】 2021 年，福州市供销社系统完成新建连锁网点 90 个，增设递寄功能网点 101 个。合资成立榕供久泰、榕供鸿盛、榕供缘投 3 家公司，完成“832”农产品展示展销中心建设。投入运营“供销汇榕”农特产品线上销售平台，面向社员单位提供所属农产品电子商务服务。承办首届国际茶日活动、“5•18”海丝博览会茶文化展馆、“一县一周”（连江、长乐）农产品福州专场推介会、罗源农特产品进高速等活动 7 场次。完成“福种子”“供销汇榕”商标注册。

【再生资源回收】 2021 年，福州市供销社累计完成 101 座环保驿站建设，推动 2 座再生资源智能分拣中心的项目前期工作。闽清县供销社启动县域再生资源分拣中心及环保驿站建设。市级可回收物回收利用信息化平台上线，提供环保驿站回收数据统计分析、收运车辆实时监控调度、网上预约上门回收等服务功能，实现可回收物线上信息流和线下物流集并管理。全年城区累计回收可回收物 11382 吨。

【烟花爆竹经营】 2021 年，福州市供销社系统有烟花爆竹批发经营企业 7 家，烟花爆竹仓库 6 座，其中自有产权仓库 4 座，租赁仓库 2 座，承担城区及各县烟花爆竹批发配送业务。全年系统烟花爆竹销售总额 1442 万元。

（畅 乐）

（编辑 周弭姣）

金融业

综　述

【概况】　2021年，福州市金融业增加值1189.90亿元，比上年增长4.2%，占全市第三产业和地区生产总值的比重分别为18.60%和10.51%，金融业增加值居全省首位、全国省会城市前列。

银行业　全市有银行业机构62个（含法人机构22个），其中外资银行10家，信托公司1家，理财子公司1家，金融资产管理公司4家，财务公司3家。全市本外币各项存款余额19117.34亿元，比年初增加1379.31亿元，增长7.78%，占全省新增存款的24.18%；本外币各项贷款余额21484.13亿元，比年初增加1832.69亿元，增长9.33%，占全省新增贷款的22.81%。全市涉农贷款余额5079.33亿元，比年初增加392.87亿元，增长8.38%，占全省新增涉农贷款的24.30%。全市小微企业贷款余额6875.18亿元，比年初增加809.67亿元，增长13.35%，占全省总额的33.86%。

保险业　全市有保险公司主体63家（含法人机构1个，外资15家），其中财险公司28家、寿险公司35家。全年保费收入379.9亿元，比上年增长3.4%，占全省比重29.35%；累计保险赔付支出139.28亿元，增长23.7%，占全省总额的32.53%。

证券业　全市有法人证券公司2家，证券分公司39家，证券营业部138个，营业部手续费收入20.07亿元，利润总额8.53亿元；法人期货公司3家，期货营业部32家，营业部手续费收入4789.16万元，利润总额48.02万元。

上市企业　全市有境内外上市企业91家，其中境内上市企业48家，境外上市企业43家。有上市后备企业268家，16家企业进入实质上市程序，其中6家进入首发审核程序、10家在福建证监局辅导备案。场外融资方面，场外挂牌交易企业67家，其中“新三板”64家。

【地方类金融】　2021年，福州市有

2021年4月25日，全国首个数字人民币专题展在福州开展

（福州市地方金融监督管理局 供图）

融资性担保机构40家，注册资本88.45亿元，担保总额1792.61亿元，融资性担保总额1792.47亿元，在保余额579.41亿元，融资性在保余额577.89亿元。其中，政府性融资担保机构5家，注册资本13.25亿元，融资性在保余额47.37亿元，为中小微企业和“三农”主体提供3528笔融资担保服务，年末放大倍数3.5。全市有小额贷款公司16家（其中经批准设立的网络小额贷款公司1家），注册资本72.7亿元，贷款余额48.8亿元，涉农贷款余额6.58亿元，全年累计发放贷款98.23亿元。全市有典当行105家（其中分支机构5个），注册资本总额19.39亿元，典当总额49.26亿元，典当余额16.86亿元。年内新增典当行19家，注册资本2.45亿元；新增融资担保公司3家，注册资本0.6亿元；支持三六零网络小贷公司两次增资45亿元。

2021年4月22日，“红色金融 榕耀百年——福州百年金融展”在历史文化街区朱紫坊开展（福州市地方金融监督管理局 供图）

【金融集聚和创新发展】 2021年，福建自贸区福州片区发布第六批12个金融创新案例，案例涵盖金融赋能跨境贸易便利化、金融服务数字化转型、绿色金融创新实践、优化台企台胞金融服务等方面。至年末，福建自贸区福州片区累计发布金融创新案例92个。海峡金融商务区、闽江北岸中央商务区入驻企业3715家，区域性金融总部超20家，金融中介服务机构超40家，形成“保险楼”“律师楼”“私募楼”等税收超亿元的特色楼宇。差异化打造朱紫坊基金港、马尾基金小镇等私募基金集聚区。朱紫坊基金港入驻基金项目57个、资金管理规模650亿元，马尾基金小镇聚集111家私募基金管理人和214只私募基金，累计纳税 7.44亿元，为全省管理私募基金规模最大的区域。全国首批4家“本外币合一银行账户体系试点”落地福州，3家银行40个营业网点参与试点，累计开立本外币合一单位银行账户6204个，多币种单位账户收付外币资金5.53亿美元。落地台商台胞金融信用证书，海峡银行与台湾银行等3家台资金融机构加强同业合作达成授信13.5亿元，无还本续贷两岸银团贷款3700万元。争取数字人民币试点城市，推动举办全国首个数字人民币专题展。市金融局联合福州日报社共同举办“红色金融 榕耀百年”福州百年金融展。

（陈尾虹）

【福州市金融控股集团有限公司】 2021年，福州市金融控股集团有限公司实现各项收入49.84亿元，比上年增长101.40%；实现净利润1.67亿元，增长18.67%；基金投放金额20.35亿元；新增投资福州市企业25家；完成担保类业务金额19.07亿元，增长20.24%；完成供应链业务规模54.98亿元，增长122.86%。年内所属担保公司党支部以“红色领航”为抓手，探索创新“三农”融资担保服务，提供涉农担保355户；所属绿金公司党支部深化“红色引领、绿色发展”，拓展绿色金融、农业供应链等业务，打造“乡村振兴试验田”“海上牧场养殖”。全年组织“红色讲坛”学习演讲活动62场，党委联合工会、团支部举办“百年征程逐梦想、笃志躬身绽青春”诗歌朗诵会，青年党员参加市委宣传部主办的“福州，听我说”电视宣讲大赛，获“我最喜欢的宣讲员”称号和“优秀组织奖”。

累计设立专精特新基金（全省首只）、数字新基建基金、三创产业发展基金、科技成果转化基金、科创走廊基金等25只基金，协议规模208.28亿元，实际到资99.46亿元。年内市政府引导基金获母基金周刊评选的“政府引导基金（市级）TOP20”称号。通过设立海创汇福州东湖“三创”产业加速器，引入海尔婴童、国琅机器人、旺亚科技等36家企业落地。

加快两翼闽东北基金设立及投放，年内到资2.43亿元，对闽东北地区的南平福银高速、福州罗长高速、江阴国际集装箱码头及莆田天顺利邦农业等9个重点建设项目投放7.17亿元，实现覆盖闽东北区域投放。配合罗源县招商工作，完成46公顷土地抵押置换，助力罗源县招商引资项目快速落地。

所属保理公司作为全市唯一一家国有保理公司，开展应收账款等保理融资业务，提高企业资金流动性，全年累计投放38笔业务，金额7.5亿元，为中国武夷、经纬集团、永荣控股等行业龙头企业投放保理融资，服务涉及建筑业、化工业、纺织业等行业，帮助解决企业融资难，融资贵的问题。所属融资租赁公司投放金额2.32亿元，比上年增长73.13%。推动国家级以及地方级银担“总对总”批量担保业务，与工商银行、建设银行、中信银行、民生银行、稠州银行、海峡银行等开展合作，落地业务432笔，金额4.02亿元。加大力度推广“榕担研发贷”，重点支持乡村振兴、高端装备制造业、新一代信息技术、生物医药、节能环保、新材料领域的借款企业。

全年发行两期总计6亿元中长期限公司债券，融资成本均创近一年福建省

2021年4月26日，“金企对话·朱紫盈门”系列金融与数字融合主题对话活动在朱紫坊举办

（鼓楼区委宣传部 供图）

同评级、同期限公募公司债利率新低，其中“21榕金V1”成为福建省首单乡村振兴专项公司债，并入选深交所乡村振兴债培训优秀案例。

落地全省首笔“创投租赁”业务，将2000万元融资租赁资金转为股权投资，参与海运企业海通发展IPO工作。创新落地全市首笔“安商融”保理产品，与市土地发展中心、海峡银行合作，累计投放融侨、融创安商房项目2.6亿元，助力安商房建设。开发“金控农E链”助力乡村振兴，有效解决以往农产品采购“打白条”的问题，助力农业企业和种植户及时回笼资金，完成农产品供应链业务48笔，金额4514万元。

与上市企业达华智能合资成立控股子公司福建海峡区块链公司，打造具有行业唯一性的“海联网”工程，助推“智慧海洋”建设。开展海洋综合金融服务，探索建立渔业交易B2B平台，为宏东渔业等多家远洋渔业公司提供4000万元金融服务支持。配合股东达华智能实现宽带入海全球组网，完成亚太网和全球网的高通量卫星通信组网，可为“一带一路”沿线国家近30万艘渔船提供数据信息服务，在海上Wi-Fi（无线通信技术）通信、渔船直播和船载监控等方面应用取得良好效果并积累大量数据。上线运行智慧海洋产业生态应用，完成“互联网+捕捞生产管理”应用市场化推广和“渔获电子商务交易平台”上线，推动宏东渔业公司在北太平洋等海域的渔业生产实现智能化转型。

所属担保公司推出“榕担农业龙头贷”“榕担惠农贷”“榕担经合社贷”等涉农担保产品，支持做强村财政收入，年内新增涉农担保贷款金额3.63亿元。延展“抗疫情、渡难关”中小微企业融资担保优惠政策，帮扶受疫情影响企业走出困境。

（陈　怡）

中国人民银行福州中心支行

【概况】　2021年，中国人民银行福州中心支行根据跨周期调控政策，实施2次全面降准，释放长期资金约610亿元，每年可直接节约相关金融机构成本约8.2亿元。引导辖内地方法人金融机构统筹规划充实资本，稳健投放狭义信贷，优化信贷结构，人民币贷款余额比上年增长15.1%，高出辖内金融机构平均水平2.6个百分点，全年新增人民币贷款1872.7亿元；全年普惠小微、涉农、制造业中长期贷款增量占比分别比上年提高4.0个、5.8个、3.7个百分点。扩大贷款明示年化利率（费率）的金融机构主体，推进辖内金融机构存款利率自律上限确定形式改革，推动辖内金融机构运用贷款市场报价利率形成机制（LPR），全年人民币贷款加权平均利率比上年下降14个基点。结合精准快速落实3000亿元支小再贷款政策，制定再贷款限额调整规则，信贷政策支持再贷款余额比上年增长43.35%；完善再贴现限额调整规则，强化再贴现政策的普惠性和精准性，辖内地方法人金融机构再贴现余额占比51.85%，涉农、小微、民营企业票据金额合计占比96.89%。推进金融支持疫情防控和经济复苏，引导金融机构将信贷资金重点配置于涉农、民营、普惠小微、制造业、科技创新、文化旅游、就业创业等实体经济领域。

【服务经济建设】　2021年，中国人民银行福州中心支行继续推进金融支持疫情防控和经济复苏，联合财政部门等推出第三、四期合计200亿元的中小微企业专项纾困资金贷款，支持因受疫情影响而暂时出现流动性困难的中小微企业。至年末，第三、四期纾困贷款累计发放5465笔，金额198.22亿元，支持5431家企业，加权平均利率3.34%。在9月突发省内局部疫情后，联合多部门出台抗疫专项纾困金融支持政策，从第四期专项资金中专门调剂40亿元，支持辖内中高风险区域所在县（市、区）内受疫情影响出现经营困难的中小微企业。推动3000亿元支小再贷款政策精准落地，指导受疫情影响地区开放信贷、征信、国库、外汇等业务“绿色通道”，启动支小再贷款“T+0”审批、质押和放款机制，推动优惠利率精准对接，支持当地复工复产，政策实施期间累放支小再贷款207亿元，支持小微企业（含个体工商户）1.6万家；发生区域性疫情期间引导地方法人金融机构在受疫情影响地区发放小微企业（含个体工商户）贷款541.25亿元，帮助辖内中高风险地区实体经济渡过难关。落实两项直达工具延期政策，压实地方法人金融机构主体责任，加大中小微企业贷款延期还本付息支持、提高小微企业的信用贷款投放占比，至年末，辖内发放信用贷款支持计划资金66.3亿元，支持符合要求的地方法人金融机构累计投放普惠小微信用贷款168亿元，发放延期支持工具激励金6.89亿元，支持企业获得实施阶段性延期偿还的普惠小微贷款本金

689亿元。推动跨境人民币业务稳步增长，全年福州市银行业机构跨境人民币业务结算量1527.45亿元，占全省业务量的33.91%，居全省第二位。

支持脱贫攻坚与乡村振兴战略 落实扶贫再贷款展期管理，平稳转换扶贫再贷款限额，对有展期需求的地方法人金融机构合规办理扶贫再贷款展期，辖内省级乡村振兴重点县扶贫再贷款展期操作实现全覆盖；调整每季度新办理支农再贷款支持户数规定，适当放宽对辖内省级乡村振兴重点县的户数要求，引导地方法人金融机构加大对贷款需求量较大的涉农经营主体的信贷支持；带动地方法人金融机构结合现代农业产业园、农业产业强镇、农村一、二、三产业融合发展示范园和科技示范园区等建设，开发支农再贷款专属信贷产品，加大对新型农业经营主体、农业农村绿色发展、新产业新业态等的信贷支持，推动创设再贷款支持乡村振兴示范点。制定金融支持辖内乡村振兴、新型农业经营主体发展、革命老区苏区振兴等指导意见，统筹资源向辖内省级乡村振兴重点县倾斜。辖内涉农贷款余额比上年增长10.89%，全年新增1617.23亿元，与上年基本持平。

支持小微企业 指导辖内降准金融机构将降准释放资金优先用于加大小微企业信贷支持力度，降低小微企业综合融资成本。印发《关于提升中小微企业金融服务能力 强化金融服务成效机制建设的通知》，持续开展商业银行小微企业金融服务能力提升工程。推动辖内结合自主开展的金融支持中小微企业专项活动，联合地方政府部门推出贴息、风险补偿、担保增信等措施，引导地方法人金融机构对满足辖内中小微纾困专项资金贷款、创业担保贷款等优惠政策要求的小微企业优先给予支持；试点开展民营和小微企业首贷专项行动，采取建立首贷户拓展名单库、推广首贷服务中心、设立首贷服务窗口、开通首贷服务热线等方式，引导金融机构贷款向无贷户企业倾斜，辖内普惠小微企业贷款余额比上年增长23.95%，比辖内各项贷款平均增速高出10.53个百分点，全年普惠小微企业贷款利率比上年降低29个基点。深入开展“服务大民生 带动小生意”金融支持个体工商户专项行动，通过“互联网+线下”等模式扩大个体工商户融资覆盖面，依托“信易贷”等大数据平台，推广应用“小微企业信贷直通车”等模式，辖内个体工商户经营性贷款余额比上年增长23.27%。

支持重点领域 落实制造业、科技创新、文化旅游、就业创业、供应链、房地产等重点领域信贷政策。引导金融机构将制造业贷款投放纳入信贷政策管理并提高权重，辖内制造业贷款余额比上年增长10.06%，与上年基本持平，其中中长期贷款余额增长38.29%，比上年提高17.5个百分点，较制造业贷款增速高出28.23个百分点。探索“产业政策+财政政策+货币信贷政策+科技赋能”模式，联合有关部门推出技术改造项目融资专项贷款，推动合作试点银行由最初的5家扩展至辖内所有银行业金融机构，为辖内战略性新兴产业和传统制造业转型升级扩大信贷投放，辖内技改项目累计签约66.71亿元，实际投放33.02亿元。开展科技金融专项行动，会同有关部门完善科技金融政策体系，推动打造“科技贷”金融服务模式，科学研究和技术服务业贷款余额比上年增长42.96%。建立跨部门协调机制，发挥创业担保贷款贴息资金引导作用，持续推动创业担保贷款投放，至年末辖内创业担保贷款余额15.65亿元，户均贷款17.22万元。将旅游业纳入受疫情影响的困难行业范围，推动延期还本付息贷款政策惠及出现暂时困难的旅游企业；创新推广民宿贷、旅游景区收益权支持贷款、旅游开发建设贷款等特色信贷产品，辖内文化、体育和娱乐业贷款余额112.05亿元，呈现稳定增长态势。扶持发展供应链金融，会同有关部门完善应收账款质押融资的财政奖励政策，为辖内供应链核心企业提供单企最高不超过200万元的奖励资金，带动上下游中小企业“链式”复工稳产；重点推动中征应收账款融资服务平台在线供应链融资业务，引导核心企业、银行业机构帮助上游企业开展应收账款融资，推动15家核心企业、3家地方法人银行总部与中征平台系统对接，促进市场主体在中征平台实现成交1.03万笔、融资2929.9亿元。严格落实辖内地方法人银行房地产贷款集中度管理和增速调控，有序压降辖内地方法人银行房地产贷款占比，全年辖内地方法人金融机构个人住房贷款增量占比比上年降低5.4个百分点，全市个人住房按揭贷款实现合理增长。

推动企业在银行间市场发债 联合有关部门出台辖内鼓励金融机构服务非金融企业直接融资评价暂行办法，引导金融机构支持辖内企业发债融资，全年辖内企业在银行间市场发债筹资2760.07亿元。推动银行间市场债券品种创新，联合银行间市场交易商协会举办绿色债务融资工具示范班，全年发行绿色债务融资工具87亿元，发行乡村振兴（革命老区）票据62.4亿元，发行权益出资型票据50.7亿元，发行“双创债”20亿元，福耀玻璃发行高成长债券3亿元。支持辖内符合条件的法人金融机构当年发行各类金融债券1002.5亿元，其中小微企业专项金融债110亿元、永续金融债62亿元、二级资本债830.5亿元。举办票据市场规范创新业务宣讲会，推动辖内1110家企业在上海票据交易所信息披露平台完成注册。

推进两岸金融融合 台资企业资本项目管理便利化试点四项新举措（3.0版）在福建自贸试验区福州片区（简称“福州自贸片区”）率先全部落地实施，全省首例省级城市定制型商业医疗保险“八闽保”让在闽台胞享有定制医疗保险产品同等待遇，全国首个专门服务于台胞台企的省级金融纠纷多元化解组织在福州挂牌成立。

推进福州自贸片区金融开放创新 建立辖内本外币跨境业务监管定期协调沟通机制，落实“本币优先”理念，引导商业银行研发跨境人民币金融产品，促进自贸试验区跨境人民币业务发展，福州自贸片区挂牌期间，累计办理人民币跨境业务2845.5亿元。跨国企业集团人民币资金集中运营业务有序开展，福州自贸片区设立跨国企业集团跨境双向人民币资金池59个，累计从境外调入49.89亿元，累计从境内调出91.78亿元，累计净流出资金 41.89亿元。宣传推广自贸试验区资本项下外汇便利化改革政策，放宽自贸试验区跨国公司外汇资金集中运营管理准入条件，便于跨

国公司集中管理境内外成员企业外汇资金，集中外债和对外放款额度，开展经常项目集中收付汇和轧差净额结算，降低跨国公司整体结算及汇兑成本，发展总部经济。推动全省首笔资本项目数字化服务试点业务在福州自贸片区落地，突破省内资本项目线上便利化业务受众仅为台资企业的限制。支持福州自贸片区离岸转手买卖业务发展，指导区内银行为企业的离岸贸易结算提供优质、便利的金融服务。联合发布福州自贸片区第六批12个金融创新案例，涵盖金融赋能跨境贸易便利化、金融服务数字化转型、绿色金融创新实践、优化台企台胞金融服务，其中跨境电商供应链金融服务平台和“融资租赁+国内信用证项下福费廷”被第三方评估为全国首创。

推动重点区域跨境人民币使用　推动扩大东盟等周边国家及“一带一路”沿线国家和地区等重点区域跨境人民币使用，提高跨境贸易投资人民币计价结算占比。全年辖内与“一带一路”沿线国家和地区的跨境人民币业务量705.84亿元，比上年提高 88.74个百分点。大宗商品贸易人民币计价结算机制落地实施，全年辖内以人民币结算的原油、天然气、黄金、铁矿石和煤炭等大宗商品进出口额194亿元。

【金融稳定维护】　2021年，中国人民银行福州中心支行根据金融委办公室地方协调机制（福建省），建立健全金融风险防控体系。压实金融机构自救主体责任、地方政府属地风险处置和维稳第一责任、监管部门监管责任，区域金融稳定成效显著。全省继续保持无高风险金融机构的良好态势。依托福建省“金融服务云平台”开发运行线上监管信息共享平台，累计实现6类373条核心监管信息共享。金融机构风险预警和处置取得明显成效，推动30亿元地方政府专项债支持重点农合机构补充资本方案落地，推进农合机构行业风险互助金改革。推进地方政府将落实人民银行早期纠正要求纳入政绩考核范围，向地方法人金融机构、监管部门和省联社提示风险37次。开展重点领域金融风险防控，依托金融委办公室地方协调机制推动辖内个别房地产企业的风险处置实质性运作。指导地方法人金融机构推行跨周期财务配置，平均资本充足率和拨备覆盖率较年初提升。运用央行评级结果，创新推进国家开发银行向7家村镇银行转贷授信5亿元，支持改善村镇银行负债结构、降低流动性风险。加强存款保险在防控风险方面的信息化建设，作为两个分中心之一保质保量完成同一存款人信息系统试点运行。推进机制化、特色化存款保险宣传，辖内法人投保机构提早9个月将存保宣传嵌入业务流程目标。促进法人金融机构资管业务平稳整改，至年末，不合规资管产品余额较资管新规发布时压降九成多。

【金融服务与管理】　2021年，中国人民银行福州中心支行在福州市启动本外币合一银行结算账户体系试点，累计开立本外币合一单位账户6204户，收付外币5.53亿美元，平均每个市场主体减少开户1.3户；制定《福建省简易开户服务方案》，推动辖内117家银行推出简易开户服务，累计开立简易账户299户。优化支付便民服务，拓展移动支付场景应用；在全国首创推出非税票据实时查询配套服务，实现非税缴交业务线上办理；整合福州公交、地铁乘车码，上线“乘车一码通”，方便市民出行。依托农村普惠金融服务点，联合打造“福农e政”“福建财政资金银联发放”平台，并加强资金全流程监督，确保财政惠民惠农资金当天到账。落实支付手续费减费让利政策，引导81%的银行加大降费力度，降费政策全面启动至年末为186万户小微企业和个体工商户节约支付手续费1.37亿万元。引导银行业机构提升支付服务适老水平，辖内银行均实现以简易电子化流程替代复杂繁琐的纸质填单、手动签名，银行网点均可为老年人提供非现金业务上门服务，99.76%的银行网点实现自助终端机具适老性升级改造。

深化中小微企业抵（质）押融资服务，全面承接四类动产抵押登记，推动动产和权利担保统一登记有序运行；指导辖内征信机构加强信息归集和应用，助力小微企业融资发展；共同推进辖内地方征信平台建设，通过实现企业画像及信用分析、线上智能融资对接、金融风险监测预警等综合金融服务功能，有效服务中小微企业融资；推动央行内部（企业）评级结果运用，引导地方法人金融机构将涉农企业、绿色信贷企业、小微企业优先纳入央行内评质押品池，以提升征信服务可得性和便利性；持续推进自助查询渠道建设，全市布放自助查询机比上年增加4台；牵头开展地方性法人金融机构一、二代征信系统数据采集切换，提升二代征信系统服务效能；率先推动“海丝”沿线国家及RCEP国家企业开展征信信息跨境交流，为企业降低跨境交易、投资风险提供有效征信支撑。

扩大“国债下乡”覆盖面，建立“农村普惠金融服务点+村邮共建点+承销机构县域网点”的“三点结合”农村购债模式，全年辖内乡镇地区累计销售储蓄国债1.79亿元。联合开发“福建省税库资料交换系统”，大幅提升退库业务办理效率，年内辖内国库均上线该系统；推广财政预算管理一体化系统，推动预算支出业务全流程电子化办理；协调指导银行业机构开通专线直联对接税务系统，拓宽社会保险费缴交渠道，精准满足部分社会保险费缴交群体线下缴费需求，辖内银行网点办理社保费缴交业务205.19万笔，金额6.13亿元。

强化疫情防控常态化现金供应保障，优化农村地区现金服务点布局，满足农村地区小面额现金需求。建立硬币自循环集约化处理模式，全年辖内累计实现硬币自循环数量比上年增长13.40%，达到上年末辖内流通中硬币数量的6.38%。试点涉农银行业金融机构面向农村地区实行20元及以下中小面额原封新券单一投放，因地制宜建立残损人民币回笼机制，在永泰等地推行农村现金服务“片区责任制”和“挂点责任制”，加大公交运输公司、农村地区商户1元残损纸币的回收力度，继续组织开展不成捆不成把残损人民币专项缴存活动，推动提升农村地区流通中人民币整洁度，辖内农村地区流通中人民币整洁度比上年末提高2.88个百分点。推进全省货币发行第二代物流管理系统建设，试点钞票处理业务规范化自查。

推动福州闽清等普惠金融乡村特色教育基地建设，提高农村地区居民金融

2021 年 10 月 21 日，福建省银行外汇与跨境人民币业务自律机制关于支持远洋渔业发展的指导意见发布会在福州召开　（中国人民银行福州中心支行 供图）

素养。持续打造“12363”消费者权益保护热线，全年受理投诉、咨询办结率均达 99.9%。推动中国人民银行和最高人民法院“总对总”在线诉调对接试点在福州市鼓楼区落地。

【外汇监管服务】　2021 年，中国人民银行福州中心支行深化外汇便利化改革，扩大贸易外汇收支便利化试点，累计办理便利化贸易结算业务 3004 笔，涉及金额 56.79 亿美元；与中国出口信用保险公司福建分公司签订稳外贸协作机制协议，协同商务部门等构建“政汇信银”稳外贸协作平台，优化稳外贸金融服务。推进个人外汇业务便利化，启动个人外汇适老服务，指导辖内银行为个人货物贸易提供跨境结算服务，简化留学薪酬结售汇手续，运用特殊外汇业务处置制度办理个人用汇主体“不常见”“不好办”业务，全年辖内个人线上渠道办理外汇业务占个人外汇业务的 85%，全年辖内个人货物贸易项下收汇比上年增长 54.8%。推动辖内台资企业资本项目管理便利化试点（3.0 版）纵深发展，3.0 版试点实施后，有 41 家台资企业办理 241 笔试点业务，金额 2.73 亿美元；支持辖内银行推进资本项目数字化服务试点，招商银行福州分行落地全省首笔业务；持续推进“资本项目收入支付便利化真实性审核”应用场景，试点启动后，全年辖内银行业机构通过区块链平台共办理资本项目收入支付便利化真实性审核业务 520 笔，发布抽查金额合计 34 亿元，其中核验税务发票 2732 张，合计 10.89 亿元。在全国首批上线“出口信保保单融资”应用场景，实现保单融资业务流程线上化、凭证电子化。建立外汇便利化服务特约监督员常态化监督机制，市场主体对便利化政策的获得感和满意度稳步提升。

推进外汇管理服务实体经济，推动特色产业和贸易新业态发展，制定并发布外汇金融支持远洋渔业发展的相关举措，辖内远洋渔业经常项目外汇收支合计比上年增长 27.5%；指导全辖系统助力市场采购贸易试点推广，辖内市场采购、跨境电商出口分别增长 73.8% 和 83.8%。深化跨境金融区块链与实体经济融合，辖内银行业机构通过跨境金融区块链服务平台发放贸易融资 3454 笔、金额 13.94 亿美元，月均融资较疫情发生前增长 73.83%。优化跨境投融资环境，辖内外商直接投资流入比上年增长 2.6%，外债提款增长 1.1 倍。优化企业汇率风险管理金融服务，联合有关部门在全国率先出台对出口企业运用外汇避险产品的奖励政策，908 家外贸企业获得奖励 1896.5 万元。部署开展“千名客户经理进万家企业”汇率风险中性宣传与避险产品推介活动，基本实现企业汇率风险管理辅导全覆盖，辖内外汇衍生品履约金额比上年增长 78.01%，履约占比提升 2.61 个百分点。

防范跨境资金流动风险，对辖内 107 家企业开展货物贸易外汇现场核查，降级 59 家企业，注销 51 家企业名录，向有关部门通报 101 家异常企业。密切关注个人货物贸易受国内外疫情及汇率变动的影响情况，强化对异常可疑情况的监测核查，确定发布合计 176 名“关注名单”和“预关注”个人。落实银行卡境外交易月度核查，加强对境外大额消费交易的监测分析，发现疑似贸易项下资金借道银行卡消费渠道流出的异常情况和外汇炒汇可疑交易，督导银行机构强化境外交易数据排查，规范银行卡境外交易行为。与公安等部门联合开展打击跨境涉汇违法犯罪比武练兵活动，建立涉汇案件线索“纵向中心 + 横向中心”研判模式。归纳跨境赌博资金渠道分析与监测方法，发现利润汇回、保税业务等异常资金流动渠道。开展对被破获地下钱庄所涉银行机构的“以案倒查”专项检查，清理整顿网络炒汇平台 9 个。

（王　勉）

银行保险业

【概况】　2021 年，福州市有银行业金融机构十大类 63 个，营业网点 1550 个，从业人员 3.8 万人，其中政策性银行与开发性银行 3 家、大型商业银行 6 家、股份制商业银行 12 家、城市商业银行 5 家、民营银行 1 家、农村中小银行法人机构 18 个（包括 5 家农村信用社、5 家农村商业银行、8 家村镇银行）、外资银行 10 家、信托公司 1 家、金融资产管理公司 4 家、企业集团财务公司 3 家。银行业金融机构资产总额 2.77 万亿元，比上年增长 7.57%；各项贷款余额 2.16 万亿元，增长 9.05%；各项存款余额 1.7 万亿元，增长 6.89%；全年累计实现净利润 164.17 亿元。福建海峡银行、福州农商行等地方法人银行的资本充足率、拨备覆盖率和流动性等主要指标均符合监管要求。全市有保险公司主体 63 家（含 1 家法人机构），其中

表39　**2021年福州银行机构主要经营指标一览表**

机构分类	银行机构	本外币各项存款年末余额（亿元）	比上年增长（%）	比年初增减数（亿元）	本外币各项贷款年末余额（亿元）	比上年增长（%）	比年初增减数（亿元）
政策性银行	国家开发银行	263.55	-12.12	-36.35	3352.65	0.18	5.97
	进出口银行	30.78	0.36	0.11	1228.70	13.60	147.10
	农业发展银行	50.94	-1.56	-0.81	456.79	1.81	8.11
国有五大银行	中国工商银行	2154.66	8.11	161.61	1979.10	12.85	225.30
	中国农业银行	1694.89	5.08	81.92	1624.98	11.25	164.26
	中国银行	1745.40	14.34	218.89	1600.84	5.17	78.72
	中国建设银行	2596.67	4.64	115.05	2508.18	11.26	253.89
	交通银行	360.98	16.62	51.43	492.19	4.93	23.11
股份制商业银行	中信银行	441.91	0.25	1.11	503.92	15.36	67.08
	中国光大银行	508.27	2.00	9.96	391.82	6.09	22.49
	华夏银行	132.25	-0.82	-1.10	152.02	1.80	2.69
	广发银行	127.00	-5.10	-6.82	142.29	-10.91	-17.42
	平安银行	298.83	11.93	31.86	202.37	5.26	10.12
	招商银行	610.11	17.23	89.66	612.33	12.13	66.26
	浦发银行	274.42	-6.96	-20.53	358.10	11.59	37.19
	兴业银行	2307.18	14.74	296.44	1396.81	12.02	149.85
	中国民生银行	250.28	-9.99	-27.79	399.64	10.91	39.32
	恒丰银行	107.49	41.50	31.53	101.71	14.17	12.62
	浙商银行	51.62	—	51.61	31.15	—	31.15
	渤海银行	131.55	-4.49	-6.18	106.74	-11.91	-14.43
城市商业银行	厦门银行	206.05	36.66	55.27	264.26	34.58	67.90
	泉州银行	91.17	12.58	10.19	83.42	56.29	30.05
	厦门国际银行	392.32	8.06	29.28	604.62	16.05	83.61
	稠州商业银行	94.39	26.77	19.93	62.68	15.69	8.50
	福建海峡银行	1192.84	15.74	162.20	792.20	22.22	144.00
农村合作机构		1662.80	8.61	131.84	1121.34	11.70	117.50
其中：福州农商行		449.35	10.83	43.91	342.93	290.27	18.14
邮储银行		444.96	10.09	40.77	492.12	17.56	73.52
村镇银行		37.66	-0.64	-0.24	59.12	18.58	9.26
外资银行		113.81	-10.07	-12.74	167.55	16.31	23.49

财产险公司28家、人身险公司35家，各级营业机构网点423个，有保险专业中介公司网点167个。保险公司资产总额1024.77亿元，全年累计实现保费收入379.89亿元，其中财产保险96.44亿元，人身保险283.45亿元，累计承担风险总额41.57万亿元，各项赔付累计支出139.74亿元。

普惠金融服务　印发小微企业金融服务工作意见，开展小微企业首贷户拓展行动，指导银行机构开发小微企业贷款抵押物内部评估系统，推动小微企业金融服务“增量扩面、提质降本”。全市小微企业贷款余额6233.66亿元，比上年增长14.98%，其中个体工商户贷款余额1142.05亿元，增长30.3%。开展金融纾困政策接续工作，会同人民银行印发《关于持续做好普惠小微企业贷款延期还本付息和信用贷款政策实施的通知》。联合金融办等部门出台多份纾困金融政策，设立中小微企业纾困专项资金贷款，财政贴息1个百分点，企业获贷利率低于3.35%，累计投放纾困贷款36.6亿元，帮助近900家次中小微企业解决暂时流动性困难。推进金融服务乡村全面振兴，部署银行机构落实金融帮扶建档立卡脱贫户分片包干制度，实现建档立卡脱贫户100%走访对接。推广“龙头企业＋合作社＋家庭农场（种养大户）＋农户”等产业链、供应链融资模式，支持全市特色现代农业发展。关注新型农业经营主体、创业就业带头人、返乡下乡人员等重点群体金融需求，推广“青创贷”“创保贷”等利率优惠、期限适配、抵押灵活的乡村能人专属信贷产品。至年末，福州地区涉农贷款余额5079.33亿元，比上年增长8.37%。

支持区域经济发展　推进自贸试验区金融改革创新，研究设立自贸试验区银行保险机构及高管人员行政许可快速通道，机构类行政许可事项、高管类行政许可事项分别压缩30%、20%办理时间。响应“一带一路”倡议，引导银行机构支持重大港口、航运、跨境物流枢纽等通路达海重点项目，提供融资2530.33亿元，涉及项目1519个。出台“单一窗口＋出口信保”统保政策，生效保单3921张。开展跨境金融区块链服务平台信保保单融资业务试点，24家企业通过区块链服务平台获得融资约4340万美元。

保险服务保障　推进多层次养老保障体系构建，参与福州市长期护理保险试点经办工作，覆盖全市城镇职工基本医疗保险参保人员170余万人，组织评估申请对象440人，享受失能保障人数322人。推进税延养老保险试点、保险公司投资福州养老社区等项目。健全多层次医疗保障体系，保险公司承办城乡居民大病保险实现市县全覆盖，参保居民502.9万人。通过降低大病保险起付线、提高赔付比例等措施，落实大病保险建档立卡贫困人群保障政策，以解决因病致贫返贫问题。推出城市定制型商业医疗保险产品“八闽保”，突破高龄、带病等参保限制，为22.9万名群众增添医疗保障新选择。推进职工医保个人账户资金购买商业健康险业务，承保相关业务3207件。履行社会责任抗击新冠肺炎疫情，970余款保险产品在不加收保费情况下，将新冠肺炎纳入意外险或者健康险的保障范围。响应“就地过年”号召，为在福州本地过年的外地务工人员提供保障，累计承保5.45万人，提供风险保额201.65亿元。发挥公共责任保险保障功能，累计提供2410亿元公众责任风险保障，399亿元产品责任保障，累计为全市工程提供1007亿元风险保障，助力基础建设发展。

榕台金融融合　在榕台资银行资产总额49.42亿元，各项贷款、存款余额分别为25.15亿元、6.59亿元，经营发展质量良好。台胞台企金融服务优化，持续加大对台金融供给，创新惠台专属产品，落实“两个同等待遇”。银行机构为245家台企提供授信291.86亿元，向台胞发放信用卡2360张；保险公司为台企台胞提供风险保障金额161.55亿元。年内全国首个省级涉台金融纠纷争议解决服务中心落地福州。

（唐福来）

【国家开发银行福建省分行】　2021年，国家开发银行福建省分行围绕强省会战略部署，支持福州市城乡融合发展，累计向福州地区投放表内信贷资金2700亿元，其中当年发放表内本外币贷款近220亿元，占全行同期发放量的41%；期末福州地区表内贷款余额1182亿元，占全行同期贷款余额的35%。

支持轨道交通建设　全年向福州地区发放公路、铁路、轨道交通等重大交通领域项目贷款103亿元。其中累计为福州地铁提供授信超1000亿元，支持全市超210千米的在建和已开通线路的建设运营；牵头组建的福州地铁1号线、2号线、5号线、6号线及F1（滨海快线）等5条线路实现银团资金投放近500亿元，其中分行累计投放资金356亿元（年内投放21亿元），表内贷款余额232亿元。作为主承销商为福州地铁发行第一期超短期融资券2亿元，支持福州地铁完成福建省轨道交通行业在直融市场的首秀。

支持城市更新项目　发挥开发性金融在城市更新进程中的融资主力行作用，协助福州市出台全省首个城市更新“1+N”配套制度，为省会城市规范开展城市更新活动提供政策依据，也为省内其他地区实施城市更新提供可借鉴、可参考的范本与先例。年内实现马尾和仓山两个城市更新项目授信合计281亿元，投放资金10.25亿元。

能源保供工作　主动对接、了解福州市能源供需形势和重点保供企业融资现状及融资需求，通过组建工作专班、倒排时间节点、实行清单制管理等方式，以保障煤电企业运营及能源供给工作。年内累计新增开发煤电保供项目8个，授信承诺超百亿元，发放贷款15.37亿元。

转贷款合作　发挥转贷款支持小微企业和产业扶贫作用，对接福州农商行、长乐农商行、海峡银行等合作银行需求，有序推进转贷款业务。累计向合作银行发放转贷款110亿元，其中年内发放57.27亿元，支持超3500家小微企业，年末贷款余额67.27亿元。

产业合作　对接福州市产城融合发展，紧跟全市产业转型升级步伐，累计实现高新区海西园、东南大数据产业园、福州软件园、省电子信息集团产业基地等多个产业园区项目贷款发放50.57亿元，助力福州市“以产促城，以产兴城，产城融合”；跟踪对接万华化学集团在福建投资布局，年内推动集团首个启动项目——万华化学40万吨／年MDI项目评审承诺23.1亿元，发放6.1亿元。

（王丽元）

【中国进出口银行福建省分行】　2021年，中国进出口银行福建省分行支持福州地区企业的本外币贷款余额604.03亿元，较年初新增79.43亿元，增长15.14%。其中人民币贷款余额572.51亿元，较年初新增79.85亿元；外币贷款余额4.94亿美元，较年初新增0.05亿美元。年内在福州地区投放表内信贷资金超420亿元，信贷资金全部投向实体经济领域，其中发放支持外贸产业贷款近400亿元、支持制造业贷款近200亿元。

支持外贸产业　加大对外贸领域企业支持力度，因企制宜，分类施策，推动信贷资金精准投放。对于外贸产业中的龙头企业，致力于提升服务外贸企业综合能力，年内为福耀玻璃提供新增8.5亿元政策性金融授信额度，并为其办理1亿美元的结汇业务。对福州市跨境电商领域重点企业——福州轻工进出口有限公司提供授信总额4000万元的金融服务，在分行的持续支持下，疫情期间出口增长迅速，全年出口额3.31亿美元，较疫情前2019年增长14.48%。落实《“抗疫情、保企业、稳外贸”联合工作方案》，会同省商务厅出台并实施《“战疫情、稳外贸”扩大信贷投放工作方案》，发放表内支持外贸产业贷款713亿元，表内外发放919亿元，完成700亿元稳外贸额度的131%，比上年增长超过40%，投放量占全部贷款投放的近9成，对全国千强、全省百强外贸企业的服务渗透率分别提高3.3个和8个百分点。年内在福州地区投放外贸产业贷款399.54亿元，外贸产业贷款余额新增124.05亿元。

支持产业强市项目　从福州市16条重要产业链入手，以现代海洋工程装备、纺织功能新材料和高端精细化工产业为重点，支持辖区内重点企业的高端化、智能化、绿色化转型升级，推动制造业高质量发展。推动万华福建工业园年产40万吨MDI一期项目签约落地，为中华软包装集团“年产高性能聚丙烯150万吨”一期项目、恒申集团“年产7万吨差别化锦纶长丝、氨纶丝”、坤彩科技“年产20万吨二氯氧钛项目”等一批新材料领域项目提供信贷支持。至年末，制造业贷款余额占比44.45%，全年投放制造业贷款196.54亿元，占总投放额的46.57%。

支持国有企业　与整合后的福建省港口集团签订战略合作协议，是首批与港口集团签订战略合作协议的金融机构，并实现港口集团成立后的首笔贷款投放。与福州城市建设投资集团有限公司、福州交通建设投资集团有限公司等一批重点市属国有企业建立良好合作，实现跨越式突破。全年为福州市国有企业投放20.46亿元。至年末，国有企业贷款占比46.67%，比上年增长6.26个百分点。其中，市属国企贷款余额由13.6亿元增长至35.13亿元。

银政合作　与市工信局对接，实现系统内首笔技改基金项目投放，利用技改基金政策为企业降低融资成本。推动万华化学MDI项目纳入省技改融资专项项目库，利用技改基金撬动贷款资金投放。

同业合作　与兴业银行福州分行开展外贸小微企业专项转贷款合作，实现分行首笔小微企业外贸专项转贷款投放，年内投放3.6亿元，惠及超50家外贸小微企业。与海峡银行合作，将小微企业转贷款与海峡银行保函项下贷款合作相结合。

（谢　弢）

【中国农业发展银行福建省分行营业部】　2021年，中国农业发展银行福建省分行营业部持续深化政银合作，分别与闽侯县政府、永泰县政府、福州新区福清功能区管委会、省旅投、福州城投等签订战略合作协议。全年累计发放储备贷款超10亿元，粮食购销贸易类贷款13亿元，支持“北粮南调”“引粮入榕”，获批农业农村基础设施建设项目15个、金额68亿元，新审批小微企业4家、贷款金额2650万元。全年累计发放贷款122亿元，年末贷款余额408亿元。以“我为群众办实事”活动为契机，深入基层开展调研，帮扶辖内支部查找差距、解决问题，提升基层行服务县域发展的战斗力和执行力；按照“不求多、但求实”的原则对10项工作进行立项，优化调查评估组构成及运作模式。

（池家激）

【中国工商银行福州分行】　2021年，中国工商银行福州分行本外币全部存款余额超2100亿元，比年初增加近160亿元。本外币贷款时点余额近2000亿元，比年初增加220多亿元。全拨备前利润、营业收入和中间业务收入均实现同比正增长并超额完成计划。资产质量保持良好水平，不良贷款额和不良率保持在合理区间。

服务经济社会发展　聚焦优质项目，投放国企流贷，实现银团贷款外的业务新突破。持续服务优质民营企业客户，深化永泰县等县域信贷市场突破。加快技改贷款投放，将传统制造业优质技术改造项目作为贷款投放重点板块。坚持绿色信贷原则，为地铁、铁路、三峡等重要绿色信贷客户累计发放融资逾10亿元。扩大非信贷融资业务规模，实现付款票据通业务零的突破，全年累计办理票据贴现70多亿元，累计发行承销债券逾30亿元；累计投放公司贷款逾620亿元，比上年多投80多亿元。其中，民营企业贷款余额较年初增加79亿元，制造业贷款余额较年初增加34亿元。重点发展普惠业务，恢复发展个人e抵快贷业务，以税务贷业务服务优质纳税企业。推动“网点+普惠”，实现业务下沉。创新发展“福建连江园区e贷”。与福州市融资担保有限责任公司合作开展“银担总对总批量担保”业务，线上开展经营快贷的升级版业务“国担快贷”，线下开展批量担保形式的小企业周转贷款。推广升级版普通网贷通业务“e企快贷”，开办“电e贷”等创新业务。加速发展数字供应链业务，全年累计新增落地供应链4条，数字供应链贷款余额增加至近4亿元。普惠贷款余额比年初增加63亿元。创新突破国际业务，发放首笔以担保隔夜融资利率（SOFR）定价的美元营运资金贷款；办理首笔差额交割方式远期结汇业务；非融资性跨境保函业务实现近3年首次突破；办理首笔国际贸易融资线上化业务。外汇贷款余额比年初增加近2.5亿美元。深化银政业务合作，全年新增公积金缴交单位1.23万家，新增公积金缴交个人9.52万人。加强与区县级政府部门联络，与仓山区和罗源县人民政府分别签订战略合作框架协议。加强教育机构的金融融合业务，加大对福州大学、福建师范大学、闽江学院、福建技术师范学院等高校的服务力度；推进福建师范大学、福州大学、福建技术师范学院、省农职院、闽江学院、福州第一技师学院、福建邮电学校、福建师范大学附属中学等“智慧校园”项目合作。深化财政部门合作，参加省财政厅三期国库现金管理招标项目。拓展投行业务拓宽客户融资渠道，推进优质客户并购业务，向客户提供顾问及融资方案。推荐工银理财投资优质AAA客户发行的绿色公司债券，为福建省内推荐投资的首笔碳中和债券；推荐投资福州自来水绿色供水收费权资产支持证券专项计划，为福州市属国企首单绿色ABS业务；实现首笔主动管理型资产支持专项计划项目的突破。全年完成8个项目的审批投放，累计新增投融资金额14亿元。提升结算与现金管理业务服务能力，以结算套餐、法人理财等结算与现金管理重点产品推广渗透为突破口，发挥“工银聚”精品的服务优势。加大财智账户卡、到账伴侣等对公基础结算产品的推广力度，将结算账户与其他金融产品组合服务。

服务民生保障　加强个人贷款投放，上线城区“不动产抵押登记直连系统”自动化审批，大幅提高抵押和解押效率。推广房管家2.0项目，实现“将银行开到中介”和客户办理“零门槛”。测试成功全国系统首笔个人房产抵押消费与经营组合贷款业务自动化审批业务。成立分行公积金贷款自营团队，与支行联动开展服务。年末个人贷款余额比年初增加120多亿元。全年累计投放个贷近350亿元，其中住房贷款170多亿元，比上年分别多投87亿元和46亿元。提升信用卡服务能力，拓展汽车分期、房抵e分期、车位分期、家装分期等领域分期业务。开办“收单手续费+合作方服务费”新模式间客式汽车分期业务。推动“一日一网点一户”商户促活，实现首个“e商清”项目上线，服务优质行业及集团大商户市场。联合朴朴超市、永辉超市及e福州平台打造新客礼、周末平台满减等高频次消费平台用卡环境。开展到店客户“5+N”（风险评估、手机归集、工银信使、第三方绑卡、激活电子医保凭证）服务。创新网络金融服务模式，分行线上特色品牌“工惠虎纠”自2020年3月启动至2021年末，参与活动客户24.5万人。加强私人银行客户维护，首创“行长+财富顾问”维护管理模式，完善非金融增值服务体系，启动中国工商银行“企业家加油站”福州长乐站。签约首笔保险金家族信托业务，保险金型信托和资金型信托均实现突破。

网点建设　完成7家优化布局迁建项目的网点装修等相关工作。新增便携式智能柜员机45台。加强“工行驿站”建设，在部分新装修网点配备共享洗手间、雨具、急救箱、轮椅、儿童推车、复印机、打印机、放大镜等服务设施；推进网点模块化、适老化硬件改造，为老年客户提供针对性、差异化服务。“网点+政务”场景建设总量达153家。具有外币现金存取资质网点全面上线，年末外币预约取现业务替代率达95%。推广现金流转智能化业务，45个网点投产。

风险管控　开展固定资产支持融资检查、房地产专项检查、风险资产处置检查、电子凭证检查，以及存量法人客户全口径融资风险排查、法人投融资客户现场走访全面风险排查等。加强信贷文化建设，举办信贷文化建设活动推动会暨信贷文化建设大讲坛。推动落实各类风险资产的处置。推进“两个从严”，强化政治监督，落实同级监督，开展日常监督，加强“关键少数”监督。建立联合监督工作联席会议机制。抓实抓细巡视巡察反馈问题的整改落实工作。开展《金融案鉴》专题警示教育。强化内控案防，推进员工异常行为网格化智能化管控体系的落地应用。开展“内控合规管理建设年”活动和反洗钱业务及风险管理专项检查。按季开展对各级机构安保制度执行情况、安防设施建设标准执行情况等日常检查。组织消防、外部欺诈等安保专项检查。分行派驻反诈中心专席全年快速查询涉案账户2136件，涉及金额5.26亿元，快速止付1131笔，涉及金额1918.76万元，冻结11笔，涉及金额2.87万元。

窗口服务　开展“我为群众办实事”服务提升十大行动。开展服务星级网点创建工作，福清宏路支行、南门广达支行获评2021年工行总行级服务四星级网点，长乐航港支行、福清福塘支行、八一七大儒世家支行等23家网点获评2021年工行总行级服务三星级网点；长乐支行营业部获评2021年银行业营业网点文明规范服务千佳示范单位。加强监管转办投诉治理，组织开展客户投诉重点问题专项治理行动、客户体验痛点治理百日攻坚专项行动、服务态度问题专项治理行动，落实客户投诉“日监测、周报告、月分析、季通报”制度。建立“金融纠纷诉非联动/多元化解工作站”，启动福州市诉非联动信息化平台线上调解与工作站线下运行同步推进机制。

（许戈武）

【中国农业银行福州分行】　2021年，中国农业银行福州分行本外币各项存款余额1492.03亿元，比年初增加75.35亿元；本外币各项贷款余额1463.23亿元，比年初增加145.71亿元。

支持区域经济　服务福州市经济社会高质量发展，根据省政府办公厅《关于支持福州实施强省会战略的若干意见》，制定出台《关于支持福州市加快建设现代化国际城市争创国家中心城市综合金融服务方案》，将服务强省会战略、落实农总行与福建省政府战略合作协议内容等作为重点工作，聚焦制造业、新兴领域、普惠小微、绿色产业等，加强信贷支持和综合服务，全年累计实现项目投放421.25亿元；向37个重大项目授信126.14亿元。组织开展小微企业“百日会战”，推动小微企业贷款增量扩面提质，年末实现普惠小微企业法人贷款余额44.42亿元，比年初增加4.33亿元，增长10.80%。

支持乡村振兴　研究制定《福州分行关于2021年全面做好乡村振兴金融服务加快“三农”和县域业务发展的意见》及《行动计划》，与市农业农村局签订“金融服务乡村振兴战略合作协议”，以推动金融资源向县域、向乡村倾斜，县域各项贷款比年初增加108.66亿元，增速高于全行6.67个百分点。开启新一轮“惠农e贷”金融服务进乡村活动，年末“惠农e贷”余额超百亿元，达100.46亿元，比年初增加34.97亿元，支持农户1.87万户。

客户服务　服务数字福州建设，探索金融服务与科教文卫、衣食住行等生活场景深度融合，加强网点智慧改造和线上平台功能优化，推动金融服务从“无处不在”向“无时不在”转变。推进“服务升温工程”，发挥智能PAD等科技金融工具作用，以破解离行式业务办理难点。年内建成财富中心1个、理财中心9个。

（刘陈馨）

【中国银行福州市分行】　2021年，中国银行福州市分行在福州地区（含平潭、省行营业部）人民币时点存款1755.10亿元，较上年末增加151.30亿元，四大行市场份额20.54%，比上年上升1.32个百分点；人民币时点贷款1588.33亿元，较上年末增加76.77亿元，其中房地产贷款占比持续下降，战略新兴、绿色金融等贷款比重上升；不良余额14.06亿元，较上年减少0.22

亿元，不良率0.87%，较上年下降0.07个百分点，实现双降。4月，分行实施经营管理模式优化升级，承担福州地区整体经营与管理职责，原自营业务由市行营业部承接。年内落地福州市消防支队及福州地区各消防大队基本户、代发薪业务，资金归集逾6亿元；与市破产管理人协会签订战略合作协议，实现破产管理项目账户开立累计69个；推动恒美光电、三峡海上风电产业园、平潭海峡发电以及万华化学等重点项目新增授信52亿元。

重点领域业务 支持福州高质量发展，加大对科技创新、绿色金融等重点领域的支持力度，增强对核心区域、重点产业和关键环节的服务能力，战略性新兴产业贷款47.63亿元，较上年末增加32.52亿元，绿色贷款95.34亿元，较上年末增加26.71亿元。将水利、城市轨道交通、铁路、高速公路、供水、供电、供油、供气等基础设施建设列为重点支持项目，优先提供金融支持。为福州地铁1号线、2号线、4号线、5号线、6号线及F1线、永泰抽水蓄能项目、华能罗源发电项目、福化天辰大型煤气化项目、福清海坛海峡海上风电项目等累计批复超过200亿元贷款。全年辖内新增授信项目111个，合计金额321.63亿元，累计实现投放项目34个，合计投放44.45亿元。

直融资金投放 运用直融手段，实现资金精准投放，全市场债券承销总额114.98亿元，市场排名第一。金融债承销总额88.83亿元（兴业证券短期融资券），市场份额排名第一。为福耀玻璃发行福建省及中国银行系统内首笔“高成长债”，为福州新区集团发行福州地区首笔“乡村振兴”债券。

服务实体经济 帮助中小微企业解决融资难题，普惠金融贷款63.42亿元，较上年末增加22.78亿元，民营企业贷款余额239.31亿元，民营企业贷款投放占比55.04%，较上年末增加3.81个百分点。

民营企业资金保障 引导全辖主动对接民营企业，加大金融供给，优化民营经济金融服务，支持永辉超市、奋安铝业、友谊胶带、永荣集团等地方民营企业发展。年末民营企业贷款余额239.31亿元，累计投放金额312.78亿元。

第三代社保卡业务 全年第三代社保卡累计发卡30.07万张，全口径市场份额排名第二（17.04%）、四大行排名第一（31.21%），新增社保代发商户20户，新增社保代发1.35万户，存款余额1.68亿元。

（彭海桐）

【中国建设银行福建省分行】 2021年，中国建设银行福建省分行在福州区域一般性存款余额2353亿元，各项贷款余额2508亿元，在四大国有行中占比均超过32%，在全省建行系统占比均超过39%，缴交税收在榕入库7.2亿元，各项主要指标居当地同业和系统首位。

服务城市建设 发挥集团整体优势，以“融资＋融智＋融技＋融商”方式开展综合服务，拓宽融资渠道，主动融入福州重点建设“六个城”、打响五大国际品牌和实施九大专项行动等工作，全力服务强省会、福州都市圈建设。推进战略对接，与福州市签订“十四五”战略合作协议，重点围绕“数字福州”“海上福州”“平台福州”建设、产业转型升级开展合作，推动福州各项战略落地实施。推动协同合作，聚焦福州强省会战略，以银政合作、总部合作提升带动全省能力。与省国资委签署战略合作协议，为国企改革提供综合服务方案，提供综合授信超2000亿元；联动建信投资签署规模20亿元的福建石油化工产业基金战略合作协议。与福州海关合作“关银一KEY通”，服务对外开放；与省知识产权局联合推出“知信融合”知识产权综合金融服务方案，创新科技金融新模式；在海峡股权交易中心、福州软件园等产业园、孵化园共同挂牌“创业者港湾”联盟店、服务点，提供“金融＋孵化＋产业＋辅导”一站式综合服务。支持重点领域，福州区域贷款余额在全省建行系统占比达41%；债券承销55.1亿元，占全省建行债券承销量的62%，均高于存款余额占比。贷款新增72%投向重点领域，其中绿色贷款79.4亿元、基础设施贷款102.3亿元、战略新兴产业59.4亿元，均超过上年的3倍。为大福州地区企业发行绿色债券13亿元，发行全国首单同时符合可持续挂钩、乡村振兴和碳中和概念的债券，全国首单革命老区／碳中和债双标绿色永续中票。承载重点项目，服务“抓项目促跨越”，为福州市轨道交通4号线、5号线、6号线工程、福清核电站、福州绕城高速、中国东南大数据产业园等重点基础设施项目提供授信358亿元；为长乐机场扩能、长乐及平潭外海风电等项目提供授信53亿元；率先支持的三峡海上风电产业园成为全国首个“碳中和”工业园区。服务民营小微，坚持“不惟所有制、不惟大小、只惟客户”，为民营企业提供“十项专属服务”，与省工商联、省科技厅联合举办“金融服务民营企业高质量发展培训活动”，送产品、送服务、送思路、送培训，全年民营企业贷款新增12亿元。在福州所有建行营业网点均可受理小微企业贷款，普惠金融贷款余额242.5亿元，比上年增长31%；普惠客户2.7万户，增长23%。通过建行“惠懂你”App为全市1.3万家小微企业提供“一分钟融资、一站式服务、一价式收费”的服务。全年小微企业贷款利率较上年下降21个BPS。

服务民生 坚持住房租赁战略，持续落实发展福州政策性租赁住房、支持福州老旧小区改造等战略合作协议。对接福州保障性租赁住房试点项目，为超过30个有融资需求的项目授信105亿元，累计投放29.3亿元，支持新建、改建房源超1万套，建筑面积超70万平方米。打造一批CCB建融家园长租公寓生态样板，创新推出“住房租赁＋乡村振兴”（霞湖公寓）、“住房租赁＋商改租”（金晖公寓）、“住房租赁＋国有闲置资产改造”（南台公寓）等长租社区模式，为市场提供分层次、高品质的租赁住房473套。助力住建部门推动新版公租房系统的贯标和实质应用，打造福州市特色版公租系统，实现公租房全线上管理。深入落实“数字福州”建设合作框架协议。连续3年参展数字中国峰会，独家承办第四届数字中国峰会“云上峰会”，线上观展超过500万人次。与“e福州”深化合作，赋能福州智慧政务体系建设，打造智慧交通、医疗、校园、社区等“线上＋线下”金融生态场景；同业首家实现全辖网点STM提供政务服务，系统首批推出“跨省通办”。开展乡村振兴大调研，深耕县域、下沉乡村，推进脱贫攻坚同乡村振兴有效衔接。联合省工商联推进“万企兴万村”，助力乡村振兴。全年涉农贷款新增30.3亿元，系统首家获批拓展富裕农户信用卡，“裕农通”普惠金融服务点延伸到福州69个村镇。在全辖网点建设“劳动者港湾”，为户外劳动者免费提供休息、充电、热饭、饮水、上卫生间等服务，与34家单位开展文明与惠民共建，累计服务275万人次。开放共享建行研修中心，面向中小企业主、乡村致富带头人等群体，举办“金智惠民”金融教育活动。助力退役军人事务厅服务退役军人创业，获“特别贡献奖”。

风险防控　制订实施《资产质量管控三年行动方案》，运用监测手段开展风险识别和管控。对企业融资实施分类处理、区别对待，不单方面抽贷、断贷、停贷。高度关注重点区域、行业和企业，以遏制增量风险，化解存量风险。年末福州地区不良贷款总额10.47亿元、不良贷款率0.42%，资产质量稳定向好，四行最优。

（叶儒文）

【交通银行福建省分行】　2021年，交通银行福建省分行福州辖区分支机构本外币各项存款余额332.22亿元，比上年增加31.45亿元，增长10.46%，其中，人民币各项存款余额326.36亿元，增加29.79亿元，增长10.04%；外币各项存款余额9186.20万美元，增加2743.38万美元，增长42.58%。本外币各项贷款余额492.19亿元，增加23.11亿元，增长4.93%，其中人民币各项贷款余额490.49亿元，增加25.80亿元，增长5.55%。实现净利润5586.55万元，计提资产减值损失前的利润总额11.37亿元，比上年增加1.17亿元，增长11.47%；实现营业收入15.03亿元，比上年增加937.66万元。年末不良贷款余额4.88亿元，比上年减少13.01亿元；不良贷款率0.99%，下降2.82个百分点。逾期欠息贷款余额4.51亿元，比上年减少6.13亿元；逾期欠息贷款率0.92%，下降1.35个百分点。2月2日、4月24日，总行党委书记、董事长任德奇和总行党委副书记、行长刘珺分别到福州调研指导工作，并推动交通银行与福建省人民政府在福州签订总额为5000亿元的“十四五”金融战略合作协议。全年战略合作协议项下的意向融资金额完成率达到121.64%。

支持实体经济　支持地方经济社会发展，全年累计向福州市重点项目、重点领域、重点企业投放人民币各项贷款310.89亿元，为加快福州建设现代化国际城市提供金融支撑。支持地方数字经济、绿色经济发展，年末相关贷款余额分别较上年末增加36.99亿元、18.63亿元，分别增长3.70%、7.44%。战略性新兴产业相关贷款余额较上年末增加17.52亿元，增长16.28%。年内民营企业贷款余额179.17亿元。

风险防控　推进风险资产“应收尽收、早收快处”，全年累计处置化解表内对公不良资产6.65亿元，推动不良贷款余额、不良贷款率大幅下降。通过增加拨备等措施加高加固应对风险的“堤坝”，年末拨备余额15.62亿元，较上年末增加4.11亿元，增长35.71%。

金融服务　“普惠金融”方面，全年普惠型小微企业贷款余额22.81亿元，比上年增加6.46亿元，增长39.51%；年末普惠型涉农贷款余额3.22亿元，增加1.10亿元，增长51.89%。“贸易金融”方面，年末贸易融资余额占对公贷款余额的比重达9.34%，较上年末提升4.11个百分点；携手重点进出口企业赴上海参加第四届中国国际进口博览会，并签订总额为35亿元的项目合作协议。“财富金融”方面，全年沃德客户12920户，比上年增加1889户，增长17.12%，增幅高于系统1.81个百分点；私人银行客户395户，增加39户，增长10.96%；实现财富管理中间业务收入5514万元，增长16.56%。

（征　鹏）

【中国邮政储蓄银行福州市分行】2021年，中国邮政储蓄银行福州市分行发放贷款355亿元，贷款余额492亿元，比上年增加74亿元，增长18%。纳税总额超1.2亿元，比上年增长12%。年内不良余额3.8亿元、不良率0.77%，资产质量整体较好。

服务“三农”　持续加大“三农”领域的信贷投放，涉农贷款余额115亿元，全年累计净增13.68亿元；金融精准扶贫贷款余额11.5亿元，净增10.3亿元；协办福清枇杷、永泰李梅文化节，参加市首届果蔬节、中国农民丰收节等系列活动，推广惠农服务产品，支农助微；加强与市融资担保公司合作，创新推出无抵押“榕担惠农贷”产品，贷款余额2955万元。

服务城乡居民　基础金融服务方面，在福州城乡铺设159家网点，其中县域网点占比55%，建成50个“助农取款服务点”、36个环卫工人爱心服务点和无偿献血者普惠金融服务点；推出退役军人专属服务卡，免收卡工本费等八项资费；为三代社保卡客群提供专属权益，全辖设置“社保便民服务网点”。消费类贷款方面，累计发放房贷、车贷、信用贷、助学贷等消费类贷款117亿元，净增35.52亿元；远程系统实现7×24小时线上服务，惠及1.5万名贷款客户；持续开展市教育局国家助学贷款项目，新增资格认定学生1627人，新增市场占有率36.79%。信用卡业务方面，加大民生消费优惠投入，在全辖开展地铁、公交、加油、洗车、观影、美食等线上线下活动，同时通过进驻社区、便民服务中心、写字楼、商圈、商超现场开展普惠金融服务宣传，参加活动33万人次。

服务中小企业　对海洋渔业、现代农业、纺织、工艺品、软件信息、批发零售等行业累计新发放小微企业贷款超26亿元；落实“增量扩面、提质降本”，参与省财政厅牵头设立的纾困项目，全年累计发放纾困贷款1.72亿元，扶持企业32家；参与税务局与工商联开展的“为群众办实事”活动，宣传普惠金融政策。

服务重大项目　助力绿色金融，为福建中闽海上风电有限公司、福州海峡发电有限公司、福清海峡发电有限公司等4家风电项目累计授信21.18亿元，推动绿色金融持续发展；支持市属企业，为福州城市建设投资集团有限公司、福州市水务投资发展有限公司、福州自来水有限公司等36家市属国企、县属国企及市属国企全资子公司（参与公司）

累计授信超218亿元；加大项目投放，为福建福清核电有限公司、福建福平铁路有限责任公司、福建永泰闽投抽水蓄能有限公司等15家项目贷款客户累计授信超113亿元；扶持民营企业，为福耀玻璃工业集团股份有限公司、恒申控股集团有限公司、福建永荣控股集团有限公司等36家民营企业累计授信超96亿元。

（卢书铭）

【兴业银行福州分行】 2021年，兴业银行福州分行资产总额约2700亿元，本外币各项存款余额逾2300亿元，本外币各项贷款余额近1400亿元，资产质量保持业内较高水平。

服务实体经济 数字经济方面，服务涵盖"独角兽""瞪羚"数字经济企业，投放东南大数据产业园等六大园区项目，与福州市金控集团联手创设科创走廊金融支持基金。海洋经济方面，累计为涉及海上风电、临港石化、港口物流、水产捕捞加工等企业提供超250亿元资金支持。绿色经济方面，围绕"双碳"战略，服务包括福州轨道交通、福平铁路等项目。文旅经济方面，支持福建文化产业重点项目，累计对外投资项目7个，金额近10亿元。乡村振兴方面，涉农贷款余额约130亿元。住房租赁方面，通过技改和项目贷累计为尚绿宝智能科技、立华智纺科技和福立方实业有限公司发放贷款，支持建设租赁住房项目。

赋能转型 打造郊野公园平台，探索"金融+场景+生态"一体化模式，平潭分行、西湖支行等智慧化、特色化网点建成投用。成立新媒体中心，建设以"兴业银行福州分行"抖音企业号为主的新媒体宣传矩阵，举办直播15场，粉丝总量15.2万人，发布视频139个，累计播放量1793.6万次，累计点赞量82万次。

风险防控 紧跟监管导向，增设"两级三层"项目余额控制指标，突出风险考评重点；加强重点领域、重点项目风险动态监测；加强员工合规意识教育和异常行为排查管理；把好授信业务准入关，规范授信业务办理流程；持续优化柜面业务流程，开展运营检查监督；开展数据治理，提升客户数据质量，反洗钱工作水平实现新提升；加强舆情风险管控，深化消保品牌建设，及时稳妥处置各类投诉，落实各项安全保卫工作，全年无重大舆情事件和安全事故发生。

（黄　琦）

【招商银行福州分行】 2021年，招商银行福州分行人民币自营存款时点余额641.25亿元，比年初增加87.54亿元，增长15.81%，自营存款市场份额2.54%，居当地股份制银行第二，仅次兴业银行。人民币自营贷款时点余额763.86亿元，比年初增加78.51亿元，增长11.46%，一般性贷款市场份额2.49%，居当地股份制银行第二，仅次兴业银行。不良资产余额3.45亿元，不良贷款率0.55%，在区域同业中保持资产质量领先地位。

大财富管理 管理个人客户总资产余额近800亿元，新增159.21亿元，比上年增长24.96%，公司客户融资总量余额766.97亿元，新增172.82亿元，增长29.09%。新增代发企业数2236家，新增代发零售客户22.86万户，比上年增长39%。重点参与宁德时代供应链金融项目。

投商行一体化 落地"新华都—云南白药"百亿银团并购贷款，创分行历史上最大银团并购贷。净增托管规模270亿元，托管余额达1680亿元，托管市场份额位列区域第二，成为投商行一体化客户经营过程中资产与资金闭环上轻型银行的创利主角。市场交易业务新发放45亿元，比上年增长近40%，余额突破百亿元，达117亿元。

机构业务 分行获各级机构业务资格24项，新增机构资格数排名全行第六。专项债引流对公存款205亿元，市场占有率24%。场景建设重点突破，上线省级职业年金查询系统，成为省内唯一具备此功能的银行；取得省市公共资源交易中心电子保函资格；取得三代社保卡发卡资格；公积金场景率先在莆田破冰，上线AI智能客服等。

开放融合 探索"行业自组织研究"，成立风险、业务条线区域行业研究融合团队，为项目储备、资产组织进行牵引指导。打造"人+数字化"服务模式，组建科技与业务融合型团队超10个，助力数字化转型，孵化"掘基""星辰商机"等数字化项目，全年科技中台协同一线参与薪福通营销超200次，走访重点企业上百家，薪福通认证企业数4300家，活跃企业数1600家，活跃企业占比36%。全年累计新增新企业新代发客户11.68万家，新企业新户代发贡献率42.80%，对公和私行组建的"两栖战队"，联合营销企业高管132人，云端私享邀约客户128人。

（林　亮）

【中国光大银行福州分行】 2021年，中国光大银行福州分行资产总额676.6亿元；一般存款日均623亿元，较年初增加11亿元，增长1.77%；贷款余额626亿元（其中对公贷款余额246亿元，个人贷款余额348亿元，贴现余额32亿元），较年初增加60亿元，增长10.65%。全年实现营业收入37.58亿元，比上年增加1.41亿元，增长3.75%。

服务实体经济 首次作为福建省专项债发行服务商，辅导泉州及南平地区累计发行项目256个，发行金额合计281亿元，涉及项目业主单位167家。制造业贷款余额117亿元，在各项贷款中占比19%；制造业中长期贷款余额44亿元，比上年增长49%，完成全年增量任务168%。普惠贷款余额132亿元，较年初增加9.34亿元，增长7.06%，提前超额完成监管及总行任务，全面完成"两增两控"目标。绿色贷款余额8亿元，较年初增加5亿元，增长155%，助力绿色金融和低碳转型发展。

财富管理转型 AUM规模668亿元，较年初增加33亿元，增长4.94%。自营理财规模297亿元，其中净值型产品273亿元，占比升至92%，较年初增长34%，理财净值化转型有序推进。各层级客户均实现稳步增长，潜力以上客户较年初新增4022户，其中财富客户数3.6万户，新增2490户；私行客户1567户，较年初增加288户。代发业务获客提速，全年累计代发个人客户数9.89万户，任务完成率120%，比上年增长26%；累计代发交易额40亿元，任务完成率111%，增长37%；累计带动AUM年日均30.8亿元。

金融产品创新 加强与互联网平台及行业龙头企业合作，培育复制"美团”“朴朴”等优秀项目；上线二手房、驾培等网上资金托管项目，托管金额突破44亿元；中标福建省级与各地市第三代社保卡合作银行资格，并建立系统对接；参与省医保电子凭证移动支付项目建设等。落实监管部门和总行部署，发行“拥军优抚”借记卡，为优抚对象提供优质、优先、优惠的专属金融服务。

风险防控　探索构建“123”风险管理体系，围绕“客户服务”一个中心，推进“人才培育、科技赋能”两项工程，推行贷款“三查”精细化管理，夯实全行信贷业务发展基础，探索“轻资本、优服务、高智能、强特色”的高质量发展之路。

（欧孝源）

【中信银行福州分行】　2021年，中信银行福州分行制定出台落实福建省“十四五”金融业发展专项规划“十项专项行动”、支持强省会战略等多个工作方案。年内获评福建银保监局“福建银行业保险业2021年集中开展消费者教育宣传活动优秀组织单位”、2020—2021年全国金融系统思想政治工作优秀单位。

支持制造业发展　聚焦新一代信息技术、高端装备、新材料、新能源、生物与新医药、节能环保、海洋高新等战略新兴产业七大重点领域，对接“个十百千万”工程，支持中景石化、万华化学、福化天辰等重点项目，坤彩科技、榕基软件等“专精特新”领军企业，申远连江工业园入驻企业以及福州工业产业园区建设，助力产业结构优化和企业转型升级。制造业贷款较上年增加42亿元，增长35%。

支持民营企业　精准对接支持百亿元龙头成长计划、千亿元集群培育计划，助力民营企业转型升级、龙头企业做大做强，重点支持恒申控股、中景石化、福耀玻璃、永辉超市等省内主流民营企业。全年为民营企业提供综合融资635亿元。连续两年获评省金融办、财政厅、人行、银保监等四部门服务民营企业和中小微企业发展激励评价三等奖。

服务小微企业　贯彻落实“增量、扩面、提质、降本”的监管要求，大力推广政采e贷、物流e贷、经销e贷、科创e贷等普惠线上产品，创新推出“养殖贷”“茶山贷”“林权贷”“科技贷”“外贸贷”等产品，形成“信福农贷”“信福林贷”“信福渔贷”“信福工贷”“信福商贷”“信福军贷”六大系列18个属地化产品，助力小微企业解决融资难、融资贵问题。年末普惠型小微企业法人贷款余额22.62亿元，比年初增加8.71亿元，连续3年提前超额完成计划目标；普惠型个人贷款31.78亿元，比年初增加9.17亿元。

绿色金融　根据福建银保监局《关于银行业保险业推进绿色金融发展的指导意见》，制定出台分行2021年绿色金融工作方案、绿色银行建设工作方案，成立绿色金融领导小组，绿色信贷规模较上年增长209%。拓宽绿色融资渠道，协同集团子公司，联合新能源绿色产业龙头——宁德时代共同发起设立股权直投基金规模40亿元，用于投资绿色产业链上下游优质企业股权，其中包含百城新能源、罗兰蒂新材料等福州市企业，支持能源生产消费变革和传统产业转型升级。对接福建省“蓝天工程”“碧水工程”“碧海工程”“净土工程”，支持水处理设施改善建设，为福州自来水飞凤山项目提供授信2.88亿元。

服务外贸企业　与省商务厅签署深化战略合作协议，支持省内进出口企业，助力全省对外贸易稳健发展。全年为外贸企业提供表内外外汇融资31.17亿美元。

支持地方发展　发挥中信集团实业全覆盖、金融全牌照的综合优势，从项目导入、综合融资服务等方面支持区域开发建设、产业发展、乡村振兴。全年协同集团驻闽分支机构为福建省提供综合融资规模1432亿元。出台高质量服务乡村振兴八大工作措施，创新推出“养殖贷”“茶山贷”等一系列涉农普惠产品，满足老区苏区小微企业资金需求，助力乡村特色产业发展。牵头组织中信集团驻闽分支机构员工自发捐款，在宁德赤溪村修建一条道路，方便当地村民出行。

（唐夏芸）

【浦发银行福州分行】　2021年，浦发银行福州分行累计完成宁德、平潭区域127个地方债资金项目、103.74亿元地方政府专项债的发行服务工作，发行成功率100%。主承销“泉州交通发展集团有限责任公司2021年度第一期绿色中期票据（碳中和债）”发行，发行规模2亿元，为市场首单公交类碳中和债。制定出台支持民营及小微企业十六条措施和加强民营及小微企业金融服务相关政策方案；创新推出授信循环额度线下审批线上提款模式，提升小微企业业务审批效率；与科委、园区、行业协会等多方联合，围绕科技型企业轻资产、融资难的痛点提供信用为主、组合为辅的融资服务，根据企业发展和成长的不同阶段提供投贷联动、资金管理等全周期服务。年末普惠小微贷款余额52.88亿元，比上年增长31.78%。

（陈巧芳）

【广发银行福州分行】　2021年，广发银行福州分行（福州辖区）人民币各项存款余额125.90亿元，人民币基础存款日均余额119.95亿元；人民币各项贷款139.84亿元。全年纳税5221.36万元，含卡营业收入6.55亿元。信用卡总发卡量117.88万张，比年初增加16.07万张。不良率0.97%，剪刀差比例0%，信贷资产质量较好。

服务实体经济　各项贷款余额142.30亿元，其中对公贷款余额108.01亿元，累计对实体经济减费让利178.6万元。获批成为福建省中小微企业纾困专项资金贷款合作银行，发放纾困专项贷款1700万元。

服务社会民生　年内取得福州市实体及电子社保卡代理资格。至年末，信用卡透支余额80.80亿元，比上年增长9.73%；信用卡累计消费额441.78亿元，增长3.74%。零售信贷余额34.95亿元，较年初增加6.14亿元；消费E秒贷余额4.3亿元，较年初增加2.35亿元。

普惠金融　推进“税银通2.0”、科技贷等产品，加大对小微企业、民营企业和“三农”的金融支持。银保监小微余额11.29亿元，较年初增加1.13亿元；人行小微余额11.29亿元，较年初增加1.13亿元；分行普惠型小微贷款户数913户，较年初增加198户；税银通客户数40户，贷款余额6566.14万元；科技贷客户数25户，贷款余额1.54亿元。年内绿色信贷客户8户，比上年增加 5 户，余额 8829 万元。

服务乡村振兴　涉农贷款余额 11.02 亿元，普惠涉农小微余额 2.06 亿元，较年初增加 0.71 亿元。脱贫贷款余额 1876 万元，较年初增加 866 万元，完成全年任务。

（邢　坤）

【福建海峡银行】　2021 年，福建海峡银行资产总额 2011.46 亿元，比上年增加 195.72 亿元、增长 10.78%。各项存款余额 1506.45 亿元，比上年增加 226.82 亿元、增长 17.73%。各项贷款余额 1108.79 亿元，比上年增加 196.07 亿元、增长 21.48%。全年累计实现营业收入 44.43 亿元，比上年增加 6.9 亿元、增长 18.39%。拨备前利润 29.62 亿元，比上年增加 5.58 亿元、增长 23.22%。实现净利润 6.83 亿元，比上年增加 2.23 亿元、增长 48.45%。不良贷款率 1.35%，比上年下降 0.14 个百分点；拨备计提 21.96 亿元，比上年多计提 3.22 亿元、增长 17.18%；拨备覆盖率 193.08%，比上年上升 29.84 个百分点。

服务强省会战略　研究制定《关于融入强省会战略完善金融服务的行动方案（2021—2025 年）》，与市国资委及各县（市）区签订战略合作协议，要求福州地区分支行密切跟踪、靠前服务，力争最快速度形成实物工作量，有效发挥地方金融机构金融助手作用。全年对福州地区贷款投放较上年增加 144 亿元、增长 22.22%，比福州市各金融机构平均增幅高 12.89 个百分点。

上市准备工作　聘请兴业证券股份有限公司为上市保荐（主承销商）协同开展前期各项工作，梳理商业银行 A 股 IPO 政策及审核动态、上市工作流程、关注重点，剖析与上市城商行关键指标差异，整理上市或拟上市区域性城商行证监会反馈情况，拟订上市工作安排，从顶层设计逐项补齐短板。开展战投引入工作，委托中国国际金融股份有限公司、中信证券股份有限公司、兴业证券股份有限公司寻找合适战略投资者；整理出 16 家亚洲地区银行及 11 家在东南亚地区具备雄厚实力并兼备华侨背景的大型综合财团，列入战投备选范围。在市政府支持下，完成《福建海峡银行深化改革和补充资本实施方案》。

特色金融品牌　以打造特色金融品牌为工作着力点，紧跟“海上福州”、“数字福州”、绿色经济等重大战略部署，制订远期规划，加大资源配置，作出特色亮点。海洋金融方面，加入联合国环境署《可持续蓝色经济金融倡议》，全行涉海客户 1119 户，较年初增加 513 户，增长 84.65%。涉海贷款余额 77.93 亿元，较年初增加 41.18 亿元，增长 112.05%。绿色金融方面，采纳“赤道原则”，成为中国境内第 8 家“赤道银行”，研究制订绿色金融发展五年规划，成立绿色金融委员会，设立绿色金融部，加强资源倾斜与差异化考核，推动绿色金融加速发展。绿色融资余额比上年增加 15.59 亿元，增长 72.89%；绿色贷款占各项贷款 3.47%，比上年提升 1.06 个百分点。科技金融方面，推出科技易贷、科技极信贷等创新产品，开设“专精特新直通车”，推行“科创走廊金融助理”模式，对省内 275 家中小微科技企业投放贷款 30.96 亿元。配合省科技厅等 5 部委主导推动的“科技贷”等产品落地，合计余额 8.53 亿元，比上年度增加 7.59 亿元，增长 8.07 倍，市场占有率 17.3%，在全省金融机构中排名第三。

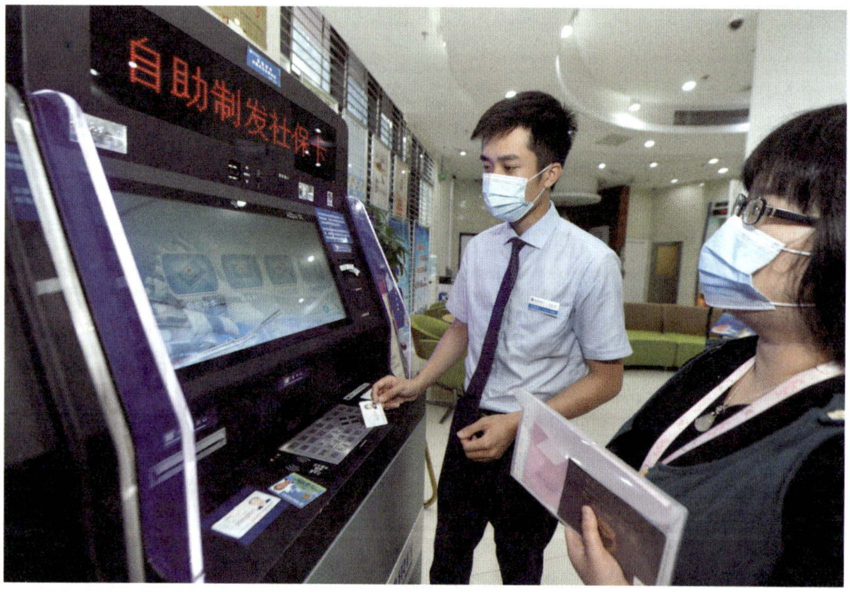

2021 年 7 月 1 日，福州市第三代社保卡正式发行。图为市民通过福建海峡银行社保卡自助智能终端申办社保卡，三分钟完成制卡，立等可取　（池远　摄）

服务实体经济　制造业贷款比上年增加 35.66 亿元，增长 22.41%，其中制造业中长期贷款比上年增加 13.59 亿元，增长 50.3%。民营企业贷款比上年增加 63.69 亿元，增长 21.04%。普惠型小微企业贷款余额比上年增加 65.69 亿元，增长 20.79%，其中普惠小微信用贷款占比较上年提高 4.44 个百分点；贷款户数较上年新增 9.43 万户。

风险防控　开展“内控合规管理建设年”活动，修订制度 599 份、废止 41 份，共对标转化外规 88 份。优化年度检查项目并组建全行检查人才库，开展检查 78 项。改进员工行为管理“六项机制”，加强征信报告的集中查询收集，累计发现 38 宗员工违规行为。落实反洗钱监管要求，向中国反洗钱监测分析中心报送可疑交易报告 2454 份、大额交易 145.17 万笔。推进消费者保护工作，组织户外宣传 430 场次，分发宣传材料 14 万份。运用前中后台协同贯通机制，加强对全面风险的监督检查力度，开展授信业务潜在信用风险全面排查以及信贷资金违规流入禁止性领域等 8 个专项检查。加强授信政策、授权政策和风险监测的联动协调，从源头管控信用风险。

（李荟北）

【厦门国际银行股份有限公司福州分行】　2021 年，厦门国际银行福州分行总资产 883.57 亿元，纳税 4.53 亿元，各项存款 599.73 亿元，各项贷款 877.25 亿元，存贷款规模稳步增长。重点支持中小微企业及四大受疫情影响困难行业复工复产复市，缓解企业资金压力。累计为参与生活物资或医疗物资保障的企业投放贷款143笔合计13亿元，在第三期及第四期纾困贷款工作中投放贷款15笔合计1.26亿元。

服务地方经济　推动“深耕八闽、服务区县”，调研制定12份本地特色产业微指引，覆盖茶产业、纺织鞋服、新能源产业、水产产业、装备制造业、食品加工业、石材加工业、光电显示产业、远洋捕捞产业、旅游业、加油站行业，累计落地相关授信252笔合计33.49亿元。全年累计投放区县域市政国企授信118.92亿元，实现本地区县100%授信覆盖。

服务经济建设　根据福建省高质量发展战略，支持民营、小微企业发展，民营企业贷款余额317.48亿元，贷款户数1482户，普惠小微企业贷款余额103.24亿元。支持数字经济发展，开展交易银行平台化转型和数字化转型，年末分行累计投放超40亿元交易银行类授信，服务客户近1000户，投放普惠金融超10亿元。支持海洋经济发展，为海洋经济相关产业提供优质金融服务，研究推出远洋捕捞微指引及水产产业微指引，年内累计落地相关产业贷款15笔合计3.32亿元；落地全行首笔远洋捕捞企业担保外债业务、金额1000万元，全行首笔海域使用权抵押贷款、金额8000万元；开发“大黄鱼仓单质押贷”等业务模式，助力闽东绿色渔业发展，累计发放大黄鱼仓单质押贷款超500万元。参与助力“海上福州”战略，应邀出席“百台万吨”深远海养殖平台建设项目启动仪式，陪同省领导开展项目重要考察，开展金融服务对接。支持绿色经济发展，落实“碳达峰、碳中和”战略，研究推进“减碳贷”“碳汇贷”“绿色转型贷”等有关创新型绿色金融产品，至年末累计投放7笔合计1.07亿元，落地全省首笔“双质押登记”的林业碳汇收益权质押项目。支持文旅经济发展，与省旅发集团签订战略合作协议，为其量身打造“畅享福旅”品牌金融服务方案；出台旅游业微指引，支持旅游业提质增效、助力乡村振兴，该微指引项下累计发放产业贷款18户7.29亿元，通过授信支持省旅发集团旅游产业运营、支持上杭古田、长汀等革命老区弘扬红色文化，支持十里蓝山等生态旅游景区保护及运营；为优质文旅企业提供担保外债、赴澳发债、备用信用证增信海外发债及银团贷款等金融服务。

社会公益　在宁德市寿宁县下党乡建立党建活动基地以及参与产业帮扶。在突发疫情期间，分行辖内莆田分行响应号召，向莆田市红十字会、仙游县妇幼保健院、莆田市财政局捐赠约24万元防疫款物；与葫芦弟弟儿童书店合作向防疫隔离点儿童联名捐赠1055本图书。辖内莆田分行收到仙游县妇幼保健院感谢信，《福建日报》、《海峡都市报》、省卫健委官网等平台刊发分行战疫金融服务举措报道。

获得奖项　集体荣誉方面，分行获全国金融系统思想政治工作优秀单位、福建省企业民主管理规范化建设示范单位、福建省工人先锋号、省级青年文明号等荣誉和称号。个人荣誉方面，分行员工获全国金融系统文化建设先进工作者、福建省十大杰出金融青年（连续两届获得）等称号。文化作品方面，年内2篇思政、文化工作成果经国家级党建和金融领域专家评审评议，在全国级、专业性、权威党建学术平台展播。《榕树精神厚植八闽红色沃土　赋能高质量发展——浅谈厦门国际银行福州分行思政工作与文化建设的协同创新发展》调研报告获中国金融思想政治工作研究会颁发的“2021年全国金融系统思想政治工作和文化建设调研成果优秀奖”；《厦门国际银行福州分行：守初心厚植榕树精神，强堡垒勇闯改革雄关》报告被《中国金融业党的建设与思想文化建设调研成果库》收录。

（曾林辉）

【集友银行有限公司福州分行】

2021年，集友银行有限公司福州分行总资产规模210.79亿元，存款规模64.40亿元，贷款规模72.03亿元，债券投资规模103.7亿元；实现经营收入1.16亿元，实现净利润4988.7万元。成为省内最大外资银行，并保持零关注、零不良的良好资产质量水平，各项主要监管指标均符合监管要求。分行下辖网点鼓楼支行获批于12月8日开业。获2021年度“社区五好邻里企业”称号。

助力地方经济发展　落实“立足本地、深耕八闽”策略，依托“跨境金融专家”定位和快捷高效的闽港联动、集团协同，支持本地实体企业、民营经济及中小微企业发展。深入本地市场开展业务拓展，累计拜访本地企业150家以上，提供授信26亿港币，占比全年资产投放29%。助力民营企业、中小微企业经营发展，投向民营企业贷款达69亿港币，占比76.67%。组织人员深入商场、专业市场、产业园等地，对涵盖电池技术检测、复合纤维制造、商超百货等多个实体行业中小企业开展摸排梳理、调研沟通，以针对性的帮扶措施精准对接企业资金需求。持续深化属地“政银企”交流互动，年内加入福州市企业技术改造基金合作银行、福建省技术改造项目融资支持专项政策合作银行，以提升服务制造业等实体行业能力。探索台企服务模式，以存量客户为着力点，逐步建立与台资企业的授信合作关系。

金融市场业务拓展　在扩大债券投资展业范围的同时，推进业务创新发展，实现多笔业务零的突破，包括首笔人民币信用债（投资收益高于同期限国债73BP）、首笔中资美元债业务（投资收益高于同货币同期限债券130BP）、首笔外汇掉期交易等。年内获2020—2022年福建省政府地方债承销团成员资质。

风险管控　开展贷款三查，优化贷前风险审查评估流程，加强贷中合同规范化管理，完善贷后信用风险动态监测排查体系，守好资产质量底线。以查促优，以“内控合规管理建设年”活动、“防高管、防基层、防基础”专项行动、“巩固治乱象深化强监管”自查自纠、案件集中清理专项行动等工作为支点，常态化开展自查整治，年内获人行上年度综合评价A类机构称号。打造合规文化，持续开展高质量发展信贷文化、审慎经营合规文化、清廉金融文化等理念宣导，推出金融知识普及微信专栏，自制宣传教育作品多次通过“八闽金融”公众号（福建银保监局官微）、分行官微等平台刊载。

品牌打造　通过搭建官方订阅号、投稿外部媒体等方式扩大品牌宣传，在官方订阅号上推出“友声光阴”“红色金融史”“嘉庚诞辰专刊”等专栏，结合分行经营发展理念，打造具有鲜明集友特色的品牌形象；借助分行党支部成立、鼓楼支行开业等重大事件节点，在《福州日报》、《福建银行业》杂志、福建省侨联网、海峡金融网等媒体上发声。围绕“理念共识、价值共创、风险共担、收益共享”的“集友合伙人”文化理念，开展各类文化活动，获猎聘“2021福建年度非凡雇主”称号、智联招聘“2021年度最佳雇主福州十强”。

（饶　潇）

【福建省农村信用联合社福州办事处】2021年，福建省农信社福州办事处（含福州辖区农信社、农商银行）资产总额1985.63亿元，比年初增加176.32亿元，增长9.75%；负债总额1798.32亿元，比年初增加156.87亿元，增长9.56%；所有者权益187.3亿元，比年初增加19.45亿元，增长11.59%。各项存款余额1641.44亿元，比年初增加127.22亿元，增长8.4%；各项贷款余额1091.13亿元，比年初增加115.94亿元，增长11.89%，首次突破“千亿元”大关。存款市场份额（占全市银行业，下同）8.82%，比年初增加0.01个百分点；贷款市场份额4.84%，比年初增加0.12个百分点。年内上缴各项税收10.27亿元，2017—2021年累计上缴各项税收53.31亿元，县域行社纳税居当地银行业首位。发放生源地助学贷款6100笔、4858万元，累计发放2.28万笔、2.5亿元，占全市70%以上，累计无偿资助贫困大学生2513人次，金额762万元。打造物理网点、自助机具、普惠金融服务点、电子银行、金融助理五位一体的服务渠道，普惠金融服务点1495个，实现重点行政村全覆盖。手机银行、微信银行签约331.2万户。派出金融助理1116名（其中村级948名，乡镇级168名），聘任乡村振兴信息员917名，覆盖全市168个乡镇（街道）、2383个行政村。累计代发新农保、低保等各类民生类补助超200亿元，代发笔数1402万笔，村民足不出村即可领取。

服务实体经济　发放“战疫”系列贷款超65亿元，利率比同类信贷产品优惠40%，惠及客户8305户，“战疫征信贷”登上央视新闻；通过金服云平台累计授信1891笔、金额33.95亿元，其中纾困贷款累计授信364笔、金额9.28亿元，占全市银行业投放额超12%。投放“创保贷”3634万元，位居全市金融机构首位。持续推进减费让利，全年面向小微企业和个人客户减少手续费、年费、评估费等各类服务费及各项贷款减息合计7.5亿元。贯彻落实两项政策直达工具，普惠型小微信用贷余额10.32亿元，全年办理延期还本44.05亿元，延期率77%。

服务乡村振兴　累计创建信用户42.16万户，信用村652个，信用乡镇31个，居全市银行业前列。为信用户提供贷款优先、额度优享、利率优惠的“三优”服务。试点农村土地承包经营权抵押贷款，创新海域使用权抵押贷款，累计发放农村要素抵押类贷款超6亿元。根据山、海、林、地等地方要素禀赋，聚焦特色产业，因地制宜创新授信产品，累计发放“福农”“福海”“福林”等“五福”系列品牌贷款超220亿元。全市开立村股份经济合作银行账户1711户，其中在农信社开立基本账户1615户，占比超94%。全市独家发放村集体组织贷款11户、19笔、金额8236万元，助力村财增收。在福清、长乐试点推广“三资监管平台——银农直联”，成为全市唯一试点合作金融机构，以配合村集体“三资”（资金、资产、资源）监管信息化建设。年内取得第三代社保卡发行资格，累计发行57.33万张，市场份额占29.2%，居全市金融机构首位。

多社融合　支持强省会战略实施，在绿色经济、海洋经济、数字经济、文旅经济等领域深化项目合作，其中绿色经济信贷余额27.8亿元，海洋经济信贷余额89.75亿元。向地铁集团授信3亿元，支持福州至长乐机场城际铁路建设；向福州古厝保护开发集团授信1亿元贷款，专项用于历史文化街区的修缮、修复等工程，为福州古厝保护注入了资金活水。与村居、社区、供销社、行业协会、农业专业合作社、家庭农场、农业龙头企业等组织深度融合，探索“信用社+农民专业合作社+农户”“供销社+农信社+农业龙头企业/农民合作社/农户”“海域使用权+生产设备+养殖物”等多种融合模式，新型农业经营主体贷款572户、4.71亿元。融合水产、畜牧、水果、蔬菜、茶叶、食用菌、花卉竹木等全市七大特色产业，因地制宜创新特色信贷产品，相关产业链贷款余额超300亿元。

福农驿站　对接“e福州”，与社区、村居联动，挖掘政府、客户需求，探索和开辟新的业务发展空间，推动农村普惠金融服务点转型升级，打造集金融、电商、物流、民生、政务“五位一体”的福农驿站，在村、社区建成福农驿站20家。

（陈　奇）

2021年3月22日，福建永泰长信村镇银行正式挂牌开业

（福州市地方金融监督管理局　供图）

【福州农商银行】　2021年，福州农商银行资产总额546.89亿元，所有者权益34.87亿元。2011年改制后，累计创利36.52亿元，累计缴纳各项税费23.34亿元。各项存款余额449.43亿元，较年初增加 43.92亿元、增长

10.83%，增量排名全省农信系统第一，占福州地区农信系统34.52%。各项贷款（含卡）余额342.96亿元，较年初增加52.69亿元，增量创近3年新高，居全省农信系统第二，占福州地区农信系统45.44%，其中，小微企业贷款226.56亿元，较年初增加54.81亿元、增长31.91%；涉农贷款33.59亿元，较年初增加1.75亿元、增长5.48%。福州市社保卡有效制卡12.85万张，发卡量位居福州农信系统8家行社（不含平潭）第一。不良贷款余额6.81亿元，不良贷款率1.99%，较年初下降0.25个百分点，近7年首次回到2%以下。累计实现各项收入25.14亿元，比上年增加2.71亿元、增长12.08%，实现利润总额4.19亿元，比上年增加0.91亿元、增长27.67%，净利润3.18亿元，比上年增加1.11亿元、增长53.32%，资本充足率16.85%、较年初提升2.46个百分点，核心一级资本充足率10.30%，一级资本充足率13.29%，信贷拨备覆盖率167.30%，拨贷比3.32%。各项指标均符合监管要求。经与人民银行、中债登公司详细沟通，配合三方前期准备工作，成为福建省银行业首家申请并开通常备借贷便利线上操作权限的金融机构。6月28日，地方政府专项债券10亿元以转股协议存款的方式注入。

对公业务　成立绿色金融服务中心，设立对公业务专营团队，以企业客户为重点服务对象，合计承办贷款业务110笔，累计金额6.26亿元。持续推进鱼丸贷、亲情贷、科技贷、政采贷、绿色信贷等业务，发放科技贷3150万元、绿色贷款1亿元。

服务实体经济　创新性推出新兴贷、乐业贷、全额贷、福企贷、福立贷、福融贷、政采贷等10余款产品；为助力乡村振兴，探索性推出福村贷、福农直通贷、乡村致富贷、整村推进贷等；为满足公职、事业单位人员需求，结合社保卡数据，推出社保快贷等小额信贷产品。以九峰村为试点开展全行整村推进工作，年内有8个村完成整村授信预授信审批，合计预授信客户795户、金额4220万元。

银法联动　推动台江区法院建立金融案件快速通道，实现专人当天立案分案取案，审理阶段科学配置“快审团队”，实现集约送达，提高小额批量案件立案、审理效率。年内累计通过台江法院立案贷记卡案件1243件。通过“银行业保险业纠纷在线诉调对接系统”完成全省首例线上一站式“诉前调解+司法确认”，成为全省首家通过诉调对接系统实现线上司法确认的金融机构。

（林　敏）

【兴银理财】　2021年，兴银理财通过金融工具和产品创新，推动理财资金与实体经济融资需求有效对接，建立涵盖宏观与策略研究、大类资产配置研究、信用研究、行业与个股研究、管理人研究的立体化投资研究框架，提升信用挖掘和大类资产配置能力，以多元化投融资工具开发满足实体经济融资需求。年末管理产品规模1.79万亿元，较年初增加3100亿元，增长21%。管理产品项下资产超2万亿元，其中，债券、非标业务投资占比超75%。

（戴海林）

【中国人民财产保险股份有限公司福州市分公司】　2021年，中国人民财产保险股份有限公司福州市分公司实现全险种保费收入17.03亿元，比上年增长0.41%，其中个人客户事业部保费14.22亿元，下降0.35%；法人客户事业部保费2.67亿元，增长1.51%；政府事业部保费102万元，普惠金融事业部保费1269万元。实现承保利润1.24亿元，全险种市场份额14.78%。综合成本率91.83%，优于市场5.13个百分点，综合赔付率64.44%，优于市场5.19个百分点。

承保业务　实现车险保费收入13.44亿元，比上年下降2.9%。家用车商业险续保率79.80%，比上年提高1.59个百分点。车上人员车均保额10.27万元，三者300万元及以上占比60.65%。拓展车渠覆盖，新增合作4S店12家，修理厂渠道实现保费收入2.48亿元，比上年增长38.16%。非车险保费收入3.59亿元，比上年增长15.10%。商团业务板块围绕保源地图，增强政企互动，年内福海创项目中标保费1158万元；实现建筑工程质量潜在缺陷保险IDI保费410万元；对接省内各公共资源管理平台推广工程类履约保证保险；签下明一奶牛养殖保险，为中心城市非车险创新提供重要思路。个非业务板块，围绕家自车个险渗透率、团体客户二次开发，发展驾意险和两安康。非专项意健险保费8263.96万元，比上年增长88.1%；驾意险保费5676万元，增长175.8%。

降本增效　聚焦“低成本战略”，持续推进“降本增效”行动方案，抓实增值税抵扣、稽查追偿、科技理赔等环节，理赔成本得到有效控制。科技理赔减损方面，完成减损2327.24万元，驾安配累计减损1074.64万元，理赔稽核减损合计2556.96万元。实施预算刚性管控，全年综合费用率27.39%，比上年下降5.32个百分点。统筹辖内防灾防损工作，完善防灾防损预案。加强支公司、产品线、理赔中心和客户的联动配合，形成联控机制。

优化服务　推进“中国人保App”，发展本地特色项目，增加“5元洗车”“取车年检”服务。增值服务覆盖客户人数36万人，覆盖率92.82%，在保家自车客户数绑定率92.01%，个非险种绑定率90.15%。全面推广“拇指理赔”，引导客户使用自助理赔。推进温暖工程，建设“人保驿站”，分别在理赔中心、鼓楼、晋安3家网点为客户提供温暖服务。上线投标保证保险、福惠保、学平险等平台对接系统；打造数据分析、项目跟踪、人力考评等运营管理系统。

（陈　颖）

【中国人寿保险股份有限公司福州分公司】　2021年，中国人寿保险股份有限公司福州分公司实现股份总保费40.95亿元，比上年增长9.76%。长险首年标准保费3.331亿元，首年期交保费8.505亿元，10年期及以上期交保费3.634亿元，短期险保费2.377亿元。在全国136个重点城市中，福州国寿首年期交排名第24位，提升1位；10年期交排名第23位，提升9位；大短险排名第45位，提升5位；标保排名第23位，提升10位；保障型排名第24位，提升9位；市场对标比值领先。

年内出台《福州分公司团险渠道业

务质量评价与监测方案》，制定下发《福州分公司2021纪检工作要点》；配合福建银保监局、上海审计中心检查，以查促改，提升合规经营水平。参与政策保险项目，为永泰县、罗源县群众提供新冠疫苗接种意外保险保障。推广民生保险，为全市贫困妇女投保女性安康险，被省扶贫基金会和省扶贫开发协会列为优秀典型案例，在全省推广；春节期间，推出“安福保”产品，为外地务工人员留榕过年提供保障；中标长乐区自然灾害人身意外险项目，联合国寿财共同推出线上“家政保”产品；中标福州市长护险业务，单一公司份额占比全市第一，为长乐、晋安、福清地区长期处于重度失能状态的参保职工提供保险保障服务。

（贵洪阳）

【中国太平洋人寿保险股份有限公司福州中心支公司】 2021年，中国太平洋人寿保险股份有限公司福州中心支公司保险业务收入184693.11万元，比上年下降3.7%，市场份额8.0%，排名第三位。其中，新保保费37146万元，比上年下降8.4%；续期总保费147547万元，下降2.5%。个人业务总保费173534.02万元，个人业务总保费占总保费比重93.9%，其中个人业务新保保费30180.24万元，比上年下降20.8%。团体业务非政保短险总保费（含银保）2268.13万元。除短险业务，银保业务新保保费累计4585.17万元，其中期交保费162.14万元，比上年增长3142.8%，趸交保费4423.03万元。

政企合作　5月9日，公司以第一名的成绩中标福州市2021—2022年长期护理保险项目，服务期限2年，服务人群49.25 万人，为中标公司中服务参保人数最多的公司。年度累计收到申请长护险失能人员155人，完成审核评估115人，审核评估通过人数104人，通过率达90%，其中重度失能104人，已享受护理待遇87人。

创新业务　“太保蓝本”是总公司整合内外部优质资源，为客户打造的“健康服务+保险产品”一体化解决方案，内容覆盖诊前、诊中、诊后的健康管理、就医绿色通道和高端医疗服务。“太保蓝本”面向大众客户、保单客户两大客群，分为普惠版、专业版和尊享版3个版本。全年为9149名客户送出“太保蓝本”服务。其中，2236名客户为专业版/尊享版服务，6913名客户为普惠版服务。年内通过线上“云柜面”“太慧赔”等平台为客户及时办理投保、保全、理赔等服务，其中“云柜面”处理任务5072件，移动端保全作业累计108156件；“太慧赔”微信小程序等移动端自助申请理赔3481件。

内控合规　公司品牌宣传实行归口统一管理，执行集团、总公司新闻传播、信息披露、产品宣传材料等相关管理制度，按照品牌宣传管理审批流程，设置各环节审批操作要求，确保信息及相关宣传材料合规、真实、准确。按照监管单位及总公司相关要求，公司持续通过公司名称、产品名称等关键字词，对外部媒体传播平台开展舆情监测工作。年内开展从业人员清查工作、失信被执行人风险排查、打击治理电信网络诈骗、“春雷行动”非法集资等案件风险专项排查整治活动、跨境赌博集中宣传月、防范非法集资案件专项风险排查活动、市场乱象治理、“防高管、防基层、防基础”专项行动等风险排查及防控工作，以了解和掌握公司经营中潜存的各类风险因素。围绕健全内控合规治理架构、完善内控合规制度流程系统、紧盯重点风险领域内控合规建设、狠抓重要岗位关键人员管理、细化内部问责标准与流程体系、推动屡查屡犯顽疾根源性治理、做实内部控制评价监督动态体系、强化消费者权益保护与履行社会责任、深化银行业保险业合规文化建设的九项重点工作。

（叶艳玲）

【中国太平洋财产保险股份有限公司福州中心支公司】 2021年，中国太平洋财产保险股份有限公司福州中心支公司实现保费收入40683万元，全年综合赔率68.1%，综合成本率96.28%，纳税额4483.51万元(车船税3224.06万元)。全年开展服务类培训12场，产品类培训合计15场，参与培训4000人次，以定期考试的方式检验培训成果，通过率100%。开展架构改革工作，对客户服务部情况进行整合，细分出个客理赔中心与法客理赔中心，对客服理赔人员岗位职责进行细化，保障车险与非车险的理赔服务工作。车险理赔方面，太好赔特约授权服务店合作规模进一步扩大，可视化的理赔服务项目涵盖预约维修、增值服务等系列方面。非车险理赔方面，重点推进“专享培”服务工作，万元以下案均报案支付周期稳步缩短，非车险非意外险3.15天，意外险2.2天，理赔效率较上年同期提高。加强合规队伍建设，将合规工作融入各条线部门。年内组织全员参与法律合规培训12次。

（陈　铮）

证券期货业

【概况】 2021年，福州市有上市公司91家，其中境内上市公司48家，境外上市公司43家；有证券公司2家（兴业证券股份有限公司、华福证券有限责任公司），证券分公司39家，证券营业部138家，期货公司3家（兴证期货有限公司、福能期货股份有限公司、鑫鼎盛期货有限公司），期货营业部32个。

【上市公司】 2021年，福州市有上市公司91家，其中境内上市公司48家，境外上市公司43家。全年通过资本市场实现直接融资635.45亿元，其中首发融资11.67亿元，增发融资41.68亿元，28家次上市公司通过发行金融债、公司债、短期融资券、中期票据、证监会主管ABS（资产证券化产品）等方式融资582.1亿元。

【场外市场】 2021年，福州市有上市后备企业268家，16家进入实质上市程序，6家进入首发审核程序、10家在福建证监局上市辅导；有64家中小企业进入全国中小企业股份转让系统(“新三板”)挂牌交易，3家企业进入海峡股权交易中心挂牌交易。

【证券期货】 2021年，福州市有证券公司2家，证券分公司39家，证券营业部138家，占全省（不含厦门）总数的37%；手续费收入200775.35

万元，占全省（不含厦门）总数的45.46%；利润总额85326.45万元，占全省（不含厦门）总数的47.69%。全市有期货公司3家，期货营业部32家，占全省（不含厦门）总数的44.44%；手续费收入4789.16万元，占全省（不含厦门）总数的36.20%。

【债券融资】 2021年，福州市有存续期企业债券14只，发行企业5家，累计发行额度95亿元，分别是福州市城乡建设发展总公司发行12亿元、福建省连江县国有资产投资运营有限公司发行10亿元、福州市长乐区国有资产营运公司发行10亿元、福州城市建设投资集团有限公司发行50亿元、福州新区开发投资集团有限公司发行13亿元。

【基金业】 2021年，福州市（含平潭）在中国证券投资基金业协会登记的私募基金管理公司177家，私募基金1067只，私募基金管理规模1689.18亿元。

（刘莉鑫）

【兴业证券股份有限公司】 2021年，兴业证券股份有限公司实现营业收入189.72亿元，利润总额76.63亿元，净利润58.55亿元，归母净利润47.43亿元，分别比上年增长7.92%、24.49%、27.74%和18.48%，连续两年刷新历史最好业绩。集团总资产2174.63亿元，净资产453.55亿元，比上年末分别增长20.13%和11.07%，实现内生式高质量增长。连续第四年获福建企业百强称号；“绿色金融业务标准与ESG指数产品”项目获评2020年度福建省十大金融创新项目；绿色ABS项目入选福建省金融支持城乡建设绿色发展典型案例；获共青团福建省委及福建驻沪办授予福建青年人才创新创业实践基地称号；兴业证券慈善基金会被福建省民政厅评为5A级社会组织。获2020—2021年全国金融系统思想政治工作优秀单位称号，公司党委“12345”党建工作法获评“新时代全国金融系统党建百优案例”，智慧党建“三步走”案例获第四届全省机关体制机制创新优秀案例二等奖。

核心业务工作　深化构建财富管理与大机构业务双轮驱动的业务体系，打造重点区域、重点行业竞争优势，多项业务核心竞争力取得新的提升。机构客户综合服务生态圈扩容提质，机构客户数量及创收稳步增长，重点客群规模及创收显著提升；财富管理客户分类分层服务体系持续完善，客户数量及管理资产实现超越市场的大幅提升，财富管理客户数量创历史新高。直接融资业务稳中有升，全年主承并保荐11家企业上市，投行业务收入排名保持行业领先，股权融资额、债券融资额、ABS承销规模等重要指标行业排名均实现提升；财富管理转型代买、两融排名稳步提升，代销排名居行业前十，公司及子公司基金投顾试点资格获批并上线，券商结算业务保持先发优势，家族财富管理业务前瞻布局并全面启动；机构综合服务位居前列，研究业务创收创誉继续维持行业第一梯队，资产托管外包业务以“托管+”创新服务模式助力集团大机构业务提升；基金管理业务持续领先，兴证全球基金管理规模保持稳步增长，产品中长期业绩保持行业领先。在行业内率先建立以省级分公司、地市级分公司和县区营业部为主体的三级分支机构组织体系，并优化网点布局，年内新增分支机构32家，立足福建、深耕核心、辐射全国的差异化布局蓝图逐步形成；分公司转型发展开启新篇，区域综合经营主体进一步筑牢，分公司业务竞争力持续提升，分公司作为集团在各区域业务发展综合平台的效果进一步发挥。结合国家战略导向和自身资源禀赋，落实行业发展战略，集团投资银行业务总部成立市场首个碳中和行业部；响应并服务制造强国战略，打造重点行业专精服务能力，设立福建首支“专精特新”股权投资基金，服务战略性新兴产业发展能力持续提升。

转型创新　推进集团数字化转型，将金融科技置于集团战略高度，加大对金融科技的投入力度，推动金融科技对集团客户服务、业务发展与经营管理的全面赋能，助力集团一体化发展。集团金融科技在创新应用场景、前瞻技术研究、标准体系建设等方面多点突破，科技创新能力广受业界认可，年内获行业金融科技奖项20余个。获聘证券业协会绿色发展委员会主任委员单位，绿色金融品牌效应持续提升；全年完成绿色金融业务规模277亿元，比上年增长162%，推动“四位一体”的绿色证券金融服务体系纵深发展；公司ESG管理持续取得新突破，MSCI ESG评级提升至BBB，位列行业第一梯队，编制《环境信息披露报告》并在行业中首家提出碳中和及绿色投融资目标；协同创设全国首单“林业碳汇质押+远期碳汇产品约定回购”组合贷，被列入福建省复制推广绿色金融改革创新成果。获批银行间市场非金融企业债务融资工具主承销资格，年内承销项目数在新晋主承销商中排名第一位；发行市场首单技术产权ABS；获得风险管理子公司碳交易自营资质。布局创新增长极，新设一级部门金融衍生产品部、推进上海自贸区分公司多维度探索跨境业务创新、整合集团大销售业务并强化金融产品代销业务管理、新设机构科技创新中心以加速构建机构客户综合服务能力。

服务实体经济　全年通过多种直接融资方式助力各类企业实现境内外融资总规模近8200亿元。把握注册制业态全面转型升级的新机遇，完成主承销11单IPO项目和16单再融资项目。把握北交所设立及新三板全面深化改革的历史性机遇，强化创新型中小企业特色服务，持续督导企业164家，其中创新层企业36家；年内服务13家中小企业完成增发。完成主承销26只企业债、166只公司债和可交换债，完成承销发行资产证券化产品50只，在2021年证券公司公司债券业务执业能力评价中获得最高A类评级。公司参股的海峡股权交易中心持续夯实区域性股权市场基础功能，为中小微企业提供差异化的挂牌展示服务；新增设立“专精特新专板”，制定具体服务支持方案，为福建省内专精特新企业提供综合赋能支持；立足福建闽台地缘优势，以台资板特色板块建设为抓手，探索两岸资本融合新路径，推进区域股权市场特色化发展。

支持区域发展　服务省内企业实现境内外直接融资总规模超2900亿元，股权与债权融资规模均排名省内第一，完成厦钨新能A拆A上市、兴业银行可转债、福州自来水绿色供水收费权ABS等多个代表性项目。成立福建业务总部，加大项目对接，协同政府开展重点项目、重点企业筛选培育工作。发挥省重点智库建设试点单位作用，参加省委省政府经济形势座谈会并作专题发言，承接省第十一次党代会前期课题、省委智库办重点课题等项目，为各级政府提供政策建议和咨询意见，撰写的多篇专题课题报告获省领导批示。推进省级绿色金融改革试验区建设，全年实现省内绿色股权融资规模15.4亿元、债券融资规模6.39亿元，撮合成交环境权益产品规模29.37亿元，推动绿色金融项目落地2.34亿元，帮助近30家企业开展环境权益质押获融资；落地福建首单闽宁协作“公益+保险+期货”项目和首单乡村振兴慈善信托。兴业证券慈善基金会在教育、生态、民生等领域开展公益活动，全年省内公益支出金额2100万元；向省内20个县市区公立医院捐购20台负压式救援型救护车和其他防疫物资。

（杨贤奔）

【华福证券有限责任公司】 2021年，华福证券有限责任公司连续7年获福建省纳税百强称号，全年累计在福建省内上缴各项税款39.94亿元。完成省内再融资项目1个，总发行规模500亿元；完成省内企业债券发行38期，总发行规模1130亿元；完成省内ABS发行4单，总发行规模64.46亿元。重点推进省内科创板IPO项目1个、创业板IPO项目1个、北交所IPO项目3个，储备省内债权和ABS项目29个。以福建本土企业为基本盘，重点布局股权投资业务，助力企业转型升级，投资的福光股份、福昕软件和万辰生物均完成上市。

经纪业务市场份额行业排第27名；代理买卖收入行业排第31名，较上年上升2名；在中国证券投资基金业协会公布的2021年第三季度销售机构公募基金销售保有规模排名中，公司非货币市场公募基金保有规模行业排第22名；获《证券时报》“2021中国证券业零售经纪商君鼎奖”“2021中国证券业新锐财富经纪商君鼎奖”“2021中国证券业经纪人团队君鼎奖”。资产管理业务中存量小集合产品年化收益率在WIND券商同类可比产品中排名百分位区间为5%—38%，获东方财富风云榜“2020年度最受欢迎券商资管”和《证券时报》“2021年中国证券业新锐资管机构君鼎奖”奖项。投资银行业务完成全国钢铁行业首单暨内蒙古自治区首单“碳中和”绿色债券——内蒙古包钢钢联股份有限公司2021年公开发行绿色公司债券(第一期)(专项用于碳中和)，“金茂华福—申万—金茂商业卓越1号资产支持专项计划”获《证券时报》“2021中国证券业创新资管计划君鼎奖”。

子公司兴银基金管理的权益类公募产品平均收益率市场排名前30%（Wind数据），中长期信用债基金平均业绩市场排名前26%。根据银河证券公布的公募基金主动管理能力评价（指数法）结果，2021年兴银基金权益类产品在133家基金公司中排第20名、固收类产品在124家基金公司中排第48名。兴银资本获投中2020年度券商私募基金子公司排行榜第七名等四大奖项、中国证券报第五届中国股权投资金牛奖。根据行业数据统计，兴银资本管理的基金规模在券商私募股权投资机构中排名第12位。

所属福州分公司本部下设机构业务部和零售业务部等业务部门，负责统筹管理辖区18家证券营业部，并与福州投资银行部联动，为私人客户、机构客户、上市公司等各类群体提供专业综合金融服务。全年实现营业收入5.75亿元，净利润1.95亿元。福州投资银行部为福州辖区企业融资提供公司债、可转债等债券承销投资银行专业服务。年内为闽侯县建设投资集团有限公司、福建省能源集团有限责任公司、兴业资产管理有限公司3家企业提供公司债债券承销服务，发行债券3只，债券规模36亿元。

（雷良桃）

【兴证期货有限公司】 2021年，兴证期货有限公司实现营业收入5.09亿元，比上年增长31%；实现净利润1.59亿元，增长62%；净资产收益率（ROE）11.38%，增长3.65个百分点。期末权益235.02亿元，比上年增加73%；日均权益224.73亿元，增长60.83%，机构客户权益达到历史新高。基金代销规模10.98亿元，比上年增长185%，资金管理总规模12.92亿元，增长超6倍。服务大福建实体经济，福建区域成交量位居第一，占比16.5%；区域经纪业务市场份额保持领先地位，北京、上海、深圳客户权益分别为当地市场的第三、第三和第六，在对接属地个人、企业、机构投资者等各类客户需求形成较为清晰的运行模式及盈利模式。启动“金牛奋蹄”育才计划，开展后备人才储备，完善公司人才梯队建设。强化合规风控服务支持力度，开展突发事件应急管理、员工执业行为及客户异常交易监测、洗钱风险自评估等重点工作。立足服务新福建，以产业客户开发带动财富管理为目标，持续走访龙头企业行业，以生猪期货上市为契机走访南平、长乐、福清、罗源等区域企业；以高效服务为中心，与20余家企业建立合作关系。1月，协同兴证风险管理有限公司为南平政和孙玉合作社提供110吨生猪看跌保险，助力实现福建首例生猪价格“保险+期货”，为福建区域生猪养殖户参与期货避险奠定基础。

（张梦澜）

（编辑　周弭姣）

信息业

电子信息产业

【概况】 2021年，福州市电子信息产业继续延续发展态势，其中计算机、通信和其他电子设备制造业规模以上工业增加值比上年增长28.4%，规模以上互联网和相关服务、软件和信息技术服务业收入增长25%，信息技术服务业务收入占比逐年增高。

【新型显示产业】 2021年，福州市新型显示产业加强技术改造升级，其中福州京东方推动产品向超高清、超大尺寸方向发展，产品广泛应用于教育、远程会议系统、超大显示领域，附加值实现提升。推动重点项目建设，福米智能制造产业园的恒美光电偏光片项目动工建设，占地面积15.51公顷，将建成集偏光板、光学功能膜、光学补偿膜等超高清、大幅宽显像材料的高科技流水线。

【光电信息产业】 2021年，福州市光电信息产业快速发展，其中腾景科技在科创板上市，福特科光电通过科创板首发审核。高意公司光通讯光网络应用器件扩产项目、腾景科技光电子关键与核心元器件和模块建设项目等投产。腾景科技、海创光电入选福建省数字经济领域“未来独角兽”创新企业，浩蓝光电入选福建省“专精特新”中小企业。

【软件产业】 2021年，福州市出台《关于培育软件业龙头企业工作方案及政策措施》，建立软件业龙头企业培育库，发布首批31家龙头企业，从规模提升、创新发展、融合应用和生态培育等方面支持龙头企业做大做强。网龙网络、游龙网络入选中国互联网百强，星网锐捷、新大陆集团、网龙网络和达华智能入选中国软件和信息技术服务竞争力百强，形成龙头引领、骨干支撑、特色鲜明的软件产业格局。年内网龙网络参与起草中国首个游戏音频设计与开发流程团体标准；中海创科技、中信网安、爱普科技相关产品入选福建省工业互联网App典型应用案例。

【两化融合】 2021年，福州市围绕重点行业开展两化融合管理体系贯标示范工作，其中福建长源纺织有限公司“5G+智能化纺织生产与制造运营管理能力”项目被工信部列入两化融合管理体系贯标示范项目，31家企业通过两化融合管理体系评定。信息技术在研发、生产、营销、管理等领域的集成应用不断扩大，实现生产过程智能化、生产装备数字化和经营管理网络化。

【物联网产业】 2021年，福州市发挥国家级物联网基地的产业集聚优势，以马尾区为核心发展物联网产业。物联网开放实验室二期项目3号楼投入运营，形成射频/协议一致性、EMC电磁兼容、OTA天线、安规、可靠性等几大类专业实验室体系。实验室推进81项标准的制定、发布，建设5G产业服务平台投入运营使用，落地全省首条开放路段智

2021年，福州市推进新型显示产业重点项目建设。图为位于长乐临空经济区的恒美光电偏光片项目现场　（市工信局 供图）

慧网联车试验场，通过中国合格评定国家认可委员会复评审和扩项评审，检测能力覆盖无线通信性能等5大领域700余项测试项目。物联网产业创新发展中心招商落地企业153家，汇集福光股份、东泽医疗、品全智能、龙锋云等重点企业。推动企业开展鸿蒙适配，冠林电子的全屋智能管理系统，作为全国首个搭载鸿蒙系统的智慧中控屏，在“双十一”亮相华为商城。举办第四届数字峰会物联网分论坛“智联万物 数联未来”。

【工业互联网】 2021年，福州市推进国家工业互联网标识解析二级节点（福州）推广应用，累计注册企业525家，注册标识达3100万条，解析量超4000万次；推进福清二级节点建设，并与龙岩共建二级节点。全市培育发展工业互联网试点示范项目4个、制造业与互联网融合发展试点示范项目1个；省级工业互联网示范平台8个、应用标杆企业24家。在纺织产业聚集度高、数字化基础较好的长乐区开展试点，建成具有一定规模、赋能作用较强的平台8个，规模以上企业智能化改造达52.3%，设备上平台超6000台。

（卓　鹏 姜小凯 严文倩 林仁平）

通信业

【中国电信福州分公司】 2021年，中国电信福州分公司完成业务收入33.86亿元，其中固网业务收入累计完成14.39亿元，移动业务主营收入累计完成16.66亿元。重点业务用户规模持续增长，其中天翼用户年度总数达257万户，宽带用户总数达197万户。年内完成中国跨境电商交易会、第四届数字中国建设峰会、福州市防汛演练、第四届21世纪海上丝绸之路博览会暨第二十三届海峡两岸经贸交易会、福州烟花灯光无人机秀、第十九届中国海峡创新项目成果交易会、马尾区党史学习教育专场演出暨庆祝中国共产党成立100周年主题晚会、第44届世遗大会、福州市鱼丸节、福建省第十四个民族团结进步宣传月主题活动、福建省第十一届党代会、2021年国家统一法律职业资格考试、海峡青年节、第三届商博会暨全闽乐购、第八届丝绸之路国际电影节、福建省通信行业职业技能大赛、第九届中国企业家发展年会等多场通信保障工作。

通信业务　聚焦数字福州建设，加大资源投入，打造坚实的基础网络及5G发展建设，在电信“三千兆”（千兆5G+千兆光宽+千兆Wi-Fi）的基础上，持续完善光宽及5G资源覆盖。全市电信宽带用户平均接入速率全国领先。推进携号转网服务、提速降费、防范打击通信信息诈骗工作要求及实名制等相关工作，营造健康安全的行业环境。年内固话、移动、宽带、ITV用户规模分别达到124万户、257万户、197万户、110万户。电信手机流量平均资费比上年下降11.43%，用户户均流量提升29.71%，宽带平均速率比上年提升24.12%。

网络业务　持续打造端到端大带宽光宽承载网，实现城区、乡镇99.7%光覆盖，行政村光改100%；全年净增FTTH端口超7.4万个，累计光端口达到257.3万个；布局城市千兆接入网络，全区范围具备10 GEPON接入能力；城域网出口带宽能力扩容至4.8Tb，大幅提升高带宽业务保障能力。推进5G网络建设，全区累计投入5G基站5180套，实现福州主城区、各县城城关区域的连续覆盖和发达乡镇的基本覆盖，并对机场、交通枢纽、地铁、大型商超、大型会展中心展馆、三甲医院、高校校园、政府企事业单位办公区域和旗舰营业厅等口碑区域热点覆盖；统筹4G LTE频率资源，盘活存量资源，基于大数据分析精准投放资源，年内全市新增开通（含共享联通）4G站点440个，盘活复建942个载扇，实现与竞争对手可比的覆盖质量水平。进一步优化云资源布局，推进集约发展，中国电信福建东南信息园一期工程完工投产并启动二期工程建设工作，具体包括完成A1号数据中心、A2号数据中心和B2号动力中心的建筑总体施工验收并投产，C2号数据中心开工建设；A1号数据中心2101个机柜上线投产。

信息化建设　助力数字政府，承接福州市“12345”政务服务便民热线服务，在2021年全国“12345”政府服务热线年会上获“全国十佳热线奖”“卓越百姓服务奖”“最佳受理效率奖”等。上线福州市核酸检测预登记码查询系统，配合市大数据委，13个小时紧急上线市核酸检测预登记码查询系统，支撑“e福州”平台上云扩容，保障大规模核酸检测开展。打造数据资产运营服务平台，协助福州市政府与国家邮政总局达成战略合作，建设快递大数据东南研究院，推动全国快递物流数据落地福州。参与“雪亮工程”建设，累计开通视频监控4.6万路，占公安视频监控总量约55%。助力教育信息化，承接全市五区五县（长乐、闽清拟建设规划）及市属校的教育专网的建设，实现疫情期间保障“停课不停学”。

助力数字经济，拓展5G+智慧鼓岭、5G+智慧工地、5G+工业制造（无人机巡检）等5G行业应用，打造白湖亭万达元宇宙智慧商圈。打造5G+智慧地铁，发布“智慧地铁功能等级”体系，树立全国轨道交通标杆。拓展连江华电储运5G+智慧港口斗轮机改造项目，达到无人值守、降本增效目的，为传统型散货码头数字化转型的一次探索。

服务数字社会建设，建设福州城市大脑·智慧停车平台，提供停车调度、停车监管等五大类数据服务，打造“全市停车一张图”，覆盖福州停车泊位3万多个，服务车主350万人，停车泊车服务超5000万次。通过统一的自研平台，接入社区900多个、乡村1100多个，打造苍霞新城智慧小区、永泰协星村数字乡村等标杆，赋能基层社会治理。推进数字适老服务，发挥强大的服务触点优势，为全市养老机构、居家社区养老服务照料中心等机构提供近700条视频接入。

客户服务　开展客户满意提升行动，坚持问题导向，以“客户满意”倒逼网络、产品、渠道服务升级；完善“客户说了算”的服务评价体系，以考核为指挥棒牵引各部门、单位重视客户满意度；建立客户服务回访“1+N”工作机制，开展质差客户服务感知修复。年内福州电信公众客户满意度趋势向好，公众客户综合满意度同业领先，领先值得分全省排名第二；政企客户综合满意度评价得分92.2分，优于管控目标；全年未发生触碰服务红线事件、群体投诉事件及重大舆情风险事件；工信部用户申诉率比上年下降26.97%，下降幅度全省排名第一。推进“我为客户办实事解难题”活动，牵头落实行风纠风专项工作，明确九大类28项重点工作任务清单并会同相关专业部门、各区县（市）分公司组织实施。11月，福州分公司代表福建电信接受省通管局行风暨纠风工作现场检查，未发现存在问题。开展“我为客户办实事解难题，全员服务在行动”实践活动，梳理五大类13项“我为群众办实事”项目清单，其中福州电信推荐的《助力复工复产，打造战疫速递公共服务平台》获福建电信“为客户解难题”省级服务标杆团队称号。牵头组织“满意服务，十分信赖”主题服务宣传工作，其中5篇“送你一朵小红花”客户讲服务故事在《福建通信信息报》“晓说通信”公众号上发布。

（陈　征　陈丹彤）

2021年3月，中国移动福州分公司在中山社区试点无人车巡逻

（中国移动福州分公司　供图）

【中国移动福州分公司】　2021年，中国移动福州分公司完成通信服务收入55.25亿元（含平潭，下同），累计缴纳各类税款1.73亿元，5G客户达187.40万户，继续保持“全国文明单位”、福州市“平安单位”等多项称号。

网络建设　取得全省首个数据中心场地基础设施A级（增强级）认证，并通过国家信息安全、绿色数据中心等多项认证，建成投产IDC机架超2000个，出口带宽扩容至5.2Tb，持续支撑全省IDC业务、华东南5G核心网以及国际数据业务，进一步奠定“新基建”的核心发展基础。全年建成5G站点3693个，实现5G网络主城区及县城城关以上区域连续覆盖、部分乡镇核心区域和业务热点区域散点式覆盖，5G网络覆盖质量水平优良。根据福州市政府要求，对火车站、汽车站、机场等交通枢纽补强5G站点548个，并完成对马祖列岛的信号覆盖。累计完成超1000个小区千兆宽带升级，农村价值区域宽带覆盖率提升至93.4%，有效支撑“双千兆”市场发展。

通信保障　完成110场重要活动、重要会议以及省市级集团客户保障任务，包括第四届数字中国建设峰会、第44届世界遗产大会、习近平总书记福建行、第八届丝绸之路电影节、福建省第十一届党代会等，合计投入保障人力2500人次，发送关怀短信超200万条。创新性使用5G上行增强技术和SD-WAN流量加速技术，降低视频连线中的访问时延和卡顿频次，确保网络稳定、可靠、畅通。持续开展疫情防控保障工作，建立保障队伍20支、抽调各类专业骨干132名，对各大医院、临时核酸检测点、车站、机场、高速口等重要场景持续开展大话务容量预警保障，应对突发流量，并常态化储备190台应急宝、8台应急车等31类物资，以满足相关调度需求。

信息安全　夯实“源头、系统、补漏”三道防线，根据入网管控政策，涉案涉诈号码压降60%以上。利用漫画、海报、宣传视频等方式，在营业厅等服务触点开展反诈专项宣传活动，发送提醒短信超3000万条。强化警企联动，与各级公安共享不良信用“黑名单”，主动提供线索，配合公安摧毁犯罪团伙12个，抓获犯罪嫌疑人39名。

数字化转型　依托5G技术、工业互联网、大数据、人工智能等新一代信息技术，结合海洋经济、新区建设、先进制造业升级等社会热点，落实强省会、福州都市圈战略。全年发展5G融创项目30个，其中25个获得省级资金支持，电子公交站牌、智慧钢铁、华电可门5G风电等多个项目在第四届“绽放杯”5G应用征集大赛福建区域赛、园区赛道、能源赛道中获奖，取得历史最好成绩。围绕无人车巡逻、智能终端连接、平安监控、垃圾分类管理、社区党建智慧屏5个核心场景功能，在鼓楼区中山社区形成可复制的5G智慧社区标杆案例，实现社区多方联动和统一管理，改善社区信息化孤岛现状，引领区域智慧化建设。利用信息化手段，与连江县凤城镇东北街社区联合推出智慧养老服务平台“晚晴110”，包含SOS一键呼叫系统、智能水电表检测系统、智慧眼系统3大模块，破解空巢、独居、失能老人的生活照料和长期照护难题。与福建华电可门发电有限公司联合建设智慧风电场，通过搭载可变焦摄像头与激光雷达的无人机，实现风机和电力巡检全自主路径规划与图像拍摄，同时在后端运行中枢对无人机起降、AI识别、后处理等环节开展调度，实现数据汇聚和纳管，并自动出具巡检报告，进一步提升运营效率和运营水平。年内在连江可门工业区建成6个5G基站，覆盖9台风机及白云岭升压站，持续完善智慧风场5G应用规范及标准。把握长乐外海海上风电场在推动“海上福州”建设、助推海洋强省发展上的重要地位，创新性建设开通

2个移动基站，填补海上风电平台网络信号覆盖的空白。该项目为全省首例外海5G基站建设方案，将沿线海域无线网络覆盖拓展至60千米以上，为后续5G+航线覆盖、锚点通信、海上搜救等提供部署能力。

以5G车联网验证与应用为主要目标，联合中国福州物联网开放实验室、马尾区公交公司打造M1专线车路协同项目，落地盲区预警、紧急制动、变道预警、红绿灯预警、车辆失控预警等18大应用场景。围绕马尾区10.3千米真实道路，建成基于5G/C-V2X的车路协同试验场，实现公交车辆与城市公共交通的互联互通，同时对M1线路公交车的显示屏进行智能化改造，通过加装智能车载单元，实现省内首个商用公交线路车路协同落地验证。与宝钢德盛不锈钢公司合作，试点构建“1张专网+1个运维管理平台+4个应用场景”的5G智慧钢铁体系，为客户定制覆盖全厂的大带宽、低时延、高可靠的5G网络，叠加无人天车、智慧安环、AR点检、铁水一罐制等重点生产场景，实现数据不出园、网络可管可控、系统安全可靠，进一步实现智能生产提供技术保障。以环境安全、食品安全、生物安全为前提，与福建光阳蛋业股份有限公司开展5G+智慧养殖应用示范项目，利用5G+机器人远程控制、5G+环境数据监测、5G+高清图像采集等定制化行业应用，结合AI智能化分析技术，对养殖场进行数据采集、监控和智能化分析，构建新一代的无人养殖场，提升家禽养殖的信息化水平，推动5G+赋能农业现代化。承接闽清县属地公安数智综治“指挥中心”的需求，在雄江镇打造乡村治理数智化试点工程，实现全年治安“零”案件的目标。

客户服务　推进“携号转网”，优化服务口径、受理流程，确保客户“携得了，转得快，用得好”，累计提供“携号转网”服务15万次。丰富5G流量产品权益，推出新版“流量安心包”，深化“降费”工作，5G流量综合单价0.0034元/MB，比上年下降超30%。完善“全员、全方位、全过程”的“三全”服务体系，重点落实维护客户权益“阳光行动”，保持对侵害客户权益行为的高压态势。升级“心级服务”，重塑全球通等一系列经典品牌，落实“满意到家”关怀服务，手机和家庭宽带客户满意度分别比上年提升1.3PP和1.2PP。

（叶晨昱）

【中国联通福州分公司】　2021年，中国联通福州分公司实现主营业务收入21.05亿元，纳税金额2326万元，完成中国共产党成立100周年、第四届数字中国建设峰会、世界遗产大会等重大活动的重保工作。年内协助属地政府下发公益短信2000多万条、协助信息查询10万多笔；响应福州市大数据委的支撑需求，完成福州市全民核酸检测平台灾备工作。

助力乡村振兴　聚焦网络扶贫、信息化扶贫，提升行政村网络质量，完成数字乡村攻坚专项攻坚任务，农村区域网络覆盖较年初提升37%，新开通站点流量提升20.44%，总体流量提升14.33%。依托4G/5G网络、云计算、物联网、大数据、互联网专线等信息化基础能力，结合数字乡村平台，全面赋能“数字乡村”建设。部署全面加快数字乡村发展方案，上下联动探索数字乡村场景化营销经验，完成数字乡村营销安排，主动贡献产能。组织参与购买脱贫地区产品消费，以解决脱贫地区农副产品滞销卖难问题，超额完成消费帮扶任务。根据市委宣传部部署安排，为连江县长龙镇提供援助开展“三下乡”活动。

网络安全　冬奥会保障临战阶段，对内网应用系统、互联网网站、互联网暴露面开展安全运营管理工作落实定级备案网络的安全漏洞扫描与整改；落实“断卡行动2.0”专项行动，加强组织领导和反诈专班人员力量，部署实施深入推进防范治理电信网络诈骗工作方案暨“断卡行动2.0”工作内容。开展“打猫行动”，加强警企合作，向公安机关推送诈骗异常线索278条，协助公安破获2个网络诈骗犯罪团伙。发挥反诈大数据平台技术防范能力，通过集团总部鹰眼系统和省级净网系统两级大数据监控平台，不断优化系统模型，针对GOIP诈骗、漫游高危地区、境外漫游、诈骗话务及行为特征的号码加大检出和处置关停力度。

网络建设　落实“双千兆”网络协同发展，实施“匠心网络新基建”重点攻坚工程，推进共建共享。全年累计完成电联双方7569个4G小区共享，网络规模比上年扩大16%，4G覆盖率提升0.55PP，5G人口覆盖率提升至73%。持续完善省内1+9+X+Y的分布式联通云布局，提供最广泛的算力高质量供给，着手启动中国联通福建骨干云池扩容一期工程，建成后云池能力将到达23040核vCPU、92160G内存、4016T各类存储、448Tflops GPU算力。全面部署全光网络，提升网络覆盖、接入能力和网

2021年4月，中国联通福州分公司开展第四届数字峰会网络保障工作

（中国联通福州分公司 供图）

速。贯彻工信部宽带中国战略，完成城区10G PON OLT设备部署到位，推进国标小区和商务楼宇等高价值区域宽带布局，开展宽带网络千兆提速工作。年内福州全区宽带覆盖率提升6PP达71%；福州城区10G PON网络100%覆盖到位，开展宽带网络千兆提速改造工作，千兆宽带端口占比达83.9%，名单制ABC商务楼宇覆盖率达98%。

市场营销　持续落实提速降费，优化号卡资费内容。开展全网大融合，全面导向组合优惠产品，降低带宽单价，实现新增融合占比达99%；推出扶贫助残助老优惠套餐资费，迭代优化畅听王卡产品，符合条件的用户均可通过营业厅等渠道受理扶贫专项产品、扶贫助残5折优惠方案以及银龄卡、孝心卡老年人专属资费产品等优惠产品，降低用户通信费用。通过网上营业厅、手机营业厅、微信营业厅、营业厅等线上线下渠道，统一布置5G服务标准问答、八项服务承诺；通过微信公众号和官方微博账号发布传播，回应社会广泛关注的5G相关问题；通过客服热线、营业厅、线上渠道等，落实"提升5G服务质量"重点工作要求。深化"携号转网"服务，持续开展宣贯，根据"携号转网"服务相关文件要求，完善系统功能，保障用户的知情权和自由选择权。对窗口服务人员开展老年人服务等专题培训，在全市营业厅布置爱心专席、爱心专座、无障碍通道等宣传物料，并常态化开展助老服务。

信息化服务　推动5G业务创新，在智慧城市领域，打造5G专网+智慧灯杆、5G智慧社区等数字创新应用样板，帮助实现城市的精细化管理；在工业互联网领域，通过5G+MEC网络和工业网关实现数据采集与监控，构建离散制造业MES生产执行系统，通过APS排单系统实现生产效率提升，产品结存降低，赋能离散制造业转型；在教育领域，结合教育专网建设和5G+智慧教育应用，在5G+创新教学、5G+远程教学、5G+校园安防等场景助力校园全面智慧化；在医疗领域，发挥与省立医院共同研发的"海心一号"产品优势，将远程会诊云平台、移动式会诊终端、5G网络等相结合，为医疗机构提供5G+重症监护、5G+远程探视等服务。推进社会基础治理，以罗源县霍口畲族乡数字乡村项目为标杆，完善平台延伸模块，丰富平台功能，支撑乡村振兴的数字化转型。探索数字乡村发展新模式，完善"数字乡村"平台生态圈，以提升基层社会治理体系与治理能力的现代化水平。助力行业客户上云，围绕中央建设网络强国、数字中国、智慧社会的决策部署，依托云网融合基础设施资源优势，面向智慧城市、数字政府、医疗健康、工业互联网、智慧教育、生态环境等行业，为客户提供数字化转型新基座；落实集团五大战略，聚合物联网、大数据、大安全等信息技术能力，发挥六大场景云产品优势，推动"企业上云"向更深层次、更高水平发展。

通信保障　完善全流程保障管理方案，通过明确备战、临站、实战、决战四阶段任务责任清单，层层落实分解一级、二级任务，投入保障人员262人，保障车辆26辆，累计出动保障人次1910余次，通过决战阶段7×24小时不间断保障值守，完成数字中国建设峰会、中国共产党成立100周年、世界遗产大会等23场各项重大活动保障任务，实现"零中断、零故障、零投诉"。

客户服务　以洞察客户需求优化客户体验为抓手，聚焦"5G业务、三千兆、行业应用"三项重点领域，优化基础服务能力、强化规范经营、杜绝违规和侵权行为，维护客户合法权益。走进《党风政风热线》直播间，在线与听众互动交流，接受咨询解决问题。开展"银发无忧·智慧助老"系列活动，宣贯防诈骗基础知识，增强老年群体的防范意识。走进第四届数字中国建设峰会，为场馆内网络服务开通专项服务热线，为全体参展商、客户构建通信服务保障网。

（吴卫航）

政府信息化建设

【概况】　2021年，"数字福州"信息化项目完成可研报告44项、变更22项、验收38项。组织"数字福州"专家评审44个项目，资金总概算由4.07亿元核减为3.25亿元，节省财政资金8308.59万元，资金节约率20.3%。新启动福州古厝特色元素创新性保护和利用数字应用（一期）项目、福州市智慧校园综合管理系统等一批项目建设；建成福州市国有房产管理中心国有房产管业信息平台、福州市图书馆互动体验空间项目等项目31个。数字经济规模超5400亿元；数字政府发展指数在全国省会城市中位列第四；数据开放指数位列地级市第一；两个智慧城市项目获2021年全球智慧城市大会中国区大奖。年内编制《福州市政府投资信息化项目管理办法》。

【政务信息化基础设施建设】　政务网络体系　2021年，福州市推进基础网络建设，智网A平面主要承载政务外网与福州市政务云平台业务，完成280个业务系统接入，333家市直单位（新增25家）和3185家区县单位（新增678家）的网络接入，完成5753个VPN账号（新增462个）及2328个多网隔离账号（新增807个）开通。

政务云平台　云平台承载市综合协同办公系统（市直OA系统）、市网上审批系统、市行政处罚系统、市政府采购网、市惠民资金网、中国福州空间地理基础数据库、市人口库项目、"中国福州"门户网站群、市数字城管业务系统、市电子证照管理系统、市民融合服务平台、市"12345"便民平台、"e福州（福州通）"系统等"数字福州"信息化重点应用。云平台为96家应用单位提供服务。

福州市大数据平台　福州市大数据平台（一期）项目于2020年12月底通过初验转入试运行阶段，试运行期间，依托福州市政务数据汇聚共享平台接收各委办局的汇交数据，持续完善政务大数据资源体系；通过推动大数据平台应用，逐步形成大数据应用业务创新体系。有10个不同委办局的应用项目接入大数据平台开展数据资源开发利用工作，有效支撑营商服务平台、医保云贷平台、智慧人大系统等智慧城市数据应用项目。

【政务信息化应用】　"e福州"平

台　2021年，“e福州”平台累计注册用户突破900万人，累计上线10个行业场景、94项便民服务事项，提供各项服务7.75亿次，深化交通出行、网上办事、文化教育、医疗卫生、住房保障、民生服务等领域应用，推动市场化运营，打造智慧城市集约化、一体化的便民惠企综合服务统一入口。“e福州”便民服务自助终端上线103项服务事项，累计提供服务超104万次。

公共信用信息平台　完成公共信用信息平台二期项目初验，接入市各级信用单位667家。更新完善双公示数据报送规则，双公示信息推送准确率从46.02%提升至92.13%。社会信用体系信息化建设稳步提升，深化公共信用信息平台建设成果应用，持续推广福州市个人信用评价体系——茉莉分，为7544名抗疫英雄提供加分，为小微企业发放战疫“征信贷”超39亿元。

时空平台和基础数据库建设　福州市时空信息公共服务平台项目为数字农业、智慧校园、城市规划、文化旅游、智慧养老、水系联排联调、市场监管等50个委办局71个行业系统提供空间数据服务。平台将为城市三维辅助规划、规划模型审查、工程项目审批管理、城市体检、智慧社区、应急指挥、智能交通等场景提供数据资源与服务支撑。

电子证照生成和应用　福州市电子证照系统整合全市基础证照资源以及行政审批过程中形成的各类证照信息资源。有60家市直单位、12个县（市）区375个部门开展电子证照登记，实现166个全流程网办事项在线获取电子证照，推出26个智能化“秒批”事项，为全市1842个“一趟不用跑”事项及2396个“最多跑一趟”事项提供电子证照共享应用服务近800万次；实现与省电子证照纠错系统联动，形成电子证照应用报备联动闭环。

政府网站群建设　建成涵盖55家市直单位和所有县（市）区的高聚合度的政府网站群，全面支持IPV6访问。全年发布信息超过2万条、政策解读269篇，开展在线访谈27期、网上调查180期、民意征集和决策预公开203期，网站总访问量超1亿次。有2.9万项政务服务事项归集至省网上办事大厅。网站在全国省会城市政府网站评估中排名第九。

政务新媒体　全年新增备案68个，清理注销38个，开展日常检查315次，专项检查10次。打造含58个市直单位、所有县（市）区的福州市政务微博矩阵。“@福州发布”政务微博全年发布微博信息8467条，获网友转发、评论、点赞8.11万次，粉丝数超91万人，总阅读数超1亿人次，连续9个季度位居福建十大党政新闻发布微博第一。

【政务信息安全】　2021年，福州市通过智网网络运维体系建设、政务云平台风险评估、政务云平台安全基线设计、政务云平台虚拟化安全模板构建、政务云计算平台巡检、政务云平台安全措施有效性验证、政务云平台季度安全整改加固、政务云平台上线安全评估及应用系统渗透测试、代码走查、服务器入侵清查、攻防实战演练等工作，保障云平台业务系统、智网网络等政务信息系统的整体安全稳定，保障第四届数字中国建设峰会、庆祝中国共产党成立100周年、第44届世界遗产大会等多个重要活动的信息安全保障。

【政务信息化重大成果】　2021年，在全球智慧城市大会·中国区上，福州市申报的“水系智慧调度”项目获“能源和环境大奖”，“5G+智慧城市”项目获“基础设施和建筑大奖”，成为唯一有两个项目获奖的中国区城市。据清华大学数据治理研究中心发布的《中国数字政府发展研究报告（2021）》，福州数字政府发展指数在全国省会城市中位列第四。据复旦大学联合国家信息中心数字中国研究院发布的“2021中国开放数林指数——城市标杆”和《中国地方政府数据开放报告：指标体系与城市标杆》，福州位列全国开放数林标杆城市第三、地级标杆城市第一。

【第四届数字中国建设峰会】　2021年4月25—26日，第四届数字中国建设峰会在福州举行。峰会由“一会一展一赛”以及系列配套活动构成。峰会吸引国家有关部委、各省（市、区）、两院院士嘉宾1000余人参加；分论坛达20个，数量创历史新高；18万人次现场参展，超500万人次（比上届增长150%）线上体验云上峰会；创新大赛8大赛道1.1万支队伍，4.2万人参加；“有福之州·对话未来”“闽江夜话”等30余场特色活动广受好评，展现福州特色。全市签约数字经济项目147个，总投资超1300亿元；国务院国资委首次作为主办单位倡导央企数字化转型，福州签约央企项目53个（含省属落地福州项目），总投资超2500亿元。同期举办首届中国（福州）国际数字产品博览会，设置8个展区、986个展位，吸引456家企业参展，实际到场采购商1.9万人，参观超过5.2万人次，意向成交总额达286.9亿元。

（蔡煜炜）

（编辑　周弭姣）

旅游业

综述

【概况】 2021年，福州市接待游客8958.87万人次，实现旅游收入719.48亿元，均居全省前列。年内，三坊七巷、上下杭获评首批国家级旅游休闲街区、国家级夜间文化和旅游消费集聚区。永泰县嵩口镇获评第一批全国乡村旅游重点镇。福州市入选第一批国家文化和旅游消费试点城市名单；闽清县梅城印记特色历史文化街区和永泰县登高山特色历史文化街区进入省级旅游休闲街区后备名录；晋安区寿山乡寿山村等5个单位获评2021年福建金牌旅游村；长乐区猴屿乡等2个单位获评2021年福建全域生态旅游小镇。

全市有18个文旅项目落地建设。实施高A级旅游景区升级三年行动，新增2家AAAA级和10家AAA级旅游景区。举办第七届海丝国际旅游节、新春文化旅游月、“好年华，聚福州”、全国书画名家邀请展等文旅活动。印发实施《闽江口旅游圈船政文化旅游专项规划》，出台《福州市旅游发展专项资金使用管理暂行办法》及旅行社入榕专列奖励措施。出版《这里是福州》和《中国国家地理》福州附刊等宣传书籍，拍摄大型文旅电视纪录片《探秘福州》、短视频《游福记》等文旅宣传视频，持续打响“有福之州”文旅品牌。

【景区建设】 2021年，福州市鼓山旅游景区和中国船政文化景区加紧创建AAAAA级旅游景区。鼓山旅游景区根据文旅部关于度假区与AAAAA级旅游景区范围不重合的意见，重新调整鼓山旅游景区AAAAA级创建范围，完成AAAAA级旅游景区申报材料（包括景观质量评定报告书、质量等级申请评定报告书、总体规划、汇报片等），并提报至福建省文旅厅。中国船政文化景区加紧船政文化城项目建设，制定实施方案，细化分解目标任务，编制《中国船政文化景区旅游总体规划暨创建AAAAA级旅游景区整体规划》等AAAAA级旅游景区申报材料，并上报省文旅厅调整AAAAA级旅游景区的规划申报面积。年内，全市新增2家AAAA级旅游景区（永泰欧乐堡海洋世界、福清瑞岩山景区）、10家AAA级旅游景区（上下杭历史文化街区、福州烟台山、福山郊野公园、福州西湖等）。至年末，全市有61家A级旅游景区，其中AAAA级及以上旅游景区16家（含1家AAAAA级旅游景区），AAA级旅游景区37家。

表40 2021年福州市A级旅游景区一览表

序号	A级旅游景区名称	所在县（市）区	等级	地址
1	三坊七巷历史文化街区	鼓楼区	AAAAA	鼓楼区营房里10号
2	石竹山风景区	福清市	AAAA	福清东张水库
3	旗山森林人家旅游区	高新区	AAAA	闽侯县南屿镇
4	于山风景名胜公园	鼓楼区	AAAA	鼓楼区于山顶1号
5	福州国家森林公园	晋安区	AAAA	晋安区新店上迟桥
6	鼓山旅游景区	晋安区	AAAA	晋安区鼓山镇
7	贵安新天地休闲旅游度假区	连江县	AAAA	连江县潘渡乡贵安村
8	连江溪山休闲旅游度假村	连江县	AAAA	连江县潘渡乡贵安村

续表40

序号	A级旅游景区名称	所在县(市)区	等级	地址
9	罗源湾海洋世界	罗源县	AAAA	罗源县松山镇滨海路13号
10	中国船政文化景区	马尾区	AAAA	马尾区星达路2号
11	青云山风景区	永泰县	AAAA	永泰县岭路乡
12	永泰天门山风景区	永泰县	AAAA	永泰县葛岭镇
13	永泰云顶景区	永泰县	AAAA	永泰县岭路乡藤山
14	永泰百漈沟景区	永泰县	AAAA	永泰县同安镇
15	永泰欧乐堡海洋世界	永泰县	AAAA	永泰县葛岭镇
16	福清瑞岩山景区	福清市	AAAA	福清市海口镇
17	春伦茉莉花文化创意产业园区	仓山区	AAA	仓山区城门城山路84号
18	索佳艺陶瓷文化创意园	仓山区	AAA	仓山区新建北路142号
19	灵石山国家森林公园	福清市	AAA	福清市东张镇
20	东壁岛旅游度假区	福清市	AAA	福清市龙田镇海滨村
21	福清后溪旅游区	福清市	AAA	福清市一都镇后溪村
22	东关寨文化旅游区	福清市	AAA	福清市一都镇东山村东关寨
23	源脉温泉园	鼓楼区	AAA	鼓楼区福飞路龙腰146号
24	福道	鼓楼区	AAA	鼓楼区梁厝路153号
25	金鸡山公园	晋安区	AAA	晋安区金鸡山路60号
26	中国寿山石馆景区	晋安区	AAA	晋安区寿山乡寿山村188号
27	川捷休闲文体旅游区	晋安区	AAA	晋安区新店镇洄田村888号
28	汇雅温泉休闲旅游度假村	晋安区	AAA	晋安区桂湖融汇温泉城212号
29	寿山石古矿洞景区	晋安区	AAA	晋安区寿山乡
30	贵安温泉旅游度假村	连江县	AAA	连江县潘渡乡贵安村贵洋路
31	罗源畲山水景区	罗源县	AAA	罗源县霍口畲族乡冈尾村
32	三叠井国家森林公园	闽侯县	AAA	闽侯县荆溪镇仁洲村
33	闽都民俗园	闽侯县	AAA	闽侯县甘蔗街道学院路63号
34	天泽·奥莱时代	闽侯县	AAA	闽侯县南通镇福通路88号
35	福建豪业七叠温泉景区	闽清县	AAA	闽清县塔庄镇
36	中国瓷天下·海丝精灵谷	闽清县	AAA	闽清县东桥镇
37	闽清宏琳厝景区	闽清县	AAA	闽清县坂东镇新壶村
38	冰心文学馆	长乐区	AAA	长乐区吴航街道朝阳中路259号
39	长乐显应宫	长乐区	AAA	长乐区漳港街道仙岐村
40	长乐九龙山景区	长乐区	AAA	长乐区江田镇友爱村
41	长乐猴屿洞天岩	长乐区	AAA	长乐区猴屿乡
42	福建长乐闽江河口国家湿地公园	长乐区	AAA	长乐区潭头镇
43	东湖数字小镇景区	长乐区	AAA	长乐区东湖路
44	永鸿文化旅游城	福清市	AAA	福清市海口镇
45	罗汉里红色旅游景区	福清市	AAA	福清市山坑
46	福州西湖	鼓楼区	AAA	鼓楼区湖滨路71号西湖公园
47	屏山公园(镇海楼)	鼓楼区	AAA	福飞南路139号
48	皇帝洞生态旅游景区	晋安区	AAA	晋安区日溪乡梓山村

续表 40

序号	A级旅游景区名称	所在县（市）区	等级	地址
49	福建凤翔首邑温泉旅游度假村	闽侯县	AAA	闽侯县荆溪东大道 41 号
50	永阳文化中心	永泰县	AAA	永泰县站前大道 2 号
51	福山郊野公园	鼓楼区	AAA	鼓楼区软件大道 89 号（老虎坑水库旁）
52	上下杭历史文化街区	台江区	AAA	台江区上杭路 108 号
53	福州烟台山	仓山区	AAA	仓山区梅坞路 14 号
54	福州市博物馆	晋安区	AA	晋安区文博路 8 号
55	红蟳公社	马尾区	AA	马尾区琅岐镇金砂建光村红蟳公社
56	贝里蟹谷生态园景区	连江县	AA	连江县丹阳镇新洋村永新路 1 号
57	平流尾地质公园	连江县	AA	连江县芠南村
58	福建省委旧址纪念馆	永泰县	AA	永泰县塘前乡官烈村
59	琴江满族村	长乐区	AA	长乐区航城街道
60	商务印书馆福州分馆	长乐区	AA	长乐区文武砂镇文松路 660 号海峡青少年活动中心西侧 1-3 楼
61	和平街特色历史文化街区	长乐区	AA	长乐区吴航街道郑和东路和平街

【乡村旅游】 2021 年，福州市乡村旅游人数、乡村旅游收入指标与上年相比均有不同程度增长。举办第三届“乡”约福州·一起“村”游乡村旅游季等活动，推出十大主题 50 条乡村游线路，开通“福州乡村行”惠民旅游直通车，举行“诗画乡村”剧场、乡村萌宠乐园、乡村共享农场、乡村乡土文创、乡村土土集市、乡村特色小吃、乡村手艺展示等活动，持续推动旅游市场复苏振兴。年内永泰县嵩口镇被评为全国乡村旅游重点镇。晋安区寿山乡寿山村、福清市海口镇牛宅村、福清市一都镇一都村、连江县丹洋镇新洋村、闽清县塔庄镇莲宅村被评为 2021 年省级金牌旅游村，永泰县嵩口镇、长乐区猴屿乡被评为 2021 年福建省全域生态旅游小镇。

【旅游奖励政策】 2021 年，福州市出台《2021 年旅行社入榕专列奖励实施细则》，对旅行社以专列形式组织外地游客来榕旅游进行奖励。全年奖励 15 家旅行社 105.73 万元。下拨省级纾困资金、激励资金 874 万元，惠及旅行社 23 家。

【旅游项目建设】 2021 年，福州市推进 21 个省文旅重点项目，实际完成投资 35.5 亿元，完成计划投资占比 137%。坂项文创休闲度假二期项目、嘉元温德姆酒店、鉴江智乐渔业小镇·井水海天山色国际民宿项目、福建八井畲乡里度假区项目、马尾区船政文化旅游配套工程包、福州经济技术开发区铁路沿线环境综合整治项目（铁路公园）、琅岐金砂村城乡融合文旅项目（一期）、福州青云山御温泉酒店有限公司项目（提升改造）、清凉山旅游度假区研学酒店、东湖数字小镇、猴屿洞天岩景区 11 个项目竣工。

（陈文浩）

2021 年 4 月 30 日，“乡”约福州·一起“村”游——2021 福州美丽乡村旅游季暨“五一欢乐游福州”活动在闽清县塔庄镇坪街村启动。图为艺人在乌篷船上弹奏古筝

（林双伟 摄）

旅游服务

【概况】 2021 年，福州市有星级饭店 36 家，旅行社 245 家，持证导游 2475 人。年内，完成长乐区猴屿洞天岩等 4 个乡镇（村）旅游服务中心（点）、欧乐堡海洋世界等 5 座示范性旅游厕所建设。

【星级饭店】 2021 年，福州市有星级饭店 36 家，其中市区 26 家、福清市 4 家、长乐区 3 家、连江县 1 家、闽清县 2 家。有五星级饭店 7 家、四星级饭店 20 家、三星级饭店 9 家，客房 7747 间，床位 11986 张。

表 41　　2021 年福州市五星级、四星级饭店一览表

星级	饭店
五星级（7 家）	福州西湖大酒店、福建外贸中心酒店、福州金源大饭店、福州美伦华美达大饭店、福州香格里拉大酒店、福州富力威斯汀酒店、福州名城悦华大酒店
四星级（20 家）	福州大饭店、福清融侨大酒店、连江国惠大酒店、福清兰天大酒店、福州梅峰宾馆、福清冠发君悦大酒店、福建山水大酒店、福建阳光假日大酒店、福建省闽江饭店、福州（晋都）戴斯酒店、福建黄金大酒店、福州新紫阳大酒店、福建国惠大酒店、福建银河花园大酒店、最佳西方财富酒店、福建丽景假日大酒店、福州聚春园大酒店、福州于山宾馆、阿弥陀佛（福州）饭店仓山奥体店、福建省豪业会务中心有限公司

【旅行社】　2021 年，福州市有旅行社 245 家，其中出境游旅行社 37 家、境内游旅行社 208 家，经营赴台游的组团社 8 家。

【导游队伍】　2021 年，福州市有持证导游 2475 人，其中初级导游 2341 人，中级导游 110 人，高级导游 24 人，中级以上占导游总人数的 5.41%。全市有外语导游 152 人，其中英语 129 人、日语 15 人、印尼语 2 人、德语 1 人、法语 2 人、西班牙语 1 人、俄语 2 人。

（陈文浩）

旅游市场推广

【概况】　旅游线路开发　2021 年，福州市结合旅游季节、旅行时间、游客群体特点，开发四季旅游精品线路。以第 44 届世界遗产大会召开为契机，整合福州古厝、特色历史文化街区、遗址公园等特色旅游资源，推出一批福州古厝游精品旅游线路。国庆假期推出 50 个福州最美赏秋打卡点、30 条精品旅游线路，策划“一县一攻略”达人线路。通过发放 2000 万元文旅乐购券和 3 万张免费温泉票、开通 60 趟（次）旅游直通车、1 元游内河、低票价游闽江等惠民举措，提振旅游消费。

旅游促销　以“七溜八溜　醉享福州”为主题，策划开展新春线上集市、“五一”粉丝狂欢季、端午红包大放送等 5 场文旅网络消费季活动，发放旅游红包 1500 万元，带动福州文旅产品交易额超 5000 万元。国庆假期，同程旅行上线“惠享福”福州国庆文旅网络促销季活动，线上销售酒店住宿券、景区门票、温泉票、餐饮券等优惠产品，发放 100 万元旅游抵用券，实现福州旅游产品订单金额 1920 万元。

旅游宣传报道　春节期间，央视新闻频道《新闻直播间》报道福州市“乐享文化大餐，欢乐祥和过新年”；“五一”期间，《人民日报》头版《各地文旅活动丰富多彩》点赞福州市文旅局“五一”特别策划的快闪活动；国庆期间，央视新闻频道《新闻直播间》对福州市三坊七巷景区假日系列展演活动和古厝游览体验进行播报，央视综合频道《晚间新闻》播发《福州等地百姓多种方式享受假期欢乐时光》。年内，“遇见福州”微信、微博、抖音、头条号等新媒体矩阵的综合传播力排名位居全国前列。

【第七届“海上丝绸之路”（福州）国际旅游节】　2021 年 11 月 23 日，由文化和旅游部、福建省人民政府联合主办，福建省文化和旅游厅、福州市人民政府承办的第七届“海上丝绸之路”（福州）国际旅游节在福州启动，持续至 12 月中旬。采取线上 + 线下“双线办节”方式，举办启动仪式、海丝奇妙夜、文旅合作高峰论坛等活动。邀请俄罗斯、泰国、贝宁、斯里兰卡等国家的驻华使节，“海丝”沿线国家友好城市代表，来自国际性旅游机构的嘉宾等共同参与。

启动仪式围绕“共建海丝之路，共促文旅繁荣”主题，通过“海丝门户潮涌时”“派江吻海共命运”“‘一带一路’千帆竞”3 个篇章，串联起闽都文化国际展示、权威数据福州发布、海丝交融互鉴等环节，集中体现福州通过举办海丝国际旅游节取得的成果。启动仪式现场发布《海上丝绸之路文旅产业大数据报告》，向与会者展示“海上丝绸之路”核心城市旅游出行大数据旅游成果及产业发展趋势等信息。

【文旅节庆活动宣传营销】　2021 年 2 月 4—28 日，由福州市人民政府主办、福州市文旅局承办的福州新春文化旅游

2021 年 2 月 4 日，“留在福州过福年·十重好礼任君享”2021 年福州新春文化旅游月在福州市非遗展示馆正式启动

（江娟珺　摄）

月，以“留在福州过福年，十重好礼任君享”为主题，推出 10 个文旅大礼包，包括一场直播、一元欢乐游内河、福州年味旅拍、线上集市大优惠、10 场文博展览、30 场文艺演出、60 条旅游惠民直通车、百条线路任君游 A 级景区免门票、打卡免费泡温泉、500 万元文旅乐购券。5 月 19 日，市文旅局在鼓山廨院举办 2021 年“中国旅游日”福州分会场活动，组织福州各大景区、文化场馆推出 54 项文旅活动及优惠措施。7 月 18 日，由市文旅局主办的“夏一站 趣福州”2021 年福州研学旅游季在闽剧大观园内举办，推出“跟着总书记脚步访福州”“跟着课本游福州”等五大主题研学线路以及研学旅游点、特价线路、研学优惠活动等 175 道文旅“研学大餐”。

【旅游宣传营销】 2021 年，福州市加大传统媒体宣传力度，在中央电视总台《朝闻天下》《海峡两岸》、福建电视台《福建新闻联播》栏目投放福州旅游形象宣传片。在《中国旅游报》《中国文化报》《福建日报》《海峡都市报》《福州日报》《福州晚报》等国家级、省级报刊主流媒体上开展文旅成效宣传、节庆活动宣传、乡村游宣传等，发布假期文旅活动、优惠措施和精品线路。在《福州晚报》新开设《周末驾道》专栏，深度挖掘福州周边自驾游特色旅游资源，推荐福州周游自驾线路。与中国国家地理杂志社合作定制出版《〈中国国家地理〉福州附刊》，8 月在北京、上海区域上市发行 5 万册。与福建画报社合作出版《这里是福州》，9 月发行上市。

新媒体宣传矩阵以“遇见福州”微博、微信公众号、抖音、头条号为载体，结合贯彻落实习近平总书记到闽考察重要讲话精神、第 44 届世界文化遗产大会召开、中国共产党成立 100 周年等重要节点，策划推出“有福之州，七溜八溜 不离福州”“榕情世遗”“初心如磐逐梦行”“温泉之都”“漫步八一七”等系列宣传专题，强化“有福之州”城市文旅宣传，持续打造具有全国影响力的政务新媒体矩阵。“遇见福州”微信公众号的综合影响力位居全国重点城市第一梯队，“遇见福州”微博拥有粉丝 729 万个，位居第一。在人民网福建频道开设“有福之州 幸福之城”专题页面。

短视频传播以“福”为主题，在新春、“五一”、国庆等重要节点推出《留福记》《游福记》《爱福记》3 条短视频，“遇见福州” 新媒体平台累计播放量 1500 万人次。先后拍摄、制作、播出《福州名牌歌》《牡丹亭》《荔枝换绛桃》《福佑福州》《丰收酒歌》等视频产品，在人民网、新华社、学习强国等平台播出，打造“10 万 +”阅读话题。

开展城市氛围营销和宣传，在地铁部分站点灯箱、尤溪洲大桥户外大屏投放福州旅游宣传广告，开展目的地氛围宣传。与福建交通广播 FM100.7 开展合作，定期推出有声线性栏目及景区访谈，介绍福州文旅资源，讲好福州文旅故事。开展入榕旅游欢迎短信推送，全年针对移动、联通、电信用户发送欢迎短信 3800 万条。编印《福州古厝游》、福州旅游宣传折页等宣传品，免费在市区各星级酒店、重点景区、海丝旅游中心、游客服务中心等地向市民、游客发放。

【展会营销】 2021 年 11 月 23—25 日，2021 福建旅游交易会在福州海峡会展中心举行，设置福州馆，景区、文创、老字号等 30 多家重点文旅企业、文化场馆以及各县（市）区文旅部门参加。福州馆以“有福之州•幸福之城”为主题，设置美食及特产展销区、文旅产品展示区、茶歇区、互动打卡区、舞台区等区域。互动打卡区以福州坊巷为造型，推出闽剧沉浸式演出，让参展客商和市民在现场即可观看闽剧表演。

【智慧旅游服务】 2021 年，福州市文旅局推进智慧景区建设，其中三坊七巷景区搭建“1 中心 +3 平台”体系架构（即“智慧街区”运营中心加服务与营销平台、安全与管理平台、旅游大数据及支撑服务平台），构筑三坊七巷街区—商家—品牌等多方位一体的全域旅游智慧化服务体系；与高德地图合作“智慧景区一键游”程序，具有智慧导览电子地图及电子语音导览功能。鼓岭景区鼓岭智慧旅游系统建成，“平安鼓岭”项目建设基本完成，鼓岭历史文化展示馆、山居生活博物馆、加德纳展示馆等古厝展馆内采用触摸屏、360 全息投影、二维码等多种智慧方式。配合推进福建数字文旅综合服务平台建设，推动“一部手机全福游”App 重构升级，与“一部手机全福游”分时预约系统进行对接，严格落实预约、错峰、限量的疫情防控措施，38 家 A 级旅游景区实现线上实名预约入园。

【福建首个 8K 裸眼 3D 户外电视大屏开屏】 2021 年 6 月 29 日，福建首

2021 年 11 月 23—25 日，2021 福建旅游交易会在福州海峡国际会展中心举行。图为福州馆（陈暖 摄）

个8K裸眼3D户外电视大屏在福州开屏，同步完成转播央视8K超高清试验频道的设备调试工作。户外电视大屏位于东街邮电大楼，采用3D + 8K户外大屏播放技术，面积650平方米，相当于1.5个篮球场大小。

（陈文浩）

旅游管理

【旅游服务质量管理】 2021年，福州市文旅局落实“双随机”抽查工作，配合市市场监督管理局等相关部门开展跨部门联合随机抽查。开展旅游市场专项整治行动，打击“不合理低价游”、无证经营旅行社业务等严重扰乱旅游市场秩序的违法违规行为，通过开展日常检查、联合检查、随机抽查等形式，整顿规范旅游市场秩序。全年出动执法人员1964人次，检查经营单位及相关从业人员869家次（人次），立案调查41件，罚款41家次（人次），累计处罚金额31.69万元。

【旅游投诉处理】 2021年，福州市安排专人定岗受理群众来信、来访旅游投诉，实行“一口受理、限期办结、先行赔付”的工作措施，以落实“放心游福州”服务承诺。全年受理并处理旅游投诉267件，为游客挽回经济损失25.47万元。

【旅游法治建设】 2021年，福州市重新调整编制并印发《福州市文化和旅游行政处罚自由裁量权适用规则》和《福州市文化和旅游行政处罚裁量标准》，涵盖文化、旅游、广播电视领域行政处罚事项500项，细化梳理裁量标准1862条，进一步规范福州市文化和旅游领域行政处罚行为。重新调整市文化和旅游局权责事项616项，其中行政许可44项、行政处罚500项、行政强制1项、行政确认4项、行政监督检查32项、行政奖励19项、其他行政权力4项、内部审批（审核）2项、其他权责事项10项。

年内，福州市县两级文化市场综合执法队伍首次统一配发文化市场综合执法制式服装和标志。市文化和旅游局法治政府建设工作获市政府通报表扬，市文化和旅游局被中共福建省委宣传部、福建省司法厅评为“2016—2020年全省普法工作先进单位”。1人被中央宣传部、司法部、全国普法办评为“2016—2020年全国普法工作先进个人”。

【文旅市场疫情防控】 2021年，福州市持续加强对星级饭店、旅行社、网吧、娱乐场所等文旅市场经营主体新冠肺炎疫情防控工作督导检查，针对省内疫情情况，要求旅行社在省内存在中高风险地区的情况下，暂停经营跨省团队旅游及“机票+酒店”业务，且不得组织前往中高风险地区及接待中高风险地区到榕游客。

【旅游安全管理】 2021年，福州市文旅局按照“党政同责、一岗双责、失职追责”工作要求，与各县（市）区旅游主管部门第一责任人签订《安全目标管理责任书》，印发《2021年度福州市文化和旅游安全生产工作要点的通知》，每季度和重要时段召开安全部署工作会议。全年召开5场重大安全工作会议，签发安全各类相关文件68份。推进安全生产“三年行动”、“控事故、保安全、迎建党百年”安全生产集中攻坚行动、全市景区和非景区景点安全管理专项整治，以推进安全生产标准化建设。实行集中整治和常态管理并重，每季度牵头联合相关部门，组织开展全市旅游安全生产大检查。采取明察暗访的形式，对文旅企业不定期检查。全年文旅系统出动检查人员29692人次，检查文旅企业12958家次，发现并整改隐患428处。

【景区和非景区景点安全管理专项整治】 2021年，福州市政府印发《福州市景区和非景区景点安全管理专项整治工作方案》，建立联席会议制度，由21个市直部门及12个县（市）区、福州高新区成员单位组成。联席会议办公室设在市文旅局，办公室人员由市文旅局、市应急局、市公安局、市海渔局、市林业局抽调人员组成。组建5个专项督导组，重点对各县（市）区工作机制建立情况、隐患底数排查情况、技防设施运用情况进行跟踪督导，并赴各景区和非景区景点、涉水危险区域、网红打卡点等重点部位进行抽查，针对部分区域警示标牌不足、消防设施无专人检查维护、重点区域无视频监控设施、视频监控室未建立相应管理制度、大型游乐设备未按要求检测等安全隐患问题提出整改意见。全市摸排各类场所1316家，组织开展专项检查4102次，出动人员11673人。排查发现各类隐患1319处，已整改完成1300处，限期整改19处。

（陈文浩）

（编辑　周弭妏）

对外及对台港澳经济贸易

利用外资及台港澳资

【概况】 2021年，福州市新设外商投资企业467家，合同外资392.9亿元，实际到资80.8亿元，总量排名全省第二；比上年增长15.3%，增速排名全省第三。

【台港澳商投资项目】 2021年，福州市新设台资企业221家，比上年增长66.2%，合同台资35.9亿元，增长14.1%；引进港资企业161家，合同港资299.39亿元，比上年增长149.06%，实际利用港资63.99亿元，增长7.94%；引进澳资企业14家，合同澳资3.49亿元，比上年增长289.93%，实际利用澳资3262万元，增长17%。主要涵盖租赁和商务服务业，交通运输、仓储和邮政业，制造业，信息传输、软件和信息技术服务业，批发和零售业等行业；重点引进万华化学、中通物流福建总部、港湾渔业、支点控股、景美投资、景特包装材料等一批重大台港澳资新项目落地。

【利用外资及台港资重大项目】 2021年，福州市新引进总投资亿元以上外资项目65个，总计合同外资349.9亿元。其中万华化学、中吉物流、植护网络、竞点贸易等一批重大外资及台港资项目成功落地到资，重点扶持朴朴科技、万华化学、杨振华“851”生物工程、福融新材料、东阳塑料等台港资企业增资扩产。

2021年9月8日，福州市外资项目对接座谈会在厦门召开　（市商务局 供图）

【招商引资活动】 2021年，福州市参与共同组织知名台企福建行、福建省国际投资促进大会暨中印“两国双园”全球招商推介会、日资企业福建行、新加坡经贸访问团推介会、第六届世界闽商大会、华南美国商会企业团组经贸交流活动等经贸交流活动，广泛对接新加坡、日本、印度尼西亚、美国等国家和中国台湾地区等境内外企业投资者、侨商等，拓宽交流渠道，丰富投资资源线索。

（陈　婉）

【海丝博览会暨海交会】 2021年5月18—22日，第四届21世纪海上丝绸之路博览会暨第二十三届海峡两岸经贸交易会在福州举办。活动期间，举办各类活动会议11场，布置展览面积10万平方米，展位3800个，有80个“一带一路”沿线国家和地区的1800多家在华企业或代理商参展参会。活动期间举办投资促进大会、第十三届中国物流与供应链信息化大会，签约（对接）项目512个，计划总投资4070.84亿元。其中投资促进大会发挥平台招商优势和资源优势，突出央企国企重大产业项目、外资项目、现代物流项目等招商重点，万华化学、中电新能源、中工经联等国际国内龙头企业派出近800名客商代表参会，有30个产业项目在大会现场进行集中签约，总投资746.28亿元；物流与供应链信息化大会邀请国内500多家物流相关企业和社会组织，企业高管、行业精英参会，大会期间对接盛丰智慧物流园、乐歌（福州）国际智慧供应链产业园等现代物流项目6个，总投资81.7亿元。

（杨　斌）

【第二十一届中国国际投资贸易洽谈会】 2021年，福州市在第二十一届中国国际投资贸易洽谈会上以海丝核心区为纽带，以“六个城”（滨海新城、福州大学城、东南汽车城、丝路海港城、国际航空城、现代物流城）建设为主攻方向，6个项目参加福建省重大项目签约仪式，签约项目数位列全省第二，总投资176亿元，其中5个为10亿元以上的大项目。13个央企、民企项目被福建省筛选纳入央企民企成果表，总投资468亿元。举办福州市外资项目对接座谈会，16个重点外资项目完成现场签约，总投资166.08亿元，涵盖总部经济、平台经济、数字经济、现代物流、文化旅游、汽车工业、新能源等现代服务业、高端制造产业。搭建福州市展馆，通过宣传生态环境、交通优势、产业基础、重点产业发展情况、政策优势、经贸人文交流情况、科技创新等方面，全面展示福州市的城市形象及营商环境。

（陈　婉）

对外及对台港澳投资与劳务合作

【概况】 2021年，福州市新增备案境外投资项目36个（含增资），协议投资总额5.22亿美元，其中中方投资额4.72亿美元，投资国别（地区）主要涉及美国、新加坡、沙特阿拉伯、约旦等13个国家。主要项目为福建荣盛投资有限公司备案投资0.34亿美元在沙特阿拉伯从事玻璃生产制造，福建归泰进出口贸易有限公司备案投资0.08亿美元在约旦经营陶瓷生产和销售。

【对港投资项目】 2021年，福州市备案投资中国香港地区项目16个（含增资），协议投资总额1.35亿美元，其中内地投资额1.35亿美元。

【对外及对台港澳劳务合作】 2021年，福州市派出劳务人员19302人，年末在外人数28442人，派往的主要工作地点为新加坡、马绍尔群岛共和国及中国台湾、中国香港、中国澳门地区等。年内，新签劳务人员合同工资总额44448万美元，劳务人员实际收入总额41108万美元。

（陈　婉）

服务贸易

【服务外包】 2021年，福州市新增服务外包企业57家，服务外包合同金额41.65亿美元，比上年增长18.49%；其中离岸服务外包合同金额4.96亿美元，增长0.09%。服务外包执行金额26.75亿美元，比上年增长42.85%，其中离岸服务外包执行金额4.51亿美元，增长58.09%。福州市离岸服务外包主要发包地为日本、美国、欧盟、新加坡等国家，全年执行金额3.80亿美元，占全市离岸服务外包执行金额84.20%。信息技术外包（ITO）是福州市主要业务类型，执行金额15.21亿美元，比上年增长62.82%，占全市服务外包执行金额56.86%，主要业务包括软件研发服务、信息技术运营和维护服务、集成电路和电子电路设计服务、信息技术解决方案服务等。业务流程外包（BPO）执行金额9.03亿美元，比上年增长30.87%，占全市服务外包执行金额33.75%，主要业务包括人力资源管理服务、互联网营销推广服务、其他业务运营服务等；知识流程外包（KPO）执行金额2.51亿美元，增长1.09%，占全市服务外包执行金额9.39%，主要包括工程技术服务、文化创意服务、检验检测服务等。

【技术进出口】 2021年，福州市［不含中国（福建）自由贸易试验区福州片区］签订技术进出口合同总额18901.80万美元，比上年下降6.46%；其中签订引进技术和进口设备和合同项目23个，合同金额9107.27万美元，比上年下降43.89%；签订技术出口合同项目121个，合同金额9794.53万美元，比上年增长1.46倍。

（陈　婉）

对外及对台港澳贸易

【概况】 2021年，福州市进出口总值3321.5亿元，比上年增长32.6%。出口总值2200.6亿元，比上年增长23.2%，占福州市生产总值的29.3%，占全省出口总值的20.3%；出口商品销往222个国家与地区。进口总值1121亿元，比上年增长55.9%，进口商品来自155个国家与地区。

【对台港澳贸易】 2021年，福州市对中国台湾地区贸易总额156.2亿元，比上年增长41.2%，其中销往台湾87.8亿元，增长45.5%；自台湾购入68.4亿元，增长36.2%。对中国港澳地区贸易总额64.8亿元，比上年下降26%，其中销往港澳59.5亿元，下降30.3%；自港澳购入5.3亿元，上升130.4%。

【民营对外贸易】 2021年，福州市有进出口实绩的民营企业5097家。全市民营企业出口总值1571.9亿元，比上年增长29.5%，占全市出口额的71.4%；民营企业进口总值651.8亿元，增长57.9%，占全市进口额的58.1%。

表 42　　2021 年福州市出口额 1 亿美元以上商品情况表

金额分类	商品名称	出口金额（亿美元）	占出口总额比重（%）
5 亿美元以上	其他可直接连接且设计用于税目 84.71 的自动数据处理设备的彩色液晶监视器；其他木家具；液晶显示板；其他塑料制鞋面的鞋靴	49.06	14.40
2 亿—5 亿美元	纺织材料制鞋面胶底的其他鞋靴；用栓塞法装配鞋底及面的橡、塑鞋；硫酸铵；家具的零件；其他橡、塑或再生皮革外底，皮革鞋面的鞋靴；棉制针织钩编的套头衫、开襟衫、外穿背心等；制作或保藏的花鳗鲡；光通信用微光组件的光学元件；其他彩色监视器；未列名的木制品；未列名电灯及照明装置；未列名塑料胶粘板、片、膜、箔等；车身（包括驾驶室）的未列名零件、附件；载重量不超过 10 万吨的成品油船；其他玩具；棉制针织或钩编的女式上衣；塑料或纺织材料作面的提箱、小手袋等；塑料片或纺织材料作面的其他类似容器；棉制针织或钩编的其他服装；棉≥ 85% 未漂平纹布，100 克＜平米重≤ 200 克；贱金属制其他仿首饰	59.06	17.33
1 亿—2 亿美元	棉制针织或钩编的男式上衣；5903、5906 或 5907 的织物制其他男式服装；其他用作处理器及控制器的集成电路；安全芯片；铝合金矩形板、片，0.2 毫米＜厚＜ 0.28 毫米；聚酯短纤＜ 85% 棉混未漂平纹布，平米重≤ 170 克；未列名贱金属雕塑像及其他装饰品；未列名钢铁制品；塑料制小雕塑品及其他装饰品；未列名塑料制品；其他贴面砖、铺面砖，包括炉面砖及墙面砖，但子目 6907.30 和 6907.40 所列商品除外；塑料制其他家庭用具及卫生或盥洗用具；其他金属家具；初级形状的聚丙烯；口罩；纺织材料制未列名制品；尼龙 -6 纱线，未加捻或捻度≤ 50 转 / 米；未列名的机器零件，不具有电气器材特征的；已镶框玻璃镜；棉制其他男裤；其他以机织物或其他纺织材料做衬底的鞋靴；棉＜ 85% 与化纤纺未漂平纹布，平米重≤ 200g；其他橡胶制鞋面的鞋靴；制作或保藏的墨鱼及鱿鱼；其他制作或保藏的小虾及对虾；其他 0.35 毫米＜厚度≤ 4 毫米铝合金制矩形厚板、片及带；销售点终端出纳机；棉制女式上衣；塑料制餐具及厨房用具；厨房用木家具；未列名具有独立功能的电气设备及装置；其他皮革制面过脚踝但低于小腿的短筒靴；其他未搪瓷钢铁餐桌、厨房等家用器具及零件；含聚酯非变形长丝≥ 85% 的机织物；车辆用层压安全玻璃；纯电动汽车或插电式混合动力汽车用锂离子蓄电池单体	51.88	15.23
合　计		160	46.96

表 43　　2021 年福州市主要出口市场情况表

国别（地区）	金额（亿美元）	占总额比重（%）
东盟	78.04	22.91
美国	55.67	16.34
欧盟	41	12.03
日本	18.72	5.49
英国	15.45	4.53
加拿大	13.1	3.84
中东	12.91	3.79
韩国	9.94	2.92
澳大利亚	9.78	2.87
合　计	254.61	74.72

表 44

2021 年福州市进口额 1 亿美元以上商品情况表

金额分类	商品名称	进口金额(亿美元)	占进口总额比重(%)
5 亿美元以上	其他未锻造金,非货币用;平均粒度≥ 0.8 毫米,<6.3 毫米未烧结铁矿砂及精矿;非种用黄大豆;轧制凸凹变形及扭曲的普通钢铁的其他条、杆;其他用作处理器及控制器的集成电路;安全芯片	81.14	46.73
2 亿—5 亿美元	液化丙烷;平均粒度≥ 6.3 毫米未烧结铁矿砂及其精矿;褐煤,不论是否粉化,但未制成型;其他烟煤; 饲料用鱼粉; 其他煤;丙烯	25.68	14.79
1 亿—2 亿美元	D < 14 毫米圆截面不规则盘卷普通钢铁热轧条,杆;带轧制变形的不规则盘卷普通钢铁热轧条、杆;已烧结的铁矿砂及其精矿;矩形截面半制普通钢铁,宽<两倍厚,C < 0.25%;其他集成电路;液晶显示板;炼焦煤;其他美容品或化妆品及护肤品;铬铁,按重量计含碳量在 4%以上;镍矿砂及其精矿;平均粒度 <0.8 毫米未烧结铁矿砂及其精矿	15.79	9.09
合 计		122.61	70.61

表 45

2021 年福州市主要进口市场情况表

国别(地区)	金额(亿美元)	占总额比重(%)
东盟	37.52	21.61
澳大利亚	24.35	14.02
瑞士	23.14	13.33
巴西	19.66	11.32
欧盟	11.35	6.54
美国	7.95	4.58
日本	7.8	4.49
韩国	5.5	3.17
中东	3.59	2.07
合 计	140.86	81.13

(陈 婉)

(编辑 周弭姣)

经济协作 脱贫攻坚成果巩固

经济协作

【概况】 2021年，闽浙赣皖福州经济协作区联络工作会议在宁德市举办，就互联互通、产业协作、生态保护、民生建设等领域加强协作交流。会同援藏援疆前方工作队，组织实施福建省“十四五”援藏援疆有关计划，落实年度工作要点。推进9县（市）区与西藏八宿县、新疆奇台县各乡镇的全面结对帮扶工作。继续开展福州市与渭南市的友好协作工作，闽侯县与富平县、连江县与蒲城县继续互派干部挂职交流。

【对口支援】 2021年，福州市拨付年度对口援藏资金3143万元和对口援疆资金9332万元，推动八宿县乡村振兴示范点、疾控中心PCR实验室等10个基层新时代文明实践点建设项目和奇台县智力援疆培训基地、文化旅游综合服务中心、福州援疆城市书屋、奇台四中（小学部）等26个援建项目建设。年内拨付奇台县结对帮扶资金900万元。根据受援地需要，完成第九批援藏5名专业技术人才和第八批援疆15名专业技术人才的中期轮换工作。

【榕台产业对接】 2021年，福州市新批台资项目222个，合同台资6.68亿美元。发挥省会、近台优势，运用线上、线下形式，主动对接中国台湾地区百强企业，在石化、装备制造、电子信息、战略性新兴产业和生产服务性项目对接上取得新突破。

（于永钦）

【民营企业产业项目对接】 2021年，福州市新对接并纳入福建省经信项目管理系统的签约项目505个，计划总投资1990亿元，超额完成年度目标任务，位居全省第二。其中，制造业项目346个，总投资1379亿元，超额完成年度目标任务，位居全省第一。其中，福融新材料年产高强度聚烯烃膜材料70万吨项目、福建越华晖光电显示科技创新产业园等4个项目总投资超30亿元。

（鲍建森）

【闽宁东西部协作】 2021年，中央对东西部协作结对关系进行调整，福州市不再帮扶甘肃省定西市，按照福建省要求，东西部协作工作在闽宁协作框架下开展，改为帮扶固原市的原州区、隆德县和西吉县3个区县，采取“三对一”的帮扶方式推进各项帮扶措施，全面或超额完成各项工作任务。全年投入财政帮扶资金达1.48亿元，是2020年的1.79倍；落实社会帮扶资金3319.98万元，超额完成省下达的2500万元任务；实施帮扶项目66个，资金使用率94%；帮助14703名农村劳动力实现就业，其中输转到榕就业农村劳动力2002人；新引进企业57家，实际到资及增资11.07亿元；累计建设闽宁扶贫车间135家；帮助宁夏（固原）销售消费帮扶产品8.1亿元，其中已认定扶贫产品4.3亿元；选派7名挂职干部、226名专业技术人才到固原市及3个县区挂职或技术交流。

市人社局开展闽宁劳务对接就业帮扶，拓展与中西部地区劳务协作，春节后开展“点对点、一站式”包机3架次、包车5车次，输转固原劳动力308名到榕就业，其中向马尾区输转193名，向闽侯县输转26名，向福清市输转员工89名，在福建飞毛腿电子、捷星显示公司、福清福星塑胶等市重点企业筛选出环境好、待遇优的工作岗位吸纳固原劳动力。引导飞毛腿、福星塑胶等企业安排20万元专款用于建立清真食堂，扩建和更新食堂设备，确保固原到榕劳动力稳定就业。

（市农业农村局 市人社局）

山海协作

【福州宁德山海协作】 2021年12月31日，福州·宁德山海协作工作座谈会在宁德召开，福州市向宁德市捐赠山海协作资金200万元，两市8个结对市直部门分别签订合作协议。

【省级扶贫开发工作重点县山海协作】 2021年，福州市9个沿海较发达县（市、区）挂钩联系11个省级乡村振兴重点县及中央对口支援原中央苏区县，结对双方开展党政领导考察互访，互派干部挂职、专技人才交流等活动，帮助结对县区引进22家企业落地，累计拨付帮扶资金15970万元。

（辛少彬）

脱贫攻坚成果巩固

【概况】 2021年，福州市脱贫户3569户11000人，未新增贫困人口和出现规模性返贫。2016—2020年，在福建省对设区市扶贫开发成效考核中，连续5年排名第一。市人社局党组书记、局长王命瑞获“全国脱贫攻坚先进个人”称号；永泰县扶贫开发工作领导小组办公室、中共闽清县上莲乡委员会获“全国脱贫攻坚先进集体”称号。

【脱贫人口保障】 2021年，福州市建立“一生一档、五个阶段全覆盖”帮扶机制，实现对脱贫户家庭学生从学前教育到大学教育救助帮扶全覆盖，确保脱贫户家庭学生不因贫失学辍学。建设部门出台相关政策，建立健全农村低收入群体住房安全保障长效机制，定期开展排查，以确保住房安全有保障。在基本医疗保险和大病保险的基础上，对脱贫人口进行参保资助、特殊门诊救助、住院救助、一次性定额救助和重特大疾病救助等多层次的医疗救助。全市有巩固脱贫任务的5个县均建成1所二级甲等综合医院，200个脱贫村均建成1个村卫生室，脱贫人口全部参与家庭医生签约。水利部门深入开展农村饮水安全“回头看”，实施农村饮水安全巩固提升工程，完成投资3.92亿元，受益农村人口23.4万人。民政部门构建政府主导、社会参与、制度健全、政策衔接、兜底有力的综合救助格局，健全困难群众巡访制度，开展“数据找人、精准救助”专项行动，全面整治困难群众“漏保”“漏救”问题。全市有困难群众63290人纳入低保，累计发放低保金5.26亿元，实现应兜尽兜。

【脱贫人口就业创业】 2021年，福州市人社局强化基层平台建设，全市有173个街道（乡镇）、499个社区建立劳动保障工作平台，2203个行政村配备劳动保障协理员，就近就地为有意愿、有劳动能力农村脱贫人口、就业困难户等开展政策咨询、失业登记、职业介绍、就业援助等均等化“一站式”公共就业创业服务，全市劳动力市场（公共职业介绍机构）均向农村进城劳动者免费开放，为城乡劳动者提供平等的公共就业创业服务。开发乡村公益性岗位安置脱贫人口，就近就地开发保洁环卫、生态管护、乡村建设等适合脱贫人口及农村就业困难劳动力就业的公益性岗位，累计开发乡村保洁员、乡村绿化员、乡村护路员等各类公益性岗位1460个，为935名脱贫劳动力提供乡村公益性岗位的安置就业援助，发放公益性岗位补贴及社保补贴803万元，确保在家门口稳定就业脱贫。通过充分利用社会办学力量，组织开展适合产业转移需求和实用型技能培训班，分期分批对不同层次农村劳动者进行培训，提高劳动者的实际操作技能，推动农村劳动力向非农产业转移。全年培训2145名贫困农村劳动力，有培训意向的100%实现培训。通过“摇工作”App、村（社区）公共就业服务等平台发布适合脱贫人口的招聘信息，开展“帮扶促就业，增收助振兴”专场招聘、送岗上门等活动，累计帮扶6146名有就业意愿的脱贫人口实现就业。为进一步完善乡村公益性岗位就业人员的社会保障，下发《关于做好公益性岗位就业人员参加失业保险有关工作的通知》，推动各县乡村公益性岗位就业人员全面纳入失业保险参保范围，强化失业保障。

扶持脱贫人口创业，把产业帮扶作为脱贫户增收的重要举措，市农业农村部门发放脱贫人口小额信贷711.82万元，下拨产业补助资金574.5万元，帮扶925户有条件脱贫户发展种养殖产业项目。

依托省就业局省际劳务协作对接服务平台，福州市开展企业吸纳跨省脱贫人口稳就业奖补发放工作，确认吸纳省外脱贫人口稳定就业的企业3933家，吸纳脱贫人口22705人。全市发放企业1931家，吸纳脱贫人口18963人，发放补贴1029万元。

【动态检测和帮扶机制】 2021年，福州市健全防止返贫动态监测和帮扶机制，以家庭为单位，监测脱贫不稳定户、边缘易致贫户和突发严重困难户，及时采取针对性帮扶措施。

建立快速发现响应机制　支持农户通过“一键报贫”App、“12317”热线电话等平台主动申报，依靠行业主管部门和乡村干部、驻村干部等基层力量，每月组织开展常态化摸排。对农户申报和排查筛查发现的预警信息，实行“日汇总、周核实”制度，在5个工作日内完成初审，符合条件的按照程序纳入监测帮扶对象。

强化挂钩帮扶责任　全市有确定监测帮扶对象134户440人，选派172名有经验、有能力、有责任心的副科级以上干部进行挂钩帮扶，防止返贫致贫。乡村振兴部门定期对帮扶情况进行督查。

落实帮扶保障措施　按照缺什么补什么的原则，对有劳动能力脱贫人口，坚持开发式帮扶；对无劳动能力或部分丧失劳动能力，且无法通过产业就业获得稳定收入的脱贫人口，纳入农村低保或特困人员救助供养范围，实施兜底保障；已纳入低保的，家庭人均收入超过当地低保标准的，给予12个月延保渐退期。

【脱贫地区乡村振兴】 2021年，福州市推动市域内脱贫地区乡村建设，并持续深化对口协作，助力省内外脱贫地区高质量发展。分类实施项目建设，以项目为抓手加快市域内脱贫地区发展，按照产业项目、就业扶贫、教育扶贫、健康扶贫、基础设施、公共服务等12大类别，全年实施巩固脱贫项目525个，总投资2.3亿元。开展驻村帮扶，启动实施福州市第七批选派党员干部驻村工作。6月，市、县两级选派452名驻村干部到村任职，实现200个脱贫村全覆盖。

（市农业农村局　市人社局）

（编辑　周弭姣）

新区 自贸区

福州新区

【概况】 2021年，福州新区完成地区生产总值2712.57亿元，比上年增长9.8%；固定资产投资完成1778亿元，增长15.1%；规模以上工业增加值增长9.5%；社会消费品零售总额1016亿元，增长13.1%。

【体制创新】 2021年，福州市委常委会根据福建省委编委下发的《关于印发福州新区管理体制调整方案的通知》，研究通过《福州新区管理体制调整实施方案》，设立福州新区直管区，建立目标明确、边界清晰、权责对等的组织体系，探索新区经济管理和行政区属地管理适度分离的模式。多渠道筹措建设资金，取得地方政府专项债、中央专项补助资金支持47.6亿元。创新土地要素保障，建立工业用地土地利用全生命周期管理平台的经验做法在全省推广。深化“互联网+政务服务”改革，建成新区行政审批综合服务信息平台，新区事项100%达到省网上办事大厅三星以上标准。

【基础设施建设】 2021年，福州新区基础设施项目完成投资726.17亿元。滨海新城新动建市政道路和河道项目14个，总长42.31千米；三营澳大桥、福州东南快速通道建成通车；地铁6号线长乐段进入空载试运行，加快建设国道316、滨海新城核心区CBD输配环等。大樟溪引水工程“一闸三线”长乐段完工。全面完成三江口南江滨东大道品质提升。

【产业升级】 2021年，福州新区滨海新城引进福州盈合智慧园、海容新创产业园等项目312个，总投资472亿元。数字中国（福建）创新产业园、省大数据公司等落地东南大数据产业园。仓山功能区引进华能东南总部基地（仓山产业园）重大产业项目、福建华鑫租赁有限公司等项目42个，投资额178.34亿元。马尾区成立福州物联网科技有限公司，上线全国首个“5G产业服务平台”，全区物联网产业链产值370亿元，比上年增长8.8%。福清功能区累计完成招商项目18个，总投资284.4亿元；元洪国际食品产业园构建“产业+互联网+大数据”的模式，打造食品全产业生态链和大宗食材供应链，集聚胜田食品等项目61个，总投资375亿元。江阴港城经济区中景石化二期一阶段项目和思嘉新材料产业园项目落地，三峡海上风电产业园获评全国首个“碳中和”园区，艾尔姆风能福建工厂生产的全球最长风叶投产。

【数字经济】 2021年，福州新区数字经济核心产业实现占比9.5%；超算中心GPU（图形处理器）使用90万卡时，CPU（中央处理器）使用2500万核时，分别比上年增长30%、25%。国家工业互联网标识解析二级节点（福州）解析量突破1亿次，标识注册量突破4000万个，企业注册量突破500家。总投资220亿元的福米恒美产业园落地，完成年度投资32亿元。东南大数据产业园新增注册企业200家，实现营业收入501.7亿元，税收7.8亿元。

【项目建设】 2021年，福州市460个新区重点项目完成投资1778.24亿元，占年度投资计划的112.46%。滨海新城生成九大专项行动项目186个，完成投资629.7亿元，超额完成年度目标任务。三江口片区策划生成项目88个，其中建设项目49个，建设总投资718.6亿元，完成投资151.65亿元。马尾区9个省级重点项目完成投资17.4亿元，110个市级重点项目完成投资226.8亿元。福清功能区策划生成元洪食品产业学院等园区配套项目23个，总投资206亿元，竣工项目10个，完成投资36.5亿元。江阴港城经济区竣工投产大型煤气化等项目11个，总投资73.53亿元。

【园区品质提升】 2021年，商务印书馆福州分馆、第二工人文化宫、中国船政文化博物馆新馆等公共文化设施对外开放，市美术馆新馆、博物馆新馆落地福州新区。天津大学福州国际校区学术交流中心、福建师大附属滨海小学、阳光学院滨海校区等教育设施启动建设，滨海新城在校学生数比上年增加

2021年，福州滨海新城岸段被生态环境部列为全国美丽海湾8个案例之一
（福州新区　供图）

3400余人。5月1日，国家区域医疗中心、复旦大学附属华山医院福建医院、福建医科大学附属第一医院（滨海院区）在滨海新城开诊，接待门诊量超9.3万人次、住院超5500人次，完成手术超3700台，引入和新创技术11项，填补福建省空白。启动闽江河口湿地申遗工作，福州滨海新城岸段被生态环境部列为全国美丽海湾8个案例之一。滨海新城精品旅游路线全年接待游客超90万人次，三江口生态公园开园。全省城市品质提升工作现场会在滨海新城召开，在2021年度省级城乡建设品质提升新区（组团）建设样板评选中，福州新区滨海新城建设示范项目得分位列全省第一。

【合作交流】　2021年，中国—印度尼西亚“两国双园”项目建设上升为中国—印度尼西亚两国战略合作机制，印度尼西亚·雅加达—中国·福清江阴“两国双园”海上大通道开通，举办“两国双园”全球招商推介会，签约经贸合作项目16个，签约金额922.8亿元。福州江阴港综合保税区通过福州海关验收，成为全国唯一先行开展内外贸智能监管试点的综合保税区，江阴港区完成货物吞吐量超4200万吨，新增航线6条，海铁联运平台发箱量完成2.1万标箱，实现10万吨原油非国营贸易进口、二手车出口等业务零的突破。

表46　**2021年福州新区改革创新成果情况表**

创新领域	创新内容
管理运行机制	推动福州新区管理体制调整。设立福州新区直管区，建立目标明确、边界清晰、权责对等的组织体系，探索新区经济管理和行政区属地管理适度分离的模式
国土开发利用	创新土地要素保障，建立工业用地土地利用全生命周期管理平台的经验做法在全省推广。获批17宗土地征收成片开发方案，可新增建设用地536.87公顷
城市建设与管理	装配式技术应用领域进一步拓展，在全省率先开展房屋建筑工程竖向预制构件和大型市政预制构件的研究及试点，形成“三板＋预制内外墙板＋装配式全装修”体系，走在全省前列。规建管一体化平台整合54项规划成果、批供地数据和启动区城市三维模型，加快打造数字“孪生”城市
审批服务	深化“互联网＋政务服务”改革，建成新区行政审批综合服务信息平台，新区事项100%达到省网上办事大厅三星以上标准
产业模式	培育壮大“乐纺云”“建钢云商”“城投均和供应链”等供应链平台，全年实现纳统销售额907亿元，纳税12.4亿元。元洪国际食品产业园构建“产业＋互联网＋大数据”的模式，打造食品全产业生态链和大宗食材供应链，集聚胜田食品等61个项目，总投资375亿元。三峡海上风电产业园成为全国首个“碳中和”园区

（万　粒）

中国（福建）自由贸易试验区福州片区

【概况】　2021年，中国（福建）自由贸易试验区福州片区（简称福建自贸区福州片区）新增企业4587家，注册资本总额613.83亿元，其中内资企业4548家，注册资本552.76亿元，外资企业39家，注册资本61.07亿元；全区新批外资项目36个，新批外资企业合同外资10.26亿美元；全区港口货物吞吐量6532.73万吨，集装箱吞吐量完成261.61万标箱。

【体制创新】　2021年，福建自贸区福州片区在投资、贸易、金融、税务、事中事后监管、对台交流等领域推出2批70项创新举措，其中16项经省自贸办评估认定，11项为全国首创。在中山大学发布的54个自贸（片）区2020—2021年度中国自贸试验区制度创新指数排名中，福州片区排名第11，“分阶段办理建筑工程施工许可”案例入选中山大学“2020—2021年度中国自由贸易试验区制度创新十佳案例”。江阴港综合保税区正式通过验收，成为全国唯一先行开展内外贸智能监管试点的综合保税区。

【重点产业建设】 2021年，福建自贸区福州片区重点产业有跨境电子商务、物联网产业、金融服务业等贸易业态。

跨境电子商务 举办首届中国跨境电商交易会，吸引全球33个跨境电商平台、200多家服务企业和6万多名客商参会，展会意向成交额35亿美元；全国首创跨境电商供应链金融服务平台，累计对接供应链资金逾35亿元；全年跨境电商进出口销售额总额58.4亿元，比上年增长87.71%，其中出口额44.3亿元，增长125.83%，进口额14.09亿元，增长22.61%。

物联网产业 成立福州物联网科技有限公司，上线全国首个“5G产业服务平台”，建设全国首个搭载鸿蒙系统的智慧中控，“5G+智能交通”应用场景成为全省物联网应用标杆，推广拓展智慧党校应用项目12个，完成物联网相关标准制定37项，物联网产业链产值370亿元。

金融服务创新 发布第六批12个金融创新案例，率先开展本外币合一试点业务，落地全省首个本外币合一账户。全国首创“融资租赁+国内信用证项下福费廷”业务，累计办理业务约5亿元。创新离岸转手买卖外汇业务管理制度，为企业办理外汇结算业务5.5亿美元，提供贸易融资2.2亿美元。落地全省首笔资本项目数字化服务试点业务，实现全省资本项目收入境内支付全流程线上业务零的突破。

2021年3月18日，中国（福建）自由贸易试验区福州片区在福州海峡国际会展中心举办首届中国跨境电商交易会，图为交易会现场　（叶义斌　摄）

【对台交流合作】 2021年，福建自贸区福州片区率先开展台企迁入迁出“一窗通办”。全省率先实现四项台企便利化试点新政全部落地施行，办理首笔台企线上资本项目外汇收入结汇试点业务，开展“台商台胞金融信用证书”试点，以解决大陆金融机构对台胞台企“信用不对称”问题。创新涉台“云庭审”新模式，设置台胞个人调解工作室，预防和化解涉台矛盾纠纷。

【对外贸易往来】 2021年，福州江阴港区进境肉类指定监管场地通过验收。区内企业完成首票10万吨原油非国营贸易进口业务。完成首单二手车出口业务和首单国六排放平行进口汽车业务。全年累计引进外资企业42家，全区实际利用外资1.69亿美元；累计办理境外投资项目备案13个，中方协议投资额1.57亿美元。

【法治监管保障】 2021年，福建自贸区福州片区推进行业信用风险分级分类监管，为87家企业开展第三方信用评估修复和升级；制定市场监管领域12类28项首次轻微违法行为不予行政处罚清单。完善基于大数据的高效监管和风险防控体系，推动审批系统、证照系统、监管系统、信用福州平台信息之间的交换与共享，完成市场风险前导消除案例200余个。建立涉自贸试验区民商事纠纷诉调仲执一体化机制，以加强诉讼与调解、仲裁的程序衔接。

（林仕锋）

（编辑 姚国榕）

园区建设

福州高新技术产业开发区

【概况】 2021年，福州高新技术产业开发区（简称福州高新区）财政总收入30.18亿元，比上年增长11.1%；地方一般公共预算收入20.27亿元，增长14.2%；一般公共预算支出23.7亿元，增长20.1%；税收固定资产投资257.6亿元，增长14.2%；工业固定资产投资127.9亿元，增长55.8%。规模以上工业企业66家，规模以上工业总产值完成226亿元，比上年增长13.7%。与大学城14所高校签署战略合作，开展政策咨询、人才交流等产学研项目合作。

【基础设施建设】 2021年，福州高新区基础设施建设涉及老旧小区改造、公共停车设施、城市供水等42个项目，总投资138.8亿元，计划投资43.7亿元已全部完成。完成市政道路新建改建12条，总长度约14千米，投资金额9.34亿元。完成污水管网建设14.07千米、投资金额1.23亿元，雨水管网建设13.05千米、投资金额1.06亿元，供水管网建设12.03千米、投资金额0.77亿元。完成燃气管网建设5千米、投资金额130万元。新建和改造提升公园绿地面积10公顷，新建和改造提升福道长度10千米、立体绿化5处、口袋公园5处，完成总投资9000万元。

【民生事业发展】 2021年，福州高新区完成海西园安置房一期C区、旗山苑、溪源花园等5个项目竣工验收，竣工面积64.02万平方米，建成安置房总套数4823套，其中海西园安置房一期C区、旗山苑完成回迁安置，推进翔龙花园、南港花园等项目建设。新建、改扩建高新区第一中心小学二期、高新区实验中学二期、美术职校新校区、两园中心小学等中小学、幼儿园8所。

【招商引智】 2021年，福州高新区开展“招商效率和招商质量提升工程”专项行动，引进腾讯云数字经济生态产业总部、中建五局福州区域总部、海狮数智中心等项目260个，总投资993.35亿元，比上年增长9.04%，其中引进福耀科技大学、保利通信福州科技产业园、海峡星云区块链服务器及配件生产基地等100亿元重大项目。接待洽谈工联院、东方电气、鹏博士、大陆希望、上海莱士、上海微创、中建三局等300余家企业。

【科创走廊建设】 2021年，福州高新区出台《福州高新区建设科创走廊工作方案》，按照“以产兴城、以城聚产、产城融合”的总目标推进科创走廊建设。创新实验室建设体系，闽都创新实验室、海峡创新实验室等省创新实验室在建。举办“福州高新区科创走廊建设”主题沙龙活动，以线上培训、线下交流等方式，举办高企认定培训等各类政策宣讲培训12场，新增高新技术企业165家，新增福建省科技小巨人企业35家。园区重大绿色工程与项目完成8个，占总数的26.7%，开工建设项目15个，占总数的50%。

【重点项目建设】 2021年，福州高新区有市重点项目93个，总投资962.14亿元，年计划投资171.62亿元。累计完成投资175.26亿元，完成年计划投资102.1%，其中在建项目54个，总投资562.44亿元，年计划投资139.84亿元，累计完成投资142.5亿元，完成年计划投资101.9%。计划新开工项目15个，总投资178.82亿元，年计划投资31.78亿元，累计完成投资32.8亿元，完成年计划投资103.21%。预备项目24个，总投资220.88亿元。组织开展市级园区标准化建设项目45个，所有项目累计完成投资44.4亿元，项目完成比率104.93%。其中，6个龙头培育和集群建设项目完成投资9.94亿元；4个优化规划和集约发展项目完成投资10.1亿元；5个科技创新和产教融合项目完成投资4.92亿元；30个基础设施和生产生活配套项目完成投资19.44亿元。年内建成、投产年产600台液晶面板自动化设备生产线项目、物联网大口径水表智能生产项目、福州建工（集团）总公司建筑生产基地、高新区万达广场等18个重点项目。迈新生物诊断试剂生产基地、5G通信配套设备及基础配电设备生产项目、凯德数创信息中心、广裕德扩能增效建设项目等 15 个重点项目按期开工。国家地球空间信息福州产业化基地、创新园三期、光电实验室等 54 个省、市重点项目在建。

（王玲玲）

福州软件园

【概况】 2021 年，福州软件园有 1100 余家企业，其中主板上市挂牌企业 9 家、上市公司分支机构 15 家、上市后备企业 24 家、产值超亿元企业 112 家、高新技术企业 279 家。形成软件和信息技术服务、光电芯片智造、新一代信息技术为核心，产业创新服务为基础的“3+1”产业集群。园区瑞芯微、联迪、福昕等 30 家企业在全国行业细分领域排名前列。年内获评省级数字经济示范园区，人才服务入选全国人才工作优秀案例，实现营业收入 1500 亿元。

【项目建设】 2021 年，福州软件园实施高级版标准化产业园区建设，制定高级版“实施方案”，优化九大公共服务平台功能，打造信创产业示范基地“五个第一”（全国第一批工信部协同攻关和体验推广中心、全国第一个信创领域赛道——数字中国创新大赛·鲲鹏赛道、全省第一家信创产业适配中心、全省第一家软件产业共享开发空间、全省第一个鸿蒙开放实验室），引入 7-ELEVEN、星巴克、旗汛口幼儿园教学点等配套服务，获市级基础设施配套贷款贴息 155.26 万元，是 4 个获批园区中唯一的创新型园区。

【招商引资】 2021 年，福州软件园“攻坚 120 天”梳理任务 102 项，总投资近百亿元，推动 37 个重大签约项目落地，落地率 97%，21 个招商项目生效，生效率 42%。通过开展线上招商、平台招商、以商招商等举措，推动数字经济领域的领军企业落户园区。全年引进字节跳动、阿里钉钉生态加速基地、新西兰绘梦集团等招商项目 63 个，总投资 65.39 亿元，在鼓楼区排名第一。

【科技创新】 2021 年，福州软件园实施“苗圃计划”，新入驻项目 43 个，累计孵化企业 400 余家，存活率逾 81%。累计培育国家高新技术企业 59 家，2 家市级众创空间升格省级。“苗圃计划”兑现政策减租 195 万元。举办全国大众创业万众创新活动周福建分会场活动，以“高质量创新创造，高水平创业就业”为主题，开展专业资本对接、项目辅导、政策支持等服务。

（叶敏英）

福州台商投资区

【概况】 2021 年，福州台商投资区松山片区完成规模以上工业总产值 17.8 亿元，比上年增长 33%；固定资产投资 6.59 亿元，增长 8.63%；工业固定资产投资 5.38 亿元，增长 1.65%；出口额 5.22 亿元，增长 16.5%；企业税收 3584.56 万元，增长 280%。2012 年 1 月，国务院批准扩区至罗源湾南北两岸（罗源松山和连江大官坂），扩区后总面积 13.26 平方千米，享受国家级经济技术开发区政策。其中，位于罗源湾北岸的松山片区面积近 6 平方千米，由福州台商投资区管委会直接管理。

【基础设施建设】 2021 年，福州台商投资区完成园区控制性详细规划（修编）及入库工作。完成 LED 项目地块剩余填方，通过省自然资源厅海域验收，获得 LED 地块不动产权证。开展日处理能力 3 万吨污水处理厂以及增量配电等项目前期建设工作。推进福州罗源（台商）万洋众创城（一期 19 公顷）项目建设，投资 10 亿元，建设建筑面积 42 万平方米标准厂房及生产生活基础设施项目建设（包括不低于 700 套的租赁住房）。

【招商引资】 2021 年，福州台商投资区围绕“汽配及新能源、新材料（含绿色建材）、装备制造”等主导产业，促进产业集聚集群发展。全年对接项目 51 个，落地项目 19 个，完成福州市招商考核项目 18 个，完成率 180%，总投资 101.3 亿元。

【项目建设】 2021 年，福州台商投资区省、市重点项目德塔、联塑、澳蓝以及基础设施建设启动项目等均达到序时投资进度或超额完成投资任务，年投资额 6.27 亿元，完成率 130.6%。华扬、台立闽、九正机电、钠星、鑫尚林等 5 家企业办理环保审批、备案、施工许可证等前期手续，全面完成生态修复工程。松岐中路小获溪桥全幅贯通，实现工业园区与罗源湾滨海新城互联互通。引进万洋众创城项目，项目总投资 50 亿元。

（陈　锦）

金山工业园区

【概况】 2021 年，金山工业园区有企业约 3500 家，园区形成电子信息、机械制造、医药生产、食品加工、纺织服装等支柱性产业。全年实现税收 16.22 亿元，有规模以上企业 385 家，实现规模工业产值 784.14 亿元，服务业营业收入 92.34 亿元，社会消费品零售额 62.31 亿元，批发额 59.03 亿元，建筑业产值 3.27 亿元。在市级重点工业园区绩效考核中位列第一，福厦泉自主创新示范区福州片区“一区二十四园”考核在产业核心园区中排名第一、综合排名全市第二，全省开发区综合评价跻身全省前十。获评福建省新型工业化产业示范基地和省级示范数字经济园区。

【招商引资】 2021 年，金山工业园区有橘园洲智能产业园、瑞科医药健康产业园、财茂生物医药科技园等“园中园”，实施主导产业招商引资补链工程，推动智能产业、生物医药产业集聚式发展。全年招商项目 397 个，总投资额 1168.22 亿元。

【园区提升改造项目】 2021 年，金山工业园区采取“政府收储、国企建设、企业入驻”的办法，对橘园洲片区 6 个地块进行收储，由区属国企开发建设高标准工业厂房面积约 51 万平方米。采取“政府把关服务、企业自主建设”的办法，鼓励引导符合占地面积、产业方向、产值税收等条件的企业自筹资金对原有厂房进行提升改造，有30多家企业申请，其中联合动力自主提升项目、瑞科医药健康产业园一期竣工投用，奥特帕斯、克里贝尔、闽江机电、中能电气、依强珠宝等自主提升项目开工动建。按照“政府出导则、国企做配套、企业齐参与”的办法，组织制定完成橘园洲片区建筑风貌管控导则，制定标准，老旧厂房业主对照标准自行拆除违建以及根据生产需求进行厂区环境及外立面提升。国企介入负责公共部分的配套建设，优化停车位、休闲步道、绿化、管网等设施。

（姜聪颖）

福兴经济开发区

【概况】 2021年，福兴经济开发区重点培育光电通信、数字经济、总部经济、智能制造、智慧物流五大产业集群，有规模以上企业84家，规模以上工业产值480亿元，年产值亿元以上工业企业46家。有国家级高新技术企业81家，科技小巨人领军企业15家，瞪羚企业1家。

【基础设施建设】 2021年，福兴经济开发区开展福兴大道沿线景观整治工程，其中晋安湖公园（一期）开园，完善公园周边绿地、公共设施等配套建设。推进湖塘路、双福前横路快速化改造工程等项目，双福路南段（福马路—红光路）工程进度过半。完善园区污水处理体系、“固废”处理体系建设，整合优化环境综合管理平台，推进智慧监管。推动宏捷物流等利用自有土地建设约800套公共租赁房。

【招商引资】 2021年，福兴经济开发区建立“政府+企业”招商信息共享机制，开发区及鼓山镇通过考评项目86个，认定总投资518.65亿元。引进纵横集团总部项目、福州中晋投资有限公司、IGG集团总部办公及研发中心项目、本田动力舷外机生产项目、未来无线职能总部大楼及互联网数据中心等项目。与六大银行签署战略合作协议，搭建政银企对接交流合作平台。对接市、区金融办及有关金融机构，开展园区企业贷款政策咨询服务，22名金融特派员进驻“三创园”提供零距离金融服务，摸排企业资金需求30.34亿元，落地15.14亿元，惠及企业331家。

【项目建设】 2021年，福兴经济开发区规划园区容积率，从1.4调至2.57，实行“管得住、拆得下、建得起、招得来”四步工作法，推进31项“四个一批”（收储出让一批、工业用地增容一批、老旧厂房转租一批、企业利用自有用地建设零星办公用房一批）项目进程，举办湖塘科创园、未来科技大厦等重点项目开工仪式，推进永正检测中心、金强欧居装配产业园、福州数字内容产业园等在建工程。

（林　琛）

2021年9月9日，福兴经济开发区在晋安湖“三创园”举行未来科技大厦奠基仪式

（福兴经济开发区　供图）

融侨经济技术开发区

【概况】 2021年，融侨经济技术开发区有规模以上工业企业249家，完成产值1264.8亿元，比上年增长13.7%，占福清市规模以上工业产值一半以上；限额以上消费品零售额114.6亿元，增长24.4%；限额以上批发额236亿元，增长114.5%；固定资产投资311.4亿元，增长20.4%，其中工业固投99.2亿元，增长40%；实际利用外资3.3亿元，下降9.7%；税收收入51.3亿元，增长0.5%。在全省园区联席办试点园区标准化建设评价中综合评分第四名、新型基建专项行动第一名，获评省级示范数字经济园区。

【产业项目发展】 2021年，融侨经济技术开发区列入福州市“扶持产业壮大龙头”的11家企业累计完成产值733.1亿元，比上年增长26.26%，占园区工业产值的一半以上。引进福融新材料、越华晖显示科技产业园等产业链项目52个，总投资346.2亿元。开展“零地招商”工作，引进科富电子、世高智能、嘉德等项目44个，总投资6.85亿元，盘活闲置厂房30.04万平方米。

【产业创新】 2021年，融侨经济技术开发区新增35家国家级高新技术企业，累计有国家级高新技术企业82家；新增科技型中小企业35家，科技小巨人企业10家。全年备案各类技改项目28个，总投资63.83亿元。实施17个“互联网+先进制造业”重点项目，培育福耀玻璃、福州京东方2家省级工业互联网应用标杆示范企业，福耀集团和京东方集团获中国质量奖。“双创”载体平台推进厦门大学科技园、均和云谷·福清科技港、岁金智谷·福清科创走廊项目等一批科技平台项目落户开发区。联东U谷三创中心项目在建，项目厂房封顶，签约入驻项目7个，总投资2.68亿元，用房面积2.38万平方米，其中国家高新技术企业3家。

【营商环境】 2021年，融侨经济技术开发区帮助企业申请兑现各项补助资金 8405.57 万元。新建 15 条道路总长度 20 余千米，启动光电园友谊集团及洪宽工业区公交首末站建设。推进洪宽大道绿化综合整治项目建设，实施福前路、万安大道等 4 个污水管网项目建设。完成洪宽工业村员工宿舍（一期）项目，友谊集团公共租赁住房项目在建。完成崇文小学二期项目，石竹高仑小学附设幼儿班项目及宏路中学综合楼项目在建。联合闽江职校、福建技术师范等院校，探索开展订单培养、岗前短训和技能等级培训。规模以上工业企业中开展产教融合校企合作培养技能人才比例 39.78%。推进福建省闽江职业技术学院设立的融侨经济技术开发区职业技能提升中心通过省级备案并揭牌。

（游　强）

福州新区福清功能区

【概况】 2021 年，福州新区福清功能区规模以上工业产值累计完成 353 亿元，比上年增长 14.7%。固定资产投资完成 97.2 亿元，比上年增长 17.72%，其中工业固定资产投资 49.3 亿元，增长 7.28%。全年实际利用外资 2971 万元，累计缴纳税金 3.5 亿元。

【基础配套建设】 2021 年，福州新区福清功能区各类配套建设总投资 71.4 亿元，其中洪嘉大道延伸段（元城次三路至元城三路段）、元城三路（洪嘉大道至滨海大道段）、滨海大道物流园段部分路段、洪海支二路、元城七路北段等道路实现通车，元城次四路延伸段（滨海大道至现状海堤段）、元城四路（海城路至滨海大道段）、元城五路（海城路至洪嘉大道段）、元海六路（海城路至滨海大道段）、元城三路延伸段（滨海大道至现状海堤段）等道路在建。善友变电站、元洪消防站、华侨公园、创业服务中心、亚琦元洪商贸城、元洪国际美食文化城基本完成建设。华强温德姆酒店、元洪幼儿园、九年一贯制学校、元洪医院等综合配套建设均启动建设或在建。谋划生成元洪国际食品产业学院、元洪食品检测检验国家实验室、福平铁路元洪疏港支线、京台高速公路元洪疏港支线等项目。

【项目建设】 2021 年，福州新区福清功能区有 12 个项目被列入福州市重点项目，其中含 4 个省重点项目，年度累计完成投资 38.6 亿元。元洪城市综合体（一期）、华强温德姆酒店、福建丰大元洪国际食品展示交易中心（一期）3 号冷库和 4 号冷库等 3 个项目竣工投产，福建宇邦纺织科技有限公司年产高档服装面料 6000 吨、胜田（福清）食品有限公司年产速冻食品 3 万吨及年冷冻速冻食品 3 万吨项目等 10 个项目动建或挂牌。元洪国际食品展示交易中心一期 4 号库进入打冷验收阶段；5 号库主体结构全部封顶，冷库外墙砌体完成一、二层；6 号库主体结构全面封顶，外墙砌体完成一层。元洪国际食品展示交易中心二期（福建丰大公共冷库）2—12 号交易楼、1 号高温库土建全部完成。1 号高温库室外场地硬化完成，6 号、8 号交易楼场地硬化施工中。星龙翔水产食品批发商贸城 3 号楼粉刷完成，铝合金、外墙瓷砖开始施工；5 号楼砌体完成外墙粉刷，开始喷浆；6 号楼砌体二次结构施工至 5 层。兆华水产年产 4.5 万吨冷冻食品项目地下室混凝土全部浇筑完毕，冷库开始 1 楼模板和钢筋施工，车间开始基础钢筋施工。

【招商引资】 2021 年，福州新区福清功能区在福清市“招商效率和招商质量提升工程”行动中，招商任务数 15 宗，任务要求投资额 200 亿元，有 17 个项目通过考核，总投资额 283.4 亿元，完成全年任务数的 113%，完成投资额任务的 142%。其中二产项目 13 个，总投资 241.61 亿元；三产项目 4 个，总投资 41.79 亿元。

【产业发展】 2021 年，福州新区福清功能区完成 11 家企业新增纳统申报，其中商贸业 7 家，分别是福建蓝维思电子商务有限公司、福建银珑国际贸易有限公司、福建御融供应链管理有限公司、福建融商汇进出口有限公司、福建食飨电子商务有限公司、福州市九里京食品有限公司、福清鸿峰贸易有限公司；服务业 4 家，分别是闽知云（福建）科技有限公司、福州薪盈悦信息技术有限公司、福州薪策信息技术有限公司、福州薪火信息技术有限公司，超额完成批发业新增纳统企业数和营利性服务业新增纳统企业数指标要求。全年完成限额以上社会消费品零售总额 30.1 亿元，比上年增长 58.7%；限额以上批发额 162.6 亿元，增长 15%。通过京东、元洪在线等平台引进 85 家商贸服务类企业注册，注册资本 14.93 亿元。推动以福州元洪商贸集团为主体开发元洪优品（食品）App，采取前店后仓模式，提供社区配送服务，与线上共享货源，设立线上线下闽菜馆运营中心。9 月 3 日，印度尼西亚驻中国大使馆授权元洪投资区通过京东平台成立线上“印尼国家馆”，11 月 3 日，京东国际批准设立“印尼国家馆”；是国内首个印尼官方授权的印尼商品进入中国市场的线上渠道，整合燕窝、海参、咖啡及生鲜海产品等超 1000 款印尼特色产品；线下同步筹备元洪京东选品中心“印尼国家馆”区，入驻展示 200 余款印尼产品。依托福州元洪商贸集团，探索为园区核心企业提供原材料代采服务，全年完成 127 单业务，代采额 3 亿元。

【营商环境】 2021 年，福州新区福清功能区推动元载码头新增涉外作业点、福州港松下港区元洪作业区远洋渔获防疫监管工作区及查验平台通过验收。指导元洪国际食品展示交易中心建设进境肉类指定监管场地和海关监管作业场所，海关监管作业场所及新冠疫情集中消杀检测点获批。推动出台新一轮元洪国际食品园冷库项目扶持优惠政策。

【“两国双园”项目】 2021 年，中国—印度尼西亚“两国双园”中方园区以福州市元洪投资区为核心载体，印度尼西亚方园区以民丹工业园、阿维尔那工业园、巴塘工业园为主体，探索产业互联、设施互通、政策互惠的双园结对合作机制，构建国际产业链、供应链分工合作创新平台。1 月 12 日，商务部、省政府和印度尼西亚海统部签署“两国双园”项目合作备忘录，项目由起初的设想上升为两国政府间的重点合作项目；3 月

23日，中国—印度尼西亚“两国双园”联合工作委员会第一次会议召开，宣布启动副部级联合工作委员会机制；4月20日，习近平主席与印度尼西亚总统佐科通电话，就加快推动“两国双园”项目达成重要共识；6月7日，福建省省长王宁与印度尼西亚海统部部长卢胡特就“共商加快推进‘两国双园’项目建设”举行视频会谈；7月15日，以线上线下相结合的方式，在福州和印度尼西亚多地连线举办中国—印度尼西亚“两国双园”全球招商推介会，推介会由商务部、印度尼西亚海统部和福建省政府主办，通过多个平台全程直播，逾50万人次在线参会，其间《人民日报》、新华网、新浪、今日头条等海内外44家媒体对大会进行宣传，相关新闻资讯受众总覆盖量逾8000万人次。推介会签约16个项目，其中兆华水产项目动工建设，恒元盛实业项目用地摘牌；“两国双园”综合智慧能源项目与园区多家企业达成合作，部分合作项目投产；“两国双园”元洪食品产业学院项目地块选址确定，开展土地报批前期工作；三林集团与胜田食品共建的印尼海洋渔业中心计划建设10个渔业基地（年产量50万吨/个），第一个基地启动规划建设，选址印度尼西亚东爪哇省图班市。梳理“两国双园”意向项目51个，推动备案项目转落地。12月7日，福建省委常委、常务副省长郭宁宁与印度尼西亚海统部部长卢胡特举行视频会议，商议加快“两国双园”项目建设。

（潘　薇）

福州江阴港城经济区

【概况】　2021年，福州江阴港城经济区完成规模以上工业产值471.16亿元，比上年增长27.21%；固定资产投资136.98亿元，增长8.8%；工业固定资产投资120.14亿元，增长13.1%；集装箱吞吐量206.83万标箱，下降3.86%；港口货物吞吐量4253.84万吨，增长2.91%。年内落地工业企业116家（规模以上企业65家）。1月29日，园区被认定为福建省首批9个化工园区（化工集中区）之一。5月28日，福建三峡海上风电国际产业园获评全国首个“碳中和”工业园区。

【项目建设】　2021年，福州江阴港城经济区完成思嘉新材料科技产业园、万华化学年产80万吨PVC等14个开工项目，总投资286.44亿元。友谊新材料科技园三期、融航纤维年产15000吨/年差别化纤维等11个项目竣工，总投资73.53亿元。5月28日，全省首个丙烷脱氢项目在中景石化科技园投产。“抓促”工作位列福清市四大园区第二。

【招商引资】　2021年，福州江阴港城经济区以千亿级化工新材料产业集群为目标，招引思嘉新材料科技产业园、中景石化科技园二期一阶段等22个总投资406.1亿元的招商项目，招商工作位列福清市四大园区首位。

【基础设施配套建设】　2021年，福州江阴港城经济区完成新建及提升道路各3条，总长3.35千米；完成16万平方米绿化景观提升工作；完成顺宝河、圣发河、高港大道边沟绿化等驳岸景观提升改造工程。钱塘河工程完成左右岸挡墙各700米；高港南、北滞洪区完成水泥搅拌桩施工；壁头河、壁头支河完工。启动园区污水管网及设施运维方案编制工作。推进生活配套设施建设，新厝实验幼儿园基本建成；城关小学江阴港城校区、产业公寓一期、产业公寓二期项目完成招投标工作；福清一中江阴港城校区、江阴医院、体育馆、商业综合体开展前期工作；完善员工倒班宿舍，两期产业公寓在建；推进在中心城区配置企业人才住房用地。推进危险化学品运输车辆专用停车场、消防车辆取水点或取水码头建设，完成视频监控能力提升项目建设并通过验收。建立健全企业安全分级管理考核机制，实施企业安全考核分级管理。完成有毒有害气体环境风险预警体系建设，于11月通过验收。推动成立园区道安办、江阴港城城管中队、江阴交警中队，增强执法力量，提升园区道路安全和交通管理水平。采用“科技+制度”方式，推进建设覆盖安全生产、道安、应急、环保等工作的综合性智慧化平台。

【自贸工作】　2021年，福州江阴港城经济区推出创新举措38项，其中2项创新举措通过省自贸办评估认定（2项为全国首创）。推动区内平台深化与京东、拼多多、菜鸟等国内大型平台的合作关系，全年完成累计运营1533.4万票（进口运营639.77万票，出口运营893.63万票），比上年增长217.76%。推动进口整车符合性整改场所升级，完善整车口岸配套服务设施。培育进口粮食加工贸易中心，推动拓田年产100万吨饲料加工项目达产，招引天马年产100万吨饲料项目和国捷进口粮食集散分拨中心项目。

（张慧娟）

闽台（福州）蓝色经济产业园

【概况】　2021年，闽台（福州）蓝色经济产业园完成招商项目12个，总投资金额196.5亿元。推进福清市氢能产业规划编制、氢能产业宣传册制作、氢能展馆规划工作。

【基础设施建设】　2021年，闽台（福州）蓝色经济产业园以“三横三纵”为主线，推进滨海大道蓝园段、闽台大道、湖滨大道、海洋大道等主干路网框架逐步成型。规划水系河道总长度约35千米，横向河道长约15千米，纵向河道长约20千米。规划绿地与广场用地面积409.07公顷，占总规划面积19.46%，建成绿化面积53.33公顷。

完成日供水量8000吨的蓝园专线供水管道铺设工程，远期日供水量可增容至3.5万吨。建成日处理量1.25万吨的污水处理厂并投入使用。110千伏高压电力走廊工程交付使用，220千伏变电站正进行项目前期设计。由华润燃气公司投资建设日供气量2.0万立方米/小时的LNG燃气站投入使用。4G网络实现全覆盖，5G网络试点覆盖。

【招商引资】　2021年，闽台（福州）

蓝色经济产业园完成招商项目12个，总投资金额196.5亿元。依托中铝东南沿海铝精深加工产品项目的品牌优势，延伸产业链。依托蓝谷产业综合体，推进小微集群招商。项目一期吸引58家中小微企业入驻，年内推进9家企业项目完成落地备案。与东方电气、浙大氢能、国家能源集团氢能公司、中国氢能源产业联盟、氢能产业示范项目展开对接。与福清核电公司推进核能驱动智慧零碳产业园项目，打造国际首创“核能驱动，零碳智慧”新型产业园，完成项目备案工作，推进一期“清洁供汽”工程建设。

【项目建设】 2021年，中铝东南沿海铝精深加工基地项目由中铝瑞闽公司投资建设，分期分阶段实施。一期一阶段智慧工厂项目，项目投资约15亿元，主导产品包括中高端印刷用铝、3C电子用铝、交通用铝等高精产品，已竣工投产。一期二阶段为汽车轻量化用铝项目，项目投资约10亿元，年产汽车用铝合金板带材10万吨，已竣工投产。一期三阶段为交通运输及电子领域用连续性铝合金卷材生产线项目，项目投资约15亿元，继续建设中。

蓝谷海工装备产业综合体项目由福建省蓝谷投资开发有限公司投资，项目总投资10亿元，计划用地33.33公顷，建设标准厂房及产业配套设施合计33万平方米以上，第一批62栋厂房完成验收并交付客户使用。

鸿生装配式建筑及建筑资源再生项目由福建鸿生高科环保科技有限公司投资，总投资18亿元，达产后产值约50亿元，年创税收2亿元。项目计划用地58.8公顷，分3期建设。主要产品为装配式混凝土预制构件、建筑再生资源回收等，项目实现部分投产。

（陈　榕）

福州新区长乐功能区

【概况】 2021年，福州新区长乐功能区工业总产值1437.5亿元；实现营收526.94亿元，比上年增长26%；税收5.42亿元，增长36%；固定资产投资582.48亿元，增长30%；工业固定资产投资230.76亿元，增长31.8%。

【招商引资】 2021年，福州新区长乐功能区落地招商项目125个，预期总投资564亿元。福州新区长乐功能区管委会在第四届数字中国建设峰会上签约项目23个，总投资额328.6亿元。

【重点项目建设】 2021年，福州新区长乐功能区安排重点项目119个，年度计划投资417.1亿元，完成投资467.49亿元，其中在建项目79个，总投资1317.38亿元，年度计划投资369.8亿元，完成投资412.13亿元；计划新开工项目18个，总投资243.1亿元，年度计划投资47.3亿元，完成投资55.36亿元。达华卫星互联网产业园、福州滨海新城CBD核心区输配环区域工程地下空间项目等16个项目动工建设，开工率88.89%。

【东南大数据产业园建设】 2021年，福州新区长乐功能区东南大数据产业园（含网龙片区）累计注册企业747家，注册总资本587.61亿元，累计实现营业收入1043.69亿元，实现税收25.68亿元。其中年内新增注册企业200家，注册资本116.83亿元，营业收入501.69亿元，税收7.82亿元。牵头承办5G云游戏产业博览会暨云游戏产业高峰论坛，助力数字福建云计算公司成为5G云游戏产业联盟IDC战略合作机房，并与7家企业签署IDC机房合作意向协议。5G云游戏产业联盟秘书处（福建办事处）同步落地。引进北京云鹭科技等云游戏企业落地，推动北京庭宇科技等企业与IDC园区企业达成合作，并引导福州30家企业共同发起成立“福州市互动视频计算协会”。落地福州首个城市级直播互联网产业基地，省商务厅授牌成立“全闽乐购”直播电商选品中心和福建跨境电商选品中心。承办福州首届数字视听大会，5家企业签署入住协议，14家企业签署战略合作协议。作为快手科技在全国授权落地的第二家跨境电商服务站项目，“快手（福州）跨境电商服务站”落地滨海新城。翔福物流园跨境电商邮快件监管中心启用，畅通省内外跨境电商企业外贸物流渠道。

【基础设施建设】 2021年，福州新区长乐功能区商务印书馆福州分馆、第二工人体育馆分别开馆，复旦大学附属华山医院开诊。二期路网供水和路灯照明工程完工并投入使用。功能区卫生保洁和绿化养管工作由区住建局环卫部门统一安排组织实施。滨海工业区污水处理厂日处理污水9万吨（其中一期3万吨、二期6万吨），污水排放标准达国家一级A标准。开展工业区道路建设工作。全年根据园区企业及群众诉求，累计完成39处抢修任务，主要包括路面修复8处、窨井修复29处，污水管网修复2处，投入抢修资金46.44万元。

【惠企政策】 2021年，福州新区长乐功能区协助和瑞基因、湛华智能、联通、数字福建云计算等4家企业申请兑现总部经济奖励2453万元，协助海峡联合纺织申请兑现“乐纺云”平台补助27.6万元，协助福建省信创科技有限公司申请第一期1500万元运营经费补助，对接福州数据技术研究院有限公司，提出拨付运营经费的初步审核意见。服务中国东南大数据产业园研发楼一期、二期入驻企业150余家，涉及免租办公场所面积1.33万平方米。兑现入驻企业人才公寓相关政策，全年接到40多家企业公寓申请84件，审批人才公寓142套（总面积约8800平方米），安排人员350多人。对产业园常驻车辆实行特殊收费模式，享受特殊收费优惠6791辆，累计支付高速通行费2879.3万元。福州、长乐城区至滨海新城28条各类公交线路均正常运营。

（王　炜）

福州临空经济区

【概况】 2021年，福州临空经济区有规模以上工业企业279家，总产值1464.19亿元，比上年增长15.2%；税收11.84亿元，增长4.96%。年内，推进重点产业项目74个（其中省重点项目32个），总投资640.93亿元，年度计划投资126.72亿元，阿石创新材料、立华智纺、国发重工、兴鸿纸业、尚绿宝等22个在建项目竣工或投用。

【重点项目建设】 立华智纺项目部分竣工投产 2021年4月，立华智纺项目部分竣工投产。该项目位于临空经济区湖南镇文岭镇交界。由福建省立华智纺科技有限公司投资38亿元，引进国内外先进智能纺纱设备，采用恒天经纬E系统与格罗瑞MES系统，导入大数据智能化管理工业互联网平台，以新型材料为基础，生产各类混纺与纯纺等系列纱线产品，并配套织造、服装与装备等生产线。用地面积23.4万平方米，总建筑面积36.6万平方米。

福米产业园偏光片项目建设 福米产业园位于临空经济区湖南镇，产业园规划用地133.33公顷，总投资额约220亿元，产业园规划“2+3”光电产业链项目，分别为2大核心材料——恒美偏光片项目、第三代半导体材料氮化镓项目，3大数字终端——福美偏贴（open cell）、显示模组+整机终端、半导体（射频、光伏、新能源汽车、卫星接收等应用终端），最终打造以光电显示新材料+第三代半导体新材料为双核发展驱动8K高清显示及数字终端集群。3月，恒美光电股份有限公司动工建设全球首条8K超高清电视专用偏光片产线及配套工厂。项目一期用地面积10.51万平方米，总建筑面积15.21万平方米，投资42亿元，主要建设包括生产车间、平置仓、综合厂房、资源回收厂、化学品仓、变电站等。项目主要建筑均启动主体建设。

阿石创超高清显示用铜靶材产业化项目建设 项目位于临空经济区漳港街道、湖南镇交界。由福建阿石创新材料股份有限公司建设，投资2.45亿元，用地面积1万平方米，建筑面积1.8万平方米，建设2000吨铜靶材生产线，产品应用于超高清、大尺寸面板生产线，是4K、8K超高清显示器件生产的关键基础材料。年内项目完成桩基工程施工。

【基础设施建设】 2021年，福州临空经济区安置房龙翔小区、棋山花园与临空医院等6个项目交付使用，总投资52.7亿元。推进文鹤中路及连接线、文山路及连接线、马山一路及连接线、仙昙东路、大鹤站（大鹤车辆段）、软件学院二期6个项目建设，投资34.6亿元，其中仙昙东路、软件学院二期2个项目竣工。启动网龙二路、228国道提升改造工程、LNG中气空港分站与临空中小学等14个项目建设，总投资34.8亿元。

（吴增辉）

青口投资区

【概况】 2021年，青口投资区规模以上工业产值549.33亿元，比上年增长30.1%，税收收入37.25亿元，增长19.3%。外资实际到资9432万元，比上年增长458.1%；固定资产投资完成98亿元，增长13.9%。

【招商引资】 2021年，青口投资区推进“链长+招商专员”工作机制，对接小康集团、理想汽车、奇瑞汽车、北汽福田、上汽集团、比亚迪等整车制造企业与东南汽车洽谈项目合作。全年落地招商项目132个，总投资325.49亿元。对接农发行、建设银行等11家银行，达成103.8亿元融资意向，其中东台工业园区项目与农发行融资获批10亿元授信。以七里、兰圃等产业园项目成功申报11.2亿元政府专项债。

【科技创新】 2021年，青口投资区国家高新技术企业年新增20家，比上年增长77%，累计有52家。科技型中小企业年备案量21家，比上年增长23.5%；科技小巨人企业新增11家，增长450%。新申报产学研项目8个，获省、市工业企业优秀创新产品奖6项。

【产业项目建设】 2021年，青口投资区帮助福建奔驰解决员工公寓、停车场需求，推动福建奔驰公司转型升级，扩大生产规模。全年实现产值143.98亿元，比上年增长29.1%；产量37786辆，增长26%；税收18.8亿元，增长12.6%。推动东南汽车公司于9月27日复工复产，全年完成产值4.44亿元，比上年下降33.7%；产量7342辆，下降24.4%。建成远翔斯巴鲁汽车4S店、福享汽车零部件生产项目等一批产业链项目。推进泰全工业、三盛实业、福享汽车、祥鑫军民融合合金铝等39个技改项目，计划总投资68.94亿元，年计划投资25.77亿元，实际完成投资27.46亿元。上云上平台的企业10家，申报市工业互联网“十百千万”工程项目1个，市“互联网+先进制造业”重点项目3个，申报市工业互联网应用标杆企业5家。按照省市县关于工业企业技术改造政策资金专项审计调查报告的要求，开展配套补助资金下发工作，发放各专项补助资金908万元。修编完成园区国土空间总体规划和控制性详细规划并分单元上报审核，报审通过4个控规单元。通过建账上图入库，梳理批而未供、供而未建和闲置土地36家、低效用地35家，推进蓝海物流、福享汽配、泰全工业等企业的低效用地改造升级，新增厂房面积20.5万平方米。

【基础设施建设】 2021年，青口投资区对园区重点道路实行载货汽车交通管制，增设电子警察抓拍设备45套，全年出动2200人次、1050车次，查扣82辆渣土车。组建联合执法队取缔占道经营7830起，纠正“摊外摊”“店外店”2980起，督促整改不规范、影响市容观瞻店面3370家及“路肩斜坡”80余处，拆除横幅条幅标语2160余条、大型展板广告牌35面、电线杆广告牌680余面、乱张贴广告1300余处。新建垃圾分类屋、垃圾分类亭128座，查处“两违”相关行为263宗，拆除违法建筑面积37.33万平方米。实施市政绿化补植，利用边角空地建设街头公园19处。关停取缔250家“散乱污”企业，整治提升168家。推进乌龙江、淘江等小流域综合整治，通过“堵、截、引、修”4项措施进行整治，确保污水不入河。全面完成2021年攻坚“120天”项目建设目标任务，列入福州市第一批工业产业园标准化建设项目18个，计划投资32.32亿元，累计完成投资32.32亿元。完善“3+2+1”生活配套，七里学校建设提速建设，预计2022年9月可建成投用，可增加小学42个班1890个学位和中学36个班1800个学位。新招聘56名待入编教师、24名编外教师、4名硕士研究生教师。县人民医院传染病防治大楼建成投用。西方财富酒店正式对外营业，青口正祥广场加快推进。改善公共交通配备，新增763路和765路公交线路，投放新能源车辆25辆、公交车10辆，增设公交站点45个；新增1407个停车泊位。对进出园区的六大主要出入口进行绿化、花化、彩化改造。建成公园路二期、陶精北路等12条道路。同步开展主干道沿线景观提升工程，完成东南大道、奔驰大道“白改黑”、景观改造及324国道两侧景观整治提升。东南汽车城自来水厂（设计日供水20万吨）建设提速，铺设市政排水管网150千米。建成东台550千伏、兰圃、长坪220千伏变电站，实施青口片区自来水厂项目，完成场地平整。加快建设联丰门气站，设计规模为日供气168万立方米。加快“5G+智慧园区”建设，优化5G基站布点，建成5G基站138个，支持企业5G示范应用，促进5G产业与汽车产业融合。搭建园区人才驿站、台胞台企服务中心、闽侯青口汽车工业园区职工法律服务一体化基地等平台。举办现场招聘会、参加“首邑之约”云招聘和“好年华、聚福州”福州市线上人才双选会等“线上+线下”多种方式。发放稳工稳岗类补贴逾3400万元，鼓励支持企业赴外省引进劳动力，为外出招聘的每家企业每次提供3000元补助。推动中波、中澳、海通等350套2.15万平方米企业租赁住房建设。

（郑　瑜）

连江经济开发区

【概况】　2021年，连江经济开发区实现规模以上工业产值217.53亿元，比上年增长3.15%；实现营业收入197.3亿元，增长1.27%；实现工业税收2.07亿元；完成固定资产投资194.9亿元（其中公共基础设施建设投资106.04亿元，区内企业固定资产投资88.86亿元），增长4.01%；实现进口总额2.17亿元，出口总额56.78亿元，实际利用外资7893.48万元。

【产业项目建设】　2021年，连江经济开发区有长恒水产品精深加工项目、连江聚力实业有限公司水产品加工及冷链项目开工动建。普洛斯二期仓储物流项目、福州海大饲料有限公司年产18万吨生物饲料项目建成投产。

【基础配套设施建设】　2021年，连江经济开发区粗芦岛污水处理厂二期、海西园区污水处理厂二期、青岛啤酒北侧道路、宏东产业园纵二路等项目开工动建；金凤高科标准厂房建成投用，继续开展项目招商。鼓励园区企业建设租赁住房，分4批获批13家，建设住房2390套、获租赁住房补助7625万元。

【集约用地】　2021年，连江经济开发区初步摸排低效用地9宗，完成5家低效用地企业收储，收储工业用地12.4公顷，其余4家企业均完成收储评估。全区涉及36宗50.2公顷批而未供土地，完成第一批次7宗7.87公顷批而未供土地处置；初步摸排16家企业不同程度存在供而未建情况，涉及未建设用地面积26.87公顷。

【龙头企业培育】　2021年，连江经济开发区庄臣酒业公司依托福建农业大学食品学科优势，推进校企“产、学、研”合作，建立专家工作站，“连江下濂地瓜烧酿造工艺”入选第七批省级代表性名录名单。以聚春园食品、海欣食品、奇新食品为龙头，依托宏东交易中心“线上+线下”平台，通过文化传承和技术创新相结合，丰富以福州鱼丸为代表的鱼糜类制品强链延链补链。

【科技创新】　2021年，连江经济开发区新增省级技术转移机构1家（福建省劳安设备技术开发有限公司）；新认定省级星创天地1家（福建吉百年食品有限公司）；新增瞪羚企业1家（福建省城投科技有限公司）；新增高新技术企业11家。获批市级工业技术改造2个项目补助220.5万元，县级工业技术改造5个项目补助128.2万元。聘请1名清华大学博士为信息顾问，协助开展入驻企业数据动态化管理工作。

（陈济奋）

罗源湾经济开发区

【概况】　2021年，罗源湾经济开发区完成规模以上工业产值565.4亿元，比上年增长17.7%；工业固定资产投资75.46亿元，增长64.8%；地方级财政收入4.24亿元；其他营利性服务业1.2亿元，增长14.8%；限上社会消费零售总额2.78亿元，增长9.8%。

【基础设施建设】　2021年，罗源湾经济开发区完成鹤屿泵站水闸及滞洪区工程。站前路、罗江路、松岐北路在建，站前北路、站前南路、岐鹤东路被列入建设计划。完成燃气工程规划，主气源为天然气，引进LNG项目完成供气干管建设，并组织实施供气支管建设。建成民族小学，逐步均衡配置城乡师资力量。

【招商引资】　2021年，罗源湾经济开发区洽谈招商项目60个，接洽罗源诗兰姆汽车零部件有限公司、福州艾米阳电子科技有限公司、福建中琉炭业有限公司、福建爱国有方研学教育科技有限公司等企业。引进落地宝太不锈钢冷轧等项目23个，总投资149.38亿元，其中投资额超50亿元项目2个，超2亿元项目7个；三产项目14个，二产项目8个，技改工业项目1个。

【项目建设】　2021年，罗源湾经济开发区列入省市县重点项目24个，总投320.39亿元，年度计划投资71.41亿元，完成投资83.91亿元，完成年度投资117.50%，超额完成进度。全年开工项目任务数8个，完成10个；竣工项目任务数6个，完成7个；“抓项目促发展”专项行动综合在罗源县排名第一。

（陈佳霖）

（编辑　姚国榕）

城乡建设与管理

城乡规划

【概况】　2021年，福州市完善《福州市国土空间总体规划（2021—2035年）》，组织编制《福州历史文化名城保护规划（2021—2035年）》《福州城市综合交通规划（2020—2035年）》等规划。出台《福州市村镇责任规划师制度实施方案》，构建“市县镇村”四级联动的村镇责任规划师队伍。

【市县国土空间总体规划】　2021年，福州市自然资源和规划局优化完善《福州市国土空间总体规划（2021—2035年）》成果，于4月20日组织召开专家研讨会，9月完成规划草案公示及相关部门意见征集等工作。福州市各县（市）在完成现状评估、专题研究等工作的基础上，均形成县级国土空间总体规划初步成果。

【村庄规划编制】　2021年，福州市自然资源和规划局出台《福州市村镇责任规划师制度实施方案》，通过市级专家领衔、县级机构审查、驻镇责任规划师督导、村级陪伴式服务等举措，构建“市县镇村”四级联动的村镇责任规划师队伍，推进全市“多规合一”实用性村庄规划编制工作。年内，全市启动村庄规划编制676个行政村，批复实施558个，全面完成50%村庄规划管控目标任务。

【历史文化名城保护规划】　2021年，福州市推进《福州历史文化名城保护规划（2021—2035年）》编制，挖掘福州历史文化内涵，规划历史文化名城保护与发展，成果于5月通过专家评审，市政府于8月11日、10月3日召开专题会议研究审议。

【市政规划】　2021年，福州市组织编制《福州城市综合交通规划（2020—2035年）》，构建与城市定位和发展目标相匹配的综合交通体系。完成南台岛、江北片区内涝风险区划及竖向规划修编，指导福州城区开发建设，降低城区内涝风险。完成三江口、大学城、福州现代物流城（连江）等重点片区交通提升研究。

【建筑景观管控】　2021年3月，福州市委办公厅、市政府办公厅印发《关于进一步完善福州市“两江四岸”规划管理措施的意见》，塑造“两江四岸”特色风貌，加强城市传统山水格局的传承与保护。7月，市自然资源和规划局出台《福州市建设工程规划许可公示规定》，开展建筑景观设计方案批前公示和批后公布，加强建筑景观设计方案审查质量与实施效果。

【建筑景观审查】　2021年，福州市自然资源和规划局组织召开建筑景观评审会33次，对93个建设项目提出景观提升意见。开展建筑景观“回头看”工作，对“两江四岸”、三江口、南台大道南大门门户沿线、鼓山东大门门户沿线等城市重点地段内120个项目进行全面梳理，分区域、分类型制定片区景观整治提升方案。

【闽江沿线规划管控】　2021年，福州闽江流域沿线重要区域规划审查办公室组织开展28项建筑方案规划成果审查，复核32项控制性详细规划、城市设计及19项出让用地的规划设计条件。

（林诚锦）

智慧福州建设

【概况】　2021年，福州市“智慧福州”管理服务中心（简称“福州市智慧中心”）针对民生需求，加强各智慧服务平台建设。全年数字城管系统受理有效案件113.97万件，“12345”热线受理诉求261.71万件。年内，福州市“12345”服务团队被授予全国“巾帼文明岗”和福州市“工人（五一）先锋号”称号，“数字福州，一码通行”入选福州市深化改革优秀案例，福州市“12345”平台获“总体评估优秀单位等级A+”“服务群众满意热线优秀单位”“服务企业满意热线优秀单位”“优秀服务能力成果案例”等荣誉和称号。

【平台建设】　城市综合管理服务平台　2021年，福州市作为住建部城市综合管理服务平台建设15个试点城市之一，市智慧中心与市城管委联合推进城市综合管理服务平台建设，构建城市精细化管理"大城管"格局。12月31日，平台通过项目可研评审。

市域社会治理现代化综合指挥平台　探索在市级层面建设大整合、高共享、深应用的市域社会治理现代化综合指挥平台，整合社会治理数据资源，实现社会治理数据跨部门、跨区域共同维护和利用。12月10日，平台项目发布招标公告。

智慧社区综合管理服务平台　市智慧中心围绕智慧社区试点，整合社区服务，统一社区信息化渠道。11月29日，平台完成项目招标工作。

营商服务平台　平台覆盖营商环境评估的各环节各领域，从各环节考评福州营商环境，形成评估指标全流程覆盖。提供营商服务一体化全业务闭环，包括营商环境评估数据采集设计、数据录入、营商环境评分、指标分项监管、任务跟踪督办、营商环境改善成果对比，分析福州营商环境的改革方向和政策制定方向。年末平台完成70%的开发进度。

【数字城管】　2021年，福州市数字城管系统受理有效案件113.97万件，比上年增长5.46%，结案率99.96%，按期结案率99.85%。信息采集员通过简易程序自行处置案件17.56万件。市智慧中心梳理制定《福州市网格化信息采集及分类处置事项清单》和《数字城管系统案件事项分级分类处置汇报制度》，将数字城管信息采集事项扩展至201项，增加公共安全、社会治安与防控、社会服务管理等社会治理信息采集类别的内容，明确不同案件的汇报层级和处置要求，规范数字城管业务案件分级分类管理标准。

市智慧中心与市国资委配合，加强对国企承办数字城管案件的督办力度，提升国企办件质量。跟踪与督促急要件2911件，结案率100%，无一例因办理不到位造成安全事故。全年召开案件协调会30次，现场考核35次，视频抽查176次。

通过月例会、现场抽查、系统归集抽查、常态化舆情监控等方式，加强对数字城管系统信息采集员队伍工作的监管力度，提升采集质量。建立常态化采集监督机制，收集易复发问题黑名单，规范和指导信息采集工作。

【"12345"政务服务便民热线】　2021年，福州市"12345"平台受理诉求261.71万件，诉求件受理率、反馈回复率、及时查阅率均为100%，按时办结率99.99%，群众满意率99.92%。全市政务服务便民热线通过整体并入、双号并行、设分中心3种方式完成归并，统一热线名称为"12345"政务服务便民热线，实现"7×24小时"全天候人工服务。"12345"热线在原有政务服务、企业服务基础上，率先在全省探索民生服务新模式，新增开锁换锁、管道疏通等10项民生服务事项，形成"一键+10"的民生服务项目体系。同时根据相关要求承担省级社保和医保热线话务服务工作。

市智慧中心组建"12345"热线研判工作小组，将研判审核介入受理、批转、报备、审阅四大环节，确保诉求事项受理规范、办理到位。对"12345"诉求件办理过程中存在的疑难诉求件，按照问题类别组织有关单位召开疑难件协调会，划清权属职责，并跟进督办。7—12月，牵头召开协调会30次。

"12345"热线建立民情民意研判分析机制，形成"一日一专报、一月一总结、一季一通报"工作制度，每天从群众反映的意见和建议中梳理出热点、难点问题和"金点子"，形成《"12345"每日民生热点诉求专报》，汇总反馈"12345"热线社情民意，全年编发《"12345"每日民生热点诉求专报》111期，跟踪督办308件市民"急难愁盼"的民生典型诉求。调整优化考核指标和考核方式，实行对标量化考评。建立常态化"12345"联合督办机制，由市效能办、市智慧中心主要领导牵头，每周定期召开"12345"联席会议，研究分析诉求件办理情况，并派出督查组现场督办。9—12月，召开联席会议14次，重点研判分析诉求件61件。

【"12345"政务热线创新发展实验室】　2021年，福州市智慧中心联合政务热线发展联盟、中山大学数字治理研究中心、才博智慧治理研究院，以"政务热线＋数据治理"为主题，推进数据共享和开放，提升大数据汇聚、处理、应用和服务能力，推动"12345"政务热线创新发展实验室建设。4月27日，福州"12345"政务热线创新发展实验室揭牌。

【"e福州"便民服务】　2021年，"e福州"App总用户数超900万人，日活跃用户超30万人次，为市民提供超过6.9亿次服务；"e福州"便民服务自助终端上线103项政务服务和公共服务事项，为市民提供服务近百万次。

年内，"e福州"App新增上线"全民核酸预登记""广电网络查缴""气象服务"等26项高频服务。市智慧中心联合市文旅局在"e福州"App开展留榕人员限时领券参观28家福州市A级收费景区、免费观影等线上活动。推动建设15分钟便民服务圈，在全市人流量较大的区域部署380台"e福州"便民服务自助终端，日均使用量超3000次。

【疫情防控信息化建设】　2021年1月26日，福州市"全民核酸检测预登记"服务在"e福州"App上线，可实现采样现场快速登记采样。全年市民通过"e福州"App进行全民核酸检测信息预登记760万条，全市预登记率95%以上。依托"e福州"综合指挥平台，市智慧中心每天将重点疫区到榕人员信息实时发送至所在区县、乡镇（街道）和社区（村），助力开展人员精准摸排和动态管控。

（魏博文）

市政建设

【概况】　2021年，福州市（六城区）建成区面积354.36平方千米，六城区（鼓楼、台江、仓山、晋安、马尾、长乐）建成区市政道路总长度2851.4千米，道路面积5581.6万平方米，道路密度8.05千米/平方千米，道路面积率15.75%。六城区污水处理率97.7%、供水普及率99.95%、燃气普及率99.11%。市城乡建设局负责项目完成形象进度投资420亿元，完成年度投资比例 106.71%；牵头城市品质提升，完成投资 1238.6 亿元，完成省级下达投资任务比例 122.5%，投资总量继续保持全省排名第一。

【“两江四岸”环境提升】 2021 年，福州市自然资源和规划局组织编制《“两江四岸”整体品质提升规划》，对标“山水城市”建设目标，牵头开展水体治理、码头建设等品质提升专项行动 12 项，完成提升项目 485 个，打造台江码头、西河智慧体育公园和三江口南江滨生态公园等精品景观节点。年内闽江之心——滨江步行街对外开放。

【特色历史文化街区建设】 2021 年，福州市按照展示建筑风格、文物古迹、区域文化、地域风情、土特产小吃等“五大展示”原则，推进 17 个特色历史文化街区品质提升、特色布展等工作。

【公共休闲空间配套设施建设】 2021 年，福州市自然资源和规划局对 13 个县（市）区建成的生态公园和特色历史文化街区进行全面盘整，查找配套设施单一、消费场所不足、文化展示内涵不突出、休闲空间活力不够等问题，聚焦 39 个重点提升的公共休闲空间项目，补充完善公共休闲空间文化、休闲、消费等配套设施。

【完整街区建设】 2021 年，福州市自然资源和规划局组织编制《福州市完整街区建设导则》，下发《福州市完整街区示范区建设工作实施方案》，推进完整街区建设，在各县（市）区选取 18 个完整街区作为示范样板区，对街区的养老、文化、体育、商业设施，街道景观等进行提升完善。年内，市自然资源和规划局建立责任规划师制度，第一批以四城区完整街区为试点，形成“政府负责、责任规划师指导、专业团队实施、群众广泛参与”的共建共享工作模式。

【市政路桥建设】 2021 年，福州市新建新店外环东段、连潘道路工程、梁厝南片区道路等 75 条道路，新建改造城市道路 161.19 千米，完成千米数位居全省第一。城区建成区道路长度提升至 2851.4 千米，城区路网密度 8.05 千米/平方千米，城区路网从全省中下水平跃居全国前列。城区交通高峰拥堵延迟指数下降至 1.68，高峰小时平均车速上升至 27.9 千米，全国主要城市交通拥堵排名下降至第 22 位。

2021 年 8 月 30 日，福州市城管委在南江滨东大道开展道路平整度提升整治
（市城管委 供图）

【便民停车泊位】 2021 年，福州市自然资源和规划局牵头制定《福州市推进解决城区停车难问题实施方案》，完成城区停车泊位普查工作，组织各县（市）区挖掘停车资源，重点针对居住区、公园景区、历史街区、医院、中小学、地铁站点等区域建设公共停车场，加大停车泊位供给，全年增设便民停车泊位 3 万个以上。

【城市品质提升】 2021 年，福州市启动新一轮城市品质提升，聚焦居住品质提升、交通品质提升、水环境品质提升、风貌品质提升、管理品质提升等 5 个方面生成 921 个项目，总投资 3678.5 亿元，年度计划投资 1011.3 亿元，全年完成投资 1238.6 亿元。在 2021 年度全省城乡建设品质提升考核中，福州市综合绩效排名全省第一，其中鼓楼区中山堂片区花漾街区样板、台江区苍霞新城全方位改造提升样板、闽清县崇尚集约建房示范建设等 10 个样板项目考评位于全省第一档（前三名）。

【景观照明设施建设】 2021 年，福州市完成第四批城区灯光夜景提升工作，在“一江、两河、三线、多片区”基础框架上，实施闽江夜游核心段暗区夜景补充提升和五一路、五四路重要节点夜景提升等项目 48 个，全部完工亮灯。完成庆祝中国共产党成立 100 周年等重要活动的城区夜景灯光氛围布置工作。

【户外广告管理】 2021 年，福州市出台《福州市户外广告设置管理办法》。开展市区立柱广告、违章 LED 走字屏专项整治工作，拆除违章立柱广告牌 30 面，整治违章 LED 走字屏 232 项。结合新一轮城市品质提升工作，完成 558 个店牌店招清理整治项目。

【城区水系治理】 2021 年，福州市编制城区水系专项规划，完善城区河网水系，完成义井溪、螺洲四支河等 8 条主干河道治理和晋安湖建设。落实“河湖长制”“河长日”等制度，建立“日交办，旬跟踪，月销账”督查督办机制，加强河长考核问责，并创新推行“民间河长”及内河违法事件“随手拍”首报奖励机制，鼓励公众参与。

【污水处理】 2021 年，福州市四城

区（鼓楼、台江、仓山、晋安）完成污水管网新建改造37千米。完成浮村厂二期扩容改造（5万吨／日）建设，四城区污水收集率70%，比上年提升22个百分点，生活污水厂进水生化需氧量（BOD）89毫克／升、提升29%，城区内河水质总体达到地表Ⅴ类水及以上标准。

【城市供水】 2021年，福州市有城市水厂31座，生产总能力314.95万立方米／日，供水总量58003.57万立方米，市政管网总长6255.57千米，新建改造市政供水管网110千米，二次供水设施改造2万户，供水管网漏损率控制在6.05%，供水普及率99.9%，水质综合合格率持续保持在99.9%以上。完成全市首座高品质饮用水——东南区自来水厂工艺改造，于7月投入使用并网运行，完成飞凤山水厂扩建及深度处理工程主体结构施工，启动台江鳌峰试点片区、仓山海峡会展中心试点片区、长乐滨海新城启动区试点片区、晋安鼓楼山下院周边试点片区4个试点片区建设工作。数字水务项目中“福州市供水管网实时在线模型系统”“福州水务大数据中心建设”作为可复制、可推广的优秀经验入选住建部2021年智慧水务饮用水安全保障类典型案例。通过“省级节水型城市”考核验收，出台《福州市城市节约用水管理办法》《福州市非常规水资源开发利用规定》。

【城市供气】 2021年，福州六城区供应天然气3.26亿立方米，供应液化石油气5.25万吨；六城区新建市政燃气管网68千米，管道燃气用户点火数增至84万户。运用福州市“气瓶安全追溯管理系统”监管平台和信息化手段，加强瓶装液化气安全管理，整治瓶装液化气市场违法违规行为；防范治理燃气管道安全隐患点，出台《福州市防范第三方施工破坏地下燃气管道工作机制》，加强地下燃气管道安全保护工作联动，防范第三方施工损坏地下燃气管道事故发生和新的圈围占压燃气管道隐患点产生，开展燃气管网安全隐患排查整治，消除圈围占压燃气管道安全隐患点。

【城区水系联排联调】 2021年，福州市启动城区排水防涝预案96次，其中Ⅴ级预案66次、Ⅳ级预案26次、Ⅲ级预案2次、Ⅱ级预案1次，预案时长总计523小时。通过联排联调，城区均未出现明显内涝。推进科学调度系统研发，于5月21日通过阶段性成果验收，中国工程院对福州市城区水系科学调度系统出具验收意见。10月，水系智慧调度项目获2021世界智慧城市大奖（中国赛区）能源和环境大奖。

【海绵城市建设】 2021年，福州市在完成海绵试点建设基础上，创新工作机制、加强顶层设计，规范海绵城市相关管理制度。新建晋安湖、义井溪、螺洲四支河等项目，新增城市滞蓄空间213.4万立方米，建成区23.7%的面积达到海绵城市建设目标。

【城市体检】 2021年，福州市开展城市体检工作，在住建部下发65项基本指标基础上，增加5项特色指标，构建福州城市体检指标体系，编制完成《2020年度城市体检自检报告》，并初步建成城市体检评估信息平台。

【绿色建筑与建筑节能】 2021年，福州市城镇新建建筑中绿色建筑面积占比82.9%，执行建筑节能强制性标准100%，绿色建材应用比例61.85%，455栋公共建筑能耗数据上传至监测平台，推广可再生能源建筑应用，完成公共建筑节能改造42.9万平方米，居住建筑节能改造约1.39万平方米。

【新型城市基础设施建设试点】 2021年，福州市为全国首批新型城市基础设施建设试点城市之一，印发实施《福州市新型城市基础设施建设试点工作方案》，开展“8+3”试点工作。在第四届数字中国建设峰会期间，首次举办新型城市基础设施建设分论坛。

【村镇建设】 2021年，福州市组织对全市2699栋在建农房开展安全清查整治专项行动，至9月上旬，全部完成清查整治，清查整治完成率100%。全年计划整治既有裸房10500栋，完成10516栋，投资1.75亿元。闽清县开展“崇尚集约建房”县创建试点，计划用时2年，打造无裸房县。建立农房建设管理运行机制，推动县域农村建筑风貌整体提升。

【温泉资源开发利用保护】 2021年，福州市成立中国温泉之都项目建设指挥部，统筹温泉开发保护管理工作。完成编制《福州城区温泉保护与开发利用专项规划》，起草《福州市人民政府关于实施〈福州市地下热水（温泉）管理办法〉的实施细则（送审稿）》。开展天然温泉认证试点工作，完成首批6家温泉企业的泉质认证。在长乐和螺洲钻凿优质温泉井各1口。推进桂湖温泉城、螺洲温泉小镇、市直机关澡堂恢复重建等项目建设，建成百姓温泉、汤禧温泉等大众汤屋及福龙泉温泉水会。动工建设“十槽”“源汤井”“金汤井”首批3个温泉文化展示体验点；完成“福泉金汤”等文字商标注册登记申报；开展福州温泉品牌标识和口号公开征集活动。

【大熊猫保护】 2021年，福州市城乡建设局推进大熊猫兽舍提升改造工程，二期项目获批并启动。科研团队完成小熊猫全人工育幼技术攻关。《小熊猫紫色色杆菌病防控关键技术的研究》课题获得福州市市级科技计划项目，社会发展项目生态城市建设及社会发展综合项目课题获立项并启动研究。中心创新研发的一种小熊猫繁育幼箱获国家实用新型专利授权。受省侨联委托，面向英国、菲律宾、马来西亚、新加坡等华裔青少年开启大熊猫线上课堂。

【市政建设行政执法】 2021年，福州市城乡建设局制定并网上公布年度“谁执法谁普法”责任清单。开展以案说法、以案释法活动，研究剖析典型违法违规案件，总结惩处违法违规行为的有效办法，提升行政执法工作效能。组织开展2021年行政执法人员执法证清理工作，重新确认全局执法人员信息，组织130人参加省司法厅执法证综合考试。根据《福州市司法局关于开展行政裁量基准动态调整工作的通知》，对照《省住建系统行政处罚裁量权基准》，对市城乡建设局自由裁量权进行调整并组织落实。健全权责清单动态调整和管理机制，根据职能调整及法律变更动态调整权责清单，梳理行政权责清单事项430项。全年向自贸区报送创新举措2批，其中“分阶段办理施工许可证”为全省首创。

（黄金寿 林诚锦）

城市管理与执法

2021年11月30日，福州市洋里城市管理综合体建成并开始商业运营

（市城管委 供图）

【概况】 2021年，福州市城市管理委员会（简称“福州市城管委”）完成人行道提升面积5.5万平方米、沥青路面日常维护面积13.3万平方米，完成路灯更换电缆3888米，修灯3096盏，保养桥梁898余项（次）。运用“电子围栏”技术规范共享单车停放。创建10条市容秩序市级“门前三包”示范街。完成218个拆墙透绿点位任务，拆除围墙长度近2万米，增加绿化面积约15万平方米。城区建成10个省级生活垃圾分类示范片区，居民分类准确率85%以上，无害化处理率100%，资源化利用率86.8%，回收利用率41.7%。城区道路清扫保洁总面积4781万平方米，新购置、更新道路保洁和垃圾收运车辆78辆，车辆总数1222辆，城区机械化清扫率超过85%。

红庙岭循环经济生态产业园区实现原生垃圾零填埋，所有原生垃圾均进行分类无害化处理。全市统筹项目回填消纳场349个，消纳建筑垃圾1131万立方米，高新区窗厦建筑垃圾资源化项目一期和二期、晋安益凤资源化项目一期、长乐龙峰资源化项目一期投产试运行。五城区新建垃圾分类屋（亭）224座，提升改造815座，新建精品屋68座，新建环保驿站50座。建成洋里城市管理综合体并开始商业运营，五城区607座公厕按照“十无五有”标准和“一厕一长两员”制度实行精细化管理。

【市政设施维护】 2021年，福州市城管委开展道路日常养护，完成124条、13.3万平方米沥青路面提升，160条、5.5万平方米人行道提升，752座井盖整治，19条道路中修提升维护。完成地铁、内河水系、管网、通信、电力、燃气等管线单位破路修复8.5万平方米。采用片区班组巡查和所队复巡双轨道并行模式开展路灯巡视工作，完成561台中心管辖箱变箱柜整治、48台低洼路段箱变线路整治并加装漏电保护器，更换电缆3888米，修灯3062盏，道路照明亮灯率99.12%。开展桥梁日常维护，对管辖的587座城市桥梁及隧道、地下通道设施进行隐患清理排查，巡检桥梁13万座（次），处置桥梁零星病害及保养桥梁898项（处）。完成50条道路平整度提升整治和6条道路品质提升改造，打造福新中路城市主干道整治样板，对19条道路和8座桥梁实施中修维护提升改造。开展围挡整治，市城管支队检查项目围挡6600多个（处），发现并整改围挡问题3800多个（处），清理问题围挡7.1万平方米，其中，执法拆除违规占道围挡4700平方米，立案处罚项目工地45个，约谈整改不力单位和企业30家，全市通报黑榜围挡174处。

开展道路、路灯、桥梁设施专项安全检测，排查处置设施安全隐患及病害。采用车载雷达无损检测方式，对市区108条市管道路开展地下空洞雷达探测工作，各类道路空洞病害均进行填筑并修复路面。对路灯设施进行路灯线路绝缘、防漏电检测和变压器专项检测，对532座市管大、中、小桥梁（含地道）进行常规定期检测和结构定期检测。

【市容环境综合整治】 2021年，福州市城管委加强市容管理保障，完成第四届数字峰会、“5·18”海峡两岸经贸交易会、“6·18”海峡项目成果交易会、“五一”车展、中华龙舟赛等重要会议、重大活动、商业会展、体育赛事期间市容秩序、环境卫生、道旗宣传氛围等城市管理保障服务。完成218个拆墙透绿点位任务，拆除围墙长度近2万米，增加绿化面积15万平方米。创建10条市容秩序市级“门前三包”示范街，推进“街长制”责任制度落实，创新“街长制”公示制度，健全完善街面问题的发现和处置机制。推广完善“政府主导、企业主责、行业自律共治共享”的共享单车“福州监管模式”，在试行应用“蓝牙道钉”技术的基础上，实行“电子围栏”技术，加强共享单车规范停放管理。

【道路保洁管理】 2021年，福州市道路保洁实行日“两机扫、两冲洗、两降尘”，创建省级精细化保洁样板道路，其中鼓屏路—八一七路（鼓屏路至南门兜段）获城市精细化管理街区样板第一名。接管新改建道路、园林绿地、沿河道路及附属绿地（绿化带）环卫保洁，新增绿化带面积260多万平方米，城区道路清扫保洁总面积4781万平方米以上。定期排查清理各类缝隙交界地带3500多处。提升机械化车辆配置，新购置、更新道路保洁和垃圾收运车辆78辆，车辆总数1222辆，城区机械化清扫率超85%。

【垃圾分类管理】 2021年，福州市五城区3466个小区建成5199座分类屋（亭），前端分类设施配置到位；18家收运企业600多辆分类运输车统一标识喷涂，设置公交化收运线路250余条、站牌（点）820余个，实行桶车一色、车到桶出、垫布作业、车离地净、车走桶收，实现中端分类收运基本规范；后端红庙岭建成与前端分类需求相匹配的垃圾分类处理体系。组织开展生活垃圾分类“十佳十差”小区评比、“飞行检查”和“千名城管志愿者进小区推进垃圾分类1+N”专项活动，实现宣传教育培训全覆盖。五城区2018家公共机构分类全覆盖，开展公共机构垃圾分类示范点建设，落实月督查、季评比、年考核。城区建成省级垃圾分类示范片区10个，居民分类准确率85%以上，无害化处理率100%，资源化利用率86.8%，回收利用率41.7%。2021年第四季度，福州市在住建部76个大城市考评中位列第一档（第五位）。

【垃圾无害化处理】 2021年，福州红庙岭循环经济生态产业园区实现原生垃圾零填埋，原生垃圾基本实行分类无害化处理。其中，焚烧132.03万吨，垃圾焚烧发电5.58亿千瓦时，处理厨余垃圾67244.55吨，处理餐厨废弃物30590.49吨，综合利用炉渣29.33万吨，稳定化处理飞灰3.68万吨，处置医疗及危险废物14203吨，处置大件垃圾（园林）13554.3吨，达标处理渗沥液80.34万吨；收集填埋气体755.68万立方米，发电量982.38万千瓦时。

各县（市）区以县（镇）域为单位推行PPP项目或政府购买服务方式实现收运保洁市场化，其中高新区以区域为单位，将村庄保洁、垃圾转运等打包进行市场化运营管理。各县（市）区全面开展农村垃圾干湿分类，建成垃圾分类屋（亭）2161座，配齐分类桶35万个，全市完成10个全镇域落实生活垃圾分类工作机制的省级示范乡镇建设工作。

【疫情防控消杀】 2021年，福州市城管委对607座环卫公厕、43座转运站、5000多座分类屋（亭）等环卫设施和作业场所实行“一日两消杀”，重点区域提高消杀频次。公厕、分类屋设置废弃口罩桶近6000个，实行专袋收集、专桶专运、消杀处置。修订《环卫行业防护指南（试行）》并加强培训，开展专项防护督查。五城区1.3万名环卫工人接种新冠疫苗，实现可接种人员“应接尽接”。

【环卫基础设施建设和管理】 2021年，福州市五城区（鼓楼、台江、仓山、晋安、马尾）新建垃圾分类屋（亭）224座，提升改造815座，新建精品屋68座，新建环保驿站50座，推进“两网融合”。建成洋里城市管理综合体并开始商业运营，三江口清凉山城市管理综合体基本完成建设，连江北城市管理综合体进场施工。全面完成主次干道沿线道路保洁桶整顿规范，每日设卡检查垃圾运输车辆7万余辆次。五城区607座公厕按照“十无五有”标准和“一厕一长两员”制度实行精细化管理。设施管理“飞行检查”常态化，开展“最优公厕”、公厕交叉检查、劳动技能竞赛等评比活动。在“厕所革命”3年行动基础上，各县（市）区查缺补漏，完成新建、改建公厕96座。

【建筑垃圾工程渣土管理】 2021年，福州市有资质的建筑垃圾运输企业164家，其中渣土运输企业102家，轻型自卸货车企业62家。办理运输单的企业134家，其中渣土运输企业86家，轻型自卸货车企业48家；有车辆2671辆，其中渣土车辆1974辆，轻型自卸货车697辆。统筹项目回填消纳场349个，消纳1131万立方米，主要消纳区域为仓山区、晋安区、长乐区、福清市、连江县及闽侯县等。

全市规划布点益凤、龙峰、窗厦资源化利用工厂，处置拆旧垃圾和部分工程渣土。设置欣荣信、星之元、喜顺、新南等装修垃圾和工程泥浆临时处置厂。高新区窗厦建筑垃圾资源化项目一期和二期、晋安益凤资源化项目一期、长乐龙峰资源化项目一期投产试运行。

【城市管理制度法规建设】 2021年，福州市完善城市管理法规制度，推进《福州市建筑垃圾处置管理办法》政府规章修订工作，提请市人大常委会将制定《福州市城市管理综合执法条例》和修改《福州市市容和环境卫生管理办法》列入第十六届人大常委会5年立法规划。推进执法公示，全年公示行政处罚信息631条、行政许可信息316条。根据新的行政处罚法，结合住建部城管执法文书样式，印发新版执法文书样式提供全市城管执法部门实施。

【城市管理行政审批】 2021年，福州市城管委审批窗口接受咨询481人次，受理办结行政审批服务事项2099件，代缴城市道路挖掘占用修复费用1.38亿元。优化审批流程，对审批事项“运输企业运输建筑垃圾备案”，由原来的参与同一建设项目运输建筑垃圾的运输企业均需申办“运输企业运输建筑垃圾备案”简化为只要委托1家运输企业申办，其他运输企业参与建筑垃圾运输的，由监管部门统筹安排。对涉及新建项目

2021年，福州红庙岭循环经济生态产业园区实现原生垃圾零填埋、分类无害化处理。图为园区外围景观（市城管委 供图）

管线接驳的挖掘许可申请，市城管委在福州市行政服务中心“福州市工程建设项目审批管理系统”平台通过协同服务功能向各管线单位发起管线接驳方案征求意见，缩短事项办理时间。全年开展协同服务事宜24件。“城市建筑垃圾处置核准”审批事项审批时限由原3个工作日提速为即办件。

（叶　璐）

园林绿化

【概况】　2021年，福州市建成区新建和改造园林绿地面积409公顷，提升林荫道路54条，新建改造城市绿道140.01千米。公园绿地服务半径覆盖率94.97%。园林绿化3项指标为福州市建成区绿地率40.07%，建成区绿化覆盖率43.09%，人均公园绿地面积14.82平方米。

【城市绿化】　2021年，福州市园林中心推进“风貌品质提升”项目城市园林绿化建设，建设城市林荫网络、绿道网络、公园绿地网络和城市绿地网络，推进实施花园花廊19条、花漾街区11处，推广立体绿化65处，建成街头小公园199个。南二环（后坂段）特色园林风情道路样板工程、中山堂花漾街区样板工程在全省城乡建设品质提升样板评比中分别位列第一。

【公园景区建设】　2021年，福州市园林中心加强部分园区配套设施建设，其中闽江公园完成北园沙滩整理、管理服务点改造、增加深化处理池、千帆叠影及广场整体改造提升、增加排水系统及南园相关绿化提升改造等；花海公园实施陈旧厕所改造提升，完成绿化更新及梳理与补植，修复亲水平台。提升公园智能化水平，完成福州市城市公园信息化管理系统软硬件建设，新增9个大屏、45套噪声监测系统、29个一键报警柱，完善公园VR、智能讲解等智能化导览。推进西湖公园智能道闸、智能座椅等智慧景区建设，各县（市）区完成至少1处智慧公园建设任务。提升公园休闲服务功能，打造左海公园“1+5+N”公共休闲空间，推动福州西湖AAAA级旅游景区创建提升；梳理公园闲置房屋建筑，补充消费配套设施，完善公园文化、经营等功能。实现公园“市民园长”全覆盖，在闽江公园“市民园长”、儿童公园“家庭园长”基础上，结合各公园特色，完成第二批西湖公园、动物园等8个市属公园17名“市民园长”招募及培训上岗工作。“市民园长”参与公园文明劝导、公益活动，并设置园长接待日，接受市民投诉与建议，各县（市）区完成至少1个公园“市民园长”招募工作。推进“文化惠民”进公园，补充文体服务设施，开展闽剧、评话、伬艺等闽都文化进公园常态化演出；结合庆祝中国共产党成立100周年、世遗大会等重大活动，利用公园场地，进行脱胎漆器、软木画、自然门武术、香店拳等非遗文化展示；在大众茶馆等消费场所定期开展茶艺表演、攀讲等活动；市园林中心与市委文明办在左海公园创建“新时代文明讲习实践基地”，举办免费国学系列讲座、非遗主题、读书会等文化活动。

【古树名木保护】　2021年，福州市园林中心组织核查全市古树名木，形成“一树一档”、挂牌保护，全市有古树名木总数1582株，其中一级83株（19株名木，64株古树），二级1499株。建立常态化巡查监管机制，排查树体发生的问题，改善古树名木生长环境。完成为期3年的古树名木白蚁灭治服务项目。年内，对闽A00015（鼓楼）印度白檀、闽A00001（台江）榕树等进行专项保护。

【园林管理】　2021年，福州市园林中心加强重点道路行道树降尘及绿地园林植物修剪、浇水、施肥、病虫害防治与养护考核。组织对市区内21条主干道和1.2万平方米的重要节点道路花化，以及市区内107处、总长约165千米的各类互通高架桥、人行天桥、花坛、地铁通风口三角梅进行精细化养护。

【园林绿化宣传】　2021年，福州市园林中心开展“美丽生灵　礼赞百年”摄影大赛和摄影展、福建省自然教育嘉年华、“建党百年新起点，我为榕城添新绿”植树活动、“喜迎国庆，热爱播种”亲子播种等活动。联合福州新闻网举办2021年福州市“阳台花园看我家”主题征集评选活动，向市民征集美丽阳台花园作品，传播家庭绿植种养知识，逾80万人次参与网络投票。依托绿色银行平台，开展园艺课堂、亲子活动、爱绿护绿等活动272场，77884人次参加活动。

（吴佳颖）

2021年，福州市园林中心完成西湖公园智能道闸建设。图为西湖景观　（市园林中心　供图）

（编辑　黄　铭）

交通 邮政

公路建设与养护

【概况】 2021年，福州市公路总里程1.16万千米，其中高速公路764千米，普通国道752千米，普通省道536千米。完成交通运输发展投资146.2亿元，市级重点项目完成投资73.32亿元，其中公路类项目完成投资83.5亿元，运输服务类项目完成投资61.6亿元，其他类完成投资1.1亿元。

【高速公路建设】 2021年，福州市高速公路完成投资5.25亿元。推进福州机场第二高速、福州滨海新城高速公路、政和杨源至永定高速公路福州永泰至泉州德化段（福州境）等项目前期建设；建成国道主干线福州绕城公路西北段飞石互通式立体交叉工程；续建绕城高速东南段可门疏港连接线。

国道主干线福州绕城公路西北段飞石互通式立体交叉工程　位于福州市连江县东湖镇飞石村附近，主线全长1.12千米，起讫桩号K43+120—K44+240。互通设置匝道5条，L连接线及X136改线，总长3.7千米，按高速公路标准设计，设计行车速度80千米/时；互通连接线长480米，采用二级公路标准建设。总投资1.27亿元，3月8日建成通车。

福州绕城公路东南段可门疏港连接线梅里互通至终点段工程　起于梅里互通立交，经梅里、官坂，止于红厦，全长5.49千米，总投资3.08亿元，年内完成投资1.28亿元，占年度计划的128.03%。

【国省道公路建设】 2021年，福州市国省道公路完成投资38.71亿元，占年度计划36.718亿元的105.43%。道庆洲过江通道工程、洪山桥至洪塘大桥拓宽改造工程、福州城区北向第二通道工程（晋安段）等项目在建。国省干线公路路面改造工程，重点推进G104线福清隐元路水泥混凝土路面改造工程、G534线福清段水泥混凝土路面改造工程、G104线福清段水泥混凝土路面“白改黑”工程、S209线福清段路面改造工程建设，合计35.6千米。完成G104及G228连江段、G228福清段移交接养。

福州洪塘大桥拓宽改建工程　起于洪塘大桥东侧桥头洪塘立交处，终于洪塘大桥西与国宾大道相接，路线全长2.43千米，总投资18.42亿元，采用双向八车道城市主干道标准，路基宽度47.5米，设计速度60千米/时，项目于2017年3月底动建，2021年4月建成。年内完成投资1.54亿元，占年度计划100%。

道庆洲过江通道工程　起于福泉高速公路福州连接线下洋村段，终于长乐区洞头村与福州东南快速通道衔接，全长7.2千米，与地铁6号线公轨共线4.35千米，采用双向六车道城市主干道兼一级公路标准，设计速度60千米/时。项目于2017年5月动建，年内完

2021年4月，福州洪塘大桥拓宽改建工程建成通车　（王力 摄）

成投资 6.226 亿元，占年度投资计划的 100%。

福州城区北向第二通道工程（晋安段） 起于晋安区杨廷村附近，与规划新店外环路相接，而后路线转向东北，新建长度 7.95 千米的北岭特长隧道接至桂湖，继而在潘渡溪南岸向东布线经山溪村至福州连江界结束。路线全长 13.29 千米。采用双向六车道二级公路（兼城市主干道）标准，设计速度 60 千米/时，路基宽度 25.5 米。项目于 2019 年动建，年内完成投资 11.39 亿元，占年度计划 175.21%。

2021 年，福州市推进国道 534 线福清段水泥混凝土路面改造工程。图为东张至一都段路面改造工程 （市公路事业发展中心 供图）

【农村公路建设】 2021 年，福州市完成农村公路建设 230.34 千米，占年度计划 177.18%；完成投资 7.23 亿元，占年度投资计划 602.68%；完成危桥改造 23 座，占年度计划 153.33%；完成美丽农村路 170.8 千米，占年度计划 170.8%。年内福清市获评“四好农村路”全国示范县。

【公路交通安全检查】 2021 年，福州市交通运输系统组织开展安全生产“集中攻坚年”等专项活动，组织安全工作专项指导服务 4 次，梳理交通行业重大风险 10 个，排查一般隐患整治 5281 处，立案查处各类违法违规行为 5684 起。改造危桥 23 座，实施公路生命防护工程 21.2 千米，完成市级重大隐患路段整治 5 处，完成公路交通安全隐患路段整治 15 处。全市“两客一危”（从事旅游的包车、三类以上班线客车和运输危险化学品、烟花爆竹、民用爆炸物品的道路专用车辆）、12 吨以上重型货车等重点车辆（合计 23342 辆）卫星定位入网率保持 100%，核查全市出闽违法违规车辆 80 辆，约谈违规企业 78 家次，发出整改通知书 36 份，暂停营运车辆 36 辆；全市 2172 辆危货运输车均安装动态监控系统，86 家危货企业累计使用电子运单 111266 单；组织对 2020 年较大道路交通事故负监管责任的行业管理部门集中约谈，督促道路运输企业“两类”关键人员 4010 人持证上岗，将 2018 年以来累计发生 3 起以上事故的 42 家运输企业以及 2021 年逾期未年审的 3448 辆车辆纳入动态重点监管名单。制定《突发事件应急工作规范》，建立公路突发事件、轨道交通运营事故、道路运输保障等 3 支应急处置队伍，构建以淮安基地为中心和闽江干流 3 个救助站为依托的内河航运搜救系统，组织开展防汛防台、危货运输、消防等应急演练 68 场。

【公路管理养护】 2021 年，福州市强化危险路段排查治理，实施 G355、S211 线永泰段边坡灾害防治工程 2 处，完成危（病）桥维修加固 4 座、国省干线安全生命防护工程 12.8 千米，推进 S308 连江段 “美丽交通生态公路”建设 17 千米，实施 G104 马尾段、G534 永泰段、S308 闽侯段“世遗大会”综合整治提升工程。开展船舶碰撞桥梁隐患治理、防冲刷隐患排查整治专项行动，排查跨越闽江干流公路桥梁 3 座，推动乌龙江大桥、闽清大桥桥梁防船舶碰撞隐患治理。推进自然灾害综合风险公路承灾体普查，完成全市普通国省道公路设施属性信息、318 处灾害风险点信息采集上报。继续推进公路监测基础设施建设，新增视频监控点 17 个、交调设备 1 套，接入公安部门视频监控平台。按照“三有四好”的标准开展服务区、停车区管理。

【路政管理】 2021 年，福州市公路路政管理落实“互联网+政务服务”等便民措施，路政审批事项均实现一趟不用跑，大件运输审批实现“一网通办”，办理时限均压缩至 5 个工作日以内。加强与当地政府、交通综合执法机构联勤联动，开展路域环境综合整治，保护路产路权。全年办理许可案件 414 件、协议式管理案件 61 件、协助办理跨省超限运输 2093 起。

（赖晓琴 胡巧清）

公路运输

【概况】 2021 年，福州市公路累计完成旅客运输量 0.36 亿人次、周转量 23.36 亿人千米，累计完成货物运输量 2.069 亿吨、周转量 294.67 亿吨千米。

【公路客运市场管理】 2021 年，福州市有客运企业 94 家，其中班车客运企业 33 家，旅游（包车）客运企业 61 家，道路旅客运输车辆 2862 辆，道路旅客运输经营从业人员 3800 人。道路旅客运输班线 244 条，其中省际班线 39 条，市际班线 53 条，县际班线 81 条，县内班线 71 条。全市有 62 个客运站，其中一级客运站 5 个、二级客运站 4 个、三级客运站 2 个，便捷车站 51 个。

“四好农村路”运营 市道路运输事业发展中心根据资源共享、客货兼顾、运邮结合、融合发展原则，支持福清市建设农村客货邮融合发展样板县。支持闽侯县对照城乡公交、农村客运公交化改造普遍服务发展条件，因地制宜，选择适合的发展模式和推进路径，以提升城乡道路客运车辆公交化比率。年内公交化改造1条农村客运线路，推动8条农村客运线路开展客货邮合作，新开通2条革命老区“红色”农村客运线路，9个二级及以上客运站均落实道路客运电子客票推广应用。

道路客运转型升级　全市开通定制客运23条，投放定制客运车辆315辆；由福州连江闽运交通运输有限公司、福州罗源闽运交通运输有限公司两家综合性客运企业在全省首次试点客运车辆“一车两牌”工作，60辆客运车辆参与试点，获《中国交通报》头版刊登报道。

【公路运输保障】　2021年，福州市道运中心强化疫情防控运输保障，参与冷链食品防控工作专班获市政府通报表扬。第四届数字中国建设峰会期间，调派450辆保障用车，发车2150趟次，定点、定时、定人、定位提供精准保障服务。高考期间，组织1556辆巡游车、网约车参与爱心送考，义务运送考生1224人次。节假日期间，采取公交加密班次、出租车驻守保障、地铁延长运营时间、人员现场跟班保障等措施，及时疏运旅客。春运期间，全市道路发送旅客195.81万人次。

【公路货运市场管理】　2021年，福州市有道路货运企业1987家，其中危货运输企业90家，普通货运企业1897家。道路货物运输经营从业人员5.48万人，拥有各种类型货运车辆4.02万辆。全市有网络货运平台企业33家，覆盖多种业态和经营模式，企业营业收入近385亿元，成为道路运输业新增长点。县、乡、村三级物流网络节点覆盖率稳步发展，县级、乡镇级物流中心覆盖率均达100%，村级物流节点覆盖率91.68%。网络货运企业试点开展多式联运“一单制”业务，开通多条跨省多式联运线路，营业额超过1.5亿元，试点工作成效良好。在提升福清公路港物流园、翔福物流园2个“司机之家”的运营服务质量的基础上，完成高速物流园“司机之家”建设，继续创新运营模式，推进线上线下协同发展，开展关心维护货车司机及“司机之家”建设和运营工作。

【巡游出租车管理】　2021年，福州市区有出租车企业20家，市区出租车6345辆，经营使用权属企业的出租车4149辆，占65.39%，经营使用权属个体的出租车2196辆，占34.61%；出租车从业资格驾驶员4.3万余人，在岗驾驶员1.1万余人。组织车容车貌整治提升，累计整修2364辆次老旧、破损车辆。累计更新巡游车936辆，其中更新新能源巡游车787辆。在全省首推出租汽车共享服务站模式，推动华威、公交斗门、海峡国货互通、公交鳌峰、华榕白湖亭5个共享服务站对外开放、连点成片。推进助老服务，开通24小时“95128”助老服务热线，为老年人提供电话召车服务，指导网约车平台优化网约车“一键叫车”、电话代叫等功能，采用大字体、无广告的简洁设计，便利老年人打车出行。实施信用惩戒，根据公安、执法支队等相关部门通报，将268名巡游车、网约车司机列入不适岗名单，停岗3个月。开展出租车企业服务质量信誉考核，采取核查企业经营管理材料、现场勘验、随机抽查公营企业司机着装情况等方式，对市区出租车企业的基本条件、经营行为、安全生产、履行责任和管理水平等方面进行考核。开展行业文明表彰，对年度十佳出租车司机及出租汽车行业十佳志愿者进行表彰，并制作宣传海报张贴在南北火车站出租车候客通道、公交站台、企业服务站等场所。

【网约车管理】　2021年，福州市有取得许可的网约车平台公司34家，取得“网络预约出租汽车运输证”的车辆11028辆，取得“网络预约出租汽车驾驶员证”的驾驶员60106人。在全省成立首个网约车工会，组建全市首个网约车党支部。推进合规化进程，按照清违规，促合规的原则，加强网约车平台不合规车辆的清理，落实平台主体责任，全市网约车双合规订单率超70%，全国排名居前20位。举办网约车安全服务提升月活动，通过开展专项安全应急演练等活动，提升企业线上线下管理服务能力，消除安全隐患，防范和减少道路运输安全生产事故发生。优化网约车审批服务，调整、优化网约车管理细则及工作规范，继续优化网约车驾驶员考证流程和时限，开办网约车培训专班，组织专场考试，提升网约车审批效率。对在运营的网约车平台公司开展服务质量信誉考核，从企业安全责任落实、车辆与司机管理、运营服务状况、安定稳定、经营信用等方面进行综合考核评定，促进服务水平提升。

【机动车维修管理】　2021年，福州市有一、二、三类机动车维修企业1152家，连锁型维修企业15家，连锁门店数64个。

维修连锁品牌创建　加大培育龙头维修连锁品牌企业力度，延续简化备案流程、共享设施人员、简化考核方式等鼓励扶持政策。年内通过综合质量信誉考核、汽车维修电子健康档案评价及专家票选情况，评选出7家年度汽车维修连锁品牌创建示范企业。

道路运输车辆“三检合一”　1月1日启动实施《机动车安全技术检验项目和方法》（GB 38900—2020），市交通部门强化政策衔接，持续推进“三检合一”（道路货运车辆安全技术检验、综合性能检测和排放检验项目整合）工作，深化道路运输领域“放管服”改革，优化道路运输营商环境，提高车辆检验检测效率，降低车主负担，实现“一次上线、一次检测、一次收费、结果互认”，便于开展道路运输车辆达标核查、检验检测和技术等级评定工作。经引导，全市开展“三检合一”业务的机动车检验检测机构达61家，实现县区全覆盖。

营运车辆证件远程审验　开展行业“我为群众办实事”实践活动，在全市建立道路运输车辆车检审验一站式服务的核查审验服务站，通过数据互联互通的模式，行政服务中心运政窗口在线审验，检测机构协助写卡，当场完成道路运输车辆年审业务，实现车辆运输证件审验“一站式办结”，运政窗口“一趟不用跑”，全市有营运车辆核查审验服务站41家。

机动车排放检测与强制维修制度　建立实施I/M制度，防治在用汽车排放污染。参考行业团体标准与服务规范，形成全市统一的M站总体形象提升方案，对服务流程、标准等进行规范统一，推动监督检查工作制度化、规范化。全市有M站69家，实现县（区）全覆盖。

【机动车驾驶员培训管理】 2021年，福州市有机动车驾驶培训机构81家，教练车5865辆，教练员5953名，培训人数11万余人。推行货运从业资格改革，根据最新的货运教学大纲课时要求，将货运从业资格培训学时从56学时减少为7学时，从业培训时间由2周精简为2天。自3月1日起，取消货运从业资格考试，驾驶员凭结业证书和机动车驾驶证申领货运从业资格证，以减轻驾驶员负担。开展质量信誉考核，对驾校在考核期内的办学条件、经营行为、教学质量、服务水平等方面进行综合评价，规范驾培市场秩序，建立和完善优胜劣汰的市场机制，引导驾校注重教学质量、维护企业信誉。经考核评定，全市驾校有AAA级6家、AA级55家、A级19家、B级1家。9月16日，省驾培监管服务平台上线启用。通过运用科技化、信息化手段发挥驾培监管平台的技术功能，严格学时数据审核、教学场地电子围栏、教学车辆动态监控等监管环节，以加强事中事后监管。

【公共交通】 2021年，福州市区有公交车辆4704辆，公交线路324条，定制公交307条，公交场站（含租赁、借用）93个，载客量3.23亿人次；公交从业人员8639人。新增、更新公交车372辆，改造公交站台125个，新能源公交车372辆，均超额完成为民办实事年度任务。

个性化出行服务 在常规公交基础上，完善多样化线路，满足市民个性化出行需求。累计开行定制公交线路307条，开通5条高峰快线、14条通勤快线、10条旅游线路，全国首推4条通达古厝、福山郊野公园、闽江及烟台山公园的“7686”专线，并开通福州首条通学专线，打造多层次、差异化公交服务体系。

表47 2021年福州市新增公交线路一览表

序号	线路	起始站
1	地铁接驳25号专线	长汀里—福大学生广场
2	通勤快线8	公交仁德站—省疾控中心
3	180路区间	马尾青洲公交总站—猴屿乡政府
4	191路	淮安公交总站—福建农林大学旗山校区
5	192路	金山文体中心—东部办公区
6	193路	淮安公交总站—软件园公交总站
7	194路	岭后街—船政交通学院南区
8	195路	龙福机电交易市场—秀宅路（佑联骨科）
9	通勤快线9	省委党校小柳校区—省委党校新校区
10	7686古厝专线	三坊七巷（澳门路）—上下杭历史文化街区（小桥头）
11	7686闽江夜景专线	尤溪洲（西）公交站—金融街万达广场（曙光路）
12	7686福山郊野公园专线	车站南广场—福榕园（郊野公园4号口）
13	7686烟台山公园专线	高盖山公园北门—上藤地铁口
14	198路	马保村南—公交大学城西停车场
15	通勤快线10	马排村委—厚庭地铁口
16	通勤快线11	晋安体育馆—软件园鲲鹏大厦
17	207路	火车站北广场—省委党校新校区
18	通勤快线12	省妇幼保健院—省妇产医院西门
19	通勤快线13	省妇幼保健院—省妇产医院西门
20	地铁接驳26号专线	城门—福州商贸职专
21	通学专线1	公交福湾站—八期中学
22	通勤快线14	乌龙江公园管理处—桔园洲港湾站
23	637路	泮野公交首末站—东湖路公交首末站
24	638路	闽运金峰公交首末站—漳江公交首末站
25	639快线	泮野公交首末站—潭头公交首末站
26	612快线	泮野公交首末站—东湖路公交首末站
27	383快线	连江汽车站—闽运汽车北站
28	761路	市民广场站—地铁苏洋站
29	762路	闽运闽侯客运站—厚屿（龙山路）
30	763区间	火车南站—青口公交总站
31	763快线	福建农业职业技术学院—火车南站
32	765路	甘蔗广场站—青口公交总站
33	M5路	马江路站—胐头村委会站

“清静车厢”创建活动 市道运中心开展以“文明出行·清静你我”为主题的公交行业“清静车厢”创建活动，通过督促福州公交行业争创示范线路、打造主题车厢、规范语音播报及音量标准、加强车辆保洁、志愿服务、提升公交服务水平等方式，为乘客提供干净整洁、安静舒适的乘车环境。年内完成903路、322路、328路等10条清静车厢示范线路的打造工作。

公交场站建设 完成漳江路、东湖路2个公交首末站项目建设并投入运营，樟岚、潭桥、西园、义序、城锦路、义井路、洋里、横屿等8个公交场站项目持续推进建设。全市有公交

2021年，市道路运输事业发展中心选取公交线路打造“百年党史”主题宣传车厢。图为闽运公交公司庆祝中国共产党成立100周年红色主题线路

（市道路运输事业发展中心 供图）

场站（含租赁、借用）93个，总面积86.20万平方米，车均场站面积达到155平方米/标台。

智慧公交出行服务　完善信息查询服务，市民通过手机App可以进行公交车到站查询、公交线路查询、站点查询、公交换乘查询等。完善“e福州”“掌上公交”等出行客户端，增加公交发车时刻表，优化出行信息服务。掌上公交覆盖市区所有公交线路，月访问量1425万人次，累计用户数736万户。市区所有公交线路实行手机支付方式乘坐公交出行，刷卡率达81%。开展公交便民服务及公交站点管理工作，依托“掌上公交”开发掌上电子站牌及站点巡检管理功能，在五城区每个公交中途站点推广站台二维码，实现“一站一码”。通过扫一扫每个站点的二维码，即可实现公交实时信息查询、换乘规划、投诉建议、站台巡检等功能，方便公交出行查询服务和站点管理，累计30万多人次使用该功能。在7个公交首末站完成17座电子即发牌（海峡奥体枢纽站1座、火车站北广场6座、火车北站南广场1座、火车南站5座、鼓山公交总站2座、公交大学城总站1座、公交仁德站1座）的建设和安装工作，提升场站的信息化水平和美观度。加速公交地铁数据互通，构建以地铁站点为中心的接驳线网，提升市民换乘的积极性，年内在全市46个地铁站的162个出站口等醒目位置设置公交“换乘码”，扫一扫便可快速获取周边公交信息，方便市民从地铁站换乘公交，推动公交地铁融合发展和绿色出行。

红色主题车厢　通过选取11条客流量大、车况好、服务优的线路，按照“一条线路一个主题”的模式，打造成社会认可度较高的网红线路。在2路、122路、312路打造“百年党史”主题宣传车厢。

（余永捷）

铁　路

【概况】　2021年，福州境内铁路由中国铁路南昌局集团有限公司管理，福州车站发送旅客1955.51万人，比上年增长12.27%；福州车务段发送货物1743.43万吨，增长18.7%。福州站每日图定开行211对列车（普速列车12对、动车组134对、动检列车8.5对、回空动车组列车18.5对、货物列车及单机26对）；福州南站每日图定开行178对列车，其中动车组列车150对（办理乘降119.5对、通过25.5对、不办理乘降5对）、动检列车6.5对、回空动车组列车17.5对、货物列车4对。福州客运段担当福州—北京、福州—南京等14对普速旅客列车，厦门北—北京西1对160千米集中动车组列车，福州—北京南、福州—上海虹桥等141.5对动车组列车的乘务工作。福州机务段配属机车292辆，福州车辆段配属客车1157辆，福州动车段配属动车组202组。

【站车疫情防控】　2021年，福州车站疫情防控严格落实进出站旅客测温、扫码、身份信息核验，以及中高风险、重点地区、重点人员的排查防控工作，开展发热疑似人员乘坐列车入站的摸排和转运工作。加强从业人员健康动态和自我防护管理，落实每日体温检测和健康码、行程码查验制度，执行“口罩、护目镜、手套”防护用品佩戴要求，定期开展从业人员核酸检测“应检尽检”工作，持续推进每周12%的抽样检测。结合疫情防控需要，以优化旅客验证、查危以及体温筛查、健康码查验流线为重点，确定验证闸机、安检仪、测温设备配置标准、设置点位和规模。在福州南站二层进站口实名制验证通道增设2台验证闸机，在福州站增设6台进站自助验证闸机、8台出站检票闸机，方便旅客通行。9月，针对莆田、厦门、泉州等地区疫情形势，福州客运段动态调整生产组织方案，落实应急处置措施，重点地区实行留宿管理制度，确保生产指挥和后勤保障，制定一系列疫情防控措施，包括遇疫情影响不能正常交接班情况下，由退乘班组继续值乘，再重新组建班组；普速车实行异地接替出乘，遇厦门地区无法接替出乘，先由退乘班组连续出乘，再由福州地区中途换乘接替出乘，实行一车一方案；动车实行异地接续出乘。对于居住地属疫情重点防控地区的人员，全部落实就地居住。在旅客列车运行途中，严格按要求对重点公共区域和厕所、盥洗台、过道等进行预防性消毒。

【福厦高铁湄洲湾跨海特大桥合龙】2021年11月13日，福厦高铁湄洲湾跨海特大桥合龙。湄洲湾跨海特大桥是福厦高铁关键控制性工程，大桥长14.7千米，海域施工长度为10.8千米。施工期间，施工单位先后攻克海上超长栈桥、潮汐区围堰等施工难题，形成矮塔斜拉桥索鞍快速定位施工工法等30余项科研成果。福厦高铁是福建省首条时速350千米高铁，全长278千米，建成通车后，福州至厦门行程将缩至1小时内。

【首趟闽陇两省间返闽务工专列开行】 2021年2月21日8时07分，由兰州西开往福州的G1901次返岗务工专列停靠宝兰高铁定西北车站，549名定西市务工人员搭乘列车踏上前往福建福州等地的务工之旅。该列车是闽陇两省间开行的首趟返闽务工高铁专列，专列穿越甘肃、陕西、河南、安徽、江西、福建6个省份，全程运行2509千米。列车于当日21点28分到达福州站。车站安排专人引导，开通绿色通道，对务工人员查验健康码、测量体温，并对接地方部门，安排专车将务工人员接回目的地，打通复工之行“最后一公里”。

（曾 进）

轨道交通

【概况】 2021年，福州地铁续建线路4条，完成建设投资172.74亿元，其中6号线完成17.81亿元、5号线（一期）完成45.57亿元、4号线（一期）完成40.91元、福州至长乐机场城际铁路工程（F1线）完成59.26亿元；上盖等其他投资完成9.19亿元。

【地铁线路规划】 2021年10月，2035年、2050年线网规划总体方案及福州城市轨道交通第三期建设规划获市政府批示同意，线网规划修编（送审稿）纳入福州市国土空间总体规划。远期（2035年）线网规划由13条线组成，线网总规模503.9千米；远景（2050年）线网规划由18条线组成，线网总规模701.8千米。

【地铁运营】 2021年，福州地铁开行列车21.95万列次，运营总里程数3482.08万车千米，运行图兑现率99.99%，正点率99.98%，总客运量11861.81万人次，占全市公共交通客运量的25.39%。日均客运量32.50万人次，单日最高客运量突破新高，达到55.70万人次（2021年12月31日）；各设备系统的运行可靠度均高于国家标准，未

表48 2021年福州市地铁线路建设一览表

序号	线路	建设进展
1	6号线	14座车站全部封顶，所有区间双线贯通，其中长乐段实现空载试运行
2	5号线一期	19座车站全部封顶，20个区间双线洞通和轨通，其中荆溪厚屿—螺洲古镇段实现空载试运行
3	4号线一期	完成21座车站主体结构施工，18个区间双线贯通，轨道正线铺设完成29.6千米，占比50.1%
4	滨海快线	全线15座车站全部开工，6座完成主体结构封顶，盾构累计完成16.71千米，占全部盾构区间长度的22.44%

发生运营安全事故。

1号线运营 1号线开行列车10.66万列次，运营总里程1754.95万车千米，运行图兑现率99.99%，正点率99.98%，总客运量6803.13万人次，日均客运量18.64万人次。

2号线运营 2号线开行列车11.29万列次，运营总里程1727.13万车千米，运行图兑现率99.99%，正点率99.98%，总客运量5058.68万人次，日均客运量13.86万人次。

服务工作 优化运输组织，进一步缩短运营间隔时间，增设列车始发站点，实现多点发车。持续开展导向标识和站内设施优化专项治理行动，梳理站内客流动线，以解决车站漏水、导向不明、英文标识不规范等问题。强化“小茉莉服务队”“榕榕服务队”品牌，定期开展“温暖回家路”“高考直通车”及植物科普展、地铁静音日等特色品牌活动。常态化开展志愿者活动，全年志愿服务近1万人次。联合支付宝、云闪付等平台以及交通主管部门，开展不定期票价优惠活动、地铁公交换乘优惠活动，推行“e福州”、云闪付、支付宝扫码过闸乘车和刷脸过闸乘车便民措施，提升乘车体验，无现金支付比例超70%。试行“刷卡即亮码”，提升疫情防控期间站内健康码检查及通行效率。

【地铁资源开发】 2021年，福州地铁2号线祥坂站地下空间完成招租，南门兜换乘站地下空间补短板等项目按期推进；推动滨海快线东升停车场、帝封江指挥控制中心开发方案研究和深化；竞得滨海快线闽都站亿力宿舍地块进行“站楼合建”。推进“存量项目”，地铁·睿达项目开工完成桩基施工，地铁·藤座完成整体招租并交付，地铁智慧园项目完成图纸设计、总平方案审批、工规证报批。推进车站品牌商家招商拓展，引入戴尔外星人、大世界橄榄等8个知名品牌企业，完成商铺出租18间，自助设备67台。

（杨鋆丰）

水路运输

【概况】 2021年，福州市有水路运输企业70家，其中海运企业52家、内河企业18家，水路运输管理业企业26家，备案水路运输辅助业企业25家。拥有经营性船舶437艘，405万载重吨，其中海洋船舶220艘，385万载重吨；内河船舶217艘，20万载重吨。

【水上运输】 2021年，福州市水上运输新增运力44万吨，全市船舶运力规模突破400万吨，达405万吨，运力规模保持全省第一。完成货运量（含平潭）1.89亿吨，货物周转量3224亿吨千米，比上年增长18.35%和14.1%；完成旅客运输量67万人，旅客周转量2944万人千米，分别增长7.6%和229.68%，其中旅客周转量增幅排名全省第一，货物周转量增幅排名全省第二，总周转量增幅排名全省第二。完成对台货运493.3万吨，比上年增长42.8%。

【内河水上交通安全监督管理】 2021年，福州市水路运输事业发展中心以安全生产专项整治三年行动作为行动

纲要，开展“安全隐患大排查大整治攻坚行动”“安全生产专项整治三年行动集中攻坚年”“船舶碰撞桥梁隐患治理三年行动”“控事故、保安全、迎建党百年”集中攻坚行动等专项行动，强化安全监管和隐患排查治理。全年组织检查586次，出动人员1819人次，检查航运企业70家次，渡口渡船158道次，锚地、停泊区和水上水下作业水域190处次，内河运输船1216艘次。全市内河水上交通运输安全形势保持平稳，实现辖区水域无责任事故、无人员死亡。完成春运、“两会”、“五一”、“十一”、数字中国建设峰会和“5·18”海交会等重大活动、重点时段水路运输保障任务。服务民生工程，指导涉水施工单位制定通航安全保障方案，帮助福厦客专乌龙江大桥、闽侯二桥等跨江桥梁运输和吊装进行水上交通管制；协助推进闽江航运开发关键性工程（水口坝下水位治理工程）围堰施工，助力闽江高等级航运发展；保障“两洪桥”（洪塘大桥、洪山桥）涉水施工通航安全，配合桥梁业主、航道等部门加快桥涵标布设、桥区航道调整、通航孔启用等保障工作，提升闽江航道通航能力，为闽江航运的江海连通发展提供支撑。持续推进内河航运应急救援体系建设，加快推动永丰救助站、湾边救助站建设，优化内河交通应急救援力量布局。4月2日，会同多部门组织开展2021年福州市水旱灾害防御演练。6月23日，联合多部门组织开展水口航运枢纽防汛防台及水上应急联合救援演练。8月6日，组织中心应急救援队伍和民间救助力量完成南屿镇“8·6”内涝救援，历时6个小时，转移出受困群众62人。

【水上运输行业管理】 2021年，福州市根据《国内水路运输管理条例》《国内水路运输管理规定》，对符合资质条件的水路运输企业准予进入水路运输市场经营。开展企业经营资质核查，对有问题的企业进行整改，整改仍不合格的给予取消经营资格。全市应参加核查的企业87家，完成核查国内水路运输企业87家（其中海洋运输44家，内河18家，辅助业25家），发出整改通知书3份。全市应参加核查的船舶399艘，总吨208万吨，完成核查营运船舶399艘，总吨208万吨（其中沿海202艘，总吨193万吨；内河船舶197艘，总吨15万吨），通过率100%。

（何 婧）

港 口

【概况】 2021年，福州市域沿海码头有泊位107个，泊位总通过能力13417.5万吨（集装箱265万个标箱），其中万吨级以上泊位56个，5万吨级以上泊位26个，10万吨级以上19个。江阴港区4号、5号泊位可靠泊载重吨为20万吨集装箱船，罗源湾港区可门作业区4号泊位可靠泊载重吨为30万吨散货船。8月，《福州港总体规划（2035年）》获交通运输部、福建省政府联合批复。

【港口建设】 2021年，福州市域完成港口建设项目投资13.37亿元，占年度计划13.39亿元的99.85%，其中码头建设投资1亿元，航道防波堤投资3.37亿元。全年完成项目1个，为平潭港区金井作业区3号泊位技改工程，新增旅客通过能力8万人/年。江阴6号泊位水工主体、牛头湾12—13号泊位、泰铭码头3—4号泊位通过交工验收。闽江水口坝下工程船闸试通航。

【港口运输】 2021年，福州港（福州市域）完成港口货物吞吐量2.73亿吨，比上年增长5.54%。其中闽江口内港区完成8203.52万吨，比上年增长17.25%；罗源湾港区完成5480.12万吨，增长7.65%，货物水水中转完成310.11万吨，下降12.65%。福州港（福州市域）完成集装箱吞吐量244.5万个标箱，比上年下降3.90%，其中江阴港区完成206.83万个标箱，下降3.86%，完成集装箱海铁联运2.34万个标箱，下降22.52%，“散改集”集装箱完成5.82万个标箱，增长186.70%。受新冠肺炎疫情影响，对台客运全面停航。

【港口安全检查】 2021年，福州港口发展中心推进安全生产专项整治三年行动集中攻坚，推动高危作业场所设施设备配备、安全风险管控制度建立等工作落地落实。对企业开展分级分类安全监管，开展安全隐患大排查大整治攻坚月、福州港跨航道桥梁船舶碰撞风险排查等专项行动，联合海事部门开展液货危险品船舶船岸界面安全联合专项执法行动，聘请第三方对10家危货和5家普货港口企业开展安全指导服务。通过危货37项安全检查、“双随机、一公开”抽查等方式，出动安全检查人员2604人次，检查企业838家次，检查在建水运工程项目92个次，排查一般问题隐患689处，未发现重大隐患。全年完成危货作业审批3216件、视频抽查1525次、现场抽查612次，约谈企业14家，对4家企业实施行政处罚，水运工程建设、港口危货作业和港口客运实现“三零”目标。

（夏利芳）

航空运输

【概况】 2021年，福州长乐国际机场有航线91条，其中国际及地区航线6条、境内航线85条。全年累计运输起降7.98万架次，比上年下降0.7%。累计旅客吞吐量903.7万人次，比上年增长2.0%。累计完成货邮吞吐量15.2万吨，比上年增长27.3%。年内，福州机场二轮扩能航站楼工程获国家优质工程奖；公司获福州市直机关先进基层党组织、中质协“全国市场质量信用A等用户满意单位”、全国青年文明号、全国民航五一巾帼标兵岗、省总工会百万职工“五小”创新大赛项目一等奖等荣誉和称号。机场二期扩建工程动工。

【航空客运与货运】 客运 2021年，福州长乐国际机场新增张家界、凯里、安顺、潍坊、大同、荆州6个国内航点，以及纽约、芝加哥和伯恩茅斯3个国际货运航点，有37家航空公司参与国内外航线运营，引进成都航1架过夜飞机。全年境外旅客吞吐量5.6万人次，其中地区航线吞吐量1.69万人次，国际航线吞吐量3.91万人次；境内旅客吞吐量898.12万人次。年内，福州机场与同程联合举办机票优惠直播和线上机票补贴等营销活动，同时携手飞猪、携程以及福州各大航司推出优惠机票，利用OTA平台进行宣传。

货运　福州机场货邮吞吐量15.2万吨，全国排名第23位，比上年增长27.3%，增速自开航以来最高，实现跨越式发展。在国际货运方面，境外货邮达6.7万吨，比上年增长142%，货运航线遍及欧美、亚洲14个城市，全年货运航班达4200架次，载运量7.8万吨，增长220%，货运航线航班枢纽效应逐步显现。福州机场货运航班囊括亚洲航线：马尼拉、特拉维夫、新加坡、东京；欧洲航线：法兰克福、巴黎、伦敦、伯恩茅斯；美洲航线：纽约、洛杉矶、芝加哥、温哥华。

【航空安全管理】　2021年，福州长乐国际机场优化完善疫情防控流程70项次，发挥机场运管委运行协同作用，发布各类疫情防控工作通知31份，及时向本场运营的航空公司传达福州市新型冠状病毒肺炎疫情防控工作应急指挥部的相关防疫政策。全年保障入境航班521架次，旅客28503人次，保障国内高、中风险地区所在城市入榕航班1371架次，旅客70135人次，境外货运航班1390架次，运输货物51200吨。组织开展密切接触者排查73次，机场员工持续保持零感染、零扩散。完成包含公司一级手册6个章节的修订，建立完善手册配套文件30余份，组织开展《部门及岗位安全运行手册》编制工作，编制完成职能部门及运行保障单位10家《部门手册》及121个《岗位手册》。落实双重预防机制，发布117条安全风险警示，开展18项重点安全风险评估项目，组织完成春运检查、消防安全专项检查、网络信息安全隐患排查、机坪运行专项检查、国庆节前安全检查等18场次，各类检查发现的194处隐患问题均已关闭。组织实施福州机场通航以来规模最大的综合实战演练，福州市分管副市长作为指挥长参与演练，演练出动波音737飞机和直升机、参演人员近300人、投入民航和地方各类应急救援车辆近50辆；联合机场公安建立反恐应急联动机制，各反恐成员单位建立90余人反恐应急机动队伍。

【机场服务】　2021年，福州长乐国际机场围绕“高端品牌化、刚需亲民化、服务多元化”的发展导向，开展候机楼不同区域商业功能的组合布局，充实、丰富业态和品牌，引进马兰拉面、猪角、郑森记、秦云老太婆摊摊面、壶见、沙百味和CDG PLAY等新知名品牌，餐饮和零售丰富程度和品牌档次进一步提升。推进全流程便捷乘机服务，配备自助值机设备50台，自助行李托运设备13台，国内乘机实现全柜台“航旅纵横”无纸化乘机。完成6个安检通道和2个登机口的人脸识别闸机项目，在安检口刷一次身份证件即可实现全流程刷脸乘机。海关行李入境预检系统投入使用，边检中转厅一体化验证柜台部署到位。

【机场基础设施建设】　2021年，福州长乐国际机场推进包括滑行道及停机坪改扩建工程、福州空港生活区职工集体宿舍（二期）、福州长乐国际机场二期扩建工程等一系列基础设施建设项目，其中滑行道及停机坪改扩建工程于8月竣工投入使用；福州空港生活区职工集体宿舍（二期）完成主体结构施工；机场二期扩建工程飞行区和货站工程于2月8日取得民航华东地区管理局和省发改委联合批复，其初步设计和概算于8月25日取得民航华东地区管理局和省发改委联合批复；飞行区工程于5月开工建设，货运区工程于7月开工建设，航站区及综合交通枢纽桩基工程于11月开工建设。

（刘双艺）

邮　政

【概况】　2021年，福州市（含平潭）邮政行业业务总量累计完成78.22亿元，比上年增长26.36%；业务收入累计完成84.91亿元，增长25.46%。其中，邮政服务业务总量累计完成10.78亿元，比上年增长21.64%；快递业务量完成5.44亿件，增长18.39%；快递业务收入完成68.38亿元，增长25.27%。

全市有取得合法资质企业及网点3917家，其中取得快递经营许可证的企业73家，分支机构281家，备案末端网点3563个。有快递主要品牌21个，在福州设有省、市、县级处理场所41个，从业人员1.8万余人，车辆1740辆。

【县级邮政监管】　2021年，闽侯县邮政行业业务总量累计完成17.88亿元，全市排名第二，比上年增长20.10%。取得合法快递业务经营许可证的企业19家，备案分支机构43家，登记快递末端网点291个；从业人员逾5000人，各类快递品牌在闽侯设有分拨中心11处。闽侯全年橄榄销售快递业务量16.28万单，快递业务收入113.95万元。

福清市邮政行业业务总量累计完成6.06亿元，全市排名第四，比上年增长62.03%。取得合法快递业务经营许可证的企业7家，备案分支机构29家，登记快递末端网点332个，按规定登记上牌快递三轮车290辆。福清邮政管理局联合市委政法委推进“平安小区”快递

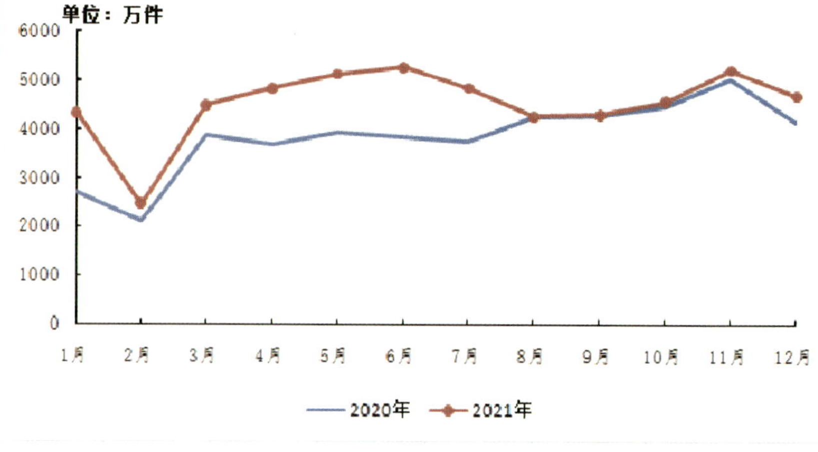

图22　2021年福州市快递业务量情况图

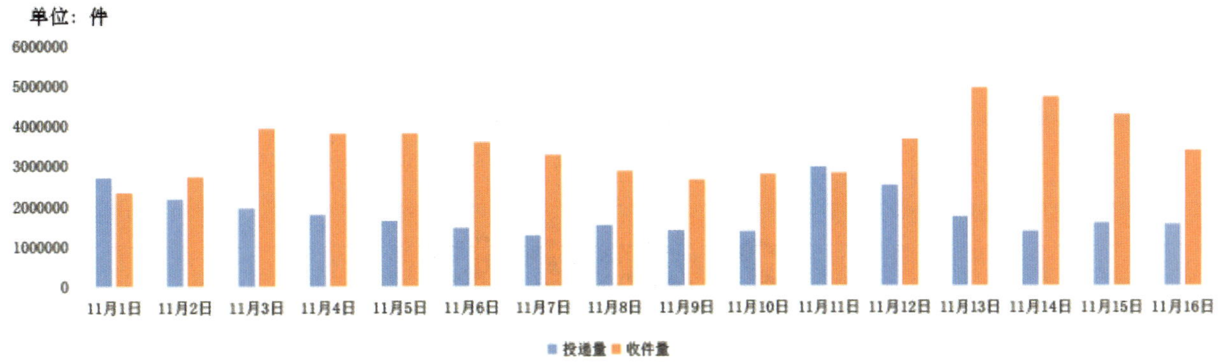

图 23　2021 年福州市“双 11”快递业务旺季业务量情况图

服务中心建设，联合市住建局对老旧小区传统信报箱进行改造升级，推进福清南岭镇开展“邮快合作”试点项目，推进“快递进村”工程。

【“双 11”快递业务】 2021 年“双 11”期间（11 月 1—16 日），福州市快递揽收量累计完成 2887.4 万件，投递量累计完成 5539 万件，分别比上年增长 6.94% 和 17.84%；日均揽收量 180.46 万件，约为平时的 1.23 倍；日均投递量 346.19 万件，约为平时的 1.48 倍。其中，最高日揽收量（11 日）达 296 万件，约为平时的 2.33 倍；最高日投递量（14 日）491.2 万件，约为平时的 2.77 倍。

【行业基础设施建设】 2021 年，福州市在全省率先完成首个配建邮政局所福州麓岭邮政支局启动仪式，累计完成配建快递服务用房 104 个，接收配建邮政局所 3 个。联合市自规局、城建局、房管局印发《关于在城镇住宅小区、住宅建筑工程等区域建设知能信包箱的通知》，配套开发智能信包箱监管平台，率先开展智能信包箱监制实地核查试点工作，推动智能信包箱国标、省标在榕落地。推进农村公共基础设施管护体制改革试点，落实首批 3 个试点县 15 个村级邮政快递服务站标准化建设，提供邮件快件代领代收、农产品展销和农贷业务引导等服务，管护费用由县财政统一保障。继续引入便邻驿等第三方，整合社会资源，形成快递末端综合服务多元发展格局。全市建成第三方快递公共投递服务站 1005 个、智能快件（信包）箱 4301 组。福州大学城 13 所院校 100% 完成校园快递服务中心建设，建成校园快递服务中心 15 个。

【“快递 +”项目】 2021 年，福州市邮政管理局推进“快递 +”“两进一出”项目建设。“快递进村”助力乡村振兴，全市 2391 个行政村中建设 1140 个村级服务点。乡镇邮政快递网点覆盖率达 100%，建制村通邮率达 100%。通过“快递 + 农产品项目”联合地方政府助农销售，为直播带货的电商提供物流支撑服务。年内有闽侯橄榄、青山龙眼、闽清盈乐线面、金鱼、聚元牛排等优质项目，全年实现快递业务量 151.67 万件。“快递进厂”培育快递服务制造业新业态，以顺丰与福建省高科技制造企业星网锐捷开展定制化快递外包服务为试点打造快递服务制造业示范项目。年内顺丰服务新大陆、星网锐捷、福建联迪等制造业企业产生快件量合计 53.04 万件，快递收入合计达 4499.94 万元。“快递出海”拓展“快递 + 跨境电商”转型，抓住对台快件资金补助、“三关合一”、拓展榕台海空联运物流通道、构建对台海运直航模式等多项具体举措实施契机，促进两岸交流发展，以中国台湾地区为跳板畅通国际邮件快件寄递渠道，发展全球跨境业务。全市国际 / 台港澳快递业务量累计完成 3204.90 万件，比上年增长 28.02%。

【邮运网建设】 2021 年，福州市普遍服务营业网点 239 个，比上年增加 1 个。其中，自营网点 239 个，代办网点 0 个，比上年自营网点增加 12 个，代办网点减少 12 个。四项法定业务开办率 100%，乡镇网点覆盖率 100%。

综合服务平台建设　年内福州邮政分公司完成全区税邮、警邮合作布点，分布六区六县 80 个网点，比上年增加 9 个，实现每个县（区）至少有 1 个普服网点提供税邮、警邮服务，可提供机动车业务、交通违法自助处理、互联网平台用户注册、驾驶证业务四大类 25 项交管业务代办服务和代开税票服务。

村村通邮建设　全市有 2390 个建制村，实现村村通邮。其中邮件直投入户的 1261 个，投至村邮站的 424 个，投至村委会的 698 个。年内邮政企业重点提升乡镇政府所在地建制村投递服务，全市 145 个乡镇，除平潭 4 个小岛（东庠、南海、屿头、大练）为周 5 班，其余均为周 7 班。其中，48 个重点乡镇每日投递 2 次，乡镇地区平均日投递 1.3 次。

【权益保障建设】 2021 年，福州市邮政管理局获批成立中共福州市快递行业委员会，并成立福州市快递行业工会联合会，建立两个共享“职工之家”，向全市一线快递小哥开放。联合市总工会、团市委、快递协会等单位开展各类“暖蜂行动”16 次。落实常态化疫情防控，与防疫部门建立涉疫邮快件快速处置机制，督促企业 100% 完成两针接种、3051 名人员加强针接种。联合举办福州市第四届邮政快递职业技能竞赛，完成 1004 名快递从业人员专项职业能力考核和 54 名快递工程技术人员职称评审工作，申报数位列全省第二。全年处理用户申诉 3234 件，为群众挽回经济损失 25.72 万元，诉求件满意率 99.7%。

（周炜赟　夏　雪　陈武进　吴萍萍　黄玉琴）

（编辑　周弭婈）

口岸管理

综 述

【概况】 福州港是全国沿海 25 个主要港口之一，具备进境肉类、粮食、水果、冰鲜水产品和整车进口指定口岸功能。福州港口岸分为闽江口内港区、松下港区、牛头湾港区、江阴港区、罗源湾港区5个开放港区和黄岐港区（2017年获得国务院批复）1 个拟开放港区，福州海关特殊监管区域 2 个，分别为福州综合保税区（原福州出口加工区）、福州江阴港综合保税区（原福州保税港区，已通过海关总署批复认定验收合格）。

2021 年，福州市有生产性泊位 100 个，其中万吨级以上泊位 51 个（5 万吨级以上泊位 23 个，10 万吨级以上泊位 18 个），总通过能力 12944.5 万吨（含集装箱 246 万 TEU，车辆 5 万辆次，旅客 138.6 万人次）。

表 49　　2021 年福州市口岸海运一览表

类别	完成量	比上年增长（%）	进口量	比上年增长（%）	出口量	比上年增长（%）
货物吞吐量（万吨）	20936.14	5.54	11694.27	4.15	9241.87	7.35
外贸吞吐量（万吨）	5669.57	4.43	4375.97	5.52	1293.60	0.89
集装箱（万标箱）	321.14	−4.89	162.9	−5.38	158.24	−4.38
外贸集装箱（万标箱）	154.30	0.79	76.27	2.01	78.03	−0.37

表 50　　2021 年福州市空港口岸客运一览表

出 / 入境	旅客（人次）	比上年增长（%）
出境	42800	−69.01
入境	45213	−70.36
合计	88013	−69.72

【口岸航线】 2021 年，福州海港与 40 多个国家和地区的港口开展贸易往来，有集装箱航线 79 条，其中包含丝路海运航线 12 条，外贸内支线 13 条。

【口岸开放验收】 2021 年，福州市推动黄岐港区扩大开放验收，完成国家级验收筹备工作。推动环下屿岛扩大开放国务院批复工作。10 月，福建省马尾造船有限公司 2 号泊位、华润建材码头通过市级验收，报请省口岸办开展省级验收。

【口岸通关】 2021 年，福州市制定下发《关于开展 2021 年度福州口岸优化营商环境工作的通知》《福州口岸鼓励进口货物“两步申报”和“提前申报”奖励暂行办法》《关于进一步优化福州口岸营商环境工作的通知》《2021 年度福州市优化营商环境跨境贸易组攻坚方案》等政策举措。市商务局继续向福州市外贸进出口企业及代理企业发放“提前报关”和“两步申报”奖励约合 150 万元，惠及报关中介企业百余家；完善《福州口岸收费目录清单》，并通过福建省国际贸易单一窗口重新对外公示；会同市财政局等相关部门，开展落实口岸减税降费及收费摸底排查整治，确保福州口岸江阴港区和闽江口内港区收费标准均按照“福建省国际贸易单一窗口”公示《福州港口岸最新收费清单》执行，不存在变换花样乱收费、改头换面乱涨价现象。

年内，福州市跨境贸易指标在国家发改委组织的2020年度全国营商环境工作测评中被列为全国标杆。根据海关总署通报，2021年12月，福州关区进口整体通关时间15.66小时，较2017年减少85.99%，出口整体通关时间0.76小时，较2017年减少93.38%。福州关区整体通关时间进口首次突破16小时，出口首次突破0.8小时。

（陈　婉）

海关监管

【概况】　2021年，榕城海关受理进出口报关单16.1万单、监管进出口货物4363.9万吨、货值1103亿元，完成税收入库80.9亿元；监管进出口集装箱49万标箱，监管进出境人员4.7万人次，监管进出境运输工具3891辆（艘）次，监管进出境邮递物品963.7万件。福州长乐机场海关受理进出口报关单8.21万份，监管进出口货物1.67万吨，货值103.7亿美元，完成税收入库2.67亿元；监管进出境航班3207架次，进出境人员8.35万人次，监管B类进口快件11.76万票，跨境电商“9610”出口1286.9万票。马尾海关受理进出口报关单18.4万票、监管进出口货物873.8万吨、货值786.5亿元，监管进出口集装箱47.1万标箱，完成税收入库27.9亿元。

（陈能旭　江　帆　汪海涌）

【榕城海关】　2021年，榕城海关出台16条措施优化口岸营商环境，支持福州市全国营商环境评价“跨境贸易”指标连续两个年度成为全国标杆；扩展“两步申报”“提前申报”等便捷通关措施应用范围，精简监管证件和随附单证，全年整体通关时长领先全国海关平均水平。支持福州江阴港综合保税区通过海关总署验收，帮扶江阴港进口肉类指定监管场地通过海关总署远程验收，推动福清元洪国际食品展示交易中心设立进口肉类指定监管场地获海关总署批复同意，破解远洋渔获上岸难题。支持“中国—印尼‘两国双园’项目”发展，促成省政府专门致函国务院关税税则委员会和海关总署，推动白茶增设税号。优化江阴港智慧监管系统应用，打造全国首个综合保税区内的内外贸同港运作样本和福州关区首个数字化海关监管作业场所。与福州市应急管理局签订《进出口危险化学品安全监管协作机制》，落实危险品全链条监管责任。“扫黄打非”工作获评全国先进。

通关监管　榕城海关全年截获检疫性有害生物26种、758种次，一般性有害生物438种、10357种次；截获外来物种禁止进境物349种次、111种类，4个外来入侵物种案例入选海关总署外来入侵物种动物案例汇编，其中吴茱萸为全国首次检出；查发疑似象牙等濒危物种及其制品26起、2200件，其中疑似象牙制品15件、海马干1944件、沉香木238件；查获各类枪支配件16起、38件；查获福州关区首起新型毒品“邮票”案；截获违禁印刷品及音像制品5725件；实施进口铁矿质量安全风险监测339批、46.08亿美元；严控重点商品进口，检出不合格重点商品63批次；侦办的系列走私国家禁止进出口货物案得到公安部领导批示肯定和海关总署缉私局通报表扬。

监管改革　推进企业集团加工贸易监管改革，顺应加工贸易企业发展需求，对大宗矿产品散货和红土镍矿等实行“即报即验”“即查即卸即放”“两段准入”和“船边直提”等监管模式。启动进境粮食专班工作机制，强化业务联动协作，推行“两段准入”附条件提离监管模式，实现检疫作业、放行调度、港区库容、企业物流等环节无缝衔接。新增4项自贸创新和业务改革项目，列福州关区第一。支持福州数字经济建设，创新“1+3+3”的经认证的经营者（AEO）协调员机制，助力辖区5G企业享受集团式培育认证、支持高新产业集群发展，入选全国海关信用管理十大案例。

（陈能旭）

【福州长乐机场海关】　2021年，福州长乐机场海关从项目可研、初设、评审、审批各个阶段参与福州长乐机场二期扩建工程建设。推动空港综保区首期0.7平方千米封关启动，结合临空经济区发展，撰写课题，开展调研，指导中航油申请保税航油业务。成为省政府新成立的福州长乐国际航空城指挥部成员单位，在省发展研究中心研讨会、福州民航高质量发展论坛上建言献策。支持航空货运发展，协助开通往返菲律宾马尼拉的定期全货机亚洲国际航线，全年在飞客改货、全货机等货运航线11条，其中全货机航线5条，往返9个国家和

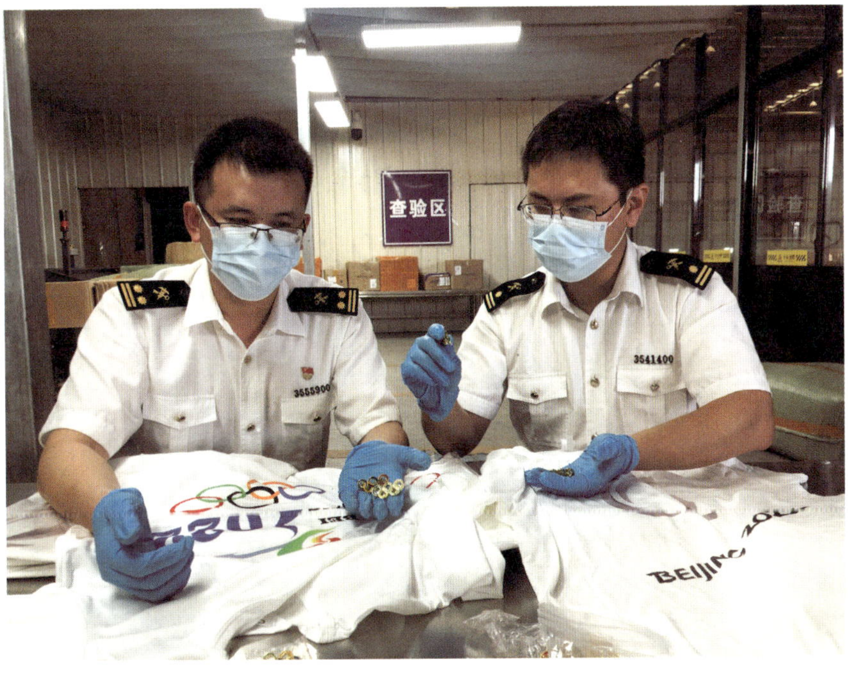

2021年9月7日，榕城海关查获侵犯2022年北京冬奥会标志专有权商品

（榕城海关　供图）

地区。全年监管进出口货物6.66万吨，比上年增长143.8%。

通关监管　加强综合治税合力，跟踪海航破产重整与福州航空有关的涉税业务和税款债权，向海南高院主张税款债权796万元。深挖税源，“两税”入库2.67亿元，比上年增长16%。推动“智慧旅检”建设，试点启动进境托运行李先期机检，完成人脸识别系统安装，配合旅检口岸VR物联网系统建设。开展“国门绿盾”“龙腾行动”等专项行动，查获辣木籽、向天果种子、肉豆蔻种子等植物种子种苗35批次，重量34.88千克。货运渠道首次查获侵权案件2件，快件渠道查获侵权案件518件、货品848件，较上年同期大幅提升。首次立案处理入境航空器未按时限申报案件13件。查获东免免税品店员工违规销售免税商品，连续查获3票寄递类物品伪报为一般贸易货物出口情事，货值近6万美元。旅检现场查获“走私轩尼诗等瓶装酒案”被最高法、最高检列入打击“水客”走私犯罪典型案例。

监管改革　“两步申报”报关单占比43.02%，位居福州关区第一。进口整体通关时间22.30小时，比上年减少16.82%。研究上报《无色光学玻璃块料》等税则建议2条。破解福州航空以租赁贸易方式进口飞机发动机难题，解决福晶、高意等企业5G光学元件产业“偏振片”归类困扰，为企业减负近300万元。落实《区域全面经济伙伴关系协定》（RCEP）项下空运快件商品6小时通关要求，4万多票RCEP缔约国B类快件快速放行，票均时长缩至72分钟。备战“6·18”和“双11”电商大促，7×24小时保障，活动期间监管跨境电商包裹超42万个。服务保障重大活动，在世遗大会、奥运会期间，优化摄像器材验放流程，为98名赴东京奥运会采访的新华社记者提供通关便利。总结经验提升对2个定点酒店跟班监督，核定食谱，完成农药残留快速检测试剂（ATP）、中心温度、添加剂样本检验80件，保障数字峰会600余人次的用餐安全。

（江　帆）

【马尾海关】　2021年，马尾海关查获进口固体废物8批、440.1吨，批次位居福州海关隶属海关首位，监管退运涉刑“锌灰”209.3吨，截获濒危物种及其制品4批，马尾海关缉私分局侦办的涉嫌走私活龙虾案被列为海关总署缉私局一级挂牌管理案件和民生领域打击走私典型案例之首。推进“破解远洋渔获上岸难”等特色项目进展；推进马尾海关“百年雄关新征程”党史学习教育，与党史学习教育片区单位开展系列共建。2个支部通过2021年度全国海关党建示范（培育）品牌复核认定，推荐驻村第一书记1人。

2021年，福州长乐机场海关开展航班登临检疫。图为工作人员实施登临检查
（福州长乐机场海关 供图）

通关监管　马尾海关成立反走私（行政执法）工作组，办理“两简”案件（海关业务现场查获的简单案件、简易程序违规案件）100件、涉检案件13件，移交一般案件线索34条；缉私分局全年刑事立案15件，行政立案176件。探索“数字化、模型化、精准化”的“数据分析+机动查验”新模式，依托“云擎”系统开发包含21个模型的“风险筛查模型库”，通过“大数据分析+人工复核”实现智能查找案件线索、精准生成布控指令和有效开展机动查验，布控18票货物并查发案件线索12条。探索进口空箱“物流辅助系统+空箱检测系统+随机抽查”智慧监管，加强监管场所规范运营，在进口空箱中截获8起夹带情事。探索转场重箱智慧监管，利用电子关锁和北斗系统加强途中监管，推行智能卡口系统采集数据、后台验核并在指定范围内自动解锁电子关锁。推进打击跨境电商进口走私“断链刨根”专项行动，对辖区内备案的86家跨境电商相关企业开展专项梳理并进行后续处置；强化跨境电商出口智慧监管，对接企业ERP系统研发关企信息交互平台，结合视频监控系统在线完成日常巡查、抽核等监管工作，利用该平台抽查包裹11336件，退运、暂扣包裹804件，查获侵权包裹5369件，多次在跨境电商出境包裹中截获筹码等涉赌用具。成立税收风险监控小组，定期对报关单归类、价格和原产地等要素进行核查，补税1753.94万元，首次对低硫油费、特许权使用费等进行后续补税；监控反倾销税漏税风险，征收反倾销税699万元，比上年增长17.7%。截获辐射超标砂矿1批，开展核与辐射突发事件应急处置联合演练；查获申报出口危险化学品1批；截获有害生物82种类、249种次；查获不合格进口食品56批，销毁退运24批；查获侵权货物及物品467批、5.37万件。组织开展涉危监管作业场所（场地）安全生产隐患排查等6个专项工作，打击匿报、谎报、夹带行为；督促海关监管场所落实主体责任，强化视频监控、联网核查和实地巡查，推动海关监管作

2021 年，马尾海关快速验放进口种子助力春耕备耕。图为工作人员在现场查验
（马尾海关 供图）

业场所滞留危险品货物排查清理；加强与马尾消防救援大队工作联系，联合开展消防培训和演练，开展公共设施安全专项改造。

监管改革　扩大融达通福州综保区跨境电商监管中心，参与的“通关掌上查”项目获评福建省第二批优化营商环境工作典型经验做法；落实福厦两关跨关区全业务领域一体化改革，压缩经厦门口岸转关货物的整体通关时间；深化外贸集装箱水水转运模式应用；支持3821 头进口智利种牛在马尾口岸上岸；加强入境渔船检疫，设立远洋渔获受理专窗，省市远洋渔业发展促进会两次专程递交感谢信；推动福州综合保税区封关运作；推动跨境电商“9610”出口货物快速通关，推动关区首个跨境电商退货中心仓监管模式落地。完成署级科研项目立项 1 项，关级科研项目立项 1 项；探索“智慧签证辅助系统”应用，实现证书数据自动采集、业务档案电子管理，提升证书签发时效性规范性；探索通关服务“云服务”；协助推进关区旅检 VR 物联网系统开发工作。

（汪海涌）

【口岸疫情防控】　2021 年，榕城海关加强冷链物流监管和工作场所消毒及涉疫垃圾处理监管，推动江阴口岸冷链查验区完成优化改造并投入使用，完成所属驻罗源湾办事处 10 个船舶登临检疫脱卸简易方舱建设并投入使用。在入境船员中检出新冠病毒核酸阳性 20 例，占福州关区水运口岸阳性病例数 80% 以上；从 15 批进口冷冻水产品检出 26 份内外包装核酸阳性样品，进口货物疫情防控指标居福州关区第一。

福州长乐机场海关在印尼 MF856 航班中检出新冠病毒核酸阳性 18 例，触发熔断条件；在巴布亚新几内亚外交部包机中检出双抗体阳性 16 例。按规定对高风险非冷链进口货物核酸采样，检测结果均为阴性。参加省市疫情防控各类专题会议 100 余次，派员加入福州市疫情防控专班 2 个，与机场联合开展航空器应急救援等综合性演练 3 场。开展入境航班、旅检通道消毒和垃圾处理等涉疫作业。完善修订封闭管理工作制度，全年对入境人员卫生检疫、航空器终末消毒和固废垃圾处理监督等高风险岗位 437 人次实施封闭管理。指导场所升级改造，督促推动旅检、货检脱卸区等场所硬件问题改造。投入 100 多万元专项资金，采购紫外灯、消毒机等设备，增设 3 条智能测温闸口等设备。

马尾海关全年检疫进出境船舶 1512 艘次、2.89 万人次，采样送检 3843 人次，检出有症状人员 6 人（疱疹病毒阳性 1 例），监测进口冷链食品 2884 票、3113 个集装箱、采样 6.03 万个。开展 8 期安全防护培训，建立“岗前检查、工作巡查、全程督查”和“双人作业、互相监督”的安全防护监督制度，成立三级专兼职安全防护监督员队伍，落实高风险人员封闭管理。

（陈能旭　江　帆　汪海涌）

边防检查

【概况】　2021 年，福州边检站查验出入境（港）船舶 3183 艘次、人员 61483 人次，办理行政许可 42008 份，查处外轮未按规定路线行驶案件 1 件，经验做法被国家移民管理局、福建边检总站、福州市委市政府转发推介 15 次，7 个集体 64 名民警分获公安部、国家移民管理局、福建边检总站、省市等各级表彰奖励，工作成效 9 次得到总站领导、福州市领导批示肯定，经验做法被《人民公安》《中国移民管理报》《福建新闻联播》《福州要讯》聚焦报道。

【海港疫情防控】　2021 年，福州边检站对接福州市新冠肺炎疫情联防联控机制，加强入境人员涉疫信息筛查、入境船舶轨迹核查、在港船舶动态监管、行政许可审核签发和修造船厂驻点监管等工作，探索实践远程视频人证对照，推广运用边检登轮码和港口通，动态调整独立作战单元运行模式，强化全覆盖、全链条风险防控。年内，发挥边检数据核查优势，共享推送入境船舶及船员涉疫信息 456 艘次 9103 人次，通报违法违规线索 8 条，保障船员换班 8085 人次，协助属地联防联控机制处置入境船员染疫事件 13 起 22 人次，协助福建边检总站推动福建省政府出台文件规范对外开放船厂疫情防控工作。

【口岸营商环境】　2021 年，福州边检站根据福州市政府优化口岸营商环境促进跨境贸易便利化系列部署，依托“国际贸易单一窗口”“边检行政许可网上办理窗口”线上申报边检手续，压缩整体通关时间，保障煤炭、铁矿、化工原料、

2021年2月24日，福州出入境边防检查站执勤人员在可门港区开展船员登陆换班查验

（福州边检站 供图）

远洋渔货等大宗散杂货出口通关4212.96万吨，集装箱82.1万标箱，服务出入境新造及维修船舶205艘次。年内，黄岐港区对外开放并通过省级验收，马尾造船股份有限公司2号码头和华润建材码头2万吨级泊位等新增作业点通过市级验收。

【远洋渔企通关服务】 2021年，福州边检站加强走访福州港捕捞、冷链运输等远洋渔企及市远洋与渔业局等职能部门，了解企业困难需求，征求意见建议。根据调研情况，研究确定远洋渔获、远洋渔工、远洋渔企3个主体，分别从“窗口前移”“关怀前移”“联动前移”3个角度，构建“远洋渔企通关ING”边检管理服务品牌。年内，办理982艘远洋渔船通关手续和1653名远洋渔工换班手续，保障35万吨远洋渔获上岸，经验做法获《福州要讯》刊发推介。

（林伟航）

海防管理

【概况】 2021年，福州市海洋与渔业部门开展安全生产专项整治三年行动集中攻坚、安全隐患排查、伏休管理等行动，统筹全市渔业执法力量对辖区港口、码头、停靠点进行渔业安全隐患排查整治，对安全隐患突出的地区和作业渔船进行重点整治，打击“超员超载超风级超航区”航行和冒险出海作业行为。全年出动执法人员8263人次，开展检查1875次，排查渔港1566个，排查渔船4275艘，167处一般安全隐患全部按照闭环管理要求整改到位，立案查处228件，罚款735.72万元。成立伏季休渔工作领导小组，对涉案船东、船长开展集中法律法规学习，立案查处违反伏休渔制度146件，罚款523.33万元，没收渔获物11.7吨。福州海警局开展“国门利剑”“碧海”“海盾”等专项行动，全年出动舰艇1166艘次，总航行75050海里，排查可疑船只2398艘。查办海上走私、非法采矿、非法捕捞等案件140件、抓获涉案人员543人，查扣涉案船舶93艘，涉案值约5.3亿元。

【平安海域创建】 2021年，福州市海渔部门组织开展涉渔“三无”船舶整治行动，全市开展“封港清查”行动141次，出动执法人员8284人次，开展联合执法1324次，排查船舶建（改）造厂111家，拆解涉渔“三无”船舶32艘。落实领导带班和24小时应急值班制度，接到报警7起，协助营救船舶5艘、遇险人员15人。在全省率先将无人机用于海洋渔业执法，购置高性能无人机，组建“海鹰”无人机执法专班。市公安局开展“偷私渡”“砂霸矿霸”“非标油”等专项打击整治行动，破获偷越国（边）境案4件（抓获偷渡人员8人），查获非法成品油案32件283吨。

【军警民联防】 2021年，福州市海渔局和福州海事局共同签署《海上安全与救助合作备忘录》，确立交流会商、信息通报、联合督导、联合执法、交通管控、应急协作、调查处理、警示惩戒、宣传教育等方面交流合作。组织开展渔业船舶海上疫情防控联合应急处置演练，提升市、县渔业船舶海上疫情防控联合应急处置能力。福州海事局与福州海警局联合签署《执法合作备忘录》，确立共享科技管防资源、加强海上联勤联动、执法联合办案、交流学习、行刑衔接、海上突发事件处置等工作机制。福州警备区抽调沿海县（市）区海上民兵分队，进行实案化海空联合警巡、海上应急搜救等任务联合行动训练，组织民兵哨所骨干培训。市公安局与外地市建立闽东北警务协作及全市涉海单位局联席会议机制，推动联合执法、联合巡防、督导检查、风险测试及应急响应等专项工作落实。福州边检站与海关、海警、海事以及公安边海防、出入境、监管等部门建立“点对点”联络机制，以加强资源共享、联合执法等方面协作。

（程道华）

打击走私

【概况】 2021年，福州市持续组织开展打击走私系列联合专项行动，加大走私冻品查处力度，推动反走私教育帮扶工作探索和打击走私宣传。年内在福建省设区市反走私综合治理工作责任制考评中，福州市位列第一档次。

【卷烟走私联合打击专项行动】 2021年，福州市政府打击走私综合治理工作办公室（简称市打私办）与福州市烟草专卖局分析研判卷烟走私态势并下发通知，从3月11日至12月31日，在全市开展打击卷烟走私联合专项行动，组织海关、海警、公安、烟草、市场监管、交通运输等部门联合开展专项打击行动。

【打击走私“国门利剑2021”联合专项行动】 2021年3月起，福州市打私办组织开展打击走私“国门利剑2021”联合专项行动，打击“洋垃圾”、濒危物种及其制品、防疫物资及疫苗、重点涉税商品、涉枪涉毒、农产品和“水客”等走私犯罪行为，完善联防联动打私机制。

【冻品走私打击】 2021年12月28日，福州市打私办组织海关、海警、公安、市场等职能部门，召开专题部署会，部署打击治理冻品走私和防控公共卫生安全风险有关工作。

【打击走私宣传教育】 2021年，连江县公安局（打私办）会同县司法局，创新教育帮扶机制，为刑满释放的走私犯罪人员一对一确定帮教责任人，建档立册、教育引导、动态管理，并整合相关政府部门、企业、社会团体力量，化解就业难题、落实社会救济，初步形成部门联动、县乡共抓、社会参与的反走私教育帮扶工作体系。12月3日，福州市公安局组团参加市司法局主办的“2021国家宪法宣传周主题活动”，现场设立展台、展板，发放反走私宣传品300余份。市打私办与马尾海关缉私分局开展“送法入社区”“送法进村镇”主题活动，联合印制并张贴反走私宣传海报500余张。

【“4·27”特大走私活鲜案】 2021年1月11日，福州海关缉私局、马尾海关缉私分局开展打击活鲜走私收网行动，抓获犯罪嫌疑人10人，破获走私团伙2个，查证涉嫌走私龙虾、海蚌等活鲜约1025吨，案值约4.97亿元。

【生产、销售伪劣产品案】 2021年1月19日，连江县公安局在沈海高速G15福建省连江县透堡段大帽山隧道口（宁德—福州方向）截获重型仓栅式货车2辆，现场抓获犯罪嫌疑人2人，查获走私假烟42395条，案值约782.98万元。

【“4·9”走私制毒物品案】 2021年6月7日，福州海关缉私局、福清海关缉私分局在北京、福建等地同步开展打击制毒物品走私专项行动，抓获犯罪嫌疑人12人，查证涉嫌走私制毒物品氯化铵4.3万吨，案值约3000万元。

【“5·14”走私废物案】 2021年8月10日，福州海警局在公安机关配合下展开收网行动，抓获主要犯罪嫌疑人12人，查扣走私油轮1艘（经鉴定，该船系报废外籍船舶，属国家禁止进口固体废物），查证涉嫌走私禁止进口固体废物约8000吨，涉案金额近5000万元。

【职能部门打私工作】 2021年，马尾海关缉私分局刑事立案15件，案值5.81亿元，涉嫌偷逃税款1.29亿元。采取强制措施24人次，执行逮捕20人；移送审查起诉案件9件、涉及2个单位16人，一审判决案件11件，有罪判决涉及7个单位25人，二审判决案件9件，有罪判决40人。行政立案（含“两简”案件）176件，案值5.206亿元，涉税额905.13万元。罚没入库2394.14万元。

福清海关缉私分局全年刑事立案15件，案值9.1亿元，涉嫌偷逃税款3650万元，刑事罚没入库750.03万元。行政立案（含“两简”案件）94件，案值1.05亿元，涉嫌偷逃税款1523.65万元。罚没入库62.46万元，补税入库17.89万元。

长乐机场海关缉私分局全年刑事立案10件，案值3230万元，涉嫌偷逃税款1050万元，其中1件洗钱案移送福州市公安局。行政立案（含“两简”案件）26起，案值184.29万元，涉嫌偷逃税款18.92万元。

福州海警局全年立案走私相关案件44件，其中涉成品油案40件，查扣非法成品油5989.6吨，案值2547.3万元；涉卷烟案件3件，查获非法卷烟1128.82万支，案值1079.58万元；涉固体废物案件1件，查证走私固体废物约8000吨，案值约5000万元。

福州市公安局全年查处涉私成品油刑事案件53件、行政案件178件，查扣非法成品油2076.9吨，案值2096万元。查获涉私冻品案件2件，查扣非法冻品72吨。查获涉私烟草案件11件，查扣非法卷烟4764.1万支，案值4077.74万元。

福州市市场监督管理局全年出动执法人员3224人次，检查经营商户4546户次，查处无中文标签、不合格来源等案件37件，罚没款212.09万元，其中移送公安机关1件，案值34.65万元。

福州市烟草专卖局全年查获涉私案件105件，查扣走私烟45.65件，实物案值61.48万元；与福州海警局、福州市公安局共同查办海运假烟案14件，查获非法生产卷烟5892.92万支，涉案金额5157.32万元。

（姜含林）

（编辑 黄 铭）

科学技术

综　述

【概况】　2021年，福州市科创走廊建设全面启动，推进国家创新型省会城市和福厦泉国家自主创新示范区福州片区建设，全社会R&D投入总量225.47亿元，连续5年居全省第一；1191家企业通过高新技术企业认定，总数达2795家；全市第二家省创新实验室——海峡实验室落地建设；首次实施市级重大科技专项"揭榜挂帅"制度；福州地区3项科技成果获评2020年度国家科学技术进步奖，106项科技成果获2020年度福建省科学技术奖。

【科技创新专项规划】　2021年，福州市编制"十四五"科技创新专项规划，围绕把创新作为引领福州发展的第一动力的总体要求和14项创新发展指标，明确四大主攻方向、三大战略任务以及23个重点建设项目，将福州市打造成东南沿海具有重要影响力的区域创新中心。

【科技创新高地建设】　2021年，福州市推出38项改革创新举措，全省首创自创区"一区多园"考评指标体系和奖惩退出机制，自创区福州片区年度省考核获第二名。推进中国东南（福建）科学城和"一城四区，十片多点"的科创走廊建设，出台《福州市建设科创走廊工作方案》，启动建设金山科创街区等58个项目。推进重大科技平台建设，推进光电信息省创新实验室建设，累计落实建设经费4.77亿元，引进高水平科研团队6个，研发突破关键核心技术20余项。推动筹建全市第二家省创新实验室——海峡实验室，并落地建设。全市新增省级新型研发机构16家，总数73家；新增市级行业技术创新中心16家，总数67家；新增现代农业技术创新基地15家，总数61家。

【科技创新主体培育】　2021年，福州市挖掘潜力企业逾1500家，开展高新技术企业认定申报辅导培训101场，参加培训超过4000人次。通过高新技术企业认定企业1191家，总数达2795家，备案科技型中小企业1945家，占全省比例37%，238家科技型中小企业获省级创新券补助676万元。全市348家企业入选科技小巨人企业，占全省23.8%，数量居全省第一，45家科技小巨人企业获研发加计扣除奖励2850万元，获奖金额居全省第一。全社会研发投入持续增长，兑现2019年度分段补助资金2.49亿元，2020年分段补助3.69亿元，高新技术企业所得税减免7.28亿元，受理审核企业加计扣除项目956项，安排各级科技计划项目及兑现创新主体、创新平台等奖励经费1.06亿元。全社会R&D投入总量225.47亿元，比上年增长11.8%，占全省26.8%，连续5年居全省第一，强度达2.25%。

推进引智试验区建设，省引智项目9个，居全省第一，入选2021年试验区四项引智计划9项（人），省对外合作项目3个，新增6家海外人才联络处，入选2021年度国家外国专家项目计划8个，居全省第一。

【科技创新体制机制优化】　2021年，福州市修订《福州市科技特派员专项经费管理办法》，印发《福州市科技特派员工作样板点建设标准》；运用"科技特派员管理系统"，以提高科技特派员管理信息化水平；选认省市县三级科技特派员1321名，实现镇村全覆盖；新增省级星创天地5家、总数达16家，市级星创天地6家、总数达30家。首次启动市级科技重大专项"揭榜挂帅"项目，开展2批，揭榜项目10个，经费支持1850万元；获省级重大项目"揭榜挂帅"5个，占全省56%，获立项支持3100万元。出台《关于进一步促进科技成果转移转化的补充措施》，兑现奖励361.59万元，安排市校合作专项资金1070万元，推动校企产学研合作项目47个。深化"福州市科技成果转化公共服务平台"App建设，并入驻"e福州"平台，至年末，App平台发布科技成果2246项、技术需求130项，汇聚35所在榕高校和10所异地高校以及科研机构的科技成果信息。福州市技术合同登记额71.28亿元。福州地区3项科技成果获2020年度国家科学技术进步奖，106项科技成果获2020年度福建省科学技术奖，占全省获奖总数的54.36%。

【科技创新创业】 2021年，福州市制定出台《福州市双创孵化载体管理办法》，福州软件园入选国家级双创示范基地，新认定省级科技企业孵化器3家、市级4家；省级众创空间20家、市级众创空间21家。开展2021年福州市榕创嘉年华活动，20家企业进入省决赛，获得2项二等奖、2项三等奖，7家企业进入全国总决赛，4家企业获得全国赛优秀企业。推广“高新贷”“科技贷”业务，发放“高新贷”4.19亿元，“科技贷”17.93亿元，以缓解科技型企业融资难等问题。

（陈婉平）

科技创新体系建设

【科创走廊建设】 2021年8月，福州市启动科创走廊建设，打造“一城四区，十片多点”的科创走廊空间格局。全市完成科创走廊载体新增面积171万平方米，有国家高新技术企业1167家、科技型中小企业988家、创新创业载体82个、研发公共服务平台204个。区域内吸纳高层次人才2798人、高校毕业生16102人。推动丞相坊人才公寓、战峰长租公寓等人才保障住房建设，全年新增人才保障住房配套面积1.6万平方米。

成立以市委书记任组长的福州市科创走廊建设领导小组，下设办公室，挂靠市科技局，以利用国有资产登记方式举办事业单位——福州市科创服务中心。印发《福州市科创走廊建设工作方案》，按照“以产兴城、以城聚产、产城融合”的总目标，建设国内一流的科技创新集聚地，规划推动“一城四区，十片多点”空间格局，助推中国东南（福建）科学城与老城区的联动发展。各片区相继出台片区内科创走廊建设工作方案。印发《关于福州市科创走廊建设领导小组办公室工作机制的通知》，明确办公会议制度、分工负责制度、工作联络制度、定期汇报通报制度、动态监测制度、定期考核制度，形成“一月一协调”“一月一通报”“一月一简报”的工作机制。

整合低效用地和建筑空间，打造各种创新创业创造载体，累计生成载体建设项目85个，总投资455.5亿元；完成金山橘园工业园区项目A、福州高新区AI创客大街（一期）等项目16个，完成投资102.2亿元，新增载体面积171万平方米。年内新增国家级高新技术企业510家、科技型中小企业988家，新增中央财政支持的重点“小巨人”企业7家，新增工信部专精特新“小巨人”企业15家、省级“专精特新”企业15家，6家企业获评省级制造业单项冠军，4家企业团队入选第二批福建省产业领军团队。福州市第二家省创新实验室——海峡实验室落地科创走廊闽侯片区；闽都创新实验室大楼主体封顶。瑞科生物医药健康产业园、数字内容产业园等一些特色园区在建。年内，科创走廊区域内新增省级以上工程研究中心3个、省级以上新型研发机构9个、市级行业技术创新中心9个、市级以上企业技术中心13个，省级以上孵化器3个、市级以上众创空间21个。形成一些可推广、可复制的典型案例，包括福州招商集团采取“国企＋政府＋企业”模式，和“行业龙头企业＋产业基金＋产业联盟＋产业政策＝产业园”招商模式，打造标准化科创走廊示范项目——福州数字内容产业园；仓山区政府从产业发展空间和产业引导方向出发，创造性提出构建产业发展空间4.0版本——金山科学技术创新街区；闽侯科创中心依托便捷交通、齐全配套以及优惠政策，争创高质量的国家级双创基地；鼓楼区联合福建海峡银行，在鼓楼区选派科创走廊金融助理，建立“专人服务＋专业团队＋专属产品”的“三专”服务模式。以“揭榜挂帅”为抓手，推动科创走廊内高校、科研院所与企业深度合作，年内促成科创走廊内福州大学、福建工程学院、中科院物构所等高校科研院所“揭榜”6项“揭榜挂帅”项目，科创走廊内企业、高校、科研院所参与的项目占全省“揭榜挂帅”项目的75%。

【研究与试验发展经费】 2021年，福州市全社会R&D投入225.47亿元，连续5年居全省第一，总量占全省26.8%，比上年增长11.8%，增速与全省平均水平持平；投入强度2.25%，居全省第二，超过全省1.92%的0.33个百分点，达到福州市“十三五”规划提出2.2%的目标。从活动主体看，规模以上企业R&D投入176.51亿元，比上年增长13.8%；高等院校24.91亿元，增长8.5%；科研机构16.84亿元、事业单位2.05亿元、规模以下企业5.16亿元。县区规模以上企业R&D投入增长速度13.8%，低于省、市提出20%的增长目标。增长速度超过20%有长乐区（43.4%）和马尾区（39.2%）2个；闽清县（19.4%）、连江县（17.7%）、晋安区（16.4%）超过全市平均水平；其他7个县区速度低于全市平均水平，其中鼓楼区、台江区、永泰县3个县区出现负增长。R&D投入超过40亿元有福清市，超过20亿元有鼓楼区、仓山区、长乐区。部分县区R&D投入较少，台江区、晋安区、连江县、闽清县、永泰县等5个县区投入强度不到1%。

表51　**2021年福州市各县（市）区规模以上企业R&D经费投入一览表**

县（市）区	规模以上企业R&D经费投入（亿元）	增幅（%）	R&D经费投入强度（%）
鼓楼区	21.9	−5.0	1.06
台江区	1.17	−2.2	0.19
仓山区	25.14	7.0	2.79
马尾区	18.41	39.2	3.04

续表51

县(市)区	规模以上企业R&D经费投入(亿元)	增幅(%)	R&D经费投入强度(%)
晋安区	8.15	16.4	0.85
长乐区	23.3	43.4	2.32
福清市	44.77	12.2	3.64
闽侯县	18.09	13.2	2.28
连江县	5.1	17.7	0.86
罗源县	7.44	9.8	2.35
闽清县	1.98	19.4	0.57
永泰县	0.94	-39.4	0.31

【福厦泉国家自主创新示范区福州片区建设】 2021年，福厦泉国家自主创新示范区（以下简称“自创区”）福州片区出台先行先试政策，培植创新发展动能，谋划建设中国东南（福建）科学城和科创走廊，着力打造具有国际影响力的中国东南区域科技创新中心。在全省首创自创区“一区多园”考评指标体系和奖惩退出机制，发挥改革“试验田”作用，推出改革创新举措37项。福州高新区出台“23项、110条”创新扶持政策。加大金融支持科技创新力度，推动“高新贷”政策辐射扩展到自创区“一区二十四园”科技型中小企业，至年末，“高新贷”放款116笔4.19亿元，“科技贷”放款563笔17.93亿元。出台《鼓励高校毕业生来榕留榕就业创业七条措施》，推出“千个创业工位、万元创业补贴、十万工作岗位、百万赛事资金、千万揭榜挂帅、亿元天使投资”等在内的留榕政策礼包。“榕博汇”人才工作案例获评全国人才工作最佳案例奖和全省机关体制机制创新优秀案例二等奖。推动中国东南大数据产业园、联东U谷·福州物联网产业园、瑞科医药健康产业园等重点产业集聚园区建设。发挥福州新区、福州软件园双创示范基地等各类国家级双创示范基地的示范带动作用，建设具有自创区福州片区产业发展特色的孵化载体，构建“众创空间—孵化器—加速器—产业园”的创业孵化链条。加快海峡链谷、海创链、福建大学生三创基地（福州）等孵化平台建设，打造国家科技资源支撑性特色载体，支持载体提升专业化、精细化服务水平，推动中小企业创新创业升级。

【重点实验室建设】 2021年，福州市有国家级重点实验室3家，省创新实验室2家；省重点实验室115家，其中企业类重点实验室21家，学科类重点实验室94家。

福建光电信息科学与技术创新实验室（闽都创新实验室）是由福州市人民政府牵头，依托中国科学院福建物质结构研究所（中国科学院海西创新研究院）、福州大学于2019年11月获批筹建，是福建省首批4家省创新实验室之一。至年末，闽都创新实验室有全职、全时、兼职和临聘人员203人，其中院士6人（含双聘4人），国家杰青10人，国家特聘专家10人，高级职称129人，博士及博士后131人。实验室组织实施46个自主部署项目和58个主任基金项目，项目支持经费3.10亿元。

福建省柔性电子科学与技术创新实验室（海峡创新实验室）由福州市人民政府牵头，依托福建师范大学，以黄维院士为主要负责人，以创建国家实验室的战略目标，按照“优势集成、创新引领、全球拓展”的思路，以柔性电子这一高度交叉融合的颠覆性学科形式为核心，聚焦福建省、福州市主导产业、战略性新兴产业。年内海峡实验室落地建设。

表52 **2021年福州市国家重点实验室一览表**

序号	名称	承担单位	成立时间
1	结构化学国家重点实验室	福建物构所	1992年
2	能源与环境光催化国家重点实验室	福州大学	2013年
3	闽台作物有害生物生态防控国家重点实验室	福建农林大学	2016年

表53 **2021年福州市省创新实验室一览表**

序号	名称	承担单位	成立时间
1	中国福建光电信息科学与技术创新实验室(闽都创新实验室)	中科院福建物质结构研究所(中科院海西创新研究院)、福州大学	2019年
2	福建省柔性电子科学与技术创新实验室(海峡创新实验室)	福建师范大学	2021年

【行业技术创新中心建设】 2021年，福州市有67家行业技术创新中心，其中依托单位为高校科研院所的44家，依托单位为企业的23家，基本涵盖全市八大主导行业，其中电子信息业24家、轻工食品业17家、机械制造业9家、石油化工业5家、生物医药业5家、能源行业4家、冶金建材业3家、纺织化纤业2家。年内全市行业中心完成技术创新项目520余个，为企业完成3.8万多批次的检测及成型服务；举办各种培训活动252场，培训各类专业人员超1万人次；为企业提供新产品开发、配方工艺设计、技术咨询等服务2000余次；为企业引进专业技术人才4000余人；举办204场专项研讨会；取得市级以上各类奖项53项；签订合作协议企业1500余家；协助企业申报国家、省级项目134个；获得专利、论文等知识产权528项；转化科技成果1900余项；全市行业中心年收入达24.59亿元，其研发成果转化后创造经济效益69亿元以上。

【创业创新孵化载体建设】 2021年，福州市科技局制定出台《福州市双创孵化载体管理办法》，强化对双创孵化载体的管理和培育。新增3家省级科技企业孵化器、4家市级科技企业孵化器、20家省级众创空间、21家市级众创空间，认定的省级科技企业孵化器、省级众创空间认定数居全省第一。至年末，全市有市级孵化器24家，其中国家级6家、省级20家；市级众创空间110家，其中国家级12家、省级78家。众创空间总服务场地面积超过24万平方米，入驻和在孵企业和团队总数2093个，创业就业人数12539人，全年举办各类创新创业活动1445场。

表54 2021年福州市新增省级科技企业孵化器一览表

序号	孵化器名称	运营管理单位
1	福州海峡工业设计创意园	福州市高新技术产业创业服务中心
2	福州市职工创新创业创造中心	福州市华优汇创投资有限公司
3	共享空间孵化器	福州共享空间孵化器管理有限公司

表55 2021年福州市新增福建省众创空间一览表

序号	众创空间名称	运营管理单位
1	福州3W空间	福州三大不六孵化器管理有限公司
2	番茄众创空间	福建展跃网络科技有限公司
3	群英众创空间	福建群英之家投资有限公司
4	陶缘众创空间	福州市陶瓷行业技术创新中心
5	印象众创空间	印象（连江）文化传媒有限公司
6	天蛙众创空间	福建天蛙孵化器管理有限公司
7	博思众创空间	福建博思创业园管理有限公司
8	同创谷福州基地	同创谷（福建）孵化器管理有限公司
9	中商动力众创空间	福建中商动力科技有限公司
10	文创和数字技术应用孵化中心	福州863软件专业孵化器服务中心
11	金创天承众创空间	福州金创天承众创空间有限公司
12	阳光能量加速器	阳光能量（福建）大数据孵化器有限公司
13	云泽速创—京东云（元洪）创新空间	福州京创信息科技有限公司
14	闽台大学生创新创业创造基地	福建中怡科技发展有限公司
15	国科双创福州创新创业基地	福州科融星创科技服务有限公司
16	锦洲乐创空间	福建锦洲孵化器管理有限公司
17	两岸商盟科创空间	福建省商益汇科技有限公司
18	智合汇创融媒体产业众创空间	福州市铄东文化传媒有限公司
19	八戒工场	福建九齿钉耙企业管理有限公司
20	闽捷众创空间	福建省闽捷投资管理有限公司

【省级新型研发机构建设】 2021年，福州市科技局根据《福建省科学技术厅关于组织开展第六批省级新型研发机构申报工作的通知》，组织和推荐辖区内企事业单位申报省级新型研发机构。全市新增16家省级新型研发机构，累计有73家省级新型研发机构。

表56 2021年福州市新增省级新型研发机构一览表

序号	单位名称	序号	单位名称
1	福建省水利水电勘测设计研究院	9	中电福富信息科技有限公司
2	福建升腾资讯有限公司	10	福建帝视信息科技有限公司
3	福建省福抗药业股份有限公司	11	恒瑞通（福建）信息技术有限公司
4	福建星瑞格软件有限公司	12	福建中能电气有限公司
5	福建福光股份有限公司	13	福建祥鑫股份有限公司
6	福州康为网络技术有限公司	14	福建科图勘测规划有限公司
7	富春科技股份有限公司	15	福建数博讯信息科技有限公司
8	福建福大北斗通信科技有限公司	16	闽都创新实验室

【科技人才服务与管理】 2021年，福州市科技局推进引智试验区建设，为福州市经济发展提供海外智力支撑。5月，开展试验区外专百人计划、高端外专产业项目合作计划、海外高端人才团队计划、海外人才特聘岗位等四项引智计划申报工作，3人入选外专百人计划，3个项目入选高端外专产业项目合作计划，3个团队入选海外高端人才团队计划，发放资助经费122万元。开展聘请海外高层次人才到榕培养计划和高层次专业技术人才赴国（内）外访学研修计划。年内有21个项目入选海外高层次人才到榕培养计划，11人入选高层次专业技术人才赴国（内）外访学研修计划。发放资助经费7.92万元。新设立6家引进海外人才联络处（海外科技合作联络站），累计有23家海外人才联络处（海外科技合作联络站），分布美国、法国、日本等20个国家和地区。开展国家引智项目申报工作，组织开展2021年度国家外国专家项目申报工作，全市有7个项目入选高端外国专家引进计划，1个项目入选“一带一路”创新人才交流外国专家计划，获批资助经费211万元，位列全省第一。开展省引智项目申报工作，“高纯铜溅射靶材关键技术研发及应用”高端外国专家团队、“福州京东方超大尺寸项目”高端外国专家团队等9个项目入选2021年福建省引才引智计划，获批资助经费152万元，位列全省第一。4月，组团参加在深圳召开的第十九届中国国际人才交流大会，市科技局作为主办单位展出12块展板，内容涵盖福州市海外人才需求、人才补助政策等内容。大会期间发放《福州市海外人才需求信息》400余份，收集56条人才资源信息，接收57份人才简历。组织有关单位做好2021年国家建设高水平大学公派研究生项目申请工作。经国家留学基金委评审，推荐的2名申请人均被录取，录取人数居全省第一。组织外籍高端人才参加2021“魅力中国——外籍人才眼中最具吸引力的中国城市”主题活动，组织62家企事业单位的A类外籍人才网上填写调查问卷，并推荐5名外国高端专家申请入选魅力中国外籍专家评审团。聚焦对外合作交流项目平台建设，开展2021年度省科技计划项目（产业化合作项目）组织申报工作，福州市“基于网络信任服务的数据流通关键技术研发及产业化”“棕榈纤维增强微发泡养殖渔排踏板材料的研发及产业化”等3个项目入选省科技计划项目（产业化合作项目），获批资助经费300万元。5月开展组织福州市对外科技合作项目申报工作，经过专家评审，10个项目入选计划，资助经费300万元。对2019年获批立项的5个福州市科技项目（社会发展—“一带一路”及对外科技合作项目）进行验收，4个项目通过验收，资助经费120万元。开展2021年度福州市科技创新创业人才培育计划，经专家评审，8个项目入选，拟资助经费240万元。参加第二十一届中国国际投资贸易洽谈会和第四届中国国际进口博览会，邀请开展闽京两地高校、科研院所、高新技术企业等单位代表参加闽京科技成果对接会。配合窗口开展政务服务优化升级，在原先4个即办件的基础上，再将2个事项（外国人工作证延期、注销）调整为即办件。优化原件核验方式，除现场核验原件的方式外，增加远程视频核验原件方式，将“申领外国人来华工作许可证”事项提升为“全流程网办”事项，实现减时间、减跑动、提升即办程度、增加网办深度。全市办理有效外国人来华工作许可680本，其中外国高端人才（A类）172本，外国专业人才（B类）474本，其他外国人员（C类）13本。

【科学技术经费】 2021年，福州市安排科技专项经费39.7亿元，通过研发费用加计扣除、企业研发投入分段补助、高新技术企业奖励、科技小巨人领军企业研发费用加计扣除、科技创新券补助等政策的落实，发挥财政科技投入的撬动作用，引导全社会加大研发投入；通过组织实施科技重大揭榜挂帅项目、科技创新平台项目、农业科研项目、社会发展项目、中小企业创新资金项目、市校（院所）合作项目等，攻克一批关键共性技术，实现“卡脖子”关键核心技术领域重大技术突破，以提升重点产业自主创新能力和核心竞争力，推动福州市经济高质量发展。

表 57　2020—2021 年福州市科学技术支出占市财政一般预算支出比例情况表

年度	本级科学技术支出（万元）	本级财政一般预算支出额（万元）	本级科学技术支出占本级财政决算支出比例（%）	全市科学技术支出（万元）	全市财政一般预算支出额（万元）	全市科学技术支出占全市财政决算支出比例（%）
2020	68829	2139820	3.21	431850	9501973	4.54
2021	70884	2120100	3.34	396952	9257300	4.29

表 58　2021 年福州市科学技术支出使用情况表

序号	使用领域	经费主管部门	本级经费额（万元）	全市经费额（万元）
1	科学技术管理事务	市科技局等	794	6995
2	基础研究	市科技局等	56	155
3	应用研究	市科技局等	1494	4551
4	技术研究与开发	市科技局等	10964	70838
5	科技条件与服务	市科技局等	34744	40545
6	社会科学	市社科院等	618	699
7	科学技术普及	市科协等	1702	5201
8	科技交流与合作	市科技局等	3128	3258
9	科技重大专项	市科技局等	-7	13503
10	其他科学技术支出	市科技局等	17391	251207
合计	—	—	70884	396952

（张艳君　王庆金　李梅婷　李海峰　高　峻　丁可锋　陈艳梅　郑晓昆　林　硕）

高新技术产业

【高新技术企业】　2021 年，福州市 1191 家企业认定国家高新技术企业，全市高新技术企业总数达 2795 家，增量居全省第一。实施高新技术企业倍增计划，加强高新技术培育调度，挖掘梳理近 1500 家科技型申报潜力企业，指导各县（市）区对辖区内潜力申报企业进行摸底、挖掘和培育。强化培训辅导，采用线上与线下培训相结合方式，利用科技云课堂开展高新技术企业申报认定培训，市县两级开展高新技术企业培训服务场次 114 场，超 4000 人次参加培训。加大奖励力度，激发高新技术企业创新活力，对认定的国家高新技术企业每家奖励 20 万元，对市级众创空间、科技企业孵化器每培育一家国家高新技术企业，奖励运营单位 5 万元。充实后备梯队，推进“科技型中小企业—国家高新技术企业—科技小巨人企业”的创新主体全链条培育。

【创新资金项目立项与验收】　2021 年，福州市省级创新资金技术创新项目采取“事前立项，事后补助”资助方式，立项 12 项，支持资金 420 万元；省创新资金创新创业大赛获奖项目采取“事后立项，事后补助”，立项 7 项，支持资金 210 万元。市科技局设立在孵科技企业创新项目，采取“事前立项，事后补助”资助方式，支持孵化器和众创空间内的企业开展技术创新，立项 6 项，支持资金 60 万元。全年验收合格市级创新资金项目 15 个，在孵科技企业创

2021 年 11 月 10 日，福州市创新创业大赛成果展暨颁奖典礼举行

（市科技局　供图）

新项目3个，下达后补助资金255万元。

【科技小巨人企业遴选】 2021年，根据省科技厅、发改委、工信厅、财政厅《关于组织开展2021年科技小巨人企业遴选和认定工作通知》要求，经征集、遴选和推荐，省科技小巨人领军企业培育工作联席会议审核确认，福州市348家企业入选2021年省科技小巨人企业名单，占全省23.8%，数量居全省第一。根据省财政厅、省科技厅《关于下达2021年度科技小巨人企业研发投入奖励的通知》，福州市45家科技小巨人企业获2850万元研发投入奖励，占全省奖励金额28.5%，奖励资金居全省第一。

【创新创业大赛】 2021年，福州市科技局会同市委人才办以“科技创新，成就大业”为主题，开展2021年榕创嘉年华暨福州市创新创业大赛。105家企业进入初赛，50家企业晋级复赛，20家企业进入省半决赛和市决赛，7家企业进入全国行业总决赛，4家企业获全国赛优秀企业，2家企业获省赛二等奖，2家企业获省赛三等奖。同时在线上线下对参赛企业进行投票，选出“最受欢迎的创新企业”。20家企业获省创新创业大赛奖励资金50万元，20家企业获市创新创业大赛奖金72万元。

【科技创新券补助】 2021年，福建省科技厅、财政厅制定《福建省科技创新券补助实施细则》，根据科技厅《关于做好2021年度科技创新券补助工作的通知》精神，对符合条件的科技型中小企业在研发过程中向境内高校、科研院所及其他企事业单位购买科技创新服务所产生的费用进行后补助，福州市238家企业符合补助条件，获批补助资金676万元。

【科技型中小企业评价】 2021年，根据省科技厅《关于组织开展科技型中小企业评价工作的通知》要求，福州市科技局组织和发动企业参与全国科技型中小企业评价工作，利用全国科技型中小企业信息服务平台，实行科技型中小企业评价业务全流程网上办理，组织人员在线开展企业评价信息形式审查，为科技型中小企业提供高效便捷服务。经市科技局形式审查推荐，省级管理部门公示、公告、抽查，全年开展11批备案工作，备案科技型中小企业1945家，比上年增长36%，占全省备案数量的37%。

表59 2021年福州市获福建省创新资金项目立项一览表

序号	项目名称	承担单位
1	数字工地公共服务平台关键技术研究及应用	福建数博讯信息科技有限公司、福州大学、福建农林大学、中铁十七局集团第六工程有限公司
2	低压台区运行状态智能监测系统	福建通力达实业有限公司
3	智能装备健康监测大数据云平台	福建华鼎智造技术有限公司
4	区块链引擎——百谷王链	福州百谷王网络科技有限公司
5	废水处理氨氮脱除技术及装备研发应用	福建中盟环保有限公司
6	自由曲面微纳加工技术应用	福建富兰光学股份有限公司
7	应用于5G通讯基站的高导热电磁屏蔽橡胶的研发及产业化	福州市福塑科学技术研究所有限公司
8	新型高效电动机及其智能控制系统的研发与产业化示范	福建中研机电科技有限公司、福建农林大学
9	基于“北斗三代”高精度定位技术的山体滑坡地质灾害监测预报系统的研制及产业化	福建瑶光智能科技有限公司、闽江学院
10	他克莫司亲和层析纯化工艺研究	福建科瑞药业有限公司
11	富营养化污水微生物光合净化新技术开发与应用示范	福州科力恩生物科技有限公司、福建师范大学
12	基于AIS+ECDIS技术的海上安全预警及辅助搜救系统的研发及应用	福州德亿电子科技有限公司、交通运输部东海航海保障中心福州航标处

表60 2021年福州市获福建省创新资金创新创业大赛奖项目一览表

序号	项目名称	承担单位
1	AI公路路面病害识别	福建智涵信息科技有限公司
2	基于自动驾驶的智能机器人研发生产及运维服务	福建汉特云智能科技有限公司
3	蜂行者——全栈式汽车服务连锁平台	蜂行者汽车服务有限公司
4	癌症液体活检大数据分析平台	福州数据技术研究院有限公司

续表 60

序号	项目名称	承担单位
5	用于公共安全领域的危化气体检测装置	福建美营自动化科技有限公司
6	高性能纤维树脂基复合材料快速制造关键技术研究及产业化	福州津出新材料科技有限公司
7	5G 彩光波分复用组件及模块项目	福州百讯光电有限公司

表 61 2021 年福州市在孵科技企业创新项目一览表

序号	项目名称	承担单位
1	二氢燕麦生物碱 D 盐类化合物制备工艺的研究及应用	福州百草堂医药科技有限公司
2	鱼鳔胶原低聚肽制备工艺的研究与产业化应用	福州海锐黎思生物科技有限责任公司
3	新型载药脑血管支架细胞相容性研究	华瑞（福建）生物科技有限公司
4	基于信息融合的空—地机器人环境观测系统	福州海联星信息科技有限公司
5	基于 5G 的智能安防门监控网关及系统研发与应用	福州昆硕宸信息科技有限公司
6	云安全威胁情报采集与分析系统关键技术研究及应用	福建云创信安信息科技有限公司

表 62 2021 年福州市获第十届中国创新创业大赛全国赛优秀企业一览表

序号	公司名称
1	福建国光新业科技有限公司
2	福建万物易联网络科技有限公司
3	福建吉特瑞生物科技有限公司
4	福州市纳飞光电科技有限公司

表 63 2021 年福州市获第九届福建创新创业大赛奖一览表

序号	奖项	企业名称
1	二等奖	福建国光新业科技有限公司
2	二等奖	福建万物易联网络科技有限公司
3	三等奖	福州市纳飞光电科技有限公司
4	三等奖	福建吉特瑞生物科技有限公司
5	决赛优胜奖	福建鼎旸信息科技股份有限公司
6	决赛优胜奖	福建美营自动化科技有限公司
7	决赛优胜奖	福建省钛平新能源科技有限公司
8	优秀企业	福州品行科技发展有限公司
9	优秀企业	福建智涵信息科技有限公司
10	优秀企业	福建后方信息科技有限公司
11	优秀企业	福州数据技术研究院有限公司
12	优秀企业	福州闲时间网络科技有限公司
13	优秀企业	瑞森网安（福建）信息科技有限公司
14	优秀企业	福州海晟特膳生物科技有限公司
15	优秀企业	福州市宇心建材科技有限公司
16	优秀企业	福建中青汽车技术有限公司

续表 63

序号	奖项	企业名称
17	优秀企业	湃视（福建）科技股份有限公司
18	优秀企业	福州微见科技有限公司
19	优秀企业	福州一诺维生物科技有限公司
20	优秀企业	福州恒达诚网络科技有限公司
21	设区市赛优胜奖	福建吉特瑞生物科技有限公司

表 64　　2021 年福州市创新创业大赛获奖一览表

类别	序号	企业名称	奖项
（一）成长组	1	福建吉特瑞生物科技有限公司	一等奖
	2	福建万物易联网络科技有限公司	二等奖
	3	福建中青汽车技术有限公司	二等奖
	4	福建国光新业科技有限公司	二等奖
	5	福建鼎旸信息科技股份有限公司	三等奖
	6	福州海晟特膳生物科技有限公司	三等奖
	7	瑞森网安（福建）信息科技有限公司	三等奖
	8	福建后方信息科技有限公司	三等奖
	9	福州数据技术研究院有限公司	三等奖
	10	福建美营自动化科技有限公司	优秀奖
	11	福州市纳飞光电科技有限公司	优秀奖
	12	福建智涵信息科技有限公司	优秀奖
	13	福州闲时间网络科技有限公司	优秀奖
	14	福州市宇心建材科技有限公司	优秀奖
	15	福州品行科技发展有限公司	优秀奖
（二）初创组	1	福州一诺维生物科技有限公司	一等奖
	2	福州微见科技有限公司	二等奖
	3	福建省钛平新能源科技有限公司	二等奖
	4	福州恒达诚网络科技有限公司	三等奖
（三）最受欢迎创新企业奖	1	福建吉特瑞生物科技有限公司	一等奖

表 65　　2021 年福州各县（市）区备案科技型中小企业数量情况表

序号	县（市）区	数量（家）	序号	县（市）区	数量（家）
1	鼓楼区	500	8	连江县	34
2	台江区	146	9	闽侯县	184
3	仓山区	287	10	罗源县	12
4	晋安区	259	11	闽清县	15
5	马尾区	128	12	永泰县	13
6	长乐区	60	13	高新区	243
7	福清市	64	—	合计	1945

（陈艳梅　谢　辉）

农业科技

【科技特派员】 2021年，福州市在已出台综合性政策《福州市关于进一步坚持和深化科技特派员制度的工作方案》基础上，市科技特派员联席会议办公室配套出台《福州市科技特派员专项经费管理办法》《福州市科技特派员工作样板点建设标准》等，在扩大选认渠道、工作经费使用、提高支持力度、加强检查督导、规范资金使用、支持履职包干、强化示范带动等方面实施工作创新。建立省市县三级科技特派员一体化选认体系，加强台籍、省外人才选认。全年选认省市县三级科技特派员1321人，其中市级534名，团队80组，法人2家；省级240名（含三区人才13名），团队43组，法人2家；台湾籍32人；院士1人。实现省市级科技特派员在130个乡镇全覆盖，带动县级科技特派员在2197个行政村全覆盖。全年服务超1200次，培训群众超1.2万人次。

4月，新上线试运行“科技特派员管理系统App”，平台包含PC端管理后台和移动端应用展示，帮助管理部门实时了解区域内科特派履职服务状况，打通科技特派员与受援单位间的“最后一公里”。科特派管理系统累计导入专家833名，其中科技特派员740人，受援单位753家；个人科特派652人，法人科特派18人，科特派团队70个。

加大服务完善产业链的团队科技特派员选认力度，推动龙头企业全产业链发展和数字农业应用，形成海欣、仙芝楼、天马等一、二、三产业融合发展的成长典型，星源农牧、光阳蛋业等大型龙头企业开展数字赋能技术。依托福州市科技成果转移转化公共服务平台，选择一批高校、院所的科技特派员项目进行网上推广，推动创业和技术服务领域一、二、三产业融合发展。加强服务区域经济发展的法人科技特派员选认，支持市农科所法人科技特派员单位服务罗源食用菌产业；支持市蔬菜所法人科技特派员单位服务琅岐菜篮子工程建设等重点特色产业。全年安排专项经费1560万元，其中支持省市科特派后补助项目21个，安排项目经费超315万元。推动科特派以科技成果为纽带融入农业产业链，新增认定各类科技特派员参与的“福州市现代农业技术创新基地”15家，总数达61家，新增科技特派员工作样板点15家，总数达27家，新增“海上福州”“茶科技”专项等，推动产业融合发展。精准支持福州茉莉花、鱼丸、鲍鱼、金鱼、沙蚕、枇杷、福橘、橄榄、秀珍菇及海上福州、设施农业、智慧农业等特色产业的技术研发，依托科技带动特色产业发展壮大。加强区域合作，全年安排3000万元支持南平、宁德科技特派员工作。

年内在《福州日报》《福州晚报》《科技日报》及微信、微博等媒体报道科技特派员事迹，设立科技特派员为乡村代言栏目、开展“福州科技特派员在行动”直播活动、联合主办“碳汇·科技助农巾帼行动”等。市科技局与市妇联联合主办、福州日报社承办的“寻找最美女科技特派员”活动，获得网络535万人次的热度关注，10人当选“福州最美女科技特派员”。

【星火计划】 2021年，福州市有福州日兴水产食品有限公司“鲍鱼生物活性肽共性关键技术研究及规模化开发”、福建乾动海上粮仓科技有限公司“新型高性能深远海渔业养殖平台研发及关键性能研究”2家企业的项目获省科技厅重大项目立项；福建恒杰塑业新材料有限公司“抗污耐紫外双层结构HDPE渔排管研制”项目获省科技厅区域项目立项；福建省华龙集团饲料有限公司“新型功能性水产配合饲料的研发与示范应用”、福州东星生物技术有限公司“基于姬松茸多糖的功能性营养粉关键技术的研究与示范推广”等11家企业的项目获省科技厅星火项目立项；福州市蔬菜科学研究所“紫色快菜耐热种质资源创新及越夏栽培技术研究”等2个项目获省科技厅支持设区市农科院所建设专项项目立项。

年内市农业科研（星火）计划围绕“围绕农业创新、提质增效与绿色发展、海上福州”等方向，支持新品种、新技术和新产品技术的开发和产业化示范。福州市蔬菜科学研究所“专用型薹用青梗菜新品种选育”等5个项目获市农业科研项目立项；福建省星源农牧科技股份有限公司“基于武夷黑猪的优质猪选育与应用”、福建超大现代种业有限公司“早熟优质、广适甜玉米新品种选育及示范推广”等16个项目获市星火计划立项。

表66 2021年福州市获省级星火计划立项一览表

序号	项目名称	承担单位
1	鲍鱼生物活性肽共性关键技术研究及规模化开发	福州日兴水产食品有限公司
2	新型高性能深远海渔业养殖平台研发及关键性能研究	福建乾动海上粮仓科技有限公司
3	抗污耐紫外双层结构HDPE渔排管研制	福建恒杰塑业新材料有限公司
4	新型功能性水产配合饲料的研发与示范应用	福建省华龙集团饲料有限公司
5	基于姬松茸多糖的功能性营养粉关键技术的研究与示范推广	福州东星生物技术有限公司
6	“黄樽”薄叶金花茶高效栽培技术示范	福州乐亿生态科技股份有限公司
7	猴头菇多糖高效制备关键技术应用与新产品开发	福建拓天生物科技有限公司
8	紫球藻活性产物一步法多联产关键技术及其高值化产品研发	福清市新大泽螺旋藻有限公司

续表66

序号	项目名称	承担单位
9	优质耐寒高产青梗菜新品种“金品558”示范推广	福建金品农业科技股份有限公司
10	基于人工智能的o2o农业服务平台	福州引凤惠农科技服务有限公司
11	花生新品种“闽花8号”的繁育与示范推广	福建闽诚农业发展有限公司
12	优质黑麦酿造威士忌关键技术的研发及示范推广	庄臣酿酒（福建）有限公司
13	“福鲍一号”规模化繁育技术及推广示范	福建省连江县官坞海产开发有限公司
14	高值化红曲酿造料酒的关键技术研发及应用示范	福建吉百年食品有限公司
15	紫色快菜耐热种质资源创新及越夏栽培技术研究	福州市蔬菜科学研究所
16	冬春设施苦瓜绿色高效栽培技术集成与示范推广	福州市蔬菜科学研究所

表67　**2021年福州市农业科研（星火）计划立项一览表**

序号	项目名称	承担单位
1	专用型薹用青梗菜新品种选育	福州市蔬菜科学研究所
2	南方口感型设施番茄新品种选育	福州市蔬菜科学研究所
3	紫色快菜新品种选育	福州市蔬菜科学研究所
4	绣球菌菌渣复合基质在设施高品质番茄育苗和栽培技术上的研究	福州市蔬菜科学研究所
5	福州茄子主要土传病害病原菌鉴定与防治方案的建立	福州市蔬菜科学研究所
6	基于武夷黑猪的优质猪选育与应用	福建省星源农牧科技股份有限公司
7	新能源山地果园轨道搬运机关键技术创新与运用	福州良正机械有限公司
8	凡纳滨对虾低鱼粉配方饲料研发与示范	福州海马饲料有限公司
9	海带的高值化加工技术研发及产业化	福建世纪东润食品科技有限公司
10	新型低胆固醇鸡蛋干产品研发及其应用示范	福建吉百年食品有限公司
11	西瓜嫁接种苗繁育智能化管理体系建立与示范	福州昌育农业开发有限公司
12	速溶福清煎茶关键技术研究	福建省南湖山茶业有限公司
13	永泰有机绿茶生产关键技术与示范	福建省卢峰茶业有限公司
14	早熟优质、广适甜玉米新品种选育及示范推广	福建超大现代种业有限公司
15	水产原料及制品中抗生素残留的荧光可视化检测方法研究	长乐聚泉食品有限公司
16	食用菌加工副产物制备功能型复合调味料关键技术研究与产业化应用	福建创新食品科技有限公司
17	观赏西番莲新品种引进和创新及产业化	福州绿榕园林工程有限公司
18	茉莉酸甲酯（MeJA）对茉莉花香气成分组成和含量的调控技术研究	闽榕茶业有限公司
19	面向区域特色的农业农村信息采集和应用关键技术研究	福建新大陆软件工程有限公司
20	面向碳中和的福建省红树林植被碳储量的遥感监测与分析评估	福建省环境保护设计院有限公司
21	鲍鱼内脏高值化综合利用关键技术研究与示范	福建龙翔水产食品有限公司

【现代农业技术创新基地】 2021年，福州市引导农业企业加强产品研发投入，增强企业创新能力和核心竞争力，推进农业技术创新和科技进步，推动全市农业主导产业、优势和特色农产品生产的高效持续发展，新认定福州市现代农业技术创新基地15家。全市有现代农业技术创新基地61家。

表 68

2021 年福州市新认定现代农业技术创新基地一览表

序号	创新基地	序号	创新基地
1	福建春伦集团有限公司	9	福建七境茶业有限公司
2	庄臣酿酒（福建）有限公司	10	福建御冠食品有限公司
3	兆丰华生物科技（福州）有限公司	11	罗源生春源茶业有限责任公司
4	福建卢峰茶业有限公司	12	福建省永泰县顺达食品有限公司
5	福清市绿丰农业开发有限公司	13	福建吉百年食品有限公司
6	福建亿达食品有限公司	14	福建幕村鲜味食品有限公司
7	福建省南湖山茶业有限公司	15	闽清金水湾生态农业有限公司
8	万农高科集团有限公司	—	—

【星创天地】 2021 年，福州市培育建设一批集科技示范、创业孵化、特色服务于一体的“星创天地”等新型科技服务平台，打通产业创新“全链条”，新增省级星创天地 5 家，市级星创天地 6 家。全市有国家级星创天地 4 家、省级星创天地 16 家和市级星创天地 30 家。

表 69

2021 年福州市新增星创天地一览表

级别	序号	星创天地	运营单位
省级	1	春伦茶产业星创天地	福建春伦集团有限公司
	2	洋泽星创天地	福建省洋泽海洋生物科技有限公司
	3	卢峰星创天地	福建省卢峰茶业有限公司
	4	惠煌农业星创天地	福清市惠煌农业开发有限公司
	5	凯达星创天地	福州市凯达生态农业有限公司
市级	1	秋垄心田星创天地	福州秋垄心田农业科技有限公司
	2	赶海一号星创天地	福建省赶海一号旅游开发有限公司
	3	吉百年星创天地	福建吉百年食品有限公司
	4	惠煌农业星创天地	福清市惠煌农业开发有限公司
	5	鑫泉星创天地	福建鑫泉生态农业科技有限公司
	6	瓷天下星创天地	福建瓷天下旅游产业投资有限公司

（郭文涛　赵　龙）

科技奖励

【科学技术奖励】 2021 年，福州市根据《福建省人民政府关于 2021 年度省科学技术奖励的决定》，在榕高校、科研院所和企业的 118 项科技成果获 2021 年度福建省科学技术奖，占全省获奖总数的 56.73%。福州市科技局提名推荐的 14 项科技成果入选，其中科技进步奖一等奖 2 项，二等奖 4 项，三等奖 7 项，科技成果转化奖三等奖 1 项。

表 70

2021 年度福建省科学技术奖福州市科技局推荐获奖名单一览表

序号	项目名称	完成人	完成单位	奖项名称	奖次
1	台风多发复杂海域大型风电场工程关键技术及应用	宋启明、游先辉、刘　莿、吴兆旗、赖福梁、范夏玲、陈　翔、欧寅华、吴　昀、陈志冰	福建永福电力设计股份有限公司、福州大学、福建省福能海峡发电有限公司	科技进步奖	一等奖
2	肝癌微创与诊疗一体化技术的研究及应用	刘景丰、刘小龙、曾永毅、张　达、王培园、李　阳、吴　名、张　翔、赵必星、张晓龙	福建医科大学孟超肝胆医院（福州市传染病医院）、福建医科大学附属第一医院、中国科学院福建物质结构研究所、福建省肿瘤医院	科技进步奖	一等奖

续表70

序号	项目名称	完成人	完成单位	奖项名称	奖次
3	建筑子结构抗震及减隔震关键技术与应用	颜学渊、陈再现、李素超、毛会敏、杨　国、祁　皑、王黎园	福建九鼎建设集团有限公司、福州大学、福建闽清一建建设发展有限公司、福建省渚港建工发展有限公司、千易建设集团有限公司、福建省中隧建设工程有限公司	科技进步奖	二等奖
4	自动控制内容积比大型氦螺杆压缩机组关键技术及制冷低温应用	魏德强、胡忠军、戴闽洪、谭海龙、王炳明、李　强、李　青	福建雪人股份有限公司、中国科学院理化技术研究所	科技进步奖	二等奖
5	智能可调光汽车玻璃关键技术研发及产业化	刘贤平、林　寿、郑国新、陈志新、冯　涛、郑明生、林　军	福耀玻璃工业集团股份有限公司	科技进步奖	二等奖
6	双万兆高密型安全无线接入关键技术研究及应用	潘文贤、黄增安、许　力、陈建祥、周赵斌、苏彬庭、贾　攀	锐捷网络股份有限公司、福建师范大学、北京星网锐捷网络技术有限公司	科技进步奖	二等奖
7	高能量密度高压钴酸锂电池的高安全性关键技术与应用	童庆松、俞　峰、方　乐、冯明竹、胡洪文	飞毛腿(福建)电子有限公司、福建师范大学、易佰特新能源科技有限公司	科技进步奖	三等奖
8	核电站主泵机械密封服役性能提升和延寿关键技术与应用	杨全超、文　学、向先保、江腊涛、吴　明	福建福清核电有限公司	科技进步奖	三等奖
9	F5000电脑横机控制系统关键技术研发及其产业化应用	张国利、唐宝桃、林　杰、谢学忠、林云鹏	福建睿能科技股份有限公司	科技进步奖	三等奖
10	山海可吸收生物材料及其产品的研发与推广应用	张其清、张　瑗、刘玲蓉、袁　平、栾　杰	福建省博特生物科技有限公司、福建吉特瑞生物科技有限公司、中国医学科学院整形外科医院、福州大学	科技进步奖	三等奖
11	生态型营养饲料创制及产业化健康养殖技术集成应用	况应谷、陈鑫珠、陈炳钿、时祥柱、卢文标	福建省新闽科生物科技开发有限公司、福建省农业科学院畜牧兽医研究所、福建闽科饲料有限公司、福建深纳生物工程有限公司	科技进步奖	三等奖
12	基于数字孪生和人工智能的智慧城市治理关键技术研究与应用	李松斌、魏晓曦、刘　鹏、欧霖杰、陈榕魁	恒锋信息科技股份有限公司、中国科学院声学研究所南海研究站	科技进步奖	三等奖
13	RK3399高性能智能物联网终端通用SoC芯片	陈晓冬、陈继晖、陈　辉、邓训金、郑应勇	瑞芯微电子股份有限公司	科技进步奖	三等奖
14	遗传性耳聋基因检测芯片在福建新生儿筛查中的推广应用	张冠斌、夏　泳、张秋韵、王国建、林　堃	福建博奥医学检验所有限公司、福州市妇幼保健院(福州市计划生育服务中心)、福建省妇幼保健院(福建省妇儿医院)、中国人民解放军总医院	科技成果转化奖	三等奖

(叶　巧)

科技成果转移转化

【技术合同认定】 2021年，福州市技术开发、技术转让、技术咨询、技术服务四类合同登记7732项，合同成交总额712789.45万元，其中技术开发合同2519项，成交额271364.75万元；技术转让合同343项，成交额230444.07万元；技术咨询合同760项，成交额12117.93万元；技术服务合同4110项，成交额198862.7万元。在四类合同中，技术开发合同成交额占比达到38.07%；技术咨询合同成交额较低，占1.7%；技术服务合同成交额占27.9%，占比低于全国水平；技术转让合同成交额占32.33%，高于全国水平。

表71　　2021年福州市技术合同交易分类一览表

	合同数(项)	合同金额(万元)
1.按合同类别分		
技术开发合同	2519	271364.75

续表 71

	合同数（项）	合同金额（万元）
技术转让合同	343	230444.07
技术咨询合同	760	12117.93
技术服务合同	4110	198862.7
2. 按社会经济目标分		
环境保护、生态建设及污染防治	381	11967.3
能源生产、分配和合理利用	221	10803.44
卫生事业发展	197	9999.99
教育事业发展	122	7830.42
基础设施以及城市和农村规划	300	7796.81
社会发展和社会服务	3210	283576.21
地球和大气层的探索与利用	3	13.86
民用空间探测及开发	14	849.9
农林牧渔业发展	1413	15481.99
工商业发展	483	63648.68
非定向研究	120	5468.62
其他民用目标	1262	295242.5
国防	6	109.73
3. 按卖方类别分		
机关法人	—	—
事业法人	4625	71800.1
社团法人	—	—
企业法人	3074	635120.4
自然人	27	5379.83
其他组织	6	489.16

【科技成果转化公共服务平台 App】 2021 年，福州市科技局推进科技成果转化公共服务平台 App 建设，加强运营维护管理工作，发挥其汇聚全市科技创新资源和成果供需对接平台优势，畅通科技成果转移转化通道，促进科技成果落地转化。至年末，成果 App 发布成果 2246 项，需求 130 项（其中技术需求 108 项），公示交易项目 47 个，累计用户访问量 39628 人次，汇聚 35 所在榕高校和 10 所异地高校相关信息、2816 条专家信息、3658 家企业信息、3271 条大型共享设备信息，整合各类科技创新平台资源近 400 条，以及国家、省、市有关科技成果转移转化政策文件。

年内市科技局依托成果 App 举办“2021 年天津大学专场科技成果推介会”“福建省疫情防控科研攻关成果推介对接活动”“福州高新区科技成果推介会”和“2021 年福州科技成果转化公共服务平台直通车——智能制造推动福州工业（产业）园区高质量建设专场推介活动”等多场成果推介会，通过线上与线下相结合形式，吸引高校院所和企业参加推介活动，促进科技成果对接转化。在成果 App 上直播“2021 年榕创嘉年华暨福州市创新创业大赛”。

（李海峰　郑荣火）

科技下乡与科普工作

【科技下乡】 2021 年，福州市科技情报研究所科技下乡服务团队完成科技下乡 31 场次，其中集中专项培训 2 场次，听课学员 160 余人次；现场调研指导、传授技术、座谈交流 15 场。通过微信群等工具搭建工作交流平台，方便服务对象和专家日常交流，满足农民群众特别是新型职业农民对农业科技的需求。在传授技术的过程中，协助农村建立适合自身发展的产业及产业链，助推乡村振兴。

【科普工作】 2021 年，福州市科技局以科学普及与科技创新为主线，在全市举办群众性科技活动，帮助群众认识科学、走进科学。2020 年、2021 年，连续 2 年获颁全国科技活动周荣誉证书。市科技局联合各县（市）区有关单位，围绕人工智能、无人机等前沿科技热点和疫情防控、预防诈骗、消防安全、环境保护、食品安全等民生领域焦点问题，

2021年5月22日，福州市开启“中国共产党领导科技发展”科技活动周线上线下活动　（市科技局　供图）

投放科普电梯广告1300面、行政服务中心融媒体屏宣传广告100面，举办4场科普进校园活动、3场科普进乡村复兴少年宫、12场科普进园区、13场科普进商圈、7场科普进社区、4场科普下乡活动。

2021年科技活动周期间，以“百年回望：中国共产党领导科技发展”为主题，市科技局联合中共福州市委宣传部、市科协及相关单位在仓山区青少年活动中心举办2021年福州市科技活动周启动仪式，并邀请3名“网红”科技特派员及4家高新技术企业参加现场科技成果展，吸引300多名青少年及其家长参加。各县（市）区、市直单位举办各类线下活动41场，并开放4家众创空间及6家重点实验室供公众参观。据不完全统计，福州市及各县（市）区科技活动周吸引约10万人次参观互动。

【疫情防控科研攻关】　2021年，福州市科技局组织全市优势科研力量开展疫情防控应急科研攻关，2020年和2021年连续发布福州市新冠肺炎疫情防控专项项目申报指南，两次征集应急科研攻关项目59个，下达应急科研项目40个，以重点支持快速诊断试剂、流行病学研究、临床诊疗技术及方案等科研攻关。市疾病预防控制中心利用大数据技术，开展全市健康系统数据、城市基础信息等信息汇聚和整理，建立时间态势分析、空间态势分析、时空过程预测、传播路径等统计学模型，以有效预测新冠肺炎潜在的暴发流行，为开展新冠肺炎风险评估提供决策依据。福州肺科医院开展新冠肺炎患者临床特点、免疫特征、临床护理和预后相关因素研究，建立起一套规范化的临床诊断、治疗、护理和康复的操作规程，有效提高患者的治疗和康复效果。市中医院开展中医药治疗新冠肺炎的证型分布及用药规律，以提高治疗新型冠状病毒肺炎的临床疗效，缩短病程。阿吉安研发的新冠病毒检测试剂，在全市累计检测超10万例。爹地宝贝股份有限公司、晟浩纺织等多家公司研发生产防护口罩，助力疫情防控。

（郑彩霞　郑晓昆　王庆全）

气象服务

【概况】　2021年，福州市建成国家级地面自动气象站8个，区域自动气象站370个，农业气象观测站5个，自动土壤水分观测站4个，交通气象站3个。建有6个海洋气象观测站、2套船舶自动站、1套蓝天指数仪、1个全天空可见光成像仪、1个风云三号卫星接收站和1个风云四号卫星接收站等设备。有福州新一代天气雷达、福州淮安山探空雷达、罗源风廓线雷达、闽清风廓线雷达、福清移动风廓线雷达、罗源毫米波雷达等各1部，X波段相控阵双偏振雷达3部，移动应急指挥车1部，移动自动气象观测站8套，人影雨滴谱观测设备8套、负氧离子观测站9套，水平激光能见度仪1部、S波段相控阵双偏振天气雷达1部。全市综合气象观测系统布局合理，覆盖福州市及台湾海峡的立体探测网已具雏形。年内，福州市气象局获各级通报表扬5次，《健全“市覆盖县”监督组织体系，压紧压实全面从严治党责任链条》获评全省气象部门创新工作，1人获评中国气象局重大气象服务先进个人。强化“反恐处突气象最小作战单元”建设，连续3年获评反恐怖工作评估“优胜单位”。牵头召开闽东北气象部门协同发展第三次工作会议和专题会，提出10条措施形成工作备忘录。举办闽东北纪检监察干部培训班、闽东北预报竞赛等，推进闽东北协同发展区气象事业高质量发展。举办第九届海峡青年节·海峡气象青年汇专场活动，《两岸关系》等30余家主流平台进行宣传报道，国台办工作简报全篇刊登其做法及活动成效。

【气象业务基础】　2021年，福州市升级（改造、新建）38个自动气象站，建设5套海基自动站和1套激光能见度雷达。完成闽江口（琅岐）生态海洋气象综合观测站和福州（闽侯）S波段相控阵天气雷达配套基础设施建设并完成雷达架设。推进气象装备及网络运行的全天候自动化监控报警，国家站数据综合传输质量达99.98%，装备运行质量达100%，居全省前列。强化气象数据及业务平台的安全管理，建立基于智网的气象服务DMZ区。完成2.5千米×2.5千米智能网格预报产品业务应用，继续发展多模式集成、集合预报等数值模式释用技术，加强人工智能等新技术在预报关键技术中的应用，短临预警能力持续提升，决策气象服务和公众气象服务效益显著，完善福州市内涝气象风险预警模型。全年24小时晴雨预报准确率80.7%，高、低温预报准确率分别为84.8%和93.6%。

【气象防灾减灾】　2021年，福州市气象局启动24次应急响应和4次特别工作状态，有效应对7次冷空气、3次高温、4次强对流、6次大范围暴雨和5个热带气旋（台风）天气过程影响，发布服务材料689份，灾害性天气预警信号424次，发送预警短信523.1万人次，实现重大气象灾害监测预警服务零失误。强化与市应急局、联排联调中心、消防救援支队等20余个部门应急联动，以提升城市和海上气象服务保障水平。与应急局等部门联合推荐全国综合减灾示范社区并获评。启动福州暴雨预警分行业、分灾种发布试点工作。自主研发“气象精灵”平台投入业务试用。深耕防汛、城市内涝、城市交通等“+气象”应用场景并嵌入相关部门指挥平台，参展第四届数字中国建设峰会获广泛关注。依托微信机器人实现气象预警信息自动发布，预警信息发布系统对接应急、人防、自然资源、生态环境、交警、城区水系联排联调中心等部门的299个单位。保障第四届数字中国建设峰会、第九届海峡青年节等重大活动。与城区水系联排联调中心、消防救援支队、生态环境局、海事局、福州地铁等多部门建立业务协作联动机制。

【乡村振兴气象服务】 2021年，福州市气象局围绕各县（市）区优势特色产业，深化“山海港、数字城”一县一品特色气象服务，编制完成福州市橄榄特色农业、花蛤育苗特色产业、罗源湾海洋气象服务实施方案，初步建立“海上牧场”气象服务体系。福清南宵乡村振兴气象服务示范点建设取得显著成效，长乐数字气象融入“智慧百户”。福清枇杷冻害气象指数保险启动首次赔付，长乐龙眼风灾气象指数保险上线运行。推动智慧气象等现代信息技术在农业领域应用，融入福建省现代农业蔬菜产业技术体系和省农村专业技术协会蔬菜专业委员会，发挥气象科技特派员作用，开展蔬菜全产业链直通式、精细化农业气象服务，获新型农业经营主体的高度认可。

【城市生态气象保障】 2021年，福州市气象局重点打造气候资源开发利用、人工影响天气等服务方向。深度挖掘生态气候资源，福清南岭、闽清七叠获评福建省第一批“康氧气候福地”，永泰“天然氧吧”通过中国气象局复评。在鼓岭、永泰开展气象景观监测和预报服务，开展本地化的景观预报和花期预报研究。福州人工影响天气智慧系统投入试用，侧重本地化的人工影响天气方案设计和作业效果检验评估。开展福州警备区人工影响天气火箭弹药规范化存储库房改造。全年开展人工增雨作业300余次，比上年增长170%，完成闽清、永泰、马尾等地烟炉点的选点和建设工作，并对全市人工影响作业点进行继续优化。

【台风气象服务】 2021年，影响福州市的热带气旋有5个，分别为第6号台风“烟花”、第9号台风“卢碧”、第14号台风“灿都”、第18号台风“圆规”和第22号台风“雷伊”。其中，第9号台风“卢碧”影响福州市期间，市气象局于8月3日12时启动重大气象灾害（暴雨）Ⅳ级应急响应，及时启动或提升台风、暴雨应急预案。各县（市）区气象局、市局相关直属单位进入相应应急响应状态。全市气象部门严阵以待，全员到岗到位，加强省、市、县三级会商，充分发挥“气象精灵”平台作用，密切监测“卢碧”的动态，及时准确预报风雨影响，跟踪开展预警服务和应急响应工作，第一时间将预报预警信息快速传递到各级党政领导、重点服务单位及气象灾害应急联系人、气象协理员、信息员，同时加强与应急、自然资源、交警、地铁、消防救援、旅游、教育等相关部门联动。经过五天四夜连续奋战，完成台风“卢碧”气象预警服务工作。全市气象部门累计发布预警信号265次，向防汛责任人发送预警短信达51.3万人次，市气象台通过“绿色通道”全网发送暴雨红色预警信号3次。通过官方微博发布台风动态消息387条，7个原创微博话题登上福州同城热搜，话题累计阅读量超千万次，多篇微信原创图文获福建交通广播、《福州日报》、福州教育等多家媒体转载，微信单条推文阅读量最高超3.5万人次，专家接受媒体采访3次、连线3次。

【公共气象服务】 2021年，福州市气象信息接入“e福州”平台。持续打造“福州气象”官方公众气象服务品牌，微博粉丝总数超62万人，全年累计发布信息2万余条，总阅读量超5亿次，均为历史新高。微博排名位居政务微博气象榜和福建省政务榜前列，多个原创视频登上学习强国平台。将气象科普知识与福州历史文化相结合，打造全省首个323气象科普主题街区获得中国气象局领导肯定。海峡气象科普数字馆、福清市气象主题公园广受赞誉。举办“小小气象

2021年9月17日，第九届海峡气象青年节海峡气象青年汇专场活动海峡气象青年说在福州举办。图为利用云技术，与台北分会场、福清台创连线（市气象局 供图）

主播”气象研学活动，获评2021年气象科技活动周优秀活动。年内罗源县电视天气预报开播，永泰县梅花花期预报赋能福州打造“二日游”周末休闲生活圈。

【气象行政管理】 2021年，福州市出台《关于进一步推进气象事业高质量发展的实施意见》，实施《福州市气象事业“十四五”发展规划》，完成福州、闽侯高质量现代化试点方案编制并获省气象局批复。成立马尾区气象局，完成区局领导班子选配、编制调整和人员进岗。落实“县财市审、国省监管”的财务管理改革，完善固定资产管理程序，完成本级多部门的资产盘查及5批次111.17万元资产处置。修订完善《福州市气象部门综合考评办法》等制度6项，优化管理考评机制，完成全市气象部门事业单位车改。办理“12345”诉求31件。市气象局获2018—2020年“全国文明单位”称号。

【气象法治建设】 2021年，福州市气象局提升气象政务服务水平，申请材料平均压缩至3.3个，办理时限压缩至法定时限20%，提供全程网办、只跑一趟、容缺受理等便民服务措施。雷电防护装置竣工验收事项中推行证明事项告知承诺制。全年各级气象窗口受理办结63件气象许可案件。联合印发《福州市商务局等十部门关于印发福州市企业内设加油站（点）监管管理办法（试行）的通知》，防雷安全检查382次（覆盖率62.9%），施放气球安全日常巡查334次，制止违法施放气球行为8次。联合福州广播电视台先锋944广播录制全媒体普法直播节目《我执法我普法》——“天气预报、气象预警信息是如何制作的”，实时在线观看达21.68万人次。指导金山工业投资区等5个试点区完成区域气候可行性论证和区域雷电灾害风险评估。

2021年3月20日，福建省首个气象科普主题街区在福州揭幕。图为气象科普志愿者在介绍便携式自动气象站 （市气象局 供图）

【气象科普宣传】 2021年，福州市气象局开展内部政务及对外科普宣传，媒体刊稿率上升25%，地方媒体关注度普遍提升。中国气象报刊（网站）上稿13篇，福建省气象局《今日关注》上稿65篇，地方主流媒体上稿6篇，以宣传助推重点工作全面开展。利用社会新媒体开展气象科普宣传，多部门联合开展气象科普宣传活动6次。

【气象科技创新和人才培养】 2021年，福州市智慧气象行业技术创新中心通过认定并获奖励经费15万元。设立市科技局科技计划联合资助项目和省气象局开放式基金项目（闽东北联合资助专项），获批2个省科技计划项目、13个厅局级科研项目，实现省部级科研项目突破，科研投入140万余元创历史新高。与成信大通信工程学院、省气象服务中心等签订合作协议。1人入选省局首席预报专家，5人入选青年新秀。

（王晓佳）

（编辑 周弭姣）

社会科学

综　述

【概况】　2021年，福州市社会科学界4项课题获国家社科基金项目立项，45项获省社会科学规划项目立项，4项成果获福建省第十四届社会科学优秀成果奖。年内举办第四届福州市社科界学术年会及“第三届中华文化与两岸文创产业融合发展论坛”“纪念张元幹诞辰930周年学术研讨会”等10场学术论坛活动。

【社科研究】　2021年，福州市社科联立项资助课题52项，其中重大项目2个、重点项目12个、一般项目38个，资助金额63万元。完成13个社科规划项目结项工作。编印福州社科文库《福州经济高质量发展》《理论与实践研究（2020卷）》《张睦与海上丝绸之路》《新时代福州市域社会治理现代化实践研究》《福州市传承弘扬红色文化研究》《孝老尊老爱老研讨会论文集》《福州市第十届社会科学优秀成果选粹》等7本集刊，编印社科规划研究《成果要报》5期。年内7个项目成果获市、县级领导肯定性批示，其中研究报告《打造新时代有福之州幸福之城的闽都文化支撑研究》获市委主要领导批示。《福州市乡村“产业兴+村财壮”的善治之策》《关于全面推进福州农村污水治理工作的建议》《福州推进智慧社区建设与治理的对策建议》《福州鼓楼军门社区治理工作经验及启示》获市领导批示，《基于服务乡村振兴的福州市新型职业农民培育问题研究》《人力资源开发与新农村人才建设培养的研究》获县级领导批示。

【学会工作】　2021年，福州市社科联所属学会43个，其中业务主管社团34个，团体会员社团9个。组织开展2020年度社会组织年度报告工作，全面检查社会组织党建、重大学术活动开展情况，28家学会年度报告通过审查。推动市民俗文化研究会、市国学研究会、市翻译协会成立；市文化艺术交流协会、市霞光画院、市寿山石雕刻艺术研究会、市摄影研究会、市国际税收研究会完成换届选举。市城市金融学会、市曾子文化促进会、市房地产经济研究会完成注销、撤销登记。

【社科宣传普及】　2021年，福州市社科联举办福建省百场社会科学专题报告会13场，内容涵盖学习宣传贯彻习近平新时代中国特色社会主义思想、党史学习教育、庆祝中国共产党成立百年等；组织市民逾80万人次参与3期全省社科知识有奖竞答活动，学习党史、十九届六中全会精神、福建省第十一次党代会精神，2期获最佳组织奖、1期获优秀组织奖。12月1—7日，市社科联以“永远跟党走，谱写新篇章”为主题，举办2021年社会科学普及宣传周活动，主会场首次采用网络形式，通过在东南网搭建专题页面，开展党史专家讲座、党史主题图片展、社科普及基地在线逛、爱国主义教育数字展馆、百名文博馆长讲党史等活动，专题页面全网累计获300多万人次的阅读量。各分会场举办社科普及活动100余场，内容涵盖深入学习宣传贯彻习近平新时代中国特色社会主义思想、学习宣传贯彻中共十九届六中全会精神、党史学习教育、“社会科学在你身边”普及咨询活动、社会科学专题报告会、庆祝中国共产党成立100周年主题报告会、文明宣传、法治宣传、百年党史图片展、社科普及进基层等，参与群众上万人次。

6月，出版福州社科普及读本《口述闽都民间武术》，向社会各界赠书600余册。12月3日，以福州社科普及读本《千年侯官村》为载体，围绕宣传普及闽都文化举办线上线下图书分享会，分享撰书过程，交流侯官村历史、文化及社会发展。线上图书分享会页面点击量逾1.3万人次。

8—12月，与中共福州市委宣传部联合主办“坊巷百年　英雄丰碑——三坊七巷红色记忆展”，线上线下展出200多张珍贵照片，展示三坊七巷近50名党史人物，数万人次观看，入选福建省第三批党史学习教育参观学习点。

表 72

2021 年福州市获国家社科基金项目立项课题一览表

项目名称	项目类别	负责人	所在单位
现代化经济体系建设中的空间并购驱动因素及价值创造机理研究	一般项目	李　敏	阳光学院
中国古代道艺关系的审美历程研究	一般项目	郑　笠	闽江学院
数字技术赋能下基层医防融合服务模式及实现机制研究	一般项目	吴晓园	闽江学院
基于大数据的突发事件动态应急决策模型与应用研究	青年项目	张自欣	阳光学院

表 73

2021 年福州市获省社科规划项目立项课题一览表

项目名称	项目类别	负责人	所在单位
构建以国内大循环为主体、国内国际双循环相互促进的新发展格局研究	重大项目	陈　忠	福州外语外贸学院
实现巩固拓展脱贫攻坚成果同乡村振兴有效衔接研究	重大项目	李　为	福州外语外贸学院
关于加快推动福建数字产业化和数字化研究	重大项目	谢人强	福州外语外贸学院
关于注重保护传统村落建设宜居宜业美丽乡村研究	重大项目	宫旭红	闽江学院
推动朱子文化在新时代创造性转化、创新性发展研究	重大项目	刘振标	福州外语外贸学院
数字技术条件下“闽字号”品牌融合创新研究	重点项目	邢彦辉	闽江学院
践行《摆脱贫困》思想的闽东特色乡村振兴党建＋模式研究	一般项目	施　玮	阳光学院
异质性嵌入、全球价值链演进与中国农业现代化	一般项目	林斐婷	闽江学院
双循环新发展格局下两岸产业扶持政策差异对科技创新影响机制研究	一般项目	萧小芬	闽江学院
新发展格局下福建省县区政府推动外贸高质量发展对策研究	一般项目	戴斯玮	福州外语外贸学院
效用匹配视角下促进资源高质量循环利用的政策研究	一般项目	张其春	阳光学院
基于“互联网＋”驱动的福建省政策性农业保险经营模式研究	一般项目	黄　凌	福州外语外贸学院
金融社会学视域下的中国证券市场价格波动研究	一般项目	王荣欣	闽江学院
基于永泰县调查数据的农村低收入群体赋能研究	一般项目	张超榕	闽江学院
文学的语言学批评中国化研究	一般项目	肖翠云	闽江学院
近代闽籍士人群体新旧转型视野下的林纾前期活动研究	一般项目	张胜璋	闽江学院
塞林格的教育书写与道家影响研究	一般项目	黎清群	闽江学院
茶产业汉英双语语料库智能构建研究	一般项目	赵会军	阳光学院
后疫情时代短视频传播与中国国家形象认知研究	一般项目	刘建萍	闽江学院
福建省城市居民体育健身主动性行为形成机理及促进机制研究	一般项目	林　立	闽江学院
“一带一路”背景下南少林武术国际传播路径研究	一般项目	吴丽晶	闽江学院
推进福建中小微企业向“专精特新”发展的路径研究	一般项目	雷光美	福州外语外贸学院
软科学视角下的福建省新型智慧城市建设路径研究	一般项目	张　智	福州外语外贸学院
算法推荐机制下网络空间话语权建设研究	青年项目	陈力钧	福州职业技术学院
八闽文学融入地方高校思政课的路径探索与教学实践研究	青年项目	江　卉	闽江学院
新发展理念下福建民营经济高质量发展指标体系构建及测算	青年项目	江晓珍	福州外语外贸学院
基于语料库的《朝日新闻》中的中国外交形象研究	青年项目	吴淑招	福州外语外贸学院
健康中国背景下妊娠女性健康信息接触行为研究	青年项目	彭丽霞	闽江学院

续表 73

项目名称	项目类别	负责人	所在单位
福建省区域经济与生态质量的空间耦合及其发展路径研究	青年项目	施婷婷	闽江学院
近现代闽籍才女书迹文献整理研究	青年项目	彭晓兰	福州外语外贸学院
分税制改革后政府间财政体系与地方政府债务研究	台胞专项扶持项目	曹海涛	闽江学院
闽台经济交流发展下跨境电商的研究	台胞专项扶持项目	岳瑞麒	福州外语外贸学院
福建省低碳化技术改造实现碳中和碳达峰目标路径	台胞专项扶持项目	张秋兰	福州外语外贸学院
两岸融合发展视阈下的东海协同执法研究	台胞专项扶持项目	潘彦豪	闽江学院
海峡两岸教练型教师建构学子自主性、目的感和心理韧性有效改变学习模式的研究	台胞专项扶持项目	洪慧喜	闽江学院
新冠疫情下闽台居民健康相关生活品质机制与对策研究	台胞专项扶持项目	廖启顺	阳光学院
朱熹学术与清代汉学关系之研究	台胞专项扶持项目	王美盈	闽江学院
碳达峰碳中和目标下福建省新能源产业可持续发展研究	博士扶持项目	袁　见	阳光学院
闽台服装产业共建两岸创新价值链协同发展路径研究	博士扶持项目	许湞善	福州外语外贸学院
“截贿”行为的刑法规制研究	博士扶持项目	陈惜珍	闽江学院
清代闽台海疆治理与海洋国土控制研究（1683—1840）	博士扶持项目	朱勤滨	闽江学院
西方《易经》译介流派研究	博士扶持项目	林　风	福州外语外贸学院
来榕传教士编纂方言－英语词典的翻译实践对闽文化“走出去”的启示研究	博士扶持项目	陈香美	闽江学院
创建服务型政府的逻辑理路和福建实践研究	博士扶持项目	刘一书	福州外语外贸学院
节日礼俗视角下客家传统服饰传承人口述史研究	博士扶持项目	刘运娟	闽江学院

表 74　　2021 年福州市获福建省第十四届社会科学优秀成果奖成果一览表

成果名称	获奖等次	获奖作者	所在单位
中国共产党福建省福州市历史第二卷（1949—1978）	一等奖	中共福州市委党史和地方志研究室	中共福州市委党史和地方志研究室
新中国成立以来党领导高校思政课建设的历史考察	三等奖	郑崇玲	闽江学院
劳动力成本上升、资产泡沫与中国经济波动	三等奖	郭念枝 村濑英彰	闽江学院
文质乾坤：近代福建漆艺发展状况与设计研究	三等奖	翁宜汐	阳光学院

（张　薇）

学术活动

【第四届福州市社科界学术年会】 2021 年，由福州市社科联组织开展。年会设 1 个主论坛（福州加快建设现代化国际城市论坛）和“第三届中华文化与两岸文创产业融合发展论坛”、“纪念张元幹诞辰 930 周年学术研讨会”、“张睦与海上丝绸之路”研讨会暨新书首发式、“诚信与信用建设”研讨会、福州市传承弘扬红色文化研讨会、“古厝楹联文化”研讨会等 6 个分论坛系列活动，组织引导社科界专家学者、国内社科研究机构、高校及市县实务部门围绕福州经济社会发展重大实践开展理论研究和实证分析，收集 600 余篇学术论文参与论坛研讨。

【福州加快建设现代化国际城市论坛】 2021 年 12 月 25 日，由福建省社科联、中共福州市委宣传部、福州市社科联主办，在西湖宾馆举行。近百名来自国务院发展研究中心、中国社科院、上海社科院、厦门大学、中国地质大学、福建省社科院、福建省政府发展研究中心等研究机构的专家及省内外高校学者围绕“3820”战略工程思想精髓与福州现代化建设、福州多区融合发展与国内国际双循环、强省会战略与福州高质量发展超越、“十四五”发展与加快建设现代化国际城市等重要议题展开研讨，分享智库研究及创新成果，提供用好华人华侨优势、全面提升城市能级、建设一流大学城、构建对外开放“点、线、面”格局等政策建议，助力推动福州加快建设现代化国际城市。论坛征集论文 70 多篇，评出一等奖 4 篇，二等奖 9 篇，三等奖18篇。

【福州市庆祝中国共产党成立100周年理论研讨会】 2021年7月22日，由中共福州市委宣传部、中共福州市委党史和地方志研究室、福州市社科联联合主办，在福州市委礼堂召开。会议围绕习近平总书记在庆祝中国共产党成立100周年大会上的重要讲话精神和党的百年伟大历程、光辉成就和宝贵经验进行研讨交流，来自中共福州市委党校、中共福州市委党史和地方志研究室、福州市委讲师团等部门的9名专家学者作交流发言。

【“厝”落有致、同心创赢——第三届中华文化与两岸文创融合发展论坛暨两岸古厝文创设计大赛】 2021年7月30日，由福州市委台港澳办、福州市社科联、福州高新区管委会、福州广播电视台、福州海峡两岸和平统一促进会主办，福州广播电视台FM90.1左海之声、福州市国学研究会、闽台大学生三创基地承办，在福州广播电视台演播厅举行。来自清华大学、湖南大学等多所高校专家学者围绕文化创新、空间利用、文物活化等方面作主旨演讲。台湾文创产业联合会、悦心记忆文化有限公司负责人等业界人士通过视频发表主题演讲。论坛吸引两岸古厝文创学界、业界专家学者交流国学，推动文创项目落地。同时举办两岸古厝文创设计大赛、两岸古厝文创精品展。活动通过央视频等12个平台同步直播，吸引206.72万名网友在线收看，引起海内外媒体关注。在由国台办中国台湾网主办的“2021年度地方涉台优秀作品”评选中，活动新闻《“厝”落有致·同心创赢 百名专家学者聚首榕城探索两岸文创产业融合发展新路》，经网友投票、中科闻歌大数据传播指数分析、专家评审，入选优秀头图新闻，为福建省唯一获奖作品。

【“纪念张元幹诞辰930周年”学术研讨会】 2021年12月29日，由福州市社科联、永泰县委、永泰县政府、福建省张元幹文化研究会联合举办，在永泰二中召开。活动采取线上线下结合方式进行，并平行举办张元幹文化研究座谈会。30多名来自四川大学、北京师范大学、厦门大学、福州大学、福建师范大学、中国传媒大学、四川省社科院、福建省委党校、福建省文史馆等省内外高等院校、科研机构专家学者围绕“张元幹与闽文化”主题作专题发言，展示张元幹研究最新理论成果，促进张元幹文化新的理论发展和张元幹精神的弘扬。活动主办方开展全国性“纪念张元幹诞辰930周年”主题征文评选，评出一等奖1人，二等奖5人，三等奖10人，优秀奖15人。

【“张睦与海上丝绸之路”研讨会暨新书首发式】 2021年12月8日，由福州市社科联、闽侯县委宣传部、闽侯县社科联主办，在闽侯县融媒体中心演播厅举行。70多名省内知名文史专家、社科研究学者围绕“张睦与海上丝绸之路”主题开展学术交流研讨，探讨海上丝绸之路的价值理念与时代内涵。现场举行《张睦与海上丝绸之路》新书首发式，该书收录省内外高校和研究机构知名专家学者的学术论文，内容涵盖海上丝绸之路的历史变迁、福州在海上丝绸之路发展史中的历史地位和海上丝绸之路功臣张睦丰功伟绩等，填补福州“海丝”历史研究人物群体的空白。

【第十届闽都文化论坛】 2021年10月22日，由福州市闽都文化研究会、厦门大学南洋研究院、华侨大学国际关系学院、世界福州十邑同乡总会在福州联合举办。论坛围绕“闽都文化与现代化国际城市建设”主题，选取论文57篇，从闽都历史文化发展的角度探究现代化国际城市建设，内容涉及经济、文化、宗教信仰、中外关系、旅游、文学、历史人物、特定领域研究综述等。

【“诚信与信用建设”研讨会】 2021年11月14日，由福州市社科联、福州市委文明办、福州市发改委、福州市教育局、福州市诚信促进会在福州索菲斯屏山酒店联合举办。省、市有关部门领导及诚信与信用智库60余名专家成员参加活动。会议深入学习贯彻习近平总书记关于诚信与信用建设的重要论述，响应习近平总书记倡导的“把守法诚信作为安身立命之本”的号召，在全社会倡导讲诚信、重信用、守承诺，引导人们树立守信光荣，失信可耻的观念，营造诚实守信的社会环境氛围，推进福州诚信与信用体系建设。省市高校学者及“榕城诚信校园行 争当诚信好少年”主题征文获奖代表作主题发言。

【福州市传承弘扬红色文化研讨会】 2021年8月10日，由福州市社科联、福州市中共党史学会、福州市中国人民解放军长江支队历史研究会和福州市闽浙赣边区革命史研究会在市社科联联合举办。来自高校、党史研究部门和有关社团的6名专家学者作交流发言，重点汇报党史学习教育阶段性成果，展现党史研究学者、红色文化社团挖掘福州红色文化的政治自觉和学术担当。编印《福州市传承弘扬红色文化研究》，供市领导及有关部门、县（市）区决策参考。

【“古厝楹联文化”研讨会】 2021年8月3日，由福州市社科联、福州市民俗文化研究会在仓山区城门镇联合举办。来自福建师范大学等8名省内高校学者及民俗专家围绕深入挖掘福州古厝楹联文化的当代价值，展示楹联文化魅力作主题演讲。

【中国对外话语体系构建与对外翻译研究高端论坛】 2021年11月13日，由闽江学院、福州市外事办、福州市社科联、福州市翻译协会在闽江学院联合举办。来自中国外文局当代中国与世界研究院、厦门大学、福州大学、广西大学、北京第二外国语学院、福建师范大学、福建医科大学、集美大学、福建工程学院、闽江学院、福建商学院等省内外高校、研究院的80多名专家学者，以线上研讨方式，从新时期中国当代翻译理论范式、中国文学经典翻译、口译学科未来发展趋势、中国对外政治话语翻译等角度，分析加强中国国际传播能力的有效路径。

【孝老、尊老、爱老专题研讨会】 2021年12月26日，由福州市社科联、福州市老年学学会在金牛山互联网产业园联合举办。来自福州大学、福建师范大学等高校学者、涉老社会组织与企业、志愿者代表围绕弘扬中华民族传统美德，倡导孝老、尊老、爱老良好风尚，培育和践行社会主义核心价值观开展交流研讨，编印《孝老尊老爱老研讨会论文集》，收录论文70余篇供市领导及有关部门、县（市）区决策参考。

（张　薇）

社科研究成果

【福州市社会科学界联合会研究成果】 2021年，福州市诚信促进会汇编《习近平关于诚信与信用建设论述摘编》，联合福建盛世金尊动漫科技有限公司开发的全国首部诚信题材动画片《诚信漫游记》在央视新科动漫频道播出，获中共福建省委常委、福州市委书记林宝金肯定。福州市闽都文化研究会编辑出版社科丛书《闽都文化与世界遗产——第九届闽都文化论坛论文选编》《闽都文化精品选·风物卷》《世界因你而精彩》。福州市档案学会联合福建省档案局、福建省档案馆等单位推出特别节目《档案里的红色记忆》，在各大平台同步播出，在线观看353万人次。福州市国际税收研究会、福州市税务学会完成《离岸信托的税收管理问题研究》等10余项课题调研，组织编写税收领域学术论文50余篇。福州市档案学会、福州市老年学学会、福州市文化艺术交流协会等社会团体完成3项福州市习近平新时代中国特色社会主义思想学习研究小组年度重点课题，形成《贯彻落实习近平总书记关于档案工作“三个走向”重要论述，加强福州市域档案治理的研究》《习近平总书记在福州工作期间关于老龄工作的重要论述与实践探索 》《习近平总书记关于文化遗产的思想理论在福州的孕育与实践》等3篇研究成果。

【福州市社会科学院研究成果】 2021年，福州市社会科学院完成各级各类课题23项，其中管理课题2项、院立项课题21项，参与编纂出版学术著作2部，撰写论文、调研报告37篇，其中公开发表20篇。《深化船政文化保护利用打造船政文化国际品牌》《坚持发展好新时代“枫桥经验” 完善福州市矛盾纠纷多元化解机制》《推动台企转型升级 深化榕台融合发展》获福建省委常委、福州市委书记林宝金以及林飞、陈晔等市委、市政府领导肯定性批示。《打造船政文化国际品牌 助力福州建设现代化国际城市》《提升城市核心竞争力加快建设现代化国际城市研究》《推进榕马深度融合发展路径研究》等3项课题获2021年度全市政府系统重点调研课题立项，其中《打造船政文化国际品牌 助力福州建设现代化国际城市》获市政府系统优秀调研课题一等奖。《深入贯彻落实习近平法治思想提升福州市域法律规范实施效果》获2021年度福州市习近平新时代中国特色社会主义思想学习研究小组重点调研课题立项并结项。

年内在《海峡通讯》《福州日报》等党报党刊上刊载理论阐释文章5篇。《文化治理视域下的福州文化软实力建设之路径分析》等3篇文章入选以“高质量发展与现代城市治理”为主题的《全国城市社科院第三十一次院长联席会议论文集》;《闽台间海域名称的历史演变》入选2021海洋史研究青年学者论坛的《会议论文集》。院领导及特邀研究员前往福州职业技术学院、福建船政交通职业学院、晋安区及马尾区等处开展船政精神、党史理论以及《中华人民共和国民法典》普法宣讲4场次。院领导带队应邀做客福州新闻广播《党风政风热线》直播间，就物业管理、基层矛盾纠纷多元化解等问题进行交流解答。举办“福州市第三届市域社会治理现代化研讨会”，会议收到省、市高校、党政机关及上海、厦门、深圳、包头等科研机构的30多名专家来稿，内容涵盖市域社会治理现代化的应用理论探讨、福州实践以及各地的实践经验等。全年编发《福州社会科学》6期，刊出文章51篇；编发智库专报《领导参阅》7期。

【中共福州市委党校研究成果】 2021年，中共福州市委党校牵头组织福州市新思想学习研究小组工作，梳理整理初步成果35.5万字，新挖掘事例18件。组织开展新思想研究课题，结项16项，新立项26项。编印《党的十八大以来省级以上课题研究成果汇编》。完成各级各类课题结项22项，新立项20项。教研人员在各级刊物发表论文42篇。依托市域社会治理教学研究中心，完成相关课题9项，形成决策咨询参考3篇，发表相关理论文章14篇，形成《市域社会治理现代化教学科研咨政工作成果汇编》。

【福州市人民政府发展研究中心研究成果】 2021年，福州市人民政府发展研究中心完成各类调研成果164项。编发《研究报告》202期，编辑出版《福州发展》杂志6期，编印《2021年福州发展研究报告》文集。

【闽江学院社科研究成果】 2021年，闽江学院新增社科类市厅级及以上纵向科研立项103项（其中国家级项目5个、省部级项目43个、市厅级项目55个），新增社科类横向科研课题73项，到校社科类科研经费1101.027万元。在福建省第十四届社科优秀成果奖评选中，获二等奖1项，三等奖4项。教师发表核心以上论文112篇，主编出版专著、编著等16部。新增1个省级社科平台（闽江学院产业经济与公共政策研究中心）。

（张　薇　欧阳龙　黄　璟　游兴华　赖仕贤）

（编辑　姚国榕）

教育

综述

【概况】 2021年，福州市有各级各类学校2555所，在校生194.62万人，教职工13.98万人。其中，幼儿园1253所，在园幼儿28万人，专任教师1.87万人；小学883所，在校生60.3万人，专任教师3.36万人；初中223所，在校生26.7万人，专任教师1.84万人；高中105所，在校生11.7万人，专任教师0.87万人；中等职业学校40所，在校生10万人，专任教师0.44万人；特殊教育学校14所，在校特殊教育学生数1918人，专任教师460人；在榕高校37所，在校生57.84万人，专任教师2.23万人。

福州市学前普惠学额覆盖率94.5%，公办学额覆盖率58.91%；实现义务教育阶段零辍学，义务教育大班额控制在1.11%；编制完成《福州市教育局“1+4+N”智慧教育生态建设规划纲要》；完善放开落户后集体户适龄儿童入学办法；优化二孩家庭子女的就学安排，解决异校就读困扰；新增福州华侨中学、福州金山中学、连江黄如论中学等3所省一级达标高中；五学科奥赛国赛金牌数和奖牌数蝉联全省第一。市委教育工作领导小组印发《关于推动基础教育学校集团化办学的实施方案》；市教育局等4部门印发《福州市单一法人教育集团办学管理办法（试行）》，新组建屏东中学教育集团、福州教育学院附属第二小学教育集团等47个教育集团，全市有基础教育阶段教育集团75个；出台《福州市教育局等八部门关于加快推进全市中小学课后服务扩面提质工作的实施意见》。出台小学“六年一户学位”政策；建立校外培训机构整治工作联席会议制度，义务教育学科类培训机构建立资金监管账户比例达100%；民办义务教育学校实行100%摇号招生；清华大学附属中学福州学校全面开学。全年组织中考、新高考适应性考试、普通高考、高职扩招等重要考试29场。

市委、市政府出台《关于建设教育强市的实施意见》，召开全市教育强市推进大会、工作现场会，11个县（区）出台建设教育强县（区）文件。开展“我为群众办实事”活动，完成“双减”（减轻义务教育阶段学生作业负担和校外培训负担）、学位扩容、集团化办学、大学城基础教育提质等教育民生实事。全市学校拍摄制作600多集党史专题短视频和特色绘本，福州市在省校园党史学习教育主题微拍大赛中金牌和奖牌数均居全省第一。

【素质教育】 2021年，福州市完成福建省高校“三全育人”（全员育人、全程育人、全方位育人）综合改革试点区任务。市教育局编发100节思政示范课汇编，遴选建设首批100节市级思想政治理论课示范课，全市建成于山片区等8个大中小幼思政德育发展共同体。修订出台《福州市初中学生综合素质评价实施方案》。发布《福州市学生行为习惯养成教育实施方案》，出版发放系列读本《习以为常》。市县校三级开展思政课专题培训22760场次。

全市新增中小学研学实践教育营地2家、军训基地1家、研学基地13家。福州市中小学生综合实践中心加强课程体系建设，推进基础设施设备和人员配备工作。

推进家校社网协同育人一体化，修订完善《福州市中小学家访工作管理规定》，要求每学年至少对每生入户家访1次。建设家长学校2522所，联合关工委推出网校课程41节。开展国家网络安全周活动，联合市委网信办推出“e路守护”青少年网络素养微课。

推进体育特色学校布局，福州市入选全国青少年校园足球改革试验区，福清市、仓山区入选全国青少年校园足球试点县（区），全国青少年校园足球、篮球、排球特色学校数分别为120所、49所、8所。出台《福州市学校美育体育专项资金管理办法》，评选100所市美育示范校和基地校。承办省第七届中小学生艺术节，全市227个节目（作品）获奖，获奖数比上届增加90个，占全省获奖总数的20%。举办中华经典诵写讲大赛等语言文字活动赛事。数字中国创新大赛机器人Ai赛道比赛福州市获奖总数居全省第一。市教育局等10个部门联合印发《福州市学校心理健康教育行动计划》，研发“一生一档e心健”

信息化平台，心理健康教师享受班主任同等待遇。建设福州市中小学视力健康管理平台，认定63所市首批儿童青少年近视防控示范学校。加强校园疫情常态化防控，实现全市师生核酸检测“应检尽检”、新冠病毒疫苗“应种尽种”。

【教育信息化】　2021年，福州市制订《福州市创建国家“智慧教育示范区”实施方案》，推进国家智慧教育示范区创建工作。启动教育管理公共服务平台、智慧校园综合管理系统建设。市教育局认定124所市“5G+智慧教育应用项目”试点校，12所学校入选新一批省级中小学人工智能教育试点校，台江区入选中央电教馆智能研修平台应用试点试验区、7所中小学入选中央电教馆智能研修平台应用试点学校。全市中小学（含教学点）实现宽带接入100%，建成智慧教室2917间。

【学校规划建设】　2021年，福州市新改扩建公办幼儿园28所、中小学20所，新增公办园学位8000个、义务教育学位1.8万个。实施中小学校舍安全保障长效机制和义务教育薄弱环节改善和能力提升工程，拆除重建、加固改造校舍13.62万平方米。推进滨海新城优质学校布点，福州十九中滨海校区进入设计阶段，群众路小学滨海校区项目挂标。“十四五”期间，全市17个工业（产业）园区规划新改扩建44所学校，9所竣工、12所在建。

表75　**2021年福州市新建、改扩建公办幼儿园一览表**

序号	幼儿园名称	规划建设面积（平方米）	规划办学规模（班）	建设类型
1	教场幼儿园（暂名）	3200	12	小区配建
2	洋中幼儿园（分园）	3200	12	小区配建
3	佳源居配套幼儿园	2000	6	小区配建
4	浦口新城小区配套幼儿园	3200	12	小区配建
5	天悦湾小区配套幼儿园	3200	12	小区配建
6	市直机关幼儿园	8685	13	改建
7	福州市亭江中心幼儿园东岐分园	1787	6	小区配建
8	建平小学改建幼儿园	1854	6	改建
9	葛岐幼儿园	2615	6	小区配建
10	马排幼儿园	3272.5	12	小区配建
11	阳光城丽景湾幼儿园（暂）二次装修	3900	12	小区配建
12	江田中心幼儿园	6402	12	新建
13	滨海新城实验幼儿园	15395	15	新建
14	竹岐第二中心园	6619	15	新建
15	青口青江幼儿园	2678	8	小区配建
16	马鼻中心幼儿园	3400	12	新建
17	贵安贵岚幼儿园	2491	9	新建
18	上莲乡中心幼儿园	1474	6	改建
19	坂东镇溪西幼儿园	1315	6	改建
20	罗源县滨海实验幼儿园	2682.59	12	小区配建
21	城南幼儿园	4800	12	新建
22	樟城幼儿园	3335	9	改建
23	新厝实验幼儿园	7150	18	新建
24	石竹高仑小学附设幼儿园	6381	9	新建
25	水岸观溪住宅小区配建幼儿园	3200	12	小区配建
26	融侨锦江二期配建幼儿园	4000	15	小区配建
27	金辉城市广场配建幼儿园	3200	12	小区配建
28	中联名城二区配建幼儿园	2400	9	小区配建

表76　2021年福州市新建、改扩建义务教育学校一览表

序号	学校名称	学校类型	项目名称	建设方式
1	屏西小学	小学	教学综合楼	改扩建
2	岚湖小学	小学	新建校舍	新建
3	鹤林新城小学	小学	新建校舍	新建
4	罗星中心小学	小学	教学楼、综合楼、艺体楼	改扩建
5	洞头小学	小学	二期工程	改扩建
6	松下垅下小学	小学	教学综合楼	改扩建
7	福清市渔溪陈白小学	小学	教学综合楼	改扩建
8	崇文小学	小学	二期工程	新建
9	福清市江阴梨港小学	小学	教学综合楼	改扩建
10	福清市滨江小学第二校区	小学	体艺馆及运动场工程	新建
11	凤南小学	小学	新建校舍	新建
12	民族小学	小学	新建校舍	新建
13	葛岭中心小学	小学	新建校舍	迁建
14	福清市梧岗中学	初中	新建校舍	新建
15	福清市锦江中学	初中	新建校舍	新建
16	鲤鱼山中学	初中	实验楼、艺体馆等	新建
17	东湖中学	初中	教学综合楼	迁建

表77　2021年福州市改扩建高中一览表

序号	学校名称	项目名称	建设类型
1	清华附中福州学校	新建校舍	新建
2	教育学院附中	新建体艺楼	改扩建
3	福清第一中学观溪校区	新建校舍	新建

【教师队伍建设】　2021年，福州市推进师德师风建设，市教育局印发《关于强化师德师风治理有关工作的通知》，明确学校师德师风建设要求、查处主体责任和查处程序。全市6名教师分获省“五一”劳动奖章、省“三八”红旗手、省职工职业道德建设标兵和“十大福州工匠”称号。加强人才引进和师资调配，全市中小学幼儿园招聘编内教师877人，其中博士2人、硕士313人、部属公费师范生25人。推进义务教育阶段中小学教师校际交流，各县（市）区义务教育阶段中小学校长、教师、骨干教师分别交流158人、2196人、460人，分别占符合交流条件人数的32%、14.8%、20.9%。健全教师激励机制，出台《关于提高教师待遇的若干措施》，提高班主任考核奖励金、临聘教师代课金、特教教师岗位补贴等待遇，增设新任教师生活补贴。出台《福州市基础教育集团教师职称试点改革实施方案（试行）》，将中、初级职称评审权逐步下放给教育集团。在全省率先出台《福州市属公办中小学、幼儿园参照事业单位聘用制人员管理办法》，以解决学校编制紧缺问题。年内，第五届省中小学教师教学大赛福州参赛教师获特等奖3人、一等奖9人、二等奖29人、三等奖16人，市教育局获评“优秀组织奖”；福州市教师1人入选国务院政府特殊津贴人员，2人入选省杰出人民教师，1人、7人分别入选教育部和省教育厅的乡村优秀教师培养奖励计划。

【集团化办学】　2021年，福州市委教育工作领导小组印发《关于推动基础教育学校集团化办学的实施方案》，市教育局等4个部门联合印发《福州市单一法人教育集团办学管理办法（试行）》，新组建屏东中学教育集团、福州教育学院附属第二小学教育集团等47个教育集团，全市有75个基础教育阶段教育集团，覆盖339个学校（校区）。2021—2022学年，各教育集团牵头学校派往其他成员校交流轮岗的骨干教师377人，其他成员校到牵头学校跟岗学习的教师362人，开展联合教学教研活动1168场，所有教育集团共享线上线下教学资源，89%的集团共享场地、设施。

【“双减”工作】　2021年，福州市出台《福州市教育局等八部门关于加快推进全市中小学课后服务扩面提质工作的实施意见》，课后服务基本实现义

务教育学校全覆盖和有需要的学生全覆盖。福州教育研究院出台《关于改进与加强义务教育阶段学校作业管理的指导意见》，提升作业设计、教研水平。出台《福州市整治校外培训机构不规范问题减轻中小学生课外负担行动方案》《福州市集中整治校外培训机构利用不公平格式条款侵害消费者权益违法行为工作方案》，建立校外培训机构整治工作联席会议制度，全市原有336家义务教育学科类校外培训机构，转型或注销258家；责令整改或停业问题培训机构220家，整改到位199家。义务教育学科类培训机构建立资金监管账户比例达100%。

【民办教育】　2021年，福州市新办各级各类民办学校21所，其中民办幼儿园20所，民办中学1所。推动民办学校发展，全市发放300万元民办教育发展专项资金；完善民办学校办学行为监管机制，摸底民办义务教育学校基本情况，建立台账，督促县（市）区严控民办义务教育学校在校生数；出台《福州市民办教育发展专项资金管理办法》，下发《关于对非营利民办学校财务实施监督的通知》，组织市属民办学校签订规范收费承诺书，加大财务监管力度，与银行配合对所有民办义务教育阶段学校的财务进行全程监管。公布福州市各县（市）区校外培训机构黑白名单，全市列入白名单培训机构716家，列入黑名单培训机构223家。

【教育系统新冠肺炎疫情防控体系】　2021年，福州市完善网格化校地联防联控机制，“一校一策”制订开学返校工作方案，完善学校传染病防控机制，建立健全疫情防控“两案九制”，各级各类学校分批次开学。全市教育系统摸排新冠肺炎疫情防控工作情况，掌握各类师生健康状况，按要求报送疫情防控工作相关表格。落实常态化疫情防控措施，实施教职员工“应检尽检”“适时抽核”。推进学校教职工和在校大学生新冠肺炎疫苗接种。莆田等地发生新冠肺炎疫情后，福州市教育局于9月19日完成全市192万余名师生员工核酸检测，结果均为阴性。开展核酸检测“适时抽检”，学校教职员工每月进行1次核酸检测，并和复学学生每15天抽取10%的人员进行1次核酸检测，循环进行。完成新冠病毒疫苗“应种尽种”，全市教职员工两剂次接种率98%以上，12—17岁学生两剂次接种覆盖率107.5%，3—11岁学生两剂次接种覆盖率95%以上。

【教育交流】　2021年，福州市选派18名教师赴新疆、宁夏等地支教帮扶，选派11名教师赴本市教育薄弱县扶贫支教，接收100名省革命老区教师（校长）到福州跟岗学习，推进福州都市圈、闽东北、东西部等区域教育协作交流。加强榕港澳教育交流合作，开展国家安全、教研、禁毒等主题线上交流活动。第九届海峡青年节·第三届海峡两岸青少年校园音乐交流周活动入选教育部对台教育交流重点项目。新增34所基础教育学校获批招收和培养国际学生；福州教院附中参加中美“乒乓外交”50周年纪念活动；深化友城教育交流，举办福州、那霸两市青少年交流26年图片展等活动。

【教育行政服务】　2021年，福州市教育局加强规范性文件合法性审核和报备，动态调整市级教育部门行政审批和公共服务事项目录，配合开展“双随机、一公开”跨部门联合抽查监管工作。修订《福州市教育局行政处罚裁量权实施办法》《福州市教育局行政处罚裁量权基本标准》，50岁以下公务员中70%以上持有执法证或具有执法资格。教育审批全面落实网上办、掌上办、邮寄办，实现网上即审。五城区中小学转学实行网络预约，“e福州”App上的转学预约系统开启期间，五城区和市属中小学为符合转入条件的3322名学生办理转学。“普通高中、中等职业学校教师及中等职业学校实习指导教师资格证书补发、换发”被列入首批跨省通办试点范围。全年市教育局行政审批窗口受理各类审批5211件。

【校园安全】　2021年，福州市根据最高检“一号检察建议”，选派6223个排查整治组，排查发现各级各类学校隐患5969处，均完成整改。开展消防安全集中攻坚专项行动、校园食品安全守护行动、校车及学生道路交通安全管理、防治校园欺凌、防溺水等重点领域专项治理。全市有食堂学校“明厨亮灶”覆盖率100%。240名检察官兼任中小学法治副校长或辅导员。全市学校开展各类应急演练2324场次。校园保安员派驻率、防护器械配备率和封闭式管理率均为100%。

【教育督导】　2021年，福州市教育局开展薄弱校（园）专项督导、教育经费专项督导、责任督学挂牌督导等市级专项督导及义务教育教师工资收入落实情况市级专项巡查。出台《关于深化新时代教育督导体制机制改革的实施意见》《福州市县域义务教育优质均衡发展督导评估工作规划（2022—2027年）》《福州市县级人民政府履行教育职责督导评估实施意见》《福州市县（市）区党政主要领导干部抓教育工作督导考核实施意见》。对连江县、永泰县、闽清县、福清市、马尾区等县（市）区开展“双减”工作随机专项督导工作，并下发督导意见书5份，督促县（市）区整改落实到位。

（刘美剑）

学前教育

【概况】　2021年，福州市有独立幼儿园1253所，其中民办幼儿园866所（包含普惠性民办幼儿园673所），公办性质幼儿园387所。在园幼儿27.98万人，其中3—5岁在园幼儿27.79万人，3—5岁幼儿入园率98.96%；农村3—5岁在园幼儿4.16万人，入园率98.39%。年内，全市组织开展第10个全国学前教育宣传月活动，市教育局网站开设“学前教育改革发展十年巡礼”专栏。

【普惠性幼儿园政策补助】　2021年，福州市在普惠性幼儿园就读幼儿26.44万人，普惠学额覆盖率94.5%，公办学额占比58.91%。全年市级财政下拨五城区普惠性民办幼儿园生均公用经费、政府购买普惠性民办幼儿园教育服务定额奖补和非财政补助公办园定额补助 1.07 亿元。

【幼儿园招生】 2021 年，福州市幼儿园招生根据参与派位改革试点工作的幼儿园，要拿出不低于计划招生数 30% 的学位进行公开派位的规定要求，并鼓励有条件的县（市）区适当扩大派位招生比例。全市公办、普惠性民办园提供 3.1 万个学位用于公开派位，比上年增加 2000 个；并协调军人子女、烈士子女、引进人才子女、台港澳同胞及其他政策照顾对象子女 2039 人入读优质普惠幼儿园。

【示范园建设】 2021 年，福州市新增省级示范性幼儿园 4 所，市级示范性幼儿园 16 所。全市 487 所公办、民办幼儿园被评为省、市、区级示范性幼儿园，在三级示范性幼儿园就读幼儿 15.09 万人，覆盖率 53.94%。

【教育教学开放活动】 2021 年 12 月 9—10 日，福州市举办主题为“幼儿园游戏化课程建设与教学探索”的 2021 年度第 16 场省级教育教学开放活动，特邀福建师范大学教育学部学前教育系教授吴荔红、林菁、丁海东，福建幼儿师范高等专科学校教授彭琦凡，以及福建省内名师、名园长等 15 名高校、幼教一线知名学前教育专家参与活动。全省十地市的幼教同行线下现场观摩，并采用线上方式进行同步直播，向省内及西藏、甘肃等省外幼儿园、教师进行展示。

【保教工作】 2021 年，福州市教育局申报 4 项保教工作研究成果，获得福建省教育厅组织的“2020 年省级基础教育教学成果奖”，其中一等奖 1 项、二等奖 3 项。组织开展“福州市保育员保教能力提升培训班暨福州市第三届保育员保教能力核心素养大赛”。

【学龄前儿童学习与发展】 2021 年，福州市教育局联合福建师范大学开展项目为“福州市学前儿童健康发展水平评估与指导”的专项检测，对福州市学龄前儿童的身体健康发展水平进行评估。推荐晋安区代表福建省作为唯一的试点区，入选教育部基础教育司“安吉游戏”推广计划实验区，计划在 3 年推广实验期，通过省、市、区三级教育行政部门和教研部门联动，借鉴“安吉游戏”教育模式经验，推动“安吉游戏”本土化。

【幼小衔接】 2021 年，福州市再次推荐晋安区入选成为福建省幼小衔接改革实验试点区，推选晋安区 6 所幼儿园和小学签约成为试点校（园），探索建立幼儿园与小学科学衔接长效机制。

（刘美剑）

初等教育

【概况】 2021 年，福州市有小学 916 所（其中小学 883 所、九年一贯制学校 33 所），比上年减少 0.76%；在校生 60.29 万人，增长 0.96%；专任教师 33578 人，增长 8.4%。

【控辍保学工作】 2021 年，福州市巩固控辍保学成果，加强对学习困难学生、有辍学倾向学生的帮扶引导。总结提炼控辍保学典型经验和做法，《控辍保学“一个都不能少”》等 10 个案例入选福建省义务教育阶段控辍保学优秀案例。

【初等教育教学改革】 2021 年，福州市教育局组织学校教师参加基础教育精品课、学科德育精品课、小学科学实践活动优秀案例评选。小学有 46 节课被评为省级“基础教育精品课”，占小学获奖课程总数的 20.72%；10 个项目被评为省级中小学学科德育精品项目，占小学获奖项目的 22.22%；8 个案例入选福建省小学科学实践活动优秀案例，占获奖项目的 15.38%。

【教育优质资源均衡】 2021 年，福州市新增 5 个城区小学“小片区管理”，新增 4 所小学纳入农村薄弱校委托管理，67 所小学被确认为省级义务教育管理标准化学校。推动省、市属优质小学与大学城小学结对帮扶，福州高新区实验小学纳入福州教育学院附属第二小学教育集团成员校，高新区第三中心小学更名为“福建师范大学附属高新区小学”，闽侯县上街实验学校加挂福州大学附属实验学校牌子，与福州大学联合办学。

【城乡义务教育一体化改革】 2021 年，福州市教育局印发《福州市乡村温馨校园建设与评估工作方案》，下发《关于加强城乡紧密型教育共同体建设的通知》，推进乡村学校办学条件改善。年内，连江县松坞小学被评为第二批省级乡村温馨校园建设典型案例学校。

【小学招生】 2021 年，福州市小学录取新生 10.65 万人。五区小学继续实行小招网络预报名制度，4.2 万名适龄儿童参加预报名，比上年增加 3600 人，其中随迁子女 1.31 万人，增加 1200 人。年内，市教育局出台五城区“一套房产六年内一套一户家庭学位”政策；完善放开落户后集体户适龄儿童入学办法；优化二孩家庭子女的就学安排，解决异校就读困扰。

【初中招生】 2021 年，福州市五城区初中招生工作实行中小学相对就近对口升学办法，公办小学毕业班学生按初招对口方案安排公办初中升学。全市招收初一新生 9.22 万人。五区小学毕业生 38173 人，其中录取福州外国语学校日、德、法、西班牙语等 8 门外语班 400 人，录取福州艺术学校 57 人，录取民办初中 6775 人，回原籍 2198 人，对口升学 26777 人。

【民办义务教育学校摇号招生】 2021 年，福州市报名人数超招生计划数的民办义务教育学校实行 100% 摇号招生。六城区及高新区参加民办义务教育学校摇号学生 16432 人，通过摇号录取学生 4933 人。

【随迁子女招生】 2021 年，福州市小学一年级招收随迁子女 2.3 万人，全市义务教育阶段随迁子女在校生 20.13 万人（小学 14.33 万人，初中 5.8 万人），占义务教育阶段在校生比例 23.14%，随迁子女在公办学校就读比例 93.74%。

【初一年级均衡编班】 2021 年，“福州市初招管理系统”新增五区外其他县（市）区学校新初一年级分班功能，全市公办、民办学校新初一年级统一在平台完成均衡分班。

【学籍管理】　2021年，福州市教育局导入市属学校初一新生学籍19543人次，核办新初一跨省转学（含上海六年级学生跨省转学）87人次，核办市属小学一年级新生学籍4821人次。

（刘美剑）

普通中学教育

【概况】　2021年，福州市有中学328所，其中完全中学76所，初级中学190所，高级中学18所，九年一贯制学校33所，十二年一贯制学校11所。在校初中生26.69万人，在校高中生11.68万人。

【培优工作】　2021年，福州市教育局规划建设新课程实施示范区和示范校，联合市财政局修改《福州市普通高中“培优工程”实施办法》，市属公办普通高中教学辅导劳务费从90元/课时提升至120元/课时。组织2021年高考强化营集训。对38所学校开展初高中毕业年级教学视导。加强对七年级至高二年级的教学质量监测。

【中考中招工作】　2021年，福州市（不含平潭）中考报名8.06万人，其中福州市区（含长乐区，下同）报名3.87万人；八年级学生地理、生物考试报名8.42万人，其中福州市区报名4.19万人。全市中考安排考点91个，其中福州市区（含长乐区）考点40个。在中考期间，为98名残疾考生提供优先入场、引导辅助、佩戴助听设备及听力免考、携带电子助视器或光学放大镜、提供大字号试卷或适当延长考试时间等服务。普高投档（不含平潭）4.11万人，职业学校投档3.28万人。办理中考加分照顾2329项。

【中考中招改革】　2021年，福州市中招定向生录取降分幅度由30分提高至35分，新增福州屏东中学、福州外国语学校、福州第十八中学、福建师大二附中4所一级达标高中招收定向生，定向生指标分配向无选择初中倾斜。在全省率先实施中考英语人机对话考试，2021年开始作为六城区所有初中学校的中考考查科目。

【学科竞赛及科技实践活动】　2021年，福州市在五学科奥赛全国决赛中获奖牌35枚，其中金牌5枚、银牌19枚、铜牌11枚，奖牌总数和金、银、铜牌获奖数均位居全省榜首，4名获奖选手入选国家集训队。福州市五学科奥赛“省一”获奖总数125个，比上年增加20个，蝉联全省第一，其中信息学、数学、物理、生物学科竞赛“省一”获奖数均位居全省各地区榜首。在2021数字中国创新大赛中小学生赛道（福建省中小学生人工智能作品展示会）中，福州市有349支队伍获奖，占比65.6%，其中一等奖59个，二等奖148个，三等奖142个，分别占比17%、43%、40%。福州市代表队参加福建省第36届青少年科技创新大赛，获评优秀创新项目50个、优秀科技实践活动项目4个。

表78　2021年福州市获青少年科技创新大赛、高中学科竞赛全国三等奖、福建省一等奖以上情况表

学校名称	学生姓名	获奖名次
福州市第三中学	林星羽	2021年中国数学奥林匹克竞赛一等奖
福州市第一中学	辜开源	2021年中国数学奥林匹克竞赛一等奖
福建师范大学附属中学	卢均鹏	2021年中国数学奥林匹克竞赛一等奖
福建师范大学附属中学	王恒毅	2021年中国数学奥林匹克竞赛二等奖
福建师范大学附属中学	黄劲涵	2021年中国数学奥林匹克竞赛二等奖
福建师范大学附属中学	黄子乐	2021年中国数学奥林匹克竞赛二等奖
福建师范大学附属中学	蔡子悦	2021年中国数学奥林匹克竞赛二等奖
福建师范大学附属中学	林舒扬	2021年中国数学奥林匹克竞赛二等奖
福建师范大学附属中学	陈睿翔	2021年中国数学奥林匹克竞赛三等奖
福建师范大学附属中学	卢炫宇	2021年中国数学奥林匹克竞赛三等奖
福建师范大学附属中学	黄俊皓	2021年中国数学奥林匹克竞赛三等奖
福建省长乐第一中学	陈励言	2021年全国高中数学联赛福建赛区一等奖
福州市第三中学	曾涵彬	2021年全国高中数学联赛福建赛区一等奖
福州市第三中学	黄星皓	2021年全国高中数学联赛福建赛区一等奖
福州市第一中学	陈浩天	2021年全国高中数学联赛福建赛区一等奖
福州市第一中学	熊　垚	2021年全国高中数学联赛福建赛区一等奖
福建师范大学附属中学	郑晨昕	2021年全国高中数学联赛福建赛区一等奖
福建师范大学附属中学	王伟俊	2021年全国高中数学联赛福建赛区一等奖

续表 78

学校名称	学生姓名	获奖名次
福建师范大学附属中学	李可暄	2021 年全国高中数学联赛福建赛区一等奖
福建师范大学附属中学	陈斯涵	2021 年全国高中数学联赛福建赛区一等奖
福建师范大学附属中学	杨佳忆	2021 年全国高中数学联赛福建赛区一等奖
福建师范大学附属中学	陈羽力	2021 年全国高中数学联赛福建赛区一等奖
福建师范大学附属中学	高一鸣	2021 年全国高中数学联赛福建赛区一等奖
福建师范大学附属中学	柯炳屹	2021 年全国高中数学联赛福建赛区一等奖
福建师范大学附属中学	李睿轩	2021 年全国高中数学联赛福建赛区一等奖
福建师范大学附属中学	魏海亮	2021 年全国高中数学联赛福建赛区一等奖
福建师范大学附属中学	郑以哲	2021 年中国物理学奥林匹克竞赛一等奖
福建师范大学附属中学	丘哲远	2021 年中国物理学奥林匹克竞赛二等奖
福建师范大学附属中学	陈颜忻	2021 年中国物理学奥林匹克竞赛二等奖
福建师范大学附属中学	林成锴	2021 年中国物理学奥林匹克竞赛二等奖
福建师范大学附属中学	鄢佳宇	2021 年中国物理学奥林匹克竞赛二等奖
福建师范大学附属中学	陈语晗	2021 年中国物理学奥林匹克竞赛三等奖
福建师范大学附属中学	黄骏坤	2021 年中国物理学奥林匹克竞赛三等奖
福建师范大学附属中学	张博涵	2021 年中国物理学奥林匹克竞赛三等奖
福建师范大学附属中学	李睿成	2021 年中国物理学奥林匹克竞赛三等奖
福建师范大学附属中学	石焱泽	2021 年全国中学生物理竞赛福建赛区一等奖
福建师范大学附属中学	黄东庭	2021 年全国中学生物理竞赛福建赛区一等奖
福建师范大学附属中学	陈诺涵	2021 年全国中学生物理竞赛福建赛区一等奖
福建师范大学附属中学	黄张钤	2021 年全国中学生物理竞赛福建赛区一等奖
福建师范大学附属中学	蒋元琪	2021 年全国中学生物理竞赛福建赛区一等奖
福建师范大学附属中学	黄泽涵	2021 年全国中学生物理竞赛福建赛区一等奖
福建师范大学附属中学	杨　昊	2021 年全国中学生物理竞赛福建赛区一等奖
福建师范大学附属中学	黄逸翔	2021 年全国中学生物理竞赛福建赛区一等奖
福建师范大学附属中学	康宇翔	2021 年全国中学生物理竞赛福建赛区一等奖
福建师范大学附属中学	周圣力	2021 年全国中学生物理竞赛福建赛区一等奖
福建师范大学附属中学	薛恒之	2021 年全国中学生物理竞赛福建赛区一等奖
福建师范大学附属中学	黄思源	2021 年全国中学生物理竞赛福建赛区一等奖
福建师范大学附属中学	黄子宸	第 35 届中国化学奥林匹克决赛一等奖
福建师范大学附属中学	郑　烨	第 35 届中国化学奥林匹克决赛二等奖
福建师范大学附属中学	郑　翰	第 35 届中国化学奥林匹克决赛三等奖
福建师范大学附属中学	林俊烨	第 35 届中国化学奥林匹克初赛建赛区一等奖
福建师范大学附属中学	陈信均	第 35 届中国化学奥林匹克初赛建赛区一等奖
福州市第一中学	陈理平	第 35 届中国化学奥林匹克初赛建赛区一等奖
福州市第一中学	夏宇轩	第 35 届中国化学奥林匹克初赛建赛区一等奖
福州市第一中学	李　滨	第 35 届中国化学奥林匹克初赛建赛区一等奖
福州市第一中学	林昊齐	第 35 届中国化学奥林匹克初赛建赛区一等奖
福州市第一中学	张书源	第 35 届中国化学奥林匹克初赛建赛区一等奖
福州屏东中学	肖乐恒	第 35 届中国化学奥林匹克初赛建赛区一等奖

续表 78

学校名称	学生姓名	获奖名次
福建师范大学附属中学	唐卓皓	第 30 届全国中学生生物学竞赛二等奖
福州市第一中学	陈泽隆	第 30 届全国中学生生物学竞赛二等奖
福州市第三中学	林传铖	第 30 届全国中学生生物学竞赛三等奖
福建师范大学附属中学	林子勋	第 30 届全国中学生生物学联赛福建赛区一等奖
福建师范大学附属中学	兰继秋	第 30 届全国中学生生物学联赛福建赛区一等奖
福建师范大学附属中学	张佳琪	第 30 届全国中学生生物学联赛福建赛区一等奖
福建师范大学附属中学	余心蓓	第 30 届全国中学生生物学联赛福建赛区一等奖
福州市第三中学	施华文	第 30 届全国中学生生物学联赛福建赛区一等奖
福州市第三中学	吴泽楷	第 30 届全国中学生生物学联赛福建赛区一等奖
福州市第三中学	万亚骅	第 30 届全国中学生生物学联赛福建赛区一等奖
福州市第三中学	黄文钊	第 30 届全国中学生生物学联赛福建赛区一等奖
福州市第三中学	林务屹	第 30 届全国中学生生物学联赛福建赛区一等奖
福州高级中学	肖黄昊宬	第 30 届全国中学生生物学联赛福建赛区一等奖
福建省连江第一中学	江政洋	第 30 届全国中学生生物学联赛福建赛区一等奖
福建省连江第一中学	邱子宾	第 30 届全国中学生生物学联赛福建赛区一等奖
福建省连江第一中学	林烁钥	第 30 届全国中学生生物学联赛福建赛区一等奖
福建省连江第一中学	王翌畅	第 30 届全国中学生生物学联赛福建赛区一等奖
福建师范大学附属中学	谢濡键	第 38 届全国青少年信息学奥林匹克竞赛一等奖
福建省长乐第一中学	陈煜翔	第 38 届全国青少年信息学奥林匹克竞赛二等奖
福州市第三中学	何文锟	第 38 届全国青少年信息学奥林匹克竞赛二等奖
福州市第一中学	江添辉	第 38 届全国青少年信息学奥林匹克竞赛二等奖
福建师范大学附属中学	杨思汗	第 38 届全国青少年信息学奥林匹克竞赛二等奖
福建师范大学附属中学	林政宇	第 38 届全国青少年信息学奥林匹克竞赛二等奖
福建师范大学附属中学	俞　畅	第 38 届全国青少年信息学奥林匹克竞赛二等奖
福州市第一中学	刘星佳	第 38 届全国青少年信息学奥林匹克竞赛三等奖
福州市第一中学	陈　孚	第 38 届全国青少年信息学奥林匹克竞赛三等奖
福建省长乐第一中学	林明泉	全国信息学奥林匹克联赛 NOIP 2021 福建赛区一等奖
福建省长乐第一中学	陈霆钧	全国信息学奥林匹克联赛 NOIP 2021 福建赛区一等奖
福建省长乐第一中学	陈建涛	全国信息学奥林匹克联赛 NOIP 2021 福建赛区一等奖
福建省长乐第一中学	陈浩泽	全国信息学奥林匹克联赛 NOIP 2021 福建赛区一等奖
福建省长乐第一中学	王君睿	全国信息学奥林匹克联赛 NOIP 2021 福建赛区一等奖
福建省长乐第一中学	柯宁皓	全国信息学奥林匹克联赛 NOIP 2021 福建赛区一等奖
福建省长乐第一中学	林喆熹	全国信息学奥林匹克联赛 NOIP 2021 福建赛区一等奖
福州格致中学	庄榕程	全国信息学奥林匹克联赛 NOIP 2021 福建赛区一等奖
福州市第三中学	詹昕蕾	全国信息学奥林匹克联赛 NOIP 2021 福建赛区一等奖
福州市第三中学	洪　阳	全国信息学奥林匹克联赛 NOIP 2021 福建赛区一等奖
福州市第三中学	方林升	全国信息学奥林匹克联赛 NOIP 2021 福建赛区一等奖
福州市第三中学	林子灿	全国信息学奥林匹克联赛 NOIP 2021 福建赛区一等奖
福州市第三中学	吴迪晟	全国信息学奥林匹克联赛 NOIP 2021 福建赛区一等奖
福州市第三中学	吴　晨	全国信息学奥林匹克联赛 NOIP 2021 福建赛区一等奖

续表 78

学校名称	学生姓名	获奖名次
福州市第三中学	薛　哲	全国信息学奥林匹克联赛 NOIP 2021 福建赛区一等奖
福州市第三中学	张陈旸	全国信息学奥林匹克联赛 NOIP 2021 福建赛区一等奖
福州市第三中学	段博瀚	全国信息学奥林匹克联赛 NOIP 2021 福建赛区一等奖
福州市第三中学	王许诺	全国信息学奥林匹克联赛 NOIP 2021 福建赛区一等奖
福州市第三中学	章信文	全国信息学奥林匹克联赛 NOIP 2021 福建赛区一等奖
福州市第一中学	王　圳	全国信息学奥林匹克联赛 NOIP 2021 福建赛区一等奖
福州市第一中学	周伯晗	全国信息学奥林匹克联赛 NOIP 2021 福建赛区一等奖
福州市第一中学	郑欢洋	全国信息学奥林匹克联赛 NOIP 2021 福建赛区一等奖
福州市第一中学	刘星佳	全国信息学奥林匹克联赛 NOIP 2021 福建赛区一等奖
福州市第一中学	方　洲	全国信息学奥林匹克联赛 NOIP 2021 福建赛区一等奖
福州市第一中学	邱镇海	全国信息学奥林匹克联赛 NOIP 2021 福建赛区一等奖
福州市第一中学	曾沛宸	全国信息学奥林匹克联赛 NOIP 2021 福建赛区一等奖
福州市第一中学	柯昀志	全国信息学奥林匹克联赛 NOIP 2021 福建赛区一等奖
福州市第一中学	陈　孚	全国信息学奥林匹克联赛 NOIP 2021 福建赛区一等奖
福州市第一中学	王子石	全国信息学奥林匹克联赛 NOIP 2021 福建赛区一等奖
福州市第一中学	何梓滔	全国信息学奥林匹克联赛 NOIP 2021 福建赛区一等奖
福州市第一中学	李子祺	全国信息学奥林匹克联赛 NOIP 2021 福建赛区一等奖
福州市第一中学	唐垚飞	全国信息学奥林匹克联赛 NOIP 2021 福建赛区一等奖
福州市第一中学	林舜华	全国信息学奥林匹克联赛 NOIP 2021 福建赛区一等奖
福州市第一中学	方昀昊	全国信息学奥林匹克联赛 NOIP 2021 福建赛区一等奖
福州市第一中学	江添辉	全国信息学奥林匹克联赛 NOIP 2021 福建赛区一等奖
福建师范大学附属中学	郑宇轩	全国信息学奥林匹克联赛 NOIP 2021 福建赛区一等奖
福建师范大学附属中学	刘行知	全国信息学奥林匹克联赛 NOIP 2021 福建赛区一等奖
福建师范大学附属中学	林子涵	全国信息学奥林匹克联赛 NOIP 2021 福建赛区一等奖
福建师范大学附属中学	吴显熠	全国信息学奥林匹克联赛 NOIP 2021 福建赛区一等奖
福建师范大学附属中学	陈天添	全国信息学奥林匹克联赛 NOIP 2021 福建赛区一等奖
福建师范大学附属中学	黄盛唐	全国信息学奥林匹克联赛 NOIP 2021 福建赛区一等奖
福建师范大学附属中学	吴雨翔	全国信息学奥林匹克联赛 NOIP 2021 福建赛区一等奖
福建师范大学附属中学	林政宇	全国信息学奥林匹克联赛 NOIP 2021 福建赛区一等奖
福建师范大学附属中学	陈凌山	全国信息学奥林匹克联赛 NOIP 2021 福建赛区一等奖
福建师范大学附属中学	李祉橙	全国信息学奥林匹克联赛 NOIP 2021 福建赛区一等奖
福建师范大学附属中学	谢濡键	全国信息学奥林匹克联赛 NOIP 2021 福建赛区一等奖
福建师范大学附属中学	林而立	全国信息学奥林匹克联赛 NOIP 2021 福建赛区一等奖
福建师范大学附属中学	陈羽力	全国信息学奥林匹克联赛 NOIP 2021 福建赛区一等奖
福建师范大学附属中学	林圣涵	全国信息学奥林匹克联赛 NOIP 2021 福建赛区一等奖
福建师范大学附属中学	俞　畅	全国信息学奥林匹克联赛 NOIP 2021 福建赛区一等奖
福建师范大学附属中学	黄劲涵	全国信息学奥林匹克联赛 NOIP 2021 福建赛区一等奖
福州市第三中学	李膺舟	第 36 届福建省青少年科技创新大赛一等奖
福州高级中学	赖泽坤	第 36 届福建省青少年科技创新大赛一等奖
福州格致中学	苏逸旭	第 36 届福建省青少年科技创新大赛一等奖
福州格致中学	苏弘阳	第 36 届福建省青少年科技创新大赛一等奖
福州格致中学鼓山校区	黄鑫哲	第 36 届福建省青少年科技创新大赛一等奖
福州外国语学校	翁家营	第 36 届福建省青少年科技创新大赛一等奖

（刘美剑）

特殊教育

【概况】　2021年，福州市有特殊教育学校14所，其中智障类8所、视障类1所、听障类1所、综合类4所；另有附设特教班2个。残疾在校生3670人，其中特殊学校在校生1918人，随班就读1614人，附设班就读27人，送教上门111人。在校特殊教育学生中，学前教育阶段2人，小学阶段2637人，初中阶段1007人，高中阶段24人；残疾在校生中，智力残疾2544人，视力残疾146人，听力残疾357人，其他623人；特教学校教职工552人，其中专任教师492人。

【特殊教育资源】　2021年，福州星语学校、福州聋哑学校被确认为福建省特殊教育改革试点校（园），福州教育学院附属第四小学、福州十六中、马尾实验幼儿园、福州船政幼儿园被确认为福建省融合教育改革试点校（园）。推动闽师专附小、高新区南屿初级中学创建随班就读基地校，新增高新区南屿初级中学、麦顶小学金源浦下分校挂牌成立特殊资源教室。

（刘美剑）

中等职业教育

【概况】　2021年，福州市有中等职业学校21所（不含盲、聋哑学校，技工学校和省属在榕中职学校），其中民办学校2所。5所列入省级高水平中职学校A类立项培育建设项目，16个专业群入选省级高水平专业群立项培育建设项目；1所列为省级示范性中职学校，10所列为省级规范化中职学校，5所列为省级达标中职学校。中职学校全日制（含五年专）在校生49317人。

【中职教育建设】　2021年，福州市中等职业教育建立专业结构动态调整机制，成立福州市职业教育专业建设指导委员会机构，召开专业建设论证会，调整优化专业，开设福州市重点产业发展需求、服务“三个福州”建设的急需紧缺专业。2021年秋季新增人工智能技术服务、光电仪器制造与维修、智能养老服务等27个与新一代信息技术、现代制造业、现代服务业、现代农业等对接的专业。

【中职学校招生】　2021年，福州市中等职业学校超额完成中职教育招生计划任务，全市招生33894人，比上年增加1449人；全市普职招生比例54.7：45.3，普职学校招生差距进一步缩小。中职（含五年专）录取分数超过普高控制分数线的人数占比16.59%。

【中职毕业生就业】　2021年，福州市中职学校各专业毕业生14041人，就业13893人，就业率98.95%，对口就业率90.38%。其中，直接就业2883人；升入高一级学校11010人（对口单独招生考试升学9320人，五年一贯制升学136人，三二分段制升学1358人，技能拔尖人才免试升学5人，通过普通高考录取升学191人），占毕业生总数78.4%，比上年提高7.5%。

【中职教师教学大赛】　2021年，福州市中职学校教师参加全国职业院校技能大赛教师教学能力比赛获二等奖1个、三等奖1个，参加全省职业院校技能大赛教师教学能力比赛获一等奖5个、二等奖13个、三等奖12个，参加全国职业院校技能大赛中等职业学校班主任能力比赛获三等奖1个，参加全省中等职业学校班主任能力比赛获一等奖1个、二等奖4个、三等奖3个。

表79　2021年福州市获全国职业院校技能大赛教师教学能力比赛奖项一览表

序号	奖次	所在学校	参赛作品	参赛教师
1	二等奖	福州文教职业中专学校	林则徐主题文创产品设计	郑东舟　赵旖旎　赵　楠　陈　静
2	三等奖	福州旅游职业中专学校	我为非遗上道菜——中餐宴会就餐服务	张玉佩　程　恬　江丽容　黄灵亮

表80　2021年福州市获福建省职业院校技能大赛教师教学能力比赛奖项一览表

序号	奖次	所在学校	参赛作品	参赛教师
1	一等奖	福州机电工程职业技术学校	寻味文化　匠心绘美	江　瑛　崔　巍
		福州财政金融职业中专学校		余　绚
2	一等奖	福州文教职业中专学校	红色经典　歌声嘹亮——美妙的歌声	李晓琼　林　莉　王泰来　詹　巍
3	一等奖	闽清职业中专学校	WPS之“百年风华”宣传册制作	黄　燕　许德钢　严品枝　赖洁星
4	一等奖	福州文教职业中专学校	“小创意　大情怀”文创产品主题设计	郑东舟　赵旖旎　赵　楠　陈静雯
5	一等奖	福州旅游职业中专学校	我为非遗上道菜——中餐宴会就餐服务	张玉佩　程　恬　江丽容　黄灵亮
6	二等奖	福建技术师范学院附属龙华职业技术学校	习“三阶阅读”　探“绘本创编”	王爱娟　陈立宁　李　瑛　陈　玲

续表80

序号	奖次	所在学校	参赛作品	参赛教师
7	二等奖	福建技术师范学院附属龙华职业技术学校	追寻“篮”之梦	董翠英 周　芳 姚海冰 张　娟
8	二等奖	福州财政金融职业中专学校	心灵成长　生涯筑梦	黄艳琳 方　颖 杜春美 陈正业
9	二等奖	福州机电工程职业技术学校	学英“绘”本　以文化人	李规桂 黄婷婷 林聪颖
10	二等奖	福州机电工程职业技术学校	成就更好的自己	郭　清 黄碧卿 詹晓燕
11	二等奖	福州建筑工程职业中专学校	青春向党，薪火相传——直线和圆的方程	陈建国 黄丽君 许　珂
12	二等奖	福州旅游职业中专学校	学贯中西，弘扬非遗	谢轶婧 郑　芳 李林颖 陈天红
13	二等奖	长乐职业中专学校	幼儿安全和急救护理	陈倩倩 林　珊 王月晓 叶　卉
14	二等奖	福州经济技术开发区职业中专学校	“添油加液”——汽车重要油液的更换	刘宝玉 梁序申 王京谷 王亚斌
15	二等奖	福州旅游职业中专学校	传非遗技艺　品武夷岩韵	严竹曦 林　瑾 张闽燕 林亚佳
16	二等奖	福州文教职业中专学校	“天安门广场”虚拟现实之场景漫游	林秀萍 黎卫英 林　锦 庄　帆
17	二等奖	长乐职业中专学校	树匠心，重环保——水性漆的调配与喷涂	李艳花 陈雅男 段清彬 董泽明
18	二等奖	长乐职业中专学校	匠心独韵——艺术冷盘的制作	张明旺 林杰华 刘　翠 石海波
19	三等奖	福州建筑工程职业中专学校	数据时代的垃圾分类小卫士	张　颖 谢小芳 薛若云
20	三等奖	罗源县高级职业中学	魅力畲乡旅游演示文稿制作	余　秀 林海深 姜　雯 刘艳清
21	三等奖	长乐职业中专学校	自觉遵纪守法，弘扬法治精神	陈燕琼 吴丽芳 吴娜娜
22	三等奖	福建技术师范学院附属龙华职业技术学校	学前儿童意外事故的预防和急救	唐　威 王　麒 林蓉蓉 张晓耘
23	三等奖	福州财政金融职业中专学校	表里如一　纵横沙场	张　钰 黄　燕 陈晓枫 王　磊
24	三等奖	福州市艺术学校	闽剧行当表演程式(小生、武生、青衣、老生)	林　特 林隽永 陈　菲 林理杰
25	三等奖	罗源县高级职业中学	民以食为天	阮思莲 林小玲
26	三等奖	罗源县高级职业中学	千里之行，始（驶）于足下——汽车行驶系	王　雨 沈凌飞 齐　勇 林　琴
27	三等奖	长乐职业中专学校	翻滚吧！机器人	杨冲冲 陈思佳 王　艳 林俊宏
28	三等奖	福州机电工程职业技术学校	常用逻辑门电路及应用	杨金勇 周立威 邵丹凤 余铃滟
29	三等奖	闽侯县职业中专学校	你我安全，从“盘”开始	侯鑫辉 陈联滋 庄　祥 林　静
30	三等奖	长乐职业中专学校	民族之美——汉、蒙古族舞	赵耿琪卉 薄　净 邹丽洋

表81　2021年福州市获全国、福建省职业院校技能大赛中等职业学校班主任能力比赛奖项一览表

级别	奖次	所在学校	参赛班主任
全国	三等奖	福州商贸职业中专学校	施　翀
福建省	一等奖	福州商贸职业中专学校	施　翀
	二等奖	福州文教职业中专学校	兰　玲
	二等奖	福州机电工程职业技术学校	王小萍
	二等奖	连江职业中专学校	邱　娜
	二等奖	福州建筑工程职业中专学校	余　晨
	三等奖	福州文教职业中专学校	张满清
	三等奖	闽侯县职业中专学校	郭雨凤
	三等奖	长乐职业中专学校	林　珊

【中职学生技能大赛】　2021年，福州市组织举办全市中职学生职业技能大赛，在市赛基础上，选拔选手参加全省职业技能大赛，全省职业技能大赛获奖积分位居全省第二；9个赛项代表福建省参加全国职业技能大赛，占全省参加国赛项目22.5%，获得一等奖1个、二等奖1个、三等奖4个。组织学生参加第七届福建省“互联网+”大学生创新创业大赛职教赛道（中职创意组），获得金奖8个、银奖15个、铜奖21个，其中金奖占全省42%，银奖占全省33%。

表82　2021年福州市获全国职业院校技能大赛中职组奖项选手及指导教师一览表

序号	奖次	获奖项目	所在学校	获奖选手	指导教师
1	一等奖	虚拟现实（VR）制作与应用	福州商贸职业中专学校	林锦航　朱钰洁　李维锦	蔡洪亮　林文强
2	二等奖	电气安装与维修	福州第二技师学院	林　凯　林臻研	叶　坚　翁华萍
3	三等奖	焊接技术	罗源县高级职业中学	时少莹	郭玉龙
4	三等奖	酒店服务	福州旅游职业中专学校	郑昊辰　黄静怡	程　恬　尤　佳
5	三等奖	建筑装饰技能	福州建筑工程职业中专学校	王伟琦　陈志伟	赵崇晖　郑钦晶
6	三等奖	艺术专业技能（戏曲表演）	福州市艺术学校	何建柠　林嘉颖　郑梓晗	林梦萍　王　华

表83　福州市获第七届福建省“互联网+”大学生创新职教赛道创业大赛（中职创意组）金奖一览表

序号	获奖项目	所在学校	获奖团队选手	指导老师
1	康希智盒——您身边的人工智能营养师	福州机电工程职业技术学校	姚　畅　蒋范义　董建行　宋宏鑫　张健铭	施　璇　林　超　黄沛杰
2	沉浸红色岁月	福州旅游职业中专学校	张诗蕾　蔡垚垚　施旭月	郑晶晶　李　容
3	鱼游浩瀚——江河湖海里的“清道夫”	福州财政金融职业中专学校	祁婧婕　林　晔　郑涵匀　林靖雯　洪锦烨　娄乾意　欧小冉　谢一依	陈艳艳　王迎春
4	“溯闽”——闽剧传承发展与商业创新	福州建筑工程职业中专学校	李思雨　戴旭仪　黄　强　杨沁言	余　晨　王华丰
5	油纸伞DIY——默言手工坊	福州财政金融职业中专学校	王书欣　吴文嘉　林卓琳　王镇冰　江　帆　黄佳灵	黄　慧　陈晓玲
6	“茉莉永传香，国茶正当道”——慕茗客	福州商贸职业中专学校	李申喆　陈宇锋　江欣宇　宋文洋　黄文涛　柳诗文	蒋舒凡　姚靖屏　陈宗英
7	科技点亮生活——新潮电子产品专属定制	福清龙华职业中专学校	翁灵辉　杨　林　陈佳乐　游小燕　吴子洋　郭廷洲	黄翠华　张　玲　陈小华
8	洗车机出水控制新方案	福清龙华职业中专学校	郑永斌　陈　根　薛　逸　周　颖　李　俊	陈玉旺　林　忠　姜智华

【职教交流活动】　2021年，福州市教育局多批次组织中职教学专家、教研员前往宁德市、莆田市和南平市等中职学校开展“同课异构”公开教学展示和教学改革交流研讨活动、专业教师教育教学技能培训、教学改革研究课题结题评审、教师课堂教学技能竞赛评审、市级课题申报及认定评审等工作；应宁德市教育局要求，组织13名专家为宁德市4所中职学校开展为期一周的课堂教学诊断与改进。

【终身教育】　2021年，福州市扩大社区教育工作网络，增设4个福州市社区大学直属教学点，并向社会公开招募终身教育教师。开展“初心·匠心”作品巡回展及送教下基层活动。通过福州市社区大学微信小程序开展线上学习活动。全市5人入选福建省“百姓学习之星”，9个项目入选“福建省终身学习品牌项目”。

（刘美剑）

高等教育

【概况】　2021年，福州市有高等教育学校36所，其中市属高校12所。市属高校中，本科4所、高职8所；公办3所、民办8所、中外合作办学1所。市属高校招生3.47万人，全日制在校生10.6万人，专任教师6658人，专业总数338个，拥有省级以上重点实验室7个，省级以上实训平台69个，省级以上创新创业基地23个。市属高校毕业生平均就业率92.39%。

【市属高校内涵发展】　2021年，福州市推动市属高校开展“十四五”高等学校设置规划编制。出台《福州市民办教育发展专项资金管理办法》，2021年

表 84　**2021 年福州市普通高等教育学校一览表**

学校类型	院校
公办本科	福州大学 福建师范大学 福建农林大学 福建医科大学 福建中医药大学 福建工程学院 福建警察学院 福建江夏学院 福建商学院 福建技术师范学院 闽江学院
民办本科	福州外语外贸学院 阳光学院 福州理工学院 福州工商学院
成人本科	福建教育学院 福建开放大学
独立学院	福州大学至诚学院 福建师范大学协和学院 福建农林大学金山学院
公办高职高专	福建船政交通职业学院 福建信息职业技术学院 福建农业职业技术学院 福建卫生职业技术学院 福建幼儿师范高等专科学校 福建生物工程职业技术学院 福建艺术职业学院 福建体育职业技术学院 福州职业技术学院 闽江师范高等专科学校
民办高职高专	福建华南女子职业学院 福州英华职业学院 福州黎明职业技术学院 福州科技职业技术学院 福州软件职业技术学院
中外合作办学高职	福州墨尔本理工职业学院

度扶持福州市民办高等教育发展专项资金 6 个项目 530 万元。闽江学院与塞浦路斯欧洲大学合作举办本科层次中外合作办学机构——闽江学院国际数字经济学院获批。福州职业技术学院深化与同济大学中德工程学院合作。闽江师范高等专科学校入选“福建省高水平职业院校和专业建设计划”建设单位。

【天津大学福州国际校区建设】　2021 年，天津大学—新加坡国立大学联合学院博士生开始在福州大学过渡学习，天津大学、新加坡国立大学就举办学制 2 年的化学、化工、物理 3 个专业双硕士中外合作办学项目签署协议。

【“福耀科技大学(暂名)”筹建】　2021 年，河仁慈善基金会计划出资 100 亿元筹建应用研究型大学——福耀科技大学（暂名），福建省政府作出《关于支持筹建福耀科技大学（暂名）相关事宜的批复》，福州市政府与河仁慈善基金会签署“关于福耀科技大学（暂名）建设战略合作框架协议书”，福州市委、市政府、省教育厅共同建立福耀科技大学项目联席会议制度，完善支持保障机制，加快推进学校筹建。

（刘美剑）

【闽江学院】　2021 年，闽江学院有 4 个校区，校园总面积 152.97 公顷，校舍总面积 54.26 万平方米。教学科研仪器设备总价值 4.3 亿元。各类纸质图书 199.15 万册，电子图书 166.03 万册。“两楼一馆”重大建设项目在建，20 栋学生公寓楼整体修缮完成。3 月 25 日，习近平总书记到闽江学院考察调研，肯定学校在坚持应用型办学、深化产教融合等方面取得的成绩，强调要把立德树人作为根本任务，坚持应用技术型办学方向，适应社会需要设置专业、打好基础，培养德智体美劳全面发展的社会主义建设者和接班人。年内，省委常委会审议通过《关于支持闽江学院加快发展的若干措施》，市委、市政府出台《关于支持闽江学院加快改革与发展的若干意见》，校党委作出《关于深入学习贯彻习近平总书记来闽来校考察重要讲话精神，加快推进高水平有特色应用型大学建设的决定》，印发实施《闽江学院“十四五”规划和 2035 年远景目标纲要》。

党建工作　组织开展党史学习教育、“再学习、再调研、再落实”活动，开展“我为师生办实事”，落实领导干部联系基层服务师生“八个一”工作制度；召开教育思想大讨论、理论研讨会，建设“闽大校史与应用型办学成果展”，学校被列为“福州市新思想学习教育实践基地”；组织 2 万余名师生、校友重走习近平总书记考察之路、重温习近平总书记重要讲话精神；央视总台、新华社、《人民日报》、《光明日报》、《科技日报》、《中国教育报》等国家级媒体全年刊发学校相关报道 130 余条(篇)，省市各级媒体、学习强国平台报道 400 余条（篇）。年内，整改完成 4 个方面 44 个问题，整改率 97.78%。30 余项党员主题教育实践活动受到学习强国等媒体报道，83 个集体及个人获评省、市、校级“两优一先”，实施“对标争先”行动，18 个省级党建“双创”培育创建单位通过省委教育工委考核，4 个党组织获批全省“双带头人”教师党支部书记工作室培育创建单位，学校跻身“全省党建工作示范高校”。

思政工作　开通“闽江学院”学习强国号，成立闽江学院美育中心，与新华网共建课程思政教学研究与实践中心，人民日报社人民智库专家组专程到校开展课题调研。省、市领导多次到校作形势政策报告、上思政课，组织“立德树人宣讲团”开展宣讲活动，青春“薪”课堂走进中小学，1 支队伍获评省基层理论宣讲先进集体。学校获全国高校“活力团支部”称号，学生获评“中国大学生自强之星”，获第七届“互联网 +”大学生创新创业大赛国赛金奖，在第五届全国高校大学生讲思政课公开课展示活动中获本科组一等奖。

学科专业　设有二级学院 16 个，有工商管理专业学位硕士点，开设本科专业 61 个。有省级重点学科 3 个，省级一流学科（高原学科）1 个、省级应用型学科 6 个；国家级特色专业 2 个，国家级一流专业建设点 1 个；省示范性应用型专业群 3 个，省级一流专业建设点14个，省级特色专业5个、服务产业特色专业7个，省级创新创业改革试点专业5个，省级人才培养模式创新实验区6个。年内新组建材料与化学工程学院、地理与海洋学院、数学与数据科学学院（软件学院）。增设人工智能本科专业，5个专业获批省级一流专业建设点，6个专业完成学士学位授权审核。新增省级教学成果奖6项，其中特等奖2项。学校ESI全球前1%入选数量位居省属高校第五、全国新建本科高校前列。

师资队伍　有专任教师1000多人，硕士以上学位教师占91.1%（其中博士学位教师占40.6%）。拥有省级教学、科研及高端外专团队12个。年内新增省级以上人才80人次，其中入选欧亚科学院院士2人、其他国家级人才3人、“百千万人才工程”省级人选2人、“闽江学者”6人、认定为福建省高层次ABC类人才65人。采取柔聘等多种方式引进专家。实施教师能力提升计划，选拔56名教师到海内外高校、科研院所、行业企业等进修与实践，其中访学进修人数比上年增长50%。在省首届高校教师教学创新大赛中获三等奖2项。新增省级中青年教育教学改革研究项目23个，其中重大项目5个；新增省级新文科项目2个；新增教育部产学合作协同育人项目37个，省级一流课程13门，省级课程思政示范课程2门、“1+X”证书试点项目13个。

本硕教育　学校有全日制在校生约1.6万人。实施一流课程建设计划，加强应用型人才培养体系建设，新增人工智能产业学院、电子商务产业学院、化工新材料产业学院、现代纺织服装产业学院4个产业学院。组建人工智能、财务管理等创新实验班，成立兴业数字金融人才定制班。学生获第七届“互联网+”大学生创新创业大赛国赛金奖，实现在该项赛事国赛金奖零的突破；获省“互联网+”大学生创新创业大赛金牌5项、银牌5项、铜牌7项，获省首届高校教师教学创新大赛三等奖2项。普通高考录取成绩全省排名第九。2021届毕业生去向落实率95.24%。加强硕士授权单位及硕士点培育工作，2021级联合培养硕士研究生人数比上年增长16.67%。

科研与成果运用　“海上福州研究院”“中国（福建）乡村振兴研究院”2个项目首次列入国家发改委“支持福建全方位推动高质量发展重大项目”清单。获教育部人文社科基金课题立项7项，立项数位列全省高校第二。获国家自然科学基金、国家社科基金等18项，首次获得国家社科基金高校思政课研究专项1项。5项成果获社科优秀成果奖。6个项目获福建省科学技术奖，比上年增长20%。2项国家外国专家项目获批立项，在该类项目上首次突破。新增省部级科研平台6个，多个省级科研平台通过验收，“福建省船舶智能航行安全控制工程研究中心”在省发改委组织的评估中获500万元建设经费。

合作交流　推进与塞浦路斯欧洲大学的全面合作，联合举办不具有独立法人资格的中外合作办学机构——闽江学院国际数字经济学院。推进闽台高校联合培养人才项目，国台办批复同意成立海峡两岸产业融合发展研究院和海峡两岸乡建乡创发展研究院。教育部同意设立“一带一路”漆艺产业中外人文交流研究院。推进与中国科学技术大学、东华大学、江南大学等高水平大学的交流与合作，与温州大学续签合作协议并开启新一轮合作，与金陵科技学院签署合作协议缔结姊妹学校。拓展继续教育培训，成人高考招生录取2298人，比上年增长14.4%；各类继续教育学历教育在校生4536人，增长28%。

社会服务　牵头成立福州市属高校共建联盟，与闽侯县共建大学城附属中学，与兴业银行共建金融科技创新实验室，协助福州市开展“好年华，聚福州”游学活动。制订实施《闽江学院服务福州高质量发展超越行动计划》《闽江学院主动融入福州地区一流大学城建设行动方案》《服务福州地区大学城建设行动方案（2021—2023年）》。

（赖仕贤）

【福州职业技术学院】　2021年，福州职业技术学院校园面积74.81公顷（其中26.67公顷征迁中），建筑总面积约25万平方米。学校设智能工程系、信息工程系、机电工程系、交通工程系、建筑工程系、文化创意系、商务系、特殊教育系、马克思主义学院等教学机构13个。招生专业43个；教职工600人；全日制高职在校生11274人（其中国际留学生37人），各类成人学历在校生12414人。9月10日，省人大常委会副主任、省总工会主席梁建勇带队到学校调研指导。9月30日，省委常委、市委书记林宝金赴福州职业技术学院调研并宣讲市第十二次党代会精神。12月24日，省委常委、市委书记林宝金，市长吴贤德与同济大学党委书记方守恩、校长陈杰，在闽都院士村淮安基地举行座谈，同济大学、福州市政府签署推进职业教育高质量发展合作框架协议，举行同济大学与福州职业技术学院“两中心一基地”（福州同济技术转移创新中心、福州同济职业教育师资培育基地、福州同济跨企业技术服务中心）揭牌仪式。年内，推进学校马尾校区建设和预留地征迁工作，成立“船政文化研究中心”。学校入选全国高校毕业生就业能力培训基地（全省仅3所）、全省党建工作示范培育创建高校、全省“八闽工匠学堂”首批合作院校。

思政工作　推动课程教学改革，开展“四史”（党史、国史、改革开放史、社会主义发展史）教育；探索信息化教学运用，打造“体验式”教学的思政课堂，马克思主义学院科研立项14个，省级教改项目1个，发表论文16篇，文化育人项目《“五位体、三融合”打造“励园红”思政育人品牌》获得2021年福建省高校思想政治工作精品项目立项，获得福建省首批“讲好中国故事•上好思政课程”教育教学精品项目等多个奖项。开展思政课教师与二级学院“三融”工程的党建思政育人模式，思政课教师送服务上门50多次；融入二级学院读书社，指导46个二级读书社理论学习活动。

专业建设与教学改革　申报增设飞机电子设备维修、智能控制技术、智能建造技术3个对接航空产业、智能制造等产业需要的专业，新增省级专业教学资源库1个，省级精品在线开放课程21门。软件技术专业群教师教学创新团队入选首批省级职业院校教师教学创新团队立项建设单位名单。年内，获2020年省级职业教育教学成果奖特等奖1项、一等奖1项，参与福建省职业教育技术中心项目研究获省级一等奖1项。“金平果”发布“2021—2022高职分专业竞争力排行榜”，全国高职院校开设投资与理财专业共151所，学校投资与理财专业在全国同类专业测评中排名第五名、福建省同类专业排名第一。推动课堂教学改革，构建“思政课程+课程思政”格局，举办第一届课程思政教学竞赛。完成2021级专业人才培养方案编制指导意见，“四史教育”“劳动教育”融入人才培养体系。学校所有专业各确定1—2门专业课程合计50门课程启动教学资源制作。教师获省级教师教学能力比赛一等奖2项，二等奖4项，三等奖3项；1个教学团队入围国家级教师教学能力比赛。

师资队伍　引进全职高层次人才4人、专任教师34人；新增“双师型”教师12人，专业教师“双师型”占比72.8%；派出国际访问学者1人、访问工程师9人。新建校级教师教学创新团队9支，新增省级教师教学创新团队1支（阿里巴巴大数据学院软件专业）。新增5家“双师型”教师培训基地，先后与福建雪人股份有限公司、东南汽车工业有限公司、北京金山办公软件有限公司、福建犀牛智慧科技有限公司、广州粤嵌通信科技有限公司签订共建协议，建立企业实践流动站，扩展“双师型”教师培训平台。新增省级技能大师工作室1个（连灿鑫技能大师工作室），市级技能大师工作室1个（陈景琳技能大师工作室），有省级技能大师工作室2个、市级1个、校级5个。

人才培养　2021届毕业生初次就业率99.02%，毕业去向落实率99.39%。推进2021年全国深化创新创业教育改革示范高校建设，通过福建省创新创业创造教育示范建设院校中期检查，被授予福建省退役军人就业创业园地、福州市退役军人就业创业孵化基地等。“三创”（创业、创新、创优）工作成果获福建省职业教育教学成果一等奖，在第七届福建省“互联网+”大学生创新创业竞赛等“三创”竞赛中获金奖2项、银奖4项、铜奖7项及大赛优秀组织奖。14名学生获得国家奖学金，330名学生获国家励志奖学金。获第十五届“挑战杯”福建省大学生课外学术科技作品竞赛二等奖2项；获批首批福建省兴才励志成长基地。完成校毕业生就业指导中心（征兵工作站）建设。被授予全国高校毕业生就业能力培训基地、福建省高校毕业生就业创业工作先进单位。参加福建省“知网杯”高校检索大赛，获得高职组综合成绩第八名；参加第三届福建省信息素养大赛，获得三等奖4名、优胜奖2名。

产教融合　学校与福州市总工会合作，新增机械制造与自动化专业等“二元制”试点项目4个，录取109人。推进产业学院工作，与京东公司密切合作，共建京东数字供应链产业学院，并推荐其参选福建省第三批高职院校产业学院试点项目。学校参与成立福建航空职业教育集团，成立“船政文化研究中心”。

实训教学　实训室建设项目新立项22个，重点提高以飞机机电设备维修、新能源汽车技术、数控技术、智能产品开发等专业为代表的工科实训教学条件，建设中欧航空实训基地二期、新能源汽车试制线升级、数控系统升级改造等项目。新一代信息技术虚拟仿真实训基地、建设工程安全管理虚拟仿真实训基地获批省级职业教育首批立项建设示范性虚拟仿真实训基地项目，其中新一代信息技术虚拟仿真实训基地申报国家级职业教育示范性虚拟仿真实训基地培育项目。

技能竞赛　学校承办2021年度福建省职业院校技能大赛中的云计算（高职组）、大数据技术与应用（高职组）和智能电梯装调与维护（高职组）3个赛项，参赛队伍42支，接待人数200人。学校组队参加2021年度福建省职业院校技能大赛的49个省赛，获一等奖11项、二等奖20项、三等奖15项，连续11年获全省职业院校技能大赛团体一等奖。组织18名师生组队参加全国职业院校技能大赛的4个赛项，获二等奖2项、三等奖2项。学校在第八届海峡两岸大学生职业技能大赛中获一等奖2项、二等奖3项、三等奖1项；在福建省第二届工业机器人技术应用技能大赛暨全国工业机器人技术应用技能大赛选拔赛、“振兴杯”全国青年职业技能大赛选拔赛中获优秀组织奖、教师组三等奖。参与承办2021“一带一路”暨金砖国家技能发展与技术创新大赛之机器学习与大数据应用（高校组）国内总决赛，学校获一等奖2项，二等奖1项，三等奖1项，并被授予突出贡献奖、最佳组织奖。

“三创”教育　学校获首批福建省“兴才励志成长基地”；获评“2020年

2021年12月1—5日，福州职业技术学院承办2021“一带一路”暨金砖国家技能发展与技术创新大赛之机器学习与大数据应用(高校组)国内总决赛。图为参赛队伍合影

(福州职业技术学院 供图)

福建省高校毕业生就业创业工作先进单位”，1人获评“2020年福建省高校毕业生就业创业工作先进个人”。获福建省第六届“互联网+”大学生创新创业大赛职教赛道优秀组织奖，“梦层网络——面向未来的创新企业远程访问解决方案”等6个参赛项目获金奖1项、银奖2项、铜奖3项；获第七届福建省“互联网+”大学生创新创业大赛“优秀组织奖”金奖2项、银奖2项、铜奖7项；2人获评“优秀创新创业导师”；获第十一届“挑战杯”福建省大学生创业计划竞赛金奖1项、银奖2项、铜奖5项，1人被授予“第九届福建省大学生创业之星标兵”称号，并获得10万元扶持资金；获第十五届“挑战杯”大学生课外学术科技作品竞赛一等奖1项、二等奖2项、三等奖3项和优秀奖3项。在第十四届“高教杯”全国大学生先进成图技术与产品信息建模创新大赛中获机械类团体二等奖，个人全能一等奖1项、二等奖1项、三等奖2项，“3D打印”三等奖1项，“Inspire优化创新设计”三等奖1项。

“三全育人”综合改革试点高校建设 2个项目获福州市高校“三全育人”综合改革试点工作重点项目立项并结题。学校“励园红”思政育人项目入选福建省高校思想政治工作精品项目，《创新基础》入选2021年省级课程思政示范项目名单。召开“三全育人”综合改革试点高校建设推进会，组织编制《福州职业技术学院“三全育人”综合改革试点成果汇编》，通过第一批高校“三全育人”综合改革试点总结评估。

社会服务 推进“1+X”证书试点工作，2021年“1+X”证书制度试点证书合格统计77.24%。5861人次参加学校举办的各类鉴定考试。开展“专本衔接学历教育”“专升本辅导培训”，组织2018届毕业生1736人参加2021年专升本考试，上线考试1115人。组织社会化考试14场，参考考生近2万人次。

（江允英）

2021年12月23日，由中共福州市委宣传部指导、闽江师范高等专科学校创排的红色题材闽剧现代戏《青春祭》，作为第八届福建艺术节暨第28届戏剧会演参赛剧目，在福建广电大剧院上演。图为《青春祭》剧照 （池远 摄）

【闽江师范高等专科学校】 2021年，闽江师范高等专科学校占地面积48.29公顷（主校区位于大学城），建筑面积37.34万平方米（含在建7.98万平方米）；设有福州市艺术学校、福清卫生学校、附属实验小学、福州幼教集团（附属幼儿园5所）；设有11个系（部、院），全日制专科生9955人，在编教职工606人。

专业建设 学校设有37个专业，其中国家级骨干专业2个，全国职业院校民族文化传承与创新示范专业点1个，教育部示范性职教集团培育项目1个，福建省示范专业2个，福建省创新创业试点专业4个，福建省职业院校产教融合示范专业2个，福建省服务产业特色专业群2个，福建省高水平专业群2个，教育部“1+X”证书试点18个，参与教育部职业教育专业资源库建设项目1个，福建省专业教学资源库2个，福建省高职院校产业学院试点项目3个。

师资队伍 学校有专任教师444人，生师比为17.99∶1。专任教师中，专业课教师334人，“双师素质”教师占专业课教师的83.23%；教师硕士研究生以上学历占比70.95%，其中博士30人；高级职称占比35.59%，其中正高级30人。聘请行业企业专业技术人员和高技能人才担任兼职教师129人，占专任教师数29.05%，全部具有中级及以上专业技术职称或一级及以上职业资格。新增省级技能大师1人、省C类高层次人才1人、省教师教学创新团队1个、省中小学教学名师2人、省中小学学科带头人1人。引进高层次人才2人。与福州大学、福建师范大学等高校合作，引进6名高层次人才引领专业发展。选送21名教师参加省职业院校教师素质提高计划，3名教师参加2021年度省高校青年教师教育教学和教科研能力提升示范培训，139名教师参加省高校青年教师岗前培训等培训。完成校内的国家级非物质文化遗产传承人陈乃春等2个名师工作室及国家级领军人才陈明志等3个技能大师工作室年度考核工作，其中陈乃春、林梦萍名师工作室完成三年一个工作周期的建设，考核优秀。新增认定“双师型”教师33人，教师下行业、企业一线锻炼143人次，教师参加职业院校技能大赛教学能力比赛获全国奖1项，省级奖8项。教师指导学生参加各级各类竞赛28个赛项，获特等奖4项，一等奖60项，二等奖71项，三等奖及以下奖项85项。

产教融合 学校有各类培训职业技能鉴定站（所）23个，年度完成各类职业技能鉴定42313人，社会技术培训总数9403人次。与福州高新技术产业开发区共建福州高新区社区大学、高新区青少年活动中心，共建附属实验小学及福建小学教育公共实训基地落成使用，建筑面积3.35万平方米，配套未来教师发展中心、仿生生物标本馆、青少年活动中心、无人机及海模实训室、数字音乐工作室等57个建设项目。学校与县（市）区合作共建附属幼儿园5所。新增福建省福抗药业股份有限公司、福建中凯检测技术有限公司、闽剧大观园、福州加州健康管理有限公司等校外实习基地18个。与福州市美术馆合作举办“初心贞石——百年党史的100个瞬间大型篆刻系列作品创作展”；牵头闽江文旅演艺职业教育集团与龙旺集团合作共建“闽越水镇实践基地”工作坊及作品展示厅并运营，授牌闽剧大观园文创孵化基地及闽剧实训基地；与福建海狮集团合作举办“海狮跨境电商实战工作室”，与新大陆、麦斯特、富民云咖合作申报“自动驾驶技术创新实践平台”“福建省国有企业退休人员档案电子化”“植根榕城”等企业创业类、科技类政府项目。开展校企双主体育人，与福建省实验闽剧院、福建省京剧院、闽剧艺术传承发展中心、（福建）戴姆勒奔驰公司合作开展“二元制”人才培养，年度提供各类订单人才培养1960人。

技能竞赛　学生参加各级各类竞赛，获特等奖4项、一等奖60项、二等奖71项、三等奖及以下奖项85项。其中，全国职业院校技能大赛二等奖1项，福建省职业院校技能大赛一等奖9项、二等奖9项、三等奖9项、优秀奖10项（在全省排名第十）；第八届福建省高校师范教学技能竞赛一等奖3项、二等奖3项以及“优秀组织奖”；第七届福建省“互联网+”大学生创新创业大赛金奖2项、银奖3项、铜奖4项及“优秀组织奖”；第八届海峡两岸大学生职业技能大赛一等奖2项、二等奖1项；第十四届福建省大学生规划大赛一等奖2项。

科研与成果运用　学校年度获批58个纵向科研课题立项，其中1项教育部人文社科课题《“四史”教育的整体性构建研究》、2项省科技厅课题《白茶焙火过程美拉德反应对其茶汤滋味及成分的影响研究》《福州市数字经济创新发展对策研究》、2项省委宣传部课题《强化就业优先政策，在创造高品质生活上实现更大突破研究》《新时代青年爱国主义教育的主导权问题研究》，其他市厅级及以上项目53个；获批《基于生活污水中微量毒品和代谢物检验技术的开发》《福州茉莉花茶产业标准体系建设研究》等横向课题13项，到账经费78万元；获得“一种用于远程灌溉的窄带NB-IOT数据传输装置”等专利6项，其中学生专利1个，实现科技成果转化3项；新增1个市级平台——“市域治理研究中心”；新增“闽剧艺术研究中心”等5个校级中心；开展调研工作并写出有针对性的政策咨询报告与建议9份，其中3份获得市领导签批。

社会服务　学校获批“福建省专业技术人员继续教育基地”“福建省海外华文教育基地”“福州市会计专业技术人员继续教育基地”“福州市长期护理保险服务人员培训基地”等培训品牌。获批福建省终身学习品牌1个，“智慧助老”优质工作案例1个、教育培训项目1个，课程资源3门。2021年成考注册2405人，比上年的1235人增长94.7%。获批福建省职业技能等级评价机构，完成技能鉴定及考核1309人，承接27场考试，参加考试67332人次、普通话测试36934人。开展教师、公务员、普通话、职业技能等培训23622人次。

招生就业　2021届毕业生2251人，毕业生总体就业率96.49%。其中，702名毕业生实现升学本科，占比31.19%。用人单位对学校人才培养工作的满意度100%，专业对口度70.09%，毕业生对学校满意度98.66%。2021年招生专业34个（不含方向），全日制大专招生计划3801人，录取3657人，总录取率96.2%，超本科线276人。报到3490人，报到率95.43%。

合作交流　“中柬华文基础教育师资培训”项目入选第四批“中国—东盟高职院校特色合作项目”。获批“福建省海外华文教育基地”，培训492名海外华文教师；制作21门海外华文师资培训网络课程，拓展“互联网+华文师资培训”新模式。学校与俄罗斯鄂木斯克职业技术学院共同举办“中俄青年人才培养线上交流会”，与东京YMCA医疗福祉专门学校、社会福祉法人赞育会、朝日株式会社就“日式医养结合产学研教健康社区人才培养”项目开展多场线上交流。

附属学校　闽江师范高等专科学校附属实验小学获批教育部校园冰雪运动特色校、福建省人工智能科普教育实验校、福建省航空科普教育基地、福州市文明校园；承担国家级课题《基于核心素养的儿童写作教学法探索》，省级课题《小学语文统编教材练习系统思维分层训练的教学运用研究》《基于脑电数据的小学生心理健康干预模式的研究》，市级课题《小学学业质量测评体系研究》《基于移动学习终端的无边界课外阅读研究》《基于虚拟仿真实验教学对小学生科学学习力提升的探究》《构建小学劳动教育“三位一体”模式的研究》等教育科学课题研究。年内，作为福建省小学教育公共实训基地与多所高校签订共建协议，与福州高新区共建教师发展中心开展多场区域教师研训和学生培训活动。福州幼教集团联合闽江师专学前教育系共同指导学生多次获得国赛、省赛大奖；集团幼儿园参加福州市幼儿园优秀游戏案例评选活动中获一等奖；集团附属实验园被认定为“福州市市级文明校园”，附属实验园、附属二园被福州市教育局授予市级“AAAAA级平安校园”称号。

（张继驰）

（编辑　黄　铭）

文化

综述

【概况】 2021年，福州市制定实施《福州市打造闽都文化国际品牌工作实施方案》，实施挖掘研究、传承保护、展示交流、创新转化、旅游发展、传播推广六大行动计划共113个项目。修订《福州市文化企业十强和最具潜力文化企业评选管理办法》，评选出10家市第三届文化企业十强企业，3家最具潜力文化企业。

【文化事业】 2021年，福州市举办世界福州十邑春节晚会、线上2021市民新春大联欢、古城星空音乐节、第六届海峡两岸中青年篆刻大赛。完成“文化惠民·七进”、“相约九日台”周末音乐会、古厝戏台非遗展演等各类演出。开展全民阅读“七进”建设、“书香榕城”全民读书月、公益电影放映等群众性文化活动。

【文化产业】 2021年，福州市搭建文化创意产业发展和服务平台，举办“我把福州寄给你”2021文创设计大赛，运营“四季的福州”官方抖音号。扶持龙头企业、重点项目，德艺文化等7家企业获2021年中央文化产业发展专项资金814万元，兑现配套补助203.5万元；福州软件园、福大怡山创意园、互联网小镇产业园等3个省级文化产业重点园区及世纪长龙影视有限公司文艺精品项目获2021年省文化产业发展专项资金650万元，兑现配套补助62.5万元。全市规模以上文化产业单位实现营收1372亿元，比上年增长14.4%。

【文化体制改革】 2021年，福州市组织编制《福州市文化产业“十四五”发展专项规划（2021—2025年）》。福州日报社启动大数据（三期）项目建设，全面推进数字化智慧媒体融合发展，建设“数据标引全统一、数据内容互通、快速检索与保存”的“一站式”媒体资源数据库。

【文化市场监管】 2021年，福州市出动检查人员10747人次，检查各类文化市场经营主体4874家次，责令改正23家次，当场处罚35家次，立案查处48家次，警告60家次，罚款34家次，罚款总额32.6万元，责令停业整顿5家次。

【闽都文化】 2021年，福州市举办第44届世界遗产大会，开展戏曲惠民演出、非遗展演、公益讲座、书法美术作品展等配套文化活动50余场。与《光明日报》合作组建“文化强国”福州工作站，在《光明日报》刊发头版、专版报道58篇（条）。在“今日福州”海外版、华人头条App平台开设“闽都文化”“文化与自然遗产”等专版专栏，刊发报道1290多篇、照片900多张，点击量逾3980万次。编印《古厝留声机》《美丽福建看福州》等书籍，出版长篇小说《风火墙》，制作播出广播剧《永远的二七塔》，创排演出福州伬艺《血色鸡角弄》、闽剧《杜鹃山》《青春祭》、音乐剧《江山多娇》等。推进福州曲艺《滴水人家》创排以及电视纪录片《严复》、电视剧《生死抉择》（暂名）、《三江潮》（暂名）拍摄制作。建成“福州城市会客厅”和新店古城遗址公园（一期）。

【文化交流】 2021年，福州市组织《福州晚报》海外版、侨刊乡讯、外宣广播、“中国福州”海外社交媒体账号、华人头条等开设专版、专题、专栏，对外宣传党的十九届五中全会和全国“两会”精神。加强与海外媒体合作，推出“今日福州”中英文专版，刊发报道近5000篇（条）。组织开设华人头条“有福之州 幸福之城”对外宣传专题，在全球69个国家142个站点，用5种语言向海外推送福州报道4100 余篇（条）。围绕第四届数字中国建设峰会开展对外宣传报道，组织召开4场新闻发布会和85场成果展览会成果发布活动，组织“今日福州”中英文版、台港澳媒体、“中国福建”、“中国福州”海外社交媒体账号以及华人头条App等新媒体平台，刊播转载峰会相关报道420多篇（条）。承办“2021年福州国际友城文化节”，日本长崎等9个国家10个城市参加活动，直播累计观看量407.31万人次。10月21日，福州市与美国檀香山市建立友好城市关系协议书签字仪式通过视频方式举行，市文化和旅游局和檀香山市文化与艺术局签署发展友好关系谅解备忘录。

（张飞勇 陈文浩）

专业文艺

【概况】 2021年，福州市组织10部作品参加福建省第八届艺术节，获5个优秀剧目奖（一等奖）、3个剧目奖，闽剧、曲艺、歌舞、街头文化艺术、美术书法实现大满贯，优秀奖项总数位列九市一区榜首。5个节目获福建省街头文化艺术展演活动入围奖；3人获“全省十佳街头文化艺术达人”称号；18个美术书法作品获第八届福建艺术节美术书法优秀作品展优秀奖。音乐剧《江山多娇》、闽剧《过崖记》入选国家艺术基金大型舞台剧和作品创作资助项目初审名单。闽剧《兰花赋》入选2021年中国戏曲音像工程录制演员（剧目）名单，3部文艺作品入选2021年度福建省舞台艺术精品工程重点剧目。在第十五届福建省戏剧水仙花奖比赛上获2金、3银、2铜。围绕庆祝中国共产党成立100周年主题，举办“永远跟党走”福州市文旅系统庆祝中国共产党成立100周年百项活动371场。完成第44届世遗大会配套文化活动、“其乐融‘榕’‘艺’起福州”留榕过年、“七遛八遛 五一来虎纠”、“有福之州 乐享国庆”福州市庆祝中华人民共和国成立72周年等系列文化活动。成立福州海峡交响乐团，开展“周周有戏”、非遗地方剧种公益性演出、“艺术在线”等活动，创新开展闽剧快闪及《遇见福州》旅游演艺展演，开展“温暖在榕城”留榕过年展演、“迎端午·永远跟党走”闽剧小戏展演等专场惠民演出活动，开展近400场公益性演出活动，100余场公益讲座，73场网络直播。开展福州市国有文艺院团社会效益评价考核工作。开展戏曲进校园活动，市属戏曲院团走进福州职业技术学院等地开展演出活动100余次，观看学生4700人次。完成“春种空间”民营戏曲院团剧目创作扶持工作，对院团优秀剧目予以150万元资助经费。开展市属院团急需专业人才的招聘工作，福州闽剧艺术传承发展中心等4家艺术院团提供16个岗位招收18名专业艺术人才。与闽江师专合作开办“二元制”大专班，组织福州市27名戏曲演员报名；全年累计开展曲艺人才储备培训班242课时、闽剧青年演员唱腔课程166课时。闽剧演员杨帅获《擂响中华》第三季中国戏曲十大青年领军人物称号，入选《戏码头》全国青年戏曲挑战赛（第二季）全国十强。

表85 2021年福州市专业文艺获奖情况一览表

获奖项目	获奖等级	赛事名称	所属单位
闽剧《兰花赋》	入选	2021年中国戏曲像音像工程录制演员（剧目）名单	福州闽剧艺术传承发展中心
闽剧《过崖记》	入围	2022年度国家艺术基金资助项目复评	福州闽剧艺术传承发展中心
闽剧《过崖记》	入选	2021年度福建省舞台艺术精品工程重点剧目	福州闽剧艺术传承发展中心
闽剧《过崖记》	优秀剧目奖	第八届福建艺术节暨第28届戏剧会演	福州闽剧艺术传承发展中心
闽剧《银筝断》	朱槿花奖·优秀剧目	第九届中国—东盟（南宁）戏剧周优秀剧目展演	福州闽剧艺术传承发展中心
闽剧《林则徐与王鼎》	朱槿花奖·优秀剧目	第九届中国—东盟（南宁）戏剧周优秀剧目展演	福州闽剧艺术传承发展中心
杨帅《过崖记》饰演杜元平	表演奖一等奖	第八届福建艺术节暨第28届戏剧会演	福州闽剧艺术传承发展中心
余根舒《过崖记》饰演刘青山	表演奖二等奖	第八届福建艺术节暨第28届戏剧会演	福州闽剧艺术传承发展中心
余根舒《堂前相认》饰演王成龙	专业组表演奖一等奖	第十五届福建省戏剧水仙花奖比赛	福州闽剧艺术传承发展中心
陈溪《南归梦》中饰演苏武	专业组表演奖一等奖	第十五届福建省戏剧水仙花奖比赛	福州闽剧艺术传承发展中心
杨佳敏《红裙记·教子》饰演柳氏	专业组表演奖二等奖	第十五届福建省戏剧水仙花奖比赛	福州闽剧艺术传承发展中心
林轶《小姑贤·恶婆婆》中饰演周氏	专业组表演奖二等奖	第十五届福建省戏剧水仙花奖比赛	福州闽剧艺术传承发展中心
千晓滢《一文钱》中饰演张兰英	专业组表演奖二等奖	第十五届福建省戏剧水仙花奖比赛	福州闽剧艺术传承发展中心
廖雄威《六月雪·路别》中饰演窦天章	专业组表演奖三等奖	第十五届福建省戏剧水仙花奖比赛	福州闽剧艺术传承发展中心
谢嘉宇《碧玉簪·三盖衣》及技巧展示《春雨》选段中演奏琵琶	专业组表演奖三等奖	第十五届福建省戏剧水仙花奖比赛	福州闽剧艺术传承发展中心
杨帅《林则徐与王鼎》中饰演林则徐	朱槿花奖·优秀演员	第九届中国—东盟（南宁）戏剧周优秀剧目展演	福州闽剧艺术传承发展中心

续表 85

获奖项目	获奖等级	赛事名称	所属单位
吴则文《林则徐与王鼎》中饰演王鼎	朱槿花奖·优秀演员	第九届中国—东盟（南宁）戏剧周优秀剧目展演	福州闽剧艺术传承发展中心
杨帅《银筝断》中饰演林旭	朱槿花奖·优秀演员	第九届中国—东盟（南宁）戏剧周优秀剧目展演	福州闽剧艺术传承发展中心
黄秀春《银筝断》中饰演沈鹊应	朱槿花奖·优秀演员	第九届中国—东盟（南宁）戏剧周优秀剧目展演	福州闽剧艺术传承发展中心
福州伬艺《血色鸡角弄》（周兰创作）	入选	中华人民共和国文化和旅游部庆祝中国共产党成立100周年舞台艺术精品创作工程重点扶持作品	福州评话伬艺传习所
福州伬艺《秦楼月 ˙ 上下杭》	一等奖	第四届福建省曲艺丹桂奖少儿大赛	福州评话伬艺传习所
福州伬艺《借燕笼》	二等奖	第四届福建省曲艺丹桂奖少儿大赛	福州评话伬艺传习所
福州伬艺《回家》（申予知创作）	文学奖一等奖	第四届福建省曲艺丹桂奖大赛	福州评话伬艺传习所
郑怡（福州伬艺《回家》）	专业院团组表演一等奖	第四届福建省曲艺丹桂奖大赛	福州评话伬艺传习所
林剑平（福州评话《扶贫谣》）	专业院团组表演二等奖	第四届福建省曲艺丹桂奖大赛	福州评话伬艺传习所
福州伬艺《战地情书》（周兰创作）	文学奖三等奖	第四届福建省曲艺丹桂奖大赛	福州评话伬艺传习所
陈璐嘉（福州伬艺《战地情书》）	专业院团组表演三等奖	第四届福建省曲艺丹桂奖大赛	福州评话伬艺传习所
福州伬艺《铡美案》	节目奖三等奖	第四届福建省曲艺丹桂奖大赛	福州评话伬艺传习所
刘树忠（福州伬艺《铡美案》）	专业院团组表演三等奖	第四届福建省曲艺丹桂奖大赛	福州评话伬艺传习所
福州曲艺《滴水人家》	优秀剧（节）目奖	第八届福建艺术节暨第28届戏剧会演、第五届音乐舞蹈杂技曲艺优秀剧（节）目展演	福州评话伬艺传习所
邓萍萍（福州曲艺《滴水人家》）饰藤花、评话先生	表演奖一等奖	第八届福建艺术节暨第28届戏剧会演、第五届音乐舞蹈杂技曲艺优秀剧（节）目展演	福州评话伬艺传习所
陈燕彬（福州曲艺《滴水人家》）饰评话先生、张益飞女朋友	表演奖一等奖	第八届福建艺术节暨第28届戏剧会演、第五届音乐舞蹈杂技曲艺优秀剧（节）目展演	福州评话伬艺传习所
刘宜威（福州曲艺《滴水人家》）饰评话先生、张益飞、鼎边伯	表演奖二等奖	第八届福建艺术节暨第28届戏剧会演、第五届音乐舞蹈杂技曲艺优秀剧（节）目展演	福州评话伬艺传习所
郑怡（福州曲艺《滴水人家》）饰五嫂、伴奏、伴唱、居民	表演奖二等奖	第八届福建艺术节暨第28届戏剧会演、第五届音乐舞蹈杂技曲艺优秀剧（节）目展演	福州评话伬艺传习所
刘树忠（福州曲艺《滴水人家》）饰张益飞、伴奏、伴唱、居民	表演奖二等奖	第八届福建艺术节暨第28届戏剧会演、第五届音乐舞蹈杂技曲艺优秀剧（节）目展演	福州评话伬艺传习所
郑小惠（福州曲艺《滴水人家》）饰依莉姆姆、伴奏、伴唱、居民	表演奖三等奖	第八届福建艺术节暨第28届戏剧会演、第五届音乐舞蹈杂技曲艺优秀剧（节）目展演	福州评话伬艺传习所
陈璐嘉（福州曲艺《滴水人家》）饰依莉姆姆、伴奏、伴唱、居民	表演奖三等奖	第八届福建艺术节暨第28届戏剧会演、第五届音乐舞蹈杂技曲艺优秀剧（节）目展演	福州评话伬艺传习所
音乐剧《江山多娇》	入围	2022年度国家艺术基金资助项目复评	福州市闽都文化艺术中心
音乐剧《江山多娇》	入选	2021年度福建省舞台艺术精品工程重点剧目	福州市闽都文化艺术中心
音乐剧《江山多娇》	优秀剧（节）目奖	第八届福建艺术节暨第五届全省音乐舞蹈杂技曲艺优秀剧（节）目展演	福州市闽都文化艺术中心

续表 85

获奖项目	获奖等级	赛事名称	所属单位
马千惠《江山多娇》饰蓝玉玉	表演奖二等奖	第八届福建艺术节暨第五届音乐舞蹈杂技曲艺优秀剧（节）目展演	福州市闽都文化艺术中心
程艳《江山多娇》饰林细妹	舞美奖二等奖	第八届福建艺术节暨第五届音乐舞蹈杂技曲艺优秀剧（节）目展演	福州市闽都文化艺术中心
兰华娟《江山多娇》饰郑秋姑	表演奖三等奖	第八届福建艺术节暨第五届音乐舞蹈杂技曲艺优秀剧（节）目展演	福州市闽都文化艺术中心
赵奕森《江山多娇》饰薛在峰	表演奖三等奖	第八届福建艺术节暨第五届音乐舞蹈杂技曲艺优秀剧（节）目展演	福州市闽都文化艺术中心
欧阳晓婕《江山多娇》化妆造型设计	表演奖三等奖	第八届福建艺术节暨第五届音乐舞蹈杂技曲艺优秀剧（节）目展演	福州市闽都文化艺术中心
程静《江山多娇》服装设计	舞美奖三等奖	第八届福建艺术节暨第五届音乐舞蹈杂技曲艺优秀剧（节）目展演	福州市闽都文化艺术中心
智联忠《抗日战争时期解放区戏曲研究》	良好	国家社科基金艺术学青年项目	福州市艺术创作研究中心
智联忠	第一批剧评人	2021 庆祝建党百年“百名剧评人评百剧”（中国戏剧文学学会等主办）	福州市艺术创作研究中心
《晋察冀抗日根据地的戏曲运动》	优秀奖（不设等次）	福建社科界庆祝中国共产党成立 100 周年青年学者论坛（福建省社会科学界联合会等主办）	福州市艺术创作研究中心
岳秀蒙《女儿带个男朋友回家》小品	二等奖	“庆祝中国共产党成立 100 周年”原创小戏小品剧本评选活动（福建省艺术馆等主办）	福州市艺术创作研究中心
郭辉中国画作品《红色记忆——福州革命旧址写生》	优秀奖（未设其他等级）	第八届福建艺术节美术书法优秀作品展	福州市美术馆
郭辉画作《万绿丛中》	入选	“百年辉煌·华彩丹青”——福建省画院庆祝中国共产党成立 100 周年美术作品展	福州市美术馆
郭辉画作《中平旅社》《永德会馆》	入选	“古厝之光”——福建美术专题创作展（福建省政协等主办）	福州市美术馆
郭辉画作《良宵》	入选	“四十四国华人艺术家献礼”——第四十四届世界遗产大会书画联展（福建省文联等主办）	福州市美术馆
李木教书法作品《酒香花好》联	入选	第七届中国书法兰亭奖作品展（中国文联、中国书协等主办）	福州画院
李木教书法作品《张新桥党颂草书中堂》	入选	2021 年“中华情·中国梦”美术书法大展（中国文联、中国美协、中国书协等主办）	福州画院
李木教书法作品《林承强西藏美景诗草书中堂》	入选	庆祝中国共产党成立 100 周年、西藏和平解放 70 周年名家书法作品邀请展（中国书协主办）	福州画院
李木教书法作品《“四个方面”战略布局》	入选	“伟业”——庆祝中国共产党成立 100 周年书法大展（中国文联、国家博物馆、国家图书馆、中国书协等主办）	福州画院
柯学刃自撰文《天章碧血染青榕》并书	入选	“伟业”——庆祝中国共产党成立 100 周年书法大展（中国文联、国家博物馆、国家图书馆、中国书协等主办）	福州画院
李木教书法作品《刘禹锡诗二首》	入选	“千秋伟业”——书法名家作品展（中国国家画院主办）	福州画院

续表 85

获奖项目	获奖等级	赛事名称	所属单位
李木教书法作品《张伯驹先生词作品》	入选	“河湟盛景 光耀夏都”——中国大城市专业画院优秀作品联展暨中国大城市专业画院学术年会（第十一回）（中国大城市专业画院学术年会等主办）	福州画院
柯学刃书法作品《草书宋李正民诗》	入选	“河湟盛景 光耀夏都”——中国大城市专业画院优秀作品联展暨中国大城市专业画院学术年会（第十一回）（中国大城市专业画院学术年会等主办）	福州画院
李君琳国画工笔作品《闲园秋醉》	入选	“河湟盛景 光耀夏都”——中国大城市专业画院优秀作品联展暨中国大城市专业画院学术年会（第十一回）（中国大城市专业画院学术年会等主办）	福州画院
黄梦洁国画作品《云雾中的鼓岭老教堂》	入选	“河湟盛景 光耀夏都”——中国大城市专业画院优秀作品联展暨中国大城市专业画院学术年会（第十一回）（中国大城市专业画院学术年会等主办）	福州画院
梁丹雯国画作品《繁花翠羽舞春风》	入选	“河湟神韵 炫彩夏都”——中国大城市专业画院优秀作品联展暨中国大城市专业画院学术年会（第十一回）（中国大城市专业画院学术年会等主办）	福州画院
柯学刃书法作品《习近平总书记讲话节录》	入选	2021 年“中华情·中国梦”美术书法大展（中国文联、中国美协、中国书协等主办）	福州画院
柯学刃书法行书作品《11 言联》	入选	福建省庆祝中国共产党成立 100 周年——《习近平用典》主题书法创作巡回展（中共福建省委宣传部、中共福建省委网信办、福建省文学艺术界联合会主办）	福州画院
柯学刃书法行书作品《习近平总书记视察福建讲话节录》	入选	丰碑礼赞——福建省政协庆祝中国共产党成立 100 周年书画展（福建省政协主办）	福州画院
柯学刃书法作品	入选	“守望兰亭 喜迎新春”——福建省学习十九届五中全会《建议》金句书法作品邀请展（福建省文联、福建省书协主办）	福州画院
柯学刃书法作品《习近平总书记在全国脱贫攻坚总结表彰大会讲话节选》	入选	光辉百年——福建省书画名家作品邀请展（福建省文联主办）	福州画院
李君琳国画工笔作品《饮春》、《清》系列等 4 幅	入选	“红袖墨韵——福建中青年著名女画家中国画邀请展”（福建省文联主办）	福州画院
梁丹雯 5 幅国画作品	入选	“红袖墨韵”—福建中青年著名女画家中国画邀请展（福建省文联主办）	福州画院
张 剑国画作品《才溪毛泽东旧居》	入选	“古厝之光”福建省美术专题创作（福建省政协、福建省宣传部、福建省文联主办）	福州画院
李木教书法作品《陆游诗草书中堂》	特邀	第八届福建艺术节美术书法优秀作品展（福建省文化和旅游厅主办）	福州画院
张 剑国画作品《古厝丽影》	入选	第八届福建艺术节美术书法优秀作品展（福建省文化和旅游厅主办）	福州画院
黄梦洁国画作品《福道》	入选	第八届福建艺术节美术书法优秀作品展（福建省文化和旅游厅主办）	福州画院

续表 85

获奖项目	获奖等级	赛事名称	所属单位
梁丹雯国画作品《情系故园》	入选	“庆祝中国共产党成立一百周年”——全国书画名家邀请展(安徽省美协主办)	福州画院
梁丹雯国画作品《艳阳天》	入选	“奋进百年正芳华”——庆祝中国共产党成立100周年中国农工民主党全国名家美术作品邀请展。(农工党福建省委会、农工党中央书画院、福建省美术家协会主办)	福州画院

【艺术创作】 2021年，福州伬艺《血色鸡角弄》入选文旅部庆祝中国共产党成立100周年舞台艺术精品创作工程“百年百项”小型作品创作计划；闽剧《兰花赋》入选2021年中国戏曲音像工程录制演员（剧目）名单，为福州市首部入选该项目的作品；音乐剧《江山多娇》、闽剧《过崖记》入选2022年度国家艺术基金资助项目复评及2021年度福建省舞台艺术精品工程重点剧目；由福州评话伬艺传习所指导、福州市台江第四中心小学演出的福州伬艺《秦楼月 上下杭》获第四届福建省曲艺丹桂奖少儿大赛一等奖；由福州评话伬艺传习所指导、连江县教师进修学校附属小学演出的福州伬艺《借蒸笼》获第四届福建省曲艺丹桂奖少儿大赛二等奖；福州伬艺《回家》获第四届福建省曲艺丹桂奖文学奖一等奖；福州市在第十五届福建省戏剧水仙花奖比赛中获2金、3银、3铜；闽剧演员杨帅获《擂响中华》第三季中国戏曲十大青年领军人物称号，入选《戏码头》全国青年戏曲挑战赛（第二季）全国十强；20余件书画作品入选国家、省级展览展赛活动。

【艺术演出】 2021年，福州市推动精品艺术进景区、进社区、进乡村、进文化街区，结合“我们的节日”、重要纪念日、重大节庆活动等，开展近400场公益性演出活动、100余场公益讲座、73场网络直播、39场主题展览。5月19日，为期11天的福州市第25届戏剧会演开幕，演出12台新创优秀剧目；6月11日，由中共福州市委宣传部、福州市文化和旅游局主办的“永远跟党走——福州市庆祝中国共产党成立100周年音乐会”在海峡文化艺术中心举行；6月23日，福州闽剧艺术传承发展中心复排的红色题材闽剧《杜鹃山》在福州闽剧院剧场首演；6月30日，“千秋伟业 世纪丰碑”庆祝中国共产党成立100周年全国书画名家作品展在福州画院开幕；10月1—7日，“有福之州 乐享国庆”福州市庆祝中华人民共和国成立72周年系列文化活动在福州各公园、景点开展；12月31日，2022年福州市各界人士新年茶话会在海峡国际会展中心举行。

【全省首部戏曲保护地方法规通过施行】 2021年，由福州市文化和旅游局负责起草的《福州市闽剧保护规定》于6月24日经福州市第十五届人民代表大会常务委员会第三十七次会议通过，7月29日经省第十三届人大常委会第二十八次会议批准通过，市人大常务委员会于8月5日发布公告，自11月1日起施行。这是福建省首部戏曲保护地方法规，内容包括23条，主要围绕闽剧的保护传承内容、保护措施、传承传播等方面进行规范。

【传统戏剧保护】 2021年，福州市开展闽剧图像资料数字化、传统闽剧剧本现代汉语翻译与整理工作，整理、扫描及编辑43盒（870余张）闽剧图像资料，完成《播间祭》《姑伴嫂眠》《马达加》等10本由福州方言音译的传统闽剧剧本现代汉语翻译工作。

（陈文浩）

重要大型文艺活动

【“篆铭心契——辛丑新春篆刻精品展”】 2021年3月5日，由福州市美术馆与福建省篆刻联合举办的“辛丑新春篆刻精品展”在福州市美术馆开展，有33名篆刻名家参展，包括西泠印社4名副社长、20余名社员。展出篆刻精品百方。

【福州市第25届戏剧会演】 2021年5月19—30日，由福州市文化和旅游局主办，福州市艺术创作研究中心、各县（市）区文化和旅游主管部门承办的福州市第25届戏剧会演在福州举行。有福清市、长乐区、罗源县、晋安区、马尾区、闽清县、永泰县、连江县等8个县（市）区推荐申报的11家院团共12台新编剧目参与会演。

【中国共产党成立100周年文艺活动】 2021年6月11日，由中共福州市委宣传部、福州市文化和旅游局主办的“永远跟党走——福州市庆祝中国共产党成立100周年音乐会”在海峡文化艺术中心举行。省委常委、市委书记林宝金，市长尤猛军，市人大常委会主任陈为民等市四套班子领导，党史学习教育省委第一巡回指导组领导，部分市级老领导，以及福州市各行业代表等观看演出。音乐会围绕“永远跟党走”主题，由“日出东方”“唱响春天”“走向复兴”3个篇章组成。

6月30日，由福州市文化和旅游局主办，福州画院承办的“千秋伟业 世纪丰碑”庆祝中国共产党成立100周年全国书画名家作品展在福州画院开幕，展出全国106名书画家的106件书画作品。

【第八届福建艺术节】 2021年12月，由福建省人民政府主办的第八届福建艺术节在福州举行。福州市获多个优秀奖项，优秀奖项总数位列九市一区榜首。闽剧《过崖记》《青春祭》《马江魂》、福州曲艺《滴水人家》、音乐剧《江山多娇》等5个剧目获优秀剧目奖（一等奖）；闽剧《乐圣陈旸》《同心结》《金薯传奇》获剧目奖；5个节目获福建省街头文化艺术展演活动入围奖（全省20个）；3人获“全省十佳街头文化艺术达人”称号（全省10个）；18个美术书法作品获第八届福建艺术节美术书法优秀作品展“优秀”奖（全省40个）；市文化和旅游局获优秀组织奖。

（陈文浩）

公共文化

【概况】 2021年，福州市编制完成《福州市中心城区公共文化设施布局专项规划（2020—2035）》，完成福州人民会堂项目主体改造，市群艺馆新馆和市少儿馆新馆于2021年底封顶。市美术馆新馆、市博物馆新馆启动前期工作。完成长乐区猴屿洞天岩等4个乡镇（村）旅游服务中心（点）、欧乐堡海洋世界等5座示范性旅游厕所建设。印发公共文化场馆延时错时开放等相关文件，推动市非遗展示馆等6家文博场馆夜间延时开放。以线上和线下相结合的形式开展文化惠民“七进”、公益培训、文化赛事、展览展示、志愿服务等群文活动，组织开展海峡两岸民俗文化节、街头文化艺术节、福州合唱音乐节等惠民活动。全年完成450多场惠民演出、180多场文化讲座、70多期艺术展览、60多场群文赛事、7000多课时培训，服务群众近60万人次。完成对县区2020年度乡村文化振兴战略实绩考评，完成100个升级版基层综合文化服务中心建设，推荐报送乡村文化振兴典型案例及宣传视频。开展2021年中国农民丰收节文旅活动，以线上直播形式推介非遗代表性项目产品，助力乡村振兴和福州特色农产品与文创商品销售。推动市县两级建设10个“百姓大舞台”。连江县人民政府连江十番古乐项目获评2021—2023年度“中国民间文化艺术之乡”。在国家文旅部组织的2021年全国乡村旅游工作现场会上，福州长乐区《云游长乐》项目作为典型案例进行经验交流分享。闽侯县文化馆被中宣部评为第九届全国服务农民、服务基层文化建设先进集体。

【全民阅读工作】 2021年，福州市围绕“4·23世界读书日·海峡读者节”，组织2021“书香榕城”福州红色阅读节暨“书书福福”最惠购书月宣传活动。联合相关单位等开展党史、新中国史、改革开放史、社会主义发展史学习教育等出版物阅读推广工作，向群众推荐“读红色经典，诵红色诗篇”分享会等。鼓励支持出版物发行单位推出年度最优惠折扣购书活动。9—10月联合成员单位开展第十五届“书香八闽”暨2021年“书香榕城”全民读书月活动。年内农家书屋出版物补充更新资金总额354.49万元，其中市级财政拨款100万元。市新闻出版局与市农业农村局联合开展2021“新时代乡村阅读季”系列活动，在“发现乡村阅读榜样”活动中闽侯县白沙镇马坑村林岳铿获评中宣部、农业农村部2021“乡村阅读榜样”。市新闻出版局与市教育局联合开展2021年“我的书屋·我的梦”农村少年儿童阅读实践活动，福州6篇（幅）作品获评全国优秀，其中福建省获评全国硬笔书法组优秀作品均为福州市选送。全市77件获评省级优秀作品，入选《我的书屋·我的梦——2021年福建省农村少年儿童阅读实践活动优秀作品集》。市新闻出版局被福建省新闻出版局、福建省教育厅联合授予“先进单位”称号。7月，永泰县嵩口镇嵩口社区公益图书馆农家书屋、闽侯县甘蔗街道沿浦村农家书屋获评2021年度福建省示范农家书屋，每家各获2021年度福建省宣传文化事业发展专项资金5万元。9月，福州市长乐区塔山讲坛、鳌峰坊书城获评2021年福建省全民阅读示范基地，福州市台江区金斗社区绘声绘色故事家获评2021年福建省全民阅读示范点。10月，长乐区猴屿乡猴屿村华侨书屋、福清市一都镇普礼村红色书屋、闽侯县甘蔗街道滨江社区农家书屋、连江县透堡镇南街村农村书屋、罗源县中房镇乾溪村农家书屋、闽清县塔庄镇坂尾书屋、永泰县樟城镇南门社区农家书屋被列入福建省老区“红色书屋”建设项目，获赠电视、图书等阅读设施。

表86　2021年福州市公共图书馆业务指标一览表

馆名	2021年底总藏书量（万册）	馆舍面积（平方米）
福州市图书馆	196.66	58000
鼓楼区图书馆	2.71	1160
台江区图书馆	65.00	5656
晋安区图书馆	135.48	2028
仓山区图书馆	119.53	5306
马尾区图书馆	58.79	8700
长乐区图书馆	127.31	5618
福清市图书馆	212.27	12156
闽侯县图书馆	111.90	8778
连江县图书馆	91.83	4251

续表86

馆名	2021年底总藏书量(万册)	馆舍面积(平方米)
闽清县图书馆	52.04	3402
罗源县图书馆	33.24	5503
永泰县图书馆	45.65	8300
总计	1252.41	128858

【福州市图书馆】 2021年，福州市图书馆藏书量196.66万册，新增入藏各类文献18.70万册（不包含接受捐赠册数），其中图书18.10万册，报刊合订本4200册，音像资料1700册，征订报纸204种，期刊1725种，接受社会各界读者捐赠1.47万册。采购闽都非遗文献、地方文献、闽台族谱等特藏文献7900册。全馆全年接待读者147.2万人次，回复读者咨询8.1万条，新办读者证3.5万张，外借文献78.6万册次。新建成福州市城市会客厅、福州董凤山发射台、福州市光荣院、福州日报社、福州第二离职干部休养所以及两个部队流通点等7个图书流通点，设立福州海拔最高的图书馆鼓岭大梦书屋图书分馆，完成63次汽车图书馆流动服务。全年开展在线展览、知识竞答、在线讲座等各类线上线下活动312场次。4月“世界读书日”期间举办“悦读·逐风而上”榕图春日市集活动；开展“阅光辉历程·赞百年荣光——庆祝建党100周年”阅读推广活动；开展“重温世遗·匠心传梦”福州非遗集市展演活动、“非遗传承·匠心坚守——小小药王夏令营”等活动；9月重启品牌活动“一人一世界”城市人文沙龙。

【福州市少儿图书馆】 2021年，福州市少儿图书馆新增馆藏图书32436册，征订期刊和报纸415种，采购数字资源容量约1T，安装设备自助办证机及听书、点读体验设备、绘本伴读设备、红色体验机。年接待读者29.41万人次，流动图书34.65万册次。汽车图书馆流动服务60场。全年举办线上活动97场，线下活动99场，包括小茉莉爱贝公益英语角、榕城未来阅读讲堂、“我们的节日”系列活动、“小茉莉讲堂——我的老师”阅读推广系列讲座、“二十四节气·非遗小课堂”、“多彩非遗，古早闽韵”福州非遗文化系列活动。

【福州市群众艺术馆】 2021年，福州市群众艺术馆联合全市各类基地、示范点、联盟馆，举办文化惠民“七进”活动、激情广场大家唱、新福州人歌手大赛、海峡两岸民俗文化节、文化志愿手拉手、艺术普及大课堂、“相约九日台”周末音乐会、福州合唱音乐节、非遗校园行、群文“一码通”等群众文化活动，完成450多场惠民演出、180多场文化讲座、70多期艺术展览、60多场群文赛事、7000多课时培训，服务群众近60万人次。完成非遗展示馆数字化展成和导览项目，建立群众文化和非遗资源数据库，优化非遗线上申报系统、群文数字平台功能，开展线上群文活动，实现“云演出”“云培训”“云观展”“云参赛”。

2021年6月29日，福州市图书馆在东部办公区举办“阅光辉历程·赞百年荣光”庆祝中国共产党成立100周年活动　（市文旅局 供图）

【福州画院】 2021年，福州画院举办37场艺术展览，吸引观众5万余人次。20余件作品参加中国文联、中国书协、国家博物馆、国家画院等单位举办的各项艺术活动，其中5个作品入藏各大文博机构。开展4场“致用书法讲坛”公益学术讲座，编印出版4期内部资料性出版物《福州画院》，编印展览作品图录集5本。书法作品《“四个方面”战略布局》《天章碧血染青榕》参加中共文联、国家博物馆、国家图书馆、中国书协联合举办的“伟业——庆祝中国共产党成立100周年书法大展”，并入藏国家博物馆；书法对联《花好酒香》参加第七届中国书法兰亭奖作品展，并入藏兰亭书法博物馆；2件主题创作书法作品《习近平用典》参加福建省庆祝中国共产党成立100周年——《习近平用典》主题书法创作巡回展，并入藏福建省美术馆；6件书画作品参加“河湟盛景 光耀夏都”中国大城市专业画院优秀作品联展。5月1—5日，“闽都形胜——福州画院人物画高研班结业展”展出21名优秀青年画家70幅作品；5—6月，先后组织3批书画名家35人分赴福州各历史文化街区、龙岩红色革命老区、福州现代化建设点等地进行采风写生，完成约140幅写生画作；6月30日至7月7日，“千秋伟业 世纪丰碑”庆祝中国共产党成立100周年全国书画名家作品展展出全国106名书画家的106件书画作品；7月16—21日，“永泰庄寨古韵”张剑中国画长卷作品展展出44米中国画长卷；7—12月，“致用书法讲坛”4场公益学术讲座分别邀请第七届中国书法兰亭奖金、银、铜获奖书法家进行现场授课。

【福州市美术馆】　2021年，福州市美术馆策划举办展览13场，接待群众入馆参观5.25万人次。组织“流动展览进基层”文化惠民活动10场，举办“闽都艺谭”公益艺术讲座4场，开展“书香古厝”阅读推广活动2期。与3所在榕高校共建，招募文化志愿者约430人。完成第一批42件馆藏字画保护修复，编印展览图录7期、特刊1期。被中共福州市委文明办授予“书香古厝”称号，被福州市妇联授予“巾帼文明岗”称号。画作《红色记忆——福州革命旧址写生》获第八届福建艺术节美术书法优秀作品展优秀奖，画作《万绿丛中》入选“百年辉煌·华彩丹青——福建省画院庆祝中国共产党成立100周年美术作品展”，画作《中平旅社》《永德会馆》入选“古厝之光——福建美术专题创作展”（福建省政协等主办）；画作《良宵》入选“四十四国华人艺术家献礼第四十四届世界遗产大会书画联展”（福建省文联等主办）。

3月5日至4月19日，“篆铭心契——辛丑新春篆刻精品展”展出33名篆刻家的百方篆刻作品；4月21日至6月3日，“历历在目——经典老宣传画展”展出百张20世纪50年代到90年代的宣传画作品；6月5—27日，“陇中意象 情抒笔畅——定西书画名家邀请展”展出10名定西书画名家70余件国画、书法作品；6月29日至7月13日，“百年奋进 再启新程——庆祝中国共产党成立100周年美术书法摄影展”展出省内艺术家的百件美术、书法、摄影作品；7月15日至8月31日，“金霞银花 流光溢彩——‘迎世遗’上下杭·金银里水彩写生作品展”展出70余件水彩画作；9月18—30日，“天工开物——福州非遗工艺美术作品展”展出福州寿山石雕、漆艺、木雕、软木画四大工艺门类50余件非遗工艺作品；10月1日至11月7日，“‘你好！福州’——2021福州文化旅游摄影大赛获奖作品展”展出福州文化旅游摄影大赛百件获奖作品；12月3—17日“墨象福迹——郭嘉宁 程伟杰 余福星国画作品联展”展出3名福州当代青年画家新秀近百件山水、人物、花鸟国画作品；11月19日至12月2日，“‘画说平安’——2021年平安建设图片展”展出一系列宣传平安福州建设主题的漫画、宣传画、连环画、插图作品；12月18—30日，“朝花夕拾——刘兴淼国画作品展”展出艺术家刘兴淼近年来的国画作品50余件；2021年12月31日至2022年1月28日，“福满闽都——手机摄影作品展”展出百件群众手机摄影作品。

（陈文浩　张飞勇）

非物质文化遗产

【概况】　2021年，福州市推荐佾舞入选第五批国家级非遗代表性项目；推荐参评省第七批非遗代表性项目，21个项目进入公示名录；评选、公布第五批、61名市级非遗代表性传承人；完成市级及以上非遗代表性传承人2021年度评估考核工作；连江县（十番古乐）获评2021—2023年度“中国民间文化艺术之乡”。举办非遗中青年人才研修班、2021闽都非遗文创大赛、福州非遗购物节等活动。年内制定出台《福州市市级非物质文化遗产代表性项目名录申报评审管理办法》《福州市市级非物质文化遗产代表性传承人认定与管理办法》《福州市市级非物质文化遗产项目传承示范基地评选与管理办法》。

【非遗基地建设】　2021年，福州市评选公布第六批、33家市级非遗传承示范基地，涵盖传统技艺、曲艺、传统武术，全市市级非遗传承示范基地124家。依托文化馆总分馆制运行机制建立横向网络，公布15家福州市非遗展示场馆联盟馆。

【非遗宣传活动】　2021年，福州市非遗展示馆对外开放，以省级文保单位为载体，以“五福”元素为主线，利用现代化展陈技术和数字导览系统，设置民国风非遗生活场景打卡点。打造“非遗有福历·今日遗（宜）”系列活动，推出“古厝戏台”专场演出、文化沙龙、手作课堂、研学体验、中医义诊等活动120余场。组织开展迎世遗系列非遗宣传活动，在第44届世界遗产大会嘉宾游览观光活动线路组织开展闽剧、伬艺、民乐演奏、传统舞蹈、茶艺表演、汉服展示、茉莉花手串和香包制作等项目，举办迎世遗——2021年福州市“文化和自然遗产日”系列活动、清弦雅韵庆世遗——古琴音乐会、“迎世遗盛典 展闽都风采”闽都传统文化街头展演等系列非遗展示活动20余场。

【非遗记录工作】　2021年，福州市完成85个非遗项目短视频记录，推进传承人影像摄制工作。与《福州晚报》合作开展“古老与新声”栏目，完成30个项目的走访记录和采写。

【街头艺术活动】　2021年，福州市举办街头文化艺术擂台赛、历史文化街区福快闪、“花船秀”民俗巡演等街头文化艺术节系列活动和节假日街头文化展演等60余场。在第八届福建艺术节全省街头文化艺术展演中，选送的5个节目获入围奖，3人获“全省十佳街头文化艺术达人”称号。

（陈文浩）

文博事业

【概况】　2021年，福州市组织开展第九批市级文物保护单位遴选申报工作，推荐遴选第九批市级文物保护单位12处，经市政府研究核定后公布，并公布保护范围。开展福州古厝普查登记和保护利用专项行动，对全市不可移动文物进行复核。完成全域174个镇（街）50年以上及有特定意义建筑普查核查工作，完成4783处不可移动文物复核工作，年内全市新增公布不可移动文物69处。组织开展福州海上丝绸之路史迹普查，

表 87　　**2021 年福州地区博物馆、纪念馆及馆藏规模一览表**

博物馆名称	性质	隶属关系	质量等级	免费开放
福州市博物馆	文物	地市属	国家二级	是
林则徐纪念馆	文物	地市属	国家二级	是
台江区博物馆	文物	区县属	省三级	是
仓山区博物馆	文物	地市属	无级别	是
中国寿山石馆	行业	区县属	无级别	是
长乐区博物馆	文物	区县属	国家二级	是
中国船政文化博物馆	文物	区县属	国家三级	是
闽清县博物馆	文物	区县属	省三级	是
罗源县博物馆	行业	区县属	省三级	是
永泰县博物馆	文物	区县属	无级别	是
闽侯县博物馆	文物	区县属	省三级	是
福州市鼓楼区博物馆	文物	区县属	省三级	是
福州马江海战纪念馆	文物	区县属	无级别	是
连江县博物馆	文物	区县属	国家三级	是
郑和史迹陈列馆	文物	地市属	无级别	是
福清市博物馆	文物	地市属	省三级	是
福建省林如高纪念馆`	非国有	地市属	无级别	是
福建省贞美历史文化博物馆	非国有	地市属	无级别	是
福建省尔雅茶文化史博物馆	非国有	地市属	无级别	是
福建省藏真阁古玩文化博物馆	非国有	地市属	无级别	是
福建省福文化博物馆	非国有	地市属	无级别	是
福建省雨田古代玉器博物馆	非国有	地市属	无级别	是
福建省桢楠文化艺术博物馆	文物	地市属	无级别	是

加强海丝基础性研究，依托闽江学院人文学院设立福州市海上丝绸之路史迹保护研究中心，开展福州怀安窑等研究，出版《福州市怀安窑研究》等学术成果。指导县区按照海丝史迹保护和申遗三年行动计划落实各项工作。完善海丝史迹保护工作机制，建立福州市海上丝绸之路史迹保护工作联席会议制度，推动公布第一批海上丝绸之路史迹保护名录。年内全市有各种文博场馆 26 家，各文博场馆举办展览、精品研学、校园行、党性教育、左海讲坛、文化惠民演出、“我们的节日”等活动 140 余场次，接待观众近 100 万人次。利用春节、中国共产党成立 100 周年纪念日等节假日和国际博物馆日、文化遗产日等，举办“奋进新时代　开启新征程”庆祝中国共产党成立 100 周年系列展览、讲好雷锋故事展、“伟大开端——中国共产党创建历史”图片展等 300 多场展览和社教活动。市林则徐纪念馆入选福建省文化和旅游厅公布的 13 项“福建文化标识”之一，并位居第二名。4 月 7 日，福州市文物局成立。市文物局为市政府工作部门，机构规格正处级，是当前全省唯一一个设区市文物局。

【海上丝绸之路申遗】　2021 年，福

2021 年 10 月 30 日，福州市申报世界遗产专家论证会在福州召开(市文物局　供图)

州市组织开展海上丝绸之路史迹普查，加强海丝基础性研究，依托闽江学院人文学院设立福州市海上丝绸之路史迹保护研究中心，开展福州怀安窑等研究，6月出版《福州市怀安窑研究》等学术成果。指导各县（区）按照海丝史迹保护和申遗三年行动计划开展各项工作。迎接市人大《福州市海上丝绸之路史迹保护管理条例》执法检查工作。完善海丝史迹保护工作机制，建立福州市海上丝绸之路史迹保护工作联席会议制度，推动公布第一批海上丝绸之路史迹保护名录。10月30日，由市政府主办，市文物局、市林业局、联合国教科文组织亚太地区世界遗产培训中心承办福州市申报世界遗产专家论证会在福州召开，邀请国内世遗专家，论证三坊七巷、福建船政等申遗项目可行性。

【古厝普查登记和保护利用专项行动】 2021年，福州市文物局会同市名城委开展福州古厝普查登记和保护利用专项行动，对全市不可移动文物进行复核。市文物局牵头的第二督导指导小组对鼓楼区、闽清县新一轮古厝普查登记和保护利用情况进行督查。年内全市完成全域174个镇（街）50年以上及有特定意义建筑普查核查工作，完成4783处不可移动文物复核工作，新增公布不可移动文物69处。

【文物考古工作】 2021年，福州市文物考古工作队组织开展16项考古调查勘探工作，包括长乐区东南快速通道考古调查勘探、闽清X123东廷线闽清北站至东桥朱山段公路建设项目考古调查勘探、对地铁2号和6号延伸线进行考古调查、连江智慧核能基地连江松皋厂址建设考古调查勘探、福州LNG外输管道工程项目考古调查勘探、福州港口后方铁路通道项目考古调查勘探、衣锦坊周边综合景观提升项目扩大考古勘探、连江现代物流城项目考古调查勘探等。

【重点文物修缮工程】 2021年，福州市完成林则徐纪念馆环境整治工程、林则徐出生地围墙抢修工程，林则徐出生地保养维护工程于6月完成。全国重点文物保护单位林则徐故居修缮工程于10月完成，并通过市文物局组织的初验，待施工单位按照专家初验意见整改完成之后报省文物局终验。古厝修缮清单中市文物局作为业主实施修缮的3个项目——仓山区螺女庙、晋安区阮公祠、马尾区溪头桥修缮工程均竣工，并通过专家组验收。全年完成各级文物保护单位修缮工程50余处，累计投入资金约1亿元。

【文物保护队伍建设】 2021年，福州市组织各县（市）区、高新区文物干部及部分文物保护工程资质单位前往泉州学习泉州府文庙修缮工程经验。在长乐和平街区举办2021年福州市古建筑保护施工技术人员培训班暨岗位技能竞赛，培训、考核、甄选出92名合格工匠。配合省文物局举办2021年文物保护工程培训班，为全市文物保护资质公司和拟申请文物保护资质公司争取到70个参训名额。

【革命文物工作】 2021年，福州市开展革命文物专题调查，重点调查革命文物本体保存现状、管理情况、立碑或挂牌保护情况。调查新发现长乐区玉田镇琅尾港抗日伏击战纪念地、闽清县兴增厝等2处革命文物，并将其核定公布为不可移动革命文物。长乐区罗联蕉岭烈士纪念亭、长乐革命烈士纪念碑、罗源县中房镇红军总医院罗源厚富分院旧址等5处革命文物先后公布为县（区）级文物保护单位。永泰县拟将杨启厝、吊打楼等2处革命文物拟申报为县级文物保护单位。陈绍宽故居、邓拓故居成为市直机关党工委等单位主办的“永远跟党走”打卡福州红色地标活动21个场地之一。开展中共玉田支部旧址、桃源第一支部旧址、南阳中共福建省委旧址等3处革命文物消防工程及电路整改工作，完成林祥谦烈士陵园环境提升工作。编制完成闽中游击队活动旧址荣寿庄修缮工程设计方案，启动长乐区蕉岭烈士纪念塔抢救性维修工程。

【文物安全工作】 2021年，福州市组织开展市级文物保护单位及以上文物建筑消防安全设备设施调查、革命文物险情调查、全市博物馆和文物建筑消防安全百日攻坚和全市文物安全大检查等工作。年内全市开展文物安全检查394次，检查博物馆和文物建筑995处，发现文物安全隐患231处，完成隐患整改210处，其余的列入计划将逐步整改到位。完成辛亥革命纪念馆安全防范系统、宦贵巷9号民居电路改造、市博物馆馆藏文物预防性保护项目、永泰名山室消防工程等项目，并投入使用。与公安部门加强配合，发现或破获闽清义窑、闽侯文物建筑构件、永泰文物被盗的案件或线索3件。

【非国有博物馆】 2021年，福州市有非国有博物馆10家，分别为福建省林如高纪念馆、福建省尔雅茶文化史博物馆、福建省桢楠文化艺术博物馆、福建省福文化博物馆、福建天天筷子文化博物馆、福建省藏真阁古玩文化博物馆、福建省山海标本艺术博物馆、福建省雨田古代玉器博物馆、福建省沈绍安漆艺博物馆、福建省贞美历史文化博物馆，数量居全省第一。市文物局通过以奖代补形式对全市非国有博物馆进行补助，对10家非国有博物馆进行综合评定，补助资金30万元。

【福州市博物馆】 2021年，福州市博物馆全年线上线下接待参观观众上百万人次，其中未成年人参观3.53万人次，举办专题展览及免费鉴宝、道德讲座、第二课堂等活动上百场次，免费讲解接待2863场次。通过微信公众号、微博、网站等将博物馆陈列展览、特色活动进行宣传，全年发表微信、微博、简讯等信息300余篇，向局机关、文明办、文明网等各部门投稿报送讯息60余篇。“文物在我身边”公共文化服务校园行志愿服务品牌项目入选2021年福州市“五个100”暖心志愿服务先进典型名单。5月，获中共福州市委、市人民政府授予的“2018—2020年文明单位”称号。7月，市博物馆公众服务部讲解员陈旭获福州市第四届讲解员职工技能大赛一等奖。11月，《人民日报》2021第05版刊登福州市博物馆《至宝通洋外——“碗礁一号”沉船出水瓷器展》中数字化展览改造提升有关报道。举办公共文化服务系列主题公益研学活动道德讲堂 30 余场，公共文化服务校园行 10 余场，志愿服务 20 余场，未成年人教育活动 40 余场，红色主题教育文化惠民演出等近 10 场，邀请文物专家林存琪、周端等为 150 名文物收藏爱好者免费鉴赏 800 多件各类收藏品，所鉴赏的文物涵盖陶瓷、字画、铜器、寿山石、玉器等。开展第二课堂公共文化服务校园行活动，举办 23 次公共文化服务校园行活动，并与学校签订共建协议。完成馆藏文物预防性保护项目（二期）工作，并推进馆藏文物预防性保护项目（三期）工作。根据《福州市博物馆馆藏文物预防性保护方案》，改善市博物馆可移动文物保存环境，更新字画文物库房精密恒温恒湿存储柜，更新馆藏珍贵文物无酸纸手工囊匣，建立完善的预防性保护体系。开展馆藏文物数字化保护项目，完成馆藏文物数字化保护实施的方案的编制，并通过专家论证。开展"碗礁一号"文物移交接收工作，全年累计移交接收文物及瓷器碎片 1000 多件（套），并对文物进行清洗整理、数据采集。

【林则徐纪念馆】 2021 年，福州市林则徐纪念馆接待游客约 44 万人次（含赴外展览），讲解接待 1409 场（其中免费讲解 621 场）。举办展览 12 场次（其中引进临时展览 10 场，外出办展 2 场）。组织社会教育活动超 400 场，其中中小学生精品研学活动 25 场，缅怀研学活动 56 场，参与学生 7500 人次。开展党性教育活动 222 场，参与学员 5890 人次。开展林则徐精神进校园活动 7 场，参与人员 490 人次。举办左海讲坛 12 场，道德讲堂 12 场，"我们的节日"文化惠民演出活动 68 场。发布微信资讯 1464 条、微信关注人数 22020 人，网站信息 330 条、官网累计浏览量 15 万人次，今日头条资讯 466 条、抖音短视频 7 条。获福建省 2018—2020 年度省级文明单位称号。"林则徐墓""林则徐宅与祠"入选福建省第一批革命文物名录，"林则徐"入选福建省文化和旅游厅公布的 13 项"福建文化标识"之一，并位居第二。馆志愿服务站在中共市委文明办 2021 年"5 个 100"暖心志愿服务先进典型宣传推选活动中，被推选为暖心志愿服务站点。讲解员戴慧烜获由市总工会主办的福州市第四届讲解员职工技能大赛一等奖，谢婷婷被共青团福建省委聘为福建青年讲师团成员。

（梁鑫智）

新闻出版

【概况】 2021 年，福州市有印刷企业 428 家，工业总产值 130.45 亿元，从业人员 1.61 万人，其中规模以上重点印刷企业（年印刷总产值超过 5000 万元）27 家，上市印刷企业 3 家，实施绿色印刷的出版物印刷企业 25 家，数字印刷 17 家，外商投资印刷企业 17 家。仓山区、福清市、晋安区、闽侯县分别集聚印刷企业 106 家、79 家、67 家、58 家。通过年度核验的全市出版物发行单位 1009 家，其中出版物批发单位 189 家，出版物零售单位 820 家，出版物销售额 67.49 亿元，从业人员 3.2 万人。市属报刊 4 家，侨刊乡讯 8 家，连续性内部资料 37 家。

【出版管理】 2021 年，福州市开展《福州日报》《福州晚报》《家园》社会效益评价考核工作，完成报刊、内部资料性出版物年度核验工作。组织 8 家侨刊乡讯社参加年度核验并予以初审，通过福建省新闻出版局终审。开展全市连续性内部资料性出版物核验换证工作，审核通过 37 家，注销 4 家。规范市属报刊、内部资料审读管理，聘请 9 名市属报刊、连续性内部资料审读员，3 名一次性内部资料审读员。

【印刷发行管理】 2021 年，福州市各级新闻出版部门涉及"证照分离"改革事项（2 项实行告知承诺、11 项优化审批服务）均在"省网上办事大厅"完成配置，并按要求细化办事指南。所有优化审批服务事项均调整为"即办件"，压缩办事时限。审批窗口受理办结行政许可 70 件，生成电子证照 38 件。完成印刷企业网上年度报告和出版物发行单位年度核验工作。按照属地管理责任制对出版发行市场和印刷企业进行监督管理。组织开展出版物印刷发行市场双随机检查、网络游戏"防沉迷"工作、"扫黄打非"专项整治行动，打击各类侵权盗版行为，取缔各类非法出版物。全市处罚违规印刷发行、网络游戏经营单位 16 家，罚金约 29.09 万元。组织全市出版物发行单位参加"首届福建省出版物发行员职业技能大赛——2021 年建党百年重点主题出版物造型展示大赛"，福建新华发行（集团）有限公司福州分公司获二等奖，福州越洋书城、鳌峰坊书城获三等奖。

【福州日报】 2021 年，福州日报社所属《福州日报》、《福州晚报》、福州新闻网、"掌上福州"客户端、官方微信公众号、融媒体智慧屏组成的"报网端微屏"全媒体传播矩阵，全媒体用户规模数逾 2500 万人。10 月，福州日报社"县级融媒体中心建设的福州探索"入选全国新闻出版深度融合发展创新案例。全年在中央媒体发稿 98 篇，其中《人民日报》头版 3 篇；在《福建日报》发稿 114 篇，其中头版 20 篇。《福州晚报》海外版加强国际传播，与外媒新媒体开展合作，开设"世遗大会""脱贫攻坚""走向小康生活""古厝保护，文化传承"等 80 多个中英文专版专栏，推出系列新媒体产品。

重大主题报道　围绕庆祝中国共产党成立 100 周年、习近平总书记来闽考察、脱贫攻坚表彰大会、党史学习教育、开局"十四五"、世遗大会、数字峰会、防抗疫情等工作，全年策划推出 166 项重大主题报道。其中，围绕"习近平总书记来闽考察调研"主题发布相关报道 1000 多篇，阅读量 1325 万次。《春满福州》等 4 组原创融媒作品被省委宣传部在全省推广，9 篇作品被"学习强国"福建省平台选用。世遗大会期间刊发宣传报道 5000 多篇，总点击量逾 2.1 亿次，《福州城留下难忘"世遗之夜"》等 3 个视频被"学习强国"全国平台选用。"世遗知识大会"线上平台吸引逾 70 万人次参与。

组建"文化强国"光明日报协同推广福州工作站　2 月 3 日，福州日报社与光明日报社合作组建"文化强国"光明日报协同推广福州工作站，系全国第二家、省会城市第一家。通过组建协同推广福州工作站，创新中央媒体与地方媒体合作机制。在光明网福州工作站专区推送的各类作品月均约30条（件）。制作完成全国24个世界遗产地共同祝福福州的《知中国瑰宝　迎世遗大会》视频。与鼓楼区委宣传部合作，拍摄制作12集《闽都古厝》系列短视频，在光明网福州专区集中展播。

运营新店古城遗址公园　承接运营新店古城遗址公园，提供食俗、文创、非遗、音乐等活态体验。新店古城遗址公园规划建设闽越文化常设展、非遗文创展示馆、青少年活态考古体验馆等，形成历史文化内核、数字科技表达、创意设计驱动的特色园区，打造"福州第一城"IP。年内先后举办中华龙碑落成揭幕仪式、"天地席茶会"、"闽越南瓜节"、中秋双语云诗会、古城星空音乐节等大型活动，获全市研学基地、党建基地认证。

报业文产项目　打造"福州有意思"文创孵化平台、"我把福州寄给你"文创设计大赛、"四季的福州"闽都文化短视频项目、闽都文创产品大赛等一系列文化产业IP。其中，"我把福州寄给你"文创设计大赛入选市文化产业"十四五"发展专项规划重大项目，"我把福州寄给你"文创孵化平台入选文旅部"全国文化和旅游创意产品开发信息名录"。"一碗福州"项目入选省重点文化产业项目名录，拍摄鱼丸宣传推广片《沉鱼落燕》，视频阅读量2293万次。

会展策展产业　参与全市新思想学习教育实践基地"1+X"多个展馆建设，依托报社专班工作机制，在策划、文案、设计、施工等全链条参与策展布展，完成"习近平在福州的创新理念与重大实践"展、闽江学院校史与应用型办学成果展、福州市委党校校史馆、烟台山历史博物馆、福州鱼丸博物馆、"榕"耀百年金融展、马尾科技创新展示中心等重点展览项目。

策划执行地标性节庆活动　策划执行福州市新春文化旅游月、福州向党深情告白"点亮红七月"主题活动、第四届福州（福清）枇杷文化节、福州（仓山）茉莉花节、福州鱼丸文化节等系列主题活动。其中，"点亮红七月"活动通过"线上＋线下"形式，吸引200多万人参与。

【新华书店】　2021年，福建新华发行（集团）有限责任公司福州分公司实现营业收入24052.42万元，比上年增长1.5%，完成年度预算的101.24%。

开展党史学习教育　推动学习宣传贯彻习近平新时代中国特色社会主义思想工作，配合市委宣传部开展党史知识竞赛、主题征文比赛、"快闪"等活动60次。

《习近平在福建》宣发工作　在各卖场和"新华党建读物空间"设立《习近平在福建》专题图书展柜，搭配《习近平在厦门》《习近平在宁德》《习近平在福州》等系列采访实录，利用图书堆垛、宣传展板、张贴海报、电子屏幕宣传、店员推荐介绍等形式进行宣传。

创新馆配会形式　10月，举办的馆配会采取样采会形式，特别设立图书馆电子阅读触摸屏，供到场客户查询各类图书信息。

"七进"活动　与市委宣传部就"全民阅读·书香榕城"建设战略达成协同意见并签订《"全民阅读·书香榕城"建设战略合作协议》，与三坊七巷消防救援站合作共建"国旗护卫队文化空间"项目，与厦门航空在长乐机场厦航贵宾厅设立"厦航·新华阅读空间"，与福建省中小企业商会共同建设"红船书屋"，推进全民阅读"七进"工作，助推"书香八闽"建设。

【文化生活报】　2021年，福州广播电视台旗下的文化艺术生活类专业半月报《文化生活报》辟有《福州城市会客厅》《豆庐品藻》《印象世遗》《石说节气》《艺苑手记》《诗书节气》《林飞问石》等专栏。报社运营管理"福州城市会客厅"，举办"品茶论道话发展""资本夜话"等多场活动。举办"百福来仪"第六届海峡两岸中青年篆刻展，被列为国台办2021年对台重点交流项目之一，收到全国32个省、自治区、直辖市及台港澳地区的参赛作品1226件。拓展书籍制作和专刊定制业务，先后设计制作《寿山石韵：礼赞新中国奋进新时代——寿山石韵艺术大展作品集》《大美福州》等书籍。

（张飞勇　林玉和　李心怡　郭　唯）

广播电影电视

【概况】　2021年，福州广播电视台有新闻综合、影视、生活、少儿等4个电视频道，新闻广播、音乐广播、交通之声、左海之声等4个广播频率，以及公交移动电视频道、地铁电视频道、文化生活报、福州明珠网、福视悦动手机客户端、城市户外LED大屏等媒体资源，推进福州广电融媒体产业园建设。

【新闻宣传报道】　2021年，福州广播电视台通过全媒体传播矩阵，通过电视专栏、理论宣讲节目《有理姚说》、电视宣讲大赛《福州听我说》、短视频等多种形式，宣传习近平新时代中国特色社会主义思想。围绕庆祝中国共产党成立100周年、省市党代会、全国省市"两会"、统筹疫情防控和经济社会发展、第44届世界遗产大会、第四届数字中国建设峰会等重大主题、重要活动开展60多场融媒体宣传活动，全方位跟进报道全市各级各部门推进市委、市政府各项决策部署的行动和成就。

【广播电视频道频率】　新闻综合频道　2021年，福州广播电视台完成庆祝中国共产党成立100周年、习近平总书记到闽考察、市"两会"、福州市第十二次党代会等重大宣传报道任务，制作新媒体产品及延伸报道。《七溜八溜，不离"虎纠"！总书记为福州打CALL》短视频，获市委领导肯定；数字中国建设峰会期间推出《1500架无人机集结闽江上空完成"高燃"表演！》《数字中国建设峰会在即，全新震撼3D灯光秀点亮榕城夜空！》两条短视频，总点击量破亿；世遗大会期间推出的《"厝"词》Rap短视频，得到学习强国、《人民日报》等新媒体平台转发。打造《新闻110》全媒体品牌IP，开设《我为群众办实事》专栏。

影视频道　完成影视剧签约32部1104集，采编、播出自办周播艺文资讯栏目《艺次元》，介绍福州艺术名家。运营《艺次元》微信公众号和抖音号，推送播出260多篇（条）图文、视频专题作品。频道以短视频制作、播出宣传推广的市场拓展模式，签订制作“星火相传守望相助”“匠心传承”系列节目等，制作播出人文专题系列节目《闽侯风物志》，承接党史知识竞赛、庆祝中国共产党成立100周年文化艺术展等活动。推出《跟着影视学党史》专栏，在电视端及新媒体端制作播出《健康福州幸福生活》《温情暖万里美好中国节》等公益宣传片。

生活频道 开展“中国共产党成立100周年”“数字中国建设峰会”“世遗大会”“海丝国际旅游节”等重大主题宣传报道，制作“攀讲话党史”系列党史方言短视频，推动“为民办实事”项目——闽剧大观园的开业运营。打造“攀讲视频号”“攀讲V直播”融媒体产品平台，为海峡民俗文化节、中华龙舟赛、十邑春晚等大型活动进行聚合宣传，完成“2021世界福州十邑春晚”“2021年文化和自然遗产日专场活动”“工会有约相亲活动”等几十场线上线下主题活动。

少儿频道 先后到全市各大中小学校，采访师生100余人，针对校园特色、师生风采、主题活动等进行资讯报道100多条。策划推出“红领巾向党，做新时代好少年”庆祝中国共产党成立100周年系列报道，配合第44届世界遗产大会策划推出“我是世遗福州娃”“匠心守护漆艺、用心传承非遗”等多期报道。创办福州广电研学基地，通过市教育局相关验收，被列入福州市中小学研学实践教育基地名录。

新闻广播频率 《党风政风热线》运用媒体融合思维提升节目品质，全年开设视频直播的上线单位数量比往年有大幅提升。全媒体普法栏目《我执法、我普法》（第二季）采用直播间访谈+外现场执法交替进行的形式，通过新媒体直播达到裂变传播。

交通之声频率 与市交通管理局联合推出《单警官说路况》《警民直通车》等栏目。品牌节目《876帮帮忙》帮助市民解决政策咨询、交通业务、政务办理等，专业类全媒体节目《樊总观察》通过广播端为载体，向全媒体覆盖，解决市民买卖车辆、维权等问题。

音乐广播频率 以音乐伴随性节目为主，辅以线性节目。音乐广播将品牌节目搬到线下，开办与教育、研学相关行业互动紧密的亲子栏目。与全国各大唱片公司、各大电影院线联合主办演唱会、音乐文艺类活动、大型户外音乐节等。

左海之声频率 是国内第一个全天24小时使用福州方言进行播音的广播频率。通过《福州好乡音》品牌方言栏目，传播福州文化、树立保护福州文化的意识。与福州语歌曲协会合作，通过歌曲的形式让年轻群体了解福州文化。在图书馆、纪念馆、地铁、福州特色商场等公共文化场所增加福州语讲解、广播。

【广电产业经营】 2021年，福州广播电视台拓展专题片制作、少儿培训研学等媒体延伸产业，承接“福州城市会客厅”运营，举办“福州十邑春晚”“海峡篆刻大赛”等活动，打造闽都文化国际品牌。通过开展直播带货、线上线下展会等形式，承办“福州优品”直销节、第四届数字中国建设峰会数博会开幕式、世界遗产大会社会氛围布置、“闽江山水之城”视听灯光秀、“好年华聚福州”线上人才双选会、海丝国际旅游节等活动。

【新媒体传播】 2021年，福州广播电视台新媒体平台粉丝总量逾600万人，有48个账号。原创融媒体产品全网点击量有618件超10万人次，175件超百万人次，7件超千万人次。打造出多个爆款短视频产品。其中，数字中国建设峰会、数博会期间，推出《1500架无人机集结闽江上空完成“高燃”表演！》《数字中国建设峰会在即，全新震撼3D灯光秀点亮榕城夜空！》2条短视频，总点击量破亿人次。世遗大会期间，微视频《寻梦·坊巷》在同城媒体中首发，全网总阅读量超2000万人次。短视频《有福之州迎世遗，带您去看一场古典与现代交融的无人机视觉盛宴》全网总阅读量破2000万人次。

【广电新技术应用】 2021年，福州广播电视台推进媒体融合智慧平台一期、二期系统平台优化，完成媒体融合智慧平台一期项目初验工作，基本实现常态化全流程融合生产，推动媒体融合智慧平台三期项目建设。利用福州明珠网、福视悦动手机客户端、微信公众号、微博、抖音等“网、端、微、屏”媒体矩阵，进行全覆盖式宣传，并借助新华社现场云、“央视新闻+”等平台推送。

【广电交流与合作】 2021年，福州广播电视台电视新闻上央视播出新闻140条，其中在央视新闻联播播出17条，上福建省电视台817条；广播在中央台播出104条，其中在重点栏目《新闻与报纸摘要》《全国新闻联播》播出22条，省电台722条。福州广播电视台与央视、新华社等央媒新媒体平台和今日头条、抖音、微博等国内大型网络平台建立发布和沟通渠道，融媒体作品被央媒等新媒体平台采用条数2222条，其中上“央视新闻+”1554条，新华社95条，学习强国521条。《左海之声》与“华人头条”App合作，开设“福州广电”专区，在上年覆盖菲律宾、马来西亚、泰国、新加坡等10个国家基础上，增加法国、德国、英国、秘鲁、巴西5个国家站点首页专区，每日更新内容，发布1100多条，阅读量逾4900万人次。

【电影与动画】 2021年，福州市有71家影院，448块屏幕，65291个座位，全年票房4.2亿元（全省票房15.2亿元，占全省27.6%），蝉联全省第一。开展农村公益电影放映工作，全年在2205个行政村放映电影27746场，其中商业片14568场，观影人次168万人次。推进电影进校园工作，在13所中小学放映77场次，观影学生9970人次。年内全市电影备案47部，取得拍摄许可43部，取得公映许可证5部。12月8—12日，第八届丝绸之路国际电影节在福州举行，来自美国、英国、加拿大、意大利、俄罗斯、朝鲜、中国香港、中国台湾等14个国家及地区，500多名嘉宾参加相关活动。中央、省、市和境外48家媒体近3000名记者到现场报道，刊播电影节新闻报道10万多篇，相关网上信息156万多条，视频播放量约3000万次，直播观看总量1.7亿次，相关话题阅读量3亿次。《我从不哭泣》获最佳影片；Céline Sciamma获最佳导演；刘烨、宫哲分别获最佳男女演员；

Turaj Aslani 获最佳新锐导演；Bruno Podalydès，Denis Podalydès 获最佳编剧；Lennert Hillege 获最佳摄影；《跨过鸭绿江》获最佳视觉效果；《名侦探赛大爷》获最佳纪录片；《安妮日记》获最佳动画片。

（郭 唯 黄雅婷）

主流媒体看福州

【概况】 2021 年，中央、省属新闻媒体对福州市各类正面报道 1 万多篇（条），其中《人民日报》刊登 81 篇，新华社播发近 350 篇（条），中央广播电视总台播出 740 多条，《福建日报》刊发 600 多篇，福建电视台主要频道播出新闻 2100 多条。

【习近平总书记到榕考察宣传报道】 2021 年 3 月，习近平总书记到福州市考察调研，中央、省属媒体报道习近平总书记到福州考察情况，全面宣传福州市在历史文化名城保护、生态文明建设、科技创新等方面的工作。《人民日报》、新华社、中央广播电视总台、《光明日报》、《经济日报》等中央媒体刊发《习近平在福建考察时强调——在服务和融入新发展格局上展现更大作为 奋力谱写全面建设社会主义现代化国家福建篇章》《“这里的山山水水、一草一木，我深有感情”——记“十四五”开局之际习近平总书记赴福建考察调研》等报道。新华社《新华每日电讯》刊登《“两山”共“建”造“福”地 来自八闽大地的绿色发展观察》；中央广播电视总台国际在线推出《回访总书记莅闽考察足迹 国外网红讲福建故事》系列报道。

【中国共产党成立 100 周年党史学习教育宣传报道】 2021 年，《人民日报》刊登《福州市军门社区党委书记林丹把工作做到群众心坎上——一片丹心 爱党为民（奋斗百年路 启航新征程·“七一勋章”获得者）》《一片丹心为民爱民（暖闻热评）》《勋章闪亮映初心》；新华社刊发《社区工作者林丹：赤诚丹心只为民》《福州：青年掀起学党史热潮》；《经济日报》刊发《社区工作者林丹：赤诚丹心只为民》；《福建日报》刊发《当好党的“传声筒”、群众的“服务员”——记“七一勋章”获得者、福州市鼓楼区军门社区党委书记林丹》《福州：激活红色资源 汲取奋进力量》；福建电视台播出《福州：以光为笔绘就深情之红 重现百年光辉历程》等多篇重点报道。

【第 44 届世界遗产大会、历史文化名城保护宣传报道】 2021 年，第 44 届世界遗产大会在福州举行，是中国第二次承办世界遗产大会，也是中国在文化和自然遗产保护领域承办的最高规格的国际会议。中央、省属媒体对世遗大会、福州市历史文化名城保护、闽都文化等进行报道。中央、省属媒体相关报道约 7800 余篇（条），其中《人民日报》刊发《第四十四届世界遗产大会在福州开幕》《第四十四届世界遗产大会——推动文明互鉴 共护遗产瑰宝》《在保护与传承中凝聚强大的前进定力——习近平推动文化和自然遗产保护福建纪事》《以珍爱之心、尊崇之心对待古建筑、老宅子、老街区——福州着力保存城市历史和文脉》；新华社刊发《派江吻海，有福之州》《古厝里的文脉福州》《当千年古城与世遗大会相遇》《从“保下来”到“活起来”：在文脉传承中涵养中国自信》；中央广播电视总台播出《小康梦圆 文化点亮美好生活（焦点访谈）》《第 44 届世界遗产大会通过〈福州宣言〉（新闻联播）》《三坊七巷：保护千年古街 “活化”传承发展》；《光明日报》刊发《守住文化之根，留住城市之魂——文化遗产保护传承的福州实践》《在烟台山遇上老福州》；中新社刊发《福州冶山春秋园开园 展示历史文化名城“源头”的深厚内涵》《世界遗产大会促福州遗产保护迈入新阶段 助力现代化国际城市建设》《世遗大会：发挥世界遗产项目的引领作用》等多篇重点报道。

【城市品质提升宣传报道】 2021 年，中央、省属媒体围绕福州市公园绿地建设、水系综合治理、垃圾分类、老旧小区改造、交通治堵等工作的推出报道。其中，《人民日报》刊发《福州改进生活垃圾处理方式》《“改”出百姓新生活（老旧小区换新颜）》《城市绿道 连接美好生活（统筹抓好改革发展稳定各项工作）》《有了租赁房 居住更安心（做好民生保障①）》《福州出台养老服务发展措施》；新华社刊发《福州告别生活垃圾“填埋时代”》《福州蝶变：“千园之城”是这样炼成的》《福州：春风暖来迎花朝》《福州：一棵古榕背后的“乡愁”呵护》；《光明日报》刊发《非遗之光照亮美好生活》；中央广播电视总台播出《福建闽江河口湿地国家级自然保护区 闽江河口：江河归海 候鸟纷飞》《福州上榜中国“十大大美”之城 公园绿地成亮点》。

【潘东升先进事迹宣传报道】 2021 年 9 月 25 日，时任福建省公安厅党委委员，福州市副市长、公安局局长潘东升因长期超负荷工作，突发疾病，牺牲在工作一线。中央、省属主要媒体推出潘东升先进事迹报道，讲述潘东升从警 37 年，忠诚履职、甘于奉献，用生命诠释使命的先进事迹。其中，《人民日报》刊登《护一方稳定 保一方平安（时代先锋）——从警 37 年，潘东升忠诚履职、甘于奉献，用生命诠释使命》《为民初心永不变（快评）》；新华社刊登《热血铸警魂 清白留世间——追记福州市公安局原局长潘东升》《永远的“潘局”》；中央广播电视总台在《新闻联播》栏目中播出《潘东升：为民初心永不变》《【央视短评】扛起的是责任 践行的是初心》《潘东升：一腔热血铸忠魂》《中宣部追授潘东升“时代楷模”称号》等多篇报道，并在综合频道专题节目《时代楷模发布厅》发布潘东升先进事迹；《光明日报》刊登《热血铸警魂 清白留世间——追记福州市公安局原局长潘东升》《用忠诚担当铸就生命丰碑（短评）》；《经济日报》刊登《为公安事业奉献一生——追记福建省优秀共产党员潘东升》《永葆对党的无限忠诚（短评）》；《中国日报》刊登《用生命讲述新时代“中国好警察”故事——追记福州市公安局原局长潘东升》《Heroic and much-loved official in Fujian fondly remembered》；中新社刊登《因公牺牲的公安局长潘东升：用生命守护平安》《追忆因公牺牲的福州市公安局局长潘东升："天塌了我给你顶着"》；《福建日报》刊登《省委追授潘东升同志"全省优秀共产党员"称号》《热血铸警魂 清白留世间——追记福州市公安局原局长潘东升》，并刊登《永葆对党忠诚，他一诺无悔》《人民公安为人民，他一生践行》《履行新时代职责使命，他一腔热血》》；福建电视台推出《用生命守护平安》《追忆全省优秀共产党员潘东升》等系列报道。

【全国"两会"宣传报道】 2021年全国"两会"期间，中央、省属主要媒体，通过文字、图片、视频、访谈等形式，刊发多篇重点报道。其中，《人民日报》刊登《全国人大代表、福建省福州市市长尤猛军：守护好城市的"根"与"魂"》；人民网刊登《全国人大代表尤猛军：搭上"云、大、物、智、链"快车 做强数字经济》；《人民论坛》刊登《全国人大代表尤猛军：蓄力"双循环"不断增进民生福祉》；《福建日报》刊登《加快建设现代化国际城市——访全国人大代表、福州市市长尤猛军》《全国人大代表尤猛军建议——支持福建深化"智慧海洋"建设助推海洋经济高质量发展》；福建电视台推出全国"两会"特别报道《百年梦圆再扬起帆·两会观察》，专访全国人大代表、市委副书记、市长尤猛军，全面展示福州市高质量发展和历史文化名城保护等方面的成就。

【第四届数字中国建设峰会宣传报道】 2021年第四届数字中国建设峰会期间，邀请54家中央、省内外以及境外驻闽的467名注册记者参与峰会报道，各家媒体聚焦峰会相关情况，对峰会的筹备工作情况、疫情防控部署工作、举办的特色亮点、主要活动等进行报道，《人民日报》《新华每日电讯》《光明日报》《经济日报》《中国日报》等中央主要新闻媒体整版刊发第四届数字中国建设峰会彩色专版报道。

【第八届丝绸之路国际电影节宣传报道】 2021年第八届丝绸之路国际电影节举行期间，以重点活动、电影展映等为报道重点，邀请中央、省属主要新闻媒体开展宣传报道工作。其中，《人民日报》客户端刊发《第八届丝绸之路国际电影节在福州开幕》《第八届丝绸之路国际电影节闭幕"金丝路奖"揭晓》；新华社刊发《第八届丝绸之路国际电影节在福州开幕》《第八届丝绸之路国际电影节闭幕 "金丝路奖"揭晓》；中央广播电视总台《电影频道》直播电影节开闭幕式，全面展示电影节盛况；《光明日报》刊发《第八届丝绸之路国际电影节在福州开幕》；中新社刊发《第八届丝绸之路国际电影节开幕》《第八届丝绸之路国际电影节"金丝路奖"揭晓》《第八届丝绸之路国际电影节红毯秀上演》；《福建日报》刊发《"丝路"映天下光影耀闽都》《中国电影盼望扩大"朋友圈"》等多篇报道。

【第七届"海上丝绸之路"(福州)国际旅游节宣传报道】 2021年第七届"海上丝绸之路"(福州)国际旅游节举办期间，各级各类媒体综合运用音、视、图、文等播报形式，全面报道旅游节相关情况。其中，《人民日报》刊发《共建海丝之路 共促文旅繁荣——第七届海丝国际旅游节在福州启动》专题报道；新华社刊发《穿越！古今上下杭就在"海丝奇妙夜"》；中央人民广播电台刊播《第七届"海上丝绸之路"(福州)国际旅游节开幕》；中新社刊发《穿越古今！"海丝奇妙夜"福州精彩上演》《第七届海丝国际旅游节在福州启动 驻华使节期待更多互动交流》《〈2021海丝(福州)宣言〉发布 各方将高质量共建"海丝文旅"》；《福建日报》刊登《第七届"海上丝绸之路"(福州)国际旅游节启动》《福州国际温泉旅游节开幕》等报道。

【第九届海峡青年节宣传报道】 2021年第九届海峡青年节期间，中央、省属新闻媒体关注海青节相关活动和海峡两岸青年交流情况，推出相关报道。其中，新华社刊发《海峡青年峰会在福州开幕 汇聚两岸青春正能量》；中央广播电视总台《中国新闻》栏目播出《海峡青年峰会在福州开幕 第九届海峡青年节集中活动启动》；《经济日报》刊发《第九届海峡青年节·海峡青年峰会在福建福州开幕》；中新社刊发《第九届海峡青年峰会在福州举办 共探两岸青年新担当》；《福建日报》刊发《海峡隔不断血脉之情 疫情挡不住青春风采第九届海峡青年峰会举办》《两岸融合中的青年力量——第九届海峡青年节观察》；福建电视台播出《聚焦第九届海峡青年峰会 两岸青年聚合力 合衷共济创未来》《第九届海峡青年峰会举办 赵龙出席并致辞》等报道。

【第四届21世纪海上丝绸之路博览会暨第二十三届海峡两岸经贸交易会宣传报道】 2021年第四届21世纪海上丝绸之路博览会暨第二十三届海峡两岸经贸交易会举办期间，中央、省属新闻媒体推出一系列新闻报道。其中，新华社刊登《海交会上的台湾展商：持续看好大陆消费市场》《"5·18"投资促进大会签约项目512个 总投资4070.84亿元》《"5·18"开幕 凸显"海峡""海丝"双元素》《邂逅"闽江山水" 视听灯光表演秀点亮夜福州》；中央人民广播电台刊播《新疆奇台投资和旅游推介会在福州举行 当天签订投资额近5亿》；《经济日报》刊登《第四届21世纪海上丝绸之路博览会暨第二十三届海峡两岸经贸交易会在福建福州举行》；中新社刊登《第四届21世纪海上丝绸之路博览会福州启幕》《福州:21世纪海上丝绸之路博览会人气旺》《21世纪海上丝绸之路博览会热度不减 台湾食品展区人气高》。《福建日报》刊登《拓展海丝合作 深化两岸融合 共享发展机遇——第四届海丝博览会暨第二十三届海交会在福州举办》《宁夏固原特色产品亮相"5·18"》等多篇报道。福建电视台播出《第四届海丝博览会暨第二十三届海交会投资促进大会举行》《"有福之州 盛世璀璨"闽江山水之城视听灯光秀在福州上演》《2021闽侨青年精英海丝论坛在福州举行》《拓展海丝合作 共享发展机遇》等报道。

(雷振宇)

第44届世界遗产大会

【概况】 2021年7月16—31日，第44届世界遗产大会在福州市举办。国家主席习近平为大会发来贺信，国务院副总理孙春兰出席大会并致辞。联合国教科文组织总干事、教科文组织大会主席和教科文组织执行局主席在线致辞。采用线路双备份、定向加速等方法，保障线上会议安全顺畅。采用无感通行核验健康码技术，做到“刷脸即亮码”，对参会嘉宾实现全过程健康管理。打造人脸识别引座系统，配备发言人定位追踪系统，实现参会人员快速入席就座。策划开幕式文艺演出，以“福”文化和“福”元素为创排构想编排文艺节目。策划大会主题展览，在展陈中突出福州古厝马鞍墙等元素，呈现福建和福州的遗产保护成效。策划三坊七巷沉浸式演出和参观考察线路等活动，展示闽剧、评话、茉莉花茶艺等非物质文化遗产，引入寿山石雕、软木画等全省各地特色非遗陈列品。制定“零碳会议”目标，种植1公顷世遗林，购买300吨林业碳汇。使用150辆新能源车作为嘉宾接送机、参观考察及酒店与会场间的接驳用车，在场馆内使用节能、节水设备等方式减少会议二氧化碳排放。

【世界遗产大会成果】 2021年，第44届世界遗产大会审议2020年和2021年的39个世界遗产项目，包括泉州项目在内的34个提名项目被列入《世界遗产名录》，世界遗产申报程序改革、世界遗产基金使用和国际援助实施取得重要进展。该届大会是联合国教科文组织历史上首次以在线形式审议世界遗产议题，福州市主动对接联合国教科文组织会务执行团队，落实会务系统、会务执行、网络安全等各项保障措施，并参与制定在线审议操作规范。大会的规格、举办规模、到访外宾国家数量，均创下福州有史以来举办大会之最。福建省和福州市联合举办主题边会，与俄罗斯喀山市交流世界遗产项目保护管理实践以及世遗大会的承办经验，宣传展示福建、福州的保护成效与经验。会后，世界遗产教育平台、支持非洲国家开展世界遗产保护能力建设项目分别在福建福州、泉州落地，留下永久成果。“一城七线”精品参观考察线路向与会嘉宾展示福建、福州经济社会发展成果和生态环境。

【会议服务保障】 2021年，第44届世界遗产大会有保障委员会全体会议、主席团会议、中方代表团会议、吹风会等69场次会议，缔约国、咨询机构以及国际组织代表有5330人次线上线下参会。福州市招募志愿者216名，提供志愿服务1.32万小时，得到以色列、阿塞拜疆、巴林、拉脱维亚等国驻华使馆的致信表扬。提供“管家式”服务，成立酒店服务专班，为重要嘉宾安排酒店服务专员，落实住宿和餐食各项保障。大会在全球发生新冠肺炎疫情背景下召开。在大会筹备和举办期间，国家、省、市各级落实防控要求，制定差异化防控措施，并对大会筹备及举办全程实施全链条管控。会议期间依托“大数据+”等技术手段，对参会人员的健康管理全覆盖和实时动态更新，保障大会期间参会嘉宾及工作人员健康安全。

【专题边会】 2021年，第44届世界遗产大会在线上线下举行边会8场，内容涵盖世界遗产教育、遗产阐释与展示、世界遗产地管理者、世界遗产领导力、城市历史景观保护与可持续发展、世界自然遗产与生物多样性、空间技术助力遗产可持续发展等多个方面，有联合国教科文组织及有关国际机构官员、多国教育部部长、国家部委和省市领导、国内外知名学术专家等近400人到榕线下出席会议，线上参会近1200人次。福建省和福州市主办“‘世界遗产引领作用’的回响——从福州到喀山的遗产保护实践”专题边会，和下一届世遗大会举办地俄罗斯喀山分享遗产保护经验与做法。

【世界遗产地管理者论坛和世界遗产青年论坛】 2021年，世界遗产地管理者论坛和世界遗产青年论坛均以“线上+线下”方式举行，线下会场设在海峡国际会展中心。世界遗产青年论坛于7月5—9日举行，有30个国家的32名青年代表及国内专家学者展开研讨。世界遗产地管理者论坛于7月7—13日举行，有55个国家和相关国际机构约100名代表参会，最终形成论坛宣言提交大会。

【会议宣传报道】 2021年，第44届世界遗产大会举办期间拍摄宣传片、总结片和2分钟短片，分别在开幕式、闭幕式和大会信息会上播放，向全球展现中国、福建、福州遗产保护成效，介绍大会筹备工作亮点。63家境内外主流媒体473名记者到榕采访报道，中央、省级媒体短时间内集中刊播报道5000余篇（条），推出“让世界看见福文化”系列短视频，境外传播量逾千万次。

【主题展览工作】 2021年，第44届世界遗产大会线下主题展览设在海峡文化艺术中心的开幕式现场，面积约2700平方米，分为“全球世界遗产风采”“世界遗产在中国”“世界遗产在福建”3个展区，是大会中规模最大的主题展览。开幕式前，国务院副总理孙春兰参观展览。7月19日起，主题展览向公众开放，持续至7月31日。在世遗官网推出VR线上展览，以汉语、英语、法语3种语言进行为期一年的线上展示，向全球的公众开放。

【参观考察工作】 2021年，福州市编排包括三坊七巷、上下杭等景点在内的10条嘉宾市内参观考察线路和3条外宾线路，实行“点单式”服务。接待内宾769人次、外宾152人次、媒体239人次，考察活动得到南非驻华大使谢胜文、斯洛伐克大使杜尚·贝拉、英国驻广州总领事贺颂雅等嘉宾肯定。开展《寻梦·坊巷》沉浸式演出，于7月15日、17日、18日在三坊七巷举办3场，近1000名中外嘉宾参加。在世遗大会官网、海峡国际会展中心及海峡文化艺术中心大厅主屏展示省内10地市的“一城七线”精品路线和重要遗产点。编写《第44届世遗大会参观考察线路导游词》中英文版和5万字的世遗宣传书籍《福州》，组织完成近20万字讲解员培训资料编辑印制工作。

（陈文浩）

（编辑 姚国榕）

历史文化名城

综　述

【概况】　2021年，福州市推进历史文化名城、历史文化街区（风貌区）、历史建筑（群）、历史文化名镇名村传统村落保护利用，完善名城保护法律规划与技术体系，筹建相关研究会，组建专家库，举办技术培训、岗位竞赛等活动。开展三坊七巷—朱紫坊—上下杭—烟台山联合申遗条件评估，以及马尾船政文化史迹申遗研讨。全年新增公布历史建筑479处，累计公布1181处。

【福州古厝保护利用】　2021年，福州市根据2020年市政府下发的《关于印发开展新一轮古厝普查登记和保护利用专项行动实施方案的通知》，实施福州新一轮古厝普查登记和保护利用专项行动，基本完成全市174个镇（街）老建筑的核查普查，并经专家分类评审后初步形成历史建筑建议名单及传统风貌建筑建议名单。全市新增公布历史建筑479处，确定公布历史建筑累计1181处。

市历史文化名城管理委员会建设福州古厝普查登记系统，将全市不可移动文物、历史建筑、传统风貌建筑、建成时间50年以上的老建筑等古厝资源纳入平台进行管理，整合资源信息，初步构建“古厝一张图管理模式”，实现“一厝一档”“一厝一码”“一厝一策”，推动实现古厝从普查登记到认定公布、测绘建档、保护修缮、巡查监管、活化利用、宣传推介等环节的全生命周期管理模式。开发“福州古厝线索上报小程序”，市民借此可向市、县古厝主管部门提供古厝线索。

【历史文化街区、历史文化名镇名村传统村落保护利用】　2021年，福州市推进各级历史文化街区、传统村落等申报工作，其中，连江县温麻魁龙坊历史文化街区、永泰县永阳古城新安巷历史文化街区入选第五批省级历史文化街区；福清市江镜镇南宵村下和洋自然村、连江县黄岐镇大谷村、罗源县白塔乡百丈村3个村落入选第四批省级传统村落。结合福建省为民办实事项目中保护利用城乡历史文化内容，打造传承保护、环境整治、活化利用效果突出的历史文化街区、名镇名村和传统村落品牌，全年提升历史文化街区2处、历史文化名镇名村传统村落6处。

【名城保护法律规划与技术体系建设】　2021年5月，《福州历史文化名城保护规划（2021—2035）》成果通过专家评审，市政府分别于8月、10月两次召开专题会议研究规划成果。12月15日，福建省第十三届人民代表大会常务委员会第三十次会议通过《福州市历史文化名城保护条例（修正）》。

年内，市政府办公厅印发《福州市人民政府办公厅关于进一步完善保留建筑征收保护利用的意见》，市财政局、市名城委、市文物局联合印发《福州市新一轮古厝普查登记和保护利用专项行动市级修缮资金奖补办法》，编制《福州市古厝分类认定标准及普查登记技术规程（试行）》《福州市传统村落村庄规划编制指南（试行）》《福州市历史建筑活化利用模式导则》《福州市历史建筑保护修缮设计技术导则》《福州市历史建筑保护修缮施工技术导则》等管理及技术指引文件。

【申遗工作】　2021年，福州市开展三坊七巷—朱紫坊—上下杭—烟台山联合申遗条件评估，并通过专家会议论证，对初步成果进行修改提升。组织召开马尾船政文化史迹申遗策略研讨会，对船政申遗的主题、可行性及未来需要提升的方向提出意见和建议。推进落实《福州海丝研究三年行动方案》，推动《福州市海上丝绸之路文化遗产保护与申遗总体方案》编制，制订“海丝”研究三年方案。

【文保与古厝保护专业人才建设】　2021年，福州市筹建“三坊七巷历史文化研究会”“福州市古厝研究会”，初步完成会员征集、协会章程的草拟等；成立由129名专家组成的“福州市文化遗产保护专家库”。市委、市政府下发《关于给予福州古厝保护利用工作先进个人奖励及通报表扬的通知》，对在福州古厝保护利用工作中表现突出的45人给予奖励、97人给予通报表扬。市名城委举办2021年福州古建筑保护施工技术人员培训班暨岗位技能竞赛。

（林妙花）

历史文化街区保护修复

【概况】 2021年，福州古厝保护开发集团有限公司立足三坊七巷、朱紫坊、上下杭、梁厝、南公河口等五大街区，重点修缮一批名人故居、文物及历史、风貌建筑，启动并提速推进黄朱园里游客中心、上下杭153处风貌建筑及28处文物点、梁厝8处登记文物点修复等重点项目。

【三坊七巷历史文化街区保护修复】 2021年，三坊七巷历史文化街区基本完成刘家大院东侧落二、三进修复工程和刘齐衔故居修复工程，启动听雨斋、陈季良故居、刘家大院东侧落一进、欧阳花厅衣锦坊33号、沈葆桢故居等5处文保院落保护修缮工程。

【朱紫坊历史文化街区保护修复】 2021年，朱紫坊历史文化街区完成朱紫坊23号等14处文物及风貌建筑的保护修复；完成芙蓉弄西侧整治地块建设工作；推进花园巷3号、花园弄29号修缮工作；完成府学弄旅游公厕建设；完成智慧街区雪亮工程通信内网建设；完成朱紫坊游客中心装修开放及西入口下沉式广场景观改造。街区累计修复完成院落及整治建筑57处，约3.4万平方米。

【上下杭历史文化街区保护修复】 截至2021年底，上下杭历史文化街区保护修复工程累计完成13处文保单位、50处登记文物点、115处风貌建筑的修复工作。年内完成3处登记文物点、33处风貌建筑修复工作；启动大庙山片区市政基础配套设施建设项目、龙岭顶公园环境景观提升建设工程项目、上下杭153处风貌建筑修复工程、上下杭28处登记文物点修复工程、中平花园地块商业楼及配套景观项目建筑施工。

【梁厝特色历史文化街区保护修复】 2021年，梁厝特色历史文化街区完成一期项目建设工作。其中，道路工程完成龙瑞路以东区域2条主路、5条街巷建设；绿化工程建设完成4.2万平方米；文保文物点、历史建筑、风貌建筑完成修复37处，修缮工程1.7万平方米（其中民俗信仰院落6处，面积1897平方米）。

2021年，梁厝特色历史文化街区完成一期项目建设。图为梁厝街区风貌建筑

（福州古厝集团 供图）

【南公河口特色历史文化街区保护修复】 2021年，南公河口特色历史文化街区基本完成街区一期工程。推进公建配套项目建设，完成万寿一道、路通街、小花园巷、妈祖巷等主线管网铺设、一期范围约6000平方米道路石板、1000米地下管线铺设、入户水电支管铺设；园林景观、燃气调压站、通信柜箱、电柜箱、路灯柜箱迁改等市政基础配套建设。完成公厕、停车场、供水用电等基础设施建设和零星修缮工程。

（杨妙萍）

古厝保护与开发利用

【概况】 2021年，福州古厝保护开发集团有限公司完成119项古厝修缮任务，其中严复故居、梁厝特色馆、河口印迹展览馆、罗氏绸缎庄、曾氏祠堂、福州市商务总会等展陈建设提升项目完成。

【严复故居】 位于郎官巷20号，主座清式建筑，花厅为民国式双层楼房，两座毗连，占地面积609平方米，为国家级重点文物保护单位。2021年，该展馆开展修复提升，主要涉及建筑保护修复和展陈提升，在原布展的基础上进行扩充完善，提升后展陈内容新增习近平总书记与严复思想研究，以及福州市传承弘扬严复文化的专题内容介绍。

【王麒故居】 位于塔巷28、30号，占地面积2225平方米，民国初为王麒住宅。为国家级重点文物保护单位，其中塔巷30号（面积1583.87平方米），作为闽台历史文化研究院使用。2021年，该展馆完成布展并对外免费开放，主要开展闽台两岸公益类文化展示，主要展览有“清宫珍档·情系闽台”档案图片展、青在当下——台湾何志隆翡翠青瓷作品展等。

【董见龙先生祠】 位于朱紫坊府学里3号，占地面积280平方米。始建于明末，清初重修，2007年被列入鼓楼区文物保护单位。2021年，作为朱紫坊“基金港”项目选址之一，建成“海峡基金业综合服务平台”线下服务交流中心。

【张钰哲故居】 位于朱紫坊芙蓉弄7号，占地面积335平方米，清代建筑，著名天文学家张钰哲的故居。2018年被列为省级文物保护单位。2021年，作为朱紫坊“基金港”项目选址之一，建成“海峡基金业综合服务平台”线下服务交流中心。

【罗氏绸缎庄】 位于下杭路181号，建于清末，占地面积1500平方米。2021年1月1日，作为福州市非物质文化遗产展示馆对外开放，展出展品352件，展示茶亭十番音乐、闽剧、福州评话、福州伬艺、咏春拳、佾舞等项目。

【曾氏祠堂】 位于下杭路196号，建于1931年，占地面积950平方米，1988年公布为台江区文物保护单位。2021年，该展馆建成“苍霞人家生活馆”，并于4月29日开放。馆内整合苍霞生活展示馆、苍霞新城社区便民服务工作站、居民议事厅、新时代文明实践站、文化服务中心等功能区域。

【福州市商务总会】 福州商务总会旧址位于上杭路100号，始建于清宣统年间。占地面积3284平方米，建筑面积2200平方米，于2009年被列为省级文物保护单位。2021年11月19日，旧址揭牌，建成“企业家之家”展示馆，开发为兼顾商会历史展示、旧址文物展示、商会活动、企业家交流等多功能综合性场所。

【梁厝特色展示馆】 选址得辉梁公家庙，始建于清雍正七年，是清代祠庙样式，占地面积328平方米，由门墙、回廊、插屏门、天井、大殿组成，外墙为封火山墙。20世纪80年代，家庙在重修时，适逢台江罗家宗祠被拆除，梁氏族人便购得梁、枋、石柱等旧材料。2019年开展修复工作，2020年修复完成，2021年4月完成布展，集中展示梁厝村历史、古建修复历程、名人故事、特色历史文化等。

【梁厝“世遗林”】 2021年7月17日，第44届世界遗产大会配套线下大型植树活动在梁厝特色历史文化街区举行，100多名中外嘉宾参与植树活动。梁厝“世遗林”选址梁厝街区一期项目范围内，面积1公顷，种植榕树2棵、福建山樱花100余棵，种植区分为领导人植树区，委员国及缔约国植树区，部委、省、市植树区及国内遗产地城市植树区4个区域。

【河口印迹】 位于南公河口特色历史文化街区国货路365号，占地面积约120平方米，2021年3月完成布展。展厅以南公河口街区历史发展脉络为主线，展现南公河口的历史沿革、文化融合、民俗风物和建筑。

（杨妙萍）

历史文化街区文化宣传

【概况】 2021年，福州市五大历史文化街区举办品牌活动、文化活动、商业活动等各类活动1910场，举办街头艺人表演1811场。福州古厝保护开发集团有限公司对接各级媒体开展习近平总书记三坊七巷调研、数字峰会、世遗大会、重大节庆活动的报道工作，配合推进《三坊七巷志（重修）》修编材料整理工作。

【主题文化活动】 2021年，福州市五大历史文化街区在新冠肺炎疫情常态化防控情况下，推进花坊艺游、杭肆文创市集、梁厝农耕文化节、三坊七巷闽都艺术节、朱紫坊研学实践等闽都文化品牌建设9个项目工作，举办追求真理爱国兴邦——纪念严复逝世100周年学术报告会、第四届数字中国建设峰会“有福之州·对话未来”活动、第44届世界遗产大会《寻梦·坊巷》沉浸式演出、“海丝奇妙夜”大型沉浸式声光电演绎活动、首届福州街头艺术达人大赛IP活动、第九届海峡青年节“黄巷·两岸青年文化交流周”、2021闽台匠人匠心交流活动。2021年，五大街区举办品牌活动、文化活动、商业活动等各类活动1910场，举办街头艺人表演1811场，其中第44届世界遗产大会《寻梦·坊巷》三坊七巷沉浸式演艺活动于大会期间（7月15日、17日和18日）在福州三坊七巷举行，邀请联合国教科文组织官员、与会中外嘉宾及媒体参与活动。

2021年11月23日，“海丝奇妙夜”文旅体验活动在上下杭历史文化街区举行

（福州古厝集团 供图）

表 88　　2021 年福州市区五大历史文化街区主要文化活动一览表

街区	时间	活动内容	地点
三坊七巷活动区	1 月 1 日	“花坊艺游 · NEW 气坊巷”新年嘉年华	
	1 月 1—3 日	迎福增寿——2021 年福州金鱼迎春展	光禄坊公园
	1 月 1—4 日	（东百）“全闽乐购 · 嗨购东街口”打卡点亮来东街口的 101 个理由	小黄楼
	1 月 1—7 日	“几篆”洪顺章书法刻字展	普霖书院
	1 月 1—11 日	匠心永流传——罗源玉石雕刻艺术作品展	福建省海峡民间艺术馆
	1 月 8—10 日	中国邮政福州分公司《辛丑邮福》	南后街展览馆
	1 月 24—28 日	大地诗意 · 陈茂盛获中国摄影金像奖作品观摩展	福建省海峡民间艺术馆
	1 月 28 日	“自在幸福成就人生”为主题的“128 女性成长启动会”	三坊七巷名人家风家训馆
	1 月 28 日至 2 月 26 日	庆祝中华人民共和国归侨侨眷权益保护法颁布 30 周年主题展	福建华侨主题馆
	1 月 1 日至 2 月 28 日	涪城汉韵——四川绵阳市博物馆藏汉代精品文物展	福建民俗博物馆
	1—4 月	学习贯彻党的十九届五中全会精神——福建非遗精品展	福建省非物质文化遗产博览苑
	2 月 1 日	“迎新春送万福文化进万家”新春惠民主题活动	福建省文学院
	2 月 3—5 日	《二十四孝新编》首发暨作品巡展	普霖书院
	2 月 5—26 日	重走初心路 · 讴歌新时代——“庆祝中国共产党成立 100 周年”辛丑新春福州市水彩画艺术展	鄢家花厅
	2 月 13—14 日	闽剧贺岁庆新春	南后街福建省非遗博览苑前
	2 月 24 日至 3 月 6 日	艺坛新锐 · 福建籍中青年艺术家民间艺术作品系列展（第一场）艺耀东南——陈礼忠传承展专场	福建省海峡民间艺术馆
	2 月 26 日	“坊巷有话说 · 云赏后街花灯”线上直播	线上直播
	2 月	十竹斋“二十四节气”水印木刻版画 · 国家级非遗新春特展	唯美客文创聚落
	3 月 8—15 日	红袖墨韵——福建中青年著名女画家中国画邀请展	福建省海峡民间艺术馆
	3 月 18—22 日	美美与共 · 丝路同行——福建陕西传统民间工艺交流展（福州站）	福建省海峡民间艺术馆
	3 月 19 日	“云游坊巷”直播春日寻花指南	线上直播
	3 月 24 日至 4 月 5 日	艺耀东南——中国工艺美术大师林学善传承展	福建省海峡民间艺术馆
	3 月 26 日至 4 月 15 日	央视第三季朗读者线下活动“朗读亭”	南后街北广场
	4 月 3 日	“缅怀名人志士 · 坊巷清风永存”缅怀活动	林觉民 · 冰心故居、严复故居
	4 月 3 日	“纪念严复先生逝世 100 周年”朗诵快闪	风雨廊至北广场
	4 月 8—12 日	庆祝建党百年 · 喜迎世遗大会晋安“三宝”精品展	福建省海峡民间艺术馆
	4 月 10 日	追求真理　爱国兴邦——纪念严复逝世 100 周年学术报告会	严复书院
	4 月 11 日	“小火柴 · 大校长”纪念严复逝世 100 周年系列活动“童心绘先贤”儿童绘画展	光禄吟台
	4 月 18 日	“百年闽剧进古厝”沉浸式展演	水榭戏台
	4 月 18 日	“闽都神韵坊巷传”文化惠民演出	光禄坊公园
	4 月 18 日	“云游坊巷”直播：福州城市记忆保护修复介绍展	线上直播
	4 月 18 日	品坊巷书香　读福州习俗——海峡馆读书日活动	福建省海峡民间艺术馆
	4 月 19 日	“坊巷故事我来讲”公益讲解	北口导览图
	4 月 24—27 日	第四届数字峰会“有福之州 · 对话未来”活动	三坊七巷街区 16 个院落

续表 88

街区	时间	活动内容	地点
三坊七巷活动区	5月1日	“百年榕腔坊巷传”闽剧快闪	南后街
	5月1—3日	“中国曲艺活化石”评话表演	水榭戏台
	5月1—5日	街头艺人红歌季	南后街宗陶斋前
	5月1—5日	“后街拾遗”坊巷市集	光禄吟台
	5月1日至6月13日	诚约信行　大别山区（湖北境）契约文书展	福建民俗博物馆
	5月8—12日	“永远跟党走·奋进新时代”鼓楼区文联书画作品展	福建省海峡民间艺术馆
	5月12—24日	艺坛新锐（第六场）——寿山石雕刻新锐展	福建省海峡民间艺术馆
	5月14—23日	浓墨重彩歌盛世　丹青妙笔颂党恩光辉百年——福建省书画名家作品邀请展	福建省海峡民间艺术馆
	5月15日起	福州古厝图片展暨鑫凯乐建筑美学展示空间开放仪式	问耕堂
	5月16日	匠心巧手绘珍品——海峡馆博物馆日主题活动	福建省海峡民间艺术馆
	5月16日至10月31日	“庆祝中国共产党成立100周年——铁军雄风·威震海疆”图片展	新四军驻福州办事处旧址
	5月18日	泉州提线木偶戏展演	福建民俗博物馆
	5月20日	“点亮红七月”启动仪式	光禄吟台
	5月21日	品茶论道话发展	林聪彝故居
	5月21—22日	茶文化主题展	南后街宗陶斋前
	5月21—22日	茶文化文创市集	光禄吟台
	5月22—23日	“优悠”北京保利拍卖2021春拍古籍文献福州特展	严复书院
	5月23日	“温润之州　别样文泰”温州（文成—泰顺）旅游推介活动（福州专场）	宗陶斋
	5月29—30日	闽江学院海峡学院“云霞雕色”2021届文创优秀毕业作品展	南后街75号展览馆
	5月30日	“红心向党·礼赞百年”垃圾分类主题实践活动	光禄吟台
	5月30日	“童声话坊巷·我与严复先生的故事”体验活动	严复故居
	5月30日	“古厝迎童心”主题展演	水榭戏台
	6月3—6日	鄂尔多斯文化神州行——2021福州活动周	光禄吟台
	6月5—7日	“再建”2021届艺术与设计学院毕业设计展	南后街75号展览馆
	6月11日	2021年“文化和自然遗产日”福建非遗宣传展示系列活动启动仪式	福建省非遗博览苑
	6月12日	福州上柏建筑设计咨询有限公司开业庆典自助餐活动及文化表演活动	南后街76号展览馆
	6月12—14日	丫霸虎纠——凯迪拉克福州路演	北广场、非遗博览苑
	6月12日	2021年非遗购物节	光禄吟台
	6月12—18日	雪域之光——中国唐卡漆画创新实践成果展	宗陶斋
	6月12日至7月30日	入选联合国教科文组织非物质文化遗产名录（名册）项目展示展演	福建省非遗博览苑
	6月12日至7月30日	林徽因——福州古厝走出的文化遗产守护者展览	福建省非遗博览苑
	6月17日至7月10月	“海峡古厝保护传承　校企在行动”福建省高校（企业）参与文化遗产保护案例交流展	全国优秀建筑设计展示馆
	6月18日	林那北“从三坊七巷出发”讲座	福州文艺家之家
	6月21日至7月8日	福建宗教爱国故事陶瓷艺术展	宗陶斋

续表 88

街区	时间	活动内容	地点
三坊七巷活动区	6 月 22 日	三坊七巷资本夜话	林聪彝故居
	6 月 30 日至 7 月 5 日	“回顾建党百年　重温红色经典”红色电影周	光禄坊公园
	6—9 月	风展红旗——庆祝建党 100 周年非遗红色文化主题展	福建省非遗博览苑
	7 月 4 日	“海峡银行杯”2021 福州公园围棋文化节	北广场
	7 月 15 日	福建世遗・名城・古建筑专题展	全国优秀建筑设计展示馆
	7 月 15 日、17 日、18 日	“寻梦坊巷”沉浸式演出	南后街
	7 月 16—31 日	“中国世界遗产地”全国摄影大展	南后街 75 号展览馆、北口广场、蓝建枢故居
	7 月 16—29 日	梦里家山——冯巍油画作品展	鄢家花厅
	7 月 20—31 日	沉浸式演出定时桥段展演	南后街
	7 月 30—31 日	海丝茶道・万里飘香“品读双色世遗 漫游武夷山”文旅茶品牌福州宣介活动	光禄吟台
	7 月 20 日至 8 月 20 日	与子成说——中国古代契约文书展	三坊七巷美术馆
	7 月 24 日	“古厝再现风华・传承创旧迎新”大江论坛・海峡两岸历史文化传承与创新论坛	全国优秀建筑设计展示馆
	8 月 1—15 日	艺耀东南——中国工艺美术大师赖礼同德化名瓷传承展	福建省海峡民间艺术馆
	8 月 1—15 日	艺坛新锐（第十场）——木雕展	福建省海峡民间艺术馆
	8 月 14 日	“乞巧姻缘一线牵”七夕乞巧茶会	汉服天下
	8 月 17—23 日	庆祝建党百年——平潭民间艺术展	福建省海峡民间艺术馆
	8 月 20—29 日	花儿朵朵开——青年衍纸艺术作品展	福建省海峡民间艺术馆分馆
	8 月 17 日至 12 月 31 日	坊巷百年　英雄丰碑——三坊七巷红色记忆展	三坊七巷名人家风家训馆
	8 月 25 日至 9 月 9 日	艺耀东南（第 8 场）——中国工艺美术大师郭懋介寿山石雕传承展	福建省海峡民间艺术馆
	9 月 11—21 日	福建藤编艺术展	福建省海峡民间艺术馆
	9 月 12 日	童心同乐庆中秋——海峡馆中秋节主题活动	福建省海峡民间艺术馆
	9 月 17 日至 9 月 25 日	“爱心树最美打卡照”征集活动	线上活动
	9 月 17 日	第九届海峡青年节・海峡气象青年汇	宗陶斋
	9 月 24—28 日	纪念冰心诞辰 121 周年书画作品展	福建省海峡民间艺术馆
	10 月 1 日	“国风雅乐迎国庆”民乐专场演奏会	风雨廊
	10 月 1 日	“庆百年迎国庆・聆听新中国”福州曲艺专场演出	水榭戏台
	10 月 1 日	“庆百年迎国庆”福州评话快闪	南后街（董执谊故居门口）
	10 月 1 日	“泰”美——金秋十月，打卡永泰十景旅游推介活动	光禄吟台
	10 月 1—7 日	光辉岁月——中国工艺美术大师（福建）主题创作展	福建省海峡民间艺术馆
	10 月 2 日	“戏台欢歌迎国庆”闽剧经典折子戏专场	光禄吟台
	10 月 3—4 日	“七溜八溜・不离福州”闽剧快闪	南后街叶氏民居前
	10 月 5 日	“与祖国同行”福州市百姓大舞台系列活动	水榭戏台、光禄吟台
	10 月 9—13 日	“金剪献福颂党恩”剪纸大赛作品展	福建省海峡民间艺术馆
	10 月 10 日	“纪念辛亥革命 110 周年”公益宣讲	林觉民・冰心故居
	10 月 14 日	“九九重阳　尊老爱亲”主题活动	福建民俗博物馆
	10 月 19 日	“传承非遗　E 动九州”首届福州佛跳墙文化电商节	宗陶斋

续表 88

街区	时间	活动内容	地点
三坊七巷活动区	10月21日至11月2日	中国工艺美术大师郑幼林寿山石雕传承	福建省海峡民间艺术馆
	10月28—29日	第九届海峡青年节“黄巷·两岸青年文化交流周”	黄巷
	10月29日至12月下旬	“清宫珍档　情系闽台”档案图片展暨“青在当下——台湾何志隆翡翠青瓷”作品展	闽台历史文化研究院
	10月30日	“2021思明秋冬亲子旅购节活动”福泉商圈推介会活动	光禄吟台
	11月4—7日	周宁县契约文书展	福建省海峡民间艺术馆
	11月5日	“海上福州”之福州特色上榜新宿文化传播暨三坊七巷天后宫两百周年庆典	北广场
	11月5—7日	“鲤乡福境·云端周宁”福州三坊七巷全域旅游推介展	南后街75号展览馆
	11月6日	松溪九龙大白茶“销区行”暨全国品鉴会福州站	光禄吟台
	11月9—25日	福建税收历史展	宗陶斋
	11月10—15日	“品读双世遗　漫游武夷山”武夷山水茶文化书画展	福建省海峡民间艺术馆
	11月16—28日	中国工艺美术大师黄文寿传承展	福建省海峡民间艺术馆
	11月17—24日	庆祝中国共产党成立100周年福州市第一届书法篆刻展	福州市文艺家之家
	11月27—28日	福建居正2021年金秋书画拍卖会	南后街76号展览馆
	11月27日	仙芝楼有机灵芝体验馆开业活动	光禄吟台
	11月30日至12月5日	“礼赞百年匠心传承”——惠安传统石雕艺术精品展	福建省海峡民间艺术馆
	12月4—10日	“翰墨飘香·漆彩流芳”——2021福州市“12·4”宪法宣传周艺术作品展	鄢家花厅
	12月4—26日	滕派蝶画第十八代传人陈军个人画展(福州站)	问耕堂美学空间
	12月5日	“闽都文化，薪火相传”坊巷公益讲解	北口游客接待中心
	12月5日	“三坊七巷见古韵·应急救护进万家”应急救护知识宣讲活动	北广场
	12月5—7日	永远跟党走——庆祝中国共产党成立100周年诗书画作品展	普霖书院
	12月5—14日	垃圾分类环保艺术展	宗陶斋
	12月11日	第十三届榕城高校十大写手征文比赛颁奖典礼	鄢家花厅
	12月16日	2021年中国金鸡百花电影节八闽电影巡展	福州中瑞南华影城(三坊七巷店)
	12月19日	福建省街头文化艺术行进式展演活动	南后街风雨廊至非遗博览苑
	12月19日	搓“拨隆细”，迎冬至节——海峡馆冬至主题活动	福建省海峡民间艺术馆
	12月21—30日	“建党百年”寿山石雕精品展	福建省海峡民间艺术馆
	12月24—26日	Cadillac x 三坊七巷 圣诞节活动	北广场
	12月26日	《阅读小说时我们都读些什么》，文学惠民讲座	鄢家花厅
上下杭活动区	1月1日	“一起探寻新年的N种模样”上下杭元旦系列活动	
	2月11—17日	“牛转乾坤·福满双杭”上下杭新春季系列活动	
	3月8日	“花漾福厝　曼妙双杭”上下杭女神节活动	
	3月20日	“魅力双杭，福气相伴”世界气象日创意打卡活动	

续表 88

街区	时间	活动内容	地点
上下杭活动区	3 月 27 日至 4 月 22 日	“福厝杭香·非遗皮具手作”研学之旅、走进戏剧世界，走进诗词中的上下杭、传承传统曲艺 · 福州评话研学活动、多彩绽放，上下杭里有“画”说研学活动	
	4 月 23 日	书杭——世界读书日，行走字里“杭”间活动	
	5 月 1 日	“匠心福厝——致敬城市文脉守护者”五一系列活动	
	5 月 10 日	福州市“全国城市节约用水宣传周”活动	下杭路广场
	5 月 12 日	福建省 2021 年全国防灾减灾日暨自然灾害综合风险普查宣传活动启动仪式	上下杭金银里步行街
	5 月 14—15 日	“遇见十番”大型非遗实境体验剧活动	采峰别墅
	5 月 28 日	宝藏市集　放纵一夏——第四届福建文创市集	育智广场
	6 月 7 日	“鄂尔多斯文化神州行”旅游推介活动	
	6 月 13 日	福州市 2021 年“文化和自然遗产日”主题活动	
	6 月 30 日	庆百年华诞——“百年芳华”上下杭庆祝中国共产党成立 100 周年系列活动	
	7 月 28 日	“抖 in 福州遇见世遗”城市美好生活节活动	上下杭金银里步行街
	8 月 14 日	“良辰美景·情满坊巷”上下杭七夕系列活动	
	9 月 18—30 日	天工开物——福州非遗工艺美术作品展	中平路 172 号黄培松故居
	11 月 14 日	“艺动街头·福满榕城”儿童剧《小邋遢奇遇记》	下杭路广场
	11 月 23 日	《海丝奇妙夜 梦回上下杭》活动	
	2021 年 12 月 24 日至 2022 年 1 月 3 日	“全闽乐购·悦活台江”2021 台江区八闽美食嘉年华暨福州市市级美食体验示范街开街	
	12 月 31 日	花满福厝——杭肆·上下杭文创市集、福厝食节——食味古厝活动、林卫宁“水上·之上”摄影展	
朱紫坊活动区	1 月 9 日	2020 海峡两岸儿童艺术展——两岸少年云上交流营活动	朱紫坊 38 号场馆
	2 月 9 日	“虎纠丫霸”2021 年街头艺术达人大赛	五大街区
	4 月 15 日	“重走历史古迹· 共守文化遗产”国际古迹遗址日主题活动	朱紫坊街区
	4 月 18 日	“4·18”世界遗址日亲子研学活动	朱紫坊街区
	4 月 26 日	金企对话·朱紫盈门	朱紫坊 30 号
	5 月 30 日	朱紫坊六一研学活动	朱紫坊 38 号场馆
	6 月 16 日	山海之间建筑工作展	朱紫坊游客中心
	7 月 1 日	“奋斗百年路，启航新征程”摄影大展	朱紫坊 38 号场馆
	7 月 30 日	八闽文化交流双语小志愿者活动启动仪式	朱紫坊 38 号广场
	10 月 30 日	2021 闽台匠人匠心交流活动	朱紫坊 38 号场馆
	11 月 10 日	福州市非遗中青年人才研修班成果展	朱紫坊游客中心
南公河口活动区	1 月 21 日	南公河口特色历史文化街区揭牌	
	4 月 18 日	“探寻南公遗址·共享古厝文化”活动	
	10 月 1—8 日	“妙趣国庆·嗨 FUN 河口”	
	12 月 19 日	第七届（2020）福建文创晚会	

续表 88

街区	时间	活动内容	地点
梁厝活动区	2 月 9 日	梁厝古韵摄影比赛	
	4 月 15 日	梁厝楹联征集活动	
	4 月 29 日	仓山区“学党史、强信念、跟党走”主题活动	
	6 月 12 日	2021 年文化园和自然遗产日活动	
	7 月 17 日	第 44 届世界遗产大会“世遗林”植树活动	
	12 月 5 日	2021 年福建省社会科学普及宣传周系列活动	
	12 月 19 日	青春有约第 11 期公益交友活动	

【媒体宣传报道】 2021 年，福州古厝保护开发集团有限公司对接央视媒体和本地媒体，开展习近平总书记三坊七巷调研、数字峰会、世遗大会、重大节庆活动的报道工作，与福州日报社合作在世遗特刊专版报道历史文化街区保护修复开发硕果。年内，国家级及省市级媒体刊发福州历史文化街区相关报道 1349 次，其中国家级媒体报道 360 余次；公司官微全年发文 1109 篇，累计阅读量约 140 万次，粉丝数 24 万人。

【民俗节庆活动】 2021 年，福州市五大历史文化街区在国际古迹遗址日、国际旅游日、文化遗产日及节假日，举办“花坊艺游”新春花市、“筑梦中国”国庆主题活动、“七夕”传统民俗活动等民俗节庆活动。重启街区常态化表演活动，组织开展糖画、捏泥人、画扇、油纸伞等民间艺人表演及闽剧演出、福州评话鉴赏表演、街头艺人表演、定期文化惠民演出及水秀夜景灯光展演，其中三坊七巷街区在“五一”假期及国庆、中秋假期期间推出“迎国庆·庆华诞”主题展演、古厝户外实景沉浸式剧本杀、闽剧、伬唱及评话快闪演出等活动。

（杨妙萍）

历史文化街区旅游开发

【概况】 2021 年，福州五大历史文化街区完成新招租项目 134 个，其中 2 个 5000 万元项目落地，将传统文化业态、地方特色商业与时尚旅游业态相融合，打造“吃、住、行、游、娱、购”的旅游产业链，形成“街区文旅生态圈”。年内，三坊七巷以“遗产与社区发展”最佳实践案例在世遗青年论坛展示，获评第一批国家级文明旅游示范单位、第一批国家级旅游休闲街区、福建省特色步行街等称号，并入选全国第二批步行街改造提升试点名单；上下杭获批成为国家 AAA 级旅游景区；三坊七巷、上下杭入选首批国家级夜间文化和旅游消费集聚区。

【街区旅游接待】 2021 年，福州五大历史文化街区完成第 44 届世界遗产大会考察团接待、数字峰会·对话未来、第八届海丝国际电影节嘉宾接待、海峡青年节等省市大型活动，推出 7 条“跟随总书记的脚步逛坊巷”专题线路，融合严复、林觉民等名人故居、明清古厝、保护修复成果展及非遗文化展示等景点。各街区开发“保护修复”“党建红色旅游”“文旅商融合旅游”“非遗文化旅游”“民俗文化旅游”等线路，用旅游线路串联街区景点、名人、非遗、文创等项目。年内，五大街区人流量 2298 万人次，讲解员及志愿者接待 5377 批 52998 人次。

【街区旅游营销】 2021 年，福州五大历史文化街区通过品牌 IP 活动、活动场地及广告位资源、文创产品、研学实践、旅游资源、战略合作媒体六大板块，建立线上传播、营销阵地，搭建集宣传、销售、服务于一体的线上平台，采用快闪店模式、沉浸式剧本杀、VR 云游览、文创雪糕等模式，开辟线上市场。

【景区建设】 2021 年，福州古厝保护开发集团有限公司启动并推进黄朱园里游客中心，大庙山、龙岭顶环境提升与配套工程，南公园风貌建筑外立面整治改造工程等重点项目，以及 22 个基础配套提升完善项目，按序时进度完成世遗大会筹备、数字峰会提升、马拉松赛事提升，并开展郭柏荫故居三进装修提升、防空洞沉浸式演出改造提升等项目建设。

（杨妙萍）

（编辑 黄　铭）

卫生健康

综　述

【概况】 2021年，福州市有各级各类医疗机构2740个（含省属，不含平潭及卫生室，下同），其中医院144家；医疗卫生机构床位4.29万张，比上年增长4.46%，其中医院床位3.65万张、增长5.73%；专业卫生技术人员7.06万人，增长7.59%，其中医生2.69万人、增长5.59%，护士3.13万人、增长8.79%。每千人拥有卫生机构床位5.35张，每千人拥有卫生技术人员8.79人，每千人拥有注册医师（助理医师）3.35人，每千人拥有注册护士3.89人。全市社区卫生服务中心50家，卫生技术人员2269人；社区卫生服务站139家，卫生技术人员 1106人；乡镇卫生院124家，卫生技术人员5880人。市属12家医院总床位编制7007张，实际开放床位6646张，总诊疗量466.89万人次、总收入57.04亿元。年内建成或基本建成滨海新城综合医院一期、福州市第一医院外科病房大楼、福州市第二医院改扩建项目、福州神经精神病防治院门诊综合楼项目、肺科医院隔离病区等5个项目，完成年度投资19亿元。

年内，福州市卫生健康委员会、市人力资源和社会保障局联合发布《2021—2022年度福州市市属卫生健康单位紧缺急需人才招聘指导目录》，指导市属卫生健康单位开展紧缺急需卫技人才招聘。组织市属卫生健康单位参加“榕博汇引才行”招聘活动，市属卫生健康单位开展自主招聘工作。年内市卫健系统入选第二批省“雏鹰计划”青年拔尖人才1人，获2019—2020年度福建省卫生健康突出贡献中青年专家称号3人。为2名到榕就业的具有博士学位的台湾医师申报落实执业补助。全年有462人获卫生系列高级专业技术职务资格，其中卫生系列正高级专业技术职务任职资格人数81人、卫生系列副高级专业技术职务任职资格人数381人。招录54人参加住院医师规范化培训、10人参加助理全科医生培训，完成2935名乡村医生规范培训。全年招录定向医学大专生23人、本科定向医学生6人，审核通过151项继续医学教育项目、院内办班629场次，授予学分11.36万人次，完成学分认证7902人。

【医药卫生集成改革】 2021年，福州市将“集成改革”方法用在医改领域，市医改领导小组出台《福州市深化医药卫生体制集成改革实施意见》，实施48项改革任务，制定183条具体政策措施。“集成化医改”被市委深改委评为福州市全面深化改革“十佳案例”，并获国家和全省推广，《健康报》《福建改革财经》刊发福州市“集成化医改”经验做法，福州市先后6次在世行贷款（中国）医改促进项目培训班、全省医改工作会议等国家和省级医改会议上介绍福州“集成化医改”做法经验。协同推进“药、价、保”联动改革，建立与省属医院“同城同价、同步调整”的医疗价格机制，增加实施第六批按病种收付费的病种，推进福州市第一医院实施、福建医科大学孟超肝胆医院新增实施DRG收付费方式改革。全面跟进国家和福建省药品耗材带量集中采购和使用机制，降低药品耗材价格。

【基层医疗卫生】 2021年，福州市出台《福州市基层医疗卫生机构服务设施规划建设提升工作方案》，启动基层医疗卫生机构全面提升工作，对社区卫生服务中心提升为社区医院、乡镇卫生院提升为二级综合医院的，市级每所奖励100万元。全年完成20个中心乡镇卫生院支持发展工程和20个社区卫生服务中心能力提升工程，对建设单位进行最终发展效果评价考核，下达市级补助资金1600万元。推进村卫生所业务用房“村村清”，对251个村卫生所进行标准化建设，下达市级财政配套资金761.6万元，实现村卫生所业务用房面积达标率95%。开展“优质服务基层行”活动，建成1家社区医院，新增推荐标准和基本标准达标基层医疗卫生机构分别为10所、41所，累计达标率分别为12%、91%。实施改革完善全科医生培养和使用激励机制“11个一批”、全面提升村卫生所基本医疗和公共卫生服务能力“14项行动”，通过“奖补保结合”提高全科医生和乡村医生待遇。建成全市基层医疗卫生机构“钉钉”软件移动办公、培训和签到平台，制定“福州市基层卫生线上培训大纲”，根据大纲内容录制微课开展基层医疗机构培训工作；出台《福州市卫生技术人员下基层定期服务工作考勤管理办法(试行)》，对下基层定期服务的卫技人员实行钉钉定位考勤打卡或签到。在全省率先推进家庭病床服务试点工作，22 家试点医疗机构 260 余人通过“榕医通”申请家庭病床；推进电子健康档案务实应用，印发《关于进一步做好家庭医生签约对象电子健康档案管理的通知》，7 月 1 日起签约对象电子健康档案向居民在线开放；创新家庭医生签约服务模式，出台《福州市“积分制”家庭医生签约服务工作方案》，促进分级诊疗。推进县域医共体实质性运作，组建 10 个县域医共体，其中闽侯县、福清市分别组建 2 个医共体，实现县域全覆盖；市级依托国家“紧密型县域医共体绩效评价系统”，开展医共体运行效果监测分析，引导医共体实质性运作，闽清县、永泰县、晋安区基本达到国家紧密型县域医共体建设评判标准。福州市全科医生培养与使用激励机制、乡村医生队伍建设、基层健康教育大赛等 3 项工作入选 2021 年全国基层卫生综合改革典型案例或书面工作交流，家庭病床工作在全省有关会议上作经验介绍。

【基本公共卫生】 2021 年，福州市城乡居民人均基本公共卫生服务补助标准提高到每人每年 79 元，下达 2021 年度项目市级补助经费 3949.35 万元，调整完善 2021 年度基本公共卫生服务项目市级绩效评价指标，引入信息化手段开展日常数据监测、绩效评价。将国家基本公共卫生服务项目实施成效列入政府绩效考核指标，老年人健康管理率 72.62%，高血压患者规范管理率 81.43%，2 型糖尿病患者规范管理率 83.45%；福州市基本公共卫生绩效评价机制改革工作入选 2021 年全国基层卫生综合改革典型案例。

【疾病预防与控制】 2021 年，福州市甲、乙类传染病报告发病率 214.36/10 万，报告死亡率 0.80/10 万，丙类传染病报告发病率 112.85/10 万。印发 2021 年度各类疾病监测方案，开展登革热、霍乱、手足口、狂犬病、鼠疫、流感等重点传染病常规监测工作。推动实施保持常规免疫规划疫苗高接种率各项措施，维持各类免疫规划疫苗单苗接种率在 95% 以上。开展心理健康进校园系列活动，配合市总工会全年开展百场职工心理健康服务，配合市公安局对 110 指挥中心接线员等开展心理危机干预培训。开发全省首个针对男男性行为人群自我评估和检测小程序，提高高危人群艾滋病检测比例。制作全省首个有地方特色的防艾歌曲《虎纠防艾歌》、普通话版本歌曲《你好，我是福小艾》，宣传普及防艾知识。强化落实结核病防治措施，结核病患者发现、追踪、治疗管理指标均达到年度目标。建成晋安区、闽清县省级慢性病综合防控示范区，推进全市肿瘤登记和急性心血管事件报告工作。

【卫生行政审批】 2021 年，福州市审批办结各类卫生健康政务服务事项 5167 件，及时将办理结果对外公示；办结食品安全企业标准备案 603 件，消毒产品安全评价备案 135 件。行政许可全流程网办、一趟不用跑事项比例提升至 100%；行政许可事项时限压缩 1633 个工作日，平均压缩时限比例 93.21%；行政许可事项即办件事项比例提升至 75.34%。先后 4 次删减 12 个事项的申请材料。22 个事项被列为福建福州—陕西渭南“跨省通办”事项；21 个事项被列为“全城通办”事项；2 个事项被列为全省高频政务服务“异地代收代办”省内通办事项；11 个事项被列为福州都市圈（福州、宁德、莆田、南平、平潭综合实验区）第一批“异地办”事项。围绕企业全生命周期推出 2 大主题、7 组的“打包办”事项。

【医疗卫生保障】 2021 年，福州市根据新冠疫情防控常态化下办会要求，开展针对性演练，完善各类应急处置流程和后备卫生应急力量部署，及时处置突发情况。完成市“两会”、中高考、省公务员考试、第四届数字峰会、“5·18”、第 44 届世界遗产大会、海峡青年节、海丝旅游节、丝绸之路电影节等 101 场重大活动（赛事）、会议、考试的医疗卫生保障和疫情防控工作，累计派出保障人员 2521 人次，救护车 302 辆次。

【卫生监督执法】 2021 年，福州市开展医疗机构依法执业、实验室生物安全、消毒产品、公共场所和学校卫生安全等专项监督检查及打击非法行医专项行动，联合有关部门打击非法医疗美容、非法应用人类辅助生殖技术等违法犯罪行为。全年出动卫生监督员 8625 人次，检查各类医疗卫生机构 2120 家次、集中医学观察点 352 家次、公共场所单位 1022 家次、各类中小学校等 268 家次以及消毒产品生产企业 165 家次等。全年查办案件 159 件，罚没金额 53.35 万元。实行量化分级工作动态化管理，公共场所卫生信誉度等级公示率 100%，涉水产品生产企业监督覆盖率 100%，学校卫生综合评价实施工作覆盖率 100%。开展食品安全风险监测，完成 803 份食品样品的采集检验、7549 例食源性疾病病例监测、720 份消毒餐饮具抽检任务。强化食品标准备案管理，完成 576 份企业标准的备案工作，监测 854 份企业标准，审查 628 份企业标准。推动社会信用体系建设，累计产生 6 例严重危害正常医疗秩序领域惩戒对象名单，并推送到福州市公共信用信息平台实施联合惩戒；先后两批次将 387 名符合条件的医务人员信息推送市公共信用信息平台实行茉莉分加分；联合福建省血液中心将全市 2018—2021 年 34 万名献血人员数据全部导入市公共信用信息平台。

【职业安全健康监管】 2021 年，福州市已建档存在职业病危害的企业 861 家，在册职工 17.25 万人，接触职业病危害因素的总人数 5.15 万人。出台《福州市职业病防治工作联席会议制度》《福州市〈职业病防治法〉自由裁量标准》。开展主题为“共创健康中国，共享职业健康”《职业病防治法》宣传周系列活动，启动“健康达人”评选工作。完成职业病防治“四大”监测项目，启动市第二医院职业病诊断机构建设。开展职业卫生专项监督执法工作，对全市重点行业领域企业进行监督检查，监督检查用人单位388家，下达执法文书173家，责令限期整改128家，立案15件（13件已结案），警告18起，罚款5家，罚款金额51.5万元。开展放射诊疗机构专项执法，检查106家放射诊疗机构，行政处罚3家。开展放射性疾病监测，将全市14家医疗机构纳入放射性疾病监测范围，实现各县（市）区监测单位全覆盖。

【卫生应急处置】 2021年，福州市建成并运行5类10支卫生应急队伍，常年性投入运转维护费用300万元，为队伍及时更新和采购卫生应急装备。联合市发改委、市财政局印发《关于进一步加强县级卫生应急队伍建设指导意见》，各县（市）区均建成1支及以上卫生应急队伍。开展市卫生应急信息指挥平台建设，实现卫生应急相关事件的快速响应、扁平指挥调度及高效联动处置。加强卫生应急储备能力建设和部门间、军地间、区域间卫生应急协作。组织开展和参加省市新冠疫情防控演练、防汛抗旱演练、反恐怖防范演练、核辐射演练、化学品泄漏防控演练、食品安全突发事件应急演练等124场次，参演和培训人员近1.4万人次。处置各类突发事件，累计派出专家队伍13批次112人次。

【妇幼健康服务】 2021年，福州市通过妇女儿童发展纲要终期评估，其中2011—2020年“两纲”涉及卫生健康领域可量化指标31项，达标率100%，2021年孕产妇死亡率低于国家、省、市考核指标。完成妇幼保健规范化门诊建设项目4个、妇幼保健机构能力提升项目3个，新增产前筛查机构3个，筹建人类辅助生殖技术机构1个。完成1万例新生儿耳聋基因筛查，推进全市出生缺陷大数据平台建设项目，累计为1.1万例符合条件的孕妇无创产前DNA检测进行补助。妇幼健康公共卫生服务项目和预防艾滋病、梅毒、乙肝母婴传播项目累计惠及33万人次。

【卫生健康信息化】 2021年，福州市完成全市卫生系统信息化调研工作，编制“十四五”事业发展规划信息化专章。启动福州市全民人口健康信息平台建设，完成基础平台搭建以及12家市属医院检查检验结果互认对接改造。立项建设福州市重大疫情综合管理系统，支撑疫情防控线索摸排以及核酸检测管控工作。完善“榕医通”平台建设，实现群众在全市医疗机构之间就诊余额通存通用，整合多个基本公共卫生应用，服务覆盖人数583万人，线上便民服务次数逾1778万次。借助建成的福州市区域互联网医院服务平台，福建省福州神经精神病防治院、福州市中医院、福建医科大学孟超肝胆医院、闽清县总医院、福州平安互联网医院等5家取得互联网医院牌照。完成世界银行贷款医改促进信息化项目终验，实现全市174家基层医疗卫生机构分级诊疗、电子病历、区域影像、区域检验、区域心电等功能系统改造和升级。推进健康医疗大数据汇聚及健康产业发展，累计入库数据95亿多条，有130余家健康医疗相关类企业入驻健康医疗大数据产业园。

【卫生科技】 2021年，福州市修订《福州市卫生健康科技计划项目管理暂行办法》、制定出台《福州市卫生健康系统科技创新平台管理办法（试行）》。在福州市第二医院、福州市中医院、福建医科大学孟超肝胆医院搭建3个市级卫生健康科技创新平台，推进科技资源共享。获科研项目立项265个，其中国家级项目2个，省科技厅科技机会项目57个、省卫健委科技计划项目21个、市科技局113个、市卫生健康科技计划项目52个，其他类型项目20个，总资助经费1983.05万元。全年发表SCI论文79篇、CSCD期刊收录论文29篇；获得国家授权的专利54项，其中发明专利4项。

【中医药管理】 2021年，福州市委、市政府制订出台《福州市中医药传承创新发展实施方案》。市卫健委撰写的“大力发展我市中医药事业研究”获得2021年度政府系统专项调研成果三等奖。成立福州市中医药应对重大公共卫生事件和疫病防治骨干人才库，成员118人。市中医院获批“国家中医特色重点医院”建设项目，中央资助1亿元。罗源县通过“全国基层中医药工作先进单位”复审。开展基层医疗机构中医馆建设，累计建成中医馆151家。基层中医诊疗量占基层诊疗总量31%。新增4个验收合格的全国（基层）名老中医药专家传承工作室并新获立项建设3个。市中医院原丹获评“全国中医临床优秀人才”。市卫健委参赛队在“全省中药传统技能大赛”中获团队一等奖。市中医院参赛队在“全省药膳制作技能大赛”中获“团体一等奖”。永泰县洋中小学获批成为“首批全省中医药文化教育试点学校”。

2021年6月26—27日，福州市卫健委代表队在省卫健委和省总工会联合举办的“2021年福建省中药传统技能大赛”中获团队一等奖　（市卫健委 供图）

【医疗服务管理】 2021年，福州市有6个省级重点专科（妇科、产科、呼吸内科、感染性疾病科、骨科、康复科）、1个省级医学中心（肝胆医学中心）通过省级验收。9家县级医院达到《县医院医疗服务能力基本标准》，福清市医院、闽清县总医院达到《县医院医疗服务能力推荐标准》，分别有9个和3个县级专科被列入省级临床重点专科建设项目和培育建设项目。年内全市二级以上公立医院出院患者满意度91.60分，比上年提高0.51分，呈逐年上升趋势。开展献血工作，全市近9.3万人次参加无偿献血，无偿献血率11.1‰。建立非医疗转运服务联席审核推荐制度，完善全市非医疗转运模式，联合公安部门开展非法院后转运车专项整治行动，开展特殊药品专项整治行动，年内获评2020年度福建省扫黑除恶专项斗争先进单位。5月，复旦大学附属华山医院福建医院区域医疗中心正式开业。福建医科大学孟超肝胆医院与浙江大学医学院附属第一医院合作创建国家区域医疗中心试点项目被纳入试点考察备选单位。

【医疗质量管理】 2021年，福州市开展年度医院评价、“民营医院管理年”、“无红包”医院创建、公立医院巡查活动，推进医学检查结果互认共享，规范公立及民营医院医疗服务行为。启动并完成市级医废信息化管理平台建设，推进全市医疗机构医废信息化管理。加强平安医院建设，10家三级公立医院开展安检工作。国家卫健委发布2019年度全国三级公立医院绩效考核结果，全市10家三级公立医院中2家取得A级，3家取得B+级，5家取得B级。

【医学鉴定】 2021年，福州市医学会受理医疗事故技术鉴定案例25例，完成鉴定7例，双方协商解决2例，程序进行中16例。鉴定为医疗事故1例，占14.3%，不属于医疗事故6例，占85.7%。鉴定案例涉及前三位的学科为儿科、普通外科、神经内科。鉴定案例涉及的医疗机构级别为省级4例、市级1例、乡（镇）卫生院1例、民营1例。全年受理首次职业病鉴定12例，完成鉴定3例，程序进行中9例。协助其他设区市医鉴办完成职业病诊断鉴定6例，医疗事故技术鉴定2例。

【民营医疗】 2021年，福州市社会办医疗机构4214家，床位7823张。其中三级医院6家，二级医院29家，一级医院28家，未定级医院29家，护理院4家，健康体检中心9家，病理诊断中心1家，医学影像诊断中心2家，康复医疗中心9家，医学检验实验室15家，血液透析中心10家，门诊部468家，其余均为诊所、医务室、护理站等。鼓励外籍、台港澳地区医师到榕执业，在榕短期执业的外国医师4人，台港澳医师5人。

【国家卫生城市复审】 2021年，福州市制订《2021年福州市国家卫生城市复审迎检工作方案》，市爱卫办对国家卫生城市检查内容进行细化分解，组织市直相关部门，逐条对照复审项目，对六城区进行量化评分，福州市通过2021年国家卫生城市复审。开展以“文明健康，绿色环保”为主题的全国第33个爱国卫生月活动，开展科普宣传活动403场，发放、粘贴各类宣传材料27万余份，新媒体发布宣传文章阅读量543万人次，参与活动15万余人次。

【病媒生物防制】 2021年，福州市落实《福州市除四害条例》，开展除四害工作。下发《福州市2021年除四害工作方案》，下拨除四害专项经费376.5万元，作为五城区502个社区（村）的除四害补助经费，下拨5万元经费用于五城区“四害”密度监测。年内全市统一开展外环境消杀12次，其中灭鼠2次、灭蚊蝇6次和下水道灭蚊蟑4次。

【卫生健康宣传】 2021年，福州市各县（市）区、市属卫生健康单位均履行主体责任、属地责任，以维护网络秩序。在《福州日报》推出《疫情防控一线见闻》《不负千钧嘱托 保障人民健康》《健康生活 你我同行》等专栏，结合卫生健康节日开展专题报道；在“福州卫生健康”微信公众号推出“疫线见闻”“大美福州 幸福之城”“防疫科普小贴士”等话题专辑，挖掘报道市卫健系统的战“疫”故事。推出第四个中国医师节原创MV《我多想》，选派市卫健系统宣讲员参加“福州听我说”第五季宣讲比赛。

【老龄健康】 2021年，福州市13家二级以上综合性医院（中医院）设置老年医学科。制订《福州市建立完善老年健康服务体系实施方案》，构建健康教育、预防保健、疾病诊治、康复护理、长期照护、安宁疗护、医养结合等7个方面的老年健康服务体系。在全省率先创建91家老年友善医疗机构，占全市综合医院、基层医疗卫生机构的比例45%。在鼓楼区、马尾区、福清市、长乐区组织开展全国第二批老年人心理关爱项目试点工作，完成问卷调查及随访425人。组织开展失能老年人健康评估与服务工作，全市完成失能老年人评估1278人，开展健康服务1122人。开展全市医养结合服务质量提升行动，联合民政部门对全市30家医养结合机构进行检查评估，分类指导、督促整改。市国德老年康养中心（福州国德医院）被纳入国家卫健委第二批老龄健康医养结合远程协同服务试点机构。鼓楼区华大街道公益社区等6个社区（村居）获评全国首批示范性老年友好型社区。

【健康促进】 2021年，福州市开展全市居民健康素养监测工作，永泰县通过全国健康促进县省级评估验收，福州儿童医院、福州市皮肤病防治院、闽侯县医院、闽侯县人民医院、福清市医院、福清市妇幼保健院等6家医院通过第六批全国健康促进医院终期考核。全市创建全国健康促进县区2个，通过国家考核验收1个，通过省级考核验收1个；创建全国健康促进医院22家，通过国家考核13家，建成规范化的戒烟门诊2家。全年向省爱卫办申报省级卫生乡镇23个、省级卫生村326个、省级卫生社区56个。

（张先玲）

新冠肺炎疫情防控

【概况】 2021年，福州市收治新冠

肺炎境外输入确诊病例50例，累计治愈出院50例；无症状感染者128例，解除隔离128例。累计管控密接3168人，次密接3692人，落实闭环管理，未发生疫情输入扩散事件。累计检测相关样本60.84万份，累计参与处置68起相关事件，未发生新冠病毒由物及人传播。全市累计接种新冠肺炎疫苗721.6万人、1552.1万剂次，3岁以上常住人口接种覆盖率94%。

【医疗救治】 2021年，福州市改造完成24家发热门诊，建成福州市第一医院、福清市医院、长乐区3个城市核酸检测基地，全市核酸检测能力为48万份。12月，通过国家验收组对全市城市核酸检测组织实施能力评估验收。在市第一医院城市核酸检测基地开展2次全市师生核酸检测实战。组建核酸采样检测、医疗、监督、流调等279名专业人员支援莆田、厦门抗击新冠肺炎疫情。制定《福州市新型冠状病毒肺炎中医药预防建议》，分人群辨证施治。组织市级产儿科专家组成医疗救治援助小组，出台市中高风险地区孕产妇和儿童就医工作预案，组织开展妇幼保健机构疫情防控风险排查和回头看，组织开展妇幼健康领域疫情防控培训演练。

【“人物同防”】 2021年，福州市规范开展本地苗头性疫情和外地通报疫情处置，未发生疫情输入扩散事件，实行“人物同防”，加强涉冷链的人、物、环境监测，累计检测相关样本60.84万份，累计参与处置68起相关事件，未发生新冠病毒由物及人传播。整合公安、大数据等部门力量，组建2支40人的市级流调溯源突击队和6支110人的对口支援市级流调队。设立24小时应对疫情心理援助专线，全年接听来电约1万通。下发《福州市爱卫办关于深入开展爱国卫生运动 切实做好新冠疫情防控工作的通知》《关于迅速加强爱国卫生运动 有效助力疫情防控工作的紧急通知》《关于推进公共环境更大力度消毒工作实施方案》。每日开展对生活场所、办公场所、公共场所、临时封闭场所预防性消毒工作，全年消毒面积2483万平方米。

【新冠病毒疫苗接种】 2021年，福州市新冠肺炎疫苗接种点由最初开放26个至高峰时239个，单日最大接种量达16.5万剂次。根据国家、福建省统一部署，推进3岁以上不同年龄人群新冠病毒疫苗接种，年内全市累计接种721.6万人、1552.1万剂次，3岁以上常住人口接种覆盖率达到94%。

（张先玲）

人口与计划生育

【概况】 2021年，福州市总人口658.9万人，其中育龄妇女157.4万人，已婚育龄妇女110.3万人；出生人口39890人，出生率6.06‰；自然增长率1.27‰。出生人口政策符合率95.25%，性别比114.2。全市流动人口147.67万人，其中流入人口101.55万人，省外流入人口61.38万人，占流入总量的60.44%。流出人口46.12万人，省外流出人口22.02万人，占流出总量的47.75%。

【计划生育家庭奖励扶助】 2021年，福州市独生子女伤残死亡家庭特殊扶助4772人（其中5人为计划生育并发症），农村部分计划生育奖励扶助13.9万人（含年龄提前），城镇部分独生子女家庭奖励扶助14.18万人，农村二女奖励2.73万人。2018年起，计划生育特扶金标准普通家庭49—59周岁每人每月1310元，60周岁每人每月1410元；低保家庭49—59周岁每人每月1600元，60周岁每人每月1700元。对农村计划生育特殊家庭、农村独生子女户和二女户等部分计划生育家庭成员参加城乡居民基本医疗保险需个人缴纳的费用由政府给予补助，以保障其获得基本医疗保险服务，全年参保人数48.36万人。

【母婴照护】 2021年，福州市备案23家婴幼儿照护服务机构。其中省级4家普惠性托育机构示范点建设按照序时进度推进并全部完成备案工作。11月17日，4家托育机构通过省级验收。福州市卫健委会同市总工会、市妇联联合开展“2021年寻找我最喜爱妈妈小屋”活动，福清市医院被省卫健委、省总工会、省妇联联合评为“2021年我最喜爱妈妈小屋”。

（张先玲）

（编辑 姚国榕）

群众体育

【概况】 2021年，福州市开展市、县联创“全民运动健身模范市”活动、全国城市社区足球场地建设试点，福州市晋安区获评首批省级全民运动健身模范市（县），全面完成全国城市社区足球场地试点任务，长乐区获评首批全国县域足球典型区。有体育健身场地26644个，按第七次人口普查数据测算人均体育场地面积2.47平方米。有市级体育类社会组织121个，居全省首位。社会体育指导员17867人，每万人公益社会体育指导员21个。每周参加1次及以上体育锻炼人数60%以上，经常参加体育锻炼人数占常住总人口数的52%以上。

【全国社区足球场地建设试点城市】 2021年，福州市被国家住建部、国家体育总局认定为第二批全国社区足球场地设施建设试点城市之一，按照《福州市城市社区足球场地设施建设试点工作实施方案》《社区足球场地建设标准》，2020—2021年试点建设150片足球场地，其中2021年试点完成49片足球场地建设任务，超额完成142片足球场地建设任务。全市完成投资8740万元，其中政府投资占比78%，社会投资占比22%，足球场地中五人制136个、七人制7个、十一人制7个。各县（市）区通过购买服务扩大球场运营管理效益，邀请市内国有企业“先建再管”“帮建代管”等形式参与运营管理，发动俱乐部、私企和个人投建或运营，鼓楼区球场100%交由区国投运营，仓山区、台江区70%以上球场被纳入区国投和国资委管理。

【全民健身设施】 2021年，福州市发布《全民健身实施计划2021—2025》，项目设置突出以体育公园、全民健身活动中心、智慧健身驿站、智慧健身房等综合性、智能化为主，实施健身路径、体育健身工程提升改造。建设九大类548个基础设施项目，其中纳入省为民办实事项目为全省项目最多、体育公园布局最多的城市；市为民办实事项目总投资超过1亿元，为历年数量最多、类型最广、投资最大。新建智慧体育公园2个、室内健身房11个、农民全民健身活动中心3个、智能健身驿站16个、室外智慧健身房3个、篮球场8片、网球场4片，更换新建健身路径438条、提升改造农民体育健身工程63个，另有马尾区、长乐区、高新区、滨海新城4个智慧体育公园完成项目设计及招投标工作，进入施工阶段。全市有12个单位被评为省老年人健身康乐家园，有172个单位被评为福州市老年人健身康乐家园。建成五虎山、牛岗山、高盖山步道和串珠公园为代表的城市生态休闲步道，全市步道（绿道）总长1200千米，其中，登山步道134个，总长近200千米。建成串珠公园203个，滨河绿道470千米。各县（市）区以服务外包、物业进驻、依托管理等方式开展场地设施管理维护工作，其中鼓楼区、仓山区等地基本实现市场化管理。

【全民健身活动】 2021年，福州市策划“线上+线下”“假日+四季”“品牌+文化”等多形式群众活动，安排30项361场重点群众赛事活动，其中线上赛事占比30%，假日举办赛事占比75%。市级主导全民健身运动会、运动健身进万家、百队千场篮球赛等多层次、广覆盖联赛体系，扶持县（市）区依托区域资源培育越野、龙舟、登山、围棋、农耕等八大群众健身品牌赛事，开展10项以上全民健身活动，游泳、自行车、健步走、马拉松等活动带动人群约百万人，闽侯五虎山越野赛、长乐“武术六进”和夜赛龙舟、闽清杜鹃花国际山地户外节等影响力较大，全市经常参加体育锻炼的人口比例52%。121家社会组织正常开展活动比升至82%，开展赛事活动102场，全市经常习练广场舞、太极拳、健身气功的人数涵盖老年人口50%以上。年内福州市晋安区被确认为首批全省全民运动健身模范市（县），全国城市社区足球场地试点任务保质超量完成，长乐区获评首批全国县域足球典型区。市体育局等9个单位获评全国群众体育先进单位，7人获评全国群众体育先进个人。

【健身科学指导】 2021年，福州市

有等级社会体育指导员分别为国家级134人、一级631人、二级4713人、三级12362人，其中新增国家级9人、一级7人、二级130人、三级439人。市县两级举办63期全市骨干社会体育指导员培训班，市级各类体育类社会组织举办健身气功、太极拳、门球等培训交流、公益课活动48场次，带动社会指导员进社区、进家庭。借助赛事活动平台提供科学健身指导等16批次，直接受益人群1万余人。发动社会力量运用互联网、大数据、云计算等信息技术，拍摄居家健身、科学健身推广视频200余个，开展线上运动员、线上体育展示等活动，依托福州电视台、《福州日报》、《福州晚报》等媒体普及体育健身文化知识，刊发科学健身指导类信息500余条。

【体育组织建设】　2021年，福州市建立以绩效奖励为支撑的评估体系，指导各体育组织开展年报、申报扶持资金、规范换届等工作。年内新组建12家市级体育协会（俱乐部），市级体育组织增至121家，会员49.29万人，正常开展业务活动的市级体育组织100家，其中体育协会55家、体育俱乐部45家。有73家完成年报、7家完成换届、23家成立裁委会。市级设立200万元专项扶持资金，开展星级评定及赛事奖补工作，年内评定星级协会（俱乐部）5A等级2家、4A等级7家、3A等级12家，4项赛事获奖补资金，发放扶持资金53.18万元。利用社会资金300余万元开展各类赛事活动200场次。

【体育交流】　2021年，福州市将海峡两岸门球赛、海青节体育交流项目、两马体育联赛等项目列为年度重点交流项目，以世界女子围棋大赛带动海峡两岸线上远程赛事互动交流，其中第四届世界女子围棋赛暨世界人工智能围棋大赛继续采用线上线下结合方式，在全球6个国家和中国台湾等地区设八大赛区，有28名世界女子围棋选手、20支队伍参赛，其中中国台湾女子选手2人参赛。第三届“梦想全垒打”闽台青年棒球邀请赛于11月举行，有5支队伍参赛，吸引闽台青年近100人参与活动，活动全程由东南网提供视频直播连线服务，通过《福建日报》全媒体、百度直播等平台进行全程在线直播，全媒体累计观看直播100余万人次。新华社对活动进行报道，阅读量22万人次。首届海峡两岸（福州）电子竞技名校交流赛于7月举行，赛事为2021年国台办重点交流项目，有复旦大学、浙江大学、台湾清华大学、台湾中正大学等两岸12所名校计24支队伍参与，虎牙、斗鱼等直播平台同步播放，观看70万人次。

（卢余清）

竞技体育

【概况】　2021年，福州市落实《陕西全运会项目攻关计划》《东京奥运会项目攻关计划》，实现东京奥运会、陕西全运会参赛成绩重大历史性突破。市级举办竞技项目25个，其中水上、男排、手球、足球等项目为市队县（区）办、市校联办项目。县（市）区训练网络体系完备，有5个县（市）区举办项目超过10个，其中鼓楼区少体校自办田径等项目16个，为全市最多，仓山区少体校自办联办游泳等项目14个，晋安区少体校自办联办射箭射击等项目12个，马尾区少体校自办联办举重等项目10个，长乐区少体校自办联办柔道等项目12个。全市在训运动员1.2万人，其中各县（市）区少体校学生2685名，学生300人以上的有鼓楼区、台江区，各县（市）区拥有竞技类场馆47个。

【福州运动员参赛奥运会全运会】　2021年，福州市有李雯雯、李发彬、刘灵玲等5名运动员入围东京奥运会，获2枚金牌、1枚银牌和一个第四名，打破5项奥运会纪录，分别为李发彬获举重男子61公斤级金牌，李雯雯获举重女子87公斤以上级金牌，刘灵玲获蹦床女子网上个人银牌，林声获击剑女子重剑团体第四名，实现金牌总数、奖牌总数、个人项目金牌“3个历史性突破”。有92名运动员参加全运会29个大项77个小项比赛，获9金4银5铜。对福建代表团的奖牌贡献率达29%；8人获得9枚金牌，对福建代表团的金牌贡献率达36%。全市为福建代表团贡献50%以上金牌、奖牌。省体育局授予福州市、马尾区三个“突出贡献奖”，授予仓山区两个“贡献奖”，马尾区实现奥运、全运金牌零的突破。李雯雯、李发彬为奥运、全运“双金”运动员，台江黄梦恺为福州唯一在全运斩获双金的运动员，吴雨薇在全运会夺得银牌，自2009

2021年8月2日，福州籍运动员李雯雯在东京奥运会女子举重87公斤以上级的比赛中，以抓举140公斤、挺举180公斤、总成绩320公斤的成绩夺得金牌，抓举、挺举和总成绩均打破奥运会纪录　（杨磊　摄）

年以来首次有福建游泳运动员站上全运会领奖台。

【省运会备战参赛】 2021年，福州市成立备战第十七届省运会领导小组，落实市级训练单位参照事业单位聘用制教师、训练单位一线教练员等级考评奖励等政策。市级3个训练单位派出1741人参加省锦标赛，在省锦标赛上获13金19银15铜。在2019—2021周期省锦标赛上获21金31银22铜。其中，市体校获8金11银9铜，市体工队获4金5银2铜，市水上中心获1金3银4铜。另有16人参加全国帆板锦标赛等全国以上比赛，获15金5银6铜。

【竞技训练管理】 2021年，福州市构建"一项一团队"系统训练体系，分析备战省运会5000余名注册运动员情况，针对重点运动员竞技能力和状态，以及各地市竞争对手情况，分别制定体能、技能、心理、文化等不同的训练培养计划。新冠肺炎疫情防控期间，各项目队实行封闭式训练管理，安排11项153人寄外训，组织参赛锻炼356人次，以冬季训练3场综合测试为节点，每周3次"现场督导、计划调整、策略分析"管理。引入人工智能技术为竞技体育训练提供支撑，其中赛艇、皮划艇、游泳等项目，为运动员配置心率表带，实时监测个体训练数据、调整训练强度与计划；射击训练室、生理生化监控等室内训练室安装数字化管理系统，篮球、跳水、田径、水上等项目配备运动视频反馈系统、综合训练器，实现运动训练实况采集、训练模型数据生成、训练数据分析与研判等功能运用，以提升竞技训练科学性与精准度。

【后备人才基地建设】 2021年，福州市12所县（市）区少体校有"二集中"（集中住宿、集中训练）、"一集中"（集中训练）学生2685人，有台江、仓山、晋安、马尾、长乐、福清、闽侯、连江、闽清、永泰10所少体校实现"二集中"管理。评定204个单项体育后备人才基地及传统校，其中命名39个市单项体育后备人才基地、165所中小学体育传统特色项目学校。编制《福州市社会力量兴办竞技体育训练机构扶持办法》，搭建"体校+学校+协会"共培人才机制。市级拓展足球、排球、手球、水上等多主体联办项目，各县（市）区级少体校"1+N"办学模式活跃，鼓楼区少体校与区国投合作，聘用41名专项教练开展训练；台江区与沃瑞尔网球学院合作办队，获市锦标赛团体总分第一；晋安区构建体育协会（俱乐部）为补充的训练模式，对辖区周边传统校开展课后驻点帮扶训练，帮助学校开展"一校一特"特色办学；连江出台《竞技体育"冠军培养"行动计划》；长乐区、永泰县推进武术进校园，在部分小学设立"少体校武术示范基地"开设武术教学课程。市体校改扩建项目完成投资5260万元，其中，第一标段于1月完成市财政投资评审中心的结算，并于6月签订补充协议；第二标段办理工程结算先行送财政投资评审中心预审；第三标段3号体育训练基地、6号体校配套用房于9月竣工验收，并完成室外附属工程大面积施工。

【体育后备人才培养】 2021年，福州市市级训练单位各项目招录新生600余人，各县（市）区向市级输送367名运动员，比上年增长132%，福清、长乐两个区（市）向市级输送运动员分别为100人、61人。举办市中小学生联赛，设项增至15项，新增摔跤、电子枪射击项目，赛事在全市9个赛区举办，有3500人参加比赛。中小学生联赛下放由县（市）区主导，吸收企业、体育协会、俱乐部直接承办，通过赛事遴选苗子约300人。晋安区举办区级运动会，台江、晋安、马尾、长乐、闽侯、连江6个县（市）区举办中小学生运动会，其中连江县中小学生运动会项目达43个。印发《福州市竞技体育反兴奋剂、赛风赛纪专项整治活动方案》，开展为期5个月专项整治活动，专项整治分学习教育、自查自纠、督促检查、巩固提高"四个环节"进行，市级训练单位、县（市）区少体校每季度安排1次以上、每项赛前安排1次以上反兴奋剂专题教育，利用宣传栏、制发宣传单等形式落实日常教育，结合中小学生联赛开展16场集中教育。

（卢余清）

体育产业

【概况】 2021年，福州市开展首批国家体育消费城市试点工作。全市体育产业总产出保持8%以上增长，拥有体育产业单位7444家，比上年增加4745家，其中拥有体育产业法人及产业活动单位4405家，增加2699家。新增国家级体育产业示范单位1家、省级体育产业示范项目1个，建有国家级示范基地（单位）5个、省级28个，中国体育旅游精品项目2个、省级体育旅游休闲基地5个、国家体育总局体科所联合实验室1个、"全国体育服务综合体典型案例"2个。全市体育服务业规模以上企业21家，1—11月体育第三产业营业额比上年同期增长31.5%。体育彩票年度销售额17.86亿元，完成年度任务数114%。

【体育产业政策】 2021年，福州市编制发布《福州市"十四五"体育发展规划》《福州市"十四五"体育产业发展规划》，修订《福州市体育产业发展专项资金使用管理暂行办法实施细则》，增加对职业联赛活动类扶持，符合条件的体育职业俱乐部可获最高200万元补助，其中鼎制全流程智慧体育馆等12家企业（项目）获市级体育产业奖扶资金579.5万元。完成全年全市体育事业统计、全市体育场地统计调查、体育产业发展情况调查及名录库建立等。以"千名干部进千企"活动为载体，开展60余批次拉网式走访重点体育企业（协会、俱乐部）。福州国际马拉松等两个体彩公益典型案例分列全省线上投票第一、综合评审第一。

【体育产业发展平台】 2021年，福州市体育用地首次以"以地招商"形式运作，市、县（市）区两级形成招商联动，分析三江口、帝封江、东升地铁等10余片重点体育规划用地情况，集合产业区域布局，邀请洽谈近20家企业，推动生成体育"以地招商"项目。依托"9·8"第21届中国国际投资贸易洽谈会、国际体育用品博览会等平台，布设福州市体育资源展区，组织天翔悦动城、校外闭环式体育培训等10余个项目参展。出让2地块、吸引民间投资7.04亿元，引进福建起翔文体发展、福建融邦文体产业等招商项目5个，投资额3.91亿元。打造福州体育科技园、天翔体育文创园、万创公社等体育企业聚集孵化区，其中福州体育科技园打造“全国标志性体育科技园区”，宜准电子、富昌维空、北斗星云等数字体育制造业在高端体育设备器材市场占比逐年提升，增加值比上年增长9.1%。“液态常温运动冰”通过全国立项论证并正式实施标准，雪人股份、祥兴箱包、汉特云智能、新大陆等“福州制造”在北京冬奥会中出现。

【体育消费】　2021年，福州市政府办公厅印发《关于推进国家体育消费试点城市建设工作方案的通知》，成立福州市推进国家体育消费试点城市工作领导小组。发展城市核心区“休闲体育”、网络体育社区，引导爱动巅峰、超体健康、懒人易健等一批体育培训龙头企业，开发在线健身、线上培训等产品，构建健身服务平台33个、网络社区近200个。与云闪付、支付宝主流支付平台合作，累计发放“体育乐购券”4期700万元，总发放券面金额1218万元，惠及25万人次，累计核销642万元，核销率92%，直接带动消费近2000万元，杠杆比为3倍，体育类消费券核销率、杠杆比均居全市单项类消费券之首。全市居民体育消费总规模141.92亿元，人均体育消费支出1712元，高于全国平均水平，占全市城乡居民人均生活消费支出的比重为6.27%，有体育消费支出的人群占比74.8%，为619.85万人。

【体育市场管理】　2021年，福州市调整发布《福州市体育局权责清单》、政府信息公开指南，优化6项行政审批服务事项办理标准和流程，精简依申请政务服务事项申请材料30%、压减时限40%以上，网上可办率90%以上，全市审批游泳场所228家、攀岩场馆4家。年内全市体育系统开展“双随机”（随机抽取检查对象、随机选派执法检查人员）执法检查112次，抽查重点经营场所40家，发布书面整改通知7次；配合开展景区和非景区景点安全管理专项整治，每周保持1—2次检查次数。年度审批二级运动员280人，初审一级运动员126人。开展为期3个月的体育赛事活动专项整顿，完成体育赛事活动安全管理摸排清查，对“七一”、国庆前后77个重点赛事活动登记造册，摸排赛事活动名称、举办时间、地点、参赛人数、组织机构责任、“一赛两方案（应急预案、风险评估）”制订等情况，建立风险源和制度措施“两个清单”，建立黑、红、灰名单制度。

（卢余清）

大型体育赛事活动

【概况】　2021年，福州市举办大型体育赛事活动6项，其中有首届数字体育分论坛、第四届世界女子围棋赛暨世界人工智能围棋大赛、2021年全国新年登高健身大会、福州市传统龙舟邀请赛、福州第十一届老健会、福州市五虎山越野赛等。大型赛事融合体旅精品线路推广、体育会展推介、体育文化沉浸、体育运动普及等系列赛、嘉年华活动，突出“有福之州”“悦动福州”“生态绿城”“奔跑福州”等城市特色。以线上线下相结合的形式举办赛事活动，直接参与人数10万人，宣传面覆盖24个国家地区。

【数字体育分论坛】　于2021年4月26日第四届数字中国建设峰会期间在福州（长乐）数字中国会展中心举行。论坛由国家体育总局主办，福建省体育局、福州市人民政府承办，福州市体育局、长乐区人民政府协办。论坛主题为“体育叠加新技术 融合释放新动能”，设置主题演讲、高峰对话两个环节。国家体育总局党组副书记、副局长王瑞连出席论坛并致辞，冬奥组委、北京体育大学、中移动、中联通、华为等代表做主旨演讲。来自国家体育总局各司局、直属单位、全国性体育社会组织，各省、市、区体育局，有关高等院校、科研院所、企业350多名代表参加会议。与会嘉宾在论坛期间，全面调研城市生态休闲公园规划建设、智慧体育场馆管理系统等情况。4月27日，《中国体育报》对分论坛进行整版报道，人民网、新华社、“学习强国”、新福建、东南网等中央、省、市媒体报道74.2万篇。

【第四届世界女子围棋赛暨2021世界人工智能围棋大赛】　2021年7月17—20日，第四届“吴清源杯”世界女子围棋赛暨“福建海峡银行杯”2021世界人工智能围棋大赛在福州长乐融侨赛德伯学校开幕，并于11月29日至12

2021年7月17日，第四届“吴清源杯”世界女子围棋赛暨“福建海峡银行杯”2021世界人工智能围棋大赛在福州长乐融侨赛德伯学校开幕　（市体育局 供图）

月5日在鼓楼区吴清源围棋会馆落幕。赛事由中国围棋协会、市人民政府主办，市体育局、鼓楼区人民政府、长乐区人民政府、市围棋协会承办，日本棋院、韩国棋院、欧洲围棋联盟、美国围棋协会、中国台湾棋院、福建省围棋协会协办，福建海峡银行独家冠名。世界女子围棋大赛分本赛和决赛两个阶段进行，7月18—20日，第四届“吴清源杯”世界女子围棋赛在中国福州、中国台北、日本东京、韩国首尔、美国纽约、美国布里奇沃特、俄罗斯莫斯科、德国耶拿市6个国家8座城市开赛，7个国家和地区24名女子棋手参赛，产生四强选手分别为中国选手於之莹七段、王晨星五段、方若曦四段和韩国选手崔精九段。11月30日至12月5日，总决赛在福州吴清源会馆举行，崔精九段以2∶1成绩获冠军，於之莹七段获亚军。2021世界人工智能围棋大赛与世界女子围棋大赛同步进行，该赛阶段自用积分编排制，为世界人工智能大赛参赛队伍最多的赛事。28支队伍经过7轮比赛，赛事决出星阵围棋、天狗、鱼围棋和大胖围棋排名最前四支队伍进入决赛，星阵围棋以4∶0成绩获冠军，天狗获亚军，大胖围棋获季军。赛事举办期间，组委会相继举办首届淑女围棋亲缘赛、第四届福州市业余围棋联赛、2021公园围棋文化节、围棋名人见面会暨指导棋活动、围棋名人嘉宾联棋赛、围棋名人进校园指导棋等23场次系列活动。赛事启用抖音、虎牙、B站、快手等9个直播频道，新华社等主流媒体开展宣传，其中新华社刊发14篇报道、《体坛周报》刊发3个专版，百度搜索结果386万个。

【福州市传统龙舟邀请赛】 2021年6月13—14日在福州市海峡国际会展中心浦下河举行。赛事有鼓楼、台江、仓山、晋安、马尾、长乐、闽侯和高新区20支传统龙舟队、1000名运动员参加，现场观赛10万人次。赛事设500米、200米直道赛，福州高新区建平龙舟队取得200米、500米比赛的第一名，综合成绩第一名，获三连冠。赛事从前四名队伍中挑选20名运动员，组成龙舟队伍代表福建省参加2021年陕西全运会。中央电视台《共同关注》栏目播发赛事盛况，赛期监测到网络直播观看数据超657万人次，各级媒体刊发报道、关注信息2.17万条。

【福州市第十一届老健会】 2021年10月18日开赛、11月8日在晋安区体育馆举办开幕式。设置16个大项24个小项，参会人员1700人，为历届项目最多、人数最多、规模最大。进行12个项目展示交流，约有3000人参与。

表89　**2021年福州市运动员参加全国以上比赛成绩第一名一览表**

类别	项目	姓名	比赛名称	比赛小项	名次
国际	举重	李雯雯	第三十二届奥林匹克运动会举重项目	女子87kg+级总成绩	1
国际	举重	李雯雯	第三十二届奥林匹克运动会举重项目	女子87kg+级抓举	1
国际	举重	李雯雯	第三十二届奥林匹克运动会举重项目	女子87kg+级挺举	1
国际	举重	李发彬	第三十二届奥林匹克运动会举重项目	男子61kg级总成绩	1
国际	举重	李发彬	第三十二届奥林匹克运动会举重项目	男子61kg级抓举	1
国际	举重	李发彬	第三十二届奥林匹克运动会举重项目	男子61kg级挺举	1
国际	举重	李雯雯	亚洲举重锦标赛	女子87kg+级抓举	1
国际	举重	李雯雯	亚洲举重锦标赛	女子87kg+级挺举	1
国际	举重	李雯雯	亚洲举重锦标赛	女子87kg+级总成绩	1
国际	举重	李发彬	亚洲举重锦标赛	男子61kg级抓举	1
国际	举重	李发彬	亚洲举重锦标赛	男子61kg级挺举	1
国际	举重	李发彬	亚洲举重锦标赛	男子61kg级总成绩	1
国内	武术套路	梁永达	全国第十四届运动会武术套路资格赛暨2021年全国武术套路锦标赛	男子南拳、南刀、南棍全能	1
国内	武术套路	梁永达	全国第十四届运动会武术套路资格赛暨2021年全国武术套路锦标赛	男子南刀	1
国内	武术套路	梁永达	全国第十四届运动会武术套路资格赛暨2021年全国武术套路锦标赛	男子南棍	1
国内	武术套路	梁永达	中华人民共和国第十四届运动会武术套路比赛	武术套路/男子南拳、南刀、南棍全能	1
国内	击剑	黄佳新	中华人民共和国第十四届运动会击剑比赛	击剑/女子花剑团体	1
国内	击剑	黄梦恺	中华人民共和国第十四届运动会击剑比赛	击剑/男子花剑个人	1
国内	击剑	黄梦恺	中华人民共和国第十四届运动会击剑比赛	击剑/男子花剑团体	1
国内	击剑	林　声	中华人民共和国第十四届运动会击剑比赛	击剑/女子重剑团体	1

续表 89

类别	项目	姓名	比赛名称	比赛小项	名次
国内	羽毛球	翁泓阳	中华人民共和国第十四届运动会羽毛球比赛	羽毛球 / 男子团体	1
国内	举重	李雯雯	中华人民共和国第十四届运动会举重比赛	举重 / 女子 87kg 以上级	1
国内	举重	李发彬	中华人民共和国第十四届运动会举重比赛	举重 / 男子 61kg 级	1
国内	田径	林雨薇	中华人民共和国第十四届运动会田径比赛	田径 / 女子 100 米栏	1
国内	拳击	吴　愉	2021 年全国女子拳击锦标赛暨第十四届全国运动会拳击项目资格赛（第一次）51kg	女 51kg	1
国内	蹦床	刘灵玲	2021 年全国蹦床冠军赛暨第十四届全运会资格赛	蹦床女子个人	1
国内	武术套路	陈惠颖	全国第十四届运动会武术套路资格赛暨 2021 年全国武术套路锦标赛	女子南拳	1
国内	武术套路	陈惠颖	全国第十四届运动会武术套路资格赛暨 2021 年全国武术套路锦标赛	女子南刀	1
国内	跆拳道	陈淑纯	第十四届全运会跆拳道项目资格赛（第一次）	女子 49kg	1
国内	三人篮球	王哲林	第十四届全运会三人制篮球男子成年组资格赛	成年组	1
国内	三人篮球	陈林坚	第十四届全运会三人制篮球男子成年组资格赛	成年组	1
国内	三人篮球	郑孝辉	第十四届全运会三人制篮球男子成年组资格赛	成年组	1
国内	击剑	黄佳新	2021 年全国击剑锦标赛暨十四运预赛第二站女花团体	女花团体	1
国内	击剑	黄佳新	2020—2021 赛季全国击剑冠军赛（分站赛）暨十四运预赛第一站	女花个人	1
国内	击剑	黄梦恺	2021 年全国击剑锦标赛暨十四运预赛第二站男花团体	男花团体	1
国内	击剑	林　声	2021 年全国击剑锦标赛暨十四运预赛第二站女重个人	女重个人	1
国内	田径	林雨薇	2021 年室内田径邀请赛（西南赛区）	女子组 60 米栏	1
国内	田径	林雨薇	首届长三角田径精英邀请赛暨 2021 年全国田径训练基地特许赛	女子组 100 米栏	1
国内	田径	林雨薇	田径分区邀请赛（华东赛区 1）	女子组 100 米栏	1
国内	田径	林雨薇	田径分区邀请赛（华东赛区 3）	女子组 100 米栏	1
国内	蹦床	刘灵玲	东京奥运会选拔积分赛第一站	女子个人	1
国内	击剑	李　冰 林宗毅	2021 年全国击剑锦标赛暨十四运预赛第二站男重团体	男重团体	1
国内	击剑	李　冰	2020—2021 赛季全国击剑冠军赛（总决赛）	男重团体	1
国内	射箭	王文选	全国射箭冠军赛	男子个人淘汰赛、决赛	1
国内	射箭	李晶炜	全国射箭冠军赛	女子个人 70 米第二赛轮	1
国内	田径	余玉珍	田径分区邀请赛（华东赛区 3）	女子组 标枪	1
国内	田径	刘　桑	田径分区邀请赛（华东赛区 2）	女子组 跳高	1
国内	田径	肖远鹏	田径分区邀请赛（华东赛区 3）	男子组 4×200 米接力	1
国内	铁人三项	吴子谦	2021 年全国铁人三项 U 系列冠军杯赛		1
国内	田径	林雨薇	“韵味杭州”田径邀请赛	100 米栏	1
国内	帆板	黄先婷	全国帆板锦标赛	女子水翼帆长距离	1

说明：奥运会 2 人获得 2 枚金牌；全运会 8 人获得 9 枚金牌；国际比赛 2 人获得 12 项第一名；国内比赛 24 人获得 37 项第一名

（卢余清）

（编辑 姚国榕）

社会生活

劳动就业

【概况】 2021年，福州市城镇新增就业14.77万人，比上年增长5.49%，完成全市任务指标12.5万人的118.16%；城镇失业人员再就业4.05万人，比上年增长30.38%，完成全市任务指标1.2万人的337.38%；就业困难人员再就业5075人，完成全市任务指标4150人的122.29%；城镇登记失业率3.16%，控制在省下达的年度任务指标5%范围内。

【就业创业】 **中西部劳务协作** 2021年，福州市人社部门先后10次组织市重点企业到云南、贵州、甘肃、宁夏、安徽、四川、重庆等七省（直辖市）九地市开展劳务协作对接工作，参加中西部地区政府、人社部门举办的“春风行动”招聘活动，现场达成就业意向2175人次。开展“点对点”包机包列包车输转省外赴榕务工就业农民工1835人。其中包专列（专厢）1次及专座4次，接回定西籍农民工1177人；包专机2架次包专线9条，接回固原籍农民工256人、云南籍农民工402人。

公共就业服务 在福州市人力资源市场网及“摇工作”App平台开设春节连续生产重点企业用工服务招聘专区，通过各类途径累计发布286家重点企业和重点项目岗位需求2.3万个。开展“春风行动”、新就业形态专场、金秋招聘月等系列招聘会，举办各类线上线下招聘会151场，进场招聘企业3756家，累计提供94818个需求岗位，进场人数17220人，达成意向12975人。组织开发就业辅助员、人才工作辅助员、劳动关系协调员等公益性岗位，招收符合条件的未就业高校毕业生就业。年内全市开发公益性岗位2424个，为1931名就业困难人员和脱贫人员发放公益性岗位补贴和社保补贴3784万元。

援岗稳企政策 出台全省金额最高的春节期间连续生产企业失业保险稳岗返还政策，按照人均3870元标准，对在春节期间连续生产的制造业、商贸服务业、电子信息、城市交通运输等行业的863家企业发放稳岗返还金额6.04亿元，受惠职工15.6万人。继续实施失业保险普惠性稳岗返还政策，按照“免申即享”方式向全市3.49万家企业发放返还金额9945.36万元，受惠职工56.46万人。

零就业家庭动态清零 年内市人社局制定下发《关于进一步强化就业困难人员、高校毕业生等重点群体的跟踪服务和就业动态信息采集统计的通知》，部署依托基层公共就业服务平台对就业困难人员、高校毕业生、城镇零就业家庭等重点群体实行精准就业帮扶，通过走访摸排完成实名制跟踪服务和动态信息采集，实施优先扶持和重点帮助，推送就业扶持政策措施、办理程序及岗位信息，落实就业援助制度。对城镇零就业家庭实行动态管理，采取社会保险补贴、岗位推送、鼓励自主创业等综合措施，确保帮扶“零就业家庭”至少有1人实现就业，确保零就业家庭“产生一户、援助一户、消除一户、稳定一户”；对通过市场渠道难以实现就业创业的，通过公益性岗位予以优先安置就业，确保城镇零就业家庭动态为零，形成就业援助长效机制。全年帮扶就业困难人员再就业5075人，其中零就业家庭23户23人，确保全市城镇零就业家庭动态清零，3个月内实现就业。

【职业能力建设】 **职业技能培训** 2021年，福州市人社局组织各县（市）区和各有关部门开展企业简易岗前技能培训、在岗技能提升培训、企业以工代训、“两节”期间企业职工培训，推行企业新型学徒制培训，符合条件的纳入职业技能培训补贴范围。全年组织开展各类补贴性职业技能培训20.01万人次，完成省人社厅下达任务数5.7万人次的351%，审核发放职业培训补贴3.58亿元。

将中小微困难企业和受疫情影响较大的外贸、住宿餐饮、文化旅游、交通运输、批发零售等行业企业纳入以工代训补贴范围。2020—2021年申请以工代训的企业3478家，申报人数10.3万人，发放金额2.75亿元。

联合市财政局制定出台《关于做好2021年“两节”期间支持企业开展职工技能培训工作的通知》，将依法缴纳失业保险的企业在岗职工职业技能培训纳入全市职业技能提升行动补贴范围，组织开展企业职工技能培训 50768 人次，发放培训补贴 9600.1 万元。

联合市财政局制定出台《福州市互联网营销师培训实施方案（试行）》，指导各县（市）区人社局依托市级遴选的 29 家职业院校和民办培训机构，以整建制购买的方式开展互联网营销师培训，培训 8710 人，发放培训补贴 871 万元。

协调市财政部门，提前申请职业技能电子培训券发券额度，确定职业培训券兑付账户，梳理经办流程，推动全市职业技能电子培训券制券、发券、用券、结算等工作，全年市本级职业技能电子培训券预留额度 2.29 亿元，使用职业技能电子培训券 10.1 万张，发放培训补贴 5447.5 万元。

年内，全市备案的职业技能等级认定的职业院校 17 家、企业 9 家，累计开展职业技能人才评价工作 38218 人次，新增高技能人才等级认定 8148 人次，完成省厅下达任务数 5000 人次的 162.96%，新增中级技能人才认定 9564 人次，初级技能人才认定 2293 人次。

联合市财政局印发《福州市高技能人才项目培训实施方案（试行）》，组织各县（市）区开展高技能人才项目培训。组织开展 2021 年福建省技能大师工作室和福州市技能大师工作室遴选推荐工作，遴选出福州市技能大师工作室 15 家，入围省级技能大师工作室 13 家。

表 90　2021 年福州市获评省级技能大师工作室一览表

名称	项目单位
林梦今技能大师工作室	福建福旅晶彩文化实业有限公司
肖晓梅技能大师工作室	福建农业职业技术学院
陈兴宝技能大师工作室	国网福建省电力有限公司检修分公司
陈　攀技能大师工作室	闽江师范高等专科学校
施庭汉技能大师工作室	福建省汉风文化传播有限公司
董六妹技能大师工作室	福建鑫通联合科技有限公司
何　马技能大师工作室	福州碧溪境文化传媒有限公司
郑　鑫技能大师工作室	闽江学院
曾永福技能大师工作室	胜田（福清）食品有限公司
郑晓琦技能大师工作室	福州曼嘉教育科技有限公司
卢云长技能大师工作室	福州香米拉酒店投资有限公司
李勇松技能大师工作室	福建省融禾餐饮管理有限公司
林国仲技能大师工作室	福州福鹏寿山石有限公司

表 91　2021 年福州市获评市级技能大师工作室一览表

名称	项目单位
陈济爱技能大师工作室	福建全创利信息科技发展股份有限公司
李香邮技能大师工作室	福建安于自然文化传播有限公司
翁燕飞技能大师工作室	福州问道智创科技有限公司
郭淑敏技能大师工作室	福州商贸职业中专学校
全瑞炳技能大师工作室	福州大地金石贸易有限公司
林　鹤技能大师工作室	福州石尚工坊文化产业有限公司
董雅萍技能大师工作室	福州市马尾区文化馆
吴建新技能大师工作室	中铝瑞闽股份有限公司
严　丽技能大师工作室	福建省长乐职业中专学校
陈文琮技能大师工作室	福建省新东方烹饪职业培训学校有限公司
陈仁柱技能大师工作室	福清市印象哥餐饮管理有限公司
陈景琳技能大师工作室	福州职业技术学院
侯和炎技能大师工作室	福建哥弟缘实业有限公司
陈长仁技能大师工作室	连江县长龙畲峰茶厂
张庆明技能大师工作室	福建植福实业有限公司

园区职业技能提升中心建设 市人社局联合财政局印发《福州市工业（产业）园区标准化建设职业技能提升中心建设实施方案（试行）》，依托福州第一技师学院、福建省闽江职业技术学校，推动福州高新区、福清融侨开发区2个职业技能提升中心建设，并分别于2021年8月、11月先后通过省人社厅、省财政厅备案并挂牌投入运营。职业技能提升中心年内完成培训16010人次，并与43家企业、4家行业协会、2家院校、6家社会培训机构建立合作关系。联合财政局下达两个职业技能提升中心省级建设补助经费200万元和市级配套的先期启动资金100万元，为园区企业提供职业技能培训、职业技能评价、职业技能竞赛等多种公共服务。

技工教育 福州市有技工院校11所（新增1所营利性民办技校），全日制在校生总数3.1万人。全年招生11694人，其中全日制11574人，非全日制120人。毕业生6077人，其中高级工以上毕业生1655人，毕业生就业率98%以上。组织开展3场市级技工院校教研活动。组织技工院校调整设置产业发展紧缺急需专业，开办物联网技术应用、3D打印技术、数控加工、焊接加工、汽车新能源技术等专业。组织举办福州市第一届技工院校学生职业技能竞赛，举办中式面点、电工、图形图像处理、办公软件应用、幼儿艺术教育、中式烹调师、病患陪护等7场竞赛，350名技工院校学生参赛。市人社局和福州第一技师学院协办第二届全国技工院校学生创业创新大赛决赛，福州第一技师学院参赛的《首创螺旋顶出式可拆卸机床莫氏锥套》《新型智能厨余垃圾处理机》分获一、二等奖。

产教融合 引导所辖技工院校通过建立实训基地、岗位实习、订单（冠名）培养、企业新型学徒培训等形式开展校企合作，全市各技工院校92个专业分别与230多家企业（单位）合作建立校外实训基地，14个专业与25家企业合作开展订单（冠名）培养。全年开展“企业新型学徒制”培训3274人，完成省人社厅下达3000人次任务的109.13%，发放培训补贴709.68万元。

开展职业技能竞赛 市人社局在全省率先出台《福州市职业技能竞赛奖励办法（试行）》，联合市总工会、市民政局、市国资委、市商务局等有关部门，开展13场市级一类职业技能竞赛，举办邮政“快递员”、农网配电、天气预报、养老护理、网络安全、环境监测、城市轨道交通、电工、水力发电、信息通信、汽车行业、物联网、中式烹调师等18个工种职业技能竞赛，870人参赛。对2021年度参加市级一类职业技能竞赛决赛获第一名的17名选手，授予“2021年度福州市技术能手”称号。全市派出77名选手参加2021年福建省职业技能竞赛，获2金4银1铜。

表92 “2021年度福州市技术能手”一览表

姓名	工种	单位
高飞	电工	福州第二技师学院
谢武辉	快递员	福州全通达速递有限公司
胡耀兴	气象工程技术人员	福州市气象局
王召仁	供电服务员（农网配电营业工）	福州市供电服务有限公司长乐分公司
林佳铭	变配电运行值班员	国网福建省电力有限公司福州供电公司
林倩	养老护理员	福州市马尾区万友颐养院
陈霆钧	网络与信息安全管理员	福建省农村信用社联合社
张涛	城市轨道列车司机	福州地铁集团有限公司运营事业部
陈云	城市轨道交通信号工	福州地铁集团有限公司运营事业部
刘郅辉	水力发电运行值班员	福建水口发电集团有限公司
蒋梦捷	水轮机检修工	福建水口发电集团有限公司
连静敏	环境监测员	福建省福州环境监测中心站
潘晓花	信息通信营业员	中移在线营销服务福建分中心
黄铿铭	汽车车身整形修复工	东南（福建）汽车工业股份有限公司
章华加	汽车机械维修工	东南（福建）汽车工业股份有限公司
张福胜	汽车车身涂装修复工	福建奔驰汽车有限公司
李明钰	中式烹调师	福州大饭店有限公司

专业技术人员继续教育 发布《“十四五”大战略与2035远景》《当代科学技术前沿知识读本》2门专业技术人员继续教育公需课目，依托市继续教育基地及省人社厅推荐的培训机构开展公需课培训。全年审批继续教育办班812期，119930人次参加培训，网络继续教育平台37391人次参与培训，合计培训157321人次，继续教育验证23182人。

工勤人员考核　考核采用网络报名、现场审核方式，报名人数638人，涉及56个工种，其中初级工209人，中级工191人，高级工125人，技师113人。9月5日在福州第一技师学校开展笔试，分别有505人参加公共课程考试、530人参加专业理论考试、303人参加技能实操考试。

民办职业培训机构和技工院校监管　市人社局联合市民政局、市场监督管理局制定印发《关于进一步加强福州市民办职业培训机构监督和管理工作的通知》，对全市职业培训机构、技工院校等84家机构开展2020年度评估工作，组织开展“双随机”抽查，抽查29家职业技能培训机构、职业技能鉴定机构、技工院校。

职业技能鉴定　全市累计有职业技能等级认定机构26家（其中企业9家，职业院校17家），覆盖近50个职业工种；全年开展职业技能人才评价工作38218人次。高技能人才发证数8148人次，超额完成省中心下达的高技能人才数的162.96%，技师、高级技师任务数的132.5%。全年完成技能鉴定机构备案16批次，鉴定补贴受理1810人。完成技能竞赛20场，其中一类赛13场，技工院校赛7场。

【劳动关系维权】　劳动争议调解仲裁　2021年，福州市立案受理仲裁案件7742件，上年度未结案件605件，审结7832件，结案率93.83%，调解成功率62.09%。在全省率先实现“智慧调解仲裁”信息系统市、县两级仲裁机构全覆盖，有5068件劳动争议仲裁案件在线流转，其中3764件按相关法规完成线上全流程办结。在全国首推仲裁文书集约送达，市本级实现有效送达仲裁法律文书2496件次，涉及仲裁及仲裁审查案件398件次。在市本级、马尾、长乐、台江、鼓楼等地陆续试点仲裁要素式办案模式，以要素式办案模式受理案件2654件，结案2426件。市人社局探索建立调解仲裁与劳动保障监察联动机制，建立“共享、首问、互认、应急、提升”等“联动办理”五机制，审结或处理劳动报酬案件3327件，涉及金额4294.03万元，推动案件“快立快处”“快调快审”。推进多元处理机制建设，联合市总工会、市司法局、市法院等多部门开展职工法律服务一体化基地创建活动，首推“三室两庭”建设，丰富“园区枫桥”实践。探索“调解＋法援”一站式服务，聘请法援律师担任调解员，与市妇联签订合作协议，引入专业力量在调解中发挥作用。开展“根治欠薪”联动执行工作，召开现场执行会，发放执行救助款71.88万元，救助54人，逐步形成多层级、多路径劳动争议化解闭环链。

和谐劳动关系　在2021年省对市“非公有制经济组织参与平安建设情况”综治考评中居全省第一。推进国家级深化构建和谐劳动关系综合配套改革试点工作，在全省率先建立“两新＋三方”党建引领构建和谐劳动关系机制，出台《关于加强党建引领构建和谐劳动关系工作的意见》；在全国创新建立“区域＋行业”协同治理机制，出台《福州市人力资源和社会保障局等5单位关于建立行业协会商会构建和谐劳动关系协同治理工作机制的意见》。在全省率先开展劳务派遣单位诚信等级评价试点工作，对全市81个劳务派遣单位给予AA、AAA、AAAA、AAAAA4个等级评价。在全省率先创新构建“一中心一驿站一室”劳动关系公共服务平台，在重点工业园区、乡镇（街道）、社区楼宇、行业协会、企业等建设55个劳动关系公共服务中心（驿站、服务室）。在全国率先开发35个劳动关系协调员公益性岗位，为每个县（市）区配备2—3个协调员。推进劳动关系“和谐同行”能力提升三年行动计划，开展和谐劳动关系创建活动暨“和谐同行”企业培育共同行动，台江区宁化街道等7个单位被评为“2020年度福州市劳动关系和谐乡镇（街道）”，连江县贵安温泉旅游区被评为“2020年度福州市劳动关系和谐工业园区”，福建海峡环保集团股份有限公司等56个单位被评为“2020年度福州市劳动关系和谐企业”。

表93　**2020年度福州市劳动关系和谐乡镇（街道）一览表**

地区	乡镇（街道）
台江区	福州市台江区人民政府宁化街道办事处
仓山区	福州市仓山区人民政府临江街道办事处
马尾区	福州市马尾区亭江镇人民政府
福清市	福清市人民政府宏路街道办事处
闽清县	闽清县省璜镇人民政府
罗源县	罗源县凤山镇人民政府
鼓楼区	福州鼓楼区人民政府鼓东街道办事处

表94　**2020年度福州市劳动关系和谐企业一览表**

地区	企业名称
市本级	福建海峡环保集团股份有限公司
市本级	福州达道食品有限公司
市本级	福州永隆盛建筑劳务有限公司
市本级	丽珠集团福州福兴医药有限公司
市本级	福州港务集团有限公司
市本级	福建网能科技开发有限责任公司
市本级	福人集团有限责任公司
市本级	福州城市建设投资集团有限公司
市本级	金陵药业股份有限公司福州梅峰制药厂
市本级	福州市海峡国际会展中心有限责任公司

续表 94

地区	企业名称
市本级	泓欣环境集团有限公司
鼓楼区	福州第七建筑工程有限公司
鼓楼区	福州华诺技术服务有限公司公司
鼓楼区	福州精艺展览设计有限公司
鼓楼区	福建新华都综合百货有限公司
鼓楼区	福州大弘朗洁环保有限公司
鼓楼区	福建省博达企业管理咨询服务有限公司
鼓楼区	福州国康医药科技有限公司
台江区	福州大年食品有限公司
台江区	福建恒智信息技术有限公司
台江区	福建省金皇环保科技有限公司
仓山区	福建东南保安守押有限公司
仓山区	福州闽江世纪金源会展中心大饭店有限公司
仓山区	福建腾龙鞋业有限公司
仓山区	福州闽江世纪金源会展中心大饭店有限公司购物中心分公司
仓山区	福州清新时代保洁服务有限公司
仓山区	北京世纪城物业管理有限公司福州分公司
晋安区	福州市人才发展集团有限公司
晋安区	福建德通金属容器股份有限公司
晋安区	福建榕鸿建设有限公司
马尾区	福州海盈港务有限公司
马尾区	宏东渔业股份有限公司
马尾区	福建中电合创电力科技有限公司
马尾区	福建三木集团股份有限公司
福清市	中国银行股份有限公司福清分行
福清市	安德佳（福建）铝饰科技有限公司
福清市	福建省融旗建设工程有限公司
福清市	福清洪良染织科技有限公司
长乐区	元翔（福建）空港快线有限公司
长乐区	福州海瀛湾佰翔酒店有限公司
长乐区	福建省台福时代食品有限公司
连江县	连江海峡温泉度假有限公司
连江县	福州日兴水产食品有限公司
连江县	福建华润万家生活超市有限公司福州连江店
闽清县	福建礼恩科技有限公司
闽清县	百纳(闽清)低压电器有限公司
闽清县	福建省闽清双棱竹业有限公司
罗源县	华能（福建）海港有限公司
罗源县	福州汇昌纺织有限公司
永泰县	福建冠景旅游开发实业有限公司酒店分公司
永泰县	福建省永泰县食品公司
闽侯县	福建万丰鞋业有限公司
闽侯县	福建省闽宏建材实业有限公司
闽侯县	福州泰全工业有限公司
高新区	福建海创光电有限公司
高新区	福建万润新能源科技有限公司

拖欠农民工工资专项治理　推进根治拖欠农民工工资工作，开展2020年度保障农民工工资支付政府考核工作。开展清理整顿人力资源市场秩序专项执法行动、“护薪”行动、“大数据＋根治欠薪”专项行动、夏季高温天气劳动保护专项行动、女职工产假等权益专项执法行动、根治欠薪冬季专项行动等6个专项检查行动。开展深化创建“无欠薪项目部”活动，市本级评选“无欠薪标杆项目”14个，其中房建市政类项目9个、交通运输类项目5个。推进企业劳动保障守法诚信等级评价、工资支付行为守信激励和失信惩戒工作，评出A级企业782家、B级企业81家、C级企业39家，守信企业787家、一般失信企业59家、严重失信企业31家，向社会公布重大劳动保障违法行为9起。根据《福建省拖欠农民工工资“黑名单”管理实施细则》规定，及时向省厅上报拖欠农民工工资“黑名单”案件1件。

（市人社局）

居民生活

【概况】　2021年，福州市全体居民人均可支配收入44249元，比上年增长9.3%。人均消费支出30869元，比上年增长13.2%。

【城镇居民收入】　2021年，福州市城镇居民人均可支配收入53421元，比上年增长8.4%。其中，工资性收入33707元，比上年增长8.4%；经营净收入4581元，增长8.1%；财产净收入7213元，增长8.3%；转移净收入7920元，增长8.5%。

【城镇居民消费支出】　2021年，福州市城镇居民人均消费支出35664元，比上年增长11.4%。其中，食品烟酒类比上年增长7.4%、衣着类增长9.9%、居住类增长7.7%、生活用品及服务类增长18.9%、交通通信类增长15.7%、教育文化娱乐类增长27.1%、医疗保健类增长26.9%、其他用品和服务类增长15.2%。

【农村居民收入】 2021年，福州市农村居民人均可支配收入25201元，比上年增长11.2%。其中，工资性收入13280元，比上年增长10.7%；经营净收入6090元，增长10.2%；财产净收入1347元，增长12.6%；转移净收入4483元，增长13.4%。

【农村居民消费支出】 2021年，福州市农村居民人均消费支出20911元，比上年增长18.1%。其中，食品烟酒类比上年增长16.7%、衣着类增长9.1%、居住类增长15.6%、生活用品及服务类增长10.4%、交通通信类增长29.4%、教育文化娱乐类增长27.5%、医疗保健类增长29.3%、其他用品和服务类增长10.1%。

（詹璐瑶）

市场物价

【概况】 2021年，福州市区居民消费价格比上年上涨0.6%；12月房地产市场新建和二手住宅销售价格分别比上年同期上涨3.4%、3.1%。

【居民消费价格】 2021年，福州市区居民消费价格总水平比上年上涨0.6%。其中，消费品价格上涨0.3%，服务价格上涨1.1%；食品类价格下降2.4%，非食品类价格上涨1.3%。八大类商品及服务价格同比“六涨二降”，其中交通通信类上涨4.0%，教育文化娱乐类上涨1.6%，居住类上涨1.1%，医疗保健类上涨0.4%，衣着类上涨0.3%，生活用品及服务类上涨0.3%；其他用品及服务类下降3.5%，食品烟酒类下降1.2%。

【房地产价格】 2021年12月，福州新建商品住宅销售价格比上年同期上涨3.4%，二手住宅销售价格上涨3.1%。

（詹璐瑶）

社会保障

【概况】 2021年，福州市参加基

表95 2021年福州市区居民消费价格分类指数一览表

指 标	指 数
居民消费价格总指数	100.6
食品烟酒	98.8
衣着	100.3
居住	101.1
生活用品及服务	100.3
交通通信	104.0
教育文化娱乐	101.6
医疗保健	100.4
其他用品及服务	96.5

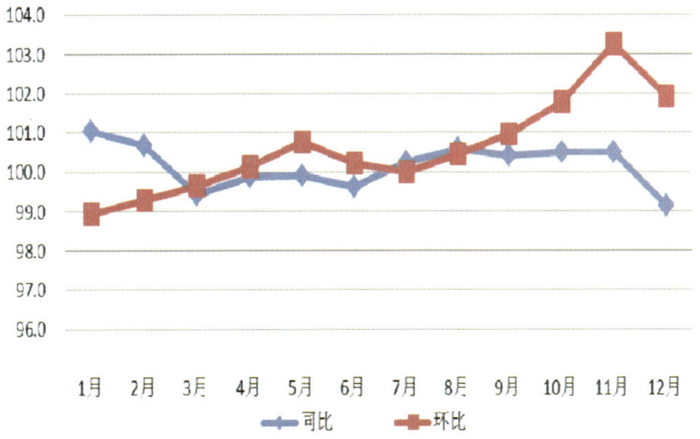

图24 2021年福州市区居民消费价格分月指数图

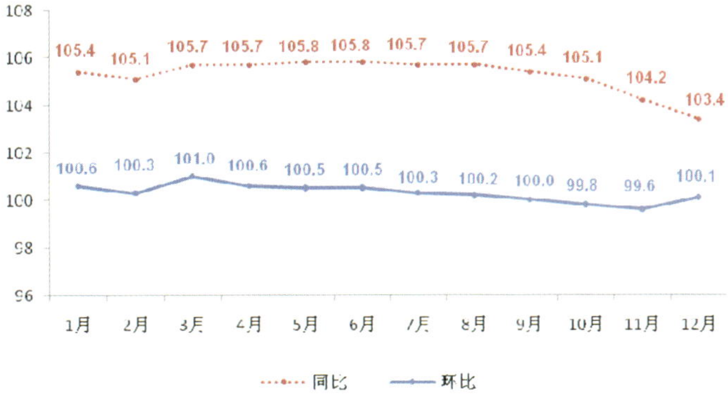

图25 2021年福州新建商品住宅销售价格分月指数图

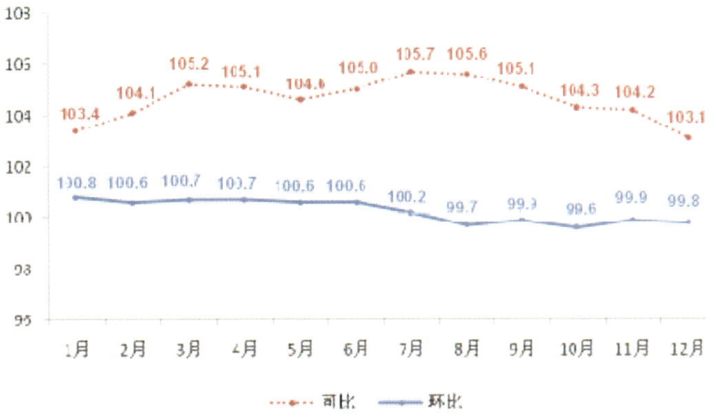

图26 2021年福州二手住宅销售价格分月指数图

本养老保险472.57万人，其中城镇职工240.35万人，城乡居民232.22万人。参加工伤保险189.46万人。全市工伤保险费率在现行省定行业基准费率基础上下调50%，年内为全市企业减轻工伤保险缴费负担约2.45亿元。全市失业保险参保人数150.8万人，完成省下达任务145.5万人的103.64%。阶段性降低失业保险政策延续实施1年至2022年4月30日，失业保险费率从1%降低为0.5%。年内为全市企业减免失业保险费3.32亿元。

【养老保险】 企业职工养老保险 2021年，福州市企业职工基本养老保险参保企业22.53万家，参保人数219.72万人，其中在职人员183.34万人，离退休人员36.38万人。调整企业退休人员养老金待遇，调整后全市企业退休人员月人均养老金为2754元，月人均增加136元。全年基金收入153.67亿元，支出116.95亿元，累计结余16.69亿元。基本实现全程通过网络办理转移业务，参保人员办理转移接续业务真正实现“一地办理”“一趟不用跑”：省内社保关系转移不用办，参保人员在省内企业保流动就业参保缴费的，不再转移企业职工基本养老保险关系和基金；跨省转移不用跑，参保人员在新就业地建立基本养老保险关系的，可通过门户网站或手机App，线上提出跨省转移申请，不再需要提交纸质申请表。

机关事业单位养老保险 全市机关事业参保单位4593家，参保人员20.63万人，其中在职人员12.91万人，离退休人员7.72万人。市本级机关事业参保单位2047家，参保人员10.02万人，在职人员6.02万人，离退休人员4.0万人。全市机关事业养老保险基金收入52.01亿元，基金支出49.17亿元，结余2.84亿元，累计结余37.75亿元。市本级机关事业养老保险基金收入27.35亿元(其中财政补助15.02亿元)，支出25.79亿元，当年结余1.56亿元，累计结余4.94亿元。推进退休“中人”（主要是在养老保险制度实施之前参加工作，在养老保险制度实施之后办理退休的人员）待遇重算，完成2020年12月底前退休“中人”待遇重算17531人，完成率98.1%，完成2021年退休“中人”待遇重算1578人，累计完成19109人，累计完成率95.6%。

城乡居民养老保险 全市城乡居民参保人数232.22万人，参保率98.9%，享受养老金待遇82.74万人。基础养老金每人每月190元，人均养老金225元，居全省前列。为贫困人员全额代缴居民保最低缴费金额每人200元。全市贫困群体参保人数78659人，参保人员中参加城乡居民养老保险人数 72951人，城居保已代缴人数41978人，政府累计代缴839.52万元。

被征地农民养老保障 全市被征地农民参保55.28万人，其中养老保障45.28万人，灵活就业参保10.00万人；按月享受养老金待遇24.28万人，灵活就业缴费补贴人员2.24万人。 全年审核征地报批材料274批次，涉及耕地面积787.1公顷，预留被征地农民养老保障金4.05亿元。

【医疗保险】 2021年，福州市职工医保参保人数171.23万人，生育保险参保人数119.4万人，城乡居民医保参保人数473.47万人，基本医保参保率99.94%。建立家庭共济新账户，实现职工个人账户余额家庭共济使用。实行精准扶贫医疗叠加保险，平均报销比例95.5%。在全省率先实施健康扶贫商业补充保险，最高报销比例97.8%。从6月起福州市在全省率先启动长期护理保险试点工作，将有条件有意愿的医疗机构纳入长期护理保险定点护理机构。

【“三医联动”改革】 2021年，福州市开展药品耗材采购改革。全面实施药品阳光采购，实施药品货款医保统一结算，统一结算率100%。跟进国家第一批25种、第二批32种、第三批55种和福建省第一批13种药品带量集中采购，中选产品价格平均降幅52%、53%、53%和66.39%。对心脏支架、人工关节、留置针、超声刀、镇痛泵等5类医用耗材试点集中带量采购，中选产品价格平均降幅52.86%。出台规范及调整部分放疗、检验以及手术等医疗服务项目和价格，规范全市医疗机构医疗服务收费行为。实施医保付费总额控制，新增第六批44个病种实行按病种收（付）费，按病种出院率在50%以上，在市第一医院试点按疾病诊断相关分组（C-DRG）收付费改革；对闽清县总医院和永泰县总医院实行医保打包支付，完善基层医疗机构普通门诊按人头付费和精神病医院按床日付费机制。

【医疗保障监管】 2021年，福州市发挥大数据和云计算功能，打造“事前、事中、事后”全过程、全链条的数字化监管体系。建设“信用医保”，完善医疗保障领域信用分级分类管理机制，年内在全国医保基金监管诚信体系建设终期考评中获评优秀。

【医保支持新冠肺炎疫情防控】 2021年，福州市在全省率先实施急需药品统一调配，及时锁定配送企业库存中干扰素、奥司他韦胶囊、奥司他韦颗粒、连花清瘟颗粒、连花清瘟胶囊和阿比多尔等药品。在全省率先实施预拨医保资金给救治医疗机构，预拨8441万元给福州市肺科医院、晋安区医院、福清市医院等全市10家定点救治医疗机构作为医保预付金，确保患者不因费用问题影响就医、确保收治医院不因支付政策影响救治。在全省率先实施特殊药品购药登记制度，发挥全市2000多家定点零售药店网络覆盖优势和早期监测作用，及时将在定点零售药店购买退热、止咳药品的人员信息反馈给疫情防控有关部门。在全省率先实现慢性病患者药店购药报销，为慢性病患者续方配药提供“网订店取”“网订店送”的“双通道”服务。在全省率先推出医疗保障经办“不见面办”和“秒办”，参保登记、异地就医和门诊特殊病种备案等22项业务实行网上办理，城乡居民医保和灵活就业人员医保参保登记等7项业务实行“秒办”。在全国率先启动医保电子凭证应用试点，推进参保人员在定点医药机构就医购药扫码结算。

【失业保险】 2021年，福州市失业保险参保人数150.8万人，完成省下达任务145.5万人的103.64%，全市累计发放失业保险金3.79万人，失业保险基金收入7.84亿元，支出14.6亿元，累计滚存结余18.17亿元。

【工伤保险】 2021年，福州市继续阶段性降低工伤保险费率政策，全市工伤保险费率在现行省定行业基准费率基础上下调50%，为全市企业减轻工伤保险缴费负担2.45亿元。全市工伤保险参保企业23.04万家，参保人数189.46万人。全市工伤保险基金累计收入3.08亿元，累计支出4.35亿元，历年滚存结余19.44亿元。

【审批制度改革】 2021年，福州市人社局推行“一窗受理、集成服务”模式，推进“最多跑一趟”改革，提升网上政务服务能力水平。人社系统238项审批服务事项，办理时限平均压缩至法定时限的7%以内，全省压缩幅度最大。“一趟不用跑”事项比例提升至73.93%，45项行政许可事项即办率提升至75.56%，100%实现“全程网办”、100%实现“一趟不用跑”、100%绑定可信电子文件目录。市本级累计受理审批服务业务申请逾200万件，按时办结率和群众满意率均为100%。

【审批服务便民化、标准化】 2021年，福州市人社系统全面推行证明事项告知承诺制，推行“证照分离”改革全覆盖。推进审批服务事项网上可办，所有审批服务事项均进驻福建省网上办事大厅，其中全流程网办事项占56.43%。推行人社服务“跨省通办”“省内通办”，31个事项可“跨省通办”，12个事项列入福州都市圈第一批“异地办”事项清单。实施“人社服务快办行动”，推行13个“打包一件事”，累计减少证明事项21份，减少跑腿次数43次。

规范标准化目录管理，明确材料要素、细化审查标准，市县两级所有绑定发布的审批服务事项标准均符合或优于“五级十五同”标准。开展人社政务服务“好差评”工作，落实“一事一评”要求，提升窗口服务质效。印发《福州市人力资源和社会保障系统窗口单位标准化服务管理规范》《福州市人社系统窗口工作人员行为规范》。建立形成练兵比武长效机制，通过“日日学、周周练、月月比”，加强窗口工作人员业务培训。

（市人社局 市医保局）

民政工作

【概况】 2021年，福州市出台《福州市改革完善社会救助制度实施方案》《关于培育养老服务示范企业 全面提升专业化水平的若干政策（试行）》等文件，完成《福州市中心城区殡葬设施布点专项规划（2020—2035年）》编制。完成新一届村（居）委会换届选举。完成城乡社区治理三年行动，并启动新一轮社区综合提升行动。成立市、县两级未成年人保护委员会，健全完善未成年人保护体系。市民政局获“全国维护妇女儿童权益先进集体”称号。

【社会救助】 2021年，福州市出台《福州市改革完善社会救助制度实施方案》，实施14项重点改革任务和“五大”工程，低保、特困、临时救助等审核确认权限委托下放至乡镇（街道）。开展困难群众“漏保”“漏救”问题点题整治专项行动，全市摸排困难群众13.7万人，将2万人纳入基本生活救助和专项社会救助范围。全市有63290名困难群众被纳入低保，比上年增加6197人，增长10.85%，累计发放低保金5.24亿元；有6592名困难群众被纳入特困人员救助供养，累计发放特困供养金1.36亿元，生活不能自理特困人员集中供养率97%；实施临时救助23903次，累计发放临时救助金4787.9万元。按标准配齐341名乡镇（街道）社会救助协管员和2717名村（社区）社会救助协理员，建立薪酬自然增长机制和市、县、乡分层分类培训制度。

【养老服务】 2021年，福州市有养老机构162家，居家社区养老服务照料中心101个，农村幸福院1838个。各类养老床位5.2万张，每千名老年人拥有养老床位数39.6张。推进居家社区养老服务集成改革，创新完成困难老年人家庭适老化改造2103户，新建社区长者食堂88个、农村区域性养老服务中心4个、城市嵌入式家园9个。完成《福州市居家养老服务条例》立法，出台《福州市培育养老示范企业全面提升专业化服务水平若干政策（试行）》《福州市居家和社区基本养老服务提升行动总体方案》及系列配套文件，市级智慧健康养老服务平台正式上线运行。

【儿童福利】 2021年，福州市成立市、县两级未成年人保护委员会，健全完善未成年人保护体系。落实孤儿、事实无人抚养基本生活保障标准增长机

2021年11月4日，在福州市政府召开福州市未成年人保护委员会第一次全体会议 （市民政局 供图）

制，将孤儿及事实无人抚养儿童基本生活保障补助标准从社会散居每人每月900元、集中养育每人每月1500元提高至社会散居每人每月1400元、集中养育每人每月1800元。开展孤儿保障工作，累计发放保障金540余万元，惠及全市283名孤弃儿童。实行事实无人抚养儿童保障政策，将全市2337名事实无人抚养儿童纳入保障范围，累计发放生活补助2500余万元。推进"福蕾行动计划"，采取政府购买服务等方式，引进专业社工队伍参与留守困境儿童关爱保护，累计投入资金1300万元，覆盖50余个乡镇（街道）。实施服刑人员子女关爱保护项目，将200余名儿童纳入服务范围。全市办理收养登记（含港澳同胞、华侨）68件。

【福利慈善】 2021年，福州市登记慈善组织85家。实施白内障慈善复明行动和血友病救助项目，救助血友病患者25人，白内障患者300余人。实施"慈善手拉手"专项行动计划，全年开展慈善活动1103次，帮扶困难群众6.81万人，发放物资14.77万件，支出经费5763.92万元。救助流浪乞讨人员2266人次，其中未成年人78人次，成功寻亲15人。提高困难残疾人生活补贴和重度残疾人护理补贴标准，困难残疾人生活补贴标准由每人每月230元提高到每人每月265元，生活困难的二级重度残疾人护理补贴标准由每人每月85元提高到每人每月92元。全市享受困难残疾人生活补贴3.73万人、重度残疾人护理补贴4.61万人，发放困难残疾人生活补贴资金、重度残疾人护理补贴资金1.68亿元。全市福利彩票销售1.23亿元。

【基层政权建设和社区治理】 2021年，福州市开展村规民约修订完善和优秀民约征集工作，其中长乐区漳港街道百户村村规民约和晋安区象园街道乐西社区居民公约入选福建省第一批优秀村规民约。出台《社区工作者管理办法（试行）》《社区工作者薪酬标准实施办法（试行）》《街道（乡镇）事业单位招聘优秀社区工作者暂行办法》。印发《关于开展城乡社区近邻服务工作的通知》，在全市社区中开展以近邻党建为引领，以助幼、助老、助教、助医、助困为主要内容的近邻服务，确定鼓楼区、晋安区为省级近邻服务试点区以及鼓东街道中山社区等15个近邻服务省级试点社区和温泉街道汤边社区等41个市级试点社区。出台《福州市新一轮社区综合提升行动实施方案》，创新推出"5+14+N"精品社区建设模式，首批筛选38个社区进行集中资源打造。在全省率先完成2021年村级组织换届选举，100%实现村党组织书记、村委会主任"一肩挑"和学历年龄"一升一降"。

【社会组织管理】 2021年，福州市累计登记社会组织6551家，其中社会团体2663家，民办非企业单位3861家，基金会27家。市社会组织综合党委新成立21家党组织，党组织覆盖率93.5%。乡镇（街道）社工站建设全面覆盖，全市173个乡镇（街道）建站挂牌并全部完成购买服务工作，县区落实购买服务项目资金5449.74万元。投入465万元开展22个城乡社区"三社联动"试点项目，累计服务民政兜底对象351户545人、总受益人数51188人、总受益人次超15.85万人次，开展活动1187场，培育规范组织75个，营造公共空间44个，媒体报道897篇。开展"我为企业减负担"专项行动，规范行业协会商会涉企收费行为，全市行业协会商会减免、降低会费金额1421.35万元，惠及企业2376家。

【殡葬服务】 2021年，福州市开展违建坟墓专项整治，摸排整治违建坟墓3324座。开展殡葬业价格秩序和公益性安葬设施建设经营专项整治，整治限制自带文明丧葬用品问题3例、超标墓位2435个、补齐用地审批手续1例。举办2021年生态葬公祭和公益骨灰撒海活动，有112例骨灰撒入大海。启动长乐区殡仪馆改扩建，完成永泰县殡仪馆建设并投入使用。对完成迁移400座以上旧墓的县（市）区奖补280万元，对51个殡葬设施奖补1135万元，合计下达市级奖补资金1415万元。全市火化遗体37045具，为27516名逝者家属免除基本殡葬服务费4533.82万元。

【婚姻登记】 2021年，福州市开展省内户籍居民结婚登记"全省通办"工作。印发《深入推进婚姻家庭辅导室建设的实施方案》，推动全市婚姻家庭辅导服务规范化。全市办理结婚登记32451对，其中涉台港澳、涉侨和涉外354对；离婚10768对，其中涉台港澳、涉侨和涉外68对。

【区划地名管理】 2021年，福州市开展行政区划调整，其中长乐区文武砂撤镇设街道获批；平潭县乡镇行政区划调整后，辖1个街道、3个镇、3个乡。长乐区人民政府驻地搬迁至文武砂街道获批。印发《福州市地名地址信息化管理办法》，完成不规范地名清理整治。完成市区新式道路标识牌设置730面。完成41条市区道路名称命名及地铁4、5号线部分站点名称命（更）名审核。

【边界管理】 2021年，福州市完成市间县级界线3条、市内县级界线6条以及乡（镇）级界线46条的界线联检。开展"平安边界"创建活动，印制发放《和谐平安边界 文明幸福福州》宣传册3000余份，下拨发展性项目管护经费4.32万元，加强市间县级界桩管理维护工作。

【老区建设】 2021年，福州市各级财政投入老区扶建专项资金1905万元，补助老区村基础设施建设、革命遗址保护利用等帮扶项目111个。开展"阳光1+1（社会组织+老区村）牵手计划"活动，福州市河南商会牵手罗源县中房镇林家村入选省民政厅"阳光1+1牵手计划"十佳案例。在《福州日报》刊发老区红色文化专版宣传报道8篇。先后举办4期老区农村实用技术培训班，参训学员200余人。

（黄剑锋）

民族宗教事务

【概况】 2021年，福州市民宗局申请下达各级少数民族发展资金1172万元。出台《福州市民族小学生助学金管理暂行办法》，实现全市农村少数民族小学生助学补助全覆盖。9月，全市首个按照省级标准化学校建设的福州民族小学投入使用。年内出台《福州市宗教活动场所安全生产标准化运行质量提升指南》，开展宗教活动场所综治平安创建活动。

【少数民族乡村工作】 2021年，福州市民宗局申请下达各级少数民族发展资金1172万元。开展少数民族发展专项资金绩效监控工作、民族乡发展投入路径研究课题调研和少数民族乡村发展工作调研。开展畲族“三月三”传统节日民俗文化活动、少数民族丰收节展示活动，推进少数民族优秀传统文化创新。开展“千村万寨心向党”宣传和“中华民族一家亲同心共筑中国梦——福建民族界百年红色故事”征集工作。推进民族乡村融入“福州都市圈”“平台福州”和文旅经济建设，其中罗源县提升民族文化数字云平台（二期）建设，先行先试培育中华民族共同体建设示范带。出台《福州市民族小学生助学金管理暂行办法》，实现全市农村少数民族小学生助学补助全覆盖。开展市政协“民族+互联网”推动民族乡村产业发展主题协商活动，《运用民族+互联网，推进民族乡村产业发展》被纳入2021年市政协重点网络协商议题。9月，全市首个按照省级标准化学校建设的福州民族小学投入使用。11月，海峡两岸少数民族交流与合作基地在罗源挂牌，在永泰成立畲族文化促进会。

【城市民族工作】 2021年，福州市民宗局打造“有福之州·石榴籽精神家园”工作品牌。全市获评全国民族团结进步示范区1个，获评福建省民族团结进步模范集体4个、模范个人6人，民族团结进步创建典型经验材料被列入国家民委2021年民族团结进步典型案例并在全国推广。10月，在福州罗源举办“铸牢中华民族共同体意识·永远跟党走”2021年福建省第十四个民族团结进步宣传月活动和全省民族团结互观互检活动。市民族与宗教事务局获评全省民族宗教系统先进集体，2人获评全省民族宗教系统先进工作者。

【宗教事务管理】 2021年，福州市民宗局开展全市宗教活动场所（固定处所）设立审批及改建、扩建、异地重建监管、宗教教职人员身份备案、公民民族成分确认等工作。开展宗教活动场所综治平安创建活动。举办4个民族宗教领域培训班，全市240余名民族宗教干部、民族宗教界人士参训。推进宗教活动场所安全和维稳防治工作，在宗教节日、传统节日、汛期及重大活动期间，在宗教活动场所开展消防安全检查、森林防火、房屋结构安全隐患等专项排查工作。开展民族宗教政策宣传活动25场。在民族乡村和宗教活动场所开展党的十九届六中全会精神、中央民族工作会议、全国宗教工作会议和省委民族工作会议及省、市党代会等精神宣讲活动近百场次，协同举办2021年度防范邪教宣传月活动。开展捐资助学、扶贫赈灾等慈善公益活动，年内全市各宗教团体捐款捐物896.6万元。开展福州市民族宗教领域新冠肺炎疫情防控工作。率先在省内指导宗教活动场所实施“两暂停”，推进宗教活动场所恢复有序开放，引导倡议宗教界人士配合疫苗接种工作。协助完成“数字中国建设峰会”、“5·18”第四届21世纪海上丝绸之路博览会暨第二十三届海峡两岸经贸交易会、“6·18”第十九届中国·海峡项目成果交易会、“世界遗产大会”保障工作，协调设立临时礼拜室，组建志愿者服务队伍。

【宗教文化宣传和交流】 2021年，福州市民宗局推动建设两岸情感融洽“示范区”。福州裴仙宫、南台玉皇宫等场所探索开展线上对台交流。11月，第二届国际黄檗禅论坛在福清黄檗山万福寺举办，日本驻华大使垂秀夫参访福州市佛教场所。12月，福诚民间信俗文化研究院在福州市仓山区成立。

（黄惠玲）

（编辑 姚国榕）

鼓楼区

【概况】 2021年，鼓楼区辖区面积35.43平方千米，辖9个街道、1个镇，有69个社区，户籍人口59.58万人。年内，获评2017—2020年度平安中国建设示范区、第五批国家生态文明建设示范区、全国科普示范区，入选国家智能社会治理实验基地（综合基地）（全国唯一县处级单位），居全国投资竞争力百强区第19位、“中国幸福百强区”第六位、全国创新百强区第18位，均为全省第一。

【经济建设】 2021年，鼓楼区实现地区生产总值2362.19亿元，比上年增长8%，在全省31个城区中位列第一；人均GDP35.18万元，位居全省第一；规模以上工业增加值增长10%；固定资产投资增长11%；社会消费品零售总额1377.1亿元，增长10.6%；实际利用外资11.61亿元；进出口439亿元，增长24.4%；一般公共预算总收入61.3亿元，增长18.9%；地方一般公共预算收入35.01亿元，增长13.5%；城镇居民人均可支配收入62850元，增长8.1%。市级总部企业、平台企业、上市企业数均居福州市第一。

工业　推进软件园高级版园区标准化建设，推出工信部协同攻关中心等“五个第一”示范项目，入选国家级双创示范基地，获评省级数字经济示范园区、军民融合高技术产业示范基地，营业收入突破1500亿元。年内，洪山园获评为省级成长型数字经济园区，营业收入突破600亿元。

服务业　数字经济规模占GDP比重62%。有47家企业入围省数字经济领域独角兽、瞪羚创新企业，45个项目入选省级应用场景，均居全省首位。42家市级、区级总部企业实现税收21.6亿元。平台经济快速增长，89家企业纳统金额超400亿元。新引进30个供应链项目，新培育11家市级平台企业。服务业增加值占全市30.6%，对全区生产总值增长贡献率94.0%。东街口商圈在省级示范商圈评选中位居第一，三坊七巷入选第一批国家级夜间文化和旅游消费集聚区。推进香格里拉二期等8座商务楼宇建设，评定星级楼宇24座，获评“中国楼宇经济高质量发展标杆范例”。

招商引资　开展线上招商、基金招商、以赛招商、以商招商等活动千余场次，新引进项目417个，总投资852亿元，落地11个重大项目。金融业增加值553亿元。引进4家持牌金融机构，省招标股份获证监会同意并在创业板IPO注册。朱紫坊基金港落地54只基金，基金管理规模706.77亿元。超300家金融机构、企业入港参与投融资对接活动，累计开展活动58场。

科技　新增国家级专精特新“小巨人”企业7家、省市级众创空间6家、省级新型研发机构10家、市级行业技术创新中心3家。新认定省级产业领军人才团队2家、省级高层次人才24人。新引育省级工科类、市级“双一流”等各类人才1147人。省引才“百人计划”入选人数居全省第一，人才入选人数连续5年居全市第一。国家高新技术企业数量占全市24%，省级科技“小巨人”企业、新型研发机构数量居全市第一。

【城区建设与管理】 城区建设　2021年，鼓楼区实施251个城市品质提升项目、25个“九个一批”综合提升项目。启动东街68号、仓房街37号等12个旧屋区改造项目，出让西洪路市民政局宿舍等5块地块。竣工保利天悦花园等8个安置房项目，回迁交房6389套。实施红墙巷周边等131个老旧小区改造，完成东水路——得贵路等7处环境综合整治，新建能源巷等6条道路，改造福涧街等5条小街巷，打造中山、锦江2个完整街区。实现二环以内全域缆化，平整提升4万多平方米道路。

城区环境　推进乌山历史风貌区保护修复，建设提升20个街头小公园，建成西河智慧体育公园，实现区属公园“市民园长”全覆盖。贯通闽江北岸——西湖公园山水慢行步道，新建提升绿道10千米、街头小公园20处、拆墙透绿31处。空气质量全年保持优良，西北区饮用水源保护区水质连续26年100%达标。新增公共停车泊位近2000个，改造提升垃圾分类亭607座。

城区管理　中山堂花漾街区、鼓屏

路—八一七北路精细化管理示范街区在省级样板工程评比中均位居全市第一。在全省率先试点推行“房屋安全保险监测服务”项目，既有建筑改造利用消防审验被列为全国首批试点。新增长效管理老旧小区 20 个，试点片区化物业管理 10 处。

2021 年 5 月 28 日，福州市鼓楼第二中心小学教育集团授牌成立

（鼓楼区政府办 供图）

【社会事业】 教育 2021 年，鼓楼区成立旗汛口幼儿教育集团、鼓二小教育集团，建成花园小学、古乐路幼儿园等 4 所校园新楼。在全省率先推出“双减”一揽子措施，实现校内课后服务全覆盖。年内，获评省科研协同创新基地，在全省第五届中小学教师教学大赛中获特等奖 1 个、一等奖 2 个。

文化旅游 建成福州古厝展示馆，举办“七溜八溜、不离福州”等文化活动 230 多场次。开展新一轮历史建筑普查登记，保护修复 23 处历史建筑。打造 3 个市级大众茶馆。福山郊野公园、西湖公园、屏山公园（镇海楼）获评国家 AAA 级旅游景区。

卫生健康 下派省、市医联体医院专家 1100 多人次，6 个社区落地省二人民医院妇产科专家工作站。建成湖前社区医院，9 家社区卫生服务中心入选全市首批老年友善医疗机构。建立完善“1+4+7”新冠肺炎疫情防控工作机制，先后发布 13 批 200 多条工作措施，摸排数据超 12 万条，核酸检测 40.7 万人次，累计接种疫苗超 140 万剂次。

社会保障 实施普惠性稳岗返还“免申即享”，发放各类奖补资金 1.2 亿元。基本医保参保覆盖率在 99% 以上。建成“长者食堂 + 学堂”25 家，惠及 13.5 万老年人。完成托育机构备案 12 家。创建省、市、区三级劳动关系和谐单位 166 家。年内，东大社区、公益社区获评全国示范性老年友好型社区。

社会治理 化解办结重复信访事项 191 件，化解办结率 97.9%。创建 283 个平安小区。巩固扫黑除恶专项斗争成果，开展政法队伍整顿。开展安全生产精准执法年和诚信体系建设年专项行动。办理“12345”便民服务平台诉求件 7.06 万件，群众满意率 99.98%。有 10 个市直部门、市属企业加入“一线处置”平台，解决各类民生事项 7459 件。年内，“一线处置”平台获评第二届中国城市治理创新十大优秀案例。

【第四届数字中国建设峰会暨数字鼓楼展馆】 2021 年 4 月 25 日，鼓楼区在第四届数字中国建设峰会上展示“数字福建”鼓楼示范区 20 年的建设成果，展览以“回首 20 年，迈向新征程”为主题，分“20 年历程、数字治理、数字经济”3 个篇章，展示数字鼓楼品牌构想和 20 年的发展成效，吸引 20 个城市的 29 家单位组团来馆参观，日均访问量达 6000 人次。该届峰会上发布的 205 项福建省数字经济应用场景，鼓楼区入选 45 项，占福州市 45.45%，占全省 21.95%，居全省各市（县）区首位。

【第四届福州市鼓楼区服务企业大会】 2021 年 10 月 21 日，福州市鼓楼区第四届服务企业大会在香格里拉酒店召开。服务企业大会以“为企业站台、为企业服务”为价值导向，发布鼓楼区招商引资宣传片，表彰上一年度“纳税大户”“功勋企业”，推介朱紫坊基金港、福州软件园，介绍鼓楼科创走廊发展规划。

【福州软件园获评“国家双创示范基地”】 2021 年 10 月 19 日，全国双创活动周福建省分会场启动仪式暨“创响中国”福州软件园站启动仪式——福建省创新创业生态发展论坛在福州软件园举行，福州软件园被评为“国家双创示范基地”。

表 96 2021 年鼓楼区街道（乡镇）基本情况一览表

街道（乡镇）	辖地面积（平方千米）	人口		社区（经合社）（个）	财政总收入（万元）	地方财政收入（万元）	规模以上工业总产值（万元）
		户数（户）	人口数（人）				
鼓东街道	1.11	15617	51919	5	91474	49980	13761
鼓西街道	1.82	19473	63852	6	28227	18127	13844
温泉街道	2.21	20733	75055	7	92386	50848	70030
东街街道	0.72	9934	37891	4	42599	26984	85135

续表 96

街道（乡镇）	辖地面积（平方千米）	人口		社区（经合社）（个）	财政总收入（万元）	地方财政收入（万元）	规模以上工业总产值（万元）
		户数（户）	人口数（人）				
南街街道	1.54	15244	44897	6	14154	9334	8020
安泰街道	1.54	8746	25663	4	28690	19149	18543
华大街道	3.27	24582	88515	9	54210	29440	9655
水部街道	1.30	12240	37441	5	52591	32050	28566
五凤街道	9.55	27207	82432	11	33239	19081	41152
洪山镇	12.37	34653	105624	12	79258	54810	335989

说明：数据来自鼓楼区统计局、区民政局、区财政局

（徐　毅）

台江区

【概况】　2021年，台江区辖区面积18平方千米，辖宁化、上海、义洲、苍霞、茶亭、洋中、新港、后洲、瀛洲、鳌峰10个街道，52个社区居委会。总户数11.59万户，户籍人口321684人，比上年增加4028人；男性157483人，占48.96%；女性164201人，占51.04%；流动人口170797人。出生人口1307人，出生率4.83‰，出生政策符合率98.39%，出生性别比110.81。全年完成十大类11个省级为民办实事项目、七大类11个市级为民办实事项目；九大类32个区级为民办实事项目完成31个，1个为民办实事项目结转至2022年跨年度建设。年内，获评福建省城市发展“十优”区，上下杭历史文化街区入选首批国家级夜间文旅消费集聚区、省级旅游休闲街区，苍霞新城全方位改造提升一期工程获省级地市老城更新样板项目第一名。

【经济建设】　2021年，台江区实现地区生产总值659.25亿元，比上年增长8.6%，其中第三产业增加值557.69亿元，增长8.3%；固定资产投资127.30亿元，下降28.4%；社会消费品零售总额287.36亿元，增长17%；实际利用外资10.7亿元，增长37.9%；一般公共预算总收入25.55亿元，增长2.3%；地方一般公共预算收入17.62亿元，增长8.8%；城镇居民人均可支配收入5.83万元，增长8.2%。

服务业　实现服务业增加值557.7亿元，比上年增长8.3%，占GDP比重的84.6%；新增限额以上商贸企业93家，限额以上商贸比例提高至80%；开展“活力商都”系列促消费活动800余场，带动销售额19.2亿元。台江数智港揭牌，119家核心产业企业实现营业收入104.2亿元。在全国首创“金融人才助理”制度，成功与兴业银行、海峡银行等8家金融机构达成战略合作关系。

招商引资　落地招商项目422个，总投资额490.18亿元，其中注册类项目318个、备案类项目98个、增资类项目6个。实际利用外资完成10.7亿元，比上年增长37.9%，完成市里下达任务的178.3%，进度排名全市第一。

【城乡建设与管理】　2021年，台江区开展10个连片旧改和5个零星旧改项目，实现回迁安置16.39万平方米，涉及回迁户数1279户，完成融信洋中城等安置房源约3200套回迁交房任务。对接市土地发展中心、市城乡建总等多家单位，开展84个安置房项目办证，惠及8643户被征收群众，实现征迁工作闭环管理。完成151个市、区两级城市更新品质提升项目，累计投资29.61亿元。建成鳌中路、排尾一路等10条市政道路，完成横街巷等5条小街巷整治，实施缆化下地、箱柜整治项目107个。随路新建改造雨水管网2.3千米，新建改造污水管网3千米。实施东辉花园等49个老旧小区综合整治、62个小区雨污管网专项整治。完成苍霞新城全方位改造提升一期工程，获评“省级地市老城更新样板项目”第一名。完成“两江四岸”苍霞核心段及南公园景观综合整治项目。打造上下杭花漾街区建设样板，达江路、武夷绿洲智慧体育公园等绿化改造提升项目完工。实施光明桥商贸城小区、长乐南路等4个外立面改造项目，提升面积1.5万平方米。启动鳌峰片区高品质饮用水试点，新东南区水厂实现并网通水。启动“闽江之心”核心段建设，滨江步行街、青年广场基本建设完成。

【社会事业】　科技　2021年，台江区围绕融入全市科创走廊建设大局，打造产业特色明显、创新创业服务配套完善的“一区多点”科创走廊产业。全区有国家级高新技术企业240家，科技“小巨人”企业14家，科技型中小企业146家，省级技术转移机构3家，省级新型研发机构3家，市级以上双创平台13家。有143家企业申报第一批、第二批高新技术企业认定，其中省交通科研院、省金皇环保、鑫博亿电力等100家企业最终通过评审被认定为国家高新技术企业。完成技术合同成交额2.07亿元，合同项目数119个。

教育　全区有在校生47617人，其中小学生25336人，初中生6235人，普通高中生1159人，职业高中生695人，特教学生115人，在园幼儿14077人。成立台三小、宁化小教育集团，建成投用福州市南公小学、福州市双杭小学，完成福州市台江区第三实验幼儿园、福州市宁化幼儿园分园装修改造项目，新增学位2700个，学前普惠学额覆盖率90.86%。完成福州第十五中学校舍加固项目和福州市台江实验小学校舍加固项目，完成福州市台江第三中心小学、福州市交通路小学等9所学校的修缮项目。

文化体育　推动公共文化服务体

2021 年 11 月 24 日，台江区委、区政府在海峡电子商务基地三期项目现场举行台江数智港揭牌仪式

（台江区融媒体中心 供图）

系示范区后续建设，完成 2 个街道综合文化站、16 个社区文化服务中心高级版（3.0 版）改造提升任务。开展“江滨大舞台”“文化下基层”、非遗宣传展示等文化惠民活动近 130 场。开设各类公益培训课堂授课近 800 课时，创作舞蹈《守艺十番》、歌曲《心香》等 6 部原创作品。推出 5 处古厝活化利用精品案例，非遗剧目《遇见十番》成功演出，全省首家八闽商埠文化展示中心（一期）竣工。全区藏书量 64.99 万册（含街道社区图书），年新增图书 5.3 万册，数字资源总量 5.17TB，全年图书流通约 28.82 万册（次），累计服务群众约 11.66 万人次。全年举办 16 场全民健身系列运动会，吸引 2000 多人次参加。运动员黄梦恺参加东京奥运男子花剑个人赛，吴雨霖、王梓烨、李俊峰、兰天辰 4 人获得第十四届全国运动会参赛资格，在全市仅有的 9 个名额中独占 4 席。

卫生健康　培育建设 17 个特色专科专病门诊，开展特色诊疗 10634 人次，组建 57 支以全科医生为主体的社区卫生服务队。开展 14 类基本公共卫生服务项目，人均基本公共卫生服务经费补助标准提高至 70 元，社区卫生服务中心每门诊人次药品费用下降 42.92 元。建立居民健康档案 376506 份，建档率 91.43%，家庭医生签约 131940 人，其中重点人群签约 68630 人。实施城镇部分计划生育家庭奖励扶助制度，全年审核发放 38594 人（其中低保 118 人），发放扶助金 4645.44 万元，发放高龄补贴 6569 人次 194.59 万元。

社会保障　与民生相关财政支出 17.59 亿元，占一般公共预算支出的 79%。新增城镇就业 2.06 万人，安置失业下岗人员 4636 人。全区低保人数 1566 人，累计发放低保补助金 1075.43 万元；特困人员 31 人，累计发放特困补助金 91.4 万元，生活不能自理特困人员集中供养率 100%；为临时性、突发性困难对象发放临时救助金 147.73 万元，救助 478 人次，人均救助额 3090.59 元。

生态建设　开展“治水提质”行动，实施“河长日”、“河长制”、政企河长联席会议等，辖区内河水质达标率从 47.9% 提高至 80.2%。实施“蓝天工程”，空气质量优良天数比例 100%。区域环境噪声 58.4 分贝，交通道路噪声 67.1 分贝。启动实施鳌峰片区高品质饮用水试点，新东南区水厂实现并网通水。

平安建设　在全市率先投入使用新的应急指挥中心，为全区户籍居民购买台江区政府救助责任保险，全面贯彻新修订《中华人民共和国安全生产法》，全年未发生较大及以上生产安全事故。推进街道、社区、小区及行业系统平安创建，完善“四级巡防”队伍建设，优化万宝商圈“1+6+N”警务模式，培育金斗社区基层治理试点。开展鲲鹏青少年事务中心、福州古厝与文化遗产保护巡回法庭、“吉蕾之洲”普法品牌等工作，在全省平安“三率”测评中，台江区群众安全感位居全市第四名。全区有 4 个街道、52 个社区获评“平安街道”“平安社区”，建成平安小区 296 个，达标率 78.72%，其中达标型智慧安防小区 99 个，达标型覆盖率暂居 A 类单位第一名。

【台江数智港揭牌】　2021 年，台江区发挥海峡金融商务区的优势，发展数字内容和信息技术产业两大产业链，以创实大厦、宝地大厦、国资大厦等楼宇为载体，成立台江数智港，打造福州首个在高端金融商务区建立的“立起来”的智慧产业园。总建筑面积 21.4 万平方米、总投资 26.73 亿元，力争 3 年内打造百亿级数字经济产业园。

【苍霞新城一期工程改造提升】　2021 年，台江区完成苍霞新城一期工程改造提升，施工总面积 6.2 万平方米，涉及 9 栋楼、786 户居民。获评“省级地市老城更新的样板项目”第一名，并入选全国老旧小区改造联系点。

表 97 2021年台江区街道基本情况一览表

街道	辖地面积（平方千米）	人口		社区（经合社）（个）	财政总收入（万元）	地方财政收入（万元）
		户数（户）	人口数（人）			
宁化街道	2.9	8891	24925	7	5839.46	3158.19
上海街道	2.65	16315	46817	7	5316.26	10393.23
义洲街道	0.86	11513	31659	6	2909.40	1810.24
苍霞街道	1.07	11128	29345	5	3029.85	2952.22
茶亭街道	0.88	9110	27084	5	2201.9	5540.49
洋中街道	0.88	9903	30029	5	2608.58	7524.26
新港街道	1.35	11964	32624	6	16719.78	3786.96
后洲街道	0.91	11280	26653	6	3473	1645
瀛洲街道	2.2	12150	32100	6	13429.97	3109.38
鳌峰街道	5.1	13670	40448	7	14792.46	6281.4

（刘　勇）

仓山区

【概况】 2021年，仓山区辖区面积146.24平方千米，辖8个街道，5个镇，99个社区，102个行政村。常住人口116.9万人，年末户籍人口66.59万人，人口自然增长率6.8‰。地区生产总值1030.11亿元，比上年增长9.5%、在全市排名第二。年内“千名干部进千企”专项行动综合考评居全市第一，招商工作综合排名居全市第二，“一抓一促”“扶持龙头壮大产业”专项行动综合考评均居全市第三，“五个一批”综合考评一季度和三季度进入全省前十。

【经济建设】 2021年，仓山区实现地区生产总值1030.11亿元，比上年增长9.5%，其中第一产业增加值1.81亿元；第二产业增加值419.27亿元，比上年增长11.0%；工业增加值323.77亿元，增长10.4%；第三产业增加值609.02亿元，增长8.5%。人均地区生产总值88840.6元。社会消费品零售总额548.19亿元，比上年增长9.9%；固定资产投资增长12.7%；一般公共预算总收入42.28亿元，增长3.0%；地方一般公共预算收入27.39亿元，增长0.8%；固定资产投资743.52亿元，增长12.7%；城镇居民人均可支配收入49711元，增长8.3%。

工业　强化试点示范，实施政府收储、企业自主改造和风貌景观三大提升工程。橘园洲片区A地块等3个项目21万平方米的高标准厂房建成投入使用，D地块13万平方米的厂房完成主体结构封顶，B、C、E、F地块建设及中能电气等14家企业自主提升项目有序推进。金山工业园区获评“省级示范数字经济园区”。主动融入福州科创走廊建设，在橘园片、金山片、高盛高仕片布局建设科创街区，完成金山科创街区城市设计任务书。

智能产业　加快星网锐捷、皮皮跳动等龙头企业发展。推进中机六院、抖音（福建）直播生态园等181个重点项目落地，完成“智能仓山”信息管理平台等30个应用场景建设。在第四届数字中国建设峰会中，5G智能岛、北斗国际数码港等6个总投资67亿元的项目签约，签约数居福州市第一。举办福建省企联智能产业发展联盟成立大会，打造智能产业“一园四镇”，互联网小镇获评“省级网络安全产业示范园”，智能产业规模突破460亿元。生物医药产业快速发展，壹药网、安布瑞生物技术等114个总投资210亿元的项目落地。瑞科医药健康产业园一期建成投入使用，50家医药企业入驻园区，成为福州市首个“政府规划引导+企业运营管理”的生物医药产业专业化园区。生物医药产业“一核双区，两园两中心”的发展格局初具规模，产业规模突破200亿元。国际医疗综合实验区获国务院批准，在福州新区开展前沿医疗技术研究，出台《关于扶持药品上市许可持有人发展的若干措施》。

制造业　发展集成电路、光电信息等9条产业链，打造规模超200亿元的机械制造、轻工食品等产业集群。依托百度云（福州）AI实验室、华为人工智能孵化中心等平台，打造宜美电子、利莱森玛等工业互联网平台应用创新示范点，45家企业实现“上云上平台”。推进“数字·绿色”等技改专项行动，实施三丰自动化制鞋项目等22项省、市级工业重点技改项目，完成技改投资27.71亿元，比上年增长37.2%。新增升腾资讯、凯米网络等4个市级企业技术中心，森达电气、森源电力等2家企业获评国家级专精特新“小巨人”企业，捷宇电脑、福顺半导体、普贝斯等3家企业获评2021年省级“专精特新”中小企业，海西新药入选福建省第二批产业领军团队。全年完成工业固定投资28.8亿元，比上年增长38.8%；实现规模以上工业总产值1177.94亿元，规模以上工业增加值增长9.6%。

服务业　第三产业增加值占GDP比重持续提升，平台经济快速发展。福茶网等优质平台项目落地仓山区，64个平台项目累计实现纳统销售额（营业额）521.75亿元。万达、爱琴海、融侨外滩壹号等重点商圈聚集带动作用明显，纳统销售额44.3亿元，比上年增长

22.6%；新能源汽车销售额29.5亿元，增长191.7%；电商网络零售额连续12个月居全市第一。新增提升限额以上商贸业、规模以上服务业企业265家，比上年增长46.41%。完成第44届世界遗产大会服务保障工作，完成梁厝“世遗林”项目建设，在烟台山历史风貌区打造世遗大会内宾参观线路，烟台山商业漫步街区一期、信平智慧广场等正式开街，福州烟台山获评国家AAA级旅游景区。举办首届烟台山国际文化艺术节、全市首届茉莉花茶文化节、第十四届闽台陈靖姑民俗文化旅游节等活动。年内，接待游客753.68万人次，实现旅游收入68.13亿元。

招商引资　完成仓山区生物医药产业招商地图编制，实现“走出去”招商、产业链招商等机制，全年引进落地华能东南总部基地、国家管网集团福建总部等招商项目511个，预期总投资额1456.18亿元，综合排名居全市第二，总项目数、常规项目数、外资项目数均居全市第一，重大产业项目数全市并列第一。

【城区（乡）建设与管理】　2021年，仓山区三江口片区完成下洋收储地块一、二、三等21个项目征迁，交地233.33公顷、拆迁87万平方米。三江口生态公园开园，梁厝南片区道路工程等16个、总投资301.87亿元的项目竣工；星海江筑、郦城花园等11个、总投资97.98亿元的项目开工；年内有福泉高速拓宽改造工程A段、三江大厦等26个在建项目，清凉山消防站、清富垃圾转运站等22个公共配套项目。

征迁安置　组建三江口片区、盖山片区、科创街区等三大片区指挥部。开展“净地交付攻坚季”等专项行动，完成福建春晖制衣及周边地块等94个项目征迁交地，交地560.8公顷。启动白湖北园、东升旧厂房等25个、占地面积115.73公顷的项目。清理批而未供土地140公顷，数量居全市第一。出让土地24宗83.26公顷，成交155.45亿元。建成安置房5400套，共45万平方米；对接选房4880套，共38.48万平方米；完成1.9万套安置房产权证办理。

市政建设　开展城市品质提升、“九个一批”综合提升等行动，柏联花园、先锋花园等25个老旧小区完成改造提升。金山大道等30个街头小公园建成开放，菖蒲街、照屿路等20个路段的箱柜完成整治，南二环特色园林风情道路项目在全省考评中名列前茅。万科九里商务中心、市二医院停车楼等项目建成投入使用，新增停车泊位5539个。创建“金洲社区规范停车示范区”。

【社会事业】　科技　2021年，仓山区规模以上企业R&D（研究与开发）经费投入总量25.14亿元，占GDP比重2.8%，总量居全市第二。全区有福建海西新药等436家高新技术企业，总数居全市第二。两岸商盟科创空间等3个创业孵化机构获评2021年度省级众创空间，建成福建绿艺园林等2家市级专家工作站，派利德电子、闽台机械2家企业获批市级产学研项目。宝宝巴士等20家企业入选福建省数字经济领域未来“独角兽”“瞪羚”创新企业，入选数居全市第二。完成6家企业知识产权贯标和7家企业知识产权示范单位申报工作。

教育　永南中学新校等12个教育项目集中开工。岚湖小学、培智学校康复楼2个项目建成投入使用，新增学位1620个。新认定14所普惠性民办幼儿园，新增普惠学位近4800个。创建各级示范性幼儿园10所，优质学位覆盖率64%。将红山中学、螺洲中学纳入城区教育集团委托管理，累计成立金港湾实验学校等12个教育集团。组织15个区级名师工作室定向帮扶18所薄弱校。落实“双减”工作要求，实现学生校内课业负担减轻、校内课后延时服务区属学校全覆盖，关停校外培训机构21家、引导转型办学96家。区属环保职业中专的3D打印等3个专业被列入福州市中等职业学校自主招生专业，2021届应届生就业率98%。

文化体育　闽台陈靖姑信俗文化中心开工动建，完成美国领事馆旧址、严复故居布展以及爱国路2号展陈提升，区图书馆海峡创意产业园分馆建成投入使用，完成10家镇（街）综合文化站、村（社区）综合文化服务中心“升级版”提升建设工作。举办群众性文化活动466场次，举办“百年红船·壮丽航程”——仓山区庆祝中国共产党成立100周年大型文艺晚会。新建全民健身设施44处，开展第十一届“福矛杯”闽篮争霸篮球联赛等全民健身活动26场次。推进福州烟台山景区拓展提升，创建国家AAAA级旅游景区。推进林浦、螺洲、梁厝、阳岐等历史名镇名村、历史风貌区拓展提升。

卫生和健康　落实各项新冠肺炎疫情防控措施，全区未发生本土确诊、疑似病例。完成金山街道、下渡街道社区卫生服务中心等市级“双提升”工程项目建设，引进3家居家养老服务企业，建成1所农村幸福院、1所城市社区嵌入式家园，水都社区被评为“全国示范性老年友好型社区”。

2021年3月14日，位于仓山区盖山镇的郭宅博物馆开馆

（仓山区融媒体中心　供图）

社会保障　开展“我为群众办实事”专项行动，完成为民办实事项目30个。新增城镇就业人口2.4万人。推进城乡居民适龄参保人员应保尽保，城乡居民养老保险参保6.09万人，被征地农民养老保障参保13.07万人。推进脱贫攻坚成果同乡村振兴有效衔接，深化与宁夏固原市隆德县的东西部协作。

生态建设　完成“两江两岸”环境提升、夜景灯光整改等项目230个。完成新一轮古厝普查和保护利用专项行动，核查、登记文物、历史建筑和传统风貌建筑等1286处，修缮完成螺女庙、螺洲陈氏五楼等9处古厝，打造郭宅博物馆等一批古厝活化利用典型示范。推进生活垃圾分类工作，金榕南路城市管理综合体在建，打造仓前街道省级垃圾分类示范片区。开展城乡环境大清理、大整治专项行动，打造42条“门前三包”示范街，强力整治占道经营、违规广告牌匾、非机动车违停等乱象，全省首个高校城市管理执法点在福建师大成立。拆除“两违”建筑76.95万平方米。推进“绿进万家、绿满榕城”行动，完成火车南站花漾街区等12个绿化项目，新增绿化面积28.5万平方米。空气质量综合指数为2.69，优于上年同期2.75，空气质量优良率100%。3个市级饮用水水源地水质连续多年达标率100%。“散乱污”专项整治综合考评居全市前三。完成螺洲四支河等6条河道整治工作，落实“河长制”“河长日”等制度，解决内河问题1228个，内河水系实现常态化管养。

平安建设　开展安全隐患大排查大整治行动，摸排各类生产经营单位和场所1.44万家次，完成隐患整改1.8万个，整改率98.6%。完成全区190个村（社区）基层组织换届，新成立7个社区，打造幸福社区、万春社区等3个市级典型标杆城乡社区。化解区级历史信访积案17件、“已拆未签”个案272件、“治重化积”第一批专项件345件，“治重化积”专项件化解量和信访群众满意率均居全市第二。年内，仓山区信访局获评“中国共产党成立100周年庆祝活动全省信访安全保障工作成绩突出集体”“全省涉疫信访事项办理工作成绩突出集体”称号。开展“国家食品安全示范城市”创建工作，仓山区市场监管局获“全国食品安全工作先进集体”称号。“八五”普法规划启动实施，金山司法所获评“全国模范司法所”。

重点领域改革　推出台胞个人调解工作室等31条改革创新举措，跨境电商金融供应链服务平台等4项创新举措全国首创。新成立区文投集团，完成区国投集团、区土开集团、区城建集团整合重组，完成区国投集团企业主体AA级信用评级申报工作，区属国企与央企合作的三江口加油站项目开业运营。全市首创在工业园区办职业大学，探索利用“二元制”产教融合人才培育体系，破解产业人才结构性难题。全市首例村集体用地建设社会租赁住房项目百亨商寓即将封顶。完成第三次全国国土调查工作。推出82项“全城通办”服务事项，“一趟不用跑”事项比例从2020年的73%提升至94%，即办事项比例从2020年的45%提升至88%。在金山工业园区、福州新区仓山功能区设立“园区政务服务代办点”，组建“流动政务服务队”，为企业代办申请事项199件。开展“扶持龙头壮大产业”“千名干部进千企”等行动，累计帮助企业解决问题1173个。“一企一议”综合考评居福州市第一。出台稳生产、稳用工等扶持政策，全年兑现各级扶持资金1.8亿元。组织“惠企融通”等政银企对接会9场次，帮助企业精准对接信贷资金5亿元。实施扶持企业上市“金仓计划”，设立全省首个园区企业上市服务工作站，富兰光学等33家企业入选市重点上市后备企业名单。

【第十四届闽台陈靖姑民俗文化旅游节暨闽台陈靖姑文化展示馆奠基仪式】2021年11月19—21日举办，旅游节以“临水扬帆　海丝福佑”为主题，在线上平台与台湾会场同步连线，进行线上线下联动，通过现场互动拉近两岸陈靖姑文化团体的距离，促进两岸文化交流。台湾中华顺天圣母发展协会副理事长蔡玉雯通过网络连线致辞，代表台湾陈靖姑文化宫庙及团体向文化节发来祝福。活动当天，100多名来自海峡两岸的信众通过互相交流、共同祈福，弘扬临水文化，促进两岸交流。该民俗活动被列为国台办2021年对台重点交流项目和仓山区九大专项行动“海丝文化高地”重点项目。

表98　**2021年仓山区街道（乡镇）基本情况一览表**

街道（乡镇）	辖地面积（平方千米）	人口		社区（村）（个）	财政总收入（万元）	地方财政收入（万元）	财政支出（万元）
		户数（户）	人口（人）				
下渡街道	1.82	12047	37007	5	8476	5576	2740
仓前街道	1.15	8950	26933	5	3232	2482	2491
上渡街道	3.74	13772	41565	5	5803	3482	2683
临江街道	1.00	6596	19708	4	4962	3088	1593
对湖街道	2.09	13694	40406	5	3456	2552	2213
三叉街街道	0.51	6246	17007	4	5791	3569	1996
东升街道	0.66	4464	12654	4	4842	3014	1114
金山街道	11.54	39308	120950	29	26549	17114	9675
仓山镇	3.15	—	—	15	41368	21811	3347
城门镇	45.40	30371	103369	31	46472	28936	12472

续表98

街道（乡镇）	辖地面积（平方千米）	人口		社区（村）（个）	财政总收入（万元）	地方财政收入（万元）	财政支出（万元）
		户数（户）	人口（人）				
盖山镇	37.69	32671	105979	39	67828	45925	23475
建新镇	32.42	42708	127788	45	41370	27634	17394
螺洲镇	5.06	4577	14263	10	5111	3352	3882

说明：仓山镇人口分属在对湖、仓前、上渡和下渡街道中统计

（陈　暖）

晋安区

【概况】　2021年，晋安区辖区面积552平方千米，辖4个镇、3个街道、2个乡，114个行政村、80个社区。年末户籍人口45万人，常住人口约79.5万人。全年出生人口2146人，人口出生率5.38‰，出生人口性别比109.16，人口自然增长率1.96‰。开工项目142个、竣工92个。“抓项目促提升”行动综合考评位居全市前列，“攻坚120天”专项行动排名全市第三。622个省“五个一批”项目，完成年度投资427.19亿元，第一季度综合考评位居全省第二。8个省重点项目、104个市重大项目完成年度投资602.66亿元。年内，获评全国投资竞争力百强区、全省全民运动健身示范区，连续6届蝉联“省级文明城区”称号。

【经济建设】　2021年，晋安区实现地区生产总值1063.28亿元，比上年增长8%，三次产业结构比例为0.8∶26.7∶72.5。一般公共预算总收入39.30亿元，比上年增长17.0%；地方一般公共预算收入26.61亿元，增长16.3%，一般公共预算支出34.8亿元；固定资产投资486.08亿元；城镇居民人均可支配收入54071元，增长8.9%；农村居民人均可支配收入25679元，增长10.8%。

农业　实现农林牧渔总产值14.07亿元，比上年增长5.6%。全区水果种植面积1066.67公顷，茶叶种植面积保持933.33公顷以上，产量保持2000吨以上，生猪存栏稳定在3万头，全区有养殖水面140公顷，全年渔业产量773吨。新培育区级以上示范新型农业经营主体8家，2个农村创业园区（基地）入选全国目录，有9个“三品一标”农产品。

工业　实现规模以上工业增加值比上年增长8.9%。融入全市科创走廊建设，高标准打造晋安湖“三创园”，盘活产业用地9.93公顷，新建标准厂房21.4万平方米，落地湖塘科创园、晋安三创中心等产业项目14个。

服务业　实现第三产业增加值770.38亿元，比上年增长8.9%；实现社会消费品零售总额840.22亿元。落地纵横总部、榕桔科技平台等一批大项目，益凤物流产业中心开工建设。商圈经济、夜色经济日趋繁荣，引进品牌首店、网红潮牌60个，组织大型特色促销活动150多场。全省首家荟聚中心开业，东二环夜色经济示范街区考评居全市前列。举办各类旅游推介活动10场，皇帝洞获评国家AAA级旅游景区，全区年接待游客1200万人次。

招商引资　实现进出口总额291亿元，实际利用外资6.79亿元。全年落地华为福建区域总部等招商项目428个，总投资1345.04亿元，其中50亿元以上项目6个、10亿—50亿元项目11个，招商考评位居全市第四。

【城乡建设与管理】　城乡规划　2021年，晋安区提升东二环、火车站周边、闽江沿线等灯光夜景，晋安湖公园（一期）建成开放。实施农村建设品质提升行动，养护提升农村公路100千米，推进15个省、市级乡村振兴试点示范项目，创建中高级版绿盈乡村10个，汶洋村获评全省乡村振兴实绩突出村，寿山村获评省金牌旅游村。

征迁安置　征迁房屋80万平方米，交地1066.67公顷，出让土地90多公顷，回迁选房4300套。

市政建设和管理　开展新一轮城市品质提升行动，实施缓堵工程49项，新增公共停车位3700个，新店外环东段等10条主次干道建成通车，实施一批杆线整治、缆化下地、雨污管网建设等工程。加强城区精细化管理，推进城乡生活垃圾分类一体化，建成全省最大的半地下城市管理综合体（洋里），全省首个全埋式地下城市管理综合体（连江北）开工建设。

【社会事业】　科技　2021年，晋安区落实各类科技扶持资金4600万元，规模以上企业研发投入比上年增长16.4%，新增国家级高新技术企业99家、省科技“小巨人”领军企业28家、科技型中小企业263家。申报省、市级科技计划项目33个，获得立项13个。新增省、市级众创空间4家、省级科技企业孵化器1家、省级新型研发机构和技术转移机构各2家。新选认个人科技特派员68人，团队科技特派员10个。

教育　推进教育强区建设，成立9个教育集团，建成8所新校，新增学位5760个，在全省率先实现公立幼儿园集团化办学全覆盖。打造榕博人才主题学校，引进5个合作办学项目，省级教育“两项督导”考评获“双优秀”。区属公立中学高中在校生3165人，初中在校生14443人，小学在校生50705人（公办49726人、民办979人），区属在园幼儿26882人（公办16667人、民办10215人），特殊教育学校在校生77人。全面落实“双减”政策，课后服务覆盖面71%。推进教育部“安吉游戏”推广计划实验区、全省首批幼小衔接实验区建设，6所学校获评全国青少年人工智能特色校。

2021年8月30日，福州教育学院附属第二小学晋安校区开学暨晋安区2021年9个教育集团、8所新校、5所合作校授牌仪式在二附小晋安校区举行

（晋安区政府办 供图）

文化体育　推进协和大学旧址、“两邓”古厝等保护与活化利用，新店古城遗址公园、晋安文化记忆馆相继建成开放，新增3个市级非遗传承示范基地。全区现有体育场所214.89万平方米，人均场地2.47平方米，位居福州市城区第一。晋安籍运动员获全国、全省各类运动赛事金牌10枚。

卫生健康　完善公共卫生保障体系，区医院二期、区中医院一期建设主体竣工，鼓山镇、新店镇卫生院完成提升改造。开展常态化新冠肺炎疫情防控工作，各年龄组疫苗接种145.8万剂次。

社会保障　财政民生支出27.9亿元，占财政支出80%。设立全省首个和谐劳动关系创建指导中心，城镇新增就业16314人，城镇失业人员再就业6418人，城镇就业困难人员再就业631人。全年发放最低生活保障金、临时救助金等2000多万元，发放失业保险金、失业补助金等8800多万元。加大住房支持保障力度，创新利用集体土地建设租赁房模式，在全市率先试点建成战峰长租公寓。

生态建设　推出全市首个规范化水系管理办法，启用区级河湖管理智慧化指挥调度中心，河湖长制工作连续4年（2018—2021年）考评排名全市第一。开展“静夜守护”“斩乱去污”等专项行动，环境空气质量考评居城区第一。“村植千树”覆盖17个村，治理水土流失80公顷。

平安建设　开展国家食品安全示范城市创建，推动市域社会治理现代化，市域治理“124”工作法获省委政法委肯定。推行房屋安全“健康绿码”，全区5.1万栋房屋实现全生命周期管理。推进安全生产专项整治三年行动、危险化学品、道路交通等领域专项整治。开展应急救援、防汛备汛、防灾减灾、森林防火等工作。开展打击防范电诈犯罪等专项行动，全区刑事警情比上年下降6.7%，破案率提高8.3%。

【基层建设管理】　2021年，晋安区全面完成村（居）民委员会换届选举工作。创建全省城乡社区近邻服务试点区，全面组建乡镇（街道）社工站，专业社工增加至500人。推进多层次多领域依法治理，成立区人民调解员协会、区行政争议诉源治理多元解纷工作室，新增行政调解组织8个，鼓山司法所获评全国模范司法所。乐西社区居民公约入选全省优秀村规民约，新秀社区“五事五民”工作入选全省优秀社区工作法。

【晋安承办第四届“创响福建”中小企业创新创业大赛】　2021年8月，晋安区承办第四届“创响福建”中小企业创新创业大赛福州区域赛，大赛以“围绕产业链、部署创新链、配置资金链”为主题，参赛项目涵盖新冠肺炎疫情防控服务、大健康产业、智能制造、文化传媒、智慧农林、消费服务、工业互联网等行业领域。福州区域入围412个项目，晋安区福建省博特生物科技有限公司等4家企业晋级省级决赛。

表99　2021年晋安区街道（乡镇）基本情况一览表

街道（乡镇）	辖地面积（平方千米）	户籍人口（人）	社区（村）（个）	规模以上工业总产值（万元）	财政总收入（万元）	财政总支出（万元）
鼓山镇	50	117460	43	4803340	66134	51166
新店镇	48.3	94895	44	1515899	25123	13232
岳峰镇	11.3	85302	20	76037	37549	10372
宦溪镇	133	14288	25	645940	10121	4992
寿山乡	170.8	12071	22	292635	6461	7471
日溪乡	130.6	6921	12	—	4131	3912
茶园街道	4.7	52416	12	12617	40294	6353
王庄街道	3.6	37265	9	—	11391	4465
象园街道	1.6	29456	7	2409	6653	4373

（陈壬癸）

马尾区

【概况】　2021年，马尾区辖区面积275.66平方千米，其中福州经济技术开发区面积23平方千米。辖1个经济区（琅岐经济区）、三镇一街（琅岐镇、亭江镇、马尾镇、罗星街道）、17个社区、62个行政村。户籍人口19.11万人，常住人口29.86万人。全区出生人数733人，出生率4.82‰，死亡人数812人，人口自然增长率-0.52‰。全年有344个重点项目完成投资233亿元。上线全国首个5G产业服务平台，建成全国首个搭载鸿蒙系统的智慧中控平台，东泽医疗“5G+居家智慧透析”项目入选国家试点项目。“一趟不用跑”事项占比和行政许可事项承诺时限压缩比居全市第二，“最多跑一趟”事项占比居全市第三。年内，落地全省首家移民（华人华侨）事务服务中心。

【经济建设】　2021年，马尾区实现地区生产总值639.84亿元，比上年增长3.5%，三次产业结构比例2.04∶56.61∶41.35；社会消费品零售总额204.14亿元，增长9.4%；一般公共预算总收入35.6亿元，增长12.8%；地方一般公共预算收入22.95亿元，增长9.3%；一般公共预算支出22.95亿元，增长9.3%；固定资产投资额144.18亿元，下降28.4%；城镇居民人均可支配收入58990元，增长7.9%；农村居民人均收入32375元，增长10.4%。

农业　全区实现农林牧渔业总产值22.87亿元，比上年增长6.3%。全区粮食播种面积280.3公顷，总产量1507吨；蔬菜面积1558.4公顷，产量42403吨；瓜果面积140.1公顷，产量4489吨；水果面积466.5公顷，产量10792吨。全年生猪存栏23056头、出栏41858头，牛出栏216头，羊出栏600头，家禽出栏59295只。肉蛋奶总产量5386.69吨，其中肉类产量3685.09吨，禽蛋产量1248吨，奶类产量454吨。14家市级以上农业产业化龙头企业销售收入133.477亿元。

工业　全区有规模以上工业企业169家，产值857.5亿元。其中有41家电子信息业规模以上工业企业完成产值291.7亿元，比上年增长6.4%，占全区产值34.02%；95家轻工食品规模以上工业企业完成产值326.6亿元，增长4%，占全区产值38.09%；23家机械制造业规模以上工业企业完成产值207.2亿元，增长15.3%，占全区产值24.16%；其他行业完成产值32亿元，占全区产值3.73%。

服务业　全区有120家限额以上社会消费品零售企业（贸易企业74家、成品油企业9家、汽车销售企业14家、住宿餐饮企业23家）实现社会消费品零售总额204.14亿元，比上年增长9.4%；其中限额以上社会消费品零售总额累计完成137.69亿元，增长11.5%。370家批发企业完成批发销售额1779亿元，比上年增长17.2%。100家营利性服务业企业1—11月实现营业收入107.1亿元，累计增长5.9%，其中52家软件服务业企业营业收入占总量77.7%。全区有5000平方米/栋以上商务楼宇19栋，总建筑面积105.58万平方米，其中商务办公面积44.95万平方米，已租商务办公面积20.60万平方米，空置20.63万平方米，空置率46%，已入驻企业194家。

招商引资　全年实际利用外资6.07亿元，比上年下降9.31%。落地招商项目366个，总投资超549.66亿元。马尾基金小镇已集聚389家私募基金管理人和产品，基金管理规模1551亿元，占全省六成以上，投向福建省实体项目249亿元，累计纳税总额3.11亿元，形成千亿产业集群，成为福建省管理基金规模最大的区域。

【城乡建设与管理】　城乡规划　2021年，马尾区开展基数核实转换工作，确保“数据、控制性、图纸”的一致性，推进完善三线划定工作成果；7月，总体规划方案上报区政府研究；国土空间规划的上下联动，指导村庄规划等详细规划的编制、琅岐果蔬基地规划建设与福州市国土空间总体规划衔接，推动马尾区国土空间总体规划，统筹全区发展。

征迁安置　全年征迁面积50740.79平方米，征迁户数170户，安置、回迁面积5505平方米，安置76户77套，104国道沿江廊道（亭江段）、闽亭片棚户区改造项目、福马路以北棚户区改造项目（朏头、上下德）、闽安历史文化一期等产权注销111户，二次结算及产权调换办理933户。

市政建设　完成新一轮城市品质提升工作年度任务7个大项，35个小项，完成城市更新项目222个。新、改、扩建市政道路22条，其中华英路、经二路、中洲路等4个项目完工，港口路下穿工程、济安东路、铁南东二期等在建12项，

2021年12月14日，由福州市公安局出入境管理处、马尾区公安局主办的中国（福建）自贸区福州片区移民（华人华侨）事务服务中心启动仪式在中国（福建）自由贸易试验区福州片区举行

（马尾区政府办　供图）

前期工作6项。地铁2号线东延段获省发改委批复，东南绕城高速（琅岐段）、东部快速通道建成通车。污水日处理能力9万吨，铺设供水管网409千米。

基层建设管理　全区改造老旧小区22个，旧屋区22.12万平方米，提升31处重要节点夜景灯光，缆化下地10段、小街巷整治5条。安排乡村振兴专项资金3887.5万元，实施乡村振兴项目45个，建成2个高级版、5个中级版“绿盈乡村”和1个高级版、5个中级版乡村振兴试点村。推出“白眉—长柄—英屿”乡村振兴精品线路，打造红蚜公社AA级景区，引进垂钓中心、侨批文创园等一批乡村旅游项目。46家村卫生所开通医保专线“村村通”，其他不具备条件的村所实行“就近通”。全区76个城乡社区治理全面达标，23个城乡社区（其中城市社区7个、农村社区16个）创建标杆社区。罗星街道获评省级生活垃圾分类示范片区，琅岐镇获评省级全域推行农村垃圾试点分类示范乡镇。

【社会事业】　科技　2021年，马尾区有企业技术中心49家（国家级5家，省级18家，市级26家），工业设计中心4家（国家级1家，省级1家，市级2家）。有“专精特新”企业18家，省级以上单项冠军企业（产品）14家（国家级2家）。引进国家级重大人才项目计划专家3人，国家“万人计划”专家7人，省“百人计划”专家9人，省高层次ABC类人才94人，省工科人才533人，“双一流”人才690人，紧缺急需人才13人，设立福州市博士后科研工作站5家。福建福光股份有限公司获“中国质量奖提名奖”，实现马尾区零的突破。指导企业制订、修订标准26项，其中国家标准15项、行业标准11项、地方标准1项、团体标准2项。

教育　公办教育方面，有学校41所，其中进修学校1所、完全中学3所、职业中专1所、九年一贯制学校1所、初级中学6所、小学19所、幼儿园10所（下辖6分园），另有市属船政幼儿园和船政小学各1所。民办教育方面，有民办学校30所，其中民办幼儿园（含村办园）27所、民办初中1所（三牧中学）、民办高中1所（辅仁学校）、民办阳光国际学校1所（含小学、初中、高中）。2021—2022学年全区中小学、幼儿园有学生42228人，其中幼儿园9368人、小学18199人、初中7977人、高中4724人、职专1960人。在职教职员工1843人，其中专业技术人员1807人，正高级教师1人、“福建省名校长（园长）”1人、“福建省特级教师”2人、“福建省学科带头人”8人、区级以上名优骨干教师364人。

文化体育　全区公共文体服务提档升级，“区—镇（街）—村（社区）”三级公共文化设施网络基本形成。配置“福州文化云”平台51处，实现全区平台安装全覆盖。打造特色文化品牌，原创闽剧《龙台驸马》获第35届田汉戏剧奖剧本一等奖。原创闽剧《马江魂》在省第八届艺术节上获优秀剧目奖（一等奖），名列福州市所有参赛剧目的第一名，并获导演、编剧等4个单项一等奖，马江剧院获评优质服务奖。推进文化遗产稳步传承，区非遗展示馆、特色文化展示馆开馆。完成第44届世界遗产大会3场重要接待任务。琅岐肩顶戏等2个项目获评市级非遗项目传承示范基地，马尾剪纸等2名传承人入选市级非遗代表性项目传承人。完成全区398处不可移动文物安全责任人公示公告挂牌及文物核查工作，有10处不可移动革命文物被列入省核定公布的第一批革命文物名录。完成安装提升改造农村农民体育健身工程、纳凉点轨道棋、更新新建健身路径、新建五人制足球场地等为民办实事项目29处。在2020东京奥运会上，马尾区举重运动员李雯雯在女子举重87公斤以上级比赛中以打破奥运会纪录的优异成绩获得冠军，并在第十四届全运会夺金，作为奥运全运双冠王，实现马尾区运动员参加奥运会比赛金牌零的突破，也是福州市在奥运会上第一个个人奥运冠军。

卫生健康　全区有医疗机构135家，其中三级甲等医院1家（福州市第一医院琅岐院区）、二级甲等医院1家（马尾区医院）、区疾病控制中心（马尾区卫生监督所）1家、区妇幼保健院1家、民营医院3家（福州新莲花医院、万友康复医院、福兴妇产医院马尾院区）、社区卫生服务中心1家、乡镇卫生院3家、社区卫生服务站3家、门诊部11家、学校（公司）医务室10个、村卫生所50个、个体诊所48个、护理站1个、医学检验实验室1个（福州迪安医学检验实验室）、“两证”（医疗机构执业许可证和养老机构备案证）齐全的医养结合机构2家（万友康复医院和福州新莲花医院）。全区设床位1028张，其中市级医院200张、区级医院299张、乡镇卫生院48张、民营医院481张，全区每千人拥有床位数3.92张。医疗卫生技术人员1486人，其中执业医师（含助理医师）546人、注册护士652人。

社会保障　全区完成城镇新增就业10345人，失业人员再就业2201人，其中就业困难人员再就业141人。失业率3.49%。居家社区养老服务照料中心实现镇街全覆盖，农村养老服务设施覆盖率74%，每千名老年人拥有养老床位数62.77张。全年有1187户1947人纳入低保救助，发放低保救助金1294万元、低保对象过节补助210.56万元、城乡低保高龄补助8.78万元、困难群众物价补贴8.93万元。对156户次开展临时救助，发放临时救助金132.58万元；发放特困供养救助金98.3万元，惠及33人；发放重度残疾人两项补贴438.27万元，惠及1984人；为4738名80岁以上高龄老人发放高龄补贴1035.69万元。

生态建设　全区空气优良天数362天，优良率99.7%，其中优257天，占比71.0%，比上年提高15.3%。6项污染物平均浓度均达到国家环境空气质量二级标准，PM2.5年均浓度18微克/立方米，小于23微克/立方米的考核指标要求，空气质量综合指数比上年有所下降，表明空气质量比上年有所改善。臭氧上升势头得到遏制。白眉水库等集中式饮用水源水质达标率100%，闽江国控琯头断面、白眉溪省控小流域水质达标率100%。昼间区域环境噪声平均值55.8分贝，昼间道路交通噪声平均值63.5分贝，符合声学环境质量功能区标准。固废和危废处置综合利用率100%。强化生态环境执法监管，加大执法力度，立案处罚14家企业，罚款42.87万元。

平安建设　全区共受理各类行政案件2233件，查结1574件，查结率

70.49%，可查结行政案件1699件（除诈骗、盗窃案件），可查结行政案件查结率92.64%。抓获各类违法人员569人，其中行政拘留212人、治安罚款327人、警告18人、其他处理12人。跨境赌博方面：完成省督案件1件、市机制办目标案2件。加强对山头聚赌、地下赌场的打击整治，破获涉赌案件55件171人，其中刑事案件20件63人（刑拘33人、逮捕7人、取保12人、行政拘留并处罚款11人）、治安案件35件108人。黄丑问题方面，查处涉黄案件21件29人（其中刑事案件2起4人、治安案件19起25人）。枪爆问题方面，开展“清查整治攻坚2021”“打击整治枪爆违法犯罪”等专项行动，加大涉枪涉爆案件查处、非法枪爆物品清查收缴、烟花爆竹安全监管。全区破获非法制造爆炸物案1件4人，收缴炸药2.4千克；查处非法买卖、储存、运输危险物质案5件5人，行政拘留5人；收缴各类子弹105发、枪支2支、仿真枪34支、管制刀具122把、烟花爆竹317件；涉枪案件起诉1人，涉爆案件起诉4人（已判决生效），兑现奖励金3.25万元；收缴辖区爆破工地剩余的火工品炸药120千克、雷管100发，在相关人员现场监督下予以销毁。食药环问题方面，开展“昆仑2021”“清水蓝天”“食安6号”“闽剑”等专项行动，破获生产、销售有毒、有害食品案1件1人，取保候审1人；生产、销售伪劣产品案3件5人，刑事拘留4人，取保候审1人。

【第十二届海峡两岸船政文化研讨会在马尾举行】 2021年6月18日，由台盟中央指导，福州市政府、台盟福建省委、福州市政协、福建省文史研究馆主办，马尾区政府和福州市台港澳办承办的第十三届海峡论坛·第十二届海峡两岸船政文化研讨会在中国船政文化城轮机车间举办。2021年是船政创办155周年，研讨会以船政文化为媒，举行“云上船政”船政研究大数据资料库成立揭幕仪式、船政书局揭牌仪式、船政博物馆圆桌会议、船政研学、《陈绍宽图传》新书介绍以及专家进高校讲座等活动。全国政协副主席、台盟中央主席苏辉发来贺信，两岸专家学者开展“保护船政遗产　传承历史根脉”主题研讨。

【首届福建省工业互联网创新大赛在马尾举行】 2021年10月21日，中国工业互联网安全大赛（福建省选拔赛）暨首届福建省工业互联网创新大赛在福州市马尾区举行。大赛设置工业互联网安全大赛和创新应用及解决方案（包含安全技术）遴选2个赛道，省内工业互联网安全技术应用和工业互联网创新发展具有一定经验的相关企业、高等院校、职业学校的在职人员和学生，分别组成30支队伍参赛。

表100　**2021年马尾区街道（乡镇）基本情况一览表**

街道（乡镇）	辖地面积（平方千米）	人口		社区(村)（个）	规模以上工业总产值（亿元）	财政总收入（不含基金）（万元）	财政总支出一级预算(万元）
		户数（户）	人口数(人）				
罗星街道	28.08	12676	39463	11	246.01	189995	3255
马尾镇	53.62	16925	50515	20	437.38	30657	4391
亭江镇	105.66	10486	28063	20	167.66	10065	3221
琅岐镇	88.30	21455	73055	28	6.46	8742	6007

（王　歆）

长乐区

【概况】 2021年，长乐区文武砂撤镇设街道。至年底，全区下辖5个街道，11个镇，2个乡。土地面积746平方千米。年末户籍人口76.86万人，常住人口79.03万人。年内，安排与列入福建省、福州市及区本级重点项目560项。完成投资1472.45亿元。

【经济建设】 2021年，长乐区实现生产总值1143.9亿元，比上年增长9.4%。其中第一产业增加值70.41亿元，比上年增长6.1%；第二产业增加值690.31亿元，增长8.5%；第三产业增加值383.18亿元，增长11.7%。人均地区生产总值14.27万元，比上年增长7.8%。一般公共预算总收入101.36亿元，增长22.5%，其中地方一般公共预算收入62.38亿元，增长21.9%。一般公共预算支出83.35亿元，比上年增长12.7%。入库统计固定资产投资项目411个，完成固定资产投资比上年增长24.1%。完成房地产投资224.87亿元，比上年增长72%。城镇居民人均可支配收入55032元，比上年增长8.6%；农民人均可支配收入28837元，增长11.4%。

农业　全区完成农林牧渔业总产值123.92亿元，比上年增长5.9%，其中农业产值28.69亿元，增长4.6%；林业产值0.18亿元，增长11.1%；牧业产值10.93亿元，增长14.9%；渔业产值81.33亿元，增长5.1%；农林牧渔服务业产值2.79亿元，增长5.3%。实现农林牧渔业增加值71.95亿元，粮食播种总面积1.15万公顷，产量7.08万吨。

水产品总产量20.12万吨，比上年增长5.1%。其中，海水产品产量11.88万吨，增长3.6%；淡水产品产量8.24万吨，增长7.3%。牛奶产量0.07万吨，增长6.1%；肉类产量2.14万吨，增长12.3%；禽蛋产量17.09万吨，增长7%；蔬菜产量68.86万吨，增长6.2%。年末生猪存栏10.01万头，生猪出栏19.95万头。

工业　全区完成规模以上工业总产值3495.64亿元，按现价增长17.1%。按企业规模分：大型工业1822.48亿元，比上年增长18%；中型工业795.44

亿元，增长17.5%；小型工业861.18亿元，增长14.5%；微型工业16.52亿元，增长39.5%。按行业分：食品饮料加工业157.19亿元，比上年增长14.6%；纺织业2383.18亿元，增长11%；羽绒加工及制品业36.41亿元，下降9.2%；冶金业428.36亿元，增长48.8%；机械工业123.45亿元，增长6.7%；电力生产供应业45.79亿元，增长6.9%。规模以上工业产销率97.7%，实现规模以上工业增加值比上年增长8.8%。

实现规模以上工业企业利润总额230.7亿元，比上年增长59.5%，其中内资企业207.5亿元，增长73.1%（其中私营企业206.3亿元，增长74.1%）；台港澳商投资企业12.7亿元，增长33.7%；外商投资企业10.5亿元，下降30.9%。规模以上工业企业每百元主营业务收入中的成本为88.22元，主营业务收入利润率6.85%。

服务业　全区实现交通运输、仓储和邮政业增加值40.31亿元，比上年增长22.5%。客运周转量34217万人千米，比上年增长20.7%，其中陆运34013万人千米，增长20.8%；水运204万人千米，增长2%。货运周转量114437万吨千米，比上年增长29.1%，其中陆运89858万吨千米，增长33.5%；水运24579万吨千米，增长15.3%。空港旅客吞吐量904万人次，比上年增长2%；空港货邮吞吐量15.27万吨，增长27.3%。

全区邮电、移动机构单位36个，共有电话6.07万部；移动电话64.88万部，其中天翼18.52万部。全区邮路总长度373千米、农村投递路线1804千米、邮政储蓄年末余额47.38亿元。完成电信邮政移动业务总收入7.83亿元，其中电信业务总量2.32亿元、移动业务总量4.03亿元、邮政业务总量1.48亿元。

全区接待国内外游客499.9万人次，比上年增长13.6%；旅游总收入44.79亿元，增长8.5%。至年底，有国家AAA级旅游景点6个、AA级旅游景点3个，四星级旅游饭店1家、三星级旅游饭店2家，本地旅行社11家，另有旅行社服务网点30个。

年末，全区金融机构（不含保险和证券机构）22家。全区金融机构本外币存款余额1152.43亿元，比年初增长7.6%，其中居民储蓄存款余额463.42亿元，比年初增长7.3%。金融机构本外币贷款余额1408.3亿元，比年初增长14.1%，其中企业贷款增长8%、个人贷款增长22.4%。

全区社会消费品零售总额完成198亿元，比上年增长24.9%，位居福州市第一；第三产业增加值完成383.18亿元，增长11.2%。全区有各类市场主体6.21万户，其中私营企业1.66万户，注册资本（金）2883.78亿元；第一产业私营企业336户，占比2.03%；第二产业私营企业4286户，占比25.89%；第三产业私营企业1.19万户，占比72.08%。新登记注册企业主体5117户，新增注册资本807.54亿元，比上年增长64.06%，其中新设立私营企业5031家，批发与零售业、建筑业、信息传输、软件与信息技术服务业等行业占比超50%。在市场主体中，批发、零售业3.48万户，增长14.40%，雇工5.41万人，认缴注册资本561.16亿元；住宿、餐饮业企业7044家，比上年增长9.72%，雇工7087人，认缴注册资本15.38亿元；租赁、商务服务业2367户，增长24.32%，雇工2478人，认缴注册资本902.9亿元；居民服务、修理与其他服务业6402户，增长12.93%，雇工6379人，认缴注册资本27.94亿元。典当公司有福建富通典当有限公司、福州融通典当有限公司、福建省金洋典当有限公司、福建省银源典当有限公司、福建聚源坊典当有限公司5家。在营成品油零售企业37家，其中加油站企业27家、加油船企业10家。

招商引资　参加“9·8”厦门投洽会，签约华润海湾润城、氢燃料电池电堆生产基地、光隆福州新能源商用车零部件智造基地3个外资项目，总投资100.5亿元。年内，有福建翔瑞科技有限公司、福建梅花湾实业有限公司、福建闽台旺世实业有限公司、福建展龙纺织有限公司、福州市芒果互娱科技有限公司、福建梅湾港都科技有限公司等26个注册登记的外商及台港澳商投资项目，实现合同外资24.8亿元。经福州市招商办认定落地招商项目384个，总投资1156.94亿元，其中涉及台港澳项目4个，总投资11亿元。全年完成实际利用外资7.74亿元，合同外资24.8亿元，外贸进出口280.8亿元。

【城乡建设与管理】　2021年，长乐区编制国土空间规划、控制性详细规划、城市设计、村庄规划及相关专项规划111项。开展土地整理复垦开发、耕地耕作层剥离再利用、闽江流域山水林田湖草生态保护修复、海岸带保护修复监管、矿山恢复治理等生态保护工作，推动滨海新城、临空经济区、重点区域、重点项目用地报批工作，实施国土变更调查、农房等调查确权工作。全区17个闽江流域山水林田湖草生态保护修复项目、闽江河口湿地流域性协同保护及入侵物种综合治理精品示范项目通过省级验收，其中河口湿地保护项目入选国家发改委“国家生态文明试验区改革举措和经验做法推广清单”。农用地转用与土地征收获批51批次，用地面积238.34公顷；公开出让土地26宗，用地面积138.48公顷。全年综合治理“两违”（违法用地、违章建筑）695宗，处置“两违”面积169.84万平方米，完成年度目标任务121%。

对标福州中心城区，实施旧城改造，推进营前瀛洲片区、吴航东关片区、航城江莲片区、西关横路片区旧城改造项目，完成投资42亿元（含征收补偿与安置房建设投资），完成房屋拆除面积42万平方米。推进会堂南路、塔山路、奎桥路以及三峰二桥、海峡北路桥、广场南路一桥等城区路桥建设，市政道路总长5.91万米，主干道各类路灯5.7万盏。启动鳌头溪流域生态综合治理（一期）工程，实施凯歌路（广场南路—会堂南路）雨污管网修复、古槐镇洋下片区安置房给排水管道接驳、城市之春雨污管网改造等排污工程建设。推进炎山泵房至远航水厂DN2000原水管道、西洋南路（G316至吴航路）供水管网、岐头岭至长安公园段原水管迁改、东关片区供水提升泵站及配套管网等工程，全区供水总量9049.50万吨，日均供水量24.73万吨，水质平均合格率99.78%，水质综合合格率99.22%，高于国家标准中不低于95%的要求。全社会累计用电量131.87亿千瓦时；管道天然气供气总量9871.08万立方米，管道液化气供气总量4413.17吨，瓶装液化气供气总量5362.74吨。

开展市容环境卫生整治、城乡环境卫生综合整治、市区占道摊点整治、“无证无照”大排查、校园周边食品卫生整治、渣土整治等专项行动，实施长乐区车里垃圾填埋场改造提升PPP项目建设。由城区环卫一体化项目企业开展城区环卫保洁作业，保洁面积49.14万平方米，城区道路保洁市场化完成率100%，镇村保洁市场化完成率99.5%。城区每日垃圾总量约340吨，垃圾中转站转运总量约160吨。在吴航街道、航城街道、营前首占新区设置共享单车停放“P点”243个，投放共享自行车5000辆。

【社会事业】 科技 2021年，长乐区实施高新技术企业“倍增”计划，新增国家级高新技术企业47家，列入省市科技计划项目11个、省重点上市后备企业10家，入选省“独角兽”“瞪羚”企业各3家，新认定省市级科技企业孵化器、众创空间各1家，阿石创获国家技术发明二等奖。承办2021年数字中国创新大赛·智慧医疗赛道全国总决赛、首届5G云游戏产业博览会暨云游戏产业高峰论坛等大型活动，国家邮政局快递大数据东南研究院落地，福建纵腾网络研发中心竣工，设立国际协同创新人才大数据平台、海创汇三创中心等科创载体。开展“好年华·聚福州”等引才留才活动，引进大数据、健康医疗、智能制造等领域博士30人、硕士202人。实施新型显示、纺织冶金等14条重点产业链“链长制”，引进福米产业园等重点项目，93个“数字·绿色”技改项目完成投资124.7亿元。新增“上云上平台”企业120家，新建标准厂房74.5万平方米，落地全省首个“零碳工厂”。大东海实业、恒申集团、永荣控股入围2021中国企业500强、中国制造业企业500强。闽威科技等15个项目入选省级重点战略性新兴产业项目，战略性新兴产业产值突破1800亿元。博思软件产业园等31个“数字福州”项目完成投资34.4亿元，移动数据中心等22个“新基建”项目完成投资28.5亿元，新建5G基站530个、电动汽车充电桩245个。

教育 开展教育民生补短板、为民办实事、城区幼儿园扩容工程、滨海新城教育配套工程等43个建设项目，建筑总面积65.34万平方米，计划总投资40.64亿元，年度计划投资1.9亿元，完成年度投资2.25亿元，完成率118.42%。中等职业教育招生1484人，在校生4278人，毕业生816人。成人高等教育招生106人，在校生207人，毕业生65人。全区有162所公办中小学校，其中教师进修学校1所，中学30所，中等职业学校1所，九年一贯制学校2所，小学99所。普通中学在校生36468人，比上年增长5.0%；招生12720人，增长0.3%；毕业生10617人，增长6.7%。小学在校生56716人，比上年增长0.36%；招生9462人，增长2.5%；毕业生8990人，下降0.5%。全区幼儿园（含小学附设学前班）151所，在园生25063人，入园率98.97%，增长0.02%。有特殊教育学校1所，在校生162人。

文化体育 开展“庆祝中国共产党成立100周年”系列演出12场次。开展新一轮古厝普查登记和保护利用工作，公布历史建筑42处，修缮不可移动文物9处，新增市级文保单位4处，获评省级非遗项目1个、市级传承人2人、市级非遗保护传承基地2个。承办世界女子围棋暨世界人工智能围棋大赛等国际体育赛事，开展全民健身活动30场次，建成南山智慧体育公园。实施全民健身工程，投入498.68万元，提升改造5个行政村（社区）农民体育健身工程，新建更新50条健身路径。实施城市社区足球场工程，投入163.49万元，新建5个五人制足球场。投入300万元，建成长乐区智慧体育公园南山体育公园。开展长乐区全民健身运动会等8场赛事，组队参加各类赛事。培育发展体育社团组织，扶持体育社团举办3场赛事。

卫生健康 健全完善集团化管理模式，推动区总医院开展优质医疗资源下沉、统筹卫技人才招聘与健全“120”急诊急救网络、区域卫生信息化平台建设。推进区人民医院、省康复医院长乐院区以及文武砂镇、罗联乡卫生院新院4个项目，滨海新城综合医院（一期）项目、湖南镇卫生院建成投入使用。全区有各类医疗卫生机构446所，其中区直卫生单位6家，区直医疗机构4所，街道社区卫生服务中心5所，乡镇卫生院13所，社区卫生服务站、村卫生所、医务室（卫生站）、门诊部、诊所共410所；民营医院6所，急救中心1所，区医院拘留所卫生所1所。拥有医院床位数2555张，全区公立医疗机构职工总数3409人，其中医疗卫生专业技术人员2675人。

社会保障 全年区财政用于民生领域支出累计66.55亿元，占一般公共预算支出的79.8%。开展“我为群众办实事”项目358个，92个民生补短板项目完成投资55.5亿元，23个为民办实事项目完成投资11.2亿元。新增城镇就业3313人，再就业609人。创建老年友善医疗机构9家，建成农村幸福院5家，长者食堂10家，为1.5万名老年人提供居家养老服务。社会救助力量增强，区慈善总会等社团组织累计发放救助金2622.6万元，受益群众3.8万人次。

环境保护 全年空气优良率99.73%。全面推行“林长制”，设立林长308人，完成造林绿化566.67公顷，森林抚育866.67公顷，“村植千树”69个村，开展2333.33公顷的滨海新城碳汇造林项目。开展“斩乱去污”散乱污治理攻坚，整治散乱污企业（场所）378家。落实“河湖长制”“河长日”，实行河湖物业化管理，建立流域生态补偿机制，设立河湖治理基金，整治入河排污口2448个，完成26条、总长28.6千米的河道清淤。完成22个农村“千人以上”饮用水源地规范化建设，治理水土流失400公顷。建成滨海污水厂提标改造工程，动建空港污水处理厂、下洋临时污水处理站，建成污水管网69千米。

平安建设 健全综治平安建设责任机制，研究制定《平安长乐专项行动实施方案》，开展矛盾纠纷、信访难题化解等平安长乐专项行动与扫黑除恶常态化工作，推进漳港街道百户村与鹤上镇东平村等“智慧乡村”、碧海银滩与东湖社区等“平安智能小区”的“乐和解”矛盾纠纷多元化解平台等社会治理共建共治共享工作。推动全区政法队伍教育整顿工作，制定制度机制81项。开展理论学习中心组学习32场，专题辅导讲座41期，主题党课87场。动员政法干警、平安志愿者、网格员等基层政法综治力量参与新冠肺炎疫情防控工作，入户排查登记11.92万人次。排查、监测与上报疫情信息及苗头隐患8375个，通报入境人员6566人，核查各类涉疫人员2.8万余人。全年破获涉黑涉恶案件106件，各类调解组织排查、调解矛盾纠纷3502件。累计创建平安乡镇（街道）13个、平安村（社区）167个、平安小区77个。社会治安群众安全感率98.79%，扫黑除恶好评率95.83%，执法工作满意率95.83%。

2021年春节，长乐和平街新春街景　　（长乐区文投公司 供图）

【滨海新城建设】　2021年，长乐区文武砂撤镇设街道。滨海新城征交地443.33公顷、拆迁62.4万平方米，安置房四期建成投入使用，安置房六期全面封顶。地铁6号线长乐段空载试运行，三营澳大桥、东南快速通道万新路复线段等建成通车，城际铁路F1线机场站、大数据站、首占站主体封顶，华山医院福建医院开诊运营，商务印书馆福州分馆、市第二工人文化宫对外开放，滨海新城综合医院二期、市疾控中心主体封顶。福建师大附小滨海校区等36个项目动工建设，国道316营前至漳港段、CBD核心区输配环等154个重大基础设施项目提速建设，东湖湿地公园一期、森林城市景观带二期等36个项目建成投入使用。承办第四届数字中国建设峰会长乐分会场，达华卫星互联网产业园等重点项目继续建设。引进守正智园等98个项目，省大数据公司、福州新区集团等重点企业注册落户。东湖数字特色小镇、数字教育特色小镇入选省特色小镇清单。

【和平街特色历史文化街区建设】2021年，长乐区和平街特色历史文化街区规划建设古城历史文化体验区、东门街特色商业区、旅游服务接待区、传统民居文化体验区、高端酒店体验区、太平桥商业休闲片区、汾阳溪生态景观区以及传统院落体验区8个功能街区。一期规划面积20.5公顷，范围自长乐一中大门口至吴航街道办事处南边道路，涵盖28处明清古建筑及部分民国建筑与太平桥等历史文化遗存。年内街区有7处古建筑被列入长乐区第三批历史建筑名单，10栋历史建筑被列入长乐区传统风貌建筑名单，22处古建筑竣工验收，9栋新建建筑以及13栋风貌建筑主体工程完工，6栋古建筑处于施工阶段。完成48栋商铺（院落）资产租金评估工作，总计出租面积1.81万平方米，其中36栋商铺（院落）经公开竞价后成交，总成交面积1.42万平方米，总签约租金29.55万元/月，签约入驻商户25家。完成中医文化馆公共展陈区域及井巷布展，开展节假日、线上、讲座类等活动35场。全年累计吸引游客13万人次，比上年增长14.9%。年内，街区获批国家AA级旅游区。

表101　　2021年长乐区街道(乡镇)基本情况一览表

乡镇(街道)	辖地面积(平方千米)	人口		社区(村)(个)	规模以上工业总产值(万元)	一般公共预算总收入(万元)	地方一般公共预算收入(万元)
		户数(户)	户籍人口数(人)				
吴航街道	8.20	21463	56482	13	—	40885	21780
航城街道	54.72	19990	61671	21	1905856	58615	34818
营前街道	38.83	12047	38098	13	2412293	185622	99394
首占镇	25.56	11123	37886	15	35722	25259	14057
玉田镇	54.04	11699	43388	11	177843	3839	2045
罗联乡	22.01	3564	11913	8	126796	67806	34339
鹤上镇	48.75	20422	63617	22	2523569	54121	30176
古槐镇	51.96	19919	64763	23	836331	58510	31298

续表 101

乡镇(街道)	辖地面积（平方千米）	人口		社区（村）（个）	规模以上工业总产值(万元)	一般公共预算总收入(万元)	地方一般公共预算收入(万元)
		户数(户)	户籍人口数(人)				
江田镇	92.33	16908	61211	17	5343746	46054	25366
松下镇	51.46	7512	28467	9	2899915	116714	61225
文武砂街道	35.51	8290	27791	10	4174935	67790	44292
漳港街道	47.09	18851	61486	19	4553062	36234	21670
金峰镇	29.10	20721	70306	21	1599451	15936	9396
湖南镇	34.06	10253	32001	11	4296291	42213	23236
文岭镇	42.13	10668	34807	12	1936160	8163	4763
梅花镇	17.81	5688	14832	6	380106	2476	1312
潭头镇	48.48	17287	54770	23	1282332	5040	2880
猴屿乡	24.71	2187	5083	4	—	5080	2601

（胡方磊）

福清市

【概况】 2021年，福清市辖区面积2430平方千米。辖7个街道、17个镇。户籍人口140.08万人。推进县域集成改革，组建“五大投融资平台”和“四大园区平台公司”，开展“政务服务进园区”活动。推进对外开放，中印尼“两国双园”项目上升为中印尼两国战略合作机制，雅加达—福清海上大通道开通。在福州市重点项目建设“亮晒比学”活动中排名第一，“攻坚120天”、“抓项目促提升”行动、“扶持龙头壮大产业”、招商引资等工作考核排名位居福州市第一。一般公共预算总收入突破170亿元，总量保持福州市第一。在全国县域经济百强县排名跃升至第13位，全国综合实力百强县排名第17位，全国投资竞争力百强县排名第16位。年内，召开福清市第一届荣誉市民称号授予大会，10名市民被授予“福清荣誉市民”称号。

【经济建设】 2021年，福清市实现地区生产总值1414.04亿元，比上年增长10.6%。其中第一产业增加值123.52亿元，比上年增长6.1%；第二产业增加值665.73亿元，增长9.7%；规模以上工业增加值增长11.1 %；第三产业增加值624.79亿元，增长12.5%。规模以上工业总产值2456.20亿元，比上年增长15.4%。农业总产值223.8亿元，比上年增长10.5%。固定资产投资比上年增长15.5%。社会消费品零售总额380.19亿元，比上年增长18.7%。实际利用外资112804万元，比上年增长31.7%。一般公共预算总收入176.01亿元，比上年增长13.4%，其中地方一般公共预算收入104.79亿元，增长14.8%。城镇居民人均可支配收入54281元，比上年增长8.6%；农村居民人均可支配收入29870元，增长11.5%。

农业 实现农林牧渔业总产值223.81亿元，比上年增长6.0%；新增高标准农田1933.33公顷，完成粮食种植1.90万公顷，粮食产量10.81万吨。星源农牧、光阳蛋业智慧农业项目入选国家级数字农业典型应用场景。新增6家省级农业产业化龙头企业，总数位居全省第一。渔溪镇上榜全国农业产业强镇建设名单。“一都枇杷”被列为2021年国家地理标志农产品保护工程项目。

工业 中景石化丙烷脱氢等96个重大项目建成投产，福融新材料等147个总投资1350亿元项目开工动建，签约引进核能综合利用及零碳产业园等452个总投资2135亿元项目。实施工业园区标准化建设，三峡海上风电产业园获评全国首个“碳中和”园区。启动瀚海能源产业园建设，引进落地中石油福建LNG接收站、地下水封洞、海洋牧场等项目。中国质量奖“五朵金花”花落福清：福耀集团、中核集团福清核电、京东方科技集团、万华化学集团、福光股份。新增国家级绿色工厂4家：奋安铝业、晟阳管道、新福兴工业、宇邦纺织。新增国家级绿色供应链2家：经纬新纤、中能电气。新增国家级绿色设计产品企业1家（宝利特）3款产品。新增省级绿色工厂6家：旭福光电、天马科技、金风科技、丽珠集团、新福兴工业、宇邦纺织。新增省级绿色供应链1家：捷星科技。新增省级绿色设计产品企业1家（宝利特）共3款产品。

服务业 新增限额以上规模以上商贸服务业企业129家、跨境电商企业60家。喜盈门、喜来登等一批商贸服务业项目建成开业。龙田夜色经济示范区在春节前开街。瑞岩山获评国家AAAA级旅游景区。

招商引资 全年福清市累计通过福州考核的招商项目379个，总投资1812.5亿元。其中备案项目125个，总投资1425.17亿元；注册、增资项目254个，总投资387.33亿元。累计完成合同台资项目31个。2021年综合考核排名位居福州市第一。新引进楼宇企业共326家，总注册资本274.58亿元。全市所有楼宇企业的入库税收30.20亿元，其中税收额100万元以上的有304家，入库税收28.77亿元。

【城乡建设与管理】 2021年，福清市高标准启动东部新城建设，策划生成28个项目，总投资81.36亿元。完成龙东片区等20个片区征迁，拆迁总建筑面积120万平方米。开展城市建设品质提升行动，实施龙江两岸景观提升等105个项目。完成渔市街等6条街巷改造提升和5个老旧小区改造，新建20个口袋公园、1039座垃圾分类屋。新福清汽车站、龙江公交站投入使用。老城区品质提升项目获全省“县城品质提升样板工程”第一名。年内，拍摄“最福清”城市形象宣传片。

2021年6月10日，福清佾舞入选第五批国家级非物质文化遗产代表性项目名录，图为佾舞表演

（福清市政府办 供图）

【社会事业】 科技 2021年，福清市制定出台产教融合、培养技术人才等“九条措施”。实施“数字·绿色”技术改造，完成技改投资308亿元。福耀、核电“华龙一号”、京东方获中国质量奖。福耀、天马被列入国家技术创新示范企业。引进厦大福清科创中心，新增国家级高新技术企业20家、“专精特新”企业6家，新认定省级科技小巨人企业18家。

教育文化 福清二中新校区、城关小学第二校区等开工动建，福清一中观溪校区、海峡幼儿园等建成投入使用，新增学位9300余个。侨乡博物馆建成开放。佾舞入选第五批国家级非物质文化遗产代表性项目名录。

卫生健康 实施福清市医院二期、市疾控中心等37个总投资36.1亿元的医疗补短板项目。新冠肺炎疫情防控自2月26日本土病例“清零”后，未发生本土新确诊病例。推进全民疫苗接种，扩容提升核酸检测基地，组建2111人的三级流调队伍，建设2座健康驿站，15名医务人员驰援莆田、厦门抗疫前线。

社会保障 实施为民办实事项目156个，新增就业人口8153人。建成农村幸福院嵌入式“长者食堂”16家。落实粮食安全责任制，“米袋子”“菜篮子”稳定供应。

生态建设 全面完成第一轮中央环保督察整改，一坝底陈年垃圾治理完成。全面启动龙江生态水系综合治理工程。儿童公园、华侨公园等28个公园绿地建成开放。在全国绿色发展百强县市中排名第18位。

平安建设 深化“平安福清”建设，“平安三率”测评位居福州市第一，群众安全感满意率位居全省第一。市应急指挥中心建成投入使用，484家高危行业企业投保安全生产责任险。新一届村（居）委会选举工作完成。宏路街道周店村获评第八批全国“民主法治示范村”。24个镇街全部建成各具特色的“乡贤馆”。评选出首批10名福清市荣誉市民。

【福清佾舞入选第五批国家级非物质文化遗产代表性项目名录】 2021年6月10日，国务院公布第五批国家级非物质文化遗产代表性项目名录，福清佾舞上榜。佾舞源自3000多年前的河洛文化，是周礼的重要形式，是中国古代传统呈献给尊贵国宾的国礼，也是古代历朝公祭天地、释奠先祖、先师，呈献敬神谢天的重要典礼，成为建国君民、制礼作乐、教化人民的礼仪规范之准则，是纯正的中华传统典雅的乐舞。周礼佾舞在福清源远流长，北宋大观三年，由大晟府乐师、福清人刘诜负责制礼作乐的《大晟乐章》，被徽宗皇帝定为国家正乐，颁行天下；大观四年，由刘诜主持编撰的《大晟乐书》对唐宋以来国家乐理与乐制进行全面总结，也对北宋佾舞的程式与动作进一步加以规范，成为中华民族礼乐史上的一项重大成果和珍贵的文化遗产，被载入《宋史》、明《頖宫礼乐疏》、清《四库全书》而流传至今。清乾隆木刻版《福清县志》详细记载官方集体传承佾舞的建制，为六佾标准礼乐生72人、备补8人。福清不仅获得佾舞教材——明代《頖宫礼乐疏》影印本，还完整传承中华传统佾舞学科理论与术科技能，成为大陆地区唯一依据明代《頖宫礼乐疏》恢复和振兴传承“周礼佾舞”的城市。2017年1月，佾舞入选福建省第五批省级非物质文化遗产代表性保护名录。

表102 2021年福清市街道（乡镇）基本情况一览表

街道（乡镇）	辖地面积（平方千米）	人口		社区（村）（个）	规模以上工业总产值（万元）	固定资产投资（万元）	税收收入（万元）
		户数（户）	人口数（人）				
玉屏街道	7.3	23033	66635	19	—	188787	47713
龙山街道	34	20517	61075	23	131222	510413	35583

续表 102

街道（乡镇）	辖地面积（平方千米）	人口		社区（村）（个）	规模以上工业总产值（万元）	固定资产投资（万元）	税收收入（万元）
		户数（户）	人口数（人）				
龙江街道	31.1	14420	44342	14	290266	392754	27769
音西街道	51.1	23493	72098	20	2775787	1031670	130626
宏路街道	36.6	12654	39487	24	1135955	740609	194438
石竹街道	15.4	6184	18337	14	5250066	550274	105989
阳下街道	69	14715	46350	13	2830018	589780	66277
镜洋镇	88.6	8830	27333	17	622220	98288	15688
东张镇	128.5	9621	31413	19	13442	66754	6780
一都镇	108	3659	11819	7	—	51750	2406
渔溪镇	115.3	15427	50480	23	469698	217326	12145
上迳镇	50	9893	33999	16	429160	141198	9298
江阴镇	69.75	29213	93690	24	4268285	1202814	68843
新厝镇	73.6	8183	26748	16	443276	167040	29670
海口镇	52.64	25229	78385	20	278477	331763	35920
南岭镇	34	2439	7868	8	—	52823	4063
城头镇	70.5	19320	63707	27	2549635	640931	63970
龙田镇	88	39193	139576	42	1193257	369092	44174
江镜镇	47.7	28412	104102	26	190734	515395	11256
港头镇	45	25830	87011	31	65053	157393	4726
三山镇	102	37033	126948	36	1383963	307495	55452
高山镇	40.5	21090	72988	25	115587	228841	15423
东瀚镇	74	12439	43932	17	—	136686	12496
沙埔镇	42	13993	52494	22	125945	139837	30074

（严　明）

闽侯县

【概况】 2021年，闽侯县辖区面积2136平方千米，辖1个街道、8个镇、6个乡，330个行政村（社区），户籍人口72.13万人，常住人口101.5万人。全年出生人口8000人，人口出生率7.9‰，人口自然增长率2.2‰。县域经济实力全国百强县排名提升至38位、连续12年入围全省十强县，排名全国营商环境百强县第七位、科技创新百强县第21位。推动项目征迁交地、重点项目“解难清障”等26项重点工作，重点项目征迁清盘68个、开工130个、竣工105个，“五个一批”项目正向激励综合考评第四季度排名全省县（市、区）第一名。

【经济建设】 2021年，闽侯县实现地区生产总值881.2亿元，比上年增长9.4%，其中第一产业增加值51.7亿元，增长6.4%；第二产业增加值453亿元，增长10.8%；第三产业增加值376.5亿元，增长8.2%。一般公共预算总收入149.1亿元，比上年增长18.3%；一般公共预算收入95.2亿元，增长21.8%。固定资产投资721.2亿元，比上年增长15.1%。社会消费品零售总额318.3亿元，比上年增长7.1%。城镇居民人均可支配收入50834元，比上年增长9.2%；农村居民人均可支配收入24180元，增长11.5%。

农业　实现农业总产值88.2亿元，比上年增长6.2%。完成11013.33公顷粮食播种任务，统筹利用撂荒耕地71.67公顷。培育优质农产品标准化生产示范基地6个，创建“一村一品”示范村（专业村）6个，白沙镇获评全国农业产业强镇，容益菌业获评国家级农业龙头企业。上街镇侯官村获评全国乡村治理示范村。拓展脱贫攻坚成果同乡村振兴有效衔接，廷坪乡党委获评“福建省脱贫攻坚先进集体”。

工业　实现规模以上工业总产值1370.3亿元，比上年增长16.6%，增加值增长12%，增幅居全市第一。食品产业提升为百亿产业集群，有汽车、机电、建材、食品、家居装饰、服装纺织等六大超百亿产业集群。71个“数字·绿色”技改项目完成投资130亿元。落实园区标准化建设项目48个，东南汽车完成股权重组，奔驰汽车迎20万辆整车下线里程碑，保持工业企业税收全市第一。

服务业 “平台福州”项目纳统9个，新培育限额以上（规模以上）商贸服务业企业99家。“快来闽侯，吃住游乐购”等活动成效明显，周末休闲、直播带货、商圈经济、夜色经济等现代服务业蓬勃发展，发布《闽侯——这么近，那么美！》全域旅游宣传片，推介闽侯文旅形象。新增凤翔首邑温泉度假村、岁昌生态园2个省级养生旅游休闲基地。

招商引资 举办“八闽首邑·投资福地”招商大会，实施“招商效率和招商质量提升工程”，推进“链长制”专项招商服务工作，落地项目497个、总投资950亿元，其中10亿元以上项目6个。引进外资项目13个、总投资4.3亿美元。

【城乡建设与管理】 城乡规划 2021年，闽侯县编制《闽侯县国土空间总体规划（2020—2035年）》和69个村庄规划，完成白沙省级历史文化名镇保护专项规划。

征迁安置 完成房屋征收48.4万平方米。保障性住房配租(配售)2094套、配租（配售）率99.4%。

市政建设与管理 推进全国文明城市创建工作，实施重点项目88个，县级以上文明村占比超50%。推进闽侯二桥、闽江南岸防洪工程等一批重大基础设施项目，建成投用旗山湖、洪塘大桥至国宾大道拓宽改造工程、安平浦生态水系工程、关西变电站等一批城市功能配套项目。开展“整洁闽侯”行动。完成123个城市品质提升项目。

基层建设管理 完成乡镇、村（社区）换届工作，实现村（社区）书记、主任“一肩挑”。推行“小团队、细网格”社会治理模式，应用于疫情防控、防汛抗旱、信访维稳、安全生产等领域。依法处置“两违”（违法用地、违法建设）面积117.6万平方米，新建（提升）街头小公园18个，新增公共停车泊位4029个，新建（改建）农村公路32千米，农村卫生厕所实现全覆盖。

【社会事业】 科技 2021年，闽侯县新增高新技术企业78家。新增2个院士（专家）工作站、两大产学研技术转移平台，乡镇（街道）省级科技特派员实现全覆盖。专利授权6733件，居全市第一。推进科创走廊建设，建成投用科学城科创中心，首批入驻“零门槛”团队、双创团队25个。

教育 投用县进修校附属中学等10个教育项目，新增学位4800个。推进学校联盟、集团化办学，“双减”（有效减轻义务教育阶段学生过重作业负担和校外培训负担）工作有序落地，调整新增教师编制672个，推进校长教师交流轮岗。

文化体育 新增市级非遗传承基地1个，昙石山遗址入选全国“百年百大考古发现”，第八届丝绸之路国际电影节在闽越水镇举办。更新（新增）健身路径、驿站45条（个），县少体校被授予“福建省重点体育后备人才基地”。

卫生健康 组织全员核酸检测演练71场次，完善“1+9+7”新冠肺炎疫情防控指挥体系。县医院新病房大楼等项目全面提速，县人民医院传染病楼等项目建成投用，充实卫技人员66人，县人民医院获评二级中医医院。

社会保障 财政民生支出82.18亿元，占一般公共预算支出的82.66%。完成省、市、县为民办实事项目62个。新增城镇就业人员1.1万人。实施政府购买居家养老服务项目，惠及1.3万人。城乡居民养老保险新增1172人、低保扩面至8300人。

生态建设 推动碳达峰、碳中和工作，入选全国整县屋顶分布式光伏开发试点县。完成水利一张图，“两江四岸”环境提升、小流域整治等工作，整治“散乱污”企业（不符合国家、省产业政策和当地产业布局规划，污染物排放不达标以及土地、环保、工商、质监等手续不全的企业）873家，铺设污水管网80千米，完成32个村庄生活污水治理工作，主要流域国、省考断面水质优良比例100%，空气质量优良率100%。建立县、乡、村三级林长体系，造林绿化及森林经营面积3533.33公顷，森林覆盖率60.5%，4个村获评省级森林村庄。

平安建设 开展安全生产专项整治“三年行动”，整治县级以上重大安全隐患52处。青口汽车工业园区成立职工法律服务一体化基地，获评首批省级“园区枫桥”示范单位。加大矛盾纠纷排查预警和多元化解工作力度，常态化开展扫黑除恶专项斗争，开展“八五”普法工作，建设“平安闽侯”“法治闽侯”。

【旗山湖公园建成开园】 旗山湖位于福州大学城中心共享区，规划面积125.07公顷，其中湖体水域面积70.87公顷、景观绿化面积54.2公顷，兼具水利和景观功能，为福州市第一大绿色生态景观湖。旗山湖项目于2019年3月22日开工动建，2021年6月30日旗山湖公园建成开园。

【第八届丝绸之路国际电影节在闽越水镇举行】 2021年12月8—12日，第八届丝绸之路国际电影节在福州举行，闽越水镇承办电影节开幕式、主论坛、颁奖晚会、闭幕式等系列活动。

2021年6月30日，旗山湖防洪节制闸下闸蓄水暨公园开园仪式举行

（闽侯县政府办 供图）

表 103　　2021 年闽侯县街道（乡镇）基本情况一览表

街道（乡镇）	辖地面积（平方千米）	人口		社区（村）（个）	规模以上工业总产值（万元）	财政总收入（万元）
		户数（户）	人口数（人）			
青口镇	127	28000	90729	40	3892087	307218
尚干镇	5	6046	18094	13	249629	24994
祥谦镇	89	20440	66540	20	1351569	40301
南通镇	112	17798	49909	17	419927	78400
南屿镇（含高新区）	171	34397	103585	32	2265518	301818
上街镇	157	22193	74386	18	770717	66462
竹岐乡	224	9218	30498	22	395648	28626
鸿尾乡	157	9536	33710	20	553255	45221
荆溪镇	131	16848	50266	20	1245879	58899
甘蔗街道	47	23231	65047	19	2124000	127417
白沙镇	175	9821	32568	25	394729	22514
洋里乡	151	8363	28336	24	19674	1126
大湖乡	282	10048	34879	27	17113	566
廷坪乡	217	9535	33069	25	—	746
小箬乡	46	2657	9700	8	3134	1122

（叶友锋）

连江县

【概况】　2021 年，连江县辖区总面积 4280 平方千米，其中陆地面积 1168 平方千米、海域面积 3112 平方千米。辖 22 个乡镇，有 278 个村居，人口 67.63 万人。第二季度“五个一批”正向激励综合考评位居全省第一，蝉联全省县域经济实力“十强县”。承办福州市“海上福州”现场会，举办福州首届鱼丸文化节，完成全国首宗海洋渔业碳汇交易。申远新材料实现八大产业链完整布局，福州现代物流城、国家远洋渔业基地、贵安温泉旅游区建设逐步完成。

【经济建设】　2021 年，连江县完成地区生产总值 671.44 亿元，比上年增长 7.2%，总量自 2013 年以来第二次（上次是 2019 年）超过台江和马尾，三次产业结构为 25.8 ∶ 37.7 ∶ 36.5，再次进入全省“县域经济实力十强县”。12 项主要经济指标中第三产业增加值和进出口总值居福州市前三。

农业　福州（连江）国家远洋渔业基地母港一期、启航大道、公共租赁房项目在建。深远海养殖“百台万吨”项目，“泰渔”“定海湾”系列养殖平台陆续下水。紫海胆育苗试验成功，三倍体牡蛎养殖示范区落户连江。举办连江县“海上福州”建设暨 2021 年度海洋文化蓝皮书发布会、首届福州鱼丸文化节，建成开放鱼丸博物馆，启用连江电商产业园。水产品产量 129.85 万吨，居全国县级第二；渔业产值 254.11 亿元，居全国县级第一。总投资 5.4 亿元的 8 个渔港动建，入选中央财政扶持建设的 15 个渔港经济区试点。

工业　规模以上工业增加值比上年增长 9.1%。总投资 50 亿元的恒申集团“绿色纺织产业园”产业链项目、总投资 13 亿元的锂电池添加剂项目顺利动建。瑞玻二期项目落地，填补福建区域高端电子玻璃、特种玻璃的产业空白。国能港电公司全国首台百万千瓦火电机组节能减排升级与改造示范项目投产并网。

服务业　实现社会消费品零售总额 178.06 亿元，第三产业增加值完成 245.08 亿元。魁龙坊历史文化街区获评市级夜色经济体验示范街区。可门港区吞吐量完成 4500 万吨，占福州港货物吞吐量 20%。

招商引资　全年引进南化苯胺、竞点贸易等项目 476 个，总投资 755 亿元。实际利用外资 4.07 亿元。申远新材料实现“锦纶 6”八道产业链完整布局，引进电子特气项目，打破芯片产业细分领域欧美、日本等国的技术垄断。民天国际、永辉创鸿等商贸龙头企业签约落地，京东、顺丰、深国际等物流龙头企业签订框架协议。

【城乡建设与管理】　2021 年，连江县开展城区规划“回头看”，县级国土空间总体规划（2020—2035 年）初步完成。推进县城区“十位一体”综合提升工作，民俗公园、八一六南北路街区整治等 53 个项目如期完工。打造黄岐半岛“最美海岸线”，中高级版试点村总数在福州市排名第一，乡村振兴热度综合指数位列全省前十。完成 25 个绿盈乡村创建工作，蓼沿乡首占村等 4 个村被命名为福建省森林村庄。推进东岱内河、潘渡廷洋坂等水系治理，新建污水管网15千米，新洋溪等防洪治理工程基本完工。

【社会事业】 科技 2021年，连江县认定国家级高新技术企业20家、省科技小巨人领军企业11家。全县有院士（专家）工作站23家。全年专利授权量891件，其中发明专利41件。

教育 全县幼儿园在校生21790人，小学在校生50447人，初中在校生24283人，高中在校生10089人，中职在校生2459人，特教在校生146人。复办连江一中初中部，全县新增各类学位6350个，高考本科上线率高于全省平均水平12个百分点。

文化体育 开展文化惠民综艺演出、闽剧公演等各类文化展览、文艺活动150多场。获评“中国民间文化艺术之乡”，魁龙坊街区获评省级历史文化街区。连江下濂地瓜烧酿造工艺、连江定海湾丁香鲥制作技艺入选省级非遗项目。成功举办2020年福建省全民健身运动会武术项目总决赛暨连江县“金凤引领”系列技能大赛武术套路比赛。

卫生健康 设立413个全员核酸采样预备点，核酸检测能力实现日均1.5万份。县医院新院、县精神病医院、可门港医院主体完工，新增标准化村卫生所10家。县医院卒中中心通过国家验收。

社会保障 县福利中心一期工程投入使用，9所乡镇养老院转型升级，建成5所居家社区养老服务日间照料中心、35所社区居家养老服务站。新增城镇就业1502人，城镇登记失业率稳定在8%以内。西水关文化住区、金马小区等安置房项目在建。新增停车泊位2165个。免除基本殡葬服务费，全年减免费用300万元以上。

2021年11月13日，2021年首届福州鱼丸文化节在连江定海湾山海运动小镇举行

（连江县政府办 供图）

生态建设 入选全国水系连通及水美乡村建设试点县、全国节水型建设达标县。全省最大的尾水排海工程——可门尾水排海工程年底建成投入使用，晓澳污水处理厂提标改造工程启动，完成第二轮中央生态环保督察整改任务。第一轮散乱污企业（场所）整改完成率100%，空气质量排名福州市前列。替换塑胶浮球273.8万粒，改造养殖渔排4.6万口，新增深海网箱56口。

平安建设 贵安温泉旅游区入选全省首批“园区枫桥”试点，丹阳镇新洋村入选全国乡村治理示范村，小沧乡获评省民族团结进步模范集体。推进安全生产三年专项行动。开展信访、维稳、司法行政、社区矫正、安置帮教等工作。“全省禁毒重点关注地区”成功摘帽。

【福州首届鱼丸文化节】 2021年11月13日，首届福州鱼丸文化节在连江定海湾山海运动小镇举行。鱼丸文化节以“‘鱼’乐无穷 ‘丸’转连江”为主题，推动福州鱼丸企业从“单打独斗”迈向“组团发展”。

表104 **2021年连江县街道（乡镇）基本情况一览表**

街道（乡镇）	辖地面积（平方千米）	人口		社区(村)（个）	固定资产投资（万元）	规模以上工业产值（万元）	财政总收入（万元）
		户数（户）	人口数(人)				
凤城镇	6.19	31790	98611	14	22744	0	23161
敖江镇	41.54	12569	44540	16	117567	439861	12073
江南镇	75.18	8036	26739	16	37352	116330	4343
东湖镇	45.85	4934	16271	10	112706	507782	11611
浦口镇	52.40	10721	34516	14	87567	231230	6378
东岱镇	24.73	9889	31104	9	38761	277055	4747
晓澳镇	20.08	11135	33416	7	45432	685869	11017
琯头镇	61.09	18638	56177	28	116336	421594	10748
潘渡镇	142.87	8120	25314	13	33332	0	15185
小沧乡	65.24	1281	4346	5	9423	0	215

续表 104

街道（乡镇）	辖地面积（平方千米）	人口		社区(村)（个）	固定资产投资（万元）	规模以上工业产值（万元）	财政总收入（万元）
		户数（户）	人口数(人)				
丹阳镇	111.53	8504	29031	19	107972	67269	1984
蓼沿乡	124.57	8507	30237	23	75816	7777	905
长龙镇	66.51	3817	12488	7	34889	15768	3511
透堡镇	25.81	6588	22760	8	70687	0	8987
马鼻镇	38.82	13517	47929	15	940	43423	11838
官坂镇	49.44	9165	32656	16	72078	64245	2625
坑园镇	39.33	6916	23870	8	43088	2734426	6086
下宫镇	32.36	4571	15281	9	114814	0	4958
筱埕镇	32.99	8249	26414	11	101184	315957	1045
黄岐镇	13.43	7222	22745	11	63031	149794	2753
安凯乡	30.87	4970	16650	11	40009	86244	690
苔菉镇	8.30	7719	25187	8	64226	141666	3559
其他	—	—	—	—	3379851	656882	471386

（庄　凯）

闽清县

【概况】 2021 年，闽清县辖区面积 1466.57 平方千米，辖 11 个镇、5 个乡，有 21 个社区、271 个行政村，年末户籍人口 32.20 万人。蝉联“福建省县域经济发展十佳县”，获评“全国村庄清洁行动先进县”。上莲乡入选第六批全国学雷锋活动示范点，梅城镇蝉联全国文明乡镇，梅溪镇渡口村获评全国文明村，白中镇黄石村入选全国村级议事协商创新试点单位。

【经济建设】 2021 年，闽清县实现地区生产总值 389.8 亿元，比上年增长 6.2%；一般公共预算总收入 33.9 亿元，增长 16.9%；地方一般公共预算收入 18.5 亿元，增长 15.3%；固定资产投资总额 137.99 亿元，增长 13.05%；城镇居民人均可支配收入 38360 元，增长 9.1%，农村居民人均可支配收入 19148 元，增长 11.3%。

农业　全年农林牧渔业总产值 62.88 亿元，比上年增长 5.7%；第一产业增加值 38.77 亿元，增长 6%。建设高标准农田 1000 公顷，新增耕地 15.73 公顷，粮食产能保持稳定。新增省级农业龙头企业 2 家、专业合作社 39 家、家庭农场 82 家、“三品一标”农产品 5 个、“一村一品”特色产业示范村 7 个。37 家市级以上农业龙头企业完成销售收入 22.7 亿元，比上年增长 31.8%。塔庄镇创建第三批国家农村产业融合发展示范园，为全市唯一一家。

工业　全年第二产业增加值 217.56 亿元，比上年增长 5.3%；规模以上工业总产值 283.6 亿元，增长 13.2%；工业固定资产投资 55.9 亿元，增长 13.4%；建筑业总产值 1002 亿元，增长 18.0%；建筑业增加值 131.42 亿元，增长 4.1%。新增提升规模以上工业企业 10 家。绿色建筑产业园新落地企业 12 家，总投资 28.6 亿元，建成投产中建科技等 8 个产业链项目。白金工业园区新开工 11 个项目，建成投产万融消防用品、银帆空调等 7 个项目。蓝天陶瓷、奥博兹等 32 家企业完成技改投资 42 亿元，比上年增长 10%。战略性新兴产业产值 142 亿元，占规模以上工业比重 52% 以上。

2021 年 12 月 19 日，第二届福建电子商务赋能县域经济发展峰会暨首届“梅”好闽清 2021 全闽乐购电商节在梅溪新城府前广场举行　（闽清县政府办　供图）

礼恩科技自主研制的全省首条刚性防火电缆下线，填补福建省在该领域的空白。新增资质企业37家，其中一级总承包企业4家。产值超亿元建筑业企业61家。新开工商品房建筑面积34.6万平方米，房地产及建筑业入库税收7.08亿元。

服务业　全年第三产业增加值133.44亿元，比上年增长7.8%。新增提升限额以上和规模以上商贸服务业80家。瓷天下海丝谷获评省级研学基地，七叠温泉获评福建省职工疗休养示范基地，塔庄镇莲宅村获评福建省金牌旅游村。举办福州温泉国际旅游节闽清专场活动、首届“梅”好闽清2021全闽乐购电商节，“广仕博·风琴盒”系列花草茶获中国特色旅游商品大赛金奖。全年接待游客201万人次，实现旅游总收入11.98亿元。

招商引资　全年实际利用外资2268万元，引进亿元以上项目34个，总投资257.5亿元，福建建工、东方雨虹等一批大项目、好项目加快落地。实现固定资产投资137.99亿元，比上年增长13%。

【城乡建设与管理】　城乡规划　2021年，闽清县提速大城关建设，投入19亿元，建成县公安业务技术用房、工人文化宫等7个项目，出让府前广场西侧商务地块，建设新城启源大酒店等9个项目，竣工通车新旧城第二通道，世林广场商业综合体投入试运营。打造品质乡村。19个省级乡村振兴试点村累计完成投资3209万元。塔庄镇梅坪村获评省乡村振兴实绩突出村。开工建设闽清县大中型水库后扶示范区项目。加强传统村落和乡村特色风貌保护。整治农村裸房4500栋，拆除“两违”建筑47万平方米。全面实施新建农房带图审批，“崇尚集约建房”工作考评获全省第一。

征迁安置　推进“攻坚120天”“企业服务年”等行动，完成征迁9.78万平方米、交地199.08公顷。全年划拨（出让）土地18宗31.08公顷，获批农转用和土地征收47.48公顷，报批林地94.2公顷，收储国有土地4宗，盘活闲置厂房、土地4.83公顷。向上级争取各类资金28.07亿元。

市政建设与管理　投入23.3亿元，开展新一轮城市更新品质提升，推动实施一批市政、绿化等项目。综合整治广宇B区老旧小区和台山五福新村等4条背街小巷，完成金坪里溪（体育中心段）河道整治，提升北进城路沿线等重要节点景观5处，新增绿道16.4千米、公园绿地1.71公顷、城区停车泊位111个。

基层建设管理　投入10.15亿元，建成通车东桥镇朱山村——桔林乡四宝村等8条公路。建设闽清北站至东桥朱山段（A标段）等3个项目，新建提升农村公路108千米。推进城乡客运公交一体化，开通城关——桔林伴岭等3条偏远乡村客运线路。建成县垃圾焚烧发电厂和县环卫基地，新增城乡污水管网40.6千米、污水处理站4座。建成省璜、上莲等7个乡镇供水管网200千米。投产110千伏渡口变二期、110千伏池园输变电项目，改造老旧电网46千米。新增天然气管网10千米，新建5G基站131个。

【社会事业】　科技　2021年，闽清县推进“科技强县”“人才强县”战略，研发投入比上年增长19.4%。陶缘众创空间升级为省级众创空间，认定国家高新技术企业14家，创历史新高。备案科技型中小企业17家，新增科技小巨人企业5家、省级“专精特新”企业5家、市级企业技术中心5家、市级知识产权贯标培育企业2家、市级知识产权示范企业1家、专利授权332件，发明专利拥有量210件，每万人发明专利拥有量8.17件，比上年增长6.6%。

教育　全县新增学位900个，建成坂东镇湖东小学教学综合楼、池园第二中心幼儿园。“双减”政策有效落实，实现义务教育阶段学校和有需要学生的课后服务全覆盖。出台人才引进和培育系列措施，新增市级学科带头人2人、骨干教师26人。白中初中等4所学校成功创建省级义务教育管理标准化学校。

文化体育　举办闽清首届非物质文化遗产节，完成县文庙等5处重点文物建筑修缮。闽清青白瓷获批国家地理标志证明商标。福建首部华侨文化主题电影《诗巫风云》在全国上映。完成县体育中心提升改造，新建健身路径、健身驿站、社区足球场17个、农民健身工程5个。建成投用智慧养老服务平台，实施适老化改造269户。县、乡新时代文明实践中心、所（站）实现全覆盖。

卫生健康　县总医院与福建省立医院建立合作帮扶机制，开设名医工作室3个。43个村上榜福建省卫生村名单。完成白樟、东桥卫生院“双提升”项目，新改建标准化村级卫生所35家，县公共卫生应急服务中心一期项目主体竣工。新建或更新健身路径15条、健身驿站1个、社区足球场1个、农民健身工程5个。加强新冠肺炎疫情防控，组建46支260个小组826人的核酸采样队伍，累计完成重点人群核酸检测15539人次，累计接种新冠疫苗44.9万剂次。排查入梅返梅线索，建成金沙方舱隔离点和4个医疗机构PCR核酸检测实验室。

社会保障　民生事业累计投入26.9亿元，完成38个为民办实事项目。新增城镇就业人员1300人、公益性岗位220个。政府出资为65周岁以上老年人统一购买意外伤害险。落实城乡低保、特困供养、临时救助、残疾人“两项补贴”等政策，扩大社会保险参保面。

生态建设　开展“斩乱去污”行动，整治散乱污企业149家。完成闽江水口库区闽清段综合整治，清退养殖网箱13万平方米、升级改造5.3万平方米。新建安全水系10千米，治理水土流失1000公顷。国家级试点金沙溪流域生态修复示范工程通过省级验收。

平安建设　开展“控事故、保安全、迎建党百年”集中攻坚，落实景区非景区景点安全隐患排查整治，新增视频监控探头534个，清除安全隐患28处。完成村级换届选举，在全市率先出台村级事务小微权力清单。全面启动“八五”普法，“扫黑除恶”常态化工作取得实效。

“六清”工作　提升“三清一改”内容，创新开展“六清”（拆清楚、扫清楚、清清楚、摆清楚、搭清楚、围清楚）专项行动，打造5个“六清”整治精品示范线（片），实现村庄清洁行动村居全覆盖和人居环境大改善。“六清”专项行动入选学习强国平台，被新华网等多家媒体宣传报道，庭院美、村庄美、道路美、河岸美、田园美、山川美的“六美”乡村成形。获评2020年“全国村庄清洁行动先进县”（2021年颁发），成为福州市唯一获此荣誉的区县。

【第五届中国·福州（闽清）橄榄节开幕】 2021年12月23日，第五届中国·福州（闽清）橄榄节在梅溪镇府前广场开幕。橄榄节以“闽清橄榄　幸福味道”为主题，采用“线上＋线下”形式开展。现场设置“一镇一品”闽清特色农产品展和美食小吃展，重点展示闽清特产橄榄、柑橘、山茶油、水稻、芋头、茶叶等特色农产品和闽清香糟鸭、粉干等特色美食，当地网红和“三农”部门人员通过网络直播间向广大网友推介闽清特产。活动期间，举行闽清鲜食橄榄优质产品颁奖仪式，为经过闽清橄榄鉴评会评选出的优质橄榄生产方（农业合作社、农业公司及家庭农场）进行授牌，对闽清橄榄包装设计优胜者及10名乡村振兴优秀代言人进行颁奖。

【第十二届福州温泉国际旅游节暨闽清温泉啤酒节开幕】 2021年11月24日，以“温泉＋啤酒”为主题的第十二届福州温泉国际旅游节暨闽清温泉啤酒节在七叠温泉景区开幕。现场举办“乐享温泉”2021闽清全民健身环山健步走、温泉星空啤酒音乐会、闽清全域旅游旅行商踩线等活动，活动当天，由闽清特色农产品、美食和文旅企业组成的“乡村振兴”集市，结合直播进行带货，宣传推广闽清农文旅资源，线上观众12万多人次。

表105　　**2021年闽清县乡镇基本情况一览表**

乡镇	辖地面积（平方千米）	人口		社区（村）（个）	农林牧渔业总产值（万元）	工业总产值（万元）	地方财政收入（万元）	地方财政一般预算支出（万元）
		户数（户）	人口数（人）					
梅城镇	9.27	14746	42528	12	4935.13	86418	6662	3147
梅溪镇	144.13	7269	24670	22	59247.8	57504	17709	1852
云龙乡	40.42	3773	11583	10	35290.9	687342	18309	16180
白樟镇	80.78	5893	18804	14	44892	621956	15833	16222
金沙镇	156.67	4056	13858	19	33528.4	195623	6516	3389
白中镇	41.80	5482	18842	14	28741.7	567722	25965	10445
池园镇	89.47	6801	23831	20	33738.7	222685	2466	1320
上莲乡	122.68	3629	13167	18	27621.9	57271	980	1577
坂东镇	58.53	14108	44977	28	63395.1	98446	5457	9589
三溪乡	47.00	2898	9580	12	16001.6	—	16368	1246
塔庄镇	73.27	7783	25937	25	48105.21	12754	3121	5678
省璜镇	116.67	5437	19843	27	45201.6	—	4654	1678
雄江镇	111.20	2046	5972	13	29979.9	21228	813	770
桔林乡	107.20	2021	6599	13	38323.7	—	3678	717
东桥镇	187.34	6050	22335	23	53893.97	72598	2096	1592
下祝乡	80.14	5452	19490	22	65922.89	15146	1492	1033
合计	1466.57	97444	322016	292	628821	2835985	132119	76435

（杨　帆）

罗源县

【概况】 2021年，罗源县辖区面积1187.18平方千米，辖6个镇、5个乡、202个村居，户籍人口26.91万人，出生人口1700人，人口出生率6.01‰，出生人口性别比113.57，人口自然增长率0.64‰。是福建省畲族主要聚居区之一，享受原中央苏区政策待遇。获“2021年中国最具发展潜力百佳县区”“全国民族团结进步示范区”“省级文明城市”等荣誉称号。

【经济建设】 2021年，罗源县实现地区生产总值359.06亿元，比上年增长7.3%。全年全县一般公共预算总收入20.17亿元，其中地方一般公共预算收入11.85亿元。固定资产投资217.97亿元，比上年增长21.2%。进出口总额34.1亿元。城镇居民人均可支配收入39769元，比上年增长8.1%；农村居民人均可支配收入19393元，增长11.9%。

农业　实现农业总产值97.93亿元，比上年增长5.8%；第一产业增加值55.06亿元，增长6.0%。出台31条措施促进农业发展。推进起步镇国家级农业产业强镇建设，建成秀珍菇液体菌种、绣球菌基地等2个农业项目，打造国家级食用菌产业集群，食用菌产业链总产值25.58亿元。成功举办2021年罗源县“七境茶”文化节、2021年罗源菌菇文化节暨中国农民丰收节，罗源县起步镇上长治村入选全国乡村特色产业亿元村。霍口水库、昌西水库等重点水利项目继续推进。

工业　实现规模以上工业产值671.55亿元，比上年增长17.4%；规模以上工业增加值增长7.6%；建筑业增加值27亿元，增长9.7%；工业固定资产投资153.2亿元，增长37%。技改项目完成投资106.3亿元，比上年增长46.4%。有序推进福建德盛镍业配套煤气工程节能减排改造升级项目和宝钢、闽光产能置换项目等市级重点工业项目12个，总投资246.34亿元。

服务业　实现第三产业增加值119.74亿元，比上年增长7.8%；社会消费品零售总额62.82亿元，增长17.8%。新增提升限额以上商贸企业37家、规模以上服务业企业18家。开展各类线下促消费活动150余场，线上直播带货活动2场，发放夜色经济专属消费券50万元，拉动销售额超2.1亿元。建成大众茶馆试点项目2个。

招商引资　全年招商引资250个项目，总投资686.18亿元。福蓉科技、万洋众创城、宝太冷轧、时代聚丙烯深加工等重大项目陆续落地，引进产业链、战略性新兴产业项目9个。实际利用外资1.2亿元。全年注册企业1650家，注册资本132.41亿元；个体工商户2844家，注册资本5.38亿元。完成227项提升营商环境任务，推行投资项目预审查工作机制、告知承诺制，时限内办结各类行政审批和公共服务事项19.31万件。新引进落地2家台资企业，口岸持续扩大开放，全年港口货物吞吐量2024.72万吨，比上年增长20.03%。出口总额16亿元，比上年增长27.4%。

【城乡建设与管理】　城市建设　2021年，罗源县国土空间总体规划提交初步成果，福州台商投资区松山片区、福州市丝路海港城（罗源湾港城）金港片区完成控规编制。岐阳片区安置房顺利交房，后张新村、佳馨花园完成老旧小区整治。改造提升5个城市公园。建成垃圾分类屋（亭）166座、停车泊位640个、公交站台24个，三中东路、罗中路闽源段建成通车。新改建“四好农村路”5.2千米，整治裸房1000栋、河道28千米，处置“两违”53.08万平方米。起步镇环境整治，在全省考评中获第一。启动敖江流域、起步溪流域综合治理，停产退出水电站11座，水产放流增殖4.15亿尾，清理海上违法养殖84.67公顷。完成通信5G基站建设308个。

【社会事业】　科技　2021年，罗源县新增国家级高新技术企业7家，规模以上企业研发投入经费7.44亿元。

教育　实施教育高质量发展行动，表彰名校园长、优秀教师、学科带头人209人。罗源一中田径场馆与教学楼建成投入使用，通过省一级达标复评。福州民族小学等3所小学投入使用。学年度有幼儿园在校学生9593人，小学在校生20852人，初中在校生8411人，高中在校生3067人，中等职业技术学校在校生2037人，特殊教育学校在校生61人。

文化体育　成功举办庆祝中国共产党成立100周年音乐会。智慧体育公园等27个群众健身项目建成启用。推进北山红树林公园、巽屿红色主题公园、百丈红色旅游综合体、井水渔村等一批重点乡村旅游项目建设，打响畲族文化、红色文化、古驿道文化、非遗文化品牌。推进民族乡村全面振兴，福建省第十四个民族团结进步宣传月主题活动在罗源县松山镇八井畲族村举行。完成后张巷、溪尾街特色历史文化街区建设及城隍庙、林可彝故居2处县级文物单位、北门巷和溪尾街7处历史建筑修复任务。推动国家级和省级传统村落建设，完成飞竹镇斌溪村和西兰乡碑石村传统村落改造整治提升。

卫生和计划生育　建立“1+8+3”工作机制，健全常态化新冠肺炎疫情防控应急指挥体系。开创全国染疫船舶卸货处置先河，处置海上疫情10起。县医院病房大楼、方舱隔离点建成投入使用。新建松山镇区域性养老服务中心，实施困难老年人家庭适老化改造388户。

社会保障　县财政用于民生支出19.47亿元，占一般公共预算支出的76.96%。劳动就业服务中心获评“全国优质服务窗口”。完成各类技能培训、以工代训7969人，城镇新增就业1858人，失业人员再就业585人，城镇登记失业率控制在2.37%。新增城乡居民医社保参保人数2.72万人。

生态建设　中央环保督察信访交办件全部整改销号。18座矿山、12处废弃石碴点位生态修复方案完成编制。完善河湖管理县乡两级联动机制，开展“全民护河，爱我罗川”主题活动。启动敖江流域、起步溪流域综合治理，县级饮用水源地水质达标率100%。实施钢铁行业超低排放改造，开展路域环境整治、工地扬尘管理、“散乱污”问题整治，落实挥发性有机物精准治理，县域空气质量二级以上达标天数364天，达标率99.7%。推进山水林田湖系统修复，综

2021年4月14日，罗源县“三月三”民俗文化旅游节活动在起步镇庭洋坂村举行

（罗源县政府办 供图）

合治理水土流失333.33公顷，完成植树造林688.22公顷，建设省级森林村庄8个，森林覆盖率58.43%。

平安建设　公众安全感满意率99%，扫黑除恶好评率99.2%，执法工作满意率98.34%。“七五”普法完成，政法队伍教育整顿取得实效。推进规范性文件备案审查，在户籍、移民和出入境、法律援助、司法救助等领域推出便民利民新措施。

【重点项目建设】　2021年，罗源县开展“一抓一促”“大干150天，建功丝路海港城”“攻坚120天”等专项行动，推动112个重点项目提速建设，全年开工83个，竣工投产63个，完成投资218亿元，固定资产投资突破200亿元，增速全市第二。完成项目供地113.85公顷，清理批而未供土地10.69公顷，盘活闲置、低效土地22.47公顷。在重点项目建设“亮晒比学”活动中，获全市第四名。

【罗源县“七境茶”文化节开幕】　2021年4月2日，罗源县“七境茶”文化节在西兰乡碑石村开幕。由畲族姑娘小伙、少先队员、茶农等通过文艺演出的方式，展示罗源的茶文化以及茶产业。活动现场设有“美丽乡村乐go行”直播带货环节，罗源县7家茶企10余种茶叶产品集中亮相，现场展示罗源农特产品和美食。举办“七境茶”高峰论坛，邀请福建农林大学园艺学院教授孙威江、福建省种植业技术推广总站教授级高级农艺师苏峰分别为现场茶农、茶商作“生态茶园现代化管理”“科学饮茶，健康消费，推动产业发展”报告。

【2021年罗源菌菇文化节暨中国农民丰收节（罗源专场）开幕】　2021年11月13日，罗源菌菇文化节暨中国农民丰收节（罗源专场）活动在罗源县起步镇庭洋坂村开幕。活动现场畲族群众手包的56节枕头粽亮相舞台，寓意56个民族亲如一家。11个乡镇以“一镇一展位”的形式分布在舞台两侧，组成丰收大集市。举行丰收集市直播活动，向市民、网友宣传推介特色农产品和文化风貌。

【福建省第十四个民族团结进步宣传月】　2021年10月21日，福建省第十四个民族团结进步宣传月主题活动在全国民族团结进步示范区——罗源县松山镇八井畲族村举行。活动以“铸牢中华民族共同体意识·永远跟党走”为主题，以歌舞形式展现民族团结进步成果。现场设置实体展区，推介食用菌、花卉苗木、玉石雕刻等罗源特色产业。开展民族美食和特产品鉴、畲族非遗文化传承大师技艺展示、罗源民族非遗展品展示、文创产品展览等活动。通过主播直播带货，带动罗源民族特色产品线上销售。利用“罗源民族文化数字云平台”展示民族文化，并开展民族理论法规政策知识网络有奖竞答活动。

表106　2021年罗源县乡镇、开发区基本情况一览表

街道（乡镇）	辖地面积（平方千米）	人口		社区（村）（个）	农林牧渔业总产值（万元）	规模以上工业总产值（万元）	财政总收入（万元）
		户数（户）	人口数（人）				
凤山镇	31.65	20429	62858	17	8716	78602	22356
松山镇	117.85	12199	42160	27	213331	23382	8054
碧里乡	100.68	7616	25411	12	253888	362620	4430
鉴江镇	66.69	3758	12645	9	204125	17844	1176
起步镇	73.09	8145	26889	21	92385	77903	2616
洪洋乡	70.11	4063	12869	18	28034	35385	1276
中房镇	132.1	7245	23194	23	48797	80208	911
白塔乡	71.44	4399	14494	15	31152	130603	5667
西兰乡	77.64	4012	13001	17	32126	81323	1767
飞竹镇	120.79	4670	15655	19	32339	57987	879
霍口畲族乡	197.55	6071	19956	24	34099	—	2331
开发区	10.17	—	—	—	—	5654150	42440

（罗源县政府办）

永泰县

【概况】　2021年，永泰县辖区面积2230平方千米。辖9个镇、12个乡、255个行政村、17个社区，户籍人口38.23万人。全年出生人口2643人，人口出生率6.52‰，出生人口性别比119.88，人口自然增长率2.89‰。实施重点项目130个，完成投资136亿元。在“抓项目促提升”专项行动中，78个项目开工建设，53个项目竣工投产。3次获评福建省经济发展“十佳”县（市）。获评首批全国休闲农业重点县。入选全省唯一的全国美丽乡村重点县建设试点，并获得中央财政奖补资金1亿元。县扶贫办获评全国脱贫攻坚先进集体。

【经济建设】 2021年，永泰县地区生产总值339.31亿元，比上年增长5.9%；三次产业结构为17.8：51.1：31.1。一般公共预算总收入21.65亿元，比上年增长6.0%，其中地方一般公共预算收入13.18亿元，增长5.8%；一般公共预算总支出33.90亿元；固定资产投资142.77亿元，增长8.5%；社会消费品零售总额43.07亿元；进出口总值21.2亿元，增长79.3%；实际利用外资9770万元，增长206.1%；城镇居民人均可支配收入36935元，增长7.7%；农村居民人均可支配收入18620元，增长10.8%。

农业 农林牧渔业总产值98.52亿元，比上年增长5.4%。粮食播种面积和粮食总产量实现“五连增”。建成高标准农田593.33公顷。统筹利用抛荒耕地226公顷。建成稻鱼综合种养基地69.33公顷。“我的李的、有的梅的”李梅汽水饮料上市，“梅百华”青梅文创园营业。闽台农业融合发展产业园初具规模，光阳蛋业金蛋工程一期建成投产。获评“2021年度茶旅融合特色县城”称号。

工业 规模以上工业产值85.65亿元，比上年增长12.2%。三联制衣迁建、华尔锦三期、厚德节能加气板材等技改项目竣工投产。金泰纺织入选2021年省级龙头企业。建筑业总产值857.86亿元，比上年增长14.5%。九翔龙建设、实联建设等4家企业晋升一级施工总承包资质，引导万润筑业建设等3家企业回永泰兴业。建设大厦入驻企业26家，总部经济初具雏形。

服务业 服务业增加值105.44亿元，比上年增长5.27%。推出“周末见”系列旅游推介栏目，点击量超22.4万人次。全年接待游客超1200万人次，旅游总收入60亿元。推进大众茶馆、大展村游客服务中心等旅游配套基础设施建设。欧乐堡海洋世界晋升国家AAAA级景区，永阳文化中心成功创建AAA级景区。获评全国“2021大美探春地”。嵩口镇入选全国第一批乡村旅游重点镇。推出“农e邮”平台，实现农产品首重“一元通全国”。韵达福建（永泰）电商产业园落地动建。

招商引资 实际利用外资9770万元，比上年增长206.1%。外贸进出口额21.2亿元，比上年增长79.3%。落实“招商效率和招商质量提升工程”，建立招商会商机制，引进友通慧科智能制造产业园、樟台生态农业休闲旅游等项目370个，计划总投资616.49亿元。

【城乡建设与管理】 2021年，永泰县实施城市品质提升项目97个。建成润诚国际家居广场，动建宝龙城市广场。推进恒宇观邸、武夷澜郡等商品房和立塘D区、温泉村养鳗厂E1-5地块等安商房建设。沙浮棚户区改造项目动工建设。西大道征迁全面提速。南湖小区、邮电小区完成提升改造。商支一路、闽商生态园配套道路等5条市政道路建成通行。里岛大桥通车，马洋大桥主体竣工。纳入智慧享停车管理泊位430个。新建改造供水管网8千米、排水管网13千米、燃气管网5千米。新建提升城市绿道11.3千米。建成飞灰填埋场和61座垃圾分类屋。全国文明城市创建有序推进，成功创建“四好农村路”省级示范县，同安镇洋中村获评第二批全国乡村治理示范村。推行全域农村生活垃圾分类试点，丹云乡获评省级示范乡镇。

2021年9月23日，永泰全域旅游助力乡村振兴建设项目签约仪式在福州闽江饭店举行 （林丽霞 摄）

【社会事业】 科技 2021年，永泰县数字永泰产业园10万平方米楼宇建成投入使用，新引进信亚照明、瓦涵等上下游企业20家，获评省级成长型数字经济园区。数字永泰产业园完成生产总值133.12亿元，比上年增长43.14%，创税1.6亿元。推荐申请认定国家级高新技术企业8家，其中2家复审；新增专利授权量324件，其中发明专利授权量32件。

教育 改扩建樟城幼儿园、新建城南幼儿园，永泰一中旗山校区开学招生。在园幼儿7626人，在校小学生20156人，在校初中生9940人，普通高中在校生4677人，中等职业教育学校在校生2042人。落实“双减”工作，课后服务实现有需求的学校和学生全覆盖。幸福庄园、永阳文化中心获评市中小学生研学实践教育营地。

文化体育 推进乡村文化保护和乡风文明建设，完成10个3.0高级版村文化服务中心，开展形式多样的文化惠民活动63场次。县文化馆被评为国家一级馆。成功举办永泰十景推介会、首届李梅文化节、第十二届国际温泉旅游节等大型活动及丹云“大赤岸咔遛节”、长庆“两岸花生节”等农事文化活动。永泰庄寨亮相世遗大会。大型旅游演艺剧《梦回永泰》公演。永阳古城新安巷获评省级历史文化街区。为10个村配套建设健身路径，新建同安镇荷洋村、嵩口镇东坡村2个市级农民体育活动中心。提升改造6个体育健身中心，新建1片小型足球场、1个智能健身驿站。开展各类全民健身活动18场次。

卫生健康 县医院综合楼及感染性疾病科楼主体竣工。完成23个村卫生所标准化建设。建成石圳方舱隔离点，完成县医院发热门诊改造。通过世行贷款医改促进项目国家评估验收、全国健康促进县省级终期评估。

社会保障　民生支出 27.76 亿元，占一般公共预算支出的 81.9%。完成 33 个为民办实事项目。新增城镇就业 1731 人，发放创业贷款 1003 万元。人才公寓主体竣工。城乡居民社会养老保险参保 17.67 万人，发放养老金 15123.23 万元。基本医疗保险参保 32.40 万人，统筹基金支出 32764 万元。提高城乡低保、特困对象、残疾人保障标准，发放各类保障金 8992.5 万元。为 816 名困难群众提供临时救助。建成樟城镇老年文化中心，改造提升农村幸福院 65 所。县殡仪馆投入运营，结束永泰县异地火化的历史。

生态建设　新增造林绿化 1095 公顷、松林改造提升 544.67 公顷、“三沿一环”森林景观带 240.67 公顷。完成 80 个村“村植千树”建设和 17 个村“绿盈乡村”创建。落实“河湖长制”管理，各级河长巡河 2396 次，解决问题 430 个。建立水质保险机制。整治“散乱污”企业 105 家，大樟溪水质稳定在Ⅱ类以上。开展全县自然资源清查和自然资源资产平衡表编制试点工作。完成山水林田湖草整体保护和系统修复项目、水土流失治理项目。通过中国天然氧吧复评和国家生态文明建设示范县复核。

平安建设　建成“雪亮工程”路面治安监控 1537 路，接入社会监控探头 1807 处。落实安全生产专项整治三年行动，整治安全隐患 2259 处。整合网格化、治安巡防及综合执法队伍。化解信访积案 44 件，获评国家信访工作“三无”县。大洋镇珠洋村获评全国民主法治示范村。

【第八届中国（永泰）梅花节开幕】　2021 年 12 月 24 日，第八届中国（永泰）梅花节在“中国李梅之乡”永泰启幕。梅花节以“梅开盛世 春暖人间”为主题，采用线上线下并举的形式，举办“梅绽永泰”“梅开盛世”“梅姿美泰”等十大特色文旅主题活动，涵盖旅游、美食、武术、艺术，打造最具永泰特色、最具幸福感的梅花节。

【第十二届福州国际温泉旅游节在永泰开幕】　2021 年 11 月 24 日，第十二届福州国际温泉旅游节在福州永泰开幕。作为第七届海丝国际旅游节的重要组成部分，旅游节以“福地金汤 幸福泉”为主题，结合福州温泉“百姓汤　幸福泉”特色和绿色、舒适、健康的生活理念，联动源脉温泉、闽侯首邑温泉度假区、贵安温泉、溪山温泉等 12 家温泉企业，推出“一元抢泡·百万特惠”惠民体验活动。

表 107　**2021 年永泰县乡镇基本情况一览表**

乡镇	辖地面积（平方千米）	人口		社区（村）（个）	农林牧渔总产值（万元）	规模以上工业总产值（万元）	固定资产投资（万元）	财政总收入（万元）	财政总支出（万元）
		户数（户）	人口数（人）						
塘前乡	89.45	1587	4649	6	23800	63863	7861	1400	824.32
葛岭镇	239.04	5572	17857	18	83613	130685	22724	4982	1849.24
樟城镇	5.04	12422	33708	8	3038	15644	1035	19721	1307.68
城峰镇	88.18	11208	31325	21	49327	362589	10406	14337	1365.16
清凉镇	105.05	4488	12285	12	90283	92942	13453	1201	951.27
富泉乡	64.52	2472	7080	9	28709	12419	4101	10440	863.91
岭路乡	114.63	2347	8244	10	39001	—	11711	3035	803.95
赤锡乡	98.70	4661	16908	15	36885	32213	6562	4975	1511.97
梧桐镇	171.92	12520	39969	22	80605	12519	7422	16936	2289.25
嵩口镇	248.82	10959	32422	21	83264	9378	16279	1130	1478.12
洑口乡	133.12	4399	13673	10	30007	9973	7707	107	819.92
盖洋乡	114.54	3057	9378	10	31099	6451	5750	376	1374.50
长庆镇	160.72	8295	24355	15	65995	40291	6161	434	1059.07
东洋乡	48.57	3053	8929	10	26665	9973	3910	2320	859.17
霞拔乡	59.54	5741	17436	11	29211	—	5711	2962	850.97
同安镇	138.90	10309	31981	23	70251	15463	5973	13470	1597.77
大洋镇	107.71	10420	35087	18	67391	22944	10759	3681	2538.83
盘谷乡	30.28	3498	10570	6	27088	7597	4290	2989	886.39
红星乡	46.17	3105	8736	8	31040	6073	5669	8331	1029.82
白云乡	105.17	5051	13651	13	59540	2620	7372	2013	2183.85
丹云乡	59.80	1488	4023	6	28382	2829	5774	1053	918.20

（陈似琦）

（编辑　苏　颖）

人物

福州市院士名单

表 108　　2021 年在福州市工作的院士名单

序号	姓名	出生年月	籍贯	当选年度	职务（职称）	毕业院校	研究领域
1	谢联辉	1935 年 3 月	福建龙岩	1991 年	中国科学院院士、福建农林大学植物病毒研究所所长（教授）	福建农学院	植物病理学、植物病毒学及天然产物
2	吴新涛	1939 年 4 月	福建石狮	1999 年	中国科学院院士、中国科学院福建省物质结构研究所研究员	厦门大学	结构化学和簇化学
3	洪茂椿	1953 年 9 月	福建莆田	2003 年	中国科学院院士，发展中国家科学院院士，中国科学院福建省物质结构研究所学术委员会主任、研究员	福州大学	无机化学（纳米功能分子和新型无机—有机聚合物）
4	谢华安	1941 年 8 月	福建龙岩	2007 年	中国科学院院士，福建省农业科学院学术委员会主任，福建省作物品种审定委员会副主任（研究员）	龙岩农校	三系杂交稻和超级杂交稻育种
5	付贤智	1957 年 7 月	福建邵武	2009 年	中国工程院院士，福州大学党委副书记、校长，福建省科协副主席（教授）	北京大学	光催化

（苏燕铃）

2021 年福州市先进人物与先进集体

表 109　　2021 年全国五一劳动奖章福州市获得者名单

序号	姓名	工作单位及职务
1	吴泽平	福建省马尾造船股份有限公司电焊班长
2	付重先	福建永荣锦江股份有限公司技术研发部副总经理
3	何士涛	福州市公安局刑事侦查支队四大队教导员
4	翁希明	福建朝日环保科技开发有限公司董事长
5	杨　昆	中建海峡建设发展有限公司总承包公司初级专业师
6	郑楚飞	四创科技有限公司研发总监

表 110　**2021年福建省五一劳动奖章福州市获得者名单**

序号	姓名	工作单位及职务
1	郑禹中	清控人居（福州）水环境科技有限公司技术工程师
2	谢琪建	中铝瑞闽股份有限公司采购部经理
3	陈立军	长乐恒申合纤科技有限公司研发中心主任
4	吴仁如	闽侯县自来水公司技术员
5	高理清	国网福建省电力有限公司闽清县供电公司党委办公室综合服务班班长
6	陈旭龙	福建罗源闽光钢铁有限责任公司炼铁厂副厂长
7	林国镜	福建大东海实业集团有限公司董事长
8	吴　靓（女）	福州市鼓楼区鼓东街道庆城社区居民委员会工作站成员
9	涂烽烽	福州市仓山区金山街道丽景社区党委书记、主任
10	林凤飞	福州市第二医院党委副书记、院长
11	孙朝阳	福州高意通讯有限公司总裁
12	黄修渺	永泰县农村信用合作联社办公室副主任
13	余雪芬（女）	中国电信股份有限公司福州分公司运营支撑中心承载网支撑组组长
14	方　新	福建奔驰汽车有限公司总装车间高级经理
15	林朝晖	福州市水务工程有限责任公司工程二部经理
16	危小薇	福州精艺展览设计有限公司总经理
17	陈　力（女）	福建茶叶进出口有限责任公司采购部业务员
18	王秋琳	福建亿榕信息技术有限公司智能数据部高级技术员
19	张　婧（女）	福建省福州第十六中学语文教师、德育处副主任
20	潘洁茹（女）	福州市疾病预防控制中心检验科科员
21	刘乐鹏	福州市发展和改革委员会生态处处长
22	王能文	福州市公安局交通警察支队副支队长
23	马彦彬	阳光学院两岸融合发展研究院院长
24	王萍萍（女）	福建幼儿师范高等专科学校艺术教育学院党总支书记、院长
25	江小斌	福州市海洋与渔业技术中心防疫检疫部副主任
26	饶绪黎	福州职业技术学院信息技术工程系主任
27	陈秀华（女）	福州市鼓楼区华大街道办事处党建服务中心副主任、营商办主任
28	张　忠	国家税务总局福州市鼓楼区税务局党委书记、局长
29	宋荣青（女）	福州宋氏车业有限公司副总经理
30	李其财	福州市晋安区寿山乡人民政府乡村振兴办主任、石牌村第一书记
31	林宁宁（女）	福州市旗汛口幼儿园园长、学区书记
32	黄诚华	福清市防震减灾中心二级主任科员
33	林　鸿	福州市市政工程中心设施维护科科长
34	黄小蓉（女）	福建省福龄金太阳健康养老股份有限公司董事长
35	刘宏博	渤海石油装备福建钢管有限公司技术质量部部长
36	陈秀荣（女）	福州尚干餐饮管理有限公司尚干小吃上下杭店店长
37	赵宋虎	福州海瀛湾佰翔酒店有限公司楼层经理
38	范秀敏	福建东飞环境集团有限公司河道巡查管理员

（余荣发）

表 111　2021 年全国优秀共青团干部、优秀共青团员称号福州市获得者名单

称号	姓名	工作单位及职务
全国优秀共青团干部	潘丽珍（女）	福建省福州市鼓楼区鼓实学区团支部书记
全国优秀共青团员	张慧敏（女）	闽侯小伙伴青少年事务社工服务中心项目主管

表 112　2021 年全国五四红旗团委、五四红旗团支部称号福州市获得集体名单

称号	单位
全国五四红旗团委	福建省福州京东方光电科技有限公司团委
全国五四红旗团支部	闽江学院人文学院 2018 级汉语言文学（师范）专业 1 班团支部

（潘竞波）

表 113　2021 年全国三八红旗手称号福州市获得者名单

姓名	工作单位及职务
沈彧澜（女）	福州市晋安区总医院党委副书记、晋安区医院医务科副科长

（江　莉）

表 114　2021 年福州市获国家级表彰先进集体一览表

序号	荣誉称号	单位名称
1	全国脱贫攻坚先进集体	永泰县扶贫开发工作领导小组办公室
2		中共闽清县上莲乡委员会

表 115　2021 年福州市获部级表彰先进集体一览表

序号	获得荣誉称号	受表彰时单位名称
1	全国文化和旅游系统先进集体	福州市群众艺术馆
2	全国纺织工业先进集体	长乐恒申合纤科技有限公司氨纶工厂
3		福建永荣锦江股份有限公司技术研发部
4	平安中国建设先进集体	中共福州市委政法委员会
5	全国老干部工作先进集体	福州市委老干部局
6	全国知识产权系统先进集体	福州市知识产权发展保护中心
7	全国党史和文献部门先进集体	中共永泰县委党史和地方志研究室

表 116　2021 年福州市获省级表彰先进集体一览表

序号	获得荣誉称号	受表彰时单位名称
1	福建省脱贫攻坚先进集体	福州市鼓楼区扶贫开发领导小组办公室
2		春晖科技集团有限公司
3		福州市晋安区新店镇党委
4		福建东龙针纺有限公司
5		福清市农业农村局
6		闽侯县廷坪乡党委

续表 116

序号	获得荣誉称号	受表彰时单位名称
7	福建省脱贫攻坚先进集体	连江县下宫镇党委
8		罗源县起步镇党委
9		闽清县池园镇党委
10		永泰县嵩口镇党委
11		永泰县大洋镇溪崁村党支部
12		福州市委组织部
13		福州市纪委监委党风政风监督室
14		福州聚春园集团有限公司
15		永辉超市股份有限公司
16	福建省优秀民营企业	恒申控股集团有限公司
17		福耀玻璃工业集团股份有限公司
18		福建大东海实业集团有限公司
19		新大陆科技集团有限公司
20		福建省金纶高纤股份有限公司
21		瑞芯微电子股份有限公司
22		福州六和机械有限公司
23		福建长源纺织有限公司
24	2020 年度甘肃省脱贫攻坚帮扶先进集体	福州市农业农村局（福州市扶贫办）
25		福州市台江区委
26		福州市人力资源和社会保障局
27		福清市委
28		连江县委
29		福州市仓山区委
30		福州市晋安区委
31		福州市长乐区委
32		福州市鼓楼区委
33	甘肃省脱贫攻坚先进集体	福州市农业农村局（扶贫办）
34		福州市人力资源和社会保障局

表 117　**2021 年福州市获国家级表彰先进个人一览表**

序号	获得荣誉称号	姓名	表彰对象	享受待遇
1	全国脱贫攻坚先进个人	王命瑞	福州市人力资源和社会保障局党组书记、局长、二级巡视员	国家级

表 118　**2021 年福州市获部级表彰先进个人一览表**

序号	获得荣誉称号	姓名	受表彰时单位及职务	享受待遇
1	全国根治拖欠农民工工资工作先进个人	程良榕	福建省福州市人力资源和社会保障局副局长	
2	全国新闻出版广播影视系统先进工作者	吴其法	连江县广播电视事业发展中心记者	省部级
3	全国乡村振兴（扶贫）系统先进个人	林浩磊	福州市农业农村局扶贫综合协调与开发处处长	省部级
4	全国文化和旅游系统先进工作者	丁光棋	连江县文化体育和旅游局党组书记、局长	省部级

续表 118

序号	获得荣誉称号	姓名	受表彰时单位及职务	享受待遇
5	全国纺织工业劳动模范	叶蒲青	福建金源纺织有限公司车间技师	省部级
6		舒玉华	福建航港针织品有限公司财务经理	省部级
7	全国纺织工业劳动模范	陈明宏	福建长源纺织有限公司技术中心主任	省部级
8		陈文娟	福建省宏港纺织科技有限公司管理部工程师	省部级
9	全国纺织工业先进工作者	陈容俤	福州市长乐区工业和信息化局二级主任科员	省部级
10	全国妇联系统劳动模范	陈　艳	福州市台江区洋中街道金斗社区党委书记、居委会主任、妇联主席	省部级

表 119　　2021 年福州市获省级表彰先进个人一览表

序号	获得荣誉称号	姓名	受表彰时单位及职务
1	福建省脱贫攻坚先进个人	黄　慧	台江区鳌峰街道办事处总预算会计
2		徐志忠	台江区委茶亭街道党工委书记
3		向　霞	福州城门中学高级教师
4		洪玉俊	仓山区仓前街道党工委副书记、三级主任科员
5		陈振亮	晋安区农业农村局党组书记、局长、二级主任科员
6		林武辉	马尾区琅岐海堤所科员，助理工程师
7		江志成	飞毛腿（福建）电子有限公司总经理，高级经济师
8		林国镜	福建大东海实业集团有限公司（长乐）董事长，经济师
9		林　宇	福建省长乐大鹤国有防护林场场长，高级工程师
10		陈泉康	长乐区首占镇人民政府综合技术保障中心副主任，农艺师
11		杨荔凡	福清市医院妇产科副主任医师
12		严　凯	福清市融侨经济技术开发区管委会党工委委员、副主任
13		陈夫文	闽侯县大湖乡党委书记
14		程志添	闽侯县洋里乡人民政府综合执法队副队长、九级职员
15		陈　丹	连江县大数据服务中心副主任、四级主任科员，连江县浦口镇中麻村驻村第一书记
16		兰坤团	连江县长龙镇党委副书记、二级主任科员
17		吴文城	闽清县农业综合执法大队大队长、九级职员，闽清县白中镇田中村驻村第一书记
18		马　忠	闽清县坂东镇党委副书记、四级主任科员
19		徐友镔	闽清县委组织部副部长、二级主任科员，新疆维吾尔自治区昌吉州奇台县委组织部副部长（挂职）
20		陈哲明	罗源县白塔乡党委书记、一级主任科员
21		龚　琪	罗源县水利局党组成员、水电站库区移民中心主任、八级职员
22		徐　乾	福州市委办公厅督查室三组组长、四级主任科员，永泰县富泉乡力星村驻村第一书记
23		侯功星	永泰县长庆镇莲峰村党支部书记
24		林　兴	永泰县赤锡乡综合技术保障中心水利站工作人员
25		张岩锋	永泰县梧桐镇党委书记、二级主任科员
26		连　萍	永泰县委组织部常务副部长、二级主任科员，永泰县扶贫开发工作领导小组办公室综合协调组组长

续表 119

序号	获得荣誉称号	姓名	受表彰时单位及职务
27	福建省脱贫攻坚先进个人	李　丹	福州第十八中学原二级教师、生前挂职宁夏回族自治区固原市隆德二中
28		李陈彬	福州市发展和改革委员会四级调研员
29		林　健	福州市农业农村局党组书记、局长、扶贫开发领导小组办公室主任
30		林朝国	福州市委办公厅四级调研员
31		方海国	福州市人民政府办公厅农业处二级主任科员
32	福建省优秀民营企业家	张轩松	永辉超市股份有限公司董事长
33		吴华新	福建永荣控股集团有限公司董事长
34		黄铁明	福建祥鑫股份有限公司董事长
35		刘用辉	盛辉物流集团有限公司董事长兼总经理
36		林子茂	福建友谊胶粘带集团有限公司实际控制人
37		陈全福	新福兴玻璃工业集团有限公司董事长
38		何文波	福建福光股份有限公司董事长兼总经理
39		林生雄	福建思嘉环保材料科技有限公司董事长
40	2020年度甘肃省脱贫攻坚帮扶先进个人	陈曾勇	福州·定西扶贫协作前方指挥部领队
41		李日明	福州市委办公厅三级调研员（挂职定西市政府副秘书长）
42		程道樟	福州市植保植检站一级科员（挂职定西市扶贫办社会帮扶科副科长）
43		刘　毅	福州市台江区市场监管局四级主任科员（挂职定西市安定区扶贫办副主任）
44		林　曦	福清市行政服务中心管委会党组书记、一级主任科员（挂职通渭县扶贫办副主任）
45		张硕可	连江县蓼沿乡人大主席（挂职陇西县扶贫办副主任）
46		赵朝晖	福州市金山工业园区管委会副处级干部（挂职临洮县委常委、副县长）
47		施福滨	福州市晋安区茶园街道办事处副主任（挂职渭源县扶贫办副主任）
48		陈立锋	福州市长乐区潭头镇四级主任科员（挂职漳县扶贫办副主任）
49		陈惠芳	福州市鼓楼区委统战部副部长（挂职岷县扶贫办副主任）
50	甘肃省脱贫攻坚先进个人	陈春光	福州·定西扶贫协作前方指挥部原领队
51		陈曾勇	福州·定西扶贫协作前方指挥部现领队
52		李日明	福州·定西扶贫协作前方指挥部副领队
53		沈　力	定西市安定区委常委、副区长（挂职），台江区副区长
54		林　捷	通渭县委常委、副县长（挂职），福清融侨经济技术开发区党工委委员、管委会副主任
55		雷发勇	陇西县委常委、副县长（挂职）
56		赵朝晖	临洮县委常委、副县长（挂职）
57		林柳强	渭源县委常委、副县长（挂职）
58		陈家登	漳县县委常委、副县长（挂职）
59		林善章	岷县县委常委、副县长（挂职）
60		邱榕华	福州市农业农村局（扶贫办）社会扶贫与山海协作处处长
61		郑　昕	福州市财政局（信息中心）九级职员
62		刘灵晶	福州市商务局二级主任科员
63		檀国金	福州市人民政府国有资产监督管理委员会监督处处长、一级主任科员

（魏冉娟）

表 120　2021年第八届全国道德模范提名奖福州市获得者名单

类型	姓名	工作单位及职务
助人为乐	吕云娥(女)	鼓楼区军门社区居民、福清市医院儿科原副主任医师
孝老爱亲	黄思林(女)	闽侯县竹岐乡半岭村村民

表 121　2021年第七届福建省道德模范称号福州市获得者名单

类型	姓名	工作单位及职务
见义勇为	翁志丹	福清市新厝镇峰头村村民
诚实守信	池菊香(女)	邮政福建省闽清县分公司上莲支局投递员

表 122　2021年第七届福州市道德模范名单

类型	姓名	工作单位及职务
助人为乐模范	毛维民	福州市林业执法支队执法组组长、高级技师检查员
	陈章宇	福州海峡出租车有限责任公司出租车驾驶员
	刘　柏	福州市公安局金山派出所社区基础一中队中队长
见义勇为模范	黄相钰	福州高新区党群工作部部长
	侯艳梅(女)	佳好佳(福建)生态环境科技有限公司项目管理员
诚实守信模范	曹雪忠	福建德通金属容器股份有限公司董事长
	许振妃	福州万德电气有限公司总经理
	洪存江	福州康驰新巴士有限责任公司公交司机
敬业奉献模范	杨　晓(女)	福州市园林中心党委书记、主任
	林　焜	福州市公安局巡特警支队一大队三中队中队长
	毛文丑	闽清县杉村学校教师
孝老爱亲模范	马宝玲(女)	福州市鼓楼区鼓东街道树兜社区居民
	陈美燕(女)	闽侯县南通镇文山村村民
	李秀丽(女)	福州金山小学教师

表 123　2021年第七届福州市道德模范提名奖名单

类型	姓名	工作单位及职务
助人为乐模范提名奖	李福海	福州市长乐区玉田镇琅峰村村民
敬业奉献模范提名奖	沈彧澜(女)	福州市晋安区总医院党委副书记，福州市晋安区医院医务科副科长、副主任医师
孝老爱亲模范提名奖	王钦利	福州市长乐区首占镇丰山村村民

表 124　2021年"中国好人榜"身边好人称号福州市获得者名单

类型	姓名	工作单位及职务
助人为乐	林　城	鼓楼区鼓西街道社区卫生服务中心主治医师
	钟　凌(女)	台江区洋中街道金斗社区居民，福州市群众路小学老师
	方　杰	鼓楼区税务局干部、闽都文化志愿者团队队长
	陈宏华(女)	福建华南女子职业学院党委委员、健康服务系党总支书记、心理咨询师

续表 124

类型	姓名	工作单位及职务
敬业奉献	林圣腾	福清元洪高级中学办公室副主任
	杨经提	永泰县洑口乡吉坑村村民
	冉　曦	福州市公安局台江分局鳌峰派出所副所长

表 125　　2021 年“福建好人榜”身边好人称号福州市获得者名单

姓名	工作单位及职务
林　城	鼓楼区鼓西街道社区卫生服务中心主治医师
许振妃	福州万德电气有限公司党支部书记、总经理
林圣腾	福清元洪高级中学办公室副主任
钟　凌（女）	台江区洋中街道金斗社区居民，福州市群众路小学老师
杨经提	永泰县洑口乡吉坑村村民
黄饶杰	福州市闽清公路事业发展中心综合科科长
冉　曦	福州市公安局台江分局鳌峰派出所副所长
方　杰	鼓楼区税务局干部、闽都文化志愿者团队队长
王俊炜	福州市公安局禁毒支队二大队副大队长
朱立仪	马尾区琅岐镇业余讲师团成员
李　琴（女）	长乐区南华书院院长
黄露佳（女）	马尾区公安局交警大队三级警长
陈宏华（女）	福建华南女子职业学院党委委员、健康服务系党总支书记、心理咨询师
颜晓梅（女）	永泰县嵩口镇社区公益图书馆创始人、馆长
李进福	罗源县蓝豹减灾事业发展中心负责人
李晓莺（女）	闽侯县医院感染科护士长

表 126　　2021 年“福州好人榜”身边好人名单

类型	姓名（团体名称）	工作单位及职务
助人为乐	《乌山简讯》编辑团队	
	福建省登山协会山地救援队	
	刘木溶	福建沧趣茶艺有限公司总经理
	王艳霞（女）	福州市喜阅公益助残服务中心创始人之一
	钟　凌（女）	台江区洋中街道金斗社区居民
	黄饶杰	福州市闽清公路事业发展中心综合科科长
	李丽云（女）	中铁建工集团有限公司福建市场开发中心副主任
	何裕华	福清市港头镇占阳村村民
	方　杰	鼓楼区税务局干部、闽都文化志愿者团队队长
	池秋荣	马尾区亭江镇闽安村村民
	朱立仪	马尾区琅岐镇业余讲师团成员
	陈礽伦	永泰县霞拔乡仁里村村民

续表 126

类型	姓名(团体名称)	工作单位及职务
助人为乐	李　琴(女)	长乐区南华书院院长
	吴选珍	福清市新厝镇桥尾村村民
	许正命	闽清县下祝乡前洋村村民
	陈宏华(女)	福建华南女子职业学院党委委员、健康服务系党总支书记、心理咨询师
	刘　波	连江县曙光救援队无人机飞手
	颜晓梅(女)	永泰县嵩口镇社区公益图书馆创始人、馆长
	杨宝田	晋安区新店镇新盛社区三盛果岭小区居民
	李进福	罗源县蓝豹减灾事业发展中心负责人
	高其信	福州金山经济建设总公司副总经理
敬业奉献	林圣腾	福清元洪高级中学办公室副主任
	胡学炎	永泰县白云乡邮政所邮递员
	杨经提	永泰县洑口乡吉坑村村民
	陈维官	连江县安凯乡飞红村支部书记兼村委会主任
	冉　曦	福州市公安局台江分局鳌峰派出所副所长
	许秋香(女)	永泰县精神病防治院副院长
	林承杰	福州市人民检察院第一检察部副主任
	王俊炜	福州市公安局禁毒支队二大队副大队长
	赵　燃	福州文博中学高中党支部书记、技术组教研组长,中学信息技术一级教师
	连　宁	福清市融康医院副院长兼工会主席
	黄露佳(女)	马尾区公安局交警大队三级警长
	程天池	闽侯县司法局甘蔗司法所专职人民调解员
	陈　希(女)	闽侯县市场监督管理局四级主任科员
	刘瑞美(女)	长乐区特殊教育学校一级教师
	郑师耀	闽侯县公安局甘蔗派出所综合室副主任、三级警长
	吴能金	台江区后洲街道社区卫生服务中心党支部书记、主任
	蓝福彬(女)	晋安区日溪乡交管站、教育组干事
	陈　润	长乐区航城街道社区卫生服务中心医务科科长
	陈慧青(女)	福州市儿童福利院护育处主任
	陈霞生	福清市老科学技术工作者协会海口分会会长
见义勇为	潘钦强	仓山区城门镇教育办干事
	陈金存	长乐区吴航街道综合便民服务中心副主任
	陈　坚	长乐区实验幼儿园工会副主席兼办公室主任
	郑守兰(女)	福州市长乐区吴航街道东关村村民
	柳智灿	连江县琯头镇琯福社区居民
	林明生	连江县敖江镇清溪村党支部书记

续表 126

类型	姓名（团体名称）	工作单位及职务
诚实守信	许振妃	福州万德电气有限公司党支部书记、总经理
	叶小弟	福州市鼓楼区妃轩饰品商店店主
	周顺光	闽运福清公司出租车驾驶员
	郑自欣	福建欣美针纺有限公司总经理
孝老爱亲	魏惠如（女）	台江区新港街道十三桥社区居民
	陈爱华（女）	长乐区罗联乡马厝村村民
	林秀凤（女）	台江区义洲街道浦西社区社区委员
	王丽芳（女）	国网福建闽清县供电公司调控运行班值长
	李秀丽（女）	福州金山小学教师
	黄姗妃（女）	永泰县实验幼儿园教师
	谢歇马	长乐区湖南镇鹏谢村村干部
	陈仕容（女）	长乐区玉田镇西社村村民
	李晓莺（女）	闽侯县医院感染科护士长
	蚁道秋	永泰县梧桐镇三富村村民
	陈妹金（女）	晋安区医院护理部副总长

（林永舒）

（编辑　黄　铭）

地方性法规

福州市户外广告设置管理办法

（2021 年 2 月 26 日福州市第十五届人民代表大会常务委员会第三十四次会议通过

2021 年 5 月 27 日福建省第十三届人民代表大会常务委员会第二十七次会议批准）

目 录

第一章 总则

第二章 规划与技术规范

第三章 许可与设置要求

第四章 维护与监督管理

第五章 法律责任

第六章 附则

第一章 总则

第一条 为了加强户外广告管理，规范户外广告设置行为，维护市容环境和公共安全，根据《中华人民共和国广告法》《中华人民共和国城乡规划法》《城市市容和环境卫生管理条例》等有关法律、法规，结合本市实际，制定本办法。

第二条 本办法适用于本市市区范围内户外广告的规划、设置以及相关管理活动。

公路、高速公路建筑控制区范围内的户外广告，由公路管理机构按照本市户外广告设置专项规划与技术规范，依据相关法律、法规进行管理。

第三条 本办法所称户外广告是指利用建（构）筑物外部、市政公用设施、户外场地及空间、城市轨道交通公共空间等载体，以文字、图像、光电显示装置、实物实体造型等形式发布的商业广告、公益广告与招牌广告。

商业广告，是指以营利为目的，直接或者间接推销商品或者服务的广告。

公益广告，是指传播社会主义核心价值观，倡导良好道德风尚，促进公民文明素质和社会文明程度提高，维护国家和社会公共利益的非营利性广告。

招牌广告，是指商品经营者或者服务提供者在其办公、经营场所或者合法用地范围内的场地上，设置的用于表示名称、字号、商号的标牌、标志、灯箱、霓虹灯、字体符号等广告。

第四条 户外广告设置应当坚持统一规划、规范设置、严格管理的原则，确保户外广告设施安全、规范、美观、环保。

第五条 市建设行政主管部门负责户外广告设置的监督管理、综合协调工作。市户外广告管理机构具体负责户外广告设置的日常管理工作。

市自然资源和规划行政主管部门配合市建设行政主管部门编制户外广告设置有关规划以及技术规范。

城市管理执法部门负责查处户外广告设置违法行为。

市场监督管理、公安机关交通管理、交通运输、财政、生态环境等行政主管部门按照各自职责做好户外广告监督管理工作。

第六条 广告行业协会应当加强行业自律，规范行业管理，营造公平竞争、诚信经营的市场环境。

第七条 户外广告应当符合节能环保要求。鼓励采用新技术、新材料、新工艺制作、设置户外广告。

第二章 规划与技术规范

第八条 市建设行政主管部门应当会同市自然资源和规划、公安机关交通管理等有关部门编制户外广告设置专项规划和详细规划，报市人民政府批准后公布实施。

经批准的户外广告设置专项规划和详细规划，不得擅自调整；确需调整的，应当按照原编制和批准程序办理。

第九条 户外广告设置专项规划应当根据城市的风貌、格局和区域功能、道路特点等统一规划、整体设计，符合城乡规划、道路交通安全和城市容貌标准。

第十条 户外广告设置专项规划应当明确下列内容：

（一）户外广告设置的总体布局和控制目标；

（二）户外广告设置的原则和类型；

（三）户外广告设置的禁设区和严控区；

（四）重要节点及风貌特色的规划指引；

（五）其他需要纳入规划的要求和内容。

第十一条 户外广告设置详细规划应当明确户外广告数量、位置、形式、规格、商业广告与公益广告的空间配比等内容。

第十二条 市建设行政主管部门应当会同市自然资源和规划等有关部门编制户外广告设置技术规范，明确户外广告的设计、制作、安装、验收、维护保养、安全检测等具体要求。

第十三条 编制户外广告设置专项规划、详细规划和技术规范，应当向社会公示，并采取座谈会、论证会等形式征求行业协会、专家和社会公众的意见。

第十四条 禁止在国家机关办公区域、文物保护单位、风景名胜区建筑控制地带和中小学校、幼儿园内设置商业广告。

第十五条 有下列情形之一的，不得设置户外广告：

（一）利用交通安全设施、交通标志及其支架的；

（二）利用行道树、古树名木、透景围墙及园林绿地的；

（三）利用危房及其他可能危及安全的建（构）筑物和设施的；

（四）影响市政公用设施、交通安全设施、交通标志使用的；

（五）影响消防安全设施使用，妨碍消防车通行及影响逃生、灭火救援和消防登高扑救的；

（六）影响无障碍设施使用的；

（七）其他妨碍生产生活、危及公共安全、损害城市容貌等情形。

第十六条 利用公共资源设置商业广告的，其使用权取得实行有偿使用制度，具体办法由市人民政府制定。利用非公共资源设置商业广告的，其使用权应当通过与相关权利人协商等方式取得。

第三章 许可与设置要求

第十七条 设置大型户外广告的，应当取得设置许可。未经许可，任何单位和个人不得擅自设置。

设置其他户外广告的，应当依照户外广告设置专项规划、技术规范和有关法律、法规进行设置，并自设置完成之日起十日内报建设行政主管部门备案。

第十八条 新建、改建、扩建的建（构）筑物需要设置大型户外广告的，可以在办理建设工程规划许可的过程中一并审查户外广告设置要求。

第十九条 申请大型户外商业广告设置许可的，应当向市建设行政主管部门提交下列材料：

（一）户外广告建设项目申请表；

（二）广告经营单位营业执照；

（三）标注尺寸的广告位置立面彩色效果图；

（四）广告位置使用合同；

（五）载体权属或者使用权证明文件。

在公共资源上设置大型户外商业广告，通过招标、拍卖等方式取得使用权的，还应当提供中标通知书或者拍卖成交确认书。

第二十条 申请设置大型户外公益广告的，应当由政府指定的行政机关、事业单位或者其他组织，持政府相关证明材料向市建设行政主管部门提出。设置、发布的公益广告不得包含商业广告内容。

举办重大庆典活动期间，设置人应当按照统一部署发布公益广告。

第二十一条 申请设置大型户外招牌广告的，应当向所在区建设行政主管部门提交下列材料：

（一）户外广告建设项目申请表；

（二）营业执照或者其他证明主体资格合法有效的文件；

（三）招牌广告位置示意图、现状照片、标注尺寸的广告立面彩色效果图；

（四）载体权属或者使用权证明文件。

招牌广告仅限于标明本单位的名称、字号、商号。

第二十二条 建设行政主管部门应当依据户外广告设置相关规划以及技术规范对设置申请进行审查，对符合条件的自受理之日起十日内准予许可，颁发户外广告设置许可证；对不予许可的，应当书面说明理由。

第二十三条 大型户外商业广告的设置许可有效期不超过三年，采用电子显示屏播放的大型户外商业广告设置许可有效期不超过五年，其他大型户外广告设置许可有效期不超过二年。公共资源或者场地、场所有使用期限的，户外广告设置许可的有效期应当与其相一致。

大型户外广告设置许可有效期届满，需要继续设置的，设置人应当于期限届满前三十日内向原批准部门提出申请。大型户外广告设置有效期届满后不再申请设置或者延续申请未获得批准的，设置人应当自有效期届满之日起二十日内自行拆除，恢复原状。

第二十四条 户外广告设计应当符合有关规划、技术规范、市容标准、道路交通安全规范以及节能环保要求，与城市区域规划功能相适应，与建（构）筑物风格和周围环境相协调。

户外广告设置应当执行有关安全技术规范和标准，保障施工安全和设施牢固、安全，不影响建（构）筑物本身的功能以及相邻建（构）筑物的通风、采光，不得遮挡窗户，不得妨碍交通与消防安全。

第二十五条 大型户外广告应当按照批准的数量、位置、形式、用途、规格、制作材质、立面彩色效果图进行设置，不得擅自变更；确需变更的，应当按照原审批程序办理。

经批准设置的大型户外广告，应当自批准之日起六十日内完成设置，并在设置完成后六十日内取得专业检测单位的安全检测报告，报市户外广告管理机构备案。

第二十六条 以电子显示屏等光电形式设置的户外广告除应当遵守本办法第二十四条、第二十五条规定外，还应当遵守下列规定：

（一）依照户外广告设置技术规范，安装亮度、音量调节装置，控制亮度、音量和使用时间，避免对周围环境造成光污染和噪声污染；

（二）在建筑墙体设置的，其设置高度不超过建筑物顶部；

（三）不得与道路来车方向成垂直视角。

第二十七条 商业广告版面闲置时间不得超过十五日；逾期闲置的，应当按照相关规定临时设置公益广告。

第二十八条 依法设置的户外广告设施，任何单位或者个人不得擅自占用、拆除、遮盖或者损坏。

依法设置的户外广告设施因公共利益需要迁移或者拆除的，有关行政主管部门应当书面通知户外广告设置人，设置人应当予以配合。造成设置人经济损失的，应当依法予以补偿。

第四章 维护与监督管理

第二十九条 设置人是户外广告安全管理的责任主体。

第三十条 设置人应当指定专人负责户外广告设施的日常使用与维护管理，以确保安全。设置人应当在商业广告上公示设置许可证号、日常维护责任人联系电话，接受社会监督。

设置人应当对户外广告进行日常检查，保持户外广告设施的安全、整洁、完好；对脱落、破损、陈旧或者经检测有安全隐患的户外广告，应当立即整修或者拆除。

户外广告设施在设置、维护更新或者拆除期间，应当采取安全保障措施并在施工现场明显位置设置警示标识。

第三十一条 在橙色、红色气象灾害预警信号期间，设置人应当及时对户外广告设施进行安全检查，采取断电、加固、拆除、安排专人值守等措施，排除安全隐患。

第三十二条 设置满二年的大型户外广告设置人应当委托专业检测单位每年进行一次结构安全的技术检测，并将安全检测报告在三日内提交市户外广告管理机构备案。经安全检测不合格的，设置人应当立即整修或者拆除。

第三十三条 招牌广告设置人搬迁、变更、歇业、解散或者被注销的，应当自行为发生之日起十日内自行拆除原设置的招牌广告。

第三十四条 建设行政主管部门应当加强对户外广告设置情况的监督检查，并建立健全户外广告举报、投诉处理制度。发现户外广告设施存在安全隐患的，应当责令设置人限期整修或者拆除。

任何单位和个人发现户外广告违法设置行为，有权向建设行政主管部门和其他行政主管部门举报、投诉；相关部门接到举报、投诉后，应当依法处理，并给予曝光。

第三十五条 市建设行政主管部门应当会同有关部门建立健全市户外广告管理信息互通机制，实现行政审批、监督检查等信息共享。

市建设行政主管部门应当建立户外广告管理信息系统并向社会开放，将户外广告专项规划及技术规范、设置人、设置申请和批准等有关信息纳入该系统，方便设置人、利害关系人、社会公众的查询和监督。

鼓励广告行业协会建立监督、劝诫机制，开展自我评价，净化经营环境，完善行业信用体系。

第五章 法律责任

第三十六条 违反本办法第十七条、第二十三条第二款规定，未经许可擅自设置大型户外广告或者设置期限届满不自行拆除的，由城市管理执法部门责令限期拆除；逾期未拆除的，依法强制拆除，并对商业广告、公益广告设置人处以五万元以上十万元以下罚款，对招牌广告设置人处以一千元以上五千元以下罚款。

第三十七条 违反本办法第二十五条第一款规定，不按照批准的要求设置大型户外广告的，由城市管理执法部门责令限期改正；逾期未改正的，依法强制拆除，并对商业广告、公益广告设置人处以一万元以上五万元以下罚款，对招牌广告设置人处以一千元以上五千元以下罚款。

第三十八条 违反本办法第二十七条、第三十二条规定的，由城市管理执法部门责令限期改正；逾期未改正的，处以一万元以上五万元以下罚款。

第三十九条 违反本办法第三十条第一款、第三款和第三十一条规定的，由城市管理执法部门责令限期改正；逾期未改正的，处以一千元以上五千元以下罚款。

违反本办法第三十条第二款规定的，由城市管理执法部门责令限期改正；逾期未改正的，依法强制拆除，并对商业广告、公益广告设置人处以一万元以上五万元以下罚款，对招牌广告设置人处以一千元以上五千元以下罚款。

第四十条 违反本办法第三十三条规定的，由城市管理执法部门责令限期改正；逾期未改正的，依法强制拆除，并处以一千元以上五千元以下罚款。

第四十一条 违反本办法规定，有关户外广告行政主管部门及其工作人员在户外广告管理工作中滥用职权、玩忽职守、徇私舞弊的，依法给予处分；构成犯罪的，依法追究刑事责任。

第六章 附则

第四十二条 本办法下列用语的含义：

（一）公共资源，是指公共场所、市政公用设施、行政事业单位和国有企业的建（构）筑物等国有、集体的公共产权资源。

（二）大型户外广告，是指边长大于等于四米，或者面积大于等于十平方米的广告设施与标识。

（三）设置人，是指广告主、广告经营者、广告发布者等办理户外广告设置手续的自然人、法人或者其他组织。

第四十三条 临时性户外广告的设置管理办法，由市人民政府另行制定。

第四十四条 各县（市）的户外广告设置管理参照本办法执行。

第四十五条 本办法自2021年9月1日起施行。

福州市软木画技艺保护规定

（2021年6月24日福州市第十五届人民代表大会常务委员会第三十七次会议通过

2021年7月29日福建省第十三届人民代表大会常务委员会第二十八次会议批准）

第一条 为了加强对国家级非物质文化遗产软木画技艺的保护，继承和弘扬闽都优秀传统文化，根据《中华人民共和国非物质文化遗产法》《传统工艺美术保护条例》《福建省非物质文化遗产条例》等法律法规，结合本市实际，制定本规定。

第二条 本市行政区域内的软木画技艺的保存、传承、创新和发展，适用本规定。

第三条 本规定所称的软木画技艺，是指始创于福州，以栎树的木栓层软木为主要原料，通过雕画结合的方式，融合浮雕、圆雕、透雕等技法，经过设计、画图、运刀、布景等步骤进行作品制作的艺术表现方法。

第四条 软木画技艺的保护工作应当坚持保护传承为主，鼓励创新发展的原则。

第五条 市和有关县（市、区）人民政府应当加强对软木画技艺保护工作的领导，编制软木画技艺保护专项规划以及行动计划，扶持和促进软木画产业的传承发展。

晋安区人民政府应当建立健全软木画技艺保护工作机制，制定区域性整体保护措施，做好软木画技艺的保护工作。

第六条 市和有关县（市、区）人民政府应当在年度财政预算中统筹安排专项资金，用于支持下列软木画技艺保护工作：

（一）软木画技艺的调查、记录、整理；

（二）软木画行业人才的培养；

（三）软木画技艺的研究、交流、宣传、展示等活动；

（四）软木画技艺保护基地的建设与维护；

（五）软木画精品的征集、收购；

（六）获得大型展赛荣誉的软木画从艺人员的奖励；

（七）符合条件的软木画从艺人员和销售网点的补助；

（八）在软木画技艺保护中有突出贡献的单位和个人的奖励；

（九）法律法规规定的软木画技艺保护其他事项。

第七条 市工业和信息化行政主管部门是软木画技艺保护的行政主管部门，负责组织实施本规定。

文化和旅游、财政、教育、商务、人力资源和社会保障等有关行政主管部门应当按照职责分工，共同做好软木画技艺保护工作。

第八条 市软木画行业协会应当广泛吸纳软木画从业人员，加强服务、指导、培训和行业自律，发挥其对软木画技艺保护的组织和桥梁作用，促进软木画技艺传承和发展。

第九条 市人民政府应当在软木画产业集中区域建立集生产、销售、展示、研发、交流等功能为一体且具有一定规模的软木画技艺保护基地。

对于入驻保护基地，并且开展软木画技艺记录、整理、培养后继人才等传承活动的公民、法人和其他组织，市人民政府应当给予补助。

第十条 市工业和信息化行政主管部门应当组织开展软木画技艺的调查、记录、整理工作，综合运用图片、文字、录音、录像等多媒体形式，对软木画技艺进行数字化保护。

第十一条 市工业和信息化行政主管部门应当组织开展软木画技艺保护示范工作室评审，报市人民政府批准后公布。

软木画技艺保护示范工作室应当记录、保存技艺流程和相关资料，传授软木画技艺，培养后继人才，开展软木画创新研究和展示交流活动。

软木画技艺保护示范工作室的评审、考核、奖励以及监督管理等具体办法由市人民政府另行制定。

第十二条 市人民政府及其有关行政主管部门应当做好软木画技艺市级非物质文化遗产代表性传承人、工艺美术名艺人的认定、评审工作，鼓励软木画从业人员参加工艺美术专业技术任职资格评审。

第十三条 市教育、工业和信息化、人力资源和社会保障行政主管部门应当支持本市行政区域内的中高等职业院校采取下列措施，促进软木画技艺发展：

（一）设置软木画相关专业或者专业方向，按照有关规定发放专项奖学金；

（二）联合软木画生产企业建立软木画人才实训基地，培养软木画专业人才；

（三）建立软木画技艺传承保护研究机构，开展软木画技艺与文化的理论研究和学术交流。

第十四条 市工业和信息化行政主管部门应当加强软木画从艺人才培养，建立完善年轻艺人和学徒生活补助机制，加大优秀艺人的扶持力度。

第十五条 市人民政府应当统筹三坊七巷、上下杭等历史文化街区的资源，合理布置软木画销售网点，给予租金减免或者财政补助，支持软木画的推广。

第十六条 市工业和信息化、文化和旅游行政主管部门可以征集、收购软木画精品，交由市博物馆、市非物质文化遗产展示馆等公共文化场所收藏、展示。

第十七条 市博物馆、市非物质文化遗产展示馆等公共文化场所应当设立软木画专区，用于收藏、展示软木画精品和软木画相关作品、实物、资料。

第十八条 市和有关县（市、区）人民政府应当结合文化艺术节、传统节庆和民间习俗活动等，展示软木画技艺。

市和有关县（市、区）人民政府应当利用公园、景区、特色街区、机场、火车站和公益广告牌等公共场所和公共设施，宣传软木画技艺。

市和有关县（市、区）人民政府应当通过报刊、广播、电视、网络等开展软木画技艺的宣传活动，普及软木画技艺知识。

第十九条 鼓励和支持研发软木画新品种、新工艺，开发软木画衍生品、宣传品和适应现代生活需求的工艺美术品。

第二十条 鼓励和支持举办软木画创新创意等工艺美术赛事，促进软木画技艺创新发展。

第二十一条 鼓励和支持公民、法人和其他组织通过下列方式参与软木画技艺传承和传播：

（一）成立研究机构，开展软木画技艺研究和创新活动；

（二）出版软木画技艺相关专著、著作等文献资料；

（三）参与国内外文化艺术相关比赛、展销等经济文化交流活动；

（四）设立展示和传承场所，举办展示活动。

第二十二条 违反本规定，公民、法人和其他组织在参与软木画技艺保护示范工作室、市级工艺美术名艺人评审中弄虚作假的，由市工业和信息化行政主管部门取消其参评资格；已经评审通过的，予以撤销，责令返还已经取得的补助、奖励；有违法所得的，没收违法所得。

违反本规定，公民、法人和其他组织在软木画技艺保护工作中有其他骗取补助行为的，由市工业和信息化行政主管部门责令返还；有违法所得的，没收违法所得。

第二十三条 市、县（市、区）人民政府有关行政主管部门及其工作人员在软木画技艺保护工作中玩忽职守、滥用职权、徇私舞弊的，依法给予处分；构成犯罪的，依法追究刑事责任。

第二十四条 本规定所称的软木画精品是指：

（一）国务院负责传统工艺美术保护工作的部门命名为中国工艺美术珍品的作品；

（二）省传统工艺美术主管部门认定为福建省工艺美术精品的作品；

（三）国内外具有影响力的大型展赛的获奖作品。

第二十五条 本规定自2021年11月1日起施行。

福州市闽剧保护规定

（2021年6月24日福州市第十五届人民代表大会常务委员会第三十七次会议通过

2021年7月29日福建省第十三届人民代表大会常务委员会第二十八次会议通过）

第一条 为了加强对国家级非物质文化遗产闽剧的保护与传承，弘扬闽都优秀传统文化，根据《中华人民共和国非物质文化遗产法》《福建省非物质文化遗产条例》等法律法规，结合本市实际，制定本规定。

第二条 本规定适用于本市行政区域内闽剧的保护、传承、发展与传播。

第三条 本规定所称的保护传承内容，包括下列具有历史、文学、艺术、科学价值的闽剧文化表现形式以及相关的实物和场所：

（一）闽剧的福州方言声腔、优秀传统剧目、传统表演艺术、音乐、舞台美术、剧本、曲谱等；

（二）与闽剧密切相关的乐器、舞台等制作技艺；

（三）与闽剧密切相关的文献资料、历史档案、影音资料、器具实物、场所设施；

（四）闽剧特有的传统习俗；

（五）与闽剧密切相关的其他需要保护传承对象。

第四条 闽剧保护传承应当注重其真实性、整体性和传承性，坚持保护、传承与发展并重原则。

第五条 市、县（市、区）人民政府应当加强对闽剧保护传承工作的组织和领导，建立工作协调机制，统筹协调本行政区域内闽剧保护传承工作。

第六条 市、县（市、区）文化主管部门负责本行政区域内闽剧的保护、传承工作。

财政、人力资源和社会保障、教育等有关部门应当按照各自职责分工，共同做好闽剧保护、传承相关工作。

第七条 闽剧保护传承所需资金实行财政拨款和社会筹集相结合的办法。

市、县（市、区）人民政府应当建立与闽剧保护传承工作相适应的经费保障机制，在年度财政预算中落实闽剧保护传承经费。

第八条 市、县（市、区）文化主管部门应当采取下列措施，扶持闽剧艺术创作：

（一）组织开展闽剧经典传统剧目抢救，复排演出经典传统剧目；

（二）通过公开征集、买断移植等方式扶持新编原创和整理改编优秀闽剧剧本；

（三）扶持优秀剧目创排，支持闽剧演出团体和个人参加重大艺术赛事、展演，对获得荣誉的按照规定给予奖励；

（四）定期举办闽剧剧目调演、会演，对优秀剧目按照规定给予奖励或者资助；

（五）定期选送编剧、导演、音乐、舞台美术、表演等闽剧艺术专业人员参加专业深造、进修或者培训；

（六）扶持闽剧艺术创作的其他措施。

第九条 市、县（市、区）人力资源和社会保障主管部门应当做好闽剧编剧、导演、音乐、舞台美术、表演等专业人才专项招考的指导和服务保障工作，在闽剧艺术专业技术中高级职数比例设置上实施激励政策，提高闽剧从业人员待遇水平。

第十条 市、县（市、区）教育主管部门应当采取下列措施，培养闽剧后继人才：

（一）支持有条件的学校通过编写闽剧艺术和福州方言校本教材、开办闽剧兴趣班、建立闽剧传承示范学校、邀请闽剧代表性传承人、闽剧名家进校园等方式，开展校园闽剧艺术教育；

（二）支持高等院校和中等职业学校加大闽剧相关专业招生力度，按照规定给予助学金、奖学金或者减免学费等资金保障；

（三）支持闽剧演出团体与艺术院校合作，通过建立闽剧艺术院校学生学习实践基地、人才培养基地、闽剧教学传承基地等方式，培养专业人才；

（四）支持闽剧艺术院校师生参与精品创作、舞台实践，参加各级专业赛事等活动；

（五）支持闽剧后继人才培养的其他措施。

第十一条　鼓励和支持闽剧代表性传承人、闽剧名家设立闽剧传习所、工作室等，开展带徒授艺、参与闽剧艺术教学、演出等活动。

第十二条　市、县（市、区）人民政府应当将闽剧演出纳入基本公共文化服务目录，通过政府购买服务等方式，组织闽剧演出团体深入基层开展惠民演出服务和相关公益性活动。

第十三条　市、县（市、区）人民政府应当通过项目补贴、组织展演和比赛等方式，支持民营闽剧演出团体加强体现社会主义核心价值观、乡村振兴等题材的闽剧艺术创作、演出，拓展乡村演出市场。

市、县（市、区）人民政府应当将民营闽剧演出团体从业人员纳入专业技术职称评审范围，依法保障专业技术人员的待遇。

第十四条　市、县（市、区）文化等有关主管部门应当建立市场巡查责任制度和演出信息发布平台，加强对闽剧演出市场的监管，规范闽剧演出市场经营秩序。

闽剧相关行业协会应当建立健全行业规范，加强行业自律，反映行业诉求，引导、督促会员依法从事经营活动。

第十五条　有关部门应当依法保障闽剧艺术创作、表演单位和个人的合法权益，指导其依法维护著作权等知识产权。

第十六条　市、县（市、区）人民政府应当合理布局闽剧演出空间，支持建设闽剧排练、演出、展示场所等基础设施，支持设置闽剧博物馆、陈列馆等特色鲜明的闽剧文化展示区。

第十七条　市、县（市、区）人民政府以及有关部门应当结合节庆文化活动、当地民俗活动等，在历史文化街区、名镇名村、古厝、公园、商贸中心、集市等展示、展演闽剧艺术。

第十八条　市、县（市、区）人民政府以及有关部门应当推进闽剧的理论研究和艺术交流，鼓励设立与闽剧艺术相关的社会科学研究项目，支持高等院校建立闽剧艺术研究机构。

第十九条　市、县（市、区）人民政府应当通过报刊、广播、电视、网络等多种形式普及、宣传、推广闽剧艺术。

第二十条　鼓励和支持闽剧演出团体在海外华人华侨聚居地进行展演，依法开展闽剧对外文化合作和交流活动，提高闽剧艺术的影响力。

第二十一条　鼓励和支持自然人、法人和非法人组织通过下列方式参与闽剧的保护、传承与传播：

（一）参与闽剧经典传统剧目、折子戏以及相关技艺的抢救工作；

（二）参与闽剧艺术的表演、理论研究和学术交流；

（三）依法设立闽剧演出团体、成立闽剧社会组织；

（四）提供设施，建设闽剧展示、传习场所；

（五）通过捐赠、资助项目、赞助活动、建立专项基金、志愿服务等方式参与闽剧保护传承。

第二十二条　本市行政区域内福州伬艺、福州评话的保护与传承可以参照本规定执行。

第二十三条　本规定自2021年11月1日起施行。

福州市脱胎漆器技艺保护规定

（2021年8月27日福州市第十五届人民代表大会常务委员会第三十九次会议通过

2021年10月22日福建省第十三届人民代表大会常务委员会第二十九次会议批准）

第一条　为了继承和弘扬闽都优秀传统文化，加强对脱胎漆器技艺的保护，根据《中华人民共和国非物质文化遗产法》《传统工艺美术保护条例》《福建省非物质文化遗产条例》等法律法规，结合本市实际，制定本规定。

第二条　本市行政区域内的脱胎漆器技艺的保存、传承、创新、发展，适用本规定。

第三条　本规定所称的脱胎漆器技艺，是指在继承我国传统漆艺基础上，以天然大漆为基本制作材料，利用麻布、瓦灰、金属、螺钿等媒介，以传统手工为主要手段，通过制坯、地底、上漆、髹饰等工序，制作平面和立体造型的漆艺作品的技术方法。

第四条　市和有关县（市、区）人民政府应当加强对脱胎漆器技艺保护工作的领导，编制脱胎漆器技艺保护专项规划，促进脱胎漆器技艺的传承和发展。

第五条　市和有关县（市、区）人民政府应当在年度财政预算中统筹安排专项资金，用于支持下列脱胎漆器技艺保护工作：

（一）脱胎漆器技艺的调查、记录、整理；

（二）脱胎漆器行业人才的培养；

（三）脱胎漆器技艺的研究、交流、宣传、展示等活动；

（四）脱胎漆器行业开拓市场活动；

（五）脱胎漆器技艺保护基地的建设；

（六）获得大型展览、比赛荣誉或者在脱胎漆器技艺保护中有突出贡献的单位和个人的奖励；

（七）法律法规规定的脱胎漆器技艺保护其他事项。

第六条　市工业和信息化行政主管部门是脱胎漆器技艺保护的行政主管部门，负责组织实施本规定。

文化和旅游、财政、教育、人力资源和社会保障、市场监督管理、商务等有关行政主管部门和国有资产管理部门应当按照职责分工，共同做好脱胎漆器技艺保护工作。

第七条　市脱胎漆器行业协会应当发挥其对脱胎漆器技艺保护的组织和桥梁作用，加强服务指导和行业自律，通过搭建平台，组织技艺交流、举办展览展销、宣传推广等，促进脱胎漆器技艺的传承和发展。

第八条　市人民政府应当在脱胎漆器产业集中区域建立集孵化、生产、销售、展示、研发、交流等功能为一体的脱胎漆器技艺保护基地，鼓励和支持脱胎漆器相关企业、大师工作室入驻。

第九条　市人民政府应当统筹历史文化街区资源，合理设置脱胎漆器销售、展示网点，打造朱紫坊漆文化主题街区，支持脱胎漆器产业发展。

市和有关县（市、区）人民政府应当结合实施乡村振兴战略，推动脱胎漆器技艺文化集中的村镇，整合制作、销售、展示等资源，发展脱胎漆器特色产业。

第十条 市工业和信息化行政主管部门应当组织开展脱胎漆器技艺的调查、记录、整理工作，综合运用图片、文字、录音、录像、数字化多媒体等方式，对脱胎漆器技艺进行保护。

市工业和信息化行政主管部门应当对地底制作以及薄料、台花、印锦等濒危传统髹饰技法，实施抢救性保护，记录、保存和传承传统工艺流程和核心技艺，保持其真实性、完整性。

第十一条 市工业和信息化行政主管部门应当组织开展漆艺大师示范工作室评审，报市人民政府批准后公布。

漆艺大师示范工作室的评审、考核、奖励以及监督管理等具体办法由市人民政府制定。

第十二条 市教育、人力资源和社会保障行政主管部门应当支持本市行政区域内的高等院校和中等职业学校，采取下列措施促进脱胎漆器技艺发展：

（一）设置脱胎漆器相关专业或者专业方向，加强师资、课程、教材等方面建设，加大招生力度，开展脱胎漆器技艺相关专业长学制一体化贯通人才培养；

（二）推动脱胎漆器技艺产教融合、校企合作，联合脱胎漆器生产企业建立脱胎漆器人才实训基地，培养地底制作等脱胎漆器专业人才；

（三）建立脱胎漆器技艺保护研究机构，开展脱胎漆器技艺与文化的理论研究和学术交流。

第十三条 市人民政府及其有关行政主管部门应当做好脱胎漆器技艺市级非物质文化遗产代表性传承人、工艺美术名艺人的认定、评审工作，鼓励脱胎漆器从艺人员参加工艺美术专业技术任职资格评审。

市工业和信息化行政主管部门可以组织对技艺精湛的脱胎漆器从艺人员进行评审，报市人民政府批准后，授予脱胎漆器传统工艺传承名匠荣誉称号。

第十四条 市市场监督管理、工业和信息化等行政主管部门应当会同行业协会、脱胎漆器生产企业推动脱胎漆器行业有关标准的制定、完善和实施。

市市场监督管理行政主管部门应当依法开展“福州脱胎漆器”地理标志保护工作，提升品牌影响力。

第十五条 支持脱胎漆器专业检验检测机构建设，为脱胎漆器产品检验检测提供公共平台。

第十六条 市和有关县（市、区）人民政府应当采取下列措施宣传脱胎漆器技艺，扩大脱胎漆器知名度：

（一）结合文化艺术节、传统节庆和民间习俗活动等，宣传脱胎漆器技艺；

（二）利用公园、景区、特色街区、机场、火车站和公益广告牌等公共场所和公共设施，展示脱胎漆器特色技艺和产品；

（三）通过报刊、广播、电视、网络等开展脱胎漆器技艺的宣传活动，普及脱胎漆器技艺知识。

第十七条 市文化和旅游行政主管部门应当推动具备参观条件的脱胎漆器生产、经营场所和旧址申报工业旅游示范基地，宣传展示脱胎漆器技艺。

第十八条 市博物馆、市非物质文化遗产展示馆等公共文化场所应当设立脱胎漆器专区，用于收藏、展示脱胎漆器精品和相关作品，以及脱胎漆器制作过程相关实物、资料，开展参观、鉴赏和体验活动。

第十九条 市人民政府应当举办福州国际漆艺双年展等大型展示交流活动，振兴“中国脱胎漆艺之都”文化品牌，提升福州漆文化影响力。

鼓励和支持在国家博物馆、中国美术馆等国家级展示场所举办福州漆艺专题展览或者其他脱胎漆器技艺交流活动。

第二十条 鼓励拍卖企业举办脱胎漆器拍卖会，拓展脱胎漆器作品收藏和拍卖市场。

第二十一条 鼓励脱胎漆器生产企业和从艺人员在继承传统制作技艺的基础上，研发新品种、新工艺，开发衍生品、宣传品、文化创意产品以及适应现代生活需求的工艺美术品，促进产业创新发展。

鼓励和支持脱胎漆器从艺人员参与各类评比竞赛，提高技艺水平。

第二十二条 鼓励和支持公民、法人和其他组织通过下列方式参与脱胎漆器技艺传承和传播：

（一）成立研究机构，开展脱胎漆器技艺研究和创新活动；

（二）出版脱胎漆器技艺相关文献资料；

（三）参与国内外文化艺术相关比赛、展销等经济文化交流活动；

（四）设立展示和传承场所，举办宣传和展示活动。

第二十三条 违反本规定，公民、法人和其他组织在参与漆艺大师示范工作室、市级工艺美术名艺人、脱胎漆器传统工艺传承名匠评审中弄虚作假的，由市工业和信息化行政主管部门取消其参评资格；已经评审通过的，予以撤销，责令返还已经取得的补助、奖励；有违法所得的，没收违法所得。

违反本规定，公民、法人和其他组织在脱胎漆器技艺保护工作中有其他骗取补助、奖励行为的，由市工业和信息化行政主管部门责令返还；有违法所得的，没收违法所得。

第二十四条 市、县（市、区）人民政府有关行政主管部门及其工作人员在脱胎漆器技艺保护工作中玩忽职守、滥用职权、徇私舞弊的，依法给予处分；构成犯罪的，依法追究刑事责任。

第二十五条 本规定自2022年1月1日起施行。

福州市居家养老服务条例

（2021年8月27日福州市第十五届人民代表大会常务委员会第三十九次会议通过

2021年10月22日福建省第十三届人民代表大会常务委员会第二十九次会议批准）

目 录

第一章 总则
第二章 设施规划与建设
第三章 服务供给与保障

第四章 监督管理

第五章 法律责任

第六章 附则

第一章 总 则

第一条 为了满足居家老年人的养老服务需求，提高老年人生活质量，根据《中华人民共和国老年人权益保障法》《福建省老年人权益保障条例》等法律法规，结合本市实际，制定本条例。

第二条 本条例适用于本市行政区域内居家养老服务及其监督管理工作。

第三条 本条例所称居家养老服务，是指以家庭为基础，以城乡社区（村）为依托，由政府提供基本公共服务，企业事业单位和社会组织提供专业化服务，基层群众性自治组织和志愿者提供公益和互助服务，以满足居家老年人需求的养老服务模式。

第四条 居家养老服务应当以居家老年人的服务需求为导向，坚持政府主导、家庭尽责、社会参与、保障基本、适度普惠、自愿选择、就近便利的原则。

第五条 居家养老服务主要包括以下内容：

（一）短期托养、日间照料、助餐、助洁、助浴、助行及代购代缴等生活照料服务；

（二）健康管理、疾病防治、医疗康复等医疗卫生服务；

（三）关怀访视、生活陪伴、情绪疏导等精神慰藉服务；

（四）紧急救援服务；

（五）法律咨询和法律援助服务；

（六）文化娱乐、体育健身、知识讲座等有益于老年人身心健康的服务。

第六条 市、县（市、区）人民政府履行下列职责：

（一）将居家养老服务工作纳入本区域国民经济和社会发展规划和政府年度工作计划；

（二）建立与人口老龄化和经济社会发展水平相适应的财政保障机制；

（三）将居家养老服务设施建设用地纳入国土空间规划，统筹规划和建设居家养老服务设施；

（四）加强对居家养老服务工作的统筹协调，完善居家养老服务政策，明确相关部门工作职责，加强监督检查和考核；

（五）培育养老服务产业，完善扶持政策，鼓励和引导社会力量参与居家养老服务工作；

（六）其他居家养老服务相关工作。

第七条 市、县（市、区）民政主管部门是居家养老服务工作的主管部门，负责居家养老服务的指导和监督管理工作。

市、县（市、区）卫生健康主管部门负责居家老年人医疗卫生服务的指导和监督管理工作。

发展和改革、财政、人力资源和社会保障、医疗保障、自然资源和规划、城乡建设、住房保障和房产管理、市场监督管理、应急管理等主管部门应当按照各自职责，做好居家养老服务工作。

工会、共青团、妇联、残联等人民团体应当在各自职责范围内协助做好居家养老服务工作。

第八条 乡（镇）人民政府、街道办事处履行下列职责：

（一）协调和落实辖区内居家养老服务工作；

（二）管理居家养老服务设施；

（三）组织开展独居、孤寡、困难居家老年人定期巡访工作；

（四）指导村民委员会、居民委员会、企业、社会组织和个人开展居家养老服务，并协助做好监督管理工作；

（五）市、县（市、区）人民政府规定的其他职责。

第九条 村民委员会、居民委员会负责下列工作：

（一）登记老年人基础信息，调查老年人服务需求，收集意见建议，宣传居家养老服务政策；

（二）协助乡（镇）人民政府、街道办事处做好居家养老服务设施运营、维护、管理等相关工作；

（三）协助建立基层老年人协会、老年人社会组织、老年志愿者服务队伍，组织开展适合老年人的互助养老、文体娱乐、志愿服务等活动；

（四）引导村民、居民依法履行赡养和扶养义务；

（五）其他居家养老服务相关工作。

第十条 老年人的子女及其他依法负有赡养、扶养义务的人，应当履行对老年人经济供养、生活照料、健康关心和精神慰藉等义务，照顾老年人的特殊需要。

倡导家庭成员与老年人共同生活或者就近居住。

第十一条 市、县（市、区）人民政府及其有关部门应当利用广播、电视、报刊、网络等加大居家养老服务宣传力度，并结合重阳节、拗九节等弘扬孝亲敬老、养老助老优秀传统文化，树立尊老助老社会风尚。

第二章 设施规划与建设

第十二条 市、县（市、区）民政、自然资源和规划、发展和改革、城乡建设等有关主管部门应当组织编制城乡社区（村）养老服务设施专项规划，报本级人民政府批准后组织实施。养老服务设施专项规划应当及时纳入详细规划予以保障。

第十三条 新建城区和住宅区应当按照每百户不少于三十平方米的标准配套建设居家养老服务设施，且单处用房建筑面积不少于四百平方米，并与住宅项目同步规划、同步建设、同步验收、同步交付使用。住宅项目分期建设的，居家养老服务设施应当于首期配套建成。

老城区和已建成住宅区应当按照每百户不少于二十平方米的标准配套建设居家养老服务设施；未达到标准的，县（市、区）人民政府应当通过购置、置换、租赁等方式保证达标配置。

第十四条 居家养老服务设施应当与社区卫生、文化体育等设施统筹设置，并按照老年人照料设施设计标准进行建设，满足通风、采光、消防等条件，方便老年人出入和活动。

居家养老服务用房不得设置在地下室、半地下室，设置在二层以上的，应当配置电梯或者无障碍通道。

第十五条 住宅项目建设单位未按照规划要求配套建设居家养老服务设施的，自然资源和规划主管部门不予通过规划条件核实与土地核验。

未通过审核的，建设主管部门不得办理竣工验收备案，不动产登记部门不得办理产权登记。

第十六条 市、县（市、区）自然资源和规划主管部门应当会同民政主管部门，将配套建设居家养老服务设施的建设要求、产权归属在国有建设用地使用权出让合同或者划拨决定书中予以明确。

配套建设的居家养老服务设施经验收合格后，建设单位应当按照国有建设用地使用权出让合同等约定移交给乡（镇）人民政府、街道办事处使用。乡（镇）人民政府、街道办事处应当及时通知所在地民政主管部门。

第十七条 配套建设的居家养老服务设施未经法定程序，不得擅自拆除或者改变用途。

经法定程序拆除或者改变居家养老服务设施用途的，建设单位应当按照不少于原建筑面积标准优先原地重建或者就近建设、配置。

第十八条 乡（镇）人民政府、街道办事处或者村集体经济组织可以依托行政村、较大自然村，利用闲置的房屋等资源配置农村居家养老服务设施。

乡（镇）敬老院应当保证特困人员的养老服务，并逐步向周边开放，形成区域性养老服务中心。

第十九条 市、县（市、区）人民政府应当通过用地保障、财政补贴、税费减免等方式，鼓励和支持企业事业单位、社会组织和个人出资建设居家养老服务设施。

第二十条 新建、改建、扩建的住宅区，应当符合国家无障碍设施工程建设标准。

市、县（市、区）人民政府应当推进老旧住宅区的坡道、楼梯扶手、电梯等与老年人日常生活密切相关的公共服务设施的无障碍改造。为特困、高龄、失能、残疾等居家老年人家庭的适老化改造提供补贴。鼓励和支持已经建成并符合要求的多层住宅加装电梯。

第三章 服务供给与保障

第二十一条 市、县（市、区）人民政府应当向具有本市户籍的老年人提供下列居家养老基本公共服务，并以服务清单方式向社会公布：

（一）为特困人员、最低生活保障对象、重点优抚对象、计划生育特殊家庭成员、重度残疾人中的老年人提供每人每月不低于一百元标准的养老服务；

（二）为八十周岁以上的老年人提供每人每月不低于三十元标准的居家紧急救援服务；

（三）为最低生活保障对象和计划生育特殊家庭成员中的完全失能老年人提供每人每月不低于二百元标准的失能护理服务；

（四）国家、省和市规定的其他居家养老服务。

市、县（市、区）人民政府应当根据老年人口自然增长和经济社会发展水平，逐步增加居家养老基本公共服务内容，扩大服务对象范围，提高政府补贴标准。

第二十二条 市人民政府应当建立全市统一的老年人护理需求评估制度，并依据评估确定的类型和等级，为老年人提供相应的居家养老服务。

第二十三条 居家养老服务设施由乡（镇）人民政府、街道办事处负责运营管理，可以采用政府购买服务等方式委托社会力量运营。

鼓励企业事业单位、社会组织和个人为居家老年人提供社会化、专业化、多样化的居家养老服务。

鼓励具备条件的居家养老服务机构为有需求的居家老年人设置家庭养老床位，将专业照护服务延伸至老年人家中。

第二十四条 推进乡（镇）人民政府、街道办事处和有条件的社区（村）开设长者食堂、老年助餐点等场所，为有需求的居家老年人提供膳食加工配制、外送及集中用餐服务。

第二十五条 基层医疗机构应当在市、县（市、区）卫生健康主管部门的指导和监督下，为本市常住六十五周岁以上居家老年人提供下列服务：

（一）建立老年人健康档案，提供定期免费体检、健康咨询等服务；

（二）开展家庭医生签约服务，提供常见病、慢性病和多发病的防治、医疗、护理、康复等服务；

（三）提供优先就诊、用药指导和预约转诊等服务；

（四）为行动不便的老年人提供上门巡诊、家庭病床服务。

第二十六条 市、县（市、区）卫生健康主管部门应当完善基层医疗服务网络，健全社区老年医疗保健设施，推进基层医疗机构与居家养老服务机构合作，为居家老年人提供医疗服务。

第二十七条 市、县（市、区）人民政府应当推进长期护理保险制度实施并逐步扩大覆盖面，为需要长期护理的失能老年人提供基本护理保障。

第二十八条 居家养老服务机构应当制定服务细则，明确服务项目、服务内容以及收费标准等，并在显著位置进行公示，接受社会监督。

居家养老服务机构及其从业人员应当维护老年人的尊严和隐私，不得侵害老年人的合法权益。禁止以欺骗方式诱导老年人消费，禁止诱导老年人参与传销或者非法集资。

第二十九条 市民政主管部门应当建立全市统一的智慧养老服务信息化平台，定期公布和更新居家养老服务目录、居家养老服务机构名录等信息，免费提供政策咨询、信息查询等服务，推进居家养老服务及监管的智能化运用。

第三十条 居家养老服务机构依法享受税费优惠，使用水、电、燃气、有线电视、宽带网络等应当按照居民生活类价格执行。

第三十一条 市、县（市、区）人民政府应当加强居家养老服务基层队伍建设，为有条件的社区（村）配备专（兼）职居家养老助理员。

第三十二条 市、县（市、区）人力资源和社会保障主管部门应当将居家养老护理相关的职业工种列入急需紧缺职业(工种)目录，鼓励居家养老服务就业。支持符合条件的企业、职业（技工）院校、社会组织等依法开展养老护理人才职业技能等级评价。

第三十三条 鼓励和支持有条件的高等院校、中等职业学校以及技工学校开设养老服务相关专业或者课程，培养居家养老服务人才。

鼓励和支持对老年人的家庭成员开展免费培训，普及照料失能、失智老年人的护理知识和技能。

第三十四条 扶持和发展各类居家老年人服务志愿服务组织。

倡导国家机关工作人员和企业事业单位职工、在校学生参加居家养老志愿服务活动。

倡导邻里互助养老，鼓励为高龄、独居、空巢等居家老年人提供帮助。

第四章 监督管理

第三十五条 市、县（市、区）民政主管部门应当加强对居家养老服务机构的监督管理，建立居家养老服务质量评估制度，定期组织开展或者委托第三方，对居家养老服务机构进行综合评估，确定居家养老服务机构的等级、类型以及补贴标准，并向社会公开。

第三十六条 市、县（市、区）民政、自然资源与规划等主管部门应当及时对居家养老服务设施的配置及利用状况进行监督检查，并将监督检查结果向社会公开。

第三十七条 市、县（市、区）民政、应急管理主管部门应当对居家养老服务机构的工作人员进行安全宣传教育，对居家养老服务设施依法进行安全检查，消除安全隐患。

第三十八条 市、县（市、区）市场监督管理部门应当对居家养老服务机构的收费进行监督检查，查处价格违法行为。

第三十九条 市、县（市、区）民政主管部门应当建立居家养老服务举报投诉制度，公布举报电话、通信地址、电子邮箱等，依法受理有关举报和投诉。

第五章 法律责任

第四十条 违反本条例规定的行为，法律法规已有规定的，从其规定。

第四十一条 违反本条例第十七条第一款规定的，由县（市、区）民政主管部门按照下列规定予以处罚：

(一)擅自改变居家养老服务设施用途的，责令限期改正;逾期不改正的，处以一万元以上五万元以下罚款；

（二）擅自拆除居家养老服务设施的，责令恢复原状；不恢复原状的，处以十万元以上五十万元以下罚款；情节严重的，处以五十万元以上一百万元以下罚款。

第四十二条 违反本条例规定，采取虚报、隐瞒、伪造等手段骗取政府补贴的，由县（市、区）民政主管部门责令退回非法获取的补贴，并处以被骗取资金百分之十以上百分之五十以下的罚款；有违法所得的，没收违法所得；构成犯罪的，依法追究刑事责任。

第四十三条 市、县（市、区）人民政府有关部门及其工作人员在居家养老服务工作中滥用职权、玩忽职守、徇私舞弊的，依法给予处分；构成犯罪的，依法追究刑事责任。

第六章 附 则

第四十四条 本条例中下列用语的含义：

（一）居家养老服务机构，是指经合法登记备案的为居家老年人提供养老服务的各类组织。

（二）居家养老服务设施，是指为居家老年人提供生活照料、康复护理、休闲娱乐等养老服务场所及其附属设施，包括乡镇（街道）居家养老服务中心，社区（村）居家养老服务站、农村幸福院等。

第四十五条 本条例自 2022 年 1 月 1 日起施行。

福州市历史文化名城保护条例

（2013 年 6 月 28 日福州市第十四届人民代表大会常务委员会第十一次会议通过

2013 年 7 月 25 日福建省第十二届人民代表大会常务委员会第四次会议批准

根据 2021 年 10 月 28 日福州市第十五届人民代表大会常务委员会第四十次会议

《关于修改 < 福州市历史文化名城保护条例 > 的决定》修正

2021 年 12 月 15 日福建省第十三届人民代表大会常务委员会第三十次会议批准）

目 录

第一章　总则
第二章　保护内容
第三章　保护规划
第四章　保护措施
第五章　法律责任
第六章　附则

第一章 总 则

第一条 为了加强福州历史文化名城的保护和管理，继承和弘扬优秀历史文化，促进经济和社会协调发展，根据《中华人民共和国城乡规划法》《历史文化名城名镇名村保护条例》《福建省历史文化名城名镇名村和传统村落保护条例》等有关法律、法规，结合本市实际，制定本条例。

第二条 福州历史文化名城的规划、保护、利用和管理，适用本条例。

法律、法规对文物、非物质文化遗产等的保护和管理另有规定的，从其规定。

第三条 历史文化名城保护应当遵循科学规划、严格保护、属地管理的原则，维护历史文化遗产的真实性和完整性，正确处理历史文化遗产的保护传承与开发利用的关系。

第四条 市、区人民政府负责本行政区域内的历史文化名城保护和管理，将其纳入国民经济和社会发展规划以及年度工作计划，并将历史文化名城保护专项资金列入本级财政预算。

第五条 市历史文化名城保护管理机构是本市历史文化名城保护的主管部门，负责历史文化名城综合管理工作。

市自然资源和规划主管部门按照职责对历史文化名城建设项目进行规划审批、监督和管理。

市城乡建设主管部门按照职责对历史文化名城建设工程进行审批、监督和管理。

市文物、文化和旅游、发展和改革、财政、住房保障和房产管理、城市管理、生态环境、教育、民政、民族与宗教等有关主管部门和园林部门、消防救援机构，应当按照各自职责，协同实施本条例。

第六条 市、区人民政府设立的相关保护管理机构，负责历史文化街区、历史风貌区、历史建筑群的日常保护和管理。

第七条 市人民政府设立历史文化名城保护专家咨询委员会，编制历史文化名城保护相关规划和保护名录、开发、建设等重大事项应当听取专家咨询委员会的意见。

第八条 市人民政府应当推动世界文化遗产申报，打造闽都文化国际品牌。

市、区人民政府应当加强闽都文化资源的搜集、整理、研究、展示和传播，构建保护传承体系，推动闽都文化创新与发展。

第九条 市、区人民政府及有关部门应当加强历史文化名城保护的宣传教育，增强全民保护意识，对在历史文化名城保护工作中做出突出贡献的单位和个人，给予表彰和奖励。

任何单位和个人都有保护历史文化名城的义务，有权对破坏历史文化名城的行为进行劝阻、举报和控告。

第二章 保护内容

第十条 福州历史文化名城的保护内容主要包括：

（一）历史城区的传统格局和历史风貌；

（二）三坊七巷、朱紫坊、上下杭等历史文化街区；

（三）烟台山、冶山、福建船政等历史风貌区；

（四）鼓岭、福建协和大学旧址等历史建筑群；

（五）螺洲、闽安等历史文化名镇、名村，传统村落；

（六）优秀的传统街巷；

（七）不可移动文物、历史建筑、传统风貌建筑；

（八）非物质文化遗产以及其他优秀闽都文化；

（九）古河湖水系、温泉、古榕树以及其他古树名木等历史环境要素；

（十）法律、法规规定的其他保护内容。

第十一条 福州历史文化名城实行保护名录制度。保护名录包括国务院和福建省人民政府批准公布的保护项目以及根据本条例第十条所列内容项下的保护项目。

第十二条 市历史文化名城保护管理机构负责组织编制和调整历史文化名城保护名录。

市历史文化名城保护管理机构应当会同自然资源和规划、城乡建设、文化和旅游、文物、住房保障和房产管理等主管部门和园林部门，普查本市的历史文化资源，发现具有保护价值的，及时提出将其列入保护名录的意见。

除国务院和福建省人民政府批准公布的保护项目外，对拟列入保护名录的保护项目，市历史文化名城保护管理机构应当会同有关部门组织专家论证并向社会公示，报市人民政府批准后公布。

第十三条 任何单位和个人在城市建设中发现可能具有保护价值的建筑物、构筑物，可以向所在地城乡建设主管部门报告。城乡建设主管部门应当会同市历史文化名城保护管理机构、文物等有关部门及时勘验，在五个工作日内提出处理意见，确认为先予保护对象的，应当采取保护现场、设置标志等先予保护措施，同时书面告知所有权人、使用人或者管理人。

已采取先予保护措施的建筑物、构筑物，市历史文化名城保护管理机构应当在七个工作日内组织专家进行评审论证。确认具有保护价值的，列入保护名录；不具有保护价值的，在二个工作日内书面通知所有权人、使用人或者管理人解除先予保护措施。

第十四条 市历史文化名城保护管理机构应当会同自然资源和规划、城乡建设、文化和旅游、文物等主管部门和园林部门根据保护名录，采取文字、录音、录像、测绘、数字化多媒体等技术手段，全面系统整理历史文化名城的各类档案资料，建立历史文化名城档案数据库，实施数字化管理，并及时更新。

第三章 保护规划

第十五条 市人民政府应当组织市历史文化名城保护管理机构、自然资源和规划、城乡建设、文物等有关单位，编制福州历史文化名城保护规划，依法报经批准后，向社会公布，并将其纳入国土空间规划。

第十六条 市历史文化名城保护管理机构应当根据历史文化名城保护规划，会同自然资源和规划、城乡建设、文物等有关主管部门，编制历史文化街区、名镇、名村，历史风貌区、历史建筑群等专项保护规划。各专项保护规划应当依法报经批准后，向社会公布。

第十七条 保护规划的编制应当进行科学论证，广泛征求有关部门、专家和公众的意见。

经依法批准的保护规划，不得擅自修改。确需修改的，应当征求有关部门、专家和公众的意见，按照法定程序批准并公布。

第十八条 历史文化街区、名镇、名村，历史风貌区、传统村落和历史建筑群的保护范围包括核心保护范围、建设控制地带。必要时，可以在建设控制地带外划定环境协调区，具体范围由市历史文化名城保护管理机构会同自然资源和规划、城乡建设、文物等相关主管部门确定，并列入保护规划，依法报经批准后公布。

第十九条　市、区人民政府应当严格执行历史文化名城保护规划，加强对各有关部门实施情况的监督检查，对保护状况定期进行监测评估并作出评价，及时向同级人民代表大会常务委员会报告。

第四章　保护措施

第二十条　市、区人民政府应当根据历史文化名城保护规划，严格保护“三山两塔一条江”的历史文化名城山水空间格局、自然地貌与外围山水环境。控制历史城区开发总量、人口规模、空间尺度，建筑物的高度、体量、色彩和立面风格。

第二十一条　市、区人民政府应当严格保护历史城区中轴线的空间次序，中轴线沿线新建建筑的建筑高度、体量、色彩等方面应当符合保护规划的要求。

第二十二条　于山、乌山、屏山之间视线走廊宽度为一百米，视线走廊之内的建筑高度不得超过二十四米，围合范围内的其他区域、历史城区内白马河沿线建筑高度不得超过四十八米。闽江北岸解放大桥青年会广场周边区域建筑高度不得超过十八米，闽江南岸应当凸显烟台山山体轮廓特征。

违反前款规定高度的建筑物，以及现有严重影响于山、乌山、屏山山体景观风貌的建筑物，应当按照历史文化名城保护规划的要求，依法进行整治。

第二十三条　市、区人民政府应当保护历史文化街区的整体风貌特色及空间形态，保护和修复三坊七巷的坊巷结构，保护和延续朱紫坊街区河坊一体的整体空间格局，保护和延续上下杭街区传统商业街巷、建筑、会馆的历史风貌。

第二十四条　历史文化街区、历史风貌区和历史建筑群范围内的商业经营布局，应当符合专项保护规划并与其内环境、功能相配套，注重闽都文化国际品牌宣传与展示。

第二十五条　文物主管部门负责对涉台、涉侨文物的认定和保护工作，实行挂牌保护。具有重要涉台、涉侨文化价值的，应当及时评估，依法核定公布为文物保护单位。

第二十六条　市、区人民政府应当开展革命文物重点保护，将重要历史事件发生地、革命文物集中区与城市空间、山水空间相结合，建立爱国主义教育基地。

第二十七条　市人民政府应当对公布的历史文化街区、名镇、名村，历史风貌区、传统村落和历史建筑群、历史建筑、传统风貌建筑设置明显的保护标志，标明保护范围。

任何单位或者个人不得擅自设置、移动、涂改或者损毁保护标志。

第二十八条　在历史风貌区和历史建筑群的核心保护范围内，除新增必要的公共基础设施、公共服务设施和保护规划确定的其他建设活动外，不得进行新建、扩建活动。

在历史风貌区和历史建筑群的核心保护范围内进行建设活动，应当报市自然资源和规划主管部门批准。市自然资源和规划主管部门在批准之前应当征求历史文化名城保护管理机构、文物主管部门的意见。

第二十九条　在历史文化街区、名镇、名村，历史风貌区、传统村落和历史建筑群的建设控制地带内进行建设活动，应当维护传统格局，延续历史风貌。新建、改建建筑物、构筑物时，应当在高度、体量、色彩等方面与历史风貌相协调；新建、改建道路时，不得改变原有的道路格局和景观特征。

第三十条　在历史文化街区、名镇、名村，历史风貌区、传统村落和历史建筑群的环境协调区内进行建设活动，应当保护其依存的自然与人文环境，新建、改建的建筑物、构筑物应当与文物古迹及周边环境风貌相协调。

第三十一条　历史文化街区、历史风貌区的重大开发、建设，市人民政府应当征集市民意见，组织专家论证，制订建设方案，报请市人民代表大会或者其常务委员会决定。

第三十二条　历史建筑的所有权人或者使用人应当合理使用建筑，负责建筑物的保养和安全防范，保持建筑的原有风貌，接受指导、检查和监督。

历史建筑的维护和修缮由所有权人负责，直管公房、政府代管或者所有权人下落不明、房屋权属不清的历史建筑由管理人、使用人负责。维护和修缮应当按照市、区人民政府编制的保护图则、修缮技术规范和保护方案实施。

历史建筑有损毁危险，所有权人或者使用人确不具备维护和修缮能力的，市、区人民政府应当根据情况，进行补助、修缮或者采取置换等措施予以保护。

第三十三条　依法征收拆除的建筑中留存的壁画、雕刻、建筑构件等，具有收藏价值的由市文物主管部门指定的文物收藏单位收藏；具有利用价值的，由市、区人民政府指定的单位负责回收利用。

第三十四条　尚未核定公布为文物保护单位的不可移动文物，区文物主管部门应当予以登记公布，并划定其保护范围。

市文物主管部门可以根据历史资料、考古调查划定地下文物埋藏区、水下文物保护区，并报市人民政府核定公布。

在地下文物埋藏区进行工程建设的，应当根据法定程序组织考古调查、勘探或者发掘，所需费用由建设单位列入工程预算。

第三十五条　古河湖水系应当按照市人民政府制定的综合整治规划进行治理，恢复景观特色。

禁止填盖、占用保护规划确定保留的古河道或者改变其宽度和走向。

第三十六条　历史城区内体现福州历史文化内涵的街巷、区域和建筑的名称，不得擅自更改。因特殊情况确需更改的，在依法报经批准前，市民政主管部门应当征求历史文化名城保护管理机构、文物主管部门的意见。

第三十七条　鼓励和支持本市行政区域内的高等院校、中等职业学校开设与历史文化名城保护相关的课程，培养历史文化资源保护利用专业技术人才。

鼓励公民、法人和其他组织以捐赠、资助、认保、认养、提供技术服务或者提出建议等方式参与历史文化名城的保护和利用工作。

鼓励通过政策引导、资金扶持等方式吸引社会资本投入历史文化名城的保护和利用。

第三十八条 在保护优先的前提下，鼓励活化利用历史文化名城各类资源和要素，设立文博馆所，发展景观旅游、文化创意等产业。

第五章 法律责任

第三十九条 违反本条例规定的行为，法律、法规已有法律责任规定的，从其规定。

第四十条 违反本条例第二十七条第二款规定，有下列情形之一的，由历史文化名城保护管理机构责令限期改正；逾期不改正的，按照下列规定进行处罚：

（一）擅自设置、移动、涂改或者损毁历史文化街区、名镇、名村，历史风貌区、传统村落和历史建筑群、历史建筑的保护标志的，对单位处以一万元以上五万元以下的罚款，对个人处以一千元以上一万元以下的罚款；

（二）擅自设置、移动、涂改或者损毁传统风貌建筑的保护标志的，对单位处一千元以上五千元以下的罚款，对个人处五百元以上一千元以下的罚款。

第四十一条 违反本条例第二十八条第二款规定，未按照程序审批的，依法对直接负责的主管人员和其他直接责任人员给予处分。

第四十二条 违反本条例第三十二条第二款规定，未按照历史建筑保护图则、修缮技术规范和保护方案实施维护和修缮历史建筑的，由市历史文化名城保护管理机构责令改正，对单位处五万元以上十万元以下的罚款，对个人处一万元以上五万元以下的罚款。

第四十三条 市、区人民政府及有关主管部门工作人员在历史文化名城保护工作中，滥用职权、玩忽职守、徇私舞弊的，依法给予处分；构成犯罪的，依法追究刑事责任。

第六章 附 则

第四十四条 本条例下列用语的含义：

（一）三山两塔，是指于山、乌山、屏山、乌塔、白塔。

（二）三坊七巷，是指衣锦坊、文儒坊、光禄坊、杨桥巷、郎官巷、塔巷、黄巷、安民巷、宫巷、吉庇巷。

（三）历史城区，是指以三山两塔区域为核心，东起五一路、五四路，西至白马河（含西湖），北起屏山北麓，南至东西河的古城区和城廓外的滨江地区（含台江城区、仓前城区）构成的区域。

（四）历史城区中轴线，是指北起屏山，沿鼓屏路、八一七路、解放大桥至烟台山的历史城区沿线地段。

第四十五条 有关县（市）对历史文化名城相关内容的保护和管理，参照本条例执行。

第四十六条 市人民政府应当根据本条例制定实施细则。

第四十七条 本条例自2013年10月1日起施行。1995年10月27日福州市第十届人民代表大会常务委员会第十九次会议通过的《福州市历史文化名城保护条例》同时废止。

福州市寿山石雕刻技艺保护规定

（2021年10月28日福州市第十五届人民代表大会常务委员会第四十次会议通过

2021年12月15日福建省第十三届人民代表大会常务委员会第三十次会议批准）

第一条 为了加强对国家级非物质文化遗产寿山石雕的保护，继承和弘扬闽都优秀传统文化，根据《中华人民共和国非物质文化遗产法》《传统工艺美术保护条例》《福建省非物质文化遗产条例》等法律法规，结合本市实际，制定本规定。

第二条 本市行政区域内的寿山石雕刻技艺的保护、传承、传播和利用，适用本规定。

第三条 本规定所称的寿山石雕刻技艺，是指以福州北部山区寿山村等地出产的寿山石为原料，经过解石、相石、打坯、凿坯、修光、磨光等步骤，融合圆雕、钮雕、薄意雕、镂空雕、浮雕、镶嵌等技法，进行作品创作的艺术表现方法。

第四条 市和有关县（市、区）人民政府应当加强寿山石雕刻技艺保护工作的领导，编制寿山石雕刻技艺保护专项规划，建立健全寿山石雕刻技艺保护工作机制，促进寿山石雕产业发展。

第五条 市和有关县（市、区）人民政府应当在年度财政预算中统筹安排资金，用于支持下列寿山石雕刻技艺保护工作：

（一）寿山石雕刻技艺的调查、记录、整理；

（二）寿山石雕行业人才的培养；

（三）寿山石雕刻技艺的研究、交流、宣传、展示、竞赛等活动；

（四）寿山石雕文化综合产业基地和文化生态保护区的建设；

（五）奖励寿山石雕刻技艺发展与创新中有突出贡献的公民、法人和其他组织；

（六）法律法规规定的寿山石雕刻技艺保护的其他事项。

第六条 市工业和信息化行政主管部门是寿山石雕刻技艺保护的行政主管部门，负责组织实施本规定。

文化和旅游、财政、教育、商务、市场监督管理、人力资源和社会保障等有关行政主管部门应当按照职责分工，共同做好寿山石雕刻技艺保护工作。

第七条 市寿山石行业协会应当发挥其对寿山石雕刻技艺保护的组织和桥梁作用，整合行业力量，加强行业自律，规范行业行为，组织技艺培训，开展研讨交流，促进寿山石雕刻技艺的传承和发展。

第八条 市工业和信息化行政主管部门应当开展寿山石雕刻技艺的调查整理工作，综合运用图片、文字、录音、录像、数字化多媒体等技术手段，建立寿山石雕刻技艺档案数据库。

数据库应当收录寿山石的品种分类、雕刻工具工序、雕刻技法、艺术流派、名家大师等各类档案资料，并向社会公开。

第九条 市工业和信息化行政主管部门应当组织开展寿

山石雕刻技艺示范工作室评审，报市人民政府批准后公布。

寿山石雕刻技艺示范工作室应当完整保存所掌握的雕刻技艺，通过师徒传承、家族传承等形式培养后继人才，积极开展新工艺研究，传承寿山石雕刻技艺。

市工业和信息化行政主管部门应当对寿山石雕刻技艺示范工作室予以资金支持，对其工作情况进行指导、监督，并定期开展考核评估。

第十条　市人力资源和社会保障等行政主管部门应当健全人才评价标准，规范寿山石雕从艺人员职业技能等级、专业技术职务任职资格等认定、评审工作，完善人才培养体系。

第十一条　市工业和信息化、教育等行政主管部门应当鼓励工艺美术大师、工艺美术名艺人等参与寿山石雕刻技艺教育教学，开展理论、技艺研究，选送中青年从艺人员参加专业深造、培训。

第十二条　市工业和信息化、教育、人力资源和社会保障等行政主管部门应当建立雕刻技艺与美学教育相结合的寿山石雕人才培养机制，支持高等院校和中等职业学校设置寿山石雕刻技艺相关专业或者专业方向，与寿山石雕生产企业联合建立人才实训基地，支持专业教师参加行业交流活动。

第十三条　市人民政府应当规划建设与寿山石文化品牌影响力相适应的寿山石雕文化综合产业基地。

寿山石雕文化综合产业基地应当统一规划建设生产创作、展示交易、文化交流场所。通过宣传推介、招商扶持等措施，鼓励和支持符合条件的企业和从业人员入驻寿山石雕文化综合产业基地。

第十四条　市人民政府可以在寿山石资源所在地规划建设寿山石雕文化生态保护区，开发寿山石雕文化旅游资源，支持寿山石雕产业与乡村振兴、文化旅游融合发展。

第十五条　市人民政府应当在市博物馆、市非物质文化遗产展示馆等文化机构设置寿山石雕专区，用于展示寿山石品种石、雕刻工具、雕刻技艺、代表性作品，宣传寿山石雕文化。

第十六条　市和有关县（市、区）人民政府应当利用公园、景区、特色街区、机场、火车站和公益广告牌等公共场所和公共设施，宣传寿山石雕刻技艺和文化。

市和有关县（市、区）人民政府应当通过报刊、广播、电视、网络等开展寿山石雕的宣传活动，普及寿山石雕刻技艺知识。

第十七条　市市场监督管理行政主管部门应当依法开展“寿山石雕”地理标志证明商标专用权保护工作。

第十八条　市工业和信息化等行政主管部门应当推进寿山石雕刻技艺的理论研究，支持寿山石雕刻技艺研究机构开展研究和交流。

寿山石雕刻技艺研究机构应当广泛吸纳寿山石雕从业人员，开展技艺调查和整理工作，定期举办研讨论坛等交流活动。

第十九条　市工业和信息化行政主管部门应当定期举办寿山石雕刻技艺竞赛，评选寿山石雕优秀作品，为寿山石雕刻技艺的保护和传承提供平台。

第二十条　鼓励创办和承办具有国内外影响力的石雕工艺展会，支持寿山石行业协会、企业和从业人员参加国家级工艺美术展会。

第二十一条　鼓励拍卖企业定期举办寿山石雕艺术品拍卖会，拓展寿山石雕作品收藏和拍卖市场，扩大寿山石雕的文化艺术影响力。

第二十二条　鼓励和支持寿山石雕企业与国内电商合作建设寿山石雕电商平台，开展线上展示、交易、拍卖、定制等业务。

第二十三条　鼓励和支持寿山石雕生产企业和从艺人员在继承传统雕刻技艺的基础上研发新工艺，开发新产品。

鼓励和支持将寿山石雕刻技艺运用于其他石种，引导寿山石雕刻技艺多元化发展，推动寿山石雕产业可持续发展。

第二十四条　鼓励和支持公民、法人和其他组织通过下列方式参与寿山石雕刻技艺保护：

（一）开展寿山石雕刻技艺研究和创新工作；

（二）出版寿山石雕相关文献资料；

（三）参加寿山石雕艺术品评介、鉴赏和收藏活动；

（四）参与国内外相关比赛、展销等经济文化交流活动；

（五）设立传承、展示场所，开展传习和展示活动。

第二十五条　违反本规定，公民、法人和其他组织在参与寿山石雕刻技艺示范工作室评审中弄虚作假的，由市工业和信息化行政主管部门取消其参评资格；已经评审通过的，予以撤销，责令返还已经取得的补助、奖励；有违法所得的，没收违法所得。

第二十六条　市、县（市、区）人民政府有关行政主管部门及其工作人员在寿山石雕刻技艺保护工作中玩忽职守、滥用职权、徇私舞弊的，依法给予处分；构成犯罪的，依法追究刑事责任。

第二十七条　本规定自 2022 年 3 月 1 日起施行。

（市人大常委会）

政府令与规范性文件目录

表 127　**2021 年福州市人民政府发布政府令目录**

文件文号	文件名称	发布日期	实施日期
政府令第 79 号	关于公布市政府规章及规范性文件清理结果的决定	2021 年 5 月 19 日	2021 年 5 月 19 日
政府令第 80 号	福州市人民政府关于修改《福州市停车场管理办法》的决定	2021 年 8 月 6 日	2021 年 9 月 12 日

表 128　**2021 年福州市人民政府(含市政府办公厅)规范性文件备案目录**

文件文号	文件标题	发布日期	施行日期
榕政办〔2021〕2 号	福州市人民政府办公厅印发关于改革完善医疗卫生行业综合监管制度实施方案的通知	2021 年 1 月 8 日	2021 年 1 月 8 日
榕政办〔2021〕3 号	福州市人民政府办公厅关于做好 2021 年春节期间稳生产稳用工的通知	2021 年 1 月 13 日	2021 年 1 月 13 日
榕政综〔2021〕12 号	福州市人民政府关于印发《福州市地方标准管理办法(试行)》的通知	2021 年 1 月 25 日	2021 年 1 月 25 日
榕政综〔2021〕3 号	福州市人民政府关于印发福州市全面推行证明事项告知承诺制实施方案的通知	2021 年 1 月 11 日	2021 年 1 月 11 日
榕政办〔2021〕5 号	福州市人民政府办公厅关于做好 2021 年春节期间工业生产稳定运行保障的通知	2021 年 1 月 20 日	2021 年 1 月 20 日
榕政办〔2021〕9 号	福州市人民政府办公厅关于做好人民群众就地过年服务保障工作的通知	2021 年 1 月 28 日	2021 年 1 月 28 日
榕政综〔2021〕34 号	福州市人民政府关于印发 2021 年实施“数字·绿色”技术改造专项行动方案的通知	2021 年 2 月 17 日	2021 年 2 月 17 日
榕政办〔2021〕15 号	福州市人民政府办公厅关于印发进一步促进科技成果转移转化补充措施的通知	2021 年 2 月 20 日	2021 年 2 月 20 日
榕政办〔2021〕7 号	福州市人民政府办公厅转发市城镇集体工业联合社关于进一步深化城镇集体企业改革指导意见的通知	2021 年 2 月 25 日	2021 年 2 月 25 日
榕政办〔2021〕19 号	福州市人民政府办公厅关于印发进一步优化营商环境更好服务市场主体工作方案的通知	2021 年 3 月 12 日	2021 年 3 月 12 日
榕政办〔2021〕21 号	福州市人民政府办公厅关于印发《福州市应急救援队伍建设管理办法(试行)》的通知	2021 年 3 月 15 日	2021 年 3 月 15 日
榕政办〔2021〕24 号	福州市人民政府办公厅关于印发推进国家体育消费试点城市建设工作方案的通知	2021 年 3 月 23 日	2021 年 3 月 23 日
榕政综〔2021〕60 号	福州市人民政府关于印发福州市非常规水资源开发利用规定的通知	2021 年 3 月 24 日	2021 年 3 月 24 日
榕政综〔2021〕61 号	福州市人民政府关于印发福州市城市节约用水管理办法的通知	2021 年 3 月 24 日	2021 年 3 月 24 日
榕政办〔2021〕28 号	福州市人民政府办公厅关于印发福州市“城市更新 +”实施办法的通知	2021 年 4 月 2 日	2021 年 4 月 2 日
榕政办〔2021〕27 号	福州市人民政府办公厅关于印发福州市大众茶馆试点建设工作方案的通知	2021 年 4 月 2 日	2021 年 4 月 2 日
榕政办〔2021〕29 号	福州市人民政府办公厅关于印发社区工作者管理办法(试行)的通知	2021 年 4 月 9 日	2021 年 4 月 9 日施行 2021 年 10 月 22 日废止
榕政〔2021〕3 号	福州市人民政府关于对民用小型航空器和空飘物采取临时性管制措施的通告	2021 年 4 月 13 日	2021 年 4 月 25 日
榕政办〔2021〕34 号	福州市人民政府办公厅关于印发深入推进闽江流域福州段生态环境综合治理工作方案的通知	2021 年 4 月 19 日	2021 年 4 月 19 日
榕政办〔2021〕35 号	福州市人民政府办公厅印发关于促进全市批发业稳定发展的若干措施的通知	2021 年 4 月 21 日	2021 年 1 月 1 日
榕政办〔2021〕40 号	福州市人民政府办公厅关于印发“惠聚榕城消费季”活动实施方案的通知	2021 年 5 月 6 日	2021 年 5 月 1 日
榕政综〔2021〕104 号	福州市人民政府关于印发福州市公共场所外语标识管理规定的通知	2021 年 5 月 11 日	2021 年 5 月 11 日
榕政〔2021〕5 号	福州市人民政府关于对民用小型航空器和空飘物采取临时性管制措施的通告	2021 年 5 月 14 日	2021 年 5 月 17 日
榕政办〔2021〕48 号	福州市人民政府办公厅关于印发海上养殖转型升级行动方案的通知	2021 年 5 月 26 日	2021 年 5 月 26 日

续表 128

文件文号	文件标题	发布日期	施行日期
榕政办〔2021〕49 号	福州市人民政府办公厅关于印发福州市促进劳动力和人才社会性流动体制机制改革的工作要点的通知	2021 年 5 月 27 日	2021 年 5 月 27 日
榕政办〔2021〕51 号	福州市人民政府办公厅关于印发服务龙头企业用工五条措施的通知	2021 年 5 月 31 日	2021 年 5 月 31 日
榕政办〔2021〕54 号	福州市人民政府办公厅关于印发吸引全日制大中专院校学生暑期来（在）榕旅游观光、社会实践总体方案的通知	2021 年 6 月 7 日	2021 年 6 月 7 日
榕政综〔2021〕142 号	福州市人民政府关于规范农村宅基地和建房管理的实施意见（试行）	2021 年 6 月 15 日	2021 年 6 月 15 日
榕政办〔2021〕58 号	福州市人民政府办公厅关于印发 2021 年数字福州国际品牌建设工作要点的通知	2021 年 6 月 16 日	2021 年 6 月 16 日
榕政办〔2021〕60 号	福州市人民政府办公厅关于印发福州市老旧小区改造实施方案（2021—2025 年）的通知	2021 年 6 月 18 日	2021 年 6 月 18 日
榕政综〔2021〕149 号	福州市人民政府关于支持企业上市“榕腾计划”的实施意见	2021 年 6 月 22 日	2021 年 6 月 22 日
榕政办〔2021〕59 号	福州市人民政府办公厅关于企业利用自有零星用地建设办公用房的实施意见（试行）	2021 年 6 月 18 日	2021 年 6 月 18 日
榕政综〔2021〕155 号	福州市人民政府关于调整专利资助政策的通知	2021 年 6 月 23 日	2021 年 7 月 1 日
榕政综〔2021〕156 号	福州市人民政府关于印发滨海新城医院打造国家区域医疗中心样板工作方案的通知	2021 年 6 月 24 日	2021 年 6 月 24 日
榕政办〔2021〕62 号	福州市人民政府办公厅关于印发鼓励高校毕业生来榕留榕就业创业七条措施的通知	2021 年 6 月 25 日	2021 年 6 月 25 日
榕政综〔2021〕178 号	福州市人民政府关于实施“三线一单”生态分区管控的通知	2021 年 7 月 9 日	2021 年 7 月 9 日
榕政〔2021〕6 号	福州市人民政府关于对民用小型航空器和空飘物采取临时性管制措施的通告	2021 年 7 月 12 日	2021 年 7 月 16 日
榕政办〔2021〕66 号	福州市人民政府办公厅关于印发福州市培育养老示范企业全面提升专业化服务水平若干政策（试行）的通知	2021 年 7 月 14 日	2021 年 7 月 14 日
榕政办〔2021〕68 号	福州市人民政府办公厅关于印发福州市建立完善老年健康服务体系实施方案的通知	2021 年 7 月 22 日	2021 年 7 月 22 日
榕政办〔2021〕71 号	福州市人民政府办公厅印发关于在榕就业创业台胞住房保障工作实施方案（试行）的通知	2021 年 7 月 29 日	2021 年 7 月 29 日
榕政办〔2021〕72 号	福州市人民政府办公厅关于印发福州市遏制新增违法占用耕地全流程监管工作机制的通知	2021 年 8 月 3 日	2021 年 8 月 3 日
榕政办〔2021〕73 号	福州市人民政府办公厅关于印发福州市耕地保护共同责任制的通知	2021 年 8 月 3 日	2021 年 8 月 3 日
榕政办〔2021〕74 号	福州市人民政府办公厅关于印发福州市自闭症儿童康复帮扶若干措施（试行）的通知	2021 年 8 月 4 日	2021 年 8 月 4 日
榕政综〔2021〕252 号	福州市人民政府关于公布文件清理结果的通知	2021 年 9 月 3 日	2021 年 9 月 3 日
榕政综〔2021〕257 号	福州市人民政府关于进一步加强城区建筑工地夜间施工审批监管工作的意见	2021 年 9 月 10 日	2021 年 9 月 10 日
榕政综〔2021〕258 号	福州市人民政府关于印发福州市景区和非景区景点安全管理专项整治工作方案的通知	2021 年 9 月 13 日	2021 年 9 月 13 日
榕政综〔2021〕264 号	福州市人民政府关于印发营商环境行动方案的通知	2021 年 9 月 18 日	2021 年 9 月 18 日
榕政办〔2021〕86 号	福州市人民政府办公厅关于印发福州市海上环卫工作实施方案的通知	2021 年 9 月 30 日	2021 年 9 月 30 日
榕政办〔2021〕87 号	福州市人民政府办公厅印发关于扶持住宿、餐饮行业应对疫情加快发展若干措施的通知	2021 年 9 月 29 日	2021 年 10 月 1 日

续表 128

文件文号	文件标题	发布日期	施行日期
榕政办〔2021〕90 号	福州市人民政府办公厅关于印发促进现代物流业加快发展八条措施的通知	2021 年 10 月 8 日	2021 年 7 月 1 日
榕政办〔2021〕95 号	福州市人民政府办公厅关于印发社区工作者管理办法（试行）的通知	2021 年 10 月 22 日	2021 年 10 月 22 日
榕政办〔2021〕94 号	福州市人民政府办公厅关于印发福州市推进城市一刻钟便民生活圈试点建设工作方案的通知	2021 年 10 月 22 日	2021 年 10 月 22 日
榕政办〔2021〕96 号	福州市人民政府办公厅关于印发福州市农村生活污水提升治理五年行动计划（2021—2025 年）的通知	2021 年 10 月 22 日	2021 年 10 月 22 日
榕政办〔2021〕98 号	福州市人民政府办公厅关于印发福州市职业技能竞赛奖励办法（试行）的通知	2021 年 10 月 27 日	2021 年 10 月 27 日
榕政办〔2021〕101 号	福州市人民政府办公厅印发《关于加快福州鱼丸产业发展六条措施》《福州鱼丸品牌高质量发展三年行动方案》的通知	2021 年 11 月 1 日	2021 年 11 月 1 日
榕政综〔2021〕305 号	福州市人民政府关于修改《福州市城市生活垃圾处理费征收暂行办法》的通知	2021 年 11 月 2 日	2021 年 11 月 2 日
榕政办〔2021〕104 号	福州市人民政府办公厅关于印发福州市进一步优化政务服务便民热线工作方案的通知	2021 年 11 月 8 日	2021 年 11 月 8 日
榕政办〔2021〕107 号	福州市人民政府办公厅关于进一步做好既有住宅增设电梯工作的若干意见	2021 年 11 月 16 日	2021 年 11 月 16 日
榕政办〔2021〕108 号	福州市人民政府办公厅关于印发福州市工程建设项目招标代理机构管理办法的通知	2021 年 11 月 15 日	2021 年 11 月 15 日
榕政办〔2021〕111 号	福州市人民政府办公厅关于印发福州市服务“六稳”“六保”进一步做好“放管服”改革有关工作实施方案的通知	2021 年 11 月 22 日	2021 年 11 月 22 日
榕政办〔2021〕112 号	福州市人民政府办公厅关于印发福州市房屋征收补偿实施细则（2021 年修订版）的通知	2021 年 11 月 22 日	2021 年 11 月 22 日
榕政办〔2021〕115 号	福州市人民政府办公厅关于印发福州市闽菜保护与发展三年行动计划的通知	2021 年 12 月 1 日	2022 年 1 月 1 日
榕政办〔2021〕117 号	福州市人民政府办公厅印发关于防止耕地“非粮化”巩固提升粮食综合生产能力实施方案的通知	2021 年 12 月 2 日	2021 年 12 月 2 日
榕政办〔2021〕119 号	福州市人民政府办公厅关于印发福州市全民健身实施计划（2021—2025 年）的通知	2021 年 12 月 14 日	2021 年 12 月 14 日
榕政办〔2021〕121 号	福州市人民政府办公厅印发关于促进平台经济发展若干措施的通知	2021 年 12 月 20 日	2021 年 12 月 20 日
榕政综〔2021〕366 号	福州市人民政府关于印发福州市政府投资信息化项目管理办法的通知	2021 年 12 月 21 日	2021 年 12 月 21 日
榕政办〔2021〕122 号	福州市人民政府办公厅关于优化调整人才限价商品住房销售和管理办法的通知	2021 年 12 月 27 日	2021 年 12 月 27 日
榕政办〔2021〕124 号	福州市人民政府办公厅关于加快发展保障性租赁住房的实施意见	2021 年 12 月 31 日	2021 年 12 月 31 日
榕政综〔2021〕374 号	福州市人民政府关于印发国家数字经济创新发展试验区（福州）工作方案的通知	2021 年 12 月 27 日	2021 年 12 月 27 日
榕政综〔2021〕385 号	福州市人民政府关于促进旅游业高质量发展的实施意见	2021 年 12 月 31 日	2021 年 12 月 31 日
榕政综〔2021〕387 号	福州市人民政府关于进一步推进气象事业高质量发展的实施意见	2021 年 12 月 31 日	2021 年 12 月 31 日
榕政办〔2021〕127 号	福州市人民政府办公厅印发关于支持举办会展活动若干措施的通知	2022 年 1 月 4 日	2022 年 1 月 4 日

（市司法局）

2021年中共福州市委、市人民政府为民办实事项目完成情况

2021年，中共福州市委、市人民政府安排为民办实事项目21项59件，为民办实事项目全部完成。具体情况如下：

一、加强环卫基础设施建设

1. 完成三江口清凉山垃圾转运站主体结构工程、洋里垃圾收运一体化项目建设

落实情况：三江口清凉山垃圾转运站主体结构工程、洋里垃圾收运一体化项目建设完工。

2. 连江北、金榕南路城市管理综合体进场施工

落实情况：仓山区金榕南路、晋安区连江北城市管理综合体进场施工。

二、改善居民居住条件

3. 新增社会租赁住房供应5000套

落实情况：全市新增社会租赁住房供应8369套。

4. 整治提升老旧住宅小区60个

落实情况：全市60个老旧住宅小区整治提升完成，改造总建筑面积98.5万平方米，惠及居民1.2万户。

5. 实施城区零星地块精准改造项目30个

落实情况：30个城区零星地块精准改造项目全面启动实施，项目总计占地面积2.83公顷，涉迁旧房5.5万平方米，获益居民502户。

三、提升供水保障水平

6. 改造市政供水管网15千米

落实情况：全市完成市政供水管网改造18.075千米。

7. 改造二次供水设施5000户

落实情况：全市完成小区二次供水设施改造15228户。

8. 建成直饮水试点配套飞凤山水厂扩建及深度处理工程

落实情况：直饮水试点配套飞凤山水厂扩建及深度处理工程建成。

四、实施公交服务便民工程

9. 更新购置新能源公交车200辆

落实情况：更新购置新能源公交车辆212辆。

10. 新建改造公交站台100个

落实情况：新建改造公交站台112个。

11. 建成公交首末站2个

落实情况：建成公交首末站2个（东湖路、樟江公交首末站）

12. 优化地铁接驳线等公交线路20条

落实情况：优化地铁接驳线等公交线路75条。

五、推进公路安全隐患整治和公路安保工作

13. 建成农村公路35千米

落实情况：超额完成农村公路建设230.335千米。

14. 完成隐患路段整治48处

落实情况：48处隐患路段整治完成。

15. 提升改造桥梁5座

落实情况：5座桥梁（闽清县黄坪桥、白岭溪桥、汾桥、石丁头桥及罗源县大王里桥）提升改造完成。

六、改善农村生产生活条件

16. 开展“村植千树”绿化行动，500个村每村新种树1000株

落实情况：600个项目村完成“村植千树”绿化行动，每个村新种树1000株及以上。

17. 治理水土流失1666.67公顷（2.5万亩）

落实情况：全市完成水土流失综合治理3966.67公顷。

18. 实施农村饮水安全巩固提升工程，受益人口20万人

落实情况：全市完成农村饮水安全巩固提升工程投资3.916亿元，实际受益人口23.4万人。

19. 进行农村生活污水“提升版”治理30个村

落实情况：农村生活污水“提升版”治理30个村完成，完成投资6927万元。

七、加强水利工程建设

20. 完成平潭及闽江口水资源配置工程长乐输水线段建设

落实情况：平潭及闽江口水资源配置工程长乐输水线段建设完成，建设总长52.34千米。

八、完善市政道路交通体系

21. 完成新店外环东段主线贯通工程、梁厝南片区道路工程、华林路东延伸段道路隧道贯通工程、下洋路延伸段道路工程、洪榕路、连潘路等治堵项目建设

落实情况：新店外环东段主线贯通工程、梁厝南片区道路工程、华林路东延伸段道路隧道贯通工程、下洋路延伸段道路工程、洪榕路、连潘路等项目建设完成。

22. 完成50条市政道路的路面平整度提升

落实情况：50条市管道路平整度提升完成，维护人行道20305平方米、沥青路面76964平方米。

九、提升城市景观

23. 建成晋安湖公园

落实情况：晋安湖公园建成并开放。

24. 修复提升乌山历史风貌区

落实情况：对乌山历史风貌区罗浮岭、石天、邻霄台、通德园、西园、双骖园6处景区及5处景区出入口进行修复提升，年度任务完成。

25. 城区交通等候区、公交站、街头绿地等增种林荫50处

落实情况：完成城区交通等候区、公交站、街头绿地等增种林荫51处。

26. 建设或改造提升街旁公园100处

落实情况：完成建设或改造提升街旁公园105处。

十、加大社会保障力度

27. 城镇新增就业人数10万人

落实情况：城镇新增就业13.14万人。

28. 试点建立福州市长期护理保险制度

落实情况：出台《福州市长期护理保险失能评估管理办法（试行）》《福州市长期护理保险定点护理服务机构管理办法（试行）》《福州市长期护理保险服务项目及标准（试行）》等配套文件。6月3日，省、市医保局联合主办福州市长期护理保险推广启动仪式，长期护理保险试点工作落地实施。

十一、加强职业技能培训

29. 培训高素质农民4500人

落实情况：培训高素质农民7844人。

30. 养老从业人员培训500人

落实情况：培训养老从业人员2406人。

十二、治理餐桌污染和储备活体生猪

31. 治理餐桌污染，建设食品放心工程

落实情况：全市食品安全状况总体良好，未发生较大及以上级别食品安全事故。全市农产品监测样本量完成6400批次，发出责令改正通知书24份；全市水产品中禁用药物残留抽样快速检测860批次，合格率100%；水产品“一品一码”全程追溯系统纳入监管主体数613家，全年上传追溯信息条数66639条；全市卫健系统采集送检化学污染物及有害因子监测部分样品803份，食源性疾病监测哨点医院96家，食源性疾病监测完成7501例；公安机关破获食品类刑事案件71件；完成全市食品生产企业风险分级工作，对食品生产企业进行监督检查，责成现场整改39家，限期整改65家，停产整顿1家，约谈食品生产企业62家；全市市场监管系统有4548家食品生产经营主体纳入省级追溯系统，累计上传食品追溯信息1.34亿条；完成食品生产经营环节市本级食品监督抽检5349批次，不合格60批次，不合格率1.12%；检查保健食品生产主体51家次，保健食品经营主体7828家次，检查发现问题323个，责令整改244家，召回产品1批次，停产整顿1家。全年各项任务指标均完成。

32. 储备活体生猪10.8万头

落实情况：全市储备活体生猪10.95万头。

十三、办好人民满意的教育

33. 新建、改扩建公办幼儿园28所，新增学位7800个

落实情况：新建、改扩建公办幼儿园28所，新增学位7800个。

34. 新建、改扩建小学、初中17所，高中（完中）3所，新增学位22000个

落实情况：新建、改扩建义务教育阶段学校17所、高中（完中）3所，新增学位22000个。

35. 建成高新区美术中等职业学校新校区

落实情况：高新区美术中等职业学校新校区建成并投入使用。

十四、加快体育事业发展

36. 更新、新建健身路径250条

落实情况：全市完成健身路径更新、更换438条。

37. 提升改造农村农民体育健身工程50个

落实情况：全市完成提升改造农村农民体育健身工程63个。

38. 新建五人制足球场地20个

落实情况：全市新建社会足球场地43个。

39. 开展全民健身活动项目30项

落实情况：开展越野赛、登高、气排球、篮球、龙舟、门球、农耕赛、定向越野、羽毛球、社区足球联赛等30项320场比赛。

十五、实施文化惠民工程

40. 开展文化惠民“七进”“非遗进古厝”“非遗地方剧种公益性演出”等惠民活动260场

落实情况：组织举办献礼中国共产党成立100周年专场音乐会、“永远跟党走”第十四届福州合唱音乐节、“文化和自然遗产日”主题活动等文化惠民活动387场次。

41. 开展文化、艺术、文博等公益讲座100场

落实情况：组织举办“世遗我知道·书香粽情，传承文化端午阅读分享会”活动、《福州人过端午节的十件事》专题讲座、合唱艺术专家讲座、“法润童心 护航成长”网络安全法普法公益讲座118场次。

42. 实施福州市农村公益电影放映文化惠民工程，赴农村放映公益电影1644场

落实情况：放映农村公益电影1644场，观影人数171646人。

43. 实施福州市大众电影院免费电影文化惠民项目，放映电影465场

落实情况：放映免费公益电影479场，观影人数44018人。

十六、提升公共卫生服务能力

44. 开展新生儿耳聋基因筛查1万例

落实情况：完成10160例新生儿免费耳聋基因筛查。

45. 建成精神卫生中心（综合门诊楼）

落实情况：精神卫生中心（综合门诊楼）完成建设。

十七、提高养老服务水平

46. 建设农村示范性区域性养老服务中心3个

落实情况：3个农村示范性区域性养老服务中心全部动建。

47. 建设城市示范性居家社区养老服务照料中心（家园）3个

落实情况：3个城市示范性居家社区养老服务照料中心（家园）建成。

十八、完善便民基础设施

48. 新增公共停车泊位2400个

落实情况：全市新增公共停车泊位3596个。

49. 在全市50%的婚姻登记机关设立婚姻家庭辅导室。

落实情况：7个婚姻家庭辅导室（全市共13个婚姻登记机关）完成建设并常态化开展婚姻家庭辅导服务。

十九、完善滨海新城基础设施

50. 建成第二工人文化宫

落实情况：第二工人文化宫建成并通过竣工验收。

51. 完成长乐机场北侧沙滩、下沙沙滩整治修复与养护工程

落实情况：长乐机场北侧沙滩、滨海新城下沙沙滩整治修复与养护工程完工并通过竣工验收。

52. 建成福州滨海新城五显鼻至大鹤林场北侧沿海防护林带项目

落实情况：福州滨海新城五显鼻至大鹤林场北侧沿海防

护林带项目已完工并通过竣工验收。

二十、推进智慧城市建设

53. 新增“e 福州”便民自助终端机 150 台。

落实情况：全市 150 台“e 福州”便民服务终端部署完成。

54. 城市大脑智慧停车系统接入停车泊位 3000 个

落实情况：城市大脑智慧停车系统接入停车泊位 5965 个。

55. 智能化改造道路停车泊位 3000 个

落实情况：完成智能化改造道路停车泊位 4024 个。

二十一、实施新时代电力“双满意”工程

56. 加快电网升级。新建 220 千伏董奉变、阜山变等 38 个输变电工程。新建改造 712 个 10 千伏配电台区。缆化电力线路 32 千米。建成 74.5 平方千米“零计划停电示范区”。将全市供电可靠率提升至 99.981%，电压合格率 99.999%

落实情况：220 千伏董奉变、阜山变等 38 项输变电工程竣工；新建、改造 818 个 10 千伏配电台区；缆化电力线路 32 千米；建成 74.5 平方千米“零计划停电示范区”；全市供电可靠率提升至 99.981%，电压合格率 99.999%。

57. 助力产业升级。服务新区新城建设及省、市重点项目用电需要。落实优化电力营商环境21项举措，全面推广高压“三省”、低压“三零”服务，将“获得电力”指标提升至全球第 12 水平。

落实情况：完成 28728 项高、低压业扩项目送电，接电容量 456.32 万千伏安，比上年增长 2.27%；通过衔接政务平台行政审批信息提前为潜在用电客户提供办电咨询服务；建立“绿色通道”，推动 544 项省、市重点企业、重点项目提前送电；在省内首家实现试点区域内政企信息共享、电子证照调用、房产联动过户、居民“刷脸”办电等 4 项功能落地应用，简化客户办电流程，缩短办电时长 30% 以上；“获得电力”指标显著提升，达到全球第 12 名水平。

58. 实现服务升级。改造 119 个老旧小区供电设施。新装 HPLC 智能电表 80 万台。新增乡村电气项目 23 个。推广“网上国网”102 万户。客户服务满意率 95% 以上。

落实情况：完成 119 个老旧小区供电设施改造；完成 HPLC 智能电表改造 83 万台；新增乡村电气化项目 28 个；累计推广“网上国网”185.31 万户；客户服务满意率 98.49%。

59. 推动绿色升级。加快清洁能源配套送出工程建设，确保 100% 及时并网，清洁电量 100% 消纳。新建充电桩 700 个，实现高速公路充电网格全覆盖。完成替代电量 24 亿千瓦时，碳减排 240 万吨。

落实情况：建成投产 220 千伏长江澳海上风电送出工程；落实清洁能源优先政策，保持清洁能源 100% 全额消纳；新建 889 根充电桩，实现高速公路充电网格全覆盖；完成替代电量 24.1 亿千瓦时，实现碳减排超 280 万吨。

（市政府督查室）

聚焦福州都市圈

解读《福州都市圈发展规划》

出台背景

习近平总书记在宁德、福州工作期间，就提出了“山海联合、优势互补、相互辐射、共同腾飞”的发展理念。多年来，我省始终沿着习近平总书记指引的方向，深化山海协作，推动城乡统筹。推进福州都市圈建设是深入贯彻落实习近平总书记对福建工作重要讲话重要指示批示精神，秉承习近平总书记在福建工作时的发展理念和创新实践，深入实施区域协调发展战略的具体举措，有利于加快融入以国内大循环为主体、国内国际双循环相互促进的新发展格局，促进福州和周边兄弟城市一体化高质量发展。

2020 年以来，国家发改委将支持福州都市圈编制实施发展规划作为新型城镇化和城乡融合发展重点任务。全省“十四五”规划也明确提出“高水平建设福州都市圈”。2021 年 5 月，国家发改委的复函，使福州都市圈成为继南京都市圈之后，国内第二个获得国家层面批复同意发展规划的都市圈。

目标定位

《规划》提出，要把福州都市圈打造成福建高质量发展重要增长极、两岸合作重要门户、21 世纪海上丝绸之路核心区重要支点、优质幸福生活圈。力争到 2025 年，福州都市圈成为我国东部沿海地区高质量发展引领区。到 2035 年，建成现代化都市圈。

期限和范围

《规划》的期限为 2021—2025 年，展望至 2035 年。规划范围主要包括福州、莆田、平潭全域，宁德市蕉城区、福安市、霞浦县、古田县，南平市延平区、建阳区及建瓯市部分地区，陆域面积 2.6 万平方公里。

主要内容

《规划》共十一个章节，分析了福州都市圈规划建设的重大意义、发展基础和机遇挑战，提出了指导思想、基本原则、战略定位和发展目标，并从共筑都市圈一体化发展新格局，共建区域枢纽引领、互联互通的综合交通体系，共建安全韧性、智慧高效的基础设施网络，共建创新驱动、区域协同的现代产业体系，共营绿色美丽、协同治理的生态环境，共建同城共享、幸福健康的优质生活圈，深化开放合作，建设共同家园，深度融入共建“一带一路”，共建区域一体、合作协商的体制机制等方面明确了推动福州都市圈同城化发展的主要任务和重点举措。

（摘自《福州日报》2021 年 11 月 30 日第 3 版，记者赵昕玥、冯雪珠）

福州都市圈（闽东北）共建共治共享行动纲要

工作目标

到 2025 年，都市圈综合实力显著增强，中心城市竞争力显著提升，同城化发展取得明显进展，高水平互联互通格局成形，基本公共服务实现均等化，形成现代产业体系格局，进一步提高能源资源利用效率，区域协调发展新机制基本建立，成为我国东部沿海地区高质量发展引领区。

基本建成互联互通设施体系、基本形成创新引领产业体系、建设美丽福建样板取得大进展、共享优质公共服务取得大提升。

展望 2035 年，都市圈综合竞争力大幅提升，与基本实现现代化相适应的区域协调发展新机制不断完善，建成产业分工高效率、城乡发展高品质、生态环境高质量、开放创新高层次、同城发展高水平的现代化都市圈。

专项行动

为了做深做实新时代山海协作，依托福州都市圈（闽东北）这个平台，全力推动各地市在基础设施提升完善、产业链条强链补链、加快高新技术产业发展、优质教育医疗文体等公共服务资源共享等方面开展深入协作共建，《行动纲要》提出了基础设施一体化、产业与创新协作、生态环境共保共治、公共服务共建共享和联合招商利益共享等五大专项行动。

（摘自《福州日报》2021 年 11 月 30 日第 3 版，记者赵昕玥、冯雪珠）

福州都市圈（闽东北）重大基础设施互联互通建设工作方案

指导思想

主动适应福州都市圈（闽东北）发展需要，共同推动四市一区各式交通由相对独立发展向更加注重一体化融合发展转变，以区域交通运输资源统筹配置和综合利用为主线，以增强基础设施联接性、贯通性为重点，加快构建立体综合一体化的“引领型”交通网络体系，缩短城市空间距离、增进福州都市圈（闽东北）经济紧密度，大幅提升区域综合发展水平，实现共建共治共享、同城化同家园，有力支撑福建全方位推动高质量发展。

发展目标

在福州都市圈（闽东北）一小时经济圈、生活圈、工作圈基础上，着眼建设现代化交通体系，以国际航空城、丝路海港城、现代物流城等为重大平台，打响海港空港国际品牌，构建服务全国、面向世界的综合交通枢纽。

力争到 2025 年，福州基本建成全国性综合交通枢纽城市，莆田、南平、宁德和平潭基本建成区域性综合交通枢纽城市，共同推动福州都市圈（闽东北）基本形成 1 小时通勤圈。

重点任务

打造门户枢纽机场。加快建设国际航空城，围绕机场核心区打造一批集商业、餐饮、旅游等于一体的城市综合体，以临空经济示范区为核心，大力发展高端装备制造和航空货运、维修、服务等临空产业。

拓展沿海多式通道。深入对接中西部陆海新通道，北向对接长江三角洲经济带，南向对接珠江三角洲、粤港澳大湾区，东向辐射台湾海峡和东南亚，打造连接各大经济带的枢纽型都市圈。

建设现代航运港口。加快建设丝路海港城，巩固提升“南集北散”发展战略的地位和影响力，以推进江阴、罗源湾、三都澳港区、湄洲湾港区、平潭港区、延平新城港区建设为重点，加快港航基础设施建设，打造服务全国、面向世界的规模化、集约化、专业化港口群。

融合提升物流体系。加快建设现代物流城，突出现代物流、制造及商贸三大主导功能，集中承接周边商贸物流业转移，推进各地市（区）进一步优化市域物流空间格局，形成“大进大出、优进优出”的区域物流大格局，合力打造东南区域物流集散中心。

构建联动水利网络。坚持区域协调联动，推进跨区域水利基础设施建设，共同加强流域水环境综合治理与生态修复，提升区域水安全保障能力。

（摘自《福州日报》2021 年 11 月 30 日第 3 版，记者赵昕玥、冯雪珠）

共建共治共享 同城化同家园
福州都市圈接下来这样建

在昨日召开的福州都市圈建设推进会上，四市一区共同签署《同城化同家园——共建福州都市圈合作备忘录》《共建福州都市圈物流产业协同发展框架协议》《福州都市圈政务合作协议》《福州都市圈数字化协同发展合作协议》，明确福州都市圈建设下一阶段重点。

共建福州都市圈，实现同城化同家园

按照《同城化同家园——共建福州都市圈合作备忘录》，四市一区将以基础设施、产业与创新、公共服务、生态环保等为协同重点，根据共建共治共享、平等互利原则，建设具有重要影响力的现代化都市圈，实现同城化同家园。

推进基础设施一体化。加快建设国际航空城，提升都市圈航空枢纽体系服务能级，推进多式联乘联运。加快重点港区开发建设。完善省内外大通道建设。建立完善 1 小时就业通勤交通体系。协同推进 5G 网络布局及网络安全保障系统。共建清洁能源基地，强化储运体系。推进跨区域引调水工程。强化都市圈内市政设施协调布局。完善防洪防潮减灾综合体系。

强化产业分工协作。谋划建设中国东南（福建）科学城，加快打造科创走廊，带动山海、沿海协同创新走廊发展。加快建设东南汽车城，大力发展新能源、智能网联汽车产业。优化发展纺织化纤及鞋服产业链。打响新型材料、海上福州国际品牌等，推动新材料、生物与新医药、海洋高新等产业发展。多模式探索园区共建共享。构建区域公共技术创新服务平台。

强化生态环境共保共治。加强区域森林、湿地与海洋生态系统保护。严格落实“三线一单”。推进“七河一带”生态保护修复。联合推进“碧水蓝天净土”保卫战升级版工程。积极对接省“生态云”平台，完善区域环境监测网络。建立环境突发事件应急联动机制。

推进公共服务共建共享。实施都市圈高校毕业生就业促进计划。加大高端人才和山区创新人才的支持力度。促进都市圈优质医疗、教育和文体资源共享。推动都市圈社会保障一体化。建立区域公共卫生监测预警和应急管理平台，加强区域应急指挥联动。内外联动，打响都市圈旅游品牌。

联合开展招商工作。坚持政府引导、市场主导，加快要素市场一体化。坚决打破地区间的利益藩篱和行政壁垒，充分发挥发展投资基金对各重大领域支持作用，探索创新联合招商工作机制，互通招商信息，共享招商资源。健全利益共享的激励机制。

共建开放、高效、创新、发展的现代物流体系

四市一区共同签署《共建福州都市圈物流产业协同发展框架协议》，议定达成建立长效协作机制、强化产业分工协作、推进设施互联互通、加强疫情防控联动、创新联合招商机制等五方面共识，构建都市圈区域开放、高效、创新、发展的现代物流体系，促进都市圈物流产业健康发展。

在强化产业分工协作上，依托福州在建的福州现代物流城，打造福州都市圈物流集散中心。强化都市圈内各主要港口一体化规划建设，明确各主要港口发展定位，加强港口分工与合作。积极发展智慧物流、智慧仓储、共享仓储等现代物流，为都市圈各类企业大宗物资运输提供一站式物流服务，实现降本增效。加强都市圈数字物流建设，整合都市圈内物流资源，形成集聚效应。在物流技术应用、物流信息共享、企业交流合作等方面开展合作。

在推进设施互联互通上，加强顶层设计，强化机场、铁路、港口、高速公路等设施联动规划，加快重点港口开发建设，提升都市圈航空枢纽服务能级，完善都市圈高速公路、桥梁、省内外大通道等交通基础设施建设，打造福州都市圈物流枢纽设施互联互通网络体系。挖掘客货兼顾铁路货运能力，提升铁路货运水平。加强协作区重大物流枢纽、物流园区，仓储配送，冷链等重大基础设施布局规划研究衔接。聚焦港口、港区、港城融合发展，积极构建“通道＋枢纽＋网络”的现代物流运作体系。

在加强疫情防控联动上，探索建立都市圈联防联控机制，共同联动落实疫情防控举措，建立都市圈内物流车辆通行机制，统筹做好交通运输保障工作。

积极推进省内通办，强化市场监管领域合作

为进一步深化“放管服”改革，优化政务服务，四市一区先行先试，共同签署《福州都市圈政务合作协议》，全面加强福州都市圈内市场监管领域合作，方便企业和群众异地办事，不断提升政务服务水平，增强企业和群众满意度。

未来，五方将分别在政务服务大厅设立“福州都市圈通办”窗口，印制政务服务事项办事指南；分别编制政务服务相关事项申请材料详细清单和具体申报要求。

办理政务服务事项的申请人，可在任一地区提出申请，收件地的审批部门负责咨询、收件，执业药师、特种设备作业人员执业单位所在地的审批部门负责受理、审批、打印、邮寄证照。

全面提升数字都市圈协作广度、深度

四市一区共同签署《福州都市圈数字化协同发展合作协议》，议定达成推动网络基础设施互联互通、推动存储和计算能力协作共享、深化信息数据互联互通互享、推进数字城市协同发展等四方面共识，推动信息化领域合作互补，努力实现各城市居民享受同城化待遇。

推动网络基础设施互联互通。结合数字福建宽带工程，发挥福州国家级互联网骨干直联点作用，推动基础网络架构优化，加强网络安全运维体系、服务保障能力等方面协同合作。协同推动5G网络等新型基础设施建设，借助福州5G首批商用试点城市，在域内复制推广优秀数字创新应用，建设5G商用示范区。

推动存储和计算能力协作共享。依托数字福建云计算中心、省超算中心和福建智能视觉AI开放平台，共享存算服务能力。推动都市圈智能感知网络和新型城市基础设施建设，建立城市信息模型（CIM）平台。共建跨区域网络安全保障系统。积极争取国家在都市圈布局建设全国一体化算力网络枢纽节点。

深化信息数据互联互通互享。在政务数据、健康医疗数据等重点领域开展信息数据深度共享应用，进一步提升信息数据共享准确性和覆盖面，在政务服务、医疗服务等方面探索数据应用机制。鼓励开展公共数据资源场景式开发利用。结合本地数字化建设成果，推进政务服务、公共服务及便民服务共享互补。

推进数字城市协同发展。支持域内城市参与数字中国建设峰会承办。协同推进政务服务一体化建设，探索跨区域一网通办、一网统管。加快智能网联车、社会信用体系建设，推出跨区域应用场景，推动各城市居民在生活、旅游等方面享受同城化待遇。

（摘自《福州日报》2021年11月30日第3版，记者赵昕玥、冯雪珠）

机构及负责人

中共福州市委员会

书　记：林宝金
副书记：吴贤德
　　　　林　建
常　委：陆　菁
　　　　郭学斌
　　　　阮孝应
　　　　陈云水
　　　　周强国
　　　　林中麟
　　　　张定锋
　　　　叶仁佑
秘书长：张定锋
副秘书长：程小马
　　　　　张炜鸣
　　　　　李贵勇
　　　　　李仲福

福州市人民代表大会常务委员会

主　任：陈为民
党组书记：张　忠
副主任：鄢　萍
　　　　陈春光
　　　　关瑞祺
　　　　肖　华
　　　　李　凡
　　　　陈曾勇
秘书长：林　颖
副秘书长：丘志强
　　　　　罗明炜
　　　　　欧阳伟键

福州市人民政府

市　长：吴贤德
副市长：林中麟
　　　　林治良
　　　　兰　文
　　　　林长远（挂职）
　　　　王锡章
　　　　孙晓岚
　　　　朱训志
　　　　黄建雄
秘书长：朱汉民
副秘书长：许剑锋
　　　　　吴德泉
　　　　　翁华锋
　　　　　林从宇
　　　　　罗秋云
　　　　　魏善庆
　　　　　叶　东（兼）
　　　　　吴　勤（兼）
　　　　　潘福全

中国人民政治协商会议福州市委员会

主　席：何静彦
党组书记：刘卓群
副主席：雷成财
　　　　林恒增
　　　　郑云春
　　　　王绍知
　　　　林　锋
　　　　罗蜀榕
　　　　郑章干
　　　　林　澄
秘书长：张大斌
副秘书长：林忠武
　　　　　林　敦
　　　　　路　琳
　　　　　张　莉

福州市中级人民法院

院　长：丁仰豪
副院长：赵彦邦
　　　　张　杰
　　　　林　彤
　　　　朱　玲
　　　　陈　平
纪检监察组组长：陈敏秀
政治部主任：赵　洵

福州市人民检察院

检察长：傅建飞
副检察长：余深画
　　　　　顾　颀
　　　　　陈秀云
　　　　　郑龙清
　　　　　郑　东
纪检监察组组长：池至清
政治部主任：林修锎
鼓山地区检察院检察长：吴诗疆

中共福州市委工作部门及办事机构

市委办公厅（市委军民融合发展委员会办公室、市委法规局、市委保密委员会办公室 < 市国家保密局 >、市委机要局 < 市密码管理局 >、市档案局）
主　任：程小马
副主任：袁永喜
　　　　许大伟
　　　　许雪琦
　　　　林　敦
　　　　胡　南
纪检监察组组长：肖小英
督查室主任：刘常辉
市委军民融合发展委员会办公室
副主任：袁永喜（兼）
市委法规局
局　长：（空缺）
市委保密委员会办公室（市国家保密局）
主　任（局长）：李仲福（兼）
市委机要局（市密码管理局）
局　长：许雪琦（兼）
市档案局
局　长：林香平
市委政策研究室
主　任：李贵勇
副主任：周耿忭
　　　　李　伟
市委全面深化改革委员会办公室
主　任：（空缺）
副主任：林吓清
市纪律检查委员会、市监察委员会
书　记：陈云水
副书记：肖敦颖
　　　　叶　谊
　　　　林裕煌
常　委：曾开寿
　　　　李　充

陈自勇
李　雄
林淑玲
秘书长：高赟燕
市监察委员会
主　任：陈云水
副主任：肖敦颖
叶　谊
林裕煌
委　员：曾开寿
李　充
郭有旭
李　雄
林　盛
市委巡察工作领导小组办公室
主　任：鄢　荣
副主任：陈　静
何启钧
巡察组组长：姜　晗
林存武
苏　建
林　海
吴　强
巡察组副组长：苏涵霖
陈　纲
苏铭谨
市委组织部（加挂市委非公企业和社会组织工作委员会、市公务员局牌子）
部　长：郭学斌
副部长：叶友琛（常务）
林　舫
邓　岚（兼）
刘毅宙
陈政宝（兼）
周龙敏
纪检监察组组长：林　晶
市委非公有制企业和社会组织工作委员会
书　记：刘毅宙
专职副书记：陈有飞
市公务员局
局　长：周龙敏
市委宣传部（加挂市新闻出版局〈市版权局〉、市政府新闻办公室牌子）
部　长：陆　菁
副部长：楼卫东（常务）
陈日官
杜　微（兼）
林家枢（兼）
曾　玉
陈　昕
纪检监察组组长：雷秋元
市新闻出版局（市版权局）
局　长：陈日官
市政府新闻办公室
主　任：曾　玉
市委精神文明建设办公室（加挂市精神文明建设指导委员会办公室牌子）
主　任：林家枢
副主任：陈　甦
练　文
市委网络安全和信息化委员会办公室（加挂市互联网信息办公室牌子）
主　任：杜　微
副主任：田　磊
张振东
市委统一战线工作部（加挂市政府侨务办公室牌子）
部　长：陆　菁
副部长：阮文光（常务）
程　辉
陈长泽
林　峰
陈　锦（兼）
谢　婧（兼）
林文福
纪检监察组组长：王永明
市委政法委员会
书　记：阮孝应
副书记：王锡章（兼）
郭家彬（常务）
李　勇
余永俤
政治部主任：欧丽赐
市委台港澳工作办公室（加挂市人民政府台港澳事务办公室牌子）
主　任：邓达木
副主任：林桂强
谢祖禄
肖善颖
市委机构编制委员会办公室
主　任：陈政宝
副主任：林小宝
张　毅
陈　华
市委市直机关工作委员会
书　记：郭学斌
副书记：陈晓晖（常务）
刘蓉晖
郑慧中
郑　勇
委　员：李星霖
傅启涌
王诵朝
陈峰斯
市委老干部局（加挂市委离退休干部工作委员会牌子）
局　长：邓　岚
副局长：刘丹峰
张翠红
杨阿龙
市关心下一代工作委员会
专职副主任：陈　今

福州市人大专门委员会及常委会工作机构

纪检监察组组长：谢力红
市人大法制委员会
主任委员：严孟灿
副主任委员：张　诚
黄宇清
市人大财政经济委员会
主任委员：吴　菁
副主任委员：张　航
市人大社会建设委员会
主任委员：郑　立
副主任委员：陈　红
陈吕南
市人大监察和司法委员会
主任委员：陈秀珠
市人大常委会办公厅
主　任：丘志强
副主任：李日明
市人大常委会研究室
主　任：饶春贵
副主任：杨永生
市人大常委会人事代表工作室
主　任：张文胜
副主任：谢晓妹
林韵洁
市人大常委会法制工作委员会
主　任：张　诚
副主任：林　峻
林　薇
市人大监察和司法工作委员会
主　任：郭　云
副主任：（空缺）
市人大常委会财政经济工作委员会

主　任：张　航
副主任：周孙熙
市人大常委会城建环境工作委员会
主　任：黄宇清
副主任：周开城
谢晓芳
市人大常委会华侨（台胞）工作委员会
主　任：张修强
副主任：魏道航
王乃东
市人大常委会农村经济工作委员会
主　任：杨信增
副主任：王　珉
市人大常委会教科文卫工作委员会
主　任：郭春曦
副主任：姚晓敏
市人大常委会信访局
局　长：林　晞

福州市人民政府工作部门

市政府办公厅
主　任：许剑锋
副主任：李　强
易承卫
李世苞
邓玉峰
林友楷
纪检监察组组长：卞坚清
督查室主任：（空缺）
市发展和改革委员会
主　任：郭建国
副主任：李占卫
林　津
林国信
蔡峻林
纪检监察组组长：黄兴发
总经济师：郑礼招
市教育局(与市委教育工作委员会合署办公)
局　长：唐　希
副局长：陈　亮
念　琪
陈　颖
邵东生
纪检监察组组长：王陈峰
市委教育工作委员会
书　记：唐　希
专职副书记：黄坚瑜
纪工委书记：王陈峰
委　员：陈　亮
王陈峰
念　琪
陈　颖
汪孝敏
邵东生
市科学技术局
局　长：任义文
副局长：王博斌
高远忠
詹志勤
市工业和信息化局
局　长：陈志毅
副局长：林端雄
史李春
李　欣
纪检监察组组长：王　城
总工程师：王敏辉
市大数据发展管理委员会（加挂市“数字福州”建设领导小组办公室牌子）
主　任：薛　博
副主任：韩　宁
张记欢（挂职）
总工程师：施文建
市民族与宗教事务局
局　长：谢　婧
副局长：何仲武
李云祥
市公安局（加挂市打击走私综合治理工作办公室牌子）
局　长：王锡章
副局长：朱　卫
陈武成
潘　明
吴祖刚
政治部主任：潘臻颖
纪检监察组组长：陈绍榕
市打击走私综合治理工作办公室
主　任：朱　卫（兼）
副主任：陈明忠（兼）
市民政局（加挂市革命老根据地建设办公室牌子）
局　长：王振松
副局长：赵艺萍
郭　麟
杨玉华
纪检监察组组长：朱宏伟
市革命老根据地建设办公室
主　任：刘建平
市司法局
局　长：唐新文
副局长：丁　萍
陈建新
庄晶萍
陈元武
纪检监察组组长：林金其
政治部主任：林　波
市财政局（加挂福州新区管委会财政与投融资局牌子）
局　长：李小荣
副局长：黄振奋
张文裕
杨东林
黄一川
纪检监察组组长：叶　东
总会计师：许怡庄
福州新区管委会财政与投融资局
副局长：阮孝忠
市人力资源和社会保障局
局　长：王命瑞
副局长：张是全
程良榕
张　莺
总会计师：倪　馨
市自然资源和规划局
局　长：吴建青
副局长：张仁灿
张　武
张　帆
林立淼
孙良辉
总工程师：官升玲
总规划师：李　菁
总建筑师：杨　邦
市生态环境局
局　长：游　昕
副局长：蔡　芹
谢延风
祁明峰
郑德源
纪检监察组组长：张怀潮
总工程师：（空缺）
市城乡建设局
局　长：陈漠诚
副局长：严　涛
郑　鸿
郑　军
高　尚

朱宸熠
纪检监察组组长：黄宇劼
总工程师：（空缺）

市住房保障和房产管理局
局　长：金晖辉
副局长：孙文锋
商志强
顾　巍
郑　宇

市城市管理委员会
主　任：陈登峰
副主任：林长盛
郭绍兴
石发聚
刘炳辉

市交通运输局
局　长：蔡　文
副局长：林著惠
陈思明
邱吉忠
王镜秋
张宜茂（兼）
纪检监察组组长：兰延灼
总工程师：林金泉

市水利局
局　长：张麒蛰
副局长：林　凯
林松宝
陈　异
总工程师：（空缺）

市农业农村局（加挂市扶贫开发领导小组办公室、市委实施乡村振兴战略领导小组办公室牌子）
局　长：林　健
副局长：黄礼滨
鲍瑞坊（援疆）
陈　峰
林　斌
陈斌涛
纪检监察组组长：卞礼文
总畜牧兽医师：张宏彦

市委实施乡村振兴战略领导小组办公室
主　任：林　健（兼）

市商务局（加挂市口岸工作办公室牌子）
局　长：林汉隽
副局长：黄雪勋
徐　强
潘　文
陈　伟
薛　男
薛松涛
纪检监察组组长：胡东英

市口岸工作办公室
主　任：林汉隽（兼）
副主任：（空缺）

市投资促进局
局　长：林汉隽（兼）
副局长：陈　伟（兼）

市粮食和物资储备局
局　长：吴翔天
副局长：廖胜彪
陈　军
陈友义
黄利锦

市文化和旅游局（加挂市广播电视局）
局　长：翁国平
副局长：李春茂
陈立新
朱寿良
纪检监察组组长：杨　锦

市广播电视局
局　长：翁国平（兼）
副局长：（空缺）

市文物局
局　长：吴聿建
副局长：李　娟
何晓斌

市卫生和健康委员会
主　任：郭　勇
副主任：陈新旭
李卫东
陆　涵
林　怡
侯　林
纪检监察组组长：林朝国

市退役军人事务局（加挂市双拥共建工作领导小组办公室牌子）
局　长：张则铭
副局长：杨丽云
袁朝海

市双拥共建工作领导小组办公室
主　任：张则铭（兼）
副主任：杨丽云（兼）

市应急管理局
局　长：陈仁德
副局长：林　晞
王学初
任立明
张承煜
总工程师：叶　军

市审计局
局　长：林冬阳
副局长：林光明
林　芳
林志强
卓良东
纪检监察组组长：（空缺）
总审计师：黄建忠
稽查专员：余新彬

市人民政府外事办公室
主　任：吴晓杰
副主任：张　薇
杜维广

市林业局
局　长：兰　超
副局长：翁荣声
卢占忠
陈子茂
总工程师：张朝漳

市海洋与渔业局
局　长：童桂荣
副局长：陈明东
叶居信
林燕忠
总工程师：陈国生

市市场监督管理局（加挂市知识产权局牌子）
局　长：陈宗胜
副局长：高　峰
何朝晖
蔡晓峰
周　璇
薛　文
纪检监察组组长：史丹青
食品安全总监：周　璇
药品安全总监：周韶辉
质监总工程师：陈宝明

市知识产权局
局　长：何朝晖（兼）

市体育局
局　长：陈诸凯
副局长：黄　毅
郭志农
范忠华

市统计局（加挂福州新区管委会统计局牌子）
局　长：彭锦华

副局长：朱　政
曹寿全
陈　杰
总统计师：黄壮志
福州新区管委会统计局
副局长：（空缺）
市人民防空办公室
主　任：杨立宏
副主任：杭　琥
游善纯
市医疗保障局
局　长：叶　玲
党组书记：江智文
副局长：张端仁
陈政爱
总会计师：（空缺）
市地方金融监督管理局（加挂市金融工作办公室牌子）
局　长：杨猛猛
副局长：谢志成
曹军州
市金融工作办公室
主　任：杨猛猛（兼）
市人民政府信访局（与市委信访局合署办公）
局　长：吴　勤
副局长：严　萍
林　彬
林　锋
李文昌
市机关事务管理局
局　长：张炜鸣
副局长：范永东
丁如丹
莫素静
总会计师：陈金岳
市政府国有资产监督管理委员会
主　任：王　刚
副主任：陈宙泉
纪检监察组组长：周建国
政治部主任：辛　晓

福州市人民政府派出机构及其他机构

市人民政府驻北京联络处（加挂市政府［北京］招商中心牌子）
主　任：林发希
副主任：林伟航
薛松涛（挂职）
市人民政府驻上海办事处
主　任：葛根旺
市人民政府驻深圳办事处
主　任：王　辉
市行政服务中心管委会（加挂市市民服务中心管委会牌子）
主　任：陈　辉
副主任：王栋梁（援疆）
翁宜冰
林蔡仁
市历史文化名城管委会（市三坊七巷管委会）
主　任：朱宗瑜
副主任：朱祖辉
林少鹏
总工程师：林中林
市市场监督管理综合执法支队
支队长：程建明
政　委：刘德利
福州新区管委会
主　任：林　飞
副主任：何杰民
陈　斌
许用贵
福州新区福清功能区管委会
主　任：吴永忠（兼）
副主任：林友华（常务）
林爱炎
薛　辉
陈立泉
福州江阴港城经济区管委会
主　任：施家雄
副主任：曾台曦
邱华焰
福州新区长乐功能区管委会
主　任：廖海军（兼）
副主任：陈宝贵（常务）
江盛才
陈　冰
肖小阳（挂职）
福州新区仓山功能区管委会
主　任：刘用全（兼）
副主任：林勉建（常务）
沈建文
江必达
中国（福建）自由贸易试验区福州片区管理委员会（福州保税港区管理委员会）
主　任：林长远
副主任：刘晓强（常务）
刘用全（兼）
吴永忠（兼）
游　力
梁　勇
马冬根
林吓平
纪检监察组组长：刘　琼
纪检监察组副组长：（空缺）
福州高新技术产业开发区管委会
主　任：樊学双
副主任：林　翔
林　武
郭晓华
叶　勇
魏志谋（挂职）
陈其清（挂职）
林海萍（挂职）
福州地区大学新校区管委会
主　任：魏邦仲（兼）
副主任：谢振东

中国人民政治协商会议福州市委员会工作机构

纪检监察组组长：（空缺）
市政协办公厅
主　任：林忠武
副主任：肖湘榕
李　民
许水英
市政协调查研究室
主　任：陈小刚
副主任：李　伟
市政协提案委员会
主　任：许舜举
副主任：官　兵
市政协经济建设委员会
主　任：谢　侹
副主任：谢瑞金
市政协教科卫体委员会
主　任：余　松
副主任：陈　芳
市政协港澳台侨和外事委员会
主　任：刘　丹
副主任：杨云华
市政协社会和法制委员会
主　任：杨　勇
副主任：李林菁
朱皓晔

市政协民族和宗教委员会
主　任：兰鸣伟
副主任：林丕亮
市政协文化文史和学习委员会
主　任：陈高英
副主任：李大林
市政协人口资源环境委员会
主　任：练　怡
副主任：卓继辉
市政协农业和农村委员会
主任：林辅胜

福州市民主党派与工商联

民革福州市委员会
主　　委：林　锋
专职副主委：陈子华
民盟福州市委员会
主　　委：林群慧
专职副主委：林文亮
民建福州市委员会
主　　委：罗蜀榕
专职副主委：陈英伟
民进福州市委员会
主　　委：顾　颀
专职副主委：柴刚丽
农工党福州市委员会
主　　委：林　澄
专职副主委：潘俏黎
致公党福州市委员会
主　　委：任义文
专职副主委：魏小云
九三学社福州市委员会
主　　委：叶　玲
专职副主委：罗　枫
台盟福州市委员会
主　　委：甘海疆
专职副主委：粘少梅
福州市工商业联合会
主　席：雷成财
副主席：陈　锦
陈　曦
黄　锋
司万雷

福州市群众团体机构

市总工会
主　席：郭学斌
副主席：林如长
王　慷
郭斐雯
高远忠（兼）
陈　菁（兼）
王　楣（挂职）
经费审查委员会
主　任：肖　武
共青团福州市委员会
书　记：陈　浩
副书记：叶　苏
上官浩龙
市妇女联合会
主　席：陈　红
副主席：陈　菁
黄坚瑜（兼）
王　慷（兼）
薛　青（挂职）
市社会科学界联合会
主　席：陆　菁（兼）
副主席：李　辉
张春斌
陈　亮
市文学艺术界联合会
主　席：鄢　萍（兼）
副主席：陈　昱
李　朴
市残疾人联合会
理事长：林敬金
副理事长：叶　青
徐世元
黄　望
市科学技术协会
主　席：林治良
副主席：尤典真
翁金榜
钱黎芳
黄彩进（挂职）
市归国华侨联合会
主　席：林高星
副主席：李清华
陈秋华
市台湾同胞联谊会
会　长：林鸿榕
副会长：杨　军
中国国际贸易促进委员会福州市委员会
（中国国际商会福州商会）
会　长：潘　威
副会长：陈　长
郑　玲
市计划生育协会
常务专职副会长：刘惠珍
副会长：陈存辉
鲁大治
市中华职业教育社
主　任：罗蜀榕
副主任：姚文南
陈长水
市红十字会
会　长：孙晓岚（兼）
副会长：郑华琼（常务）
胡经民
市法学会
会　长：阮孝应（兼）
专职副会长兼秘书长：陈建忠
市对外友好协会
会　长：林　建（兼）
专职副会长：杜维广（兼）

福州市参公事业单位

市委党校（市行政学院、市社会主义学院）
市委党校（市行政学院）
校（院）长：郭学斌（兼）
副校（院）长：王小珍（常务）
王　尚
俞慈珍
市社会主义学院
院　长：王小珍
副院长：阮文光（兼）
王　尚
俞慈珍
市委党史和地方志研究室
主　任：林毅敏
副主任：叶　红
宋建兴
总编辑：蔡爱丽
市档案馆
馆　长：林香平
副馆长：刘若清
吴　斌
市委讲师团
团　长：张启强
市大数据服务中心
主　任：刘珍昌
市人民政府发展研究中心
主　任：叶　勇
副主任：姚瑞强

郑洪海
刘　庆

市供销合作社联合社
主　任：陈春恩
副主任：陈建文
林秀萍
丁俊峰
纪委书记：（空缺）

市知识产权发展保护中心
主　任：何朝晖

市防震减灾中心
主　任：吴红城
副主任：林正雄

市园林中心
主　任：杨　晓
副主任：林德昌
陈　凡
翁　芬
纪委书记：林　聪
总工程师：江敬勋

市城镇集体工业联合社
主　任：刘必霖
副主任：陈子平
林爱华

市环境卫生中心
主　任：赵　勇

市卫生计生监督所
所　长：林　强

市文化市场综合行政执法支队
支队长：时　光
政　委：陈彤丹

市道路运输事业发展中心
主　任：林　恒

市水路运输事业发展中心(市船舶检验所)
主　任（所长）：兰增英

市国土资源综合行政执法支队
支队长：韩　鸣
政　委：林　国

市海洋与渔业执法支队
支队长：林步达
政　委：林　胜

市五一广场管理处
主　任：游永文

福州住房公积金中心
主　任：兰仰金
副主任：蔡　颖
总会计师：张　敏

市不动产登记和交易中心
主　任：陈华辉
副主任：邓世清
杨荣南
陈　怡
程学斌

市鼓岭旅游度假区(市鼓山风景名胜区)管委会
主　任：林隆佈
副主任：颜学清
林　诚
董　健

市水利水电工程移民发展中心
主　任：江　克

福州市事业单位

市“智慧福州”管理服务中心
主　任：曾伟东
副主任：陈惠平
杨小清

福州广播电视台
台　长：陈　航
总编辑：陈建斌
副台长：陈建斌
郑继业
念　斌
李穆基
总工程师：林钦华
总会计师：黄一峰
工会主席：孙代芳

福州日报社
社　长：陈滨峰
总编辑：谢联灵
副社长：谢联灵
日报副总编辑：吴金垵（常务）
金麦子
晚报副总编辑：庄永强（常务）
卓良辉
朱福星

市社会科学院
院　长：杨　震
副院长：林丽娟

福州地区大学新校区基建管理中心
主　任：陈传熙
副主任：林　震

福州地区大学新校区后勤服务管理中心
主　任：张燮磊
副主任：何晨东
林　郁

福州仲裁委员会秘书处
秘书长：黄尚斌
副秘书长：陈　晴

市疾病预防控制中心
主　任：张晓阳

市国有房产中心
主　任：刘　锋
副主任：卢　征
林嵩飘
王　捷
总会计师：（空缺）

市土地发展中心
主　任：陈　磊
副主任：潘建平
周洪兵

市民用建筑统建办公室
主　任：（空缺）
副主任：陈　榕

市城区水系联排联调中心
主　任：（空缺）
副主任：陈永锋
薛裕彬

市医疗保障基金中心
主　任：陈宗利

市交通运输综合执法支队
支队长：涂荣册
政　委：黄澄澄

市市政工程中心
主　任：林　武

市公路事业发展中心
主　任：程闽红

市农业科学研究所
所　长：陈云增

市蔬菜科学研究所
所　长：陈秀娟

市海洋与渔业技术中心
主　任：杨小强

市城市管理综合行政执法支队
支队长：郑世忠
政　委：林樵安

福州市属院校、医院

闽江学院
党委书记：叶世满
院　　长：王宗华
党委副书记：陈　曦
刘元芳
纪委书记、监察专员：郑煦林

副院长：李新贤
吴建铭
傅高升
陈兴明

福州职业技术学院

党委书记：林子波
院　长：李秋斌
党委副书记：沈锦华
纪委书记：陈　伟
副院长：张兰英
刘春兰

闽江师范高等专科学校

党委书记：陈荣生
校　长：杨建义
纪委书记：陈　群
副校长：林　旻
谢敏峰

福州教育研究院

院　长：方　颖

福清卫生学校

校　长：刘翔炜

福州市体育运动学校

校　长：李　晖

福州第一技师学院（保留省机械工业技术学校牌子）

院（校）长：张美青
副院（校）长：母安明
余　丰
张挺青
林美云

福州第二技师学院

院　长：张礼旺

福州市第三中学

校　长：（空缺）
党委书记：林晓枫

福州市第八中学

校　长：连仁昌
党委书记：朱　静

福州格致中学

校　长：徐　聪
党委书记：周雪英

福州市第一医院

党委书记：曹文瑜
院　长：（空缺）

福州市第二医院

党委书记：张　帆
院　长：林凤飞

福州结核病防治院

党委书记：高　虹
院　长：张郁澜

福州神经精神病防治院（福州市第四医院）

党委书记：张　忠
院　长：林　力

福州市皮肤病防治院

党总支书记：江　波
院　长：（空缺）

福建医科大学孟超肝胆医院（福州市传染病医院）

党委书记：（空缺）
院　长：（空缺）

福州市妇幼保健院

党总支书记：李丹玫
院　长：夏　泳

福州市中医院

党委书记：廖锦芳
院　长：杨晓煜

福州市第八医院（福州铁路中心医院）

党委书记：阮能健
院　长：（空缺）

福州儿童医院

院　长：郑伯禄

中共各县（市）区委员会、县（市）区人大常委会、人民政府、政协

中共鼓楼区委

书　记：黄建新
副书记：杨　辉
徐　超
常　委：晁　旭
郭建刚
陈　恒
陈　斌
刘　钟
高　翔
王茂盛
李世科（挂职）
沈晓铭

鼓楼区人大常委会

主　任：胡道坦
副主任：马宇建
谢裕波
林善章
林　波

鼓楼区人民政府

区　长：杨　辉
副区长：王茂盛
张玉佩
陈望青
翁　晖
高　春
陈　炜
余宁辛
林能响（挂职）
李世科（挂职）

鼓楼区政协

主　席：李瑞琨
副主席：钟　薇
兰志红
林　渊
柳向阳

中共台江区委

书　记：梁　栋
副书记：刘广辉
余养挺
常　委：陈自勇
郑寅球
杨　奇
李登元
郑炳锋
毛向标
何　宝
陈婀娜

台江区人大常委会

主　任：何长嘉
副主任：薛安发
王钰玲
林志勇
郭美月

台江区人民政府

区　长：刘广辉
副区长：郑寅球
林立清（援疆）
朱　腾
陈　林
李良航（挂职）
鲁关亚（挂职）
吴　亮
郑燕娟
陈艺森
吴　京

台江区政协

主　席：邓万铣
副主席：陈丽霞
唐佑钗
徐　平

林　辉

中共仓山区委

书　记：郑子记
副书记：刘用全
黄　翔
常　委：许延华
魏辅彧
任　巍
李亦仁
汤国勤
汪映霞
余垂霄
林挺秀
张　祺（挂职）

仓山区人大常委会

主　任：阮　锋
副主任：黄炳新
王香华
史　瑜
黄朝锋

仓山区人民政府

区　长：刘用全
副区长：任　巍
林谋东（援藏）
高晓健
钟治民
徐　东（挂职）
赵旭宇
叶晓瑜
谢能丰
连　锦

仓山区政协

主　席：潘仰武
副主席：邓　斌
张敬明
赵朝晖
熊文春

中共晋安区委

书　记：林　涛
副书记：董敬太
王智武
常　委：程　靖
叶晓兰
赵宁辉
丁振新
刘必建
林　欣
王　啸
王巍巍

晋安区人大常委会

主　任：赵　坚
副主任：张秉洁
郑喜明
董明光
陈善英

晋安区人民政府

区　长：董敬太
副区长：刘必建
林　群
林柳强
吕立邦
刘　通
邓　容
甘锦文（挂职）

晋安区政协

主　席：张忠健
副主席：刘　磊
杨佳松
林建新
林秀锦

中共马尾区委

书　记：张　帆
副书记：庄永智
张清泉
常　委：伍南腾
陈　巍
余颖凌
赵　勇
张　琴
吴晓峰
殷　燕（挂职）
郭　卓

中共福州经济技术开发区委员会

书　记：张　帆
副书记：庄永智
张清泉
委　员：伍南腾
陈　巍
余颖凌
赵　勇
张　琴

马尾区人大常委会

主　任：郑是平
副主任：吴祖万
张依俤
林群山
唐林敏

马尾区人民政府

区　长：庄永智
副区长：吴晓峰
林群慧
江典顺
陈晓彬
林建豪
徐国珍
张　文
陈雪霞（挂职）

福州经济技术开发区管委会

主　任：庄永智
副主任：张发春
林群慧
江典顺
陈晓彬

马尾区政协

主　席：张　林
副主席：邓文飞
吴永润
卢　融
童庆梅

中共长乐区委

书　记：何杰民
副书记：廖海军
陈　禺
阿达力别克·巴合提汗(挂职)
常　委：郑子毅
许开夏
刘　超
卓国鸿
朱红艳
吴志扬
李育民
林增祥

长乐区人大常委会

主　任：赵　峰
副主任：林少惠
沈小航
陈国衍
陈　焱

长乐区人民政府

区　长：廖海军
副区长：阿达力别克·巴合提汗(挂职)
李育民
林增祥
陈航星
何　鸿
徐　俊

林　宇
周　勇
陈爱玉

长乐区政协

主　席：陈增国
副主席：李瑞芳
陈文姗
陈晓清

中共福清市委

书　记：叶仁佑
副书记：吴永忠
陈恒东
常　委：何玉金
林　彤
曹方敏
林峭立
刘建东
李文清
张　斌
王新刚
陈国涛（挂职）

福清市人大常委会

主　任：陈存枫
副主任：俞大军
蔡和斌
陈　嘉
吴章明

福清市人民政府

市　长：吴永忠
副市长：李文清
王新刚
王言霖
林传烜（援宁）
王祥春
林鹤志
陈克才
莫开奇
郑　云
高喜庆（挂职）

福清市政协

主　席：翁芳明
副主席：陈　生
吴华云
何德信
张　晓

中共闽侯县委

书　记：赵明正
副书记：王建生
林国晃
常　委：查水金
程心东
张艳明
陈秀香
杨　航
陈培煌
张　弛
林小迓

闽侯县人大常委会

主　任：黄诗杨
副主任：林　燕
郑钱清
叶　键
谢　浩

闽侯县人民政府

县　长：王建生
副县长：张艳明
杨　航
任　强
曾小榕
赵　兴
刘　钟
陈景华
陈　晟
刘　勇（挂职）

闽侯县政协

主　席：陈祥波
副主席：林　炳
黄　敏
陈韶松
林岩峰

中共连江县委

书　记：陈劲松
副书记：高双成
吴志群
常　委：李承辉
吴思斌
陈　钦
俞传华
郑东平
余良发
陈剑雄
程建锋

连江县人大常委会

主　任：林承祥
副主任：魏宗仁
陈成开
刘碧芳
黄乐全

连江县人民政府

县　长：高双成
副县长：吴思斌
陈　钦
刘麟翔
张遵安
刘江远
雷发勇
高　晶
颜学淦

连江县政协

主　席：冯慧钦
副主席：林　坤
薛新皋
陈辉文
雷春香

中共闽清县委

书　记：孙　利
副书记：赵春荣
林燕青
常　委：张光增
黄　斌
叶金春
余传庆
华智敏
刘　鸿
叶国勋
郑　航

闽清县人大常委会

主　任：刘久兴
副主任：陈　峰
黄建恒
林源鑫
陈淑玲

闽清县人民政府

县　长：赵春荣
副县长：华智敏
高理銮
王致镜
严子宜
林海涛
陈秀宜
冯　青

闽清县政协

主　席：郑晓春
副主席：林以銮
黄道立
潘　鑫
严　炜

中共罗源县委

书　记：张新怿
副书记：林志斌
　　　　杨大兴
常　委：郑育新
　　　　黄雨涛
　　　　林　颖
　　　　张　凯
　　　　陈启辉
　　　　陈登兴
　　　　陈模煜
　　　　许庆海

罗源县人大常委会

主　任：肖永建
副主任：赖时铿
　　　　董智先
　　　　黄垂卫
　　　　辛　捷

罗源县人民政府

县　长：林志斌
副县长：陈启辉
　　　　徐忠琼
　　　　周宇骋
　　　　郑金保
　　　　张昆鹏
　　　　黄国安
　　　　钟凤金

罗源县政协

主　席：兰可明
副主席：陈明娟
　　　　于贤杰
　　　　雷邦淼
　　　　郑立峰

中共永泰县委

书　记：雷连鸣
副书记：陈金友
　　　　苏　冰
常　委：柯永华
　　　　吴　钢
　　　　李开瑞
　　　　林文峰
　　　　张国淼
　　　　李志专
　　　　郑晓红
　　　　颜建伟

永泰县人大常委会

主　任：许以章
副主任：侯一晞
　　　　张庆宗
　　　　罗智林
　　　　陈振灯

永泰县人民政府

县　长：陈金友
副县长：张国淼
　　　　林　巍
　　　　魏秀惠
　　　　陈祥富
　　　　刘峰松
　　　　张卫忠
　　　　游海涛
　　　　刘　漪
　　　　邱小文（挂职）
　　　　丁　虹（挂职）

永泰县政协

主　席：王礼灯
副主席：张培奋
　　　　檀爱平
　　　　李　翀
　　　　张秀群

福州市园区管理机构

福州市软件园管委会

主　任：黄瑞忠
副主任：谢在秀
　　　　章欢芳
　　　　李　程

福州市金山投资区管委会

主　任：黄依佺

福州福兴经济开发区管委会

主　任：林　华

福州市火车站地区综合管理办公室

主　任：张晓铭

福州市琅岐经济区管委会

主　任：（空缺）
副主任：邢鼎斌
　　　　袁云福

福州临空经济园区管委会(筹)

主　任：卓国鸿（兼）

福建闽江河口湿地国家级自然保护区管理处

主　任：郑　航

闽台(福州)蓝色经济产业园管委会(筹)

主　任：（空缺）
副主任：李文清（兼）
　　　　高　勇（兼）

福清融侨经济技术开发区管委会

主　任：俞　华
副主任：颜美春
　　　　严　凯
　　　　林万焰

福清江镜华侨农场

场　长：高　勇

福清东阁华侨农场

场　长：严　峰

福州市青口汽车工业园区管委会

主　任：郑　浩
副主任：叶建彪
　　　　林　隽

福建连江经济开发区管委会

主　任：林承文

福建雄江黄褚林国家级自然保护区管理处

主　任：许家琪

福州台商投资区管委会

主　任：俞章龙
副主任：倪德锦
　　　　陈哲明

罗源湾开发区管委会

主　任：（空缺）

永泰青云山风景名胜区管委会

主　任：叶文珍

（市委组织部）

统计资料

表 129

2021 年福州市经济社会主要指标完成情况表

项目	单位	2021 年	2020 年	2021 年比 2020 年增长（%）
一、人口与就业				
年末常住总人口	万人	842	832	1.2
年末户籍总人口	万人	723.36	715.41	1.1
全社会从业人员	万人	419.0	420.0	−0.2
# 城镇非私营单位年末从业人员数	万人	145.6	156.11	−6.7
# 城镇非私营单位年末在岗职工人数	万人	133.6	134.71	−0.8
二、经济总量				
地区生产总值	亿元	11324.48	10020.02	8.4
第一产业	亿元	637.03	560.70	6.0
第二产业	亿元	4289.80	3840.77	7.3
第三产业	亿元	6397.66	5618.55	9.3
工业增加值	亿元	2758.62	2532.16	9.2
人均地区生产总值	元	135298	121015	7.2
三、工业				
规模以上工业增加值	增长（%）	9.5	5.3	—
# 轻工业	增长（%）	3.4	3.1	—
重工业	增长（%）	15.8	7.8	—
# 国有企业	增长（%）	−1.8	−13.0	—
股份合作企业	增长（%）	17.1	12.1	—
股份制企业	增长（%）	10.8	10.4	—
外商及台港澳商投资企业	增长（%）	7.3	−6.3	—
四、农林牧渔业				
农林牧渔业总产值	亿元	1122.21	1000.82	5.6
# 农业产值	亿元	307.53	294.70	3.8
牧业产值	亿元	110.46	104.99	17.3
渔业产值	亿元	631.87	533.14	4.4
农林牧渔业主要产品产量				
水果产量	万吨	93.60	89.92	4.1
茶叶产量	万吨	4.67	4.47	4.4

续表 129

项目	单位	2021 年	2020 年	2021 年比 2020 年增长(%)
食用菌产量	万吨	26.76	25.73	4.0
禽蛋总产量	万吨	12.34	11.86	4.0
水产品总产量	万吨	297.18	283.75	4.5
五、固定资产投资				
固定资产投资(不含农户)	增长(%)	5.9	9.6	—
# 项目投资	增长(%)	4.0	6.6	—
# 房地产开发投资	增长(%)	8.6	14.2	—
房屋施工面积	增长(%)	−2.7	2.1	—
# 住宅	增长(%)	−2.1	−0.2	—
房屋竣工面积	增长(%)	−17.6	180.2	—
# 住宅	增长(%)	−15.4	166.9	—
商品房销售额	增长(%)	18.5	9.4	—
六、交通运输、邮电				
客运				
公路旅客发送量	万人次	3633	5155.61	−29.5
水路旅客发送量	万人次	37.47	61.41	−39.0
旅客出港量(航空)	万人	456.17	449.79	1.4
货运				
公路货物发送量	万吨	20693.9	16442.9	25.9
水路货物发送量	万吨	11149.85	10648.41	4.7
货邮出港量(航空)	万吨	10.4	7.29	42.7
沿海港口货物吞吐量	万吨	21066.35	19943.63	5.6
集装箱吞吐量	万标箱	329.23	337.96	−2.6
年末邮电局(所)	处	—	238	—
年末固定电话用户	万户	154.20	158.6	−2.7
年末移动电话用户	万户	988.46	981.6	0.7
七、贸易旅游、物价				
社会消费品零售总额	亿元	4549.41	4225.61	7.7
接待境外旅游人数	万人次	8.83	55.63	−84.2
城市居民消费价格指数(以上年为 100)		100.6	102.4	—
八、对外经贸				
进出口总额	亿元	3321.5	2504.8	32.6
出口总额	亿元	2200.6	1786.5	23.2

续表 129

项目	单位	2021 年	2020 年	2021 年比 2020 年增长（%）
进口总额	亿元	1121.0	718.4	56.0
新批外资项目	项	467	297	57.2
九、财政、金融				
一般公共预算总收入	亿元	1250.26	1108.36	12.8
一般公共预算收入	亿元	749.85	675.61	11.0
全融机构年末存款余额（本外币）	亿元	19117.34	17738.03	7.8
全融机构年末贷款余额（本外币）	亿元	21484.13	19651.44	9.3
全融机构年末存款余额（人民币）	亿元	18745.21	17382.98	7.8
全融机构年末贷款余额（人民币）	亿元	21185.70	19308.02	9.7
十、教育				
学校数				
高等院校	所	34	34	0.0
中等职业技术学校	所	40	40	0.0
高中	所	105	104	1.0
初中	所	223	224	−0.4
小学	所	883	890	−0.8
在校学生数				
高等院校	人	428523	363738	17.8
中等职业技术学校	人	99989	96992	3.1
高中	人	117303	110894	5.8
初中	人	269035	256732	4.8
小学	人	610362	597211	2.2
专任教师数				
高等院校	人	22318	15661	42.5
中等职业技术学校	人	4577	4340	5.5
高中	人	8652	8268	4.6
初中	人	18374	17491	5.0
小学	人	33578	30971	8.4
招生数				
普通高校招生数	人	117040	111566	4.9
中等职业学校招生数	人	35394	33918	4.4
高中	人	41186	39417	4.5
初中	人	92931	91588	1.5

续表 129

项目	单位	2021年	2020年	2021年比2020年增长(%)
小学	人	106975	103436	3.4
民办(社会力量办学)				
高等院校	所	12	12	0.0
职业中学	所	5	5	0.0
普通中学	所	45	44	2.3
小学	所	15	15	0.0
成人高校在校生数	人	75285	63407	18.7
民办高校在校学生数	人	111308	100968	10.2
十一、文化				
文化馆	个	12	12	0.0
市属博物馆、纪念馆	个	26	26	0.0
市属博物馆、纪念馆收藏文物	万件	2.4923	2.4923	0.0
公共图书馆	个	14	14	0.0
公共图书馆图书藏量	万册	1307.81	1219.39	7.3
图书流动点	个	1054	968	8.9
广播综合人口覆盖率	%	100	100	—
电视综合人口覆盖率	%	100	100	—
年末数字电视用户	万户	144.42	144.68	-0.2
年末数字电视入户率	%	49.4	62.3	—
行政村有限电视联网率	%	92.30	90.98	—
十二、卫生				
卫生机构数	个	4852	4661	4.1
# 医院	个	144	139	3.6
卫生机构床位数	张	42934	41102	4.5
# 医院	张	36546	34495	5.9
卫生技术人员数	人	70589	65617	7.6
# 医生	人	26882	25462	5.6
每千人拥有卫生机构床位数	张	5.35	5.2	2.9
# 医院	张	4.55	4.37	4.1
每千人拥有卫生技术人员数	人	8.79	8.3	5.9
# 医生	人	3.35	3.22	4.0
十三、人民生活				
在岗职工工资总额	亿元	1421.2	1282.58	10.8

续表 129

项目	单位	2021 年	2020 年	2021 年比 2020 年增长（%）
在岗职工年平均工资	元	108133.0	96478	12.1
城镇居民人均可支配收入	元	53421	49300	8.4
城镇居民人均消费支出	元	35664	32019	11.4
农村居民人均可支配收入	元	25201	22669	11.2
农村居民人均消费支出	元	20911	17713	18.1
十四、城市基本情况				
建成区绿化覆盖面积	公顷	15221.56	13860.23	9.8
建成区绿化覆盖率	%	43	45.4	—
建成区绿地面积	公顷	14160	12895.23	9.8
建成区绿地率	%	40	42.24	—
年末公园绿地面积	公顷	5471.7	5273.22	3.8
年末人均公园绿地面积	平方米	14.03	15.39	—
年末公交营运车辆	辆	6383	6145	3.9
年末公交营运线路	条	523	503	4.0
公交车客运总量	万人次	40147.7	33602.1	19.5

表 130　**2021 年福建省及九个设区市主要经济指标表**

指　　标	单位	全　省		福州市	
		绝对数	比上年增长 (%)	绝对数	比上年增长 (%)
年末常住总人口	万人	4187	0.6	842	1.2
城镇化率	%	69.7	1.0	73.0	0.5
地区生产总值	亿元	48810.36	8.0	11324.48	8.4
第一产业	亿元	2897.74	4.9	637.03	6.0
第二产业	亿元	22866.32	7.5	4289.80	7.3
第三产业	亿元	23046.30	8.8	6397.66	9.3
农林牧渔业总产值	亿元	5200.97	5.1	1122.21	5.6
固定资产投资	亿元	—	6.0	—	7.1
一般公共预算总收入	亿元	5743.84	11.3	1250.26	12.8
一般公共预算收入	亿元	3383.38	9.9	749.85	11.0
社会消费品零售总额	亿元	20373.11	9.4	4549.41	7.7
进出口总额	亿元	18449.6	30.9	3321.5	32.6
城镇居民人均可支配收入	元	51140.49	8.4	53420.84	8.4
农村居民人均可支配收入	元	23228.91	11.2	25200.90	11.2

续表130

指　　标	单位	厦门市		莆田市	
		绝对数	比上年增长(%)	绝对数	比上年增长(%)
年末常住总人口	万人	528	1.9	322	0.3
城镇化率	%	90.1	0.7	63.5	0.8
地区生产总值	亿元	7033.89	8.1	2882.96	6.4
第一产业	亿元	29.06	5.3	136.63	3.7
第二产业	亿元	2882.89	6.7	1506.48	5.7
第三产业	亿元	4121.94	9.0	1239.85	7.4
农林牧渔业总产值	亿元	62.01	5.1	256.80	3.2
固定资产投资	亿元	—	11.3	—	1.9
一般公共预算总收入	亿元	1530.21	13.2	247.56	7.0
一般公共预算收入	亿元	880.96	12.4	153.78	4.5
社会消费品零售总额	亿元	2584.07	12.7	1745.75	8.3
进出口总额	亿元	8876.5	27.7	694.0	9.2
城镇居民人均可支配收入	元	67196.83	9.6	44100.94	7.5
农村居民人均可支配收入	元	29893.67	12.3	22891.92	9.9

续表130

指　　标	单位	三明市		泉州市	
		绝对数	比上年增长(%)	绝对数	比上年增长(%)
年末常住总人口	万人	248	−0.4	885	0.7
城镇化率	%	63.7	0.5	69.7	1.2
地区生产总值	亿元	2953.47	5.8	11304.17	8.1
第一产业	亿元	325.09	5.8	232.77	3.3
第二产业	亿元	1503.35	4.0	6436.24	7.3
第三产业	亿元	1125.03	8.0	4635.16	9.4
农林牧渔业总产值	亿元	550.14	5.5	422.73	3.9
固定资产投资	亿元	—	9.0	—	3.6
一般公共预算总收入	亿元	179.88	5.7	940.90	15.7
一般公共预算收入	亿元	113.51	2.1	504.54	11.1
社会消费品零售总额	亿元	851.87	9.0	5819.72	11.3
进出口总额	亿元	123.7	7.2	2616.5	32.7
城镇居民人均可支配收入	元	42314.74	7.8	55010.97	7.9
农村居民人均可支配收入	元	21617.06	10.7	25910.59	10.4

续表 130

指 标	单位	漳州市		南平市	
		绝对数	比上年增长 (%)	绝对数	比上年增长 (%)
年末常住总人口	万人	507	0.2	267	−0.4
城镇化率	%	62.9	1.5	60.0	0.4
地区生产总值	亿元	5025.40	7.7	2117.58	6.5
第一产业	亿元	530.28	5.4	346.36	5.8
第二产业	亿元	2461.44	7.0	754.55	3.8
第三产业	亿元	2033.68	9.0	1016.67	8.7
农林牧渔业总产值	亿元	992.57	5.7	615.59	5.6
固定资产投资	亿元	—	8.2	—	0.1
一般公共预算总收入	亿元	384.50	9.7	156.56	7.1
一般公共预算收入	亿元	246.18	12.6	102.30	4.2
社会消费品零售总额	亿元	1804.57	6.3	761.00	8.3
进出口总额	亿元	1054.2	30.1	153.3	22.4
城镇居民人均可支配收入	元	43308.71	8.2	39352.69	7.8
农村居民人均可支配收入	元	23581.98	11.7	20430.99	10.1

续表 130

指 标	单位	龙岩市		宁德市	
		绝对数	比上年增长 (%)	绝对数	比上年增长 (%)
年末常住总人口	万人	273	0.0	315	0.0
城镇化率	%	63.6	0.7	62.2	1.2
地区生产总值	亿元	3081.78	7.7	3151.08	13.3
第一产业	亿元	303.28	4.8	359.81	3.5
第二产业	亿元	1321.87	8.1	1746.16	19.4
第三产业	亿元	1456.63	8.0	1045.12	8.1
农林牧渔业总产值	亿元	533.30	5.3	645.61	4.2
固定资产投资	亿元	—	8.5	—	6.2
一般公共预算总收入	亿元	353.89	7.3	265.80	13.8
一般公共预算收入	亿元	169.46	6.8	158.05	14.7
社会消费品零售总额	亿元	1376.53	9.3	880.17	6.6
进出口总额	亿元	508.0	50.3	905.7	76.4
城镇居民人均可支配收入	元	43784.52	8.9	40614.69	9.4
农村居民人均可支配收入	元	22715.60	12.7	21281.85	11.7

表 131

2021 年全国 26 个省会城市主要经济指标表

城市	地区生产总值		第一产业增加值		第二产业增加值		第三产业增加值		社会消费品零售总额	
	绝对数（亿元）	比上年增长(%)	绝对数（亿元）	比上年增长(%)	绝对数（亿元）	比上年增长(%)	绝对数（亿元）	比上年增长(%)	绝对数（亿元）	比上年增长(%)
福州	11324.48	8.4	637.03	6.0	4289.80	7.3	6397.66	9.3	4549.41	7.7
广州	28231.97	8.1	306.41	5.5	7722.67	8.5	20202.89	8.0	10122.56	9.8
成都	19916.98	8.6	582.79	4.8	6114.34	8.2	13219.85	9.0	9251.80	14.0
南京	16355.32	7.5	303.94	0.8	5902.65	7.6	10148.73	7.6	7899.41	9.7
哈尔滨	5351.70	5.5	628.20	6.6	1239.20	3.2	3484.30	6.1	2380.30	7.0
沈阳	7249.68	7.0	326.34	4.2	2570.32	7.8	4353.02	6.7	3985.10	9.6
长春	7103.12	6.2	523.74	5.5	2960.47	3.9	3618.90	8.1	—	10.8
济南	11432.20	7.2	408.80	7.1	3964.10	3.6	7059.40	9.2	5126.10	14.7
武汉	17716.76	12.2	444.21	8.7	6208.34	12.1	11064.21	12.3	6795.04	10.5
西安	10688.28	4.1	308.82	6.1	3585.20	0.9	6794.26	5.7	4963.42	0.8
杭州	18109.00	8.5	333.00	1.8	5489.00	8.6	12287.00	8.7	6744.00	11.4
石家庄	6490.30	6.6	504.80	6.1	2107.10	3.5	3878.40	8.2	2501.20	5.0
太原	5121.61	9.2	44.80	7.7	2113.09	10.2	2963.72	8.6	1873.90	13.2
合肥	11412.80	9.2	351.05	5.1	4171.21	10.6	6890.54	8.6	5111.68	13.2
南昌	6650.53	8.7	238.31	7.8	3218.10	8.3	3194.11	9.1	2878.74	17.4
郑州	12691.02	4.7	181.69	2.5	5039.29	3.4	7470.04	5.6	5389.21	6.2
长沙	13270.70	7.5	425.56	9.1	5251.30	5.2	7593.85	8.9	5111.57	14.4
南宁	5120.94	6.1	606.76	7.9	1198.76	4.3	3315.42	6.3	2364.17	8.4
贵阳	4711.04	6.6	193.44	7.8	1681.34	5.4	2836.25	7.3	2546.69	12.9
昆明	7222.50	3.7	333.12	6.9	2287.71	−0.3	4601.67	5.4	3386.40	10.3
兰州	3231.29	6.1	62.52	7.4	1113.91	5.6	2054.86	6.4	1757.74	7.1
西宁	1548.79	8.1	58.93	4.6	518.22	10.8	971.64	7.0	621.09	8.3
银川	2262.95	6.3	83.83	6.1	1028.32	6.0	1150.81	6.5	788.69	2.3
海口	2057.06	11.3	85.43	4.7	346.75	8.0	1624.88	12.3	1056.98	26.5
乌鲁木齐	3691.57	6.1	28.10	2.5	1039.76	1.2	2623.71	8.0	1171.86	12.3
呼和浩特	3121.43	6.5	137.14	3.8	1052.57	7.9	1931.71	6.0	1104.74	7.0

续表 131

城市	固定资产投资额	出口总额	一般公共预算收入		城镇居民人均可支配收入		农村居民人均可支配收入	
	比上年增长(%)	绝对数（亿元）	绝对数（亿元）	比上年增长(%)	绝对数（元）	比上年增长(%)	绝对数（元）	比上年增长(%)
福州	7.1	2200.60	749.85	11.0	53421	8.4	25201	11.2
广州	11.7	6312.17	1883.18	9.4	74416	8.9	34533	10.4
成都	10.0	4841.20	1697.90	11.7	52633	8.3	29126	10.2
南京	6.2	3989.89	1729.52	5.6	73593	8.9	32701	10.4
哈尔滨	4.2	171.33	365.80	7.7	42745	7.4	21512	9.6
沈阳	4.1	484.90	773.02	5.0	50566	6.6	21662	10.5

续表 131

城市	固定资产投资额	出口总额	一般公共预算收入		城镇居民人均可支配收入		农村居民人均可支配收入	
	比上年增长（%）	绝对数（亿元）	绝对数（亿元）	比上年增长（%）	绝对数（元）	比上年增长（%）	绝对数（元）	比上年增长（%）
长春	11.6	165.93	617.09	5.9	—	—	—	—
济南	11.5	1174.10	1007.60	11.2	57449	7.7	22580	10.5
武汉	12.9	1929.00	1578.65	28.3	55297	9.8	27209	13.1
西安	−11.6	2361.92	855.96	18.2	46931	7.4	17389	10.4
杭州	9.0	4647.00	2387.00	14.0	74700	8.8	42692	10.3
石家庄	−5.6	857.10	681.40	7.8	43024	6.9	18676	10.2
太原	7.9	1153.14	423.44	11.9	41377	8.0	21551	9.6
合肥	3.5	2029.17	844.22	10.7	53208	10.2	26856	10.6
南昌	11.1	897.68	484.84	10.0	50447	7.8	22913	9.5
郑州	−6.2	3552.80	1223.60	0.3	45246	5.5	26790	8.1
长沙	8.2	1977.46	1188.31	8.0	62145	7.2	38195	9.9
南宁	3.1	581.95	391.77	5.2	41394	7.4	17808	10.4
贵阳	−7.1	393.27	426.68	7.2	43876	8.9	20565	10.1
昆明	−7.8	935.05	689.12	5.9	52523	9.4	19507	10.1
兰州	7.7	—	276.71	12.0	43244	7.7	16191	10.5
西宁	6.8	9.29	153.90	15.3	39251	6.2	14948	10.8
银川	−3.6	109.47	171.19	8.9	42412	7.6	18170	10.6
海口	8.4	110.54	208.32	12.0	43605	8.9	19267	10.7
乌鲁木齐	1.4	259.80	377.93	−3.8	46142	7.9	24878	9.0
呼和浩特	12.3	80.60	228.92	5.4	53026	6.5	22435	9.5

（陈 孜）

（编辑 黄 铭）

索　引

说　明

一、本索引采用主题词分析法，按主题词首字汉语拼音字母顺序排列。同音字按声调升序排列。音调相同的字，按笔画升序排列；如笔画相同，按起笔形横（一）、竖（丨）、撇（丿）、点（丶）、折（乛）的次序排列。

二、类目、分目标题用黑体字。“特载”“专文”“大事记”“附录”内容不作索引。

三、索引主题词后的数字表示页码，数字后的 a 、b 、c 表示栏别左中右。

四、空两格起排的词条为上一主题的“附见”。

A

安全生产　42c
安全生产监督管理　127c
安全生产检查　128b
安全生产宣传教育　128b
安全生态水系项目　178a
安置帮教　121c
案件执行　120b
奥运会全运会参赛　347c

B

办公区平安建设　79b
办公用房管理　79a
办税缴费服务　165a
保教工作　302a
保密工作　54a
保密管理　54b
保密技术防护　54c
保密监督检查　54c
保密宣传教育　54b
保障性租赁住房　192a
暴雨　34a
被征地农民养老保险　358b
毕业生就业管理　80c
边防检查　273c
边界管理　360c
便民停车泊位　256b
标准化管理　156c
滨海新城建设　376a
殡葬服务　360b
病媒生物防制　344b
博物馆　325c
博物馆、纪念馆及馆藏规模一览表　324
不动产登记　138c　193a
不动产交易　193a

C

财产行为税管征　164c
财政　41a　**162a**
财政保障　162a
财政收支审计　147b
财政预算管理　162c
“菜篮子”工程　194b
参政议政
　　工商联　97c
　　九三学社福州市委会　96a
　　民革福州市委会　90b
　　民建福州市委会　92b
　　民进福州市委会　93a
　　民盟福州市委会　91b
　　农工党福州市委会　94a
　　侨联　104c
　　台联　106a
　　台盟福州市委会　96c
　　致公党福州市委会　95a
餐饮业　201a
餐饮业食品安全监管　153c
餐饮业专项检查行动　154c
残疾人扶助政策　106b
残疾人辅具服务　107a
残疾人公共文化服务　108a
残疾人及残疾人子女教育保障　107c
残疾人就业创业服务　107b
残疾人康复服务　107a
残疾人权益保障　107c
残疾人社会保障　106c
残疾人数据收集和统计　108a
残疾人脱贫成果　107a
残疾人无障碍环境建设　108a
残联　106a

仓山区　366a
仓山区街道（乡镇）基本情况一览表　368a
苍霞新城一期工程改造提升　365c
测绘管理　139b
测绘技术规程　139b
产教融合　354b
产品质量安全监督管理　157b
产业创新　248c
产业发展　145b　249b
产业建设　245a
产业升级　243b
产业项目　248c　253b
常规调查　148c
常委会会议协商　85a
常住人口　35c
长乐区　373a
长乐区人民政府驻地迁移的决定　63a
长乐区乡镇（街道）基本情况一览表　376a
场外市场　222c
陈靖姑民俗文化旅游节暨闽台陈靖姑文化展示馆奠基仪式　368c
“诚信与信用建设”研讨会　296b
城区（乡）建设与管理　367a
城区北向第二通道工程　262a
城区建设与管理　362c
城区水系联排联调　257a
城区水系治理　256c
城市多边对外交流　135b
城市房屋产权产籍管理办法（废止）　110c
城市供气　257a
城市供水　257a
城市管理行政审批　259c
城市管理与执法　258a
城市管理制度法规建设　259c
城市绿化　260a
城市民族工作　361b
城市品质提升　256b
城市品质提升宣传报道　329b
城市生态气象保障　291a
城市体检　257b
城市综合管理服务平台　255a
城乡规划　254a
城乡建设与管理　254
长乐区　374c
福清市　377c
晋安区　369b
连江县　381c
罗源县　386a
马尾区　371b
闽侯县　380a
闽清县　384a
台江区　364b
永泰县　388b
城乡义务教育一体化改革　302c
城镇集体工业　190b
城镇集体工业联合社参与疫情防控　190c
城镇集体企业服务　190c
城镇集体企业改革安置　190b
城镇居民收入　356c
城镇居民消费支出　356c
城镇居民养老保险　358b
城镇燃气安全专项整治　128b
惩治腐败　89b
出版管理　326b
出口额1亿美元以上商品情况表　239
出口市场情况表　239
出口退税管理　164b
出入境管理　114c
初等教育　302b
初等教育教学改革　302b
初一年级均衡编班　302c
初中招生　302c
畜禽粪污资源化利用　176a
畜禽屠宰监管　176a
传统戏剧保护　320b
船舶修造产业　186c
船政文化研讨会在马尾举行　373b
创响福建中小企业创新创业大赛　370c
创新创业大赛　282a
创新创业大赛（福建省）获奖一览表　283
创新创业大赛（福州市）获奖一览表　284
创新创业大赛全国赛优秀企业一览表　283
创新实验室一览表　278
创新资金创新创业大赛（福建省）获奖项目一览表　282
创新资金项目（福建省）立项一览表　282
创新资金项目立项与验收　281b
创业创新孵化载体建设　279b
创业创新巾帼行动　101b
慈善情暖万家慰问活动　109b
慈善医疗救助　109c
慈善总会　109b
村镇建设　257b
村庄规划编制　254a

D

打击走私　274c
打击走私“国门利剑2021”联合专项行动　275a
打击走私宣传教育　275a
大企业税收管理　166b
大气环境　141a
大气污染整治　143a
大数据平台　229c
大熊猫保护　257c
“大众茶馆”试点一览表　200
代表工作　67a
代表建议办理　68c
党的建设制度改革　45c
党风廉政建设　88c
党派团体委员协商监督　86a
党史方志资料馆建设　56a
党史宣传教育工作　55a
党史学习教育　47a　327b
党史学习教育动员大会　43b
党史研究　55a
党外代表人士队伍建设　48a
党校工作　53a
党校研究成果　297c
党员队伍建设　46c
档案服务工作　56c
档案工作　56b
档案馆库建设　57c
档案监督管理　56b
档案宣传工作　57a
档案资源建设　56b
导游队伍　234a
道路保洁管理　258c
道路交通安全综合整治　127c
道路交通管理　116b
道路客运转型升级　263a
道路运输车辆“三检合一”　263c
道庆洲过江通道工程　261c
地方类金融　204c
地方立法　111c
地方志研究　55a
地理位置　31a
地铁工程质量安全监管　191b
地铁线路规划　266a
地铁线路建设一览表　266
地铁运营　266a
地铁资源开发　266b
地形地貌　31a
地震监测预报　130b
地震应急避难场所　130c
地震应急救援　130c
地震灾害防御　130b
地质灾害调查与培训演练　139c
地质灾害防范体系　139c
地质灾害防治　139c
地质灾害治理　140a

电力安全生产 189c
电力工业 188c
电力供应 189a
电力技术创新 189c
电力能源产业 187c
电梯安全保障体系 158a
电网建设 189a
电信福州分公司 226a
电影 328c
电子商务 201a
电子信息产业 225a
电子证照生成和应用 230a
调研成果转化 54a
调研交流 109a
东南大数据产业园建设 251b
董见龙先生祠 333c
动画 328c
动态检测和帮扶机制 242c
动物卫生监督 175c
动物疫病防控 175c
动员全市人民坚持“3820”战略工程思想精髓 加快建设现代化国际城市的决议 62c
冻品走私打击 275a
都市圈建设推进会 44b
对港投资项目 238b
对口（界别）协商 85b
对口支援 241a
对台港澳贸易 238c
对台交流合作 245c
对外话语体系构建与对外翻译研究高端论坛 296c
对外及对台港澳经济贸易 237
对外及对台港澳劳务合作 238b
对外及对台港澳贸易 238c
对外及对台港澳投资与劳务合作 238a
对外交流 95b
对外经济 40a
对外贸易往来 245c
对外友协第二届理事会成立 136a
“多测合一”管理 139b
多党合作和政治协商 47b

E

“e 福州”便民服务 255c
“e 福州”平台 229a
儿童福利 359c

F

发展研究 81b
法律法规实施情况检查 63c
法律援助 122b
法律职业资格考试 122c
法院 119b
法治 110
法治监管保障 245c
法治宣传教育的决议 63a
法治政府建设 111c
翻译协会成立 136a
反不正当竞争 153b
反腐败斗争 89a
饭店（五星级、四星级）一览表 234
防汛抗旱 129a
防汛抗台风 129b
防汛抢险队伍建设 130s
防汛预警与安全检查 130s
防震减灾 130s
防震减灾宣传 130b
房地产价格 357a
房地产开发工程项目监管 192a
房地产开发和销售主要指标及其增长情况表 40
房地产市场管理 192a
房地产业 192a
房屋征收管理 192b
纺织化纤产业 185c
纺织机械产业 187a
非公有制经济工作 47c
非国有博物馆 325c
非物质文化遗产 323b
非遗基地建设 323b
非遗记录工作 323c
非遗宣传活动 323b
分行业固定资产投资情况表 40
扶贫开发工作重点县山海协作 241c
服务贸易 238b
服务企业大会 363c
服务外包 238b
服务业 39a 145b
服务在沪榕籍乡亲及企业 82b
“福茶行天下”大会召开 74b
福建海峡银行 218a
福建老字号企业一览表 199
福建省农村信用联合社福州办事处 220a
福建艺术节 320c
福利慈善 360a
福清市 377a
福清市街道（乡镇）基本情况一览表 378a
福清佾舞入选第五批国家级非物质文化遗产代表性项目名录 378b
福厦高铁湄洲湾跨海特大桥合龙 265c
福厦泉国家自主创新示范区福州片区建设 278a
福兴经济开发区 248a
“福耀科技大学（暂名）”筹建 310a
福州·定西缔结友好城市座谈会 74a
福州光彩事业 48a
福州宁德山海协作 241c
福州农商银行 220c
福州日报 326c
福州市与美国檀香山市在线签署建立友好城市关系协议书 74c
福州新区 243a
福州新区福清功能区 249a
福州新区长乐功能区 251a
福州职业技术学院 311b
妇联 101b
妇女儿童合法权益维护 102a
妇幼健康服务 343a

G

橄榄节开幕 385a
干部监督管理 45b
干部教育培训 45b
港澳事务 137b
港口 267b
港口安全检查 267b
港口建设 267b
港口运输 267b
高等教育 309b
高等教育学校一览表 310
高速公路建设 261a
高温 35b
高校内涵发展 309c
高新技术产业 281a
高新技术产业开发区 246a
高新技术企业 281a
高中（改扩建）一览表 300
革命文物工作 325b
革命遗址遗迹普查工作 56a
个人所得税管征 164c
个体经济 150b
耕地保护机制 138a
耕地补充与改造 138a
耕地开发保护 138a
耕作层土壤剥离再利用 138a
工程档案管理 191b
工程造价管理 191b
工伤保险 359a
工商联 97b
工商银行福州分行 212b
工业 38c **180**
工业（产业）园区标准化建设专题

询问　63a
工业和信息化省级龙头企业一览表　182
工业互联网　226a
工业互联网创新大赛在马尾举行　373c
工业经济　145b
工业龙头企业　181c
工业品质量监督抽查　152b
工业企业专项整治　128a
工业设计中心（新认定）一览表　181
工业园区建设　185b
工业重点项目　181a
工艺美术品行业　188a
工艺美术人才培养　188a
工艺美术行业传承与保护　188c
工艺美术行业交流合作　188b
工艺美术行业重大活动　188b
工资收入分配制度改革　81a
公安　112a
公安法治　114c
公安科技信息通信建设　117c
公办幼儿园（新建、改扩建）一览表　299
公共法律服务　121a
公共机构节能　79a
公共交通　264a
公共就业服务　352a
公共气象服务　291c
公共图书馆业务指标一览表　321
公共卫生　342a
公共文化　321a
公共信用信息平台　230a
公共休闲空间配套设施建设　256a
公共资源交易　78c
公交场站建设　264c
公交线路（新增）一览表　264
公路管理养护　262b
公路货运市场管理　263a
公路建设与养护　261a
公路交通安全检查　262a
公路客运市场管理　262c
公路运输　262c
公路运输保障　263a
公民道德教育　48b
公务保障　81c
公务车辆管理　79a
公务员管理　45c
公益诉讼检察　119a
公用经费审计　147b
公园景区建设　260a
公证工作　122a
供电服务　190b
供销合作　203a
共青团福州市委会　100a
共青团基层组织改革试点　101a
共青团组织建设　100b
古厝保护利用　332a
古厝保护与开发利用　333b
古厝普查登记和保护利用专项行动　325a
“古厝楹联文化”研讨会　296c
古树名木保护　260c
鼓楼区　362a
鼓楼区街道（乡镇）基本情况一览表　363a
固定资产投资　146a
固定资产投资　40a
固定资产投资审计　147b
固体废弃物处置　143b
关心下一代工作　52c
光大银行福州分行　216c
光电信息产业　225b
广播电视频道频率　327c
广播电影电视　327c
广电产业经营　328b
广电交流与合作　328c
广电新技术应用　328b
广发银行福州分行　217c
广告监管　152c
归侨侨眷权益维护　136c
规范性文件备案审查　112a
规划编制　145a
规模以上工业企业主要工业产品产量一览表　38
规模以上企业 R&D 经费投入一览表　277
轨道交通　266a
国防动员　124c
国防教育宣传　125a
国际税收管理　166a
国际友城交流　134c
国际友城文化节　135c
国家开发银行福建省分行　211b
国家森林城市　175b
国家卫生城市复审　344b
国民经济和社会发展情况　37a
国内贸易　39c
国企改革　146b
国省道公路建设　261b
国土调查　139c
国土调查监测　139b
国土年度变更调查　139c
国有资本运营　146c
国有资产管理　146b
国资履职监督　146c

H

海防管理　274a
海港疫情防控　273c
海关监管　271a
海关监管改革　271b　272a　273a
海绵城市建设　257b
海上边防与打击走私　117a
“海上丝绸之路”（福州）国际旅游节　74c　234b　330b
海上丝绸之路博览会暨第二十三届海峡两岸经贸交易会　74b　330c
海上丝绸之路申遗　324c
海上疫情管控　177a
海丝博览会暨海交会　237c
海峡青年节　137a　330b
海洋管理　140a
海洋规划　140b
海洋环境　142c
海洋经济发展示范区建设　176b
海洋与渔业　176b
海洋资源　31b　140a
海洋资源养护　176b
寒潮　33a
行业基础设施建设　269a
行业技术创新中心建设　279a
行业技术进步
　　纺织化纤产业　186a
　　轻工食品产业　186b
　　石油化工产业　187b
行业领域专项整治　128a
航空安全管理　268a
航空客运与货运　267c
航空运输　267c
“好年华，聚福州”研学活动　100b
合作交流　244
和平街特色历史文化街区建设　376b
河口印迹　334b
“红橙黄蓝”安全风险分级分类管控　128c
红色文化研讨会　296c
红色主题车厢　265b
红十字会　108a
宏观经济管理　145a
洪塘大桥拓宽改建工程　261c
后勤保障建设　125a
湖库水质　142c
“互联网 +”大学生创新职教赛道创业大赛（中职创意组）金奖一览表　309
互联网 + 政务服务　78b
户籍人口　36a
户外电视大屏（8K 裸眼 3D）开屏　235c
户外广告管理　256c
户外广告设置管理办法　110c
华福证券有限责任公司　224a
画院　322c

环保机制创新　144b
环保科研　144b
环保信访办理　144c
环保信息化建设　144b
环保宣传教育　144c
环保宣教与投诉受理　144c
环保专项整治　143c
环境安全　143c
环境监测　144a
环境监测与科研　144a
环境监察整治　142c
环境空气指标一览表　142
环卫基础设施建设和管理　259b
会议保障　79b
会员服务　97c
会展策展产业　327a
会展业　201a
惠企政策　251c
婚姻登记　360c
火灾案例　131c
货物和劳务税管征　164b

J

机场服务　268b
机场海关　271c
机场基础设施建设　268b
机动车驾驶员培训管理　264a
机动车排放检测与强制维修制度　263c
机动车维修管理　263c
机构编制　51a
机构编制管理监督　51c
机构编制资源配置优化　51b
机关党的工作　49b
机关党风廉政建设　50b
机关党史学习教育　50a
机关基层组织建设　50b
机关精神文明建设　50c
机关庆祝中国共产党成立百年活动　49c
机关群团工作　50c
机关事务管理　78c
机关事务数字化建设　79b
机关事业单位养老保险　358a
机关思想建设　49c
机关效能建设　75b
机关政治建设　49c
机关作风建设　50a
机械制造产业　186b
机制砂矿山采矿权出让　138c
基层党组织建设　46b
基层工会建设　99a
基层建设管理　370c
基层政权建设和社区治理　360a
基础设施建设
　福兴经济开发区　248a
　福州新区　243a
　福州新区长乐功能区　251c
　福州新区福清功能区　249a
　高新技术产业开发区　246a
　江阴港城经济区　250b
　连江经济开发区　253b
　临空经济区　252a
　罗源湾经济开发区　253c
　闽台（福州）蓝色经济产业园　250c
　青口投资区　252c
　台商投资区　247b
基金业　223a
基准地价编制　138c
疾病预防与控制　342a
集体林权制度改革　174b
集团化办学　300b
集友银行有限公司福州分行　219b
集约用地　253b
集中监管仓建设　151b
计划生育家庭奖励扶助　345c
计量服务　156c
计量检查　157a
计量科普活动　157a
纪检监察　88a
纪委十一届六次全会　43a　88b
技工教育　354a
技能大师工作室（省级）一览表　353
技能大师工作室（市级）一览表　353
技术合同交易分类一览表　288
技术合同认定　288a
技术进出口　238c
技术能手一览表　354
绩效考核　75c
家庭服务业　201a
家庭农场　173a
家庭文明建设　101c
价格管理　146a
价格监督管理　159b
监督工作　63a
监督渠道畅通　119a
监所管理　117c
检察　118a
检验检测监管　158a
建设工程质量安全监管　191a
建设银行福建省分行　214b
建筑节能　257b
建筑景观管控　254b
建筑景观审查　254b
建筑垃圾工程渣土管理　259c
建筑施工安全专项整治　128a
建筑业　38c　**191a**
健康促进　344c
健身科学指导　346c
江阴港城经济区　250a
交流联谊　86c
交通　261
交通银行福建省分行　215a
交通运输专项整治　128a
交通之声频率　328a
教师队伍建设　300a
教学工作　53b
教育　42b　**298**
教育督导　301c
教育交流　301b
教育教学开放活动　302a
教育培训　98a
教育系统新冠肺炎疫情防控体系　301a
教育信息化　299a
教育行政服务　301b
教育优质资源均衡　302b
接待保障　82c
街区旅游接待　340b
街区旅游营销　340c
街头艺术活动　323c
节庆活动　327a
结对帮扶　109c
巾帼脱贫攻坚行动　101c
巾帼志愿服务　101c
金融　41a
金融服务与管理　208b
金融机构本外币存贷款情况表　41
金融集聚和创新发展　205a
金融控股集团有限公司　205b
金融稳定维护　208a
金融业　204
金山工业园区　247c
进出口情况表　41
进出口银行福建省分行　211c
进口额1亿美元以上商品情况表　240
进口市场情况表　240
近岸海域环境整治　143b
晋安区　369a
晋安区街道（乡镇）基本情况一览表　370a
禁毒工作　114a
经济发展投入　162b
经济犯罪侦查　113c
经济管理　145
经济建设
　仓山区　366a
　长乐区　373a
　福清市　377a

鼓楼区　362a
晋安区　369a
连江县　381a
罗源县　385b
马尾区　371a
闽侯县　380a
闽清县　383a
台江区　364a
永泰县　388a
经济建设服务　206c
经济社会发展服务保障　111a
经济社会事业体制改革　145c
经济协作　241a
经济责任和自然资源资产审计　147c
经济政策制定　145a
经贸文化交流　133c
精神文明建设　48b
景观照明设施建设　256c
景区和非景区景点安全管理专项整治　236c
景区建设　231b　340c
竞技体育　347b
竞技训练管理　348a
九三学社福州市委会　95b
救护培训　109a
救援案例　131c
就业创业　352a
居家养老服务条例　110b
居民生活　356c
居民收入消费　41a
居民消费价格　357a
居民消费价格分类指数一览表　357
卷烟走私联合打击专项行动　274c
军警民联防　274c
军人关爱基金　109b
军事　124
军休服务管理　125c
菌菇文化节暨中国农民丰收节（罗源专场）开幕　387b

K

抗旱　129c
“科创中国”试点城市建设　102b
科创走廊建设　246b　277a
科技成果转化公共服务平台 App　289a
科技成果转移转化　288a
科技创新
连江经济开发区　253b
青口投资区　252b
软件园　247b
科技创新创业　277a
科技创新高地建设　276a
科技创新券补助　282b
科技创新体系建设　277a
科技创新体制机制优化　276c
科技创新主体培育　276b
科技创新专项规划　276a
科技馆新馆建设　102c
科技奖励　287a
科技企业孵化器（新增省级）一览表　279
科技人才服务与管理　280a
科技人才工作　103b
科技特派员　285a
科技下乡　289b
科技下乡与科普工作　289b
科技小巨人企业遴选　282a
科技型中小企业评价　282c
科技型中小企业数量情况表　284
科普工作　289c
科普活动　103a
科普基地建设　102c
科普宣传　102c
科普学术交流活动　103b
科普助力乡村振兴　103a
科协　102a
科学技术　42a　276
科学技术奖福州市科技局推荐获奖名单一览表　287
科学技术奖励　287a
科学技术经费　280c
科学技术支出使用情况表　281
科学技术支出占市财政一般预算支出比例情况表　281
科研咨政工作　53b
客户服务　190a
课题调研　81b
空港口岸客运一览表　270
控辍保学工作　302b
口岸管理　270
口岸海运一览表　270
口岸航线　270a
口岸开放验收　270a
口岸通关　270b
口岸疫情防控　273a
口岸营商环境　273c
口述史工作　55c
库区移民　178b
跨区域通办合作　150c
“快递+”项目　269b
矿产资源　31a

L

垃圾分类管理　258c
垃圾无害化处理　259a
劳动关系和谐企业一览表　355
劳动关系和谐乡镇（街道）一览表　355
劳动关系维权　355a
劳动就业　352a
劳动争议调解仲裁　355a
老干部待遇保障　52b
老干部工作　52b
老健会　350c
老龄健康　344c
老年大学建设　52c
老区建设　360c
理论工作　47a
历史文化街区、历史文化名镇名村传统村落保护利用　332b
历史文化街区保护修复　333a
历史文化街区建设　256a
历史文化街区旅游开发　340b
历史文化街区文化宣传　334b
历史文化街区主要文化活动一览表　335
历史文化名城　332
历史文化名城保护规划　254b
历史文化名城保护条例　110a
立法工作　58b
连江经济开发区　253a
连江县　381a
连江县街道（乡镇）基本情况一览表　382a
联络接待　82a
联络联谊　105a
联通福州分公司　228b
联谊交流　105c
廉洁征兵　124a
梁厝“世遗林”　334a
梁厝特色历史文化街区保护修复　333a
梁厝特色展示馆　334a
粮食流通产业　201c
粮食企业改革　202b
粮食生产　174a
粮食市场保供稳价　202a
粮食市场秩序专项整治　159b
粮食执法监督　202a
粮油贸易　201b
两岸金融融合　207c
两岸青年交流活动　100c
“两国双园”项目　249c
两化融合　225c
“两会”宣传报道　330a
“两江四岸”环境提升　256a
林业　174b
林业病害普查　175a
林业产业　175a
林业审批服务　175b

林业碳汇工作　174c
林业资源　31c
林则徐纪念馆　326a
林长制　174b
临空经济区　251c
临时用地整改复垦　138b
零就业家庭动态清零　352b
零售业　194b
领导干部大会　43b
领导接访活动　52a
领导批办件督查　75a
流通体系建设　203b
龙江水质　142b
龙头企业培育　253b
龙舟邀请赛　350b
路政管理　262b
罗氏绸缎庄　334a
罗源湾经济开发区　253c
罗源县　385a
罗源县乡镇、开发区基本情况一览表　387a
旅行社　234a
旅游　42b
旅游安全管理　236b
旅游法治建设　236a
旅游服务　233c
旅游服务质量管理　236a
旅游管理　236a
旅游奖励政策　233b
旅游景区（A级）一览表　231
旅游市场推广　234a
旅游投诉处理　236a
旅游项目建设　233b
旅游宣传营销　235a
旅游业　231
律师工作　122a
绿色建筑　257b
绿色农业生产　174a

M

马尾海关　272c
马尾区　371a
马尾区街道（乡镇）基本情况一览表　373a
矛盾纠纷排查化解工作　52a
梅花节开幕　389b
媒体宣传报道　340a
美术馆　323a
民办教育　301a
民办义务教育学校摇号招生　302c
民兵工作　124b
民兵训练　124c
民兵政治教育　124b
民兵组织整顿　124b
民革福州市委会　90a
民建福州市委会　91c
民进福州市委会　92c
民盟福州市委会　91a
民商事审判　119c
民生领域执纪执法　89a
民生事业发展　246b
民生事业投入　162b
民生资金和资源环境审计　147c
民事检察监督　119a
民俗节庆活动　340a
民营对外贸易　238c
民营企业产业项目对接　241b
民营企业家慰问　98b
民营医疗　344b
民政工作　359b
民主党派和工商联　90
民主监督　86a
民族　36c
民族事务　360c
民族团结进步宣传月　387c
民族宗教工作　47c
民族宗教委员活动　87b
闽都文化　315b
闽都文化论坛　296b
闽侯县　379a
闽侯县街道（乡镇）基本情况一览表　381a
闽江师范高等专科学校　313a
闽江水质　142b
闽江学院　310a
闽江学院社科研究成果　297c
闽江沿线规划管控　254c
闽剧保护规定　110b
闽陇两省间返闽务工专列开行　266a
闽宁东西部协作　241b
闽清县　383a
闽清县乡镇基本情况一览表　385a
闽台（福州）蓝色经济产业园　250c
名城保护法律规划　332b
名城保护技术体系建设　332b
母婴照护　345c

N

南公河口特色历史文化街区保护修复　333b
内部审计　148a
内河管理办法实施的审议意见研究处理情况满意度测评　63c
内河水上交通安全监督管理　266c
内资企业　150c
能源装备产业　186c
年鉴编纂出版工作　56a
凝聚共识平台拓展　86c
农产品产量一览表　38
农产品质量安全监管　173a
农村　168
农村工作会议　43a
农村公路建设　262a
农村建设　168a
农村精神文明建设　48c
农村居民收入　357a
农村居民消费支出　357a
农村乱占耕地建房问题专项整治　139a
农村人居环境整治　168c
农村实用人才　173b
农村饮水巩固提升工程　178b
农村住宅管理　138b
农工党福州市委会　93b
农民工工资拖欠专项治理　336c
农民合作社　173a
农民专业合作社　203b
农业　37c　**168**
农业产业化　169b
农业产业化龙头企业　171c
农业产业化龙头企业（国家级）一览表　171
农业产业化龙头企业（省级）一览表　171
农业发展银行福建省分行营业部　212b
农业机械化　173b
农业技术创新基地（新认定）一览表　287
农业技术推广与服务　173b
农业科技　285a
农业科研　173c
农业科研（星火）计划立项一览表　286
农业农村改革创新　169a
农业生产　145b
农业银行福州分行　213b
农资供应与农业服务　203a
农作物新品种示范推广工程　173b
女子围棋赛暨2021世界人工智能围棋大赛　349c

P

潘东升先进事迹宣传报道　329c
培优工作　303a
批而未供和闲置土地处置　138c
品牌农业　169c
平安福州建设　111a
平安海域创建　274b
平台建设　255a

评议基层单位工作的决定 62c
浦发银行福州分行 217b
普法工作 121c
普惠性幼儿园政策补助 301c
普通中学教育 303a

Q

“七境茶”文化节开幕 387b
旗山湖公园建成开园 380c
企业安全生产标准化提升活动 129a
企业技术创新
　　电力工业 190a
　　纺织化纤产业 185c
　　生物医药产业 188a
企业技术中心（新认定省级）一览表 181
企业技术中心（新认定市级）一览表 181
企业家大会 44c
企业家之家投入使用 98b
企业年报工作 152c
企业所得税管征 164b
企业在银行间市场发债 207c
企业职工养老保险 358a
气候 31c
“气瓶充装AI智管系统”升级上线 158a
气温 32a
气象法治建设 292a
气象防灾减灾 290c
气象服务 290b
气象干旱 35a
气象科技创新和人才培养 292c
气象科普宣传 292b
气象行政管理 292a
气象业务基础 290c
强对流天气 33c
强冷空气过程 33a
强农惠农政策 168a
抢险救灾 125b
侨胞权益保护 105a
侨界联谊 136b
侨联 104a
侨商联合会与福州市对接座谈会 74a
侨务 136b
侨务活动 136c
侨务招商引资 136b
青口投资区 252b
青年发展规划 101a
青年志愿者服务 100c
青少年科技创新大赛、高中学科竞赛获奖情况表 303
青少年科技教育服务 53a
青少年普法教育 53a
青少年权益维护 101a
青少年思想道德教育 52c
轻工食品产业 186a
“清静车厢”创建活动 264a
庆祝中国共产党成立100周年理论研讨会 296a
秋寒 35c
区划地名管理 360c
区域经济 146a
权益保障建设 269c
全民健身活动 346c
全民健身设施 346b
全民科学素质普及 102c
全民阅读工作 321b
全社会用电量情况表 189
全体会议协商 85a
群众体育 346a
群众团体 99
群众艺术馆 322b

R

人才队伍建设 46a
人才服务 79c
人才工作 79c
人大常委会、政府、监委副职以上和“两院”正职领导选举任免情况表 58a
人大常委会会议 61a
人大常委会组成人员和办事机构、工作机构负责人选举任免情况表 59a
人大代表建议督查 75a
人大会议及决议决定 60a
人大立法 110a
人道救助 108c
人防工程建设 126b
人防宣传教育 126c
人口 35c
人口机械变动 36b
人口普查公报发布 148b
人口与计划生育 345b
人口自然变动 36b
人民财产保险股份有限公司福州市分公司 221b
人民代表大会 58
人民防空 126a
人民调解 121b
人民政府 69
人事人才工作 79c
人事任免 58b
人寿保险股份有限公司福州分公司 221c
“人物同防” 345a
认证检验检测监管 158b
日照时数 33a
榕城海关 271a
榕港澳交流 137b
榕台产业对接 241a
榕台交流服务 91c
榕台交流活动 97a
榕台经贸合作 136c
榕台媒体交流 137b
榕台文化交流 137a
融侨经济技术开发区 248c
软件产业 225b
软件园 247a
软件园获评“国家双创示范基地” 363c
软木画技艺保护规定 110c

S

“3·15”国际消费者权益日活动 161b
三坊七巷历史文化街区保护修复 333a
三季度经济形势分析视频会议 44b
三江口生态公园开园 74b
“三医联动”改革 358b
“散乱污”整治攻坚战 128c
扫黑除恶专项斗争 111c 113b
森林公安 117b
森林资源保护 174c
厦门国际银行股份有限公司福州分行 218c
山海协作 241c
山洪沟治理项目 178b
商超类连锁经营企业一览表 194
商会服务 82c
商会建设 98a
商贸经济 194a
商贸流通与服务业 194
商品房（新建）网签销售情况表 193
商品质量抽检 161b
商事制度改革 150c
商务总会 334a
上半年经济形势分析会 44a
上市公司 222c
上下杭历史文化街区保护修复 333a
少儿频道 328a
少儿图书馆 322b
少数民族乡村工作 361a
社保费和非税收入管理 165a
社会安定稳定维护 111a
社会保障 42a **357a**
社会保障审批服务便民化、标准化 359a

社会保障审批制度改革　359a
社会服务
　　工商联　98a
　　九三学社福州市委会　96a
　　民革福州市委会　90c
　　民建福州市委会　92c
　　民进福州市委会　93b
　　民盟福州市委会　91c
　　农工党福州市委会　94b
　　台盟福州市委会　97a
　　致公党福州市委会　95b
社会救助　359b
社会科学　293
社会科学界联合会研究成果　297a
社会科学优秀成果奖成果一览表　295
社会科学院研究成果　297a
社会生活　352
社会事业
　　仓山区　367b
　　长乐区　375a
　　福清市　378a
　　鼓楼区　363a
　　晋安区　369c
　　连江县　382a
　　罗源县　386b
　　马尾区　372a
　　闽侯县　379b
　　闽清县　384b
　　台江区　364c
　　永泰县　388c
社会消费质量检查与维权　161c
社会信用体系建设　145c
社会治安管理　115b
社会组织管理　360b
社科规划项目立项课题一览表　294
社科基金项目立项课题一览表　294
社科界学术年会　295a
社科宣传普及　293b
社科研究　293a
社科研究成果　297a
社区矫正　121c
社区警务　115c
社区足球场地建设试点城市　346a
涉台审判　120a
涉外审判　119c
申遗工作　332c
审计　147a
审计信息采编　147c
审计信息化建设　148a
审计学会　148b
审计整改　148a
审判管理监督　120c
生产、销售伪劣产品案　275b
生活频道　328a
生命救援工程　109a
生态案件审判　120a
生态保护区　142c
生态环保督察　144a
生态环境保护　141
生态建设体制改革　145c
生物医药产业　187c
声学环境　142c
省运会备战参赛　348a
失业保险　358c
石油化工产业　187b
石油销售　201b
时空平台和基础数据库建设　230a
实验室（国家重点）一览表　278
实验室建设　278b
食品安全流通监管　153c
食品安全生产监管　153b
食品药品安全检测　154c
食品药品监督管理　153b
史志期刊出版　56a
史志新媒体建设　56a
使领馆官员团组访问福州　133a
示范园建设　302a
世界遗产大会　331a
世界遗产大会、历史文化名城保护宣传报道　329b
世界遗产大会参观考察　331c
世界遗产大会筹备工作动员部署会　43c
世界遗产大会服务保障　331b
世界遗产大会开幕　74b
世界遗产大会成果　331a
世界遗产大会宣传报道　331c
世界遗产大会召开　136a
世界遗产大会主题展览　331c
世界遗产大会专题边会　331b
世界遗产地管理者论坛和世界遗产青年论坛　331b
世界遗产青年论坛开幕　74b
市场监督法治建设　158c
市场监督管理　150
市场监管普法宣传　158c
市场监管行政案件执法　159a
市场监管宣传报道　152a
市场监管执法　152a
市场监管执法监督　159a
市场物价　357a
市情概貌　31
市区居民消费价格比上年涨跌幅度表　37
市容环境综合整治　258b
市委会议　43a
市委经济工作会议　44c
市委十二届二次全会　44c
市委十一届十四次全会　43c
市县国土空间总体规划　254a
市域社会治理现代化综合指挥平台　255a
市政规划　254b
市政建设　255c
市政建设行政执法　257c
市政路桥建设　256a
市政设施维护　258a
事业单位登记管理服务　51c
事业单位人事管理　80a
寿山石雕刻技艺保护规定　110a
数码航拍　139b
数字城管　255a
数字经济　243b
数字农业　171b
数字体育分论坛　349c
数字县域框架建设　139b
数字中国建设峰会　74a　230c
数字中国建设峰会暨数字鼓楼展馆　363b
数字中国建设峰会宣传报道　330a
“双 11”快递业务　269a
“双减”工作　300c
双拥共建　125a
水产加工业　176c
水产品质量安全监管　177c
水产养殖业　176c
水环境　142a
水环境综合整治　143a
水利　178a
水利工程除险加固及养护　178c
水利工程管理　178c
水利规划编制　179b
水利行政审批与行政处罚　179c
水利项目　178a
水路运输　266c
水上运输　266c
水上运输行业管理　267a
水土保持监督执法　179a
水土保持综合治理　178b
水资源　31b
水资源管理　179a
税费征收　164a
税收法治建设　164a
税收风险管理　166c
税收经济分析　166b
税务　164a
税务稽查　166c
税务系统各项税费收入完成情况表　167
司法便民措施　120a
司法改革　120c

司法公开　120c
司法活动监督　118c
司法鉴定　122c
司法行政　120c
丝绸之路国际电影节　74c
丝绸之路国际电影节宣传报道　330b
丝绸之路国际电影节在闽越水镇举行　380c
私营经济　150c
思想理论建设
九三学社福州市委会　95c
民革福州市委会　90b
民建福州市委会　92b
民进福州市委会　93a
民盟福州市委会　91b
农工党福州市委会　93c
台盟福州市委会　96c
致公党福州市委会　94c
“四好农村路”运营　262c
饲料行业监管　176a
素质教育　298b
随迁子女招生　302c

T

台胞权益保障　137b
台风　34c
台风气象服务　291b
台港澳交流联谊　87a
台港澳商投资项目　237a
台江区　364a
台江区街道基本情况一览表　366a
台江数智港揭牌　365c
台联　105c
台盟福州市委会　96b
台商投资区　247b
台湾会馆　106a
台湾青年就业创业　137a
台湾事务　136c
太平洋财产保险股份有限公司福州中心支公司　222b
太平洋人寿保险股份有限公司福州中心支公司　222a
特色农作物　174a
特殊教育　307a
特殊教育资源　307a
特殊困境儿童关爱　102a
特许经营企业一览表　195
特种设备管理　157c
提案工作　83b
提升城乡饮用水水质、逐步推进高品质饮用水建设的决定　63a
体育　42c　**346**
体育比赛成绩第一名一览表　350
体育产业　348c
体育产业发展平台　348c
体育产业政策　348c
体育后备人才基地建设　348a
体育后备人才培养　348b
体育交流　347a
体育赛事活动　349b
体育市场管理　349a
体育消费　349a
体育组织建设　347a
天津大学福州国际校区建设　310a
铁路　265b
通关监管　271b　272ac
通信业　226a
统计法治建设　149b
统计改革　149a
统计机制创新　148c
统计与调查　148b
统一战线工作　47b
投资贸易洽谈会　238a
图书馆　322a
土地出让与供应　138b
土地及矿产资源管理　138b
土地例行督察　139a
土地资源　31a
土壤污染防治　143b
退休干部管理服务　81b
退役军人事务　125b
脱贫地区乡村振兴　242c
脱贫攻坚成果巩固　242a
脱贫攻坚金融支持　207a
脱贫人口保障　242a
脱贫人口就业创业　242b
脱胎漆器技艺保护规定　110b

W

外汇监管服务　209a
外事　133a
外资及台港澳资利用　237a
外资及台港资重大项目　237b
完整街区建设　256a
王麒故居　333c
网络安全监察　116a
网络安全宣传周福建省活动开幕　74c
网络餐饮监管　154b
网络家长学校建设　52c
网络交易监管　152c
网约车管理　263b
危险化学品专项整治　128a
维修连锁品牌创建　263c
卫片执法　139a
卫生监督执法　342c
卫生健康　42b　**341**
卫生健康信息化　343a
卫生健康宣传　344b
卫生科技　343b
卫生行政审批　342b
卫生应急处置　343a
未成年人思想道德教育　49a
温泉国际旅游节暨闽清温泉啤酒节开幕　385b
温泉旅游节在永泰开幕　389c
温泉资源开发利用保护　257c
文保与古厝保护专业人才建设　332c
文博事业　323c
文稿起草　54a
文化　42b　**315**
文化产业　315a
文化交流　315c
文化生活报　327b
文化市场监管　315b
文化事业　315a
文化体制改革　315b
文联　103c
文旅节庆活动宣传营销　234c
文旅市场疫情防控　236b
文明城市建设　48b
文明共建　125b
文史资料和宣传信息　86b
文史资料征编　86b
文物安全工作　325b
文物保护队伍建设　325b
文物考古工作　325a
文物修缮工程　325a
文艺惠民　104c
文艺活动　103c
文艺活动　320b
文艺交流　104c
污染减排　143a
污水处理　256c
“五失”青少年关爱行动　53a
物联网产业　225c
物流企业（A级）一览表　200
物流业　200c
物业管理　192b

X

《习近平在福建》　327b
习近平总书记到榕考察宣传报道　329a
戏剧会演　320c

戏曲保护地方法规通过施行 320b
县(市)区 362
县(市)区平均气温、雨量、日照评价一览表 33
县乡领导班子换届 45a
县乡领导班子思想政治建设培训会暨“攻坚120天”专项行动动员部署会 44a
现代化国际城市论坛 295b
现代化国际城市推进会暨一季度经济形势分析会 43b
现代农业技术创新基地 286a
乡村旅游 233a
乡村振兴金融支持 207a
乡村振兴气象服务 291a
乡村振兴试点示范建设 168a
乡村振兴宣传 169a
项目建设
电力能源产业 187c
纺织化纤产业 185c
福兴经济开发区 248b
福州新区 243c
福州新区长乐功能区 251b
福州新区福清功能区 249b
高新技术产业开发区 246c
机械制造产业 186c
江阴港城经济区 250b
临空经济区 252a
罗源湾经济开发区 253c
罗源县 387a
闽台(福州)蓝色经济产业园 251a
轻工食品产业 186a
青口投资区 252b
软件园 247a
生物医药产业 188a
石油化工产业 187b
台商投资区 247c
冶金建材产业 187a
项目投资 146b
项目用地储备库建设 140c
消防安全宣传 131c
消防安全专项整治 128a
消防防控 131b
消防检查 131a
消防救援 130c
消防专项集中整治 128c
消费投诉举报受理 153a
消费维权 161a
消费宣传教育 161b
小流域水质 142b
小微企业特支持 207a
小学招生 302c
孝老、尊老、爱老专题研讨会 296c
校地合作 102b
校外培训机构收费检查 159b
校园安全 301b
效能督查 75b
协商议政 85a
新的社会阶层人士和党外知识分子统战工作 47c
新店古城遗址公园运营 327a
新福州人集体婚礼 74c
新冠病毒疫苗接种 345b
新冠肺炎疫情防控 344c
边防检查 273c
城市管理与执法 259b
城镇集体工业 190c
海关监管 273a
海洋与渔业 177a
教育 301a
科技下乡与科普工作 290a
旅游管理 236b
社会保障 358c
铁路 265c
应急管理与疫情防控 151ac
智慧福州建设 255c
新华书店 327b
新媒体传播 328b
新能源汽车产业 186c
新农村电气化建设 189a
新区 243
新区改革创新成果情况表 244
新区体制创新 243a
新区新城建设专题询问审议意见研究处理情况满意度测评 63b
新闻出版 326b
新闻广播频率 328a
新闻宣传 47a 327c
新型城市基础设施建设试点 257b
新型城镇化建设 146b
新型显示产业 225a
信访查核 52a
信访工作 52a
信访工作制度改革 52a
信息调研及报送 82b
信息联络 82c
信息业 225
星创天地 287a
星创天地(新增)一览表 287
星火计划 285c
星火计划(省级)立项一览表 285
星级饭店 233c
兴业银行福州分行 216a
兴业证券股份有限公司 223a
兴银理财 221b
兴证期货有限公司 224c
刑事犯罪侦查 113a
刑事检察 118b
刑事检察监督 118c
刑事审判 119b
行政(市民)服务 78a
行政复议 112a
行政检察监督 119a
行政区划 35c
行政区划一览表 36
行政审判 119c
行政审批 122b
行政许可审批 191b
行政执法监督 112a
休闲农业 171a
畜牧业 175b
畜牧业产业化经营 175c
宣传工作 46c
宣传和信息编报 86b
学会工作 293b
学籍管理 303a
学科竞赛及科技实践活动 303c
学龄前儿童学习与发展 302a
学前教育 301c
学术活动 295a
学校规划建设 299b
巡察工作 88c
巡特警工作 114b
巡游出租车管理 263b

Y

烟草企业管理 202c
烟草营销网络建设 202c
烟草专卖 202b
烟草专卖市场监管 202c
烟花爆竹经营 203c
严复故居 333c
研发机构(省级新型)建设 280a
研发机构(新增省级新型)一览表 280
研究与试验发展经费 277c
养老保险 358a
养老服务 359c
药品流通监管 155a
冶金建材产业 187a
“110”指挥中心 117b
“12345”政务服务便民热线 255b
“12345”政务热线创新发展实验室 255b
一般公共预算收支执行情况表 163
“一府两院”专项工作报告 64c
一线考核干部 45a

医保支持新冠肺炎疫情防控　358c
医患纠纷调解处置　121c
医疗保险　358b
医疗保障监管　358c
医疗服务管理　344a
医疗救治　345a
医疗器械监管　155c
医疗卫生　341c
医疗卫生保障　342b
医疗质量管理　344a
医学鉴定　344a
医药卫生集成改革　341b
移动福州分公司　227a
移交安置与就业创业　125c
“亿元惠榕城·舒心跨年购”活动　74a
义务教育学校（新建、改扩建）
一览表　300
艺术创作　320a
艺术演出　320a
议案办理　67a
疫情防控科研攻关　290a
疫情防控消杀　259b
疫情防控信息化建设　255c
因公出国（境）管理　135b
音乐广播频率　328a
银行保险业　209c
银行机构主要经营指标一览表　210
引才政策　79c
饮用水水源地水质　142c
印刷发行管理　326b
应急管理　127
应急管理基础建设　127b
应急管理与疫情防控　151a
应急救援　108b
应急力量统筹整合　127c
营商服务平台　255a
营商环境　248c　249c
营商环境优化　151a
影视频道　327c
永泰县　387a
永泰县乡镇基本情况一览表　389a
用电营业户数情况表　189
用海管理　140a
优抚褒扬　125c
邮运网建设　269b
邮政　268c
邮政储蓄银行福州市分行　215b
邮政监管　268c
幼儿园招生　302a
幼小衔接　302b
鱼丸文化节　382c
渔港建设　177a
渔业安全生产管理　177a
渔业互助保险　177b
渔业交流合作　177a
渔业科技　177c
渔业品牌建设　176c
渔业生产应急防灾　177b
渔业综合执法　177c
雨量　32c
园林管理　260c
园林绿化　260a
园林绿化宣传　260c
园区建设　246
园区品质提升　243c
园区提升改造项目　247c
园区职业技能提升中心建设　354a
援岗稳企　352b
远洋渔企通关服务　274a
远洋渔业　176c
院士（专家）工作站建设　102b
“云剑—2021”专项行动　113b
运输方式完成运输量情况表　39
运营车辆证件远程审核　263c

Z

再生资源回收　203c
在孵科技企业创新项目一览表　283
造林绿化　174c
曾氏祠堂　334a
债券融资　223a
展会情况表　201
展会营销　235b
站车疫情防控　265c
“张睦与海上丝绸之路”研讨会暨新书
首发式　296b
张钰哲故居　333c
张元幹诞辰930周年学术研讨会　296a
招商银行福州分行　216b
招商引智　246b
招商引资
福兴经济开发区　248b
福州新区长乐功能区　251b
福州新区福清功能区　249b
江阴港城经济区　250b
金山工业园区　247c
利用外资及港澳台资　237c
闽台（福州）蓝色经济产业园　250c
青口投资区　252b
软件园　247a
台商投资区　247b
驻北京联络处　81c
驻上海办事处　82a
驻深圳（广州）办事处　82c
招商引资引智　104c
征兵工作　124a
征兵宣传　124a
征管基础建设　165c
证券期货　222c
证券期货业　222c
政策研究　53c
政策咨询服务　81b
政法队伍教育整顿　111b
政法队伍教育整顿总结大会　44a
政法领域改革　111b
政法与综治　110c
政府常务会议　69a
政府发展研究中心研究成果　297c
政府工作部门主要负责人决定任免
情况表　59a
政府会议及活动　69a
政府网站群建设　230b
政府信息公开管理　76b
政府信息公开平台建设　76c
政府信息公开申请情况表　77a
政府信息公开行政复议、行政诉讼
情况表　78a
政府信息化建设　229b
政府信息依申请公开　76b
政府信息主动公开　76a
政府信息主动公开情况表　76a
政府债务管理　163b
政务督查　75a
政务服务便利化　78b
政务服务标准化　78b
政务公开　75c
政务公开监督保障　76c
政务网络体系　229c
政务新媒体　230b
政务信息安全　230b
政务信息化基础设施建设　229c
政务信息化应用　229c
政务信息化重大成果　230b
政务云平台　229c
政协监督　86a
政协委员服务管理　83a
政协委员提案督查　75a
政协协商议政质量评价工作办法　85c
政协协商与基层协商相衔接　85c
政协重要会议　83b
政治协商　83
知名农业品牌一览表　169
知识产权保护　160b
知识产权代理服务　160c
知识产权管理　159c

知识产权培育申报　159c
知识产权审判　120a
知识产权宣传培训　160c
知识产权运用　160a
知识产权志愿服务　160c
职称制度改革　80b
职工帮扶服务　100a
职工创新创业创造　99b
职工教育培训　99c
职工劳动竞赛　99b
职教交流活动　309a
职能部门打私工作　275b
职业安全健康监管　342c
职业技能竞赛　354c
职业技能培训　352c
职业能力建设　352c
职业院校技能大赛教师教学能力比赛（福建省级）获奖一览表　307
职业院校技能大赛教师教学能力比赛（国家级）获奖一览表　307
职业院校技能大赛中等职业学校班主任能力比赛获奖一览表　308
职业院校技能大赛中职组获奖选手及指导教师一览表　309
指挥通信建设　126a
志书编纂出版工作　55c
志愿服务　48c
质量基础设施"一站式"服务　156c
质量监督抽查　157b
质量监督管理　156a
质量品牌发展战略　156b
质量强市创建　156b
质量提升专项行动　156a
致公党福州市委会　94c
智慧法院建设　120c
智慧福州建设　254c
智慧公交出行　265a
智慧旅游服务　235c
智慧社区综合管理服务平台　255a
智慧侦查建设　113b
智能网联汽车产业　186c
智能装备产业　186c
中等职业教育　307b
中国（福建）自由贸易试验区福州片区　244a
中国共产党成立100周年党史学习教育宣传报道　329a
中国共产党成立100周年文艺活动　320c
中国共产党福州市第十二次代表大会　44b
中国共产党福州市委员会　43
中国人民银行福州中心支行　206b
中国银行福州市分行　213c
中华老字号企业一览表　198
中华龙碑雕塑落成揭幕仪式　74b
中华文化与两岸文创融合发展论坛暨两岸古厝文创设计大赛　296a
中考中招改革　303b
中考中招工作　303b
中西部劳务协作　352a
中小河流治理项目　178a
中小企业服务　184a
中信银行福州分行　217a
中医药管理　343c
中职毕业生就业　307c
中职教师教学大赛　307c
中职教育建设　307b
中职学生技能大赛　309a
中职学校招生　307b
终身教育　309a
种植业　173c
仲裁　122c
仲裁、诉讼衔接机制建设　123a
仲裁、调解协调机制建设　123a
仲裁服务　123b
仲裁委员会涉案标的排名前十位的案件类型一览表　123
仲裁委员会受理数量居前十位的案件类型一览表　122
仲裁信息化建设　123b
众创空间（新增省级）一览表　279
重大思路谋划　53c
重大项目　146b
重大政策措施落实情况跟踪审计　147b
重点领域管理体制改革　51a
重点领域支持　207b
朱紫坊历史文化街区保护修复　333a
主流媒体看福州　329a
主题文化活动　334c
住房保障　192b
住房公积金管理　192b
驻北京联络处　81c
驻上海办事处　81c
驻深圳（广州）办事处　82b
专题协商　85b
专项调查　148c
专业技术人员管理　80b
专业文艺　316a
专业文艺获奖情况一览表　316
篆刻精品展　320b
装配式建筑　191a
资源与环境　42c
自贸工作　250c
自贸区　243
自贸区创新保障　151a
自贸区金融开放创新　207c
自贸区体制创新　244b
自然灾害综合风险普查　129a
自然资源　31a
自然资源管理　138
自然资源投诉信访与议案办理　140c
自然资源行政管理　140b
自然资源行政审批　140b
自然资源执法监察　139a
宗教　37a
宗教事务　360c
宗教事务管理　361b
宗教文化宣传和交流　361c
综合减灾示范社区　130b
总工会　99a
走私废物案　275b
走私活鲜案　275a
走私制毒物品案　275b
组织工作　45a
组织建设
　九三学社福州市委会　95c
　民革福州市委会　90a
　民建福州市委会　92a
　民进福州市委会　93a
　民盟福州市委会　91a
　农工党福州市委会　93c
　侨联　104b
　台盟福州市委会　96c
左海之声频率　328b
作风建设　88c